# Everyday ARABIC Dictionary



**English-Arabic**
**Arabic-English**

McGraw Hill

New York Chicago San Francisco Lisbon London Madrid Mexico City
Milan New Delhi San Juan Seoul Singapore Sydney Toronto

The McGraw-Hill Companies



4 5 6 7 8 9 10 11 12 13 14 15 QVS/QVS 19 18 17 16 15

ISBN 978-0-07-176879-5
MHID 0-07-176879-3

**Library of Congress Cataloging-in-Publication Data**

Everyday Arabic dictionary.
p. cm.
ISBN 0-07-176879-3 (alk. paper)
1. Arabic language—Dictionaries—English. I. HarperCollins (Firm).

PJ6640.E94 2011
492.7'321—dc22 2011015833



This book is printed on acid-free paper.

## CONTENTS — المحتويات

# INTRODUCTION

We are delighted that you have decided to buy this Arabic-English, English-Arabic dictionary and hope that you will enjoy and benefit from using it at home, on holiday or at work.

## مقدمة

يسرنا أنك قررت شراء هذا القاموس عربي – إنجليزي، إنجليزي عربي ونأمل أن تستمتع وتستفيد من إستعماله في المنزل، أو أثناء الإجازات أو في العمل.

| ABBREVIATIONS | | الاختصارات |
|---|---|---|
| adjective | *adj* | صفة |
| adverb | *adv* | ظرف |
| exclamation | *excl* | تعجب |
| preposition | *prep* | حرف ج |
| pronoun | *pron* | ضمير |
| noun | *n* | اسم |
| plural | *pl* | جمع |
| verb | *v* | فعل |
| intransitive verb | *vi* | فعل لازم |
| transitive verb | *vt* | فعل متعد |

# النطق باللغة الإنجليزية/ ENGLISH PRONUNCIATION

### الأصوات اللينة

| | *English example* | *Explanation* |
|---|---|---|
| [ ɑ: ] | father | ألف فتح مثل: بات /مات |
| [ ʌ ] | but, come | فتح خفيف قصر مثل: مَن /عَن |
| [ æ ] | man, cat | فتح طويل يشبه الألف اللينة مثل: مشى |
| [ ə ] | father, ago | فتحة قصيرة مثل: أب |
| [ ə: ] | bird, heard | كسر طويل |
| [ ɛ ] | get, bed | كسر طويل وخفيف |
| [ ɪ ] | it, big | كسر قصير قوي |
| [ i: ] | tea, see | [ياء مد] مثل: يأتي / صائمين |
| [ ɔ ] | hot, wash | ضم منتهي بسكون |
| [ ɔ: ] | saw, all | ضم ممدود |
| [ u ] | put, book | [ضم] مثل: مُستعد /قُم |
| [ ʊ ] | too, you | [واو مد] مثل: يولد/ يوجد |

### الأصوات المدغمة

| | *English example* | *Explanation* |
|---|---|---|
| [ ai ] | fly, high | ألف فتح منتهي بياء ساكنة محيايْ |
| [ au ] | how, house | ألف فتح منتهي بضم مثل: واو |
| [ ɛə ] | there, bear | كسر طويل خفيف منتهي بياء مفتوحة مثل: يِيَدي |
| [ ei ] | day, obey | فتح منهي بياء مثل: أيْن |
| [ iə ] | here, hear | كسر قوي قصير منهي بفتح |
| [ əu ] | go, note | ضم منتهي بسكون مثل: مُنتهي |
| [ əi ] | boy, oil | ضم منتهي بياء ساكنة |
| [ uə ] | poor, sure | ضم منتهي بفتح مثل واسع |

### الأصوات الساكنة

| | *English example* | *Explanation* |
|---|---|---|
| [ b ] | big, lobby | [ب] مثل: باب /مبلغ /العب |
| [ d ] | mended | [د] مثل: دخل /مدح /أباد |
| [ g ] | go, get, big | [ج] بدون تعطيش كما تنطق في العامية المصرية |
| [ ʤ ] | gin, judge | [ج ] مع المبالغة في التعطيش لتنطق وكأنها /د+ج/ |
| [ ŋ ] | sing | تشبه حكم إخفاء النون في قراءة القرآن الكريمكما في قوله تعالى "ناصية كاذبة |
| [ h ] | house, he | [هـ] مثل: هو /ملهى /أخرجه |
| [ j ] | young, yes | [ى] /الألف اللينة/ مثل يجري /هذيان/ جرى |

| | | |
|---|---|---|
| [ k ] | **c**ome, mo**ck** | [ك] مثل: كامل /تكلم / ملك |
| [ r ] | **r**ed, t**r**ead | [ر] مثل: رمى /مرمى /مر |
| [ s ] | **s**and, ye**s** | [س] مثل: سمير/مسمار/رأس |
| [ z ] | ro**s**e, **z**ebra | [ز] مثل: زعم/مزروع /فاز |
| [ ʃ ] | **sh**e, ma**ch**ine | [ش] مثل: شارع /مشروع /معاش |
| [ tʃ ] | **ch**in, ri**ch** | [تش] مثل: |
| [ v ] | **v**alley | [ڤ]مثل [ف] ولكن تنطق بوضع الأسنان العلوية على الجزء الخارجي من الشفاه السفلية: مثل الريفيرا |
| [ w ] | **w**ater, **wh**ich | [و] مثل: وجد /موجود |
| [ ʒ ] | vi**s**ion | تنطق ما بين [ش] و [ج] بحيث يكون الفك العلوي ملامسا للشفاه السفلى واللسانقريب من اللثة العليا بحيث يخرج الهواء محدثا صوتا إحتكاكيا |
| [ θ ] | **th**ink, my**th** | [ث] مثل: ثرى /مثلث |
| [ ð ] | **th**is, **th**e | [ذ] مثل ذئب /مذيب /ملاذ |

# ARABIC ALPHABET

| Isolated Letter | Name | End | Mid. | Beg. | Explanation | IPA |
|---|---|---|---|---|---|---|
| ا | alif | ـا | ـاـ | ا | man | ʔ |
| ب | baa | ـب | ـبـ | بـ | **b**oy | b |
| ت | taa | ـت | ـتـ | تـ | **t**oy | t |
| ث | thaa | ـث | ـثـ | ثـ | **th**ree | θ |
| ج | jeem | ـج | ـجـ | جـ | gara**ge** - vision | ʒ |
| ح | ħaa | ـح | ـحـ | حـ | pronounced from the middle of the throat with back tongue a little higher | ħ |
| خ | kha | ـخ | ـخـ | خـ | pronounced with back tongue in a position between the position for /h/ and that for /k/ like (lo**ch**) in Scots | x |
| د | dal | ـد | ـدـ | دـ | **d**ay | d |
| ذ | dhal | ـذ | ـذـ | ذـ | **th**e | ð |
| ر | raa | ـر | ـرـ | رـ | **r**un | ɪ |
| ز | zay | ـز | ـزـ | زـ | **z**oo | z |
| س | seen | ـس | ـسـ | سـ | **s**orry | s |
| ش | sheen | ـش | ـشـ | شـ | **sh**ow | ʃ |
| ص | ṣaad | ـص | ـصـ | صـ | heavy /s/ | sˤ |
| ض | ḍaaḍ | ـض | ـضـ | ضـ | strong /d/ | dˤ |
| ط | ṭaa | ـط | ـطـ | طـ | heavy /t/ | tˤ |
| ظ | ḍhaa | ـظ | ـظـ | ظـ | heavy /Dh/ | zˤ |

| | | | | | | |
|---|---|---|---|---|---|---|
| ع | ,aeen | ـع | ـعـ | عـ | **a**rm but pronounced with back tongue a little lower | ʕ |
| غ | gheen | ـغ | ـغـ | غـ | **g**irl but pronounced with back tongue a little lower | ɣ |
| ف | faa | ـف | ـفـ | فـ | **f**ree | f |
| ق | ,qaaf | ـق | ـقـ | قـ | **q**uarter but with back tongue a little higher | q |
| ك | kaaf | ـك | ـكـ | كـ | **c**amp | k |
| ل | lam | ـل | ـلـ | لـ | **l**eg | l |
| م | meem | ـم | ـمـ | مـ | **m**oon | m |
| ن | noon | ـن | ـنـ | نـ | **n**ight | n |
| هـ | haa | ـه | ـهـ | هـ | **h**igh | h |
| و | wow | ـو | ـوـ | وـ | **w**ow | w |
| ي | yaa | ـي | ـيـ | يـ | **y**ear | j |

| **NUMBERS** | | **الأعداد** | |
|---|---|---|---|
| zero | 0 | صفر | ٠ |
| one | 1 | واحد | ١ |
| two | 2 | اثنان | ٢ |
| three | 3 | ثلاث | ٣ |
| four | 4 | أربع | ٤ |
| five | 5 | خمس | ٥ |
| six | 6 | ست | ٦ |
| seven | 7 | سبع | ٧ |
| eight | 8 | ثمان | ٨ |
| nine | 9 | تسع | ٩ |
| ten | 10 | عشر | ١٠ |
| eleven | 11 | أحد عشر | ١١ |
| twelve | 12 | اثنا عشر | ١٢ |
| thirteen | 13 | ثلاث عشر | ١٣ |
| fourteen | 14 | أربع عش | ١٤ |
| fifteen | 15 | خمس عشر | ١٥ |
| sixteen | 16 | ست عشر | ١٦ |
| seventeen | 17 | سبع عشر | ١٧ |
| eighteen | 18 | ثمان عشر | ١٨ |
| nineteen | 19 | تسع عشر | ١٩ |
| twenty | 20 | عشرون | ٢٠ |
| twenty-one | 21 | واحد وعشرون | ٢١ |

| | | | |
|---|---|---|---|
| twenty-two | 22 | اثنان وعشرون | ٢٢ |
| twenty-three | 23 | ثلاث وعشرون | ٢٣ |
| thirty | 30 | ثلاثون | ٣٠ |
| thirty-one | 31 | واحد وثلاثون | ٣١ |
| fourty | 40 | أربعون | ٤٠ |
| fifty | 50 | خمسون | ٥٠ |
| sixty | 60 | ستون | ٦٠ |
| seventy | 70 | سبعون | ٧٠ |
| eighty | 80 | ثمانون | ٨٠ |
| ninety | 90 | تسعون | ٩٠ |
| one hundred | 100 | مائة | ١٠٠ |
| one hundered and ten | 110 | مائة وعشر | ١١٠ |
| two hundred | 200 | مائتان | ٢٠٠ |
| two hundred and fifty | 250 | مائتان وخمسون | ٢٥٠ |
| three hundred | 300 | ثلاثمائه | ٣٠٠ |
| one thousand | 1,000 | ألف | ١٠٠٠ |
| one million | 1,000,000 | مليون | ١٠٠٠٠٠٠ |

| DAYS OF THE WEEK | أيام الأسبوع |
|---|---|
| Monday | الاثنين |
| Tuesday | الثلاثاء |
| Wednesday | الأربعاء |
| Thursday | الخميس |
| Friday | الجمعة |
| Saturday | السبت |
| Sunday | الأحد |

| MONTHS | الشهور |
|---|---|
| January | كانون الثاني |
| February | شباط |
| March | آذار |
| April | نيسان |
| May | أيّار |
| June | حزيران |
| July | تمّوز |
| August | آب |
| September | أيلول |
| October | تشرين أوّل |
| November | تشرين ثاني |
| December | كانون أوّل |

# ENGLISH-ARABIC
# إنجليزي – عربي

# a

**a** [eɪ] *art*; **Is there a cash machine here?** هل توجد ماكينة صرف آلي هنا؟ [hal tojad makenat ṣarf aaly huna?]; **This is a gift for you** إنها هدية لك [inaha hadyia laka]

**abandon** [əˈbændən] *v* يَهْجر [jahʒaru]

**abbey** [ˈæbɪ] *n* دَيْر الرهبان [Deer al-rohban]

**abbreviation** [əˌbriːvɪˈeɪʃən] *n* اختصار [ixtisˤaːr]

**abdomen** [ˈæbdəmən; æbˈdəʊ-] *n* بَطْن [batˤn]

**abduct** [æbˈdʌkt] *v* يَخطَف [jaxtˤafu]

**ability** [əˈbɪlɪtɪ] *n* قدرة [qudra]

**able** [ˈeɪbᵊl] *adj* قادِر [qaːdir]

**abnormal** [æbˈnɔːməl] *adj* غير طبيعي [Ghayer ṭabe'aey]

**abolish** [əˈbɒlɪʃ] *v* يلغي [julɣiː]

**abolition** [ˌæbəˈlɪʃən] *n* إلغاء [ʔilɣaːʔ]

**abortion** [əˈbɔːʃən] *n* إجهاض [ʔiʒhaːdˤ]

**about** [əˈbaʊt] *adv* حوالي [ħawaːlaj] ▷ *prep* عن [ʕan]; **Do you have any leaflets about...?** هل يوجد لديكم أي مطبوعات عن... [hal yujad laday-kum ay maṭ-bo'aat 'aan...?]

**above** [əˈbʌv] *prep* فوق [fawqa]

**abroad** [əˈbrɔːd] *adv* بالخارج [Bel-kharej]

**abrupt** [əˈbrʌpt] *adj* (خطير) مفاجئ [mufaːʒiʔ]

**abruptly** [əˈbrʌptlɪ] *adv* بشكل مفاجئ [Be-sakl mofajeya]

**abscess** [ˈæbsɛs; -sɪs] *n* خُرَّاج [xurraːʒ]

**absence** [ˈæbsəns] *n* غياب [ɣijaːb]

**absent** [ˈæbsənt] *adj* غائب [ɣaːʔibb]

**absent-minded** [ˌæbsənˈtˈmaɪndɪd] *adj* شارد الذهن [Shared al-dhehn]

**absolutely** [ˌæbsəˈluːtlɪ] *adv* بكل تأكيد [Bekol taakeed]

**abstract** [ˈæbstrækt] *adj* نظري [nazˤarij]

**absurd** [əbˈsɜːd] *adj* سَخيف [saxiːf]

**Abu Dhabi** [ˈæbuː ˈdɑːbɪ] *n* أبو ظبي [ʔabu zˤabj]

**abuse** *n* [əˈbjuːs] سوء استعمال [Sooa este'amal] ▷ *v* [əˈbjuːz] يُسيء استخدام [Yosea estekhdam]; **child abuse** *n* سوء معاملة الأطفال [Soo mo'aamalat al-aṭfaal]

**abusive** [əˈbjuːsɪv] *adj* مؤذي [muʔðiː]

**academic** [ˌækəˈdɛmɪk] *adj* أكاديمي [ʔakaːdiːmij]; **academic year** *n* عام دراسي ['aam derasey]

**academy** [əˈkædəmɪ] *n* أكاديمية [ʔakaːdiːmijja]

**accelerate** [ækˈsɛləˌreɪt] *v* يُسْرِع [jusriʕu]

**acceleration** [ækˌsɛləˈreɪʃən] *n* تسريع [tasriːʕ]

**accelerator** [ækˈsɛləˌreɪtə] *n* معجل [muʕaʒʒil]

**accept** [əkˈsɛpt] *v* يَقْبَل [jaqbalu]

**acceptable** [əkˈsɛptəbᵊl] *adj* مقبول [maqbuːl]

**access** [ˈæksɛs] *n* وصول [wusˤuːl] ▷ *v* يَدخُل [jadxulu]

**accessible** [əkˈsɛsəbᵊl] *adj* سهل الوصول [Sahl al-woṣool]

**accessory** [əkˈsɛsərɪ] *n* كماليات [kamaːlijjaːt]

**accident** [ˈæksɪdənt] *n* حادث [ħaːdiθ]; **accident & emergency department** *n* إدارة الحوادث والطوارئ [Edarat al-hawadeth wa-al-tawarea]; **accident insurance** *n* تأمين ضد الحوادث

[Taameen ḍed al-hawaadeth]; **by accident** *adv* بالصُدْفَة [Bel-ṣodfah]; **I've had an accident** تعرضت لحادث [ta'aar-ḍto le-ḥadith]; **There's been an accident!** كانت هناك حادثة [kanat hunaka ḥadetha]; **What do I do if I have an accident?** ماذا أفعل عند وقوع حادث؟ [madha af'aal 'aenda wi-'qoo'a ḥadeth?]
**accidental** [ˌæksɪˈdɛntᵊl] *adj* عرضي [ʕaradˤij]
**accidentally** [ˌæksɪˈdɛntəlɪ] *adv* بالصُدْفَة [Bel-ṣodfah]
**accommodate** [əˈkɒməˌdeɪt] *v* يُجهِز (يوفر) [juʒahhizu]
**accommodation** [əˌkɒməˈdeɪʃən] *n* مسكن [maskan]
**accompany** [əˈkʌmpənɪ; əˈkʌmpnɪ] *v* يُرافق [jura:fiqu]
**accomplice** [əˈkɒmplɪs; əˈkʌm-] *n* شريك في جريمة [Shareek fee jareemah]
**according** [əˈkɔːdɪŋ] *prep*; **according to** *prep* وفقاً لـ [wifqan-li]
**accordingly** [əˈkɔːdɪŋlɪ] *adv* بناء على [Benaa ala]
**accordion** [əˈkɔːdɪən] *n* أكورديون [ʔakuːrdjuːn]
**account** [əˈkaʊnt] *n* *(in bank)* حساب [ħisa:b], *(report)* (بالأسباب) بيان [baja:n]; **account number** *n* رقم الحساب [Ra'qm al-hesab]; **bank account** *n* حساب بنكي [Hesab bankey]; **current account** *n* حساب جاري [Hesab tejarey]; **joint account** *n* حساب مشترك [Hesab moshtarak]
**accountable** [əˈkaʊntəbᵊl] *adj* مسؤول [masʔuːl]
**accountancy** [əˈkaʊntənsɪ] *n* مُحَاسَبَة [muħa:saba]
**accountant** [əˈkaʊntənt] *n* محاسب [muħa:sib]
**account for** [əˈkaʊnt fɔː] *v* يُبَرِر [jubariru]
**accuracy** [ˈækjʊrəsɪ] *n* دِقَة [diqqa]
**accurate** [ˈækjərɪt] *adj* دقيق [daqi:q]
**accurately** [ˈækjərɪtlɪ] *adv* بِدِقَة [Bedae'qah]
**accusation** [ˌækjʊˈzeɪʃən] *n* اتهام [ittiha:m]
**accuse** [əˈkjuːz] *v* يَتّهم [jattahimu]
**accused** [əˈkjuːzd] *n* متهم [muttaham]
**ace** [eɪs] *n* واحد [wa:ħid]
**ache** [eɪk] *n* أَلَمْ [ʔalam] ▷ *v* يؤلم [juʔlimu]
**achieve** [əˈtʃiːv] *v* يُحقق [juħaqqiqu]
**achievement** [əˈtʃiːvmənt] *n* إنجاز [ʔinʒa:z]
**acid** [ˈæsɪd] *n* حمض [ħimdˤ]; **acid rain** *n* أمطار حمضية [Amṭar ḥemdeyah]
**acknowledgement** [əkˈnɒlɪdʒmənt] *n* اعتراف [iʕtira:f]
**acne** [ˈæknɪ] *n* حب الشباب [Hob al-shabab]
**acorn** [ˈeɪkɔːn] *n* ثمرة البلوط [Thamarat al-balooṭ]
**acoustic** [əˈkuːstɪk] *adj* سَمعي [samʕij]
**acre** [ˈeɪkə] *n* أكر [ʔakr]
**acrobat** [ˈækrəˌbæt] *n* أكروبات [ʔakruːbaːt]
**acronym** [ˈækrənɪm] *n* اسم مُختَصَر [Esm mokhtaṣar]
**across** [əˈkrɒs] *prep* عبر [ʕabra]
**act** [ækt] *n* فِعل [fiʕl] ▷ *v* يَقُوم بعمل [Ya'qoom be]
**acting** [ˈæktɪŋ] *adj* نائب [na:ʔibb] ▷ *n* تمثيل [tamθiːl]
**action** [ˈækʃən] *n* فِعْلٌ [fiʕl]
**active** [ˈæktɪv] *adj* نشيط [naʃiːtˤ]
**activity** [ækˈtɪvɪtɪ] *n* نشاط [naʃaːtˤ]; **activity holiday** *n* أجازة لممارسة الأنشطة [ajaaza lemomarsat al 'anshe ṭah]
**actor** [ˈæktə] *n* ممثل (عامل) [mumaθθil]
**actress** [ˈæktrɪs] *n* ممثلة [mumaθθila]
**actual** [ˈæktʃʊəl] *adj* فعلي [fiʕlij]
**actually** [ˈæktʃʊəlɪ] *adv* في الواقع [Fee al-wa'qe'a]
**acupuncture** [ˈækjʊˌpʌŋktʃə] *n* وخز بالإبر [Wakhz bel-ebar]
**ad** [æd] *abbr* إعلان [ʔiʕla:nun]; **small ads** *npl* إعلانات صغيرة [E'alanat ṣaghera]
**AD** [eɪ diː] *abbr* بعد الميلاد [Ba'ad al-meelad]

**adapt** [ə'dæpt] *v* يَتَكَيف [jatakajjafu]
**adaptor** [ə'dæptə] *n* مُحَوِّل كهربي [Moḥawel kahrabey]
**add** [æd] *v* يُضيف [judˤi:fu]
**addict** ['ædɪkt] *n* مدمن [mudmin]; **drug addict** *n* مدمن مخدرات [Modmen mokhadarat]
**addicted** [ə'dɪktɪd] *adj* مُدمن [mudmin]
**additional** [ə'dɪʃənᵊl] *adj* إضافي [ʔidˤa:fij]
**additive** ['ædɪtɪv] *n* إضَافة [ʔidˤa:fa]
**address** [ə'drɛs] *n* (*location*) عنوان [ʕunwa:n], (*speech*) خِطَاب [xitˤa:b]; **address book** *n* دفتر العناوين [Daftar al-'aanaaween]; **home address** *n* عنوان المنزل ['aonwan al-manzel]; **web address** *n* عنوان الويب ['aonwan al-web]; **My email address is...** عنوان بريدي الالكتروني هو... ['ainwan ba-reedy al-ali-kitrony howa...]; **Please send my mail on to this address** من فضلك قم بتحويل رسائلي إلى هذا العنوان [min faḍlak 'qum be-taḥweel rasa-ely ela hadha al-'ainwan]; **The website address is...** عنوان موقع الويب هو... ['ainwan maw-'q i'a al-web howa...]; **What is your email address?** ما هو عنوان بريدك الالكتروني؟ [ma howa 'ain-wan bareed-ak al-alikit-rony?]; **Will you write down the address, please?** هل يمكن لك أن تدون العنوان، إذا تفضلت؟ [hal yamken laka an tudaw-win al-'aenwaan, edha tafaḍalt?]
**add up** [æd ʌp] *v* يُجَمِع [juʒammiʕu]
**adjacent** [ə'dʒeɪsᵊnt] *adj* مجاور [muʒa:wir]
**adjective** ['ædʒɪktɪv] *n* صفة [sˤifa]
**adjust** [ə'dʒʌst] *v* يَضبِط [jadˤbitˤu]
**adjustable** [ə'dʒʌstəbᵊl] *adj* يُمْكِن ضبطه [Yomken ḍabṭoh]
**adjustment** [ə'dʒʌstmənt] *n* ضَبْط [dˤabtˤ]
**administration** [əd,mɪnɪ'streɪʃən] *n* إدارة [ʔida:ra]
**administrative** [əd'mɪnɪ,strətɪv] *adj* إداري [ʔida:rij]
**admiration** [,ædmə'reɪʃən] *n* إعجاب [ʔiʕʒa:b]
**admire** [əd'maɪə] *v* يُعجب بـ [Yo'ajab be]
**admission** [əd'mɪʃən] *n* اعتراف [iʕtira:f]; **admission charge** *n* رَسْم الالتحاق [Rasm al-elteha'q]
**admit** [əd'mɪt] *v* (*allow in*) يَسمَح بالدخول [Yasmaḥ bel-dokhool], (*confess*) يُقِر [juqiru]
**admittance** [əd'mɪtᵊns] *n* اذن بالدخول [Edhn bel-dekhool]
**adolescence** [,ædə'lɛsəns] *n* سِن المراهقة [Sen al-moraha'qah]
**adolescent** [,ædə'lɛsᵊnt] *n* مراهق [mura:hiq]
**adopt** [ə'dɒpt] *v* (يُقر) يَتَبَنى [jatabanna:]
**adopted** [ə'dɒptɪd] *adj* مُتَبَنَى [mutabanna:]
**adoption** [ə'dɒpʃən] *n* تَبَنِّي [tabanni:]
**adore** [ə'dɔː] *v* يَعْشق [jaʕʃaqu]
**Adriatic** [,eɪdrɪ'ætɪk] *adj* أدرياتيكي [ʔadrija:ti:ki:]
**Adriatic Sea** [,eɪdrɪ'ætɪk siː] *n* البحر الأدرياتيكي [Albahr al adriateky]
**adult** ['ædʌlt; ə'dʌlt] *n* بَالِغ [ba:liɣ]; **adult education** *n* تعليم الكبار [Ta'aleem al-kebar]
**advance** [əd'vɑːns] *n* تَحَسُن [taħass] ▷ *v* يَتَقَدم [jataqadamu]; **advance booking** *n* حجز مقدم [Hajz mo'qadam]
**advanced** [əd'vɑːnst] *adj* متقدم [mutaqaddim]
**advantage** [əd'vɑːntɪdʒ] *n* ميزة [mi:za]
**advent** ['ædvɛnt; -vənt] *n* نزول المسيح [Nezool al-maseeḥ]
**adventure** [əd'vɛntʃə] *n* مغامرة [muɣa:mara]
**adventurous** [əd'vɛntʃərəs] *adj* مُغامر [muɣa:mir]
**adverb** ['æd,vɜːb] *n* ظرف [zˤarf]
**adversary** ['ædvəsərɪ] *n* خَصْم [xasˤm]
**advert** ['ædvɜːt] *n* إعلان [ʔiʕla:n]
**advertise** ['ædvə,taɪz] *v* أذاع [ʔaða:ʕa]
**advertisement** [əd'vɜːtɪsmənt; -tɪz-] *n* إعلان [ʔiʕla:n]
**advertising** ['ædvə,taɪzɪŋ] *n* صناعة الإعلان [Ṣena'aat al e'alan]

**advice** [əd'vaɪs] *n* نصيحة [nasˤi:ħa]
**advisable** [əd'vaɪzəbᵊl] *adj* من مستحسن [Men al-mostahsan]
**advise** [əd'vaɪz] *v* ينصح [jansˤaħu]
**aerial** ['ɛərɪəl] *n* هوائي [hawa:ʔij]
**aerobics** [ɛə'rəʊbɪks] *npl* أيروبكس [ʔajru:bi:k]
**aerosol** ['ɛərə,sɒl] *n* هباء جوي [Habaa jawey]
**affair** [ə'fɛə] *n* شأن [ʃaʔn]
**affect** [ə'fɛkt] *v* يُؤثر [juaθθiru]
**affectionate** [ə'fɛkʃənɪt] *adj* حنون [ħanu:n]
**afford** [ə'fɔ:d] *v* يقدر [jaqdiru]
**affordable** [ə'fɔ:dəbᵊl] *adj* يُمْكِن شراؤه [jumkinu ʃira:ʔuhu]
**Afghan** ['æfgæn; -gən] *adj* أفغاني [ʔafɣa:nij] ▷ *n* أفغاني [ʔafɣa:nij]
**Afghanistan** [æf'gænɪ,stɑ:n; -,stæn] *n* افغانستان [ʔafɣa:nista:n]
**afraid** [ə'freɪd] *adj* خائف [xa:ʔif]
**Africa** ['æfrɪkə] *n* إفريقيا [ʔifri:qja:]; **North Africa** *n* شمال أفريقيا [Shamal afreekya]; **South Africa** *n* جنوب أفريقيا [Janoob afree'qya]
**African** ['æfrɪkən] *adj* أفريقي [ʔifri:qij] ▷ *n* إفريقي [ʔifri:qij]; **Central African Republic** *n* جمهورية أفريقيا الوسطى [Jomhoreyat afre'qya al-wosṭa]; **North African** *n* شخص من شمال إفريقيا [Shakhs men shamal afree'qya]من , شمال إفريقيا [Men shamal afree'qya]; **South African** *n* جنوب أفريقي [Janoob afree'qy]شخص من جنوب أفريقيا , [Shkhṣ men janoob afree'qya]
**Afrikaans** [,æfrɪ'kɑ:ns; -'kɑ:nz] *n* اللغة الأفريكانية [Al-loghah al-afreekaneyah]
**Afrikaner** [afri'ka:nə; ,æfrɪ'kɑ:nə] *n* جنوب أفريقي من أصل أوربي وخاصة من المستوطنين الهولنديين [ʒanu:bu ʔifri:qijjin min ʔasˤlin ʔu:rubbi: waxa:sˤsˤatan mina al-mustawtˤini:na al-hu:landijji:na]
**after** ['ɑ:ftə] *conj* بَعْد [baʕda] ▷ *prep* بَعْدَما [Ba'dama]
**afternoon** [,ɑ:ftə'nu:n] *n* بَعْد الظهر [Ba'ada al-ḍhohr]
**afters** ['ɑ:ftəz] *npl* أوقات الظهيرة [Aw'qat aldhaherah]
**aftershave** ['ɑ:ftə,ʃeɪv] *n* عِطْر الكولونيا ['aeṭr alkoloneya]
**afterwards** ['ɑ:ftəwədz] *adv* بَعْد ذلك [Ba'ad dhalek]
**again** [ə'gɛn; ə'geɪn] *adv* مرة ثانية [Marrah thaneyah]
**against** [ə'gɛnst; ə'geɪnst] *prep* ضد [dˤiddun]
**age** [eɪdʒ] *n* سِن المرء [Sen al-mara]; **age limit** *n* حد السِّن [Had alssan]; **Middle Ages** *npl* العصور الوسطى [Al-'aoṣoor al-wosṭa]
**aged** ['eɪdʒɪd] *adj* مُسِن [musinn]
**agency** ['eɪdʒənsɪ] *n* وكالة [wika:la]; **travel agency** *n* وكالة سفريات [Wakalat safareyat]
**agenda** [ə'dʒɛndə] *n* جدول أعمال [Jadwal a'amal]
**agent** ['eɪdʒənt] *n* وكيل [waki:l]; **estate agent** *n* سِمسار عقارات [Semsaar a'qarat]; **travel agent** *n* وكيل سفريات [Wakeel safareyat]
**aggressive** [ə'grɛsɪv] *adj* عدواني [ʕudwa:nij]
**AGM** [eɪ dʒi: ɛm] *abbr* الاجتماع السنوي للجمعية العمومية [Al-jtema'a alsanawey leljam'ayah al'aomomeyah]
**ago** [ə'gəʊ] *adv*; **a month ago** منذ شهر [mundho shahr]; **a week ago** منذ أسبوع [mundho isboo'a]
**agony** ['ægənɪ] *n* أَلَمْ (سكرة الموت) [ʔalam]
**agree** [ə'gri:] *v* يَقْبَل [jaqbalu]
**agreed** [ə'gri:d] *adj* مُتفق عليه [Moṭafa'q 'alayeh]
**agreement** [ə'gri:mənt] *n* اتفاق [ʔittifa:q]
**agricultural** ['ægrɪ,kʌltʃərəl] *adj* زراعي [zira:ʕij]
**agriculture** ['ægrɪ,kʌltʃə] *n* زِرَاعة [zira:ʕa]
**ahead** [ə'hɛd] *adv* قُدُمًا [qudumaan]
**aid** [eɪd] *n* عون [ʕawn]; **first aid** *n* إسعافات أولية [Es'aafat awaleyah];

**first-aid kit** *n* أدوات الإسعافات الأولية [Adawat al-es'aafaat al-awaleyah]; **hearing aid** *n* وسائل المساعدة السمعية [Wasael al-mosa'adah al-sam'aeyah]
**AIDS** [eɪdz] *n* الإيدز [alʔi:dz]
**aim** [eɪm] *n* هدف [hadaf] ▷ *v* يَسعَى إلى [Yas'aaa ela]
**air** [ɛə] *n* هواء [hawa:ʔ]; **air hostess** *n* مضيفة جوية [Moḍeefah jaweyah]; **air-traffic controller** *n* مراقبة جوية [Mora'qabah jaweyah]; **Air Force** *n* سلاح الطيران [Selaḥ al-ṭayaran]; **Can you check the air, please?** هل يمكن مراجعة ضغط الهواء في الإطارات من فضلك؟ [hal yamken mura-ja'aat ḍaghṭ al-hawaa fee al-eṯaraat min faḍlak?]
**airbag** [ɛəbæg] *n* وِسَادة هوائية [Wesadah hwaaeyah]
**air-conditioned** [ɛəkən'dɪʃənd] *adj* مُكيف الهواء [Mokaeyaf al-hawaa]
**air conditioning** [ɛə kən'dɪʃənɪŋ] *n* تكييف الهواء [Takyeef al-hawaa]
**aircraft** ['ɛə,krɑ:ft] *n* طائرة [tˤa:ʔira]
**airline** ['ɛə,laɪn] *n* شركة طيران [Sharekat ṭayaraan]
**airmail** ['ɛə,meɪl] *n* بريد جوي [Bareed jawey]
**airport** ['ɛə,pɔ:t] *n* مطار [matˤa:r]; **airport bus** *n* أتوبيس المطار [Otobees al-maṭar]; **How do I get to the airport?** كيف يمكن أن أذهب إلى المطار [Kayf yomken an adhhab ela al-maṭar]; **How much is the taxi to the airport?** ما هي أجرة التاكسي للذهاب إلى المطار؟ [ma heya ejrat al-taxi lel-thehaab ela al-maṭaar?]; **Is there a bus to the airport?** هل يوجد أتوبيس يتجه إلى المطار؟ [Hal yojad otobees yatjeh ela al-maṭaar?]
**airsick** ['ɛə,sɪk] *adj* دوار الجو [Dawar al-jaw]
**airspace** ['ɛə,speɪs] *n* مجال جوي [Majal jawey]
**airtight** ['ɛə,taɪt] *adj* مُحكم الغلق [Moḥkam al-ghal'q]
**aisle** [aɪl] *n* ممشى [mamʃa:]
**alarm** [ə'lɑ:m] *n* إنذار [ʔinða:r]; **alarm call** *n* نداء استغاثة [Nedaa esteghathah]; **alarm clock** *n* منبه [munabbihun]; **false alarm** *n* إنذار كاذب [endhar kadheb]; **fire alarm** *n* إنذار حريق [ẹndhar Haree'q]; **smoke alarm** *n* كاشف الدُخان [Kashef al-dokhan]
**alarming** [ə'lɑ:mɪŋ] *adj* مُزعِج [murʕib]
**Albania** [æl'beɪnɪə] *n* ألبانيا [ʔalba:nja:]
**Albanian** [æl'beɪnɪən] *adj* ألباني [ʔalba:nij] ▷ *n (language)* اللغة الألبانية [Al-loghah al-albaneyah], *(person)* ألباني [ʔalba:nij]
**album** ['ælbəm] *n* ألبوم [ʔalbu:m]; **photo album** *n* ألبوم الصور [Albom al ṣewar]
**alcohol** ['ælkə,hɒl] *n* كحول [kuħu:l]; **Does that contain alcohol?** هل يحتوى هذا على الكحول؟ [hal yaḥ-tawy hadha 'aala al-kiḥool?]; **I don't drink alcohol** أنا لا أشرب الكحول [ana la ashrab al-koḥool]لا أتناول المشروبات الكحولية , [la ata-nawal al-mashro-baat al-kiḥol-iyah]
**alcohol-free** ['ælkə,hɒlfri:] *adj* خالي من الكحول [Khaley men al-koḥool]
**alcoholic** [,ælkə'hɒlɪk] *adj* كحولي [kuħu:lij] ▷ *n* سكير [sikki:r]
**alert** [ə'lɜ:t] *adj* منتبه [muntabih] ▷ *v* يُنَبِه [junabbihu]
**Algeria** [æl'dʒɪərɪə] *n* الجزائر [ʔal-ʒaza:ʔiru]
**Algerian** [æl'dʒɪərɪən] *adj* جزائري [ʒaza:ʔirij] ▷ *n* شخص جزائري [Shakhṣ jazayry]
**alias** ['eɪlɪəs] *adv* اسم مستعار [Esm mostaar] ▷ *prep* الشهير بـ [Al-shaheer be-]
**alibi** ['ælɪ,baɪ] *n* دفع بالغيبة [Dafa'a bel-ghaybah]
**alien** ['eɪljən; 'eɪlɪən] *n* أجنبي [ʔaʒnabij]
**alive** [ə'laɪv] *adj* على قيد الحياة [Ala 'qayd al-hayah]
**all** [ɔ:l] *adj* جميع [ʒami:ʕ] ▷ *pron* كُلّ [kulla]
**Allah** ['ælə] *n* الله [allahu]
**allegation** [,ælɪ'geɪʃən] *n* إدِّعَاء [ʔiddiʕa:ʔ]

**alleged** [əˈlɛdʒd] *adj* مَزْعوم [mazʕu:m]
**allergic** [əˈlɜ:dʒɪk] *adj* مثير للحساسية [Mother lel-hasaseyah]
**allergy** [ˈælədʒɪ] *n* حساسية [ħasa:sijja]; **peanut allergy** *n* حساسية تجاه الفول السوداني [Hasaseyah tejah al-fool alsodaney]
**alley** [ˈælɪ] *n* زُقاق [zuqa:q]
**alliance** [əˈlaɪəns] *n* تَحالُف [taħa:luf]
**alligator** [ˈælɪˌgeɪtə] *n* تمساح أمريكي [Temsaah amreekey]
**allow** [əˈlaʊ] *v* يَسمَح [jasmaħu]
**all right** [ɔ:l raɪt] *adv* على ما يُرام [ʼaala ma yoram]
**ally** [ˈælaɪ; əˈlaɪ] *n* حليف [ħali:f]
**almond** [ˈɑ:mənd] *n* لوز [lawz]
**almost** [ˈɔ:lməʊst] *adv* تقريباً [taqri:ban]
**alone** [əˈləʊn] *adj* وحيد [waħi:d]
**along** [əˈlɒŋ] *prep* على طول [Ala ṭool]
**aloud** [əˈlaʊd] *adv* بصوت مرتفع [Beṣot mortafeʼa]
**alphabet** [ˈælfəˌbɛt] *n* أبجدية [ʔabaʒadijja]
**Alps** [ælps] *npl* جبال الألب [ʒiba:lu al-ʔalbi]
**already** [ɔ:lˈrɛdɪ] *adv* بالفعل [bi-al-fiʕli]
**alright** [ɔ:lˈraɪt] *adv*; **Are you alright?** هل أنت على ما يرام [hal anta ʻaala ma yoraam?]
**also** [ˈɔ:lsəʊ] *adv* أيضا [ʔajdˤan]
**altar** [ˈɔ:ltə] *n* مذبح الكنيسة [madhbaḥ al-kaneesah]
**alter** [ˈɔ:ltə] *v* يُبَدل [jubaddilu]
**alternate** [ɔ:lˈtɜ:nɪt] *adj* مُتَناوب [mutana:wibb]
**alternative** [ɔ:lˈtɜ:nətɪv] *adj* بَديل [badi:l] ▷ *n* بديل [badi:l]
**alternatively** [ɔ:lˈtɜ:nətɪvlɪ] *adv* بالتبادل [bittaba:dali]
**although** [ɔ:lˈðəʊ] *conj* بالرغم من [Bel-raghm men]
**altitude** [ˈæltɪˌtju:d] *n* عُلُوّ [ʕuluww]
**altogether** [ˌɔ:ltəˈgɛðə; ˈɔ:ltəˌgɛðə] *adv* تماما [tama:man]
**aluminium** [ˌæljʊˈmɪnɪəm] *n* ألومنيوم [ʔalu:minju:m]
**always** [ˈɔ:lweɪz; -wɪz] *adv* دائما [da:ʔiman]
**a.m.** [eɪɛm] *abbr* صباحا [sˤaba:ħan]; **I will be leaving tomorrow morning at ten a.m.** سوف أغادر غدا في الساعة العاشرة صباحا [sawfa oghader ghadan fee al-saʼaa al-ʼaashera ṣaba-han]
**amateur** [ˈæmətə; -tʃə; -ˌtjʊə; ˌæməˈtɜ:] *n* هاوٍ [ha:win]
**amaze** [əˈmeɪz] *v* يُذهِل [juðhilu]
**amazed** [əˈmeɪzd] *adj* مندهش [mundahiʃ]
**amazing** [əˈmeɪzɪŋ] *adj* رائع [ra:ʔiʕ]
**ambassador** [æmˈbæsədə] *n* سَفير [safi:r]
**amber** [ˈæmbə] *n* كهرمان [kahrama:n]
**ambition** [æmˈbɪʃən] *n* طُموح [tˤamu:ħ]
**ambitious** [æmˈbɪʃəs] *adj* طَموح [tˤumu:ħ]
**ambulance** [ˈæmbjʊləns] *n* سيارة إسعاف [Sayarat esʼaaf]
**ambush** [ˈæmbʊʃ] *n* كمين [kami:n]
**amenities** [əˈmi:nɪtɪz] *npl* أسباب الراحة [Asbab al-rahah]
**America** [əˈmɛrɪkə] *n* أمريكا [ʔamri:ka:]; **Central America** *n* أمريكا الوسطى [Amrika al wostaa]; **North America** *n* أمريكا الشمالية [Amreeka al- Shamaleyah]; **South America** *n* أمريكا الجنوبية [Amrika al janobeyiah]
**American** [əˈmɛrɪkən] *adj* أمريكي [ʔamri:kij] ▷ *n* أمريكي [ʔamri:kij]; **American football** *n* كرة القدم الأمريكية [Korat al-ʼqadam al-amreekeyah]; **North American** *n* شخص من أمريكا الشمالية [Shkhṣ men Amrika al shamalyiah]من أمريكا الشمالية , [men Amrika al shamalyiah]; **South American** *n* جنوب أمريكي [Janoob amriky]شخص من أمريكا الجنوبية , [Shakhṣ men amreeka al-janoobeyah]
**ammunition** [ˌæmjʊˈnɪʃən] *n* ذَخيرة [ðaxi:ra]
**among** [əˈmʌŋ] *prep* وسط [wasatˤa]
**amount** [əˈmaʊnt] *n* مبلغ [mablaɣ]
**amp** [æmp] *n* أمبير [ʔambi:r]

**amplifier** ['æmplɪˌfaɪə] *n* مكبر [mukabbir]
**amuse** [ə'mjuːz] *v* يُسَلي [jusalli:]; **amusement arcade** *n* لعبة ترفيهية [Lo'abah trafeheyah]
**an** [ɑːn] *art* أداة تنكير [ʔada:tu tanki:r]
**anaemic** [ə'niːmɪk] *adj* مُصاب بالأنيميا [Moṣaab bel-aneemeya]
**anaesthetic** [ˌænɪs'θɛtɪk] *n* مُخَدِّرٌ [muxaddir]; **general anaesthetic** *n* مٌخَدِر كلي [Mo-khader koley]; **local anaesthetic** *n* عقار مخدر موضعي ['aa'qar mokhader mawde'aey]
**analyse** ['ænᵊˌlaɪz] *v* يُحلِل [juħallilu]
**analysis** [ə'nælɪsɪs] *n* تحليل [taħli:l]
**ancestor** ['ænsɛstə] *n* سَلف [salaf]
**anchor** ['æŋkə] *n* مرساة [mirsa:t]
**anchovy** ['æntʃəvɪ] *n* أنشوجة [ʔunʃu:da]
**ancient** ['eɪnʃənt] *adj* قديم [qadi:m]
**and** [ænd; ənd; ən] *conj* و [wa]; **a whisky and soda** ويسكي بالصودا [wesky bil-ṣoda]; **in black and white** باللون الأسود والأبيض [bil-lawn al-aswad wa al-abyaḍ]
**Andes** ['ændiːz] *npl* جبال الأنديز [ʒiba:lu al-ʔandi:zi]
**Andorra** [æn'dɔːrə] *n* إمارة أندورة [ʔima:ratu ʔandu:rata]
**angel** ['eɪndʒəl] *n* ملاك [mala:k]
**anger** ['æŋgə] *n* غضب [ɣadˤab]
**angina** [æn'dʒaɪnə] *n* ذبحة صدرية [dhabhah ṣadreyah]
**angle** ['æŋgᵊl] *n* زاوية [za:wija]; **right angle** *n* زاوية يُمنى [Zaweyah yomna]
**angler** ['æŋglə] *n* سمك الشص [Samak al-shaṣ]
**angling** ['æŋglɪŋ] *n* صيد بالسِنّارة [Ṣayd bel-sayarah]
**Angola** [æŋ'gəʊlə] *n* أنجولا [ʔanʒu:la:]
**Angolan** [æŋ'gəʊlən] *adj* أنجولي [ʔanʒu:lij] ▷ *n* أنجولي [ʔanʒu:lij]
**angry** ['æŋgrɪ] *adj* غاضب [ɣa:dˤib]
**animal** ['ænɪməl] *n* حيوان [ħajawa:n]
**aniseed** ['ænɪˌsiːd] *n* يانسون [ja:nsu:n]
**ankle** ['æŋkᵊl] *n* رُسغ القدم [rosgh al-'qadam]
**anniversary** [ˌænɪ'vɜːsərɪ] *n* ذِكْرى سنوية [dhekra sanaweyah]; **wedding anniversary** *n* عيد الزواج ['aeed al-zawaj]
**announce** [ə'naʊns] *v* يُعلن [juʕlinu]
**announcement** [ə'naʊnsmənt] *n* إعلان [ʔiʕla:n]
**annoy** [ə'nɔɪ] *v* يُضايق [judˤa:jiqu]
**annoying** [ə'nɔɪɪŋ; an'noying] *adj* مضايق [mudˤa:jiq]
**annual** ['ænjʊəl] *adj* سنوي [sanawij]
**annually** ['ænjʊəlɪ] *adv* كل عام [Kol-'aaam]
**anonymous** [ə'nɒnɪməs] *adj* غير مسمى [ghayr mosama]
**anorak** ['ænəˌræk] *n* جاكيت ثقيل [Jaket tha'qeel]
**anorexia** [ˌænɒ'rɛksɪə] *n* فقدان الشهية [Fo'qdaan al-shaheyah]
**anorexic** [ˌænɒ'rɛksɪk] *adj* مُفقِد للشهية [Mof'qed lel-shaheyah]
**another** [ə'nʌðə] *adj* آخر [ʔa:xaru]
**answer** ['ɑːnsə] *n* إجابة [ʔiʒa:ba] ▷ *v* يُجيب [juʒi:bu]
**answerphone** ['ɑːnsəfəʊn] *n* تليفون مزود بوظيفة الرد الآلي [Telephone mozawad be-waḍheefat al-rad al-aaley]
**ant** [ænt] *n* نملة [namla]
**antagonize** [æn'tægəˌnaɪz] *v* يُعادي [juʕa:di:]
**Antarctic** [ænt'ɑːktɪk] *adj* القارة القطبية الجنوبية [Al-'qarah al-'qoṭbeyah al-janoobeyah]; **the Antarctic** *n* قطبي جنوبي ['qoṭbey janoobey]
**Antarctica** [ænt'ɑːktɪkə] *n* قطبي جنوبي ['qoṭbey janoobey]
**antelope** ['æntɪˌləʊp] *n* ظبي [zˤabjj]
**antenatal** [ˌæntɪ'neɪtᵊl] *adj* جنيني [ʒani:nij]
**anthem** ['ænθəm] *n* نشيد [naʃi:d]
**anthropology** [ˌænθrə'pɒlədʒɪ] *n* الأنثروبولوجيا [ʔal-ʔanθiru:bu:lu:ʒja:]
**antibiotic** [ˌæntɪbaɪ'ɒtɪk] *n* مضاد حيوي [Moḍad ḥayawey]
**antibody** ['æntɪˌbɒdɪ] *n* جسم مضاد [Jesm moḍad]

**anticlockwise** [ˌæntɪˈklɒkˌwaɪz] *adv* عكس عقارب الساعة ['aaks 'aa'qareb al-saa'ah]
**antidepressant** [ˌæntɪdɪˈprɛsᵊnt] *n* مضاد للاكتئاب [Moḍad lel-ekteaab]
**antidote** [ˈæntɪˌdəʊt] *n* ترياق [tirja:q]
**antifreeze** [ˈæntɪˌfriːz] *n* مانع للتجمد [Mane'a lel-tajamod]
**antihistamine** [ˌæntɪˈhɪstəˌmiːn; -mɪn] *n* مضاد للهستامين [Moḍad lel-hestameen]
**antiperspirant** [ˌæntɪˈpɜːspərənt] *n* مضاد لإفراز العرق [Moḍad le-efraz al-'aar'q]
**antique** [ænˈtiːk] *n* عتيق [ʕatiːq]; **antique shop** *n* متجر المقتنيات القديمة [Matjar al-mo'qtanayat al-'qadeemah]
**antiseptic** [ˌæntɪˈsɛptɪk] *n* مُطهر [mutˤahhir]
**antivirus** [ˈæntɪˌvaɪrəs] *n* مضاد للفيروسات [Moḍad lel-fayrosat]
**anxiety** [æŋˈzaɪɪtɪ] *n* توق شديد [Too'q shaded]
**any** [ˈɛnɪ] *pron* أي [ʔajju], أي من [Ay men]; **Do you have any vegan dishes?** هل يوجد أي أطباق نباتية؟ [hal yujad ay aṭbaa'q nabat-iya?]; **I don't have any cash** ليس معي أية أموال نقدية [laysa ma'ay ayat amwaal na'q-diya]
**anybody** [ˈɛnɪˌbɒdɪ; -bədɪ] *pron* أي شخص [Ay shakhṣ]
**anyhow** [ˈɛnɪˌhaʊ] *adv* بأي طريقة [Be-ay ṭaree'qah]
**anyone** [ˈɛnɪˌwʌn; -wən] *pron* أحد [ʔaħadun]
**anything** [ˈɛnɪˌθɪŋ] *pron* أي شيء [Ay shaya]; **Do you need anything?** هل تحتاج إلى أي شيء؟ [hal taḥtaaj ela ay shay?]
**anyway** [ˈɛnɪˌweɪ] *adv* على أي حال [Ala ay ḥal]
**anywhere** [ˈɛnɪˌwɛə] *adv* في أي مكان [Fee ay makan]
**apart** [əˈpɑːt] *adv* بشكل مُنفَصِل [Beshakl monfaṣel]
**apart from** [əˈpɑːt frɒm] *prep* بخلاف [Be-khelaf]
**apartment** [əˈpɑːtmənt] *n* شَقّة [ʃuqqa]
**aperitif** [ɑːˌpɛrɪˈtiːf] *n* مشروب فاتح للشهية [Mashroob fateḥ lel shaheyah]
**aperture** [ˈæpətʃə] *n* ثقب [θuqb]
**apologize** [əˈpɒləˌdʒaɪz] *v* يعتذر [jaʕtaðiru]
**apology** [əˈpɒlədʒɪ] *n* اعتذار [ʔiʕtiðaːr]
**apostrophe** [əˈpɒstrəfɪ] *n* فاصلة علوية [Faṣela a'olweyah]
**appalling** [əˈpɔːlɪŋ] *adj* مروع [murawwiʕ]
**apparatus** [ˌæpəˈreɪtəs; -ˈrɑːtəs; ˈæpəˌreɪtəs] *n* جهاز [ʒihaːz]
**apparent** [əˈpærənt; əˈpɛər-] *adj* ظاهر [zˤaːhir]
**apparently** [əˈpærəntlɪ; əˈpɛər-] *adv* من الواضح [Men al-waḍeḥ]
**appeal** [əˈpiːl] *n* استئناف [ʔistiʔnaːf] ▷ *v* يَستأنِف حكما [Yastaanef al-hokm]
**appear** [əˈpɪə] *v* يَظهَر [jazˤharu]
**appearance** [əˈpɪərəns] *n* مظهر [mazˤhar]
**appendicitis** [əˌpɛndɪˈsaɪtɪs] *n* التهاب الزائدة [Eltehab al-zaedah]
**appetite** [ˈæpɪˌtaɪt] *n* شهية [ʃahijja]
**applaud** [əˈplɔːd] *v* يُطرِي [jutˤriː]
**applause** [əˈplɔːz] *n* تصفيق [tasˤfiːq]
**apple** [ˈæpᵊl] *n* تفاحة [tuffaːħa]; **apple pie** *n* فطيرة التفاح [Faṭeerat al-tofaaḥ]
**appliance** [əˈplaɪəns] *n* جهاز [ʒihaːz]
**applicant** [ˈæplɪkənt] *n* مُقدم الطلب [Mo'qadem al-ṭalab]
**application** [ˌæplɪˈkeɪʃən] *n* طلب [tˤalab]; **application form** *n* نموذج الطلب [Namozaj al-ṭalab]
**apply** [əˈplaɪ] *v* يَتقَدم بطلب [Yata'qadam be-ṭalab]
**appoint** [əˈpɔɪnt] *v* يُعين [juʕajjinu]
**appointment** [əˈpɔɪntmənt] *n* موعد [mawʕid]; **Can I have an appointment with the doctor?** هل يمكنني تحديد موعد مع الطبيب؟ [hal yamken -any taḥdeed maw'aid ma'aa al-ṭabeeb?]; **Do you have an**

**appointment?** هل تحدد لك موعدًا؟ [hal taḥa-dada laka maw'aid?]; **I have an appointment with...** لدي موعد مع.....؟ [la-daya maw-'aid m'aa...]; **I'd like to make an appointment** أود في تحديد موعد [awid fee taḥdeed maw'aid]
**appreciate** [ə'pri:ʃɪˌeɪt; -sɪ-] *v* يُقَدِر [jaqdiru]
**apprehensive** [ˌæprɪ'hɛnsɪv] *adj* خائف [xa:ʔif]
**apprentice** [ə'prɛntɪs] *n* مهني مبتدئ [Mehaney mobtadea]
**approach** [ə'prəʊtʃ] *v* يَقْتَرِب [jaqtaribu]
**appropriate** [ə'prəʊprɪɪt] *adj* ملائم [mula:ʔim]
**approval** [ə'pru:vᵊl] *n* موافقة [muwa:faqa]
**approve** [ə'pru:v] *v* يوافق [juwa:fiqu]
**approximate** [ə'prɒksɪmɪt] *adj* تقريبي [taqri:bij]
**approximately** [ə'prɒksɪmɪtlɪ] *adv* تقريبا [taqri:ban]
**apricot** ['eɪprɪˌkɒt] *n* مشمش [miʃmiʃ]
**April** ['eɪprəl] *n* أبريل [ʔabri:l]; **April Fools' Day** *n* يوم كذبة أبريل [yawm kedhbat abreel]
**apron** ['eɪprən] *n* مريلة مطبخ [Maryalat maṭbakh]
**aquarium** [ə'kwɛərɪəm] *n* حوض سمك [Hawḍ al-samak]
**Aquarius** [ə'kwɛərɪəs] *n* الدلو [addalu:]
**Arab** ['ærəb] *adj* عربي الجنسية ['arabey al-jenseyah] ▷ *n* *(person)* شخص عربي [Shakhṣ 'arabey]; **United Arab Emirates** *npl* الإمارات العربية المتحدة [Al-emaraat al'arabeyah al-motaḥedah]
**Arabic** ['ærəbɪk] *adj* عربي [ʕarabij] ▷ *n* *(language)* اللغة العربية [Al-loghah al-arabeyah]
**arbitration** [ˌɑ:bɪ'treɪʃən] *n* تحكيم [taħki:m]
**arch** [ɑ:tʃ] *n* قنطرة [qantʕara]
**archaeologist** [ˌɑ:kɪ'ɒlədʒɪst] *n* عالم آثار ['aalem aathar]
**archaeology** [ˌɑ:kɪ'ɒlədʒɪ] *n* عِلم الآثار ['Aelm al-aathar]
**archbishop** ['ɑ:tʃ'bɪʃəp] *n* رئيس أساقفة [Raees asa'qefah]
**architect** ['ɑ:kɪˌtɛkt] *n* معماري [miʕmairij]
**architecture** ['ɑ:kɪˌtɛktʃə] *n* فن العمارة [Fan el-'aemarah]
**archive** ['ɑ:kaɪv] *n* أرشيف [ʔarʃi:f]
**Arctic** ['ɑ:ktɪk] *adj* قطبي شمالي ['qoṭbey shamaley]; **Arctic Circle** *n* الدائرة القطبية الشمالية [Al-daerah al'qoṭbeyah al-Shamaleyah]; **Arctic Ocean** *n* المحيط القطبي الشمالي [Al-moḥeeṭ al-'qoṭbey al-shamaley]; **the Arctic** *n* قطبي شمالي ['qoṭbey shamaley]
**area** ['ɛərɪə] *n* مجال [maʒa:l]; **service area** *n* منطقة تقديم الخدمات [Menta'qat ta'qdeem al- khadamat]
**Argentina** [ˌɑ:dʒən'ti:nə] *n* الأرجنتين [ʔal-ʔarʒunti:n]
**Argentinian** [ˌɑ:dʒən'tɪnɪən] *adj* أرجنتيني [ʔarʒunti:nij] ▷ *n* *(person)* أرجنتيني [ʔarʒunti:nij]
**argue** ['ɑ:gju:] *v* يُجادل [juʒa:dilu]
**argument** ['ɑ:gjʊmənt] *n* مشادة كلامية [Moshadah kalameyah]
**Aries** ['ɛəri:z] *n* الحَمَل [alħamal]
**arm** [ɑ:m] *n* ذِرَاع [ðira:ʕ]
**armchair** ['ɑ:mˌtʃɛə] *n* كرسي مزود بذراعين [Korsey mozawad be-dhera'aayn]
**armed** [ɑ:md] *adj* مُسلح [musallaħ]
**Armenia** [ɑ:'mi:nɪə] *n* أرمنيا [ʔarminja:]
**Armenian** [ɑ:'mi:nɪən] *adj* أرمني [ʔarminij] ▷ *n* *(language)* اللغة الأرمنية [Al-loghah al-armeeneyah], *(person)* أرمني [ʔarminij]
**armour** ['ɑ:mə] *n* دِرْع [dirʕ]
**armpit** ['ɑ:mˌpɪt] *n* إبِط [ʔibitʕ]
**army** ['ɑ:mɪ] *n* جيش [ʒajʃ]
**aroma** [ə'rəʊmə] *n* عبير [ʕabi:r]
**aromatherapy** [əˌrəʊmə'θɛrəpɪ] *n* علاج بالعطور ['aelaj bel-oṭoor]
**around** [ə'raʊnd] *adv* حول [ħawla] ▷ *prep* في مكان قريب [fi: maka:nin qari:bin]
**arrange** [ə'reɪndʒ] *v* يُرتب [jurattibu]
**arrangement** [ə'reɪndʒmənt] *n* ترتيب

[tarti:b]
**arrears** [ə'rɪəz] *npl* متأخرات [muta?axxira:tun]
**arrest** [ə'rɛst] *n* اعتقال [?iʕtiqa:l] ▷ *v* يَقْبض على [jaqbudˤu ʕala:]
**arrival** [ə'raɪvᵊl] *n* وصول [wusˤu:l]
**arrive** [ə'raɪv] *v* يَصل [jasˤilu]
**arrogant** ['ærəgənt] *adj* متعجرف [mutaʕaʒrif]
**arrow** ['ærəʊ] *n* سهم [sahm]
**arson** ['ɑːsᵊn] *n* إشعال الحرائق [Esha'aal alḥarae'q]
**art** [ɑːt] *n* فن (مهارة) [fann]; **art gallery** *n* جاليري فني [Jalery faney]; **art school** *n* كلية الفنون [Koleyat al-fonoon]; **work of art** *n* عمل فني ['amal faney]
**artery** ['ɑːtərɪ] *n* شريان [ʃurja:n]
**arthritis** [ɑː'θraɪtɪs] *n* التهاب المفاصل [Eltehab al-mafaṣel]
**artichoke** ['ɑːtɪˌtʃəʊk] *n* خرشوف [xarʃu:f]
**article** ['ɑːtɪkᵊl] *n* مقالة [maqa:la]
**artificial** [ˌɑːtɪ'fɪʃəl] *adj* اصطناعي [?isˤtˤina:ʕij]
**artist** ['ɑːtɪst] *n* فنان [fanna:n]
**artistic** [ɑː'tɪstɪk; ar'tistic] *adj* فني [fanij]
**as** [əz] *adv* حيث أن [Hayth ann] ▷ *conj* بينما [bajnama:] ▷ *prep* كما [kama:]
**asap** [eɪsæp] *abbr* بأسرع ما يُمكن [Beasraa'a ma yomken]
**ascent** [ə'sɛnt] *n*; **When is the last ascent?** ما هو موعد آخر هبوط للتزلج؟ [ma howa maw-'aid aakhir hibooṭ lel-tazaluj?]
**ashamed** [ə'ʃeɪmd] *adj* خجلان [xaʒla:n]
**ashore** [ə'ʃɔː] *adv*; **Can we go ashore now?** أيمكننا العودة إلى الشاطئ الآن؟ [a-yamkun-ana al-'awdah ela al-shaṭee al-aan?]
**ashtray** ['æʃˌtreɪ] *n* طفاية السجائر [Ṭafayat al-sajayer]
**Asia** ['eɪʃə; 'eɪʒə] *n* آسيا [?a:sja:]
**Asian** ['eɪʃən; 'eɪʒən] *adj* أسيوي [?a:sjawij] ▷ *n* أسيوي [?a:sjawij]
**Asiatic** [ˌeɪʃɪ'ætɪk; -zɪ-] *adj* أسيوي [?a:sjawij]
**ask** [ɑːsk] *v* يَسْأل [jas?alu]
**ask for** [ɑːsk fɔː] *v* يَطلُب [jatˤlubu]
**asleep** [ə'sliːp] *adj* نائم [na:?im]
**asparagus** [ə'spærəgəs] *n* نبات الاسبراجوس [naba:tu ala:sbara:ʒu:s]
**aspect** ['æspɛkt] *n* ناحية [na:ħija]
**aspirin** ['æsprɪn] *n* أسبرين [?asbiri:n]; **I can't take aspirin** لا يمكنني تناول الأسبرين [la yam-kinuni tanawil al-asbireen]; **I'd like some aspirin** أريد بعض الأسبرين [areed ba'aḍ al-asbereen]
**assembly** [ə'sɛmblɪ] *n* اجتماع [?iʒtima:ʕ]
**asset** ['æsɛt] *n* شيء ثمين [ʃaj?un θami:n]; **assets** *(property)* أصل [?asˤlun]
**assignment** [ə'saɪnmənt] *n* مهمة [mahamma]
**assistance** [ə'sɪstəns] *n* مساعدة [musa:ʕada]; **I need assistance** أحتاج إلى مساعدة [aḥtaaj ela musa-'aada]
**assistant** [ə'sɪstənt] *n* مساعد [musa:ʕid]; **personal assistant** *n* مساعد شخصي [Mosa'aed shakhṣey]; **sales assistant** *n* مساعد المبيعات [Mosa'aed al-mobee'aat]; **shop assistant** *n* مساعد في متجر [Mosa'aed fee matjar]
**associate** *adj* [ə'səʊʃɪɪt]مساعد [musa:ʕid] ▷ *n* [ə'səʊʃɪɪt]مرافق [mura:fiq]
**association** [əˌsəʊsɪ'eɪʃən; -ʃɪ-] *n* جمعية [ʒamʕijja]
**assortment** [ə'sɔːtmənt] *n* تصنيف [tasˤni:f]
**assume** [ə'sjuːm] *v* يَفْتَرِض [jaftaridˤu]
**assure** [ə'ʃʊə] *v* يُطَمئن [jatˤma?innu]
**asthma** ['æsmə] *n* الربو [Al-rabw]
**astonish** [ə'stɒnɪʃ] *v* يُدهش [judhiʃu]
**astonished** [ə'stɒnɪʃt] *adj* مذهول [maðhu:l]
**astonishing** [ə'stɒnɪʃɪŋ] *adj* مذهل [muðhil]
**astrology** [ə'strɒlədʒɪ] *n* علم التنجيم [A'elm al-tanjeem]
**astronaut** ['æstrəˌnɔːt] *n* رائد فضاء [Raeed faḍaa]
**astronomy** [ə'strɒnəmɪ] *n* علم الفلك ['aelm al-falak]

**asylum** [ə'saɪləm] *n* ملتجأ آمن [Moltajaa aamen]; **asylum seeker** *n* طالب لجوء سياسي [ṭ aleb lejoa seyasy]
**at** [æt] *prep* عند [ʕinda]; **at least** *adv* على الأقل ['ala ala'qal]
**atheist** ['eɪθɪ,ɪst] *n* مُلحِد [mulħid]
**athlete** ['æθliːt] *n* لاعب رياضي [La'aeb reyaḍey]
**athletic** [æθ'lɛtɪk] *adj* متعلق (رياضي) بالرياضة البدنية [(Reyaḍy) mota'ale'q bel- Reyaḍah al-badabeyah]
**athletics** [æθ'lɛtɪks] *npl* ألعاب القوى [ʔalʕa:bun ʔalqiwa:]
**Atlantic** [ət'læntɪk] *n* أطلنطي [ʔatˤlantˤij]
**atlas** ['ætləs] *n* الأطلس [ʔal-ʔatˤlasu]
**atmosphere** ['ætməs,fɪə] *n* جَوّ [ʒaww]
**atom** ['ætəm] *n* ذَرَّة [ðarra]; **atom bomb** *n* قنبلة ذرية ['qobelah dhareyah]
**atomic** [ə'tɒmɪk] *adj* ذَري [ðarij]
**attach** [ə'tætʃ] *v* يُرْفِق [jurfiqu]
**attached** [ə'tætʃt] *adj* ملحق [mulħaq]
**attachment** [ə'tætʃmənt] *n* رَبْط [rabtˤ]
**attack** [ə'tæk] *n* هجوم [huʒu:m] ▷ *v* يهاجم [juha:ʒimu]; **heart attack** *n* أزمة قلبية [Azmah 'qalbeyah]; **terrorist attack** *n* هجوم إرهابي [Hojoom 'erhaby]; **I've been attacked** لقد تعرضت لهجوم [la'qad ta-'aaraḍto lel-hijoom]
**attempt** [ə'tɛmpt] *n* محاولة [muħa:wala] ▷ *v* يُحاول [juħa:wilu]
**attend** [ə'tɛnd] *v* يَحضِرُ [juħadˤdˤiru]
**attendance** [ə'tɛndəns] *n* الحاضرين [ʔal-ħa:dˤiri:na]
**attendant** [ə'tɛndənt] *n*; **flight attendant** *n* مضيف الطائرة [moḍeef al-ṭaaerah]
**attention** [ə'tɛnʃən] *n* انتباه [ʔintiba:h]
**attic** ['ætɪk] *n* طابق علوي [Ṭabe'q 'aolwei]
**attitude** ['ætɪ,tjuːd] *n* مَوْقِف [mawqif]
**attorney** [ə'tɜːnɪ] *n* وكيل [waki:l]
**attract** [ə'trækt] *v* يَجذِب [jaʒðibu]
**attraction** [ə'trækʃən] *n* جاذبية [ʒa:ðibijja]
**attractive** [ə'træktɪv] *adj* جذاب [ʒaðða:b]
**aubergine** ['əʊbə,ʒiːn] *n* باذنجان [ba:ðinʒa:n]
**auburn** ['ɔːbᵊn] *adj* أسمر محمر [Asmar mehmer]
**auction** ['ɔːkʃən] *n* مزاد [maza:d]
**audience** ['ɔːdɪəns] *n* جمهور [ʒumhu:r]
**audit** ['ɔːdɪt] *n* مراجعة حسابية [Moraj'ah ḥesabeyah] ▷ *v* يدقق الحسابات [Yoda'qe'q al-ḥesabat]
**audition** [ɔː'dɪʃən] *n* حاسة السمع [Hasat al-sama'a]
**auditor** ['ɔːdɪtə] *n* مراجع حسابات [Moraaje'a ḥesabat]
**August** ['ɔːgəst] *n* أغسطس [ʔuɣustˤus]
**aunt** [ɑːnt] *n* عمة (خالة) [ʕamma]
**auntie** ['ɑːntɪ] *n* زنجية عجوز [Enjeyah 'aajooz]
**au pair** [əʊ 'pɛə; o pɛr] *n* أجنبي مقيم [Ajnabey mo'qeem]
**austerity** [ɒ'stɛrɪtɪ] *n* تقشُف [taqʃifu]
**Australasia** [,ɒstrə'leɪzɪə] *n* أوستراالاسيا [ʔu:stra:la:sja:]
**Australia** [ɒ'streɪlɪə] *n* أستراليا [ʔustra:lija:]
**Australian** [ɒ'streɪlɪən] *adj* أسترالي [ʔustra:lij] ▷ *n* أسترالي [ʔustra:lij]
**Austria** ['ɒstrɪə] *n* النمسا [ʔa-nnamsa:]
**Austrian** ['ɒstrɪən] *adj* نمساوي [namsa:wij] ▷ *n* نمساوي [namsa:wij]
**authentic** [ɔː'θɛntɪk] *adj* مُوثق [muwaθθiq]
**author, authoress** ['ɔːθə, 'ɔːθə,rɛs] *n* المؤلف [ʔal-muallifu]
**authorize** ['ɔːθə,raɪz] *v* يُفَوض [jufawwidˤu]
**autobiography** [,ɔːtəʊbaɪ'ɒgrəfɪ; ,ɔːtəbaɪ-] *n* سيرة ذاتية [Seerah dhateyah]
**autograph** ['ɔːtə,grɑːf; -,græf] *n* أوتوجراف [ʔu:tu:ʒra:f]
**automatic** [,ɔːtə'mætɪk] *adj* آلي [ajj]; **An automatic, please** سيارة تعمل بنظام نقل السرعات الآلي من فضلك [sayara ta'amal be-neḍham na'qil al-sur'aat al-aaly, min faḍlak]; **Is it an automatic**

car? هل هذه السيارة تعمل بنظام نقل السرعات الآلي؟ [hal hadhy al-sayarah ta'amal be-neḍham na'qil al-sur'aaat al-aaly?]
**automatically** [ˌɔːtəˈmætɪklɪ] *adv* آلياً [ajjan]
**autonomous** [ɔːˈtɒnəməs] *adj* متمتّع بحُكْم ذاتي [Motamet'a be-ḥokm dhatey]
**autonomy** [ɔːˈtɒnəmɪ] *n* حُكْم ذاتي [ḥokm ḍhatey]
**autumn** [ˈɔːtəm] *n* الخريف [Al-khareef]
**availability** [əˈveɪləbɪlɪtɪ] *n* تَوَفُّر [tawaffur]
**available** [əˈveɪləbᵊl] *adj* متوفر [mutawaffir]
**avalanche** [ˈævəˌlɑːntʃ] *n* انهيار [ʔinhija:r]
**avenue** [ˈævɪˌnjuː] *n* طريق مشجر [ṭaree'q moshajar]
**average** [ˈævərɪdʒ; ˈævrɪdʒ] *adj* متوسط [mutawassitˤ] ▷ *n* معدل [muʕaddal]
**avocado, avocados** [ˌævəˈkɑːdəʊ, ˌævəˈkɑːdəʊs] *n* ثمرة الأفوكاتو [Thamarat al-afokatoo]
**avoid** [əˈvɔɪd] *v* يَتَجنب [jataʒanabbu]
**awake** [əˈweɪk] *adj* مُستيقظ [mustajqizˤ] ▷ *v* يفيق [jafi:qu]
**award** [əˈwɔːd] *n* جائزة [ʒa:ʔiza]
**aware** [əˈwɛə] *adj* مدرك [mudrik]
**away** [əˈweɪ] *adv* بعيداً [baʕi:dan]; **away match** *n* مباراة الذهاب [Mobarat al-dhehab]
**awful** [ˈɔːfʊl] *adj* شنيع [ʃani:ʕ]
**awfully** [ˈɔːfəlɪ; ˈɔːflɪ] *adv* بفظاعة [befaḍha'aah]
**awkward** [ˈɔːkwəd] *adj* أخْرَق [ʔaxraq]
**axe** [æks] *n* بَلْطَة [baltˤa]
**axle** [ˈæksəl] *n* محور الدوران [Meḥwar al-dawaraan]
**Azerbaijan** [ˌæzəbaɪˈdʒɑːn] *n* أذربيجان [ʔaðarbajʒa:n]
**Azerbaijani** [ˌæzəbaɪˈdʒɑːnɪ] *adj* أذربيجاني [ʔaðarbi:ʒa:nij] ▷ *n* أذربيجاني [ʔaðarbi:ʒa:nij]

# b

**B&B** [biː ænd biː] *n* مبيت وإفطار [Mabeet wa efṭaar]
**BA** [bɑː] *abbr* ليسانس [lajsa:ns]
**baby** [ˈbeɪbɪ] *n* طفل رضيع [Tefl readea'a]; **baby milk** *n* لبن أطفال [Laban aṭfaal]; **baby wipe** *n* منديل أطفال [Mandeel aṭfaal]; **baby's bottle** *n* زجاجة رضاعة الطفل [Zojajat reḍa'aat al-ṭefl]
**babysit** [ˈbeɪbɪsɪt] *v* يُجالس الأطفال [Yojales al-aṭfaal]
**babysitter** [ˈbeɪbɪsɪtə] *n* جليس أطفال [Jalees aṭfaal]
**babysitting** [ˈbeɪbɪsɪtɪŋ] *n* مجالسة الأطفال [Mojalasat al-atfaal]
**bachelor** [ˈbætʃələ; ˈbætʃlə] *n* أعزب [ʔaʕzab]
**back** [bæk] *adj* متجه خلفاً [Motajeh khalfan] ▷ *adv* إلى الوراء [Ela al-waraa] ▷ *n* ظَهر [zˤahr] ▷ *v* يُرجع [jurʒiʕu]; **back pain** *n* ألَمْ الظهر [Alam al-ḍhahr]
**backache** [ˈbækˌeɪk] *n* ألَمْ الظهر [Alam al-ḍhahr]
**backbone** [ˈbækˌbəʊn] *n* عمود فقري ['amood fa'qarey]
**backfire** [ˌbækˈfaɪə] *v* يُخّلِف نتائج عكسية [Yokhalef nataaej 'aakseyah]
**background** [ˈbækˌgraʊnd] *n* خلفية

[xalfijja]
**backing** [ˈbækɪŋ] *n* دَعْم [daʕm]
**back out** [bæk aʊt] *v* يتراجع عن [jataraːʒaʕu ʕan]
**backpack** [ˈbækˌpæk] *n* حقيبة الظهر [Ha'qeebat al-ḍhahr]
**backpacker** [ˈbækˌpækə] *n* حامل حقيبة الظهر [Hamel ha'qeebat al-ḍhahr]
**backpacking** [ˈbækˌpækɪŋ] *n* حمل حقيبة الظهر [Hamal ha'qeebat al-ḍhahr]
**backside** [ˌbækˈsaɪd] *n* مُؤَخِرَةٌ [muʔaxirra]
**backslash** [ˈbækˌslæʃ] *n* شرطة مائلة للخلف [Sharṭah maelah lel-khalf]
**backstroke** [ˈbækˌstrəʊk] *n* ضربة خلفية [Ḍarba khalfeyah]
**back up** [bæk ʌp] *v* يدعم [jadʕamu]
**backup** [bækˌʌp] *n* نسخة احتياطية [Noskhah eḥteyaṭeyah]
**backwards** [ˈbækwədz] *adv* للخلف [Lel-khalf]
**bacon** [ˈbeɪkən] *n* لحم خنزير مقدد [Laḥm khanzeer me'qaded]
**bacteria** [bækˈtɪərɪə] *npl* بكتريا [baktirjaː]
**bad** [bæd] *adj* سيء [sajjiʔ]
**badge** [bædʒ] *n* شارَة [ʃaːra]
**badger** [ˈbædʒə] *n* حيوان الغُرَير [Ḥayawaan al-ghoreer]
**badly** [ˈbædlɪ] *adv* على نحو سيء [Ala nahw saye]
**badminton** [ˈbædmɪntən] *n* تنس الريشة [Tenes al-reshah]
**bad-tempered** [bædˈtɛmpəd] *adj* شَرِسٌ [ʃaris]
**baffled** [ˈbæfᵊld] *adj* متحير [mutaħajjir]
**bag** [bæg] *n* حقيبة [ħaqiːba]; **bum bag** *n* حقيبة صغيرة [Ha'qeebah ṣagheerah]; **carrier bag** *n* كيس مشتريات [Kees moshtarayat]; **overnight bag** *n* حقيبة للرحلات القصيرة [Ha'qeebah lel-rahalat al-'qaṣeerah]; **plastic bag** *n* كيس بلاستيكي [Kees belasteekey]; **polythene bag** *n* حقيبة من البوليثين [Ha'qeebah men al-bolytheleyn]; **shopping bag** *n* كيس التسوق [Kees al-tasawo'q]; **sleeping bag** *n* كيس النوم [Kees al-nawm]; **tea bag** *n* كيس شاي [Kees shaay]; **toilet bag** *n* حقيبة أدوات الاستحمام [Ha'qeebat adwat al-estehmam]; **I don't need a bag, thanks** شكرًا لا أحتاج إلى حقيبة [shukran la aħtaj ela ħa'qeba]
**baggage** [ˈbægɪdʒ] *n* أمتِعَة [ʔamtiʕa]; **baggage allowance** *n* وَزْن الأمتعة المسموح به [Wazn al-amte'aah al-masmooh beh]; **baggage reclaim** *n* استلام الأمتعة [Estelam al-amte'aah]; **excess baggage** *n* وزن زائد للأمتعة [Wazn zaed lel-amte'aah]
**baggy** [ˈbægɪ] *adj* مرهوظ [marhuːzˤ]
**bagpipes** [ˈbægˌpaɪps] *npl* مزامير القربة [Mazameer al-'qarbah]
**Bahamas** [bəˈhɑːməz] *npl* جزر الباهاما [ʒuzuru ʔal-baːhaːmaː]
**Bahrain** [bɑːˈreɪn] *n* البحرين [al-baħrajni]
**bail** [beɪl] *n* كفالة [kafaːla]
**bake** [beɪk] *v* يَخبز [jaxbizu]
**baked** [beɪkt] *adj* مخبوز [maxbuːz]; **baked potato** *n* بطاطس بالفرن [Baṭaṭes bel-forn]
**baker** [ˈbeɪkə] *n* خباز [xabbaːz]
**bakery** [ˈbeɪkərɪ] *n* مخبز [maxbaz]
**baking** [ˈbeɪkɪŋ] *n* خَبْز [xubz]; **baking powder** *n* مسحوق خبز [Mashoo'q khobz]
**balance** [ˈbæləns] *n* توازن [tawaːz]; **balance sheet** *n* ميزانية [miːzaːnijjatun]; **bank balance** *n* حساب بنكي [Hesab bankey]
**balanced** [ˈbælənst] *adj* متوازن [mutawaːzinn]
**balcony** [ˈbælkənɪ] *n* شُرْفَة [ʃurfa]
**bald** [bɔːld] *adj* أصلع [ʔasˤlaʕ]
**Balkan** [ˈbɔːlkən] *adj* بلقاني [balqaːnij]
**ball** [bɔːl] *n (dance)* حفل راقص [Half ra'qeṣ], *(toy)* كرة [kura]
**ballerina** [ˌbæləˈriːnə] *n* راقصة باليه [Ra'ṣat baleeh]
**ballet** [ˈbæleɪ; bæˈleɪ] *n* باليه [baːliːh]; **ballet dancer** *n* راقص باليه [Ra'qeṣ baleeh]; **ballet shoes** *npl* حذاء الباليه

[hedhaa al-baleeh]; **Where can I buy tickets for the ballet?** أين يمكنني أن أشتري تذاكر لعرض الباليه؟ [ayna yamken-any an ashtray tadhaker le-'aarḍ al-baleh?]

**balloon** [bə'luːn] *n* بالون [baːluːn]

**bamboo** [bæm'buː] *n* خَيْزُرَان [xajzuraːn]

**ban** [bæn] *n* حظر [ħazˤr] ▷ *v* يَمنَع [jamnaʕu]

**banana** [bə'nɑːnə] *n* موز [mawz]

**band** [bænd] *n (musical group)* فرقة موسيقية [Fer'qah mose'qeyah], *(strip)* رباط [ribaːtˤ]; **brass band** *n* فرقة الآلات النحاسية [Fer'qat al-aalat al-naḥaseqeyah]; **elastic band** *n* رباط مطاطى [rebaṭ maṭaṭey]; **rubber band** *n* شريط مطاطي [shareeṭ maṭaṭey]

**bandage** ['bændɪdʒ] *n* ضمادة [dˤammaːda] ▷ *v* يُضَمد [judˤammidu]; **I'd like a bandage** أريد ضمادة جروح [areed ḍimadat jirooḥ]; **I'd like a fresh bandage** أريد ضمادة جديدة [areed ḍimada jadeeda]

**Band-Aid** [bændeɪd] *n* لصقة طبية [Laṣ'qah ṭebeyah]

**bang** [bæŋ] *n* ضَجّة [dˤaʒʒa] ▷ *v* يُحْدِث ضجة

**Bangladesh** [ˌbɑːŋglə'dɛʃ; ˌbæŋ-] *n* بنجلاديش [banʒlaːdiːʃ]

**Bangladeshi** [ˌbɑːŋglə'dɛʃɪ; ˌbæŋ-] *adj* بنجلاديشي [banʒlaːdiːʃij] ▷ *n* بنجلاديشي [banʒlaːdiːʃij]

**banister** ['bænɪstə] *n* دَرابِزين [daraːbiziːn]

**banjo** ['bændʒəʊ] *n* آلة البانجو الموسيقية [Aalat al-banjoo al-mose'qeyah]

**bank** [bæŋk] *n (finance)* بنك [bank], *(ridge)* ضفة [dˤiffa]; **bank account** *n* حساب بنكي [Hesab bankey]; **bank balance** *n* حساب بنكي [Hesab bankey]; **bank charges** *npl* مصاريف بنكية [Maṣareef Bankeyah]; **bank holiday** *n* عطلة شعبية [A'otalh sha'abeyah]; **bank statement** *n* كشف بنكي [Kashf bankey]; **bottle bank** *n* مستودع الزجاجات [Mostawda'a al-zojajat]; **merchant bank** *n* بنك تجاري [Bank Tejarey]; **How far is the bank?** ما هي المسافة بينا وبين البنك؟ [Ma heya al-masafa bayna wa been al-bank?]; **I would like to transfer some money from my bank in...** أرغب في تحويل بعض الأموال من حسابي البنكي في... [arghab fee taḥweel ba'aḍ al-amwal min ḥisaaby al-banki fee...]; **Is the bank open today?** هل البنك مفتوح اليوم؟ [hal al-bank maf-tooḥ al-yawm?]; **Is there a bank here?** هل يوجد بنك هنا؟ [hal yujad bank huna?]; **When does the bank close?** متى ينتهي عمل البنك؟ [mata yan-tahy 'aamal al-bank?]

**banker** ['bæŋkə] *n* موظف بنك [mowaḍhaf bank]

**banknote** ['bæŋkˌnəʊt] *n* ورقة مالية [Wara'qah maleyah]

**bankrupt** ['bæŋkrʌpt; -rəpt] *adj* مُفلس [muflis]

**banned** [bænd] *adj* مُحَرّم [muħarram]

**Baptist** ['bæptɪst] *n* كنيسة معمدانية [Kaneesah me'amedaneyah]

**bar** [bɑː] *n (alcohol)* بار [baːr], *(strip)* قالب مستطيل ['qaleb mostaṭeel]; **snack bar** *n* متجر الوجبات السريعة [Matjar al-wajabat al-sarey'aa]; **Where is the bar?** أين يوجد بار المشروبات؟ [ayna yujad bar al-mash-roobat?]

**Barbados** [bɑː'beɪdəʊs; -dəʊz; -dɒs] *n* البربادوس [ʔalbarbaːduːs]

**barbaric** [bɑː'bærɪk] *adj* همجي [hamaʒij]

**barbecue** ['bɑːbɪˌkjuː] *n* شواء اللحم [Shewaa al-lahm]

**barber** ['bɑːbə] *n* حَلاق [ħallaːq]

**bare** [bɛə] *adj* مُجرد [muʒarrad] ▷ *v* يَكْشِف عن [Yakshef 'an]

**barefoot** ['bɛəˌfʊt] *adj* حافي القدمين [Ḥafey al-'qadameyn] ▷ *adv* حافي القدمين [Ḥafey al-'qadameyn]

**barely** ['bɛəlɪ] *adv* بجهد شديد [Bejahd shaded]

**bargain** ['bɑːgɪn] *n* صفقة [sˤafqa]

**barge** [bɑːdʒ] *n* زورق بخاري مخصص لقائد الأسطول [Zawra'q bokharee mokhaṣaṣ

le-'qaaed al-osṭool]
**bark** [bɑːk] *v* ينبح [janbaħu]
**barley** ['bɑːlɪ] *n* شَعِير [ʃaʕiːrr]
**barmaid** ['bɑːˌmeɪd] *n* مضيفة بار [Moḍeefat bar]
**barman, barmen** ['bɑːmən, 'bɑːmɛn] *n* مضيف بار [Moḍeef bar]
**barn** [bɑːn] *n* مخزن حبوب [Makhzan ḥoboob]
**barrel** ['bærəl] *n* برميل [birmiːl]
**barrier** ['bærɪə] *n* حاجز [ħaːʒiz]; **ticket barrier** *n* حاجز وضع التذاكر [Hajez wad'a al-tadhaker]
**bartender** ['bɑːˌtɛndə] *n* ساقي البار [Sa'qey al-bar]
**base** [beɪs] *n* قاعدة [qaːʕida]
**baseball** ['beɪsˌbɔːl] *n* بيسبول [biːsbuːl]; **baseball cap** *n* قُبَعة البيسبول ['qoba'at al-beesbool]
**based** [beɪst] *adj* مؤسس على [Moasas ala]
**basement** ['beɪsmənt] *n* بدروم [bidruːm]
**bash** [bæʃ] *n* ضربة [dˤarba] ▷ *v* يَضرِب بعنف [Yaḍreb be'aonf]
**basic** ['beɪsɪk] *adj* أساسي [ʔasaːsij]
**basically** ['beɪsɪklɪ] *adv* بشكل أساسي [Beshkl asasy]
**basics** ['beɪsɪks] *npl* أساسيات [ʔasaːsijjaːtun]
**basil** ['bæzᵊl] *n* رَيحان [rajħaːnn]
**basin** ['beɪsᵊn] *n* حوض [ħawdˤdˤ]
**basis** ['beɪsɪs] *n* أساس [ʔasaːs]
**basket** ['bɑːskɪt] *n* سلة [salla]; **wastepaper basket** *n* سلة الأوراق المهملة [Salat al-awra'q al-mohmalah]
**basketball** ['bɑːskɪtˌbɔːl] *n* كرة السلة [Korat al-salah]
**Basque** [bæsk; bɑːsk] *adj* باسكي [baːskiː] ▷ *n* *(language)* اللغة الباسكية [Al-loghah al-bakestaneyah], *(person)* باسكي [baːskiː]
**bass** [beɪs] *n* سمك القاروس [Samak al-faros]; **bass drum** *n* طبلة كبيرة رنانة غليظة الصوت [Ṭablah kabeerah rannanah ghaleeḍhat al-ṣawt]; **double bass** *n* الدُبَلْبَس وهي أكبر آله في الأسرة الكمانية [addubalbas wa hija ʔakbaru aːlatu fiː alʔusrati alkamaːnijjati]
**bassoon** [bəˈsuːn] *n* مِزمار [mizmaːr]
**bat** [bæt] *n* *(mammal)* خُفّاش [xuffaːʃ], *(with ball)* مضرب [midˤrab]
**bath** [bɑːθ] *n*; **bubble bath** *n* سائل استحمام [Saael estehmam]
**bathe** [beɪð] *v* يَستحِم [jastaħimmu]
**bathrobe** ['bɑːθˌrəʊb] *n* بُرْنس حمام [Bornos hammam]
**bathroom** ['bɑːθˌruːm; -ˌrʊm] *n* حمام [ħammaːm]; **Does the room have a private bathroom?** هل يوجد حمام خاص داخل الحجرة [hal yujad ḥamam khaṣ dakhil al-ḥujra?]; **The bathroom is flooded** الحمام تغمره المياه [al-ḥamaam taghmurho al-me-aa]
**baths** [bɑːθz] *npl* حمامات [ħammaːmaːtun]
**bathtub** ['bɑːθˌtʌb] *n* حوض استحمام [Hawḍ estehmam]
**batter** ['bætə] *n* عجينة الكريب ['aajenat al-kreeb]
**battery** ['bætərɪ] *n* بطارية [batˤtˤaːrijja]; **I need a new battery** أريد بطارية جديدة [areed baṭaariya jadeeda]; **The battery is flat** البطارية فارغة [al-baṭareya faregha]
**battle** ['bætᵊl] *n* معركة [maʕraka]
**battleship** ['bætᵊlˌʃɪp] *n* سَفينة حربية [Safeenah ḥarbeyah]
**bay** [beɪ] *n* خليج [xaliːʒ]; **bay leaf** *n* ورق الغار [Wara'q alghaar]
**BC** [biː siː] *abbr* قبل الميلاد ['qabl al-meelad]
**be** [biː; bɪ] *v* يَكون [jakuːnu]
**beach** [biːtʃ] *n* شاطئ [ʃaːtˤiʔ]; **How far is the beach?** ما هي المسافة بيننا وبين الشاطئ؟ [ma heya al-masafa bay-nana wa bayn al-shaṭee?]; **I'm going to the beach** سوف أذهب إلى الشاطئ [sawfa adhab ela al-shaṭee]; **Is there a bus to the beach?** هل يوجد أتوبيس إلى الشاطئ؟ [Hal yojad otobees elaa al-shaṭea?]
**bead** [biːd] *n* خرزة [xurza]

**beak** [biːk] *n* منقار [minqa:r]
**beam** [biːm] *n* عَارِضَة خَشَبِيَّة ['aareḍeh khashabeyah]
**bean** [biːn] *n* فُول [fu:l]; **broad bean** *n* فول [fu:lun]; **coffee bean** *n* حبوب البن [Ḥobob al-bon]; **French beans** *npl* فاصوليا خضراء [Faṣoleya khaḍraa]; **runner bean** *n* فاصوليا خضراء متعرشة [faṣoleya khadraa mota'aresha]
**beansprout** ['biːnspraʊt] *n*; **beansprouts** *npl* براعم الفول [Braa'em al-fool]
**bear** [bɛə] *n* دُبّ [dubb] ▷ *v* يَحتمِل [juħtamalu]; **polar bear** *n* الدب القطبي [Al-dob al-shamaley]; **teddy bear** *n* دُب تيدي بير [Dob tedey beer]
**beard** [bɪəd] *n* لحية [liħja]
**bearded** [bɪədɪd] *adj* مُلتحٍ [multaħin]
**bear up** [bɛə ʌp] *v* يَصْمُد [jasˤmudu]
**beat** [biːt] *n* نبضة [nabdˤa] ▷ *v* *(outdo)* يَهْزِم [jahzimu], *(strike)* يَضرب [jadˤribu]
**beautiful** ['bjuːtɪfʊl] *adj* جَميل [ʒami:l]
**beautifully** ['bjuːtɪflɪ; 'beautifully] *adv* بشكل جميل [Beshakl jameel]
**beauty** ['bjuːtɪ] *n* جمال [ʒama:l]; **beauty salon** *n* صالون تجميل [Ṣalon ḥela'qa]; **beauty spot** *n* شامة [ʃa:matun]
**beaver** ['biːvə] *n* قندس [qundus]
**because** [bɪ'kɒz; -'kəz] *conj* لأن [li?anna]
**become** [bɪ'kʌm] *v* يُصبِح [jusˤbiħu]
**bed** [bɛd] *n* سَرير [sari:rr]; **bed and breakfast** *n* مبيت وإفطار [Mabeet wa efṭaar]; **bunk beds** *npl* سَرير بدورين [Sareer bedoreen]; **camp bed** *n* سَرير رحلات [Sareer raḥalat]; **double bed** *n* سَرير مُزدوج [Sareer mozdawaj]; **king-size bed** *n* فراش كبير الحجم [Ferash kabeer al-ḥajm]; **single bed** *n* سَرير فردي [Sareer fardey]; **sofa bed** *n* كنبة سرير [Kanabat sereer]; **twin beds** *npl* سريرين منفصلين [Sareerayn monfaṣelayen]
**bedclothes** ['bɛd,kləʊðz] *npl* بياضات [bajja:dˤa:tun]
**bedding** ['bɛdɪŋ] *n* شراشف [ʃara:ʃif]
**bedroom** ['bɛd,ruːm; -,rʊm] *n* غرفة النوم [Ghorfat al-noom]
**bedsit** ['bɛd,sɪt] *n* شقة بغرفة واحدة [Sh'qah be-ghorfah waḥedah]
**bedspread** ['bɛd,sprɛd] *n* غطاء سرير [Gheṭa'a sareer]
**bedtime** ['bɛd,taɪm] *n* وَقْت النوم [Wa'qt al-nawm]
**bee** [biː] *n* نحلة [naħla]
**beech** [biːtʃ] *n*; **beech (tree)** *n* شجرة الزان [Shajarat al-zaan]
**beef** [biːf] *n* لحم بقري [Laḥm ba'qarey]
**beefburger** ['biːf,bɜːgə] *n* شرائح اللحم البقري المشوي [Shraeḥ al-laḥm al-ba'qarey al-mashwey]
**beer** [bɪə] *n* بيرة [bi:ra]; **another beer** كأس آخر من البيرة [kaas aakhar min al-beera]; **A draught beer, please** كأس من البيرة من فضلك [kaas min al-beera min faḍlak]
**beetle** ['biːtᵊl] *n* خُنفِسَاء [xunfusa:?]
**beetroot** ['biːt,ruːt] *n* بنجر [banʒar]
**before** [bɪ'fɔː] *adv* أمام [?ama:ma] ▷ *conj* قبل أن ['qabl an] ▷ *prep* أمام [?ama:ma]
**beforehand** [bɪ'fɔː,hænd] *adv* مقدماً [muqaddaman]
**beg** [bɛg] *v* يَستجدي [jastaʒdi:]
**beggar** ['bɛgə] *n* المتسول [Almotasawel]
**begin** [bɪ'gɪn] *v* يبدأ [jabda?u]; **When does it begin?** متى يبدأ العمل هنا؟ [mata yabda al-'aamal huna?]
**beginner** [bɪ'gɪnə] *n* المبتدئ [Almobtadea]
**beginning** [bɪ'gɪnɪŋ] *n* بداية [bida:ja]; **at the beginning of June** في بداية شهر يونيو [fee bedayat shaher yon-yo]
**behave** [bɪ'heɪv] *v* يَتَصَرف [jatasˤarrafu]
**behaviour** [bɪ'heɪvjə] *n* سلوك [sulu:k]
**behind** [bɪ'haɪnd] *adv* خلف [xalfa] ▷ *n* مُؤَخَّرَه [mu?axxirra] ▷ *prep* خلف [xalfa]; **lag behind** *v* يَتخلف [jataxallafu]; **I've been left behind** لقد تخلفت عنه [la'qad takha-lafto 'aanho]
**beige** [beɪʒ] *adj* بيج [bi:ʒ]
**Beijing** ['beɪ'dʒɪŋ] *n* بكين [biki:n]
**Belarus** ['bɛlə,rʌs; -,rʊs] *n* روسيا البيضاء [ru:sja: ?al-bajdˤa:?u]

**Belarussian** [ˌbɛləʊˈrʌʃən; ˌbjɛl-] *adj* بيلاروسي [bi:la:ru:sij] ▷ *n (language)* اللغة البيلاروسية [Al-loghah al-belaroseyah], *(person)* بيلاروسي [bi:la:ru:sij]
**Belgian** [ˈbɛldʒən] *adj* بلجيكي [bilʒi:kij] ▷ *n* بلجيكي [bilʒi:kij]
**Belgium** [ˈbɛldʒəm] *n* بلجيكا [bilʒi:ka:]
**belief** [bɪˈli:f] *n* اعتقاد [ʕtiqa:d]
**believe** [bɪˈli:v] *vi* يُؤْمِن [juminu] ▷ *vt* يُصدِق [jusˤaddiqu]
**bell** [bɛl] *n* جرس [ʒaras]
**belly** [ˈbɛlɪ] *n* بَطْن [batˤn]; **belly button** *n* سُرَّة البطن [Sorrat al-baṭn]
**belong** [bɪˈlɒŋ] *v* يخُص [jaxusˤsˤu]; **belong to** *v* ينتمي إلى [Yantamey ela]
**belongings** [bɪˈlɒŋɪŋz] *npl* متعلقات [mutaʕalliqa:tun]
**below** [bɪˈləʊ] *adv* تحت [taħta] ▷ *prep* تحت [taħta]
**belt** [bɛlt] *n* حزام [ħiza:m]; **conveyor belt** *n* سير متحرك [Sayer motaḥrrek]; **money belt** *n* حزام لحفظ المال [Hezam lehefḍh almal]; **safety belt** *n* حزام الأمان [Hezam al-aman]
**bench** [bɛntʃ] *n* نضد [nadˤad]
**bend** [bɛnd] *n* التواء [ʔiltiwa:ʔ] ▷ *v* يَثْني [jaθni:]; **bend down** *v* يَمْيل [jami:lu]; **bend over** *v* ينحني [janħani:]
**beneath** [bɪˈni:θ] *prep* أسفلَ [ʔasfalu]
**benefit** [ˈbɛnɪfɪt] *n* فائدة [fa:ʔida] ▷ *v* يَستفيد [jastifi:du]
**bent** [bɛnt] *adj (dishonest)* منحني [munħanij], *(not straight)* منثني [munθanij]
**beret** [ˈbɛreɪ] *n* بيريه [bi:ri:h]
**berry** [ˈbɛrɪ] *n* تُوت [tu:tt]
**berth** [bɜ:θ] *n* مرسى [marsa:]
**beside** [bɪˈsaɪd] *prep* بجانب [Bejaneb]
**besides** [bɪˈsaɪdz] *adv* بالإضافة إلى [Bel-edafah ela]
**best** [bɛst] *adj* أَفْضَل [ʔafdˤalu] ▷ *adv* أكثر [ʔakθaru]; **best man** *n* إشبين العريس [Eshbeen al-aroos]
**bestseller** [ˌbɛstˈsɛlə] *n* الأكثر مبيعا [Al-akthar mabe'aan]
**bet** [bɛt] *n* رهان [riha:n] ▷ *v* يُراهن [jura:hinu]
**betray** [bɪˈtreɪ] *v* يَخون [jaxu:nu]
**better** [ˈbɛtə] *adj* أفضَل [ʔafdˤalu] ▷ *adv* أكثر [ʔakθaru]
**betting** [bɛtɪŋ] *n* مراهنة [mura:hana]; **betting shop** *n* مكتب المراهنة [Maktab al-morahanah]
**between** [bɪˈtwi:n] *prep* بين [bajna]
**bewildered** [bɪˈwɪldəd] *adj* مُتحير [mutaħajjir]
**beyond** [bɪˈjɒnd] *prep* وراء [wara:ʔa]
**biased** [ˈbaɪəst] *adj* متحيز [mutaħajjiz]
**bib** [bɪb] *n* صدرية طفل [Ṣadreyat ṭefl]
**Bible** [ˈbaɪbᵊl] *n* الإنجيل [al-ʔinʒi:lu]
**bicarbonate** [baɪˈkɑ:bənɪt; -ˌneɪt] *n*; **bicarbonate of soda** *n* ثاني كربونات الصوديوم [Thaney okseed al-karboon]
**bicycle** [ˈbaɪsɪkᵊl] *n* دراجة [darra:ʒa]; **bicycle pump** *n* منفاخ دراجة [Monfakh draajah]
**bid** [bɪd] *n* مناقصة [muna:qasˤa] ▷ *v (at auction)* يُزايد [juza:jidu]
**bifocals** [baɪˈfəʊkᵊlz] *npl* ثنائي البؤرة [Thonaey al-booarah]
**big** [bɪg] *adj* كبير [kabi:r]; **It's too big** إنه كبير جدا [inaho kabeer jedan]; **The house is quite big** المنزل كبير بالفعل [al-manzil kabeer bil-fi'ail]
**bigger** [bɪgə] *adj* أكبر [ʔakbaru]; **Do you have a bigger one?** هل لديك غرف أكبر من ذلك؟ [hal ladyka ghuraf akbar min dhalik?]
**bigheaded** [ˈbɪgˌhɛdɪd] *adj* متورم [mutawarrim]
**bike** [baɪk] *n* دراجة هوائية [Darrajah hawaeyah]; **mountain bike** *n* دراجة الجبال [Darrajah al-jebal]
**bikini** [bɪˈki:nɪ] *n* بيكيني [bi:ki:ni:]
**bilingual** [baɪˈlɪŋgwəl] *adj* ناطق بلغتين [Naṭe'q be-loghatayn]
**bill** [bɪl] *n (account)* فاتورة رسمية [Fatoorah rasmeyah], *(legislation)* مشروع قانون [Mashroo'a 'qanooney]; **phone bill** *n* فاتورة تليفون [Fatoorat telefon]
**billiards** [ˈbɪljədz] *npl* لعبة البلياردو [Lo'abat al-belyardo]
**billion** [ˈbɪljən] *n* مِليَار [milja:r]

**bin** [bɪn] *n* صندوق [sˤundu:q]; **litter bin** *n* سلة المهملات [Salat al-mohmalat]
**binding** [ˈbaɪndɪŋ] *n*; **Can you adjust my bindings, please?** هل يمكنك ضبط الأربطة لي من فضلك؟ [hal yamken -aka ḍabṭ al-arbe-ṭa lee min faḍlak?]; **Can you tighten my bindings, please?** هل يمكنك إحكام الأربطة لي من فضلك؟ [hal yamken -aka eḥkaam al-arbe-ṭa lee min faḍlak?]
**bingo** [ˈbɪŋɡəʊ] *n* لعبة البنجو [Lo'abat al-benjo]
**binoculars** [bɪˈnɒkjʊləz; baɪ-] *npl* منظار [minzˤa:run]
**biochemistry** [ˌbaɪəʊˈkɛmɪstrɪ] *n* كيمياء حيوية [Kemyaa ḥayaweyah]
**biodegradable** [ˌbaɪəʊdɪˈɡreɪdəbᵊl] *adj* قابل للتحلل بالبكتريا ['qabel lel-tahalol bel-bekteriya]
**biography** [baɪˈɒɡrəfɪ] *n* سيرة [si:ra]
**biological** [ˌbaɪəˈlɒdʒɪkᵊl] *adj* بيولوجي [bju:lu:ʒij]
**biology** [baɪˈɒlədʒɪ] *n* بيولوجيا [bju:lu:ʒja:]
**biometric** [ˌbaɪəʊˈmɛtrɪk] *adj* بيولوجي إحصائي [Bayology ehṢaey]
**birch** [bɜːtʃ] *n* شجر البتولا [Ahjar al-betola]
**bird** [bɜːd] *n* طائر [tˤa:ʔir]; **bird flu** *n* إنفلوانزا الطيور [Enfelwanza al-ṭeyor]; **bird of prey** *n* طيور جارحة [Ṭeyoor jareḥah]
**birdwatching** [bɜːdwɒtʃɪŋ] *n* ملاحظة الطيور [molaḥaḍhat al-ṭeyoor]
**Biro®** [ˈbaɪrəʊ] *n* بيرو® [bi:ru:]
**birth** [bɜːθ] *n* ميلاد [mi:la:d]; **birth certificate** *n* شهادة ميلاد [Shahadat meelad]; **birth control** *n* تنظيم النسل [tanḍheem al-nasl]; **place of birth** *n* مكان الميلاد [Makan al-meelad]
**birthday** [ˈbɜːθˌdeɪ] *n* عيد ميلاد ['aeed al-meelad]; **Happy birthday!** عيد ميلاد سعيد ['aeed meelad sa'aeed]
**birthplace** [ˈbɜːθˌpleɪs] *n* محل الميلاد [Mahal al-meelad]
**biscuit** [ˈbɪskɪt] *n* بسكويت [baskawi:t]
**bishop** [ˈbɪʃəp] *n* أسْقُف [asquf]
**bit** [bɪt] *n* جزء صغير [Joza ṣagheer]
**bitch** [bɪtʃ] *n* كلبة [kalb]
**bite** [baɪt] *n* قضمة [qadˤma] ▷ *v* يلسع [jalsaˤu]
**bitter** [ˈbɪtə] *adj* مر [murr]
**black** [blæk] *adj* أسود [ʔaswad]; **black ice** *n* ثلج أسود [thalj aswad]; **in black and white** باللون الأسود والأبيض [bil-lawn al-aswad wa al-abyaḍ]
**blackberry** [ˈblækbərɪ] *n* ثمرة العُليق [Thamrat al-'alay'q]
**blackbird** [ˈblækˌbɜːd] *n* شحرور [ʃaħru:r]
**blackboard** [ˈblækˌbɔːd] *n* سبورة [sabu:ra]
**blackcurrant** [ˌblækˈkʌrənt] *n* كِشمِش أسود [Keshmesh aswad]
**blackmail** [ˈblækˌmeɪl] *n* ابتزاز [ʔibtiza:z] ▷ *v* يبتز [jabtazzu]
**blackout** [ˈblækaʊt] *n* تعتيم [taʕti:m]
**bladder** [ˈblædə] *n* مثانة [maθa:na]; **gall bladder** *n* مَرَارَة [marra:ratun]
**blade** [bleɪd] *n* نصل [nasˤl]; **razor blade** *n* شفرة حلاقة [Shafrat hela'qah]; **shoulder blade** *n* لَوْح الكَتِف [Looh al-katef]
**blame** [bleɪm] *n* لوم [lawm] ▷ *v* يَلوم [jalu:mu]
**blank** [blæŋk] *adj* فارغ [fa:riɣ] ▷ *n* أبيض [ʔabjadˤ]; **blank cheque** *n* شيك على بياض [Sheek ala bayad]
**blanket** [ˈblæŋkɪt] *n* بطانية [batˤa:nijja]; **electric blanket** *n* بطانية كهربائية [Baṭaneyah kahrobaeyah]; **Please bring me an extra blanket** من فضلك أريد بطانية إضافية [min faḍlak areed baṭa-nya eḍa-fiya]
**blast** [blɑːst] *n* لفحة [lafħa]
**blatant** [ˈbleɪtᵊnt] *adj* صَارِخ [sˤa:rix]
**blaze** [bleɪz] *n* وهج [wahaʒ]
**blazer** [ˈbleɪzə] *n* بليزر [blajzir]
**bleach** [bliːtʃ] *n* يُبيِّض [jubajjidˤu]
**bleached** [bliːtʃt] *adj* مُبَيَّض [mubajjidˤ]
**bleak** [bliːk] *adj* منعزل [munʕazil]
**bleed** [bliːd] *v* ينزف [janzifu]
**bleeper** [ˈbliːpə] *n* جهاز النداء الآلي [Jehaz

al-nedaa al-aaley]
**blender** ['blɛndə] *n* خلاط كهربائي [Khalaṭ kahrabaey]
**bless** [blɛs] *v* يبارك [juba:riku]
**blind** [blaɪnd] *adj* ضرير [dˤari:r] ▷ *n* ستارة النافذة [Setarat al-nafedhah]; **Venetian blind** *n* ستارة مُعتِمة [Setarah mo'atemah]
**blindfold** ['blaɪnd,fəʊld] *n* معصوب العينين [Ma'aṣoob al-'aainayn] ▷ *v* يَعْصِبُ العينين [Ya'aṣeb al-ozonayn]
**blink** [blɪŋk] *v* يُومِض [ju:midˤu]
**bliss** [blɪs] *n* نعيم [naʕi:m]
**blister** ['blɪstə] *n* بَثْرَة [baθra]
**blizzard** ['blɪzəd] *n* عاصفة ثلجية عنيفة ['aasefah thaljeyah 'aneefah]
**block** [blɒk] *n (buildings)* بِنَايَة [bina:ja], *(obstruction)* كُتلة خشبية أو حجرية [Kotlah khashebeyah aw hajareyah], *(solid piece)* كُتلة [kutla] ▷ *v* يقولب [jaqu:labu]
**blockage** ['blɒkɪdʒ] *n* انسداد [insida:d]
**blocked** [blɒkt] *adj* مسدود [masdu:d]
**blog** [blɒg] *n* مُدَوَّنة [mudawwana] ▷ *v* يُدَون [judawwinu]
**bloke** [bləʊk] *n* فَتى [fata:]
**blonde** [blɒnd] *adj* أشقر [ʔaʃqar]
**blood** [blʌd] *n* دم [dam]; **blood group** *n* فصيلة دم [faṣeelat dam]; **blood poisoning** *n* تسمم الدم [Tasamom al-dam]; **blood pressure** *n* ضغط الدم [ḍaghṭ al-dam]; **blood sports** *n* رياضة دموية [Reyaḍah damaweyah]; **blood test** *n* اختبار الدم [Ekhtebar al-dam]; **blood transfusion** *n* نقل الدم [Na'ql al-dam]; **My blood group is O positive** فصيلة دمي O موجب [faṣeelat damey O mojab]; **This stain is blood** هذه البقعة بقعة دم [hathy al-bu'q-'aa bu'q-'aat dum]
**bloody** ['blʌdɪ] *adj* دموي [damawij]
**blossom** ['blɒsəm] *n* زهرة الشجرة المثمرة [Zahrat al-shajarah al-mothmerah] ▷ *v* يُزهر [juzhiru]
**blouse** [blaʊz] *n* بلُوزة [blu:za]
**blow** [bləʊ] *n* لطمة [latˤma] ▷ *v* يَهُبّ [jahubbu]
**blow-dry** [bləʊdraɪ] *n* تجفيف الشعر [Tajfeef al-saha'ar]
**blow up** [bləʊ ʌp] *v* ينفجر [janfaʒiru]
**blue** [blu:] *adj* أزرق [ʔazraq]
**blueberry** ['blu:bərɪ; -brɪ] *n* تُوتٌ أزرق [Toot azra'q]
**blues** [blu:z] *npl* كآبة [kaʔa:batun]
**bluff** [blʌf] *n* خديعة [xadi:ʕa] ▷ *v* يَخدَع [jaxdaʕu]
**blunder** ['blʌndə] *n* خطأ فادح [Khata fadeh]
**blunt** [blʌnt] *adj* متبلد [mutaballid]
**blush** [blʌʃ] *v* يَستحِي [jastaħi:]
**blusher** ['blʌʃə] *n* أحمر خدود [Ahmar khodod]
**board** [bɔːd] *n (meeting)* هيئة [hajʔa], *(wood)* لوح [lawħ] ▷ *v (go aboard)* لوح [lawħun]; **board game** *n* لعبة طاولة [Lo'abat ṭawlah]; **boarding card** *n* كارت ركوب [Kart rekoob]; **boarding pass** *n* تصريح الركوب [Taṣreeh al-rokob]; **boarding school** *n* مدرسة داخلية [Madrasah dakheleyah]; **bulletin board** *n* لوحة النشرات [Looḥat al-nasharaat]; **diving board** *n* لوح غطس [Looḥ ghaṭs]; **draining board** *n* لوحة تجفيف [Lawhat tajfeef]; **half board** *n* نصف إقامة [Neṣf e'qamah]; **ironing board** *n* لوح الكي [Looḥ alkay]; **notice board** *n* لوحة الملاحظات [Looḥat al-molaḥḍhat]; **skirting board** *n* وَزَرة [wizratun]
**boarder** ['bɔːdə] *n* تلميذ داخلي [telmeedh dakhely]
**boast** [bəʊst] *v* يَتَبَاهى [jataba:ha:]
**boat** [bəʊt] *n* مَركب [markab]; **fishing boat** *n* قارب صيد ['qareb ṣayd]; **rowing boat** *n* قارب تجديف ['qareb tajdeef]; **sailing boat** *n* قارب ابحار ['qareb ebḥar]
**body** ['bɒdɪ] *n* جسم [ʒism]
**bodybuilding** ['bɒdɪ,bɪldɪŋ] *n* كمال الأجسام [Kamal al-ajsaam]
**bodyguard** ['bɒdɪ,gɑːd] *n* حارس شخصي [ḥares shakhṣ]
**bog** [bɒg] *n* مستنقع [mustanqaʕ]
**boil** [bɔɪl] *vi* يَغْلي [jaɣli:] ▷ *vt* يَسلُق

[jasluqu]
**boiled** [bɔɪld] *adj* مغلي [maɣlij]; **boiled egg** *n* بيضة مسلوقة [Bayḍah maslo'qah]
**boiler** ['bɔɪlə] *n* مرجل [mirʒal]
**boiling** ['bɔɪlɪŋ] *adj* غليان [ɣalaja:n]
**boil over** [bɔɪl 'əʊvə] *v* يَخرُج عن شعوره [jaxruʒu ʕan ʃuʕu:rihi]
**Bolivia** [bə'lɪvɪə] *n* بوليفيا [bu:lijfja:]
**Bolivian** [bə'lɪvɪən] *adj* بوليفي [bu:li:fij] ▷ *n* بوليفي [bu:li:fij]
**bolt** [bəʊlt] *n* صامولة [sˤa:mu:la]
**bomb** [bɒm] *n* قنبلة [qunbula] ▷ *v* يَقصف [jaqsˤifu]; **atom bomb** *n* قنبلة ذرية ['qobelah dhareyah]
**bombing** [bɒmɪŋ] *n* تفجير [tafʒi:r]
**bond** [bɒnd] *n* سَند [sanad]
**bone** [bəʊn] *n* عظمة [ʕazˤama]; **bone dry** *adj* جاف تماماً [Jaf tamaman]
**bonfire** ['bɒn,faɪə] *n* إشعال النار [Esh'aal al-naar]
**bonnet** ['bɒnɪt] *n* *(car)* قلنسوة [qulunsuwa]
**bonus** ['bəʊnəs] *n* علاوة [ʕala:wa]
**book** [bʊk] *n* كتاب [kita:b] ▷ *v* يَحجز [jaħʒizu]; **address book** *n* دفتر العناوين [Daftar al-'aanaaween]
**bookcase** ['bʊk,keɪs] *n* خزانة كتب [Khezanat kotob]
**booking** ['bʊkɪŋ] *n* حجز [ħaʒz]; **advance booking** *n* حجز مقدم [Hajz mo'qadam]; **booking office** *n* مكتب الحجز [Maktab al-ḥjz]; **Can I change my booking?** هل يمكن أن أغير الحجز الذي قمت به؟ [hal yamken an aghyir al-ḥajiz al-ladhy 'qumt behe?]; **I want to cancel my booking** أريد إلغاء الحجز الذي قمت به؟ [areed el-ghaa al-ḥajiz al-ladhy 'qumto behe]; **Is there a booking fee?** هل يوجد مصاريف للحجز؟ [hal yujad maṣareef lel-ḥajz?]
**booklet** ['bʊklɪt] *n* كُتَيِّب [kutajjib]
**bookmark** ['bʊk,mɑːk] *n* علامة مميزة ['alamah momayazah]
**bookshelf** ['bʊk,ʃɛlf] *n* رَف الكُتب [Raf al-kotob]
**bookshop** ['bʊk,ʃɒp] *n* مكتبة لبيع الكتب [Maktabah le-bay'a al-kotob]
**boost** [buːst] *v* يُعزز [juʕazzizu]
**boot** [buːt] *n* حذاء عالي السّاق [hedhaa 'aaley al-sa'q]
**booze** [buːz] *n* إسراف في الشراب [Esraf fee alsharab]
**border** ['bɔːdə] *n* حاشية [ħa:ʃija]
**bore** [bɔː] *v* *(be dull)* يَثْقب [jaθqubu], *(drill)* يَثْقب [jaθqubu]
**bored** [bɔːd] *adj* يُسبِب الملل [Yosabeb al-malal]
**boredom** ['bɔːdəm] *n* سَأم [saʔam]
**boring** ['bɔːrɪŋ] *adj* ممل [mumill]
**born** [bɔːn] *adj* مولود [mawlu:d]
**borrow** ['bɒrəʊ] *v* يَستدين [jastadijinu]
**Bosnia** ['bɒznɪə] *n* البوسنة [ʔal-bu:snatu]; **Bosnia and Herzegovina** *n* البوسنة والهرسك [ʔal-bu:snatu wa ʔal-hirsik]
**Bosnian** ['bɒznɪən] *adj* بوسنيّ [bu:snij] ▷ *n* *(person)* بوسني [bu:snij]
**boss** [bɒs] *n* زعيم [zaʕi:m]
**boss around** [bɒs ə'raʊnd] *v* يُملي عليه [Yomely 'aleyh]
**bossy** ['bɒsɪ] *adj* دكتاتوري [dikta:tu:rij]
**both** [bəʊθ] *adj* كلا من [Kolan men] ▷ *pron* كلاهما [kila:huma:]
**bother** ['bɒðə] *v* يُقْلق [jaqlaqu]
**Botswana** [bʊ'tʃwɑːnə; bʊt'swɑːnə; bɒt-] *n* بتسوانا [butswa:na:]
**bottle** ['bɒtᵊl] *n* زجاجة [zuʒa:ʒa]; **baby's bottle** *n* زجاجة رضاعة الطفل [Zojajat reḍa'aat al-ṭefl]; **bottle bank** *n* مستودع الزجاجات [Mostawda'a al-zojajat]; **hot-water bottle** *n* زجاجة مياه ساخنة [Zojajat meyah sakhenah]; **a bottle of mineral water** زجاجة مياه معدنية [zujaja meaa ma'adan-iya]; **a bottle of red wine** زجاجة من النبيذ الأحمر [zujaja min al-nabeedh al-aḥmar]; **Please bring another bottle** من فضلك أحضر لي زجاجة أخرى [min faḍlak iḥḍir lee zujaja okhra]
**bottle-opener** ['bɒtᵊl'əʊpənə] *n* فتاحة الزجاجات [Fatahat al-zojajat]
**bottom** ['bɒtəm] *adj* أسفل [ʔasfalu] ▷ *n*

قاع [qa:ʕ]
**bought** [bɔːt] *adj* جاهز [ʒa:hiz]
**bounce** [baʊns] *v* يَرتدّ [jartaddu]
**bouncer** ['baʊnsə] *n* المتبجح [al-mutabaʒʒiħ]
**boundary** ['baʊndərɪ; -drɪ] *n* حد [ħadd]
**bouquet** ['buːkeɪ] *n* بَاقَة [ba:qa]
**bow** *n* [bəʊ] *(weapon)* قوس [qaws] ▷ *v* [baʊ] انحناء [inħina:ʔun]
**bowels** ['baʊəlz] *npl* شلطانية [sultʕa:nijjatun]
**bowl** [bəʊl] *n* وعاء [wiʕa:ʔ]
**bowling** ['bəʊlɪŋ] *n* لعبة البولينج [Lo'aba al-boolenj]; **bowling alley** *n* مسار كرة البولينج [Maser korat al-boolenj]; **tenpin bowling** *n* لعبة البولنغ العشرية [Lo'aba al-boolenj al-'ashreyah]
**bow tie** [bəʊ] *n* رباط عنق على شكل فراشة [Rebaṭ 'ala shakl frashah]
**box** [bɒks] *n* صندوق [sʕundu:q]; **box office** *n* شباك التذاكر [Shobak al-taḍhaker]; **call box** *n* كابينة تليفون [Kabeenat telefoon]; **fuse box** *n* علبة الفيوز ['aolbat al-feyoz]; **gear box** *n* علبة التروس ['aolbat al-teroos]
**boxer** ['bɒksə] *n* ملاكم [mula:kim]; **boxer shorts** *npl* شورت بوكسر [Short boksar]
**boxing** ['bɒksɪŋ] *n* ملاكمة [mula:kama]
**boy** [bɔɪ] *n* ولد [walad]
**boyfriend** ['bɔɪˌfrɛnd] *n* رفيق [rafi:q]
**bra** [brɑː] *n* حَمَّالة صَدْر [Hammalat ṣadr]
**brace** [breɪs] *n (fastening)* سناد [sana:d]
**bracelet** ['breɪslɪt] *n* سُوَار [suwa:r]
**braces** ['breɪsɪz] *npl* حمالة [ħamma:latun]
**brackets** ['brækɪts] *npl* أقواس [ʔaqwa:sun]
**brain** [breɪn] *n* دِمَاغ [dima:ɣ]
**brainy** ['breɪnɪ] *adj* ذكي [ðakij]
**brake** [breɪk] *n* فرامل [fara:mil] ▷ *v* يُفرْمِل [jufarmilu]; **brake light** *n* مصباح الفرامل [Mesbaḥ al-faramel]; **The brakes don't work** الفرامل لا تعمل [Al-faramel la ta'amal]
**bran** [bræn] *n* نُخالة [nuxa:la]
**branch** [brɑːntʃ] *n* فرع [farʕ]
**brand** [brænd] *n* ماركة [ma:rka]; **brand name** *n* العلامة التجارية [Al-'alamah al-tejareyah]
**brand-new** [brænd'njuː] *adj* ماركة جديدة [Markah jadeedah]
**brandy** ['brændɪ] *n* براندي [bra:ndi:]; **I'll have a brandy** سأتناول براندي [sa-ata-nawal brandy]
**brass** [brɑːs] *n* نحاس أصفر [Nahas aṣfar]; **brass band** *n* فرقة الآلات النحاسية [Fer'qat al-aalat al-naḥaseqeyah]
**brat** [bræt] *n* طفل مزعج [Ṭefl moz'aej]
**brave** [breɪv] *adj* شجاع [ʃuʒa:ʕ]
**bravery** ['breɪvərɪ] *n* شجاعة [ʃaʒa:ʕa]
**Brazil** [brə'zɪl] *n* البرازيل [ʔal-bara:zi:lu]
**Brazilian** [brə'zɪljən] *adj* برازيلي [bara:zi:lij] ▷ *n* برازيلي [bara:zi:lij]
**bread** [brɛd] *n* خُبز [xubz]; **bread roll** *n* خبز ملفوف [Khobz malfoof]; **brown bread** *n* خبز أسمر [Khobz asmar]
**bread bin** [brɛdbɪn] *n* نشّابة [naʃʃa:ba]
**breadcrumbs** ['brɛdˌkrʌmz] *npl* بُقسماط مطحون [Bo'qsomat maṭhoon]
**break** [breɪk] *n* فترة راحة [Fatrat raaḥ a] ▷ *v* يكسر [jaksiru]; **lunch break** *n* استراحة غداء [Estrahet ghadaa]
**break down** [breɪk daʊn] *v* يَتعطل [jataʕatʕtʕalu]
**breakdown** ['breɪkdaʊn] *n* تَعَطُّل [taʕatʕul]; **breakdown truck** *n* شاحنة قَطْر [Shaḥenat 'qaṭr]; **breakdown van** *n* عربة الأعطال ['arabat al-a'ataal]; **nervous breakdown** *n* انهيار عصبي [Enheyar aṣabey]
**breakfast** ['brɛkfəst] *n* إفطار [ʔiftʕa:r]; **bed and breakfast** *n* مبيت وإفطار [Mabeet wa efṭaar]; **continental breakfast** *n* إفطار كونتينتال [Efṭaar kontenental]; **Can I have breakfast in my room?** هل يمكن أن أتناول الإفطار داخل غرفتي؟ [hal yamken an ata-nawal al-efṭaar dakhil ghurfaty?]; **Is breakfast included?** هل يشمل ذلك الإفطار؟ [hal yash-mil dhalik al-iftaar?]; **with**

**breakfast** شاملة الإفطار [shamelat al-efṭaar]; **without breakfast** غير شاملة للإفطار [gheyr shamela lel-efṭaar]; **What time is breakfast?** ما هو موعد الإفطار [ma howa maw-'aid al-efṭaar?]; **What would you like for breakfast?** ماذا تريد تناوله في الإفطار [madha tureed tana-wilho fee al-efṭaar?]
**break in** [breɪk ɪn] *v* يسطو على [Yasṭo 'ala]; **break in (on)** *v* يقتحم
**break-in** [breɪkɪn] *n* اقتحام [iqtiħa:m]
**break up** [breɪk ʌp] *v* يُجَزِأ [juʒazziʔu]
**breast** [brɛst] *n* ثَدي [θadjj]
**breast-feed** ['brɛst,fi:d] *v* يَرضع [jardˤiʕu]
**breaststroke** ['brɛst,strəʊk] *n* سباحة الصدر [Sebaḥat al-ṣadr]
**breath** [brɛθ] *n* نَفَس [nafs]
**Breathalyser®** ['brɛθə,laɪzə] *n* ®بريثاليزر [bri:θa:lajzr]
**breathe** [bri:ð] *v* يَتنفَس [jatanafasu]
**breathe in** [bri:ð ɪn] *v* يَستنشق [jastanʃiqu]
**breathe out** [bri:ð aʊt] *v* يَزفِر [jazfiru]
**breathing** ['bri:ðɪŋ] *n* تنفس [tanaffus]
**breed** [bri:d] *n* نسل [nasl] ▷ *v* يَتناسل [jatana:salu]
**breeze** [bri:z] *n* نسيم [nasi:m]
**brewery** ['brʊərɪ] *n* مصنع البيرة [maṣna'a al-beerah]
**bribe** [braɪb] *v* يَرشو [jarʃu:]
**bribery** ['braɪbərɪ; 'bribery] *n* رشوة [raʃwa]
**brick** [brɪk] *n* طوبة [tˤu:ba]
**bricklayer** ['brɪk,leɪə] *n* بنَّاء [banna:ʔ]
**bride** [braɪd] *n* عروس [ʕaru:s]
**bridegroom** ['braɪd,gru:m; -,grʊm] *n* عريس [ʕari:s]
**bridesmaid** ['braɪdz,meɪd] *n* وصيفة العروس [Waṣeefat al-'aroos]
**bridge** [brɪdʒ] *n* جسر [ʒisr]; **suspension bridge** *n* جسر معلق [Jesr mo'aala'q]
**brief** [bri:f] *adj* ملخص [mulaxxasˤ]
**briefcase** ['bri:f,keɪs] *n* حقيبة أوراق جلدية [Ha'qeebat awra'q jeldeyah]
**briefing** ['bri:fɪŋ] *n* إصدار التعليمات [Eṣdar al ta'alemat]
**briefly** ['bri:flɪ] *adv* باختصار [bekhteṣaar]
**briefs** [bri:fs] *npl* سروال تحتي قصير [Serwal taḥtey 'qaṣeer]
**bright** [braɪt] *adj* ساطع [sa:tˤiʕ]
**brilliant** ['brɪljənt] *adj* شخص متقد الذكاء [shakhṣ mota'qed al-dhakaa]
**bring** [brɪŋ] *v* يُحضِر [juħadˤdˤiru]
**bring back** [brɪŋ bæk] *v* يُعْيد [juʕi:du]
**bring forward** [brɪŋ 'fɔ:wəd] *v* يُقدم [juqaddimu]
**bring up** [brɪŋ ʌp] *v* يُربي [jurabbi:]
**Britain** ['brɪtᵊn] *n* بريطانيا [bri:tˤa:nja:]
**British** ['brɪtɪʃ] *adj* بريطاني [bri:tˤa:nij] ▷ *n* بريطاني [bri:tˤa:nij]
**broad** [brɔ:d] *adj* واسع [wa:siʕ]
**broadband** ['brɔ:d,bænd] *n* نطاق واسع [Neṭ'q wase'a]
**broadcast** ['brɔ:d,kɑ:st] *n* إذاعة [ʔiða:ʕa] ▷ *v* يُذيع [juði:ʕu]
**broad-minded** [brɔ:d'maɪndɪd] *adj* واسع الأفق [Wase'a al-ofo'q]
**broccoli** ['brɒkəlɪ] *n* قرنبيط [qarnabi:tˤ]
**brochure** ['brəʊʃjʊə; -ʃə] *n* كتيب إعلاني [Kotayeb e'alaaney]
**broke** [brəʊk] *adj* مفلس [muflis]
**broken** ['brəʊkən] *adj* مكسور [maksu:r]; **broken down** *adj* مُعَطَّل [muʕatˤtˤalun]; **The lock is broken** القفل مكسور [al-'qiful maksoor]; **This is broken** إنها مكسورة [inaha maksoora]
**broker** ['brəʊkə] *n* سمسار [samsa:r]
**bronchitis** [brɒŋ'kaɪtɪs] *n* التهاب شُعَبي [Eltehab sho'aaby]
**bronze** [brɒnz] *n* برونز [bru:nz]
**brooch** [brəʊtʃ] *n* بروش [bru:ʃ]
**broom** [bru:m; brʊm] *n* مكنسة [miknasatu]
**broth** [brɒθ] *n* مرق [maraq]
**brother** ['brʌðə] *n* أخ [ʔax]
**brother-in-law** ['brʌðə ɪn lɔ:] *n* زوج الأخت [zawj alokht]
**brown** [braʊn] *adj* بُنيّ [bunnij]; **brown bread** *n* خبز أسمر [Khobz asmar]; **brown rice** *n* أرز أسمر [Orz asmar]

**browse** [braʊz] *v* يتصفح [jatasˤaffaħu]
**browser** ['braʊzə] *n* مُتَصفّح [mutasˤaffiħ]
**bruise** [bruːz] *n* كدمة [kadama]
**brush** [brʌʃ] *n* فرشاة [furʃaːt] ▷ *v* يُنَظِف بالفرشاة [yonadhef bel-forshah]
**brutal** ['bruːtᵊl] *adj* وحشي [waħʃij]
**bubble** ['bʌbᵊl] *n* فُقاعة [fuqaːʕa]; **bubble bath** *n* سائل استحمام [Saael estehmam]; **bubble gum** *n* لبان بالون [Leban balloon]
**bucket** ['bʌkɪt] *n* دَلْو [dalw]
**buckle** ['bʌkᵊl] *n* إبزيم [ʔibziːm]
**Buddha** ['bʊdə] *n* بوذا [buːðaː]
**Buddhism** ['bʊdɪzəm] *n* البوذية [al-buːðijjatu]
**Buddhist** ['bʊdɪst] *adj* بوذي [buːðij] ▷ *n* بوذي [buːðij]
**budgerigar** ['bʌdʒərɪˌgɑː] *n* بغبغاء [babbaɣaːʔ]
**budget** ['bʌdʒɪt] *n* ميزانية [miːzaːnijja]
**budgie** ['bʌdʒɪ] *n* بغبغاء [babbaɣaːʔ]
**buffalo** ['bʌfəˌləʊ] *n* جاموسة [ʒaːmuːsa]
**buffet** ['bʊfeɪ] *n* سُفرة [sufra]; **buffet car** *n* عربة البوفيه ['arabat al-boofeeh]
**bug** [bʌg] *n* بقة [baqqa]
**bugged** ['bʌgd] *adj* مُراقب [muraːqib]
**buggy** ['bʌgɪ] *n* عربة صغيرة خفيفة ['arabah ṣagheerah khafeefah]
**build** [bɪld] *v* يَبْني [jabniː]
**builder** ['bɪldə] *n* بنّاء [bannaːʔ]
**building** ['bɪldɪŋ] *n* بِنَاء [binaːʔ]; **building site** *n* موقع البناء [Maw'qe'a al-benaa]
**bulb** [bʌlb] *n* *(electricity)* بصلة النبات [baṣalat al-nabat], *(plant)* لَحاء [liħaːʔ]
**Bulgaria** [bʌl'gɛərɪə; bʊl-] *n* بلغاريا [bulɣaːrjaː]
**Bulgarian** [bʌl'gɛərɪən; bʊl-] *adj* بلغاري [balɣaːriː] ▷ *n* *(language)* اللغة البلغارية [Al-loghah al-balghareyah], *(person)* بلغاري [balɣaːriː]
**bulimia** [bjuː'lɪmɪə] *n* شراهة الأكل [Sharahat alakal]
**bull** [bʊl] *n* ثور [θawr]
**bulldozer** ['bʊlˌdəʊzə] *n* جرافة [ʒarraːfa]
**bullet** ['bʊlɪt] *n* رصاصة [rasˤaːsˤa]
**bully** ['bʊlɪ] *n* بلطجي [baltˤaʒij] ▷ *v* يستأسد على [jastaʔsidu ʕalaː]
**bum** [bʌm] *n* عُجيزَةٌ [ʕaʒiːza]; **bum bag** *n* حقيبة صغيرة [Ha'qeebah ṣagheerah]
**bumblebee** ['bʌmbᵊlˌbiː] *n* نحلة ضخمة [Naḥlah ḍakhmah]
**bump** [bʌmp] *n* ضَربة [dˤarba]; **bump into** *v* يتصادف مع [Yataṣaadaf ma'a]
**bumper** ['bʌmpə] *n* مصد [musˤidd]
**bumpy** ['bʌmpɪ] *adj* وَعِر [waʕir]
**bun** [bʌn] *n* كعكة [kaʕka]
**bunch** [bʌntʃ] *n* حزمة [ħuzma]
**bungalow** ['bʌŋgəˌləʊ] *n* بيت من طابق واحد [Bayt men ṭabe'q wahed]
**bungee jumping** ['bʌndʒɪ] *n* قفز بالحبال ['qafz bel-ḥebal]; **Where can I go bungee jumping?** أين يمكن أن أذهب للقفز بالحبال المطاطية؟ [ayna yamken an adhhab lil-'qafiz bel-ḥebal al-maṭaṭiya?]
**bunion** ['bʌnjən] *n* التفاف إبهام القدم [Eltefaf ebham al-'qadam]
**bunk** [bʌŋk] *n* سَرير مبيت [Sareer mabeet]; **bunk beds** *npl* سَرير بدورين [Sareer bedoreen]
**buoy** [bɔɪ; 'buːɪ] *n* عَوّامَة [ʕawaːma]
**burden** ['bɜːdᵊn] *n* عبء [ʕibʔ]
**bureaucracy** [bjʊə'rɒkrəsɪ] *n* بيروقراطية [biːruːqraːtˤijjati]
**bureau de change** ['bjʊərəʊ də 'ʃɒnʒ] *n* مكتب صرافة [Maktab ṣerafah]; **I need to find a bureau de change** أريد الذهاب إلى مكتب صرافة [areed al-dhehaab ela maktab ṣerafa]; **Is there a bureau de change here?** هل يوجد مكتب صرافة هنا؟ [hal yujad maktab ṣerafa huna?]; **When is the bureau de change open?** متى يبدأ مكتب الصرافة عمله؟ [mata yabda maktab al-ṣirafa 'aamalaho?]
**burger** ['bɜːgə] *n* هامبُرجَر [haːmbarʒar]
**burglar** ['bɜːglə] *n* لص المنازل [Leṣ al-manazel]; **burglar alarm** *n* إنذار سرقة [endhar sare'qa]
**burglary** ['bɜːglərɪ] *n* سَطو [satˤw]
**burgle** ['bɜːgᵊl] *v* يَسطو [jastˤuː]
**Burma** ['bɜːmə] *n* بورما [buːrmaː]

**Burmese** [bɜːˈmiːz] *adj* بورمي [buːrmij] ▷ *n (language)* اللغة البورمية [Al-loghah al-bormeyah], *(person)* بورمي [buːrmij]
**burn** [bɜːn] *n* حرق [ħuriqa] ▷ *v* يَحرق [jaħriqu]
**burn down** [bɜːn daʊn] *v* يَحترق عن آخره [Yaḥtare'q, 'an aakherh]
**burp** [bɜːp] *n* تَجَشُؤ [taʒaʃʃuʔ] ▷ *v* يَتجشأ [jataʒaʃʃaʔu]
**burst** [bɜːst] *v* ينفجر [janfaʒiru]
**bury** [ˈbɛrɪ] *v* يَدفِن [jadfinu]
**bus** [bʌs] *n* أوتوبيس [ʔuːtuːbiːs]; **airport bus** *n* أتوبيس المطار [Otobees al-maṭar]; **bus station** *n* محطة أوتوبيس [Mahaṭat otobees]; **bus stop** *n* موقف أوتوبيس [Maw'qaf otobees]; **bus ticket** *n* تذكرة أوتوبيس [tadhkarat otobees]
**bush** [bʊʃ] *n (shrub)* شُجَيْرَة [ʃuʒajra], *(thicket)* دَغَل [duɣl]
**business** [ˈbɪznɪs] *n* أعمال تجارية [A'amaal tejareyah]; **business class** *n* درجة رجال الأعمال [Darajat rejal ala'amal]; **business trip** *n* رحلة عمل [Reḥlat 'aamal]; **show business** *n* مجال الاستعراض [Majal al-este'araḍ]
**businessman, businessmen** [ˈbɪznɪsˌmæn; -mən, ˈbɪznɪsˌmɛn] *n* رَجُل أعمال [Rajol a'amal]
**businesswoman, businesswomen** [ˈbɪznɪsˌwʊmən, ˈbɪznɪsˌwɪmɪn] *n* سيدة أعمال [Sayedat a'amaal]; **I'm a businesswoman** أنا سيدة أعمال [ana sayidat a'amaal]
**busker** [ˈbʌskə] *n* فنان متسول [Fanan motasawol]
**bust** [bʌst] *n* صَدْر [sˁadr]
**busy** [ˈbɪzɪ] *adj* مشغول [maʃɣuːl]; **busy signal** *n* إشارة انشغال الخط [Esharat ensheghal al-khat]
**but** [bʌt] *conj* لكن
**butcher** [ˈbʊtʃə] *n* جزار [ʒazzaːr]
**butcher's** [ˈbʊtʃəz] *n* محل الجزار [Maḥal al-jazar]
**butter** [ˈbʌtə] *n* زُبْدَة [zubda]; **peanut butter** *n* زُبْدة الفستق [Zobdat al-fosto'q]
**buttercup** [ˈbʌtəˌkʌp] *n* عُشب الحَوْذان ['aoshb al-hawdhan]
**butterfly** [ˈbʌtəˌflaɪ] *n* فراشة [faraːʃa]
**buttocks** [ˈbʌtəkz] *npl* أرْدَاف [ʔardaːfun]
**button** [ˈbʌtᵊn] *n* زِرّ [zirr]; **belly button** *n* سُرّة البطن [Sorrat al-baṭn]
**buy** [baɪ] *v* يَشتَري [jaʃtariː]
**buyer** [ˈbaɪə] *n* مشتري [muʃtariː]
**buyout** [ˈbaɪˌaʊt] *n* شراء كامل [Sheraa kaamel]
**by** [baɪ] *prep* بواسطة [biwaːsitˁati]
**bye-bye** [baɪbaɪ] *excl* إلى اللقاء [ela al-le'qaa]
**bypass** [ˈbaɪˌpɑːs] *n* ممر جانبي [Mamar janebey]

# C

**cab** [kæb] *n* سيارة أجرة [Sayarah ojarah]
**cabbage** ['kæbɪdʒ] *n* كُرُنْبٌ [kurnub]
**cabin** ['kæbɪn] *n* كابينة [ka:bi:na]كوخ , [ku:x]; **cabin crew** *n* كابينة الطاقم [Kabbenat al-ṭa'qam]; **a first-class cabin** كابينة من الدرجة الأولى [kabeena min al-daraja al-o-la]; **a standard class cabin** كابينة من الدرجة العادية [kabeena min al-daraja al-'aadiyah]; **Where is cabin number five?** أين توجد الكابينة رقم خمسة؟ [Ayn tojad al-kabeenah ra'qm khamsah?]
**cabinet** ['kæbɪnɪt] *n* خِزانة [xiza:na]
**cable** ['keɪbᵊl] *n* كابل [ka:bil]; **cable car** *n* تَرام [tra:mun]; **cable television** *n* وَصْلَة تلفزيونية [Wṣlah telefezyoneyah]
**cactus** ['kæktəs] *n* صبار [sˁabba:r]
**cadet** [kə'dɛt] *n* طالب عسكري [Ṭaleb 'askarey]
**café** ['kæfeɪ; 'kæfɪ] *n* مقهى [maqha:]; **Internet café** *n* مقهى الانترنت [Ma'qha al-enternet]; **Are there any Internet cafés here?** هل يوجد أي مقهى للإنترنت هنا؟ [hal yujad ay ma'qha lel-internet huna?]
**cafeteria** [ˌkæfɪ'tɪərɪə] *n* كافيتريا [kafijtirja:]
**caffeine** ['kæfiːn; 'kæfɪˌiːn] *n* كافين [ka:fi:n]
**cage** [keɪdʒ] *n* قفص [qafasˁ]
**cagoule** [kə'guːl] *n* معطف المطر [Me'ataf lel-maṭar]
**cake** [keɪk] *n* كعك [kaʕk]
**calcium** ['kælsɪəm] *n* كالسيوم [ka:lsju:m]
**calculate** ['kælkjʊˌleɪt] *v* يَعُد [jaʕuddu]
**calculation** [ˌkælkjʊ'leɪʃən] *n* حُسبان [ħusba:n]
**calculator** ['kælkjʊˌleɪtə] *n* آلة حاسبة [Aalah ḥasbah]; **pocket calculator** *n* آلة حاسبة للجيب [Alah haseba lel-jeeb]
**calendar** ['kælɪndə] *n* تقويم [taqwi:m]
**calf, calves** [kɑːf, kɑːvz] *n* عجل [ʕiʒl]
**call** [kɔːl] *n* مكالمة [muka:lama] ▷ *v* يَستدعي [jastadʕi:]; **alarm call** *n* نداء استغاثة [Nedaa esteghathah]; **call box** *n* كابينة تليفون [Kabeenat telefoon]; **call centre** *n* مركز الاتصال [Markaz al-eteṣal]; **roll call** *n* تَفَقُد الحضور [Tafa'qod al-ḥoḍor]; **I must make a phonecall** يجب أن أقوم بإجراء مكالمة تليفونية [yajib an a'qoom be-ijraa mukalama talefonia]; **I'd like to make a reverse charge call** أريد إجراء مكالمة تليفونية مدفوعة من الطرف الآخر [areed ejraa mukalama talefonia mad-fo'aa min al-ṭaraf al-aakhar]
**call back** [kɔːl bæk] *v* يُعاوِد الاتصال [Yo'aaawed al-eteṣaal]
**call for** [kɔːl fɔː] *v* يَدْعو إلى [Yad'aoo ela]
**call off** [kɔːl ɒf] *v* يَزْجُر [jazʒuru]
**calm** [kɑːm] *adj* ساكن [sa:kin]
**calm down** [kɑːm daʊn] *v* يَهْدَأ [juhaddiʔu]
**calorie** ['kælərɪ] *n* سُعْر حراري [So'ar hararey]
**Cambodia** [kæm'bəʊdɪə] *n* كامبوديا [ka:mbu:dja:]
**Cambodian** [kæm'bəʊdɪən] *adj* كمبودي [kambu:dij] ▷ *n (person)* شخص كمبودي [Shakhṣ kamboodey]
**camcorder** ['kæmˌkɔːdə] *n* كاميرا فيديو نقال [Kamera fedyo na'q'qaal]
**camel** ['kæməl] *n* جمل [ʒamal]

**camera** ['kæmərə; 'kæmrə] *n* كاميرا [ka:mi:ra:]; **camera phone** *n* تليفون بكاميرا [Telefoon bekamerah]; **digital camera** *n* كاميرا رقمية [Kameera ra'qmeyah]; **video camera** *n* كاميرا فيديو [Kamera fedyo]

**cameraman, cameramen** ['kæmərə,mæn; 'kæmrə-, 'kæmərə,mɛn] *n* مُصَوِّر [musˤawwir]

**Cameroon** [,kæmə'ru:n; 'kæmə,ru:n] *n* الكاميرون [al-ka:mi:ru:n]

**camp** [kæmp] *n* معسكر [muʕaskar] ▷ *v* يُخيم [juxajjimu]; **camp bed** *n* سرير رحلات [Sareer raḥalat]

**campaign** [kæm'peɪn] *n* حملة [ħamla]

**camper** ['kæmpə] *n* مُعَسكِر [muʕaskar]

**camping** ['kæmpɪŋ] *n* تنظيم المعسكرات [Tanṭeem al-mo'askarat]; **camping gas** *n* موقد يعمل بالغاز للمعسكرات [Maw'qed ya'amal bel-ghaz lel-mo'askarat]

**campsite** ['kæmp,saɪt] *n* موقع المعسكر [Maw'qe'a al-mo'askar]

**campus** ['kæmpəs] *n* الحرم الجامعي [Al-ḥaram al-jame'aey]

**can** [kæn] *n* علبة [ʕulba] ▷ *v* يستطيع [jastatˤi:ʕu]; **watering can** *n* رشاش مياه [Rashah meyah]

**Canada** ['kænədə] *n* كندا [kanada:]

**Canadian** [kə'neɪdɪən] *adj* كندي [kanadij] ▷ *n* شخص كندي [Shakhṣ kanadey]

**canal** [kə'næl] *n* قناة [qana:t]

**Canaries** [kə'nɛəri:z] *npl* طيور الكناري [tˤuju:ru al-kana:rijji]

**canary** [kə'nɛərɪ] *n* طائر الكناري [Taaer al-kanarey]

**cancel** ['kæns°l] *v* يُبْطِل [jubtˤil]

**cancellation** [,kænsɪ'leɪʃən] *n* إلغاء [ʔilɣa:ʔ]; **Are there any cancellations?** هل تم إلغاء أي حجز؟ [hal tam-a el-gha ay ḥajiz?]

**cancer** ['kænsə] *n* (*illness*) مرض السرطان [Maraḍ al-saraṭan]

**Cancer** ['kænsə] *n* (*horoscope*) برج السرطان [Borj alsaraṭan]

**candidate** ['kændɪ,deɪt; -dɪt] *n* مُرَشَّح [muraʃʃaħ]

**candle** ['kænd°l] *n* شمعة [ʃamʕa]

**candlestick** ['kænd°l,stɪk] *n* شمعدان [ʃamʕada:n]

**candyfloss** ['kændɪ,flɒs] *n* غزل البنات [Ghazl al-banat]

**canister** ['kænɪstə] *n* علبة صغيرة ['aolbah ṣagherah]

**cannabis** ['kænəbɪs] *n* حشيش [ħaʃi:ʃ]

**canned** [kænd] *adj* مُعَلَّبة [muʕallabat]

**canoe** [kə'nu:] *n* صندل [sˤandal]

**canoeing** [kə'nu:ɪŋ] *n* تجديف [taʒdi:f]; **Where can we go canoeing?** أين يمكن أن أمارس رياضة التجديف بالقوارب الصغيرة؟ [ayna yamken an omares riyaḍat al-tajdeef bil- 'qawareb al-ṣaghera?]

**can-opener** ['kæn'əʊpənə] *n* فتاحة علب التصبير [Fatahat 'aolab al-taṣdeer]

**canteen** [kæn'ti:n] *n* مطعم [matˤʕam]

**canter** ['kæntə] *v* يُخِب الفرس [Yokheb al-faras]

**canvas** ['kænvəs] *n* قماش الرسم ['qomash al-rasm]

**canvass** ['kænvəs] *v* يَستطلع الرأي [Yastaṭle'a al-ray]

**cap** [kæp] *n* غطاء قنينة [Gheṭa'a 'qeneenah]; **baseball cap** *n* قُبَعة البيسبول ['qoba'at al-beesbool]

**capable** ['keɪpəb°l] *adj* مؤهل [moahhal]

**capacity** [kə'pæsɪtɪ] *n* سعة [siʕa]

**capital** ['kæpɪt°l] *n* عاصمة [ʕa:sˤima]

**capitalism** ['kæpɪtə,lɪzəm] *n* رأسمالية [raʔsuma:lijja]

**Capricorn** ['kæprɪ,kɔ:n] *n* الجَدْي [alʒadju]

**capsize** [kæp'saɪz] *v* يَنقلب [janqalibu]

**capsule** ['kæpsju:l] *n* كبسولة [kabsu:la]

**captain** ['kæptɪn] *n* رئيس [raʔijs]

**caption** ['kæpʃən] *n* تعليق [taʕli:q]

**capture** ['kæptʃə] *v* يَأسِر [jaʔsiru]

**car** [kɑ:] *n* سَيارة [sajja:ra]; **cable car** *n* ترام [tra:mun]; **car hire** *n* إيجار سيارة [Ejar sayarah]; **car park** *n* موقف انتظار [Maw'qaf enteḍhar]; **car rental** *n* تأجير سيارة [Taajeer sayarah]; **car wash** *n*

غسيل سيارة [ghaseel sayaarah]; **company car** *n* سيارة الشركة [Sayarat al-sharekah]; **dining car** *n* عربة تناول الطعام في القطار ['arabat tanawool al-ṭa'aaam fee al-'qeṭar]; **estate car** *n* سيارة بصالون متحرك المقاعد [Sayarah be-ṣalon motaḥarek al-ma'qaed]; **hired car** *n* سيارة مستأجرة [Sayarah mostaajarah]; **patrol car** *n* سيارة الدورية [Sayarah al-dawreyah]; **racing car** *n* سيارة السباق [Sayarah al-seba'q]; **rental car** *n* سيارة إيجار [Sayarah eejar]; **saloon car** *n* سيارة صالون [Sayarah ṣalon]; **sleeping car** *n* عربة النوم ['arabat al-nawm]

**carafe** [kəˈræf; -ˈrɑːf] *n* غرّافة [ɣarra:fa]

**caramel** [ˈkærəməl; -ˌmɛl] *n* كرميل [karami:l]

**carat** [ˈkærət] *n* قيراط [qi:ra:tˤ]

**caravan** [ˈkærəˌvæn] *n* مَقْطُورَة [maqtˤu:ra]; **caravan site** *n* موقع المَقْطُورَة [Maw'qe'a al-ma'qṭorah]

**carbohydrate** [ˌkɑːbəʊˈhaɪdreɪt] *n* كَارْبُوهَيْدْرَات [ka:rbu:hajdra:t]

**carbon** [ˈkɑːbᵊn] *n* كربون [karbu:n]; **carbon footprint** *n* بصمة كربونية [Baṣma karbonyah]

**carburettor** [ˌkɑːbjʊˈrɛtə; ˈkɑːbjʊˌrɛtə; -bə-] *n* المكربن [Al-makreen]

**card** [kɑːd] *n* بطاقة [bitˤa:qa]; **boarding card** *n* كارت ركوب [Kart rekoob]; **credit card** *n* كارت ائتمان [Kart eateman]; **debit card** *n* كارت سحب [Kart sahb]; **greetings card** *n* بطاقة تهنئة [Beṭaqat tahneaa]; **ID card** *abbr* بطاقة شخصية [beṭ a'qah shakhṣeyah]; **membership card** *n* بطاقة عضوية [Beṭaqat 'aodweiah]; **playing card** *n* بطاقة لعب [Beṭaqat la'aeb]; **report card** *n* تقرير مدرسي [Ta'qreer madrasey]; **top-up card** *n* كارت إعادة الشحن [Kart e'aadat shaḥn]

**cardboard** [ˈkɑːdˌbɔːd] *n* ورق مقوى [Wara'q mo'qawa]

**cardigan** [ˈkɑːdɪɡən] *n* سترة صوفية [Sotrah ṣofeyah]

**cardphone** [ˈkɑːdfəʊn] *n* كارت تليفون [Kart telefone]

**care** [kɛə] *n* عناية [ʕina:ja] ▷ *v* يعتني [jaʕtani:]; **intensive care unit** *n* وحدة العناية المركزة [Weḥdat al-'aenayah al-morkazah]

**career** [kəˈrɪə] *n* حقل النشاط [Ha'ql al-nashaṭ]

**careful** [ˈkɛəfʊl] *adj* حَذِرٌ [ħaðir]

**carefully** [ˈkɛəfʊlɪ] *adv* بعناية [Be-'aenayah]

**careless** [ˈkɛəlɪs] *adj* مهمل [muhmil]

**caretaker** [ˈkɛəˌteɪkə] *n* مشرف على بيت [Moshref ala bayt]

**car-ferry** [ˈkɑːfɛrɪ] *n* معدية سيارات [Me'adeyat sayarat]

**cargo** [ˈkɑːɡəʊ] *n* حُمولة [ħumu:la]

**Caribbean** [ˌkærɪˈbiːən; kəˈrɪbɪən] *adj* كاريبي [ka:rajbi:] ▷ *n* البحر الكاريبي [Al-baḥr al-kareebey]

**caring** [ˈkɛərɪŋ] *adj* مهتم بالآخرين [Mohtam bel-aakhareen]

**carnation** [kɑːˈneɪʃən] *n* قرنفل [qaranful]

**carnival** [ˈkɑːnɪvᵊl] *n* كرنفال [karnafa:l]

**carol** [ˈkærəl] *n* أغنية مرحة [oghneyah mareha]

**carpenter** [ˈkɑːpɪntə] *n* نجار [naʒʒa:r]

**carpentry** [ˈkɑːpɪntrɪ] *n* نجارة [niʒʒa:ra]

**carpet** [ˈkɑːpɪt] *n* سجادة [saʒa:dda]; **fitted carpet** *n* سجاد مثبت [Sejad mothabat]

**carriage** [ˈkærɪdʒ] *n* حافلة [ħa:fila]

**carriageway** [ˈkærɪdʒˌweɪ] *n*; **dual carriageway** *n* طريق مزدوج الاتجاه للسيارات [Taree'q mozdawaj al-etejah lel-sayarat]

**carrot** [ˈkærət] *n* جزر [ʒazar]

**carry** [ˈkærɪ] *v* يَحمِل [juħmalu]

**carrycot** [ˈkærɪˌkɒt] *n* سرير محمول للطفل [Sareer maḥmool lel-ṭefl]

**carry on** [ˈkærɪ ɒn] *v* يَستمِر [jastamirru]

**carry out** [ˈkærɪ aʊt] *v* يُنَفِذ [junaffiðu]

**cart** [kɑːt] *n* عربة [ʕaraba]

**carton** [ˈkɑːtᵊn] *n* علبة كارتون ['aolbat kartoon]

**cartoon** [kɑːˈtuːn] *n* رسوم متحركة [Rosoom motaharekah]
**cartridge** [ˈkɑːtrɪdʒ] *n* خرطوشة [xartˤuːʃa]
**carve** [kɑːv] *v* يَنْحِت [janħutu]
**case** [keɪs] *n* قضية [qadˤijja]; **pencil case** *n* مقلمة [miqlamatun]
**cash** [kæʃ] *n* نَقْد [naqd]; **cash dispenser** *n* ماكينة صرافة [Makenat ṣerafah]; **cash register** *n* ماكينة تسجيل الكاش [Makenat tasjeel al-kaash]
**cashew** [ˈkæʃuː; kæˈʃuː] *n* ثمرة الكاجو [Thamarat al-kajoo]
**cashier** [kæˈʃɪə] *n* صَرّاف [sˤarraːf]
**cashmere** [ˈkæʃmɪə] *n* شال من الصوف الناعم [Shal men al-Ṣoof al-na'aem]
**casino** [kəˈsiːnəʊ] *n* كازينو [kaːziːnuː]
**casserole** [ˈkæsəˌrəʊl] *n* كسرولة [kasruːlatu]
**cassette** [kæˈsɛt] *n* كاسيت [kaːsiːt]
**cast** [kɑːst] *n* يَضْبُ [jasˤubu]
**castle** [ˈkɑːsᵊl] *n* قلعة [qalʕa]
**casual** [ˈkæʒjʊəl] *adj* طارئ [tˤaːriʔ]
**casually** [ˈkæʒjʊəlɪ] *adv* بشكل عَارِض [Beshakl 'aareḍ]
**casualty** [ˈkæʒjʊəltɪ] *n* مُصَاب [musˤaːb]
**cat** [kæt] *n* قطة [qitˤa]
**catalogue** [ˈkætəˌlɒɡ] *n* كتالوج [kataːluːʒ]; **I'd like a catalogue** أريد مشاهدة الكتالوج [areed mu-shahadat al-kataloj]
**cataract** [ˈkætəˌrækt] *n* *(eye)* مياه بيضاء [Meyah bayḍaa], *(waterfall)* شَلال كبير [Shallal kabeer]
**catarrh** [kəˈtɑː] *n* نَزْلة [nazla]
**catastrophe** [kəˈtæstrəfɪ] *n* نكبة [nakba]
**catch** [kætʃ] *v* يمسك [jumsiku]
**catching** [ˈkætʃɪŋ] *adj* فاتن [faːtin]
**catch up** [kætʃ ʌp] *v* لحق ب [laħiqa bi]
**category** [ˈkætɪɡərɪ] *n* فئة [fiʔa]
**catering** [ˈkeɪtərɪŋ] *n* توريد الطعام [Tarweed al-ṭa'aam]
**caterpillar** [ˈkætəˌpɪlə] *n* يَرْقَانَةٌ [jaraqaːna]
**cathedral** [kəˈθiːdrəl] *n* كاتدرائية [kaːtidraːʔijja]; **When is the cathedral open?** متى تُفتح الكاتدرائية؟ [mata tuftaḥ al-katid-ra-eya?]
**Catholic** [ˈkæθəlɪk; ˈkæθlɪk] *adj* كاثوليكي [kaːθuːliːkij] ▷ *n* شخص كاثوليكي [Shakhṣ katholeykey]; **Roman Catholic** *n* روماني كاثوليكي [Romaney katholeykey] شخص روماني كاثوليكي , [shakhṣ romaney katholeekey]
**cattle** [ˈkætᵊl] *npl* ماشية [maːʃijjatun]
**Caucasus** [ˈkɔːkəsəs] *n* قوقاز [quːqaːz]
**cauliflower** [ˈkɒlɪˌflaʊə] *n* قنبيط [qanbiːtˤ]
**cause** [kɔːz] *n* *(ideals)* سبب [sabab], *(reason)* سبب [sabab] ▷ *v* يُسبب [jusabbibu]
**caution** [ˈkɔːʃən] *n* حَذَر [ħaðar]
**cautious** [ˈkɔːʃəs] *adj* حذِر [ħaðir]
**cautiously** [ˈkɔːʃəslɪ] *adv* بحذر [beḥadhar]
**cave** [keɪv] *n* كهف [kahf]
**CCTV** [siː siː tiː viː] *abbr* دائرة تلفزيونية مغلقة [Daerah telefezyoneyah moghla'qa]
**CD** [siː diː] *n* اسطوانة [ustˤuwaːna]; **CD burner** *n* ناسخ الاسطوانة [Nasekh al-esṭewanah]; **CD player** *n* مشغل الاسطوانات [Moshaghel al-esṭewanat]; **When will the CD be ready?** متى ستكون الاسطوانة جاهزة؟ [mata sata-koon al-esṭ-ewana jaheza?]
**CD-ROM** [-ˈrɒm] *n* دُرج الأسطوانات المدمجة [Dorj al-esṭewanaat al-modmajah]
**ceasefire** [ˈsiːsˈfaɪə] *n* وَقف إطلاق النار [Wa'qf eṭlaa'q al-naar]
**ceiling** [ˈsiːlɪŋ] *n* سَقف [saqf]
**celebrate** [ˈsɛlɪˌbreɪt] *v* يَحْتفل [jaħtafilu]
**celebration** [ˈsɛlɪˌbreɪʃən] *n* احتفال [iħtifaːl]
**celebrity** [sɪˈlɛbrɪtɪ] *n* شُهْرَة [ʃuhra]
**celery** [ˈsɛlərɪ] *n* كرفس [kurfus]
**cell** [sɛl] *n* خلية [xalijja]
**cellar** [ˈsɛlə] *n* قبو [qabw]
**cello** [ˈtʃɛləʊ] *n* كمنجة كبيرة [Kamanjah kabeerah]

**cement** [sɪ'mɛnt] *n* أسمنت [ʔasmant]
**cemetery** ['sɛmɪtrɪ] *n* مقبرة [maqbara]
**census** ['sɛnsəs] *n* إحصاء رسمي [Ehṣaa rasmey]
**cent** [sɛnt] *n* سِنت [sint]
**centenary** [sɛn'ti:nərɪ] *n* قَرْن [qarn]
**centimetre** ['sɛntɪ,mi:tə] *n* سنتيمتر [santi:mitar]
**central** ['sɛntrəl] *adj* مركزي [markazijjat]; **central heating** *n* تدفئة مركزية [Tadfeah markazeyah]; **Central America** *n* أمريكا الوسطى [Amrika al wostaa]
**centre** ['sɛntə] *n* وسطْ [wasatˤ]; **call centre** *n* مركز الاتصال [Markaz al-eteṣal]; **city centre** *n* وسط المدينة [Wasaṭ al-madeenah]; **job centre** *n* مركز العمل [markaz al-'aamal]; **leisure centre** *n* مركز ترفيهي [Markaz tarfehy]; **shopping centre** *n* مركز تسوق [Markaz tasawe'q]; **town centre** *n* وَسَطْ المدينة [Wasaṭ al-madeenah]; **visitor centre** *n* مركز زائري [Markaz zaerey]
**century** ['sɛntʃərɪ] *n* قرن [qarn]
**CEO** [si: i: əʊ] *abbr* مدير الإدارة التنفيذية [Modeer el-edarah al-tanfeedheyah]
**ceramic** [sɪ'ræmɪk] *adj* خزفي [xazafij]
**cereal** ['sɪərɪəl] *n* حبوب [ħubu:b]
**ceremony** ['sɛrɪmənɪ] *n* مراسم [mara:sim]
**certain** ['sɜ:tᵊn] *adj* محدد [muħadadd]
**certainly** ['sɜ:tᵊnlɪ] *adv* بلا شَكّ [Bela shak]
**certainty** ['sɜ:tᵊntɪ] *n* يقين [jaqi:n]
**certificate** [sə'tɪfɪkɪt] *n* شهادة [ʃaha:da]; **birth certificate** *n* شهادة ميلاد [Shahadat meelad]; **marriage certificate** *n* عقد زواج ['aa'qd zawaj]; **medical certificate** *n* شهادة طبية [Shehadah ṭebeyah]; **I need a 'fit to fly' certificate** أحتاج إلى شهادة تفيد أنني مؤهلة للسفر بالطائرة [aḥtaaj ela shahada tufeed inna-ni mo-ah-ala lel-safar bil-ṭaa-era]
**Chad** [tʃæd] *n* تشاد [tʃa:d]
**chain** [tʃeɪn] *n* سِلسة [silsila]

**chair** [tʃɛə] *n (furniture)* كرسي [kursij]; **easy chair** *n* كرسي مريح [Korsey moreeḥ]; **rocking chair** *n* كرسي هَزَّاز [Korsey hazzaz]
**chairlift** ['tʃɛə,lɪft] *n* تليفريك [tili:fri:k]
**chairman, chairmen** ['tʃɛəmən, 'tʃɛəmɛn] *n* رئيس المجلس [Raees al-majlas]
**chalk** [tʃɔ:k] *n* طباشير [tˤaba:ʃi:r]
**challenge** ['tʃælɪndʒ] *n* تحدٍّ [taħaddin] ▷ *v* يتحدى [jataħadda:]
**challenging** ['tʃælɪndʒɪŋ; 'challenging] *adj* صعب [sˤaʕb]
**chambermaid** ['tʃeɪmbə,meɪd] *n* خادمة في فندق [Khademah fee fodo'q]
**champagne** [ʃæm'peɪn] *n* شامبانيا [ʃa:mba:nja:]
**champion** ['tʃæmpɪən] *n* بطل *(competition)* [batˤal]
**championship** ['tʃæmpɪən,ʃɪp] *n* بطولة [butˤu:la]
**chance** [tʃɑ:ns] *n* مصادفة [musˤa:dafa]; **by chance** *adv* بالصُدْفَة [Bel-ṣodfah]
**change** [tʃeɪndʒ] *n* تغيير [taɣji:r] ▷ *vi* يَتَغَير [jataɣajjaru] ▷ *vt* يُغَيّر [juɣajjiru]; **changing room** *n* غرفة تبديل الملابس [Ghorfat tabdeel al-malabes]; **I want to change my ticket** أريد تغيير تذكرتي [areed taghyeer tadhkeraty]; **I want to change some... into...** أرغب في تغيير بعض... إلى... [arghab fee taghyeer ba'aḍ... ela...]; **I'd like to change my flight** أريد تغيير رحلتي الجوية [areed taghyeer reḥlaty al-jaw-wya]; **I'd like to change one hundred... into...** أرغب في تغيير مائة... إلى... [arghab fee taghyeer ma-a... ela...]; **Where are the changing rooms?** أين توجد غرفة تغيير الملابس؟ [ayna tojad ghurfat taghyeer al-malabis?]; **Where can I change some money?** أين يمكنني تغيير بعض النقود؟ [ayna yamken-any taghyeer ba'aḍ al-ni'qood?]; **Where can I change the baby?** أين يمكنني تغيير ملابس الرضيع؟ [ayna yamken-any taghyeer ma-labis al-raḍee'a?]

**changeable** ['tʃeɪndʒəbᵊl] *adj* قابل للتغيير ['qabel lel-tagheyer]
**channel** ['tʃænᵊl] *n* مجرى نهر [Majra nahr]
**chaos** ['keɪɒs] *n* فوضى [fawdˤa:]
**chaotic** ['keɪ'ɒtɪk] *adj* مشوش [muʃawwaʃ]
**chap** [tʃæp] *n* فَتى [fata:]
**chapel** ['tʃæpᵊl] *n* كنيسة صغيرة [Kanesah ṣagherah]
**chapter** ['tʃæptə] *n* فصل [fasˤl]
**character** ['kærɪktə] *n* شخصية [ʃaxsˤijja]
**characteristic** [,kærɪktə'rɪstɪk] *n* سمة [sima]
**charcoal** ['tʃɑ:,kəʊl] *n* فَحْم نباتي [Faḥm nabatey]
**charge** [tʃɑ:dʒ] *n* *(accusation)* تُهمة [tuhma], *(electricity)* شحن [ʃaħn], *(price)* رسم [rasm] ▷ *v* *(accuse)* يَتّهم [jattahimu], *(electricity)* يَحشو [jaħʃu:], *(price)* يَطْلُبُ سِعْرا [jatˤlubu siʕran]; **admission charge** *n* رَسْم الالتحاق [Rasm al-elteha'q]; **cover charge** *n* المصاريف المدفوعة مقدما [Al-maṣaareef al-madfoo'ah mo'qadaman]; **service charge** *n* رَسْم الخدمة [Rasm al-khedmah]; **It's not charging** إنها لا تقبل الشحن [inaha la ta'qbal al-shaḥin]; **It's not holding its charge** لا تحتفظ بشحنها [la taḥtafiḍh be-shaḥ-neha]; **Where can I charge my mobile phone?** أين يمكن أن أشحن تليفوني المحمول؟ [ayna yamken an ash-ḥan talefony al-maḥmool?]
**charger** ['tʃɑ:dʒə] *n* شاحِن [ʃa:ħin]
**charity** ['tʃærɪtɪ] *n* إحسان [ʔiħsa:n]; **charity shop** *n* محل لبضائع متبرع بها لجهة خيرية [Maḥal lebaḍae'a motabar'a beha lejahah khayryah]
**charm** [tʃɑ:m] *n* فتنة [fitna]
**charming** ['tʃɑ:mɪŋ] *adj* ساحر [sa:ħir]
**chart** [tʃɑ:t] *n* رسم بياني [Rasm bayany]; **pie chart** *n* رسم بياني دائري [Rasm bayany daery]
**chase** [tʃeɪs] *n* مطاردة [mutˤa:rada] ▷ *v* يُطارِد [jutˤa:ridu]
**chat** [tʃæt] *n* دردشة [dardaʃa] ▷ *v* يدردش [judardiʃu]; **chat show** *n* برنامج حواري [Barnamaj hewary]
**chatroom** ['tʃæt,ru:m; -,rʊm] *n* غرفة محادثة [ghorfat mohadathah]
**chauffeur** ['ʃəʊfə; ʃəʊ'fɜ:] *n* سائق سيارة [Saae'q sayarah]
**chauvinist** ['ʃəʊvɪ,nɪst] *n* شوفيني [ʃu:fi:ni:]
**cheap** [tʃi:p] *adj* رخيص [raxi:sˤ]
**cheat** [tʃi:t] *n* غش [ɣaʃʃa] ▷ *v* يَغُش [jaɣiʃʃu]
**Chechnya** ['tʃɛtʃnjə] *n* الشيشان [aʃ-ʃi:ʃa:n]
**check** [tʃɛk] *n* فحص [faħsˤ] ▷ *v* يفحص [jafħasˤu]; **Can you check the water, please?** أتسمح بفحص الماء بالسيارة؟ [a-tas-maḥ be-faḥiṣ al-maa-i bil-sayara?]
**checked** [tʃɛkt] *adj* ذو مربعات [dho moraba'aat]
**check in** [tʃɛk ɪn] *v* يتسجل فى فندق [Yatasajal fee fondo'q]
**check-in** [tʃɛkɪn] *n* التسجيل فى فندق [Al-tasjeel fee fondo'q]
**check out** [tʃɛk aʊt] *v* يغادر الفندق [Yoghader al-fodo'q]
**checkout** ['tʃɛkaʊt] *n* مغادرة الفندق [Moghadarat al-fondo'q]
**check-up** [tʃɛkʌp] *n* فحص طبى عام [Faḥṣ ṭebey 'aam]
**cheek** [tʃi:k] *n* خد [xadd]
**cheekbone** ['tʃi:k,bəʊn] *n* عظم الوجنة [aḍhm al-wajnah]
**cheeky** ['tʃi:kɪ] *adj* وَقِح [waqiħ]
**cheer** [tʃɪə] *n* ابتهاج [ibtiha:ʒ] ▷ *v* يبتهج [jabtahiʒu]
**cheerful** ['tʃɪəfʊl] *adj* مبهج [mubhaʒ]
**cheese** [tʃi:z] *n* جُبن [ʒubn]; **cottage cheese** *n* جبن قريش [Jobn 'qareesh]
**chef** [ʃɛf] *n* رئيس الطهاة [Raees al-ṭohah]
**chemical** ['kɛmɪkᵊl] *n* مادة كيميائية [Madah kemyaeyah]
**chemist** ['kɛmɪst] *n* كِيمِيَائِيٌّ [ki:mija:ʔij]; **chemist('s)** *n* معمل كيميائي [M'amal

kemyaeay]
**chemistry** ['kɛmɪstrɪ] *n* كيمياء [ki:mija:ʔ]
**cheque** [tʃɛk] *n* شِيك بنكي [Sheek bankey]; **blank cheque** *n* شيك على بياض [Sheek ala bayad]; **traveller's cheque** *n* شِيك سياحي [Sheek seyahey]
**chequebook** ['tʃɛk,bʊk] *n* دفتر شيكات [Daftar sheekaat]
**cherry** ['tʃɛrɪ] *n* كرز [karaz]
**chess** [tʃɛs] *n* شطرنج [ʃatˤranʒ]
**chest** [tʃɛst] *n (body part)* صَدْر [sˤadr], *(storage)* صندوق [sˤundu:q]; **chest of drawers** *n* خزانة ملابس بأدراج [Khezanat malabes be-adraj]
**chestnut** ['tʃɛs,nʌt] *n* كَسْتِناء [kastana:ʔ]
**chew** [tʃu:] *v* يَمضُغ [jamdˤuɣu]; **chewing gum** *n* علكة [ʕilkatun]
**chick** [tʃɪk] *n* كتكوت [kutku:t]
**chicken** ['tʃɪkɪn] *n* دَجَاجَة [daʒa:ʒa]
**chickenpox** ['tʃɪkɪn,pɒks] *n* حُماق [ħumq]
**chickpea** ['tʃɪk,pi:] *n* حبة الحمص [Habat al-hommoṣ]
**chief** [tʃi:f] *adj* رئيسي [raʔi:sij] ▷ *n* سيد [sajjid]
**child, children** [tʃaɪld, 'tʃɪldrən] *n* غِر [ɣirr]; **child abuse** *n* سوء معاملة الأطفال [Soo mo'aamalat al-aṭfaal]
**childcare** ['tʃaɪld,kɛə] *n* رعاية الأطفال [Re'aayat al-aṭfal]
**childhood** ['tʃaɪldhʊd] *n* طفولة [tˤufu:la]
**childish** ['tʃaɪldɪʃ] *adj* طُفُوليّ [tˤufu:lij]
**childminder** ['tʃaɪld,maɪndə] *n* جليسة أطفال [Jaleesat aṭfaal]
**Chile** ['tʃɪlɪ] *n* دولة تشيلي [Dawlat tesheeley]
**Chilean** ['tʃɪlɪən] *adj* تشيلي [tʃi:lij] ▷ *n* مواطن تشيلي [Mowaṭen tsheeley]
**chill** [tʃɪl] *v* يبرِّد [jubarridu]
**chilli** ['tʃɪlɪ] *n* فلفل أحمر حار [Felfel aḥmar ḥar]
**chilly** ['tʃɪlɪ] *adj* مُثْلِج [muθallaʒ]
**chimney** ['tʃɪmnɪ] *n* مَدخَنة [midxana]
**chimpanzee** [,tʃɪmpæn'zi:] *n* شمبانزي [ʃamba:nzij]
**chin** [tʃɪn] *n* ذَقْن [ðaqn]
**china** ['tʃaɪnə] *n* آنية من الصيني [Aaneyah men al-ṣeeney]
**China** ['tʃaɪnə] *n* الصين [asˤ-sˤi:nu]
**Chinese** [tʃaɪ'ni:z] *adj* صيني [sˤi:nij] ▷ *n (language)* اللغة الصينية [Al-loghah al-ṣeeneyah], *(person)* صيني [sˤi:nij]
**chip** [tʃɪp] *n (electronic)* شريحة [ʃari:ħatt], *(small piece)* رقاقة [ruqa:qa]; **silicon chip** *n* شريحة السليكون [Shreeḥah men al-selekoon]
**chips** [tʃɪps] *npl* شرائح [ʃara:ʔiħun]
**chiropodist** [kɪ'rɒpədɪst] *n* مُعَالِج القدم [Mo'aaleg al-'qadam]
**chisel** ['tʃɪzᵊl] *n* إزميل خشبي [Ezmeel khashabey]
**chives** [tʃaɪvz] *npl* ثوم معمر [Thoom mo'aamer]
**chlorine** ['klɔ:ri:n] *n* كلور [klu:r]
**chocolate** ['tʃɒkəlɪt; 'tʃɒklɪt; -lət] *n* شوكولاتة [ʃu:ku:la:ta]; **milk chocolate** *n* شيكولاتة باللبن [Shekolata bel-laban]; **plain chocolate** *n* شيكولاتة سادة [Shekolatah sada]
**choice** [tʃɔɪs] *n* اختيار [ixtija:r]
**choir** [kwaɪə] *n* جَوْقَة [ʒawqa]
**choke** [tʃəʊk] *v* يَختنق [jaxtaniqu]
**cholesterol** [kə'lɛstə,rɒl] *n* كولِسْتِرُول [ku:listiru:l]
**choose** [tʃu:z] *v* يختار [jaxta:ru]
**chop** [tʃɒp] *n* فرم [faram] ▷ *v* يَفْرُم [jafrumu]; **pork chop** *n* شَريحة لحم خنزير [Shareehat laḥm khenzeer]
**chopsticks** ['tʃɒpstɪks] *npl* عيدان الأكل في الصين [ʕi:da:ni alʔakla fi: assˤi:ni]
**chosen** ['tʃəʊzᵊn] *adj* مختار [muxta:r]
**Christ** [kraɪst] *n* المَسِيح [al-masi:ħu]
**christening** ['krɪsᵊnɪŋ; 'christening] *n* حفلة التعميد [Haflat alt'ameed]
**Christian** ['krɪstʃən] *adj* مَسيحي [masi:ħij] ▷ *n* مَسيحي [masi:ħij]; **Christian name** *n* اسم مَسيحي [Esm maseeḥey]
**Christianity** [,krɪstɪ'ænɪtɪ] *n* المَسيحية

[al-masi:ħijjatu]
**Christmas** ['krɪsməs] *n* عيد الميلاد المجيد ['aeed al-meelad al-majeed]; **Christmas card** *n* كارت الكريسماس [Kart al-kresmas]; **Christmas Eve** *n* عشية عيد الميلاد ['aasheyat 'aeed al-meelad]; **Christmas tree** *n* شجرة عيد الميلاد [Shajarat 'aeed al-meelad]
**chrome** [krəʊm] *n* كُروم [ku:ru:mu]
**chronic** ['krɒnɪk] *adj* مزمن [muzmin]
**chrysanthemum** [krɪ'sænθəməm] *n* الاقحوان [al-uqħuwa:nu]
**chubby** ['tʃʌbɪ] *adj* مُمْتَلئ [mumtali?]
**chunk** [tʃʌŋk] *n* قطعة غليظة قصيرة ['qet'aah ghaleḍhah]
**church** [tʃɜːtʃ] *n* كنيسة [kani:sa]; **Can we visit the church?** أيمكننا زيارة الكنيسة؟ [a-yamkun-ana zeyarat al-kaneesa]
**cider** ['saɪdə] *n* عصير تفاح ['aaṣeer tofaḥ]
**cigar** [sɪ'gɑː] *n* سيجار [si:ʒa:r]
**cigarette** [ˌsɪgə'rɛt] *n* سيجارة [si:ʒa:ra]; **cigarette lighter** *n* قداحة [qadda:ħatun]
**cinema** ['sɪnɪmə] *n* سينما [si:nima:]; **What's on at the cinema?** ماذا يعرض الآن على شاشات السينما؟ [madha yu'a-raḍ al-aan 'aala sha-shaat al-senama?]
**cinnamon** ['sɪnəmən] *n* قرفة [qirfa]
**circle** ['sɜːkᵊl] *n* دائرة [da:ʔira]; **Arctic Circle** *n* الدائرة القطبية الشمالية [Al-daerah al'qoṭbeyah al-Shamaleyah]
**circuit** ['sɜːkɪt] *n* دارة [da:ra]
**circular** ['sɜːkjʊlə] *adj* دائري [da:ʔirij]
**circulation** [ˌsɜːkjʊ'leɪʃən] *n* دَوَران [dawara:n]
**circumstances** ['sɜːkəmstənsɪz] *npl* ظروف [zˤuru:fun]
**circus** ['sɜːkəs] *n* سيرك [si:rk]
**citizen** ['sɪtɪzᵊn] *n* مواطن [muwa:tˤin]; **senior citizen** *n* شخص متقدم العمر [Shakhṣ mota'qadem al-'aomr]
**citizenship** ['sɪtɪzənˌʃɪp] *n* الانتماء الوطني [Al-entemaa alwaṭaney]
**city** ['sɪtɪ] *n* مدينة [madi:na]; **city centre** *n* وسط المدينة [Wasaṭ al-madeenah]; **Is there a bus to the city?** هل يوجد أتوبيس إلى المدينة؟ [Hal yojad otobees ela al-madeenah?]; **Please take me to the city centre** من فضلك أريد الذهاب إلى وسط المدينة [min faḍlak areed al-dhehaab ela waṣaṭ al-madena]; **Where can I buy a map of the city?** أين يمكن أن أشتري خريطة للمدينة؟ [ayna yamken an ash-tary khareeṭa lil-madena?]
**civilian** [sɪ'vɪljən] *adj* مدني [madanijjat] ▷ *n* مدني [madanijja]
**civilization** [ˌsɪvɪlaɪ'zeɪʃən] *n* حضارة [ħadˤa:ra]
**claim** [kleɪm] *n* مطالبة [mutˤa:laba] ▷ *v* يُطالِب [jutˤa:libu]; **claim form** *n* استمارة مطالبة [Estemarat moṭalabah]
**clap** [klæp] *v* يُصَفِق [jusˤaffiqu]
**clarify** ['klærɪˌfaɪ] *v* يُوضِح [juwadˤdˤiħu]
**clarinet** [ˌklærɪ'nɛt] *n* كلارينت [kla:ri:nit]
**clash** [klæʃ] *v* يَصْطَدِم [jasˤtˤadimu]
**clasp** [klɑːsp] *n* يُصافح [jusˤa:fiħu]
**class** [klɑːs] *n* طَبَقَة إجْتِماعِيَّة [tˤabaqatun iʒtima:ʕijja]; **business class** *n* درجة رجال الأعمال [Darajat rejal ala'amal]; **economy class** *n* درجة سياحية [Darjah seyaḥeyah]; **second class** *n* درجة ثانية [Darajah thaneyah]
**classic** ['klæsɪk] *adj* كلاسيكي [kla:si:kij] ▷ *n* كلاسيكي [kla:si:kij]
**classical** ['klæsɪkᵊl] *adj* كلاسيكي [kla:si:kij]
**classmate** ['klɑːsˌmeɪt] *n* زميل الفصل [Zameel al-faṣl]
**classroom** ['klɑːsˌruːm; -ˌrʊm] *n* حجرة دراسية [Ḥojrat derasah]; **classroom assistant** *n* مساعد المدرس [Mosa'aed al-modares]
**clause** [klɔːz] *n* مادة [ma:dda]
**claustrophobic** [ˌklɔːstrə'fəʊbɪk; ˌklɒs-] *adj* خائف من الأماكن المغلقة [Khaef men al-amakeṇ al-moghla'ah]
**claw** [klɔː] *n* ظُفْرٌ [zˤufr]
**clay** [kleɪ] *n* صلصال [sˤalsˤa:l]
**clean** [kliːn] *adj* نظيف [nazˤi:f] ▷ *v* يُنَظِف [junazˤzˤifu]; **Can you clean the room,**

**please?** هل يمكن من فضلك تنظيف الغرفة؟ [hal yamken min faḍlak tanḍheef al-ghurfa?]; **I need this dry-cleaned** احتاج أن أنظف هذا تنظيفا جافًا [aḥtaaj an ana-ḍhif hadha tan-ḍheefan jaafan]; **I'd like to get these things cleaned** أود تنظيف هذه الأشياء [awid tanḍheef hadhy al-ashyaa]; **The room isn't clean** الغرفة ليست نظيفة [al-ghurfa laysat naḍhefa]; **Where can I get this cleaned?** أين يمكنني تنظيف هذا؟ [ayna yamken-any tanḍheef hadha?]

**cleaner** ['kli:nə] *n* خادم للتنظيف [Khadem lel-tanḍheef]

**cleaning** ['kli:nɪŋ] *n* تنظيف [tanzˤi:f]; **cleaning lady** *n* عاملة النظافة ['aamelat al-nadhafah]

**cleanser** ['klɛnzə] *n* غَسُولٌ [ɣasu:l]

**clear** [klɪə] *adj* واضح [wa:dˤiħ]

**clearly** ['klɪəlɪ] *adv* بوضوح [biwudˤu:ħin]

**clear off** [klɪə ɒf] *v* يَذهَب بسرعة [yaḍhab besor'aa]

**clear up** [klɪə ʌp] *v* يُزيل الغموض [Yozeel al-ghmooḍ]

**clementine** ['klɛmən,ti:n; -,taɪn] *n* نوع من البرتقال الناعم [nawʕun min alburtuqa:li alna:ʕimi]

**clever** ['klɛvə] *adj* شاطر [ʃa:tˤir]

**click** [klɪk] *n* نقرة [naqra] ▷ *v* ينقر [janquru]

**client** ['klaɪənt] *n* زبون [zabu:n]

**cliff** [klɪf] *n* جُرف [ʒarf]

**climate** ['klaɪmɪt] *n* مناخ [muna:x]; **climate change** *n* تغير المناخ [Taghyeer almonakh]

**climb** [klaɪm] *v* يَتسلق [jatasallaqu]

**climber** ['klaɪmə] *n* متسلق الجبال [Motasale'q al-jebaal]

**climbing** ['klaɪmɪŋ] *n* تسلق [tasalluq]

**clinic** ['klɪnɪk] *n* عيادة [ʕija:da]

**clip** [klɪp] *n* مشبك [maʃbak]

**clippers** ['klɪpəz] *npl* ماكينة حلاقة [Makeenat ḥelaqah]

**cloakroom** ['kləʊk,ru:m; -,rʊm] *n* حجرة لحفظ المعاطف [Hojarah le-hefḍh al-ma'atef]

**clock** [klɒk] *n* ساعة حائط [Saa'ah ḥaaeṭ]; **alarm clock** *n* منبه [munabbihun]

**clockwise** ['klɒk,waɪz] *adv* باتجاه عقارب الساعة [Betejah a'qareb al-saa'ah]

**clog** [klɒg] *n* قبقاب [qubqa:b]

**clone** [kləʊn] *n* استنساخ [istinsa:x] ▷ *v* يَسْتَنْسِخ [jastansix]

**close** *adj* [kləʊs] حميم [ħami:m] ▷ *adv* [kləʊs] بإحكام [biʔiħka:min] ▷ *v* [kləʊz] يُغْلِق [juɣliqu]; **close by** *adj* قريب من ['qareeb men]; **closing time** *n* وَقت الإغلاق [Wa'qt al-eghlaa'q]

**closed** [kləʊzd] *adj* مغلق [muɣlaq]

**closely** [kləʊslɪ] *adv* مغلقاً [muɣlaqan]

**closure** ['kləʊʒə] *n* إغلاق [ʔiɣla:q]

**cloth** [klɒθ] *n* قماش [quma:ʃ]

**clothes** [kləʊðz] *npl* ملابس [mala:bisun]; **clothes line** *n* حبل الغسيل [ḥ abl al-ghaseel]; **clothes peg** *n* مشبك الغسيل [Mashbak al-ghaseel]; **Is there somewhere to dry clothes?** هل يوجد مكان ما لتجفيف الملابس؟ [hal yujad makan ma le-tajfeef al-malabis?]; **My clothes are damp** ملابسي بها بلل [mala-bisy beha balal]

**clothing** ['kləʊðɪŋ] *n* ألبسة [ʔalbisa]

**cloud** [klaʊd] *n* سحابة [saħa:ba]

**cloudy** ['klaʊdɪ] *adj* غائم [ɣa:ʔim]

**clove** [kləʊv] *n* فص ثوم [Faṣ thawm]

**clown** [klaʊn] *n* مهرج [muharriʒ]

**club** [klʌb] *n (group)* نادي [na:di:], *(weapon)* هراوة [hara:wa]; **golf club** *n* نادي الجولف [Nady al-jolf]; **Where is there a good club?** هل يوجد نادي جيدة؟ [Hal yojad nady jayedah]

**club together** [klʌb tə'gɛðə] *v* تشاركوا معاً [Tasharakoo ma'aan]

**clue** [klu:] *n* مفتاح لغز [Meftaḥ loghz]

**clumsy** ['klʌmzɪ] *adj* أخرق [ʔaxraq]

**clutch** [klʌtʃ] *n* قابض [qa:bidˤ]

**clutter** ['klʌtə] *n* ضوضاء [dˤawdˤa:ʔ]

**coach** [kəʊtʃ] *n (trainer)* مدرب [mudarrib], *(vehicle)* مَركَبَة [markaba]

**coal** [kəʊl] *n* فحم [faħm]

**coarse** [kɔ:s] *adj* فظ [fazˤzˤ]

**coast** [kəʊst] *n* ساحل [sa:ħil]

**coastguard** [ˈkəʊstˌɡɑːd] *n* خفر السواحل [Khafar al-ṣawaḥel]
**coat** [kəʊt] *n* سترة [sutra]; **fur coat** *n* معطف فرو [Me'ataf farw]
**coathanger** [ˈkəʊtˌhæŋə] *n* شماعة المعاطف [Shama'aat al-ma'aatef]
**cobweb** [ˈkɒbˌwɛb] *n* بيت العنكبوت [Bayt al-'ankaboot]
**cocaine** [kəˈkeɪn] *n* كوكايين [kuːkaːjiːn]
**cock** [kɒk] *n* دِيك [diːk]
**cockerel** [ˈkɒkərəl; ˈkɒkrəl] *n* ديك صغير [Deek ṣagheer]
**cockpit** [ˈkɒkˌpɪt] *n* حُجَيْرَةُ الطَّيّار [Ḥojayrat al-ṭayar]
**cockroach** [ˈkɒkˌrəʊtʃ] *n* صرصور [sˤarsˤuːr]
**cocktail** [ˈkɒkˌteɪl] *n* كوكتيل [kuːktiːl]; **Do you sell cocktails?** أتقدمون الكوكتيلات؟ [a-tu'qade-moon al-koktailaat?]
**cocoa** [ˈkəʊkəʊ] *n* كاكاو [kaːkaːw]
**coconut** [ˈkəʊkəˌnʌt] *n* جوزة الهند [Jawzat al-hend]
**cod** [kɒd] *n* سمك القد [Samak al'qad]
**code** [kəʊd] *n* شفرة [ʃafra]; **dialling code** *n* كود الاتصال بمنطقة أو بلد [Kod al-eteṣal bemanṭe'qah aw balad]; **Highway Code** *n* مجموعة قوانين السير في الطرق السريعة [Majmo'aat 'qwaneen al-sayer fee al-ṭoro'q al-saree'aah]
**coeliac** [ˈsiːlɪˌæk] *adj* بَطْنِيّ [batˤnij]
**coffee** [ˈkɒfɪ] *n* قهوة [qahwa]; **black coffee** *n* قهوة سادة ['qahwa sadah]; **coffee bean** *n* حبوب البن [Ḥobob al-bon]; **decaffeinated coffee** *n* قهوة منزوعة الكافيين ['qahwa manzo'aat al-kafayen]; **A white coffee, please** قهوة باللبن من فضلك ['qahwa bil-laban min faḍlak]; **Could we have another cup of coffee, please?** هل يمكن الحصول على فنجان آخر من القهوة من فضلك؟ [hal yamken al-ḥuṣool 'aala fin-jaan aakhar min al-'qahwa min faḍlak?]
**coffeepot** [ˈkɒfɪˌpɒt] *n* أبريق القهوة [Abreeq al-'qahwah]
**coffin** [ˈkɒfɪn] *n* تابوت [taːbuːt]
**coin** [kɔɪn] *n* عملة معدنية [Omlah ma'adaneyah]
**coincide** [ˌkəʊɪnˈsaɪd] *v* يَتَزامن [jatazaːmanu]
**coincidence** [kəʊˈɪnsɪdəns] *n* تزامن [tazaːmana]
**Coke®** [kəʊk] *n* كوك® [kuːk]
**colander** [ˈkɒləndə; ˈkʌl-] *n* مصفاة [misˤfaːt]
**cold** [kəʊld] *adj* بارد [baːrid] ▷ *n* زكام [zukaːm]; **cold sore** *n* قرحة البرد حول الشفاة ['qorḥat al-bard ḥawl al-shefah]
**coleslaw** [ˈkəʊlˌslɔː] *n* سَلاطة الكرنب والجزر [Salaṭ at al-koronb wal-jazar]
**collaborate** [kəˈlæbəˌreɪt] *v* يتعاون [jataʕaːwanu]
**collapse** [kəˈlæps] *v* ينهار [janhaːru]
**collar** [ˈkɒlə] *n* قلادة قصيرة ['qeladah 'qaṣeerah]
**collarbone** [ˈkɒləˌbəʊn] *n* تُرْقُوة [turquwa]
**colleague** [ˈkɒliːɡ] *n* زميل [zamiːl]
**collect** [kəˈlɛkt] *v* يجمع [juʒammiʕu]
**collection** [kəˈlɛkʃən] *n* مجموعة [maʒmuːʕa]
**collective** [kəˈlɛktɪv] *adj* جماعي [ʒamaːʕij] ▷ *n* منظمة تعاونية [monaḍhamah ta'aaaweneyah]
**collector** [kəˈlɛktə] *n* مُحصِّل [muħasˤsˤil]; **ticket collector** *n* جامع التذاكر [Jame'a al-tadhaker]
**college** [ˈkɒlɪdʒ] *n* كُلية [kulijja]
**collide** [kəˈlaɪd] *v* يتصادم [jatasˤaːdamu]
**collie** [ˈkɒlɪ] *n* كلب اسكتلندى ضخم [Kalb eskotalandey dakhm]
**colliery** [ˈkɒljərɪ] *n* منجم فحم [Majam fahm]
**collision** [kəˈlɪʒən] *n* تصادم [tasˤaːdum]; **I'd like to arrange a collision damage waiver** أريد عمل الترتيبات الخاصة بالتنازل عن تعويض التصادم [areed 'aamal al-tar-tebaat al-khaṣa bil-tanazul 'aan ta'aweeḍ al-ta-ṣadum]
**Colombia** [kəˈlɒmbɪə] *n* كولومبيا [kuːluːmbijaː]

**Colombian** [kəˈlɒmbɪən] *adj* كولومبي [kuːluːmbiː] ▷ *n* شخص كولومبي [Shakhṣ kolombey]
**colon** [ˈkəʊlən] *n* قولون [quːluːn]
**colonel** [ˈkɜːnᵊl] *n* كولونيل [kuːluːniːl]
**colour** [ˈkʌlə] *n* لون [lawn]; **A colour film, please** فيلم ملون من فضلك [filim mola-wan min faḍlak]; **Do you have this in another colour?** هل يوجد لون آخر غير ذلك اللون؟ [hal yujad lawn aakhar ghayr dhalika al-lawn?]; **I don't like the colour** أنا لا أحب هذا اللون [ana la oḥibo hadha al-lawn]; **I'd like a colour photocopy of this, please** أرجو الحصول على نسخة ضوئية ملونة من هذا المستند [arjo al-ḥuṣool 'aala nuskha mu-lawana min hadha al-mustanad min faḍlak]
**colour-blind** [ˈkʌləˈblaɪnd] *adj* مصاب بعمى الألوان [Moṣaab be-'ama al-alwaan]
**colourful** [ˈkʌləfʊl] *adj* غني بالألوان [Ghaney bel-alwaan]
**colouring** [ˈkʌlərɪŋ] *n* تلوين [talwiːn]
**column** [ˈkɒləm] *n* عمود [ʕamuːd]
**coma** [ˈkəʊmə] *n* غيبوبة عميقة [Ghaybobah 'amee'qah]
**comb** [kəʊm] *n* مشط [muʃtˤ] ▷ *v* يَمْشّط [jamʃutˤu]
**combination** [ˌkɒmbɪˈneɪʃən] *n* مجموعة مؤتلفة [Majmo'aah moatalefa]
**combine** [kəmˈbaɪn] *v* يُوحد [juwaħħidu]
**come** [kʌm] *v* يَأتي [jaʔtiː]
**come back** [kʌm bæk] *v* يعود [jaʕuːdu]
**comedian** [kəˈmiːdɪən] *n* ممثل هزلي [Momthel hazaley]
**come down** [kʌm daʊn] *v* يَنْخَفِض [janxafidˤu]
**comedy** [ˈkɒmɪdɪ] *n* كوميديا [kuːmiːdjaː]
**come from** [kʌm frəm] *v* يَأتي من [Yaatey men]
**come in** [kʌm ɪn] *v* يَدخُل [jadxulu]
**come off** [kʌm ɒf] *v*; **The handle has come off** لقد سقط مقبض الباب [la'qad sa'qaṭa me-'qbaḍ al-baab]
**come out** [kʌm aʊt] *v* يبْرُز من [Yabroz men]
**come round** [kʌm raʊnd] *v* يَستفيق [jastafiːqu]
**comet** [ˈkɒmɪt] *n* نجم ذو ذنب [Najm dho dhanab]
**come up** [kʌm ʌp] *v* يطلع [jutˤliʕu]
**comfortable** [ˈkʌmftəbᵊl; ˈkʌmfətəbᵊl] *adj* مريح [muriːħ]
**comic** [ˈkɒmɪk] *n* هزلي [hazlijja]; **comic book** *n* كتاب هزلي [Ketab hazaley]; **comic strip** *n* سلسلة رسوم هزلية [Selselat resoom hazaleyah]
**coming** [ˈkʌmɪŋ] *adj* مقبل [muqbil]
**comma** [ˈkɒmə] *n* فاصلة [faːsˤila]; **inverted commas** *npl* فواصل معقوفة [Fawaṣel ma'a'qoofah]
**command** [kəˈmɑːnd] *n* سلطة [sultˤa]
**comment** [ˈkɒmɛnt] *n* ملاحظة [mulaːħazˤa] ▷ *v* يُعَلِق على [Yo'alle'q ala]
**commentary** [ˈkɒməntərɪ; -trɪ] *n* تعليق [taʕliːq]
**commentator** [ˈkɒmənˌteɪtə] *n* مُعلِق [muʕalliq]
**commercial** [kəˈmɜːʃəl] *n* إعلان تجاري [E'alaan tejarey]; **commercial break** *n* فاصل إعلاني [Faṣel e'alaany]
**commission** [kəˈmɪʃən] *n* عمولة [ʕumuːla]; **Do you charge commission?** هل تطلب عمولة؟ [hal taṭlub 'aumoola?]; **What's the commission?** ما هي العمولة؟ [ma heya al-'aumola?]
**commit** [kəˈmɪt] *v* يَرتكِب [jartakibu]
**committee** [kəˈmɪtɪ] *n* لجنة [laʒna]
**common** [ˈkɒmən] *adj* شائع [ʃaːʔiʕ]; **common sense** *n* الحِس العام [Al-ḥes al-'aaam]
**communicate** [kəˈmjuːnɪˌkeɪt] *v* يَتّصِل بـ [Yataṣel be]
**communication** [kəˌmjuːnɪˈkeɪʃən] *n* اتصال [ittisˤaːl]
**communion** [kəˈmjuːnjən] *n* مُشاركَة [muʃaːraka]
**communism** [ˈkɒmjʊˌnɪzəm] *n* شيوعية [ʃujuːʕijja]
**communist** [ˈkɒmjʊnɪst] *adj* شيوعي [ʃujuːʕij] ▷ *n* شيوعي [ʃujuːʕij]

**community** [kə'mju:nɪtɪ] *n* مُجتَمع [muʒtamaʕ]
**commute** [kə'mju:t] *v* يُسافر يومياً من وإلى مكان عمله [Yosafer yawmeyan men wa ela makan 'amaleh]
**commuter** [kə'mju:tə] *n* القائم برحلات يومية من وإلى عمله [Al-'qaem berahlaat yawmeyah men wa ela 'amaleh]
**compact** ['kəm'pækt] *adj* مضغوط [madˤɣu:tˤ]; **compact disc** *n* قرص مضغوط ['qorṣ maḍghooṭ]
**companion** [kəm'pænjən] *n* صاحب [sˤa:ħib]
**company** ['kʌmpənɪ] *n* شركة [ʃarika]; **company car** *n* سيارة الشركة [Sayarat al-sharekah]; **I would like some information about the company** أريد الحصول على بعض المعلومات عن الشركة [areed al-ḥuṣool 'aala ba'aḍ al-ma'aloomat 'an al-shareka]
**comparable** ['kɒmpərəbᵊl] *adj* قابل للمقارنة ['qabel lel-mo'qaranah]
**comparatively** [kəm'pærətɪvlɪ] *adv* نسبياً [nisbijjan]
**compare** [kəm'pɛə] *v* يُقارن [juqa:rinu]
**comparison** [kəm'pærɪsᵊn] *n* مقارنة [muqa:rana]
**compartment** [kəm'pɑ:tmənt] *n* مقصورة [maqsˤu:ra]
**compass** ['kʌmpəs] *n* بوصلة [bawsˤala]
**compatible** [kəm'pætəbᵊl] *adj* متوافق [mutawa:fiq]
**compensate** ['kɒmpɛn,seɪt] *v* يُعَوِض [juʕawwidˤu]
**compensation** [,kɒmpɛn'seɪʃən] *n* تعويض [taʕwi:dˤ]
**compere** ['kɒmpɛə] *n* مقدم برامج [Mo'qadem bramej]
**compete** [kəm'pi:t] *v* يَتنافس [jatana:fasu]
**competent** ['kɒmpɪtənt] *adj* مختص [muxtasˤsˤ]
**competition** [,kɒmpɪ'tɪʃən] *n* منافسة [muna:fasa]
**competitive** [kəm'pɛtɪtɪv] *adj* تنافسي [tana:fusij]
**competitor** [kəm'pɛtɪtə] *n* مُنافِس [muna:fis]
**complain** [kəm'pleɪn] *v* يَشكو [jaʃku:]
**complaint** [kəm'pleɪnt] *n* شكوى [ʃakwa:]; **I'd like to make a complaint** إني أرغب في تقديم شكوى [inny arghab fee ta'qdeem shakwa]
**complementary** [,kɒmplɪ'mɛntərɪ; -trɪ] *adj* متمم [mutammim]
**complete** [kəm'pli:t] *adj* كامل [ka:mil]
**completely** [kəm'pli:tlɪ] *adv* بالكامل [bialka:mili]
**complex** ['kɒmplɛks] *adj* مُرَكّب [markab] ▷ *n* مادة مركبة [Madah morakabah]
**complexion** [kəm'plɛkʃən] *n* بَشَرَة [baʃra]
**complicated** ['kɒmplɪ,keɪtɪd] *adj* معقد [muʕaqqad]
**complication** [,kɒmplɪ'keɪʃən] *n* تعقيد [taʕqi:d]
**compliment** *n* ['kɒmplɪmənt] مجاملة [muʒa:mala] ▷ *v* ['kɒmplɪ,mɛnt] يُجامل [juʒa:milu]
**complimentary** [,kɒmplɪ'mɛntərɪ; -trɪ] *adj* مُجامِل [muʒa:mil]
**component** [kəm'pəʊnənt] *adj* مكون [mukawwin] ▷ *n* مكون [mukawwin]
**composer** [kəm'pəʊzə] *n* مؤلف موسيقى [Moaalef mosee'qy]
**composition** [,kɒmpə'zɪʃən] *n* تركيب [tarki:b]
**comprehension** [,kɒmprɪ'hɛnʃən] *n* إدراك [ʔidra:k]
**comprehensive** [,kɒmprɪ'hɛnsɪv] *adj* شامل [ʃa:mil]
**compromise** ['kɒmprə,maɪz] *n* تسوية [taswija] ▷ *v* يُسوى بحل وَسَطٍ [juswa: biħalli wasatˤin]
**compulsory** [kəm'pʌlsərɪ] *adj* إلزامي [ʔilza:mij]
**computer** [kəm'pju:tə] *n* كمبيوتر [kumbiju:tar]; **computer game** *n* لعبة الكترونية [Lo'abah elektroneyah]; **computer science** *n* علوم الحاسب الآلى ['aoloom al-ḥaseb al-aaly]; **May I use**

**your computer?** هل لي أن استخدم الكمبيوتر الخاص بك؟ [hal lee an astakhdim al-computer al-khaaṣ bik?]; **My computer has frozen** لقد تعطل جهاز الكمبيوتر [la'qad ta-'aaṭal jehaaz al-computer]; **Where is the computer room?** أين توجد غرفة الكمبيوتر؟ [ayna tojad ghurfat al-computer]
**computing** [kəm'pjuːtɪŋ] *n* استخدام الحاسب الآلي [Estekhdam al-haseb al-aaly]
**concentrate** ['kɒnsən,treɪt] *v* يُركز [jurakkizu]
**concentration** [,kɒnsən'treɪʃən] *n* تركيز [tarkiːz]
**concern** [kən'sɜːn] *n* اهتمام [ihtimaːm]
**concerned** [kən'sɜːnd] *adj* مَعنيّ [maʕnij]
**concerning** [kən'sɜːnɪŋ] *prep* فى ما يتعلق بـ [Fee maa yata'ala'q]
**concert** ['kɒnsɜːt; -sət] *n* حفلة موسيقية [Haflah mose'qeyah]
**concerto, concerti** [kən'tʃɛətəʊ, kən'tʃɛətɪ] *n* لحن منفرد [Laḥn monfared]
**concession** [kən'sɛʃən] *n* امتياز [imtijaːz]
**concise** [kən'saɪs] *adj* موجز [muːʒaz]
**conclude** [kən'kluːd] *v* يَختَتم [jaxtatimu]
**conclusion** [kən'kluːʒən] *n* خاتمة [xaːtima]
**concrete** ['kɒnkriːt] *n* خرصانة [xarasˤaːna]
**concussion** [kən'kʌʃən] *n* ارتجاج في المخ [Ertejaj fee al-mokh]
**condemn** [kən'dɛm] *v* يُدين [judiːnu]
**condensation** [,kɒndɛn'seɪʃən] *n* تكثيف [takθiːf]
**condition** [kən'dɪʃən] *n* شَرط [ʃartˤ]
**conditional** [kən'dɪʃənəl] *adj* مشروط [maʃruːtˤ]
**conditioner** [kən'dɪʃənə; con'ditioner] *n* ملطف [mulatˤtˤif]
**condom** ['kɒndɒm; 'kɒndəm] *n* عازل طبى لمنع الحمل ['aazel ṭebey le-man'a al-haml]
**conduct** [kən'dʌkt] *v* يُوصِل [juːsˤilu]
**conductor** [kən'dʌktə] *n* قائد فرقة موسيقية ['qaaed fer'qah mose'qeyah]; **bus conductor** *n* موصل [muːsˤilun]
**cone** [kəʊn] *n* مخروط [maxruːtˤ]
**conference** ['kɒnfərəns; -frəns] *n* مؤتمر [muʔtamar]; **press conference** *n* مؤتمر صحفي [Moatamar ṣaḥafey]; **Please take me to the conference centre** من فضلك أريد الذهاب إلى مركز المؤتمرات [min faḍlak areed al-dhehaab ela markaz al-muta-marat]
**confess** [kən'fɛs] *v* يعترف [jaʕtarifu]
**confession** [kən'fɛʃən] *n* إقرار [ʔiqrar]
**confetti** [kən'fɛtɪ] *npl* قُصَاصَات ورقية [qusˤaːsˤaːtu waraqijjatu]
**confidence** ['kɒnfɪdəns] *n (secret)* ثقة [θiqa], *(self-assurance)* ثقة بالنفس [The'qah bel-nafs], *(trust)* ثقة [θiqa]
**confident** ['kɒnfɪdənt] *adj* واثق [waːθiq]
**confidential** [,kɒnfɪ'dɛnʃəl] *adj* سِريّ [sirij]
**confirm** [kən'fɜːm] *v* يُؤَكِد على [Yoaked ala]
**confirmation** [,kɒnfə'meɪʃən] *n* تأكيد [taʔkiːd]
**confiscate** ['kɒnfɪ,skeɪt] *v* يُصَادِر [jusˤaːdiru]
**conflict** ['kɒnflɪkt] *n* صراع [sˤiraːʕ]
**confuse** [kən'fjuːz] *v* يُربك [jurbiku]
**confused** [kən'fjuːzd; con'fused] *adj* مُرتبك [murtabik]
**confusing** [kən'fjuːzɪŋ; con'fusing] *adj* مُربِك [murbik]
**confusion** [kən'fjuːʒən] *n* ارتباك [irtibaːk]
**congestion** [kən'dʒɛstʃən] *n* احتقان [iħtiqaːn]
**Congo** ['kɒŋgəʊ] *n* الكونغو [al-kuːnɣuː]
**congratulate** [kən'grætjʊ,leɪt] *v* يُهنئ [juhanniʔ]
**congratulations** [kən,grætjʊ'leɪʃənz] *npl* تهنئة [tahniʔat]
**conifer** ['kəʊnɪfə; 'kɒn-] *n* شجرة الصنوبر المخروطية [Shajarat al-ṣonobar

al-makhrooṭeyah]
**conjugation** [ˌkɒndʒʊˈgeɪʃən] *n* تصريف الأفعال [Taṣreef al-afaal]
**conjunction** [kənˈdʒʌŋkʃən] *n* حرف عطف [Harf 'aaṭf]
**conjurer** [ˈkʌndʒərə] *n* دَجَّال [daʒʒa:l]
**connect** [kəˈnɛkt] *v* يَفْصِل [jafsˤilu]
**connection** [kəˈnɛkʃən] *n* رَابِطة [ra:bitˤa]
**conquer** [ˈkɒŋkə] *v* يَغْزو [jaɣzu:]
**conscience** [ˈkɒnʃəns] *n* ضمير إنساني [Ḍameer ensaney]
**conscientious** [ˌkɒnʃɪˈɛnʃəs] *adj* حي الضمير [Hay al-Ḍameer]
**conscious** [ˈkɒnʃəs] *adj* واع [wa:ʕin]
**consciousness** [ˈkɒnʃəsnɪs] *n* وَعى [waʕa:]
**consecutive** [kənˈsɛkjʊtɪv] *adj* متعاقب [mutaʕa:qib]
**consensus** [kənˈsɛnsəs] *n* إجماع [ʔiʒma:ʕ]
**consequence** [ˈkɒnsɪkwəns] *n* عاقبة [ʕa:qiba]
**consequently** [ˈkɒnsɪkwəntlɪ] *adv* بالتالى
**conservation** [ˌkɒnsəˈveɪʃən] *n* المُحافظة على الموارد الطبيعية [Al-moḥafadhah ala al-mawared al-ṭabe'aeyah]
**conservative** [kənˈsɜːvətɪv] *adj* شخص محافظ [Shakhṣ moḥafeḍh]
**conservatory** [kənˈsɜːvətrɪ] *n* مستنبت زجاجي [mustanbatun zuʒa:ʒij]
**consider** [kənˈsɪdə] *v* يُفَكِر في [Yofaker fee]
**considerate** [kənˈsɪdərɪt] *adj* مُراعٍ لمشاعر الآخرين [Moraa'a le-masha'aer al-aakhareen]
**considering** [kənˈsɪdərɪŋ] *prep* بالنظر إلى [Bel-naḍhar elaa]
**consist** [kənˈsɪst] *v*; **consist of** *v* يَتَألف من [Yataalaf men]
**consistent** [kənˈsɪstənt] *adj* متماسك [mutama:sik]
**consonant** [ˈkɒnsənənt] *n* حرف ساكن [ḥarf saken]
**conspiracy** [kənˈspɪrəsɪ] *n* مؤامرة [muʔa:mara]
**constant** [ˈkɒnstənt] *adj* مستمر [mustamirr]
**constantly** [ˈkɒnstəntlɪ] *adv* بِثَبَات [biθaba:tin]
**constipated** [ˈkɒnstɪˌpeɪtɪd] *adj* مصاب بالامساك [Moṣab bel-emsak]
**constituency** [kənˈstɪtjʊənsɪ] *n* دائرة انتخابية [Daaera entekhabeyah]
**constitution** [ˌkɒnstɪˈtjuːʃən] *n* دستور [dustu:r]
**construct** [kənˈstrʌkt] *v* يُنْشِئ [junʃiʔ]
**construction** [kənˈstrʌkʃən] *n* إنشاء [ʔinʃa:ʔ]
**constructive** [kənˈstrʌktɪv] *adj* بَنَّاء [banna:ʔ]
**consul** [ˈkɒnsᵊl] *n* قنصل [qunsˤul]
**consulate** [ˈkɒnsjʊlɪt] *n* قنصلية [qunsˤulijja]
**consult** [kənˈsʌlt] *v* يَستشير [jastaʃi:ru]
**consultant** [kənˈsʌltᵊnt] *n (adviser)* مستشار [mustaʃa:r]
**consumer** [kənˈsjuːmə] *n* مُسْتَهلِك [mustahlik]
**contact** *n* [ˈkɒntækt] اتصال [ittisˤa:l] ▷ *v* [kənˈtækt] يَتَّصِل [jattasˤilu]; **contact lenses** *npl* عدسات لاصقة ['adasaat laṣe'qah]; **Where can I contact you?** أين يمكنني الاتصال بك؟ [ayna yamken-any al-etiṣal beka?]; **Who do we contact if there are problems?** من الذي يمكن الاتصال به في حالة حدوث أي مشكلات؟ [man allaði: jumkinu alittisˤa:lu bihi fi: ħa:latin ħudu:θin ʔajji muʃkila:tin]
**contagious** [kənˈteɪdʒəs] *adj* ناقل للعدوى [Na'qel lel-'aadwa]
**contain** [kənˈteɪn] *v* يَحتوي [jaħtawi:]
**container** [kənˈteɪnə] *n* حاوية [ħa:wija]
**contemporary** [kənˈtɛmprərɪ] *adj* معاصر [muʕa:sˤiru]
**contempt** [kənˈtɛmpt] *n* احتقار [iħtiqa:r]
**content** [ˈkɒntɛnt] *n* رضا [ridˤa:]; **contents** *npl (list)* محتويات [muħtawaja:tun]
**contest** [ˈkɒntɛst] *n* مسابقة

[musa:baqa]
**contestant** [kən'tɛstənt] *n* مُنازِع [muna:ziʕ]
**context** ['kɒntɛkst] *n* سياق [sija:q]
**continent** ['kɒntɪnənt] *n* قارة [qa:rra]
**continual** [kən'tɪnjʊəl] *adj* متواصل [mutawasˤil]
**continually** [kən'tɪnjʊəlɪ] *adv* باستمرار [bistimrarin]
**continue** [kən'tɪnjuː] *vi* يَستأنِف [jastaʔnifu] ▷ *vt* يستمر [jastamirru]
**continuous** [kən'tɪnjʊəs] *adj* مستمر [mustamirr]
**contraception** [ˌkɒntrə'sɛpʃən] *n* منع الحمل [Man'a al-ḥml]; **I need contraception** أحتاج إلى منع الحمل [aḥtaaj ela mani'a al-ḥamil]
**contraceptive** [ˌkɒntrə'sɛptɪv] *n* مواد مانعة للحمل [Mawad mane'aah lel-haml]
**contract** ['kɒntrækt] *n* عقد [ʕaqd]
**contractor** ['kɒntræktə; kən'træk-] *n* مقاول [muqa:wil]
**contradict** [ˌkɒntrə'dɪkt] *v* يناقض [juna:qidˤu]
**contradiction** [ˌkɒntrə'dɪkʃən] *n* تناقض [tana:qudˤ]
**contrary** ['kɒntrərɪ] *n* مُعَاكِس [muʕa:kis]
**contrast** ['kɒntrɑːst] *n* تباين [taba:j]
**contribute** [kən'trɪbjuːt] *v* يسهم [jushimu]
**contribution** [ˌkɒntrɪ'bjuːʃən] *n* إسهام [ʔisha:m]
**control** [kən'trəʊl] *n* تَحَكُم [taħakkum] ▷ *v* يضبط [jadˤbitˤu]; **birth control** *n* تنظيم النسل [tanḍheem al-nasl]; **passport control** *n* الرقابة على جوازات السفر [Al-re'qabah ala jawazat al-safar]; **remote control** *n* التحكم عن بعد [Al-taḥakom an bo'ad]
**controller** [kən'trəʊlə] *n*; **air-traffic controller** *n* مراقبة جوية [Mora'qabah jaweyah]
**controversial** ['kɒntrə'vɜːʃəl] *adj* جَدَلي [ʒadalij]
**convenient** [kən'viːnɪənt] *adj* مناسب [muna:sib]
**convent** ['kɒnvənt] *n* دَيْر الراهبات [Deer al-rahebat]
**conventional** [kən'vɛnʃənᵊl] *adj* تقليدي [taqli:dij]
**conversation** [ˌkɒnvə'seɪʃən] *n* محادثة [muħa:daθa]
**convert** [kən'vɜːt] *v* يتحّول [jataħawwalu]; **catalytic converter** *n* منظم الضارة [monaḍhem al-ḍarah]
**convertible** [kən'vɜːtəbᵊl] *adj* قابل للتحويل ['qabel lel-taḥweel] ▷ *n* سيارة كوبيه [Sayarah kobeeh]
**convict** [kən'vɪkt] *v* يُجَرِّم [juʒarrimu]
**convince** [kən'vɪns] *v* يُقْنِع بـ [Yo'qn'a be]
**convincing** [kən'vɪnsɪŋ; con'vincing] *adj* مقنع [muqniʕ]
**convoy** ['kɒnvɔɪ] *n* موكب [mawkib]
**cook** [kʊk] *n* طَبَّاخ [tˤabba:x] ▷ *v* يَطهو [jatˤhu:]
**cookbook** ['kʊkˌbʊk] *n* كتاب طهى [Ketab ṭahey]
**cooker** ['kʊkə] *n* مَوْقِد [mu:qid]; **gas cooker** *n* موقد يعمل بالغاز [Maw'qed ya'amal bel-ghaz]
**cookery** ['kʊkərɪ] *n* فن الطبخ [Fan al-ṭabkh]; **cookery book** *n* كتاب فن الطهي [Ketab fan alṭahey]
**cooking** ['kʊkɪŋ] *n* طَهْيٌ [tˤahj]
**cool** [kuːl] *adj (cold)* مائل للبرودة [Mael lel-brodah], *(stylish)* متبلد الحس [Motabled al-ḥes]
**cooperation** [kəʊˌɒpə'reɪʃən] *n* تعاون [taʕa:w]
**cop** [kɒp] *n* شرطي [ʃartˤij]
**cope** [kəʊp] *v*; **cope (with)** *v* يَتَغَلَب على [Yatghalab 'ala]
**copper** ['kɒpə] *n* نحاس [nuħa:s]
**copy** ['kɒpɪ] *n (reproduction)* نَسْخ [nasx], *(written text)* نسخة [nusxa] ▷ *v* ينسخ [jansixu]
**copyright** ['kɒpɪˌraɪt] *n* حقوق الطبع والنشر [Ho'qoo'q al-ṭab'a wal-nashr]
**coral** ['kɒrəl] *n* مُرجان [marʒa:n]
**cord** [kɔːd] *n*; **spinal cord** *n* الحبل الشوكي

[Al-ḥabl alshawkey]
**cordless** ['kɔːdlɪs] *adj* لا سلكى [La-selkey]
**corduroy** ['kɔːdəˌrɔɪ; ˌkɔːdə'rɔɪ] *n* قماش قطنى متين ['qomash 'qoṭ ney mateen]
**core** [kɔː] *n* لُبّ [lubb]
**coriander** [ˌkɒrɪ'ændə] *n* كزبرة [kuzbara]
**cork** [kɔːk] *n* فلين [filli:n]
**corkscrew** ['kɔːkˌskruː] *n* نازعة السدادات [na:ziʕatu assada:da:ti]
**corn** [kɔːn] *n* ذُرَة [ðura]
**corner** ['kɔːnə] *n* زاوية [za:wija]
**cornet** ['kɔːnɪt] *n* بوق [bu:q]
**cornflakes** ['kɔːnˌfleɪks] *npl* رقائق الذُّرَة [Ra'qae'a al-dorrah]
**cornflour** ['kɔːnˌflaʊə] *n* نشا الذرة [Nesha al-zorah]
**corporal** ['kɔːpərəl; -prəl] *n* عرِّيف [ʕari:f]
**corpse** [kɔːps] *n* جثة [ʒuθθa]
**correct** [kə'rɛkt] *adj* صحيح [sˤaħi:ħ] ▷ *v* يُصحِح [jusˤaħħiħu]
**correction** [kə'rɛkʃən] *n* تصحيح [tasˤħi:ħ]
**correctly** [kə'rɛktlɪ] *adv* بشكل صحيح [Beshakl ṣaheeh]
**correspondence** [ˌkɒrɪ'spɒndəns] *n* مراسلة [mura:salatu]
**correspondent** [ˌkɒrɪ'spɒndənt] *n* مُرَاسِل [mura:sil]
**corridor** ['kɒrɪˌdɔː] *n* رِوَاق [riwa:q]
**corrupt** [kə'rʌpt] *adj* فاسد [fa:sid]
**corruption** [kə'rʌpʃən] *n* فساد [fasa:d]
**cosmetics** [kɒz'mɛtɪks] *npl* مستحضرات تزيين [Mostaḥdarat tazyeen]
**cost** [kɒst] *n* تكلفة [taklufa] ▷ *v* يُكلِف [jukallifu]; **cost of living** *n* تكلفة المعيشة [Taklefat al-ma'aeeshah]; **How much does it cost?** كم تبلغ تكلفة هذا؟ [kam tablugh taklifat hadha?]; **How much will the repairs cost?** كم تكلفة التصليح؟ [kam taklifat al-taṣleeḥ?]
**Costa Rica** ['kɒstə 'riːkə] *n* كوستاريكا [ku:sta:ri:ka:]
**costume** ['kɒstjuːm] *n* زي [zajj]; **swimming costume** *n* زي السباحَة [Zey sebaḥah]
**cosy** ['kəʊzɪ] *adj* دافئ ومريح [Dafea wa moreeḥ]
**cot** [kɒt] *n* مهد [mahd]
**cottage** ['kɒtɪdʒ] *n* كوخ لقضاء العطلة [Kookh le-'qadaa al-'aotlah]; **cottage cheese** *n* جبن قريش [Jobn 'qareesh]
**cotton** ['kɒtᵊn] *n* قطن [qutˤn]; **cotton bud** *n* رأس البرعم القطني [Raas al-bor'aom al-'qaṭaney]; **cotton wool** *n* قطن طبى ['qoṭn ṭebey]
**couch** [kaʊtʃ] *n* مَضْجَع [madˤʒaʕ]
**couchette** [kuː'ʃɛt] *n* مضجع صغير [Madja'a ṣagheer]
**cough** [kɒf] *n* شعال [suʕa:l] ▷ *v* يَسْعُل [jasʕulu]; **cough mixture** *n* مُركّب لعلاج السعال [Morakab le'alaaj also'aal]
**council** ['kaʊnsəl] *n* مجلس [maʒlis]; **council house** *n* دار المجلس التشريعى [Dar al-majles al-tashre'aey]
**councillor** ['kaʊnsələ] *n* عضو مجلس ['aodw majles]
**count** [kaʊnt] *v* يَحسَب [jaħsibu]
**counter** ['kaʊntə] *n* طاولة بيع [Ṭawelat bey'a]
**count on** [kaʊnt ɒn] *v* يعتمد على [jaʕtamidu ʕala:]
**country** ['kʌntrɪ] *n* بَلَد [balad]; **developing country** *n* بَلَد نامٍ [Baladen namen]
**countryside** ['kʌntrɪˌsaɪd] *n* رِيف [ri:f]
**couple** ['kʌpᵊl] *n* زوجان [zawʒa:ni]
**courage** ['kʌrɪdʒ] *n* إقدام [ʔiqda:m]
**courageous** [kə'reɪdʒəs] *adj* مِقدام [miqda:m]
**courgette** [kʊə'ʒɛt] *n* كوسة [ku:sa]
**courier** ['kʊərɪə] *n* ساعي [sa:ʕi:]; **I want to send this by courier** أريد إرسال ساعي لتوصيل ذلك [areed ersaal sa'ay le-tawṣeel hadha]
**course** [kɔːs] *n* دَوْرَة تعليمية [Dawrah ta'aleemeyah]; **golf course** *n* ملعب الجولف [Mal'aab al-jolf]; **main course** *n* طبق رئيسي [Ṭaba'q raeesey]; **refresher**

**course** *n* دورة تنشيطية [Dawrah ṭansheeṭeyah]; **training course** *n* دورة تدريبية [Dawrah tadreebeyah]
**court** [kɔːt] *n* بلاط القصر [Balaṭ al-'qaṣr]; **tennis court** *n* ملعب تنس [Mal'aab tenes]
**courtyard** ['kɔːtˌjɑːd] *n* ساحة الدار [Sahat al-dar]
**cousin** ['kʌzᵊn] *n* ابن العم [Ebn al-'aam]
**cover** ['kʌvə] *n* غطاء [ɣitˤaːʔ] ▷ *v* يُغطي [juɣatˤtˤiː]; **cover charge** *n* المصاريف المدفوعة مقدما [Al-maṣaareef al-madfoo'ah mo'qadaman]
**cow** [kaʊ] *n* بقرة [baqara]
**coward** ['kaʊəd] *n* جبان [ʒabaːn]
**cowardly** ['kaʊədlɪ] *adj* جبان [ʒabaːn]
**cowboy** ['kaʊˌbɔɪ] *n* راعى البقر [Ra'aey al-ba'qar]
**crab** [kræb] *n* حيوان السرطان [Ḥayawan al-saraṭan]
**crack** [kræk] *n (cocaine)* مُخَدِر [muxaddir], *(fracture)* صَدْع [sˤadʕ] ▷ *v* يَصْدع [jasˤdaʕu]; **crack down on** *v* يَتخذ اجراءات صارمة ضد [yatakhedh ejraat ṣaremah ḍed]
**cracked** [krækt] *adj* متصدع [mutasˤaddiʕ]
**cracker** ['krækə] *n* كسارة الجوز [Kasarat al-jooz]
**cradle** ['kreɪdᵊl] *n* مَهْد [mahd]
**craft** [krɑːft] *n* حرفة [ħirfa]
**craftsman** ['krɑːftsmən] *n* حِرَفي [ħirafij]
**cram** [kræm] *v* يحشو [jaħʃuː]
**crammed** [kræmd] *adj* محشو [maħʃuww]
**cranberry** ['krænbərɪ; -brɪ] *n* توت برى [Toot barrey]
**crane** [kreɪn] *n (bird)* رافعة [raːfiʕa], *(for lifting)* ونْش [winʃ]
**crash** [kræʃ] *n* تَحَطم [taħatˤum] ▷ *vi* يَتَحَطم [jataħatˤtˤamu] ▷ *vt* يَتَحَطم [jataħatˤtˤamu]
**crawl** [krɔːl] *v* يَزْحف [jazħafu]
**crayfish** ['kreɪˌfɪʃ] *n* جراد البحر [Jarad al-bahr]
**crayon** ['kreɪən; -ɒn] *n* أقلام ملونة [A'qlaam molawanah]
**crazy** ['kreɪzɪ] *adj* ضعيف [dˤaʕiːf]
**cream** [kriːm] *adj* كريمي [kriːmiː] ▷ *n* قشدة [qiʃda]; **ice cream** *n* آيس كريم [aayes kreem]; **shaving cream** *n* كريم الحلاقة [Kereem al-helaka]; **whipped cream** *n* كريمة مخفوقة [Keremah makhfoo'qah]
**crease** [kriːs] *n* ثنية [θanja]
**creased** [kriːst] *adj* متغضن [mutaɣadˤdˤin]
**create** [kriːˈeɪt] *v* يُبْدِع [jubdiʕu]
**creation** [kriːˈeɪʃən] *n* إبداع [ʔibdaːʕ]
**creative** [kriːˈeɪtɪv] *adj* خلاق [xallaːq]
**creature** ['kriːtʃə] *n* مخلوق [maxluːq]
**crêche** [krɛʃ] *n* حضانة أطفال [Haḍanat aṭfal]
**credentials** [krɪˈdɛnʃəlz] *npl* أوراق اعتماد [Awra'q e'atemaad]
**credible** ['krɛdɪbᵊl] *adj* موثوق فيه [Mawthoo'q beh]
**credit** ['krɛdɪt] *n* ائتمان [iʔtimaːn]; **credit card** *n* كارت ائتمان [Kart eateman]; **Can I pay by credit card?** هل يمكنني الدفع ببطاقة الائتمان؟ [hal yamken -any al-daf'a be- beṭa-'qat al-etemaan?]; **Do you take credit cards?** هل يتم قبول بطاقات الائتمان؟ [hal yatum 'qubool be-ṭa'qaat al-eeteman?]
**crematorium, crematoria** [ˌkrɛməˈtɔːrɪəm, ˌkrɛməˈtɔːrɪə] *n* مَحْرَقة [maħraqa]
**cress** [krɛs] *n* نبات رشاد [Nabat rashad]
**crew** [kruː] *n* طاقم [tˤaːqam]; **crew cut** *n* قصة شعر قصيرة ['qaṣat sha'ar]
**cricket** ['krɪkɪt] *n (game)* لعبة الكريكيت [Lo'abat al-kreeket], *(insect)* حشرة صرار الليل [Hashrat ṣarar al-layl]
**crime** [kraɪm] *n* جريمة [ʒariːma]
**criminal** ['krɪmɪnᵊl] *adj* جنائي [ʒinaːʔij] ▷ *n* مجرم [muʒrim]
**crisis** ['kraɪsɪs] *n* أزمة [ʔazma]
**crisp** [krɪsp] *adj* هش [haʃʃ]
**crisps** [krɪsps] *npl* شرائح البطاطس [Sharaeh al- baṭaṭes]

**crispy** ['krɪspɪ] *adj* هش [haʃʃ]
**criterion, criteria** [kraɪ'tɪərɪən, kraɪ'tɪərɪə] *n* معيار [miʕjir]
**critic** ['krɪtɪk] *n* نَاقِد [na:qid]
**critical** ['krɪtɪkᵊl] *adj* انتقادي [intiqa:dij]
**criticism** ['krɪtɪ,sɪzəm] *n* نَقْد [naqd]
**criticize** ['krɪtɪ,saɪz] *v* ينتقد [jantaqidu]
**Croatia** [krəʊ'eɪʃə] *n* كرواتيا [karwa:tja:]
**Croatian** [krəʊ'eɪʃən] *adj* كرواتي [kruwa:tijjat] ▷ *n (language)* اللغة الكرواتية [Al-loghah al-korwateyah], *(person)* كرواتي [kruwa:tijja]
**crochet** ['krəʊʃeɪ; -ʃɪ] *v* يُحَيك [juħbiku]
**crockery** ['krɒkərɪ] *n*; **We need more crockery** نحن في حاجة إلى المزيد من أواني الطهي [naḥno fee ḥaja ela al-mazeed min awany al-ṭahy]
**crocodile** ['krɒkə,daɪl] *n* تمساح [timsa:ħ]
**crocus** ['krəʊkəs] *n* زعفران [zaʕfara:n]
**crook** [krʊk] *n* خُطاف [xutˤa:f], *(swindler)* خُطاف [xutˤa:f]
**crop** [krɒp] *n* محصول [maħsˤu:l]
**cross** [krɒs] *adj* مُتَقَاطِع [mutaqa:tˤiʕ] ▷ *n* صليب [sˤali:b] ▷ *v* يَعْبُر [juʕabbiru]; **Red Cross** *n* الصليب الأحمر [Al-Ṣaleeb al-aḥmar]
**cross-country** ['krɒs'kʌntrɪ] *n* سباق الضاحية [Seba'q al-ḍaheyah]
**crossing** ['krɒsɪŋ] *n* عبور [ʕubu:r]; **level crossing** *n* مزلقان [mizlaqa:nun]; **pedestrian crossing** *n* ممر خاص لعبور المشاه [Mamar khaṣ leaboor al-moshah]; **pelican crossing** *n* عبور المشاه سيراً على الأقدام ['aobor al-moshah sayran ala al-a'qdam]; **zebra crossing** *n* ممر للمشاة ملون بالأبيض والأسود [Mamar lel-moshah molawan bel-abyaḍ wal-aswad]; **How long does the crossing take?** ما هي المدة التي يستغرقها العبور؟ [ma heya al-mudda al-laty yasta-ghri'q-uha al-'auboor?]; **How much is the crossing for a car and four people?** ما هي تكلفة عبور سيارة وأربعة أشخاص؟ [ma heya taklifat 'auboor sayara wa arba'aat ash-khaṣ?]; **The crossing was rough** كان العبور صعبا [kan il-'aobor ṣa'aban]
**cross out** [krɒs aʊt] *v* يَشطُب [jaʃtˤubu]
**crossroads** ['krɒs,rəʊdz] *n* طرق متقاطعة [Ṭaree'q mot'qat'ah]
**crossword** ['krɒs,wɜːd] *n* كلمات متقاطعة [Kalemat mota'qat'aa]
**crouch down** [kraʊtʃ daʊn] *v* يَرْبِض [jarbidˤu]
**crow** [krəʊ] *n* غراب [ɣura:b]
**crowd** [kraʊd] *n* حشد [ħaʃd]
**crowded** [kraʊdɪd] *adj* مزدحم [muzdaħim]
**crown** [kraʊn] *n* تاج [ta:ʒ]
**crucial** ['kru:ʃəl] *adj* عصيب [ʕasˤi:b]
**crucifix** ['kru:sɪfɪks] *n* صَليب [sˤali:b]
**crude** [kru:d] *adj* فَج [faʒʒ]
**cruel** ['kru:əl] *adj* قاسي [qa:si:]
**cruelty** ['kru:əltɪ] *n* قسوة [qaswa]
**cruise** [kru:z] *n* رحلة بحرية [Rehalh bahreyah]
**crumb** [krʌm] *n* كِسْرة خبز [Kesrat khobz]
**crush** [krʌʃ] *v* يَسحق [jasħaqu]
**crutch** [krʌtʃ] *n* عكاز [ʕukka:z]
**cry** [kraɪ] *n* بُكَاء [buka:ʔ] ▷ *v* يَصرخ [jasˤruxu]
**crystal** ['krɪstᵊl] *n* بِلَّور [billawr]
**cub** [kʌb] *n* شِبْل [ʃibl]
**Cuba** ['kju:bə] *n* كوبا [ku:ba:]
**Cuban** ['kju:bən] *adj* كوبي [ku:bij] ▷ *n* كوبي [ku:bij]
**cube** [kju:b] *n* مكعب [mukaʕʕab]; **ice cube** *n* مكعب ثلج [Moka'aab thalj]; **stock cube** *n* مكعب حساء [Moka'aab ḥasaa]
**cubic** ['kju:bɪk] *adj* مكعب [mukaʕʕab]
**cuckoo** ['kʊku:] *n* طائر الوقواق [Ṭaaer al-wa'qwa'q]
**cucumber** ['kju:,kʌmbə] *n* خِيَار [xija:r]
**cuddle** ['kʌdᵊl] *n* عناق [ʕina:q] ▷ *v* يُعانِق [juʕa:niqu]
**cue** [kju:] *n (billiards)* إلماع [ʔilma:ʕ]
**cufflinks** ['kʌflɪŋks] *npl* أزرار كم القميص [Azrar kom al'qameeṣ]
**culprit** ['kʌlprɪt] *n* مُذنِب [muðnib]

**cultural** ['kʌltʃərəl] *adj* ثقافي [θaqa:fij]
**culture** ['kʌltʃə] *n* ثقافة [θaqa:fa]
**cumin** ['kʌmɪn] *n* كَمّون [kammu:n]
**cunning** ['kʌnɪŋ] *adj* ماكر [ma:kir]
**cup** [kʌp] *n* فنجان [finʒa:n]; **World Cup** *n* كأس العالم [Kaas al-'aalam]
**cupboard** ['kʌbəd] *n* خزانة للأطباق والكؤوس [Khezanah lel aṭba'q wal-koos]
**curb** [kɜ:b] *n* شكيمة [ʃaki:ma]
**cure** [kjʊə] *n* شفاء [ʃifa:ʔ] ▷ *v* يُعالِج [juʕa:liʒu]
**curfew** ['kɜ:fju:] *n* حضر التجول [haḍr al-tajawol]
**curious** ['kjʊərɪəs] *adj* محب للاستطلاع [Moḥeb lel-esteṭlaa'a]
**curl** [kɜ:l] *n* يَعْقِص الشعر [Ya'aqeṣ al-sha'ar]
**curler** ['kɜ:lə] *n* ماكينة تجعيد الشعر [Makeenat taj'aeed sha'ar]
**curly** ['kɜ:lɪ] *adj* معقوص [maʕqu:sˤ]
**currant** ['kʌrənt] *n* زبيب [zabi:b]
**currency** ['kʌrənsɪ] *n* عملة متداولة [A'omlah motadawlah]
**current** ['kʌrənt] *adj* حالي [ħa:lij] ▷ *n* *(electricity)* تيار [tajja:r], *(flow)* تدفق [tadaffuq]; **current account** *n* حساب جارى [Hesab tejarey]; **current affairs** *npl* شؤون الساعة [Sheoon al-saa'ah]; **Are there currents?** هل يوجد تيارات مائية في هذه الشواطئ؟ [hal yujad taya-raat maiya fee hadhy al-shawaṭy]
**currently** ['kʌrəntlɪ] *adv* حالياً [ħa:lijjan]
**curriculum** [kə'rɪkjʊləm] *n* منهج دراسى [Manhaj derasey]; **curriculum vitae** *n* سيرة ذاتية [Seerah dhateyah]
**curry** ['kʌrɪ] *n* كاري [ka:ri:]; **curry powder** *n* مسحوق الكاري [Mashoo'q alkaarey]
**curse** [kɜ:s] *n* لعنة [laʕna]
**cursor** ['kɜ:sə] *n* مُؤَشر [muʔaʃʃir]
**curtain** ['kɜ:tᵊn] *n* ستارة [sita:ra]
**cushion** ['kʊʃən] *n* مخفف الصدمات [Mokhafef al-ṣadamat]
**custard** ['kʌstəd] *n* كسترد [kustard]
**custody** ['kʌstədɪ] *n* وصاية [wisˤa:ja]
**custom** ['kʌstəm] *n* عرف [ʕurf]
**customer** ['kʌstəmə] *n* عميل [ʕami:l]
**customized** ['kʌstə,maɪzd] *adj* مَصْنُوع وفقاً لطلب الزبون [masˤnu:ʕun wafqan litˤalabi azzabu:ni]
**customs** ['kʌstəmz] *npl* رسوم جمركية [Rosoom jomrekeyah]; **customs officer** *n* مسئول الجمرك [Masool al-jomrok]
**cut** [kʌt] *n* جرح [ʒurħ] ▷ *v* يَقطَع [jaqtˤaʕu]; **crew cut** *n* قصة شعر قصيرة ['qaṣat sha'ar]; **power cut** *n* انقطاع التيار الكهربي [En'qetaa'a al-tayar alkahrabey]; **He has cut himself** لقد جرح نفسه [la'qad jara-ḥa naf-sehe]
**cutback** ['kʌt,bæk] *n* تخفيض الانتاج [Takhfeeḍ al-entaj]
**cut down** [kʌt daʊn] *v* يَقطَع شجرة [juqatˤtˤaʕu ʃaʒaratan]
**cute** [kju:t] *adj* حَذِق [ħaðiq]
**cutlery** ['kʌtlərɪ] *n* سَكاكين المائدة [Skakeen al-maeadah]
**cutlet** ['kʌtlɪt] *n* شَريحة لحم مشوية [Shareehat laḥm mashweyah]
**cut off** [kʌt ɒf] *v* يَتوَقف عن العمل [jatawaqqafu ʕan alʕamali]
**cutting** ['kʌtɪŋ] *n* قطع [qitˤaʕ]
**cut up** [kʌt ʌp] *v* يَقطع بالسكين [Ya'qta'a bel-sekeen]
**CV** [si: vi:] *abbr* سيرة ذاتية [Seerah dhateyah]
**cybercafé** ['saɪbə,kæfeɪ; -,kæfɪ] *n* مقهى الانترنت [Ma'qha al-enternet]
**cybercrime** ['saɪbə,kraɪm] *n* جرائم الكمبيوتر والانترنت [Jraem al-kmobyoter wal-enternet]
**cycle** ['saɪkᵊl] *n (bike)* دراجة بخارية [Darrajah bokhareyah], *(recurring period)* دورة [dawra] ▷ *v* يُدَوِّر [jadu:ru]; **cycle lane** *n* زُقاق دائري [Zo'qa'q daerey]; **cycle path** *n* ممر الدراجات [Mamar al-darajat]
**cycling** ['saɪklɪŋ] *n* تدوير [tadwi:ru]
**cyclist** ['saɪklɪst] *n* راكب الدراجة [Rakeb al-darrajah]
**cyclone** ['saɪkləʊn] *n* زَوْبَعة [zawbaʕa]
**cylinder** ['sɪlɪndə] *n* اسطوانة

[ustˤuwa:na]
**cymbals** ['sɪmbᵊlz] *npl* آلة الصنج الموسيقية [Alat al-ṣanj al-mose'qeyah]
**Cypriot** ['sɪprɪət] *adj* قبرصي [qubrusˤij] ▷ *n (person)* قبرصي [qubrusˤij]
**Cyprus** ['saɪprəs] *n* قبرص [qubrusˤ]
**cyst** [sɪst] *n* مَثانة [maθa:na]
**cystitis** [sɪ'staɪtɪs] *n* التهاب المثانة [El-tehab al-mathanah]
**Czech** [tʃɛk] *adj* تشيكي [tʃi:kij] ▷ *n (language)* اللغة التشيكية [Al-loghah al-teshekeyah], *(person)* شخص تشيكي [Shakhṣ tesheekey]; **Czech Republic** *n* جمهورية التشيك [Jomhoreyat al-tesheek]

# d

**dad** [dæd] *n* أب [ʔab]
**daddy** ['dædɪ] *n* بابا [ba:ba:]
**daffodil** ['dæfədɪl] *n* نرجس [narʒis]
**daft** [dɑ:ft] *adj* أحمَق [ʔaħmaq]
**daily** ['deɪlɪ] *adj* يَوْمي [jawmij] ▷ *adv* يومياً [jawmijjaan]
**dairy** ['dɛərɪ] *n* مصنع منتجات الألبان [maṣna'a montajat al-alban]; **dairy produce** *n* منتج ألبان [Montej albaan]; **dairy products** *npl* منتجات الألبان [Montajat al-baan]
**daisy** ['deɪzɪ] *n* زهرة الأقحوان [Thamrat al-o'qḥowan]
**dam** [dæm] *n* سد [sadd]
**damage** ['dæmɪdʒ] *n* ضرر [dˤarar] ▷ *v* يَضُر [jadˤurru]
**damaged** ['dæmɪdʒd] *adj*; **My luggage has been damaged** لقد تعرضت حقائبي للضرر [la'qad ta-'aaraḍat ḥa'qa-eby lel-ḍarar]; **My suitcase has arrived damaged** لقد تعرضت حقيبة السفر الخاصة بي للضرر [la'qad ta-'aaraḍat ḥa'q-ebat al-safar al-khaṣa bee lel-ḍarar]
**damn** [dæm] *adj* لعين [laʕi:nu]
**damp** [dæmp] *adj* نَدِي [nadij]
**dance** [dɑ:ns] *n* رَقصَة [raqsˤa] ▷ *v* يَرقص

[jarqusˤu]
**dancer** [ˈdɑːnsə] *n* راقص [raːqisˤu]
**dancing** [ˈdɑːnsɪŋ] *n* رَقْص [raqsˤ]; **ballroom dancing** *n* رقص ثنائي [Ra'qṣ thonaaey]
**dandelion** [ˈdændɪˌlaɪən] *n* نبات الهندباء البرية [Nabat al-hendbaa al-bareyah]
**dandruff** [ˈdændrəf] *n* قشرة الرأس ['qeshart al-raas]
**Dane** [deɪn] *n* دانماركي [daːnmaːrkij]
**danger** [ˈdeɪndʒə] *n* خطر [xatˤar]; **Is there a danger of avalanches?** هل يوجد خطر من وجود الكتلة الجليدية المنحدرة؟ [hal yujad khatar min wijood al-kutla al-jalee-diya al-muḥadera?]
**dangerous** [ˈdeɪndʒərəs] *adj* خطير [xatˤiːr]
**Danish** [ˈdeɪnɪʃ] *adj* دانماركي [daːnmaːrkij] ▷ *n (language)* اللغة الدانمركية [Al-loghah al-danmarkeyah]
**dare** [dɛə] *v* يَجْرُؤ [jaʒruʔu]
**daring** [ˈdɛərɪŋ] *adj* جرئ [ʒariʔ]
**dark** [dɑːk] *adj* مظلم [muzˤlim] ▷ *n* ظلام [zˤalaːm]
**darkness** [ˈdɑːknɪs] *n* ظُلْمَة [zˤulma]
**darling** [ˈdɑːlɪŋ] *n* حبيب [ħabiːb]
**dart** [dɑːt] *n* سَهْم [sahm]
**darts** [dɑːts] *npl* لعبة رمي السهام [Lo'abat ramey al-seham]
**dash** [dæʃ] *v* يندفع [jandafiʕu]
**dashboard** [ˈdæʃˌbɔːd] *n* حجاب واقى [Ḥejab wara'qey]
**data** [ˈdeɪtə; ˈdɑːtə] *npl* بيانات [bajaːnaːtun]
**database** [ˈdeɪtəˌbeɪs] *n* قاعدة بيانات ['qaedat bayanat]
**date** [deɪt] *n* تاريخ [taːriːx]; **best-before date** *n* يُفضل استخدامه قبل التاريخ المُحدد [Yofaḍḍal estekhdamoh 'qabl al-tareekh al-mohaddad]; **expiry date** *n* تاريخ الانتهاء [Tareekh al-entehaa]; **sell-by date** *n* تاريخ انتهاء الصلاحية [Tareekh enthaa al-ṣalaḥeyah]; **What is the date?** ما هو التاريخ؟ [ma howa al-tareekh?]; **What is today's date?** ما هو تاريخ اليوم؟ [ma howa tareekh al-yawm?]
**daughter** [ˈdɔːtə] *n* ابنة [ibna]
**daughter-in-law** [ˈdɔːtə ɪn lɔː] (*pl* **daughters-in-law**) *n* زوجة الابن [Zawj al-ebn]
**dawn** [dɔːn] *n* فَجْر [faʒr]
**day** [deɪ] *n* يوم [jawm]; **day return** *n* تذكرة ذهاب وعودة في نفس اليوم [tadhkarat dhehab we-'awdah fee nafs al-yawm]; **Valentine's Day** *n* عيد الحب ['aeed al-ḥob]; **Do you run day trips to...?** هل تنظمون رحلات يومية إلى...؟ [hal tunaḍh-emoon reḥlaat yaw-miya ela...?]; **What a lovely day!** يا له من يوم جميل! [ya laho min yawm jameel]; **What are your rates per day?** ما هو الإيجار اليومي؟ [ma howa al-ejaar al-yawmi?]; **What day is it today?** أي الأيام تكون اليوم؟ [ay al-ayaam howa al- yawm?]; **What is the dish of the day?** ما هو طبق اليوم [ma howa ṭaba'q al-yawm?]
**daytime** [ˈdeɪˌtaɪm] *n* فترة النهار [Fatrat al-nehaar]
**dead** [dɛd] *adj* متوفى [mutawaffin] ▷ *adv* تماماً [tamaːman]; **dead end** *n* طريق مسدود [Taree'q masdood]
**deadline** [ˈdɛdˌlaɪn] *n* موعد الانتهاء [Maw'aed al-entehaa]
**deaf** [dɛf] *adj* أصم [ʔasˤamm]
**deafening** [ˈdɛfᵊnɪŋ] *adj* مسبب الصمم [Mosabeb lel-ṣamam]
**deal** [diːl] *n* صفقة [sˤafqa]
**dealer** [ˈdiːlə] *n* تاجر [taːʒir]; **drug dealer** *n* تاجر مخدرات [Tajer mokhaddrat]
**deal with** [diːl wɪð] *v* يُعالِج [juʕaːliʒu]
**dear** [dɪə] *adj (expensive)* عزيزي [ʕaziːziː], *(loved)* عزيز [ʕaziːz]
**death** [dɛθ] *n* مَوْت [mawt]
**debate** [dɪˈbeɪt] *n* مناقشة [munaːqaʃa] ▷ *v* يناقش [junaːqiʃu]
**debit** [ˈdɛbɪt] *n* مَدين [madiːn] ▷ *v* يُسجل على حساب [jusʒilu ʕalaː ħisaːbin]; **debit card** *n* كارت سحب [Kart sahb]; **direct debit** *n* يخصم مباشرةً من حساب العميل [Yokhṣam mobasharatan men hesab al'ameel]

**debt** [dɛt] *n* دَيْن [dajn]
**decade** ['dɛkeɪd; dɪ'keɪd] *n* عقد من الزمن ['aa'qd men al-zaman]
**decaffeinated** [dɪ'kæfɪˌneɪtɪd] *adj* منزوع منه الكافيين [Manzoo'a menh al-kafayeen]; **decaffeinated coffee** *n* قهوة منزوعة الكافيين ['qahwa manzo'aat al-kafayen]
**decay** [dɪ'keɪ] *v* يَتعفن [jataʕaffanu]
**deceive** [dɪ'siːv] *v* يَغش [jaɣiʃʃu]
**December** [dɪ'sɛmbə] *n* ديسمبر [di:sambar]; **on Friday the thirty first of December** يوم الجمعة الموافق الحادي والثلاثين من ديسمبر [yawm al-jum'aa al- muwa-fi'q al-ḥady waal-thalatheen min desambar]
**decent** ['diːsᵊnt] *adj* مهذب [muhaððab]
**decide** [dɪ'saɪd] *v* يُقَرر [juqarriru]
**decimal** ['dɛsɪməl] *adj* عشري
**decision** [dɪ'sɪʒən] *n* قرار [qara:r]
**decisive** [dɪ'saɪsɪv] *adj* حاسم [ħa:sim]
**deck** [dɛk] *n* ظهر المركب [ḍhahr al-mrkeb]; **How do I get to the car deck?** كيف يمكن الوصول إلى السيارة على ظهر المركب؟ [kayfa yamkin al-wiṣool ela al-sayarah 'ala ḍhahr al-markab?]
**deckchair** ['dɛkˌtʃɛə] *n* كرسي طويل قابل لظهر المركب [kursijjun tˤawi:lun qa:bilun lizˤahri almarkabi]
**declare** [dɪ'klɛə] *v* يُعْلِن [juʕlinu]
**decorate** ['dɛkəˌreɪt] *v* يُزَخرف [juzaxrifu]
**decorator** ['dɛkəˌreɪtə] *n* مُزَخْرَف [muza-xraf]
**decrease** *n* ['diːkriːs] النقص [an-naqsˤu] ▷ *v* [dɪ'kriːs] ينقص [janqusˤu]
**dedicated** ['dɛdɪˌkeɪtɪd] *adj* متفرغ [mutafarriɣ]
**dedication** [ˌdɛdɪ'keɪʃən] *n* تكريس [takri:s]
**deduct** [dɪ'dʌkt] *v* يَقْتَطِع [jaqtatˤiʕu]
**deep** [diːp] *adj* عميق [ʕami:q]
**deep-fry** [diːpfraɪ] *v* يَقلي [jaqli:]
**deeply** ['diːplɪ] *adv* بعمق [biʕumqin]
**deer** [dɪə] **(*pl* deer)** *n* أيْل [ʔajl]
**defeat** [dɪ'fiːt] *n* هزيمة [hazi:munt] ▷ *v* يهزم [jahzimu]
**defect** [dɪ'fɛkt] *n* عيب [ʕajb]
**defence** [dɪ'fɛns] *n* دفاع [difa:ʕ]
**defend** [dɪ'fɛnd] *v* يُدافع [juda:fiʕu]
**defendant** [dɪ'fɛndənt] *n* مُدَعى عليه [Moda'aa 'aalayh]
**defender** [dɪ'fɛndə] *n* مُدَافِع [muda:fiʕ]
**deficit** ['dɛfɪsɪt; dɪ'fɪsɪt] *n* عجز في الميزانية ['ajz fee- almezaneyah]
**define** [dɪ'faɪn] *v* يُعَرف [jaʕrifu]
**definite** ['dɛfɪnɪt] *adj* واضح [wa:dˤiħ]
**definitely** ['dɛfɪnɪtlɪ] *adv* بكل تأكيد [Bekol taakeed]
**definition** [ˌdɛfɪ'nɪʃən] *n* تعريف [taʕri:f]
**degree** [dɪ'griː] *n* درجة [daraʒa]; **degree centigrade** *n* درجة حرارة مئوية [Draajat ḥaraarah meaweyah]; **degree Celsius** *n* درجة حرارة سلزيوس [Darajat ḥararah selezyos]; **degree Fahrenheit** *n* درجة حرارة فهرنهايتي [Darjat hararh ferhrenhaytey]
**dehydrated** [diː'haɪdreɪtɪd] *adj* مُجَفَف [muʒaffif]
**de-icer** [diː'aɪsə] *n* ماكينة إزالة الثلوج [Makenat ezalat al-tholo'j]
**delay** [dɪ'leɪ] *n* تأخير [taʔxi:r] ▷ *v* يتأخر [jataʔaxxaru]
**delayed** [dɪ'leɪd] *adj* متأخر [mutaʔaxxir]
**delegate** *n* ['dɛlɪˌgeɪt] انتداب [intida:b] ▷ *v* ['dɛlɪˌgeɪt] ينتدب [jantadibu]
**delete** [dɪ'liːt] *v* يَحذِف [jaħðifu]
**deliberate** [dɪ'lɪbərɪt] *adj* مُتَعَمد [mutaʕammad]
**deliberately** [dɪ'lɪbərətlɪ] *adv* بشكل متعمد [Be-shakl mota'amad]
**delicate** ['dɛlɪkɪt] *adj* رقيق [raqi:q]
**delicatessen** [ˌdɛlɪkə'tɛsᵊn] *n* أطعمة معلبة [a ṭ'aemah mo'aalabah]
**delicious** [dɪ'lɪʃəs] *adj* شهي [ʃahij]; **The meal was delicious** كانت الوجبة شهية [kanat il-wajba sha-heyah]
**delight** [dɪ'laɪt] *n* بهجة [bahʒa]
**delighted** [dɪ'laɪtɪd] *adj* مسرور جداً [Masroor jedan]
**delightful** [dɪ'laɪtfʊl] *adj* سار جداً [Sar jedan]
**deliver** [dɪ'lɪvə] *v* يُسَلِم [jusallimu]

**delivery** [dɪ'lɪvərɪ] *n* تسليم [tasli:m]; **recorded delivery** *n* بعلم الوصول [Be-'aelm al-woṣool]
**demand** [dɪ'mɑ:nd] *n* حاجة ملحة [Hajah molehah] ▷ *v* يُطَالِب ب [Yoṭaleb be]
**demanding** [dɪ'mɑ:ndɪŋ] *adj* كثير المطالب [Katheer almaṭaleb]
**demo, demos** ['dɛməʊ, 'di:mɒs] *n* تجربة إيضاحية [Tajrebah eeḍaheyah]
**democracy** [dɪ'mɒkrəsɪ] *n* ديمقراطية [di:muqra:tˤijja]
**democratic** [,dɛmə'krætɪk] *adj* ديمقراطي [di:muqra:tˤij]
**demolish** [dɪ'mɒlɪʃ] *v* يَهْدِم [jahdimu]
**demonstrate** ['dɛmən,streɪt] *v* يُبَرْهِن [jubarhinu]
**demonstration** [,dɛmən'streɪʃən] *n* مُظَاهَرة [muzˤa:hara]
**demonstrator** ['dɛmən,streɪtə] *n* معيد [muʕi:d]
**denim** ['dɛnɪm] *n* قماش الدنيم القطنى ['qomash al-deneem al-'qotney]
**denims** ['dɛnɪmz] *npl* سروال من قماش الدِنيم القطنى [Serwal men 'qomash al-deneem al-'qotney]
**Denmark** ['dɛnmɑ:k] *n* الدانمارك [ad-da:nma:rk]
**dense** [dɛns] *adj* كثيف [kaθi:f]
**density** ['dɛnsɪtɪ] *n* كثافة [kaθa:fa]
**dent** [dɛnt] *n* أسنان [ʔasna:nu] ▷ *v* يَنْبَعِج [janbaʕiʒu]
**dental** ['dɛnt°l] *adj* متعلق بطب الأسنان [Mota'ale'q be-ṭeb al-asnan]; **dental floss** *n* خَيْط تنظيف الأسنان [Khayṭ tandheef al-asnan]
**dentist** ['dɛntɪst] *n* طبيب أسنان [Ṭabeeb asnan]; **I need a dentist** أحتاج إلى الذهاب إلى طبيب أسنان [aḥtaaj ela al-dhehaab ela ṭabeeb asnaan]
**dentures** ['dɛntʃəz] *npl* أطقم أسنان صناعية [Aṭ'qom asnan ṣena'aeyah]
**deny** [dɪ'naɪ] *v* ينكر [junkiru]
**deodorant** [di:'əʊdərənt] *n* مزيل رائحة العرق [Mozeel raaehat al-'aara'q]
**depart** [dɪ'pɑ:t] *v* يَرحل [jarħalu]
**department** [dɪ'pɑ:tmənt] *n* قِسم [qism]; **accident & emergency department** *n* إدارة الحوادث والطوارئ [Edarat al-hawadeth wa-al-tawarea]; **department store** *n* محل مكون من أقسام [Maḥal mokawan men a'qsaam]
**departure** [dɪ'pɑ:tʃə] *n* مغادرة [muɣa:dara]; **departure lounge** *n* صالة المغادرة [Ṣalat al-moghadarah]
**depend** [dɪ'pɛnd] *v* يعتمد على [jaʕtamidu ʕala:]
**deport** [dɪ'pɔ:t] *v* ينفي [janfi:]
**deposit** [dɪ'pɒzɪt] *n* يُوْدِع [judiʕu]
**depressed** [dɪ'prɛst] *adj* محبط [muħbatˤ]
**depressing** [dɪ'prɛsɪŋ] *adj* محزن [muħzin]
**depression** [dɪ'prɛʃən] *n* إحباط [ʔiħba:tˤ]
**depth** [dɛpθ] *n* عمق [ʕumq]
**descend** [dɪ'sɛnd] *v* ينحدر [janħadiru]
**describe** [dɪ'skraɪb] *v* يَصِف [jasˤifu]
**description** [dɪ'skrɪpʃən] *n* وَصف [wasˤf]
**desert** ['dɛzət] *n* صحراء [sˤaħra:ʔu]; **desert island** *n* جزيرة استوائية غير مأهولة [Jozor ghayr maahoolah]
**deserve** [dɪ'zɜ:v] *v* يَستحق [jastaħiqqu]
**design** [dɪ'zaɪn] *n* تصميم [tasˤmi:m] ▷ *v* يُصمم [jusˤammimu]
**designer** [dɪ'zaɪnə] *n* مُصَمِم [musˤammim]; **interior designer** *n* مُصَمِم داخلي [Moṣamem dakheley]
**desire** [dɪ'zaɪə] *n* رغبة [raɣba] ▷ *v* يَرغب [jarɣabu]
**desk** [dɛsk] *n* مكتب [maktab]; **enquiry desk** *n* مكتب الاستعلامات [Maktab al-este'alamaat]; **May I use your desk?** هل لي أن أستخدم المكتب الخاص بك؟ [hal lee an astakhdim al-maktab al-khaaṣ bik?]
**despair** [dɪ'spɛə] *n* يأس [jaʔs]
**desperate** ['dɛspərɪt; -prɪt] *adj* يئوس [jaʔu:s]
**desperately** ['dɛspərɪtlɪ] *adv* بيأس [bijaʔsin]
**despise** [dɪ'spaɪz] *v* يَحتقر [jaħtaqiru]

**despite** [dɪ'spaɪt] *prep* بالرغم [Bel-raghm]
**dessert** [dɪ'zɜːt] *n* تحلية [taħlija]; **dessert spoon** *n* ملعقة الحلويات [Mel'a'qat al-ḥalaweyat]
**destination** [ˌdɛstɪ'neɪʃən] *n* مَقصَد [maqsˤid]
**destiny** ['dɛstɪnɪ] *n* قَدَر [qadar]
**destroy** [dɪ'strɔɪ] *v* يُدمِر [judammiru]
**destruction** [dɪ'strʌkʃən] *n* تدمير [tadmiːr]
**detail** ['diːteɪl] *n* تفصيل [tafsˤiːl]
**detailed** ['diːteɪld] *adj* مُفَصَّل [mufasˤsˤal]
**detective** [dɪ'tɛktɪv] *n* شرطة سرية [Shorṭah serryah]
**detention** [dɪ'tɛnʃən] *n* احتجاز [iħtiʒaːz]
**detergent** [dɪ'tɜːdʒənt] *n* مادة منظفة [Madah monaḍhefah]
**deteriorate** [dɪ'tɪərɪəˌreɪt] *v* يَفْسَد [jafsadu]
**determined** [dɪ'tɜːmɪnd] *adj* عاقد العزم ['aaa'qed al-'aazm]
**detour** ['diːtʊə] *n* تَحَوُّل [taħawwul]
**devaluation** [diːˌvæljuː'eɪʃən; deˌvalu'ation] *n* تخفيض قيمة العملة [Takhfeeḍ 'qeemat al'aomlah]
**devastated** ['dɛvəˌsteɪtɪd] *adj* مدمر [mudammar]
**devastating** ['dɛvəˌsteɪtɪŋ] *adj* مسبب لدمار هائل [Mosabeb ledamar haael]
**develop** [dɪ'vɛləp] *vi* يتطور [jatatˤawwaru] ▷ *vt* يُطور [jutˤawwiru]; **developing country** *n* بَلَد نامٍ [Baladen namen]
**development** [dɪ'vɛləpmənt] *n* تطور [tatˤawwur]
**device** [dɪ'vaɪs] *n* مُعَدَّة [muʕadda]
**devil** ['dɛvᵊl] *n* شيطان [ʃajtˤaːn]
**devise** [dɪ'vaɪz] *v* يَبتكِر [jabtakiru]
**devoted** [dɪ'vəʊtɪd] *adj* مكرس [mukarras]
**diabetes** [ˌdaɪə'biːtɪs; -tiːz] *n* مرض السكر [Maraḍ al-sokar]
**diabetic** [ˌdaɪə'bɛtɪk] *adj* مصاب بالسكري [Moṣab bel sokkarey] ▷ *n* شخص مصاب بالبول السكرى [Shakhṣ moṣaab bel-bol al-sokarey]
**diagnosis** [ˌdaɪəg'nəʊsɪs] *n* تشخيص [taʃxiːsˤ]
**diagonal** [daɪ'ægənᵊl] *adj* قطري [qutˤrij]
**diagram** ['daɪəˌgræm] *n* رسم بياني [Rasm bayany]
**dial** ['daɪəl; daɪl] *v* يَتَّصِل [jattasˤilu]; **dialling code** *n* كود الاتصال بمنطقة أو بلد [Kod al-eteṣal bemanṭe'qah aw balad]; **dialling tone** *n* نغمة الاتصال [Naghamat al-eteṣal]
**dialect** ['daɪəˌlɛkt] *n* لهجة [lahʒa]
**dialogue** ['daɪəˌlɒg] *n* حوار [ħiwaːru]
**diameter** [daɪ'æmɪtə] *n* قُطْر [qutˤr]
**diamond** ['daɪəmənd] *n* ماس [maːs]
**diarrhoea** [ˌdaɪə'rɪə] *n* إسهال [ʔishaːl]; **I have diarrhoea** أعاني من الإصابة بالإسهال [o-'aany min al-eṣaaba bel-es-haal]
**diary** ['daɪərɪ] *n* يوميات [jawmijjaːt]
**dice, die** [daɪs, daɪ] *npl* نَرْد [nardun]
**dictation** [dɪk'teɪʃən] *n* إملاء [ʔimlaːʔ]
**dictator** [dɪk'teɪtə] *n* ديكتاتور [diːktaːtuːr]
**dictionary** ['dɪkʃənərɪ; -ʃənrɪ] *n* قاموس [qaːmuːs]
**die** [daɪ] *v* يموت [jamuːtu]
**diesel** ['diːzᵊl] *n* وقود الديزيل [Wa'qood al-deezel]
**diet** ['daɪət] *n* نظام غذائي [Neḍhaam ghedhey] ▷ *v* يلتزم بحمية غذائية معينة [Yalazem beḥemyah ghedhaeyah mo'ayanah]; **I'm on a diet** أتبع نظام غذائي خاص [atba'a neḍham ghedha-ee khaaṣ]أنا أتبع نظام غذائي خاص , [ana atb'a neḍham ghedhaey khaaṣ]
**difference** ['dɪfərəns; 'dɪfrəns] *n* اختلاف [ixtilaːf]
**different** ['dɪfərənt; 'dɪfrənt] *adj* مختلف [muxtalif]; **I would like something different** أريد شيئا مختلفا [areed shyan mukh-talefan]
**difficult** ['dɪfɪkᵊlt] *adj* صَعْب [sˤaʕb]
**difficulty** ['dɪfɪkᵊltɪ] *n* صعوبة [sˤuʕuːba]
**dig** [dɪg] *v* يَحفُر [jaħfuru]
**digest** [dɪ'dʒɛst; daɪ-] *v* يَهضِم [jahdˤimu]
**digestion** [dɪ'dʒɛstʃən; daɪ-] *n* هضم

[hadˤm]
**digger** ['dɪgə] *n* حفار [ħaffa:r]
**digital** ['dɪdʒɪtᵊl] *adj* رقمي [raqmij]; **digital camera** *n* كاميرا رقمية [Kameera ra'qmeyah]; **digital radio** *n* راديو رقمي [Radyo ra'qamey]; **digital television** *n* تليفزيون رقمي [telefezyoon ra'qamey]; **digital watch** *n* ساعة رقمية [Sa'aah ra'qameyah]
**dignity** ['dɪgnɪtɪ] *n* كرامة [kara:ma]
**dilemma** [dɪ'lɛmə; daɪ-] *n* معضلة [muʕdˤila]
**dilute** [daɪ'lu:t] *v* يُخفِف [juxafiffu]
**diluted** [daɪ'lu:tɪd] *adj* مخفف [muxaffaf]
**dim** [dɪm] *adj* باهت [ba:hit]
**dimension** [dɪ'mɛnʃən] *n* بُعْد [buʕd]
**diminish** [dɪ'mɪnɪʃ] *v* يُقَلِل [juqallilu]
**din** [dɪn] *n* ضجيج [dˤaʒi:ʒ]
**diner** ['daɪnə] *n* متناول العشاء [Motanawal al-'aashaa]
**dinghy** ['dɪŋɪ] *n* زورق تجديف [Zawra'q]
**dinner** ['dɪnə] *n* وَجْبَة الطعام [Wajbat al-ṭa'aam]; **dinner jacket** *n* جاكت العشاء [Jaket al-'aashaa]; **dinner party** *n* حفلة عشاء [Ḥaflat 'aashaa]; **dinner time** *n* وَقْت العشاء [Wa'qt al-'aashaa]
**dinosaur** ['daɪnə,sɔ:] *n* ديناصور [di:na:sˤu:r]
**dip** [dɪp] *n (food/sauce)* غَمْس [ɣams] ▷ *v* يَغْمِس [jaɣmisu]
**diploma** [dɪ'pləʊmə] *n* دبلوما [diblu:ma:]
**diplomat** ['dɪplə,mæt] *n* دبلوماسي [diblu:ma:sij]
**diplomatic** [,dɪplə'mætɪk] *adj* دبلوماسي [diblu:ma:sij]
**dipstick** ['dɪp,stɪk] *n* قضيب قياس العمق ['qaḍeeb 'qeyas al-'aom'q]
**direct** [dɪ'rɛkt; daɪ-] *adj* مباشر [muba:ʃir] ▷ *v* يُوجه [juwaʒʒihu]; **direct debit** *n* يخصم مباشرةً من حساب العميل [Yokhṣam mobasharatan men hesab al'ameel]; **I'd prefer to go direct** أفضل الذهاب مباشرة [ofaḍel al-dhehaab muba-sharatan]; **Is it a direct train?** هل يتجه هذا القطار مباشرة إلى...؟ [hal yata-jih hadha al-'qeṭaar muba-sha-ratan ela...?]
**direction** [dɪ'rɛkʃən; daɪ-] *n* توجيه [tawʒi:h]
**directions** [dɪ'rɛkʃənz; daɪ-] *npl* توجيهات [tawʒi:ha:tun]
**directly** [dɪ'rɛktlɪ; daɪ-] *adv* مباشرةً [muba:ʃaratan]
**director** [dɪ'rɛktə; daɪ-] *n* مُدِير [mudi:r]; **managing director** *n* عضو مُنتَدب ['aḍow montadab]
**directory** [dɪ'rɛktərɪ; -trɪ; daɪ-] *n* دليل [dali:l]; **directory enquiries** *npl* استعلامات دليل الهاتف [Este'alamat daleel al-hatef]; **telephone directory** *n* دليل الهاتف [Daleel al-hatef]
**dirt** [dɜ:t] *n* قذارة [qaðа:ra]
**dirty** ['dɜ:tɪ] *adj* ملوث [mulawwaθ]
**disability** [,dɪsə'bɪlɪtɪ] *n* عجز [ʕaʒz]
**disabled** [dɪ'seɪbᵊld] *adj* عاجز [ʕa:ʒiz] ▷ *npl* مُعَاق [muʕa:qun]
**disadvantage** [,dɪsəd'vɑ:ntɪdʒ] *n* عَيْب [ʕajb]
**disagree** [,dɪsə'gri:] *v* يتعارَض [jataʕa:radˤu]
**disagreement** [,dɪsə'gri:mənt] *n* اختلاف الرأى [Ekhtelaf al-raaey]
**disappear** [,dɪsə'pɪə] *v* يَخْتفي [jaxtafi:]
**disappearance** [,dɪsə'pɪərəns] *n* اختفاء [ixtifa:ʔ]
**disappoint** [,dɪsə'pɔɪnt] *v* يُخيب [juxajjibu]
**disappointed** [,dɪsə'pɔɪntɪd] *adj* مُحبَط [muħbatˤ]
**disappointing** [,dɪsə'pɔɪntɪŋ] *adj* مُحبِط [muħbitˤ]
**disappointment** [,dɪsə'pɔɪntmənt] *n* خيبة الأمل [Khaybat al-amal]
**disaster** [dɪ'zɑ:stə] *n* كارثه [ka:riθa]
**disastrous** [dɪ'zɑ:strəs] *adj* كارثي [ka:riθij]
**disc** [dɪsk] *n* قرص [qursˤ]; **compact disc** *n* قرص مضغوط ['qorṣ maḍghoot]; **disc jockey** *n* مشغل الأغنيات المسجلة [Moshaghel al-oghneyat al-mosajalah]; **slipped disc** *n* إنزلاق غضروفي [Enzela'q

ghodrofey]
**discharge** [dɪs'tʃɑːdʒ] *v*; **When will I be discharged?** متى سأخرج من المستشفى؟ [mata sa-akhruj min al-mus-tashfa?]
**discipline** ['dɪsɪplɪn] *n* تأديب [taʔdiːb]
**disclose** [dɪs'kləʊz] *v* يُفْشي [juʃʃiː]
**disco** ['dɪskəʊ] *n* ديسكو [diːskuː]
**disconnect** [ˌdɪskə'nɛkt] *v* يَفْصِل [jafsˁilu]
**discount** ['dɪskaʊnt] *n* خَصم [xasˁm]; **student discount** *n* خصم للطلاب [Khaṣm lel-ṭolab]
**discourage** [dɪs'kʌrɪdʒ] *v* يُثبِّط من الهمة [yothabeṭ men al-hemah]
**discover** [dɪ'skʌvə] *v* يَكْتَشِف [jaktaʃifu]
**discretion** [dɪ'skrɛʃən] *n* تعقل [taʕaqqul]
**discrimination** [dɪˌskrɪmɪ'neɪʃən] *n* تمييز [tamjiːz]
**discuss** [dɪ'skʌs] *v* يُناقِش [junaːqiʃu]
**discussion** [dɪ'skʌʃən] *n* مناقشة [munaːqaʃa]
**disease** [dɪ'ziːz] *n* مرض [maradˁ]; **Alzheimer's disease** *n* مرض الزهايمر [Maraḍ al-zehaymar]
**disgraceful** [dɪs'greɪsfʊl] *adj* شَائِن [ʃaːʔin]
**disguise** [dɪs'gaɪz] *v* يَتنكر [jatanakkaru]
**disgusted** [dɪs'gʌstɪd] *adj* مشمئز [muʃmaʔizz]
**disgusting** [dɪs'gʌstɪŋ] *adj* مثير للاشمئزاز [Mother lel-sheazaz]
**dish** [dɪʃ] *n (food)* أَكْل, *(plate)* طبق [tˁabaq]; **dish towel** *n* فوطة تجفيف الأطباق [Foṭah tajfeef al-aṭbaa'q]; **satellite dish** *n* طبق قمر صناعي [Ṭaba'q ṣena'aey]; **soap dish** *n* طبق صابون [Ṭaba'q ṣaboon]; **How do you cook this dish?** كيف يطهى هذا الطبق؟ [Kayfa yoṭhaa hadha alṭaba'q]; **How is this dish served?** كيف يقدم هذا الطبق؟ [kayfa yu'qadam hatha al-ṭaba'q?]; **What is in this dish?** ما الذي في هذا الطبق؟ [ma al-lathy fee hatha al-ṭaba'q?]; **What is the dish of the day?** ما هو طبق اليوم [ma howa ṭaba'q al-yawm?]
**dishcloth** ['dɪʃˌklɒθ] *n* قماشة لغسل الأطباق ['qomash le-ghseel al-aṭbaa'q]
**dishonest** [dɪs'ɒnɪst] *adj* غير أمين [Gheyr amen]
**dishwasher** ['dɪʃˌwɒʃə] *n* غسالة أطباق [ghasalat aṭba'q]
**disinfectant** [ˌdɪsɪn'fɛktənt] *n* مبيد الجراثيم [Mobeed al-jaratheem]
**disk** [dɪsk] *n* مكتب [maktab]; **disk drive** *n* سواقة أقراص [Sowa'qat a'qraṣ]
**diskette** [dɪs'kɛt] *n* قرص صغير ['qorṣ ṣagheyr]
**dislike** [dɪs'laɪk] *v* يكره [jakrahu]
**dismal** ['dɪzməl] *adj* موحش [muːħiʃ]
**dismiss** [dɪs'mɪs] *v* يَصْرِف [jasˁrifu]
**disobedient** [ˌdɪsə'biːdɪənt] *adj* عاصي [ʕaːsˁiː]
**disobey** [ˌdɪsə'beɪ] *v* يَعْصي [jaʕsˁiː]
**dispenser** [dɪ'spɛnsə] *n* صُنبور توزيع [Ṣonboor twazea'a]; **cash dispenser** *n* ماكينة صرافة [Makenat ṣerafah]
**display** [dɪ'spleɪ] *n* ابداء [ibdaːʔ] ▷ *v* يَعْرِض [jaʕridˁu]
**disposable** [dɪ'spəʊzəbᵊl] *adj* ممكن التخلص منه [Momken al-takhaloṣ menh]
**disqualify** [dɪs'kwɒlɪˌfaɪ] *v* يُجَرِده من الأهلية [juʒarriduhu min alʔahlijjati]
**disrupt** [dɪs'rʌpt] *v* يُمَزِق [jumazziqu]
**dissatisfied** [dɪs'sætɪsˌfaɪd] *adj* غير راض [Ghayr raḍ]
**dissolve** [dɪ'zɒlv] *v* يُذيب [juðiːbu]
**distance** ['dɪstəns] *n* مسافة [masaːfa]
**distant** ['dɪstənt] *adj* بعيد [baʕiːd]
**distillery** [dɪ'stɪlərɪ] *n* معمل التقطير [Ma'amal alta'qṭeer]
**distinction** [dɪ'stɪŋkʃən] *n* فارق [faːriq]
**distinctive** [dɪ'stɪŋktɪv] *adj* مميز [mumajjaz]
**distinguish** [dɪ'stɪŋgwɪʃ] *v* يُمَيز [jumajjizu]
**distract** [dɪ'strækt] *v* يَصْرِف الانتباه [jusˁrifu aliːntibaːhu]
**distribute** [dɪ'strɪbjuːt] *v* يوزع [juwazziʕu]
**distributor** [dɪ'strɪbjʊtə] *n* موزع

[muwazziʕ]
**district** ['dɪstrɪkt] *n* منطقة [mintʕaqa]
**disturb** [dɪ'stɜːb] *v* يُزعِج [juzʕiʒu]
**ditch** [dɪtʃ] *n* مَصْرَف [masʕrif] ▷ *v* يَحفُر خندقاً [Yaḥfor khanda'qan]
**dive** [daɪv] *n* غطس [ɣatʕasa] ▷ *v* يغطس [jaɣtʕisu]
**diver** ['daɪvə] *n* غطاس [ɣatʕtʕaːs]
**diversion** [daɪ'vɜːʃən] *n* انحراف [inħiraːf]
**divide** [dɪ'vaɪd] *v* يُقَسِم [juqassimu]
**diving** ['daɪvɪŋ] *n* الغوص [al-ɣawsʕu]; **diving board** *n* لوح غطس [Looḥ ghaṭs]; **scuba diving** *n* غوص بأجهزة التنفس [ghawṣ beajhezat altanafos]
**division** [dɪ'vɪʒən] *n* تقسيم [taqsiːm]
**divorce** [dɪ'vɔːs] *n* طلاق [tʕalaːq] ▷ *v* طلاق [tʕalaːqun]
**divorced** [dɪ'vɔːst] *adj* مُطَلَّق [mutʕallaq]
**DIY** [diː aɪ waɪ] *abbr* افعلها بنفسك [Ef'alhaa be-nafsek]
**dizzy** ['dɪzɪ] *adj* دُوار [duwaːr]
**DJ** [diː dʒeɪ] *abbr* دي جيه [D J]
**DNA** [diː ɛn eɪ] *n* الحمض النووي [alħamdʕu annawawijju]
**do** [duː] *v* يَفْعل [jafʕalu]
**dock** [dɒk] *n* حوض السفن [Hawḍ al-sofon]
**doctor** ['dɒktə] *n* طبيب [tʕabiːb]; **Call a doctor!** اتصل بالطبيب [itaṣel bil-ṭabeeb]; **I need a doctor** أحتاج إلى طبيب [aḥtaaj ela ṭabeeb]; **Is there a doctor who speaks English?** هل يوجد طبيب هنا يتحدث الإنجليزية؟ [hal yujad ṭabeeb huna yata-ḥadath al-injile-ziya?]; **Please call the emergency doctor** من فضلك اتصل بطبيب الطوارئ [min faḍlak itaṣil beṭa-beeb al-ṭawaree]
**document** ['dɒkjumənt] *n* مستند [mustanad]; **I want to copy this document** أريد نسخ هذا المستند [areed naskh hadha al-mustanad]
**documentary** [ˌdɒkjʊ'mɛntərɪ; -trɪ] *n* فيلم وثائقي [Feel wathaae'qey]
**documentation** [ˌdɒkjʊmɛn'teɪʃən] *n* توثيق [tawθiːq]
**documents** [ˌdɒkjʊmɛnts] *npl* مستندات [mustanadaːtun]
**dodge** [dɒdʒ] *v* يراوغ [juraːwiɣu]
**dog** [dɒg] *n* كلب [kalb]; **guide dog** *n* كلب هادي مدرب للمكفوفين [Kalb hadey modarab lel-makfoofeen]; **hot dog** *n* نقانق ساخنة [Na'qane'q sakhenah]
**dole** [dəʊl] *n* إعانة بَطالة [E'anat baṭalah]
**doll** [dɒl] *n* دُمْيَة [dumja]
**dollar** ['dɒlə] *n* دُولَار [duːlaːr]
**dolphin** ['dɒlfɪn] *n* دُولفين [duːlfiːn]
**domestic** [də'mɛstɪk] *adj* داخلي [daːxilij]
**Dominican Republic** [də'mɪnɪkən rɪ'pʌblɪk] *n* جمهورية الدومنيكان [Jomhoreyat al-domenekan]
**domino** ['dɒmɪˌnəʊ] *n* لعبة الدومينو [Loabat al-domeno]
**dominoes** ['dɒmɪˌnəʊz] *npl* أحجار الدومينو [Ahjar al-domino]
**donate** [dəʊ'neɪt] *v* يَتَبَرع [jatabarraʕu]
**done** [dʌn] *adj* مُستَكمَل [mustakmal]
**donkey** ['dɒŋkɪ] *n* حمار [ħimaːr]
**donor** ['dəʊnə] *n* مَانِح [maːniħ]
**door** [dɔː] *n* بَابْ [baːb]; **door handle** *n* مقبض الباب [Me'qbaḍ al-bab]
**doorbell** ['dɔːˌbɛl] *n* جرس الباب [Jaras al-bab]
**doorman, doormen** ['dɔːˌmæn; -mən, 'dɔːˌmɛn] *n* بواب [bawwaːb]
**doorstep** ['dɔːˌstɛp] *n* درجة الباب [Darajat al-bab]
**dorm** [dɔːm] *n*; **Do you have any single sex dorms?** هل يوجد لديكم أسرة فردية بدورين؟ [Hal yoojad ladaykom aserah fardeyah bedoorayen?]
**dormitory** ['dɔːmɪtərɪ; -trɪ] *n* دَار إيوَاء [Dar eewaa]
**dose** [dəʊs] *n* جرعة [ʒurʕa]
**dot** [dɒt] *n* نقطة [nuqtʕa]
**double** ['dʌbᵊl] *adj* مضاعف [mudʕaːʕaf] ▷ *v* يُضاعف [judʕaːʕifu]; **double bass** *n* الدُبَلْبَس وهي أكبر آله في الأسرة الكمانية [addubalbas wa hija ʔakbaru aːlatu fiː alʔusrati alkamaːnijjati]; **double bed** *n* سَرير مُزدوج [Sareer mozdawaj]; **double glazing** *n* طبقتين من الزجاج

[Ṭaba'qatayen men al-zojaj]; **double room** *n* غرفة مزدوجة [Ghorfah mozdawajah]
**doubt** [daʊt] *n* شَكٌّ [ʃak] ▷ *v* يَرتاب [jarta:bu]
**doubtful** ['daʊtfʊl] *adj* مشكوك فيه [Mashkook feeh]
**dough** [dəʊ] *n* عجينه [ʕaʒi:na]
**doughnut** ['dəʊnʌt] *n* كعكات محلاة مقلية [Ka'akat moḥallah ma'qleyah]
**do up** [dʊ ʌp] *v* يثبِّت [juθabbitu]
**dove** [dʌv] *n* يمامة [jama:ma]
**do without** [dʊ wɪ'ðaʊt] *v* يَستغْني عن [Yastaghney 'aan]
**down** [daʊn] *adv* نحو الأرض [naħwa alʔardˤi]
**download** ['daʊn,ləʊd] *n* تحميل [taħmi:l] ▷ *v* يحمل [juħammalu]
**downpour** ['daʊn,pɔː] *n* سَيْل [sajl]
**downstairs** ['daʊn'stɛəz] *adj* سُفلي [sufla:] ▷ *adv* سفلياً [suflijjan]
**downtown** ['daʊn'taʊn] *adv* واقع في قلب المدينة [Wa'qe'a fee 'qalb al-madeenah]
**doze** [dəʊz] *v* ينعس [janʕasu]
**dozen** ['dʌzᵊn] *n* دستة [dasta]
**doze off** [dəʊz ɒf] *v* يَبْدأ بالنوم الخفيف [jabdaʔu binnawmi alxafi:fi]
**drab** [dræb] *adj* رَتيب [rati:b]
**draft** [drɑːft] *n* مسودة [muswadda]
**drag** [dræg] *v* يَنسحِب [jansaħibu]
**dragon** ['drægən] *n* تنين [tinni:n]
**dragonfly** ['drægən,flaɪ] *n* يَعْسُوب [jaʕsu:b]
**drain** [dreɪn] *n* مصرف للمياه [Maṣraf lel-meyah] ▷ *v* يُصَرِّف ماءً [Yoṣṣaref maae]; **draining board** *n* لوحة تجفيف [Lawhat tajfeef]
**drainpipe** ['dreɪn,paɪp] *n* أنبوب التصريف [Anboob altaṣreef]
**drama** ['drɑːmə] *n* دراما [dra:ma:]
**dramatic** [drə'mætɪk] *adj* درامي [dra:mij]
**drastic** ['dræstɪk] *adj* عنيف [ʕani:f]
**draught** [drɑːft] *n* مسودة [muswadda]
**draughts** [drɑːfts] *npl* شطرنج [ʃatˤranʒun]
**draw** [drɔː] *n (lottery)* سَحْب [saħb], *(tie)* تَعَادُل الفَرِيقَين ▷ *v (equal with)* يتعادل مع [Yata'aaadal ma'a], *(sketch)* يَرسِم [jarsumu]
**drawback** ['drɔː,bæk] *n* مال يرد بعد دفعه [Maal yorad daf'ah]
**drawer** ['drɔːə] *n* دُرْج [durʒ]
**drawers** [drɔːz] *n*; **chest of drawers** *n* خزانة ملابس بأدراج [Khezanat malabes be-adraj]
**drawing** ['drɔːɪŋ] *n* رسم [rasm]
**drawing pin** ['drɔːɪŋ pɪn] *n* دبوس تثبيت اللوائح [Daboos tathbeet al-lawaeh]
**dreadful** ['drɛdfʊl] *adj* مفزع [mufziʕ]
**dream** [driːm] *n* حلم [ħulm] ▷ *v* يَحلُم [jaħlumu]
**drench** [drɛntʃ] *v* يُبَلِل [jubalilu]
**dress** [drɛs] *n* فستان [fusta:n] ▷ *v* يلبس [jalbasu]; **evening dress** *n* ملابس السهرة [Malabes al-sahrah]; **wedding dress** *n* فستان الزفاف [Fostaan al-zefaf]; **Can I try on this dress?** هل يمكن أن أجرب هذا الفستان؟ [hal yamken an ajar-reb hadha al-fustaan?]
**dressed** [drɛst] *adj* متأنق [mutaʔanniq]
**dresser** ['drɛsə] *n* مساعد اللبس [Mosa'aed al-lebs]
**dressing** ['drɛsɪŋ] *n*; **salad dressing** *n* صلصة السلطة [Ṣalṣat al-salata]
**dressing gown** ['drɛsɪŋ gaʊn] *n* رُوب الحَمَّام [Roob al-ḥamam]
**dressing table** ['drɛsɪŋ 'teɪbᵊl] *n* طَاوِلَة زينة [Ṭawlat zeenah]
**dress up** [drɛs ʌp] *v* يتأنق [jataʔannaqu]
**dried** [draɪd] *adj* مجفف [muʒaffif]
**drift** [drɪft] *n* جرف [ʒurf] ▷ *v* يَنْجَرِف [janʒarifu]
**drill** [drɪl] *n* مِثْقَاب [miθqa:b] ▷ *v* يَثْقب بمثقاب [Yath'qob bemeth'qaab]; **pneumatic drill** *n* مثقاب هوائي [Meth'qaab hawaey]
**drink** [drɪŋk] *n* مَشروب [maʃru:b] ▷ *v* يَشرب [jaʃrabu]; **binge drinking** *n* الإفراط في تناول الشراب [Al-efraaṭ fee tanawol alsharab]; **drinking water** *n* مياه الشرب

[Meyah al-shorb]; **soft drink** *n* مشروب غازي [Mashroob ghazey]

**drink-driving** ['drɪŋk'draɪvɪŋ] *n* القيادة تحت تأثير الكحول [Al-'qeyadh taḥt taatheer al-koḥool]

**drip** [drɪp] *n* سائل متقطّر [Sael mota'qaṭer] ▷ *v* يَقْطِر [jaqtˤiru]

**drive** [draɪv] *n* نزهة في سيارة [Nozhah fee sayarah] ▷ *v* يقود [jaqu:du]; **driving instructor** *n* معلم القيادة [Mo'alem al-'qeyadh]; **four-wheel drive** *n* الدَفْع الرباعي [Al-daf'a al-roba'aey]; **left-hand drive** *n* سيارة مقودها على الجانب الأيسر [Sayarh me'qwadoha ala al-janeb al-aysar]; **right-hand drive** *n* عجلة القيادة اليمنى ['aajalat al-'qeyadah al-yomna]

**driver** ['draɪvə] *n* سائق [sa:ʔiq]; **learner driver** *n* سائق مبتدئ [Sae'q mobtadea]; **lorry driver** *n* سائق لوري [Sae'q lorey]; **racing driver** *n* سائق سيارة سباق [Sae'q sayarah seba'q]; **truck driver** *n* سائق شاحنة [Sae'q shahenah]

**driveway** ['draɪv,weɪ] *n* درب [darb]

**driving lesson** ['draɪvɪŋ 'lɛsᵊn] *n* دَرْس القيادة [Dars al-'qeyadah]

**driving licence** ['draɪvɪŋ 'laɪsəns] *n* رُخْصَة القيادة [Rokhṣat al-'qeyadah]; **Here is my driving licence** ها هي رخصة القيادة الخاصة بي [ha heya rikhṣat al-'qiyada al-khaṣa bee]; **I don't have my driving licence on me** أحمل رخصة قيادة، لكنها ليست معي الآن [Aḥmel rokhṣat 'qeyadah, lakenaha laysat ma'aey al-aan]; **My driving licence number is...** رقم رخصة قيادتي هو... [ra'qim rikhṣat 'qeyad-aty howa...]

**driving test** ['draɪvɪŋ 'tɛst] *n* اختبار القيادة [Ekhtebar al-'qeyadah]

**drizzle** ['drɪzᵊl] *n* رذاذ [raða:ð]

**drop** [drɒp] *n* قطرة [qatˤra] ▷ *v* يَسقُط [jasqutˤu]; **eye drops** *npl* قطرة للعين ['qaṭrah lel-'ayn]

**drought** [draʊt] *n* جفاف [ʒafa:f]

**drown** [draʊn] *v* يَغْرَق [jaɣraqu]

**drowsy** ['draʊzɪ] *adj* نعسان [naʕsa:n]

**drug** [drʌg] *n* مخدرات [muxaddira:t]; **drug addict** *n* مدمن مخدرات [Modmen mokhadarat]; **drug dealer** *n* تاجر مخدرات [Tajer mokhaddrat]

**drum** [drʌm] *n* طبلة [tˤabla]

**drummer** ['drʌmə] *n* طبال [tˤabba:l]

**drunk** [drʌŋk] *adj* ثَمِل [θamil] ▷ *n* سكران [sakra:n]

**dry** [draɪ] *adj* جاف [ʒa:ff] ▷ *v* يُجَفِف [juʒaffifu]; **bone dry** *adj* جاف تماماً [Jaf tamaman]; **A dry sherry, please** كأس من مشروب الشيري الجاف من فضلك [Kaas mashroob al-sheery al-jaf men faḍlek]; **I have dry hair** أنا شعري جاف [ana sha'ary jaaf]

**dry-cleaner's** ['draɪ'kli:nəz] *n* محل التنظيف الجاف [Mahal al- tanḍheef al-jaf]

**dry-cleaning** ['draɪ'kli:nɪŋ] *n* تنظيف جاف [tanḍheef jaf]

**dryer** ['draɪə] *n* مُجَفِّف [muʒaffif]; **spin dryer** *n* مُجَفِف دوار [Mojafef dwar]; **tumble dryer** *n* مجفف ملابس [Mojafef malabes]

**dual** ['dju:əl] *adj*; **dual carriageway** *n* طريق مزدوج الاتجاه للسيارات [Taree'q mozdawaj al-etejah lel-sayarat]

**dubbed** [dʌbt] *adj* يسمى بعضهم بالكنية [jusma: baʕdˤuhum bilkanijjati]

**dubious** ['dju:bɪəs] *adj* مريب [muri:b]

**duck** [dʌk] *n* بطة [batˤtˤa]

**due** [dju:] *adj* مستحق الدفع [Mostaḥa'q al-daf'a]

**due to** [dju: tʊ] *prep* نتيجة لـ [Nateejah le]

**dull** [dʌl] *adj* فاتر [fa:tir]

**dumb** [dʌm] *adj* أبكم [ʔabkam]

**dummy** ['dʌmɪ] *n* أبكم [ʔabkam]

**dump** [dʌmp] *n* نفاية [nufa:ja] ▷ *v* يُلْقي النفايات [Yol'qy al-nefayat]; **rubbish dump** *n* مقلب النفايات [Ma'qlab al-nefayat]

**dumpling** ['dʌmplɪŋ] *n* زلابية [zala:bijja]

**dune** [dju:n] *n*; **sand dune** *n* كثبان رملية [Kothban ramleyah]

**dungarees** [,dʌŋgə'ri:z] *npl* ملابس قطنية خشنة [Malabes 'qotneyah

khashenah]
**dungeon** ['dʌndʒən] *n* برج محصن [Borj mohaṣṣan]
**duration** [djʊ'reɪʃən] *n* مُدّة [mudda]
**during** ['djʊərɪŋ] *prep* أثناء
**dusk** [dʌsk] *n* غَسَق [ɣasaq]
**dust** [dʌst] *n* غبار [ɣuba:r] ▷ *v* ينفض [janfudˤu]
**dustbin** ['dʌst,bɪn] *n* صندوق القمامة [Ṣondok al-'qemamah]
**dustman, dustmen** ['dʌstmən, 'dʌstmɛn] *n* الزَّبّال [az-zabba:lu]
**dustpan** ['dʌst,pæn] *n* جاروف الكناسة [Jaroof al-kannasah]
**dusty** ['dʌstɪ] *adj* مغبر [muɣbarr]
**Dutch** [dʌtʃ] *adj* هولندي [hu:landij] ▷ *n* هولندي [hu:landij]
**Dutchman, Dutchmen** ['dʌtʃmən, 'dʌtʃmɛn] *n* رَجُل هولندي [Rajol holandey]
**Dutchwoman, Dutchwomen** [,dʌtʃwʊmən, 'dʌtʃ,wɪmɪn] *n* هولندية [hu:landijja]
**duty** ['dju:tɪ] *n* واجب [wa:ʒib]; **(customs) duty** *n* رسوم جمركية [Rosoom jomrekeyah]
**duty-free** ['dju:tɪ'fri:] *adj* معفى من الرسوم الضريبية [Ma'afee men al-rosoom al-ḍareebeyah] ▷ *n* مَعْفِي من الضرائب [Ma'afey men al-ḍaraaeb]
**duvet** ['du:veɪ] *n* غطاء مخملي [Gheṭa'a makhmaley]
**DVD** [di: vi: di:] *n* اسطوانة دى في دي [Esṭwanah DVD]; **DVD burner** *n* ناسخ لاسطوانات دى في دي [Nasekh le-sṭewanat D V D]; **DVD player** *n* مشغل اسطوانات دى في دي [Moshaghel esṭwanat D V D]
**dwarf, dwarves** [dwɔ:f, dwɔ:vz] *n* قزم [qazam]
**dye** [daɪ] *n* صبغة [sˤibɣa] ▷ *v* يَصبغ [jasˤbiɣu]
**dynamic** [daɪ'næmɪk] *adj* ديناميكي [di:na:mi:kajj]
**dyslexia** [dɪs'lɛksɪə] *n* عسر التكلم ['aosr al-takalom]
**dyslexic** [dɪs'lɛksɪk] *adj* متعسر النطق [Mota'aer alnoṭ'q] ▷ *n* شخص متعسر النطق [Shakhṣ mota'aser al-noṭ'q]

# e

**each** [iːtʃ] *adj* كل [kulla] ▷ *pron* كل امرئ [Kol emrea]
**eagle** [ˈiːgᵊl] *n* عُقاب [ʕuqa:b]
**ear** [ɪə] *n* أذن [ʔuð]
**earache** [ˈɪərˌeɪk] *n* ألم الأذن [Alam al odhon]
**eardrum** [ˈɪəˌdrʌm] *n* طبلة الأذن [Ṭablat alozon]
**earlier** [ˈɜːlɪə] *adv* أقدم [aqdam]
**early** [ˈɜːlɪ] *adj* مبكر [mubakkir] ▷ *adv* باكراً [ba:kiran]; **We arrived early/late** لقد وصلنا مبكرًا [la'qad waṣalna mu-bakiran]
**earn** [ɜːn] *v* يَكْتَسِب [jaktasibu]
**earnings** [ˈɜːnɪŋz] *npl* مكاسب [maka:sibun]
**earphones** [ˈɪəˌfəʊnz] *npl* سماعات الأذن [Sama'at al-odhon]
**earplugs** [ˈɪəˌplʌgz] *npl* سِدادات الأذن [Sedadat alodhon]
**earring** [ˈɪəˌrɪŋ] *n* قرط [qirtˤ]
**earth** [ɜːθ] *n* الأرض [al-ʔardˤi]
**earthquake** [ˈɜːθˌkweɪk] *n* زلزال [zilza:l]
**easily** [ˈiːzɪlɪ] *adv* بسهولة [bisuhu:latin]
**east** [iːst] *adj* شرقي [ʃarqij] ▷ *adv* شرقاً [ʃarqan] ▷ *n* شرق [ʃarq]; **Far East** *n* الشرق الأقصى [Al-shar'q al-a'qsa]; **Middle East** *n* الشرق الأوسط [Al-shar'q al-awṣaṭ]
**eastbound** [ˈiːstˌbaʊnd] *adj* متجه شرقاً [Motajeh sharqan]
**Easter** [ˈiːstə] *n* عيد الفصح ['aeed al-fesḥ]; **Easter egg** *n* بيض عيد الفصح [Bayḍ 'aeed al-fesḥ]
**eastern** [ˈiːstən] *adj* شرقي [ʃarqij]
**easy** [ˈiːzɪ] *adj* سهل [sahl]; **easy chair** *n* كرسي مريح [Korsey moreeḥ]
**easy-going** [ˈiːzɪˈgəʊɪŋ] *adj* سهل الانقياد [Sahl al-en'qyad]
**eat** [iːt] *v* يأكل [jaʔkulu]
**e-book** [ˈiːˈbʊk] *n* كتاب الكتروني [Ketab elektrooney]
**eccentric** [ɪkˈsɛntrɪk] *adj* لا متراكز [La motrakez]
**echo** [ˈɛkəʊ] *n* صَدًى [sˤada:]
**ecofriendly** [ˈiːkəʊˌfrɛndlɪ] *adj* صديق للبيئة [Ṣadeek al-beeaah]
**ecological** [ˌiːkəˈlɒdʒɪkᵊl] *adj* بيئي [bi:ʔij]
**ecology** [ɪˈkɒlədʒɪ] *n* علم البيئة ['aelm al-beeah]
**e-commerce** [ˈiːkɒmɜːs] *n* تجارة الكترونية [Tejarah elektroneyah]
**economic** [ˌiːkəˈnɒmɪk; ˌɛkə-] *adj* اقتصادي [iqtisˤa:dij]
**economical** [ˌiːkəˈnɒmɪkᵊl; ˌɛkə-] *adj* مُقتصِد [muqtasˤid]
**economics** [ˌiːkəˈnɒmɪks; ˌɛkə-] *npl* علم الاقتصاد ['aelm al-e'qtesad]
**economist** [ɪˈkɒnəmɪst] *n* عالم اقتصادي ['aaalem e'qteṣaadey]
**economize** [ɪˈkɒnəˌmaɪz] *v* يَقْتَصِد [jaqtasˤidu]
**economy** [ɪˈkɒnəmɪ] *n* اقتصاد [iqtisˤa:d]; **economy class** *n* درجة سياحية [Darjah seyaḥeyah]
**ecstasy** [ˈɛkstəsɪ] *n* نشوي [naʃawij]
**Ecuador** [ˈɛkwəˌdɔː] *n* الاكوادور [al-ikwa:du:r]
**eczema** [ˈɛksɪmə; ɪgˈziːmə] *n* اكزيما [ikzi:ma:]
**edge** [ɛdʒ] *n* حافة [ħa:ffa]
**edgy** [ˈɛdʒɪ] *adj* قاطع [qa:tˤiʕ]

**edible** [ˈɛdɪbᵊl] *adj* صالح للأكل [Ṣaleḥ lel-aakl]
**edition** [ɪˈdɪʃən] *n* طبعة [tˤabʕa]
**editor** [ˈɛdɪtə] *n* مُحَرر [muħarrir]
**educated** [ˈɛdjʊˌkeɪtɪd] *adj* متعلم [mutaʕallim]
**education** [ˌɛdjʊˈkeɪʃən] *n* تعليم [taʕliːm]; **adult education** *n* تعليم الكبار [Ta'aleem al-kebar]; **higher education** *n* تعليم عالى [Ta'aleem 'aaaly]
**educational** [ˌɛdjʊˈkeɪʃənᵊl] *adj* تربوي [tarbawij]
**eel** [iːl] *n* سَمكة الأنقليس [Samakat al-anfalees]
**effect** [ɪˈfɛkt] *n* أثر [ʔaθar]; **side effect** *n* آثار جانبية [Aathar janeebyah]
**effective** [ɪˈfɛktɪv] *adj* فعال [faʕʕaːl]
**effectively** [ɪˈfɛktɪvlɪ] *adv* بفعالية [bifaʕaːlijjatin]
**efficient** [ɪˈfɪʃənt] *adj* كاف [kaːfin]
**efficiently** [ɪˈfɪʃəntlɪ] *adv* بكفاءة [bikafaːʔatin]
**effort** [ˈɛfət] *n* جهد [ʒuhd]
**e.g.** [iː dʒiː] *abbr* على سبيل المثال ['ala sabeel al-methal]
**egg** [ɛg] *n* بيضة [bajdˤa]; **boiled egg** *n* بيضة مسلوقة [Bayḍah maslo'qah]; **egg white** *n* بياض البيض [Bayaḍ al-bayḍ]; **egg yolk** *n* صفار البيض [Ṣafar al-bayḍ]; **Easter egg** *n* بيض عيد الفصح [Bayḍ 'aeed al-feṣḥ]; **scrambled eggs** *npl* بيض مخفوق [Bayḍ makhfou'q]
**eggcup** [ˈɛgˌkʌp] *n* كأس البيضة [Kaas al-bayḍah]
**Egypt** [ˈiːdʒɪpt] *n* مصر [misˤru]
**Egyptian** [ɪˈdʒɪpʃən] *adj* مصري [misˤrij] ▷ *n* مِصْري [misˤrij]
**eight** [eɪt] *number* ثمانية [θamaːnijatun]
**eighteen** [ˈeɪˈtiːn] *number* ثمانية عشر [θamaːnijata ʕaʃara]
**eighteenth** [ˈeɪˈtiːnθ; ˈeighˈteenth] *adj* الثامن عشر [aθ-θaːmin ʕaʃar]
**eighth** [eɪtθ] *adj* الثامن [aθθaːmin] ▷ *n* ثُمن [θum]
**eighty** [ˈeɪtɪ] *number* ثمانون [θamaːnuːna]
**Eire** [ˈɛərə] *n* أيرلندا [ʔajrlandaː]
**either** [ˈaɪðə; ˈiːðə] *adv (with negative)* فوق ذلك [Faw'q dhalek] ▷ *conj* إما [ro ..) ▷ *pron* أي من [Ay men]; **either... or** *conj* إما... أو [Emma…aw]
**elastic** [ɪˈlæstɪk] *n* مطاط [matˤtˤaːtˤ]; **elastic band** *n* رباط مطاطى [rebaṭ maṭaṭey]
**Elastoplast®** [ɪˈlæstəˌplɑːst] *n* لاصق من نوع الاستوبلاست ® [laːsˤiq min nawʕi ʔilaːstuːblaːst]
**elbow** [ˈɛlbəʊ] *n* مِرفق [mirfaq]
**elder** [ˈɛldə] *adj* أكبر سِناً [Akbar senan]
**elderly** [ˈɛldəlɪ] *adj* كهولي [kuhuːlij]
**eldest** [ˈɛldɪst] *adj* الأكبر سناً [Al-akbar senan]
**elect** [ɪˈlɛkt] *v* يَنتخِب [jantaxibu]
**election** [ɪˈlɛkʃən] *n* انتخاب [intixaːb]; **general election** *n* انتخابات عامة [Entekhabat 'aamah]
**electorate** [ɪˈlɛktərɪt] *n* جمهور الناخبين [Jomhoor al-nakhebeen]
**electric** [ɪˈlɛktrɪk] *adj* مكهرب [mukahrab]; **electric blanket** *n* بطانية كهربائية [Baṭaneyah kahrobaeyah]; **electric shock** *n* صَدْمَة كهربائية [Ṣadmah kahrbaeyah]
**electrical** [ɪˈlɛktrɪkᵊl] *adj* كهربائي [kahrabaːʔij]
**electrician** [ɪlɛkˈtrɪʃən; ˌiːlɛk-] *n* مشتغل بالكهرباء [Moshtaghel bel-kahrabaa]
**electricity** [ɪlɛkˈtrɪsɪtɪ; ˌiːlɛk-] *n* كهرباء [kahrabaːʔ]; **Do we have to pay extra for electricity?** هل يجب علينا دفع مصاريف إضافية للكهرباء؟ [hal yajib 'aala-yna daf'a maṣa-reef eḍafiya lel-kah-rabaa?]; **Is the cost of electricity included?** هل يشمل ذلك تكلفة الكهرباء؟ [hal yash-mil dhalik tak-lifat al-kah-rabaa?]; **There is no electricity** لا توجد كهرباء [la tojad kah-rabaa]; **Where is the electricity meter?** أين يوجد عداد الكهرباء؟ [ayna yujad 'aadad al-kah-raba?]
**electronic** [ɪlɛkˈtrɒnɪk; ˌiːlɛk-] *adj*

الكتروني [iliktru:nijjat]
**electronics** [ɪlɛk'trɒnɪks; ˌi:lɛk-] *npl* الكترونيات [ilikturu:nijja:tun]
**elegant** ['ɛlɪgənt] *adj* أنيق [ʔani:q]
**element** ['ɛlɪmənt] *n* عنصر [ʕunsˤur]
**elephant** ['ɛlɪfənt] *n* فيل [fi:l]
**eleven** [ɪ'lɛvᵊn] *number* أحد عشر [ʔaħada ʕaʃar]
**eleventh** [ɪ'lɛvᵊnθ; e'leventh] *adj* الحادي عشر [al-ħa:di: ʕaʃar]
**eliminate** [ɪ'lɪmɪˌneɪt] *v* يحذف [juħðafu]
**elm** [ɛlm] *n* شجر الدردار [Shajar al-dardaar]
**else** [ɛls] *adj* أيضا [ʔajdˤan]
**elsewhere** [ˌɛls'wɛə] *adv* فى مكان آخر [Fee makaan aakhar]
**email** ['i:meɪl] *n* بريد الكتروني [Bareed elektrooney] ▷ *vt (a person)* يُرْسِل بريدا إلكترونيا [Yorsel bareedan electroneyan]; **email address** *n* عنوان البريد الإلكتروني ['aonwan al-bareed al-electrooney]
**embankment** [ɪm'bæŋkmənt] *n* جِسر [ʒisr]
**embarrassed** [ˌɪm'bærəst] *adj* مُحرَج [muħraʒ]
**embarrassing** [ɪm'bærəsɪŋ; em'barrassing] *adj* مُحرِج [muħriʒ]
**embassy** ['ɛmbəsɪ] *n* سِفارة [sifa:ra]
**embroider** [ɪm'brɔɪdə] *v* يُزَين [juzajjinu]
**embroidery** [ɪm'brɔɪdərɪ] *n* تطريز [tatˤri:z]
**emergency** [ɪ'mɜ:dʒənsɪ] *n* حالة طارئة [Ḥalah ṭareaa]; **accident & emergency department** *n* إدارة الحوادث والطوارئ [Edarat al-hawadeth wa-al-tawarea]; **emergency exit** *n* مخرج طوارئ [Makhraj ṭawarea]; **emergency landing** *n* هبوط اضطراري [Hobooṭ edṭerary]; **It's an emergency!** إنها حالة طارئة [inaha ḥala ṭareaa]
**emigrate** ['ɛmɪˌgreɪt] *v* يهاجر [juha:ʒiru]
**emotion** [ɪ'məʊʃən] *n* عاطفة [ʕa:tˤifa]
**emotional** [ɪ'məʊʃənᵊl] *adj* عاطفي [ʕa:tˤifij]
**emperor, empress** ['ɛmpərə, 'ɛmprɪs] *n* إمبراطور [ʔimbara:tˤu:r]
**emphasize** ['ɛmfəˌsaɪz] *v* يُؤَكِد [juakiddu]
**empire** ['ɛmpaɪə] *n* إمبراطورية [ʔimbara:tˤu:rijja]
**employ** [ɪm'plɔɪ] *v* يوُظف [juwazˤzˤifu]
**employee** [ɛm'plɔɪi:; ˌɛmplɔɪ'i:] *n* موظف [muwazˤzˤaf]
**employer** [ɪm'plɔɪə] *n* صاحب العمل [Ṣaheb 'aamal]
**employment** [ɪm'plɔɪmənt] *n* وظيفة [wazˤi:fa]
**empty** ['ɛmptɪ] *adj* خال [xa:lin] ▷ *v* يُفْرِغ [jufriɣu]
**enamel** [ɪ'næməl] *n* طلاء المينا [Ṭelaa al-meena]
**encourage** [ɪn'kʌrɪdʒ] *v* يُشجع [juʃaʒʒiʕu]
**encouragement** [ɪn'kʌrɪdʒmənt] *n* تشجيع [taʃʒi:ʕ]
**encouraging** [ɪn'kʌrɪdʒɪŋ] *adj* مشجع [muʃaʒʒiʕ]
**encyclopaedia** [ɛnˌsaɪkləʊ'pi:dɪə] *n* موسوعة [mawsu:ʕa]
**end** [ɛnd] *n* نهاية [niha:ja] ▷ *v* يَنْتَهي [jantahi:]; **dead end** *n* طريق مسدود [Taree'q masdood]; **at the end of June** في نهاية شهر يونيو [fee nehayat shahr yon-yo]
**endanger** [ɪn'deɪndʒə] *v* يُعَرِض للخطر [Yo'areḍ lel-khaṭar]
**ending** ['ɛndɪŋ] *n* انتهاء [intiha:ʔ]
**endless** ['ɛndlɪs] *adj* لا نهائي [La nehaaey]
**enemy** ['ɛnəmɪ] *n* عدو [ʕaduww]
**energetic** [ˌɛnə'dʒɛtɪk] *adj* ملئ بالطاقة [Maleea bel-ṭa'qah]
**energy** ['ɛnədʒɪ] *n* طاقة [tˤa:qa]
**engaged** [ɪn'geɪdʒd] *adj* مشغول [maʃɣu:l]; **engaged tone** *n* رنين انشغال الخط [Raneen ensheghal al-khaṭ]; **It's engaged** إنه مشغول [inaho mash-ghool]
**engagement** [ɪn'geɪdʒmənt] *n* ارتباط [irtiba:tˤ]; **engagement ring** *n* خاتم الخطوبة [Khatem al-khotobah]
**engine** ['ɛndʒɪn] *n* محرك [muħarrik]; **search engine** *n* محرك البحث [moḥarek

al-baḥth]; **The engine is overheating** المحرك حرارته مرتفعه [al-muḥar-ik ḥarara-tuho murtafe'aa]
**engineer** [ˌɛndʒɪˈnɪə] *n* مهندس [muhandis]
**engineering** [ˌɛndʒɪˈnɪərɪŋ] *n* هندسة [handasa]
**England** [ˈɪŋɡlənd] *n* إنجلترا [ʔinʒiltira:]
**English** [ˈɪŋɡlɪʃ] *adj* إنجليزي [ʔinʒili:zij] ▷ *n* إنجليزي [ʔinʒili:zij]; **Do you speak English?** هل تتحدث الإنجليزية [hal tata- ḥadath al-injileez-iya?]; **Does anyone speak English?** أيوجد هنا من يتحدث الإنجليزية؟ [ayujad huna min yata-ḥadath al-injile-ziya?]; **I don't speak English** أنا لا أتحدث الإنجليزية [ana la ata-ḥadath al-injile-ziya]; **I speak very little English** أنا أتحدث الإنجليزية قليلا جدا [ana ata-ḥadath al-injile-ziya 'qaleelan jedan]
**Englishman, Englishmen** [ˈɪŋɡlɪʃmən, ˈɪŋɡlɪʃmɛn] *n* مواطن انجليزي [mowaṭen enjeleezey]
**Englishwoman, Englishwomen** [ˈɪŋɡlɪʃˌwʊmən, ˈɪŋɡlɪʃˌwɪmɪn] *n* مواطنة إنجليزية [Mowaṭenah enjlezeyah]
**engrave** [ɪnˈɡreɪv] *v* يَنقُش [janquʃu]
**enjoy** [ɪnˈdʒɔɪ] *v* يَستمتِع ب [jastamtiʕu bi]
**enjoyable** [ɪnˈdʒɔɪəbᵊl] *adj* ممتع [mumtiʕ]
**enlargement** [ɪnˈlɑːdʒmənt; enˈlargement] *n* تكبير [takbi:r]
**enormous** [ɪˈnɔːməs] *adj* ضخم [dˤaxm]
**enough** [ɪˈnʌf] *adj* كاف [ka:fin] ▷ *pron* مقدار كاف [Me'qdaar kaaf]
**enquire** [ɪnˈkwaɪə] *v* يَستعَلِم عن [jastaʕlimu ʕan]
**enquiry** [ɪnˈkwaɪərɪ] *n* استعلام [istiʕla:m]; **enquiry desk** *n* مكتب الاستعلامات [Maktab al-este'alamaat]; **What is the number for directory enquiries?** ما هو رقم استعلامات دليل التليفون؟ [ma howa ra'qim esti'a-lamaat daleel al-talefon?]
**ensure** [ɛnˈʃʊə; -ˈʃɔː] *v* يَكْفُل [jakfulu]
**enter** [ˈɛntə] *v* يُدخِل [judxilu]
**entertain** [ˌɛntəˈteɪn] *v* يَستضيف (يسلي) [jastadˤi:fu]
**entertainer** [ˌɛntəˈteɪnə] *n* فنان مشترك في حفلة عامة (فنان) [Fanan moshtarek fe ḥaflah 'aama]
**entertaining** [ˌɛntəˈteɪnɪŋ] *adj* مسل [musallin]
**entertainment** [ˌɛntəˈteɪnmənt] *n*; **What entertainment is there?** ما وسائل التسلية المتاحة؟ [ma wasa-el al-tas-leya al-mutaa-ḥa?]
**enthusiasm** [ɪnˈθjuːzɪˌæzəm] *n* حماسة [ħama:sa]
**enthusiastic** [ɪnˌθjuːzɪˈæstɪk; enˌthusiˈastic] *adj* متحمس [mutaħammis]
**entire** [ɪnˈtaɪə] *adj* صحيح [sˤaħi:ħ]
**entirely** [ɪnˈtaɪəlɪ] *adv* بشكل كامل [Beshakl kaamel]
**entrance** [ˈɛntrəns] *n* مدخل [madxal]; **entrance fee** *n* رَسْم الدخول [Rasm al-dokhool]; **Where is the wheelchair-accessible entrance?** أين يوجد المدخل المخصص للكراسي المتحركة؟ [ayna yujad al-madkhal al-mukhaṣaṣ lel-karasy al-muta-ḥareka?]
**entry** [ˈɛntrɪ] *n* دخول (مادة) [duxu:l]; **entry phone** *n* تليفون المدخل [Telefoon al-madkhal]
**envelope** [ˈɛnvəˌləʊp; ˈɒn-] *n* مغلف [muɣallaf]
**envious** [ˈɛnvɪəs] *adj* حسود [ħasu:d]
**environment** [ɪnˈvaɪrənmənt] *n* بيئة [bi:ʔit]
**environmental** [ɪnˌvaɪrənˈmɛntəˌl] *adj* بيئي [bi:ʔij]; **environmentally friendly** *adj* صديق للبيئة [Ṣadeek al-beeaah]
**envy** [ˈɛnvɪ] *n* حسد [ħasad] ▷ *v* يَحسُد [jaħsudu]
**epidemic** [ˌɛpɪˈdɛmɪk] *n* وباء [waba:ʔ]
**epileptic** [ˌɛpɪˈlɛptɪk] *n* مريض بالصَرَع [Mareeḍ bel-ṣara'a]; **epileptic fit** *n* نوبة صرع [Nawbat ṣar'a]
**episode** [ˈɛpɪˌsəʊd] *n* سلسلة متتابعة

[Selselah motatabe'ah]
**equal** ['i:kwəl] *adj* مساو [musa:win] ▷ *v* يُساوي [jusa:wi:]
**equality** [ɪ'kwɒlɪtɪ] *n* مساواة [musa:wa:t]
**equalize** ['i:kwə,laɪz] *v* يُساوي بين [Yosawey bayn]
**equation** [ɪ'kweɪʒən; -ʃən] *n* مُعادلة [muʕa:dala]
**equator** [ɪ'kweɪtə] *n* خط الاستواء [Khaṭ al-estwaa]
**Equatorial Guinea** [,ɛkwə'tɔ:rɪəl 'gɪnɪ] *n* غينيا الاستوائية [ɣi:nja: al-istiwa:ʔijjatu]
**equipment** [ɪ'kwɪpmənt] *n* مُعدات [muʕadda:t]
**equipped** [ɪ'kwɪpt] *adj* مجهز [muʒahhaz]
**equivalent** [ɪ'kwɪvələnt] *n* مُساوي [musa:wi:]
**erase** [ɪ'reɪz] *v* يمحو [jamħu:]
**Eritrea** [,ɛrɪ'treɪə] *n* إريتريا [ʔiri:tirja:]
**erotic** [ɪ'rɒtɪk] *adj* مُثير للشهوة الجنسية [Motheer lel shahwah al-jenseyah]
**error** ['ɛrə] *n* غلطة [ɣaltˤa]
**escalator** ['ɛskə,leɪtə] *n* سلم متحرك [Solam motaḥarek]
**escape** [ɪ'skeɪp] *n* هروب [huru:b] ▷ *v* يَفِرُ [jafirru]; **fire escape** *n* سُلَم النجاة من الحريق [Solam al-najah men al-ḥaree'q]
**escort** [ɪs'kɔ:t] *v* يُصَاحِب [jusˤa:ħibu], يرافق [jura:fiqu]
**especially** [ɪ'spɛʃəlɪ] *adv* خصوصاً [xusˤwusˤan]
**espionage** ['ɛspɪə,nɑ:ʒ; ,ɛspɪə'nɑ:ʒ; 'ɛspɪənɪdʒ] *n* جاسوسية [ʒa:su:sijja]
**essay** ['ɛseɪ] *n* مقال [maqa:l]
**essential** [ɪ'sɛnʃəl] *adj* جَوهَري [ʒawharij]
**estate** [ɪ'steɪt] *n* عِزبة [ʕizba]; **estate agent** *n* سِمسار عقارات [Semsaar a'qarat]; **estate car** *n* سيارة بصالون متحرك المقاعد [Sayarah be-ṣalon motaḥarek al-ma'qaed]
**estimate** *n* ['ɛstɪmɪt] تقدير [taqdi:r] ▷ *v* ['ɛstɪ,meɪt] يُقَيِّم [juqajjimu]
**Estonia** [ɛ'stəʊnɪə] *n* إستونيا [ʔistu:nja:]
**Estonian** [ɛ'stəʊnɪən] *adj* إستوني [ʔistu:nij] ▷ *n* *(language)* اللغة الإستوانية [Al-loghah al-estwaneyah], *(person)* إستوني [ʔistu:nij]
**etc** [ɪt 'sɛtrə] *abbr* إلخ [ʔilax]
**eternal** [ɪ'tɜ:nᵊl] *adj* خالد [xa:lid]
**eternity** [ɪ'tɜ:nɪtɪ] *n* خُلود [xulu:d]
**ethical** ['ɛθɪkᵊl] *adj* أخلاقي مِهَني [Akhla'qy mehany]
**Ethiopia** [,i:θɪ'əʊpɪə] *n* إثيوبيا [ʔiθju:bja:]
**Ethiopian** [,i:θɪ'əʊpɪən] *adj* إثيوبي [ʔiθju:bij] ▷ *n* مواطن إثيوبي [Mowaṭen ethyobey]
**ethnic** ['ɛθnɪk] *adj* عرقي [ʕirqij]
**e-ticket** ['i:'tɪkɪt] *n* تذكرة إلكترونية [Tadhkarah elektroneyah]
**EU** [iː juː] *abbr* الاتحاد الأوروبي [Al-tehad al-orobey]
**euro** ['jʊərəʊ] *n* يورو [ju:ru:]
**Europe** ['jʊərəp] *n* أوروبا [ʔu:ru:bba:]
**European** [,jʊərə'pɪən] *adj* أوروبي [ʔu:ru:bij] ▷ *n* شخص أوروبي [Shakhs orobby]; **European Union** *n* الاتحاد الأوروبي [Al-tehad al-orobey]
**evacuate** [ɪ'vækjʊ,eɪt] *v* يُخلِي [juxli:]
**eve** [i:v] *n* عشية [ʕaʃijja]
**even** ['i:vᵊn] *adj* مستو [mustawin] ▷ *adv* حتى [ħatta:]
**evening** ['i:vnɪŋ] *n* مساء [masa:ʔ]; **evening class** *n* صف مسائي [Ṣaf masaaey]; **evening dress** *n* ملابس السهرة [Malabes al-sahrah]; **Good evening** مساء الخير [masaa al-khayer]; **in the evening** في المساء [fee al-masaa]; **The table is booked for nine o'clock this evening** هذه المائدة محجوزة للساعة التاسعة من هذا المساء [hathy al-ma-eda maḥjoza lel-sa'aa al-tase'aa min hatha al-masaa]; **What are you doing this evening?** ما الذي ستفعله هذا المساء [ma al-lathy sataf-'aalaho hatha al-masaa?]; **What is there to do in the evenings?** ماذا يمكن أن نفعله في المساء؟ [madha yamken an naf-'aalaho fee al-masaa?]

**event** [ɪ'vɛnt] *n* حدث [ħadaθ]
**eventful** [ɪ'vɛntfʊl] *adj* زاخر بالأحداث (خطير) [Zakher bel-aḥdath]
**eventually** [ɪ'vɛntʃʊəlɪ] *adv* لاحقاً [la:ħiqan]
**ever** ['ɛvə] *adv* في أي وقت [Fee ay wa'qt]
**every** ['ɛvrɪ] *adj* تام [ta:mm]
**everybody** ['ɛvrɪˌbɒdɪ] *pron* الجميع [Aljamee'a]
**everyone** ['ɛvrɪˌwʌn; -wən] *pron* كل شخص [Kol shakhṣ]
**everything** ['ɛvrɪθɪŋ] *pron* كل شيء [Kol shayea]
**everywhere** ['ɛvrɪˌwɛə] *adv* حيثما [ħajθuma:]
**evidence** ['ɛvɪdəns] *n* دليل [dali:l]
**evil** ['i:vᵊl] *adj* شرير [ʃirri:r]
**evolution** [ˌi:və'lu:ʃən] *n* نشوء [nuʃwuʔ]
**ewe** [ju:] *n* شاة [ʃa:t]
**exact** [ɪg'zækt] *adj* مضبوط [madˤbu:tˤ]
**exactly** [ɪg'zæktlɪ] *adv* تماماً [tama:man]
**exaggerate** [ɪg'zædʒəˌreɪt] *v* يُبالِغ [juba:liɣu]
**exaggeration** [ɪg'zædʒəˌreɪʃən] *n* مبالغة [muba:laɣa]
**exam** [ɪg'zæm] *n* امتحان [imtiħa:n]
**examination** [ɪgˌzæmɪ'neɪʃən] *n* (*medical*) فحص [faħsˤ], (*school*) فحص (فحص) [faħsˤ]
**examine** [ɪg'zæmɪn] *v* يَتَفَحّص (يستجوب) [jatafaħħasˤu]
**examiner** [ɪg'zæmɪnə] *n* الفاحص [al-fa:ħisˤu]
**example** [ɪg'zɑ:mpᵊl] *n* مثال [miθa:l]
**excellent** ['ɛksələnt] *adj* ممتاز [mumta:z]
**except** [ɪk'sɛpt] *prep* ما عدا [Ma 'aada]
**exception** [ɪk'sɛpʃən] *n* استثناء [istiθna:ʔ]
**exceptional** [ɪk'sɛpʃənᵊl] *adj* استثنائي [istiθna:ʔij]
**excessive** [ɪk'sɛsɪv] *adj* مفرط [mufritˤ]
**exchange** [ɪks'tʃeɪndʒ] *v* يَتَبادل [jataba:dalu]; **exchange rate** *n* سِعر الصرف [Se'ar al-ṣ arf]; **rate of exchange** *n* سِعر الصرف [Se'ar al-ṣ arf]; **stock exchange** *n* سُوق الأوراق المالية [Soo'q al-awra'q al-maleyah]
**excited** [ɪk'saɪtɪd] *adj* مُثار [muθa:r]
**exciting** [ɪk'saɪtɪŋ] *adj* مثير [muθi:r]
**exclude** [ɪk'sklu:d] *v* يَستبعد [justabʕadu]
**excluding** [ɪk'sklu:dɪŋ] *prep* باستثناء
**exclusively** [ɪk'sklu:sɪvlɪ] *adv* على وجه الحصر ['ala wajh al-ḥaṣr]
**excuse** *n* [ɪk'skju:s] عذر [ʕuðran] ▷ *v* [ɪk'skju:z] يَعْذُر [jaʕðuru]; **Excuse me** معذرة [maʕðiratun]; **Excuse me, that's my seat** معذرة، هذا هو مقعدي؟ [ma'a-dhera, hadha howa ma'q'aady]
**execute** ['ɛksɪˌkju:t] *v* يعدم [juʕdimu]
**execution** [ˌɛksɪ'kju:ʃən] *n* تنفيذ [tanfi:ð]
**executive** [ɪg'zɛkjʊtɪv] *n* شلطة تنفيذية (مدير) [Soltah tanfeedheyah]
**exercise** ['ɛksəˌsaɪz] *n* تمرين [tamri:n]
**exhaust** [ɪg'zɔ:st] *n*; **The exhaust is broken** لقد انكسرت ماسورة العادم [Le'aad enkasarat masoorat al-'adem]
**exhausted** [ɪg'zɔ:stɪd] *adj* مرهق [murhiq]
**exhibition** [ˌɛksɪ'bɪʃən] *n* معرض [maʕridˤ]
**ex-husband** [ɛks'hʌzbənd] *n* زوج سابق [Zawj sabe'q]
**exile** ['ɛgzaɪl; 'ɛksaɪl] *n* منفى [manfa:]
**exist** [ɪg'zɪst] *v* يوجد [ju:ʒadu]
**exit** ['ɛgzɪt; 'ɛksɪt] *n* مخرج [maxraʒ]; **emergency exit** *n* مخرج طوارئ [Makhraj ṭawarea]
**exotic** [ɪg'zɒtɪk] *adj* دخيل [daxi:l]
**expect** [ɪk'spɛkt] *v* يَتَوَقع [jatawaqqaʕu]
**expedition** [ˌɛkspɪ'dɪʃən] *n* بِعْثَة [biʕθa]
**expel** [ɪk'spɛl] *v* يَطْرُد [jatˤrudu]
**expenditure** [ɪk'spɛndɪtʃə] *n* نَفَقة [nafaqa]
**expenses** [ɪk'spɛnsɪz] *npl* نفقات [nafaqa:tun]
**expensive** [ɪk'spɛnsɪv] *adj* مرتفع الثمن [mortafe'a al-thaman]
**experience** [ɪk'spɪərɪəns] *n* خبرة [xibra]; **work experience** *n* خبرة العمل

[Khebrat al'aamal]
**experienced** [ɪk'spɪərɪənst] *adj* مُجَرَّب [muʒarrib]
**experiment** [ɪk'spɛrɪmənt] *n* تجربة [taʒriba]
**expert** ['ɛkspɜːt] *n* خبير [xabiːr]
**expire** [ɪk'spaɪə] *v* ينتهي [janqadˤiː]
**explain** [ɪk'spleɪn] *v* يَشرح [jaʃraħu]
**explanation** [ˌɛksplə'neɪʃən] *n* شَرح [ʃarħ]
**explode** [ɪk'spləʊd] *v* يُفجر [jufaʒʒiru]
**exploit** [ɪk'splɔɪt] *v* يَستغِل [jastaɣillu]
**exploitation** [ˌɛksplɔɪ'teɪʃən] *n* استغلال [istiɣlaːl]
**explore** [ɪk'splɔː] *v* يَستكشف [jastakʃifu]
**explorer** [ɪk'splɔːrə] *n* مستكشف (مسبار) [mustakʃif]
**explosion** [ɪk'spləʊʒən] *n* انفجار [infiʒaːr]
**explosive** [ɪk'spləʊsɪv] *n* مادة متفجرة [Madah motafajerah]
**export** *n* ['ɛkspɔːt](تصدير) صادِر [sˤaːdir] ▷ *v* [ɪk'spɔːt]يُصَدِر [jusˤaddiru]
**express** [ɪk'sprɛs] *v* يُعَبِر عن [Yo'aber 'an]
**expression** [ɪk'sprɛʃən] *n* تعبير [taʕbiːr]
**extension** [ɪk'stɛnʃən] *n* امتداد (توسع) [imtidaːd]; **extension cable** *n* وَصْلَة تمديد [Waṣlat tamdeed]
**extensive** [ɪk'stɛnsɪv] *adj* ممتد [mumtadd]
**extensively** [ɪk'stɛnsɪvlɪ] *adv* بشكل مُوَسَّع [Beshakl mowasa'a]
**extent** [ɪk'stɛnt] *n* مدى [madaː]
**exterior** [ɪk'stɪərɪə] *adj* خارجي [xaːriʒij]
**external** [ɪk'stɜːnᵊl] *adj* سطحي [satˤħij]
**extinct** [ɪk'stɪŋkt] *adj* منقرض [munqaridˤ]
**extinguisher** [ɪk'stɪŋgwɪʃə] *n* طفاية الحريق [Ṭafayat ḥaree'q]
**extortionate** [ɪk'stɔːʃənɪt] *adj* مُستَغِل [mustaɣill]
**extra** ['ɛkstrə] *adj* زائِد [zaːʔid] ▷ *adv* إلى درجة فائقة [Ela darajah fae'qah]
**extraordinary** [ɪk'strɔːdᵊnrɪ; -dᵊnərɪ] *adj* استثنائي [istiθnaːʔij]
**extravagant** [ɪk'strævɪgənt] *adj* مسرف [musrif]
**extreme** [ɪk'striːm] *adj* شديد [ʃadiːd]
**extremely** [ɪk'striːmlɪ] *adv* بدرجة شديدة [Bedarajah shadeedah]
**extremism** [ɪk'striːmɪzəm] *n* تطرف [tatˤarruf]
**extremist** [ɪk'striːmɪst] *n* متطرف [mutatˤarrif]
**ex-wife** [ɛks'waɪf] *n* زوجة سابقة [Zawjah sabe'qah]
**eye** [aɪ] *n* عين [ʕajn]; **eye drops** *npl* قطرة للعين ['qaṭrah lel-'ayn]; **eye shadow** *n* ظل العيون [ḍhel al-'aoyoon]; **I have something in my eye** يوجد شيء ما في عيني [yujad shay-un ma fee 'aynee]; **My eyes are sore** إن عيناي ملتهبتان [enna 'aynaya multa-hebatan]
**eyebrow** ['aɪˌbraʊ] *n* حاجب [ħaːʒib]
**eyelash** ['aɪˌlæʃ] *n* رِمش العين [Remsh al'ayn]
**eyelid** ['aɪˌlɪd] *n* جفن [ʒafn]
**eyeliner** ['aɪˌlaɪnə] *n* قلم تحديد العينين ['qalam taḥdeed al-'ayn]
**eyesight** ['aɪˌsaɪt] *n* مجال البصر [Majal al-baṣar]

# f

**fabric** ['fæbrɪk] *n* قماش [quma:ʃ]
**fabulous** ['fæbjʊləs] *adj* غير قابل للتصديق [Ghayr 'qabel leltaṣdee'q]
**face** [feɪs] *n* وجه [waʒh] ▷ *v* يواجه [juwa:ʒihu]; **face cloth** *n* مِنشَفة الوجه [Menshafat al-wajh]
**facial** ['feɪʃəl] *adj* وجهي [waʒhij] ▷ *n* تدليك الوجه [Tadleek al-wajh]
**facilities** [fə'sɪlɪtɪz] *npl* منشآت (تسهيلات) [munʃaʔa:tun]
**fact** [fækt] *n* حقيقة [ħaqi:qa]
**factory** ['fæktərɪ] *n* مصنع [masˤnaˤ]
**fade** [feɪd] *v* يَذوي [jaðawwi:]
**fag** [fæg] *n* كدح [kadaħ]
**fail** [feɪl] *v* يَفْشَل [jafʃalu]
**failure** ['feɪljə] *n* فشل [faʃal]
**faint** [feɪnt] *adj* خائر القوى [Khaaer al-'qowa] ▷ *v* يُصَاب بإغماء [yoṣab be-eghmaa]
**fair** [fɛə] *adj (light colour)* فَاتِح [fa:tiħ], *(reasonable)* عادل [ʕa:dil] ▷ *n* سوق خيرية [Soo'q khayreyah]
**fairground** ['fɛəˌgraʊnd] *n* أرض المعارض [Arḍ al ma'ariḍ]
**fairly** ['fɛəlɪ] *adv* بإِنْصَاف [bi-ʔinsˤa:fin]
**fairness** ['fɛənɪs] *n* عدل [ʕadl]
**fairy** ['fɛərɪ] *n* جنية [ʒinnija]
**fairytale** ['fɛərɪˌteɪl] *n* أحد حكايات الجان [Aḥad ḥekayat al-jan]
**faith** [feɪθ] *n* إيمان (إخلاص) [ʔi:ma:n]
**faithful** ['feɪθfʊl] *adj* مخلص [muxlisˤ]
**faithfully** ['feɪθfʊlɪ] *adv* بصِدْق [bisˤidqin]
**fake** [feɪk] *adj* مُزَيَّف [muzajjaf] ▷ *n* زائف (مدعٍ) [za:ʔif]
**fall** [fɔːl] *n* سُقوط [suqu:tˤ] ▷ *v* يَقَع [jaqaʕu]
**fall down** [fɔːl daʊn] *v* يَسْقُط (يخر ساجدا) [jasqutˤu]
**fall for** [fɔːl fɔː] *v* يقع في غرامها [Ya'qah fee ghrameha]
**fall out** [fɔːl aʊt] *v* يَتَشاجر (يتفرق) [jataʃa:ʒaru]
**false** [fɔːls] *adj* زائف [za:ʔif]; **false alarm** *n* إنذار كاذب [endhar kadheb]
**fame** [feɪm] *n* سُمْعَة [sumʕa]
**familiar** [fə'mɪlɪə] *adj* مألوف [maʔlu:f]
**family** ['fæmɪlɪ; 'fæmlɪ] *n* عائلة [ʕa:ʔila]
**famine** ['fæmɪn] *n* مجاعة [maʒa:ʕa]
**famous** ['feɪməs] *adj* مَشهور [maʃhu:r]
**fan** [fæn] *n* مروحة [mirwaħa]; **fan belt** *n* سير المروحة [Seer almarwaha]; **Does the room have a fan?** هل يوجد مروحة بالغرفة [hal yujad mirwa-ḥa bil-ghurfa?]
**fanatic** [fə'nætɪk] *n* شخص متعصب [Shakhṣ motaṣeb]
**fancy** ['fænsɪ] *v* يَتخيل [jataxajjalu]; **fancy dress** *n* زي تَنكري [Zey tanakorey]
**fantastic** [fæn'tæstɪk] *adj* خَيَالِي [xaja:lij]
**FAQ** [ɛf eɪ kjuː] *abbr* سُؤال مُتكرر [Soaal motakarer]
**far** [fɑː] *adj* بعيد [baʕi:d] ▷ *adv* على مسافة بعيدة [Ala masafah ba'aedah]; **Far East** *n* الشرق الأقصى [Al-shar'q al-a'qsa]; **Is it far?** هل المسافة بعيدة؟ [hal al-masafa ba'aeda?]; **It's not far** المسافة ليست بعيدة [al-masaafa laysat ba'aeeda]; **It's quite far** المسافة ليست بعيدة جدا [al-masaafa laysat ba'aeedah jedan]
**fare** [fɛə] *n* أجرة السفر [Ojrat al-safar]
**farm** [fɑːm] *n* مزرعة [mazraʕa]
**farmer** ['fɑːmə] *n* مزارع [maza:riʕ]

**farmhouse** ['fɑːmˌhaʊs] *n* منزل ريفي [Mazel reefey]
**farming** ['fɑːmɪŋ] *n* زراعة [ziraːʕa]
**Faroe Islands** ['fɛərəʊ 'aɪləndz] *npl* جزر فارو [Jozor faaw]
**fascinating** ['fæsɪˌneɪtɪŋ] *adj* فاتِن [faːtin]
**fashion** ['fæʃən] *n* (نمط) موضة [muːdˤa]
**fashionable** ['fæʃənəbᵊl] *adj* مواكب للموضة [Mowakeb lel-moḍah]
**fast** [fɑːst] *adj* سريع [sariːʕ] ▷ *adv* بسرعة [Besor'aah]; **He was driving too fast** كان يقود السيارة بسرعة كبيرة [kaːna jaquːdu assajjaːrata bisurʕatin kabiːratin]
**fat** [fæt] *adj* سَمين [samiːn] ▷ *n* بَدين [badiːn]
**fatal** ['feɪtᵊl] *adj* (مقدر) مميت [mumiːt]
**fate** [feɪt] *n* قَدَر [qadar]
**father** ['fɑːðə] *n* والِد [waːlid]
**father-in-law** ['fɑːðə ɪn lɔː] (*pl* **fathers-in-law**) *n* الحمو [alħamuː]
**fault** [fɔːlt] *n* *(defect)* عيب [ʕajb], *(mistake)* عيب [ʕajb]
**faulty** ['fɔːltɪ] *adj* معيوب [maʕjuːb]
**fauna** ['fɔːnə] *npl* حيوانات [ħajwaːnaːt]
**favour** ['feɪvə] *n* معروف [maʕruːf]
**favourite** ['feɪvərɪt; 'feɪvrɪt] *adj* مفضل [mufadˤdˤal] ▷ *n* شخص مُقَرَّب [Shakhṣ mo'qarab]
**fax** [fæks] *n* فاكس [faːks] ▷ *v* يُرسِل رسالةً بالفاكس [Yorsel resalah bel-fax]; **Do you have a fax?** هل يوجد فاكس؟ [hal yujad fax?]; **How much is it to send a fax?** كم تبلغ تكلفة إرسال رسالة بالفاكس؟ [Kam tablogh taklefat ersal resalah bel-faks?]; **I want to send a fax** أريد إرسال فاكس [areed ersaal fax]; **Is there a fax machine I can use?** هل توجد ماكينة فاكس يمكن استخدامها؟ [hal tojad makenat fax yamken istekh-damuha?]; **Please resend your fax** رجاء إعادة إرسال الفاكس [rejaa e-'aadat ersaal al-fax]; **There is a problem with your fax** هناك مشكلة ما في الفاكس [Honak moshkelah ma fel-faks]; **What is the fax number?** ما هو رقم الفاكس؟ [ma howa ra'qim al-fax?]
**fear** [fɪə] *n* خَوف [xawf] ▷ *v* يخاف [jaxaːfu]
**feasible** ['fiːzəbᵊl] *adj* عملي [ʕamalij]
**feather** ['fɛðə] *n* رِيشَة [riːʃa]
**feature** ['fiːtʃə] *n* سِمة [sima]
**February** ['fɛbrʊərɪ] *n* فبراير [fabraːjir]
**fed up** [fɛd ʌp] *adj* سَئِمَ [saʔima]
**fee** [fiː] *n* (رسم) أجر [ʔaʒr]; **entrance fee** *n* رَسْم الدخول [Rasm al-dokhool]; **tuition fees** *npl* رسوم التعليم [Rasm al-ta'aleem]
**feed** [fiːd] *v* يُطْعِم [jutˤʕimu]
**feedback** ['fiːdˌbæk] *n* الإفادة بالرأي [Al-efadah bel-raay]
**feel** [fiːl] *v* يَشعُر [jaʃʕuru]
**feeling** ['fiːlɪŋ] *n* شُعُور [ʃuʕuːr]
**feet** [fiːt] *npl* أقدام [ʔaqdaːmun]
**felt** [fɛlt] *n* لباد [libaːd]
**female** ['fiːmeɪl] *adj* مُؤنث [muʔannaθ] ▷ *n* أنثى [ʔunθaː]
**feminine** ['fɛmɪnɪn] *adj* مؤنث [muʔannaθ]
**feminist** ['fɛmɪnɪst; 'feminist] *n* شخص موال لمساواة المرأة بالرجل [Shakhṣ mowal le-mosawat al-maraah bel-rajol]
**fence** [fɛns] *n* سِياج [sijaːʒ]
**fennel** ['fɛnᵊl] *n* نبات الشمر [Nabat al-shamar]
**fern** [fɜːn] *n* نبات السراخس [Nabat al-sarakhes]
**ferret** ['fɛrɪt] *n* النِمْس [an-nimsu]
**ferry** ['fɛrɪ] *n* معدية [muʕdija]
**fertile** ['fɜːtaɪl] *adj* خِصب [xisˤb]
**fertilizer** ['fɜːtɪˌlaɪzə] *n* سِماد [samaːd]
**festival** ['fɛstɪvᵊl] *n* مهرجان [mihraʒaːn]
**fetch** [fɛtʃ] *v* يجلب [jaʒlibu]
**fever** ['fiːvə] *n* حمى [ħummaː]; **hay fever** *n* مرض حمى القش [Marad ḥomma al-'qash]; **He has a fever** أنه يعاني من الحمى [inaho yo-'aany min al- ḥomma]
**few** [fjuː] *adj* بعض [baʕdˤu] ▷ *pron* قليل [qaliːlun]
**fewer** [fjuːə] *adj* أقل [ʔaqallu]
**fiancé** [fɪ'ɒnseɪ] *n* خطيب [xatˤiːb]
**fiancée** [fɪ'ɒnseɪ] *n* خطيبة [xatˤiːba]
**fibre** ['faɪbə] *n* ألياف [ʔaljaːf]

**fibreglass** ['faɪbə,glɑːs] *n* مادة ألياف الزجاج [Madat alyaf alzojaj]
**fiction** ['fɪkʃən] *n* قصة خيالية ['qeṣah khayaleyah]; **science fiction** *n* خيال علمي [Khayal 'aelmey]
**field** [fiːld] *n* حقل [ḥaql]; **playing field** *n* ملعب رياضي [Mal'aab reyady]
**fierce** [fɪəs] *adj* مفترس [muftaris]
**fifteen** ['fɪf'tiːn] *number* خَمْسة عشر [xamsata ʕaʃar]
**fifteenth** ['fɪf'tiːnθ; 'fifteenth] *adj* الخامس عشر [al-xaːmis ʕaʃar]
**fifth** [fɪfθ] *adj* خامس [xaːmis]
**fifty** ['fɪftɪ] *number* خَمْسُون [xamsuːna]
**fifty-fifty** ['fɪftɪ'fɪftɪ] *adj* مقسم مناصفة [Mo'qassam monaṣafah] ▷ *adv* مناصفة [munaːsˤafatan]
**fig** [fɪg] *n* تين [tiːn]
**fight** [faɪt] *n* قتال [qitaːl] ▷ *v* يُحارِب [juħaːribu]
**fighting** [faɪtɪŋ] *n* قتال [qitaːl]
**figure** ['fɪgə; 'fɪgjər] *n* رقم [raqm]
**figure out** ['fɪgə aʊt] *v* يَتبين [jatabajjanu]
**Fiji** ['fiːdʒiː; fiː'dʒiː] *n* فيجي [fiːʒiː]
**file** [faɪl] *n* *(folder)* ملف [milaff], *(tool)* ملف [milaff] ▷ *v* *(folder)* يَحفَظ في ملف [yahfaḍh fee malaf], *(smoothing)* يبرد بمبرد [Yobared bemobared]
**Filipino, Filipina** [,fɪlɪ'piːnəʊ, ,fɪlɪ'piːna] *adj* فلبيني [filibbiːnij] ▷ *n* مواطن فلبيني [Mowaṭen felebeeney]
**fill** [fɪl] *v* يَمْلأ [jamlʔu]
**fillet** ['fɪlɪt] *n* شريحة لحم مخلية من العظام (عصابة رأس) [Shreeḥat laḥm makhleyah men al-eḍham] ▷ *v* يُقَطِّع إلى شرائح [Yo'qaṭe'a ela shraeḥ]
**fill in** [fɪl ɪn] *v* يَمْلأ الفراغ [Yamlaa al-faragh]
**filling** ['fɪlɪŋ] *n*; **A filling has fallen out** لقد تآكل الحشو [la'qad ta-aa-kala al-ḥasho]; **Can you do a temporary filling?** هل يمكنك عمل حشو مؤقت؟ [hal yamken -aka 'aamal ḥasho mo-a'qat?]
**fill up** [fɪl ʌp] *v* يَملأ ب [Yamlaa be]
**film** [fɪlm] *n* فيلم [fiːlm]; **film star** *n* نجم سينمائي [Najm senemaaey]; **horror film** *n* فيلم رعب [Feelm ro'ab]; **A colour film, please** فيلم ملون من فضلك [filim mola-wan min faḍlak]; **Can you develop this film, please?** هل يمكنك تحميض هذا الفيلم من فضلك؟ [hal yamken -aka taḥmeeḍ hadha al-filim min faḍlak?]; **The film has jammed** لقد توقف الفيلم بداخل الكاميرا [la'qad tiwa-'qaf al-filim bedakhil al-kamera]; **When does the film start?** متى يبدأ عرض الفيلم؟ [mata yabda 'aarḍ al-filim?]; **Where can we go to see a film?** متى يمكننا أن نذهب لمشاهدة فيلمًا سينمائيا؟ [Mata yomkenona an nadhab le-moshahadat feelman senemaeyan]; **Which film is on at the cinema?** أي فيلم يعرض الآن على شاشة السينما؟ [ay filim ya'aruḍ al-aan 'ala sha-shat al-senama?]
**filter** ['fɪltə] *n* جهاز ترشيح [Jehaz tarsheeh] ▷ *v* يُصَفي [jusˤaffiː]
**filthy** ['fɪlθɪ] *adj* قذر [qaðir]
**final** ['faɪnᵊl] *adj* نهائي [nihaːʔij] ▷ *n* نهائي [nihaːʔij]
**finalize** ['faɪnə,laɪz] *v* يُنْهي [junhiː]
**finally** ['faɪnəlɪ] *adv* أخيرا [ʔaxiːran]
**finance** [fɪ'næns; 'faɪnæns] *n* تمويل [tamwiːl] ▷ *v* يُمَول [jumawwilu]
**financial** [fɪ'nænʃəl; faɪ-] *adj* مالي [maːlij]; **financial year** *n* سَنة مالية [Sanah maleyah]
**find** [faɪnd] *v* يَجد [jaʒidu]
**find out** [faɪnd aʊt] *v* يَكْتَشِف [jaktaʃifu]
**fine** [faɪn] *adj* (رقيق) رائع [raːʔiʕ] ▷ *adv* على نحو رائع [Ala nahw rae'a] ▷ *n* غرامة [ɣaraːma]; **How much is the fine?** كم تبلغ الغرامة؟ [kam tablugh al-gharama?]; **Where do I pay the fine?** أين تدفع الغرامة؟ [ayna tudfa'a al-gharama?]
**finger** ['fɪŋgə] *n* إصبع [ʔisˤbaʕ]; **index finger** *n* اصبع السبابة [Eṣbe'a al-sababah]
**fingernail** ['fɪŋgə,neɪl] *n* ظُفر [zˤufr]
**fingerprint** ['fɪŋgə,prɪnt] *n* بصمة الإصبع [Baṣmat al-eṣba'a]

**finish** ['fɪnɪʃ] *n* نهاية [niha:ja] ▷ *v* يَخْتَتِم [jaxtatimu]
**finished** ['fɪnɪʃt] *adj* مُنجَزْ [munʒaz]
**Finland** ['fɪnlənd] *n* فنلندا [finlanda:]
**Finn** ['fɪn] *n* مواطن فنلندي [Mowaṭen fenlandey]
**Finnish** ['fɪnɪʃ] *adj* فنلندي [fanlandij] ▷ *n* اللغة الفنلندية [Al-loghah al-fenlandeyah]
**fir** [fɜː] *n*; **fir (tree)** *n* شجر التنوب [Shajar al-tanob]
**fire** [faɪə] *n* نار [na:ru]; **fire alarm** *n* إنذار حريق [endhar Haree'q]; **fire brigade** *n* فرقة مطافيء [Fer'qat maṭafeya]; **fire escape** *n* سُلَم النجاة من الحريق [Solam al-najah men al-ḥaree'q]; **fire extinguisher** *n* طفاية الحريق [Ṭafayat ḥaree'q]
**fireman, firemen** ['faɪəmən, 'faɪəmɛn] *n* رَجُل المطافئ [Rajol al-maṭafeya]
**fireplace** ['faɪə,pleɪs] *n* مستوقد [mustawqid]
**firewall** ['faɪə,wɔːl] *n* الجدار الواقي [Al-jedar al-wa'qey]
**fireworks** ['faɪə,wɜːks] *npl* ألعاب نارية [Al-'aab nareyah]
**firm** [fɜːm] *adj* راسخ [ra:six] ▷ *n* مؤسسة [muʔassasa]
**first** [fɜːst] *adj* أول [ʔawwal] ▷ *adv* أولًا [ʔawwala:] ▷ *n* أول [ʔawwal]; **first aid** *n* إسعافات أولية [Es'aafat awaleyah]; **first name** *n* الاسم الأول [Al-esm al-awal]; **This is my first trip to...** هذه هي أول رحلة لي إلى... [Hadheh hey awal reḥla lee ela]; **When does the first chair-lift go?** متى يتحرك أول ناقل للمتزلجين؟ [mata yata-ḥarak awal na'qil lel-muta-zali-jeen?]; **When is the first bus to...?** ما هو موعد أول أتوبيس متجه إلى... [ma howa maw-'aid awal baaṣ mutajih ela...?]
**first-class** ['fɜːst'klɑːs] *adj* درجة أولى [Darajah aula]
**firstly** ['fɜːstlɪ] *adv* أولًا [ʔawwala:]
**fiscal** ['fɪskᵊl] *adj* أميري [ʔami:rij]; **fiscal year** *n* سنة ضريبية [Sanah ḍareebeyah]
**fish** [fɪʃ] *n* سَمَكة [samaka] ▷ *v* يَصطاد [jasˤtˤadu]; **freshwater fish** *n* سَمكة مياه عذبة [Samakat meyah adhbah]
**fisherman, fishermen** ['fɪʃəmən, 'fɪʃəmɛn] *n* صياد السمك [Ṣayad al-samak]
**fishing** ['fɪʃɪŋ] *n* صيد السمك [Ṣayd al-samak]; **fishing boat** *n* قارب صيد ['qareb ṣayd]; **fishing rod** *n* سِنارة [sˤanna:ratun]; **fishing tackle** *n* معدات صيد السمك [Mo'aedat ṣayed al-samak]
**fishmonger** ['fɪʃ,mʌŋgə] *n* تاجر الأسماك [Tajer al-asmak]
**fist** [fɪst] *n* قبضة [qabdˤa]
**fit** [fɪt] *adj* جيد [ʒabad] ▷ *n* نوبة [nawba] ▷ *v* يُناسِب [junasibu]; **epileptic fit** *n* نوبة صرع [Nawbat ṣar'a]; **fitted kitchen** *n* مطبخ مجهز [Maṭbakh mojahaz]; **fitted sheet** *n* ملاءة مثبتة [Melaah mothabatah]; **fitting room** *n* غرفة القياس [ghorfat al-'qeyas]
**fit in** [fɪt ɪn] *v* يتلائم مع [Yatalaam ma'a]
**five** [faɪv] *number* خَمْسة [xamsatun]
**fix** [fɪks] *v* يُثَبِت [juθabbitu]
**fixed** [fɪkst] *adj* ثابت [θa:bit]
**fizzy** ['fɪzɪ] *adj* فوار [fuwa:r]
**flabby** ['flæbɪ] *adj* رَخْو [raxw]
**flag** [flæg] *n* عَلَم [ʕalam]
**flame** [fleɪm] *n* لهب [lahab]
**flamingo** [flə'mɪŋgəʊ] *n* طائر الفلامنجو [Ṭaaer al-flamenjo]
**flammable** ['flæməbᵊl] *adj* قابل للاشتعال ['qabel lel-eshte'aal]
**flan** [flæn] *n* فطيرة فُلَان [Faṭerat folan]
**flannel** ['flænᵊl] *n* صوف فانيلة [Ṣoof faneelah]
**flap** [flæp] *v* يُرفرِف [jurafriful]
**flash** [flæʃ] *n* وميض [wami:dˤ] ▷ *v* يومض [ju:midˤu]
**flashlight** ['flæʃ,laɪt] *n* وميض [wami:dˤ]
**flask** [flɑːsk] *n* دَوْرَق [dawraq]
**flat** [flæt] *adj* منبسط [munbasitˤ] ▷ *n* مُسَطَّح [musatˤtˤaħ]; **studio flat** *n* شقة ستديو [Sha'qah stedeyo]
**flat-screen** ['flæt,skriːn] *adj* شاشة مسطحة [Shasha mosṭahah]
**flatter** ['flætə] *v* يُطري [jutˤri:]

**flattered** ['flætəd] *adj* شاعر بالإطراء [Shaa'aer bel-eṭraa]
**flavour** ['fleɪvə] *n* نكهة [nakha]
**flavouring** ['fleɪvərɪŋ] *n* مادة منكهة [Madah monakahah]
**flaw** [flɔː] *n* نقص [naqsˤ]
**flea** [fliː] *n* برغوث [barɣuːθ]; **flea market** *n* سُوق للسلع الرخيصة [Soo'q lel-sealaa al-ṣgheerah]
**flee** [fliː] *v* يَتَفادى [jatafaːdaː]
**fleece** [fliːs] *n* صوف الخروف [Ṣoof al-kharoof]
**fleet** [fliːt] *n* قافلة [qaːfila]
**flex** [flɛks] *n* سِلك كهربائي (لي) [Selk kahrabaey]
**flexible** ['flɛksɪbᵊl] *adj* مرن [marin]
**flexitime** ['flɛksɪˌtaɪm] *n* ساعات عمل مرنة [Sa'aat 'aamal marenah]
**flight** [flaɪt] *n* رحلة جوية [Rehalah jaweyah]; **charter flight** *n* رحلة جوية مُؤَجَرة [Rehalh jaweyah moajarah]; **flight attendant** *n* مضيف الطائرة [moḍeef al-ṭaaerah]; **scheduled flight** *n* رحلة منتظمة [Reḥlah montaḍhemah]
**fling** [flɪŋ] *v* يَطْرَح جانبا [Yaṭraḥ janeban]
**flip-flops** ['flɪp'flɒpz] *npl* شِبشِب [ʃubʃubun]
**flippers** ['flɪpəz] *npl* زعانف الغطس [Za'aanef al-ghaṭs]
**flirt** [flɜːt] *n* غزل (حركة خاطفة) [ɣazl] ▷ *v* يُغَازِل [juɣaːzilu]
**float** [fləʊt] *n* عوامة [ʕawaːma] ▷ *v* يطفو [jatˤfuː]
**flock** [flɒk] *n* سِرب [sirb]
**flood** [flʌd] *n* طوفان [tˤuːfaːn] ▷ *vi* يفيض [jafiːdˤu] ▷ *vt* يَغْمُر [jaɣmuru]
**flooding** ['flʌdɪŋ] *n* فيضان [fajadˤaːn]
**floodlight** ['flʌdˌlaɪt] *n* وحدة إضاءة كشافة [Weḥdah eḍafeyah kashafah]
**floor** [flɔː] *n* أرضية [ʔardˤijja]; **ground floor** *n* الدور الأرضي [Aldoor al-arḍey]
**flop** [flɒp] *n* فَشل [faʃal]
**floppy** ['flɒpɪ] *adj*; **floppy disk** *n* قرص مرن ['qorṣ maren]
**flora** ['flɔːrə] *npl* نباتات [nabaːtaːt]
**florist** ['flɒrɪst] *n* بائع زهور [Bae'a zohor]
**flour** ['flaʊə] *n* دقيق طحين [Da'qee'q ṭaheen]
**flow** [fləʊ] *v* يَتدفق [jatadaffaqu]
**flower** ['flaʊə] *n* زهرة [zahra] ▷ *v* يُزهر [juzhiru]
**flu** [fluː] *n* الإنفلوانزا [Alenfolwanza]; **bird flu** *n* إنفلوانزا الطيور [Enfelwanza al-ṭeyor]
**fluent** ['fluːənt] *adj* سَلس (فصيح) [salis]
**fluorescent** [ˌflʊə'rɛsᵊnt; ˌfluo'rescent] *adj* فلوري [fluːrij]
**flush** [flʌʃ] *n* نضارة [nadˤdˤaːra] ▷ *v* يَتَورد (يتدفق) [jatawarradu]
**flute** [fluːt] *n* آلة الفلوت [Aalat al-felot]
**fly** [flaɪ] *n* ذُبَابَة [ðubaːba] ▷ *v* يَطير [jatˤiːru]
**fly away** [flaɪ ə'weɪ] *v* يَهْرُب مسرعا [Yahrab mosre'aan]
**foal** [fəʊl] *n* مهر [mahr]
**foam** [fəʊm] *n*; **shaving foam** *n* رغوة الحلاقة [Raghwat ḥela'qah]
**focus** ['fəʊkəs] *n* بُؤْرة [buʔra] ▷ *v* يَتركز [jatarakkazu]
**foetus** ['fiːtəs] *n* جنين [ʒaniːn]
**fog** [fɒg] *n* ضباب [dˤabaːb]; **fog light** *n* مصباح الضباب [Mesbaḥ al-ḍabab]
**foggy** ['fɒgɪ] *adj* غائم [ɣaːʔim]
**foil** [fɔɪl] *n* رقاقة معدنية [Re'qaeq ma'adaneyah]
**fold** [fəʊld] *n* طي (حظيرة خراف) [tˤajj] ▷ *v* يَطْوِي [jatˤwiː]
**folder** ['fəʊldə] *n* حافظة [ħaːfizˤa]
**folding** [fəʊldɪŋ] *adj* قابل للطي ['qabel lel-ṭay]
**folklore** ['fəʊkˌlɔː] *n* فولكلور [fuːlkluːr]
**follow** ['fɒləʊ] *v* يَتَبِع [jatbaʕu]
**following** ['fɒləʊɪŋ] *adj* لاحِق [laːħiq]
**food** [fuːd] *n* طعام [tˤaʕaːm]; **food poisoning** *n* التسمم الغذائي [Al-tasmom al-ghedhaaey]; **food processor** *n* محضر الطعام [Moḥder al-ṭa'aam]; **Do you have food?** هل يوجد لديكم طعام؟ [hal yujad laday-kum ṭa'aam?]; **The food is too hot** إن الطعام ساخن أكثر من اللازم [enna al-ṭa'aam sakhen akthar min al-laazim]; **The food is very greasy** الطعام كثير الدسم [al-ṭa'aam katheer

al-dasim]
**fool** [fuːl] *n* مُغَفَّل [muɣaffl] ▷ *v* يَضِلِل [jundˤallilu]
**foot, feet** [fʊt, fiːt] *n* قدم [qadam]; **My feet are a size six** مقاس قدمي ستة [ma'qas 'qadamy sit-a]
**football** ['fʊt,bɔːl] *n* كرة القدم [Korat al-'qadam]; **American football** *n* كرة القدم الأمريكية [Korat al-'qadam al-amreekeyah]; **football match** *n* مباراة كرة قدم [Mobarat korat al-'qadam]; **football player** *n* لاعب كرة القدم [La'aeb korat al-'qadam]; **Let's play football** هلم نلعب كرة القدم؟ [haloma nal'aab kurat al-'qadam]
**footballer** ['fʊt,bɔːlə] *n* لاعب كرة قدم [La'eb korat 'qadam]
**footpath** ['fʊt,pɑːθ] *n* ممر المشاة [mamar al-moshah]
**footprint** ['fʊt,prɪnt] *n* أثر القدم [Athar al'qadam]
**footstep** ['fʊt,stɛp] *n* أثر القدم [Athar al-'qadam]
**for** [fɔː; fə] *prep* لأجل [liʔaʒli]
**forbid** [fə'bɪd] *v* يُحَرِم [juħarrimu]
**forbidden** [fə'bɪdᵊn] *adj* ممنوع [mamnuːʕ]
**force** [fɔːs] *n* قوة عسكرية ['qowah askareyah] ▷ *v* يُجْبِر [juʒbiru]; **Air Force** *n* سلاح الطيران [Selaḥ al-ṭayaran]
**forecast** ['fɔː,kɑːst] *n* تنبؤ [tanabuʔ]
**foreground** ['fɔː,graʊnd] *n* أمامي [ʔamaːmij]
**forehead** ['fɒrɪd; 'fɔː,hɛd] *n* جبهة [ʒabha]
**foreign** ['fɒrɪn] *adj* أجنبي [ʔaʒnabij]
**foreigner** ['fɒrɪnə] *n* أجنبي [ʔaʒnabij]
**foresee** [fɔː'siː] *v* يتنبأ ب [Yatanabaa be]
**forest** ['fɒrɪst] *n* غابة [ɣaːba]
**forever** [fɔː'rɛvə; fə-] *adv* إلى الأبد [Ela alabad]
**forge** [fɔːdʒ] *v* يُزَوِر [juzawwiru]
**forgery** ['fɔːdʒərɪ] *n* تزوير [tazwiːr]
**forget** [fə'gɛt] *v* ينسى [jansaː]
**forgive** [fə'gɪv] *v* يَغْفِر [jaɣfiru]
**forgotten** [fə'gɒtᵊn] *adj* منسي [mansijju]
**fork** [fɔːk] *n* شوكة طعام [Shawkat ṭa'aaam]
**form** [fɔːm] *n* شكْل [ʃakl]; **application form** *n* نموذج الطلب [Namozaj al-ṭalab]; **order form** *n* نموذج طلبية [Namodhaj ṭalabeyah]
**formal** ['fɔːməl] *adj* عُرفي [ʕurafij]
**formality** [fɔː'mælɪtɪ] *n* شكل رسمي [Shakl rasmey]
**format** ['fɔːmæt] *n* تنسيق [tansiːq] ▷ *v* يُعْيد تهيئة [Yo'aeed taheyaah]
**former** ['fɔːmə] *adj* سابق [saːbiq]
**formerly** ['fɔːməlɪ] *adv* سابقاً
**formula** ['fɔːmjʊlə] *n* صيغة [sˤiːɣa]
**fort** [fɔːt] *n* حصن [ħisˤn]
**fortnight** ['fɔːt,naɪt] *n* يومان [jawmaːni]
**fortunate** ['fɔːtʃənɪt] *adj* سعيد [saʕiːd]
**fortunately** ['fɔːtʃənɪtlɪ] *adv* لحسن الحظ [Le-hosn al-haḍh]
**fortune** ['fɔːtʃən] *n* حظ سعيد [haḍh sa'aeed]
**forty** ['fɔːtɪ] *number* أربعون [ʔarbaʕuːna]
**forward** ['fɔːwəd] *adv* إلى الأمام [Ela al amam] ▷ *v* يرسل [jursilu]; **forward slash** *n* شرطة مائلة للأمام [Sharṭah maelah lel-amam]; **lean forward** *v* يَتَكِئ للأمام [Yatakea lel-amam]
**foster** ['fɒstə] *v* يُعزز (يتبنى) [juʕazzizu]; **foster child** *n* طفل متبنى [Tefl matabanna]
**foul** [faʊl] *adj* غادِر [ɣaːdir] ▷ *n* مخالفة [muxaːlafa]
**foundations** [faʊn'deɪʃənz] *npl* أساسات [ʔasaːsaːtun]
**fountain** ['faʊntɪn] *n* نافورة [naːfuːra]; **fountain pen** *n* قلم حبر ['qalam ḥebr]
**four** [fɔː] *number* أربعة [ʔarbaʕatun]
**fourteen** ['fɔː'tiːn] *number* أربعة عشر [ʔarbaʕata ʕaʃr]
**fourteenth** ['fɔː'tiːnθ] *adj* الرابع عشر [ar-raːbiʕu ʕaʃari]
**fourth** [fɔːθ] *adj* رابع [raːbiʕu]
**fox** [fɒks] *n* ثعلب [θaʕlab]
**fracture** ['fræktʃə] *n* كَسْر [kasr]
**fragile** ['frædʒaɪl] *adj* قابل للكسر ['qabel

lel-kassr]
**frail** [freɪl] *adj* واهِن [wa:hin]
**frame** [freɪm] *n* إطار [ʔitˤa:r]; **picture frame** *n* إطار الصورة [Eṭar al ṣorah]; **Zimmer® frame** *n* هيكل زيمر المساعد على المشي [hajkalun zajmiri almusa:ʕidi ʕala: almaʃji]
**France** [frɑ:ns] *n* فرنسا [faransa:]
**frankly** ['fræŋklɪ] *adv* بصراحة [Beṣaraḥah]
**frantic** ['fræntɪk] *adj* شديد الاهتياج [Shdeed al-ehteyaj]
**fraud** [frɔ:d] *n* احتيال [ħtija:l]
**freckles** ['frɛkᵊlz] *npl* نمش [namʃun]
**free** [fri:] *adj (no cost)* مجاني [maʒʒa:nij], *(no restraint)* حر [ħurr] ▷ *v* يُحَرر [juħarriru]; **free kick** *n* ضربة حرة [Ḍarba ḥorra]
**freedom** ['fri:dəm] *n* حرية [ħurrijja]
**freelance** ['fri:ˌlɑ:ns] *adj* يعمل بشكل حر [Ya'amal beshakl ḥor] ▷ *adv* بشكل مُستَقل [Beshakl mosta'qel]
**freeze** [fri:z] *v* يَتجمد [jataʒammadu]
**freezer** ['fri:zə] *n* فريزر [fri:zar]
**freezing** ['fri:zɪŋ] *adj* شديد البرودة [Shadeedat al-broodah]; **it's freezing cold** الجو شديد البرودة [al-jaw shaded al-boroda]
**freight** [freɪt] *n* شُحنة [ʃuħna]
**French** [frɛntʃ] *adj* فرنسي [faransij] ▷ *n* اللغة الفرنسية [All-loghah al-franseyah]; **French beans** *npl* فاصوليا خضراء [Faṣoleya khaḍraa]; **French horn** *n* بوق فرنسي [Boo'q faransey]
**Frenchman, Frenchmen** ['frɛntʃmən, 'frɛntʃmɛn] *n* مواطن فرنسي [Mowaṭen faransey]
**Frenchwoman, Frenchwomen** ['frɛntʃwʊmən, 'frɛntʃˌwɪmɪn] *n* مواطنة فرنسية [Mowaṭenah faranseyah]
**frequency** ['fri:kwənsɪ] *n* تردد [taraddud]
**frequent** ['fri:kwənt] *adj* متكرر [mutakarrir]
**fresh** [frɛʃ] *adj* طازج [tˤa:zaʒ]
**freshen up** ['frɛʃən ʌp] *v* يُنعِش [junʕiʃu]
**fret** [frɛt] *v* يَغيظ [jayi:zˤu]
**Friday** ['fraɪdɪ] *n* الجمعة [al-ʒumuʕatu]; **Good Friday** *n* الجمعة العظيمة [Al-jom'ah al-'aaḍheemah]; **on Friday the thirty first of December** يوم الجمعة الموافق الحادي والثلاثين من ديسمبر [yawm al-jum'aa al- muwa-fi'q al-ḥady waal-thalatheen min desambar]; **on Friday** في يوم الجمعة [fee yawm al-jum'aa]
**fridge** [frɪdʒ] *n* ثلاجة [θalla:ʒa]
**fried** [fraɪd] *adj* مقلي [maqlij]
**friend** [frɛnd] *n* صديق [sˤadi:q]
**friendly** ['frɛndlɪ] *adj* ودود [wadu:d]
**friendship** ['frɛndʃɪp] *n* صداقة [sˤada:qa]
**fright** [fraɪt] *n* رُعْب [ruʕb]
**frighten** ['fraɪtᵊn] *v* يُرْعِب [jurʕibu]
**frightened** ['fraɪtənd] *adj* مرعوب [marʕu:b]
**frightening** ['fraɪtᵊnɪŋ] *adj* مرعب [murʕib]
**fringe** [frɪndʒ] *n* هُداب [huda:b]
**frog** [frɒg] *n* ضفدع [dˤifdaʕ]
**from** [frɒm; frəm] *prep* مِنْ [min]
**front** [frʌnt] *adj* أمامي [ʔama:mij] ▷ *n* واجهة [wa:ʒiha]
**frontier** ['frʌntɪə; frʌn'tɪə] *n* تخم [tuxm]
**frost** [frɒst] *n* صقيع [sˤaqi:ʕ]
**frosting** ['frɒstɪŋ] *n* تغطية الكيك [taghṭeyat al-keek]
**frosty** ['frɒstɪ] *adj* تَكَوُّنْ الصقيع [Takawon al-sa'qee'a]
**frown** [fraʊn] *v* يَعْبَس [jaʕbasu]
**frozen** ['frəʊzᵊn] *adj* متجمد [mutaʒammid]
**fruit** [fru:t] *n (botany)* فاكهة [fa:kiha], *(collectively)* فاكهة [fa:kiha]; **fruit juice** *n* عصير الفاكهة ['aṣeer fakehah]; **fruit machine** *n* آلة كشف الشذوذ الجنسي [aalat kashf al sheḍhoḍh al jensy]; **fruit salad** *n* سَلاطة فواكه [Salaṭat fawakeh]; **passion fruit** *n* فاكهة العشق [Fakehat al-'aesh'q]
**frustrated** [frʌ'streɪtɪd] *adj* مخيب [muxajjib]
**fry** [fraɪ] *v* يَقلي [jaqli:]; **frying pan** *n* قلاية

[qala:jjatun]
**fuel** [fjʊəl] *n* وقود [waqunwdu]
**fulfil** [fʊlˈfɪl] *v* يُنْجِز [junʒizu]
**full** [fʊl] *adj* ممتلِيء [mumtali:ʔʔ]; **full moon** *n* بَدر [badrun]; **full stop** *n* نُقْطَة [nuqtˤatun]
**full-time** [ˈfʊlˌtaɪm] *adj* دوام كامل [Dawam kamel] ▷ *adv* بدوام كامل [Bedawam kaamel]
**fully** [ˈfʊlɪ] *adv* تماما [tama:man]
**fumes** [fju:mz] *npl* أبخِرَة [ʔabxiratun]; **exhaust fumes** *npl* أدخنة العادم [Adghenat al-'aadem]
**fun** [fʌn] *adj* مزحي [mazħij] ▷ *n* لهو [lahw]
**funds** [fʌndz] *npl* موارد مالية [Mawared maleyah]
**funeral** [ˈfju:nərəl] *n* جنازة [ʒana:za]; **funeral parlour** *n* قاعة إعداد الموتى ['qaat e'adad al-mawta]
**funfair** [ˈfʌnˌfɛə] *n* ملاهي [mala:hiju]
**funnel** [ˈfʌnᵊl] *n* قمع [qamʕ]
**funny** [ˈfʌnɪ] *adj* مضحك [mudˤħik]
**fur** [fɜ:] *n* فرو [farw]; **fur coat** *n* معطف فرو [Me'ataf farw]
**furious** [ˈfjʊərɪəs] *adj* مهتاج [muhta:ʒ]
**furnished** [ˈfɜ:nɪʃt] *adj* مفروش [mafru:ʃ]
**furniture** [ˈfɜ:nɪtʃə] *n* أثاث [ʔaθa:θ]
**further** [ˈfɜ:ðə] *adj* تالي [ta:li:] ▷ *adv* علاوة على ذلك ['aelawah ala ḍalek]; **further education** *n* نظام التعليم الإضافي [neḍham al-ta'aleem al-eḍafey]
**fuse** [fju:z] *n* صمام كهربائي [Ṣamam kahrabaey]; **fuse box** *n* علبة الفيوز ['aolbat al-feyoz]
**fusebox** [ˈfju:zˌbɒks] *n*; **Where is the fusebox?** أين توجد علبة المفاتيح الكهربية [ayna tojad 'ailbat al-mafateeḥ al-kahraba-eya?]
**fuss** [fʌs] *n* جَلَبة [ʒalaba]
**fussy** [ˈfʌsɪ] *adj* صَعْب الإرضاء (منمق) [Ṣa'ab al-erḍaa]
**future** [ˈfju:tʃə] *adj* مستقبلي [mustaqbalij] ▷ *n* مستقبل [mustaqbal]

# g

**Gabon** [gəˈbɒn] *n* الجابون [al-ʒa:bu:n]
**gain** [geɪn] *n* مَكْسَب [maksab] ▷ *v* يَربَح [jarbaħu]
**gale** [geɪl] *n* ريح هوجاء [Reyḥ ḥawjaa]
**gallery** [ˈgælərɪ] *n* جاليري [ʒa:li:ri:]; **art gallery** *n* جاليري فني [Jalery faney]
**gallop** [ˈgæləp] *n* عدو الفرس (جري) [adow al-faras] ▷ *v* يَجْري بالفرس [Yajree bel-faras]
**gallstone** [ˈgɔ:lˌstəʊn] *n* حصاة المرارة [Haṣat al-mararah]
**Gambia** [ˈgæmbɪə] *n* جامبيا [ʒa:mbija:]
**gamble** [ˈgæmbᵊl] *v* يقامِر [juqa:miru]
**gambler** [ˈgæmblə] *n* مقامر [muqa:mir]
**gambling** [ˈgæmblɪŋ] *n* مقامرة [muqa:mara]
**game** [geɪm] *n* مباراة [muba:ra:t]; **board game** *n* لعبة طاولة [Lo'abat ṭawlah]; **games console** *n* وحدة التحكم في ألعاب الفيديو [Wehdat al-tahakom fee al'aab al-vedyoo]
**gang** [gæŋ] *n* عصابة [ʕisˤa:ba]
**gangster** [ˈgæŋstə] *n* عضو في عصابة ['aoḍw fee eṣabah]
**gap** [gæp] *n* فجوة [faʒwa]
**garage** [ˈgærɑ:ʒ; -rɪdʒ] *n* جراج [ʒara:ʒ]; **Which is the key for the garage?** أين

؟يوجد مفتاح الجراج [ayna yujad muftaaḥ al-jaraj?]
**garbage** ['gɑːbɪdʒ] *n* نفاية [nufaːja]
**garden** ['gɑːdᵊn] *n* حديقة [ħadiːqa]; **garden centre** *n* مشتل [maʃtalun]
**gardener** ['gɑːdnə; 'gardener] *n* بُستاني [bustaːnij]
**gardening** ['gɑːdᵊnɪŋ; 'gardening] *n* بَسْتَنة [bastana]
**garlic** ['gɑːlɪk] *n* ثوم [θuːm]; **Is there any garlic in it?** ؟هل به ثوم [hal behe thoom?]
**garment** ['gɑːmənt] *n* ثوب [θawb]
**gas** [gæs] *n* غاز [ɣaːz]; **gas cooker** *n* موقد يعمل بالغاز [Maw'qed ya'amal bel-ghaz]; **natural gas** *n* غاز طبيعي [ghaz ṭabeeaey]; **I can smell gas** أنني أشم رائحة غاز [ina-ny ashum ra-e-hat ghaaz]; **Where is the gas meter?** أين يوجد عداد الغاز؟ [ayna yujad 'aadad al-ghaz?]
**gasket** ['gæskɪt] *n* سِدادة (مرسة شراع) [sadda:da]
**gate** [geɪt] *n* بوابة [bawwaːba]; **Please go to gate...** توجه من فضلك إلى البوابة رقم... [tawa-jah min faḍlak ela al-bawa-ba ra'qum...]; **Which gate for the flight to...?** ما هي البوابة الخاصة بالرحلة المتجهة إلى...؟ [ma heya al-baw-aba al-khaṣa bel-reḥla al-mutajiha ela...?]
**gateau, gateaux** ['gætəʊ, 'gætəʊz] *n* جاتوه [ʒaːtuː]
**gather** ['gæðə] *v* يَجتمِع [jaʒtamiʕu]
**gauge** [geɪdʒ] *n* مقياس [miqjaːs] ▷ *v* يُعايِر [juʕaːjiru]
**gaze** [geɪz] *v* يُحدِق [juħaddiqu]
**gear** [gɪə] *n (equipment)* جهاز [ʒihaːz], *(mechanism)* تعشيقة [taʕʃiːqa]; **gear box** *n* علبة التروس ['aolbat al-teroos]; **gear lever** *n* ذِراع الفتيس [dhera'a al-fetees]; **gear stick** *n* ذراع نقل السرعة [Dhera'a na'ql al-sor'aah]
**gearbox** ['gɪə,bɒks] *n*; **The gearbox is broken** لقد انكسرت علبة التروس [la'qad inkasarat 'ailbat al-tiroos]
**gearshift** ['gɪə,ʃɪft] *n* مُغيِّر السرعة [Moghaey al-sor'aah]
**gel** [dʒɛl] *n* جل [ʒil]; **hair gel** *n* جل الشعر [Jel al-sha'ar]
**gem** [dʒɛm] *n* حجر كريم [Ajar kareem]
**Gemini** ['dʒɛmɪ,naɪ; -,niː] *n* الجوزاء [al-ʒawzaːʔu]
**gender** ['dʒɛndə] *n* النَوْع [an-nawʕu]
**gene** [dʒiːn] *n* جين وراثي [Jeen werathey]
**general** ['dʒɛnərəl; 'dʒɛnrəl] *adj* عام [ʕaːm] ▷ *n* فكرة عامة [Fekrah 'aamah]; **general anaesthetic** *n* مُخَدِر كلي [Mo-khader koley]; **general election** *n* انتخابات عامة [Entekhabat 'aamah]; **general knowledge** *n* معلومات عامة [Ma'aloomaat 'aamah]
**generalize** ['dʒɛnrə,laɪz] *v* يُعَمِم [juʕammimu]
**generally** ['dʒɛnrəlɪ] *adv* عادةً [ʕaːdatun]
**generation** [,dʒɛnə'reɪʃən] *n* جيل [ʒiːl]
**generator** ['dʒɛnə,reɪtə] *n* مولد [muwalid]
**generosity** [,dʒɛnə'rɒsɪtɪ] *n* كَرَم [karam]
**generous** ['dʒɛnərəs; 'dʒɛnrəs] *adj* سخي [saxij]
**genetic** [dʒɪ'nɛtɪk] *adj* جيني [ʒiːnnij]
**genetically-modified** [dʒɪ'nɛtɪklɪ'mɒdɪ,faɪd] *adj* معدل وراثيا [Mo'aaddal weratheyan]
**genetics** [dʒɪ'nɛtɪks] *n* علم الوراثة [A'elm al-weratha]
**genius** ['dʒiːnɪəs; -njəs] *n* شخص عبقري [Shakhṣ'ab'qarey]
**gentle** ['dʒɛntᵊl] *adj* نبيل المحتد [Nabeel al-moḥtad]
**gentleman, gentlemen** ['dʒɛntᵊlmən, 'dʒɛntᵊlmɛn] *n* رَجُل نبيل [Rajol nabeel]
**gently** [dʒɛntlɪ] *adv* بلطف [bilutˤfin]
**gents'** [dʒɛnts] *n* دَوْرة مياه للرجال [Dawrat meyah lel-rejal]
**genuine** ['dʒɛnjʊɪn] *adj* أصلي [ʔasˤlij]
**geography** [dʒɪ'ɒgrəfɪ] *n* جغرافيا [ʒuɣraːfjaː]
**geology** [dʒɪ'ɒlədʒɪ] *n* جيولوجيا

[ʒju:lu:ʒja:]
**Georgia** [ˈdʒɔːdʒjə] *n (country)* جورجيا [ʒu:rʒja:], *(US state)* ولاية جورجيا [Welayat jorjeya]
**Georgian** [ˈdʒɔːdʒjən] *adj* جورجي [ʒu:rʒij] ▷ *n (person)* مواطن جورجي [Mowaṭen jorjey]
**geranium** [dʒɪˈreɪnɪəm] *n* نبات الجيرانيوم [Nabat al-jeranyom]
**gerbil** [ˈdʒɜːbɪl] *n* يَربوع [jarbu:ʕ]
**geriatric** [ˌdʒɛrɪˈætrɪk] *adj* شيخوخي [ʃajxu:xij] ▷ *n* طب الشيخوخة [Ṭeb al-shaykhokhah]
**germ** [dʒɜːm] *n* جرثومة [ʒurθu:ma]
**German** [ˈdʒɜːmən] *adj* ألماني [ʔalma:nij] ▷ *n (language)* اللغة الألمانية [Al loghah al almaniyah], *(person)* ألماني [ʔalma:nij]; **German measles** *n* حصبة ألمانية [Haṣbah al-maneyah]
**Germany** [ˈdʒɜːmənɪ] *n* ألمانيا [ʔalma:nijja:]
**gesture** [ˈdʒɛstʃə] *n* إيماءة [ʔi:ma:ʔa]
**get** [gɛt] *v* يَحصُل على [Taḥṣol ʻala], *(to a place)* يَحصُل على [Taḥṣol ʻala]
**get away** [gɛt əˈweɪ] *v* يَنْصَرِف [jansˤarifu]
**get back** [gɛt bæk] *v* يَستَرِد [jastariddu]
**get in** [gɛt ɪn] *v* يركب [jarrkabu]
**get into** [gɛt ˈɪntə] *v* يَتَورط في [Yatawaraṭ fee]
**get off** [gɛt ɒf] *v* ينزل [janzilu]
**get on** [gɛt ɒn] *v* يركب [jarrkabu]
**get out** [gɛt aʊt] *v* يَخرُج [jaxruʒu]
**get over** [gɛt ˈəʊvə] *v* يَتَغلب على [Yatghalab ʻala]
**get through** [gɛt θruː] *v*; **I can't get through** لا يمكنني الوصول إليه [la yam-kinuni al-wiṣool e-lay-he]
**get together** [gɛt təˈgɛðə] *v* يجتمع [jaʒtamiʕu]
**get up** [gɛt ʌp] *v* ينهض [janhadˤu]
**Ghana** [ˈgɑːnə] *n* غانا [ɣa:na:]
**Ghanaian** [gɑːˈneɪən] *adj* غاني [ɣa:nij] ▷ *n* مواطن غاني [Mowaṭen ghaney]
**ghost** [gəʊst] *n* شبح [ʃabaħ]
**giant** [ˈdʒaɪənt] *adj* عملاق [ʕimla:q] ▷ *n* مارد [ma:rid]
**gift** [gɪft] *n* هبة [hiba]; **gift shop** *n* متجر هدايا [Matjar hadaya]; **gift voucher** *n* قسيمة هدية [ˈqaseemat hadeyah]
**gifted** [ˈgɪftɪd] *adj* موهوب [mawhu:b]
**gigantic** [dʒaɪˈgæntɪk] *adj* عملاق [ʕimla:q]
**giggle** [ˈgɪgᵊl] *v* يُقَهْقِه [juqahqihu]
**gin** [dʒɪn] *n* شراب الجين المُسكِر (محلج القطن) [Sharaab al-jobn al-mosaker]
**ginger** [ˈdʒɪndʒə] *adj* بني مائل إلى الحُمرة [banni: ma:ʔilun ʔila alħumrati] ▷ *n* زَنْجَبيل [zanʒabi:l]
**giraffe** [dʒɪˈrɑːf; -ˈræf] *n* زرافة [zara:fa]
**girl** [gɜːl] *n* بِنْت [bint]
**girlfriend** [ˈgɜːlˌfrɛnd] *n* صديقة [sˤadi:qa]
**give** [gɪv] *v* يُعْطِي [juʕtˤi:]
**give back** [gɪv bæk] *v* يَرُد [jaruddu]
**give in** [gɪv ɪn] *v* يَستسلم [jastaslimu]
**give out** [gɪv aʊt] *v* يُوَزِّع [juwazziʕu]
**give up** [gɪv ʌp] *v* يُقْلِع عن [Yoʼqleʼa an]
**glacier** [ˈglæsɪə; ˈgleɪs-] *n* نهر جليدي [Nahr jaleedey]
**glad** [glæd] *adj* سعيد [saʕi:d]
**glamorous** [ˈglæmərəs] *adj* فاتن [fa:tin]
**glance** [glɑːns] *n* لمحة [lamħa] ▷ *v* يلمح [jalmaħu]
**gland** [glænd] *n* غدة [ɣuda]
**glare** [glɛə] *v* يُحملِق (يسطع) [juħamliqu]
**glaring** [ˈglɛərɪŋ] *adj* ساطع [sa:tˤiʕ]
**glass** [glɑːs] *n* زُجَاج [zuʒa:ʒ], *(vessel)* زُجَاج [zuʒa:ʒ]; **magnifying glass** *n* عدسة مكبرة [ˈadasat takbeer]; **stained glass** *n* زجاج مُعَشَّق [Zojaj moashaʼq]
**glasses** [ˈglɑːsɪz] *npl* نظارة [nazˤzˤa:ratun]
**glazing** [ˈgleɪzɪŋ] *n*; **double glazing** *n* طبقتين من الزجاج [Ṭabaʼqatayen men al-zojaj]
**glider** [ˈglaɪdə] *n* طائرة شراعية [Ṭaayearah ehraeyah]
**gliding** [ˈglaɪdɪŋ] *n* التحليق في الجو [Al-taḥleeʼq fee al-jaw]
**global** [ˈgləʊbᵊl] *adj* عالمي [ʕa:lamij]; **global warming** *n* ظاهرة الاحتباس

الحراري [dhaherat al-eḥtebas al-ḥararey]
**globalization** [ˌɡləʊbəlaɪˈzeɪʃən] *n* عَوْلَمَة [ʕawlama]
**globe** [ɡləʊb] *n* الكرة الأرضية [Al-korah al-ardheyah]
**gloomy** [ˈɡluːmɪ] *adj* كئيب [kaʔijb]
**glorious** [ˈɡlɔːrɪəs] *adj* جليل [ʒaliːl]
**glory** [ˈɡlɔːrɪ] *n* مجد [maʒd]
**glove** [ɡlʌv] *n* قفاز [quffaːz]; **glove compartment** *n* دُرج العربة [Dorj al-'aarabah]; **oven glove** *n* قفاز فرن ['qoffaz forn]; **rubber gloves** *npl* قفازات مطاطية ['qoffazat maṭaṭeyah]
**glucose** [ˈɡluːkəʊz; -kəʊs] *n* جلوكوز [ʒlukuːz]
**glue** [ɡluː] *n* غراء [ɣiraːʔ] ▷ *v* يُغَرّي [juɣarriː]
**gluten** [ˈɡluːtən] *n* جلوتين [ʒluːtiːn]; **Could you prepare a meal without gluten?** هل يمكن إعداد وجبة خالية من الجلوتين؟ [hal yamken e'adad wajba khaliya min al-jilo-teen?]; **Do you have gluten-free dishes?** هل توجد أطباق خالية من الجلوتين؟ [hal tojad aṭba'q khaleya min al-jiloteen?]
**go** [ɡəʊ] *v* يَذهَب [jaðhabu]
**go after** [ɡəʊ ˈɑːftə] *v* يَسعَى وراء [Yas'aa waraa]
**go ahead** [ɡəʊ əˈhɛd] *v* ينطلق [jantˤaliqu]
**goal** [ɡəʊl] *n* هدف [hadaf]
**goalkeeper** [ˈɡəʊlˌkiːpə] *n* حارس المرمى [Hares al-marma]
**goat** [ɡəʊt] *n* ماعز [maːʕiz]
**go away** [ɡəʊ əˈweɪ] *v* يُغَادر مكانا [Yoghader makanan]
**go back** [ɡəʊ bæk] *v* يَرْجِع [jarʒiʕu]
**go by** [ɡəʊ baɪ] *v* يَمُرّ [jamurru]
**god** [ɡɒd] *n* إله [ʔilah]
**godchild, godchildren** [ˈɡɒdˌtʃaɪld, ˈɡɒdˌtʃɪldrən] *n* ربيب [rabiːb]
**goddaughter** [ˈɡɒdˌdɔːtə] *n* ربيبة [rabiːba]
**godfather** [ˈɡɒdˌfɑːðə] *n* *(baptism)* أب روحي [Af rooḥey], *(criminal leader)* رئيس عصابة [Raees eṣabah]
**godmother** [ˈɡɒdˌmʌðə] *n* الأم المُربية [al om almorabeyah]
**go down** [ɡəʊ daʊn] *v* ينزل [janzilu]
**godson** [ˈɡɒdˌsʌn] *n* ربيب [rabiːb]
**goggles** [ˈɡɒɡəlz] *npl* نظارة واقية [naḍharah wa'qeyah]
**go in** [ɡəʊ ɪn] *v* يَتدخل [jatadaxxalu]
**gold** [ɡəʊld] *n* ذَهَبٌ [ðahab]
**golden** [ˈɡəʊldən] *adj* ذَهَبِي [ðahabij]
**goldfish** [ˈɡəʊldˌfɪʃ] *n* سمك ذهبي [Samak dhahabey]
**gold-plated** [ˈɡəʊldˈpleɪtɪd] *adj* مطلي بالذهب [Maṭley beldhahab]
**golf** [ɡɒlf] *n* رياضة الجولف [Reyadat al-jolf]; **golf club** *n* نادي الجولف [Nady al-jolf]; **golf course** *n* ملعب الجولف [Mal'aab al-jolf]
**gone** [ɡɒn] *adj* راحل [raːħil]
**good** [ɡʊd] *adj* جَيد [ʒajjid]
**goodbye** [ˌɡʊdˈbaɪ] *excl* وداعا! [wadaːʕan]
**good-looking** [ˈɡʊdˈlʊkɪŋ] *adj* حسن المظهر [Hosn al-maḍhar]
**good-natured** [ˈɡʊdˈneɪtʃəd] *adj* دَمِث الأخلاق [Dameth al-akhla'q]
**goods** [ɡʊdz] *npl* بضائع [badˤaːʔiʕun]
**go off** [ɡəʊ ɒf] *v* ينقطع [janqatˤiʕu]
**Google®** [ˈɡuːɡəl] *v* يبحث على موقع جوجل® [jabħaθu ʕala: mawqiʕi ʒuːʒl]
**go on** [ɡəʊ ɒn] *v* يستمر [jastamirru]
**goose, geese** [ɡuːs, ɡiːs] *n* إوزة [ʔiwazza]; **goose pimples** *npl* قشعريرة الجلد ['qash'aarerat al-jeld]
**gooseberry** [ˈɡʊzbərɪ; -brɪ] *n* كشمش [kuʃmuʃ]
**go out** [ɡəʊ aʊt] *v* يُغادِر المكان [Yoghader al-makanan]
**go past** [ɡəʊ pɑːst] *v* يَتَجاوز [jataʒaːwazu]
**gorgeous** [ˈɡɔːdʒəs] *adj* فائق الجمال [Faae'q al-jamal]
**gorilla** [ɡəˈrɪlə] *n* غوريلا [ɣuːriːlaː]
**go round** [ɡəʊ raʊnd] *v* يَلِفُ [jalifu]
**gospel** [ˈɡɒspəl] *n* إنجيل [ʔinʒiːl]
**gossip** [ˈɡɒsɪp] *n* نَميمة [namiːma] ▷ *v*

يَنْهَمِكُ في القيل والقال [Yanhamek fee al-'qeel wa al-'qaal]
**go through** [gəʊ θruː] *v* يَجْتَاز [jaʒtaːzu]
**go up** [gəʊ ʌp] *v* يَرتفِع [jartafiʕu]
**government** ['gʌvənmənt; 'gʌvəmənt] *n* حكومة [ħukuwamt]
**gown** [gaʊn] *n*; **dressing gown** *n* رُوب الحَمَّام [Roob al-ḥamam]
**GP** [dʒiː piː] *abbr* طبيب باطني [Ṭabeeb baṭney]
**GPS** [dʒiː piː ɛs] *abbr* نظام تحديد المواقع العالمي [nizˤaːmun taħdiːdu almuwaːqiʕi alʕaːlamijji]
**grab** [græb] *v* يَتَلَقف [jatalaqqafu]
**graceful** ['greɪsfʊl] *adj* لَبِق [labiq]
**grade** [greɪd] *n* مَنْزِلة [manzila]
**gradual** ['grædjʊəl] *adj* تدريجي [tadriːʒij]
**gradually** ['grædjʊəlɪ] *adv* بالتدريج [bi-at-tadriːʒi]
**graduate** ['grædjʊɪt] *n* خريج [xirriːʒ]
**graduation** [ˌgrædjʊ'eɪʃən] *n* تخرج [taxarruʒ]
**graffiti, graffito** [græ'fiːtiː, græ'fiːtəʊ] *npl* نقوش أثرية [No'qoosh athareyah]
**grain** [greɪn] *n* حبة [ħabba]
**grammar** ['græmə] *n* علم النحو والصرف ['aelm al-naḥw wal-ṣarf]
**grammatical** [grə'mætɪkᵊl] *adj* نحوي [naħwij]
**gramme** [græm] *n* جرام [ʒraːm]
**grand** [grænd] *adj* عظيم [ʕazˤiːm]
**grandchild** ['grænˌtʃaɪld] *n* حفيد [hafiːd]; **grandchildren** *npl* أحفاد [ʔaħfaːdun]
**granddad** ['grænˌdæd] *n* جد [ʒadd]
**granddaughter** ['grænˌdɔːtə] *n* حفيدة [ħafiːda]
**grandfather** ['grænˌfɑːðə] *n* جد [ʒadd]
**grandma** ['grænˌmɑː] *n* جدة [ʒadda]
**grandmother** ['grænˌmʌðə] *n* أم الأب أو الأم [Om al-ab aw al-om]
**grandpa** ['grænˌpɑː] *n* جد [ʒadd]
**grandparents** ['grænˌpɛərəntz] *npl* الجدين [al-ʒaddajni]
**grandson** ['grænsʌn; 'grænd-] *n* ابن الإبن [Ebn el-ebn]
**granite** ['grænɪt] *n* حجر الجرانيت [Ḥajar al-jraneet]
**granny** ['grænɪ] *n* جدة [ʒadda]
**grant** [grɑːnt] *n* منحة [minħa]
**grape** [greɪp] *n* عنب [ʕinab]
**grapefruit** ['greɪpˌfruːt] *n* جريب فروت [ʒriːb fruːt]
**graph** [grɑːf; græf] *n* تخطيط بياني [Takhṭeeṭ bayany]
**graphics** ['græfɪks] *npl* رسوم جرافيك [Rasm jrafek]
**grasp** [grɑːsp] *v* يَقْبِض على [jaqbudˤu ʕalaː]
**grass** [grɑːs] *n* *(informer)* واشي [waːʃiː], *(marijuana)* حشيش مخدر [Hashesh mokhader], *(plant)* عشب [ʕuʃb]
**grasshopper** ['grɑːsˌhɒpə] *n* جراد الجندب [Jarad al-jandab]
**grate** [greɪt] *v* (يحك بسطح خشن) يَبْشُر [jabʃuru]
**grateful** ['greɪtfʊl] *adj* ممتن [mumtann]
**grave** [greɪv] *n* قبر [qabr]
**gravel** ['grævᵊl] *n* حصى [ħasˤaː]
**gravestone** ['greɪvˌstəʊn] *n* شاهد القبر [Shahed al-'qabr]
**graveyard** ['greɪvˌjɑːd] *n* مدفن [madfan]
**gravy** ['greɪvɪ] *n* مرقة اللحم [Mara'qat al-laḥm]
**grease** [griːs] *n* شحم [ʃaħm]
**greasy** ['griːzɪ; -sɪ] *adj* دُهْني [duhnij]
**great** [greɪt] *adj* عظيم [ʕazˤiːm]
**Great Britain** ['greɪt 'brɪtᵊn] *n* بريطانيا العظمى [Beretanyah al-'aoḍhma]
**great-grandfather** ['greɪt'grænˌfɑːðə] *n* الجَدّ الأكبر [Al-jad al-akbar]
**great-grandmother** ['greɪt'grænˌmʌðə] *n* الجدة الأكبر [Al-jaddah al-akbar]
**Greece** [griːs] *n* اليونان [al-juːnaːni]
**greedy** ['griːdɪ] *adj* جشع [ʒaʃiʕ]
**Greek** [griːk] *adj* يوناني [juːnaːnij] ▷ *n* *(language)* اللغة اليونانية [Al-loghah al-yonaneyah], *(person)* يوناني [juːnaːnij]

**green** [griːn] *adj (colour)* أخضر [ʔaxdˤar], *(inexperienced)* مغفل [muɣaffal] ▷ *n* أخضر [ʔaxdˤar]; **green salad** *n* سَلاطة خضراء [Salaṭat khadraa]
**greengrocer's** [ˈgriːn,grəʊsəz] *n* متجر الخضر والفاكهة [Matjar al-khoḍar wal-fakehah]
**greenhouse** [ˈgriːn,haʊs] *n* صوبة زراعية [Ṣobah zera'aeyah]
**Greenland** [ˈgriːnlənd] *n* جرينلاند [ʒriːnalaːndi]
**greet** [griːt] *v* يُرحِب ب [Yoraḥeb bee]
**greeting** [ˈgriːtɪŋ] *n* تحية [taħijja]; **greetings card** *n* بطاقة تهنئة [Beṭaqat tahneaa]
**grey** [greɪ] *adj* رمادي [ramaːdij]
**grey-haired** [ˌgreɪˈhɛəd] *adj* رمادي الشعر [Ramadey al-sha'ar]
**grid** [grɪd] *n* شبكة قضبان مُتصالبة [Shabakat 'qodban motaṣalebah]
**grief** [griːf] *n* أسى [ʔasaː]
**grill** [grɪl] *n* شواية [ʃawwaːja] ▷ *v* يَشوي [jaʃwiː]
**grilled** [grɪld; grilled] *adj* مشوي [maʃwij]
**grim** [grɪm] *adj* مروع [murawwiʕ]
**grin** [grɪn] *n* ابتسامة عريضة [Ebtesamah areeḍah] ▷ *v* يكشر [jukaʃʃiru]
**grind** [graɪnd] *v* يَطحَن [jatˤħanu]
**grip** [grɪp] *v* يمسك بإحكام [Yamsek be-ehkam]
**gripping** [grɪpɪŋ] *adj* مُثير [muθiːr]
**grit** [grɪt] *n* حبيبات خشنة [Ḥobaybat khashabeyah]
**groan** [grəʊn] *v* يئِنّ [jaʔinnu]
**grocer** [ˈgrəʊsə] *n* بَقّال [baqqaːl]
**groceries** [ˈgrəʊsərɪz] *npl* بِقالة [baqaːlatun]
**grocer's** [ˈgrəʊsəz] *n* متجر البقالة [Matjar al-be'qalah]
**groom** [gruːm; grʊm] *n* سائس خيل [Saaes kheel], *(bridegroom)* عريس [ʕariːs]
**grope** [grəʊp] *v* يَتلَمس طريقه في الظلام [Yatalamas ṭaree'qah fee al-ḍhalam]
**gross** [grəʊs] *adj (fat)* هائل [haːʔil], *(income etc.)* هائل [haːʔil]
**grossly** [grəʊslɪ] *adv* بفظاظة [bifazˤaːzˤatin]
**ground** [graʊnd] *n* سَطح الأرض [Saṭh alarḍ] ▷ *v* يَضع على الأرض [Yaḍa'a ala al-arḍ]; **ground floor** *n* الدور الأرضي [Aldoor al-arḍey]
**group** [gruːp] *n* جماعة [ʒamaːʕa]
**grouse** [graʊs] *n (complaint)* شكوى [ʃakwaː], *(game bird)* طائر الطيهوج [Ṭaaer al-ṭayhooj]
**grow** [grəʊ] *vi* يَنمو [janmuː] ▷ *vt* يَنمو [janmuː]
**growl** [graʊl] *v* يُهْدر [juhdiru]
**grown-up** [grəʊnʌp] *n* بالغ [baːliɣ]
**growth** [grəʊθ] *n* نمو [numuww]
**grow up** [grəʊ ʌp] *v* ينضج [jandˤuʒu]
**grub** [grʌb] *n* يَرَقَة دودية [Yara'qah doodeyah]
**grudge** [grʌdʒ] *n* ضغينة [dˤaɣiːna]
**gruesome** [ˈgruːsəm] *adj* رَهيب [rahiːb]
**grumpy** [ˈgrʌmpɪ] *adj* سَيِّئ الطبع [Sayea al-ṭabe'a]
**guarantee** [ˌgærənˈtiː] *n* ضمان [dˤamaːn] ▷ *v* يَضمن [jadˤmanu]; **It's still under guarantee** إنها لا تزال داخل فترة الضمان [inaha la tazaal dakhel fatrat al-ḍaman]
**guard** [gɑːd] *n* حارس [ħaːris] ▷ *v* يَحْرُس [jaħrusu]; **security guard** *n* حارس الأمن [Ḥares al-amn]
**Guatemala** [ˌgwɑːtəˈmɑːlə] *n* جواتيمالا [ʒwaːtiːmaːlaː]
**guess** [gɛs] *n* تخمين [taxmiːn] ▷ *v* يُخمِن [juxamminu]
**guest** [gɛst] *n* ضيف [dˤajf]
**guesthouse** [ˈgɛst,haʊs] *n* دار ضيافة [Dar eḍafeyah]
**guide** [gaɪd] *n* مرشد [murʃid] ▷ *v* مرشد [murʃidun]; **guide dog** *n* كلب هادي مدرب للمكفوفين [Kalb hadey modarab lel-makfoofeen]; **guided tour** *n* جولة إرشادية [Jawlah ershadeyah]; **tour guide** *n* مرشد سياحي [Morshed seyaḥey]; **Do you have a guide to local walks?** هل يوجد لديكم مرشد لجولات السير المحلية؟ [hal yujad

laday-kum murshid le-jaw-laat al-sayr al-maḥal-iya?]; **Is there a guide who speaks English?** هل يوجد مرشد سياحي يتحدث باللغة الإنجليزية؟ [hal yujad murshid seyaḥy yata-ḥadath bil-lugha al-injile-ziya]

**guidebook** ['gaɪd,bʊk] *n* كُتيِّب الإرشادات [Kotayeb al-ershadat]

**guilt** [gɪlt] *n* ذَنب [ðanab]

**guilty** ['gɪltɪ] *adj* مذنب [muðnib]

**Guinea** ['gɪnɪ] *n* غينيا [ɣiːnjaː]; **guinea pig** *n (for experiment)* حقل للتجارب [Ha'ql lel-tajareb], *(rodent)* خنزير غينيا [Khnzeer ghemyah]

**guitar** [gɪ'tɑː] *n* جيتار [ʒiːtaːr]

**gum** [gʌm] *n* لثة [laθatt]; **chewing gum** *n* علكة [ʕilkatun]

**gun** [gʌn] *n* بندقية [bunduqijja]; **machine gun** *n* رشاش [raʃʃaːʃun]

**gust** [gʌst] *n* انفجار عاطفي [Enfejar 'aatefy]

**gut** [gʌt] *n* معي [maʕjj]

**guy** [gaɪ] *n* فَتى [fataː]

**Guyana** [gaɪ'ænə] *n* جيانا [ʒujaːnaː]

**gym** [dʒɪm] *n* جمانزيوم [ʒimnaːzjuːmi]

**gymnast** ['dʒɪmnæst] *n* أخصائي الجمنازيوم [akheṣaaey al-jemnazyom]

**gymnastics** [dʒɪm'næstɪks] *npl* تدريبات الجمنازيوم [Tadreebat al-jemnazyoom]

**gynaecologist** [,gaɪnɪ'kɒlədʒɪst] *n* طبيب أمراض نساء [Ṭabeeb amraḍ nesaa]

**gypsy** ['dʒɪpsɪ] *n* غَجَرِيّ [ɣaʒarij]

# h

**habit** ['hæbɪt] *n* عادة سلوكية ['aadah selokeyah]

**hack** [hæk] *v* يَتَسلل (كمبيوتر) [jatasallalu]

**hacker** ['hækə] *n* قراصنة الكمبيوتر (كمبيوتر) ['qaraṣenat al-kombyotar]

**haddock** ['hædək] *n* سمك الحدوق [Samak al-ḥadoo'q]

**haemorrhoids** ['hɛmə,rɔɪdz] *npl* داء البواسير [Daa al-bawaseer]

**haggle** ['hæg°l] *v* يُساوم [jusaːwimu]

**hail** [heɪl] *n (مطر)* بَرَد [bard] ▷ *v* يَنْزِلُ البَرَد [Yanzel al-barad]

**hair** [hɛə] *n* شَعْر [ʃaʕr]; **hair gel** *n* جل الشعر [Jel al-sha'ar]; **hair spray** *n* سْبراي الشعر [Sbray al-sha'ar]

**hairband** ['hɛə,bænd] *n* عصابة الرأس ['eṣabat al-raas]

**hairbrush** ['hɛə,brʌʃ] *n* فرشاة الشعر [Forshat al-sha'ar]

**haircut** ['hɛə,kʌt] *n* قصة الشعر ['qaṣat al-sha'ar]

**hairdo** ['hɛə,duː] *n* تسريحة الشعر [Tasreehat al-sha'ar]

**hairdresser** ['hɛə,drɛsə] *n* مُصفف الشعر [Moṣafef al-sha'ar]

**hairdresser's** ['hɛə,drɛsəz] *n* صالون

حلاقة [Ṣalon ḥelaqah]
**hairdryer** ['hɛəˌdraɪə] *n* مُجَفف الشعر [Mojafef al-sha'ar]
**hairgrip** ['hɛəˌgrɪp] *n* دبوس شعر [Daboos sha'ar]
**hairstyle** ['hɛəˌstaɪl] *n* تصفيف الشعر [taṣfeef al-sha'ar]
**hairy** ['hɛərɪ] *adj* كثير الشعر [Katheer sha'ar]
**Haiti** ['heɪtɪ; hɑː'iːtɪ] *n* هايتي [ha:jti:]
**half** [hɑːf] *adj* نصفي [nisˤfaj] ▷ *adv* نصفيا [nisˤfijja:] ▷ *n* نصف [nisˤf]; **half board** *n* نصف إقامة [Neṣf e'qamah]; **It's half past two** الساعة الثانية والنصف [al-sa'aa al-thaneya wal-nuṣf]
**half-hour** ['hɑːfˌaʊə] *n* نصف ساعة [Neṣf saa'aah]
**half-price** ['hɑːfˌpraɪs] *adj* نصف السعر [Neṣf al-se'ar] ▷ *adv* بنصف السعر [Be-nesf al-se'ar]
**half-term** ['hɑːfˌtɜːm] *n* عطلة نصف الفصل الدراسي ['aoṭlah neṣf al-faṣl al-derasey]
**half-time** ['hɑːfˌtaɪm] *n* نِصْف الوقت [Nesf al-wa'qt]
**halfway** [ˌhɑːf'weɪ] *adv* إلى منتصف المسافة [Ela montaṣaf al-masafah]
**hall** [hɔːl] *n* قاعة [qa:ʕa]; **town hall** *n* دار البلدية [Dar al-baladeyah]
**hallway** ['hɔːlˌweɪ] *n* رَدهَة [radha]
**halt** [hɔːlt] *n* وقوف [wuqu:f]
**ham** [hæm] *n* فخذ الخنزير المدخن [Fakhdh al-khenzeer al-modakhan]
**hamburger** ['hæmˌbɜːgə] *n* هامبرجر [ha:mbarʒar]
**hammer** ['hæmə] *n* شَاكوش [ʃa:ku:ʃ]
**hammock** ['hæmək] *n* الأرجوحة الشبكية [Al orjoha al shabakiya]
**hamster** ['hæmstə] *n* حيوان الهمستر [Heyawaan al-hemester]
**hand** [hænd] *n* يد [jadd] ▷ *v* يُسَلِم [jusallimu]; **hand luggage** *n* أمتعة محمولة في اليد [Amte'aah maḥmoolah fee al-yad]; **Where can I wash my hands?** أين يمكن أن أغسل يدي؟ [ayna yamken an aghsil yady?]
**handbag** ['hændˌbæg] *n* حقيبة يد [Ha'qeebat yad]
**handball** ['hændˌbɔːl] *n* كرة اليد [Korat al-yad]
**handbook** ['hændˌbʊk] *n* دليل [dali:l]
**handbrake** ['hændˌbreɪk] *n* فرملة يَدّ [Farmalat yad]
**handcuffs** ['hændˌkʌfs] *npl* القيود [al-quju:du]
**handicap** ['hændɪˌkæp] *n*; **My handicap is...** إعاقتي هي... [...e'aa'qaty heya]; **What's your handicap?** ما إعاقتك؟ [ma e-'aa'qa-taka?]
**handicapped** ['hændɪˌkæpt] *adj* معاق [muʕa:q]
**handkerchief** ['hæŋkətʃɪf; -tʃiːf] *n* منديل قماش [Mandeel 'qomash]
**handle** ['hænd°l] *n* مقبض [miqbadˤ] ▷ *v* يُعَامل [juʕa:malu]; **The door handle has come off** لقد سقط مقبض الباب [la'qad sa'qaṭa me-'qbaḍ al-baab]
**handlebars** ['hænd°lˌbɑːz] *npl* مقود [miqwadun]
**handmade** [ˌhænd'meɪd] *adj* يَدوي [jadawij]
**hands-free** ['hændzˌfriː] *adj* غير يدوي [Ghayr yadawey]; **hands-free kit** *n* سماعات [samma:ʕa:tun]
**handsome** ['hændsəm] *adj* وسيم [wasi:m]
**handwriting** ['hændˌraɪtɪŋ] *n* خط اليد [Khaṭ al-yad]
**handy** ['hændɪ] *adj* في المتناول [Fee almotanawal]
**hang** [hæŋ] *vi* يَشنِق [jaʃniqu] ▷ *vt* يُعَلِق [juʕalliqu]
**hanger** ['hæŋə] *n* حمالة ثياب [Hammalt theyab]
**hang-gliding** ['hæŋ'glaɪdɪŋ] *n* رياضة الطائرة الشراعية الصغيرة [Reyadar al-Ṭaayearah al-ehraeyah al-ṣagherah]
**hang on** [hæŋ ɒn] *v* ينتظر [jantazˤiru]
**hangover** ['hæŋˌəʊvə] *n* عادة من الماضى ['aadah men al-maḍey]
**hang up** [hæŋ ʌp] *v* يَضَع سَمّاعَة التلفون [jadˤaʕu samma:ʕata attilifu:n]

**hankie** ['hæŋkɪ] *n* منديل [mindi:l]
**happen** ['hæp°n] *v* يَحْدُث [jaħduθu]
**happily** ['hæpɪlɪ] *adv* بسعادة [Besa'aaadah]
**happiness** ['hæpɪnɪs] *n* سَعادة [saʕa:da]
**happy** ['hæpɪ] *adj* سعيد [saʕi:d]; **Happy birthday!** عيد ميلاد سعيد ['aeed meelad sa'aeed]
**harassment** ['hærəsmənt] *n* مُضايقة [mudˤa:jaqa]
**harbour** ['hɑːbə] *n* ميناء [mi:na:ʔ]
**hard** [hɑːd] *adj (difficult)* صَعْب [sˤaʕb], *(firm, rigid)* صَلْب [sˤalb] ▷ *adv* بقوة [Be-'qowah]; **hard disk** *n* قرص صلب ['qorṣ ṣalb]; **hard shoulder** *n* كتف طريق صلب [Katef ṭaree'q ṣalb]
**hardboard** ['hɑːd,bɔːd] *n* لوح صلب [Looḥ ṣolb]
**hardly** ['hɑːdlɪ] *adv* بالكاد [bil-ka:di]
**hard up** [hɑːd ʌp] *adj* معسر [muʕassir]
**hardware** ['hɑːd,wɛə] *n* مكونات مادية [Mokawenat madeyah]
**hare** [hɛə] *n* أرنب [ʔarnab]
**harm** [hɑːm] *v* يَضُر [jadˤurru]
**harmful** ['hɑːmfʊl] *adj* مؤذي [muʔði:]
**harmless** ['hɑːmlɪs] *adj* غير مؤذ [Ghayer modh]
**harp** [hɑːp] *n* قيثار [qi:θa:ra]
**harsh** [hɑːʃ] *adj* خشن [xaʃin]
**harvest** ['hɑːvɪst] *n* حصاد [ħasˤa:d] ▷ *v* يحصد [jaħsˤudu]
**hastily** [heɪstɪlɪ] *adv* في عُجالة [Fee 'aojalah]
**hat** [hæt] *n* قبعة [qubaʕa]
**hatchback** ['hætʃ,bæk] *n* سيارة بباب خلفي [Sayarah be-bab khalfey]
**hate** [heɪt] *v* يَبْغَض [jabɣadˤu]
**hatred** ['heɪtrɪd] *n* بغض [buɣdˤ]
**haunted** ['hɔːntɪd] *adj* مُطَارَد [mutˤa:rad]
**have** [hæv] *v* يَمْلِك [jamliku]
**have to** [hæv tʊ] *v* يَجِب عليه [Yajeb alayh]
**hawthorn** ['hɔː,θɔːn] *n* زعرور بلدي [Za'aroor baladey]
**hay** [heɪ] *n* تبن [tibn]; **hay fever** *n* مرض حمى القش [Maraḍ ḥomma al-'qash]
**haystack** ['heɪ,stæk] *n* كومة مضغوطة من القش [Kawmah maḍghoṭah men al-'qash]
**hazelnut** ['heɪz°l,nʌt] *n* البندق [al-bunduqi]
**he** [hiː] *pron* هو
**head** [hɛd] *n (body part)* رَأْس [raʔs], *(principal)* قائد [qa:ʔid] ▷ *v* يَرْأس [jarʔasu]; **deputy head** *n* نائب الرئيس [Naeb al-raaes]; **head office** *n* مكتب رئيسي [Maktab a'ala]
**headache** ['hɛd,eɪk] *n* صُدَاع [sˤuda:ʕ]
**headlamp** ['hɛd,læmp] *n* مصباح علوي [Mesbaḥ 'aolwey]
**headlight** ['hɛd,laɪt] *n* مصباح أمامي [Mesbaḥ amamey]
**headline** ['hɛd,laɪn] *n* عُنوان رئيسي ['aonwan raaesey]
**headphones** ['hɛd,fəʊnz] *npl* سماعات الرأس [Samaat al-raas]
**headquarters** [,hɛd'kwɔːtəz] *npl* مراكز رئيسية [Marakez raeaseyah]
**headroom** ['hɛd,rʊm; -,ruːm] *n* فتحة سقف السيارة [fatḥ at saa'qf al-sayaarah]
**headscarf, headscarves** ['hɛd,skɑːf, 'hɛd,skɑːvz] *n* وِشاح غطاء الرأس [Weshaḥ gheṭaa al-raas]
**headteacher** ['hɛd,tiːtʃə] *n* مدرس أول [Modares awal]
**heal** [hiːl] *v* يشفي [juʃfa:]
**health** [hɛlθ] *n* صحة [sˤiħħa]
**healthy** ['hɛlθɪ] *adj* صحي [sˤiħij]
**heap** [hiːp] *n* كومة [ku:ma]
**hear** [hɪə] *v* يَسمَع [jasmaʕu]
**hearing** ['hɪərɪŋ] *n* سَمْع [samʕ]; **hearing aid** *n* وسائل المساعدة السمعية [Wasael al-mosa'adah al-sam'aeyah]
**heart** [hɑːt] *n* قلب [qalb]; **heart attack** *n* أزمة قلبية [Azmah 'qalbeyah]; **I have a heart condition** أعاني من حالة مرضية في القلب [o-'aany min ḥala maraḍiya fee al-'qalb]
**heartbroken** ['hɑːt,brəʊkən] *adj* مكسور القلب من شدة الحزن [Maksoor

al-'qalb men shedat al-ḥozn]
**heartburn** [ˈhɑːtˌbɜːn] *n* حرقة في فم المعدة [Ḥor'qah fee fom al-ma'adah]
**heat** [hiːt] *n* حرارة [ħaraːra] ▷ *v* يُسَخِن [jusaxxinu]; **I can't sleep for the heat** لا يمكنني النوم بسبب حرارة الغرفة [la yam-kinuni al-nawm be-sabab ḥararat al-ghurfa]
**heater** [ˈhiːtə] *n* سخان [saxxaːn]; **How does the water heater work?** كيف يعمل سخان المياه؟ [kayfa ya'amal sikhaan al-meaah?]
**heather** [ˈhɛðə] *n* نبات الخَلَنج [Nabat al-khalnaj]
**heating** [ˈhiːtɪŋ] *n* تسخين [tasxiːn]; **central heating** *n* تدفئة مركزية [Tadfeah markazeyah]
**heat up** [hiːt ʌp] *v* يَسَخِن [junsaxxinu]
**heaven** [ˈhɛvᵊn] *n* جَنَّة [ʒanna]
**heavily** [ˈhɛvɪlɪ] *adv* بصورة مُكَثَفة [Beṣorah mokathafah]
**heavy** [ˈhɛvɪ] *adj* ثقيل [θaqiːl]; **This is too heavy** إنه ثقيل جدا [inaho tha'qeel jedan]
**hedge** [hɛdʒ] *n* سِياج من الشجيرات [Seyaj men al-shojayrat]
**hedgehog** [ˈhɛdʒˌhɒg] *n* قنفذ [qunfuð]
**heel** [hiːl] *n* كعب [kaʕb]; **high heels** *npl* كعوب عالية [Ko'aoob 'aleyah]
**height** [haɪt] *n* ارتفاع [irtifaːʕ]
**heir** [ɛə] *n* وريث [wariːθ]
**heiress** [ˈɛərɪs] *n* وريثة [wariːθa]
**helicopter** [ˈhɛlɪˌkɒptə] *n* هيلكوبتر [hiːlikuːbtir]
**hell** [hɛl] *n* جحيم [ʒaħiːm]
**hello** [hɛˈləʊ] *excl* أهلا! [ʔahlan]
**helmet** [ˈhɛlmɪt] *n* خوذة [xuwða]; **Can I have a helmet?** هل يمكن أن أحصل على خوذة؟ [hal yamken an aḥṣal 'aala khoo-dha?]
**help** [hɛlp] *n* مساعدة [musaːʕada] ▷ *v* يُساعد [jusaːʕidu]; **Fetch help quickly!** سرعة طلب المساعدة [Isri'a be-ṭalab al-musa-'aada]; **Help!** مساعدة [musaːʕadatun]
**helpful** [ˈhɛlpfʊl] *adj* مفيد [mufiːd]
**helpline** [ˈhɛlpˌlaɪn] *n* حبل الإنقاذ [Habl elen'qadh]
**hen** [hɛn] *n* دجاجة [daʒaːʒa]; **hen night** *n* ليلة خروج الزوجات فقط [Laylat khorooj alzawjaat fa'qat]
**hepatitis** [ˌhɛpəˈtaɪtɪs] *n* التهاب الكبد [El-tehab al-kabed]
**her** [hɜː; hə; ə] *pron* ضمير الغائبة المتصل، خاص بالمفردة الغائبة
**herbs** [hɜːbz] *npl* أعشاب [ʔaʕʃaːbun]
**herd** [hɜːd] *n* سِرب [sirb]
**here** [hɪə] *adv* هنا [hunaː]; **I'm here for work** أنا هنا للعمل [ana huna lel-'aamal]; **I'm here on my own** أنا هنا بمفردي [ana huna be-mufrady]
**hereditary** [hɪˈrɛdɪtərɪ; -trɪ] *adj* وراثي [wiraːθij]
**heritage** [ˈhɛrɪtɪdʒ] *n* موروث [mawruːθ]
**hernia** [ˈhɜːnɪə] *n* فتق [fatq]
**hero** [ˈhɪərəʊ] *n* بطل *(novel)* [batˤal]
**heroin** [ˈhɛrəʊɪn] *n* هيروين [hiːrwiːn]
**heroine** [ˈhɛrəʊɪn] *n* بَطَلة [batˤala]
**heron** [ˈhɛrən] *n* مالك الحزين [Malek al ḥazeen]
**herring** [ˈhɛrɪŋ] *n* سمك الرِنجَة [Samakat al-renjah]
**hers** [hɜːz] *pron* خاصتها
**herself** [həˈsɛlf] *pron* نفسها; **She has hurt herself** لقد جرحت نفسها [la'qad jara-ḥat naf-saha]
**hesitate** [ˈhɛzɪˌteɪt] *v* يَتَردد [jataraddadu]
**heterosexual** [ˌhɛtərəʊˈsɛksjʊəl] *adj* مشته للجنس الآخر [Mashtah lel-jens al-aakahar]
**HGV** [eɪtʃ dʒiː viː] *abbr* مركبات البضائع الثقيلة [Markabat albaḍaaea altha'qeelah]
**hi** [haɪ] *excl* مرحبا! [marħaban]
**hiccups** [ˈhɪkʌps] *npl* زُغْطة [zuɣtˤatun]
**hidden** [ˈhɪdᵊn] *adj* خفي [xafij]
**hide** [haɪd] *vi* يَختَبئ [jaxtabiʔ] ▷ *vt* يُخفِي [juxfiː]
**hide-and-seek** [ˌhaɪdændˈsiːk] *n* لعبة الاستغماية [Lo'abat al-estoghomayah]
**hideous** [ˈhɪdɪəs] *adj* بَشِع [baʃiʕ]

**hifi** ['haɪ'faɪ] *n* هاي فاي [Hay fay]
**high** [haɪ] *adj* عالي [ʕaːlijju] ▷ *adv* مرتفع [murtafiʕun]; **high heels** *npl* كعوب عالية [Ko'aoob 'aleyah]; **high jump** *n* قفزة عالية ['qafzah 'aaleyah]; **high season** *n* موسم ازدهار [Mawsem ezdehar]
**highchair** ['haɪˌtʃɛə] *n* كُرْسي مُرتَفِع [Korsey mortafe'a]
**high-heeled** ['haɪˌhiːld] *adj* كعب عالى [Ka'ab 'aaaley]
**highlight** ['haɪˌlaɪt] *n* جزء ذو أهمية خاصة [Joza dho ahammeyah khaṣah] ▷ *v* يُلْقي الضوء على [Yol'qy al-ḍawa 'aala]
**highlighter** ['haɪˌlaɪtə] *n* مادة تجميلية تبرز الملامح [Madah tajmeeleyah tobrez al-malameḥ]
**high-rise** ['haɪˌraɪz] *n* بِنَايَة عالية [Benayah 'aaleyah]
**hijack** ['haɪˌdʒæk] *v* يَختطِف [jaxtatˤifu]
**hijacker** ['haɪˌdʒækə] *n* مُختَطِف [muxtatˤif]
**hike** [haɪk] *n* نزهة طويلة سيراً على الأقدام [nazhatun tˤawiːlatun sajran ʕalaː alʔaqdaːmi]
**hiking** [haɪkɪŋ] *n* تنزه [tanazzuh]
**hilarious** [hɪ'lɛərɪəs] *adj* مرح [maraħ]
**hill** [hɪl] *n* تل [tall]; **I'd like to go hill walking** أريد صعود التل سيرا على الأقدام [areed ṣi'aood al-tal sayran 'aala al-a'qdaam]
**hill-walking** ['hɪlˌwɔːkɪŋ] *n* التنزه بين المرتفعات [Altanazoh bayn al-mortaf'aat]
**him** [hɪm; ɪm] *pron* ضمير المفرد الغائب
**himself** [hɪm'sɛlf; ɪm'sɛlf] *pron* نفسه; **He has cut himself** لقد جرح نفسه [la'qad jara-ḥa naf-sehe]
**Hindu** ['hɪnduː; hɪn'duː] *adj* هندوسي [hinduːsij] ▷ *n* هندوسي [hinduːsij]
**Hinduism** ['hɪndʊˌɪzəm] *n* هندوسية [hinduːsijja]
**hinge** [hɪndʒ] *n* مِفصلة [mifsˤala]
**hint** [hɪnt] *n* تلميح [talmiːħ] ▷ *v* يَرْمُز إلى [Yarmoz ela]
**hip** [hɪp] *n* رَدف الجسم [Radf al-jesm]
**hippie** ['hɪpɪ] *n* هِيبِز [hiːbiz]
**hippo** ['hɪpəʊ] *n* فرس النهر [Faras al-nahr]
**hippopotamus, hippopotami** [ˌhɪpə'pɒtəməs, ˌhɪpə'pɒtəmaɪ] *n* فرس النهر [Faras al-nahr]
**hire** ['haɪə] *n* أجْر [ʔaʒʒara] ▷ *v* يستأجر [jastaʔʒiru]; **car hire** *n* إيجار سيارة [Ejar sayarah]; **hire car** *n* استئجار سيارة [isti-jar sayara]
**his** [hɪz; ɪz] *adj* خاصته ▷ *pron* ضمير الغائب المتصل
**historian** [hɪ'stɔːrɪən] *n* مُؤرِّخ [muʔarrix]
**historical** [hɪ'stɒrɪkᵊl] *adj* تاريخي [taːriːxij]
**history** ['hɪstərɪ; 'hɪstrɪ] *n* تاريخ [taːriːx]
**hit** [hɪt] *n* ضربة [dˤarba] ▷ *v* يُضيب [jusˤiːbu]
**hitch** [hɪtʃ] *n* حركة مفاجئة [Ḥarakah mofajeah]
**hitchhike** ['hɪtʃˌhaɪk] *v* يُسافر متطفلاً [Yosaafer motaṭafelan]
**hitchhiker** ['hɪtʃˌhaɪkə] *n* مسافر يوقف السيارات ليركبها مجانا [Mosafer yo'qef al-sayarat le-yarkabha majanan]
**hitchhiking** ['hɪtʃˌhaɪkɪŋ] *n* طلب التوصيل [Ṭalab al-tawseel]
**HIV** *abbr* !إصابة بالإيدز - إيجابية [Eṣabah bel-eedz – ejabeyah!]
**HIV-negative** [eɪtʃ aɪ viː 'nɛɡətɪv] *adj* إصابة بالإيدز - سلبية [Eṣaba bel edz – sal-beyah]
**HIV-positive** [eɪtʃ aɪ viː 'pɒzɪtɪv] *adj* إصابة بالإيدز - إيجابية [Eṣaba bel edz – eja-beyah]
**hobby** ['hɒbɪ] *n* هواية [hiwaːja]
**hockey** ['hɒkɪ] *n* لعبة الهوكي [Lo'abat alhookey]; **ice hockey** *n* لعبة الهوكي على الجليد [Lo'abat alhookey 'ala aljaleed]
**hold** [həʊld] *v* يَحتَفظ ب [taḥtafeḍh be]
**holdall** ['həʊldˌɔːl] *n* جراب [ʒiraːb]
**hold on** [həʊld ɒn] *v* ينتظر قليلا [yantḍher 'qaleelan]
**hold up** [həʊld ʌp] *v* يُعَطِل [junʕatˤtˤilu]
**hold-up** [həʊldʌp] *n* سطو مُسلح [Saṭw mosalaḥ]
**hole** [həʊl] *n* حفرة [ħufra]

**holiday** ['hɒlɪˌdeɪ; -dɪ] *n* أجازة [ʔaʒa:za]; **activity holiday** *n* أجازة لممارسة الأنشطة [ajaaza lemomarsat al 'anshetah]; **bank holiday** *n* عطلة شعبية [A'otalh sha'abeyah]; **holiday home** *n* منزل صيفي [Manzel şayfey]; **holiday job** *n* وَظيفة في فترة الأجازة [wadheefah fee fatrat al-ajaazah]; **package holiday** *n* خطة عطلة شاملة الإقامة والانتقال [Khoṭ at 'aoṭlah shamelat al-e'qamah wal-ente'qal]; **public holiday** *n* أجازة عامة [ajaaza a'mah]; **Enjoy your holiday!** أجازة سعيدة [ejaaza sa'aeeda]; **I'm here on holiday** أنا هنا في أجازة [ana huna fee ejasa]
**Holland** ['hɒlənd] *n* هولندا [hu:landa:]
**hollow** ['hɒləʊ] *adj* أجوف [ʔaʒwaf]
**holly** ['hɒlɪ] *n* نبات شائك الأطراف [Nabat shaek al-aṭraf]
**holy** ['həʊlɪ] *adj* مقدس [muqadas]
**home** [həʊm] *adv* بالبَيْت [bi-al-bajti] ▷ *n* منزل [manzil]; **home address** *n* عنوان المنزل ['aonwan al-manzel]; **home match** *n* مباراة الإياب في ملعب المضيف [Mobarat al-eyab fee mal'aab al-moḍeef]; **home page** *n* صفحة رئيسية [Şafḥah raeseyah]; **mobile home** *n* منزل متحرك [Mazel motaḥarek]; **nursing home** *n* دار التمريض [Dar al-tamreeḍ]; **stately home** *n* منزل فخم [Mazel fakhm]; **Would you like to phone home?** هل لديك رغبة في الاتصال بالمنزل؟ [hal ladyka raghba fee al-itiṣal bil-manzil?]
**homeland** ['həʊmˌlænd] *n* موطن أصلي [Mawṭen aşley]
**homeless** ['həʊmlɪs] *adj* شريد [ʃari:d]
**home-made** ['həʊm'meɪd] *adj* مصنع منزلياً [Maşna'a manzeleyan]
**homeopathic** [ˌhəʊmɪ'ɒpæθɪk] *adj* معالج مثلي [Moalej methley]
**homeopathy** [ˌhəʊmɪ'ɒpəθɪ] *n* العلاج المِثْلي [Al-a'elaj al-methley]
**homesick** ['həʊmˌsɪk] *adj* حنين إلى الوطن [Ḥaneem ela al-waṭan]
**homework** ['həʊmˌwɜːk] *n* واجب منزلي [Wajeb manzeley]
**Honduras** [hɒn'djʊərəs] *n* الهندوراس [al-handu:ra:si]
**honest** ['ɒnɪst] *adj* أمين [ʔami:n]
**honestly** ['ɒnɪstlɪ] *adv* بأمانة [biʔama:nati]
**honesty** ['ɒnɪstɪ] *n* أمانة [ʔama:na]
**honey** ['hʌnɪ] *n* عسل [ʕasal]
**honeymoon** ['hʌnɪˌmuːn] *n* شَهْر العسل [Shahr al-'asal]
**honeysuckle** ['hʌnɪˌsʌkᵊl] *n* شُجيرة غنية بالرحيق [Shojayrah ghaneyah bel-raḥee'q]
**honour** ['ɒnə] *n* شَرف [ʃaraf]
**hood** [hʊd] *n* غطاء للرأس والعنق [Gheṭa'a lel-raas wal-a'ono'q]
**hook** [hʊk] *n* عقيفة [ʕaqi:fa]
**Hoover®** ['huːvə] *n* مكنسة كهربائية [Meknasah kahrobaeyah]; **hoover** *v* يَكْنِس بالمكنسة الكهربائية [Yaknes bel-maknasah al-kahrabaeyah]
**hope** [həʊp] *n* أمَل [ʔamal] ▷ *v* يأمل [jaʔmalu]
**hopeful** ['həʊpfʊl] *adj* واعِد [wa:ʕid]
**hopefully** ['həʊpfʊlɪ] *adv* مفعم بالأمل [Mof-'am bel-amal]
**hopeless** ['həʊplɪs] *adj* يائس [ja:ʔis]
**horizon** [hə'raɪzᵊn] *n* الأفق [al-ʔufuqi]
**horizontal** [ˌhɒrɪ'zɒntᵊl] *adj* أفقِي [ʔufuqij]
**hormone** ['hɔːməʊn] *n* هرمون [hurmu:n]
**horn** [hɔːn] *n* بوق [bu:q]; **French horn** *n* بوق فرنسي [Boo'q faransey]
**horoscope** ['hɒrəˌskəʊp] *n* خريطة البروج [khareeṭat al-brooj]
**horrendous** [hɒ'rɛndəs] *adj* رهيب [rahi:b]
**horrible** ['hɒrəbᵊl] *adj* رهيب [rahi:b]
**horrifying** ['hɒrɪˌfaɪɪŋ] *adj* مرعب [murʕib]
**horror** ['hɒrə] *n* فَزَع [fazaʕ]; **horror film** *n* فيلم رعب [Feelm ro'ab]
**horse** [hɔːs] *n* حصان [hisʕa:n]; **horse racing** *n* سباق الخيول [Seba'q al-kheyol]; **horse riding** *n* ركوب الخيل [Rekoob

al-khayl]; **rocking horse** *n* حصان خشبي هزاز [Heṣan khashabey hazaz]
**horseradish** ['hɔːs,rædɪʃ] *n* فجل حار [Fejl ḥar]
**horseshoe** ['hɔːs,ʃuː] *n* حدوة الحصان [Hedawat heṣan]
**hose** [həʊz] *n* خُرطوم [xurtˤawm]
**hosepipe** ['həʊz,paɪp] *n* خرطوم المياه [Kharṭoom al-meyah]
**hospital** ['hɒspɪtᵊl] *n* مستشفى [mustaʃfa:]; **maternity hospital** *n* مستشفى توليد [Mostashfa tawleed]; **mental hospital** *n* مستشفى أمراض عقلية [Mostashfa amraḍ 'aa'qleyah]; **How do I get to the hospital?** كيف يمكن أن أذهب إلى المستشفى؟ [kayfa yamkin an athhab ela al-mustashfa?]; **We must get him to hospital** علينا أن ننقله إلى المستشفى ['alayna an nan-'quloho ela al-mustashfa]; **Where is the hospital?** أين توجد المستشفى؟ [ayna tojad al-mustashfa?]; **Will he have to go to hospital?** هل سيجب عليه الذهاب إلى المستشفى؟ [hal sayajib 'aalyhe al-dhehaab ela al-mustashfa?]
**hospitality** [,hɒspɪ'tælɪtɪ] *n* حُسن الضيافة [Ḥosn al-ḍeyafah]
**host** [həʊst] *n (entertains)* مُضِيف [mudˤi:f], *(multitude)* حَشْد [ħaʃd]
**hostage** ['hɒstɪdʒ] *n* رهينة [rahi:na]
**hostel** ['hɒstᵊl] *n* بيت الشباب [Bayt al-shabab]
**hostess** ['həʊstɪs] *n*; **air hostess** *n* مضيفة جوية [Moḍeefah jaweyah]
**hostile** ['hɒstaɪl] *adj* عدائي [ʕida:ʔij]
**hot** [hɒt] *adj* حار [ħa:rr]; **hot dog** *n* نقانق ساخنة [Na'qane'q sakhenah]; **The room is too hot** هذه الغرفة حارة أكثر من اللازم [hathy al-ghurfa ḥara ak-thar min al-laazim]
**hotel** [həʊ'tɛl] *n* فندق [funduq]; **Can you book me into a hotel?** أيمكنك أن تحجز لي بالفندق؟ [a-yamkun-ika an taḥjuz lee bil-finda'q?]; **He runs the hotel** إنه يدير الفندق [inaho yodeer al-finda'q]; **I'm staying at a hotel** أنا مقيم في فندق [ana mu'qeem fee finda'q]; **Is your hotel accessible to wheelchairs?** هل يمكن الوصول إلى الفندق بكراسي المقعدين المتحركة؟ [hal yamken al-wiṣool ela al-finda'q be-karasi al-mu'q'aadeen al-mutaḥarika?]; **What's the best way to get to this hotel?** ما هو أفضل طريق للذهاب إلى هذا الفندق [Ma howa afḍal taree'q lel-dhehab ela al-fondo'q]
**hour** [aʊə] *n* ساعة [sa:ʕa]; **office hours** *npl* ساعات العمل [Sa'aat al-'amal]; **opening hours** *npl* ساعات العمل [Sa'aat al-'amal]; **peak hours** *npl* ساعات الذروة [Sa'aat al-dhorwah]; **rush hour** *n* وَقْت الذروة [Wa'qt al-dhorwah]; **visiting hours** *npl* ساعات الزيارة [Sa'at al-zeyadah]; **How much is it per hour?** كم يبلغ الثمن لكل ساعة؟ [kam yablugh al-thaman le-kul sa'a a?]
**hourly** ['aʊəlɪ] *adj* محسوب بالساعة [Mahsoob bel-saa'ah] ▷ *adv* كل ساعة [Kol al-saa'ah]
**house** [haʊs] *n* بيت [bajt]; **council house** *n* دار المجلس التشريعي [Dar al-majles al-tashre'aey]; **detached house** *n* منزل منفصل [Manzel monfaṣelah]; **semi-detached house** *n* منزل نصف متصل [Mazel neṣf motaṣel]
**household** ['haʊs,həʊld] *n* أهل البيت [Ahl al-bayt]
**housewife, housewives** ['haʊs,waɪf, 'haʊs,waɪvz] *n* رَبَّة المنزل [Rabat al-manzel]
**housework** ['haʊs,wɜːk] *n* أعمال منزلية [A'amaal manzelyah]
**hovercraft** ['hɒvə,krɑːft] *n* حَوَّامَة [ħawwa:ma]
**how** [haʊ] *adv* كيف [kajfa]; **How are you?** كيف حالك؟ [kayfa ḥaluka?]; **How do I get to...?** كيف يمكن أن أصل إلى...؟ [kayfa yamkin an aṣal ela...?]; **How does this work?** كيف يعمل هذا؟ [Kayfa ya'amal hatha?]
**however** [haʊ'ɛvə] *adv* ومع ذلك
**howl** [haʊl] *v* يعوي [jaʕwi:]
**HQ** [eɪtʃ kjuː] *abbr* مركز رئيسي [markazun

ra?i:sijjun]
**hubcap** ['hʌb,kæp] *n* غطاء للوقاية أو الزينة [Gheṭa'a lel-we'qayah aw lel-zeenah]
**hug** [hʌg] *n* تشبث [taʃabbuθ] ▷ *v* يُعَانِقُ [juʕa:niqu]
**huge** [hju:dʒ] *adj* هائل [ha:?il]
**hull** [hʌl] *n* جسم السفينة [Jesm al-safeenah]
**hum** [hʌm] *v* يَتَرنم [jatarannamu]
**human** ['hju:mən] *adj* بَشَري [baʃarij]; **human being** *n* إنسان [?insa:nun]; **human rights** *npl* حقوق الإنسان [Ho'qoo'q al-ensan]
**humanitarian** [hju:,mænɪ'tɛərɪən] *adj* مُحسِن [muħsin]
**humble** ['hʌmbᵊl] *adj* متواضع [mutawa:dˤiʕ]
**humid** ['hju:mɪd] *adj* رَطِب [ratˤb]
**humidity** [hju:'mɪdɪtɪ] *n* رطوبة [rutˤu:ba]
**humorous** ['hju:mərəs] *adj* فكاهي [fuka:hij]
**humour** ['hju:mə] *n* دُعَابة [duʕa:ba]; **sense of humour** *n* حس الفكاهة [Ḥes al-fokahah]
**hundred** ['hʌndrəd] *number* مائة [ma:?itun]; **I'd like five hundred...** أرغب في الحصول على خمسمائة... [Arghab fee al-ḥoṣol alaa khomsamah...]
**Hungarian** [hʌŋ'gɛərɪən] *adj* مجري [maʒrij] ▷ *n (person)* مَجَري الجنسية [Majra al-jenseyah]
**Hungary** ['hʌŋgərɪ] *n* المجر [al-maʒari]
**hunger** ['hʌŋgə] *n* جوع [ʒu:ʕ]
**hungry** ['hʌŋgrɪ] *adj* جوعان [ʒawʕa:n]
**hunt** [hʌnt] *n* يَصيد [jasˤi:du] ▷ *v* يَصيد [jasˤi:du]
**hunter** ['hʌntə] *n* صياد [sˤajja:d]
**hunting** ['hʌntɪŋ] *n* صيد [sˤajd]
**hurdle** ['hɜ:dᵊl] *n* سياج نقال [Seyaj na'qal]
**hurricane** ['hʌrɪkᵊn; -keɪn] *n* إعصار [?iʕsˤa:r]
**hurry** ['hʌrɪ] *n* استعجال [istiʕʒa:l] ▷ *v* يُسْرِع [jusriʕu]
**hurry up** ['hʌrɪ ʌp] *v* يَستعجِل [jastaʕʒilu]
**hurt** [hɜ:t] *adj* مستاء [musta:?] ▷ *v* يؤذي [juði:]
**husband** ['hʌzbənd] *n* زَوْج [zawʒ]
**hut** [hʌt] *n* كوخ [ku:x]; **Where is the nearest mountain hut?** أين يوجد أقرب كوخ بالجبل؟ [ayna yujad a'qrab kookh bil-jabal?]
**hyacinth** ['haɪəsɪnθ] *n* هياسنت [haja:sint]
**hydrogen** ['haɪdrɪdʒən] *n* هيدروجين [hi:dru:ʒi:n]
**hygiene** ['haɪdʒi:n] *n* نظافة [nazˤa:fa]
**hymn** [hɪm] *n* ترنيمة [tarni:ma]
**hypermarket** ['haɪpə,mɑ:kɪt] *n* متجر كبير جداً [Matjar kabeer jedan]
**hyphen** ['haɪfᵊn] *n* شرطة قصيرة [Sharṭah 'qaṣeerah]

# i

**I** [aɪ] *pron* أنا [ʔana]; **I don't like...** أنا لا أحب... [ana la oḥibo...]; **I like...** أنا أفضل... [ana ofaḍel...]; **I love...** أنا أحب... [ana aḥib]
**ice** [aɪs] *n* جليد [ʒali:d]; **black ice** *n* ثلج أسود [thalj aswad]; **ice cube** *n* مكعب ثلج [Moka'aab thalj]; **ice hockey** *n* لعبة الهوكي على الجليد [Lo'abat alhookey 'ala aljaleed]; **ice lolly** *n* ستيك الآيس كريم [Steek al-aayes kreem]; **ice rink** *n* حلبة من الجليد الصناعي [Ḥalabah men aljaleed alṣena'aey]
**iceberg** ['aɪsbɜːg] *n* جبل جليدي [Jabal jaleedey]
**icebox** ['aɪsˌbɒks] *n* صندوق الثلج [Ṣondoo'q al-thalj]
**ice cream** ['aɪs 'kriːm] *n* آيس كريم [aayes kreem]; **I'd like an ice cream** أريد تناول آيس كريم [areed tanawil ice kreem]
**Iceland** ['aɪslənd] *n* أيسلندا [ʔajslanda:]
**Icelandic** [aɪs'lændɪk] *adj* أيسلاندي [ʔajsla:ndi:] ▷ *n* الأيسلندي [Alayeslandey]
**ice-skating** ['aɪsˌskeɪtɪŋ] *n* تَزَلُج على الجليد [Tazaloj 'ala al-jaleed]
**icing** ['aɪsɪŋ] *n* تَزْيين الحلوى [Tazyeen al-ḥalwa]; **icing sugar** *n* سكر ناعِم [Sokar na'aem]
**icon** ['aɪkɒn] *n* أيقونة [ʔajqu:na]
**icy** ['aɪsɪ] *adj* جليدي [ʒali:dij]
**idea** [aɪ'dɪə] *n* فكرة [fikra]
**ideal** [aɪ'dɪəl] *adj* مثالي [miθa:lij]
**ideally** [aɪ'dɪəlɪ] *adv* بشكل مثالي [Be-shakl methaley]
**identical** [aɪ'dɛntɪkᵊl] *adj* متطابق [mutatˤa:biq]
**identification** [aɪˌdɛntɪfɪ'keɪʃən] *n* تعريف الهوية [Ta'areef al-haweyah]
**identify** [aɪ'dɛntɪˌfaɪ] *v* يُعَيِّنُ الهوِيَّة [Yo'aeyen al-haweyah]
**identity** [aɪ'dɛntɪtɪ] *n* هَوِيَّة [huwijja]; **identity card** *n* بطاقة شخصية [beṭa'qah shakhṣeyah]; **identity theft** *n* سرقة الهوية [Sare'qat al-hawyiah]
**ideology** [ˌaɪdɪ'ɒlədʒɪ] *n* أيدولوجية [ʔajdu:lu:ʒijja]
**idiot** ['ɪdɪət] *n* أبْلَه [ʔablah]
**idiotic** [ˌɪdɪ'ɒtɪk] *adj* أحمق [ʔaħmaq]
**idle** ['aɪdᵊl] *adj* عَاطِل [ʕa:tˤil]
**i.e.** [aɪ iː] *abbr* أي أن [Ay an]
**if** [ɪf] *conj* إذا [ʔiða:]
**ignition** [ɪg'nɪʃən] *n* اشتعال [iʃtiʕa:l]
**ignorance** ['ɪgnərəns] *n* جهل [ʒahl]
**ignorant** ['ɪgnərənt] *adj* جاهل [ʒa:hil]
**ignore** [ɪg'nɔː] *v* يَتَجاهل [jataʒa:halu]
**ill** [ɪl] *adj* سقيم [saqi:m]
**illegal** [ɪ'liːgᵊl] *adj* غير قانوني [Ghayer 'qanooney]
**illegible** [ɪ'lɛdʒɪbᵊl] *adj* غير مقروء [Ghayr ma'qrooa]
**illiterate** [ɪ'lɪtərɪt] *adj* أمي [ʔumijju]
**illness** ['ɪlnɪs] *n* داء [da:ʔ]
**ill-treat** [ɪl'triːt] *v* يُعامِل معاملة سيئة [Yo'aamal mo'aamalh sayeah]
**illusion** [ɪ'luːʒən] *n* وهم [wahm]
**illustration** [ˌɪlə'streɪʃən] *n* توضيح [tawdˤi:ħ]
**image** ['ɪmɪdʒ] *n* صورة [sˤu:ra]
**imaginary** [ɪ'mædʒɪnərɪ; -dʒɪnrɪ] *adj* تَخَيُلي [taxajjulij]
**imagination** [ɪˌmædʒɪ'neɪʃən] *n* خيال [xaja:l]
**imagine** [ɪ'mædʒɪn] *v* يَتَخَيَل [jataxajjalu]

**imitate** ['ɪmɪˌteɪt] *v* يُقَلِد [juqallidu]
**imitation** [ˌɪmɪ'teɪʃən] *n* محاكاة [muħa:ka:t]
**immature** [ˌɪmə'tjʊə; -'tʃʊə] *adj* غير ناضج [Ghayr naḍej]
**immediate** [ɪ'mi:dɪət] *adj* فوري [fawrij]
**immediately** [ɪ'mi:dɪətlɪ] *adv* فى الحال [Fee al-hal]
**immigrant** ['ɪmɪgrənt] *n* وَافِد [wa:fid]
**immigration** [ˌɪmɪ'greɪʃən] *n* هِجْرَة [hiʒra]
**immoral** [ɪ'mɒrəl] *adj* لا أخلاقي [La Akhla'qy]
**impact** ['ɪmpækt] *n* تأثير [taʔθi:r]
**impaired** [ɪm'pɛəd] *adj*; **I'm visually impaired** أعاني من ضعف البصر [o-'aany min ḍu'auf al-baṣar]
**impartial** [ɪm'pɑ:ʃəl] *adj* غير متحيز [Ghayer motaḥeyz]
**impatience** [ɪm'peɪʃəns] *n* نفاذ الصبر [nafadh al-ṣabr]
**impatient** [ɪm'peɪʃənt] *adj* غير صبور [Ghaeyr ṣaboor]
**impatiently** [ɪm'peɪʃəntlɪ] *adv* بدون صبر [Bedon ṣabr]
**impersonal** [ɪm'pɜ:sənᵊl] *adj* موضوعي [mawdˁu:ʕij]
**import** *n* ['ɪmpɔ:t] استيراد [istijra:d] ▷ *v* [ɪm'pɔ:t] يَستورد [jastawridu]
**importance** [ɪm'pɔ:tᵊns] *n* أهمية [ʔahamijja]
**important** [ɪm'pɔ:tᵊnt] *adj* هام [ha:mm]
**impossible** [ɪm'pɒsəbᵊl] *adj* مستحيل [mustaħi:l]
**impractical** [ɪm'præktɪkᵊl] *adj* غير عملي [Ghayer 'aamaley]
**impress** [ɪm'prɛs] *v* يُؤثِر فى [Yoather fee]
**impressed** [ɪm'prɛst] *adj* متأثر [mutaʔaθirr]
**impression** [ɪm'prɛʃən] *n* انطباع [intˁibba:ʕ]
**impressive** [ɪm'prɛsɪv] *adj* مؤثر [muʔaθir]
**improve** [ɪm'pru:v] *v* يُحَسِن [juħsinu]
**improvement** [ɪm'pru:vmənt] *n* تحسين [taħsi:n]
**in** [ɪn] *prep* في [fi:]; **in a month's time** في غضون شهر [fee ghoḍon shahr]; **in summer** في الصيف [fee al-ṣayf]; **in the evening** في المساء [fee al-masaa]; **I live in...** أسكن في.... [askun fee..]; **Is the museum open in the morning?** هل المتحف مفتوح في الصباح؟ [hal al-mat-ḥaf maf-tooḥ fee al-ṣabaḥ]; **We'll be in bed when you get back** عند العودة سوف نكون في الفراش ['aenda al-'aoda sawfa nakoon fee al-feraash]
**inaccurate** [ɪn'ækjʊrɪt; in'accurate] *adj* غير دقيق [Ghayer da'qee'q]
**inadequate** [ɪn'ædɪkwɪt] *adj* غير ملائم [Ghayr molaem]
**inadvertently** [ˌɪnəd'vɜ:tᵊntlɪ] *adv* بدون قَصْد [Bedoon 'qaṣd]
**inbox** ['ɪnbɒks] *n* صندوق الوارد [Ṣondok alwared]
**incentive** [ɪn'sɛntɪv] *n* باعث [ba:ʕiθ]
**inch** [ɪntʃ] *n* بوصة [bawsˁa]
**incident** ['ɪnsɪdənt] *n* حدث عرضي [Hadth 'aradey]
**include** [ɪn'klu:d] *v* يَتَضمن [jatadˁammanu]
**included** [ɪn'klu:dɪd] *adj* مُرفق [murfiq]
**including** [ɪn'klu:dɪŋ] *prep* بما فى ذلك [Bema fee ḍhalek]
**inclusive** [ɪn'klu:sɪv] *adj* جامع [ʒa:miʕ]
**income** ['ɪnkʌm; 'ɪnkəm] *n* دَخْل [daxala]; **income tax** *n* ضريبة دخل [Ḍareebat dakhl]
**incompetent** [ɪn'kɒmpɪtənt] *adj* غير كفؤ [Ghayr kofa]
**incomplete** [ˌɪnkəm'pli:t] *adj* ناقص [na:qisˁ]
**inconsistent** [ˌɪnkən'sɪstənt] *adj* متضارب [mutadˁa:rib]
**inconvenience** [ˌɪnkən'vi:njəns; -'vi:nɪəns] *n* عدم المُلاءمة ['adam al-molaamah]
**inconvenient** [ˌɪnkən'vi:njənt; -'vi:nɪənt] *adj* غير ملائم [Ghayr molaem]
**incorrect** [ˌɪnkə'rɛkt] *adj* خاطئ [xa:tˁiʔ]
**increase** *n* ['ɪnkri:s] زيادة [zija:da] ▷ *v*

[ɪn'kriːs] يَزِيد [jaziːdu]
**increasingly** [ɪn'kriːsɪŋlɪ] *adv* بشكل متزايد [Beshakl motazayed]
**incredible** [ɪn'krɛdəbᵊl] *adj* لا يصدق [La yoṣda'q]
**indecisive** [ˌɪndɪ'saɪsɪv] *adj* غير حاسم [Gahyr hasem]
**indeed** [ɪn'diːd] *adv* حقاً [ħaqqan]
**independence** [ˌɪndɪ'pɛndəns] *n* استقلال [istiqlaːlu]
**independent** [ˌɪndɪ'pɛndənt] *adj* مستقل [mustaqil]
**index** ['ɪndɛks] *n (list)* فهرس [fahras], *(numerical scale)* فهرس [fahras]; **index finger** *n* اصبع السبابة [Eṣbe'a al-sababah]
**India** ['ɪndɪə] *n* الهند [al-hindi]
**Indian** ['ɪndɪən] *adj* هندي [hindij] ▷ *n* هندي [hindij]; **Indian Ocean** *n* المحيط الهندي [Almoḥeeṭ alhendey]
**indicate** ['ɪndɪˌkeɪt] *v* يشير إلى [Yosheer ela]
**indicator** ['ɪndɪˌkeɪtə] *n* مُؤَشِّر [muʔaʃʃir]
**indigestion** [ˌɪndɪ'dʒɛstʃən] *n* عسر الهضم ['aosr al-haḍm]
**indirect** [ˌɪndɪ'rɛkt] *adj* غير مباشر [Ghayer mobasher]
**indispensable** [ˌɪndɪ'spɛnsəbᵊl] *adj* لا مفر منه [La mafar menh]
**individual** [ˌɪndɪ'vɪdjʊəl] *adj* فردي [fardijjat]
**Indonesia** [ˌɪndəʊ'niːzɪə] *n* أندونيسيا [ʔanduːniːsjaː]
**Indonesian** [ˌɪndəʊ'niːzɪən] *adj* أندونيسي [ʔanduːniːsij] ▷ *n (person)* أندونيسي [ʔanduːniːsij]
**indoor** ['ɪnˌdɔː] *adj* داخلي [daːxilij]; **What indoor activities are there?** ما الأنشطة الرياضية الداخلية المتاحة؟ [ma al-anshiṭa al-reyaḍya al-dakhiliya al-mutaḥa?]
**indoors** [ˌɪn'dɔːz] *adv* داخلياً [daːxilijjan]
**industrial** [ɪn'dʌstrɪəl] *adj* صناعي [sˤinaːʕij]; **industrial estate** *n* عقارات صناعية ['aa'qarat ṣenaeyah]
**industry** ['ɪndəstrɪ] *n* صناعة [sˤinaːʕa]
**inefficient** [ˌɪnɪ'fɪʃənt] *adj* غير فعال [Ghayer fa'aal]
**inevitable** [ɪn'ɛvɪtəbᵊl] *adj* محتوم [maħtuːm]
**inexpensive** [ˌɪnɪk'spɛnsɪv] *adj* بَخْس [baxs]
**inexperienced** [ˌɪnɪk'spɪərɪənst] *adj* قليل الخبرة ['qaleel al-khebrah]
**infantry** ['ɪnfəntrɪ] *n* سلاح المُشَاة [Selaḥ al-moshah]
**infection** [ɪn'fɛkʃən] *n* عدوى [ʕadwaː]
**infectious** [ɪn'fɛkʃəs] *adj* مُعْد [muʕdin]
**inferior** [ɪn'fɪərɪə] *adj* أدنى درجة [Adna darajah] ▷ *n* مرؤوس [marʔuws]
**infertile** [ɪn'fɜːtaɪl] *adj* قاحل [qaːħil]
**infinitive** [ɪn'fɪnɪtɪv] *n* مَصْدَر [masˤdar]
**infirmary** [ɪn'fɜːmərɪ] *n* مَشْفى [maʃfaː]
**inflamed** [ɪn'fleɪmd] *adj* مشتعل [muʃtaʕil]
**inflammation** [ˌɪnflə'meɪʃən] *n* التهاب [ʔiltihaːb]
**inflatable** [ɪn'fleɪtəbᵊl] *adj* قابل للنفخ ['qabel lel-nafkh]
**inflation** [ɪn'fleɪʃən] *n* تَضَخُّم [tadˤaxxum]
**inflexible** [ɪn'flɛksəbᵊl] *adj* غير مَرِن [Ghayer maren]
**influence** ['ɪnflʊəns] *n* أثر [ʔaθar] ▷ *v* يُؤثر في [Yoather fee]
**influenza** [ˌɪnflʊ'ɛnzə] *n* أنفلونزا [ʔanfulwanzaː]
**inform** [ɪn'fɔːm] *v* يُبْلغ عن [Yoballegh an]
**informal** [ɪn'fɔːməl] *adj* غير رسمي [Ghayer rasmey]
**information** [ˌɪnfə'meɪʃən] *n* معلومات [amaʕluːmaːt]; **information office** *n* مكتب الاستعلامات [Maktab al-este'alamaat]; **Here's some information about my company** تفضل بعض المعلومات المتعلقة بشركتي [tafaḍal ba'aḍ al-ma'a-lomaat al-muta'a-le'qa be-share-katy]; **I'd like some information about...** أريد الحصول على بعض المعلومات عن... [areed al-ḥuṣool 'aala ba'aḍ al-ma'aloomat

'an...]
**informative** [ɪnˈfɔːmətɪv] *adj* تثقيفي [taθqiːfij]
**infrastructure** [ˈɪnfrəˌstrʌktʃə] *n* بِنْيَة أساسية [Benyah asaseyah]
**infuriating** [ɪnˈfjʊərɪeɪtɪŋ] *adj* مثير للغضب [Mother lel-ghaḍab]
**ingenious** [ɪnˈdʒiːnjəs; -nɪəs] *adj* مبدع [mubdiʕ]
**ingredient** [ɪnˈɡriːdɪənt] *n* مُكَوِّن [mukawwan]
**inhabitant** [ɪnˈhæbɪtənt] *n* ساكن [saːkin]
**inhaler** [ɪnˈheɪlə] *n* بَخَّاخ [baxxaːx]
**inherit** [ɪnˈhɛrɪt] *v* يَرِث [jariθu]
**inheritance** [ɪnˈhɛrɪtəns] *n* ميراث [miːjraːθ]
**inhibition** [ˌɪnɪˈbɪʃən; ˌɪnhɪ-] *n* كَبْح [kabħ]
**initial** [ɪˈnɪʃəl] *adj* ابتدائي [ibtidaːʔij] ▷ *v* يُوقِع بالحرف الأول من اسمه [Yowa'qe'a bel-harf alawal men esmeh]
**initially** [ɪˈnɪʃəlɪ] *adv* مبدئياً [mabdaʔijjan]
**initials** [ɪˈnɪʃəlz] *npl* الأحرف الأولى [Al-aḥrof al-ola]
**initiative** [ɪˈnɪʃɪətɪv; -ˈnɪʃətɪv] *n* مبادرة [mubaːdara]
**inject** [ɪnˈdʒɛkt] *v* يَحقِن [jaħqinu]
**injection** [ɪnˈdʒɛkʃən] *n* حقن [ħaqn]; **I want an injection for the pain** أريد أخذ حقنة لتخفيف الألم [areed akhdh ḥu'qna le-takhfeef al-alam]; **Please give me an injection** من فضلك أعطني حقنة [min faḍlak i'a-ṭiny ḥi'qna]
**injure** [ˈɪndʒə] *v* يجرح [jaʒraħu]
**injured** [ˈɪndʒəd] *adj* مجروح [maʒruːħ]
**injury** [ˈɪndʒərɪ] *n* إصابة [ʔisʕaːba]; **injury time** *n* وَقْت بدل الضائع [Wa'qt badal ḍaye'a]
**injustice** [ɪnˈdʒʌstɪs] *n* ظلم [zʕulm]
**ink** [ɪŋk] *n* حِبر [ħibr]
**in-laws** [ɪnlɔːz] *npl* أصهار [ʔasʕhaːrun]
**inmate** [ˈɪnˌmeɪt] *n* شريك السكن [Shareek al-sakan]
**inn** [ɪn] *n* خان [xaːna]
**inner** [ˈɪnə] *adj* باطني [baːtʕinij]; **inner tube** *n* أنبوب داخلي [Anboob dakheley]
**innocent** [ˈɪnəsənt] *adj* برئ [bariːʔ]
**innovation** [ˌɪnəˈveɪʃən] *n* ابتكار [ibtikaːr]
**innovative** [ˈɪnəˌveɪtɪv] *adj* ابتكاري [ibtikaːrij]
**inquest** [ˈɪnˌkwɛst] *n* استجواب [istiʒwaːb]
**inquire** [ɪnˈkwaɪə] *v* يَسأل عن [Yasaal 'an]
**inquiry** [ɪnˈkwaɪərɪ] *n* استعلام [istiʕlaːm]; **inquiries office** *n* مكتب الاستعلامات [Maktab al-este'alamaat]
**inquisitive** [ɪnˈkwɪzɪtɪv] *adj* محب للبحث والتحقيق [moḥeb lel-baḥth wal-taḥ'qeeq]
**insane** [ɪnˈseɪn] *adj* مجنون [maʒnuːn]
**inscription** [ɪnˈskrɪpʃən] *n* نقش [naqʃ]
**insect** [ˈɪnsɛkt] *n* حشرة [ħaʃara]; **insect repellent** *n* طارد للحشرات [Tared lel-ḥasharat]; **stick insect** *n* الحشرة العصوية [Al-hasherah al-'aodweia]
**insecure** [ˌɪnsɪˈkjʊə] *adj* غير آمن [Ghayr aamen]
**insensitive** [ɪnˈsɛnsɪtɪv] *adj* غير حساس [Ghayr hasas]
**inside** *adv* [ˌɪnˈsaɪd] داخلاً [daːxilaː] ▷ *n* [ˈɪnˈsaɪd] دَاخِل [daːxila] ▷ *prep* ضمن [Ḍemn]
**insincere** [ˌɪnsɪnˈsɪə] *adj* منافق [munaːfiq]
**insist** [ɪnˈsɪst] *v* يُصِر على [Yoṣṣer 'aala]
**insomnia** [ɪnˈsɒmnɪə] *n* أرق [ʔaraq]
**inspect** [ɪnˈspɛkt] *v* يَفْحَص [jafħasʕu]
**inspector** [ɪnˈspɛktə] *n* مفتش [mufattiʃ]; **ticket inspector** *n* مفتش التذاكر [Mofatesh taḍhaker]
**instability** [ˌɪnstəˈbɪlɪtɪ] *n* عدم الثبات ['adam al-thabat]
**instalment** [ɪnˈstɔːlmənt] *n* تركيب [tarkiːb]
**instance** [ˈɪnstəns] *n* مرحلة [marħala]
**instant** [ˈɪnstənt] *adj* ملح [milħ]
**instantly** [ˈɪnstəntlɪ] *adv* بالحاح [bi-ilħaːħin]

**instead** [ɪn'stɛd] *adv* بدلًا من ذلك [Badalan men ḍhalek]; **instead of** *prep* بدلًا من [badalan men]
**instinct** ['ɪnstɪŋkt] *n* غريزة [ɣari:za]
**institute** ['ɪnstɪˌtju:t] *n* معهد [maʕhad]
**institution** [ˌɪnstɪ'tju:ʃən] *n* مؤسسة [muʔassasa]
**instruct** [ɪn'strʌkt] *v* يُعلِم [juʕallimu]
**instructions** [ɪn'strʌkʃənz] *npl* تعليمات [taʕli:ma:tun]
**instructor** [ɪn'strʌktə] *n* مُعَلِم [muʕallim]; **driving instructor** *n* معلم القيادة [Mo'alem al-'qeyadh]
**instrument** ['ɪnstrəmənt] *n* أداة [ʔada:t]; **musical instrument** *n* آلة موسيقية [Aala mose'qeyah]
**insufficient** [ˌɪnsə'fɪʃənt] *adj* غير كافي [Ghayr kafey]
**insulation** [ˌɪnsjʊ'leɪʃən] *n* عَازِل [ʕa:zil]
**insulin** ['ɪnsjʊlɪn] *n* أنسولين [ʔansu:li:n]
**insult** *n* ['ɪnsʌlt] إهانة [ʔiha:na] ▷ *v* [ɪn'sʌlt] يُهْين [juhi:nu]
**insurance** [ɪn'ʃʊərəns; -'ʃɔ:-] *n* تأمين [taʔmi:n]; **accident insurance** *n* تأمين ضد الحوادث [Taameen ḍed al-hawaadeth]; **car insurance** *n* تأمين سيارة [Taameen sayarah]; **insurance policy** *n* بوليصة تأمين [Booleeṣat taameen]; **life insurance** *n* تأمين على الحياة [Taameen 'ala al-hayah]; **third-party insurance** *n* تتأمين عن الطرف الثالث [Tameen lada algheer]; **travel insurance** *n* تأمين السفر [Taameen al-safar]; **Do you have insurance?** هل لديك تأمين؟ [hal ladyka ta-meen?]; **Give me your insurance details, please** من فضلك أعطني بيانات التأمين الخاصة بك [min faḍlak i'a-ṭiny baya-naat al-ta-meen al-khaṣa bik]; **Here are my insurance details** تفضل هذه هي بيانات التأمين الخاص بي [Tafaḍal hadheh heya beyanaat altaameen alkhaṣ bee]; **How much extra is comprehensive insurance cover?** ما هو المبلغ الإضافي لتغطية التأمينية الشاملة؟ [ma: huwa almablaɣu alʔidʕa:fijju litaɣtʕijjati attaʔmi:nijjati aʃʃa:milati]; **I don't have dental insurance** ليس لدي تأمين صحي لأسناني [laysa la-daya ta-meen ṣiḥee le-asnany]; **I'd like to arrange personal accident insurance** أريد عمل الترتيبات الخاصة بالتأمين ضد الحوادث الشخصية [areed 'aamal al-tar-tebaat al-khaṣa bil-taameen ḍid al-ḥawadith al-shakhṣiya]; **Is fully comprehensive insurance included in the price?** هل يشمل السعر التأمين الشامل والكامل؟ [hal yash-mil al-si'ar al-taameen al-shamil wal-kamil?]; **Will the insurance pay for it?** هل ستدفع لك شركة التأمين مقابل ذلك [hal sa-tadfaa laka share-kat al-tameen ma'qabil dhalik?]
**insure** [ɪn'ʃʊə; -'ʃɔ:] *v* يُؤَمن [juamminu]
**insured** [ɪn'ʃʊəd; -'ʃɔ:d] *adj* مؤمن عليه [Moaman 'aalayh]
**intact** [ɪn'tækt] *adj* سليم [sali:m]
**intellectual** [ˌɪntɪ'lɛktʃʊəl] *adj* فِكْري [fikrij] ▷ *n* فِكْري [fikrij]
**intelligence** [ɪn'tɛlɪdʒəns] *n* ذكاء [ðaka:ʔ]
**intelligent** [ɪn'tɛlɪdʒənt] *adj* ذَكِي [ðakij]
**intend** [ɪn'tɛnd] *v*; **intend to** *v* يَعْتَزِم [jaʕtazimu]
**intense** [ɪn'tɛns] *adj* مجهد [muʒhid]
**intensive** [ɪn'tɛnsɪv] *adj* شديد [ʃadi:d]; **intensive care unit** *n* وحدة العناية المركزة [Weḥdat al-'aenayah al-morkazah]
**intention** [ɪn'tɛnʃən] *n* نية [nijja]
**intentional** [ɪn'tɛnʃənᵊl] *adj* مقصود [maqsʕu:d]
**intercom** ['ɪntəˌkɒm] *n* نظام الاتصال الداخلي [nedhaam aleteṣaal aldakheley]
**interest** ['ɪntrɪst; -tərɪst] *n (curiosity)* اهتمام [ihtima:m], *(income)* مصلحة [masʕlaħa] ▷ *v* يثير اهتمام [yotheer ehtemam]; **interest rate** *n* معدل الفائدة [Moaadal al-faaedah]
**interested** ['ɪntrɪstɪd; -tərɪs-] *adj* مهتم [muhttam]; **Sorry, I'm not interested**

معذرة، أنا غير مهتم بهذا الأمر [maʕðaratun ʔana: ɣajru muhtammin biha:ða: alʔamri]
**interesting** ['ɪntrɪstɪŋ; -tərɪs-] *adj* مُشَوق [muʃawwiq]
**interior** [ɪn'tɪərɪə] *n* دَاخِلّ [da:xil]; **interior designer** *n* مُصَمِم داخلي [Moṣamem dakheley]
**intermediate** [,ɪntə'mi:dɪɪt] *adj* أوسط [ʔawsatˤ]
**internal** [ɪn'tɜ:nᵊl] *adj* داخلي [da:xilij]
**international** [,ɪntə'næʃənᵊl] *adj* دَولي [dawlij]
**Internet** ['ɪntə,nɛt] *n* الانترنت [al-intirnit]; **Internet café** *n* مقهى الانترنت [Ma'qha al-enternet]; **Internet user** *n* مُستَخدِم الانترنت [Mostakhdem al-enternet]
**interpret** [ɪn'tɜ:prɪt] *v* يُفَسِر [jufassiru]
**interpreter** [ɪn'tɜ:prɪtə] *n* مُفَسِّر [mufassir]
**interrogate** [ɪn'tɛrə,geɪt] *v* يَستجوب [jastaʒwibu]
**interrupt** [,ɪntə'rʌpt] *v* يُقَاطِعُ [juqa:tˤiʕu]
**interruption** [,ɪntə'rʌpʃən] *n* مقاطعة [muqa:tˤaʕa]
**interval** ['ɪntəvəl] *n* فاصل [fa:sˤil]
**interview** ['ɪntə,vju:] *n* مقابلة [muqa:bala] ▷ *v* يُقابِل [juqa:bilu]
**interviewer** ['ɪntə,vju:ə] *n* محاور [muħa:wir]
**intimate** ['ɪntɪmɪt] *adj* حميم [ħami:m]
**intimidate** [ɪn'tɪmɪ,deɪt] *v* يُخوِّف [juxawwifu]
**into** ['ɪntu:; 'ɪntə] *prep* بداخل [bida:xili]; **bump into** *v* يتصادف مع [Yataṣaadaf ma'a]
**intolerant** [ɪn'tɒlərənt] *adj* مُتَعصِب [mutaʕasˤibb]
**intranet** ['ɪntrə,nɛt] *n* شبكة داخلية [Shabakah dakheleyah]
**introduce** [,ɪntrə'dju:s] *v* يُقَدِم [juqaddimu]
**introduction** [,ɪntrə'dʌkʃən] *n* مقدمة [muqadima]
**intruder** [ɪn'tru:də; in'truder] *n* متطفل [mutatˤafil]
**intuition** [,ɪntjʊ'ɪʃən] *n* حَدَس [ħads]
**invade** [ɪn'veɪd] *v* يغزو [jaɣzu:]
**invalid** ['ɪnvə,li:d] *n* مريض [mari:dˤ]
**invent** [ɪn'vɛnt] *v* يَخترع [jaxtariʕu]
**invention** [ɪn'vɛnʃən] *n* اختراع [ixtira:ʕ]
**inventor** [ɪn'vɛntə] *n* مُختَرِع [muxtaraʕ]
**inventory** ['ɪnvəntərɪ; -trɪ] *n* مخزون [maxzu:n]
**invest** [ɪn'vɛst] *v* يَستثمر [jastaθmiru]
**investigation** [ɪn,vɛstɪ'geɪʃən] *n* تحقيق [taħqi:qu]
**investment** [ɪn'vɛstmənt] *n* استثمار [istiθma:r]
**investor** [ɪn'vɛstə] *n* مُسْتَثمر [mustaθmir]
**invigilator** [ɪn'vɪdʒɪ,leɪtə] *n* مُرَاقِب [mura:qib]
**invisible** [ɪn'vɪzəbᵊl] *adj* غير منظور [Ghayr monaḍhoor]
**invitation** [,ɪnvɪ'teɪʃən] *n* دعوة [daʕwa]
**invite** [ɪn'vaɪt] *v* يَدْعو [jadʕu:]
**invoice** ['ɪnvɔɪs] *n* فاتورة تجارية [Fatoorah tejareyah] ▷ *v* يُعِد فاتورة [Yo'aed al-fatoorah]
**involve** [ɪn'vɒlv] *v* يَشمَل [jaʃmalu]
**iPod®** ['aɪ,pɒd] *n* الآي بود® [alʔa:j bu:d]
**IQ** [aɪ kju:] *abbr* معامل الذكاء [Mo'aamel aldhakaa]
**Iran** [ɪ'rɑ:n] *n* إيران [ʔi:ra:n]
**Iranian** [ɪ'reɪnɪən] *adj* إيراني [ʔi:ra:nij] ▷ *n* (*person*) إيراني [ʔi:ra:nij]
**Iraq** [ɪ'rɑ:k] *n* العراق [al-ʕira:qi]
**Iraqi** [ɪ'rɑ:kɪ] *adj* عراقي [ʕira:qij] ▷ *n* عراقي [ʕira:qij]
**Ireland** ['aɪələnd] *n* أيرلندا [ʔajrlanda:]; **Northern Ireland** *n* أيرلندة الشمالية [Ayarlanda al-shamaleyah]
**iris** ['aɪrɪs] *n* قزحية العين ['qazeḥeyat al-'ayn]
**Irish** ['aɪrɪʃ] *adj* أيرلندي [jralandij] ▷ *n* الأيرلندي [Alayarlandey]
**Irishman, Irishmen** ['aɪrɪʃmən, 'aɪrɪʃmɛn] *n* رَجُل إيرلندي [Rajol ayarlandey]
**Irishwoman, Irishwomen**

['aɪrɪʃwʊmən, 'aɪrɪʃwɪmɪn] *n* ايرلندية [ijrlandijja]
**iron** ['aɪən] *n* حديد [ħadi:d] ▷ *v* يَكْوِي [jakwi:]
**ironic** [aɪ'rɒnɪk] *adj* تهكمي [tahakumij]
**ironing** ['aɪənɪŋ] *n* كيّ الملابس [Kay almalabes]; **ironing board** *n* لوح الكي [Looḥ alkay]
**ironmonger's** ['aɪən,mʌŋgəz] *n* محل تاجر الحديد والأدوات المعدنية [Maḥal tajer alḥadeed wal-adwat al-ma'adaneyah]
**irony** ['aɪrənɪ] *n* سُخرية [suxrijja]
**irregular** [ɪ'rɛgjʊlə] *adj* غير منتظم [Ghayr montaḍhem]
**irrelevant** [ɪ'rɛləvənt] *adj* غير متصل بالموضوع [Ghayr motaṣel bel-maeḍo'a]
**irresponsible** [,ɪrɪ'spɒnsəbᵊl] *adj* غير مسئول [Ghayr maswool]
**irritable** ['ɪrɪtəbᵊl] *adj* سريع الغضب [Saree'a al-ghaḍab]
**irritating** ['ɪrɪ,teɪtɪŋ] *adj* مثير للغضب [Mother lel-ghaḍab]
**Islam** ['ɪzlɑːm] *n* الإسلام [al-ʔisla:mu]
**Islamic** ['ɪzləmɪk] *adj* إسلامي [ʔisla:mij]
**island** ['aɪlənd] *n* جزيرة [ʒazi:ra]; **desert island** *n* جزيرة استوائية غير مأهولة [Jozor ghayr maahoolah]
**isolated** ['aɪsə,leɪtɪd] *adj* معزول [maʕzu:l]
**ISP** [aɪ ɛs piː] *abbr* مزود بخدمة الإنترنت [Mozawadah be-khedmat al-enternet]
**Israel** ['ɪzreɪəl; -rɪəl] *n* إسرائيل [ʔisra:ʔijl]
**Israeli** [ɪz'reɪlɪ] *adj* إسرائيلي [ʔisra:ʔi:lij] ▷ *n* إسرائيلي [ʔisra:ʔi:lij]
**issue** ['ɪʃjuː] *n* إصدار [ʔisˤda:r] ▷ *v* يَصْدُر [jasˤduru]
**it** [ɪt] *pron* ضمير غائب مفرد لغير العاقل [dˤami:ru ɣa:ʔibun mufrad liɣajri alʕa:quli]
**IT** [aɪ tiː] *abbr* تكنولوجيا المعلومات [tiknu:lu:ʒija: almaʕlu:ma:t]
**Italian** [ɪ'tæljən] *adj* إيطالي [ʔi:tˤa:lij] ▷ *n* *(language)* اللغة الإيطالية [alloghah al eṭaleyah], *(person)* إيطالي [ʔi:tˤa:lij]
**Italy** ['ɪtəlɪ] *n* إيطاليا [ʔi:tˤa:lija:]
**itch** [ɪtʃ] *v* يستحكه جلده [yastaḥekah jaldah]
**itchy** [ɪtʃɪ] *adj* يَتَطلب الحك [yataṭalab al-hak]
**item** ['aɪtəm] *n* بَنْد [bund]
**itinerary** [aɪ'tɪnərərɪ; ɪ-] *n* دليل السائح [Daleel al-saaeh]
**its** [ɪts] *adj* مِلْك
**itself** [ɪt'sɛlf] *pron* نفسه
**ivory** ['aɪvərɪ; -vrɪ] *n* عاج [ʕa:ʒ]
**ivy** ['aɪvɪ] *n* لِبْلاب [labla:b]

# J

**jab** [dʒæb] *n* وخز [waxz]
**jack** [dʒæk] *n* رافعة [ra:fiʕa]
**jacket** ['dʒækɪt] *n* سُترة [sutra]; **dinner jacket** *n* جاكت العشاء [Jaket al-'aashaa]; **jacket potato** *n* بطاطس مشوية بقشرها [Baṭaṭes mashweiah be'qshreha]; **life jacket** *n* سُترة النجاة [Sotrat al-najah]
**jackpot** ['dʒæk,pɒt] *n* مجموع مراهنات [Majmoo'a morahnaat]
**jail** [dʒeɪl] *n* سجن [siʒn] ▷ *v* يَسجِن [jasʒinu]
**jam** [dʒæm] *n* مربّى [murabba:]; **jam jar** *n* وعاء المربّى [We'aaa almorabey]; **traffic jam** *n* ازدحام المرور [Ezdeḥam al-moror]
**Jamaican** [dʒə'meɪkən] *adj* جامايكي [ʒa:ma:jkij] ▷ *n* جامايكي [ʒa:ma:jkij]
**jammed** [dʒæmd] *adj* مضغوط [madˤɣu:tˤ]
**janitor** ['dʒænɪtə] *n* حاجب [ħa:ʒib]
**January** ['dʒænjʊərɪ] *n* يناير [jana:jiru]
**Japan** [dʒə'pæn] *n* اليابان [al-ja:ba:nu]
**Japanese** [,dʒæpə'ni:z] *adj* ياباني [ja:ba:ni:] ▷ *n* *(language)* اللغة اليابانية [Al-lghah al-yabaneyah], *(person)* ياباني [ja:ba:ni:]
**jar** [dʒɑ:] *n* برطمان [bartˤama:n]; **jam jar** *n* وعاء المربّى [We'aaa almorabey]
**jaundice** ['dʒɔ:ndɪs] *n* يرقان [jaraqa:n]
**javelin** ['dʒævlɪn] *n* رُمْح [rumħ]
**jaw** [dʒɔ:] *n* فك [fakk]
**jazz** [dʒæz] *n* موسيقى الجاز [Mosey'qa al-jaz]
**jealous** ['dʒɛləs] *adj* غيور [ɣaju:r]
**jeans** [dʒi:nz] *npl* ملابس الجينز [Malabes al-jeenz]
**jelly** ['dʒɛlɪ] *n* جيلي [ʒi:li:]
**jellyfish** ['dʒɛlɪ,fɪʃ] *n* قنديل البحر ['qandeel al-baḥr]
**jersey** ['dʒɜ:zɪ] *n* قميص من الصوف ['qameeṣ men al-ṣoof]
**Jesus** ['dʒi:zəs] *n* يسوع [jasu:ʕ]
**jet** [dʒɛt] *n* أنبوب [ʔunbu:b]; **jet lag** *n* تعب بعد السفر بالطائرة [Ta'aeb ba'ad al-safar bel-ṭaerah]; **jumbo jet** *n* طائرة نفاثة [Ṭaayeara nafathah]
**jetty** ['dʒɛtɪ] *n* حاجز الماء [Hajez al-maa]
**Jew** [dʒu:] *n* يهودي [jahu:di:]
**jewel** ['dʒu:əl] *n* جوهرة [ʒawhara]
**jeweller** ['dʒu:ələ] *n* جواهرجي [ʒawa:hirʒi:]
**jeweller's** ['dʒu:ələz] *n* محل جواهرجي [Maḥal jawaherjey]
**jewellery** ['dʒu:əlrɪ] *n* مجوهرات [muʒawhara:t]; **I would like to put my jewellery in the safe** أريد أن أضع مجوهراتي في الخزينة [areed an aḍa'a mujaw-haraty fee al-khazeena]
**Jewish** ['dʒu:ɪʃ] *adj* عِبري [ʕibri:]
**jigsaw** ['dʒɪg,sɔ:] *n* منشار المنحنيات [Menshar al-monḥanayat]
**job** [dʒɒb] *n* وَظيفة [wazˤi:fa]; **job centre** *n* مركز العمل [markaz al-'aamal]
**jobless** ['dʒɒblɪs; 'jobless] *adj* عاطل [ʕa:tˤil]
**jog** [dʒɒg] *v* يُمارِس رياضة العدو [Yomares reyaḍat al-'adw]
**jogging** ['dʒɒgɪŋ] *n* هَرْوَلة [harwala]
**join** [dʒɔɪn] *v* يَربط [jarbitˤu]
**joiner** ['dʒɔɪnə] *n* شخص اجتماعي [Shakhṣ ejtema'ay]
**joint** [dʒɔɪnt] *adj* مشترك [muʃtarak] ▷ *n*

*(junction)* وَصْلَة [wasˤla], *(meat)* مُفصَل [mafsˤal]; **joint account** *n* حساب مشترك [Hesab moshtarak]
**joke** [dʒəʊk] *n* نكتة [nukta] ▷ *v* يمزح [jamzaħu]
**jolly** [ˈdʒɒlɪ] *adj* بهيج [bahiːʒ]
**Jordan** [ˈdʒɔːdᵊn] *n* الأردن [al-ʔurd]
**Jordanian** [dʒɔːˈdeɪnɪən] *adj* أردني [unrdunij] ▷ *n* أردني [unrdunij]
**jot down** [dʒɒt daʊn] *v* كتب بسرعة [Katab besor'aah]
**jotter** [ˈdʒɒtə] *n* دفتر صغير [Daftar ṣagheer]
**journalism** [ˈdʒɜːnᵊˌlɪzəm] *n* صحافة [sˤaħaːfa]
**journalist** [ˈdʒɜːnᵊlɪst] *n* صحفي [sˤaħafij]
**journey** [ˈdʒɜːnɪ] *n* رحلة [riħla]; **How long is the journey?** ما الفترة التي ستستغرقها الرحلة؟ [ma al-fatra al-laty sa-tasta-ghru'qiha al-reḥla?]; **The journey takes two hours** الرحلة تستغرق ساعتين [al-reḥla tasta-ghri'q sa'aatyin]
**joy** [dʒɔɪ] *n* بهجة [bahʒa]
**joystick** [ˈdʒɔɪˌstɪk] *n* عصا القيادة ['aaṣa al-'qeyadh]
**judge** [dʒʌdʒ] *n* قاضي [qaːdˤiː] ▷ *v* يُحاكِم [juħaːkamu]
**judo** [ˈdʒuːdəʊ] *n* جودو [ʒuːduː]
**jug** [dʒʌg] *n* إبريق [ibriːq]; **a jug of water** إبريق من الماء [ebree'q min al-maa-i]
**juggler** [ˈdʒʌglə; ˈjuggler] *n* مُشَعْوِذ [muʃaʕwið]
**juice** [dʒuːs] *n* عصير [ʕasˤiːru]; **orange juice** *n* عصير برتقال [Aṣeer borto'qaal]
**July** [dʒuːˈlaɪ; dʒə-; dʒʊ-] *n* يوليو [juːljuː]
**jump** [dʒʌmp] *n* قفزة طويلة ['qafzah ṭaweelah] ▷ *v* يَقْفِز [jaqfizu]; **high jump** *n* قفزة عالية ['qafzah 'aaleyah]; **jump leads** *npl* وصلة بطارية السيارة [Waṣlat baṭareyah al-sayarah]; **long jump** *n* قفزة طويلة ['qafzah ṭaweelah]
**jumper** [ˈdʒʌmpə] *n* (مِعْطف) مُوصِل [muːsˤil]
**jumping** [dʒʌmpɪŋ] *n*; **show-jumping** *n* استعراضات القفز [Este'araḍat al-'qafz]
**junction** [ˈdʒʌŋkʃən] *n* وصلة [wasˤla]
**June** [dʒuːn] *n* يونيو [juːnjuː]; **at the beginning of June** في بداية شهر يونيو [fee bedayat shaher yon-yo]; **at the end of June** في نهاية شهر يونيو [fee nehayat shahr yon-yo]; **for the whole of June** طوال شهر يونيو [ṭewal shahr yon-yo]; **It's Monday fifteenth June** يوم الاثنين الموافق 15 يونيو [yawm al-ithnain al-muwa-fi'q 15 yon-yo]
**jungle** [ˈdʒʌŋgᵊl] *n* دغل [daɣl]
**junior** [ˈdʒuːnjə] *adj* أصغر [ʔasˤɣaru]
**junk** [dʒʌŋk] *n* خُرْدة [xurda]; **junk mail** *n* بريد غير مرغوب [Bareed gheer marghoob]
**jury** [ˈdʒʊərɪ] *n* هيئة المحلفون [Hayaat moḥalefeen]
**just** [dʒəst] *adv* على وجه الضبط [Ala wajh al-ḍabṭ]
**justice** [ˈdʒʌstɪs] *n* عَدَالة [ʕadaːla]
**justify** [ˈdʒʌstɪˌfaɪ] *v* يُعَلِل [juʕallilu]

# k

**kangaroo** [ˌkæŋɡəˈruː] *n* كَنْغَر [kanɣur]
**karaoke** [ˌkɑːrəˈəʊkɪ] *n* غِنَاء مع الموسيقى [Ghenaa ma'a al-mose'qa]
**karate** [kəˈrɑːtɪ] *n* كراتيه [kara:ti:h]
**Kazakhstan** [ˌkɑːzɑːkˈstæn; -ˈstɑːn] *n* كازاخستان [ka:za:xista:n]
**kebab** [kəˈbæb] *n* كباب [kaba:b]
**keen** [kiːn] *adj* قاطع [qa:tˤiʕ]
**keep** [kiːp] *v* يَحفَظ [jaħfazˤu]
**keep-fit** [ˈkiːpˌfɪt] *n* المُحافظة على الرشاقة [Al-mohafaḍh ala al-rasha'qa]
**keep out** [kiːp aʊt] *v* يبتعِد عن [Yabta'aed 'an]
**keep up** [kiːp ʌp] *v* يلاحق خطوة بخطوة [Yolaḥek khoṭwa bekhoṭwah]; **keep up with** *v* يَبقى في حالة جيدة [Yab'qaa fee ḥalah jayedah]
**kennel** [ˈkɛnᵊl] *n* وجار الكلب [Wejaar alkalb]
**Kenya** [ˈkɛnjə; ˈkiːnjə] *n* كينيا [ki:nja:]
**Kenyan** [ˈkɛnjən; ˈkiːnjən] *adj* كيني [ki:nij] ▷ *n* شخص كيني [Shakhs keeny]
**kerb** [kɜːb] *n* حاجز حجرى [Hajez hajarey]
**kerosene** [ˈkɛrəˌsiːn] *n* كيروسين [ki:runwsi:n]
**ketchup** [ˈkɛtʃəp] *n* كاتشب [ka:tʃub]
**kettle** [ˈkɛtᵊl] *n* غلاية [ɣalla:ja]
**key** [kiː] *n (for lock)* مفتاح [mifta:ħ], *(music/computer)* نغمة مميزة [Naghamaah momayazah]; **car keys** *npl* مفاتيح السيارة [Meftaḥ al-sayarah]; **Can I have a key?** هل يمكنني الاحتفاظ بمفتاح؟ [hal yamken -any al-eḥtefaadh be-muftaaḥ?]; **I've forgotten the key** لقد نسيت المفتاح [la'qad nasyto al-muftaaḥ]; **the key for room number two hundred and two** مفتاح الغرفة رقم مائتين واثنين [muftaaḥ al-ghurfa ra'qim ma-atyn wa ithnayn]; **The key doesn't work** المفتاح لا يعمل [al-muftaaḥ la ya'amal]; **We need a second key** إننا في حاجة إلى مفتاح آخر [ena-na fee ḥaja ela muftaaḥ aakhar]; **What's this key for?** أين يوجد مفتاح... [le-ay ghurfa hadha al-muftaaḥ?]; **Where do we get the key...?** أين يمكن أن أحصل على المفتاح...؟ [ayna yamken an naḥṣal 'ala al-muftaaḥ...?]; **Where do we hand in the key when we're leaving?** أين نترك المفتاح عندما نغادر؟ [ayna natruk al-muftaaḥ 'aendama nughader?]; **Which is the key for this door?** أين يوجد مفتاح هذا الباب؟ [ayna yujad muftaaḥ hadha al-baab?]
**keyboard** [ˈkiːˌbɔːd] *n* لوحة مفاتيح [Looḥat mafateeḥ]
**keyring** [ˈkiːˌrɪŋ] *n* عَلاَقة مفاتيح ['aalaqat mafateeḥ]
**kick** [kɪk] *n* رَكلة [rakla] ▷ *v* يَركُل [jarkulu]
**kick off** [kɪk ɒf] *v* يَستأنِف لعب كرة القدم [Yastaanef lo'ab korat al'qadam]
**kick-off** [kɪkɒf] *n* الركلة الأولى [Al-raklah al-ola]
**kid** [kɪd] *n* غلام [ɣula:m] ▷ *v* يَخدَع [jaxdaʕu]
**kidnap** [ˈkɪdnæp] *v* يَختطِف [jaxtatˤifu]
**kidney** [ˈkɪdnɪ] *n* كُلْيَة [kilja]
**kill** [kɪl] *v* يقتل [jaqtulu]
**killer** [ˈkɪlə] *n* سفاح [saffa:ħ]
**kilo** [ˈkiːləʊ] *n* كيلو [ki:lu:]
**kilometre** [kɪˈlɒmɪtə; ˈkɪləˌmiːtə] *n* كيلومتر [ki:lu:mitr]
**kilt** [kɪlt] *n* تنورة قصيرة بها ثنيات واسعة [Tannorah 'qaṣeerah beha thanayat wase'aah]

**kind** [kaɪnd] *adj* حنون [ħanu:n] ▷ *n* نوع [nawʕ]; **What kind of sandwiches do you have?** ما نوع الساندويتشات الموجودة؟ [ma naw'a al-sandweshaat al-maw-jooda?]
**kindly** ['kaɪndlɪ] *adv* لطفاً [lutˤfan]
**kindness** ['kaɪndnɪs] *n* لطف [lutˤf]
**king** [kɪŋ] *n* ملك [milk]
**kingdom** ['kɪŋdəm] *n* مملكة [mamlaka]
**kingfisher** ['kɪŋˌfɪʃə] *n* طائر الرفراف [Taayer alrafraf]
**kiosk** ['ki:ɒsk] *n* كشك [kiʃk]
**kipper** ['kɪpə] *n* ذَكَر سمك السلمون [Dhakar samak al-salamon]
**kiss** [kɪs] *n* قبلة [qibla] ▷ *v* يُقَبِل [juqabbilu]
**kit** [kɪt] *n* صندوق العدة [Ṣondok al-'aedah]; **hands-free kit** *n* سماعات [samma:ʕa:tun]; **repair kit** *n* عدة التصليح ['aodat altaṣleeh]
**kitchen** ['kɪtʃɪn] *n* مطبخ [matˤbax]; **fitted kitchen** *n* مطبخ مجهز [Maṭbakh mojahaz]
**kite** [kaɪt] *n* طائرة ورقية [Ṭaayeara wara'qyah]
**kitten** ['kɪtᵊn] *n* هرة صغيرة [Herah ṣagheerah]
**kiwi** ['ki:wi:] *n* طائر الكيوي [Ṭaarr alkewey]
**knee** [ni:] *n* رُكبَة [rukba]
**kneecap** ['ni:ˌkæp] *n* الرضفة [aradˤfatu]
**kneel** [ni:l] *v* يَركَع [jarkaʕu]
**kneel down** [ni:l daʊn] *v* يَسجُد [jasʒudu]
**knickers** ['nɪkəz] *npl* سروال قصير [Serwal 'qaṣeer]
**knife** [naɪf] *n* سكينة [saki:na]
**knit** [nɪt] *v* يَعْقِد [jaʕqidu]
**knitting** ['nɪtɪŋ] *n* حَبك [ħibk]; **knitting needle** *n* إبرة خياطة [Ebrat khayt]
**knob** [nɒb] *n* مقبض [miqbadˤ]
**knock** [nɒk] *n* ضربة عنيفة [Ḍarba 'aneefa] ▷ *v* يَقْرَع [jaqraʕu], *(on the door etc.)* يَقْرَع [jaqraʕu]
**knock down** [nɒk daʊn] *v* يَصْرَع [jasˤraʕu]
**knock out** [nɒk aʊt] *v* يَعمَل بعجلة من غير اتقان [jaʕmalu biʕaʒlatin min ɣajrin ʔitqa:ni]
**knot** [nɒt] *n* عقدة [ʕuqda]
**know** [nəʊ] *v* يعرف [jaʕrifu]
**know-all** ['nəʊˌɔ:l] *n* مدعي العلم بكل شيء [Moda'aey al'aelm bel-shaya]
**know-how** ['nəʊˌhaʊ] *n* القدرة الفنية [Al'qodarh al-faneyah]
**knowledge** ['nɒlɪdʒ] *n* معرفة [maʕrifa]
**knowledgeable** ['nɒlɪdʒəbᵊl] *adj* حسن الاطلاع [Hosn al-etela'a]
**known** [nəʊn] *adj* مشهور [maʃhu:r]
**Koran** [kɔ:'rɑ:n] *n* القُرآن [al-qurʔa:nu]
**Korea** [kə'ri:ə] *n* كوريا [ku:rja:]; **North Korea** *n* كوريا الشمالية [Koreya al-shamaleyah]; **South Korea** *n* كوريا الجنوبية [Korya al-janoobeyah]
**Korean** [kə'ri:ən] *adj* كوري [ku:rijjat] ▷ *n* *(language)* اللغة الكورية [Al-loghah al-koreyah], *(person)* كوري [ku:rijja]
**kosher** ['kəʊʃə] *adj* شَرْعِيّ [ʃarʕij]
**Kosovo** ['kɔsɔvɔ; 'kɒsəvəʊ] *n* كوسوفو [ku:su:fu:]
**Kuwait** [kʊ'weɪt] *n* الكويت [al-kuwi:tu]
**Kuwaiti** [kʊ'weɪtɪ] *adj* كويتي [kuwajtij] ▷ *n* كويتي [kuwajtij]
**Kyrgyzstan** ['kɪəgɪzˌstɑ:n; -ˌstæn] *n* كيرجستان [ki:raʒista:n]

# l

**lab** [læb] *n* معمل [maʕmal]
**label** ['leɪbᵊl] *n* ملصق بيانات [Molsa'q bayanat]
**laboratory** [lə'bɒrətərɪ; -trɪ; 'læbrə,tɔːrɪ] *n* مُختَبَر [muxtabar]; **language laboratory** *n* مُختَبَر اللغة [Mokhtabar al-loghah]
**labour** ['leɪbə] *n* عمال [ʕummaːl]
**labourer** ['leɪbərə] *n* عَامِل [ʕaːmil]
**lace** [leɪs] *n* شريط الحذاء [Shreeṭ al-ḥedhaa]
**lack** [læk] *n* نقص [naqsʕ]
**lacquer** ['lækə] *n* ورنيش اللَك [Warneesh al-llak]
**lad** [læd] *n* صبي [sʕabij]
**ladder** ['lædə] *n* سُلَم [sullam]
**ladies** ['leɪdɪz] *n*; **ladies'** *n* سيدات [sajjidaːtun]; **Where is the ladies?** أين يوجد حمام السيدات؟ [Ayn yojad ḥamam al-saydat]
**ladle** ['leɪdᵊl] *n* مغرفة [miɣrafa]
**lady** ['leɪdɪ] *n* سيدة [sajjida]
**ladybird** ['leɪdɪ,bɜːd] *n* خُنفِسَاء الدَعْسُوقَة [Khonfesaa al-da'aso'qah]
**lag** [læg] *n*; **jet lag** *n* تعب بعد السفر بالطائرة [Ta'aeb ba'ad al-safar bel-ṭaerah]; **I'm suffering from jet lag** أنا أعاني من الدوار عند ركوب الطائرة [ana o-'aany min al-dawaar 'aenda rukoob al-ṭa-era]
**lager** ['lɑːgə] *n* جعة معتقة [Jo'aah mo'ata'qah]
**lagoon** [lə'guːn] *n* بُحَيْرَة [buħajra]
**laid-back** ['leɪdbæk] *adj* مسترخي [mustarxiː]
**lake** [leɪk] *n* بُحَيْرة [buħajra]
**lamb** [læm] *n* حَمَل [ħiml]
**lame** [leɪm] *adj* كسيح [kasiːħ]
**lamp** [læmp] *n* مصباح [misʕbaːħ]; **bedside lamp** *n* مِصْبَاح بِسَرِيرِ [Meṣbaaḥ besareer]
**lamppost** ['læmp,pəʊst] *n* عمود النور ['amood al-noor]
**lampshade** ['læmp,ʃeɪd] *n* غطاء المصباح [Gheṭaa almeṣbaḥ]
**land** [lænd] *n* أرض [ʔardʕ] ▷ *v* يَهْبِط [jahbitʕu]
**landing** ['lændɪŋ] *n* هبوط [hubuːtʕ]
**landlady** ['lænd,leɪdɪ] *n* مالكة الأرض [Malekat al-arḍ]
**landlord** ['lænd,lɔːd] *n* صاحب الأرض [Ṣaheb ardh]
**landmark** ['lænd,mɑːk] *n* مَعلَم [maʕlam]
**landowner** ['lænd,əʊnə] *n* مالك الأرض [Malek al-arḍ]
**landscape** ['lænd,skeɪp] *n* منظر طبيعى [manḍhar ṭabe'aey]
**landslide** ['lænd,slaɪd] *n* انهيار أرضي [Enheyar ardey]
**lane** [leɪn] *n* زُقَاق [zuqaːq], *(driving)* زُقَاق [zuqaːq]; **cycle lane** *n* زُقَاق دائري [Zo'qa'q daerey]
**language** ['læŋgwɪdʒ] *n* لغة [luɣa]; **language laboratory** *n* مُختَبَر اللغة [Mokhtabar al-loghah]; **language school** *n* مدرسة لغات [Madrasah lo-ghaat]; **sign language** *n* لغة الإشارة [Loghat al-esharah]
**lanky** ['læŋkɪ] *adj* طويل مع هزال [Ṭaweel ma'aa hozal]
**Laos** [laʊz; laʊs] *n* جمهورية لاووس [Jomhoreyat lawoos]

**lap** [læp] *n* حضن [ħudˤn]
**laptop** ['læp,tɒp] *n* كمبيوتر محمول [Kombeyotar maḥmool]
**larder** ['lɑːdə] *n* موضع لحفظ الأطعمة [Mawḍe'a lehafḍh al-aṭ'aemah]
**large** [lɑːdʒ] *adj* عريض [ʕariːdˤ]
**largely** ['lɑːdʒlɪ] *adv* بدرجة كبيرة [Be-darajah kabeerah]
**laryngitis** [,lærɪn'dʒaɪtɪs] *n* التهاب الحنجرة [Eltehab al-hanjara]
**laser** ['leɪzə] *n* ليزر [lajzar]
**lass** [læs] *n* فتاة [fata:t]
**last** [lɑːst] *adj* أخير [ʔaxiːr] ▷ *adv* آخراً [ʔaːxiran] ▷ *v* يَستمِر [jastamirru]; **I'm delighted to meet you at last** يسعدني أن التقي بك أخيرًا [yas-'aedny an al-ta'qy beka akheran]
**lastly** ['lɑːstlɪ] *adv* أخيراً [ʔaxiːran]
**late** [leɪt] *adj (dead)* فقيد [faqiːd], *(delayed)* مُبطئ [mubtˤiʔ] ▷ *adv* متأخراً [mutaʔaxiran]
**lately** ['leɪtlɪ] *adv* منذ عهد قريب [monḍh 'aahd 'qareeb]
**later** ['leɪtə] *adv* فيما بعد [Feema baad]
**Latin** ['lætɪn] *n* لاتيني [la:ti:ni:]
**Latin America** ['lætɪn ə'mɛrɪkə] *n* أمريكا اللاتينية [Amreeka al-lateeneyah]
**Latin American** ['lætɪn ə'mɛrɪkən] *adj* من أمريكا اللاتينية [men Amrika al lateniyah]
**latitude** ['lætɪ,tjuːd] *n* خط العرض [Khaṭ al-'arḍ]
**Latvia** ['lætvɪə] *n* لاتيفيا [la:ti:fja:]
**Latvian** ['lætvɪən] *adj* لاتيفي [la:ti:fi:] ▷ *n (language)* اللغة الاتيفية [Al-loghah al-atefeyah], *(person)* شخص لاتيفي [Shakhs lateefey]
**laugh** [lɑːf] *n* ضحكة [dˤaħka] ▷ *v* يَضحَك [jadˤħaku]
**laughter** ['lɑːftə] *n* ضَحِك [dˤaħik]
**launch** [lɔːntʃ] *v* يُطلق [jutˤliqu]
**Launderette®** [,lɔːndə'rɛt; lɔːn'drɛt] *n* لاندريت® [Landreet®]
**laundry** ['lɔːndrɪ] *n* مغسلة [miɣsala]
**lava** ['lɑːvə] *n* الحمم البركانية [Al-ḥemam al-borkaneyah]
**lavatory** ['lævətərɪ; -trɪ] *n* مرحاض [mirħa:dˤ]
**lavender** ['lævəndə] *n* لافندر [la:fandar]
**law** [lɔː] *n* قانون [qa:nu:n]; **law school** *n* كلية الحقوق [Kolayt al-ho'qooq]
**lawn** [lɔːn] *n* مرج [marʒ]
**lawnmower** ['lɔːn,maʊə] *n* جزازة العشب [Jazazt al-'aoshb]
**lawyer** ['lɔːjə; 'lɔɪə] *n* محامي [muħa:mij]
**laxative** ['læksətɪv] *n* ملين الأمعاء [Molayen al-am'aa]
**lay** [leɪ] *v* يَطرَح [jatˤraħu]
**layby** ['leɪ,baɪ] *n* مكان انتظار [Makan enteḍhar]
**layer** ['leɪə] *n* طَبَقة [tˤabaqa]; **ozone layer** *n* طبقة الأوزون [Taba'qat al-odhoon]
**lay off** [leɪ ɒf] *v* يُسَرح [jusarriħu]
**layout** ['leɪ,aʊt] *n* مُخطط [muxatˤatˤ]
**lazy** ['leɪzɪ] *adj* كسول [kasuːl]
**lead¹** [liːd] *n (in play/film)* دور رئيسي [Dawr raaesey], *(position)* مقال رئيسي في صحيفة [Ma'qal raaeaey fee ṣaheefah] ▷ *v* يَتْزَعَم [jatzaʕʕamu]; **jump leads** *npl* وصلة بطارية السيارة [Waṣlat baṭareyah al-sayarah]; **lead singer** *n* مُغَنّي حفلات [Moghaney ḥafalat]
**lead²** [lɛd] *n (metal)* قيادة [qija:da]
**leader** ['liːdə] *n* قائد [qa:ʔid]
**lead-free** [,lɛd'friː] *adj* خالي من الرصاص [Khaley men al-raṣaṣ]
**leaf** [liːf] *n* ورقة نبات [Wara'qat nabat]; **bay leaf** *n* ورق الغار [Wara'q alghaar]
**leaflet** ['liːflɪt] *n* نشرة [naʃra]
**league** [liːg] *n* جَمَاعَة [ʒama:ʕa]
**leak** [liːk] *n* تَسَرُّب [tasarrub] ▷ *v* يسرب [jusarribu]
**lean** [liːn] *v* يَتَكئ [jattakiʔ]; **lean forward** *v* يَتَكئ للأمام [Yatakea lel-amam]
**lean on** [liːn ɒn] *v* يَستنِد على [Yastaned 'ala]
**lean out** [liːn aʊt] *v* يَتَكئ على [Yatakea ala]
**leap** [liːp] *v* يَثِب [jaθibu]; **leap year** *n* سَنة كبيسة [Sanah kabeesah]
**learn** [lɜːn] *v* يَتعلم [jataʕallamu]

**learner** ['lɜːnə; 'learner] *n* مُتَعَلِّم [mutaʕallinm]; **learner driver** *n* سائق مبتدئ [Sae'q mobtadea]
**lease** [liːs] *n* عقد إيجار ['aa'qd eejar] ▷ *v* يُؤَجر منقولات [Yoajer man'qolat]
**least** [liːst] *adj* الأقل [Al'aqal]; **at least** *adv* على الأقل ['ala ala'qal]
**leather** ['lɛðə] *n* جلد مدبوغ [Jeld madboogh]
**leave** [liːv] *n* إجازة [ʔiʒaːza] ▷ *v* يَتْرك [jatruku]; **maternity leave** *n* أجازة وضع [Ajazat wad'a]; **paternity leave** *n* أجازة رعاية طفل [ajaazat re'aayat al ṭefl]; **sick leave** *n* أجازة مَرضِيَّة [Ajaza maraḍeyah]
**leave out** [liːv aʊt] *v* يَستبعِد [justabʕadu]
**leaves** [liːvz] *npl* أوراق الشجر [Awra'q al-shajar]
**Lebanese** [ˌlɛbə'niːz] *adj* لبناني [lubnaːnij] ▷ *n* لبناني [lubnaːnij]
**Lebanon** ['lɛbənən] *n* لبنان [lubnaːn]
**lecture** ['lɛktʃə] *n* محاضرة [muħaːdˤara] ▷ *v* يُحاضِر [juħaːdˤiru]
**lecturer** ['lɛktʃərə; 'lecturer] *n* محاضر [muħaːdˤir]
**leek** [liːk] *n* بَصَل أخضر [Baṣal akhḍar]
**left** [lɛft] *adj* يساري [jasaːrij] ▷ *adv* يسارا [jasaːran] ▷ *n* يسار [jasaːr]; **Go left at the next junction** اتجه نحو اليسار عند التقاطع الثاني [Etajh naḥw al-yasar 'aend al-ta'qato'a al-thaney]; **Turn left** اتجه نحو اليسار [Etajeh naḥw al-yasaar]
**left-hand** [ˌleft'hænd] *adj* أعسر [ʔaʕsar]; **left-hand drive** *n* سيارة مقودها على الجانب الأيسر [Sayarh me'qwadoha ala al-janeb al-aysar]
**left-handed** [ˌleft'hændɪd] *adj* أعسر [ʔaʕsar]
**left-luggage** [ˌleft'lʌgɪdʒ] *n* أمتعة مُخزَّنة [Amte'aah mokhazzanah]; **left-luggage locker** *n* خزانة الأمتعة المتروكة [Khezanat al-amte'ah al-matrookah]; **left-luggage office** *n* مكتب الأمتعة [Makatb al amte'aah]
**leftovers** ['lɛftˌəʊvəz] *npl* بقايا الطعام [Ba'qaya ṭ a'aam]
**left-wing** [ˌleft,wɪŋ] *adj* جناح أيسر [Janah aysar]
**leg** [lɛg] *n* رجل [riʒl]
**legal** ['liːgᵊl] *adj* قانوني [qaːnuːnij]
**legend** ['lɛdʒənd] *n* اسطورة [ʔustˤuːra]
**leggings** ['lɛgɪŋz] *npl* بنطلون صيق [Banṭaloon ṣaye'q]
**legible** ['lɛdʒəbᵊl] *adj* مقروء [maqruːʔ]
**legislation** [ˌlɛdʒɪs'leɪʃən] *n* تشريع [taʃriːʕ]
**leisure** ['lɛʒə; 'liːʒər] *n* راحة [raːħa]; **leisure centre** *n* مركز ترفيهي [Markaz tarfehy]
**lemon** ['lɛmən] *n* ليمون [lajmuːn]; **with lemon** بالليمون [bil-laymoon]
**lemonade** [ˌlɛmə'neɪd] *n* عصير الليمون المحلى ['aaṣeer al-laymoon al-moḥala]
**lend** [lɛnd] *v* يُقرِض مالا [Yo'qred malan]
**length** [lɛŋkθ; lɛŋθ] *n* طول [tˤuːl]
**lens** [lɛnz] *n* عدسة [ʕadasa]; **contact lenses** *npl* عدسات لاصقة ['adasaat laṣe'qah]; **zoom lens** *n* عدسة تكبير ['adasah mokaberah]
**Lent** [lɛnt] *n* الصَوْم الكبير [Al-ṣawm al-kabeer]
**lentils** ['lɛntɪlz] *npl* نبات العدس [Nabat al-'aads]
**Leo** ['liːəʊ] *n* ليو [lijuː]
**leopard** ['lɛpəd] *n* نمر منقط [Nemr men'qaṭ]
**leotard** ['lɪəˌtɑːd] *n* ثوب الراقص أو البهلوان [Thawb al-ra'qes aw al-bahlawan]
**less** [lɛs] *adv* بدرجة أقل [Be-darajah a'qal] ▷ *pron* أقل [ʔaqallu]
**lesson** ['lɛsᵊn] *n* دَرْس [dars]; **driving lesson** *n* دَرْس القيادة [Dars al-'qeyadah]
**let** [lɛt] *v* يَدَع [jadaʕu]
**let down** [lɛt daʊn] *v* يَتخلى عن [Yatkhala an]
**let in** [lɛt ɪn] *v* يَسْمَح بالدُّخول [Yasmah bel-dokhool]
**letter** ['lɛtə] *n (a, b, c)* حرف [ħarf], *(message)* خطاب [xitˤaːb]; **I'd like to send this letter** أريد أن أرسل هذا الخطاب [areed an arsil hadha al-kheṭab]

**letterbox** ['lɛtəˌbɒks] *n* صندوق الخطابات [Ṣondok al-kheṭabat]
**lettuce** ['lɛtɪs] *n* خَسْ [xussu]
**leukaemia** [luːˈkiːmɪə] *n* لوكيميا [luːkiːmjaː]
**level** ['lɛvᵊl] *adj* منبسط [munbasitˤ] ▷ *n* منبسط [munbasitˤ]; **level crossing** *n* مزلقان [mizlaqaːnun]; **sea level** *n* مستوى سطح البحر [Mostawa saṭh al-bahr]
**lever** ['liːvə] *n* عتلة [ʕatla]
**liar** ['laɪə] *n* كذاب [kaðaːb]
**liberal** ['lɪbərəl; 'lɪbrəl] *adj* تحرري [taħarurij]
**liberation** [ˌlɪbəˈreɪʃən] *n* تحرير [taħriːr]
**Liberia** [laɪˈbɪərɪə] *n* ليبيريا [liːbiːrjaː]
**Liberian** [laɪˈbɪərɪən] *adj* ليبيري [liːbiːrij] ▷ *n* ليبيري [liːbiːrij]
**Libra** ['liːbrə] *n* الميزان [al-miːzaːnu]
**librarian** [laɪˈbrɛərɪən] *n* أمين المكتبة [Ameen al maktabah]
**library** ['laɪbrərɪ] *n* مكتبة [maktaba]
**Libya** ['lɪbɪə] *n* ليبيا [liːbjaː]
**Libyan** ['lɪbɪən] *adj* ليبي [liːbij] ▷ *n* ليبي [liːbij]
**lice** [laɪs] *npl* قمل [qamlun]
**licence** ['laɪsəns] *n* رُخْصَة [ruxsˤa]; **driving licence** *n* رُخْصَة القيادة [Rokhṣat al-'qeyadah]
**lick** [lɪk] *v* يَلْعَق [jalʕaqu]
**lid** [lɪd] *n* غطاء [ɣitˤaːʔ]
**lie** [laɪ] *n* كذبة [kiðba] ▷ *v* يَكْذِب [jakððibu]
**Liechtenstein** ['lɪktənˌstaɪn; 'lɪçtənʃtain] *n* لختنشتاين [lixtunʃtaːjan]
**lie down** [laɪ daʊn] *v* يَكْذِب [jakððibu]
**lie in** [laɪ ɪn] *v* الرقود في السرير [Alro'qood fel-sareer]
**lie-in** [laɪɪn] *n*; **have a lie-in** *v* الرقود في السرير [Alro'qood fel-sareer]
**lieutenant** [lɛfˈtɛnənt; luːˈtɛnənt] *n* ملازم أول [Molazem awal]
**life** [laɪf] *n* حياة [ħajaːt]; **life insurance** *n* تأمين على الحياة [Taameen 'ala al-hayah]; **life jacket** *n* سُترة النجاة [Sotrat al-najah]
**lifebelt** ['laɪfˌbɛlt] *n* حزام النجاة من الغرق [Hezam al-najah men al-ghar'q]
**lifeboat** ['laɪfˌbəʊt] *n* قارب نجاة ['qareb najah]
**lifeguard** ['laɪfˌgɑːd] *n* عامل الإنقاذ ['aamel alen'qadh]; **Get the lifeguard!** اتصل بعامل الإنقاذ [itaṣel be-'aamil al-en'qaadh]
**life-saving** ['life-ˌsaving] *adj* مُنقذ للحياة [Mon'qedh lel-ḥayah]
**lifestyle** ['laɪfˌstaɪl] *n* نمط حياة [Namaṭ hayah]
**lift** [lɪft] *n (free ride)* توصيلة مجانية [tawṣeelah majaneyah], *(up/down)* مصعد [misˤʕad] ▷ *v* يَرفَع [jarfaʕu]; **ski lift** *n* مِصْعَد التَّزَلُّج [Meṣ'aad al-tazalog]; **Do you have a lift for wheelchairs?** هل لديك مصعد لكراسي المقعدين المتحركة؟ [hal ladyka maṣ'aad le-karasi al-mu'q'aadeen al-mutaḥarika?]; **Is there a lift in the building?** هل يوجد مصعد في المبنى؟ [hal yujad maṣ'aad fee al-mabna?]; **Where is the lift?** أين يوجد المصعد؟ [ayna yujad al-maṣ'aad?]
**light** [laɪt] *adj (not dark)* خفيف [xafiːf], *(not heavy)* خفيف [xafiːf] ▷ *n* ضوء [dˤawʔ] ▷ *v* يُضِئ [judˤiʔ]; **brake light** *n* مصباح الفرامل [Mesbaḥ al-faramel]; **hazard warning lights** *npl* أضواء التحذير من الخطر [Aḍwaa al-tahdheer men al-khaṭar]; **light bulb** *n* مصباح اضاءة [Mesbaḥ eḍaah]; **pilot light** *n* شعلة الاحتراق [Sho'alat al-eḥtera'q]; **traffic lights** *npl* إشارات المرور [Esharaat al-moroor]; **May I take it over to the light?** هل يمكن أن أشاهدها في الضوء؟ [hal yamken an osha-heduha fee al-ḍoe?]
**lighter** ['laɪtə] *n* قداحة [qaddaːħa]
**lighthouse** ['laɪtˌhaʊs] *n* منارة [manaːra]
**lighting** ['laɪtɪŋ] *n* اضاءة [idˤaːʔa]
**lightning** ['laɪtnɪŋ] *n* بَرْق [barq]
**like** [laɪk] *prep* مِثل ▷ *v* يُحِب [juħibbu]
**likely** ['laɪklɪ] *adj* محتمل [muħtamal]
**lilac** ['laɪlək] *adj* الليلك [allajlak] ▷ *n* لايْلاك [laːjlaːk]
**Lilo®** ['laɪləʊ] *n* ليلو® [Leelo®]
**lily** ['lɪlɪ] *n* زنبقة [zanbaqa]; **lily of the valley** *n* زَنْبَق الوادي [Zanba'q al-wadey]
**lime** [laɪm] *n (compound)* جير [ʒiːr], *(fruit)*

ليمون [lajmu:n]
**limestone** ['laɪm,stəʊn] *n* حجر الجير [Hajar al-jeer]
**limit** ['lɪmɪt] *n* قيد [qajd]; **age limit** *n* حد السّن [Had alssan]; **speed limit** *n* حد السرعة [Had alsor'aah]
**limousine** ['lɪmə,zi:n; ˌlɪmə'zi:n] *n* ليموزين [li:mu:zi:n]
**limp** [lɪmp] *v* يعرُج [jaʕruʒu]
**line** [laɪn] *n* خط [xatˤtˤu]; **washing line** *n* خط الغسيل [Khat al-ghaseel]; **I want to make an outside call, can I have a line?** أريد إجراء مكالمة خارجية، هل يمكن أن تحول لي أحد الخطوط؟ [areed ejraa mukalama kharij-iya, hal yamkin an it-ḥawil le aḥad al-khiṭooṭ?]; **It's a bad line** هذا الخط مشوش [hatha al-khaṭ musha-wash]; **Which line should I take for...?** ما هو الخط الذي يجب أن أستقله؟ [ma howa al-khaṭ al-lathy yajeb an asta'qil-uho?]
**linen** ['lɪnɪn] *n* كتان [katta:n]; **bed linen** *n* بياضات الأسرّة [Bayaḍat al-aserah]
**liner** ['laɪnə] *n* باخِرَة ركّاب [Bakherat rokkab]
**lingerie** ['lænʒərɪ] *n* ملابس داخلية [Malabes dakheleyah]
**linguist** ['lɪŋgwɪst] *n* عالم لغويات ['aalem laghaweyat]
**linguistic** [lɪŋ'gwɪstɪk] *adj* لغوي [luɣawij]
**lining** ['laɪnɪŋ] *n* بطانة [batˤa:na]
**link** [lɪŋk] *n* رابط [ra:bitˤ]; **link (up)** *v* يَصل بين [yaṣel bayn]
**lino** ['laɪnəʊ] *n* مشمع الأرضية [Meshama'a al-arḍeyah]
**lion** ['laɪən] *n* أسد [ʔasad]
**lioness** ['laɪənɪs] *n* لبؤة [labuʔa]
**lip** [lɪp] *n* شفاه [ʃifa:h]; **lip salve** *n* كريم للشفاه [Kereem lel shefah]
**lip-read** ['lɪp,ri:d] *v* يَقْرَأ الشفاه [Ya'qraa al-shefaa]
**lipstick** ['lɪp,stɪk] *n* أحمر شفاه [Ahmar shefah]
**liqueur** [lɪ'kjʊə; likœr] *n* مُسكِر [muskir]
**liquid** ['lɪkwɪd] *n* مادة سائلة [madah saaelah]; **washing-up liquid** *n* سائل غسيل الأطباق [Saael ghaseel al-aṭba'q]
**liquidizer** ['lɪkwɪ,daɪzə] *n* مادة مسيلة [Madah moseelah]
**list** [lɪst] *n* قائمة [qa:ʔima] ▷ *v* يُعِد قائمة [Yo'aed 'qaemah]; **mailing list** *n* قائمة بريد ['qaemat bareed]; **price list** *n* قائمة أسعار ['qaemat as'aar]; **waiting list** *n* قائمة انتظار ['qaemat enteḍhar]; **wine list** *n* قائمة خمور ['qaemat khomor]; **The wine list, please** قائمة النبيذ من فضلك ['qaemat al-nabeedh min faḍlak]
**listen** ['lɪsᵊn] *v* يَستمِع [jastamiʕu]; **listen to** *v* يَستمِع إلى [Yastame'a ela]
**listener** ['lɪsnə] *n* مستمع [mustamiʕ]
**literally** ['lɪtərəlɪ] *adv* حرفياً [ħarfijjan]
**literature** ['lɪtərɪtʃə; 'lɪtrɪ-] *n* أدب [dab]
**Lithuania** [ˌlɪθjʊ'eɪnɪə] *n* ليتوانيا [li:twa:nja:]
**Lithuanian** [ˌlɪθjʊ'eɪnɪən] *adj* ليتواني [li:twa:nij] ▷ *n (language)* اللغة الليتوانية [Al-loghah al-letwaneyah], *(person)* شخص ليتواني [shakhṣ letwaneyah]
**litre** ['li:tə] *n* لتر [litr]
**litter** ['lɪtə] *n* رُكَام مُبَعثَر [Rokaam moba'athar], *(offspring)* ولادة الحيوان [Weladat al-ḥayawaan]; **litter bin** *n* سلة المهملات [Salat al-mohmalat]
**little** ['lɪtᵊl] *adj* صغير [sˤaɣi:r]
**live¹** [lɪv] *v* يعيش [jaʕi:ʃu]
**live²** [laɪv] *adj* حي [ħajj]; **Where can we hear live music?** أين يمكننا الاستماع إلى موسيقى حية؟ [ayna yamken-ana al-istima'a ela mose'qa ḥay-a?]
**lively** ['laɪvlɪ] *adj* بحيوية [biħajawijjatin]
**live on** [lɪv ɒn] *v* يعيش على [Ya'aeesh ala]
**liver** ['lɪvə] *n* كَبِدْ [kabid]
**live together** [lɪv] *v* يعيش سوياً [Ya'aeesh saweyan]
**living** ['lɪvɪŋ] *n* رزق [rizq]; **cost of living** *n* تكلفة المعيشة [Taklefat al-ma'aeeshah]; **living room** *n* حجرة المعيشة [Ḥojrat al-ma'aeshah]; **standard of living** *n* مستوى المعيشة [Mostawa al-ma'aeeshah]
**lizard** ['lɪzəd] *n* السحلية [as-siħlijjatu]

**load** [ləʊd] *n* حِمل [ħiml] ▷ *v* يتلقى حملا [Yatala'qa ḥemlan]
**loaf, loaves** [ləʊf, ləʊvz] *n* رغيف [raɣi:f]
**loan** [ləʊn] *n* قرض [qardˤ] ▷ *v* يُقرض [juqridˤu]
**loathe** [ləʊð] *v* يَشمئِز من [Yashmaaez 'an]
**lobby** ['lɒbɪ] *n*; **I'll meet you in the lobby** سوف أقابلك في الردهة الرئيسية للفندق [sawfa o'qabe-loka fee al-radha al-raee-sya lel-finda'q]
**lobster** ['lɒbstə] *n* جَرَاد البحر [Garad al-baḥr]
**local** ['ləʊkᵊl] *adj* محلي [maħalij]; **local anaesthetic** *n* عقار مخدر موضعي ['aa'qar mokhader mawde'aey]; **I'd like to try something local, please** أريد أن أجرب أحد الأشياء المحلية من فضلك [areed an ajar-rub aḥad al-ashyaa al-maḥal-lya min faḍlak]; **We'd like to see local plants and trees** نريد أن نرى النباتات والأشجار المحلية [nureed an nara al-naba-taat wa al-ash-jaar al-maḥali-ya]; **What's the local speciality?** ما هو الطبق المحلي المميز؟ [ma howa al-ṭaba'q al-maḥa-ly al-muma-yaz?]
**location** [ləʊ'keɪʃən] *n* مكان [maka:n]; **My location is...** أنا في المكان... [ana fee al-makaan...]
**lock** [lɒk] *n (door)* هويس [huwajs], *(hair)* خُصلة شعر [Khoṣlat sha'ar] ▷ *v* يَقْفِل [jaqfilu]
**locker** ['lɒkə] *n* خزانة بقفل [Khezanah be-'qefl]; **left-luggage locker** *n* خزانة الأمتعة المتروكة [Khezanat al-amte'ah al-matrookah]
**locket** ['lɒkɪt] *n* دَلاَيَة [dala:ja]
**lock out** [lɒk aʊt] *v* يُحرِم شخصاً من الدخول [Yoḥrem shakhṣan men al-dokhool]
**locksmith** ['lɒk,smɪθ] *n* صانع المفاتيح [Ṣaane'a al-mafateeḥ]
**lodger** ['lɒdʒə] *n* نزيل [nazi:l]
**loft** [lɒft] *n* علية [ʕilja]
**log** [lɒg] *n* كُتْله خَشَبِيّه [kutlatun xaʃabijja]
**logical** ['lɒdʒɪkᵊl] *adj* منطقي [mantˤiqij]
**log in** [lɒg ɪn] *v* يُسجِل الدخول [Yosajel al-dokhool]
**logo** ['ləʊgəʊ; 'lɒg-] *n* شِعَار [ʃiʕa:r]
**log off** [lɒg ɒf] *v* يُسجِل الخروج [Yosajel al-khoroj]
**log on** [lɒg ɒn] *v* يَدخُل على شبكة المعلومات [Yadkhol 'ala shabakat alma'aloomat]
**log out** [lɒg aʊt] *v* يَخرُج من برنامج الكمبيوتر [Yakhroj men bernamej kombyotar]
**lollipop** ['lɒlɪ,pɒp] *n* مَصّاصَه [masˤsˤasˤa]
**lolly** ['lɒlɪ] *n* مَصّاصَة [masˤsa:ˤsˤa]
**London** ['lʌndən] *n* لندن [lund]
**loneliness** ['ləʊnlɪnɪs] *n* وحْدَة [waħda]
**lonely** ['ləʊnlɪ] *adj* متوحد [mutawaħħid]
**lonesome** ['ləʊnsəm] *adj* مهجور [mahʒu:r]
**long** [lɒŋ] *adj* طويل [tˤawi:l] ▷ *adv* طويلًا [tˤawi:la:an] ▷ *v* يَتُوق إلى [Yatoo'q ela]; **long jump** *n* قفزة طويلة ['qafzah ṭaweelah]
**longer** [lɒŋə] *adv* أطول [ʔatˤwalu]
**longitude** ['lɒndʒɪ,tju:d; 'lɒŋg-] *n* خط طول [Khaṭ ṭool]
**loo** [lu:] *n* مِرْحَاض [mirħa:dˤ]
**look** [lʊk] *n* نظرة [nazˤra] ▷ *v* ينظر [janzˤuru]; **look at** *v* ينظر إلى [yanḍhor ela]
**look after** [lʊk ɑ:ftə] *v* يعتني بـ [Ya'ataney be]
**look for** [lʊk fɔ:] *v* يَبْحَث عن [Yabḥath an]
**look round** [lʊk raʊnd] *v* يَدْرس الاحتمالات قبل وضع خطة [Yadros aleḥtemalaat 'qabl waḍ'a alkhoṭah]
**look up** [lʊk ʌp] *v* يَرفَع بصره [Yarfa'a baṣarah]
**loose** [lu:s] *adj* فضفاض [fadˤfa:dˤ]
**lorry** ['lɒrɪ] *n* شاحِنة لوري [Shaḥenah loorey]; **lorry driver** *n* سائق لوري [Sae'q lorey]
**lose** [lu:z] *vi* يَضيع [judˤajjiʕu] ▷ *vt* يَخسر [jaxsaru]

**loser** [ˈluːzə] *n* الخاسر [al-xa:siru]
**loss** [lɒs] *n* خسارة [xasa:ra]
**lost** [lɒst] *adj* تائه [ta:ʔih]; **lost-property office** *n* مكتب المفقودات [Maktab al-maf'qodat]
**lost-and-found** [ˈlɒstændˈfaʊnd] *n* مفقودات وموجودات [maf'qodat wa- maw-joodat]
**lot** [lɒt] *n*; **a lot** *n* نصيب [nasˤiːbun]
**lotion** [ˈləʊʃən] *n* مُستحضر سائل [Mosthdar saael]; **after sun lotion** *n* لوشن بعد التعرض للشمس [Loshan b'ad al-t'arod lel shams]; **cleansing lotion** *n* سائل تنظيف [Sael tandheef]; **suntan lotion** *n* غسول سمرة الشمس [ghasool somrat al-shams]
**lottery** [ˈlɒtərɪ] *n* يانصيب [ja:nasˤiːb]
**loud** [laʊd] *adj* مدو [mudawwin]
**loudly** [laʊdlɪ] *adv* بصوت عال [Besot 'aaley]
**loudspeaker** [ˌlaʊdˈspiːkə] *n* مكبر صوت [makbar sˤawt]
**lounge** [laʊndʒ] *n* حجرة الجلوس [Hojrat al-joloos]; **departure lounge** *n* صالة المغادرة [Ṣalat al-moghadarah]; **transit lounge** *n* صالة العبور [Ṣalat al'aoboor]
**lousy** [ˈlaʊzɪ] *adj* خسيس [xasi:s]
**love** [lʌv] *n* حب [ħubb] ▷ *v* يُتَيِّمُ ب [Yotayam be]; **I love...** ...أنا أحب [ana aḥib]; **I love you** أحبك [aḥibak]; **Yes, I'd love to** نعم، أحب القيام بذلك [na'aam, aḥib al-'qiyam be-dhalik]
**lovely** [ˈlʌvlɪ] *adj* مُحبب [muħabbab]
**lover** [ˈlʌvə] *n* مُحِب [muħib]
**low** [ləʊ] *adj* منخفض [munxafidˤ] ▷ *adv* منخفضاً [munxafadˤan]; **low season** *n* فترة ركود [Fatrat rekood]
**low-alcohol** [ˈləʊˌælkəˌhɒl] *adj* قليلة الكحول ['qaleelat al-koḥool]
**lower** [ˈləʊə] *adj* أدنى [ʔadna:] ▷ *v* ينخفض [janxafidˤu]
**low-fat** [ˈləʊˌfæt] *adj* قليل الدسم ['qaleel al-dasam]
**loyalty** [ˈlɔɪəltɪ] *n* إخلاص [ʔixla:sˤ]
**luck** [lʌk] *n* حظ [ħazˤzˤ]
**luckily** [ˈlʌkɪlɪ] *adv* لحسن الطالع [Le-hosn alṭale'a]
**lucky** [ˈlʌkɪ] *adj* محظوظ [maħzˤu:zˤ]
**lucrative** [ˈluːkrətɪv] *adj* مربح [murbiħ]
**luggage** [ˈlʌɡɪdʒ] *n* حقائب السفر [ḥa'qaeb al-safar]; **hand luggage** *n* أمتعة محمولة في اليد [Amte'aah maḥmoolah fee al-yad]; **luggage rack** *n* حامل حقائب السفر [Hamel ha'qaeb al-safar]; **luggage trolley** *n* عربة حقائب السفر ['arabat ḥa'qaaeb al-safar]; **Can I insure my luggage?** هل يمكنني التأمين على حقائب السفر الخاصة بي؟ [hal yamken -any al-tameen 'aala ḥa'qa-eb al-safar al-khaṣa bee?]; **My luggage hasn't arrived** لم تصل حقائب السفر الخاصة بي بعد [Lam taṣel ḥa'qaeb al-safar al-khaṣah bee ba'ad]; **Where is the luggage for the flight from...?** أين حقائب السفر للرحلة القادمة من...؟ [ayna ḥa'qaeb al-safar lel-reḥla al-'qadema min...?]
**lukewarm** [ˌluːkˈwɔːm] *adj* فاتر [fa:tir]
**lullaby** [ˈlʌləˌbaɪ] *n* تهويدة [tahwi:da]
**lump** [lʌmp] *n* ورم [waram]
**lunatic** [ˈluːˈnætɪk] *n* مجذوب [maʒðu:b]
**lunch** [lʌntʃ] *n* غداء [ɣada:ʔ]; **lunch break** *n* استراحة غداء [Estrahet ghadaa]; **packed lunch** *n* وجبة الغذاء المعبأة [Wajbat al-ghezaa al-mo'abaah]; **Can we meet for lunch?** هل يمكننا الاجتماع على الغداء؟ [hal yamken -ana al-ejte-maa'a 'aala al-ghadaa?]
**lunchtime** [ˈlʌntʃˌtaɪm] *n* وَقْت الغداء [Wa'qt al-ghadhaa]
**lung** [lʌŋ] *n* رئة [riʔit]
**lush** [lʌʃ] *adj* مزدهر [muzdahir]
**lust** [lʌst] *n* شهوة [ʃahwa]
**Luxembourg** [ˈlʌksəmˌbɜːɡ] *n* لكسمبورغ [luksambu:rɣ]
**luxurious** [lʌɡˈzjʊərɪəs] *adj* مترف [mutraf]
**luxury** [ˈlʌkʃərɪ] *n* رفاهية [rafa:hijja]
**lyrics** [ˈlɪrɪks] *npl* قصائد غنائية ['qaṣaaed ghenaaeah]

# m

**mac** [mæk] *abbr* معطف واق من المطر [Me'ataf wa'qen men al-maarṭar]
**macaroni** [ˌmækəˈrəʊnɪ] *npl* مكرونة [makaru:natun]
**machine** [məˈʃiːn] *n* ماكينة [ma:ki:na]; **answering machine** *n* جهاز الرد الآلي [Jehaz al-rad al-aaly]; **machine gun** *n* رشاش [raʃʃa:ʃun]; **machine washable** *adj* قابل للغسل في الغسالة ['qabel lel-ghaseel fee al-ghassaalah]; **sewing machine** *n* ماكينة خياطة [Makenat kheyaṭah]; **slot machine** *n* ماكينة الشقبية [Makenat al-sha'qabeyah]; **ticket machine** *n* ماكينة التذاكر [Makenat al-taḍhaker]; **vending machine** *n* ماكينة بيع [Makenat bay'a]; **washing machine** *n* غسّالة [ɣassa:latun]; **Can I use my card with this cash machine?** هل يمكنني استخدام بطاقتي في ماكينة الصرف الآلي هذه؟ [hal yamken -any esti-khdaam beṭa-'qatee fee makenat al-ṣarf al-aaly hadhy?]; **Is there a cash machine here?** هل توجد ماكينة صرف آلي هنا؟ [hal tojad makenat ṣarf aaly huna?]; **Is there a fax machine I can use?** هل توجد ماكينة فاكس يمكن استخدامها؟ [hal tojad makenat fax yamken istekh-damuha?]; **The cash machine swallowed my card** لقد ابتلعت ماكينة الصرف الآلي بطاقتي [la'qad ibtal-'aat makenat al-ṣarf al-aaly be-ṭa'qaty]; **Where is the nearest cash machine?** أين توجد أقرب ماكينة لصرف النقود؟ [ayna tojad a'qrab makena le-ṣarf al-no'qood?]
**machinery** [məˈʃiːnərɪ] *n* الآلية [al-ajjatu]
**mackerel** [ˈmækrəl] *n* سمك الماكريل [Samak al-makreel]
**mad** [mæd] *adj (angry)* مجنون [maʒnu:n], *(insane)* خبل [xabil]
**Madagascar** [ˌmædəˈgæskə] *n* مدغشقر [madaɣaʃqar]
**madam** [ˈmædəm] *n* زوجة [zawʒa]
**madly** [ˈmædlɪ] *adv* بجنون [biʒunu:nin]
**madman** [ˈmædmən] *n* مجنون [maʒnu:n]
**madness** [ˈmædnɪs] *n* جنون [ʒunu:n]
**magazine** [ˌmægəˈziːn] *n (ammunition)* ذخيرة حربية [dhakheerah ḥarbeyah], *(periodical)* مجلة [maʒalla]
**maggot** [ˈmægət] *n* يَرَقَة [jaraqa]
**magic** [ˈmædʒɪk] *adj* سَاحِر [sa:ħir] ▷ *n* سِحْر [siħr]
**magical** [ˈmædʒɪkəl] *adj* سِحري [siħrij]
**magician** [məˈdʒɪʃən] *n* ساحر [sa:ħir]
**magistrate** [ˈmædʒɪˌstreɪt; -strɪt] *n* قاضي [qa:dˤi:]
**magnet** [ˈmægnɪt] *n* مغناطيس [miɣna:tˤi:s]
**magnetic** [mægˈnɛtɪk] *adj* مغناطيسي [miɣna:tˤi:sij]
**magnificent** [mægˈnɪfɪsᵊnt] *adj* بديع [badi:ʕ]
**magpie** [ˈmægˌpaɪ] *n* طائر العَقْعَق [Ṭaaer al'a'qa'q]
**mahogany** [məˈhɒgənɪ] *n* خشب الماهوجني [Khashab al-mahojney]
**maid** [meɪd] *n* خادمة [xa:dima]
**maiden** [ˈmeɪdᵊn] *n*; **maiden name** *n* اسم المرأة قبل الزواج [Esm al-marah 'qabl alzawaj]
**mail** [meɪl] *n* بريد [bari:d] ▷ *v* يُرسِل بالبريد

[Yorsel bel-bareed]; **junk mail** *n* بريد غير مرغوب [Bareed gheer marghoob]; **Is there any mail for me?** هل تلقيت أي رسائل بالبريد الإلكتروني؟ [hal tala-'qyto ay rasa-el bil-bareed al-alekitrony?]
**mailbox** ['meɪl,bɒks] *n* صندوق البريد [Ṣondo'q bareed]
**mailing list** ['meɪlɪŋ 'lɪst] *n* قائمة بريد ['qaemat bareed]
**main** [meɪn] *adj* أساسي [ʔasa:sij]; **main course** *n* طبق رئيسي [Ṭaba'q raeesey]; **main road** *n* طريق رئيسي [ṭaree'q raeysey]
**mainland** ['meɪnlənd] *n* اليابسة [al-ja:bisatu]
**mainly** ['meɪnlɪ] *adv* في الدرجة الأولى [Fee al darajah al ola]
**maintain** [meɪn'teɪn] *v* يصون [jasˤu:nu]
**maintenance** ['meɪntɪnəns] *n* صيانة [sˤija:na]
**maize** [meɪz] *n* ذُرَة [ðura]
**majesty** ['mædʒɪstɪ] *n* جلالة [ʒala:la]
**major** ['meɪdʒə] *adj* أساسي [ʔasa:sij]
**majority** [mə'dʒɒrɪtɪ] *n* الأغلبية [al-ʔaɣlabijjatu]
**make** [meɪk] *v* يَصْنَع [jasˤnaʕu]
**makeover** ['meɪk,əʊvə] *n* تحول في المظهر [taḥawol fee almaḍhhar]
**maker** ['meɪkə] *n* صانِع [sˤa:niʕ]
**make up** [meɪk ʌp] *v* يَخْتَلِق [jaxtaliqu]
**make-up** [meɪkʌp] *n* مستحضرات التجميل [Mostahdraat al-tajmeel]
**malaria** [mə'lɛərɪə] *n* ملاريا [mala:rja:]
**Malawi** [mə'lɑ:wɪ] *n* ملاوي [mala:wi:]
**Malaysia** [mə'leɪzɪə] *n* ماليزيا [ma:li:zja:]
**Malaysian** [mə'leɪzɪən] *adj* ماليزي [ma:li:zij] ▷ *n* شخص ماليزي [shakhṣ maleezey]
**male** [meɪl] *adj* ذَكَري [ðakarij] ▷ *n* ذَكَر [ðakar]
**malicious** [mə'lɪʃəs] *adj* خبيث [xabi:θ]
**malignant** [mə'lɪgnənt] *adj* خَبيث [xabi:θ]
**malnutrition** [,mælnju:'trɪʃən] *n* سوء التغذية [Sooa al taghdheyah]
**Malta** ['mɔ:ltə] *n* مالطة [ma:ltˤa]
**Maltese** [mɔ:l'ti:z] *adj* مالطي [ma:ltˤij] ▷ *n (language)* اللغة المالطية [Al-loghah al-malṭeyah], *(person)* مالطي [ma:ltˤij]
**mammal** ['mæməl] *n* لبون [labu:n]
**mammoth** ['mæməθ] *adj* ضخم [dˤaxm] ▷ *n* ماموث [ma:mu:θ]
**man, men** [mæn, mɛn] *n* رَجُل [raʒul]; **best man** *n* إشبين العريس [Eshbeen al-aroos]
**manage** ['mænɪdʒ] *v* يُدير [judi:ru]
**manageable** ['mænɪdʒəbᵊl] *adj* سهل القيادة [Sahl al-'qeyadah]
**management** ['mænɪdʒmənt] *n* إدارة [ʔida:ra]
**manager** ['mænɪdʒə] *n* مدير [mudi:r]; **I'd like to speak to the manager, please** من فضلك أرغب في التحدث إلى المدير [min faḍlak arghab fee al-taḥaduth ela al-mudeer]
**manageress** [,mænɪdʒə'rɛs; 'mænɪdʒə,rɛs] *n* مديرة [mudi:ra]
**mandarin** ['mændərɪn] *n (fruit)* يوسفي [ju:sufij], *(official)* اللغة الصينية الرئيسية [Al-loghah al-Ṣeneyah alraeseyah]
**mangetout** ['mɑ̃ʒ'tu:] *n* بِسِلّة [bisallatin]
**mango** ['mæŋgəʊ] *n* مَنجا [manʒa:]
**mania** ['meɪnɪə] *n* هَوَس [hawas]
**maniac** ['meɪnɪ,æk] *n* مَجذوب [maʒðu:b]
**manicure** ['mænɪ,kjʊə] *n* تدريم الأظافر [Tadreem al-aḍhaafe] ▷ *v* يدرم [judarrimu]
**manipulate** [mə'nɪpjʊ,leɪt] *v* يُعالِج باليد [Yo'aalej bel-yad]
**mankind** [,mæn'kaɪnd] *n* بشرية [baʃarijja]
**man-made** ['mæn,meɪd] *adj* من صنع الإنسان [Men ṣon'a al-ensan]
**manner** ['mænə] *n* سلوك [sulu:k]
**manners** ['mænəz] *npl* سلوكيات [sulu:kijja:tun]
**manpower** ['mæn,paʊə] *n* قوة بشرية ['qowah bashareyah]
**mansion** ['mænʃən] *n* قصر ريفي ['qaṣr

reefey]
**mantelpiece** ['mæntᵊl,piːs] *n* رف المستوقد [Raf al-mostaw'qed]
**manual** ['mænjʊəl] *n* دليل التشغيل [Daleel al-tashgheel]
**manufacture** [,mænjʊ'fæktʃə] *v* يُصَّنِع [jusˤsˤaniʕu]
**manufacturer** [,mænjʊ'fæktʃərə] *n* صاحب المصنع [Ṣaheb al-maṣna'a]
**manure** [mə'njʊə] *n* سماد عضوي [Semad 'aodwey]
**manuscript** ['mænjʊ,skrɪpt] *n* مخطوطة [maxtˤuːtˤa]
**many** ['mɛnɪ] *adj* كثير [kaθiːr] ▷ *pron* عديد [ʕadiːdun]
**Maori** ['maʊrɪ] *adj* ماوري [maːwrij] ▷ *n* *(language)* اللغة الماورية [Al-loghah al-mawreyah], *(person)* شخص ماوري [Shakhṣ mawrey]
**map** [mæp] *n* خريطة [xariːtˤa]; **road map** *n* خريطة الطريق [Khareeṭat al-ṭaree'q]; **street map** *n* خارطة الشارع [khareṭat al-share'a]; **Can I have a map?** هل يمكن أن أحصل على خريطة؟ [hal yamken an aḥṣal 'aala khareeṭa?]; **Can you draw me a map with directions?** هل يمكن أن ترسم لي خريطة للاتجاهات؟ [Hal yomken an tarsem le khareeṭah lel-etejahaat?]; **Can you show me where it is on the map?** هل يمكن أن أري مكانه على الخريطة؟ [Hal yomken an ara makanah ala al-khareeṭah]; **Do you have a map of the tube?** هل لديكم خريطة لمحطات المترو؟ [hal ladykum khareeṭa le-muḥaṭ-aat al-metro?]; **I need a road map of...** أريد خريطة الطريق لـ... [areed khareeṭat al-ṭaree'q le...]; **Is there a cycle map of this area?** هل يوجد خريطة لهذه المنطقة؟ [hal yujad khareeṭa le-hadhy al-manṭa'qa?]; **Where can I buy a map of the area?** أي يمكن أن أشتري خريطة للمكان؟ [ayna yamkun an ash-tary khareeṭa lel-man-ṭa'qa?]
**maple** ['meɪpᵊl] *n* أشجار القيقب [Ashjaar al-'qay'qab]
**marathon** ['mærəθən] *n* سباق المارثون [Seba'q al-marathon]
**marble** ['mɑːbᵊl] *n* رُخَام [ruxaːm]
**march** [mɑːtʃ] *n* سَيْر [sajr] ▷ *v* يَسِير [jasiːru]
**March** [mɑːtʃ] *n* مارس [maːris]
**mare** [mɛə] *n* فرس [faras]
**margarine** [,mɑːdʒə'riːn; ,mɑːgə-] *n* سَمْن نباتي [Samn nabatey]
**margin** ['mɑːdʒɪn] *n* هامش [haːmiʃ]
**marigold** ['mærɪ,gəʊld] *n* الأقحوان [al-ʔuqħuwaːnu]
**marijuana** [,mærɪ'hwɑːnə] *n* ماريجوانا [maːriːʒwaːnaː]
**marina** [mə'riːnə] *n* حوض مرسى السفن [Hawḍ marsa al-sofon]
**marinade** *n* [,mærɪ'neɪd] ماء مالح [Maa maleḥ] ▷ *v* ['mærɪ,neɪd] يُخلل [juxallilu]
**marital** ['mærɪtᵊl] *adj*; **marital status** *n* الحالة الاجتماعية [Al-halah al-ejtemaayah]
**maritime** ['mærɪ,taɪm] *adj* بحري [baħrij]
**marjoram** ['mɑːdʒərəm] *n* عُشب البَرْدَقُوش ['aoshb al-barda'qoosh]
**mark** [mɑːk] *n* علامة [ʕalaːma] ▷ *v* *(grade)* يُعْطِي علامة مدرسية [Yo'aṭey a'alaamah madraseyah], *(make sign)* يُوَسِم [juːsimu]; **exclamation mark** *n* علامة تعجب ['alamah ta'ajob]; **question mark** *n* علامة استفهام ['alamat estefham]; **quotation marks** *npl* علامات الاقتباس ['aalamat al-e'qtebas]
**market** ['mɑːkɪt] *n* سُوق [suːq]; **market research** *n* دراسة السوق [Derasat al-soo'q]; **stock market** *n* البورصة [al-buːrsˤatu]
**marketing** ['mɑːkɪtɪŋ] *n* تسويق [taswiːqu]
**marketplace** ['mɑːkɪt,pleɪs] *n* السوق [as-suːqi]
**marmalade** ['mɑːmə,leɪd] *n* هلام الفاكهة [Holam al-fakehah]
**maroon** [mə'ruːn] *adj* منبوذ [manbuːð]
**marriage** ['mærɪdʒ] *n* زواج [zawaːʒ]; **marriage certificate** *n* عقد زواج

['aa'qd zawaj]
**married** ['mærɪd] *adj* متزوج [mutazawwiʒ]
**marrow** ['mærəʊ] *n* نخاع العظم [Nokhaa'a al-'aḍhm]
**marry** ['mærɪ] *v* يَتَزوج [jatazawwaʒu]
**marsh** [mɑːʃ] *n* سبخة [sabxa]
**martyr** ['mɑːtə] *n* شهيد [ʃahiːd]
**marvellous** ['mɑːvᵊləs] *adj* مدهش [mudhiʃ]
**Marxism** ['mɑːksɪzəm] *n* الماركسية [al-maːrkisijjatu]
**marzipan** ['mɑːzɪˌpæn] *n* مَرْزِبان [marziːbaːn]
**mascara** [mæ'skɑːrə] *n* ماسكارا [maːskaːraː]
**masculine** ['mæskjʊlɪn] *adj* مذكر [muðakkar]
**mask** [mɑːsk] *n* قناع [qinaːʕ]
**masked** [mɑːskt; masked] *adj* متنكر [mutanakkir]
**mass** [mæs] *n (amount)* مقدار كبير [Me'qdaar kabeer], *(church)* قُدّاس [quddaːs]
**massacre** ['mæsəkə] *n* مذبحة [maðbaħa]
**massage** ['mæsɑːʒ; -sɑːdʒ] *n* تدليك [tadliːk]
**massive** ['mæsɪv] *adj* ضَخْم [dˤaxm]
**mast** [mɑːst] *n* صاري [sˤaːriː]
**master** ['mɑːstə] *n* مدرس [mudarris] ▷ *v* يُتْقِن [jutqinu]
**masterpiece** ['mɑːstəˌpiːs] *n* رائعة [raːʔiʕa]
**mat** [mæt] *n* ممسحة أرجل [Memsahat arjol]; **mouse mat** *n* لوحة الفأرة [Looḥat al-faarah]
**match** [mætʃ] *n (partnership)* شريك حياة [Shareek al-ḥayah], *(sport)* مباراة [mubaːraːt] ▷ *v* يُضاهي [judˤaːhiː]; **away match** *n* مباراة الذهاب [Mobarat al-dhehab]; **home match** *n* مباراة الإياب في ملعب المضيف [Mobarat al-eyab fee mal'aab al-moḍeef]; **I'd like to see a football match** أود أن أشاهد مباراة كرة قدم؟ [awid an oshahed mubaraat korat 'qadam]
**matching** [mætʃɪŋ] *adj* مكافئ [mukaːfiʔ]
**mate** [meɪt] *n* رفيق [rafiːq]
**material** [mə'tɪərɪəl] *n* مادة [maːdda]
**maternal** [mə'tɜːnᵊl] *adj* متعلق بالأم [Mota'ale'q bel om]
**mathematical** [ˌmæθə'mætɪkᵊl; ˌmæθ'mæt-] *adj* (رياضي(متعلق بالرياضيات
**mathematics** [ˌmæθə'mætɪks; ˌmæθ'mæt-] *npl* رياضيات [rijaːdˤijjaːtun]
**maths** [mæθs] *npl* علم الرياضيات ['aelm al-reyaḍeyat]
**matter** ['mætə] *n* مسألة [masʔala] ▷ *v* يَهُم [jahummu]
**mattress** ['mætrɪs] *n* حشية [ħiʃʃa]
**mature** [mə'tjʊə; -'tʃʊə] *adj* ناضج [naːdˤiʒ]; **mature student** *n* طالب راشد [Ṭaleb rashed]
**Mauritania** [ˌmɒrɪ'teɪnɪə] *n* موريتانيا [muːriːtaːnjaː]
**Mauritius** [mə'rɪʃəs] *n* موريتاني [muːriːtaːniː]
**mauve** [məʊv] *adj* بنفسجي [banafsaʒij]
**maximum** ['mæksɪməm] *adj* أقصى [ʔaqsˤaː] ▷ *n* حد أقصى [Had a'qsa]
**may** [meɪ] *v*; **May I call you tomorrow?** هل يمكن أن أتصل بك غداً؟ [hal yamken an ataṣel beka ghadan?]; **May I open the window?** هل يمكن أن أفتح النافذة؟ [hal yamken an aftaḥ al-nafidha?]
**May** [meɪ] *n* مايو [maːjuː]
**maybe** ['meɪˌbiː] *adv* رُبما [rubbamaː]
**mayonnaise** [ˌmeɪə'neɪz] *n* ميونيز [majuːniːz]
**mayor, mayoress** [mɛə, 'mɛərɪs] *n* مُحَافِظ [muħaːfizˤ]
**maze** [meɪz] *n* متاهة [mataːha]
**me** [miː] *pron* إليّ [ʔilajja]
**meadow** ['mɛdəʊ] *n* أرض خضراء [Arḍ khaḍraa]
**meal** [miːl] *n* وجبة [waʒba]; **Could you prepare a meal without eggs?** هل يمكن إعداد وجبة خالية من البيض؟ [hal yamken e'adad wajba khaliya min al-bayḍ?]; **Could you prepare a meal**

**without gluten?** هل يمكن إعداد وجبة خالية من الجلوتين؟ [hal yamken e'adad wajba khaliya min al-jilo-teen?]; **The meal was delicious** كانت الوجبة شهية [kanat il-wajba sha-heyah]
**mealtime** ['miːlˌtaɪm] *n* وَقْت الطعام [Wa'qt al-ṭa'aaam]
**mean** [miːn] *adj* حقير [ħaqiːr] ▷ *v* يَقْصِد [jaqsˤidu]
**meaning** ['miːnɪŋ] *n* معنى [maʕnaː]
**means** [miːnz] *npl* وَسائِل [wasaːʔilun]
**meantime** ['miːnˌtaɪm] *adv* في غضون ذلك [Fee ghodoon ḍhalek]
**meanwhile** ['miːnˌwaɪl] *adv* خلال ذلك [Khelal dhalek]
**measles** ['miːzəlz] *npl* حصبة [ħasˤabatun]; **German measles** *n* حصبة ألمانية [Haṣbah al-maneyah]; **I had measles recently** أصبت مؤخرًا بمرض الحصبة [oṣebtu mu-akharan be-maraḍ al- ḥaṣba]
**measure** ['mɛʒə] *v* يَقْيس [jaqisu]; **tape measure** *n* شريط قياس [Shreeṭ 'qeyas]
**measurements** ['mɛʒəmənts] *npl* قياسات [qijaːsaːtun]
**meat** [miːt] *n* لحم [laħm]; **red meat** *n* لحم أحمر [Laḥm aḥmar]; **I don't eat red meat** لا أتناول اللحوم الحمراء [la ata- nawal al-liḥoom al-ḥamraa]; **The meat is cold** إن اللحم باردة [En al-laḥm baredah]; **This meat is off** هذه اللحم ليست طازجة [Hadheh al-lahm laysat ṭazejah]
**meatball** ['miːtˌbɔːl] *n* كرة لحم [Korat laḥm]
**Mecca** ['mɛkə] *n* مكة [makkatu]
**mechanic** [mɪ'kænɪk] *n* ميكانيكي [miːkaːniːkij]; **Can you send a mechanic?** هل يمكن أن ترسل لي ميكانيكي؟ [hal yamken an tarsil lee meka-neeky?]
**mechanical** [mɪ'kænɪkᵊl] *adj* ميكانيكي [miːkaːniːkij]
**mechanism** ['mɛkəˌnɪzəm] *n* تقنية [tiqnija]
**medal** ['mɛdᵊl] *n* ميدالية [miːdaːlijja]
**medallion** [mɪ'dæljən] *n* مدالية كبيرة [Medaleyah kabeerah]
**media** ['miːdɪə] *npl* وَسائِل الإعلام [Wasaael al-e'alaam]
**mediaeval** [ˌmɛdɪ'iːvᵊl] *adj* متعلق بالقرون الوسطى [Mot'aale'q bel-'qroon al-wosṭa]
**medical** ['mɛdɪkᵊl] *adj* طبي [tˤibbij] ▷ *n* فحص طبي شامل [Fahṣ ṭebey shamel]; **medical certificate** *n* شهادة طبية [Shehadah ṭebeyah]
**medication** [ˌmɛdɪ'keɪʃən] *n*; **I'm on this medication** أنني أتبع هذا العلاج [ina-ny atba'a hadha al-'aelaaj]
**medicine** ['mɛdɪsɪn; 'mɛdsɪn] *n* دَوَاء [dawaːʔ]
**meditation** [ˌmɛdɪ'teɪʃən] *n* تأمُّل [taʔammul]
**Mediterranean** [ˌmɛdɪtə'reɪnɪən] *adj* متوسطي [mutawassitˤij] ▷ *n* البحر المتوسط [Al-bahr al-motawaseṭ]
**medium** ['miːdɪəm] *adj (between extremes)* معتدل [muʕtadil]
**medium-sized** ['miːdɪəmˌsaɪzd] *adj* متوسط الحجم [Motawaseṭ al-hajm]
**meet** [miːt] *vi* يَجتَمِع [jaʒtamiʕu] ▷ *vt* يُقَابِل [juqaːbilu]
**meeting** ['miːtɪŋ] *n* اجتماع [ʔiʒtimaːʕ]; **I'd like to arrange a meeting with...** أرغب في ترتيب إجراء اجتماع مع.....؟ [arghab fee tar-teeb ejraa ejtemaa ma'aa...]
**meet up** [miːt ʌp] *v* يَلْتَقي ب [Yalta'qey be]
**mega** ['mɛgə] *adj* كبير [kabiːr]
**melody** ['mɛlədɪ] *n* لحن [laħn]
**melon** ['mɛlən] *n* شَمَّام [ʃammaːm]
**melt** [mɛlt] *vi* يَذوب [jaðuːbu] ▷ *vt* يُذِيب [juðiːbu]
**member** ['mɛmbə] *n* عضو [ʕudˤw]; **Do I have to be a member?** هل يجب علي أن أكون عضواً؟ [hal yajib 'aala-ya an akoon 'auḍwan?]
**membership** ['mɛmbəˌʃɪp] *n* عضوية [ʕudˤwijja]; **membership card** *n* بطاقة عضوية [Beṭaqat 'aodweiah]

**memento** [mɪˈmɛntəʊ] *n* التذكِرة [at-taðkiratu]
**memo** [ˈmɛməʊ; ˈmiːməʊ] *n* مذكرة [muðakkira]
**memorial** [mɪˈmɔːrɪəl] *n* نُصْب تذكاري [Noṣob tedhkarey]
**memorize** [ˈmɛməˌraɪz] *v* يَحفَظ [jaħfazˤu]
**memory** [ˈmɛmərɪ] *n* ذَاكِرة [ðaːkira]; **memory card** *n* كارت ذاكرة [Kart dhakerah]
**mend** [mɛnd] *v* يُصْلِح [jusˤliħu]
**meningitis** [ˌmɛnɪnˈdʒaɪtɪs] *n* التهاب السحايا [Eltehab al-sahaya]
**menopause** [ˈmɛnəʊˌpɔːz] *n* سِن اليأس [Sen al-yaas]
**menstruation** [ˌmɛnstrʊˈeɪʃən] *n* طَمْث [tˤamθ]
**mental** [ˈmɛntᵊl] *adj* عقلي [ʕaqlij]; **mental hospital** *n* مستشفى أمراض عقلية [Mostashfa amraḍ ʻaaʼqleyah]
**mentality** [mɛnˈtælɪtɪ] *n* عقلية [ʕaqlijja]
**mention** [ˈmɛnʃən] *v* يَذْكُر [jaðkuru]
**menu** [ˈmɛnjuː] *n* قائمة طعام [ʻqaemat ṭaʼaam]; **set menu** *n* قائمة مجموعات الأغذية [ʻqaemat majmoʻaat al-oghneyah]
**mercury** [ˈmɜːkjʊrɪ] *n* زئبق [ziʔbaq]
**mercy** [ˈmɜːsɪ] *n* رحمة [raħma]
**mere** [mɪə] *adj* مجرد [muʒarrad]
**merge** [mɜːdʒ] *v* يَدمِج [judmiʒu]
**merger** [ˈmɜːdʒə] *n* دَمْج [damʒ]
**meringue** [məˈræŋ] *n* ميرنجو [miːrinʒuː]
**mermaid** [ˈmɜːˌmeɪd] *n* حورية الماء [Ḥooreyat al-maa]
**merry** [ˈmɛrɪ] *adj* بهيج [bahiːʒ]
**merry-go-round** [ˈmɛrɪgəʊˈraʊnd] *n* دوامة الخيل [Dawamat al-kheel]
**mess** [mɛs] *n* فوضى [fawdˤaː]
**mess about** [mɛs əˈbaʊt] *v* يَتلخبط [jatalaxbatˤu]
**message** [ˈmɛsɪdʒ] *n* رسالة [risaːla]; **text message** *n* رسالة نصية [Resalah naṣeyah]; **Can I leave a message with his secretary?** هل يمكنني ترك رسالة مع السكرتير الخاص به؟ [hal yamken-any tark resala maʼaa al-sikertair al-khaṣ behe?]; **Can I leave a message?** هل يمكن أن أترك رسالة؟ [hal yamken an atruk resala?]
**messenger** [ˈmɛsɪndʒə] *n* رسول [rasuːl]
**mess up** [mɛs ʌp] *v* يُخطِئ [juxtˤiʔ]
**messy** [ˈmɛsɪ] *adj* فوضوي [fawdˤawij]
**metabolism** [mɪˈtæbəˌlɪzəm] *n* عملية الأيض [ʻamaleyah al-abyaḍ]
**metal** [ˈmɛtᵊl] *n* معدن [maʕdin]
**meteorite** [ˈmiːtɪəˌraɪt] *n* حُطام النيزك [Ḥoṭaam al-nayzak]
**meter** [ˈmiːtə] *n* عداد [ʕaddaːd]; **parking meter** *n* عداد وقوف السيارة [ʻadaad woʼqoof al-sayarah]; **Do you have change for the parking meter?** هل معك نقود فكه لعداد موقف الانتظار؟ [Hal maʼak neʼqood fakah leʼadad mawʼqaf al-ente ḍhar?]; **Where is the electricity meter?** أين يوجد عداد الكهرباء؟ [ayna yujad ʻaadad al-kah-raba?]; **Where is the gas meter?** أين يوجد عداد الغاز؟ [ayna yujad ʻaadad al-ghaz?]
**method** [ˈmɛθəd] *n* طريقة [tˤariːqa]
**Methodist** [ˈmɛθədɪst] *adj* منهجي [manhaʒij]
**metre** [ˈmiːtə] *n* متر [mitr]
**metric** [ˈmɛtrɪk] *adj* متري [mitrij]
**Mexican** [ˈmɛksɪkən] *adj* مكسيكي [miksiːkij] ▷ *n* مكسيكي [miksiːkij]
**Mexico** [ˈmɛksɪˌkəʊ] *n* المكسيك [al-miksiːku]
**microchip** [ˈmaɪkrəʊˌtʃɪp] *n* شريحة صغيرة [Shareehat ṣagheerah]
**microphone** [ˈmaɪkrəˌfəʊn] *n* ميكروفون [miːkuruːfuːn]; **Does it have a microphone?** هل يوجد ميكروفون؟ [hal yujad mekro-fon?]
**microscope** [ˈmaɪkrəˌskəʊp] *n* ميكروسكوب [miːkuruːskuːb]
**mid** [mɪd] *adj* أوسط [ʔawsatˤ]
**midday** [ˈmɪdˈdeɪ] *n* منتصف اليوم [Montaṣaf al-yawm]; **at midday** عند منتصف اليوم [ʻaenda muntaṣaf al-yawm]

**middle** ['mɪdᵊl] *n* وَسَطْ [wasatˤ]; **Middle Ages** *npl* العصور الوسطى [Al-'aoṣoor al-wosṭa]; **Middle East** *n* الشرق الأوسط [Al-shar'q al-awṣaṭ]
**middle-aged** ['mɪdᵊl,eɪdʒɪd] *adj* كهل [kahl]
**middle-class** ['mɪdᵊl,klɑːs] *adj* من الطبقة الوسطى [men al-Ṭaba'qah al-wosṭa]
**midge** [mɪdʒ] *n* ذُبَابَة صغيرة [Dhobabah ṣagheerah]
**midnight** ['mɪd,naɪt] *n* منتصف الليل [montaṣaf al-layl]; **at midnight** عند منتصف الليل ['aenda muntaṣaf al-layl]
**midwife, midwives** ['mɪd,waɪf, 'mɪd,waɪvz] *n* قَابِلَة [qa:bila]
**migraine** ['miːɡreɪn; 'maɪ-] *n* صداع النصفي [Ṣoda'a al-naṣfey]
**migrant** ['maɪɡrənt] *adj* مهاجر [muha:ʒir] ▷ *n* مُهاجِر [muha:ʒir]
**migration** [maɪ'ɡreɪʃən] *n* هجرة [hiʒra]
**mike** [maɪk] *n* ميكروفون [mi:kuru:fu:n]
**mild** [maɪld] *adj* لطيف [latˤi:f]
**mile** [maɪl] *n* مِيل [mi:l]
**mileage** ['maɪlɪdʒ] *n* مسافة بالميل [Masafah bel-meel]
**mileometer** [maɪ'lɒmɪtə] *n* عداد الأميال المقطوعة ['adaad al-amyal al-ma'qto'aah]
**military** ['mɪlɪtərɪ; -trɪ] *adj* عسكري [ʕaskarij]
**milk** [mɪlk] *n* حليب [ħali:b] ▷ *v* يَحلِب [jaħlibu]; **baby milk** *n* لبن أطفال [Laban aṭfaal]; **milk chocolate** *n* شيكولاتة باللبن [Shekolata bel-laban]; **semi-skimmed milk** *n* حليب نصف دسم [Haleeb nesf dasam]; **skimmed milk** *n* حليب منزوع الدسم [Haleeb manzoo'a al-dasam]; **UHT milk** *n* لبن مبستر [Laban mobaster]; **with the milk separate** بالحليب دون خلطه [bil ḥaleeb doon khal-ṭuho]
**milkshake** ['mɪlk,ʃeɪk] *n* مخفوق الحليب [Makhfoo'q al-ḥaleeb]
**mill** [mɪl] *n* طاحونة [tˤa:ħu:na]
**millennium** [mɪ'lɛnɪəm] *n* الألفية [al-ʔalfijjatu]
**millimetre** ['mɪlɪ,miːtə] *n* مليمتر [mili:mitr]
**million** ['mɪljən] *n* مليون [milju:n]
**millionaire** [,mɪljə'nɛə] *n* مليونير [milju:ni:ru]
**mimic** ['mɪmɪk] *v* يُحاكِي [juħa:ki:]
**mince** [mɪns] *v* لحم مفروم [Laḥm mafroom]
**mind** [maɪnd] *n* عقل [ʕaqil] ▷ *v* يهتم [jahtammu]
**mine** [maɪn] *n* منجم [manʒam] ▷ *pron* ملكي
**miner** ['maɪnə] *n* عامل مناجم ['aamel manajem]
**mineral** ['mɪnərəl; 'mɪnrəl] *adj* غير عضوي [Ghayer 'aoḍwey] ▷ *n* مادة غير عضوية [Madah ghayer 'aodweyah]; **mineral water** *n* مياه معدنية [Meyah ma'adaneyah]
**miniature** ['mɪnɪtʃə] *adj* مُصَغَر [musˤaɣɣar] ▷ *n* شَكْل مُصَغّر [Shakl moṣaghar]
**minibar** ['mɪnɪ,bɑː] *n* ثلاجة صغيرة [Thallaja ṣagheerah]
**minibus** ['mɪnɪ,bʌs] *n* ميني باص [Meny baas]
**minicab** ['mɪnɪ,kæb] *n* سيارة أجرة صغيرة [Sayarah ojrah ṣagherah]
**minimal** ['mɪnɪməl; 'minimal] *adj* أدنى [ʔadna:]
**minimize** ['mɪnɪ,maɪz] *v* يُخفِض إلى الحد الأدنى [juxfidˤu ʔila: alħaddi alʔadna:]
**minimum** ['mɪnɪməm] *adj* أدنى [ʔadna:] ▷ *n* حد أدنى [Had adna]
**mining** ['maɪnɪŋ] *n* تعدين [taʕdi:n]
**miniskirt** ['mɪnɪ,skɜːt] *n* جونلة قصيرة [Jonelah 'qaṣeerah]
**minister** ['mɪnɪstə] *n* *(clergy)* كاهن [ka:hin], *(government)* وزير [wazi:r]; **prime minister** *n* رئيس الوزراء [Raees al-wezaraa]
**ministry** ['mɪnɪstrɪ] *n* *(government)* وزارة [wiza:ra], *(religion)* كهنوت [kahnu:t]
**mink** [mɪŋk] *n* حيوان المِنْك [Ḥayawaan almenk]

**minor** ['maɪnə] *adj* ثانوي [θa:nawij] ▷ *n* شخص قاصر [Shakhṣ 'qaṣer]
**minority** [maɪ'nɒrɪtɪ; mɪ-] *n* أقلية [ʔaqallija]
**mint** [mɪnt] *n (coins)* دار سك العملة [Daar ṣaak al'aomlah], *(herb/sweet)* نعناع [naʕna:ʕ]
**minus** ['maɪnəs] *prep* طَرْح
**minute** *adj* [maɪ'nju:t] دقيق الحجم [Da'qee'q al-hajm] ▷ *n* ['mɪnɪt] دقيقة [daqi:qa]; **Could you watch my bag for a minute, please?** من فضلك، هل يمكن أن أترك حقيبتي معك لدقيقة واحدة؟ [min faḍlak, hal yamkin an atrik ḥa'qebaty ma'aak le-da'qe'qa waḥeda?]
**miracle** ['mɪrək^ə^l] *n* معجزة [muʕʒiza]
**mirror** ['mɪrə] *n* مرآة [mirʔa:t]; **rear-view mirror** *n* مرآة الرؤية الخلفية [Meraah al-roayah al-khalfeyah]; **wing mirror** *n* مرآة جانبية [Meraah janebeyah]
**misbehave** [ˌmɪsbɪ'heɪv] *v* يُسيء التصرف [Yoseea altaṣarof]
**miscarriage** [mɪs'kærɪdʒ] *n* إجهاض تلقائي [Ejhaḍ tel'qaaey]
**miscellaneous** [ˌmɪsə'leɪnɪəs] *adj* متنوع [mutanawwiʕ]
**mischief** ['mɪstʃɪf] *n* إزعاج [ʔizʕa:ʒ]
**mischievous** ['mɪstʃɪvəs] *adj* مؤذ [muʔðin]
**miser** ['maɪzə] *n* بَخيل [baxi:l]
**miserable** ['mɪzərəb^ə^l; 'mɪzrə-] *adj* تعيس [taʕi:s]
**misery** ['mɪzərɪ] *n* بؤس [buʔs]
**misfortune** [mɪs'fɔ:tʃən] *n* سوء الحظ [Soa al-ḥaḍh]
**mishap** ['mɪshæp] *n* حظ عاثر [Ḥadh 'aaer]
**misjudge** [ˌmɪs'dʒʌdʒ] *v* يُخطئ في الحكم على [yokhṭea fee al-ḥokm ala]
**mislay** [mɪs'leɪ] *v* يضيّع [judʕajjiʕu]
**misleading** [mɪs'li:dɪŋ; mis'leading] *adj* مُضَلِل [mudʕallil]
**misprint** ['mɪsˌprɪnt] *n* خطأ مطبعي [Khata matba'aey]
**miss** [mɪs] *v* يفتقد [jaftaqidu]
**Miss** [mɪs] *n* آنسة [ʔa:nisa]
**missile** ['mɪsaɪl] *n* قذيفة صاروخية ['qadheefah ṣarookheyah]
**missing** ['mɪsɪŋ] *adj* مفقود [mafqu:d]
**missionary** ['mɪʃənərɪ] *n* مُبَشِر [mubaʃʃir]
**mist** [mɪst] *n* شَبُورة [ʃabuwra]
**mistake** [mɪ'steɪk] *n* غلط [ɣalatʕ] ▷ *v* يُخطئ [juxtʕiʔu]
**mistaken** [mɪ'steɪkən] *adj* مخطئ [muxtʕiʔ]
**mistakenly** [mɪ'steɪkənlɪ] *adv* عن طريق الخطأ [Aan ṭaree'q al-khataa]
**mistletoe** ['mɪs^ə^lˌtəʊ] *n* نبات الهُدَال [Nabat al-hoddal]
**mistress** ['mɪstrɪs] *n* خليلة [xali:la]
**misty** ['mɪstɪ] *adj* ضبابي [dʕaba:bij]
**misunderstand** [ˌmɪsʌndə'stænd] *v* يُسِئ فهم [Yoseea fahm]
**misunderstanding** [ˌmɪsʌndə'stændɪŋ] *n* سوء فهم [Soa fahm]
**mitten** ['mɪt^ə^n] *n* قفاز يغطي الرسغ ['qoffaz yoghaṭey al-rasgh]
**mix** [mɪks] *n* مزيج [mazi:ʒ] ▷ *v* يمزج [jamziʒu]
**mixed** [mɪkst] *adj* مخلوط [maxlu:tʕ]; **mixed salad** *n* سلاطة مخلوطة [Salata makhloṭa]
**mixer** ['mɪksə] *n* خلاط [xala:atʕ]
**mixture** ['mɪkstʃə] *n* خليط [xali:tʕ]
**mix up** [mɪks ʌp] *v* يَخلِط [jaxlitʕu]
**mix-up** [mɪksʌp] *n* تشوش [taʃawwuʃ]
**MMS** [ɛm ɛm ɛs] *abbr* خدمة رسائل الوسائط المتعددة [Khedmat rasael al-wasaaeṭ almota'aadedah]
**moan** [məʊn] *v* يَنْدُب [jandubu]
**moat** [məʊt] *n* خَنْدَق مائي [Khanda'q maaey]
**mobile** ['məʊbaɪl] *adj* مُتَحَرِّك [mutaharrik]; **mobile home** *n* منزل متحرك [Mazel motaḥarek]; **mobile number** *n* رقم المحمول [Ra'qm almahmool]; **mobile phone** *n* هاتف جوال [Hatef jawal]
**mock** [mɒk] *adj* مُزَوَّر [muzawwir] ▷ *v* يَهزأ ب [Yah-zaa be]

**mod cons** ['mɒd kɒnz] *npl* وسائل الراحة الحديثة [Wasael al-rahah al-hadethah]
**model** ['mɒdᵊl] *adj* مثالي [miθa:lij] ▷ *n* طراز [tˤira:z] ▷ *v* يُشكِل [juʃakkilu]
**modem** ['məʊdɛm] *n* مودم [mu:dim]
**moderate** ['mɒdərɪt] *adj* متوسط [mutawassitˤ]
**moderation** [ˌmɒdə'reɪʃən] *n* اعتدال [iʕtida:l]
**modern** ['mɒdən] *adj* عصري [ʕasˤrij]; **modern languages** *npl* لغات حديثة [Loghat hadethah]
**modernize** ['mɒdəˌnaɪz] *v* يُحَدِث [juħaddiθu]
**modest** ['mɒdɪst] *adj* معتدل [muʕtadil]
**modification** [ˌmɒdɪfɪ'keɪʃən] *n* تعديل [taʕdi:l]
**modify** ['mɒdɪˌfaɪ] *v* يُعَدِل [juʕadilu]
**module** ['mɒdju:l] *n* وحدة قياس [Weḥdat 'qeyas]
**moist** [mɔɪst] *adj* مُبْتَل [mubtall]
**moisture** ['mɔɪstʃə] *n* نداوة [nada:wa]
**moisturizer** ['mɔɪstʃəˌraɪzə; 'moistuˌrizer; 'moistuˌriser] *n* مرطب [muratˤtˤib]
**Moldova** [mɒl'dəʊvə] *n* مولدافيا [mu:lda:fja:]
**Moldovan** [mɒl'dəʊvən] *adj* مولدافي [mu:lda:fij] ▷ *n* مولدافي [mu:lda:fij]
**mole** [məʊl] *n (infiltrator)* حاجز الأمواج [Hajez al-amwaj], *(mammal)* الخُلد [al-xuldu], *(skin)* خال [xa:l]
**molecule** ['mɒlɪˌkju:l] *n* جزيء [ʒuzajʔ]
**moment** ['məʊmənt] *n* لحظة [lahzˤa]; **Just a moment, please** لحظة واحدة من فضلك [laḥḍha waheda min faḍlak]
**momentarily** ['məʊməntərəlɪ; -trɪlɪ] *adv* كل لحظة [Kol laḥḍhah]
**momentary** ['məʊməntərɪ; -trɪ] *adj* خاطف [xa:tˤif]
**momentous** [məʊ'mɛntəs] *adj* هام جداً [Ham jedan]
**Monaco** ['mɒnəˌkəʊ; mə'nɑ:kəʊ; mɔnako] *n* موناكو [mu:na:ku:]
**monarch** ['mɒnək] *n* ملك [milk]
**monarchy** ['mɒnəkɪ] *n* أسرة حَاكمة [Osrah ḥakemah]
**monastery** ['mɒnəstərɪ; -strɪ] *n* دَيْر [dajr]
**Monday** ['mʌndɪ] *n* الإثنين [al-ʔiθnajni]
**monetary** ['mʌnɪtərɪ; -trɪ] *adj* متعلق بالعملة [Mota'ale'q bel-'omlah]
**money** ['mʌnɪ] *n* مال [ma:l]; **money belt** *n* حزام لحفظ المال [Hezam lehefḍh almal]; **pocket money** *n* مصروف الجيب [Maṣroof al-jeeb]; **Could you lend me some money?** هل يمكن تسليفي بعض المال؟ [hal yamken tas-leefy ba'aḍ al-maal?]; **I have no money** ليس معي مال [laysa ma'ay maal]; **I have run out of money** لقد نفذ مالي [la'qad nafatha malee]
**Mongolia** [mɒŋ'gəʊlɪə] *n* منغوليا [manɣu:lja:]
**Mongolian** [mɒŋ'gəʊlɪən] *adj* منغولي [manɣu:lij] ▷ *n (language)* اللغة المنغولية [Al-koghah al-manghooleyah], *(person)* منغولي [manɣu:lij]
**mongrel** ['mʌŋgrəl] *n* هجين [haʒi:n]
**monitor** ['mɒnɪtə] *n* شاشة [ʃa:ʃa]
**monk** [mʌŋk] *n* راهب [ra:hib]
**monkey** ['mʌŋkɪ] *n* قرد [qird]
**monopoly** [mə'nɒpəlɪ] *n* احتكار [iħtika:r]
**monotonous** [mə'nɒtənəs] *adj* مُمِل [mumill]
**monsoon** [mɒn'su:n] *n* ريح موسمية [Reeḥ mawsemeyah]
**monster** ['mɒnstə] *n* مسخ [masx]
**month** [mʌnθ] *n* شَهْر [ʃahr]
**monthly** ['mʌnθlɪ] *adj* شهري [ʃahrij]
**monument** ['mɒnjʊmənt] *n* مبنى نُصْب تذكاري [Mabna noṣob tedhkarey]
**mood** [mu:d] *n* حالة مزاجية [Halah mazajeyah]
**moody** ['mu:dɪ] *adj* متقلب المزاج [Mota'qaleb al-mazaj]
**moon** [mu:n] *n* قمر [qamar]; **full moon** *n* بَدْر [badrun]
**moor** [mʊə; mɔ:] *n* أرض سبخة [Arḍ sabkha] ▷ *v* يُوثِق [ju:θiqu]
**mop** [mɒp] *n* ممسحة تنظيف [Mamsaḥat

tanḍheef]
**moped** ['məʊpɛd] *n* دراجة آلية [darrajah aaleyah]
**mop up** [mɒp ʌp] *v* يمسح [jamsaħu]
**moral** ['mɒrəl] *adj* أخلاقي (معنوي) [ʔaxla:qij] ▷ *n* مغزى [maɣzan]
**morale** [mɒ'rɑ:l] *n* معنويات [maʕnawijja:t]
**morals** ['mɒrəlz] *npl* أخلاقيات [ʔaxla:qijja:tun]
**more** [mɔ:] *adj* أكثر [ʔakθaru] ▷ *adv* بدرجة أكبر [Be-darajah akbar] ▷ *pron* أكثر [ʔakθaru]; **Could you speak more slowly, please?** هل يمكن أن تتحدث ببطء أكثر إذا سمحت؟ [hal yamken an tata-ḥadath be-buṭi akthar edha samaḥt?]
**morgue** [mɔ:g] *n* مشرحة [maʃraħa]
**morning** ['mɔ:nɪŋ] *n* صباح [sˤaba:ħ]; **morning sickness** *n* غثيان الصباح [Ghathayan al-ṣabaḥ]; **Good morning** صباح الخير [ṣabaḥ al-khyer]; **in the morning** في الصباح [fee al-ṣabaḥ]; **I will be leaving tomorrow morning at ten a.m.** سوف أغادر غدا في الساعة العاشرة صباحا [sawfa oghader ghadan fee al-sa'aa al-'aashera ṣaba-han]; **I've been sick since this morning** منذ الصباح وأنا أعاني من المرض [mundho al-ṣabaah wa ana o'aany min al-maraḍ]; **Is the museum open in the morning?** هل المتحف مفتوح في الصباح؟ [hal al-mat-ḥaf maf-tooḥ fee al-ṣabaḥ]; **this morning** هذا الصباح [hatha al-ṣabaḥ]; **tomorrow morning** غدًا في الصباح [ghadan fee al-ṣabaḥ]
**Moroccan** [mə'rɒkən] *adj* مغربي [maɣribij] ▷ *n* مغربي [maɣribij]
**Morocco** [mə'rɒkəʊ] *n* المغرب [almaɣribu]
**morphine** ['mɔ:fi:n] *n* مورفين [mu:rfi:n]
**Morse** [mɔ:s] *n* مورس [mu:ris]
**mortar** ['mɔ:tə] *n* *(military)* مدفع الهاون [Madafa'a al-hawon], *(plaster)* ملاط [mala:tˤ]
**mortgage** ['mɔ:gɪdʒ] *n* رَهْن [rahn] ▷ *v* يَرْهن [jarhanu]
**mosaic** [mə'zeɪɪk] *n* فسيفساء [fusajfisa:ʔ]
**Moslem** ['mɒzləm] *adj* مُسلِم [muslim] ▷ *n* مُسْلِم [muslim]
**mosque** [mɒsk] *n* جامع [ʒa:miʕ]
**mosquito** [mə'ski:təʊ] *n* بعوضة [baʕu:dˤa]
**moss** [mɒs] *n* طُحْلُب [tˤuħlub]
**most** [məʊst] *adj* أقصى [ʔaqsˤa:] ▷ *adv* *(superlative)* إلى حد بعيد [Ela jad ba'aeed] ▷ *n* *(majority)* مُعظَم
**mostly** ['məʊstlɪ] *adv* في الأغلب [Fee al-aghlab]
**MOT** [ɛm əʊ ti:] *abbr* وزارة النقل [wiza:ratu annaqli]
**motel** [məʊ'tɛl] *n* استراحة [istira:ħa]
**moth** [mɒθ] *n* عثة [ʕaθθa]
**mother** ['mʌðə] *n* أم [ʔumm]; **mother tongue** *n* اللغة الأم [Al loghah al om]; **surrogate mother** *n* الأم البديلة [al om al badeelah]
**mother-in-law** ['mʌðə ɪn lɔ:] *(pl* **mothers-in-law)** *n* الحماة [al-ħama:tu]
**motionless** ['məʊʃənlɪs] *adj* ساكن [sa:kin]
**motivated** ['məʊtɪ,veɪtɪd] *adj* محفز [muħaffiz]
**motivation** [,məʊtɪ'veɪʃən; ,moti'vation] *n* تحفيز [taħfi:z]
**motive** ['məʊtɪv] *n* حافز [ħa:fiz]
**motor** ['məʊtə] *n* موتور [mawtu:r]; **motor mechanic** *n* ميكانيكي السيارات [Mekaneekey al-sayarat]; **motor racing** *n* سباق سيارات [Seba'q sayarat]
**motorbike** ['məʊtə,baɪk] *n* دراجة بمحرك [Darrajah be-moharrek]
**motorboat** ['məʊtə,bəʊt] *n* زورق بمحرك [Zawra'q be-moḥ arek]
**motorcycle** ['məʊtə,saɪkᵊl] *n* دراجة نارية [Darrajah narreyah]
**motorcyclist** ['məʊtə,saɪklɪst] *n* سائق دراجة بخارية [Sae'q drajah bokhareyah]
**motorist** ['məʊtərɪst] *n* سائق سيارة [Saae'q sayarah]

**motorway** ['məʊtəˌweɪ] *n* طريق السيارات [taree'q alsayaraat]
**mould** [məʊld] *n (fungus)* عفن [ʕafan], *(shape)* قالب [qa:lab]
**mouldy** ['məʊldɪ] *adj* متعفن [mutaʕaffin]
**mount** [maʊnt] *v* يَرتفع [jartafiʕu]
**mountain** ['maʊntɪn] *n* جبل [ʒabal]; **mountain bike** *n* دراجة الجبال [Darrajah al-jebal]; **Where is the nearest mountain rescue service post?** أين يوجد أقرب مركز لخدمة الإنقاذ بالجبل؟ [ayna yujad a'qrab markaz le-khedmat al-en-'qaadh bil-jabal?]
**mountaineer** [ˌmaʊntɪ'nɪə] *n* متسلق الجبال [Motasale'q al-jebaal]
**mountaineering** [ˌmaʊntɪ'nɪərɪŋ] *n* تسلق الجبال [Tasalo'q al-jebal]
**mountainous** ['maʊntɪnəs] *adj* جبلي [ʒabalij]
**mount up** [maʊnt ʌp] *v* يزيد من [Yazeed men]
**mourning** ['mɔːnɪŋ] *n* حداد [ħida:d]
**mouse, mice** [maʊs, maɪs] *n* فأر [faʔr]; **mouse mat** *n* لوحة الفأرة [Looḥat al-faarah]
**mousse** [muːs] *n* كريمة شيكولاتة [Kareemat shekolatah]
**moustache** [mə'stɑːʃ] *n* شارب [ʃa:rib]
**mouth** [maʊθ] *n* فم [fam]; **mouth organ** *n* آلة الهرمونيكا الموسيقية [Alat al-harmoneeka al-mose'qeyah]
**mouthwash** ['maʊθˌwɒʃ] *n* غسول الفم [Ghasool al-fam]
**move** [muːv] *n* انتقال [intiqa:l] ▷ *vi* يَتَحرك [jataħarraku] ▷ *vt* يُحَرك [jaħarrik]
**move back** [muːv bæk] *v* يَتَحرك للخلف [Yatḥarak lel-khalf]
**move forward** [muːv fɔːwəd] *v* يَتَحرك إلى الأمام [Yatḥarak lel-amam]
**move in** [muːv ɪn] *v* ينتقل [jantaqilu]
**movement** ['muːvmənt] *n* حركة [ħaraka]
**movie** ['muːvɪ] *n* فيلم [fi:lm]
**moving** ['muːvɪŋ] *adj* متحرك [mutaħarriki]
**mow** [məʊ] *v* يُجِزُّ [jaʒuzzu]
**mower** ['maʊə] *n* جَزّازَة [ʒazza:za]
**Mozambique** [ˌməʊzəm'biːk] *n* موزمبيق [mu:zambi:q]
**mph** [maɪlz pə aʊə] *abbr* مِيل لكل ساعة [Meel lekol sa'aah]
**Mr** ['mɪstə] *n* السيد [asajjidu]
**Mrs** ['mɪsɪz] *n* السيدة [asajjidatu]
**Ms** [mɪz; məs] *n* لَقَب للسَّيِّدَه أو الآنِسَه [laqaba lissajjidati ʔaw alʔa:nisati]
**MS** [mɪz; məs] *abbr* مرض تصلب الأنسجة المتعددة [Maraḍ taṣalob al-ansejah al-mota'adedah]
**much** [mʌtʃ] *adj* كثير [kaθi:r] ▷ *adv* كثير [kaθi:run]|كثيرا , [kaθi:ran]; **There's too much... in it** يوجد به الكثير من... [yujad behe al-kather min...]
**mud** [mʌd] *n* طين [tˤi:n]
**muddle** ['mʌdᵊl] *n* تشوش [taʃawwuʃ]
**muddy** ['mʌdɪ] *adj* موحل [mu:ħil]
**mudguard** ['mʌdˌɡɑːd] *n* رفرف العجلة [Rafraf al-'ajalah]
**muesli** ['mjuːzlɪ] *n* حبوب الميوسلي [Ḥoboob al-meyosley]
**muffler** ['mʌflə] *n* لفاع [lifa:ʕ]
**mug** [mʌɡ] *n* مَجّ [maʒʒ] ▷ *v* يهاجم بقصد السرقة [Yohajem be'qaṣd al-sare'qah]
**mugger** ['mʌɡə] *n* تمساح نهري أسيوي [Temsaah nahrey asyawey]
**mugging** [mʌɡɪŋ] *n* هجوم للسرقة [Hojoom lel-sare'qah]
**muggy** ['mʌɡɪ] *adj*; **It's muggy** الجو رطب [al-jaw raṭb]
**mule** [mjuːl] *n* بَغل [bayl]
**multinational** [ˌmʌltɪ'næʃənᵊl] *adj* متعدد الجنسيات [Mota'aded al-jenseyat] ▷ *n* شركة متعددة الجنسيات [Shreakah mota'adedat al-jenseyat]
**multiple** ['mʌltɪpᵊl] *adj*; **multiple sclerosis** *n* تَلَيُّف عصبي متعدد [Talayof 'aaṣabey mota'aded]
**multiplication** [ˌmʌltɪplɪ'keɪʃən] *n* مضاعفة [mudˤa:ʕafa]
**multiply** ['mʌltɪˌplaɪ] *v* يُكْثِر [jukθiru]
**mum** [mʌm] *n* ماما [ma:ma:]
**mummy** ['mʌmɪ] *n (body)* مومياء

[mu:mja:?], *(mother)* ماما [ma:ma:]
**mumps** [mʌmps] *n* التهاب الغدة النكفية [Eltehab alghda alnokafeyah]
**murder** ['mɜːdə] *n* جريمة قتل [Jareemat 'qatl] ▷ *v* يقتل عمداً [Ya'qtol 'aamdan]
**murderer** ['mɜːdərə] *n* قاتل [qa:til]
**muscle** ['mʌsᵊl] *n* عضلة [ʕadˤala]
**muscular** ['mʌskjʊlə] *adj* عضلي [ʕadˤalij]
**museum** [mjuː'zɪəm] *n* متحف [matħaf]; **Is the museum open every day?** هل المتحف مفتوح طوال الأسبوع؟ [hal al-mat-ḥaf maf-tooḥ ṭiwaal al-isboo'a?]; **When is the museum open?** متى يُفتح المتحف؟ [mata yoftaḥ al-matḥaf?]
**mushroom** ['mʌʃruːm; -rʊm] *n* عيش الغراب ['aaysh al-ghorab]
**music** ['mjuːzɪk] *n* موسيقى [mu:si:qa:]; **folk music** *n* موسيقى شعبية [Mose'qa sha'abeyah]; **music centre** *n* مركز موسيقى [Markaz mose'qa]; **Where can we hear live music?** أين يمكننا الاستماع إلى موسيقى حية؟ [ayna yamken-ana al-istima'a ela mose'qa ḥay-a?]
**musical** ['mjuːzɪkᵊl] *adj* موسيقي [mu:si:qij] ▷ *n* مسرحية موسيقية [Masraḥeyah mose'qeya]; **musical instrument** *n* آلة موسيقية [Aala mose'qeyah]
**musician** [mjuː'zɪʃən] *n* عازف موسيقى ['aazef mose'qaa]
**Muslim** ['mʊzlɪm; 'mʌz-] *adj* مُسلِم [muslim] ▷ *n* مُسْلِم [muslim]
**mussel** ['mʌsᵊl] *n* أم الخُلول [Om al-kholool]
**must** [mʌst] *v* يَجب [jaʒibu]
**mustard** ['mʌstəd] *n* خردل [xardal]
**mutter** ['mʌtə] *v* يُغَمْغِم [juɣamɣimu]
**mutton** ['mʌtᵊn] *n* لحم ضأن [Lahm ḍaan]
**mutual** ['mjuːtʃʊəl] *adj* متبادل [mutaba:dal]
**my** [maɪ] *pron* ي: ضمير المتكلم المضاف إليه
**Myanmar** ['maɪænmɑː; 'mjænmɑː] *n* ميانمار [mija:nma:r]
**myself** [maɪ'sɛlf] *pron* نفسي [nafsijjun]
**mysterious** [mɪ'stɪərɪəs] *adj* غامض [ɣa:midˤ]
**mystery** ['mɪstərɪ] *n* غموض [ɣumu:dˤ]
**myth** [mɪθ] *n* أسطورة [ʔustˤu:ra]
**mythology** [mɪ'θɒlədʒɪ] *n* علم الأساطير ['aelm al asateer]

# n

**naff** [næf] *adj* قديم الطراز ['qadeem al-ṭeraz]
**nag** [næg] *v* ينق [janiqqu]
**nail** [neɪl] *n* مسمار [misma:r]; **nail polish** *n* طلاء أظافر [Ṭelaa aḍhafer]; **nail scissors** *npl* مقص أظافر [Ma'qaṣ aḍhafer]; **nail varnish** *n* طلاء أظافر [Ṭelaa aḍhafer]; **nail-polish remover** *n* مزيل طلاء الأظافر [Mozeel ṭalaa al-aḍhafer]
**nailbrush** ['neɪl,brʌʃ] *n* فرشاة أظافر [Forshat aḍhafer]
**nailfile** ['neɪl,faɪl] *n* مبرد أظافر [Mabrad aḍhafer]
**naive** [nɑː'iːv; naɪ'iːv] *adj* ساذَج [sa:ðaʒ]
**naked** ['neɪkɪd] *adj* عار [ʕa:r]
**name** [neɪm] *n* اسم [ism]; **brand name** *n* العلامة التجارية [Al-'alamah al-tejareyah]; **first name** *n* الاسم الأول [Al-esm al-awal]; **maiden name** *n* اسم المرأة قبل الزواج [Esm al-marah 'qabl alzawaj]; **I booked a room in the name of...** ...لقد قمت بحجز غرفة باسم [La'qad 'qomt behajz ghorfah besm...]; **My name is...** ...اسمي [ismee..]; **What's your name?** ما اسمك؟ [ma ismak?]
**nanny** ['nænɪ] *n* مربية [murabbija]
**nap** [næp] *n* غفوة [ɣafwa]
**napkin** ['næpkɪn] *n* منديل المائدة [Mandeel al-maaedah]
**nappy** ['næpɪ] *n* شراب مُسكِر [Sharaab mosker]
**narrow** ['nærəʊ] *adj* ضيق [dˤajjiq]
**narrow-minded** ['nærəʊ'maɪndɪd] *adj* ضَيِّق الأُفُق [Ḍaye'q al-ofo'q]
**nasty** ['nɑːstɪ] *adj* كريه [kari:h]
**nation** ['neɪʃən] *n* أمة [ʔumma]; **United Nations** *n* الأمم المتحدة [Al-omam al-motahedah]
**national** ['næʃənəl] *adj* قومي [qawmijju]; **national anthem** *n* نشيد وطني [Nasheed waṭney]; **national park** *n* حديقة وطنية [Hadee'qah waṭaneyah]
**nationalism** ['næʃənə,lɪzəm; 'næʃnə-] *n* قَوْمِيّة [qawmijja]
**nationalist** ['næʃənəlɪst] *n* مُنَاصر للقومية [Monaṣer lel-'qawmeyah]
**nationality** [,næʃə'nælɪtɪ] *n* جنسية [ʒinsijja]
**nationalize** ['næʃənə,laɪz; 'næʃnə-] *v* يُؤمِّم [juʔammimu]
**native** ['neɪtɪv] *adj* بلدي [baladij]; **native speaker** *n* متحدث باللغة الأم [motaḥdeth bel-loghah al-om]
**NATO** ['neɪtəʊ] *abbr* منظمة حلف الشمال الأطلنطي [munazˤzˤamatun ħalfa aʃʃima:li alʔatˤlantˤijji]
**natural** ['nætʃrəl; -tʃərəl] *adj* طبيعي [tˤabi:ʕij]; **natural gas** *n* غاز طبيعي [ghaz ṭabeeaey]; **natural resources** *npl* موارد طبيعية [Mawared ṭabe'aey]
**naturalist** ['nætʃrəlɪst; -tʃərəl-] *n* مُناصر للطبيعة [monaṢer lel-ṭabe'aah]
**naturally** ['nætʃrəlɪ; -tʃərə-] *adv* طبيعي [tˤabi:ʕijjun]
**nature** ['neɪtʃə] *n* طبيعة [tˤabi:ʕa]
**naughty** ['nɔːtɪ] *adj* شقي [ʃaqij]
**nausea** ['nɔːzɪə; -sɪə] *n* غثيان [ɣaθaja:n]
**naval** ['neɪvəl] *adj* بحري [baħrij]
**navel** ['neɪvəl] *n* سُرَّة [surra]
**navy** ['neɪvɪ] *n* أسطول [ʔustˤu:l]
**navy-blue** ['neɪvɪ'bluː] *adj* أزرق داكن

[Azra'q daken]
**NB** [ɛn biː] *abbr (notabene)* ملاحظة هامة [mulaːħazˁatun haːmatun]
**near** [nɪə] *adj* قريب [qariːb] ▷ *adv* قُرب [qurba] ▷ *prep* بالقُرب من [Bel-'qorb men]; **Are there any good beaches near here?** هل يوجد شواطئ جيدة قريبة من هنا؟ [hal yujad shawaṭee jayida 'qareeba min huna?]; **It's very near** هل المسافة قريبة جدا؟ [al-masafa 'qareeba jedan]
**nearby** *adj* ['nɪəˌbaɪ] مجاور [muʒaːwir] ▷ *adv* [ˌnɪə'baɪ] على نحو قريب [Ala naḥw 'qareeb]
**nearly** ['nɪəlɪ] *adv* على نحو وثيق ['aala naḥwen wathee'q]
**near-sighted** [ˌnɪə'saɪtɪd] *adj* قريب النظر ['qareeb al- naḍhar]
**neat** [niːt] *adj* نظيف [nazˁiːf]
**neatly** [niːtlɪ] *adv* بإتقان [biʔitqaːnin]
**necessarily** ['nɛsɪsərɪlɪ; ˌnɛsɪ'sɛrɪlɪ] *adv* بالضرورة [bi-adˁ-dˁaruːrati]
**necessary** ['nɛsɪsərɪ] *adj* ضروري [dˁaruːrij]
**necessity** [nɪ'sɛsɪtɪ] *n* ضرورة [dˁaruːra]
**neck** [nɛk] *n* رَقَبَة [raqaba]
**necklace** ['nɛklɪs] *n* قلادة [qilaːda]
**nectarine** ['nɛktərɪn] *n* خُوخ [xuːx]
**need** [niːd] *n* حاجة [ħaːʒa] ▷ *v* يَحتاج إلى [Taḥtaaj ela]
**needle** ['niːdᵊl] *n* إبرة [ʔibra]; **knitting needle** *n* إبرة خياطة [Ebrat khayṭ]; **Do you have a needle and thread?** هل يوجد لديك إبرة وخيط؟ [hal yujad ladyka ebra wa khyṭ?]
**negative** ['nɛgətɪv] *adj* سلبي [silbij] ▷ *n* إحجام [ʔiħʒaːmu]
**neglect** [nɪ'glɛkt] *n* إهمال [ʔihmaːl] ▷ *v* يُهْمِل [juhmilu]
**neglected** [nɪ'glɛktɪd] *adj* مهمل [muhmil]
**negligee** ['nɛglɪˌʒeɪ] *n* ثوب فضفاض [Thawb feḍeaḍ]
**negotiate** [nɪ'gəʊʃɪˌeɪt] *v* يَتفاوَض [jatafaːwadˁu]
**negotiations** [nɪˌgəʊʃɪ'eɪʃənz] *npl* مفاوضات [mufaːwadˁaːtun]
**negotiator** [nɪ'gəʊʃɪˌeɪtə] *n* مفاوض [mufaːwidˁ]
**neighbour** ['neɪbə] *n* جار [ʒaːr]
**neighbourhood** ['neɪbəˌhʊd] *n* مُجَاوِرة [muʒaːwira]
**neither** ['naɪðə; 'niːðə] *adv* فوق ذلك [Faw'q dhalek] ▷ *conj* لا هذا ولا ذاك [La hadha wala dhaak]
**neon** ['niːɒn] *n* غاز النيون [Ghaz al-neywon]
**Nepal** [nɪ'pɔːl] *n* نيبال [niːbaːl]
**nephew** ['nɛvjuː; 'nɛf-] *n* ابن الأخ [Ebn al-akh]
**nerve** [nɜːv] *n (boldness)* وقاحة [waqaːħa], *(to/from brain)* عصب [ʕasˁab]
**nerve-racking** ['nɜːv'rækɪŋ] *adj* مرهق الأعصاب [Morha'q al-a'aṣaab]
**nervous** ['nɜːvəs] *adj* عصبي المزاج ['aṣabey]; **nervous breakdown** *n* إنهيار عصبي [Enheyar aṣabey]
**nest** [nɛst] *n* عش [ʕuʃ]
**net** [nɛt] *n* شبكة [ʃabaka]
**Net** [nɛt] *n* صافي [sˁaːfiː]
**netball** ['nɛtˌbɔːl] *n* كرة الشبكة [Korat al-shabakah]
**Netherlands** ['nɛðələndz] *npl* هولندا [huːlandaː]
**nettle** ['nɛtᵊl] *n* نبات ذو وبر شائك [Nabat dho wabar shaek]
**network** ['nɛtˌwɜːk] *n* شبكة [ʃabaka]; **I can't get a network** لا أستطيع الوصول إلى الشبكة [la asta-ṭee'a al-wiṣool ela al-shabaka]
**neurotic** [njʊ'rɒtɪk] *adj* عصابي [ʕisˁaːbij]
**neutral** ['njuːtrəl] *adj* حيادي [ħijaːdij] ▷ *n* شخص محايد [Moḥareb moḥayed]
**never** ['nɛvə] *adv* أبداً [ʔabadan]
**nevertheless** [ˌnɛvəðə'lɛs] *adv* وبرغم ذلك [Wa-be-raghm dhalek]
**new** [njuː] *adj* جديد [ʒadiːd]; **New Year** *n* رَأس السَّنَة [Raas alsanah]; **New Zealand** *n* نيوزلندا [njuːzilandaː]; **New Zealander** *n* نيوزلندي [njuːzilandiː]
**newborn** ['njuːˌbɔːn] *adj* طفل حديث الولادة [Tefl ḥadeeth alweladah]
**newcomer** ['njuːˌkʌmə] *n* وَافِد [waːfid]

**news** [nju:z] *npl* أخبار [ʔaxba:run]; **When is the news?** تى تعرض الأخبار؟ [Tee ta'areḍ alakhbaar]
**newsagent** ['nju:zˌeɪdʒənt] *n* وكيل أخبار [Wakeel akhbaar]
**newspaper** ['nju:zˌpeɪpə] *n* صحيفة [sˤaħi:fa]
**newsreader** ['nju:zˌri:də] *n* قارئ الأخبار ['qarey al-akhbar]
**newt** [nju:t] *n* سَمندل الماء [Samandal al-maa]
**next** [nɛkst] *adj* تالي [ta:li:] ▷ *adv* تالٍ [ta:lin]; **next to** *prep* بجوار; **When do we stop next?** متى سنتوقف في المرة التالية؟ [mata sa-nata-wa'qaf fee al-murra al-taleya?]; **When is the next bus to...?** ما هو الموعد التالي للأتوبيس المتجه إلى...؟ [ma howa al-maw'aid al-taaly lel-baaṣ al-mutajeh ela...?]
**next-of-kin** ['nɛkstɒv'kɪn] *n* أقرب أفراد العائلة [A'qrab afrad al-'aaleah]
**Nicaragua** [ˌnɪkə'rægjʊə; nika'raɣwa] *n* نيكاراجوا [ni:ka:ra:ʒwa:]
**Nicaraguan** [ˌnɪkə'rægjʊən; -gwən] *adj* من نيكاراجاو [Men nekarajwa] ▷ *n* نيكاراجاوي [ni:ka:ra:ʒa:wi:]
**nice** [naɪs] *adj* لطيف [latˤi:f]
**nickname** ['nɪkˌneɪm] *n* كنية [kinja]
**nicotine** ['nɪkəˌti:n] *n* نيكوتين [ni:ku:ti:n]
**niece** [ni:s] *n* بِنْت الأخت [Bent al-okht]
**Niger** ['naɪ'dʒɪər] *n* النيجر [an-ni:ʒar]
**Nigeria** [naɪ'dʒɪərɪə] *n* نيجيريا [ni:ʒi:rja:]
**Nigerian** [naɪ'dʒɪərɪən] *adj* نيجيري [ni:ʒi:rij] ▷ *n* نيجيري [ni:ʒi:rij]
**night** [naɪt] *n* ليل [lajl]; **hen night** *n* ليلة خروج الزوجات فقط [Laylat khorooj alzawjaat fa'qat]; **night school** *n* مدرسة ليلية [Madrasah layleyah]; **stag night** *n* (حفل توديع العزوبية) للرجال [(ḥafl tawdee'a al'aozobayah) lel-rejaal]; **at night** ليلًا [lajla:]; **Good night** ليلة سعيدة [layla sa'aeeda]; **How much is it per night?** كم تبلغ تكلفة الإقامة في الليلة الواحدة؟ [kam tablugh taklifat al-e'qama fee al-layla al-waḥida?]; **I want to stay an extra night** أريد البقاء لليلة أخرى [areed al-ba'qaa le-layla ukhra]; **I'd like to stay for two nights** أريد الإقامة لليلتين [areed al-e'qama le lay-la-tain]; **last night** الليلة الماضية [al-laylah al-maaḍiya]; **tomorrow night** غدًا في الليل [ghadan fee al-layl]
**nightclub** ['naɪtˌklʌb] *n* نادي ليلي [Nadey layley]
**nightdress** ['naɪtˌdrɛs] *n* ثياب النوم [Theyab al-noom]
**nightie** ['naɪtɪ] *n* قميص نوم نسائي ['qamees noom nesaaey]
**nightlife** ['naɪtˌlaɪf] *n* الخدمات الترفيهية الليلية [Alkhadmat al-tarfeeheyah al-layleyah]
**nightmare** ['naɪtˌmɛə] *n* كابوس [ka:bu:s]
**nightshift** ['naɪtˌʃɪft] *n* نوبة ليلية [Noba layleyah]
**nil** [nɪl] *n* لا شيء [La shaya]
**nine** [naɪn] *number* تسعة [tisʕatun]
**nineteen** [ˌnaɪn'ti:n] *number* تسعة عشر [tisʕata ʕaʃara]
**nineteenth** [ˌnaɪn'ti:nθ] *adj* التاسع عشر [atta:siʕa ʕaʃara]
**ninety** ['naɪntɪ] *number* تسعين [tisʕi:nun]
**ninth** [naɪnθ] *adj* تاسع [ta:siʕ] ▷ *n* تاسع [ta:siʕ]
**nitrogen** ['naɪtrədʒən] *n* نيتروجين [ni:tru:ʒi:n]
**no** [nəʊ] *pron* ليس كذا [Lays kadha]; **no one** *pron* لا أحد [la ahad]
**nobody** ['nəʊbədɪ] *pron* لا أحد [la ahad]
**nod** [nɒd] *v* يُومئ برأسه [Yomea beraaseh]
**noise** [nɔɪz] *n* ضوضاء [dˤawdˤa:ʔ]; **I can't sleep for the noise** لا أستطيع النوم بسبب الضوضاء [la asta-ṭee'a al-nawm besa-bab al-ḍawḍaa]
**noisy** ['nɔɪzɪ] *adj* ضوضاء [dˤawdˤa:ʔ]; **It's noisy** إنها غرفة بها ضوضاء [inaha ghurfa beha ḍawḍaa]; **The room is too noisy** هناك ضوضاء كثيرة جدا بالغرفة [hunaka ḍaw-ḍaa kathera jedan bil-ghurfa]
**nominate** ['nɒmɪˌneɪt] *v* يُرَشِح

[juraʃʃiħu]
**nomination** [ˌnɒmɪˈneɪʃən; ˌnomiˈnation] *n* ترشيح [tarʃiːħ]
**none** [nʌn] *pron* لا شيء [La shaya]
**nonsense** [ˈnɒnsəns] *n* هراء [huraːʔ]
**non-smoker** [nɒnˈsməʊkə] *n* شخص غير مُدَخِن [Shakhṣ Ghayr modakhen]
**non-smoking** [nɒnˈsməʊkɪŋ] *adj* غير مُدَخِن [Ghayr modakhen]
**non-stop** [ˈnɒnˈstɒp] *adv* بدون توقف [Bedon tawa'qof]
**noodles** [ˈnuːdᵊlz] *npl* مكرونة اسباجتي [Makaronah spajety]
**noon** [nuːn] *n* ظُهْر [zˤuhr]
**nor** [nɔː; nə] *conj* ولا
**normal** [ˈnɔːmᵊl] *adj* طبيعي [tˤabiːʕij]
**normally** [ˈnɔːməlɪ] *adv* بصورة طبيعية [beṣoraten ṭabe'aey]
**north** [nɔːθ] *adj* شمالي [ʃamaːlij] ▷ *adv* شمالا [ʃamaːlan] ▷ *n* شمال [ʃamaːl]; **North Africa** *n* شمال أفريقيا [Shamal afreekya]; **North African** *n* شخص من شمال إفريقيا [Shakhs men shamal afree'qya]إفريقيا من شمال , [Men shamal afree'qya]; **North America** *n* أمريكا الشمالية [Amreeka al- Shamaleyah]; **North American** *n* شخص من أمريكا الشمالية [Shkhṣ men Amrika al shamalyiah]من أمريكا الشمالية , [men Amrika al shamalyiah]; **North Korea** *n* كوريا الشمالية [Koreya al-shamaleyah]; **North Pole** *n* القطب الشمالي [A'qoṭb al-shamaley]; **North Sea** *n* البحر الشمالي [Al-baḥr al-Shamaley]
**northbound** [ˈnɔːθˌbaʊnd] *adj* متجه شمالًا [Motajeh shamalan]
**northeast** [ˌnɔːθˈiːst; ˌnɔːrˈiːst] *n* شمال شرقي [Shamal shar'qey]
**northern** [ˈnɔːðən] *adj* شمالي [ʃamaːlij]; **Northern Ireland** *n* أيرلندة الشمالية [Ayarlanda al-shamaleyah]
**northwest** [ˌnɔːθˈwɛst; ˌnɔːˈwɛst] *n* شمال غربي [Shamal gharbey]
**Norway** [ˈnɔːˌweɪ] *n* النرويج [ʔan-narwiːʒ]
**Norwegian** [nɔːˈwiːdʒən] *adj* نرويجي [narwiːʒij] ▷ *n (language)* اللغة النرويجية [Al-loghah al-narwejeyah], *(person)* نرويجي [narwiːʒij]
**nose** [nəʊz] *n* أنف [ʔanf]
**nosebleed** [ˈnəʊzˌbliːd] *n* نزيف الأنف [Nazeef al-anf]
**nostril** [ˈnɒstrɪl] *n* فتحة الأنف [Fathat al-anf]
**nosy** [ˈnəʊzɪ] *adj* فضولي [fudˤuːlij]
**not** [nɒt] *adv* لا [laː]; **I'm not drinking** أنا لا أشرب. [ana la ashrab]
**note** [nəʊt] *n (banknote)* عملة وَرَقية [ʕumlatun waraqiːja], *(message)* ملاحظة [mulaːħazˤa], *(music)* نغمة [naɣama]; **sick note** *n* إذن غياب مرضي [edhn gheyab maraḍey]
**notebook** [ˈnəʊtˌbʊk] *n* مفكرة [mufakkira]
**note down** [nəʊt daʊn] *v* يُدون [judawwinu]
**notepad** [ˈnəʊtˌpæd] *n* كتيب ملاحظات [Kotayeb molaḥaḍhat]
**notepaper** [ˈnəʊtˌpeɪpə] *n* ورقة ملاحظات [Wara'qat molaḥadhaat]
**nothing** [ˈnʌθɪŋ] *pron* شيء غير موجود [Shaya ghayr mawjood]
**notice** [ˈnəʊtɪs] *n (note)* إشعار [ʔiʃʕaːr], *(termination)* إنذار [ʔinðaːr] ▷ *v* يُنْذِر [junðiru]; **notice board** *n* لوحة الملاحظات [Looḥat al-molahḍhat]
**noticeable** [ˈnəʊtɪsəbᵊl] *adj* ملحوظ [malħuːzˤ]
**notify** [ˈnəʊtɪˌfaɪ] *v* يُعلِم [juʕallimu]
**nought** [nɔːt] *n* لا شيء [La shaya]
**noun** [naʊn] *n* اسم [ism]
**novel** [ˈnɒvᵊl] *n* رواية [riwaːja]
**novelist** [ˈnɒvəlɪst] *n* رَوَائي [riwaːʔij]
**November** [nəʊˈvɛmbə] *n* نوفمبر [nuːfumbar]
**now** [naʊ] *adv* الآن [ʔal-ʔaːn]; **Do I pay now or later?** هل يجب أن أدفع الآن أم لاحقا؟ [hal yajib an adfa'a al-aan am la-ḥe'qan?]; **I need to pack now** أنا في حاجة لحزم أمتعتي الآن [ana fee ḥaja le-ḥazem am-te-'aaty al-aan]
**nowadays** [ˈnaʊəˌdeɪz] *adv* في هذه الأيام [Fee hadheh alayaam]

**nowhere** ['nəʊˌwɛə] *adv* ليس في أي مكان [Lays fee ay makan]
**nuclear** ['nju:klɪə] *adj* نووي [nawawij]
**nude** [nju:d] *adj* ناقص [na:qisˤ] ▷ *n* صورة عارية [Ṣoorah 'aareyah]
**nudist** ['nju:dɪst] *n* مُناصر للعُرْي [Monaṣer lel'aory]
**nuisance** ['nju:səns] *n* إزعاج [ʔizʕa:ʒ]
**numb** [nʌm] *adj* خَدِر [xadir]
**number** ['nʌmbə] *n* رقم [raqm]; **account number** *n* رقم الحساب [Ra'qm al-hesab]; **mobile number** *n* رقم المحمول [Ra'qm almahmool]; **number plate** *n* لوحة الأرقام [Looḥ al-ar'qaam]; **phone number** *n* رقم التليفون [Ra'qm al-telefone]; **reference number** *n* رقم مرجعي [Ra'qm marje'ay]; **room number** *n* رقم الغرفة [Ra'qam al-ghorfah]; **wrong number** *n* رقم خطأ [Ra'qam khaṭaa]; **Can I have your phone number?** هل يمكن أن أحصل على رقم تليفونك؟ [hal yamken an aḥṣal 'aala ra'qm talefonak?]; **My mobile number is...** رقم تليفوني المحمول هو.... [ra'qim talefony al-maḥmool howa...]; **What is the fax number?** ما هو رقم الفاكس؟ [ma howa ra'qim al-fax?]; **What is the number of your mobile?** ما هو رقم تليفونك المحمول؟ [ma howa ra'qim talefonak al-maḥmool?]; **What's the telephone number?** ما هو رقم التليفون؟ [ma howa ra'qim al-talefon?]; **You have the wrong number** هذا الرقم غير صحيح [hatha al-ra'qum ghayr ṣaḥeeḥ]
**numerous** ['nju:mərəs] *adj* متعدد [mutaʕaddid]
**nun** [nʌn] *n* راهبة [ra:hiba]
**nurse** [nɜ:s] *n* ممرضة [mumarridˤa]; **I'd like to speak to a nurse** أرغب في استشارة ممرضة [arghab fee es-ti-sharat mu-mareḍa]
**nursery** ['nɜ:srɪ] *n* حضانة [ħadˤa:na]; **nursery rhyme** *n* أغنية أطفال [Aghzeyat aṭfaal]; **nursery school** *n* مدرسة الحضانة [Madrasah al-ḥaḍanah]
**nursing home** ['nɜ:sɪŋ həʊm] *n* دار التمريض [Dar al-tamreeḍ]
**nut** [nʌt] *n (device)* صمولة [sˤamu:la], *(food)* جوزة [ʒawza]; **nut allergy** *n* حساسية الجوز [Hasaseyat al-joz]
**nutmeg** ['nʌtmɛg] *n* جوزة الطيب [Jozat al-ṭeeb]
**nutrient** ['nju:trɪənt] *n* مادة مغذية [Madah moghadheyah]
**nutrition** [nju:'trɪʃən] *n* تغذية [taɣðija]
**nutritious** [nju:'trɪʃəs] *adj* مغذي [muɣaððij]
**nutter** ['nʌtə] *n* جامع الجوز [Jame'a al-jooz]
**nylon** ['naɪlɒn] *n* نايلون [na:jlu:n]

# O

**oak** [əʊk] *n* بَلُّوط [ballu:tˤ]
**oar** [ɔ:] *n* مجداف [miʒda:f]
**oasis, oases** [əʊ'eɪsɪs, əʊ'eɪsi:z] *n* واحة [wa:ħa]
**oath** [əʊθ] *n* قَسَم [qism]
**oatmeal** ['əʊt,mi:l] *n* دقيق الشوفان [Da'qee'q al-shofaan]
**oats** [əʊts] *npl* شوفان [ʃu:fa:nun]
**obedient** [ə'bi:dɪənt] *adj* مطيع [mutˤi:ʕ]
**obese** [əʊ'bi:s] *adj* بَدِين [badi:n]
**obey** [ə'beɪ] *v* يُطيع [jutˤi:ʕu]
**obituary** [ə'bɪtjʊərɪ] *n* نَعْي [naʕj]
**object** ['ɒbdʒɪkt] *n* شيء [ʃajʔ]
**objection** [əb'dʒɛkʃən] *n* اعتراض [iʕtira:dˤ]
**objective** [əb'dʒɛktɪv] *n* موضوعي [mawdˤu:ʕij]
**oblong** ['ɒb,lɒŋ] *adj* مستطيل الشكل [Mostaṭeel al-shakl]
**obnoxious** [əb'nɒkʃəs] *adj* بغيض [baɣi:dˤ]
**oboe** ['əʊbəʊ] *n* أوبوا [ʔu:bwa:]
**obscene** [əb'si:n] *adj* فاحش [fa:ħiʃ]
**observant** [əb'zɜ:vənt] *adj* شديد الانتباه [shaded al-entebah]
**observatory** [əb'zɜ:vətərɪ; -trɪ] *n* نقطة مراقبة [No'qtat mora'qabah]
**observe** [əb'zɜ:v] *v* يُلاحِظ [jula:ħizˤu]
**observer** [əb'zɜ:və; ob'server] *n* مراقب [mura:qib]
**obsessed** [əb'sɛst] *adj* مهووس [mahwu:s]
**obsession** [əb'sɛʃən] *n* حِيَازة [ħija:za]
**obsolete** ['ɒbsə,li:t; ,ɒbsə'li:t] *adj* مهجور [mahʒu:r]
**obstacle** ['ɒbstək°l] *n* عقبة [ʕaqaba]
**obstinate** ['ɒbstɪnɪt] *adj* مستعص [mustaʕsˤin]
**obstruct** [əb'strʌkt] *v* يعوق [jaʕu:qu]
**obtain** [əb'teɪn] *v* يَكتسِب [jaktasibu]
**obvious** ['ɒbvɪəs] *adj* جَلّي [ʒalij]
**obviously** ['ɒbvɪəslɪ] *adv* بشكل واضح [Beshakl waḍeḥ]
**occasion** [ə'keɪʒən] *n* مُنَاسَبَة [muna:saba]
**occasional** [ə'keɪʒən°l] *adj* مناسبي [muna:sabij]
**occasionally** [ə'keɪʒənəlɪ] *adv* من وقت لآخر [Men wa'qt le-aakhar]
**occupation** [,ɒkjʊ'peɪʃən] *n (invasion)* احتلال [iħtila:l], *(work)* مهنة [mihna]
**occupy** ['ɒkjʊ,paɪ] *v* يَحتل [jaħtallu]
**occur** [ə'kɜ:] *v* يقَع [jaqaʕu]
**occurrence** [ə'kʌrəns] *n* حدوث [ħudu:θ]
**ocean** ['əʊʃən] *n* مُحِيط [muħi:tˤ]; **Arctic Ocean** *n* المحيط القطبي الشمالي [Al-moḥeeṭ al-'qoṭbey al-shamaley]; **Indian Ocean** *n* المحيط الهندي [Almoḥeeṭ alhendey]
**Oceania** [,əʊʃɪ'ɑ:nɪə] *n* أوسيانيا [ʔu:sja:nja:]
**o'clock** [ə'klɒk] *adv*; **after eight o'clock** بعد الساعة الثامنة [ba'ad al-sa'aa al-thamena]; **at three o'clock** في تمام الساعة الثالثة [fee tamam al-sa'aa al- thaletha]; **I'd like to book a table for four people for tonight at eight o'clock** أريد حجز مائدة لأربعة أشخاص الليلة في تمام الساعة الثامنة [areed ḥajiz ma-e-da le-arba'at ashkhaaṣ al-layla fee ta-mam al-sa'aa al-thamena]; **It's one o'clock** الساعة واحدة [al-sa'aa al-waḥeda]

**October** [ɒk'təʊbə] *n* أكتوبر [ʔuktu:bar]; **It's Sunday third October** يوم الأحد الموافق الثالث من أكتوبر [yawm al-aḥad al- muwa-fi'q al-thalith min iktobar]
**octopus** ['ɒktəpəs] *n* أخطبوط [ʔuxtˤubu:tˤ]
**odd** [ɒd] *adj* شاذ [ʃa:ðð]
**odour** ['əʊdə] *n* شَذا [ʃaða:]
**of** [ɒv; əv] *prep* حرف وصل [ħarfu wasˤli]
**off** [ɒf] *adv* بعيداً [baʕi:dan] ▷ *prep* بعيد [baʕi:dun]; **time off** *n* أجازة [ʔaʒa:zatun]
**offence** [ə'fɛns] *n* إساءة [ʔisa:ʔa]
**offend** [ə'fɛnd] *v* يُسيء إلى [Yoseea ela]
**offensive** [ə'fɛnsɪv] *adj* مسيء [musi:ʔ]
**offer** ['ɒfə] *n* اقتراح [iqtira:ħ] ▷ *v* يُقدِم [juqaddimu]; **special offer** *n* عرض خاص ['aarḍ khaṣ]
**office** ['ɒfɪs] *n* مكتب [maktab]; **booking office** *n* مكتب الحجز [Maktab al-ḥjz]; **box office** *n* شباك التذاكر [Shobak al-taḍhaker]; **head office** *n* مكتب رئيسي [Maktab a'ala]; **information office** *n* مكتب الاستعلامات [Maktab al-este'alamaat]; **left-luggage office** *n* مكتب الأمتعة [Makatb al amte'aah]; **lost-property office** *n* مكتب المفقودات [Maktab al-maf'qodat]; **office hours** *npl* ساعات العمل [Sa'aat al-'amal]; **post office** *n* مكتب البريد [maktab al-bareed]; **registry office** *n* مكتب التسجيل [Maktab al-tasjeel]; **ticket office** *n* مكتب التذاكر [Maktab al-taḍhaker]; **tourist office** *n* مكتب سياحي [Maktab seayaḥey]; **Do you have a press office?** هل لديك مكتب إعلامي؟ [hal ladyka maktab e'a-laamy?]; **How do I get to your office?** كيف يمكن الوصول إلى مكتبك؟ [kayfa yamkin al-wiṣool ela mak-tabak?]; **When does the post office open?** متى يفتح مكتب البريد؟ [mata yaftaḥ maktab al-bareed?]
**officer** ['ɒfɪsə] *n* ضابط [dˤa:bitˤ]; **customs officer** *n* مسئول الجمرك [Masool al-jomrok]; **police officer** *n* ضابط شرطة [Ḍabeṭ shorṭah]; **prison officer** *n* ضابط سجن [Ḍabeṭ sejn]
**official** [ə'fɪʃəl] *adj* رسمي [rasmij]
**off-licence** ['ɒf,laɪsəns] *n* رُخصَة بيع الخمور لتناولها خارج المحل [Rokhṣat baye'a al-khomor letnawolha kharej al-maḥal]
**off-peak** ['ɒf,pi:k] *adv* في غير وقت الذروة [Fee ghaeyr wa'qt al-dhorwah]
**off-season** ['ɒf,si:zᵊn] *adj* موسم راكد [Mawsem raked] ▷ *adv* ركود [Rokood]
**offside** ['ɒf'saɪd] *adj* خارج النطاق المُحَدد [Kharej al-neta'q al-moḥadad]
**often** ['ɒfᵊn; 'ɒftᵊn] *adv* غالباً [ɣa:liban]
**oil** [ɔɪl] *n* نفط (زيت) [naftˤ] ▷ *v* يُزيت [juzajjitu]; **olive oil** *n* زيت الزيتون [Zayt al-zaytoon]
**oil refinery** [ɔɪl rɪ'faɪnərɪ] *n* معمل تكرير الزيت [Ma'amal takreer al-zayt]
**oil rig** [ɔɪl rɪg] *n* جهاز حفر آبار النفط [Gehaz ḥafr abar al-nafṭ]
**oil slick** [ɔɪl slɪk] *n* طبقة زيت طافية على الماء [Ṭaba'qat zayt ṭafeyah alaa alma]
**oil well** [ɔɪl wɛl] *n* بئر بترول [Beear betrol]
**ointment** ['ɔɪntmənt] *n* مرهم [marhamunS]
**OK** [,əʊ'keɪ] *excl* حسناً [ħasanan]
**okay** [,əʊ'keɪ] *adj* مقبول [maqbu:l]; **okay!** *excl* حسناً [ħasanan]
**old** [əʊld] *adj* عجوز [ʕaʒu:z]; **old-age pensioner** *n* صاحب معاش كبير السن [Ṣaheb ma'aash kabeer al-sen]
**old-fashioned** ['əʊld'fæʃənd] *adj* دقة قديمة [Da'qah 'qadeemah]
**olive** ['ɒlɪv] *n* زيتون [zajtu:n]; **olive oil** *n* زيت الزيتون [Zayt al-zaytoon]; **olive tree** *n* شجرة الزيتون [Shajarat al-zaytoon]
**Oman** [əʊ'mɑ:n] *n* عمان [ʕuma:n]
**omelette** ['ɒmlɪt] *n* الأومليت [ʔal-ʔu:mli:ti]
**on** [ɒn] *adv* على [ʕala:] ▷ *prep* على [ʕala:]; **on behalf of** *n* نيابة عن [Neyabatan 'an]; **on time** *adj* في الموعد المحدد [Fee al-maw'aed al-moḥadad]; **It's on the corner** على هذا الجانب ['ala hadha aljaneb]; **Take the first turning on your right** أتجه نحو أول منعطف على

اليمين [ʔattaʒihu naħwa ʔawwali munʕatʕafi ʕala: aljami:ni]; **The drinks are on me** المشروبات على حسابي [al-mashro-baat 'ala ḥesaby]; **What's on tonight at the cinema?** ماذا يعرض الليلة على شاشة السينما؟ [madha yu'a-raḍ al-layla 'aala sha-shat al-senama?]; **Which film is on at the cinema?** أي فيلم يعرض الآن على شاشة السينما؟ [ay filim ya'aruḍ al-aan 'ala sha-shat al-senama?]

**once** [wʌns] *adv* مرّةً [marratan]

**one** [wʌn] *number* واحد [wa:ħidun] ▷ *pron* شخص [ʃaxsʕun]; **no one** *pron* لا أحد [la ahad]

**one-off** [wʌnɒf] *n* مرة واحدة [Marah waḥedah]

**onion** ['ʌnjən] *n* بصل [basʕal]; **spring onion** *n* بصل أخضر [Baṣal akhdar]

**online** ['ɒn,laɪn] *adj* متصل بالإنترنت [motaṣel bel-enternet] ▷ *adv* متصلا بالإنترنت [Motaṣelan bel-enternet]

**onlooker** ['ɒn,lʊkə] *n* مُشَاهد [muʃa:hid]

**only** ['əʊnlɪ] *adj* الأفضل [Álafḍal] ▷ *adv* فقط [faqatʕ]

**open** ['əʊpᵊn] *adj* مفتوح [maftu:ħ] ▷ *v* يفتح [jaftaħu]; **opening hours** *npl* ساعات العمل [Sa'aat al-'amal]; **Is it open today?** هل هو مفتوح اليوم؟ [hal how maftooḥ al-yawm?]; **Is the castle open to the public?** هل القلعة مفتوحة للجمهور؟ [hal al-'qal'aa maf-tooḥa lel-jamhoor?]; **Is the museum open in the afternoon?** هل المتحف مفتوح بعد الظهر؟ [hal al-mat-ḥaf maf-tooḥ ba'ad al-ḍhihir?]

**opera** ['ɒpərə] *n* الأوبرا [ʔal-ʔu:bira:]; **soap opera** *n* مسلسل درامي [Mosalsal deramey]; **What's on tonight at the opera?** ماذا يعرض الآن في دار الأوبرا؟ [madha yu'a-raḍ al-aan fee daar al-obera?]

**operate** ['ɒpə,reɪt] *v (to function)* يُشَغِّل [juʃaɣɣilu], *(to perform surgery)* يُجرَي عملية جراحية [Yojrey 'amaleyah jeraḥeyah]

**operating theatre** ['ɒpə,reɪtɪŋ 'θɪətə] *n* غرفة عمليات [ghorfat 'amaleyat]

**operation** [,ɒpə'reɪʃən] *n (surgery)* عملية جراحية ['amaleyah jeraheyah], *(undertaking)* عملية [ʕamalijja]

**operator** ['ɒpə,reɪtə] *n* مُشغل [muʃaɣɣil]

**opinion** [ə'pɪnjən] *n* رَأي [raʔj]; **opinion poll** *n* استطلاع الرأي [Eateṭla'a al-ray]; **public opinion** *n* الرأي العام [Al-raaey al-'aam]

**opponent** [ə'pəʊnənt] *n* خِصم [xasʕm]

**opportunity** [,ɒpə'tju:nɪtɪ] *n* فرصة [fursʕa]

**oppose** [ə'pəʊz] *v* يُعارض [juʕa:ridʕu]

**opposed** [ə'pəʊzd] *adj* مقابل [muqa:bil]

**opposing** [ə'pəʊzɪŋ] *adj* معارض [muʕa:ridʕ]

**opposite** ['ɒpəzɪt; -sɪt] *adj* مضاد [mudʕa:d] ▷ *adv* تجَاه [tiʒa:ha] ▷ *prep* مواجه [Mowajeh]

**opposition** [,ɒpə'zɪʃən] *n* مُعارَضَة [muʕa:radʕa]

**optician** [ɒp'tɪʃən] *n* نظاراتي [nazʕzʕa:ra:ti:]

**optimism** ['ɒptɪ,mɪzəm] *n* تفاؤل [tafa:ʔul]

**optimist** ['ɒptɪ,mɪst] *n* مُتَفَائِل [mutafa:ʔil]

**optimistic** [ɒptɪ'mɪstɪk] *adj* متفائل [mutafa:ʔil]

**option** ['ɒpʃən] *n* خِيَار [xija:r]

**optional** ['ɒpʃənᵊl] *adj* اختياري [ixtija:rij]

**opt out** [ɒpt aʊt] *v* يقرر [juqarriru]

**or** [ɔ:] *conj* أو; **either... or** *conj* إما... أو [Emma...aw]

**oral** ['ɔ:rəl; 'ɒrəl] *adj* شفهي [ʃafahij] ▷ *n* فحص شفهي [Faḥṣ shafahey]

**orange** ['ɒrɪndʒ] *adj* برتقالي [burtuqa:lij] ▷ *n* برتقالة [burtuqa:la]; **orange juice** *n* عصير برتقال [Aṣeer borto'qaal]

**orchard** ['ɔ:tʃəd] *n* بستان [busta:n]

**orchestra** ['ɔ:kɪstrə] *n* الأوركسترا [ʔal-ʔu:rkistra:]

**orchid** ['ɔ:kɪd] *n* زهرة الأوركيد [Zahrat al-orkeed]

**ordeal** [ɔ:'di:l] *n* مأزق [maʔziq]

**order** ['ɔ:də] *n* طَلَبٌ [tʕalab] ▷ *v (command)*

يأمر [jaʔmuru], *(request)* يطلب [jatˤlubu]; **order form** *n* نموذج طلبية [Namodhaj ṭalabeyah]; **postal order** *n* حوالة مالية [Ḥewala maleyah]; **standing order** *n* أمر دفع شهري [Amr daf'a shahrey]
**ordinary** ['ɔːdᵊnrɪ] *adj* عادي [ʕaːdij]
**oregano** [ˌɒrɪ'ɡɑːnəʊ] *n* زَعْتَر بَري [Za'atar barey]
**organ** ['ɔːɡən] *n (body part)* عضو في الجسد ['aoḍw fee al-jasad], *(music)* آلة الأرْغُن الموسيقية [Aalat al-arghan al-moseeqeyah]; **mouth organ** *n* آلة الهرمونيكا الموسيقية [Alat al-harmoneeka al-mose'qeyah]
**organic** [ɔː'ɡænɪk] *adj* عضوي [ʕudˤwij]
**organism** ['ɔːɡəˌnɪzəm] *n* كائن حي [Kaaen ḥay]
**organization** [ˌɔːɡənaɪ'zeɪʃən] *n* منظمة [munazˤzˤama]
**organize** ['ɔːɡəˌnaɪz] *v* يُنَظِم [junazˤzˤimu]
**organizer** ['ɔːɡəˌnaɪzə; 'orgaˌnizer; 'orgaˌniser] *n*; **personal organizer** *n* منظم شخصي [monaḍhem shakhṣey]
**orgasm** ['ɔːɡæzəm] *n* هزة الجماع [Hezat al-jemaa'a]
**Orient** ['ɔːrɪənt] *n* المَشْرِق [ʔalmaʃriqi]
**oriental** [ˌɔːrɪ'ɛntᵊl] *adj* مَشرِقي [maʃriqij]
**origin** ['ɒrɪdʒɪn] *n* أصل *(source)* [ʔasˤl]
**original** [ə'rɪdʒɪnᵊl] *adj* أصيل [ʔasˤiːl]
**originally** [ə'rɪdʒɪnəlɪ] *adv* في الأصل [Fee al aṣl]
**ornament** ['ɔːnəmənt] *n* حلية [ħilijja]
**orphan** ['ɔːfən] *n* يَتيم [jatiːm]
**ostrich** ['ɒstrɪtʃ] *n* نعامة [naʕaːma]
**other** ['ʌðə] *adj* أخر [ʔaxar]
**otherwise** ['ʌðəˌwaɪz] *adv* بطريقة أخرى [taree'qah okhra] ▷ *conj* وإلا [Waelaa]
**otter** ['ɒtə] *n* ثعلب الماء [Tha'alab al-maaa]
**ounce** [aʊns] *n* الأونس [ʔal-ʔuːnsu]
**our** [aʊə] *adj* مِلْكنا
**ours** [aʊəz] *pron* مِلْكنا
**ourselves** [aʊə'sɛlvz] *pron* أنفسنا
**out** [aʊt] *adj* بعيد [baʕiːd] ▷ *adv* خارجاً [xaːriʒan]
**outbreak** ['aʊtˌbreɪk] *n* نشوب [nuʃuːb]
**outcome** ['aʊtˌkʌm] *n* ناتج [naːtiʒ]
**outdoor** ['aʊt'dɔː] *adj* خلوي [xalawij]
**outdoors** [ˌaʊt'dɔːz] *adv* في العراء [Fee al-'aaraa]
**outfit** ['aʊtˌfɪt] *n* مُعدات [muʕaddaːt]
**outgoing** ['aʊtˌɡəʊɪŋ] *adj* منصرف [munsˤarif]
**outing** ['aʊtɪŋ] *n* نزهة [nuzha]
**outline** ['aʊtˌlaɪn] *n* مخطط تمهيدي [Mokhaṭaṭ tamheedey]
**outlook** ['aʊtˌlʊk] *n* مطل [matall]
**out-of-date** ['aʊtɒv'deɪt] *adj* متخلف [mutaxaliff]
**out-of-doors** ['aʊtɒv'dɔːz] *adv* في الهواء الطلق [Fe al-hawaa al-ṭal'q]
**outrageous** [aʊt'reɪdʒəs] *adj* شَنيع [ʃaniːʕ]
**outset** ['aʊtˌsɛt] *n* مُستَهل [mustahall]
**outside** *adj* ['aʊtˌsaɪd] خارجي [xaːriʒij] ▷ *adv* [ˌaʊt'saɪd] خارجاً [xaːriʒan] ▷ *n* ['aʊt'saɪd] خارج [xaːriʒ] ▷ *prep* إلى خارج [Ela al-kharej]; **I want to make an outside call, can I have a line?** أريد إجراء مكالمة خارجية، هل يمكن أن تحول لي أحد الخطوط؟ [areed ejraa mukalama kharij-iya, hal yamkin an it-ḥawil le aḥad al-khiṭoot?]
**outsize** ['aʊtˌsaɪz] *adj* مقاس كبير [Ma'qaas kabeer]
**outskirts** ['aʊtˌskɜːts] *npl* ضواح [dˤawaːħin]
**outspoken** [ˌaʊt'spəʊkən] *adj* صريح [sˤariːħ]
**outstanding** [ˌaʊt'stændɪŋ] *adj* معلق [muʕallaq]
**oval** ['əʊvᵊl] *adj* بيضوي [bajdˤawij]
**ovary** ['əʊvərɪ] *n* مِبْيَض [mabiːdˤ]
**oven** ['ʌvᵊn] *n* فرن [furn]; **microwave oven** *n* فرن الميكروويف [Forn al-maykroweef]; **oven glove** *n* قفاز فرن ['qoffaz forn]
**ovenproof** ['ʌvᵊnˌpruːf] *adj* مقاوم لحرارة الفرن [Mo'qawem le-ḥarart al-forn]
**over** ['əʊvə] *adj* منتهي [muntahij] ▷ *prep* فوق [fawqa]

**overall** [ˌəʊvərˈɔːl] *adv* عموما [ʕumuːman]
**overalls** [ˌəʊvəˈɔːlz] *npl* بدلة العمل [Badlat al-'aamal]
**overcast** [ˈəʊvəˌkɑːst] *adj* معتم [muʕtim]
**overcharge** [ˌəʊvəˈtʃɑːdʒ] *v* يغالي في الثمن [Yoghaley fee al-thaman]
**overcoat** [ˈəʊvəˌkəʊt] *n* معطف [miʕtˤaf]
**overcome** [ˌəʊvəˈkʌm] *v* يَتَغْلب على [Yatghalab 'ala]
**overdone** [ˌəʊvəˈdʌn] *adj* زائد الطهو [Zaed al-ṭahw]
**overdose** [ˈəʊvəˌdəʊs] *n* جرعة زائدة [Jor'aah zaedah]
**overdraft** [ˈəʊvəˌdrɑːft] *n* افراط السحب على البنك [Efraṭ al-saḥb ala al-bank]
**overdrawn** [ˌəʊvəˈdrɔːn] *adj* مبالغ فيه [mobalagh feeh]
**overdue** [ˌəʊvəˈdjuː] *adj* فات موعد استحقاقه [Fat maw'aed esteḥ'qa'qh]
**overestimate** [ˌəʊvərˈɛstɪˌmeɪt] *v* يُغَالي في التقدير [Yoghaley fee al-ta'qdeer]
**overheads** [ˈəʊvəˌhɛdz] *npl* مصاريف عامة [Maṣareef 'aamah]
**overlook** [ˌəʊvəˈlʊk] *v* يَطّل على [Ya'aṣeb al-'aynayn]
**overnight** [ˈəʊvəˌnaɪt] *adv*; **Can I park here overnight?** هل يمكن أن أترك السيارة هنا إلى الصباح؟ [hal yamken an atruk al-sayara huna ela al-ṣabaḥ?]; **Can we camp here overnight?** هل يمكن أن نقوم بعمل مخيم للمبيت هنا؟ [hal yamken an na'qoom be-'aamal mukhyam lel-mabeet huna?]
**overrule** [ˌəʊvəˈruːl] *v* يَتحكم ب [Yataḥkam be]
**overseas** [ˌəʊvəˈsiːz] *adv* عبر البحار ['abr al-behar]
**oversight** [ˈəʊvəˌsaɪt] *n (mistake)* سهو [sahw], *(supervision)* إشراف [ʔiʃraːf]
**oversleep** [ˌəʊvəˈsliːp] *v* يَستغرق في النوم [yastagh'q fel nawm]
**overtake** [ˌəʊvəˈteɪk] *v* يتجاوز [jataʒaːwazu]
**overtime** [ˈəʊvəˌtaɪm] *n* وقت إضافي [Wa'qt eḍafey]
**overweight** [ˌəʊvəˈweɪt] *adj* زائد الوزن [Zaed alwazn]
**owe** [əʊ] *v* يدين [judiːnu]
**owing to** [ˈəʊɪŋ tuː] *prep* بسبب
**owl** [aʊl] *n* بومة [buːma]
**own** [əʊn] *adj* ملكه [mulkahu] ▷ *v* يَمْتَلِك [jamtaliku]
**owner** [ˈəʊnə] *n* مالك [maːlik]; **Could I speak to the owner, please?** من فضلك هل يمكنني التحدث إلى المالك؟ [min faḍlak hal yamkin-ani al-taḥaduth ela al-maalik?]
**own up** [əʊn ʌp] *v* يُقِر ب [Yo'qarreb]
**oxygen** [ˈɒksɪdʒən] *n* أكسجين [ʔuksiʒiːn]
**oyster** [ˈɔɪstə] *n* صَدَفَة [sˤadafa]
**ozone** [ˈəʊzəʊn; əʊˈzəʊn] *n* الأوزون [ʔal-ʔuːzuːni]; **ozone layer** *n* طبقة الأوزون [Taba'qat al-odhoon]

# P

**PA** [piː eɪ] *abbr* م.ش. [miːm. ʃiːn.]
**pace** [peɪs] *n* سرعة السير [Sor'aat al-seer]
**pacemaker** ['peɪsˌmeɪkə] *n* منظم الخطوات [monadhem al-khaṭawat]
**Pacific** [pə'sɪfɪk] *n* المحيط الهادي [Al-moḥeeṭ al-haadey]
**pack** [pæk] *n* رزمة [ruzma] ▷ *v* يُحَزِم [jaħzimu]
**package** ['pækɪdʒ] *n* حُزمَة [ħuzma]; **package holiday** *n* خطة عطلة شاملة الإقامة والانتقال [Khoṭ at 'aoṭlah shamelat al-e'qamah wal-ente'qal]; **package tour** *n* خطة رحلة شاملة الإقامة والانتقالات [Khotah rehalah shamelah al-e'qamah wal-ente'qalat]
**packaging** ['pækɪdʒɪŋ] *n* تعبئة [taʕbiʔit]
**packed** [pækt] *adj* مغلف [muɣallaf]; **packed lunch** *n* وجبة الغذاء المعبأة [Wajbat al-ghezaa al-mo'abaah]
**packet** ['pækɪt] *n* رُزْمَة [ruzma]
**pad** [pæd] *n* وسادة رقيقة [Wesadah ra'qee'qah]
**paddle** ['pædᵊl] *n* محراك [miħraːk] ▷ *v* يُجَذف [juʒaððifu]
**padlock** ['pædˌlɒk] *n* قفل [qufl]
**paedophile** ['piːdəʊˌfaɪl] *n* حب الأطفال [Hob al-atfaal]
**page** [peɪdʒ] *n* صفحة [sˤafħa] ▷ *v* يستدعي [jastadʕiː]; **home page** *n* صفحة رئيسية [Ṣafḥah raeseyah]; **Yellow Pages®** *npl* يلوبيدجز® [bloobeedjez®]
**pager** ['peɪdʒə] *n* جهاز النداء [Jehaaz al-nedaa]
**paid** [peɪd] *adj* مسدد [musaddad]
**pail** [peɪl] *n* دلو [dalw]
**pain** [peɪn] *n* ألَمْ [ʔalam]; **back pain** *n* ألَمْ الظهر [Alam al-ḍhahr]
**painful** ['peɪnfʊl] *adj* مؤلم [mulim]
**painkiller** ['peɪnˌkɪlə] *n* مسكن آلام [Mosaken lel-alam]
**paint** [peɪnt] *n* دِهَان [dihaːn] ▷ *v* يَطْلِي [jatˤliː]
**paintbrush** ['peɪntˌbrʌʃ] *n* فرشاة الدهان [Forshat al-dahaan]
**painter** ['peɪntə] *n* رسام [rassaːm]
**painting** ['peɪntɪŋ] *n* لَوْحَة [lawħa]
**pair** [pɛə] *n* زوجان [zawʒaːni]
**Pakistan** [ˌpɑːkɪ'stɑːn] *n* باكستان [baːkistaːn]
**Pakistani** [ˌpɑːkɪ'stɑːnɪ] *adj* باكستاني [baːkistaːnij] ▷ *n* باكستاني [baːkistaːnij]
**pal** [pæl] *n* صديق [sˤadiːq]
**palace** ['pælɪs] *n* قصر [qasˤr]; **Is the palace open to the public?** هل القصر مفتوح للجمهور؟ [hal al-'qaṣir maf-tooḥ lel-jamhoor?]; **When is the palace open?** متى يُفتح القصر؟ [mata yoftaḥ al-'qaṣir?]
**pale** [peɪl] *adj* شاحب [ʃaːħib]
**Palestine** ['pælɪˌstaɪn] *n* فلسطين [filastˤiːnu]
**Palestinian** [ˌpælɪ'stɪnɪən] *adj* فلسطيني [filastˤiːnij] ▷ *n* فلسطيني [filastˤiːnij]
**palm** [pɑːm] *n* *(part of hand)* راحة اليد [Rahat al-yad], *(tree)* نخلة [naxla]
**pamphlet** ['pæmflɪt] *n* كتيب [kutajjib]
**pan** [pæn] *n* مقلاة [miqlaːt]; **frying pan** *n* قلاية [qalaːjjatun]
**Panama** [ˌpænə'mɑː; 'pænəˌmɑː] *n* بنما [banamaː]
**pancake** ['pænˌkeɪk] *n* فطيرة محلاة

[Faṭerah moḥalah]
**panda** ['pændə] *n* بَنِدَا [banda:]
**panic** ['pænɪk] *n* ذُعْر [ðuʕr] ▷ *v* يُذْعَر [juðʕaru]
**panther** ['pænθə] *n* نِمْر [namir]
**panties** ['pæntɪz] *npl* لباس داخلي [Lebas dakhely]
**pantomime** ['pæntə,maɪm] *n* التمثيل الصامت [altamtheel al-ṣamet]
**pants** [pænts] *npl* بَنطلون [bantˤalu:nun]
**paper** ['peɪpə] *n* ورقة [waraqa]; **paper round** *n* طريق توزيع الصحف [taree'q tawze'a al-ṣohof]; **scrap paper** *n* ورق مسودة [Wara'q mosawadah]; **toilet paper** *n* ورق المرحاض [Wara'q al-merḥaḍ]; **tracing paper** *n* ورق شفاف [Wara'q shafaf]; **wrapping paper** *n* ورق التغليف [Wara'q al-taghleef]; **writing paper** *n* ورقة كتابة [Wara'qat ketabah]
**paperback** ['peɪpə,bæk] *n* كتاب ورقي الغلاف [Ketab wara'qey al-gholaf]
**paperclip** ['peɪpə,klɪp] *n* مشبك ورق [Mashbak wara'q]
**paperweight** ['peɪpə,weɪt] *n* ثقالة الورق [Na'qalat al-wara'q]
**paperwork** ['peɪpə,wɜːk] *n* أعمال مكتبية [A'amaal maktabeyah]
**paprika** ['pæprɪkə; pæ'priː-] *n* فُلْفُل مطحون [Felfel maṭhoon]
**paracetamol** [,pærə'siːtə,mɒl; -'sɛtə-] *n*; **I'd like some paracetamol** أريد باراسيتامول [areed barasetamol]
**parachute** ['pærə,ʃuːt] *n* مِظَلَّة [mizˤalla]
**parade** [pə'reɪd] *n* استعراض [istiʕraːdˤ]
**paradise** ['pærə,daɪs] *n* جنة [ʒanna]
**paraffin** ['pærəfɪn] *n* بارافين [baːraːfiːn]
**paragraph** ['pærə,grɑːf; -,græf] *n* فقرة [faqra]
**Paraguay** ['pærə,gwaɪ] *n* باراجواي [baːraːʒwaːj]
**Paraguayan** [,pærə'gwaɪən] *adj* من باراجواي [Men barajway] ▷ *n* شخص من باراجواي [Shakhṣ men barajway]
**parallel** ['pærə,lɛl] *adj* متوازي [mutawaːziː]
**paralysed** ['pærə,laɪzd] *adj* مشلول [maʃluːl]
**paramedic** [,pærə'medɪk] *n* طبيب مساعد [Ṭabeeb mosaa'aed]
**parcel** ['pɑːsᵊl] *n* علبة [ʕulba]
**pardon** ['pɑːdᵊn] *n* عذر [ʕuðran]
**parent** ['pɛərənt] *n* والِد أو والدة [Waled aw waledah]; **parents** *npl* والدين [waːlidajni]; **single parent** *n* أحد الوالدين [Aḥad al-waledayn]
**parish** ['pærɪʃ] *n* أبرشية [ʔabraʃijja]
**park** [pɑːk] *n* متنزه [mutanazzah] ▷ *v* يَركن سيارة [jarkinu sajjaːratan]; **car park** *n* موقف انتظار [Maw'qaf enteḍhar]; **national park** *n* حديقة وطنية [Hadee'qah waṭaneyah]; **theme park** *n* حديقة ألعاب [Hadee'qat al'aab]
**parking** [pɑːkɪŋ] *n* موقف سيارات [Maw'qaf sayarat]; **parking meter** *n* عداد وقوف السيارة ['adaad wo'qoof al-sayarah]; **parking ticket** *n* تذكرة الركن [tadhkarat al-rokn]
**parliament** ['pɑːləmənt] *n* برلمان [barlamaːn]
**parole** [pə'rəʊl] *n* إطلاق سراح مشروط [Eṭla'q ṣarah mashrooṭ]
**parrot** ['pærət] *n* ببغاء [babbaɣaːʔ]
**parsley** ['pɑːslɪ] *n* بَقْدونس [baqduːnis]
**parsnip** ['pɑːsnɪp] *n* جزر أبيض [Jazar abyaḍ]
**part** [pɑːt] *n* جزء [ʒuzʔ]; **spare part** *n* قطع غيار ['qaṭa'a gheyar]
**partial** ['pɑːʃəl] *adj* جزئي [ʒuzʔij]
**participate** [pɑː'tɪsɪ,peɪt] *v* يَشترك في [Yashtarek fee]
**particular** [pə'tɪkjʊlə] *adj* جدير بالذكر [Jadeer bel-dhekr]
**particularly** [pə'tɪkjʊləlɪ] *adv* على وجه الخصوص [Ala wajh al-khoṣoṣ]
**parting** ['pɑːtɪŋ] *n* رحيل [raħiːl]
**partly** ['pɑːtlɪ] *adv* جزئياً [ʒuzʔijan]
**partner** ['pɑːtnə] *n* شريك [ʃariːk]; **I have a partner** أنا مرتبط بشريك [Ana mortabeṭ beshareek]
**partridge** ['pɑːtrɪdʒ] *n* طائر الحَجل [Ṭaayer al-hajal]

**part-time** ['pɑːtˌtaɪm] *adj* غير مُتَفَرِغ [Ghayr motafaregh] ▷ *adv* بدوام جزئي [Bedwam jozay]
**part with** [pɑːt wɪð] *v* يَتَخَلّى عن [Yatkhala 'an]
**party** ['pɑːtɪ] *n (group)* حزب [ħizb], *(social gathering)* حفلة [ħafla] ▷ *v* يَحضر حفل [Taḥḍar ḥafl]; **dinner party** *n* حفلة عشاء [Ḥaflat 'aashaa]; **search party** *n* فريق البحث [Faree'q al-bahth]
**pass** [pɑːs] *n (in mountains)* مجاز [maʒaːz], *(meets standard)* متوافِق مع المعايير [Motawaf'q fee al-m'aayeer], *(permit)* جواز مرور [Jawaz moror] ▷ *v (an exam)* يجتاز [jaʒtaːzu] ▷ *vi* يَمُرّ [jamurru] ▷ *vt* يَجْتاز [jaʒtaːzu]; **boarding pass** *n* تصريح الركوب [Taṣreeh al-rokob]; **ski pass** *n* ممر التزحلق [Mamar al-tazahlo'q]
**passage** ['pæsɪdʒ] *n (musical)* رحلة [riħla], *(route)* ممر [mamarr]
**passenger** ['pæsɪndʒə] *n* راكب [raːkib]
**passion** ['pæʃən] *n* وَلَع [walaʕ]; **passion fruit** *n* فاكهة العشق [Fakehat al-'aesh'q]
**passive** ['pæsɪv] *adj* سلبي [silbij]
**pass out** [pɑːs aʊt] *v* يُغْمَى عليه [Yoghma alayh]
**Passover** ['pɑːsˌəʊvə] *n* تصريح خروج [Taṣreeh khoroj]
**passport** ['pɑːspɔːt] *n* جواز سفر [Jawaz al-safar]; **passport control** *n* الرقابة على جوازات السفر [Al-re'qabah ala jawazat al-safar]; **I've forgotten my passport** لقد نسيت جواز سفري [la'qad nasyto jawaz safary]; **I've lost my passport** لقد ضاع جواز سفري [la'qad ḍa'aa jawaz safary]; **My passport has been stolen** لقد سرق جواز سفري [la'qad sure'qa jawaz safary]; **Please give me my passport back** من فضلك، أريد أن أسترد جواز سفري [min faḍlak, areed an asta-rid jawaz safary]
**password** ['pɑːsˌwɜːd] *n* كلمة السر [Kelmat al-ser]
**past** [pɑːst] *adj* منصرم [munsˤarim] ▷ *n* ماضي [maːdˤiː] ▷ *prep* بَعْد [baʕda]
**pasta** ['pæstə] *n* باستا [baːstaː]
**paste** [peɪst] *n* معجون [maʕʒuːn]
**pasteurized** ['pæstəˌraɪzd] *adj* مبستر [mubastar]
**pastime** ['pɑːsˌtaɪm] *n* تسلية [taslija]
**pastry** ['peɪstrɪ] *n* معجنات [muʕaʒʒanaːt]; **puff pastry** *n* عجينة الباف باستري ['ajeenah aleyaf bastrey]; **shortcrust pastry** *n* فطيرة هَشّة [Faṭerah hashah]
**patch** [pætʃ] *n* رقعة [ruqʕa]
**patched** [pætʃt] *adj* مرقع [muraqqaʕ]
**path** [pɑːθ] *n* سبيل [sabiːl]; **cycle path** *n* ممر الدراجات [Mamar al-darajat]
**pathetic** [pə'θɛtɪk] *adj* مثير للحزن [Mother lel-ḥozn]
**patience** ['peɪʃəns] *n* صبر [sˤabr]
**patient** ['peɪʃənt] *adj* صبور [sˤabuːr] ▷ *n* مريض [mariːdˤ]
**patio** ['pætɪˌəʊ] *n* فناء مرصوف [Fenaa marṣoof]
**patriotic** ['pætrɪəˌtɪk] *adj* وطني [watˤanij]
**patrol** [pə'trəʊl] *n* دَورية [dawrijja]; **patrol car** *n* سيارة الدورية [Sayarah al-dawreyah]
**pattern** ['pætᵊn] *n* نمط [namatˤ]
**pause** [pɔːz] *n* وَقْفَة [waqfa]
**pavement** ['peɪvmənt] *n* رصيف [rasˤiːfu]
**pavilion** [pə'vɪljən] *n* سُرادق [saraːdiq]
**paw** [pɔː] *n* كف الحيوان [Kaf al-ḥayawaan]
**pawnbroker** ['pɔːnˌbrəʊkə] *n* مُرهِن [murhin]
**pay** [peɪ] *n* دفع [dafʕ] ▷ *v* يَدفَع [jadfaʕu]; **sick pay** *n* الأجر المدفوع خلال الأجازة المرضية [Al-'ajr al-madfoo'a khelal al-'ajaza al-maraḍeyah]; **Can I pay by cheque?** هل يمكنني الدفع بشيك؟ [hal yamken -any al-daf'a be- shaik?]; **Do I have to pay duty on this?** هل يجب على دفع رسوم على هذا الشيء؟ [hal jaʒibu ʕalaː dafʕin rusuːmin ʕalaː haːðaː aʃʃajʔi]; **Do I pay in advance?** هل يجب الدفع مقدما؟ [hal yajib al-dafi'a mu'qad-aman?]; **Do I pay now or later?** هل يجب أن أدفع الآن أم لاحقا؟ [hal

yajib an adfa'a al-aan am la-ḥe'qan?]; **Do we have to pay extra for electricity?** هل يجب علينا دفع مصاريف إضافية للكهرباء؟ [hal yajib 'aala-yna daf'a maṣa-reef eḍafiya lel-kah-rabaa?]; **When do I pay?** متى أدفع؟ [mata adfa'a?]; **Where do I pay?** أين يتم الدفع؟ [ayna yatim al-daf'a?]; **Will I have to pay?** هل سيكون الدفع واجبًا علي؟ [hal sayakon al-dafi'a wajeban 'aalya?]; **Will the insurance pay for it?** هل ستدفع لك شركة التأمين مقابل ذلك [hal sa-tadfaa laka share-kat al-tameen ma'qabil dhalik?]

**payable** ['peɪəbᵊl] *adj* واجب دفعه [Wajeb daf'aaho]

**pay back** [peɪ bæk] *v* يُسدِد [jusaddidu]

**payment** ['peɪmənt] *n* دَفْع [dafʕ]

**payphone** ['peɪˌfəʊn] *n* هاتف عمومي [Hatef 'aomoomy]

**PC** [piː siː] *n* جهاز الكمبيوتر الشخصي [ʒihaːzu alkumbjuːtr aʃʃaxsˤijji]

**PDF** [piː diː ɛf] *n* ملف PDF [Malaf PDF]

**peace** [piːs] *n* سلام [salaːm]

**peaceful** ['piːsfʊl] *adj* مسالم [musaːlim]

**peach** [piːtʃ] *n* خُوخ [xuːx]

**peacock** ['piːˌkɒk] *n* طاووس [tˤaːwuːs]

**peak** [piːk] *n* قمة [qima]; **peak hours** *npl* ساعات الذروة [Sa'aat al-dhorwah]

**peanut** ['piːˌnʌt] *n* حبة فول سوداني [Ḥabat fool sodaney]; **peanut allergy** *n* حساسية تجاه الفول السوداني [Hasaseyah tejah al-fool alsodaney]; **peanut butter** *n* زُبْدَة الفستق [Zobdat al-fosto'q]

**pear** [pɛə] *n* كُمَّثرى [kummiθraː]

**pearl** [pɜːl] *n* لؤلؤة [luʔluʔa]

**peas** [piːs] *npl* بِسِلَّة [bisalati]

**peat** [piːt] *n* سِمَاد طبيعي [Semad ṭabe'ay]

**pebble** ['pɛbᵊl] *n* حصاة [ħasˤaːt]

**peculiar** [pɪ'kjuːlɪə] *adj* فريد [fariːd]

**pedal** ['pɛdᵊl] *n* دَوَّاسة [dawwaːsa]

**pedestrian** [pɪ'dɛstrɪən] *n* مُرْتَجِل [murtaʒil]; **pedestrian crossing** *n* ممر خاص لعبور المشاه [Mamar khaṣ leaboor al-moshah]; **pedestrian precinct** *n* منطقة مشاه [Menta'qat moshah]

**pedestrianized** [pɪ'dɛstrɪəˌnaɪzd] *adj* محول إلى منطقة مشاه [Meḥawel ela manṭe'qat moshah]

**pedigree** ['pɛdɪˌgriː] *adj* أصل [ʔasˤl]

**peel** [piːl] *v* يُقَشِر [juqaʃʃiru]

**peg** [pɛg] *n* وتد [watad]

**Pekinese** [ˌpiːkɪŋ'iːz] *n* كلب بِكِيني [Kalb bekkeeney]

**pelican** ['pɛlɪkən] *n* بَجَعَة [baʒaʕa]; **pelican crossing** *n* عبور المشاه سيرا على الأقدام ['aobor al-moshah sayran ala al-a'qdam]

**pellet** ['pɛlɪt] *n* كرة صغيرة [Korat ṣagheerah]

**pelvis** ['pɛlvɪs] *n* الحوض [alħawdˤi]

**pen** [pɛn] *n* قلم [qalam]; **ballpoint pen** *n* قلم حبر جاف ['qalam ḥebr jaf]; **felt-tip pen** *n* قلم ذو سن من اللباد ['qalam dho sen men al-lebad]; **fountain pen** *n* قلم حبر ['qalam ḥebr]

**penalize** ['piːnəˌlaɪz] *v* يُجَرِم [juʒarrimu]

**penalty** ['pɛnᵊltɪ] *n* جزاء [ʒazaːʔ]

**pencil** ['pɛnsᵊl] *n* قلم رصاص ['qalam raṣaṣ]; **pencil case** *n* مقلمة [miqlamatun]; **pencil sharpener** *n* مبراة [mibraːtun]

**pendant** ['pɛndənt] *n* حلية متدلية [Halabh motadaleyah]

**penfriend** ['pɛnˌfrɛnd] *n* صديق بالمراسلة [Ṣadeek belmoraslah]

**penguin** ['pɛŋgwɪn] *n* بطريق [bitˤriːq]

**penicillin** [ˌpɛnɪ'sɪlɪn] *n* بنسلين [binisiliːn]

**peninsula** [pɪ'nɪnsjʊlə] *n* شبه الجزيرة [Shebh al-jazeerah]

**penknife** ['pɛnˌnaɪf] *n* سكين القلم [Sekeen al-'qalam]

**penny** ['pɛnɪ] *n* سِنْت [sint]

**pension** ['pɛnʃən] *n* معاش [maʕaːʃ]

**pensioner** ['pɛnʃənə; 'pensioner] *n* صاحب المعاش [Ṣaheb al-ma'aash]; **old-age pensioner** *n* صاحب معاش كبير السن [Ṣaheb ma'aash kabeer al-sen]

**pentathlon** [pɛn'tæθlən] *n* مباراة خماسية [Mobarah khomaseyah]

**penultimate** [pɪ'nʌltɪmɪt] *adj* قبل الأخير ['qabl al akheer]
**people** ['piːpᵊl] *npl* ناس [naːs]
**pepper** ['pɛpə] *n* فُلفُل [fulful]
**peppermill** ['pɛpəˌmɪl] *n* مطحنة الفلفل [maṭḥanat al-felfel]
**peppermint** ['pɛpəˌmɪnt] *n* نِعْنَاع [naʕnaːʕ]
**per** [pɜː; pə] *prep* لكل [likulli]; **per cent** *adv* بالمائة [biʕalmiʕati]; **How much is it per hour?** كم يبلغ الثمن لكل ساعة؟ [kam yablugh al-thaman le-kul sa'a a?]; **How much is it per night?** كم يبلغ الثمن لكل ساعة [kam yablugh al-thaman le-kul layla?]
**percentage** [pə'sɛntɪdʒ] *n* نسبة مئوية [Nesbah meaweyah]
**percussion** [pə'kʌʃən] *n* نَقْر [naqr]
**perfect** ['pɜːfɪkt] *adj* تام [taːmm]
**perfection** [pə'fɛkʃən] *n* مِثاليّة [miθaːlijja]
**perfectly** ['pɜːfɪktlɪ] *adv* على نحو كامل [Ala naḥw kaamel]
**perform** [pə'fɔːm] *v* يؤدي [juʔaddiː]
**performance** [pə'fɔːməns] *n (artistic)* تمثيل [tamθiːlI], *(functioning)* أداء [ʔadaːʔ]
**perfume** ['pɜːfjuːm] *n* عطر [ʕitʕr]
**perhaps** [pə'hæps; præps] *adv* لَعَلّ [laʕalla]
**period** ['pɪərɪəd] *n* مدة [mudda]; **trial period** *n* فترة المحاكمة [Fatrat al-moḥkamah]
**perjury** ['pɜːdʒərɪ] *n* الحنث باليمين [Al-ḥanth bel-yameen]
**perm** [pɜːm] *n* تمويج الشعر [Tamweej al-sha'ar]
**permanent** ['pɜːmənənt] *adj* دائم [daːʔim]
**permanently** ['pɜːmənəntlɪ] *adv* بشكل دائم [Beshakl daaem]
**permission** [pə'mɪʃən] *n* إذْن [ʔiðn]
**permit** *n* ['pɜːmɪt]تصريح [tasʕriːħ] ▷ *v* [pə'mɪt]يسمح ب [jasmaħu bi]; **work permit** *n* تصريح عمل [Taṣreeḥ 'amal]; **Do you need a fishing permit?** هل أنت في احتياج إلى تصريح بالصيد؟ [hal anta fee iḥti-yaj ela taṣreeḥ bil-ṣayd?]
**persecute** ['pɜːsɪˌkjuːt] *v* يَضطهِد [jadˤtˤahidu]
**persevere** [ˌpɜːsɪ'vɪə] *v* يُثَابِر [juθaːbiru]
**Persian** ['pɜːʃən] *adj* فَارسي [faːrisij]
**persistent** [pə'sɪstənt] *adj* مُصِر [musʕirru]
**person** ['pɜːsᵊn] *n* فَرد [fard]
**personal** ['pɜːsənᵊl] *adj* شخصي [ʃaxsʕij]; **personal assistant** *n* مساعد شخصي [Mosa'aed shakhṣey]; **personal organizer** *n* منظم شخصي [monaḍhem shakhṣey]; **personal stereo** *n* جهاز الصوت المجسم الشخصي [Jehaz al-ṣawt al-mojasam al-shakhṣey]
**personality** [ˌpɜːsə'nælɪtɪ] *n* هَوية [hawijja]
**personally** ['pɜːsənəlɪ] *adv* شخصياً [ʃaxsʕiːan]
**personnel** [ˌpɜːsə'nɛl] *n* الموظفين [almuwazʕzʕafiːna]
**perspective** [pə'spɛktɪv] *n* منظور [manzʕuːr]
**perspiration** [ˌpɜːspə'reɪʃən] *n* تَعَرُّق [taʕarruq]
**persuade** [pə'sweɪd] *v* يَحُث [jaħuθθu]
**persuasive** [pə'sweɪsɪv] *adj* مقنع [muqniʕ]
**Peru** [pə'ruː] *n* بيرو [biːruː]
**Peruvian** [pə'ruːvɪən] *adj* بيروفي [biːruːfij] ▷ *n* بيروفي [biːruːfij]
**pessimist** ['pɛsɪˌmɪst] *n* مُتَشائِم [mutaʃaːʔim]
**pessimistic** ['pɛsɪˌmɪstɪk] *adj* متشائم [mutaʃaːʔim]
**pest** [pɛst] *n* وباء [wabaːʔ]
**pester** ['pɛstə] *v* يُضايق [judʕaːjiqu]
**pesticide** ['pɛstɪˌsaɪd] *n* مبيد حشرات [Mobeed hasharat]
**pet** [pɛt] *n* حيوان أليف [Ḥayawaan aleef]
**petition** [pɪ'tɪʃən] *n* التماس [iltimaːs]
**petrified** ['pɛtrɪˌfaɪd] *adj* متحجر [mutaħaʒʒir]
**petrol** ['pɛtrəl] *n* بنزين [binziːn]; **petrol station** *n* محطة بنزين [Mahaṭat benzene]; **petrol tank** *n* خزان بنزين

[Khazan benzeen]; **unleaded petrol** *n* بنزين خالي من الرصاص [Benzene khaly men al- raṣaṣ]; **I've run out of petrol** لقد نفذ البنزين من السيارة [la'qad nafatha al-banzeen min al-sayara]; **Is there a petrol station near here?** هل يوجد محطة بنزين قريبة من هنا؟ [hal yujad muḥaṭat banzeen 'qareeba min huna?]; **The petrol has run out** نفذ البنزين من السيارة [nafadh al-banzeen min al-sayara]

**pewter** ['pjuːtə] *n* سبيكة البيوتر [Sabeekat al-beyooter]

**pharmacist** ['fɑːməsɪst] *n* صيدلي [sˤajdalij]

**pharmacy** ['fɑːməsɪ] *n* صيدلية [sˤajdalijja]

**PhD** [piː eɪtʃ diː] *n* درجة الدكتوراه في الفلسفة [daraʒatu adduktuːraːti fiː alfalsafati]

**pheasant** ['fɛzᵊnt] *n* طائر التدرج [Taear al-tadraj]

**philosophy** [fɪ'lɒsəfɪ] *n* فلسفة [falsafa]

**phobia** ['fəʊbɪə] *n* خوف مرضي [Khawf maraḍey]

**phone** [fəʊn] *n* هاتف [haːtif] ▷ *v* يَتَّصِل تليفونيا [jattasˤilu tiliːfuːnijjan]; **camera phone** *n* تليفون بكاميرا [Telefoon bekamerah]; **entry phone** *n* تليفون المدخل [Telefoon al-madkhal]; **mobile phone** *n* هاتف جوال [Hatef jawal]; **phone bill** *n* فاتورة تليفون [Fatoorat telefon]; **phone number** *n* رقم التليفون [Ra'qm al-telefone]; **smart phone** *n* هاتف ذكي [Hatef zaky]; **I'd like some coins for the phone, please** أريد بَعض العملات المعدنية من أجل الهاتف من فضلك [areed ba'aḍ al-'aimlaat al-ma'a-danya min ajil al-haatif min faḍlak]; **I'm having trouble with the phone** هناك مشكلة في الهاتف [hunaka mushkila fee al-haatif]; **May I use your phone?** هل يمكن أن أستخدم هاتفك؟ [hal yamken an asta-khdim ha-tifak?]

**phonebook** ['fəʊn,bʊk] *n* دفتر الهاتف [Daftar al-hatef]

**phonebox** ['fəʊn,bɒks] *n* كابينة تليفون [Kabeenat telefoon]

**phonecall** ['fəʊn,kɔːl] *n* اتصال هاتفي [Eteṣal hatefey]

**phonecard** ['fəʊn,kɑːd] *n* كارت تليفون [Kart telefone]; **A phonecard, please** أريد كارت تليفون من فضلك [areed kart talefon min faḍlak]

**photo** ['fəʊtəʊ] *n* صورة فوتوغرافية [Ṣorah fotoghrafeyah]; **photo album** *n* ألبوم الصور [Albom al ṣewar]

**photocopier** ['fəʊtəʊ,kɒpɪə] *n* ماكينة تصوير [Makenat taṣweer]

**photocopy** ['fəʊtəʊ,kɒpɪ] *n* نسخة ضوئية [niskha ḍaw-iyaa] ▷ *v* يستخرج نسخة [Yastakhrej noskhah]; **I'd like a photocopy of this, please** أرجو عمل نسخة ضوئية من هذا المستند [arjo al-ḥuṣool 'aala nuskha min hadha al-mustanad min faḍlak]

**photograph** ['fəʊtə,grɑːf; -,græf] *n* صورة فوتوغرافية [Ṣorah fotoghrafeyah] ▷ *v* يُصور فوتوغرافيا [Yoṣawer fotoghrafeyah]

**photographer** [fə'tɒgrəfə; pho'tographer] *n* مصور فوتوغرافي [moṣawer fotoghrafey]

**photography** [fə'tɒgrəfɪ] *n* التصوير الفوتوغرافي [Al-taṣweer al-fotoghrafey]

**phrase** [freɪz] *n* عبارة [ʕibaːra]

**phrasebook** ['freɪz,bʊk] *n* كتاب العبارات [Ketab al-'aebarat]

**physical** ['fɪzɪkᵊl] *adj* بدني [badanij] ▷ *n* متعلق بالبدن [Mota'ale'q bel-badan]

**physicist** ['fɪzɪsɪst] *n* فيزيائي [fiːzjaːʔij]

**physics** ['fɪzɪks] *npl* فيزياء [fiːzjaːʔun]

**physiotherapist** [,fɪzɪəʊ'θɛrəpɪst] *n* أخصائي العلاج الطبيعي [Akeṣaaey al-elaj al-ṭabeaey]

**physiotherapy** [,fɪzɪəʊ'θɛrəpɪ] *n* علاج طبيعي ['aelaj ṭabeye]

**pianist** ['pɪənɪst] *n* لاعب البيانو [La'aeb al-beyano]

**piano** [pɪ'ænəʊ] *n* بيانو [bijaːnuː]

**pick** [pɪk] *n* انتقاء [intiqaːʔ] ▷ *v* يختار [jaxtaːru]

**pick on** [pɪk ɒn] *v* يُسئ معاملة شخص [Yosee mo'amalat shakhṣ]
**pick out** [pɪk aʊt] *v* يَنتقِي [jantaqi:]
**pickpocket** ['pɪk,pɒkɪt] *n* نَشّال [naʃʃa:l]
**pick up** [pɪk ʌp] *v* يَجْلِب [jaʒlibu]
**picnic** ['pɪknɪk] *n* نزهة في الهواء الطَلق [Nozhah fee al-hawaa al-ṭal'q]
**picture** ['pɪktʃə] *n* صورة [sˤu:ra]; **picture frame** *n* إطار الصورة [Eṭar al ṣorah]; **Would you take a picture of us, please?** هل يمكن أن تلتقط لنا صورة هنا من فضلك؟ [hal yamken an talta-'qiṭ lana ṣoora min faḍlak?]
**picturesque** [,pɪktʃə'rɛsk] *adj* رائع [ra:ʔiʕ]
**pie** [paɪ] *n* فطيرة [fatˤi:ra]; **apple pie** *n* فطيرة التفاح [Faṭeerat al-tofaaḥ]; **pie chart** *n* رسم بياني دائري [Rasm bayany daery]
**piece** [pi:s] *n* قطعة [qitˤʕa]
**pier** [pɪə] *n* دعامة [daʕa:ma]
**pierce** [pɪəs] *v* يَخْرِق [jaxriqu]
**pierced** [pɪəst] *adj* مثقوب [maθqu:b]
**piercing** ['pɪəsɪŋ] *n* ثُقْب [θuqb]
**pig** [pɪg] *n* خنزير [xinzi:r]; **guinea pig** *n* *(for experiment)* حقل للتجارب [Ha'ql lel-tajareb], *(rodent)* خنزير غينيا [Khnzeer ghemyah]
**pigeon** ['pɪdʒɪn] *n* حمامة [ħama:ma]
**piggybank** ['pɪgɪ,bæŋk] *n* حصالة على شكل خنزير [Ḥaṣalah ala shakl khenzeer]
**pigtail** ['pɪg,teɪl] *n* ضفيرة [dˤafi:ra]
**pile** [paɪl] *n* خازوق [xa:zu:q]
**piles** [paɪlz] *npl* دعائم [daʕa:ʔimun]
**pile-up** [paɪlʌp] *n* تكدس [takaddus]
**pilgrim** ['pɪlgrɪm] *n* حَاجٌّ [ħa:ʒʒ]
**pilgrimage** ['pɪlgrɪmɪdʒ] *n* الحج [al-ħaʒʒu]
**pill** [pɪl] *n* حبة دواء [Habbat dawaa]; **sleeping pill** *n* حبة نوم [Habit nawm]
**pillar** ['pɪlə] *n* دعامة [daʕa:ma]
**pillow** ['pɪləʊ] *n* وسَادة [wisa:da]
**pillowcase** ['pɪləʊ,keɪs] *n* غطاء الوسادة [gheṭaa al-wesadah]
**pilot** ['paɪlət] *n* ربان الطائرة [Roban al-ṭaaerah]; **pilot light** *n* شُعلة الاحتراق [Sho'alat al-eḥtera'q]
**pimple** ['pɪmpᵊl] *n* دُمّل [dumul]
**pin** [pɪn] *n* دبوس [dabbu:s]; **drawing pin** *n* دبوس تثبيت اللوائح [Daboos tathbeet al-lawaeh]; **rolling pin** *n* نَشّابة [naʃʃa:batun]; **safety pin** *n* دبوس أمان [Daboos aman]; **I need a safety pin** أحتاج إلى دبوس آمن [aḥtaaj ela dub-boos aamin]
**PIN** [pɪn] *npl* رقم التعريف الشخصي [Ra'qam alta'areef alshakhṣey]
**pinafore** ['pɪnə,fɔ:] *n* مئزر [miʔzar]
**pinch** [pɪntʃ] *v* يَقْرِصُ [jaqrusˤu]
**pine** [paɪn] *n* شجرة الصنوبر [Shajarat al-ṣonobar]
**pineapple** ['paɪn,æpᵊl] *n* أناناس [ʔana:na:s]
**pink** [pɪŋk] *adj* وردي [wardij]
**pint** [paɪnt] *n* باينت [ba:jant]
**pip** [pɪp] *n* حَبّة [ħabba]
**pipe** [paɪp] *n* ماسورة [ma:su:ra]; **exhaust pipe** *n* ماسورة العادم [Masorat al-'aadem]
**pipeline** ['paɪp,laɪn] *n* خط أنابيب [Khaṭ anabeeb]
**pirate** ['paɪrɪt] *n* قُرْصان [qursˤa:n]
**Pisces** ['paɪsi:z; 'pɪ-] *n* الحوت [al-ħu:tu]
**pistol** ['pɪstᵊl] *n* مسدس [musaddas]
**piston** ['pɪstən] *n* مِكْبَس [mikbas]
**pitch** [pɪtʃ] *n* *(sound)* طبقة صوت [Ṭabaqat ṣawt], *(sport)* رَمْيَة [ramja] ▷ *v* يَرْمي [jarmi:]
**pity** ['pɪtɪ] *n* شفقة [ʃafaqa] ▷ *v* يُشفق على [Yoshfe'q 'aala]
**pixel** ['pɪksᵊl] *n* بِكْسِل [biksil]
**pizza** ['pi:tsə] *n* بيتزا [bi:tza:]
**place** [pleɪs] *n* مكان [maka:n] ▷ *v* يَضع في [Yaḍa'a fee]; **place of birth** *n* مكان الميلاد [Makan al-meelad]; **Do you know a good place to go?** أتعرف مكانا جيدا يمكن أن أذهب إليه؟ [a-ta'aruf makanan jayidan yamkin an adhhab e-lay-he?]
**placement** ['pleɪsmənt] *n* وَضْع [wadˤʕ]
**plain** [pleɪn] *adj* بسيط [basi:tˤ] ▷ *n* ارض منبسطة [ardˤu munbasatˤatin]; **plain chocolate** *n* شيكولاتة سادة [Shekolatah

sada]
**plait** [plæt] *n* طية [tˤajja]
**plan** [plæn] *n* خطة [xutˤtˤa] ▷ *v* يُخطط
[juxatˤtˤitˤu]; **street plan** *n* خريطة الشارع
[Khareeṭat al-share'a]
**plane** [pleɪn] *n (aeroplane)* طائرة [tˤa:ʔira],
*(surface)* سَطح مستوى [Saṭ mostawey],
*(tool)* طائرة [tˤa:ʔira]
**planet** ['plænɪt] *n* كوكب [kawkab]
**planning** [plænɪŋ] *n* تخطيط [taxtˤi:tˤ]
**plant** [plɑːnt] *n* نبات [naba:t], *(site/
equipment)* مباني وتجهيزات [Mabaney
watajheezaat] ▷ *v* يزرع [jazraʕu]; **plant
pot** *n* حوض نباتات [Hawḍ nabatat]; **pot
plant** *n* نبات يزرع في حاوية [Nabat yozra'a
fee ḥaweyah]; **We'd like to see local
plants and trees** نريد أن نرى النباتات
والأشجار المحلية [nureed an nara
al-naba-taat wa al-ash-jaar al-maḥali-ya]
**plaque** [plæk; plɑːk] *n* قِلادة [qila:da]
**plaster** ['plɑːstə] *n (for wall)* جص [ʒibsˤ],
*(for wound)* مادة لاصقة [Madah laṣe'qah]
**plastic** ['plæstɪk; 'plɑːs-] *adj* بلاستيكي
[bla:sti:kij] ▷ *n* بلاستيك [bla:sti:k]; **plastic
bag** *n* كيس بلاستيكي [Kees
belasteekey]; **plastic surgery** *n* جراحة
تجميلية [Jerahah tajmeeleyah]
**plate** [pleɪt] *n* صحيفة [sˤaħi:fa]; **number
plate** *n* لوحة الأرقام [Looḥ al-ar'qaam]
**platform** ['plætfɔːm] *n* منصة
[minasˤsˤa]
**platinum** ['plætɪnəm] *n* بلاتين [bla:ti:n]
**play** [pleɪ] *n* لعب [laʕib] ▷ *v (in sport)* يلعب
[jalʕabu], *(music)* يَعْزف [jaʕzifu]; **play
truant** *v* يتغَيب [jataɣajjabu]; **playing
card** *n* بطاقة لعب [Beṭaqat la'aeb];
**playing field** *n* ملعب رياضي [Mal'aab
reyady]; **We'd like to play tennis** نود
أن نلعب التنس؟ [nawid an nal'aab
al-tanis]; **Where can I play golf?** أين
يمكنني أن ألعب الجولف؟ [ayna
yamken-any an al-'aab al-jolf?]
**player** ['pleɪə] *n (instrumentalist)* آلة عَزْف
[Aalat 'aazf], *(of sport)* لاعب [la:ʕib]; **CD
player** *n* مشغل الاسطوانات [Moshaghel
al-esṭewanat]; **MP3 player** *n* مشغل
3PM ملفات [Moshaghel malafat MP3];
**MP4 player** *n* 4PM مشغل ملفات
[Moshaghel malafat MP4]
**playful** ['pleɪfʊl] *adj* لعوب [laʕu:b]
**playground** ['pleɪˌgraʊnd] *n* ملعب
[malʕab]
**playgroup** ['pleɪˌgruːp] *n* مجموعة لعب
[Majmo'aat le'aab]
**PlayStation®** ['pleɪˌsteɪʃən] *n*
®بلايستيشن [bla:jsiti:ʃn]
**playtime** ['pleɪˌtaɪm] *n* وَقت اللعب
[Wa'qt al-la'aeb]
**playwright** ['pleɪˌraɪt] *n* كاتب مسرحي
[Kateb masrḥey]
**pleasant** ['plɛzᵊnt] *adj* سار [sa:rr]
**please** [pliːz] *excl* ot ekil d'I ?#: أرجوك
أريد التسجيل في الرحلة = esaelp ,ni kcehc
من فضلك
**pleased** [pliːzd] *adj* مسرور [masru:r]
**pleasure** ['plɛʒə] *n* سرور [suru:r]; **It
was a pleasure to meet you** من دواعي
سروري أن التقي بك [min dawa-'ay siro-ry
an al-ta'qy bik]; **It's been a pleasure
working with you** من دواعي سروري
العمل معك [min dawa-'ay siro-ry
al-'aamal ma'aak]; **With pleasure!** بكل
سرور [bekul siroor]
**plenty** ['plɛntɪ] *n* وَفْرة [wafra]
**pliers** ['plaɪəz] *npl* كمّاشة [kamma:ʃatun]
**plot** [plɒt] *n (piece of land)* قطعة أرض
['qeṭ'aat arḍ], *(secret plan)* حبكة ▷ *v*
*(conspire)* يتآمر [jataʔa:maru]
**plough** [plaʊ] *n* محراث [miħra:θ] ▷ *v*
يَحْرُث [jaħruθu]
**plug** [plʌg] *n* قابس [qa:bis]; **spark plug**
*n* شمعة إشعال [Sham'aat esh'aal]
**plughole** ['plʌgˌhəʊl] *n* فتحة التوصيل
[Fathat al-tawṣeel]
**plug in** [plʌg ɪn] *v* يُوصِل بالقابس الكهربائي
[ju:sˤilu bilqa:busi alkahraba:ʔijji]
**plum** [plʌm] *n* برقوق [barqu:q]
**plumber** ['plʌmə] *n* سباك [sabba:k]
**plumbing** ['plʌmɪŋ] *n* سِبَاكة [siba:ka]
**plump** [plʌmp] *adj* ممتلئ الجسم
[Momtaleya al-jesm]
**plunge** [plʌndʒ] *v* يَغْطَس [jaɣtˤusu]

**plural** ['plʊərəl] *n* جمع [ʒamʕ]
**plus** [plʌs] *prep* زائد [za:ʔidun]
**plywood** ['plaɪ,wʊd] *n* خشب أبلكاج [Khashab ablakaj]
**p.m.** [pi: ɛm] *abbr* مساءً [masa:ʔun]; **Please come home by 11p.m.** رجاء العودة بحلول الساعة الحادية عشر مساءً [rejaa al-'aawda beḥilool al-sa'aa al-ḥade-a 'aashar masa-an]
**pneumonia** [nju:'məʊnɪə] *n* مرض ذات الرئة [Marad dhat al-re'aa]
**poached** [pəʊtʃt] *adj (caught illegally)* مُتَلَبِّس بالجَريمَه [Motalabes bel-jareemah], *(simmered gently)* مسلوق [maslu:q]
**pocket** ['pɒkɪt] *n* جيب [ʒajb]; **pocket calculator** *n* آلة حاسبة للجيب [Alah haseba lel-jeeb]; **pocket money** *n* مصروف الجيب [Maṣroof al-jeeb]
**podcast** ['pɒd,kɑ:st] *n* بودكاست [bu:dka:st]
**poem** ['pəʊɪm] *n* قصيدة [qasˁi:da]
**poet** ['pəʊɪt] *n* شاعر [ʃa:ʕir]
**poetry** ['pəʊɪtrɪ] *n* شِعْر [ʃiʕr]
**point** [pɔɪnt] *n* نقطة [nuqtˁa] ▷ *v* يُشير [juʃi:ru]
**pointless** ['pɔɪntlɪs] *adj* بلا مغزى [Bela maghdha]
**point out** [pɔɪnt aʊt] *v* يُوضح [ju:dˁiħu]
**poison** ['pɔɪzᵊn] *n* سُمّ [summ] ▷ *v* يُسَمِّم [jusammimu]
**poisonous** ['pɔɪzənəs] *adj* سام [sa:mm]
**poke** [pəʊk] *v* يَلْكُم [jalkumu]
**poker** ['pəʊkə] *n* لُعبَة البوكر [Lo'abat al-bookar]
**Poland** ['pəʊlənd] *n* بولندة [bu:landat]
**polar** ['pəʊlə] *adj* قطبي [qutˁbij]; **polar bear** *n* الدب القطبي [Al-dob al-shamaley]
**pole** [pəʊl] *n* قطب [qutˁb]; **North Pole** *n* القطب الشمالي [A'qotb al-shamaley]; **pole vault** *n* قفز بالزانة ['qafz bel-zanah]; **South Pole** *n* القطب الجنوبي [Al-k'qotb al-janoobey]; **tent pole** *n* عمود الخيمة ['amood al-kheemah]
**Pole** [pəʊl] *n* بولندي [bu:landij]
**police** [pə'li:s] *n* شُرْطَة [ʃurtˁa]; **police officer** *n* ضابط شرطة [Ḍabeṭ shorṭah]; **police station** *n* قسم شرطة ['qesm shorṭah]
**policeman, policemen** [pə'li:smən, pə'li:smɛn] *n* ضابط شرطة [Ḍabeṭ shorṭah]
**policewoman, policewomen** [pə'li:swʊmən, pə'li:swɪmɪn] *n* ضابطة شرطة [Ḍaabeṭ shorṭah]
**policy** ['pɒlɪsɪ] *n*; **insurance policy** *n* بوليصة تأمين [Booleeṣat taameen]
**polio** ['pəʊlɪəʊ] *n* شلل أطفال [Shalal aṭfaal]
**polish** ['pɒlɪʃ] *n* مادة تلميع [Madah talmee'a] ▷ *v* يَجلو [jaʒlu:]; **nail polish** *n* طلاء أظافر [Ṭelaa aḍhafer]; **shoe polish** *n* ورنيش الأحذية [Warneesh al-aḥdheyah]
**Polish** ['pəʊlɪʃ] *adj* بولندي [bu:landij] ▷ *n* بولندي [bu:landij]
**polite** [pə'laɪt] *adj* مؤدب [muʔaddab]
**politely** [pə'laɪtlɪ] *adv* بأدَب [Beadab]
**politeness** [pə'laɪtnɪs] *n* الكياسة [al-kija:satu]
**political** [pə'lɪtɪkᵊl] *adj* سياسي [sija:sij]
**politician** [,pɒlɪ'tɪʃən] *n* رجل سياسة [Rajol seyasah]
**politics** ['pɒlɪtɪks] *npl* سياسة [sija:sa]
**poll** [pəʊl] *n* اقتراع [iqtira:ʕ]; **opinion poll** *n* استطلاع الرأي [Eateṭla'a al-ray]
**pollen** ['pɒlən] *n* لقاح [liqa:ħ]
**pollute** [pə'lu:t] *v* يُلوث [julawwiθu]
**polluted** [pə'lu:tɪd] *adj* مُلَوَّث [mulawwaθ]
**pollution** [pə'lu:ʃən] *n* تلوث [talawwuθ]
**Polynesia** [,pɒlɪ'ni:ʒə; -ʒɪə] *n* بولينسيا [bu:li:nisja:]
**Polynesian** [,pɒlɪ'ni:ʒən; -ʒɪən] *adj* بولنسي [bu:linisij] ▷ *n (language)* اللغة البولينيسية [Al- loghah al-bolenseyah], *(person)* بولينيسي [bu:li:ni:sij]
**pomegranate** ['pɒmɪ,grænɪt; 'pɒm,grænɪt] *n* رُمّان [rumma:n]
**pond** [pɒnd] *n* بِرْكَة [birka]
**pony** ['pəʊnɪ] *n* فَرَس قزم [Faras 'qezm]; **pony trekking** *n* رحلة على الجياد [Rehalah ala al-jeyad]

**ponytail** ['pəʊnɪˌteɪl] *n* ضفيرة [dˤafi:ra]
**poodle** ['pu:dᵊl] *n* كلب البودل [Kalb al-boodel]
**pool** [pu:l] *n (resources)* حوض منتج للنفط [Hawḍ montej lel-naft], *(water)* حَوْض [ħawdˤ]; **paddling pool** *n* حوض سباحة للأطفال [Ḥaeḍ sebaha lel-aṭfaal]; **swimming pool** *n* حمام سباحة [Hammam sebaḥah]
**poor** [pʊə; pɔ:] *adj* فقير [faqi:r]
**poorly** ['pʊəlɪ; 'pɔ:-] *adj* بشكل سيء [Be-shakl sayea]
**popcorn** ['pɒpˌkɔ:n] *n* فشار [fuʃa:r]
**pope** [pəʊp] *n* البابا [al-ba:ba:]
**poplar** ['pɒplə] *n* خشب الحور [Khashab al-ḥoor]
**poppy** ['pɒpɪ] *n* خشخاش [xaʃxa:ʃ]
**popular** ['pɒpjʊlə] *adj* شعبي [ʃaʕbij]
**popularity** ['pɒpjʊlærɪtɪ] *n* شعبية [ʃaʕbijjit]
**population** [ˌpɒpjʊ'leɪʃən] *n* سكان [sukka:n]
**pop-up** [pɒpʌp] *n* قفز [qafaza]
**porch** [pɔ:tʃ] *n* رواق [riwa:q]
**pork** [pɔ:k] *n* لحم خنزير [Lahm al-khenzeer]; **pork chop** *n* شَريحة لحم خنزير [Shareehat laḥm khenzeer]
**porn** [pɔ:n] *n (informal)* الإباحية [al-ʔiba:ħijatu]
**pornographic** [pɔ:'nɒgræfɪk] *adj* إباحي [ʔiba:ħij]
**pornography** [pɔ:'nɒgrəfɪ] *n* فن إباحي [Fan ebaḥey]
**porridge** ['pɒrɪdʒ] *n* عصيدة [ʕasˤi:da]
**port** [pɔ:t] *n (ships)* منفذ جوي أو بحري [manfaḍh jawey aw baḥrey], *(wine)* نبيذ برتغالي [nabi:ðun burtuɣa:lij]
**portable** ['pɔ:təbᵊl] *adj* محمول [maħmu:l]
**porter** ['pɔ:tə] *n* شَيَّال [ʃajja:l]
**portfolio** [pɔ:t'fəʊlɪəʊ] *n* حقيبة أوراق [Ha'qeebat awra'q]
**portion** ['pɔ:ʃən] *n* حصة [ħisˤsˤa]
**portrait** ['pɔ:trɪt; -treɪt] *n* صورة للوجه [Ṣorah lel-wajh]
**Portugal** ['pɔ:tjʊgᵊl] *n* البرتغال [al-burtuɣa:l]
**Portuguese** [ˌpɔ:tjʊ'gi:z] *adj* برتغالي [burtuɣa:lij] ▷ *n (language)* اللغة البرتغالية [Al-loghah al-bortoghaleyah], *(person)* برتغالي [burtuɣa:lij]
**position** [pə'zɪʃən] *n* مكانة [maka:na]
**positive** ['pɒzɪtɪv] *adj* إيجابي [ʔi:ʒa:bij]
**possess** [pə'zɛs] *v* يمتلك [jamtaliku]
**possession** [pə'zɛʃən] *n* حيازة [ħija:za]
**possibility** [ˌpɒsɪ'bɪlɪtɪ] *n* إمكانية [ʔimka:nijja]
**possible** ['pɒsɪbᵊl] *adj* ممكن [mumkin]; **as soon as possible** في أقرب وقت ممكن [fee a'qrab wa'qt mumkin]
**possibly** ['pɒsɪblɪ] *adv* من الممكن [Men al-momken]
**post** [pəʊst] *n (mail)* نظام بريدي [neḍham bareedey], *(position)* موضع [mawdˤiʕ], *(stake)* عمود [ʕamu:d] ▷ *v* يُرسِل بالبريد [Yorsel bel-bareed]; **post office** *n* مكتب البريد [maktab al-bareed]
**postage** ['pəʊstɪdʒ] *n* أجرة البريد [ojrat al bareed]
**postbox** ['pəʊstˌbɒks] *n* صندوق البريد [Ṣondo'q bareed]
**postcard** ['pəʊstˌkɑ:d] *n* بطاقة بريدية [Beṭaqah bareedyah]
**postcode** ['pəʊstˌkəʊd] *n* رمز بريدي [Ramz bareedey]
**poster** ['pəʊstə] *n* إعلان ملصق [E'alan Molṣa'q]
**postgraduate** [pəʊst'grædjʊɪt] *n* دراسات عليا [dira:sa:t ʕaljan]
**postman, postmen** ['pəʊstmən, 'pəʊstmɛn] *n* ساعي البريد [Sa'aey al-bareed]
**postmark** ['pəʊstˌmɑ:k] *n* خاتم البريد [Khatem al-bareed]
**postpone** [pəʊst'pəʊn; pə'spəʊn] *v* يؤجل [juaʒʒilu]
**postwoman, postwomen** ['pəʊstwʊmən, 'pəʊstwɪmɪn] *n* ساعية البريد [Sa'aeyat al-bareed]
**pot** [pɒt] *n* إناء [ʔina:ʔ]; **plant pot** *n* حوض نباتات [Hawḍ nabatat]; **pot plant** *n* نبات يزرع في حاوية [Nabat yozra'a fee

ḥaweyah]
**potato, potatoes** [pə'teɪtəʊ, pə'teɪtəʊz] *n* بطاطس [batˤaːtˤis]; **baked potato** *n* بطاطس بالفرن [Baṭaṭes bel-forn]; **jacket potato** *n* بطاطس مشوية بقشرها [Baṭaṭes mashweiah be'qshreha]; **mashed potatoes** *npl* بطاطس مهروسة [Baṭaṭes mahrosah]; **potato peeler** *n* جهاز تقشير البطاطس [Jehaz ta'qsheer al-baṭaṭes]
**potential** [pə'tɛnʃəl] *adj* ممكن [mumkin] ▷ *n* إمكانية [ʔimkaːnijja]
**pothole** ['pɒt,həʊl] *n* أُخْدُود [ʔuxduːd]
**pottery** ['pɒtərɪ] *n* مصنع الفخار [Maṣna'a al-fakhaar]
**potty** ['pɒtɪ] *n* نونية للأطفال [Noneyah lel-aṭfaal]; **Do you have a potty?** هل توجد نونية للأطفال؟ [hal tojad non-iya lil-aṭfaal?]
**pound** [paʊnd] *n* رطل [ratˤl]; **pound sterling** *n* جنيه استرليني [Jeneh esterleeney]
**pour** [pɔː] *v* يَسْكُب [jaskubu]
**poverty** ['pɒvətɪ] *n* فَقْر [faqr]
**powder** ['paʊdə] *n* بودرة [buːdra]; **baking powder** *n* مسحوق خبز [Mashoo'q khobz]; **soap powder** *n* مسحوق الصابون [Mashoo'q ṣaboon]; **talcum powder** *n* مَسْحوقُ الطَّلْق [Mashoo'q al-ṭal'q]; **washing powder** *n* مسحوق الغسيل [Mashoo'q alghaseel]
**power** ['paʊə] *n* قوة [quwwa]; **power cut** *n* انقطاع التيار الكهربي [En'qetaa'a al-tayar alkahrabey]; **solar power** *n* طاقة شمسية [Ṭa'qah shamseyah]
**powerful** ['paʊəfʊl] *adj* قوي [qawij]
**practical** ['præktɪkᵊl] *adj* عملي [ʕamalij]
**practically** ['præktɪkəlɪ; -klɪ] *adv* عمليا [ʕamalijan]
**practice** ['præktɪs] *n* ممارسة [mumaːrasa]
**practise** ['præktɪs] *v* يُمارِس [jumaːrisu]
**praise** [preɪz] *v* يُثني على [Yothney 'aala]
**pram** [præm] *n* زورق صغير [Zawra'q ṣagheer]
**prank** [præŋk] *n* مزحة [mazħa]
**prawn** [prɔːn] *n* رُوبِيَان [ruːbjaːn]
**pray** [preɪ] *v* يُصَلي [jusˤaliː]
**prayer** [prɛə] *n* صلاة [sˤalaːt]
**precaution** [prɪ'kɔːʃən] *n* حيطة [ħiːtˤa]
**preceding** [prɪ'siːdɪŋ] *adj* سالِف [saːlif]
**precinct** ['priːsɪŋkt] *n* دائرة انتخابية [Daaera entekhabeyah]; **pedestrian precinct** *n* منطقة مشاه [Menta'qat moshah]
**precious** ['prɛʃəs] *adj* نفيس [nafiːs]
**precise** [prɪ'saɪs] *adj* مُحْكَم [muħkam]
**precisely** [prɪ'saɪslɪ] *adv* بالتحديد [bi-at-taħdiːdi]
**predecessor** ['priːdɪ,sɛsə] *n* سلف [salaf]
**predict** [prɪ'dɪkt] *v* يتنبأ [jatanabbaʔu]
**predictable** [prɪ'dɪktəbᵊl] *adj* مُتَوَقَّع [mutawaqqaʕ]
**prefect** ['priːfɛkt] *n* تلميذ مُفَوَّض [telmeedh mofawaḍ]
**prefer** [prɪ'fɜː] *v* يُفَضِل [jufadˤdˤilu]
**preferably** ['prɛfərəblɪ; 'prɛfrəblɪ] *adv* من الأفضل [Men al-'afḍal]
**preference** ['prɛfərəns; 'prɛfrəns] *n* تفضيل [tafdˤiːl]
**pregnancy** ['prɛgnənsɪ] *n* حَمْل [ħaml]
**pregnant** ['prɛgnənt] *adj* حُبلى [ħublaː]
**prehistoric** [,priːhɪ'stɒrɪk] *adj* متعلق بما قبل التاريخ [Mota'ale'q bema 'qabl al-tareekh]
**prejudice** ['prɛdʒʊdɪs] *n* إجْحَاف [ʔiʒħaːf]
**prejudiced** ['prɛdʒʊdɪst] *adj* متحامل [mutaħaːmil]
**premature** [,prɛmə'tjʊə; 'prɛmə,tjʊə] *adj* مبتسر [mubatasir]
**premiere** ['prɛmɪ,ɛə; 'prɛmɪə] *n* بارز [baːriz]
**premises** ['prɛmɪsɪz] *npl* المبنى والأراضي التابعه له [Al-mabna wal-aradey al-taabe'ah laho]
**premonition** [,prɛmə'nɪʃən] *n* هاجس داخلي [Hajes dakheley]
**preoccupied** [priː'ɒkjʊ,paɪd] *adj* مشغول البال [Mashghool al-bal]
**prepaid** [priː'peɪd] *adj* مدفوع مسبقا [Madfo'a mosba'qan]

**preparation** [ˌprɛpəˈreɪʃən] *n* إعداد [ʔiʕdaːd]
**prepare** [prɪˈpɛə] *v* يُعِد [juʕidu]
**prepared** [prɪˈpɛəd] *adj* مُعَد [muʕadd]
**Presbyterian** [ˌprɛzbɪˈtɪərɪən] *adj* مشيخي [maʃjaxij] ▷ *n* كَنِيسة مَشْيَخِيَّة [Kaneesah mashyakheyah]
**prescribe** [prɪˈskraɪb] *v* يصف علاجا [Yaṣef 'aelagan]
**prescription** [prɪˈskrɪpʃən] *n* وصفة طبية [Waṣfah ṭebeyah]
**presence** [ˈprɛzəns] *n* حضور [ħudˤuːr]
**present** *adj* [ˈprɛz] حاضر [ħaːdˤir] ▷ *n* [ˈprɛz] *(gift)* هدية [hadijja], *(time being)* حاضر [ħaːdˤir] ▷ *v* [prɪˈzɛnt] يُبْدِي [jubdiː]; **I'm looking for a present for my husband** أنا أبحث عن هدية لزوجي [ana abḥath 'aan hadiya le-zawjee]
**presentation** [ˌprɛzənˈteɪʃən] *n* تقديم [taqdiːm]
**presenter** [prɪˈzɛntə] *n* مقدم [muqaddim]
**presently** [ˈprɛzəntlɪ] *adv* توا [tawwan]
**preservative** [prɪˈzɜːvətɪv] *n* مادة حافظة [Madah ḥafeḍhah]
**president** [ˈprɛzɪdənt] *n* رئيس [raʔijs]
**press** [prɛs] *n* نَشر [naʃr] ▷ *v* يَضغط [jadˤɣatˤu]; **press conference** *n* مؤتمر صحفي [Moatamar ṣaḥafey]
**press-up** [prɛsʌp] *n* تمرين الضغط [Tamreen al- Ḍaght]
**pressure** [ˈprɛʃə] *n* ضَغْط [dˤaɣtˤ] ▷ *v* يُلقي بضغط [Yol'qy be-ḍaght]; **blood pressure** *n* ضغط الدم [ḍaghṭ al-dam]
**prestige** [prɛˈstiːʒ] *n* هيبة [hajba]
**prestigious** [prɛˈstɪdʒəs] *adj* مَهِيب [mahiːb]
**presumably** [prɪˈzjuːməblɪ] *adv* بصورة محتملة [be ṣorah moḥtamalah]
**presume** [prɪˈzjuːm] *v* يُسَلِم ب [Yosalem be]
**pretend** [prɪˈtɛnd] *v* يَتظاهر [jatazˤaːharu]
**pretext** [ˈpriːtɛkst] *n* حجة [ħuʒʒa]
**prettily** [ˈprɪtɪlɪ] *adv* على نحو جميل [Ala nahw jameel]
**pretty** [ˈprɪtɪ] *adj* وَسيم [wasiːm] ▷ *adv* إلى حد معقول [Ela ḥad ma'a'qool]
**prevent** [prɪˈvɛnt] *v* يمنع [jumnaʕu]
**prevention** [prɪˈvɛnʃən] *n* وقاية [wiqaːja]
**previous** [ˈpriːvɪəs] *adj* مُنصَرِم [munsˤarim]
**previously** [ˈpriːvɪəslɪ] *adv* من قبل [Men 'qabl]
**prey** [preɪ] *n* فريسة [fariːsa]
**price** [praɪs] *n* سِعر [siʕr]; **price list** *n* قائمة أسعار ['qaemat as'aar]; **retail price** *n* سعر التجزئة [Se'ar al-tajzeah]; **selling price** *n* سعر البيع [Se'ar al-bay'a]
**prick** [prɪk] *v* يَثْقُب [jaθqubu]
**pride** [praɪd] *n* فخر [faxr]
**priest** [priːst] *n* قسيس [qasiːs]
**primarily** [ˈpraɪmərəlɪ] *adv* بصورة أساسية [Beṣorah asasiyah]
**primary** [ˈpraɪmərɪ] *adj* أولي [ʔawwalij]; **primary school** *n* مدرسة إبتدائية [Madrasah ebtedaeyah]
**primitive** [ˈprɪmɪtɪv] *adj* بدائي [bidaːʔij]
**primrose** [ˈprɪmˌrəʊz] *n* زهرة الربيع [Zahrat al-rabee'a]
**prince** [prɪns] *n* أمير [ʔamiːr]
**princess** [prɪnˈsɛs] *n* أميرة [ʔamiːra]
**principal** [ˈprɪnsɪpᵊl] *adj* أصلي [ʔasˤlij] ▷ *n* مدير مدرسة [Madeer madrasah]
**principle** [ˈprɪnsɪpᵊl] *n* مبدأ [mabdau]
**print** [prɪnt] *n* نشرة مطبوعة [Nashrah maṭbo'aah] ▷ *v* يَطبَع [jatˤbaʕu]
**printer** [ˈprɪntə] *n* *(machine)* طابعة [tˤaːbiʕa], *(person)* طابعة [tˤaːbiʕa]; **Is there a colour printer?** هل توجد طابعة ملونة؟ [hal tojad ṭabe-'aa mulawa-na?]
**printing** [ˈprɪntɪŋ] *n*; **How much is printing?** كم تكلفة الطباعة؟ [kam taklafati atˤtˤibaːʕati]
**printout** [ˈprɪntaʊt] *n* مطبوعات [matˤbuːʕaːt]
**priority** [praɪˈɒrɪtɪ] *n* أولوية [ʔawlawijja]
**prison** [ˈprɪzᵊn] *n* حَبْس [ħabs]; **prison officer** *n* ضابط سجن [Ḍabeṭ sejn]
**prisoner** [ˈprɪzənə] *n* سجين [saʒiːn]

**privacy** ['praɪvəsɪ; 'prɪvəsɪ] *n* سرية [sirrija]
**private** ['praɪvɪt] *adj* خصوصي [xusˤu:sˤij]; **private property** *n* مِلكِية خاصة [Melkeyah khaṣah]
**privatize** ['praɪvɪ,taɪz] *v* يُخصِص [juxasˤsˤisˤu]
**privilege** ['prɪvɪlɪdʒ] *n* امتياز [imtija:z]
**prize** [praɪz] *n* جائزة [ʒa:ʔiza]
**prize-giving** ['praɪz,gɪvɪŋ] *n* تقديم الهدايا [Ta'qdeem al-hadayah]
**prizewinner** ['praɪz,wɪnə] *n* الفائز بالجائزة [Al-faez bel-jaaezah]
**probability** [,prɒbə'bɪlɪtɪ] *n* احتمالية [iħtima:lijja]
**probable** ['prɒbəbᵊl] *adj* محتمل [muħtamal]
**probably** ['prɒbəblɪ] *adv* على الأرجح [Ala al-arjah]
**problem** ['prɒbləm] *n* مشكلة [muʃkila]; **There's a problem with the room** هناك مشكلة ما في الغرفة [Honak moshkelatan ma fel-ghorfah]
**proceedings** [prə'siːdɪŋz] *npl* دعوى قضائية [Da'awa 'qaḍaeyah]
**proceeds** ['prəʊsiːdz] *npl* عائدات [ʕa:ʔida:tun]
**process** ['prəʊsɛs] *n* عملية [ʕamalijja]
**procession** [prə'sɛʃən] *n* موكب [mawkib]
**produce** [prə'dju:s] *v* ينتج [juntiʒu]
**producer** [prə'dju:sə] *n* مُنتِج [muntiʒ]
**product** ['prɒdʌkt] *n* منتَج [mantu:ʒ]
**production** [prə'dʌkʃən] *n* إنتاج [ʔinta:ʒ]
**productivity** [,prɒdʌk'tɪvɪtɪ] *n* إنتاجية [ʔinta:ʒijja]
**profession** [prə'fɛʃən] *n* وظيفة [wazˤi:fa]
**professional** [prə'fɛʃənᵊl] *adj* مُحترِف [muħtarif] ▷ *n* محترف [muħtarif]
**professionally** [prə'fɛʃənəlɪ] *adv* باحتراف [Beḥteraaf]
**professor** [prə'fɛsə] *n* أستاذ جامعي [Ostaz jame'aey]
**profit** ['prɒfɪt] *n* رِبْح [ribħ]
**profitable** ['prɒfɪtəbᵊl] *adj* مربح [murbiħ]
**program** ['prəʊgræm] *n* برنامج [barna:maʒ] ▷ *v* يُبَرمج [jubarmiʒu]
**programme** ['prəʊgræm] *n* برنامج *(computer)* [barna:maʒ]
**programmer** ['prəʊgræmə; 'programmer] *n* مُبَرْمج [mubarmiʒ]
**programming** ['prəʊgræmɪŋ] *n* برمجة [barmaʒa]
**progress** ['prəʊgrɛs] *n* تقدُم [taqaddum]
**prohibit** [prə'hɪbɪt] *v* يَحظُر [jaħzˤuru]
**prohibited** [prə'hɪbɪtɪd] *adj* محظور [maħzˤu:r]
**project** ['prɒdʒɛkt] *n* مشروع [maʃru:ʕ]
**projector** [prə'dʒɛktə] *n* جهاز عرض [Jehaz 'ard]; **overhead projector** *n* جهاز العرض العلوي [Jehaz al-'ard al-'aolwey]
**promenade** [,prɒmə'nɑ:d] *n* نزهة [nuzha]
**promise** ['prɒmɪs] *n* عهد [ʕahd] ▷ *v* يُواعِد [juwa:ʕidu]
**promising** ['prɒmɪsɪŋ] *adj* واعَد [wa:ʕada]
**promote** [prə'məʊt] *v* يُروج [jurawwiʒu]
**promotion** [prə'məʊʃən] *n* ترويج [tarwi:ʒ]
**prompt** [prɒmpt] *adj* يُحَفِز [juħaffizu]
**promptly** [prɒmptlɪ] *adv* فورا [fawran]
**pronoun** ['prəʊ,naʊn] *n* ضمير [dˤami:r]
**pronounce** [prə'naʊns] *v* ينطق [jantˤiqu]
**pronunciation** [prə,nʌnsɪ'eɪʃən] *n* نُطق [nutˤq]
**proof** [pru:f] *n* *(evidence)* دليل [dali:l], *(for checking)* إثبات [ʔiθba:t]
**propaganda** [,prɒpə'gændə] *n* دِعَاية [diʕa:jat]
**proper** ['prɒpə] *adj* مناسب [muna:sib]
**properly** ['prɒpəlɪ] *adv* بشكل مناسب [Be-shakl monaseb]
**property** ['prɒpətɪ] *n* مِلكِية [milkijja]; **private property** *n* مِلكِية خاصة [Melkeyah khaṣah]
**proportion** [prə'pɔ:ʃən] *n* نسبة [nisba]

**proportional** [prəˈpɔːʃənᵊl] *adj* نسبي [nisbij]
**proposal** [prəˈpəʊzᵊl] *n* عرض [ʕardˤ]
**propose** [prəˈpəʊz] *v* يقترح [jaqtariħu]
**prosecute** [ˈprɒsɪˌkjuːt] *v* يضطهد [jadˤtˤahidu]
**prospect** [ˈprɒspɛkt] *n* تَوَقُع [tawaqqaʕa]
**prospectus** [prəˈspɛktəs] *n* نشرة دعائية [Nashrah de'aeyah]
**prosperity** [prɒˈspɛrɪtɪ] *n* ازدهار [ʔizdiha:r]
**prostitute** [ˈprɒstɪˌtjuːt] *n* عاهرة [ʕa:hira]
**protect** [prəˈtɛkt] *v* يَحمي [jaħmi:]
**protection** [prəˈtɛkʃən] *n* حماية [ħima:ja]
**protein** [ˈprəʊtiːn] *n* بروتين [bru:ti:n]
**protest** *n* [ˈprəʊtɛst] احتجاج [ʔiħtiʒa:ʒ] ▷ *v* [prəˈtɛst] يَعترض [jaʕtaridˤu]
**Protestant** [ˈprɒtɪstənt] *adj* بروتستانتي [bru:tista:ntij] ▷ *n* بروتستانتي [bru:tista:ntij]
**proud** [praʊd] *adj* فخور [faxu:r]
**prove** [pruːv] *v* يُثبت [juθbitu]
**proverb** [ˈprɒvɜːb] *n* مَثَل [maθal]
**provide** [prəˈvaɪd] *v* يزود [juzawwidu]; **provide for** *v* يُعَيل [juʕi:lu]
**provided** [prəˈvaɪdɪd] *conj* شَريطة أن [Shareeṭat an]
**providing** [prəˈvaɪdɪŋ] *conj* شَريطة أن [Shareeṭat an]
**provisional** [prəˈvɪʒənᵊl] *adj* شَرطي [ʃartˤij]
**proximity** [prɒkˈsɪmɪtɪ] *n* قرابة [qura:ba]
**prune** [pruːn] *n* برقوق [barqu:q]
**pry** [praɪ] *v* يُحَدِق بإمعان [Yoḥade'q be-em'aaan]
**pseudonym** [ˈsjuːdəˌnɪm] *n* اسم مُستعار [Esm most'aar]
**psychiatric** [ˌsaɪkɪˈætrɪk; ˌpsychiˈatric] *adj* نفسي [nafsij]
**psychiatrist** [saɪˈkaɪətrɪst] *n* طبيب نفساني [Ṭabeeb nafsaaney]
**psychological** [ˌsaɪkəˈlɒdʒɪkᵊl] *adj* سيكولوجي [sajku:lu:ʒij]
**psychologist** [saɪˈkɒlədʒɪst] *n* عالم نفسي [ˈaaalem nafsey]
**psychology** [saɪˈkɒlədʒɪ] *n* علم النفس [ˈaelm al-nafs]
**psychotherapy** [ˌsaɪkəʊˈθɛrəpɪ] *n* علاج نفسي [ˈaelaj nafsey]
**PTO** [piː tiː əʊ] *abbr* اقلب الصفحة من فضلك [E'qleb alṣafḥah men faḍlek]
**pub** [pʌb] *n* حانة [ħa:na]
**public** [ˈpʌblɪk] *adj* شعبي [ʃaʕbij] ▷ *n* شعب [ʃaʕb]; **public holiday** *n* أجازة عامة [ajaaza a'mah]; **public opinion** *n* الرأي العام [Al-raaey al-'aam]; **public relations** *npl* علاقات عامة [ˈala'qat ˈaamah]; **public school** *n* مدرسة عامة [Madrasah ˈaamah]; **public transport** *n* نقل عام [Na'ql ˈaam]
**publican** [ˈpʌblɪkən] *n* صاحب حانة [Ṣaheb hanah]
**publication** [ˌpʌblɪˈkeɪʃən] *n* منشور [manʃu:r]
**publish** [ˈpʌblɪʃ] *v* ينشر [janʃuru]
**publisher** [ˈpʌblɪʃə] *n* ناشر [na:ʃir]
**pudding** [ˈpʊdɪŋ] *n* حلوى البودينج [Ḥalwa al-boodenj]
**puddle** [ˈpʌdᵊl] *n* بِرْكة [birka]
**Puerto Rico** [ˈpwɜːtəʊ ˈriːkəʊ; ˈpwɛə-] *n* بورتو ريكو [burtu: ri:ku:]
**pull** [pʊl] *v* يَجذِب [jaʒðibu]
**pull down** [pʊl daʊn] *v* يَهْدِم [jahdimu]
**pull out** [pʊl aʊt] *vi* يَتَحرك بالسيارة ▷ *vt* يَقْتَلِع [jaqtaliʕu]
**pullover** [ˈpʊlˌəʊvə] *n* يُوْقِف السيارة [Yo'qef sayarah]
**pull up** [pʊl ʌp] *v* يَسْحَب [jasħabu]
**pulse** [pʌls] *n* نبضة [nabdˤa]
**pulses** [pʌlsɪz] *npl* نبضات [nabadˤa:tun]
**pump** [pʌmp] *n* مضخة [midˤaxxa] ▷ *v* يَضُخ [jadˤuxxu]; **bicycle pump** *n* منفاخ دراجة [Monfakh draajah]; **Pump number three, please** المضخة رقم ثلاثة من فضلك [al-maḍakha ra'qum thalath min faḍlak]
**pumpkin** [ˈpʌmpkɪn] *n* قَرْع [qarʕ]
**pump up** [pʌmp ʌp] *v* ينفخ [junfaxu]
**punch** [pʌntʃ] *n (blow)* مثقب [miθqab],

*(hot drink)* شراب البَنْش المُسكِر [Sharaab al-bensh al-mosker] ▷ *v* يخرّم [juxarrimu]
**punctual** ['pʌŋktjʊəl] *adj* مُنْضَبِط [mundˤabitˤ]
**punctuation** [,pʌŋktjʊ'eɪʃən] *n* وضع علامات الترقيم [Wad'a 'alamaat al-tar'qeem]
**puncture** ['pʌŋktʃə] *n* ثقب [θuqb]
**punish** ['pʌnɪʃ] *v* يُعَاقِب [juʕa:qibu]
**punishment** ['pʌnɪʃmənt] *n* عقاب [ʕiqa:b]; **capital punishment** *n* أقصى عقوبة [A'qsa 'aoqobah]; **corporal punishment** *n* عقوبة بدنية ['ao'qoba badaneyah]
**punk** [pʌŋk] *n* غلام الصوفان [ɣula:mu asˤsˤu:fa:ni]
**pupil** ['pju:pᵊl] *n (eye)* بُؤبُؤ العَيْن [Boaboa al-'ayn], *(learner)* تلميذ [tilmi:ð]
**puppet** ['pʌpɪt] *n* دمية متحركة [Domeyah motaḥarekah]
**puppy** ['pʌpɪ] *n* جرو [ʒarw]
**purchase** ['pɜ:tʃɪs] *v* يَبتاع [jabta:ʕu]
**pure** [pjʊə] *adj* نقي [naqij]
**purple** ['pɜ:pᵊl] *adj* أرجواني [urʒuwa:nij]
**purpose** ['pɜ:pəs] *n* غرض [ɣaradˤ]
**purr** [pɜ:] *v* يخرخر [juxarxiru]
**purse** [pɜ:s] *n* حافظة نقود [ḥafedhat ne'qood]
**pursue** [pə'sju:] *v* يُلاحِق [jula:ħiqu]
**pursuit** [pə'sju:t] *n* ملاحقة [mula:ħaqa]
**pus** [pʌs] *n* قيح [qajħ]
**push** [pʊʃ] *v* يَدفَع [jadfaʕu]
**pushchair** ['pʊʃ,tʃɛə] *n* عربة طفل ['arabat ṭefl]
**push-up** [pʊʃʌp] *n* تمرين الضغط [Tamreen al- Ḍaghṭ]
**put** [pʊt] *v* يَضع [jadˤaʕu]
**put aside** [pʊt ə'saɪd] *v* يَدخِر [jaddaxiru]
**put away** [pʊt ə'weɪ] *v* يَدخِر مالا [juddaxiru ma:la:]
**put back** [pʊt bæk] *v* يُرْجِع [jurʒiʕu]
**put forward** [pʊt fɔ:wəd] *v* يُقَدِم [juqaddimu]
**put in** [pʊt ɪn] *v* يركب [jarrkabu]
**put off** [pʊt ɒf] *v* يؤخر [juʔaxiru]
**put up** [pʊt ʌp] *v* يَنْزِل في مكان [Yanzel fee makaan]
**puzzle** ['pʌzᵊl] *n* لغز [luɣz]
**puzzled** ['pʌzᵊld] *adj* مرتبك [murtabik]
**puzzling** ['pʌzlɪŋ] *adj* مُحير [muħajjir]
**pyjamas** [pə'dʒɑ:məz] *npl* بيجامة [bi:ʒa:matun]
**pylon** ['paɪlən] *n* بُرج كهرباء [Borj kahrbaa]
**pyramid** ['pɪrəmɪd] *n* هرم [haram]

# q

**Qatar** [kæ'tɑː] *n* قطر [qatˤar]
**quail** [kweɪl] *n* طائر السِمّان [Ṭaaer al-saman]
**quaint** [kweɪnt] *adj* طريف [tˤari:f]
**Quaker** ['kweɪkə] *n* منتسب لجماعة الأصحاب [Montaseb le-jama'at al-aṣḥaab]
**qualification** [ˌkwɒlɪfɪ'keɪʃən] *n* مُؤهِل [muahhil]
**qualified** ['kwɒlɪˌfaɪd] *adj* مُؤهَل [muahhal]
**qualify** ['kwɒlɪˌfaɪ] *v* يؤهل [juʔahilu]
**quality** ['kwɒlɪtɪ] *n* جودة [ʒawda]
**quantify** ['kwɒntɪˌfaɪ] *v* يَقيس مقدار [Ya'qees me'qdaar]
**quantity** ['kwɒntɪtɪ] *n* كمية [kammija]
**quarantine** ['kwɒrənˌtiːn] *n* حَجْر صحي [Ḥajar ṣeḥey]
**quarrel** ['kwɒrəl] *n* شجار [ʃiʒa:r] ▷ *v* يتشاجر مع [Yatashajar ma'a]
**quarry** ['kwɒrɪ] *n* طريدة [tˤari:da]
**quarter** ['kwɔːtə] *n* رُبْع [rubʕ]; **quarter final** *n* سباق الدور رُبع النهائي [Seba'q al-door roba'a al-nehaaey]
**quartet** [kwɔː'tɛt] *n* رباعية [ruba:ʕijjatu]
**quay** [kiː] *n* رصيف الميناء [Raṣeef al-meenaa]
**queen** [kwiːn] *n* ملكة [malika]
**query** ['kwɪərɪ] *n* تساؤل [tasa:ʔul] ▷ *v* يَسْتفهم [jastafhimu]
**question** ['kwɛstʃən] *n* سُؤال [sua:l] ▷ *v* يَستَجوب [jastaʒwibu]; **question mark** *n* علامة استفهام ['alamat estefham]
**questionnaire** [ˌkwɛstʃə'nɛə; ˌkɛs-] *n* استبيان [istibja:n]
**queue** [kjuː] *n* صَف [sˤaf] ▷ *v* يَصْطَف [jasˤtˤaffu]
**quick** [kwɪk] *adj* سريع [sari:ʕ]
**quickly** [kwɪklɪ] *adv* سريعاً [sari:ʕan]
**quiet** ['kwaɪət] *adj* هادئ [ha:diʔ]; **I'd like a quiet room** أفضل أن تكون الغرفة هادئة [ofaḍel an takoon al-ghurfa hade-a]; **Is there a quiet beach near here?** هل يوجد شواطئ هادئ قريب من هنا؟ [hal ju:ʒadu ʃawa:tˤiʔa ha:diʔi qari:bun min huna:]
**quietly** ['kwaɪətlɪ] *adv* بهدوء [bihudu:ʔin]
**quilt** [kwɪlt] *n* لحاف [liħa:f]
**quit** [kwɪt] *v* يُقْلِع عن [Yo'qle'a 'aan]
**quite** [kwaɪt] *adv* فعلا [fiʕlan]
**quiz, quizzes** [kwɪz, 'kwɪzɪz] *n* اختبار موجز [ekhtebar mojaz]
**quota** ['kwəʊtə] *n* نصيب [nasˤi:b]
**quotation** [kwəʊ'teɪʃən] *n* عرض أسعار ['aarḍ as'aar]; **quotation marks** *npl* علامات الاقتباس ['aalamat al-e'qtebas]
**quote** [kwəʊt] *n* اقتباس [iqtiba:s] ▷ *v* يَقْتَبِس [jaqtabisu]

# r

**rabbi** ['ræbaɪ] *n* حاخام [ħa:xa:m]
**rabbit** ['ræbɪt] *n* أرنب [ʔarnab]
**rabies** ['reɪbi:z] *n* داء الكلب [Daa al-kalb]
**race** [reɪs] *n (contest)* سباق [siba:q], *(origin)* سلالة [sula:la] ▷ *v* يتسابق [jatasa:baqu]; **I'd like to see a horse race** أود أن أشاهد سباقًا للخيول؟ [awid an oshahed seba'qan lil-khiyool]
**racecourse** ['reɪs,kɔ:s] *n* حلبة السباق [ḥalabat seba'q]
**racehorse** ['reɪs,hɔ:s] *n* جواد السباق [Jawad al-seba'q]
**racer** ['reɪsə] *n* مُسَابِق [musa:biq]
**racetrack** ['reɪs,træk] *n* حلبة السباق [ḥalabat seba'q]
**racial** ['reɪʃəl] *adj* عنصري [ʕunsʕurij]
**racing** ['reɪsɪŋ] *n*; **horse racing** *n* سباق الخيول [Seba'q al-kheyol]; **motor racing** *n* سباق سيارات [Seba'q sayarat]; **racing car** *n* سيارة السباق [Sayarah al-seba'q]; **racing driver** *n* سائق سيارة سباق [Sae'q sayarah seba'q]
**racism** ['reɪsɪzəm] *n* تمييز عنصري [Tamyeez 'aonory]
**racist** ['reɪsɪst] *adj* متحيز عنصريا [Motaḥeyz 'aonṣoreyan] ▷ *n* عنصري [ʕunsʕurij]
**rack** [ræk] *n* حامل [ħa:mil]; **luggage rack** *n* حامل حقائب السفر [Hamel ha'qaeb al-safar]
**racket** ['rækɪt] *n (racquet)* مضرب الراكيت [Maḍrab alrakeet]; **tennis racket** *n* مضرب تنس [Maḍrab tenes]
**racoon** [rə'ku:n] *n* حيوان الراكون [Ḥayawaan al-rakoon]
**racquet** ['rækɪt] *n* مضرب كرة الطاولة [Maḍrab korat al-ṭawlah]
**radar** ['reɪdɑ:] *n* رادار [ra:da:r]
**radiation** [,reɪdɪ'eɪʃən] *n* إشعاع [ʔiʃʕa:ʕ]
**radiator** ['reɪdɪ,eɪtə] *n* جهاز إرسال الإشعاع [Jehaz esrsaal al-esh'aaa'a]
**radio** ['reɪdɪəʊ] *n* راديو [ra:dju:]; **digital radio** *n* راديو رقمي [Radyo ra'qamey]; **radio station** *n* محطة راديو [Mahaṭat radyo]; **Can I switch the radio off?** هل يمكن أن أطفئ الراديو؟ [hal yamken an aṭfee al-radio?]; **Can I switch the radio on?** هل يمكن أن أشغل الراديو؟ [hal yamken an osha-ghel al-radio?]
**radioactive** [,reɪdɪəʊ'æktɪv] *adj* مشع [muʃiʕʕ]
**radio-controlled** ['reɪdɪəʊ'kən'trəʊld] *adj* متحكم به عن بعد [Motaḥkam beh an bo'ad]
**radish** ['rædɪʃ] *n* فجل [fiʒl]
**raffle** ['ræf°l] *n* بيع باليانصيب [Bay'a bel-yanaṣeeb]
**raft** [rɑ:ft] *n* طَوْف [tˤawf]
**rag** [ræg] *n* خرقة [xirqa]
**rage** [reɪdʒ] *n* غضب شديد [ghaḍab shaded]; **road rage** *n* مشاحنات على الطريق [Moshahanaat ala al-ṭaree'q]
**raid** [reɪd] *n* غارة [ɣa:ra] ▷ *v* يَشُن غارة [Yashen gharah]
**rail** [reɪl] *n* قضبان السكة الحديدية ['qoḍban al-sekah al-ḥadeedeyah]
**railcard** ['reɪl,kɑ:d] *n* بطاقة للسفر بالقطار [Beṭa'qah lel-safar bel-kharej]
**railings** ['reɪlɪŋz] *npl* درابزينات [dara:bzi:na:tun]
**railway** ['reɪl,weɪ] *n* سكة حديدية [Sekah haedeedyah]; **railway station** *n* محطة سكك حديدية [Mahaṭat sekak

ḥadeedeyah]
**rain** [reɪn] *n* مطر [matˁar] ▷ *v* يُمطر [jumtˁiru]; **acid rain** *n* أمطار حمضية [Amṭar ḥemdeyah]; **Do you think it's going to rain?** هل تظن أن المطر سوف يسقط؟ [hal taḍhun ana al-maṭar sawfa yas'qiṭ?]; **It's raining** إنها تمطر [Enha tomṭer]
**rainbow** ['reɪn,bəʊ] *n* قوس قزح ['qaws 'qazh]
**raincoat** ['reɪn,kəʊt] *n* معطف واق من المطر [Me'ataf wa'qen men al-maarṭar]
**rainforest** ['reɪn,fɒrɪst] *n* غابات المطر بخط الاستواء [Ghabat al-maṭar be-khaṭ al-estwaa]
**rainy** ['reɪnɪ] *adj* مُمطر [mumtˁir]
**raise** [reɪz] *v* يُغْلي [juʕli:]
**raisin** ['reɪzᵊn] *n* زبيب [zabi:b]
**rake** [reɪk] *n* آلة جمع الأعشاب [a:latun ʒamʕu alʔaʕʃa:bi]
**rally** ['rælɪ] *n* سباق الراليات [Seba'q al-raleyat]
**ram** [ræm] *n* كبش [kabʃ] ▷ *v* يَصْدِم بقوة [Yaṣdem be'qowah]
**Ramadan** [,ræmə'dɑːn] *n* رَمَضانْ [ramadˁa:n]
**rambler** ['ræmblə] *n* مُتَجوِّل [mutaʒawwil]
**ramp** [ræmp] *n* طريق منحدر [Ṭaree'q monḥadar]
**random** ['rændəm] *adj* عشوائي [ʕaʃwa:ʔij]
**range** [reɪndʒ] *n (limits)* مَدَى [mada:], *(mountains)* سلسلة جبال [Selselat jebal] ▷ *v* يَتَراوح [jatara:waħu]
**rank** [ræŋk] *n (line)* صف [sˁaff], *(status)* مكانة [maka:na] ▷ *v* يُرَتِب [jurattibu]
**ransom** ['rænsəm] *n* فدية [fidja]
**rape** [reɪp] *n (plant)* نبات اللفت [Nabat al-left], *(sexual attack)* اغتصاب [iɣtisˁa:b] ▷ *v* (يسلب) يغتصب [jaɣtasˁibu]; **I've been raped** لقد تعرضت للاغتصاب [la'qad ta-'aaraḍto lel-ighti-ṣaab]
**rapids** ['ræpɪdz] *npl* منحدر النهر [Monḥadar al-nahr]
**rapist** ['reɪpɪst; 'rapist] *n* مُغْتَصِب [muɣtasˁib]
**rare** [rɛə] *adj (uncommon)* نادر [na:dir], *(undercooked)* نادر [na:dir]
**rarely** ['rɛəlɪ] *adv* نادرا [na:diran]
**rash** [ræʃ] *n* طفح جلدي [Ṭafh jeldey]; **I have a rash** أعاني من طفح جلدي [O'aaney men ṭafḥ jeldey]
**raspberry** ['rɑːzbərɪ; -brɪ] *n* توت [tu:tt]
**rat** [ræt] *n* جرذ [ʒurð]
**rate** [reɪt] *n* معدل [muʕaddal] ▷ *v* يُثَمِن [juθamminu]; **interest rate** *n* معدل الفائدة [Moaadal al-faaedah]; **rate of exchange** *n* سِعر الصرف [Se'ar al-ṣ arf]
**rather** ['rɑːðə] *adv* إلى حد ما [ʔila ħaddin ma:]
**ratio** ['reɪʃɪ,əʊ] *n* نسبة [nisba]
**rational** ['ræʃənᵊl] *adj* عقلاني [ʕaqla:nij]
**rattle** ['rætᵊl] *n* خشخيشة الأطفال [Khashkheeshat al-aṭfaal]
**rattlesnake** ['rætᵊl,sneɪk] *n* الأفعى ذات الأجراس [Al-af'aa dhat al-ajraas]
**rave** [reɪv] *n* هذيان [haðaja:n] ▷ *v* يُربك [jurbiku]
**raven** ['reɪvᵊn] *n* غراب أسود [Ghorab aswad]
**ravenous** ['rævənəs] *adj* مفترس [muftaris]
**ravine** [rə'viːn] *n* واد عميق وضيق [Wad 'amee'q wa-ḍaye'q]
**raw** [rɔː] *adj* خام [xa:m]
**razor** ['reɪzə] *n* موسى الحلاقة [Mosa alḥela'qah]; **razor blade** *n* شفرة حلاقة [Shafrat hela'qah]
**reach** [riːtʃ] *v* يَبْلُغ [jabluɣu]
**react** [rɪ'ækt] *v* يَتفاعل [jatafaaʕalu]
**reaction** [rɪ'ækʃən] *n* تَفَاعُل [tafa:ʕul]
**reactor** [rɪ'æktə] *n* مُفَاعِل [mufa:ʕil]
**read** [riːd] *v* يَقْرَأ [jaqraʔu]
**reader** ['riːdə] *n* قارئ [qa:riʔ]
**readily** ['rɛdɪlɪ; 'readily] *adv* حالًا [ħa:la:]
**reading** ['riːdɪŋ] *n* قراءة [qira:ʔa]
**read out** [riːd] *v* يَقْرَأ بصوت مرتفع [Ya'qraa beṣawt mortafe'a]
**ready** ['rɛdɪ] *adj* متأهب [mutaʔahib]
**ready-cooked** ['rɛdɪ'kʊkt] *adj* مطهو

[matʕhuww]
**real** [ˈrɪəl] *adj* واقعي [wa:qiʕij]
**realistic** [ˌrɪəˈlɪstɪk] *adj* واقعي [wa:qiʕij]
**reality** [rɪˈælɪtɪ] *n* واقع [wa:qiʕ]; **reality TV** *n* تلفزيون الواقع [Telefezyon al-wa'qe'a]; **virtual reality** *n* واقع افتراضي [Wa'qe'a eftradey]
**realize** [ˈrɪəˌlaɪz] *v* يُدرِك [judriku]
**really** [ˈrɪəlɪ] *adv* أحقاً [ħaqqan]
**rear** [rɪə] *adj* خلفي [xalfij] ▷ *n* مؤخرة الجيش [Mowakherat al-jaysh]; **rear-view mirror** *n* مرآة الرؤية الخلفية [Meraah al-roayah al-khalfeyah]
**reason** [ˈriːzᵊn] *n* مُبَرر [mubbarir]
**reasonable** [ˈriːzənəbᵊl] *adj* معقول [maʕqu:lin]
**reasonably** [ˈriːzənəblɪ] *adv* على نحو معقول [Ala naḥw ma'a'qool]
**reassure** [ˌriːəˈʃʊə] *v* يُعْيد طَمْأنَتَه [Yo'aeed ṭomaanath]
**reassuring** [ˌriːəˈʃʊəɪŋ] *adj* مُطمئِن [mutʕmaʔin]
**rebate** [ˈriːbeɪt] *n* خَصْم [ħasm]
**rebellious** [rɪˈbɛljəs] *adj* متمرد [mutamarrid]
**rebuild** [riːˈbɪld] *v* يُعْيد بناء [Yo'aeed benaa]
**receipt** [rɪˈsiːt] *n* وَصْل [wasʕl]
**receive** [rɪˈsiːv] *v* يَستلِم [jastalimu]
**receiver** [rɪˈsiːvə] *n* (*electronic*) جهاز الاستقبال [Jehaz alest'qbal], (*person*) مُستَلِم [mustalim]
**recent** [ˈriːsᵊnt] *adj* حديث [ħadi:θ]
**recently** [ˈriːsəntlɪ] *adv* حديثاً [ħadi:θan]
**reception** [rɪˈsɛpʃən] *n* استقبال [istiqba:l]
**receptionist** [rɪˈsɛpʃənɪst] *n* موظف الاستقبال [mowadhaf al-este'qbal]
**recession** [rɪˈsɛʃən] *n* انسحاب [insiħa:b]
**recharge** [riːˈtʃɑːdʒ] *v* يُعْيد شحن بطارية [Yo'aeed shaḥn baṭareyah]
**recipe** [ˈrɛsɪpɪ] *n* وصفة طهي [Waṣfat ṭahey]
**recipient** [rɪˈsɪpɪənt] *n* مُتَلق [mutalaqi]
**reckon** [ˈrɛkən] *v* يحسب [jaħsubu]
**reclining** [rɪˈklaɪnɪŋ] *adj* منحني [munħanij]
**recognizable** [ˈrɛkəgˌnaɪzəbᵊl] *adj* ممكن تمييزه [Momken tamyezoh]
**recognize** [ˈrɛkəgˌnaɪz] *v* يَتْعَرف على [Yata'araf 'ala]
**recommend** [ˌrɛkəˈmɛnd] *v* يُوصي [ju:sʕi:]
**recommendation** [ˌrɛkəmɛnˈdeɪʃən] *n* توصية [tawsʕijja]
**reconsider** [ˌriːkənˈsɪdə] *v* يُعْيد النظر في [Yo'aeed al-naḍhar fee]
**record** *n* [ˈrɛkɔːd] مَحضَر [maħdʕar] ▷ *v* [rɪˈkɔːd] يُسجِل [jusaʒʒilu]
**recorded delivery** [rɪˈkɔːdɪd dɪˈlɪvərɪ] *n* بعلم الوصول [Be-'aelm al-woṣool]
**recorder** [rɪˈkɔːdə] *n* (*music*) جهاز التسجيل [Jehaz al-tasjeel], (*scribe*) مُسَجِّل [musaʒʒal]
**recording** [rɪˈkɔːdɪŋ] *n* عملية التسجيل ['amalyat al-tasjeel]
**recover** [rɪˈkʌvə] *v* يَشفى [juʃfa:]
**recovery** [rɪˈkʌvərɪ] *n* شِفاء [ʃifa:ʔ]
**recruitment** [rɪˈkruːtmənt] *n* توظيف [tawzʕi:f]
**rectangle** [ˈrɛkˌtæŋgᵊl] *n* مستطيل [mustatʕi:l]
**rectangular** [rɛkˈtæŋgjʊlə] *adj* مستطيل الشكل [Mostaṭeel al-shakl]
**rectify** [ˈrɛktɪˌfaɪ] *v* يُعدل [juʕaddilu]
**recurring** [rɪˈkʌrɪŋ] *adj* متكرر [mutakarrir]
**recycle** [riːˈsaɪkᵊl] *v* يُعْيد استخدام [Yo'aeed estekhdam]
**recycling** [riːˈsaɪklɪŋ] *n* إعادة تصنيع [E'aadat taṣnee'a]
**red** [rɛd] *adj* أحمر [ʔaħmar]; **red meat** *n* لحم أحمر [Laḥm aḥmar]; **red wine** *n* نبيذ أحمر [nabeedh aḥmar]; **Red Cross** *n* الصليب الأحمر [Al-Ṣaleeb al-aḥmar]; **Red Sea** *n* البحر الأحمر [Al-bahr al-ahmar]; **a bottle of red wine** زجاجة من النبيذ الأحمر [zujaja min al-nabeedh al-aḥmar]
**redcurrant** [ˈrɛdˈkʌrənt] *n* عنب أحمر ['aenab aḥmar]

**redecorate** [riːˈdɛkəˌreɪt] *v* يُعيد تزيين [Yo'aeed tazyeen]
**red-haired** [ˈrɛdˌhɛəd] *adj* أحمر الشعر [Aḥmar al-sha'ar]
**redhead** [ˈrɛdˌhɛd] *n* شَعْر أحمر [Sha'ar ahmar]
**redo** [riːˈduː] *v* يُعيد عمل الشيء [Yo'aeed 'aamal al-shaya]
**reduce** [rɪˈdjuːs] *v* يُخَفِض [juxaffidˤu]
**reduction** [rɪˈdʌkʃən] *n* تقليل [taqliːl]
**redundancy** [rɪˈdʌndənsɪ] *n* إسهاب (حشو) [ʔishaːb]
**redundant** [rɪˈdʌndənt] *adj* مطنب [mutˤanabb]
**reed** [riːd] *n* قصبة [qasˤaba]
**reel** [riːl; rɪəl] *n* بَكَرَة [bakara]
**refer** [rɪˈfɜː] *v* يُشير إلى [Yosheer ela]
**referee** [ˌrɛfəˈriː] *n* حَكَم مباريات رياضية [Hosn almaḍhar]
**reference** [ˈrɛfərəns; ˈrɛfrəns] *n* مرجع [marʒaʕin]; **reference number** *n* رقم مرجعي [Ra'qm marje'ay]
**refill** [riːˈfɪl] *v* يُعْيد ملء [Yo'aeed mela]
**refinery** [rɪˈfaɪnərɪ] *n* مصفاة معمل التكرير [Meṣfaah ma'amal al-takreer]; **oil refinery** *n* معمل تكرير الزيت [Ma'amal takreer al-zayt]
**reflect** [rɪˈflɛkt] *v* يَعْكِس [jaʕkisu]
**reflection** [rɪˈflɛkʃən] *n* انعكاس [inʕikaːs]
**reflex** [ˈriːflɛks] *n* رد انعكاسي [Rad en'aekasey]
**refreshing** [rɪˈfrɛʃɪŋ; reˈfreshing] *adj* مُجدد للنشاط [Mojaded lel-nashat]
**refreshments** [rɪˈfrɛʃmənts] *npl* وجبة طعام خفيفة [Wajbat ṭ a'aam khafeefah]
**refrigerator** [rɪˈfrɪdʒəˌreɪtə] *n* ثلاجة [θallaːʒa]
**refuel** [riːˈfjuːəl] *v* يُزود بوقود إضافي [juzawwadu biwuquːdin ʔidˤaːfijjin]
**refuge** [ˈrɛfjuːdʒ] *n* ملجأ [malʒa]
**refugee** [ˌrɛfjʊˈdʒiː] *n* لاجئ [laːʒiʔ]
**refund** *n* [ˈriːˌfʌnd] إعادة دفع [E'aadat daf'a] ▷ *v* [rɪˈfʌnd] يُعْيد مبلغ [juʕjidu mablaɣan]
**refusal** [rɪˈfjuːzᵊl] *n* رَفْض [rafdˤ]
**refuse¹** [rɪˈfjuːz] *v* يَرفُض [jarfudˤu]
**refuse²** [ˈrɛfjuːs] *n* حثالة [ħuθaːla]
**regain** [rɪˈɡeɪn] *v* يَستعيد [jastaʕiːdu]
**regard** [rɪˈɡɑːd] *n* اهتمام [ihtimaːm] ▷ *v* يَعتبر [jaʕtabiru]
**regarding** [rɪˈɡɑːdɪŋ] *prep* فيما يتعلق بـ (بشأن) [Feema yat'ala'q be]
**regiment** [ˈrɛdʒɪmənt] *n* فوج [fawʒu]
**region** [ˈriːdʒən] *n* إقليم [iqliːm]
**regional** [ˈriːdʒənᵊl] *adj* إقليمي [iqliːmij]
**register** [ˈrɛdʒɪstə] *n* سِجل [siʒʒil] ▷ *v* يُسجل [jusaʒʒilu]; **cash register** *n* ماكينة تسجيل الكاش [Makenat tasjeel al-kaash]
**registered** [ˈrɛdʒɪstəd] *adj* مُسَجَل [mussaʒal]
**registration** [ˌrɛdʒɪˈstreɪʃən] *n* تسجيل [tasʒiːlu]; **Registration number...** رقم التسجيل هو... [ra'qim al-tasjeel howa...]
**regret** [rɪˈɡrɛt] *n* نَدَم [nadima] ▷ *v* يأسف [jaʔsafu]
**regular** [ˈrɛɡjʊlə] *adj* مُعتاد [muʕtaːd]
**regularly** [ˈrɛɡjʊləlɪ] *adv* بانتظام [bentedham]
**regulation** [ˌrɛɡjʊˈleɪʃən] *n* تنظيم [tanzˤiːm]لائِحَة ,
**rehearsal** [rɪˈhɜːsᵊl] *n* بروفة [bruːfa]
**rehearse** [rɪˈhɜːs] *v* يُكَرِر [jukariru]
**reimburse** [ˌriːɪmˈbɜːs] *v* يُعوِّض عن [Yo'awed 'an]
**reindeer** [ˈreɪnˌdɪə] *n* حيوان الرنة [ħajawaːnu arrannati]
**reins** [reɪnz] *npl* لِجَام [liʒaːmun]
**reject** [rɪˈdʒɛkt] *v* يأبَى [jaʔbaː]
**relapse** [ˈriːˌlæps] *n* انتكاسة [intikaːsa]
**related** [rɪˈleɪtɪd] *adj* مرتبط [murtabitˤ]
**relation** [rɪˈleɪʃən] *n* علاقة [ʕalaːqa]; **public relations** *npl* علاقات عامة ['ala'qat 'aamah]
**relationship** [rɪˈleɪʃənʃɪp] *n* علاقة [ʕalaːqa]; **Sorry, I'm in a relationship** آسف، أنا على علاقة بأحد الأشخاص [ʔaːsifun ʔanaː ʕalaː ʕilaːqatin biʔaħadin alʔaʃxaːsˤi]
**relative** [ˈrɛlətɪv] *n* قريب [qariːb]
**relatively** [ˈrɛlətɪvlɪ] *adv* نسبيًا [nisbijan]

**relax** [rɪ'læks] *v* يَسترخِي [jastarxi:]
**relaxation** [ˌriːlæk'seɪʃən] *n* استرخاء [istirxa:ʔ]
**relaxed** [rɪ'lækst] *adj* مستريح [mustri:ħ]
**relaxing** [rɪ'læksɪŋ] *adj* يساعد على الراحة [Yosaed ala al-rahah]
**relay** ['riːleɪ] *n* تناوب [tana:wub]
**release** [rɪ'liːs] *n* إطلاق [ʔitˤla:q] ▷ *v* يُطلق سراح [Yoṭle'q saraḥ]
**relegate** ['rɛlɪˌgeɪt] *v* يُبْعِد [jubʕidu]
**relevant** ['rɛlɪvənt] *adj* وثيق الصلة [Wathee'q al-ṣelah]
**reliable** [rɪ'laɪəbᵊl] *adj* موثوق به [Mawthoo'q beh]
**relief** [rɪ'liːf] *n* راحة [ra:ħa]
**relieve** [rɪ'liːv] *v* يُخفِف [juxafiffu]
**relieved** [rɪ'liːvd] *adj* مرتاح [murta:ħ]
**religion** [rɪ'lɪdʒən] *n* دِين [dajn]
**religious** [rɪ'lɪdʒəs] *adj* ديني [di:nij]
**reluctant** [rɪ'lʌktənt] *adj* ممانع [muma:niʕ]
**reluctantly** [rɪ'lʌktəntlɪ] *adv* على مضض ['Ala maḍaḍ]
**rely** [rɪ'laɪ] *v*; **rely on** *v* يُعَول على [yo'awel 'ala]
**remain** [rɪ'meɪn] *v* يَبقى [jabqa:]
**remaining** [rɪ'meɪnɪŋ] *adj* متبقي [muta-baqij]
**remains** [rɪ'meɪnz] *npl* بقايا [baqa:ja:]
**remake** ['riːˌmeɪk] *n* إعادة صُنْع [E'aadat taṣnea'a]
**remark** [rɪ'mɑːk] *n* ملاحظة [mula:ħazˤa]
**remarkable** [rɪ'mɑːkəbᵊl] *adj* جدير بالملاحظة [Jadeer bel-molahaḍhah]
**remarkably** [rɪ'mɑːkəblɪ] *adv* رائعاً [ra:ʔiʕan]
**remarry** [riː'mærɪ] *v* يَتَزوج ثانية [Yatazawaj thaneyah]
**remedy** ['rɛmɪdɪ] *n* دواء [dawa:ʔ]
**remember** [rɪ'mɛmbə] *v* يَتَذكر [jataðakkaru]
**remind** [rɪ'maɪnd] *v* يُذكَر [juðakkiru]
**reminder** [rɪ'maɪndə; re'minder] *n* رسالة تذكير [Resalat tadhkeer]
**remorse** [rɪ'mɔːs] *n* ندم [nadam]
**remote** [rɪ'məʊt] *adj* ضئيل [dˤaʔijl]; **remote control** *n* التحكم عن بعد [Al-taḥakom an bo'ad]
**remotely** [rɪ'məʊtlɪ] *adv* عن بُعْد ['an bo'ad]
**removable** [rɪ'muːvəbᵊl] *adj* قابل للنقل ['qabel lel-na'ql]
**removal** [rɪ'muːvᵊl] *n* إزالة [ʔiza:la]; **removal van** *n* شاحِنة نقل [Shahenat na'ql]
**remove** [rɪ'muːv] *v* يُزيل [juzi:lu]
**remover** [rɪ'muːvə] *n*; **nail-polish remover** *n* مزيل طلاء الأظافر [Mozeel ṭalaa al-aḍhafer]
**rendezvous** ['rɒndɪˌvuː] *n* مَوْعِد [mawʕid]
**renew** [rɪ'njuː] *v* يُجَدِد [juʒaddidu]
**renewable** [rɪ'njuːəbᵊl] *adj* ممكن تجديده [Momken tajdedoh]
**renovate** ['rɛnəˌveɪt] *v* يُرمم [jurammimu]
**renowned** [rɪ'naʊnd] *adj* شهير [ʃahi:r]
**rent** [rɛnt] *n* إيجار [ʔiʒa:r] ▷ *v* يُؤَجِر [juʔaʒʒiru]; **I'd like to rent a room** أريد غرفة للإيجار [areed ghurfa lil-eejar]
**rental** ['rɛntᵊl] *n* الأجرة [alʔuʒrati]; **car rental** *n* تأجير سيارة [Taajeer sayarah]; **rental car** *n* سيارة إيجار [Sayarah eejar]
**reorganize** [riː'ɔːgəˌnaɪz] *v* يُعْيد تنظيم [Yo'aeed tanḍheem]
**rep** [rɛp] *n* نسيج مضلع [Naseej moḍala'a]
**repair** [rɪ'pɛə] *n* تصليح [tasˤli:ħ] ▷ *v* يُصلح [jusˤliħu]; **repair kit** *n* عدة التصليح ['aodat altaṣleeh]; **Can you repair it?** هل يمكن تصليحها؟ [hal yamken taṣleeḥ-aha?]; **Can you repair my watch?** هل يمكن تصليح ساعتي؟ [hal yamken taṣleeḥ sa'aaty?]; **Can you repair this?** هل يمكن تصليح هذه؟ [hal yamken taṣleeḥ hadhy?]; **How long will it take to repair?** كم من الوقت يستغرق تصليحها؟ [kam min al-wa'qt yast-aghri'q taṣle-ḥaha?]; **How much will the repairs cost?** كم تكلفة التصليح؟ [kam taklifat al-taṣleeḥ?]; **Where can I get this repaired?** أين يمكنني تصليح هذه الحقيبة؟ [ayna yamken-any taṣleeḥ

hadhe al-ḥa'qeba?]
**repay** [rɪˈpeɪ] *v* يَفي [jafiː]
**repayment** [rɪˈpeɪmənt] *n* سَداد [saddaːd]
**repeat** [rɪˈpiːt] *n* تكرار [tikraːr] ▷ *v* يُعيد [juʕiːdu]
**repeatedly** [rɪˈpiːtɪdlɪ] *adv* على نحو متكرر ['aala nahw motakarer]
**repellent** [rɪˈpɛlənt] *adj* طارِد [tˤaːrid]; **insect repellent** *n* طارد للحشرات [Tared lel-ḥasharat]
**repercussions** [ˌriːpəˈkʌʃənz] *npl* تبعِيَّات [tabaʕijjaːtun]
**repetitive** [rɪˈpɛtɪtɪv] *adj* تكراري [tikraːrij]
**replace** [rɪˈpleɪs] *v* يَستبدل [jastabdilu]
**replacement** [rɪˈpleɪsmənt] *n* استبدال [istibdaːl]
**replay** *n* [ˈriːˌpleɪ] إعادة تشغيل [E'aadat tashgheel] ▷ *v* [riːˈpleɪ] يُعيد تشغيل [Yo'aeed tashgheel]
**replica** [ˈrɛplɪkə] *n* نسخة مطابقة [Noskhah moṭe'qah]
**reply** [rɪˈplaɪ] *n* رَدّ [radd] ▷ *v* يُجيب [juʒiːbu]
**report** [rɪˈpɔːt] *n* تقرير [taqriːr] ▷ *v* يُبَلِّغ [juballiɣu]; **report card** *n* تقرير مدرسي [Ta'qreer madrasey]
**reporter** [rɪˈpɔːtə] *n* مُحَقِّق [muħaqqiq]
**represent** [ˌrɛprɪˈzɛnt] *v* يُمَثِّل [jumaθθilu]
**representative** [ˌrɛprɪˈzɛntətɪv] *adj* نائب [naːʔibb]
**reproduction** [ˌriːprəˈdʌkʃən] *n* إعادة إنتاج [E'adat entaj]
**reptile** [ˈrɛptaɪl] *n* زواحف [zawaːħif]
**republic** [rɪˈpʌblɪk] *n* جمهورية [ʒunmhuːrijjati]
**repulsive** [rɪˈpʌlsɪv] *adj* مثير للاشمئزاز [Mother lel-sheazaz]
**reputable** [ˈrɛpjʊtəbᵊl] *adj* حسن السمعة [Ḥasen al-som'aah]
**reputation** [ˌrɛpjʊˈteɪʃən] *n* سُمعة [sumʕa]
**request** [rɪˈkwɛst] *n* مطلب [matˤlab] ▷ *v* يَلْتَمِس [jaltamisu]
**require** [rɪˈkwaɪə] *v* يَتَطَلَّب [jatatˤallabu]
**requirement** [rɪˈkwaɪəmənt] *n* مَطْلَب [matˤlab]
**rescue** [ˈrɛskjuː] *n* إنقاذ [ʔinqaːð] ▷ *v* يُنْقِذ [junqiðu]; **Where is the nearest mountain rescue service post?** أين يوجد أقرب مركز لخدمة الإنقاذ بالجبل؟ [ayna yujad a'qrab markaz le-khedmat al-en-'qaadh bil-jabal?]
**research** [rɪˈsɜːtʃ; ˈriːsɜːtʃ] *n* بَحْثٌ دراسي [Bahth derasy]; **market research** *n* دراسة السوق [Derasat al-soo'q]
**resemblance** [rɪˈzɛmbləns] *n* شبه [ʃibhu]
**resemble** [rɪˈzɛmbᵊl] *v* يُشْبِه [juʃabbihu]
**resent** [rɪˈzɛnt] *v* يَمْتَعِض [jamtaʕidˤu]
**resentful** [rɪˈzɛntfʊl; reˈsentful] *adj* مُستاء [mustaːʔ]
**reservation** [ˌrɛzəˈveɪʃən] *n* تحَفُّظ [taħafuzˤin]
**reserve** [rɪˈzɜːv] *n (land)* مَحْمِيَّة [maħmijja], *(retention)* احتياطي [ʔiħtijaːtˤij] ▷ *v* يَحْتَفِظ [jaħtafizˤu]
**reserved** [rɪˈzɜːvd] *adj* محجوز [maħʒuːz]
**reservoir** [ˈrɛzəˌvwɑː] *n* خزان [xazzaːnu]
**resident** [ˈrɛzɪdənt] *n* مُقيم [muqiːm]
**residential** [ˌrɛzɪˈdɛnʃəl] *adj* سَكني [sakanij]
**resign** [rɪˈzaɪn] *v* يَستقيل [jastaqiːl]
**resin** [ˈrɛzɪn] *n* مادة الراتينج [Madat al-ratenj]
**resist** [rɪˈzɪst] *v* يُقاوِم [juqaːwimu]
**resistance** [rɪˈzɪstəns] *n* مقاومة [muqaːwama]
**resit** [riːˈsɪt] *v* يَجْلِس مرة أخرى [Yajles marrah okhra]
**resolution** [ˌrɛzəˈluːʃən] *n* تصميم [tasˤmiːm]
**resort** [rɪˈzɔːt] *n* منتجع [muntaʒaʕ]; **resort to** *v* لجأ إلى [Lajaa ela]
**resource** [rɪˈzɔːs; -ˈsɔːs] *n* مَورِد [muːrad]; **natural resources** *npl* موارد طبيعية [Mawared ṭabe'aey]
**respect** [rɪˈspɛkt] *n* احترام [iħtiraːm] ▷ *v* يَحْترِم [jaħatarimu]
**respectable** [rɪˈspɛktəbᵊl] *adj* محترم

[muħtaram]
**respectively** [rɪ'spɛktɪvlɪ] *adv* على الترتيب [Ala altarteeb]
**respond** [rɪ'spɒnd] *v* يَستجيب [jastaʒi:bu]
**response** [rɪ'spɒns] *n* إستجابة [istiʒa:ba]
**responsibility** [rɪˌspɒnsə'bɪlɪtɪ] *n* مسؤولية [mas?uwlijja]
**responsible** [rɪ'spɒnsəbᵊl] *adj* مسؤول [mas?u:l]
**rest** [rɛst] *n* راحة [ra:ħa] ▷ *v* يَستريح [jastari:ħu]; **the rest** *n* راحة [ra:ħatun]
**restaurant** ['rɛstəˌrɒŋ; 'rɛstrɒŋ; -rɒnt] *n* مطعم [matˤˤam]
**restful** ['rɛstfʊl] *adj* مُريح [muri:ħ]
**restless** ['rɛstlɪs] *adj* قلق [qalaq]
**restore** [rɪ'stɔː] *v* يَسْتَرِد [jastariddu]
**restrict** [rɪ'strɪkt] *v* يُقَيِّد [juqajjidu]
**restructure** [riː'strʌktʃə] *v* يُعيد إنشاء [juʕjidu ?inʃa:?a]
**result** [rɪ'zʌlt] *n* نتيجة [nati:ʒa]; **result in** *v* يَنْجُم عن [Yanjam 'an]
**resume** [rɪ'zju:m] *v* يَستعيد [jastaʕi:du]
**retail** ['ri:teɪl] *n* بيع بالتجزئة [Bay'a bel- tajzeaah] ▷ *v* يَبيع بالتجزئة [Yabea'a bel-tajzeaah]; **retail price** *n* سعر التجزئة [Se'ar al-tajzeah]
**retailer** ['ri:teɪlə] *n* بائع تجزئة [Bae'a tajzeah]
**retire** [rɪ'taɪə] *v* يَتَقاعد [jataqa:ʕidu]
**retired** [rɪ'taɪəd; re'tired] *adj* متقاعد [mutaqa:ʕid]
**retirement** [rɪ'taɪəmənt] *n* تقاعد [taqa:ʕud]
**retrace** [rɪ'treɪs] *v* يعود من حيث أتى [jaʕu:du min ħajθi ?ata:]
**return** [rɪ'tɜ:n] *n (coming back)* عَوْدة [ʕawda], *(yield)* عائد [ʕa:?id] ▷ *vi* يُعيد [juʕi:du]; **day return** *n* تذكرة ذهاب وعودة في نفس اليوم [tadhkarat dhehab we-'awdah fee nafs al-yawm]; **return ticket** *n* تذكرة إياب [tadhkarat eyab]; **tax return** *n* إقرار ضريبي [E'qrar ḍareeby]
**reunion** [ri:'ju:njən] *n* اجتماع الشمل [Ejtem'a alshaml]
**reuse** [ri:'ju:z] *v* يُعيد استخدام [Yo'aeed estekhdam]
**reveal** [rɪ'vi:l] *v* يبوح ب [Yabooḥ be]
**revenge** [rɪ'vɛndʒ] *n* انتقام [intiqa:m]
**revenue** ['rɛvɪˌnju:] *n* إيراد [?i:ra:d]
**reverse** [rɪ'vɜ:s] *n* النقيض [anaqi:dˤu] ▷ *v* يَقْلِب [jaqlibu]
**review** [rɪ'vju:] *n* اطلاع [itˤila:ʕ]
**revise** [rɪ'vaɪz] *v* يُراجع [jura:ʒiʕu]
**revision** [rɪ'vɪʒən] *n* مراجعة [mura:ʒaʕa]
**revive** [rɪ'vaɪv] *v* يُنَشِط [junaʃʃitˤ]
**revolting** [rɪ'vəʊltɪŋ] *adj* ثائر [θa:?ir]
**revolution** [ˌrɛvə'lu:ʃən] *n* ثورة [θawra]
**revolutionary** [ˌrɛvə'lu:ʃənərɪ] *adj* ثوري [θawrij]
**revolver** [rɪ'vɒlvə] *n* سلاح ناري [Selaḥ narey]
**reward** [rɪ'wɔ:d] *n* مكافأة [muka:fa?a]
**rewarding** [rɪ'wɔ:dɪŋ] *adj* مُجْزي [muʒzi:]
**rewind** [ri:'waɪnd] *v* يُعيد اللف [juʕjidu allaf]
**rheumatism** ['ru:məˌtɪzəm] *n* روماتيزم [ru:ma:ti:zmu]
**rhubarb** ['ru:ba:b] *n* عشب الراوند ['aoshb al-rawend]
**rhyme** [raɪm] *n*; **nursery rhyme** *n* أغنية أطفال [Aghzeyat aṭfaal]
**rhythm** ['rɪðəm] *n* الإيقاع [?al-?i:qa:ʕu]
**rib** [rɪb] *n* ضِلْع [dˤilʕ]
**ribbon** ['rɪbᵊn] *n* وشاح [wiʃa:ħ]
**rice** [raɪs] *n* أرز [?urz]; **brown rice** *n* أرز أسمر [Orz asmar]
**rich** [rɪtʃ] *adj* غني [ɣanij]
**ride** [raɪd] *n* رَكْبَة [runkbatu] ▷ *v* يَركَب [jarkabu]
**rider** ['raɪdə] *n* راكب [ra:kib]
**ridiculous** [rɪ'dɪkjʊləs] *adj* تافه [ta:fih]
**riding** ['raɪdɪŋ] *n* ركوب [ruku:b]; **horse riding** *n* ركوب الخيل [Rekoob al-khayl]
**rifle** ['raɪfᵊl] *n* بندقية [bunduqijja]
**rig** [rɪg] *n* جهاز حفر [Jehaz hafr]; **oil rig** *n* جهاز حفر آبار النفط [Gehaz ḥafr abar al-naft]
**right** [raɪt] *adj (correct)* صحيح [sˤaħi:ħ], *(not left)* يمين [jami:n] ▷ *adv* بطريقة صحيحة [Be- ṭaree'qah ṣaḥeeḥah] ▷ *n* حق

[ħaq]; **civil rights** *npl* حقوق مدنية [Ḥo'qoo'q madaneyah]; **human rights** *npl* حقوق الإنسان [Ho'qoo'q al-ensan]; **right angle** *n* زاوية يُمنى [Zaweyah yomna]; **right of way** *n* حق المرور [Ha'q al-moror]; **Go right at the next junction** اتجه نحو اليمين عند التقاطع الثاني [Etajeh naḥw al-yameen]; **It wasn't your right of way** لم تكن تسير في الطريق الصحيح [lam takun ta-seer fee al-ṭaree'q al-ṣaḥeeḥ]; **Turn right** اتجه نحو اليمين [Etajeh anḥw al-yameen]

**right-hand** ['raɪtˌhænd] *adj* على اليمين [Ala al-yameen]; **right-hand drive** *n* عجلة القيادة اليمنى ['aajalat al-'qeyadah al-yomna]

**right-handed** ['raɪtˌhændɪd] *adj* أيمن [ʔajman]

**rightly** ['raɪtlɪ] *adv* بشكل صحيح [Beshakl ṣaheeh]

**right-wing** ['raɪtˌwɪŋ] *adj* جناح أيمن [Janah ayman]

**rim** [rɪm] *n* إطار [ʔitˤa:r]

**ring** [rɪŋ] *n* خاتم [xa:tam] ▷ *v* يَدُق [jaduqu]; **engagement ring** *n* خاتم الخطوبة [Khatem al-khotobah]; **ring binder** *n* ملف له حلقات معدنية لتثبيت الورق [Malaf lah ḥala'qaat ma'adaneyah letathbeet al-wara'q]; **ring road** *n* طريق دائري [Ṭaree'q dayery]; **wedding ring** *n* خاتم الزواج [Khatem al-zawaj]

**ring back** [rɪŋ bæk] *v* يَتّصِل ثانيةً [Yataṣel thaneyatan]

**ringtone** ['rɪŋˌtəʊn] *n* نغمة الرنين [Naghamat al-raneen]

**ring up** [rɪŋ ʌp] *v* يَتَّصِلُ هاتِفِيًا [Yataṣel hatefeyan]

**rink** [rɪŋk] *n* حلبة [ħalaba]; **ice rink** *n* حلبة من الجليد الصناعي [Ḥalabah men aljaleed alṣena'aey]; **skating rink** *n* حلبة تَزَلُج [Ḥalabat tazaloj]

**rinse** [rɪns] *n* شَطف [ʃatˤf] ▷ *v* يَشْطُف [jaʃtˤufu]

**riot** ['raɪət] *n* شَغَب [ʃaɣab] ▷ *v* يُشاغِب [juʃa:ɣibu]

**rip** [rɪp] *v* يَشق [jaʃuqqu]

**ripe** [raɪp] *adj* ناضِج [na:dˤiʒ]

**rip off** [rɪp ɒf] *v* يَسرِق عَلانيةً [Yasre'q 'alaneytan]

**rip-off** [rɪpɒf] *n* سرقة [sariqa]

**rip up** [rɪp ʌp] *v* يمزق [jumazziqu]

**rise** [raɪz] *n* صعود [sˤuʕu:d] ▷ *v* يَرْتَفِع [jartafiʕu]

**risk** [rɪsk] *n* مخاطرة [muxa:tˤara] ▷ *vt* يُجازف [juʒazifu]

**risky** ['rɪskɪ] *adj* محفوف بالمخاطر [Maḥfoof bel-makhaater]

**ritual** ['rɪtjʊəl] *adj* شعائري [ʃaʕa:ʔirij] ▷ *n* شَعيرة [ʃaʕi:ra]

**rival** ['raɪvᵊl] *adj* منافس [muna:fis] ▷ *n* خَصْم [xasˤm]

**rivalry** ['raɪvəlrɪ] *n* تنافس [tana:fus]

**river** ['rɪvə] *n* نهر [nahr]; **Can one swim in the river?** أيمكن السباحة في النهر؟ [a-yamkun al-sebaḥa fee al-naher?]

**road** [rəʊd] *n* طريق [tˤari:q]; **main road** *n* طريق رئيسي [ṭaree'q raeysey]; **ring road** *n* طريق دائري [Ṭaree'q dayery]; **road map** *n* خريطة الطريق [Khareeṭat al-ṭaree'q]; **road rage** *n* مشاحنات على الطريق [Moshahanaat ala al-ṭaree'q]; **road sign** *n* لافتة طريق [Lafetat ṭaree'q]; **road tax** *n* ضريبة طُرُق [Ḍareebat ṭoro'q]; **slip road** *n* طريق متصل بطريق سريع للسيارات أو منفصل عنه [ṭaree'q mataṣel be- ṭaree'q sarea'a lel-sayaraat aw monfaṣel 'anho]; **Are the roads icy?** هل توجد ثلوج على الطريق؟ [hal tojad thilooj 'ala al- ṭaree'q?]; **Do you have a road map of this area?** هل يوجد خريطة طريق لهذه المنطقة؟ [hal yujad khareeṭat ṭaree'q le-hadhy al-manṭa'qa?]; **I need a road map of...** أريد خريطة الطريق لـ.... [areed khareeṭat al-ṭaree'q le...]; **Is the road to... snowed up?** هل توجد ثلوج على الطريق المؤدي إلى... [hal tojad thilooj 'ala al-ṭaree'q al-muad-dy ela...?]; **What is the speed limit on this road?** ما هي أقصى سرعة مسموح بها على هذا الطريق؟ [ma heya a'qṣa sur'aa masmooḥ beha 'aala hatha al-ṭaree'q?]; **Which road do I take for...?**

ما هو الطريق الذي يؤدي إلى... ؟ [ma howa al-ṭaree'q al-lathy yo-aady ela...?]
**roadblock** ['rəʊd,blɒk] *n* متراس [mutara:sin]
**roadworks** ['rəʊd,wɜːks] *npl* أعمال الطريق [a'amal alṭ aree'q]
**roast** [rəʊst] *adj* محمص [muħamasˤsˤ]
**rob** [rɒb] *v* يَسْلب [jaslubu]
**robber** [rɒbə] *n* سارق [sa:riq]
**robbery** ['rɒbərɪ] *n* سطو [satˤw]
**robin** ['rɒbɪn] *n* طائر أبو الحناء [Taaer abo elḥnaa]
**robot** ['rəʊbɒt] *n* إنسان آلي [Ensan aly]
**rock** [rɒk] *n* صخرة [sˤaxra] ▷ *v* يَتأرجح [jataʔarʒaħu]; **rock climbing** *n* تسلق الصخور [Tasalo'q alṣokhoor]
**rocket** ['rɒkɪt] *n* صاروخ [sˤa:ru:xin]
**rod** [rɒd] *n* قضيب [qadˤi:b]
**rodent** ['rəʊdᵊnt] *n* القارض [al-qa:ridˤi]
**role** [rəʊl] *n* دَور [dawr]
**roll** [rəʊl] *n* لَفّة [laffa] ▷ *v* يَلف [jalifu]; **bread roll** *n* خبز ملفوف [Khobz malfoof]; **roll call** *n* تَفَقّد الحضور [Tafa'qod al-ḥoḍor]
**roller** ['rəʊlə] *n* اسطوانة [ustˤuwa:na]
**rollercoaster** ['rəʊlə,kəʊstə] *n* سكة حديد بالملاهي [Sekat ḥadeed bel-malahey]
**rollerskates** ['rəʊlə,skeɪts] *npl* مزلجة بعجل [Mazlajah be-'aajal]
**rollerskating** ['rəʊlə,skeɪtɪŋ] *n* تَزَلُّج على العجل [Tazaloj 'ala al-'ajal]
**Roman** ['rəʊmən] *adj* روماني [ru:ma:nij]; **Roman Catholic** *n* روماني كاثوليكي [Romaney katholeykey]شخص روماني , كاثوليكي [shakhṣ romaney katholeekey]
**romance** ['rəʊmæns] *n* رومانسية [ru:ma:nsijja]
**Romanesque** [,rəʊmə'nɛsk] *adj* طراز رومانسيكي [Teraz romanseekey]
**Romania** [rəʊ'meɪnɪə] *n* رومانيا [ru:ma:njja:]
**Romanian** [rəʊ'meɪnɪən] *adj* روماني [ru:ma:nij] ▷ *n (language)* اللغة الرومانية [Al-loghah al-romanyah], *(person)* روماني الجنسية [Romaney al-jenseyah]
**romantic** [rəʊ'mæntɪk] *adj* رومانسي [ru:ma:nsij]
**roof** [ruːf] *n* سَطح المبنى [Saṭh al-mabna]
**roof rack** ['ruːf,ræk] *n* رَف السقف [Raf alsa'qf]
**room** [ruːm; rʊm] *n* غرفة [ɣurfa]; **changing room** *n* غرفة تبديل الملابس [Ghorfat tabdeel al-malabes]; **dining room** *n* غرفة طعام [ghorat ṭa'aam]; **double room** *n* غرفة مزدوجة [Ghorfah mozdawajah]; **fitting room** *n* غرفة القياس [ghorfat al-'qeyas]; **living room** *n* حجرة المعيشة [Ḥojrat al-ma'aeshah]; **room number** *n* رقم الغرفة [Ra'qam al-ghorfah]; **room service** *n* خدمة الغرف [Khedmat al-ghoraf]; **single room** *n* غرفة لشخص واحد [ghorfah le-shakhṣ wahed]; **sitting room** *n* غرفة المعيشة [ghorfat al-ma'aeshah]; **spare room** *n* غرفة إضافية [ghorfah eḍafeyah]; **twin room** *n* غرفة مزدوجة [Ghorfah mozdawajah]; **twin-bedded room** *n* غرفة مزودة بأسرة مزدوجة [Ghorfah mozawadah be-aserah mozdawajah]; **utility room** *n* غرفة خدمات [ghorfat khadamat]; **waiting room** *n* غرفة انتظار [Ghorfat enteḍhar]; **Can I see the room?** هل يمكن أن أرى الغرفة؟ [hal yamken an ara al-ghurfa?]; **Do you have a room for tonight?** هل لديكم غرفة شاغرة الليلة؟ [hal ladykum ghurfa shaghera al-layla?]; **Does the room have air conditioning?** هل هناك تكييف هواء بالغرفة [hal hunaka takyeef hawaa bil-ghurfa?]; **How much is the room?** كم تبلغ تكلفة الإقامة بالغرفة؟ [kam tablugh taklifat al-e'qama bil-ghurfa?]; **I need a room with wheelchair access** أحتاج إلى غرفة يمكن الوصول إليها بكرسي المقعدين المتحرك [aḥtaaj ela ghurfa yamkun al-wi-ṣool e-layha be-kursi al-mu'q'aadeen al-mutaḥarek]; **I want to reserve a double room** أريد حجز غرفة لشخصين [areed ḥajiz ghurfa le-shakhiṣ-yen]; **I'd like a no smoking room** أريد غرفة غير مسموح فيها بالتدخين

[areed ghurfa ghyer masmooḥ feeha bil-tadkheen]; **I'd like a room with a view of the sea** أريد غرفة تطل على البحر [areed ghurfa ta-ṭul 'aala al-baḥir]; **I'd like to rent a room** أريد غرفة للإيجار [areed ghurfa lil-eejar]; **The room is dirty** الغرفة متسخة [al-ghurfa mutaskha]; **The room is too cold** هذه الغرفة باردة أكثر من اللازم [hathy al-ghurfa barda ak-thar min al-laazim]
**roommate** ['ruːmˌmeɪt; 'rʊm-] *n* رفيق الحجرة [Refee'q al-hohrah]
**root** [ruːt] *n* جذر [ʒiðr]
**rope** [rəʊp] *n* حَبْل [ħabl]
**rope in** [rəʊp ɪn] *v* يَستَعين بمساعدة شخص ما [jastaʕiːnu bimusaːʕadatin ʃaxsʕin maː]
**rose** [rəʊz] *n* وردة [warda]
**rosé** ['rəʊzeɪ] *n* نبيذ أحمر [nabeedh aḥmar]
**rosemary** ['rəʊzmərɪ] *n* إكليل الجبل [Ekleel al-jabal]
**rot** [rɒt] *v* يَتْعفَن [jataʕaffanu]
**rotten** ['rɒtᵊn] *adj* نتن [natin]
**rough** [rʌf] *adj* خشن [xaʃin]
**roughly** ['rʌflɪ; 'roughly] *adv* بقسوة [Be'qaswah]
**roulette** [ruː'lɛt] *n* روليت [ruːliːt]
**round** [raʊnd] *adj* مستدير [mustadiːr] ▷ *n (circle)* حلقة [ħalaqa], *(series)* دائرة [daːʔira] ▷ *prep* حول [ħawla]; **paper round** *n* طريق توزيع الصحف [taree'q tawze'a al-ṣohof]; **round trip** *n* رحلة انكفائية [Reḥlah enkefaeyah]
**roundabout** ['raʊndəˌbaʊt] *n* طريق ملتو [ṭaree'q moltawe]
**round up** [raʊnd ʌp] *v* يُجَمِع [juʒamiʕu]
**route** [ruːt] *n* مسلك [maslak]
**routine** [ruː'tiːn] *n* روتين [ruːtiːn]
**row¹** [rəʊ] *n (line)* رُتبة [rutba] ▷ *v (in boat)* يُجدِف [juʒaddifu]
**row²** [raʊ] *n (argument)* مُشادَة [muʃaːda] ▷ *v (to argue)* يُجادِل [juʒaːdilu]
**rowing** [rəʊɪŋ] *n* تجديف [taʒdiːf]; **rowing boat** *n* قارب تجديف ['qareb tajdeef]
**royal** ['rɔɪəl] *adj* مَلَكي [milkiː]
**rub** [rʌb] *v* يَحُكُ [jaħukku]
**rubber** ['rʌbə] *n* ممحاة [mimħaːt]; **rubber band** *n* شريط مطاطي [shareeṭ maṭaṭey]; **rubber gloves** *npl* قفازات مطاطية ['qoffazat maṭaṭeyah]
**rubbish** ['rʌbɪʃ] *adj* تافه [taːfih] ▷ *n* هراء [huraːʔ]; **rubbish dump** *n* مقلب النفايات [Ma'qlab al-nefayat]
**rucksack** ['rʌkˌsæk] *n* حقيبة ملابس تحمل على الظهر [Ha'qeebat malabes tohmal 'aala al-ḍhahr]
**rude** [ruːd] *adj* وقح [waqiħu]
**rug** [rʌg] *n* سجادة [saʒaːdda]
**rugby** ['rʌgbɪ] *n* رياضة الرَّكْبي [Reyaḍat al-rakbey]
**ruin** ['ruːɪn] *n* خراب [xaraːb] ▷ *v* يُدَمِر [judammir]
**rule** [ruːl] *n* حُكم [ħukm]
**rule out** [ruːl aʊt] *v* يستبعد [justabʕadu]
**ruler** ['ruːlə] *n (commander)* حاكم [ħaːkim], *(measure)* مسطرة [mistʕara]
**rum** [rʌm] *n* شراب الرَّم [Sharab al-ram]
**rumour** ['ruːmə] *n* إشاعة [ʔiʃaːʕa]
**run** [rʌn] *n* عَدْو [ʕaduww] ▷ *vi* يَجْري [jaʒriː] ▷ *vt* يُدير [judiːru]
**run away** [rʌn ə'weɪ] *v* يَهْرُب [jahrubu]
**runner** ['rʌnə] *n* عدّاء [ʕaddaːʔ]; **runner bean** *n* فاصوليا خضراء متعرشة [faṣoleya khadraa mota'aresha]
**runner-up** ['rʌnəʌp] *n* الحائز على المرتبة الثانية [Al-ḥaez ala al-martabah al-thaneyah]
**running** ['rʌnɪŋ] *n* ادارة, مستمر [mustamirr]
**run out** [rʌn aʊt] *v*; **The towels have run out** لقد استهلكت المناشف [la'qad istuh-lekat al-mana-shif]
**run out of** [rʌn aʊt ɒv] *v* يَستنفِذ [jastanfiðu]
**run over** [rʌn 'əʊvə] *v* يطفح [jatʕfaħu]
**runway** ['rʌnˌweɪ] *n* مَدرَج [madraʒ]
**rural** ['rʊərəl] *adj* ريفي [riːfij]
**rush** [rʌʃ] *n* اندفاع [indifaːʕ] ▷ *v* يَنْدَفِع [jandafiʕu]; **rush hour** *n* وَقْت الذروة

[Wa'qt al-dhorwah]
**rusk** [rʌsk] *n* بُقْسماط [buqsuma:tˤin]
**Russia** ['rʌʃə] *n* روسيا [ru:sja:]
**Russian** ['rʌʃən] *adj* روسي [ru:sij] ▷ *n* *(language)* اللغة الروسية [Al-loghah al-roseyah], *(person)* روسي الجنسية [Rosey al-jenseyah]
**rust** [rʌst] *n* صدأ [sˤada]
**rusty** ['rʌstɪ] *adj* صدِئ [sˤadiʔ]
**ruthless** ['ruːθlɪs] *adj* قاس [qa:sin]
**rye** [raɪ] *n* نبات الجاودار [Nabat al-jawdar]

# S

**Sabbath** ['sæbəθ] *n* يوم الراحة [Yawm al-raḥah]
**sabotage** ['sæbəˌtɑːʒ] *n* عمل تخريبي ['amal takhreeby] ▷ *v* يُخَرِب [juxxribu]
**sachet** ['sæʃeɪ] *n* ذرور معطر [Zaroor mo'aṭar]
**sack** [sæk] *n* *(container)* كيس [ki:s], *(dismissal)* (فصل) كيس [ki:s] ▷ *v* يَصْرِف من الخدمة [Yaṣref men al-khedmah]
**sacred** ['seɪkrɪd] *adj* ديني [di:nij]
**sacrifice** ['sækrɪˌfaɪs] *n* يُضَحي [judˤaħħi:]
**sad** [sæd] *adj* حزين [ħazi:nu]
**saddle** ['sædᵊl] *n* سرج [sarʒ]
**saddlebag** ['sædᵊlˌbæg] *n* حقيبة سِرْج الحصان [Ha'qeebat sarj al-hoṣan]
**sadly** [sædlɪ] *adv* بِحُزْن [Beḥozn]
**safari** [sə'fɑːrɪ] *n* رحلة سفاري [Reḥlat safarey]
**safe** [seɪf] *adj* آمِنْ [ʔa:mi] ▷ *n* خزينة [xazi:na]; **I have some things in the safe** لقد وضعت بعض الأشياء في الخزينة [la'qad waḍa'ato ba'aḍ al-ash-ya fe al-khazeena]; **I would like to put my jewellery in the safe** أريد أن أضع مجوهراتي في الخزينة [areed an aḍa'a mujaw-haraty fee al-khazeena]; **Put**

**that in the safe, please** ضع هذا في الخزينة من فضلك [ḍa'a hadha fee al-khazena, min faḍlak]
**safety** ['seɪftɪ] *n* سلامة [sala:ma]; **safety belt** *n* حزام الأمان [Hezam al-aman]; **safety pin** *n* دبوس أمان [Daboos aman]
**saffron** ['sæfrən] *n* نبات الزعفران [Nabat al-za'afaran]
**Sagittarius** [,sædʒɪ'tɛərɪəs] *n* كوكبة القوس والرامي [Kawkabat al-'qaws wa alramey]
**Sahara** [sə'hɑːrə] *n* الصحراء الكبرى [Al-ṣaḥraa al-kobraa]
**sail** [seɪl] *n* شِراع [ʃira:ʕ] ▷ *v* يُبحِر [jubħiru]
**sailing** ['seɪlɪŋ] *n* الإبحار [al-ʔibħa:ri]; **sailing boat** *n* قارب ابحار ['qareb ebḥar]
**sailor** ['seɪlə] *n* بحّار [baħħa:r]
**saint** [seɪnt; sənt] *n* قدّيس [qiddi:s]
**salad** ['sæləd] *n* سَلاطة [sala:tˤa]; **mixed salad** *n* سلاطة مخلوطة [Salata makhloṭa]; **salad dressing** *n* صلصة السلطة [Ṣalṣat al-salata]
**salami** [sə'lɑːmɪ] *n* طعام السالامي [Ṭa'aam al-salamey]
**salary** ['sælərɪ] *n* راتب [ra:tib]
**sale** [seɪl] *n* بيع [bajʕ]; **sales assistant** *n* مساعد المبيعات [Mosa'aed al-mobee'aat]; **sales rep** *n* مندوب مبيعات [Mandoob mabee'aat]
**salesman, salesmen** ['seɪlzmən, 'seɪlzmɛn] *n* مندوب مبيعات [Mandoob mabee'aat]
**salesperson** ['seɪlzpɜːsᵊn] *n* مندوب مبيعات [Mandoob mabee'aat]
**saleswoman, saleswomen** ['seɪlzwʊmən, 'seɪlzwɪmɪn] *n* مندوبة مبيعات [Mandoobat mabee'aat]
**saliva** [sə'laɪvə] *n* لُعاب [luʕa:b]
**salmon** ['sæmən] *n* سمك السلمون [Samak al-salmon]
**salon** ['sælɒn] *n*; **beauty salon** *n* صالون تجميل [Ṣalon ḥela'qa]
**saloon** [sə'luːn] *n* صالون [sˤa:lu:n]; **saloon car** *n* سيارة صالون [Sayarah ṣalon]
**salt** [sɔːlt] *n* مِلحْ [milħ]
**saltwater** ['sɔːlt,wɔːtə] *adj* ماء ملحي [Maa mel'ḥey]
**salty** ['sɔːltɪ] *adj* مملح [mumallaħ]
**salute** [sə'luːt] *v* يُحَيّي [juħajji:]
**salve** [sælv] *n*; **lip salve** *n* كريم للشفاه [Kereem lel shefah]
**same** [seɪm] *adj* عينه [ʕajinnat]
**sample** ['sɑːmpᵊl] *n* عينة [ʕajjina]
**sand** [sænd] *n* رمال [rima:l]; **sand dune** *n* كثبان رملية [Kothban ramleyah]
**sandal** ['sændᵊl] *n* صندل (حذاء) [sˤandal]
**sandcastle** [sændkɑːsᵊl] *n* قلعة من الرمال ['qal'aah men al-remal]
**sandpaper** ['sænd,peɪpə] *n* ورق السنفرة [Wara'q al-sanfarah]
**sandpit** ['sænd,pɪt] *n* حفرة رملية [Hofrah ramleyah]
**sandstone** ['sænd,stəʊn] *n* حجر رملي [Hajar ramley]
**sandwich** ['sænwɪdʒ; -wɪtʃ] *n* سَندويتش [sandiwi:tʃ]
**San Marino** [,sæn mə'riːnəʊ] *n* سان مارينو [sa:n ma:ri:nu:]
**sapphire** ['sæfaɪə] *n* ياقوت أزرق [Ya'qoot azra'q]
**sarcastic** [sɑː'kæstɪk] *adj* ساخر [sa:xir]
**sardine** [sɑː'diːn] *n* سردين [sardi:nu]
**satchel** ['sætʃəl] *n* حقيبة للكتب المدرسية [Ha'qeebah lel-kotob al-madraseyah]
**satellite** ['sætᵊ,laɪt] *n* قمر صناعي ['qamar ṣenaaey]; **satellite dish** *n* طبق قمر صناعي [Ṭaba'q ṣena'aey]
**satisfaction** [,sætɪs'fækʃən] *n* إشباع [ʔiʃba:ʕ]
**satisfactory** [,sætɪs'fæktərɪ; -trɪ] *adj* مرضٍ [maradˤ]
**satisfied** ['sætɪs,faɪd] *adj* راض [ra:dˤin]; **I'm not satisfied with this** أنا لست راضية عن هذا [ana lastu raḍy-ya 'aan hadha]
**sat nav** ['sæt næv] *n* الاستدلال على الاتجاهات من الأقمار الصناعية [Al-estedlal ala al-etejahat men al-'qmar alṣena'ayah]

**Saturday** ['sætədɪ] *n* السبت [ʔa-sabti]; **last Saturday** يوم السبت الماضي [yawm al-sabit al-madỵ]; **next Saturday** يوم السبت القادم [yawm al-sabit al-'qadem]; **on Saturday** في يوم السبت [fee yawm al-sabit]; **on Saturdays** في أيام السبت [fee ayaam al-sabit]; **this Saturday** يوم السبت هذا [yawm al-sabit hadha]
**sauce** [sɔːs] *n* صلصة [sˤalsˤa]; **soy sauce** *n* صوص الصويا [Ṣoṣ al-ṣoyah]; **tomato sauce** *n* صلصة طماطم [Ṣalṣat ṭamaṭem]
**saucepan** ['sɔːspən] *n* مِقلاة (قِدر) [miqla:t]
**saucer** ['sɔːsə] *n* صحن الفنجان [Ṣaḥn al-fenjaan]
**Saudi** ['sɔːdɪ; 'saʊ-] *adj* سعودي [saʕu:dij] ▷ *n* سعودي [saʕu:dij]
**Saudi Arabia** ['sɔːdɪ; 'saʊ-] *n* المملكة العربية السعودية [Al-mamlakah al-'aarabeyah al-so'aodeyah]
**Saudi Arabian** ['sɔːdɪ ə'reɪbɪən] *adj* السعودية [ʔa-saʕu:dijjatu] ▷ *n* مواطن سعودي [Mewaṭen saudey]
**sauna** ['sɔːnə] *n* حمام بخار [Hammam bokhar]
**sausage** ['sɒsɪdʒ] *n* سجق [saʒq]
**save** [seɪv] *v* يُحافِظ على [Yoḥafez 'aala]
**save up** [seɪv ʌp] *v* يُوَفِر [juwaffiru]
**savings** ['seɪvɪŋz] *npl* مُدَّخَرَات [muddaxara:tin]
**savoury** ['seɪvərɪ] *adj* سار [sa:rr]
**saw** [sɔː] *n* منشار [minʃa:r]
**sawdust** ['sɔːˌdʌst] *n* نِشَارة [niʃa:ra]
**saxophone** ['sæksəˌfəʊn] *n* آلة السكسية [Alat al-sekseyah]
**say** [seɪ] *v* يقول [jaqu:lu]
**saying** ['seɪɪŋ] *n* قَوْل [qawl]
**scaffolding** ['skæfəldɪŋ] *n* سقالات [saqa:la:t]
**scale** [skeɪl] *n (measure)* ميزان [mi:za:n], *(tiny piece)* ميزان [mi:za:n]
**scales** [skeɪlz] *npl* كفتي الميزان [Kafatay al-meezan]
**scallop** ['skɒləp; 'skæl-] *n* محار الاسقلوب [maḥar al-as'qaloob]
**scam** [skæm] *n* خِدَاع [xida:ʕ]
**scampi** ['skæmpɪ] *npl* جمبري كبير [Jambarey kabeer]
**scan** [skæn] *n* مسح ضوئي [Masḥ ḍawaey] ▷ *v* يمسح الكترونياً [Yamsaḥ elektroneyan]
**scandal** ['skændᵊl] *n* فضيحة [fadˤi:ħa]
**Scandinavia** [ˌskændɪ'neɪvɪə] *n* إسكندنافيا [ʔiskundina:fja:]
**Scandinavian** [ˌskændɪ'neɪvɪən] *adj* اسكنديناقي [ʔiskundina:fij]
**scanner** ['skænə] *n* ماسح ضوئي [Maaseh daweay]
**scar** [skɑː] *n* ندبة [nadba]
**scarce** [skɛəs] *adj* قليل [qali:l]
**scarcely** ['skɛəslɪ] *adv* نادراً [na:diran]
**scare** [skɛə] *n* ذُعْر [ðuʕr] ▷ *v* يُرَوِّع [jurawwiʕu]
**scarecrow** ['skɛəˌkrəʊ] *n* خيال الظِل [Khayal al-ḍhel]
**scared** [skɛəd] *adj* خائف [xa:ʔif]
**scarf, scarves** [skɑːf, skɑːvz] *n* وِشاح [wiʃa:ħ]
**scarlet** ['skɑːlɪt] *adj* قرمزي [qurmuzij]
**scary** ['skɛərɪ] *adj* مخيف [muxi:f]
**scene** [siːn] *n* مشهد [maʃhad]
**scenery** ['siːnərɪ] *n* مَنْظَر [manzˤar]
**scent** [sɛnt] *n* عِطْر [ʕitˤr]
**sceptical** ['skɛptɪkᵊl; 'sceptical; 'skeptical] *adj* معتنق مذهب الشك [Mo'atane'q madhhab al-shak]
**schedule** ['ʃɛdjuːl; 'skɛdʒʊəl] *n* جدول زمني [Jadwal zamaney]
**scheme** [skiːm] *n* مخطط [muxatˤatˤ]
**schizophrenic** [ˌskɪtsəʊ'frɛnɪk; ˌschizo'phrenic] *adj* مريض بالفصّام [Mareeḍ bel-feṣaam]
**scholarship** ['skɒləʃɪp] *n* منحة تعليمية [Menḥah ta'aleemeyah]
**school** [skuːl] *n* مدرسة [madrasa]; **art school** *n* كلية الفنون [Koleyat al-fonoon]; **boarding school** *n* مدرسة داخلية [Madrasah dakheleyah]; **elementary school** *n* مدرسة نوعية [Madrasah naw'aeyah]; **infant school** *n* مدرسة أطفال [Madrasah aṭfaal]; **language**

**school** *n* مدرسة لغات [Madrasah lo-ghaat]; **law school** *n* كلية الحقوق [Kolayt al-ho'qooq]; **night school** *n* مدرسة ليلية [Madrasah layleyah]; **nursery school** *n* مدرسة الحضانة [Madrasah al-ḥaḍanah]; **primary school** *n* مدرسة إبتدائية [Madrasah ebtedaeyah]; **public school** *n* مدرسة عامة [Madrasah 'aamah]; **school uniform** *n* زي مدرسي موحد [Zey madrasey mowaḥad]; **secondary school** *n* مدرسة ثانوية [Madrasah thanaweyah]
**schoolbag** ['sku:l,bæg] *n* حقيبة مدرسية [Ḥa'qeebah madraseyah]
**schoolbook** ['sku:l,bʊk] *n* كتاب مدرسي [Ketab madrasey]
**schoolboy** ['sku:l,bɔɪ] *n* تلميذ [tilmi:ð]
**schoolchildren** ['sku:l,tʃɪldrən] *n* طلاب المدرسة [Ṭolab al-madrasah]
**schoolgirl** ['sku:l,gɜ:l] *n* تلميذة [tilmi:ða]
**schoolteacher** ['sku:l,ti:tʃə] *n* مُدَرِّس [mudarris]
**science** ['saɪəns] *n* (المعرفة) عِلْم [ʕilmu]; **science fiction** *n* خيال علمي [Khayal 'aelmey]
**scientific** [,saɪən'tɪfɪk] *adj* علمي [ʕilmij]
**scientist** ['saɪəntɪst] *n* عَالِم [ʕa:lim]
**scifi** ['saɪ,faɪ] *n* خيال علمي [Khayal 'aelmey]
**scissors** ['sɪzəz] *npl* مقص [miqasˤun]; **nail scissors** *npl* مقص أظافر [Ma'qaṣ aḍhafer]
**sclerosis** [sklɪə'rəʊsɪs] *n*; **multiple sclerosis** *n* تَلَيُّف عصبي متعدد [Talayof 'aaṣabey mota'aded]
**scoff** [skɒf] *v* يَسخَر من [Yaskhar men]
**scold** [skəʊld] *v* يُعَنِف [juʕannifu]
**scooter** ['sku:tə] *n* دراجة الرِجْل [Darrajat al-rejl]
**score** [skɔ:] *n (game/match)* مجموع نقاط [Majmo'aat ne'qaat], *(of music)* مجموع النقاط [Majmoo'a al-nekat] ▷ *v* يُحْرِز [juħrizu]
**Scorpio** ['skɔ:pɪ,əʊ] *n* العقرب [al-ʕaqrabi]
**scorpion** ['skɔ:pɪən] *n* عقرب [ʕaqrab]
**Scot** [skɒt] *n* اسكتلاندي [iskutla:ndi:]
**Scotland** ['skɒtlənd] *n* اسكتلاندة [iskutla:ndatu]
**Scots** [skɒts] *adj* اسكتلانديون [iskutla:ndiju:na]
**Scotsman, Scotsmen** ['skɒtsmən, 'skɒtsmɛn] *n* اسكتلاندي [iskutla:ndi:]
**Scotswoman, Scotswomen** ['skɒts,wʊmən, 'skɒts,wɪmɪn] *n* اسكتلاندية [iskutla:ndijja]
**Scottish** ['skɒtɪʃ] *adj* اسكتلاندي [iskutla:ndi:]
**scout** [skaʊt] *n* كَشّاف [kaʃʃa:f]
**scrap** [skræp] *n (dispute)* عِراك [ʕira:k], *(small piece)* فَضْلَة [fadˤla] ▷ *v* يتشاجر [jataʃa:ʒaru]; **scrap paper** *n* ورق مسودة [Wara'q mosawadah]
**scrapbook** ['skræp,bʊk] *n* سِجل القصاصات [Sejel al'qeṣaṣat]
**scratch** [skrætʃ] *n* خدش [xudʃu] ▷ *v* يَخدِش [jaxdiʃu]
**scream** [skri:m] *n* صراخ [sˤura:x] ▷ *v* يصيح [jasˤi:ħu]
**screen** [skri:n] *n* شاشة تليفزيون [Shashat telefezyoon]; **plasma screen** *n* شاشة بلازما [Shashah blazma]; **screen (off)** *v* يَحْجب [jaħʒubu]
**screen-saver** ['skri:nseɪvər] *n* شاشة تَوَقُّف [Shashat taw'qof]
**screw** [skru:] *n* مسمار قلاووظ [Mesmar 'qalawooḍh]
**screwdriver** ['skru:,draɪvə] *n* مفك [mifakk]
**scribble** ['skrɪbᵊl] *v* يخربش [juxarbiʃu]
**scrub** [skrʌb] *v* يَفْرُك [jafruku]
**sculptor** ['skʌlptə] *n* مَثّال [maθθa:l]
**sculpture** ['skʌlptʃə] *n* فن النحت [Fan al-naḥt]
**sea** [si:] *n* بَحْر [baħr]; **North Sea** *n* البحر الشمالي [Al-baḥr al-Shamaley]; **Red Sea** *n* البحر الأحمر [Al-bahr al-ahmar]; **sea level** *n* مستوى سطح البحر [Mostawa saṭh al-bahr]; **sea water** *n* مياه البحر [Meyah al-baḥr]

**seafood** [ˈsiːˌfuːd] *n* الأطعمة البحرية [Al-aṭ'aemah al-baḥareyh]
**seagull** [ˈsiːˌɡʌl] *n* نورس البحر [Nawras al-baḥr]
**seal** [siːl] *n (animal)* (حيوان) حيوان الفقمة [Ḥayawaan al-fa'qmah], *(mark)* خِتم [xitm] ▷ *v* يَختِم [jaxtimu]
**seam** [siːm] *n* ندبة [nadba]
**seaman, seamen** [ˈsiːmən, ˈsiːmɛn] *n* جندي بحري [Jondey baharey]
**search** [sɜːtʃ] *n* بَحْث [baħθ] ▷ *v* يُفَتِش [jufattiʃu]; **search engine** *n* محرك البحث [moḥarek al-baḥth]; **search party** *n* فريق البحث [Faree'q al-bahth]
**seashore** [ˈsiːˌʃɔː] *n* شاطئ البحر [Shaṭeya al-baḥr]
**seasick** [ˈsiːˌsɪk] *adj* مصاب بدوار البحر [Moṣab be-dawar al-baḥr]
**seaside** [ˈsiːˌsaɪd] *n* ساحل البحر [saḥel al-baḥr]
**season** [ˈsiːzᵊn] *n* موسم [mawsim]; **high season** *n* موسم ازدهار [Mawsem ezdehar]; **low season** *n* فترة ركود [Fatrat rekood]; **season ticket** *n* التذاكر الموسمية [Al-tadhaker al-mawsemeyah]
**seasonal** [ˈsiːzənᵊl] *adj* موسمي [mawsimijjat]
**seasoning** [ˈsiːzənɪŋ] *n* توابل [tawaːbil]
**seat** [siːt] *n (constituency)* عضوية في مجلس تشريعي ['aoḍweyah fee majles tashreaey], *(furniture)* مقعد [maqʕad]; **aisle seat** *n* كرسي بجوار الممر [Korsey be-jewar al-mamar]; **window seat** *n* مقعد بجوار النافذة [Ma'q'aad bejwar al-nafedhah]; **Excuse me, that's my seat** معذرة، هذا هو مقعدي؟ [ma'a-dhera, hadha howa ma'q'aady]; **I have a seat reservation** لقد قمت بحجز المقعد [la'qad 'qimto be-ḥajis al-ma'q'aad]; **I'd like a non-smoking seat** أريد مقعد في العربة المخصصة لغير المدخنين [areed ma'q'aad fee al-'aaraba al-mukhaṣaṣa le-ghyr al-mudakhineen]; **I'd like a seat in the smoking area** أريد مقعد في المكان المخصص للمدخنين [areed ma'q'ad fee al-makan al-mukhaṣaṣ lel -mudakhineen]; **I'd like a window seat** أريد مقعد بجوار النافذة [areed ma'q'aad be-jewar al-nafedha]; **Is this seat free?** هل يمكن الجلوس في هذا المقعد؟ [hal yamken al-jiloos fee hadha al-ma'q-'aad?]; **Is this seat taken?** هل هذا المقعد محجوز؟ [hal hadha al-ma'q'ad maḥjooz?]; **The seat is too high** المقعد مرتفع جدا [al-ma'q'ad mur-taf'a jedan]; **The seat is too low** المقعد منخفض جدا [al-ma'q'ad mun-khafiḍ jedan]; **We'd like to reserve two seats for tonight** نريد حجز مقعدين في هذه الليلة [nureed ḥajiz ma'q-'aad-ayn fee hadhy al-layla]
**seatbelt** [ˈsiːtˌbɛlt] *n* حزام الأمان المثبت في المقعد [Ḥezam al-aman al-mothabat fee al-ma'q'aad]
**seaweed** [ˈsiːˌwiːd] *n* طُحْلُب بحري [Ṭoḥleb baḥahrey]
**second** [ˈsɛkənd] *adj* الثاني [aθ-θaːniː] ▷ *n* ثَانِيَة [θaːnija]; **second class** *n* درجة ثانية [Darajah thaneyah]
**second-class** [ˈsɛkəndˌklɑːs] *adj* مرتبة ثانية [Martabah thaneyah]
**secondhand** [ˈsɛkəndˌhænd] *adj* مستعمل [mustaʕmal]
**secondly** [ˈsɛkəndlɪ] *adv* ثانياً [θaːniːan]
**second-rate** [ˈsɛkəndˌreɪt] *adj* من الدرجة الثانية [Men al-darajah althaneyah]
**secret** [ˈsiːkrɪt] *adj* سِرِي [sirij] ▷ *n* سِرّ [sirr]; **secret service** *n* خدمة سرية [Khedmah serreyah]
**secretary** [ˈsɛkrətrɪ] *n* سكرتير [sikirtiːr]
**secretly** [ˈsiːkrɪtlɪ] *adv* سِراً [sirran]
**sect** [sɛkt] *n* طائفة [tˤaːʔifa]
**section** [ˈsɛkʃən] *n* قسم [qism]
**sector** [ˈsɛktə] *n* قطاع [qitˤaːʕ]
**secure** [sɪˈkjʊə] *adj* مُؤَمّن [muʔamman]
**security** [sɪˈkjʊərɪtɪ] *n* الأمن [alʔamnu]; **security guard** *n* حارس الأمن [Ḥares al-amn]; **social security** *n* ضمان اجتماعي [Ḍaman ejtema'ay]
**sedative** [ˈsɛdətɪv] *n* عقار مسكن ['aa'qaar mosaken]
**see** [siː] *v* يرى [jaraː]

**seed** [siːd] *n* بِذْرة [biðra]
**seek** [siːk] *v* يَبْحَث عن [Yabḥath an]
**seem** [siːm] *v* يَبْدو [jabduː]
**seesaw** ['siːˌsɔː] *n* أرجوحة [ʔurʒuːħa]
**see-through** ['siːˌθruː] *adj* شَفّافة [ʃaffaːfat]
**seize** [siːz] *v* يستَولي على [Yastwley 'ala]
**seizure** ['siːʒə] *n* نوبة مرضية [Nawbah maraḍeyah]
**seldom** ['sɛldəm] *adv* نادرا ما [Naderan ma]
**select** [sɪ'lɛkt] *v* يَتخَيَّر [jataxajjaru]
**selection** [sɪ'lɛkʃən] *n* اصطفاء [isˤtˤifaːʔ]
**self-assured** ['sɛlfəˈʃʊəd] *adj* واثق بنفسه [Wathe'q benafseh]
**self-catering** ['sɛlfˌkeɪtərɪŋ] *n* خدمة ذاتية [Khedmah ḍateyah]
**self-centred** ['sɛlfˌsɛntəd] *adj* مُحِب لنفسه [Moḥeb le-nafseh]
**self-conscious** ['sɛlfˌkɒnʃəs] *adj* خجول [xaʒuːl]
**self-contained** ['sɛlfˌkən'teɪnd] *adj* متميز بضبط النفس [Motameyez beḍṭ al-nafs]
**self-control** ['sɛlfˌkən'trəʊl] *n* ضبط النفس [Ḍabṭ al-nafs]
**self-defence** ['sɛlfˌdɪ'fɛns] *n* الدفاع عن النفس [Al-defaa'a 'aan al-nafs]
**self-discipline** ['sɛlfˌdɪsɪplɪn] *n* ضبط النفس [Ḍabṭ al-nafs]
**self-employed** ['sɛlɪm'plɔɪd] *adj* حُر المهنة [Ḥor al-mehnah]
**selfish** ['sɛlfɪʃ] *adj* أناني [ʔanaːnij]
**self-service** ['sɛlfˌsɜːvɪs] *adj* خدمة ذاتية [Khedmah ḍateyah]
**sell** [sɛl] *v* يَبيع [jabiːʕu]; **sell-by date** *n* تاريخ انتهاء الصلاحية [Tareekh enthaa al-ṣalaḥeyah]; **selling price** *n* سعر البيع [Se'ar al-bay'a]
**sell off** [sɛl ɒf] *v* يَبيع بالتصفية [Yabea'a bel-taṣfeyah]
**Sellotape®** ['sɛləˌteɪp] *n* شريط لاصق [Shreeṭ laṣe'q]
**sell out** [sɛl aʊt] *v* يَبيع المخزون [Yabea'a al-makhzoon]
**semester** [sɪ'mɛstə] *n* فصل دراسي [Faṣl derasey]
**semi** ['sɛmɪ] *n* شبه [ʃibhu]
**semicircle** ['sɛmɪˌsɜːkᵊl] *n* نصف دائرة [Neṣf daaeyrah]
**semicolon** [ˌsɛmɪ'kəʊlən] *n* فصلة منقوطة [faṣelah man'qoṭa]
**semifinal** [ˌsɛmɪ'faɪnᵊl] *n* مباراة شبه نهائية [Mobarah shebh nehaeyah]
**send** [sɛnd] *v* يَبْعَث ب [Yab'ath be]
**send back** [sɛnd bæk] *v* يُرْجِع [jurʒiʕu]
**sender** ['sɛndə] *n* مُرسِل [mursil]
**send off** [sɛnd ɒf] *v* يَطلُب الإرسال بالبريد [jatˤlubu alʔirsaːla bilbariːdi]
**send out** [sɛnd aʊt] *v* يَبعث ب [Tab'aath be]
**Senegal** [ˌsɛnɪ'gɔːl] *n* السنغال [as-siniɣaːlu]
**Senegalese** [ˌsɛnɪgə'liːz] *adj* سِنغالي [siniɣaːlij] ▷ *n* سِنغالي [siniɣaːlij]
**senior** ['siːnjə] *adj* الأعلى مقاماً [Al a'ala ma'qaman]; **senior citizen** *n* شخص متقدم العمر [Shakhṣ mota'qadem al-'aomr]
**sensational** [sɛn'seɪʃənᵊl] *adj* مُثِير [muθiːr]
**sense** [sɛns] *n* حاسة [ħaːssa]; **sense of humour** *n* حس الفكاهة [Ḥes al-fokahah]
**senseless** ['sɛnslɪs] *adj* عديم الاحساس ['adeem al-ehsas]
**sensible** ['sɛnsɪbᵊl] *adj* محسوس [maħsuːs]
**sensitive** ['sɛnsɪtɪv] *adj* حساس [ħassaːs]
**sensuous** ['sɛnsjʊəs] *adj* حسي [ħissij]
**sentence** ['sɛntəns] *n (punishment)* حُكم [ħukm], *(words)* جملة [ʒumla] ▷ *v* يَحْكُم على [Yaḥkom 'ala]
**sentimental** [ˌsɛntɪ'mɛntᵊl] *adj* حساس [ħassaːs]
**separate** *adj* ['sɛpərɪt] منفصل [munfasˤil] ▷ *v* ['sɛpəˌreɪt] يُفَرِق [jufarriqu]
**separately** ['sɛpərətlɪ] *adv* بصورة منفصلة [Beṣorah monfaṣelah]
**separation** [ˌsɛpə'reɪʃən] *n* انفصال [infisˤaːl]
**September** [sɛp'tɛmbə] *n* سبتمبر

[sibtumbar]
**sequel** ['siːkwəl] *n* نتيجة [natiːʒa]
**sequence** ['siːkwəns] *n* تسلسل [tasalsul]
**Serbia** ['sɜːbɪə] *n* الصرب [asˁ-sˁirbu]
**Serbian** ['sɜːbɪən] *adj* صربي [sˁirbij] ▷ *n* *(language)* اللغة الصربية [Al-loghah al-ṣerbeyah], *(person)* صربي [sˁirbij]
**sergeant** ['sɑːdʒənt] *n* ضابط رَقيب [Ḍabeṭ ra'qeeb]
**serial** ['sɪərɪəl] *n* حلقة مسلسلة [Ḥala'qah mosalsalah]
**series** ['sɪəriːz; -rɪz] *n* متتالية [mutataːlijja]
**serious** ['sɪərɪəs] *adj* جاد [ʒaːdd]
**seriously** ['sɪərɪəslɪ] *adv* جدياً [ʒiddiːan]
**sermon** ['sɜːmən] *n* موعظة [mawʕizˁa]
**servant** ['sɜːvᵊnt] *n* موظف حكومي [mowaḍhaf ḥokomey]; **civil servant** *n* موظف حكومة [mowaḍhaf hokomah]
**serve** [sɜːv] *n* مدة خدمة [Modat khedmah] ▷ *v* يَخدِم [jaxdimu]
**server** ['sɜːvə] *n* *(computer)* جهاز السيرفر [Jehaz al-servo], *(person)* خادم [xaːdim]
**service** ['sɜːvɪs] *n* خدمة [xidma] ▷ *v* يُزَوِد [juzawwidu]; **room service** *n* خدمة الغرف [Khedmat al-ghoraf]; **secret service** *n* خدمة سرية [Khedmah serreyah]; **service area** *n* منطقة تقديم الخدمات [Menta'qat ta'qdeem al- khad-amat]; **service charge** *n* رَسْم الخدمة [Rasm al-khedmah]; **service station** *n* محطة الخدمة [Mahaṭat al-khedmah]; **social services** *npl* خدمات اجتماعية [Khadamat ejtem'aeyah]; **I want to complain about the service** أريد في تقديم شكاوى بشأن الخدمة [areed ta'q-deem shakawee be-shan al-khedma]; **Is service included?** هل الفاتورة شاملة الخدمة؟ [hal al-fatoora shamelat al-khidma?]; **Is there a charge for the service?** هل هناك مصاريف للحصول على الخدمة؟ [Hal honak maṣareef lel-ḥoṣol ala al-khedmah]; **Is there room service?** هل هناك خدمة للغرفة؟ [hal hunaka khidma lil-ghurfa?]; **The service was terrible** كانت الخدمة سيئة للغاية [kanat il-khidma say-ia el-ghaya]
**serviceman, servicemen** ['sɜːvɪs,mæn; -mən, 'sɜːvɪs,mɛn] *n* جندي [ʒundij]
**servicewoman, servicewomen** ['sɜːvɪs,wʊmən, 'sɜːvɪs,wɪmɪn] *n* امرأة ملتحقة بالقوات المسلحة [Emraah moltahe'qah bel-'qwat al-mosallaha]
**serviette** [,sɜːvɪ'ɛt] *n* منديل المائدة [Mandeel al-maaedah]
**session** ['sɛʃən] *n* جلسة [ʒalsa]
**set** [sɛt] *n* مجموعة كتب [Majmo'aat kotob] ▷ *v* يهيئ [juhajjiʔ]
**setback** ['sɛtbæk] *n* توقف [tawaqquf]
**set menu** [sɛt 'mɛnjuː] *n* قائمة مجموعات الأغذية ['qaemat majmo'aat al-oghneyah]
**set off** [sɛt ɒf] *v* يَبْدأ الرِّحْلَه [jabdaʔu arriħlata]
**set out** [sɛt aʊt] *v* يَعْرِض [jaʕridˁu]
**settee** [sɛ'tiː] *n* أريكة [ʔriːka]
**settle** ['sɛtᵊl] *v* يرسخ [jurassixu]
**settle down** ['sɛtᵊl daʊn] *v* يستقر [jastaqirru]
**seven** ['sɛvᵊn] *number* سبعة [sabʕatun]
**seventeen** ['sɛvᵊn'tiːn] *number* سبعة عشر [sabʕata ʕaʃara]
**seventeenth** ['sɛvᵊn'tiːnθ; 'seventeen'th] *adj* سابع عشر [saːbiʕa ʕaʃara]
**seventh** ['sɛvᵊnθ] *adj* سابع [saːbiʕu] ▷ *n* السابع [as-saːbiʕu]
**seventy** ['sɛvᵊntɪ] *number* سبعين [sabʕiːna]
**several** ['sɛvrəl] *adj* عديد [ʕadiːd] ▷ *pron* عِدّة
**sew** [səʊ] *v* يُخيط [juxiːtˁu]
**sewer** ['suːə] *n* بالوعة [baːluːʕa]
**sewing** ['səʊɪŋ] *n* خِيَاطة [xajaːtˁa]; **sewing machine** *n* ماكينة خياطة [Makenat kheyaṭah]
**sew up** [səʊ ʌp] *v* يُخيط تماما [Yokhayeṭ tamaman]
**sex** [sɛks] *n* جِنس [ʒins]

**sexism** ['sɛksɪzəm] *n* التفرقة العنصرية بحسب الجنس [Al-tafre'qa al'aonṣoreyah behasab al-jens]
**sexist** ['sɛksɪst] *adj* مؤيد للتفرقة العنصرية بحسب الجنس [Moaed lel-tare'qa al'aonṣeryah behasb aljens]
**sexual** ['sɛksjʊəl] *adj* جنسي [ʒinsij]; **sexual intercourse** *n* جماع [ʒimaːʕun]
**sexuality** [ˌsɛksjʊ'ælɪtɪ; ˌsexu'ality] *n* مَيْل جنسي [Mayl jensey]
**sexy** ['sɛksɪ] *adj* مثير جنسيا [Motheer jensyan]
**shabby** ['ʃæbɪ] *adj* بال [baːlin]
**shade** [ʃeɪd] *n* ظل [zˁill]
**shadow** ['ʃædəʊ] *n* ظِل [zˁill]; **eye shadow** *n* ظل العيون [ḍhel al-'aoyoon]
**shake** [ʃeɪk] *vi* يَهتَز [jahtazzu] ▷ *vt* يَهُز [jahuzzu]
**shaken** ['ʃeɪkən] *adj* مهزوز [mahzuːzz]
**shaky** ['ʃeɪkɪ] *adj* متقلقل [mutaqalqil]
**shallow** ['ʃæləʊ] *adj* ضحل [dˁaħl]
**shambles** ['ʃæmbᵊlz] *npl* مجزر [maʒzarun]
**shame** [ʃeɪm] *n* خزي [xizj]
**shampoo** [ʃæm'puː] *n* شامبو [ʃaːmbuː]; **Do you sell shampoo?** هل تبيع شامبوهات [hal tabee'a shambo-haat?]
**shape** [ʃeɪp] *n* مَظْهَر [mazˁhar]
**share** [ʃɛə] *n* سهم مالي [Sahm maley] ▷ *v* يُشارِك [juʃaːriku]
**shareholder** ['ʃɛəˌhəʊldə] *n* حامل أسهم [Hamel ashom]
**share out** [ʃɛə aʊt] *v* يُقَسِم [juqassimu]
**shark** [ʃɑːk] *n* (سمك) سمك القرش [Samak al-'qersh]
**sharp** [ʃɑːp] *adj* حاد [ħaːdd]
**shave** [ʃeɪv] *v* يَحْلِق [jaħliqu]; **shaving cream** *n* كريم الحلاقة [Kereem al-helaka]; **shaving foam** *n* رغوة الحلاقة [Raghwat ḥela'qah]
**shaver** ['ʃeɪvə] *n* ماكينة حِلاقة [Makenat ḥela'qa]
**shawl** [ʃɔːl] *n* شال [ʃaːl]
**she** [ʃiː] *pron* هي
**shed** [ʃɛd] *n* غُرفة خشبية [Ghorfah khashabeyah]
**sheep** [ʃiːp] *n* نعجة [naʕʒa]
**sheepdog** ['ʃiːpˌdɒg] *n* كلب الراعي [Kalb al-ra'aey]
**sheepskin** ['ʃiːpˌskɪn] *n* جلد الغنم [Jeld al-ghanam]
**sheer** [ʃɪə] *adj* مُطلَق [mutˁlaq]
**sheet** [ʃiːt] *n* ملاءة [mallaːʔa]; **balance sheet** *n* ميزانية [miːzaːnijjatun]; **fitted sheet** *n* ملاءة مثبتة [Melaah mothabatah]
**shelf, shelves** [ʃɛlf, ʃɛlvz] *n* رَف [raff]
**shell** [ʃɛl] *n* محارة [maħaːra]; **shell suit** *n* زي رياضي [Zey reyaḍey]
**shellfish** ['ʃɛlˌfɪʃ] *n* محار [maħaːr]; **I'm allergic to shellfish** عندي حساسية من المحار ['aendy ḥasas-eyah min al-maḥar]
**shelter** ['ʃɛltə] *n* ملتجأ [multaʒa]
**shepherd** ['ʃɛpəd] *n* راعي [raːʕiː]
**sherry** ['ʃɛrɪ] *n* خَمْر الشري [Khamr alsherey]
**shield** [ʃiːld] *n* حجاب واق [Hejab wa'q]
**shift** [ʃɪft] *n* تَغَيُّر [taɣajjur] ▷ *v* يحول [juħawwilu]
**shifty** ['ʃɪftɪ] *adj* واسع الحيلة [Wase'a al-ḥeelah]
**Shiite** ['ʃiːaɪt] *adj* شيعي [ʃiːʕij]
**shin** [ʃɪn] *n* قَصَبة الرِجْل ['qaṣabat al-rejl]
**shine** [ʃaɪn] *v* يَلْمَع [jalmaʕu]
**shiny** ['ʃaɪnɪ] *adj* لامع [laːmiʕ]
**ship** [ʃɪp] *n* سَفينة [safiːna]
**shipbuilding** ['ʃɪpˌbɪldɪŋ] *n* بناء السفن [Benaa al-sofon]
**shipment** ['ʃɪpmənt] *n* شَحنة [ʃaxna]
**shipwreck** ['ʃɪpˌrɛk] *n* حطام السفينة [Hoṭam al-safeenah]
**shipwrecked** ['ʃɪpˌrɛkt] *adj* سفينة محطمة [Safeenah mohaṭamah]
**shipyard** ['ʃɪpˌjɑːd] *n* تِرْسَانة السُفن [Yarsanat al-sofon]
**shirt** [ʃɜːt] *n* قميص [qamiːsˁ]; **polo shirt** *n* قميص بولو ['qameeṣ bolo]
**shiver** ['ʃɪvə] *v* يَرتعِش [jartaʕiʃu]
**shock** [ʃɒk] *n* صَدْمَة [sˁadma] ▷ *v* يَصْدِم [jasˁdimu]; **electric shock** *n* صَدْمَة كهربائية [Ṣadmah kahrbaeyah]
**shocking** ['ʃɒkɪŋ] *adj* مصدم [musˁdim]

**shoe** [ʃuː] *n* حذاء [ħiðaːʔ]; **shoe polish** *n* ورنيش الأحذية [Warneesh al-aḥḍheyah]; **shoe shop** *n* محل أحذية [Maḥal aḥdheyah]; **Can you re-heel these shoes?** هل يمكن إعادة تركيب كعب لهذا الحذاء؟ [hal yamken e'aa-dat tarkeeb ka'ab le-hadha al-ḥedhaa?]; **Can you repair these shoes?** هل يمكن تصليح هذا الحذاء؟ [hal yamken taṣleeḥ hadha al-ḥedhaa?]
**shoelace** ['ʃuːˌleɪs] *n* رباط الحذاء [Rebaṭ al-hedhaa]
**shoot** [ʃuːt] *v* يُطْلِق [jutˤliqu]
**shooting** ['ʃuːtɪŋ] *n* إطلاق النار [Eṭla'q al nar]
**shop** [ʃɒp] *n* محل [maħall]; **antique shop** *n* متجر المقتنيات القديمة [Matjar al-mo'qtanayat al-'qadeemah]; **gift shop** *n* متجر هدايا [Matjar hadaya]; **shop assistant** *n* مساعد في متجر [Mosa'aed fee matjar]; **shop window** *n* واجهة العرض في المتجر [Wagehat al-'aarḍ fee al-matjar]; **What time do the shops close?** ما هو موعد إغلاق المحلات التجارية؟ [ma howa maw-'ald eghla'q al-maḥalat al-tejar-iya?]
**shopkeeper** ['ʃɒpˌkiːpə] *n* صاحب المتجر [Ṣaheb al-matjar]
**shoplifting** ['ʃɒpˌlɪftɪŋ; 'shopˌlifting] *n* سرقة السلع من المَتَاجِر [Sare'qat al-sela'a men al-matajer]
**shopping** ['ʃɒpɪŋ] *n* تسوق [tasawwuq]; **shopping bag** *n* كيس التسوق [Kees al-tasawo'q]; **shopping centre** *n* مركز تسوق [Markaz tasawe'q]; **shopping trolley** *n* ترولي التسوق [Trolley altasaw'q]
**shore** [ʃɔː] *n* ساحل [saːħil]
**short** [ʃɔːt] *adj* قصير [qasˤiːr]; **short story** *n* قصة قصيرة ['qeṣah 'qaṣeerah]
**shortage** ['ʃɔːtɪdʒ] *n* عجز [ʕaʒz]
**shortcoming** ['ʃɔːtˌkʌmɪŋ] *n* موطن ضعف [Mawṭen ḍa'af]
**shortcut** ['ʃɔːtˌkʌt] *n* طريق مختصر [ṭaree'q mokhtaṣar]
**shortfall** ['ʃɔːtˌfɔːl] *n* قلة [qilla]
**shorthand** ['ʃɔːtˌhænd] *n* اختزال [ixtizaːl]
**shortlist** ['ʃɔːtˌlɪst] *n* قائمة مرشحين ['qaemat morashaḥeen]
**shortly** ['ʃɔːtlɪ] *adv* قريباً [qariːban]
**shorts** [ʃɔːts] *npl* شورت [ʃuːrt]
**short-sighted** ['ʃɔːt'saɪtɪd] *adj* قصير النظر ['qaṣeer al-naḍhar]
**short-sleeved** ['ʃɔːtˌsliːvd] *adj* قصير الأكمام ['qaṣeer al-akmam]
**shot** [ʃɒt] *n* حقنة [ħuqna]; **I need a tetanus shot** أحتاج إلى حقنة تيتانوس [aḥtaaj ela ḥe'qnat tetanus]
**shotgun** ['ʃɒtˌgʌn] *n* بندقية رش [Bonde'qyat rash]
**shoulder** ['ʃəʊldə] *n* كتف [katif]; **hard shoulder** *n* كتف طريق صلب [Katef ṭaree'q ṣalb]; **shoulder blade** *n* لَوْح الكَتِف [Looh al-katef]; **I've hurt my shoulder** لقد أصبت في كتفي [la'qad oṣibto fee katfee]
**shout** [ʃaʊt] *n* صيحة [sˤajħa] ▷ *v* يصيح [jasˤiːħu]
**shovel** ['ʃʌvᵊl] *n* جاروف [ʒaːruːf]
**show** [ʃəʊ] *n* معرض [maʕridˤ] ▷ *v* يَعْرِض [jaʕridˤu]; **show business** *n* مجال الاستعراض [Majal al-este'araḍ]
**shower** ['ʃaʊə] *n* دُش [duʃʃ]; **shower cap** *n* غطاء الشعر للاستحمام [ghetaa al-sha'ar lel-estehmam]; **shower gel** *n* جل الاستحمام [Jel al-estehmam]
**showerproof** ['ʃaʊəˌpruːf] *adj* مقاوم للبلل [Mo'qawem lel-balal]
**showing** ['ʃəʊɪŋ] *n* مظهر [mazˤhar]
**show off** [ʃəʊ ɒf] *v* يَسعَى للفت الأنظار [Yas'aa lelaft alanḍhaar]
**show-off** [ʃəʊɒf] *n* المتفاخر [almutafaːxiru]
**show up** [ʃəʊ ʌp] *v* يَظْهر [jazˤharu]
**shriek** [ʃriːk] *v* يصرخ [jasˤruxu]
**shrimp** [ʃrɪmp] *n* جمبري [ʒambarij]
**shrine** [ʃraɪn] *n* ضريح [dˤariːħ]
**shrink** [ʃrɪŋk] *v* يَتقلَص [jataqallasˤu]
**shrub** [ʃrʌb] *n* شُجَيرة [ʃuʒajra]
**shrug** [ʃrʌg] *v* يهز كتفيه [Yahoz katefayh]
**shrunk** [ʃrʌŋk] *adj* متقلص [mutaqallisˤ]

**shudder** ['ʃʌdə] *v* يَنتفض [jantafidˤu]
**shuffle** ['ʃʌfᵊl] *v* يَلْخُبط [julaxbitˤu]
**shut** [ʃʌt] *v* يُغلِق [juɣliqu]
**shut down** [ʃʌt daʊn] *v* يُقْفِل [jaqfilu]
**shutters** ['ʃʌtəz] *n* مصراع النافذة [meṣraa'a alnafedhah]
**shuttle** ['ʃʌtᵊl] *n* مكوك [makku:k]
**shuttlecock** ['ʃʌtᵊlˌkɒk] *n* كُرَة الريشة [Korat al-reeshaa]
**shut up** [ʃʌt ʌp] *v* يَسكُت [jaskutu]
**shy** [ʃaɪ] *adj* متحفظ [mutaħaffizˤ]
**Siberia** [saɪ'bɪərɪə] *n* سيبيريا [si:bi:rja:]
**siblings** ['sɪblɪŋz] *npl* أشقاء [ʔaʃʃiqa:ʔun]
**sick** [sɪk] *adj* عليل [ʕali:l]; **sick leave** *n* أجازة مَرضِيَّة [Ajaza maraḍeyah]; **sick note** *n* إذن غياب مرضي [edhn gheyab maraḍey]; **sick pay** *n* الأجر المدفوع خلال الأجازة المرضية [Al-'ajr al-madfoo'a khelal al-'ajaza al-maraḍeyah]
**sickening** ['sɪkənɪŋ] *adj* مُمْرِض [mumridˤ]
**sickness** ['sɪknɪs] *n* سقم [saqam]; **morning sickness** *n* غثيان الصباح [Ghathayan al-ṣabaḥ]; **travel sickness** *n* دُوار السفر [Dowar al-safar]
**side** [saɪd] *n* جانب [ʒa:nib]; **side effect** *n* آثار جانبية [Aathar janeebyah]; **side street** *n* شارع جانبي [Share'a janebey]
**sideboard** ['saɪdˌbɔːd] *n* بُوفيه [bu:fi:h]
**sidelight** ['saɪdˌlaɪt] *n* ضوء جانبي [Ḍowa janebey]
**sideways** ['saɪdˌweɪz] *adv* من الجنب [Men al-janb]
**sieve** [sɪv] *n* منخُل [manxal]
**sigh** [saɪ] *n* تنهيدة [tanhi:da] ▷ *v* يَتنهَد [jatanahhadu]
**sight** [saɪt] *n* رؤية [ruja]
**sightseeing** ['saɪtˌsiːɪŋ] *n* زيارة المعالم السياحية [Zeyarat al-ma'aalem al-seyahyah]
**sign** [saɪn] *n* لافتة [la:fita] ▷ *v* يُوقع [juwaqiʕu]; **road sign** *n* لافتة طريق [Lafetat ṭaree'q]; **sign language** *n* لغة الإشارة [Loghat al-esharah]
**signal** ['sɪgnᵊl] *n* إشارة [ʔiʃa:ra] ▷ *v* يُومئ [ju:miʔu]; **busy signal** *n* إشارة إنشغال الخط [Esharat ensheghal al-khat]
**signature** ['sɪgnɪtʃə] *n* توقيع [tawqi:ʕ]
**significance** [sɪg'nɪfɪkəns] *n* دِلالة [dala:la]
**significant** [sɪg'nɪfɪkənt] *adj* هام [ha:mm]
**sign on** [saɪn ɒn] *v* يَبْدأ التسجيل [jabdaʔu attasʒi:la]
**signpost** ['saɪnˌpəʊst] *n* عمود الإشارة ['amood al-esharah]
**Sikh** [siːk] *adj* تابع للديانة السيخِية [Tabe'a lel-zobabah al-sekheyah] ▷ *n* السيخي [assi:xijju]
**silence** ['saɪləns] *n* صَمْت [sˤamt]
**silencer** ['saɪlənsə] *n* كاتم للصوت [Katem lel-ṣawt]
**silent** ['saɪlənt] *adj* صامت [sˤa:mit]
**silk** [sɪlk] *n* حرير [ħari:r]
**silly** ['sɪlɪ] *adj* أبْلَه [ʔablah]
**silver** ['sɪlvə] *n* فضة [fidˤdˤa]
**similar** ['sɪmɪlə] *adj* مماثل [muma:θil]
**similarity** ['sɪmɪ'lærɪtɪ] *n* تَشابُه [taʃa:buh]
**simmer** ['sɪmə] *v* يَغْلي برفق [Yaghley beref'q]
**simple** ['sɪmpᵊl] *adj* بسيط [basi:tˤ]
**simplify** ['sɪmplɪˌfaɪ] *v* يُبَسِط [jubassitˤu]
**simply** ['sɪmplɪ] *adv* ببساطة [Bebasata]
**simultaneous** [ˌsɪməl'teɪnɪəs; ˌsaɪməl'teɪnɪəs] *adj* متزامن [mutaza:min]
**simultaneously** [ˌsɪməl'teɪnɪəslɪ] *adv* فوري [fawrijjun]
**sin** [sɪn] *n* خطيئة [xatˤi:ʔa]
**since** [sɪns] *adv* قديماً [qadi:man] ▷ *conj* منذ [Monz] ▷ *prep* مُنْذ; **I've been sick since Monday** منذ يوم الاثنين وأنا أعاني من المرض [mundho yawm al-ithnayn wa ana o'aany min al-maraḍ]
**sincere** [sɪn'sɪə] *adj* مُخْلِص [muxlisˤ]
**sincerely** [sɪn'sɪəlɪ] *adv* بإخلاص [biʔixlasˤin]
**sing** [sɪŋ] *v* يُغَنْي [juɣanni:]
**singer** ['sɪŋə] *n* مغني [muɣanni:]; **lead singer** *n* مُغَنّي حفلات [Moghaney ḥafalat]

**singing** ['sɪŋɪŋ] *n* غناء [ɣina:ʔ]
**single** ['sɪŋgᵊl] *adj* أعزب [ʔaʕzab] ▷ *n* فرد [fard]; **single bed** *n* سَرير فردي [Sareer fardey]; **single parent** *n* أحد الوالدين [Aḥad al-waledayn]; **single room** *n* غرفة لشخص واحد [ghorfah le-shakhṣ wahed]; **single ticket** *n* تذكرة فردية [tadhkarat fardeyah]; **I want to reserve a single room** أريد حجز غرفة لفرد واحد [areed ḥajiz ghurfa le-fard waḥid]
**singles** ['sɪŋgᵊlz] *npl* مباراة فردية [Mobarah fardeyah]
**singular** ['sɪŋgjʊlə] *n* مفرد [mufrad]
**sinister** ['sɪnɪstə] *adj* مَشئوم [maʃʔwm]
**sink** [sɪŋk] *n* بالوعة [ba:lu:ʕa] ▷ *v* يغرق [jaɣraqu]
**sinus** ['saɪnəs] *n* تجويف [taʒwi:f]
**sir** [sɜ:] *n* سيدي [sajjidi:]
**siren** ['saɪərən] *n* صَفَّارَة إِنْذار [Ṣafarat enḍhar]
**sister** ['sɪstə] *n* أخت [ʔuxt]
**sister-in-law** ['sɪstə ɪn lɔ:] *n* أخت الزوجة [Okht alzawjah]
**sit** [sɪt] *v* يَقْعُد [jaqʕudu]
**sitcom** ['sɪt,kɒm] *n* كوميديا الموقف [Komedya al-maw'qf]
**sit down** [sɪt daʊn] *v* يَجْلِس [jaʒlisu]
**site** [saɪt] *n* موقع [mawqiʕ]; **building site** *n* موقع البناء [Maw'qe'a al-benaa]; **caravan site** *n* موقع المَقْطُورَة [Maw'qe'a al-ma'qṭorah]
**situated** ['sɪtjʊ,eɪtɪd] *adj* كائن [ka:ʔin]
**situation** [,sɪtjʊ'eɪʃən] *n* وضع [wadˤʕ]
**six** [sɪks] *number* ستة [sittatun]
**sixteen** ['sɪks'ti:n] *number* ستة عشر [sittata ʕaʃara]
**sixteenth** ['sɪks'ti:nθ; 'six'teenth] *adj* السادس عشر [assa:disa ʕaʃara]
**sixth** [sɪksθ] *adj* السادس [as-sa:disu]
**sixty** ['sɪkstɪ] *number* ستون [sittu:na]
**size** [saɪz] *n* حجم [ħaʒm]
**skate** [skeɪt] *v* يَتَزلج [jatazallaʒu]
**skateboard** ['skeɪt,bɔ:d] *n* لوح التزلج [Lawh al-tazalloj]; **I'd like to go skateboarding** أريد ممارسة رياضة التزلج على لوح التزلج [areed mu-ma-rasat reyaḍat al-tazal-oj 'aala lawḥ al-tazal-oj]
**skateboarding** ['skeɪt,bɔ:dɪŋ] *n* تَزَلُّج على اللوح [Tazaloj 'ala al-looh]
**skates** [skeɪts] *npl* زلاجات [zala:ʒa:tun]
**skating** ['skeɪtɪŋ] *n* تَزَلُّج [tazaluʒ]; **skating rink** *n* حلبة تَزَلُّج [Ḥalabat tazaloj]
**skeleton** ['skɛlɪtən] *n* هيكل عظمي [Haykal aḍhmey]
**sketch** [skɛtʃ] *n* مُخَطَّط [muxatˤtˤatˤ] ▷ *v* يُخَطِّط بدون تَفاصيل [Yokhaṭeṭ bedon tafaṣeel]
**skewer** ['skjʊə] *n* سيخ [si:x]
**ski** [ski:] *n* زلاجة [zala:ʒa] ▷ *v* يَتَزحلق على الثلج [Yatazahal'q ala al-thalj]; **ski lift** *n* مِصْعَد التَّزَلُّج [Meṣ'aad al-tazalog]; **ski pass** *n* ممر التزحلق [Mamar al-tazahlo'q]; **I want to hire cross-country skis** أريد أن أؤجر زلاجة لمسافات طويلة; **I want to hire downhill skis** أريد أن أؤجر زلاجة لهبوط التل [areed an o-ajer zalaja le-hoboṭ al-tal]; **I want to hire skis** أريد أن أؤجر زلاجة [areed an o-ajer zalaja]
**skid** [skɪd] *v* يَنْزَلق [janzaliqu]
**skier** ['ski:ə] *n* مُتَزَلِّج [mutazalliʒ]
**skiing** ['ski:ɪŋ] *n* تَزَلُّج [tazzaluʒ]
**skilful** ['skɪlfʊl] *adj* بارع [ba:riʕ]
**skill** [skɪl] *n* مهارة [maha:ra]
**skilled** [skɪld] *adj* ماهر [ma:hir]
**skimpy** ['skɪmpɪ] *adj* هزيل [hazi:l]
**skin** [skɪn] *n* جلد [ʒildu]
**skinhead** ['skɪn,hɛd] *n* حليق الرأس [Halee'q al-raas]
**skinny** ['skɪnɪ] *adj* هزيل الجسم [Hazeel al-jesm]
**skin-tight** ['skɪn'taɪt] *adj* ضيق جدا [Ḍaye'q jedan]
**skip** [skɪp] *v* يتخطى [jataxatˤtˤa:]
**skirt** [skɜ:t] *n* جونلة [ʒawnala]
**skive** [skaɪv] *v* يَتَكاسَل [jataka:salu]
**skull** [skʌl] *n* جمجمة [ʒumʒuma]
**sky** [skaɪ] *n* سماء [sama:ʔ]
**skyscraper** ['skaɪ,skreɪpə] *n* ناطحة سحاب [Naṭehat saḥab]
**slack** [slæk] *adj* متوان [mitwa:n]

**slam** [slæm] *v* يُغْلِق الباب [Yoghle'q albab]
**slang** [slæŋ] *n* عامِّية [ʕa:mmija]
**slap** [slæp] *v* يُهْين [juhi:nu] يَصْفَع, [jasˤfaʕu]
**slash** [slæʃ] *n*; **forward slash** *n* شرطة مائلة للأمام [Sharṭah maelah lel-amam]
**slate** [sleɪt] *n* اردواز [ardwa:z]
**slave** [sleɪv] *n* عبد [ʕabd] ▷ *v* يَستعبد [jasataʕbidu]
**sledge** [slɛdʒ] *n* مزلجة [mizlaʒa]
**sledging** ['slɛdʒɪŋ] *n* تَزَلُّج [tazaluʒ]
**sleep** [sli:p] *n* نوم [nawm] ▷ *v* ينام [jana:mu]; **sleeping bag** *n* كيس النوم [Kees al-nawm]; **sleeping car** *n* عربة النوم ['arabat al-nawm]; **sleeping pill** *n* حبة نوم [Habit nawm]; **I can't sleep** لا أستطيع النوم [la asta-ṭee'a al-nawm]; **I can't sleep for the heat** لا يمكنني النوم بسبب حرارة الغرفة [la yam-kinuni al-nawm be-sabab ḥararat al-ghurfa]; **I can't sleep for the noise** لا استطيع النوم بسبب الضوضاء [la asta-ṭee'a al-nawm besa-bab al-ḍawḍaa]
**sleeper** ['sli:pə] *n*; **Can I reserve a sleeper?** هل يمكن أن أحجز عربة للنوم؟ [hal yamken an aḥjiz 'aaraba lel-nawm?]; **I want to book a sleeper to...** أريد حجز عربة للنوم بالقطار المتجه إلى... [ʔuri:du ħaʒza ʕarabata linnawmi bilqitˤa:ri almuttaʒihi ʔila]
**sleep in** [sli:p ɪn] *v* يتأخر في النوم في الصباح [Yataakhar fee al-nawm fee al-ṣabah]
**sleepwalk** ['sli:p,wɔ:k] *v* يَمشي أثناء نومه [Yamshee athnaa nawmeh]
**sleepy** ['sli:pɪ] *adj* نعسان [naʕsa:n]
**sleet** [sli:t] *n* مطر متجمد [Maṭar motajamed] ▷ *v* تمطر مطرا متجمدا [Tomṭer maṭran motajamedan]
**sleeve** [sli:v] *n* كم [kumm]
**sleeveless** ['sli:vlɪs] *adj* بدون أكمام [Bedon akmaam]
**slender** ['slɛndə] *adj* رفيع [rafi:ʕ]
**slice** [slaɪs] *n* شَريحة [ʃari:ħa] ▷ *v* يُقَطِّع إلى شرائح [Yo'qaṭe'a ela shraeḥ]
**slick** [slɪk] *n*; **oil slick** *n* طبقة زيت طافية على الماء [Ṭaba'qat zayt ṭafeyah alaa alma]
**slide** [slaɪd] *n* زِلاقَةٌ [zalla:qa] ▷ *v* ينزلق [janzaliqu]
**slight** [slaɪt] *adj* طفيف [tˤafi:f]
**slightly** ['slaɪtlɪ] *adv* بدرجة طفيفة [Bedarajah ṭafeefah]
**slim** [slɪm] *adj* نحيف [naħi:f]
**sling** [slɪŋ] *n* حَمَّالة [ħamma:la]
**slip** [slɪp] *n (mistake)* هفوة [hafwa], *(paper)* قصاصة [qusˤa:sˤa], *(underwear)* قميص تحتي ['qameeṣ taḥtey] ▷ *v* يَزِّل [jazillu]; **slip road** *n* طريق متصل بطريق سريع للسيارات أو منفصل عنه [ṭaree'q mataṣel be- ṭaree'q sarea'a lel-sayaraat aw monfaṣel 'anho]; **slipped disc** *n* إنزلاق غضروفي [Enzela'q ghodrofey]
**slipper** ['slɪpə] *n* شبشب حمام [Shebsheb ḥamam]
**slippery** ['slɪpərɪ; -prɪ] *adj* زَلق [zalaqa]
**slip up** [slɪp ʌp] *v* يَرْتَكِبُ خطأ [Yartekab khaṭaa]
**slip-up** [slɪpʌp] *n* خطأ [xatˤa]
**slope** [sləʊp] *n* منحدر [munħadir]; **nursery slope** *n* منحدر التزلج للمبتدئين [monḥadar al-tazaloj lel-mobtadeen]; **How difficult is this slope?** ما مدى صعوبة هذا المنحدر؟ [ma mada ṣo'aobat hatha al-mun-ḥadar?]; **Where are the beginners' slopes?** أين توجد منحدرات المبتدئين؟ [Ayn tojad monḥadrat al-mobtadean?]
**sloppy** ['slɒpɪ] *adj* قذر [qaðir]
**slot** [slɒt] *n* فَتْحة [fatħa]; **slot machine** *n* ماكينة الشقبية [Makenat al-sha'qabeyah]
**Slovak** ['sləʊvæk] *adj* سلوفاكي [slu:fa:kij] ▷ *n (language)* اللغة السلوفاكية [Al-logha al-slofakeyah], *(person)* مواطن سلوفاكي [Mowaṭen slofakey]
**Slovakia** [sləʊ'vækɪə] *n* سلوفاكيا [slu:fa:kija:]
**Slovenia** [sləʊ'vi:nɪə] *n* سلوفانيا [sluvi:f:nija:]
**Slovenian** [sləʊ'vi:nɪən] *adj* سلوفاني

[slu:fa:ni:] ▷ *n* *(language)* اللغة السلوفانية [Al-logha al-slofaneyah], *(person)* مواطن سلوفاني [Mowaṭen slofaney]
**slow** [sləʊ] *adj* بَطِيءٌ [batˁi:ʔ]
**slow down** [sləʊ daʊn] *v* يُبطئ [jubtˁiʔ]
**slowly** [sləʊlɪ] *adv* ببطء [Beboṭa]; **Could you speak more slowly, please?** هل يمكن أن تتحدث ببطء أكثر إذا سمحت؟ [hal yamken an tata-ḥadath be-buṭi akthar edha samaḥt?]
**slug** [slʌg] *n* يرقانة [jaraqa:na]
**slum** [slʌm] *n* حي الفقراء [Hay al-fo'qraa]
**slush** [slʌʃ] *n* طين رقيق القوام [Ṭeen ra'qee'q al'qawam]
**sly** [slaɪ] *adj* كتوم [katu:m]
**smack** [smæk] *v* يَصْفَع [jasˁfaʕu]
**small** [smɔ:l] *adj* صغير [sˁaɣi:r]; **small ads** *npl* إعلانات صغيرة [E'alanat ṣaghera]; **Do you have a small?** هل يوجد مقاسات صغيرة؟ [hal yujad ma'qaas-at ṣaghera?]; **It's too small** إنه صغير جدا [inaho ṣagheer jedan]; **The room is too small** الغرفة صغيرة جدا [al-ghurfa ṣagherah jedan]
**smart** [smɑ:t] *adj* ذكي [ðakij]; **smart phone** *n* هاتف ذكي [Hatef zaky]
**smash** [smæʃ] *v* يُهَشم [juhaʃʃimu]
**smashing** ['smæʃɪŋ] *adj* ساحِق [sa:ħiq]
**smell** [smɛl] *n* رائحة [ra:ʔiħa] ▷ *vi* يَنْبَعِثُ رائِحَةً [Yab'ath raeḥah] ▷ *vt* يَشم [jaʃummu]; **I can smell gas** أنني أشم رائحة غاز [ina-ny ashum ra-e-hat ghaaz]; **My room smells of smoke** هناك رائحة دخان بغرفتي [hunaka ra-eḥa dukhaan be-ghurfaty]; **There's a funny smell** توجد رائحة غريبة في الغرفة [toojad raeḥa ghareba fee al-ghurfa]
**smelly** ['smɛlɪ] *adj* كريه الرائحة [Kareeh al-raaehah]
**smile** [smaɪl] *n* ابتسامة [ʔibtisa:ma] ▷ *v* يبتسم [jabtasimu]
**smiley** ['smaɪlɪ] *n* (صورة الوجه المبتسم) سمايلي [(sˁu:ratu alwaʒhi almubtasimi) sma:jlijji]
**smoke** [sməʊk] *n* دخان [duxa:n] ▷ *v* يُدخِن [juðaxinu]; **smoke alarm** *n* كاشف الدُخان [Kashef al-dokhan]; **My room smells of smoke** هناك رائحة دخان بغرفتي [hunaka ra-eḥa dukhaan be-ghurfaty]
**smoked** ['sməʊkt] *adj* مُدَخَّنٌ [mudaxxin]
**smoker** ['sməʊkə] *n* مُدَخِن [muðaxxin]
**smoking** ['sməʊkɪŋ] *n* التدخين [Al-tadkheen]; **I'd like a no smoking room** أريد غرفة غير مسموح فيها بالتدخين [areed ghurfa ghyer masmooḥ feeha bil-tadkheen]; **I'd like a smoking room** أريد غرفة مسموح فيها بالتدخين [areed ghurfa masmooḥ feeha bil-tadkheen]
**smoky** ['sməʊkɪ] *adj*; **It's too smoky here** يوجد هنا الكثير من المدخنين [yujad huna al-kather min al-muda-khineen]
**smooth** [smu:ð] *adj* نعومة [nuʕu:mat]
**SMS** [ɛs ɛm ɛs] *n* خدمة الرسائل القصيرة [xidmatu arrasa:ʔili alqasˁi:rati]
**smudge** [smʌdʒ] *n* لَطخَة [latˁxa]
**smug** [smʌg] *adj* مَزهُوٌ بِنَفْسِه [Mazhowon benafseh]
**smuggle** ['smʌgᵊl] *v* يُهَرِب [juharribu]
**smuggler** ['smʌglə] *n* مهرب بضائع [Moharreb baḍae'a]
**smuggling** ['smʌglɪŋ] *n* تهريب [tahri:bu]
**snack** [snæk] *n* وجبة خفيفة [Wajbah khafeefah]; **snack bar** *n* متجر الوجبات السريعة [Matjar al-wajabat al-sarey'aa]
**snail** [sneɪl] *n* حلزون [ħalazu:n]
**snake** [sneɪk] *n* ثعبان [θuʕba:n]
**snap** [snæp] *v* يَكْسِر [jaksiru]
**snapshot** ['snæp͵ʃɒt] *n* لقطة فوتوغرافية [La'qṭah fotoghrafeyah]
**snarl** [snɑ:l] *v* يُشَابك [juʃa:biku]
**snatch** [snætʃ] *v* يختَطِف [jixtatˁifu]
**sneakers** ['sni:kəz] *npl* زوج أحذية رياضية [Zawj ahzeyah Reyaḍeyah]
**sneeze** [sni:z] *v* يَعطس [jaʕtˁisu]
**sniff** [snɪf] *v* يَتنشَق [jatanaʃʃaqu]
**snigger** ['snɪgə] *v* يَضحَك ضحكاً نصف مكبوت [Yaḍḥak ḍeḥkan neṣf makboot]
**snob** [snɒb] *n* متكبر [mutakabbir]
**snooker** ['snu:kə] *n* لُعْبَةُ السُّنُوكِر [Lo'abat al-sonoker]
**snooze** [snu:z] *n* نومة خفيفة [Nomah

khafeefa] ▷ *v* يَغفُو [jaɣfu]
**snore** [snɔː] *v* يَغُط في النوم [yaghoṭ fee al-nawm]
**snorkel** ['snɔːkᵊl] *n* سباحة تحت الماء [Sebaḥah taḥt al-maa]
**snow** [snəʊ] *n* ثلج [θalʒ] ▷ *v* تمطر ثلجا [Tomṭer thaljan]
**snowball** ['snəʊˌbɔːl] *n* كرة ثلج [Korat thalj]
**snowboard** ['snəʊˌbɔːd] *n*; **I want to hire a snowboard** أريد إيجار لوح تزلج [areed e-jar lawḥ tazaluj]
**snowflake** ['snəʊˌfleɪk] *n* كتلة ثلج رقيقة [Kotlat thalj ra'qee'qah]
**snowman** ['snəʊˌmæn] *n* رجل الثلج [Rajol al-thalj]
**snowplough** ['snəʊˌplaʊ] *n* محراث الثلج [Mehrath thalj]
**snowstorm** ['snəʊˌstɔːm] *n* عاصفة ثلجية ['aasefah thaljeyah]
**so** [səʊ] *adv* كذلك; **so (that)** *conj* وهكذا [wahakadha]
**soak** [səʊk] *v* ينقع [janqaʕu]
**soaked** [səʊkt] *adj* منقوع [manqu:ʕ]
**soap** [səʊp] *n* صابون [sˤa:bu:n]; **soap dish** *n* طبق صابون [Ṭaba'q ṣaboon]; **soap opera** *n* مسلسل درامي [Mosalsal deramey]; **soap powder** *n* مسحوق الصابون [Masḥoo'q ṣaboon]; **There is no soap** لا يوجد صابون [la yujad ṣaboon]
**sob** [sɒb] *v* ينشج [janʃaʒʒu]
**sober** ['səʊbə] *adj* مقتصد [muqtasˤid]
**sociable** ['səʊʃəbᵊl] *adj* شخص اجتماعي [Shakhṣ ejtema'ay]
**social** ['səʊʃəl] *adj* اجتماعي [ʔiʒtima:ʕij]; **social security** *n* ضمان اجتماعي [Ḍaman ejtema'ay]; **social services** *npl* خدمات اجتماعية [Khadamat ejtem'aeyah]; **social worker** *n* أخصائي اجتماعي [Akhṣey ejtema'ay]
**socialism** ['səʊʃəˌlɪzəm] *n* اشتراكية [ʔiʃtira:kijja]
**socialist** ['səʊʃəlɪst] *adj* اشتراكي [ʔiʃtira:kij] ▷ *n* اشتراكي [ʔiʃtira:kij]
**society** [sə'saɪətɪ] *n* مجتمع [muʒtamaʕ]
**sociology** [ˌsəʊsɪ'ɒlədʒɪ] *n* علم الاجتماع ['aelm al-ejtema'a]
**sock** [sɒk] *n* جورب قصير [Jawrab 'qaṣeer]
**socket** ['sɒkɪt] *n* مقبس [miqbas]; **Where is the socket for my electric razor?** أين المقبس الخاص بماكينة الحلاقة؟ [ayna al-ma'qbas al-khaaṣ be-makenat al-ḥelaa'qa?]
**sofa** ['səʊfə] *n* كَنَبَة [kanaba]; **sofa bed** *n* كنبة سرير [Kanabat sereer]
**soft** [sɒft] *adj* ناعم [na:ʕim]; **soft drink** *n* مشروب غازي [Mashroob ghazey]
**softener** ['sɒfᵊnə; 'softener] *n*; **Do you have softener?** هل لديك مسحوق منعم للملابس؟ [hal ladyka mas-ḥoo'q mun-'aim lel-malabis?]
**software** ['sɒftˌwɛə] *n* برامج [bara:miʒ]
**soggy** ['sɒgɪ] *adj* نَدِي [nadij]
**soil** [sɔɪl] *n* تربة [turba]
**solar** ['səʊlə] *adj* شمسي [ʃamsij]; **solar power** *n* طاقة شمسية [Ṭa'qah shamseyah]; **solar system** *n* نظام شمسي [neḍham shamsey]
**soldier** ['səʊldʒə] *n* جندي [ʒundij]
**sold out** [səʊld aʊt] *adj* مُبَاعٌ [muba:ʕ]
**solicitor** [sə'lɪsɪtə] *n* محامي ولاية [Moḥamey welayah]
**solid** ['sɒlɪd] *adj* صَلْب [sˤalb]
**solo** ['səʊləʊ] *n* عمل منفرد ['amal monfared]
**soloist** ['səʊləʊɪst] *n* مغني أو عازف منفرد [Moghaney aw 'aazef monfared]
**soluble** ['sɒljʊbᵊl] *adj* قابل للذوبان ['qabel lel-dhawaban]
**solution** [sə'luːʃən] *n* حل [ħall]; **cleansing solution for contact lenses** محلول مطهر للعدسات اللاصقة [maḥlool muṭaher lil-'aada-saat al-laṣi'qa]
**solve** [sɒlv] *v* يَحِل مشكلة [Taḥel al-moshkelah]
**solvent** ['sɒlvənt] *n* مذيب [muðiːb]
**Somali** [səʊ'mɑːlɪ] *adj* صومالي [sˤsˤu:ma:lij] ▷ *n (language)* اللغة الصومالية [Al-loghah al-Ṣomaleyah], *(person)* صومالي [sˤsˤu:ma:lij]
**Somalia** [səʊ'mɑːlɪə] *n* الصومال

[asˁ-sˁu:ma:lu]
**some** [sʌm; səm] *adj* بعض [baʕdˁu] ▷ *pron* البعض [Alba'aḍ]; **Could you lend me some money?** هل يمكن تسليفي بعض المال؟ [hal yamken tas-leefy ba'aḍ al-maal?]; **Here's some information about my company** تفضل بعض المعلومات المتعلقة بشركتي [tafaḍal ba'aḍ al-ma'a-lomaat al-muta'a-le'qa be-share-katy]; **There are some people injured** هناك بعض الأشخاص المصابين [hunaka ba'aḍ al-ash-khaaṣ al-muṣabeen]
**somebody** ['sʌmbədɪ] *pron* شخص ذو شأن [shakhṣdho shaan]
**somehow** ['sʌm,haʊ] *adv* بطريقة ما [ṭaree'qah ma]
**someone** ['sʌm,wʌn; -wən] *pron* شخص ما [Shakhṣ ma]
**someplace** ['sʌm,pleɪs] *adv* مكان ما [Makan ma]
**something** ['sʌmθɪŋ] *pron* شيء ما [Shaya ma]
**sometime** ['sʌm,taɪm] *adv* يوماً ما [Yawman ma]
**sometimes** ['sʌm,taɪmz] *adv* أحيانا [Aḥyanan]
**somewhere** ['sʌm,wɛə] *adv* مكان ما [Makan ma]
**son** [sʌn] *n* ابن [ʔibn]; **My son is lost** فقد ابني [fo'qeda ibny]; **My son is missing** إن ابني مفقود [enna ibny maf-'qood]
**song** [sɒŋ] *n* أغْنِيَّة [ʔuɣnijja]
**son-in-law** [sʌn ɪn lɔː] **(***pl* **sons-in-law)** *n* زوج الإبنة [Zawj al-ebnah]
**soon** [suːn] *adv* قريباً [qari:ban]
**sooner** ['suːnə] *adv* عاجلا [ʕa:ʒila:]
**soot** [sʊt] *n* شُخام [suxa:m]
**sophisticated** [sə'fɪstɪ,keɪtɪd] *adj* متكلف [mutakallif]
**soppy** ['sɒpɪ] *adj* مشبع بالماء [Moshaba'a bel-maa]
**soprano** [sə'prɑːnəʊ] *n* صوت السوبرانو [Ṣondok alsobrano]
**sorbet** ['sɔːbeɪ; -bɪt] *n* مثلجات الفاكهة [Mothalajat al-fakehah]
**sorcerer** ['sɔːsərə] *n* مُشعوذ [muʃaʕwið]
**sore** [sɔː] *adj* محزن [muħzin] ▷ *n* حُزْن [ħuzn]; **cold sore** *n* قرحة البرد حول الشفاة ['qorḥat al-bard ḥawl al-shefah]
**sorry** ['sɒrɪ] *interj*; **I'm sorry** أنا [ʔana]; **I'm sorry to trouble you** أنا أسف للإزعاج [Ana asef lel-ez'aaj]; **I'm very sorry, I didn't know the regulations** أنا أسف لعدم معرفتي باللوائح [Ana aasef le'aadam ma'arefatey bel-lawaeah]; **Sorry we're late** أعتذر، فالوقت متأخر [ʔaʕtaðiru fa:lwaqtu mutaʔaxxirun]; **Sorry, I didn't catch that** أعتذر، لم ألاحظ ذلك [A'atadher, lam olaḥeḍh dhalek]; **Sorry, I'm not interested** معذرة، أنا غير مهتم بهذا الأمر [maʕðaratun ʔana: ɣajru muhtammin biha:ða: alʔamri]
**sort** [sɔːt] *n* صنف [sˁinf]
**sort out** [sɔːt aʊt] *v* يَفْرِز [jufrizu]
**SOS** [ɛs əʊ ɛs] *n* إشارة استغاثة [ʔiʃa:ratun istiɣa:θa]
**so-so** [səʊsəʊ] *adv* أقل من المقبول [A'qal men alma'qbool]
**soul** [səʊl] *n* نَفْس [nafsin]
**sound** [saʊnd] *adj* سليم [sali:m] ▷ *n* صوت [sˁawt]
**soundtrack** ['saʊnd,træk] *n* موسيقى تصويرية [Mose'qa taṣweereyah]
**soup** [suːp] *n* حساء [ħasa:ʔ]; **What is the soup of the day?** ما هو حساء اليوم؟ [ma howa ḥasaa al-yawm?]
**sour** ['saʊə] *adj* حامض [ħa:midˁ]
**south** [saʊθ] *adj* جنوبي [ʒanu:bij] ▷ *adv* جنوباً [ʒanu:ban] ▷ *n* جنوب [ʒanu:bu]; **South Africa** *n* جنوب أفريقيا [Janoob afree'qya]; **South African** *n* جنوب أفريقي [Janoob afree'qy] شخص من جنوب أفريقيا, [Shkhṣ men janoob afree'qya]; **South America** *n* أمريكا الجنوبية [Amrika al janobeyiah]; **South American** *n* جنوب أمريكي [Janoob amriky] شخص من أمريكا, الجنوبية [Shakhṣ men amreeka al-janoobeyah]; **South Korea** *n* كوريا الجنوبية [Korya al-janoobeyah]; **South Pole** *n* القطب الجنوبي [Al-k'qotb

al-janoobey]
**southbound** ['saʊθ,baʊnd] *adj* متجه للجنوب [Motageh lel-janoob]
**southeast** [,saʊθ'iːst; ,saʊ'iːst] *n* جنوب شرقي [Janoob shr'qey]
**southern** ['sʌðən] *adj* واقع نحو الجنوب [Wa'qe'a nahw al-janoob]
**southwest** [,saʊθ'wɛst; ,saʊ'wɛst] *n* جنوب غربي [Janoob gharbey]
**souvenir** [,suːvə'nɪə; 'suːvə,nɪə] *n* تذكار [tiðkaːr]; **Do you have souvenirs?** هل يوجد لديكم هدايا تذكارية؟ [hal yujad laday-kum hada-ya tedhka-reya?]
**soya** ['sɔɪə] *n* صويا [sˤuːsˤu]
**spa** [spɑː] *n* منتجع صحي [Montaja'a ṣeḥey]
**space** [speɪs] *n* فضاء [fadˤaːʔ]
**spacecraft** ['speɪs,krɑːft] *n* سَفينة الفضاء [Safenat al-faḍaa]
**spade** [speɪd] *n* مجراف [miʒraːf]
**spaghetti** [spə'gɛtɪ] *n* مكرونة سباجتي [Makaronah spajety]
**Spain** [speɪn] *n* أسبانيا [ʔisbaːnjaː]
**spam** [spæm] *n* رسائل غير مرغوبة [rasaːʔilu ɣajr marɣuːba]
**Spaniard** ['spænjəd] *n* أسباني [ʔisbaːnij]
**spaniel** ['spænjəl] *n* كلب السبنيلي [Kalb al-sebneeley]
**Spanish** ['spænɪʃ] *adj* أسباني [ʔisbaːnij] ▷ *n* أسباني [ʔisbaːnij]
**spank** [spæŋk] *v* يُوَبخ بقسوة [Yowabekh be-'qaswah]
**spanner** ['spænə] *n* مفتاح ربط [Meftaḥ rabṭ]
**spare** [spɛə] *adj* احتياطي [ʔiħtijjaːtˤij] ▷ *v* يَجْتنب [jaʒtanibu]; **spare part** *n* قطع غيار ['qaṭa'a gheyar]; **spare room** *n* غرفة إضافية [ghorfah eḍafeyah]; **spare time** *n* وَقت فراغ [Wa'qt faragh]; **spare tyre** *n* إطار إضافي [Eṭar eḍafy]; **spare wheel** *n* عجلة إضافية ['aagalh eḍafeyah]; **Is there any spare bedding?** هل يوجد مرتبة احتياطية؟ [hal yujad ferash iḥte-yaṭy?]
**spark** [spɑːk] *n* شرارة [ʃaraːra]; **spark plug** *n* شمعة إشعال [Sham'aat esh'aal]
**sparrow** ['spærəʊ] *n* عصفور [ʕusˤfuːr]
**spasm** ['spæzəm] *n* تقلص عضلي [Ta'qaloṣ 'aḍaley]
**spatula** ['spætjʊlə] *n* ملعقة البسط [Mel'a'qat al-bast]
**speak** [spiːk] *v* يتكلم [jatakalamu]
**speaker** ['spiːkə] *n* مكبر الصوت [Mokabber al-ṣawt]; **native speaker** *n* متحدث باللغة الأم [motaḥdeth bel-loghah al-om]
**speak up** [spiːk ʌp] *v* يتحدث بحرية وبدون تحفظ [yathadath be-ḥorreyah wa-bedon taḥaffoḍh]
**special** ['spɛʃəl] *adj* خاص [xaːsˤsˤ]; **special offer** *n* عرض خاص ['aarḍ khaṣ]
**specialist** ['spɛʃəlɪst] *n* متخصص [mutaxasˤsˤisˤ]
**speciality** [,spɛʃɪ'ælɪtɪ] *n* تَخَصُص [taxasˤusˤsˤ]
**specialize** ['spɛʃə,laɪz] *v* يَتَخصص [jataxasˤsˤasˤu]
**specially** ['spɛʃəlɪ] *adv* خاصة [xaːsˤsˤatu]
**species** ['spiːʃiːz; 'spiːʃɪ,iːz] *n* أنواع [ʔanwaːʕ]
**specific** [spɪ'sɪfɪk] *adj* محدد [muħadadd]
**specifically** [spɪ'sɪfɪklɪ] *adv* تحديداً [taħdiːdan]
**specify** ['spɛsɪ,faɪ] *v* يحدد [juħaddidu]
**specs** [spɛks] *npl* نظارة [nazˤzˤaːratun]
**spectacles** ['spɛktəkᵊlz] *npl* نظارة [nazˤzˤaːratun]
**spectacular** [spɛk'tækjʊlə] *adj* مشهدي [maʃhadij]
**spectator** [spɛk'teɪtə] *n* مُشاهِد [muʃaːhid]
**speculate** ['spɛkjʊ,leɪt] *v* يَتَأمل [jataʔammalu]
**speech** [spiːtʃ] *n* خُطبة [xutˤba]
**speechless** ['spiːtʃlɪs] *adj* فاقد القدرة على الكلام [Fa'qed al-'qodrah 'aala al-kalam]
**speed** [spiːd] *n* سرعة [surʕa]; **speed limit** *n* حد السرعة [Ḥad alsor'aah]; **What is the speed limit on this road?** ما هي أقصى سرعة مسموح بها على هذا الطريق؟ [ma heya a'qṣa sur'aa masmooḥ beha 'aala hatha al- ṭaree'q?]

**speedboat** ['spiːd,bəʊt] *n* زورق بخاري سريع [Zawra'q bokharey sarea'a]
**speeding** ['spiːdɪŋ] *n* زيادة السرعة [Zeyadat alsor'aah]
**speedometer** [spɪ'dɒmɪtə] *n* عداد السرعة ['adaad al-sor'aah]
**speed up** [spiːd ʌp] *v* يُسْرِع [jusriʕu]
**spell** [spɛl] *n (magic)* نَوبة [nawba], *(time)* سحر [siħr] ▷ *v* يَسحِر [jasħiru]
**spellchecker** ['spɛl,tʃɛkə] *n* مصحح التهجئة [Moṣaheh altahjeaah]
**spelling** ['spɛlɪŋ] *n* تهجئة [tahʒiʔa]
**spend** [spɛnd] *v* يَقْضِي [jaqdˤiː]
**sperm** [spɜːm] *n* مَنيّ [manij]
**spice** [spaɪs] *n* توابل [tawaːbil]
**spicy** ['spaɪsɪ] *adj* متبل [mutabbal]; **The food is too spicy** الطعام متبل أكثر من اللازم [al-ṭa'aam mutabal akthar min al-laazim]
**spider** ['spaɪdə] *n* عنكبوت [ʕankabuːt]
**spill** [spɪl] *v* يُريق [juriːqu]
**spinach** ['spɪnɪdʒ; -ɪtʃ] *n* سبانخ [sabaːnix]
**spine** [spaɪn] *n* عمود فقري ['amood fa'qarey]
**spinster** ['spɪnstə] *n* عانِس [ʕaːnis]
**spire** [spaɪə] *n* ورقة عشب [Wara'qat 'aoshb]
**spirit** ['spɪrɪt] *n* رَوح [ruːħ]
**spirits** ['spɪrɪts] *npl* مشروبات روحية [Mashroobat rooḥeyah]
**spiritual** ['spɪrɪtjʊəl] *adj* رَوحي [ruːħij]
**spit** [spɪt] *n* بُصاق [busˤaːq] ▷ *v* يبصق [jabsˤuqu]
**spite** [spaɪt] *n* ضغينة [dˤaɣiːna] ▷ *v* يَحْقِد على [yaḥ'qed 'alaa]
**spiteful** ['spaɪtfʊl; 'spiteful] *adj* حاقد [ħaːqid]
**splash** [splæʃ] *v* يَرُش [jaruʃʃu]
**splendid** ['splɛndɪd] *adj* مُدْهِش [mudhiʃ]
**splint** [splɪnt] *n* شريحة [ʃariːħatt]
**splinter** ['splɪntə] *n* شظية [ʃazˤijja]
**split** [splɪt] *v* يَنْقَسِم [janqasim]
**split up** [splɪt ʌp] *v* يَنْفَصِل [janfasˤilu]
**spoil** [spɔɪl] *v* يُفسِد [jufsidu]
**spoilsport** ['spɔɪl,spɔːt] *n* مفسد المتعة [Mofsed al-mot'aah]
**spoilt** [spɔɪlt] *adj* مدلل [mudallal]
**spoke** [spəʊk] *n* مكبح العربة [Makbaḥ al-'arabah]
**spokesman, spokesmen** ['spəʊksmən, 'spəʊksmɛn] *n* مُتَحدِّث باسم [Motaḥadeth besm]
**spokesperson** ['spəʊks,pɜːsən] *n* مُتَحدث باسم [Motaḥadeth besm]
**spokeswoman, spokeswomen** ['spəʊks,wʊmən, 'spəʊks,wɪmɪn] *n* مُتَحدِّثة باسم [Motaḥadethah besm]
**sponge** [spʌndʒ] *n (cake)* إسفنج [ʔisfanʒ], *(for washing)* إسفنجة [ʔisfanʒa]; **sponge bag** *n* حقيبة مبطنة [Ha'qeebah mobaṭanah]
**sponsor** ['spɒnsə] *n* راعي [raːʕiː] ▷ *v* يَرعَى [jarʕaː]
**sponsorship** ['spɒnsəʃɪp] *n* رعاية [riʕaːja]
**spontaneous** [spɒn'teɪnɪəs] *adj* عفوي [ʕafawij]
**spooky** ['spuːkɪ; 'spooky] *adj* شَبحي [ʃabaħij]
**spoon** [spuːn] *n* ملعقة [milʕaqa]; **Could I have a clean spoon, please?** هل يمكنني الحصول على ملعقة نظيفة من فضلك؟ [hal yamken -any al-ḥuṣool 'aala mil-'aa'qa naḍheefa min faḍlak?]
**spoonful** ['spuːn,fʊl] *n* مقدار ملعقة صغيرة [Me'qdar mel'a'qah ṣagheerah]
**sport** [spɔːt] *n* رياضة [rijaːdˤa]; **winter sports** *npl* رياضات شتوية [Reyḍat shetweyah]
**sportsman, sportsmen** ['spɔːtsmən, 'spɔːtsmɛn] *n* رجل رياضي [Rajol reyaḍey]
**sportswear** ['spɔːts,wɛə] *n* ملابس رياضية [Malabes reyaḍah]
**sportswoman, sportswomen** ['spɔːts,wʊmən, 'spɔːts,wɪmɪn] *n* سيدة رياضية [Sayedah reyaḍah]
**sporty** ['spɔːtɪ] *adj* (رياضي) متعلق بالألعاب الرياضية [(Reyaḍey) mota'ale'q bel-al'aab al-reyaḍah]

**spot** [spɒt] *n (blemish)* بُقْعَة [wasˤma], *(place)* مكان [maka:n] ▷ *v* يَستطِلع [jastatˤliʕu]
**spotless** ['spɒtlɪs; 'spotless] *adj* نظيف تماما [nadheef tamaman]
**spotlight** ['spɒt,laɪt] *n* ضوء مُسَلّط [Dawa mosalt]
**spotty** ['spɒtɪ] *adj* مرقط [muraqqatˤ]
**spouse** [spaʊs] *n* زوجة [zawʒa]
**sprain** [spreɪn] *n* التواء المفصل [El-tewaa al-mefṣal] ▷ *v* يلوي المفصل [Yalwey al-mefṣal]
**spray** [spreɪ] *n* رشاش [raʃʃa:ʃ] ▷ *v* يَنثُر [janθuru]; **hair spray** *n* سْبراي الشعر [Sbray al-sha'ar]
**spread** [sprɛd] *n* انتشار [intiʃa:r] ▷ *v* ينتشر [jantaʃiru]
**spread out** [sprɛd aʊt] *v* ينتشر [jantaʃiru]
**spreadsheet** ['sprɛd,ʃi:t] *n* ورقة عمل [Wara'qat 'aamal]
**spring** [sprɪŋ] *n (coil)* زُنبُرك [zunburk], *(season)* الربيع [arrabi:ʕu]; **spring onion** *n* بصل أخضر [Baṣal akhdar]
**spring-cleaning** ['sprɪŋ,kli:nɪŋ] *n* تنظيف شامل للمنزل بعد انتهاء الشتاء [tanḍheef shamel lel-manzel ba'ad entehaa al-shetaa]
**springtime** ['sprɪŋ,taɪm] *n* فصل الربيع [Faṣl al-rabeya]
**sprinkler** ['sprɪŋklə; 'sprinkler] *n* مرشة [miraʃʃa]
**sprint** [sprɪnt] *n* سباق قصير سريع [Seba'q 'qaṣer sare'a] ▷ *v* يَرْكُض بِسُرْعَه [Yrkoḍ besor'aah]
**sprinter** ['sprɪntə] *n* مُتَسابِق [mutasa:biq]
**sprouts** [spraʊts] *npl* براعم الورق [Bra'aem al-wara'q]; **Brussels sprouts** *npl* كرنب بروكسيل [Koronb brokseel]
**spy** [spaɪ] *n* جاسوس [ʒa:su:s] ▷ *v* يَتَجسس [jataʒassasu]
**spying** ['spaɪɪŋ] *n* تجسس [taʒassus]
**squabble** ['skwɒbᵊl] *v* يَتَخاصم [jataxa:sˤamu]
**squander** ['skwɒndə] *v* يُبَدِد [jubaddidu]
**square** [skwɛə] *adj* مربع الشكل [Moraba'a al-shakl] ▷ *n* ميدان [majda:n]
**squash** [skwɒʃ] *n* نبات القَرع [Nabat al-'qar'a] ▷ *v* يهرس [juharrisu]
**squeak** [skwi:k] *v* يَزْعَق [jazʕaqu]
**squeeze** [skwi:z] *v* يَعْصِر [jaʕsˤiru]
**squeeze in** [skwi:z ɪn] *v* يَحْشو [Yaḥsho]
**squid** [skwɪd] *n* حبار [ħabba:r]
**squint** [skwɪnt] *v* يَحْوِل عَيْنَه [Yoḥawel aynah]
**squirrel** ['skwɪrəl; 'skwɜːrəl; 'skwʌr-] *n* سِنجاب [sinʒa:b]
**Sri Lanka** [,sri: 'læŋkə] *n* سِري لانكا [sri: la:nka:]
**stab** [stæb] *v* يطعن [jatˤʕanu]
**stability** [stə'bɪlɪtɪ] *n* استقرار [istiqra:r]
**stable** ['steɪbᵊl] *adj* مستقر [mustaqir] ▷ *n* اسطبل [istˤabl]
**stack** [stæk] *n* كومة منتظم [Komat montaḍhem]
**stadium, stadia** ['steɪdɪəm, 'steɪdɪə] *n* استاد [sta:d]
**staff** [stɑ:f] *n (stick or rod)* عارضة [ʕa:ridˤa], *(workers)* عاملين [ʕa:mili:na]
**staffroom** ['stɑ:f,ru:m] *n* غرفة العاملين [Ghorfat al'aameleen]
**stage** [steɪdʒ] *n* خشبة المسرح [Khashabat al-masrah]
**stagger** ['stægə] *v* يَتهادَى [jataha:da:]
**stain** [steɪn] *n* لطخة [latˤxa] ▷ *v* يُلَطِخ [julatˤtˤixu]; **stain remover** *n* مزيل البقع [Mozeel al-bo'qa,a]
**staircase** ['stɛə,keɪs] *n* دَرَج [durʒ]
**stairs** [stɛəz] *npl* سلالم [sala:limun]
**stale** [steɪl] *adj* مبتذل [mubtaðal]
**stalemate** ['steɪl,meɪt] *n* ورطة [wartˤa]
**stall** [stɔ:l] *n* مربط الجواد [Marbaṭ al-jawad]
**stamina** ['stæmɪnə] *n* قدرة على الاحتمال ['qodrah ala al-eḥtemal]
**stammer** ['stæmə] *v* يَتلعثم [jatalaʕθamu]
**stamp** [stæmp] *n* دمغة [damɣa] ▷ *v* يَدوس [jadu:su]

**stand** [stænd] *v* يَقِفُ [jaqifu]
**standard** ['stændəd] *adj* قياسي [qija:sij] ▷ *n* مقياس [miqja:s]; **standard of living** *n* مستوى المعيشة [Mostawa al-ma'aeeshah]
**stand for** [stænd fɔː] *v* يَرْمُزُ [jarmuzu]
**stand out** [stænd aʊt] *v* يَتميز [jatamajjazu]
**standpoint** ['stænd,pɔɪnt] *n* نقطة الاستشراف [No'qṭat al-esteshraf]
**stands** ['stændz] *npl* أجنحة عرض [Ajnehat 'arḍ]
**stand up** [stænd ʌp] *v* يَنْهَض [janhadˤu]
**staple** ['steɪpᵊl] *n (commodity)* إنْتاج رئيسي [Entaj raaesey], *(wire)* رزّة سلكية [Rozzah selkeyah] ▷ *v* يُدَبِّس الأوراق [Yodabes al-wra'q]
**stapler** ['steɪplə; 'stapler] *n* دَبَّاسَة [dabba:sa]
**star** [stɑː] *n (person)* نجم [naʒm], *(sky)* نجمة [naʒma] ▷ *v* يُزَين بالنجوم [Yozaeyen bel-nejoom]; **film star** *n* نجم سينمائي [Najm senemaaey]
**starch** [stɑːtʃ] *n* نشا [naʃa:]
**stare** [stɛə] *v* يُحملِق [juħamliqu]
**stark** [stɑːk] *adj* صارم [sˤa:rim]
**start** [stɑːt] *n* بَدْء [badʔ] ▷ *vi* يبدأ [jabdaʔu] ▷ *vt* يَبْدأ [jabdaʔu]; **When does the film start?** متى يبدأ عرض الفيلم؟ [mata yabda 'aarḍ al-filim?]
**starter** ['stɑːtə] *n* بادِئ [ba:diʔ]
**startle** ['stɑːtᵊl] *v* يُرَوّع فجأة [Yorawe'a fajaah]
**start off** [stɑːt ɒf] *v* يَبْدأ الحركة والنشاط [Yabdaa alḥarakah wal-nashat]
**starve** [stɑːv] *v* يجوّع [jaʒuːʕu]
**state** [steɪt] *n* حالة [ħa:la] ▷ *v* يُصَرح ب [Yoṣareh be]; **Gulf States** *npl* دُوَل الخَليج العربي [Dowel al-khaleej al'arabey]
**statement** ['steɪtmənt] *n* بَيَان [baja:n]; **bank statement** *n* كشف بنكي [Kashf bankey]
**station** ['steɪʃən] *n* محطة [maħatˤtˤa]; **bus station** *n* محطة أوتوبيس [Mahaṭat otobees]; **metro station** *n* محطة مترو [Mahaṭat metro]; **petrol station** *n* محطة بنزين [Mahaṭat benzene]; **police station** *n* قسم شرطة ['qesm shorṭah]; **radio station** *n* محطة راديو [Mahaṭat radyo]; **railway station** *n* محطة سكك حديدية [Mahaṭat sekak ḥadeedeyah]; **service station** *n* محطة الخدمة [Mahaṭat al-khedmah]; **tube station** *n* محطة أنفاق [Mahaṭat anfa'q]; **How far are we from the bus station?** ما هي المسافة بيننا وبين محطة الأتوبيس؟ [ma heya al-masafa bay-nana wa bayn muḥaṭat al- baaṣ?]; **Is there a petrol station near here?** هل يوجد محطة بنزين قريبة من هنا؟ [hal yujad muḥaṭat banzeen 'qareeba min huna?]; **Where is the nearest tube station?** أين توجد أقرب محطة للمترو؟ [ayna tojad a'qrab muḥaṭa lel-metro?]
**stationer's** ['steɪʃənəz] *n* مكتبة لبيع الأدوات المكتبية [maktabatun libajʕi alʔadawa:ti almaktabijjati]
**stationery** ['steɪʃənərɪ] *n* أدوات مكتبية [Adawat maktabeyah]
**statistics** [stə'tɪstɪks] *npl* إحصائيات [ʔiħsˤa:ʔijja:tun]
**statue** ['stætjuː] *n* تمثال [timθa:l]
**status** ['steɪtəs] *n*; **marital status** *n* الحالة الاجتماعية [Al-halah al-ejtemaayah]
**status quo** ['steɪtəs kwəʊ] *n* الوضع الراهن [Al-waḍ'a al-rahen]
**stay** [steɪ] *n* إقامة [ʔiqa:ma] ▷ *v* يُقِيم [juqimu]; **I want to stay from Monday till Wednesday** أريد الإقامة من يوم الاثنين إلى يوم الأربعاء [areed al-e'qama min yawm al-ithnayn ela yawm al-arbe'aa]; **I'd like to stay for two nights** أريد الإقامة لليلتين [areed al-e'qama le lay-la-tain]
**stay in** [steɪ ɪn] *v* يمْكُث [jamkuθu]
**stay up** [steɪ ʌp] *v* يَظَل [jazˤallu]
**steady** ['stɛdɪ] *adj* مطرد [mutˤrad]
**steak** [steɪk] *n* شَريحة لحم [Shareehat laḥm]; **rump steak** *n* شريحة من لحم البقر [Shreeḥa men laḥm al-ba'qar]
**steal** [stiːl] *v* يَسرِق [jasriqu]
**steam** [stiːm] *n* بُخَار [buxa:r]

**steel** [stiːl] *n* صُلْبْ [sˤalb]; **stainless steel** *n* صلب غير قابل للصدأ [Ṣalb ghayr 'qabel lel-ṣadaa]
**steep** [stiːp] *adj* شاهق [ʃaːhiq]
**steeple** ['stiːpᵊl] *n* بُرْج الكنيسة [Borj al-kaneesah]
**steering** ['stɪərɪŋ] *n* توجيه [tawʒiːh]; **steering wheel** *n* عجلة القيادة ['aagalat al-'qeyadh]
**step** [stɛp] *n* خطوة [xutˤwa]
**stepbrother** ['stɛp,brʌðə] *n* أخ من زوجة الأب أو زوج الأم [Akh men zawjat al ab]
**stepdaughter** ['stɛp,dɔːtə] *n* رَبيبة [rabiːba]
**stepfather** ['stɛp,fɑːðə] *n* زوج الأم [Zawj al-om]
**stepladder** ['stɛp,lædə] *n* سُلَم نقال [Sollam na'q'qaal]
**stepmother** ['stɛp,mʌðə] *n* زوجة الأب [Zawj al-aab]
**stepsister** ['stɛp,sɪstə] *n* أخت من زوجة الأب أو زوج الأم [Okht men zawjat al ab aw zawj al om]
**stepson** ['stɛp,sʌn] *n* رَبيب [rabiːb]
**stereo** ['stɛrɪəʊ; 'stɪər-] *n* ستريو [stirjuː]; **personal stereo** *n* جهاز الصوت المجسم الشخصي [Jehaz al-ṣawt al-mojasam al-shakhṣey]; **Is there a stereo in the car?** هل يوجد نظام ستريو بالسيارة؟ [hal yujad neḍham stereo bil-sayara?]
**stereotype** ['stɛrɪə,taɪp; 'stɪər-] *n* شكل نمطي [Shakl namaṭey]
**sterile** ['stɛraɪl] *adj* عقيم [ʕaqiːm]
**sterilize** ['stɛrɪ,laɪz] *v* يُعَقِم [juʕaqqimu]
**sterling** ['stɜːlɪŋ] *n* الاسترليني [al-istirliːnijju]
**steroid** ['stɪərɔɪd; 'stɛr-] *n* سترودي [stirwudij]
**stew** [stjuː] *n* طعام مطهو بالغلي [ṭ a'aam maṭhoo bel-ghaley]
**steward** ['stjʊəd] *n* مُضيف [mudˤiːf]
**stick** [stɪk] *n* عصا [ʕasˤaː] ▷ *v* يَغْرِزُ [jaɣruzu]; **stick insect** *n* الحشرة العصوية [Al-hasherah al-'aodweia]; **walking stick** *n* عصا المشي ['asaa almashey]
**sticker** ['stɪkə] *n* ملصق [mulsˤaq]
**stick out** [stɪk aʊt] *v* يمكث [jamkuθu]
**sticky** ['stɪkɪ] *adj* لزج [laziʒ]
**stiff** [stɪf] *adj* قاسٍ [qaːsin]
**stifling** ['staɪflɪŋ] *adj* خانق [xaːniq]
**still** [stɪl] *adj* ثابت [θaːbit] ▷ *adv* لا يزال [La yazaal]
**sting** [stɪŋ] *n* لدغة [ladɣa] ▷ *v* يلدغ [jaldaɣu]
**stingy** ['stɪndʒɪ] *adj* قارص [qaːrisˤ]
**stink** [stɪŋk] *n* رائحة كريهة [Raaehah kareehah] ▷ *v* يَنْتِن [jantinu]
**stir** [stɜː] *v* يُقَلِب [juqallibu]
**stitch** [stɪtʃ] *n* ألم مفاجئ [Alam Mofajea] ▷ *v* يَدرُز [jadruzu]
**stock** [stɒk] *n* مخزون [maxzuːn] ▷ *v* يَخْزِن [jaxzunu]; **stock cube** *n* مكعب حساء [Moka'aab ḥasaa]; **stock exchange** *n* سُوق الأوراق المالية [Soo'q al-awra'q al-maleyah]; **stock market** *n* البورصة [al-buːrsˤatu]
**stockbroker** ['stɒk,brəʊkə] *n* سِمسار البورصة [Semsar al-borṣah]
**stockholder** ['stɒk,həʊldə] *n* مساهم [musaːhim]
**stocking** ['stɒkɪŋ] *n* جورب [ʒawrab]
**stock up** [stɒk ʌp] *v*; **stock up on** *v* يُجَهِّز بالسِّلَع [Yojahez bel-sela'a]
**stomach** ['stʌmək] *n* معدة [maʕida]
**stomachache** ['stʌmək,eɪk] *n* ألم المَعِدة [Alam alma'aedah]
**stone** [stəʊn] *n* حجر [ħaʒar]
**stool** [stuːl] *n* كرسي بلا ظهر أو ذراعين [Korsey bela ḍhahr aw dhera'aayn]
**stop** [stɒp] *n* توقف [tawaqquf] ▷ *vi* يَتَوَقف [jatawaqqafu] ▷ *vt* يوقف [juːqifu]; **bus stop** *n* موقف أوتوبيس [Maw'qaf otobees]; **full stop** *n* نُقْطَة [nuqtˤatun]; **Do we stop at...?** هل سنتوقف في...؟ [hal sanata-wa'qaf fee...?]; **Does the train stop at...?** هل يتوقف القطار في...؟ [hal yata-wa'qaf al-'qeṭaar fee...?]; **My watch has stopped** لقد توقفت ساعتي [la'qad tawa-'qafat sa'aaty]; **When do we stop next?** متى سنتوقف في المرة التالية؟ [mata sa-nata-wa'qaf fee

al-murra al-taleya?]; **Where do we stop for lunch?** متى سنتوقف لتناول الغذاء؟ [mata sa-nata-wa'qaf le-tanawil al-ghadaa?]
**stopover** ['stɒp,əʊvə] *n* توقف في رحلة [Tawa'qof fee rehlah]
**stopwatch** ['stɒp,wɒtʃ] *n* ساعة الإيقاف [Saa'ah al-e'qaaf]
**storage** ['stɔːrɪdʒ] *n* مخزن [maxzan]
**store** [stɔː] *n* محل تجاري [Maḥal tejarey] ▷ *v* يُخزن [juxazzinu]; **department store** *n* محل مكون من أقسام [Maḥal mokawan men a'qsaam]
**storm** [stɔːm] *n* عاصفة [ʕaːsˤifa]
**stormy** ['stɔːmɪ] *adj* عاصف [ʕaːsˤif]; **It's stormy** الجو عاصف [al-jaw 'aaṣuf]
**story** ['stɔːrɪ] *n* قصة [qisˤsˤa]; **short story** *n* قصة قصيرة ['qeṣah 'qaṣeerah]
**stove** [stəʊv] *n* موقد [mawqid]
**straight** [streɪt] *adj* مستقيم [mustaqiːm]; **straight on** *adv* في خط مستقيم [Fee khad mosta'qeem]
**straighteners** ['streɪtᵊnəz] *npl* مواد أو أدوات الفرد [Mawaad aw adawaat alfard]
**straightforward** [,streɪt'fɔːwəd] *adj* صريح [sˤariːħ]
**strain** [streɪn] *n* إرهاق [ʔirhaːq] ▷ *v* يُوَتِّر [juwattiru]
**strained** [streɪnd] *adj* مرهق [murhiq]
**stranded** ['strændɪd] *adj* مجدول [maʒduːl]
**strange** [streɪndʒ] *adj* غريب [ɣariːb]
**stranger** ['streɪndʒə] *n* شخص غريب [Shakhṣ ghareeb]
**strangle** ['stræŋgᵊl] *v* يَخنِق [jaxniqu]
**strap** [stræp] *n* طوق [tˤawq]; **watch strap** *n* سُوَار الساعة [Sowar al-sa'aah]
**strategic** [strə'tiːdʒɪk] *adj* إستراتيجي [ʔistiraːtiːʒij]
**strategy** ['strætɪdʒɪ] *n* إستراتيجية [ʔistiraːtiːʒijja]
**straw** [strɔː] *n* قش [qaʃʃ]
**strawberry** ['strɔːbərɪ; -brɪ] *n* فراولة [faraːwla]
**stray** [streɪ] *n* ضَالٌ [dˤaːl]
**stream** [striːm] *n* جدول [ʒadwal]
**street** [striːt] *n* شارع [ʃaːriʕ]; **street map** *n* خارطة الشارع [khareṭat al-share'a]; **street plan** *n* خريطة الشارع [Khareeṭat al-share'a]
**streetlamp** ['striːt,læmp] *n* مصباح الشارع [Mesbaḥ al-share'a]
**streetwise** ['striːt,waɪz] *adj* محنك [muħannak]
**strength** [strɛŋθ] *n* قوة [quwwa]
**strengthen** ['strɛŋθən] *v* يُقوي [juqawwiː]
**stress** [strɛs] *n* ضغط [dˤaɣtˤ] ▷ *v* يُؤَكِّد [juʔakkidu]
**stressed** ['strɛst] *adj* متوتر [mutawattir]
**stressful** ['strɛsfʊl] *adj* مسبب توتر [Mosabeb tawator]
**stretch** [strɛtʃ] *v* يمتد [jamtadu]
**stretcher** ['strɛtʃə] *n* نقالة [naqqaːla]
**stretchy** ['strɛtʃɪ] *adj* مطاطي [matˤaːtˤij]
**strict** [strɪkt] *adj* حازم [ħaːzim]
**strictly** [strɪktlɪ] *adv* بحزم [biħazmin]
**strike** [straɪk] *n* ضربة [dˤarba] ▷ *vi* يَرْتَطِم ب [Yartaṭem be], *(suspend work)* يُضرِب [judˤribu] ▷ *vt* يَضرب [jadˤribu]
**striker** ['straɪkə] *n* ضَارِب [dˤaːrib]
**striking** ['straɪkɪŋ] *adj* لافت للنظر [Lafet lel-nadhar]
**string** [strɪŋ] *n* سِلْك [silk]
**strip** [strɪp] *n* شريطة [ʃariːtˤa] ▷ *v* يُجَرِد [juʒarridu]
**stripe** [straɪp] *n* قماش مقلم ['qomash mo'qallem]
**striped** [straɪpt; striped] *adj* مقلم [muqallam]
**stripper** ['strɪpə] *n* راقصة تعري [Ra'qeṣat ta'arey]
**stripy** ['straɪpɪ] *adj* مقلم [muqallam]
**stroke** [strəʊk] *n* *(apoplexy)* جلطة [ʒaltˤa], *(hit)* جلطة [ʒaltˤa] ▷ *v* يُلاطِف [julaːtˤifu]
**stroll** [strəʊl] *n* تَجَوُّل [taʒawwul]
**strong** [strɒŋ] *adj* مركز [markazu]
**strongly** [strɒŋlɪ] *adv* بقوة [Be-'qowah]
**structure** ['strʌktʃə] *n* هيكل [hajkal]
**struggle** ['strʌgᵊl] *v* يُكافِح [jukaːfiħu]
**stub** [stʌb] *n* الجذل [al-ʒaðalu]

**stubborn** ['stʌbᵊn] *adj* عنيد [ʕani:d]
**stub out** [stʌb aʊt] *v* يُخمد [jaxmudu]
**stuck** [stʌk] *adj* محبوس [maħbu:sa]
**stuck-up** [stʌkʌp] *adj* مغرور [maɣru:r]
**stud** [stʌd] *n* مزرعة خيل استيلاد [Mazra'at khayl esteelaad]
**student** ['stju:dᵊnt] *n* طالب [tˤa:lib]; **student discount** *n* خصم للطلاب [Khaṣm lel-ṭolab]
**studio** ['stju:dɪ,əʊ] *n* استوديو [stu:dju:]; **studio flat** *n* شقة ستديو [Sha'qah stedeyo]
**study** ['stʌdɪ] *v* يَدْرِس [jadrusu]
**stuff** [stʌf] *n* حشوة [ħaʃwa]
**stuffy** ['stʌfɪ] *adj* غاضب [ɣa:dˤib]
**stumble** ['stʌmbᵊl] *v* يَتَعثر [jataʕaθθaru]
**stunned** [stʌnd] *adj* مذهول [maðhu:l]
**stunning** ['stʌnɪŋ] *adj* مذهل [muðhil]
**stunt** [stʌnt] *n* عمل مثير ['aamal Mother]
**stuntman, stuntmen** ['stʌntmən, 'stʌntmɛn] *n* رَجُل المخاطر [Rajol al-makhater]
**stupid** ['stju:pɪd] *adj* غبي [ɣabijju]
**stutter** ['stʌtə] *v* يُتَمْتم [jutamtimu]
**style** [staɪl] *n* لِباس [liba:s]
**styling** ['staɪlɪŋ] *n*; **Do you sell styling products?** هل تبيع مستحضرات لتسريح الشعر؟ [hal tabee'a musta-ḥḍaraat le-tasreeḥ al-sha'air?]
**stylist** ['staɪlɪst] *n* مُصَمِم أزياء [Moṣamem azyaa]
**subject** ['sʌbdʒɪkt] *n* موضوع [mawdˤu:ʕ]
**submarine** ['sʌbmə,ri:n; ,sʌbmə'ri:n] *n* غواصة [ɣawwa:sˤa]
**subscription** [səb'skrɪpʃən] *n* اشتراك [iʃtira:k]
**subsidiary** [səb'sɪdɪərɪ] *n* شركة تابعة [Sharekah tabe'ah]
**subsidize** ['sʌbsɪ,daɪz] *v* يُقَدِم العون المالي ل [juqadimu alʕawana alma:li: li]
**subsidy** ['sʌbsɪdɪ] *n* إعانة مالية [E'aanah maleyah]
**substance** ['sʌbstəns] *n* جوهر [ʒawhar]
**substitute** ['sʌbstɪ,tju:t] *n* تَبْدِيل [tabdi:l] ▷ *v* يَحل محل [Taḥel maḥal]
**subtitled** ['sʌb,taɪtᵊld] *adj* مزود بعنوان فرعي [Mozawad be'aonwan far'aey]
**subtitles** ['sʌb,taɪtᵊlz] *npl* عناوين فرعية ['anaween far'aeyah]
**subtle** ['sʌtᵊl] *adj* مُهذب [muhaððab]
**subtract** [səb'trækt] *v* يُسقِط من [Yos'qeṭ men]
**suburb** ['sʌbɜ:b] *n* ضاحية [dˤa:ħija]
**suburban** [sə'bɜ:bᵊn] *adj* ساكن الضاحية [Saken al-ḍaheyah]
**subway** ['sʌb,weɪ] *n* نفق [nafaq]
**succeed** [sək'si:d] *v* ينجح [janʒaħu]
**success** [sək'sɛs] *n* نجاح [naʒa:ħ]
**successful** [sək'sɛsfʊl] *adj* ناجح [na:ʒiħ]
**successfully** [sək'sɛsfʊlɪ] *adv* بنجاح [binaʒa:ħin]
**successive** [sək'sɛsɪv] *adj* مُتَعاقِب [mutaʕa:qib]
**successor** [sək'sɛsə] *n* وريث [wari:θ]
**such** [sʌtʃ] *adj* كبير [kabi:r] ▷ *adv* جداً [ʒidan]
**suck** [sʌk] *v* يَرضَع [jardˤaʕu]
**Sudan** [su:'dɑ:n; -'dæn] *n* السودان [as-su:da:nu]
**Sudanese** [,su:dᵊ'ni:z] *adj* سوداني [su:da:nij] ▷ *n* سوداني [su:da:nij]
**sudden** ['sʌdᵊn] *adj* مفاجئ [mufa:ʒiʔ]
**suddenly** ['sʌdᵊnlɪ] *adv* فجأةً [faʒʔatun]
**sue** [sju:; su:] *v* يُقاضي [juqa:dˤi:]
**suede** [sweɪd] *n* جلد مزأبر [Jeld mazaabar]
**suffer** ['sʌfə] *v* يُعاني [juʕa:ni:]
**sufficient** [sə'fɪʃənt] *adj* غير كافي [Ghayr kafey]
**suffocate** ['sʌfə,keɪt] *v* يَخنِق [jaxniqu]
**sugar** ['ʃʊgə] *n* سكر [sukar]; **icing sugar** *n* سكر ناعِم [Sokar na'aem]; **no sugar** بدون سكر [bedoon suk-kar]
**sugar-free** ['ʃʊgəfri:] *adj* خالي من السكر [Khaley men al-oskar]
**suggest** [sə'dʒɛst; səg'dʒɛst] *v* يَقْتَرِح [jaqtariħu]
**suggestion** [sə'dʒɛstʃən] *n* اقتراح [iqtira:ħ]
**suicide** ['su:ɪ,saɪd; 'sju:-] *n* ينتحر [jantaħiru]; **suicide bomber** *n* مفجر انتحاري [Mofajer enteḥaarey]

**suit** [suːt; sjuːt] *n* دعوى [daʕwaː] ▷ *v* يُلائِم [julaːʔimu]; **bathing suit** *n* لباس الاستحمام [Lebas al-estehmam]; **shell suit** *n* زي رياضي [Zey reyaḍey]
**suitable** [ˈsuːtəbᵊl; ˈsjuːt-] *adj* ملائم [mulaːʔim]
**suitcase** [ˈsuːtˌkeɪs; ˈsjuːt-] *n* حقيبة سفر [Ha'qeebat al-safar]
**suite** [swiːt] *n* جناح في فندق [Janaḥ fee fond'q]
**sulk** [sʌlk] *v* يَحْرِد [jaħridu]
**sulky** [ˈsʌlkɪ] *adj* مقطب الجبين [Mo'qṭ ab al-jabeen]
**sultana** [sʌlˈtɑːnə] *n* زَبيب سلطانة [Zebeeb solṭanah]
**sum** [sʌm] *n* خلاصة [xulaːsˤa]
**summarize** [ˈsʌməˌraɪz] *v* يُلَخِص [julaxxisˤu]
**summary** [ˈsʌmərɪ] *n* ملخص [mulaxxasˤ]
**summer** [ˈsʌmə] *n* الصيف [asˤ-sˤajfu]; **summer holidays** *npl* الأجازات الصيفية [Al-ajazat al-ṣayfeyah]; **after summer** بعد فصل الصيف [ba'ad faṣil al-ṣayf]; **during the summer** خلال فصل الصيف [khelal faṣl al-ṣayf]; **in summer** في الصيف [fee al-ṣayf]
**summertime** [ˈsʌməˌtaɪm] *n* فصل الصيف [Faṣl al-ṣayf]
**summit** [ˈsʌmɪt] *n* مؤتمر قمة [Moatamar 'qemmah]
**sum up** [sʌm ʌp] *v* يجمع [juʒammiʕu]
**sun** [sʌn] *n* شَمْس [ʃams]
**sunbathe** [ˈsʌnˌbeɪð] *v* يَأْخُذ حمام شمس [yaakhoḍ hammam shams]
**sunbed** [ˈsʌnˌbɛd] *n* حمام شمس [Ḥamam shams]
**sunblock** [ˈsʌnˌblɒk] *n* كريم للوقاية من الشمس [Kreem lel-we'qayah men al-shams]
**sunburn** [ˈsʌnˌbɜːn] *n* سَفْعَة شمس [Saf'aat ahams]
**sunburnt** [ˈsʌnˌbɜːnt] *adj* مسفوع بأشعة الشمس [Masfoo'a be-ashe'aat al-shams]
**suncream** [ˈsʌnˌkriːm] *n* كريم الشمس [Kreem shams]
**Sunday** [ˈsʌndɪ] *n* الأحد [al-ʔaħadu]; **on Sunday** في يوم الأحد [fee yawm al-aḥad]
**sunflower** [ˈsʌnˌflaʊə] *n* عباد الشمس ['aabaad al-shams]
**sunglasses** [ˈsʌnˌglɑːsɪz] *npl* نظارات شمسية [naḍharat shamseyah]
**sunlight** [ˈsʌnlaɪt] *n* ضوء الشمس [Ḍawa al-shams]
**sunny** [ˈsʌnɪ] *adj* مشمس [muʃmis]; **It's sunny** الجو مشمس [al-jaw mushmis]
**sunrise** [ˈsʌnˌraɪz] *n* شروق الشمس [Sheroo'q al-shams]
**sunroof** [ˈsʌnˌruːf] *n* فتحة سَقف [Fathat sa'qf]
**sunscreen** [ˈsʌnˌskriːn] *n* واقي الشمس [Wa'qey al-shams]
**sunset** [ˈsʌnˌsɛt] *n* غُروب [ɣuruːb]
**sunshine** [ˈsʌnˌʃaɪn] *n* أشعة الشمس [Ashe'aat al-shams]
**sunstroke** [ˈsʌnˌstrəʊk] *n* ضربة شمس [Ḍarbat shams]
**suntan** [ˈsʌnˌtæn] *n* سُمرة الشمس [Somrat al-shams]; **suntan lotion** *n* غسول سمرة الشمس [ghasool somrat al-shams]; **suntan oil** *n* زيت سمرة الشمس [Zayt samarat al-shams]
**super** [ˈsuːpə] *adj* ممتاز جدا [Momtaaz jedan]
**superb** [sʊˈpɜːb; sjʊ-] *adj* فاتن [faːtin]
**superficial** [ˌsuːpəˈfɪʃəl] *adj* سَطحي [satˤħij]
**superior** [suːˈpɪərɪə] *adj* مكانة أعلى [Makanah a'ala] ▷ *n* أعلى مكانة [A'ala makanah]
**supermarket** [ˈsuːpəˌmɑːkɪt] *n* سوبر ماركت [suːbr maːrkit]; **I need to find a supermarket** أريد الذهاب إلى السوبر ماركت [areed al-dhehaab ela al-subar market]
**supernatural** [ˌsuːpəˈnætʃrəl; -ˈnætʃərəl] *adj* خارق للطبيعة [Khare'q lel-ṭabe'aah]
**superstitious** [ˌsuːpəˈstɪʃəs] *adj* خرافي [xuraːfij]
**supervise** [ˈsuːpəˌvaɪz] *v* يُشرف [juʃrifu]

**supervisor** ['suːpəˌvaɪzə] *n* مشرف [muʃrif]
**supper** ['sʌpə] *n* عَشَاء [ʕaʃaːʔ]
**supplement** ['sʌplɪmənt] *n* مُكَمِّل [mukammill]
**supplier** [sə'plaɪə] *n* مورد [muwarrid]
**supplies** [sə'plaɪz] *npl* توريدات [tawriːdaːtun]
**supply** [sə'plaɪ] *n* إمداد [ʔimdaːd] ▷ *v* يُزَوِّد [juzawwidu]; **supply teacher** *n* مُدرِّس بديل [Modares badeel]
**support** [sə'pɔːt] *n* دعم [daʕm] ▷ *v* يدعم [jadʕamu]
**supporter** [sə'pɔːtə] *n* المؤيد [al-muajjidu]
**suppose** [sə'pəʊz] *v* يَظُن [jazʕunnu]
**supposedly** [sə'pəʊzɪdlɪ] *adv* على افتراض [Ala eftraḍ]
**supposing** [sə'pəʊzɪŋ] *conj* بافتراض [Be-efterạḍ]
**surcharge** ['sɜːˌtʃɑːdʒ] *n* ضريبة إضافية [Ḍareba eḍafeyah]
**sure** [ʃʊə; ʃɔː] *adj* متأكد [mutaʔakkid]
**surely** ['ʃʊəlɪ; 'ʃɔː-] *adv* بالتأكيد [bi-at-taʔkiːdi]
**surf** [sɜːf] *n* ركوب الأمواج [Rokoob al-amwaj] ▷ *v* يَتَصَفح الانترنت [Yataṣafaḥ al-enternet]; **Where can you go surfing?** أين يمكنك ممارسة رياضة ركوب الأمواج؟ [ayna yamken-ak muma-rasat riyaḍat rokob al-amwaj?]
**surface** ['sɜːfɪs] *n* سَطح [satˤħ]
**surfboard** ['sɜːfˌbɔːd] *n* لوح الركمجة [Looḥ al-rakmajah]
**surfer** ['sɜːfə] *n* مُتَصَفِح الانترنت [Motaṣafeḥ al-enternet]
**surfing** ['sɜːfɪŋ] *n* الركمجة [ar-rakmaʒatu]
**surge** [sɜːdʒ] *n* مَوْجَة [mawʒa]
**surgeon** ['sɜːdʒən] *n* جراح [ʒarraːħ]
**surgery** ['sɜːdʒərɪ] *n (doctor's)* جراحة [ʒiraːħa], *(operation)* عملية جراحية ['amaleyah jeraheyah]; **cosmetic surgery** *n* جراحة تجميل [Jerahat tajmeel]; **plastic surgery** *n* جراحة تجميلية [Jerahah tajmeeleyah]
**surname** ['sɜːˌneɪm] *n* لقب [laqab]
**surplus** ['sɜːpləs] *adj* فائض [faːʔidˤ] ▷ *n* فَائِض [faːʔidˤ]
**surprise** [sə'praɪz] *n* مفاجئة [mufaːʒaʔa]
**surprised** [sə'praɪzd] *adj* متفاجئ [mutafaːʒiʔ]
**surprising** [sə'praɪzɪŋ] *adj* مفاجئ [mufaːʒiʔ]
**surprisingly** [sə'praɪzɪŋlɪ] *adv* على نحو مفاجئ [Ala naḥw mofaheya]
**surrender** [sə'rɛndə] *v* يُسَلِّم [jusallimu]
**surround** [sə'raʊnd] *v* يحيط [juħiːtˤu]
**surroundings** [sə'raʊndɪŋz] *npl* البيئة المُحِيطة [Al- beeaah almoheeṭah]
**survey** ['sɜːveɪ] *n* مسح [masħ]
**surveyor** [sɜː'veɪə] *n* ماسح الأراضي [Maseh al-araaḍey]
**survival** [sə'vaɪvᵊl] *n* بَقَاء [baqaːʔ]
**survive** [sə'vaɪv] *v* ينجو من [janʒuː min]
**survivor** [sə'vaɪvə; sur'vivor] *n* نَاجٍ [naːʒin]
**suspect** *n* ['sʌspɛkt] مشْتبه به [Moshtabah beh] ▷ *v* [sə'spɛkt] يَشتبِه ب [Yashtabeh be]
**suspend** [sə'spɛnd] *v* يُرْجِئ [jurʒiʔ]
**suspenders** [sə'spɛndəz] *npl* حمالات البنطلون [Hammalaat al- banṭaloon]
**suspense** [sə'spɛns] *n* تشويق [taʃwiːq]
**suspension** [sə'spɛnʃən] *n* تعليق [taʕliːq]; **suspension bridge** *n* جسر معلق [Jesr mo'aala'q]
**suspicious** [sə'spɪʃəs] *adj* مشبوه [maʃbuːh]
**swallow** ['swɒləʊ] *n* طائر السنونو [Taaer al-sonono] ▷ *vi* يبتلع [jabtaliʕu] ▷ *vt* يَبْلع [jablaʕu]
**swamp** [swɒmp] *n* أرض وحلة [Arḍ waḥelah]
**swan** [swɒn] *n* إوزة [ʔiwazza]
**swap** [swɒp] *v* يقَايِض [juqujidˤu]
**swat** [swɒt] *v* يَضرِب ضربة عنيفة [Yaḍreb ḍarban 'aneefan]
**sway** [sweɪ] *v* يَتَمَايل [jatamaːjalu]
**Swaziland** ['swɑːzɪˌlænd] *n* سوازيلاند [swaːziːlaːnd]
**swear** [swɛə] *v* يَحلِف [jaħlifu]

**swearword** ['swɛəˌwɜːd] *n* شتيمة [ʃatiːma]
**sweat** [swɛt] *n* عرق [ʕirq] ▷ *v* يَعْرَق [jaʕraqu]
**sweater** ['swɛtə] *n* بلوفر [buluːfar]; **polo-necked sweater** *n* سُترة بولو برقبة [Sotrat bolo be-ra'qabah]
**sweatshirt** ['swɛtˌʃɜːt] *n* كنزة فضفاضة يرتديها الرياضيون [Kanzah fedfaḍh yartadeha al-reyadeyon]
**sweaty** ['swɛtɪ] *adj* مبلل بالعرق [Mobala bel-ara'q]
**swede** [swiːd] *n* اللِّفْت السويدي [Al-left al-sweedey]
**Swede** [swiːd] *n* سويدي [swiːdij]
**Sweden** ['swiːdᵊn] *n* السويد [as-suwiːdu]
**Swedish** ['swiːdɪʃ] *adj* سويدي [swiːdij] ▷ *n* اللغة السويدية [Al-loghah al-sweedeyah]
**sweep** [swiːp] *v* يَكْنِس [jaknisu]
**sweet** [swiːt] *adj (pleasing)* عذب [ʕaðb], *(taste)* حلو [ħulw] ▷ *n* حلوى [ħalwaː]
**sweetcorn** ['swiːtˌkɔːn] *n* ذرة سكري [dhorah sokarey]
**sweetener** ['swiːtᵊnə] *n* مواد تحلية [mawaːdun taħlijja]
**sweets** ['swiːtz] *npl* حلويات [ħalawijaːtun]
**sweltering** ['swɛltərɪŋ] *adj* شديد الحر [Shadeed al-har]
**swerve** [swɜːv] *v* ينحرف [janħarifu]
**swim** [swɪm] *v* يَسبَح [jasbaħu]
**swimmer** ['swɪmə] *n* سابح [saːbiħ]
**swimming** ['swɪmɪŋ] *n* سباحة [sibaːħa]; **swimming costume** *n* زي السباحة [Zey sebaḥah]; **swimming pool** *n* حمام سباحة [Hammam sebaḥah]; **swimming trunks** *npl* سِروال سباحة [Serwl sebaḥah]; **Where is the public swimming pool?** أين يوجد حمام السباحة العام؟ [ayna yujad ḥamam al-sebaḥa al-'aam?]
**swimsuit** ['swɪmˌsuːt; -ˌsjuːt] *n* مَايوه [maːjuːh]
**swing** [swɪŋ] *n* تَأَرْجُح [taʔarʒuħ] ▷ *v* يتمايل [jatamaːjalu]
**Swiss** [swɪs] *adj* سويسري [swiːsrij] ▷ *n* سويسري [swiːsrij]
**switch** [swɪtʃ] *n* مفتاح كهربائي [Meftaḥ kahrabaey] ▷ *v* يُحَوِّل [juħawwilu]
**switchboard** ['swɪtʃˌbɔːd] *n* لوحة مفاتيح تحكم [Looḥat mafateeḥ taḥakom]
**switch off** [swɪtʃ ɒf] *v* يُطفِئ [jutˤfiʔ]
**switch on** [swɪtʃ ɒn] *v* يُشَغِّل [juʃaɣɣilu]
**Switzerland** ['swɪtsələnd] *n* سويسرا [swiːsraː]
**swollen** ['swəʊlən] *adj* منتفخ [muntafixx]
**sword** [sɔːd] *n* سيف [sajf]
**swordfish** ['sɔːdˌfɪʃ] *n* سمك سياف البحر [Samak aayaf al-baḥr]
**swot** [swɒt] *v* يَدْرُس بجد [Yadros bejed]
**syllable** ['sɪləbᵊl] *n* مقطع لفظي [Ma'qṭa'a lafḍhy]
**syllabus** ['sɪləbəs] *n* خلاصة بحث أو منهج دراسي [Kholaṣat bahth aw manhaj derasey]
**symbol** ['sɪmbᵊl] *n* رَمز [ramz]
**symmetrical** [sɪ'mɛtrɪkᵊl] *adj* متماثل [mutamaːθil]
**sympathetic** [ˌsɪmpə'θɛtɪk] *adj* متعاطف [mutaʕaːtˤif]
**sympathize** ['sɪmpəˌθaɪz] *v* يَتعاطف [jataʕaːtˤafu]
**sympathy** ['sɪmpəθɪ] *n* تعاطف [taʕaːtˤuf]
**symphony** ['sɪmfənɪ] *n* سِمفونية [samfuːnijja]
**symptom** ['sɪmptəm] *n* علامة [ʕalaːma]
**synagogue** ['sɪnəˌɡɒɡ] *n* معبد اليهود [Ma'abad al-yahood]
**syndrome** ['sɪndrəʊm] *n*; **Down's syndrome** *n* متلازمة داون [Motalazemat dawon]
**Syria** ['sɪrɪə] *n* سوريا [suːrjaː]
**Syrian** ['sɪrɪən] *adj* سوري [suːrij] ▷ *n* سوري [suːrij]
**syringe** ['sɪrɪndʒ; sɪ'rɪndʒ] *n* حقنة [ħuqna]
**syrup** ['sɪrəp] *n* شراب [ʃaraːb]
**system** ['sɪstəm] *n* نظام [nizˤaːm]; [jatamaːjalu]

**immune system** *n* جهاز المناعة [Jehaz al-mana'aa]; **solar system** *n* نظام شمسي [neḍham shamsey]; **systems analyst** *n* محلل نظم [Moḥalel noḍhom]
**systematic** [ˌsɪstɪˈmætɪk] *adj* نظامي [nizˤa:mij]

# t

**table** [ˈteɪbᵊl] *n* *(chart)* جدول [ʒadwal], *(furniture)* منضدة [mindˤada]; **bedside table** *n* كومودينو [ku:mu:di:nu:]; **coffee table** *n* طاولة قهوة [Ṭawlat 'qahwa]; **dressing table** *n* طَاوِلَة زينة [Ṭawlat zeenah]; **table tennis** *n* كرة الطاولة [Korat al-ṭawlah]; **table wine** *n* خَمْر الطعام [Khamr al-ṭa'aam]
**tablecloth** [ˈteɪbᵊlˌklɒθ] *n* غطاء مائدة [Gheṭa'a maydah]
**tablespoon** [ˈteɪbᵊlˌspu:n] *n* ملعقة مائدة [Mel'a'qat maedah]
**tablet** [ˈtæblɪt] *n* لوحة [lawħa]
**taboo** [təˈbu:] *adj* معزول بوصفه محرما [Ma'azool bewaṣfeh moḥaraman] ▷ *n* محرمات مقدسات [moḥaramat mo'qadasat]
**tackle** [ˈtækᵊl; ˈteɪkᵊl] *n* عدة [ʕudda] ▷ *v* يُمْسِك ب [Yomsek be]; **fishing tackle** *n* معدات صيد السمك [Mo'aedat ṣayed al-samak]
**tact** [tækt] *n* لباقة [laba:qa]
**tactful** [ˈtæktfʊl] *adj* لبق [labiq]
**tactics** [ˈtæktɪks] *npl* تكتيكات [tikti:ka:tun]
**tactless** [ˈtæktlɪs] *adj* غير لبق [Ghaey labe'q]

**tadpole** ['tæd,pəʊl] *n* فرخ الضفدع [Farkh al-ḍofda'a]
**tag** [tæg] *n* علامة [ʕala:ma]
**Tahiti** [tə'hiːtɪ] *n* تاهيتي [ta:hi:ti:]
**tail** [teɪl] *n* ذَيْل [ðajl]
**tailor** ['teɪlə] *n* خَيَّاط [xajja:tˤ]
**Taiwan** ['taɪ'wɑːn] *n* تايوان [ta:jwa:n]
**Taiwanese** [,taɪwɑː'niːz] *adj* تايواني [ta:jwa:nij] ▷ *n* تايواني [ta:jwa:nij]
**Tajikistan** [tɑː,dʒɪkɪ'stɑːn; -stæn] *n* طاجكستان [tˤa:ʒikista:n]
**take** [teɪk] *v* يَأخُذ [jaʔxuðu], *(time)* يَأخُذ [jaʔxuðu]
**take after** [teɪk 'ɑːftə] *v* يُشْبِه [juʃbihu]
**take apart** [teɪk ə'pɑːt] *v* يُفَكِّك إلى أجْزاء [Yo'fakek ela ajzaa]
**take away** [teɪk ə'weɪ] *v* ينقل [junqalu]
**takeaway** ['teɪkə,weɪ] *n* وجبات سريعة [Wajabat sarey'aa]
**take back** [teɪk bæk] *v* يَسحب كلامه [Yasḥab kalameh]
**taken** ['teɪkən] *adj*; **Is this seat taken?** هل هذا المقعد محجوز؟ [hal hadha al-ma'q'ad maḥjooz?]
**take off** [teɪk ɒf] *v* يَخلع ملابسه [Yakhla'a malabesh]
**takeoff** ['teɪk,ɒf] *n* إقلاع [ʔiqla:ʕ]
**take over** [teɪk 'əʊvə] *v* يَتَوَلَّى [jatawalla:]
**takeover** ['teɪk,əʊvə] *n* استلام [ʔistila:m]
**takings** ['teɪkɪŋz] *npl* إيصالات [ʔi:sˤa:la:tun]
**tale** [teɪl] *n* حكاية [ħika:ja]
**talent** ['tælənt] *n* موهبة [mawhiba]
**talented** ['tæləntɪd] *adj* موهوب [mawhu:b]
**talk** [tɔːk] *n* كلام [kala:m] ▷ *v* يتحدث [jataħaddaθu]; **talk to** *v* يتحدث إلى [yataḥdath ela]
**talkative** ['tɔːkətɪv] *adj* ثرثار [θarθa:r]
**tall** [tɔːl] *adj* طويل القامة [Taweel al-'qamah]
**tame** [teɪm] *adj* مُرَوَّض [murawwidˤ]
**tampon** ['tæmpɒn] *n* سِدادة [sadda:da]
**tan** [tæn] *n* سُمرة [sumra]
**tandem** ['tændəm] *n* دراجة ترادفية [Darrajah tradofeyah]
**tangerine** [,tændʒə'riːn] *n* يوسفي [ju:sufij]
**tank** [tæŋk] *n (combat vehicle)* دبابة [dabba:ba], *(large container)* صهريج [sˤihri:ʒ]; **petrol tank** *n* خزان بنزين [Khazan benzeen]; **septic tank** *n* غُرفة تَفتيش [Ghorfat tafteesh]
**tanker** ['tæŋkə] *n* ناقلة بترول [Na'qelat berool]
**tanned** [tænd] *adj* له جلد برونزي اللون [lahu ʒildun bru:nzijji allawni]
**tantrum** ['tæntrəm] *n* نوبة غضب [Nawbat ghaḍab]
**Tanzania** [,tænzə'nɪə] *n* تنزانيا [tanza:nja:]
**Tanzanian** [,tænzə'nɪən] *adj* تانزاني [ta:nza:nij] ▷ *n* تانزاني [ta:nza:nij]
**tap** [tæp] *n* حنفية [ħanafijja]
**tap-dancing** ['tæp,dɑːnsɪŋ] *n* رقص الكلاكيت [Ra'qṣ al-kelakeet]
**tape** [teɪp] *n* شريط [ʃari:tˤ] ▷ *v* يُسَجِّل على شريط [Yosajel 'aala shereet]; **tape measure** *n* شريط قياس [Shreeṭ 'qeyas]; **tape recorder** *n* مسجل شرائط [Mosajal sharayeṭ]; **Can I have a tape for this video camera, please?** هل يمكن أن أحصل على شريط فيديو لهذه الكاميرا من فضلك؟ [hal yamken an aḥṣal 'aala shar-eeṭ video le- hadhy al-kamera min faḍlak?]
**target** ['tɑːɡɪt] *n* هَدَف [hadaf]
**tariff** ['tærɪf] *n* تعريفة [taʕri:fa]
**tarmac** ['tɑːmæk] *n* طريق اسفلتي [ṭaree'q asfaltey]
**tarpaulin** [tɑː'pɔːlɪn] *n* تربولين: قماش مشمع [tarbawli:n: qumma:ʃun muʃmaʕ]
**tarragon** ['tærəɡən] *n* عُشب الطرخون ['aoshb al-ṭarkhoon]
**tart** [tɑːt] *n* فَطيرَة مَحْشُوَّة [Faṭeerah maḥshowah]
**tartan** ['tɑːtᵊn] *adj* زِيّ الطرطان الاسكتلندي [zijju atˤtˤartˤa:n ala:skutlandijji]
**task** [tɑːsk] *n* مهمة [mahamma]
**Tasmania** [tæz'meɪnɪə] *n* تسمانيا

[tasma:nja:]
**taste** [teɪst] *n* طعم [tˤaʕm] ▷ *v* يَتَذَوق [jataðawwaqu]
**tasteful** ['teɪstfʊl] *adj* حسن الذوق [Hosn aldhaw'q]
**tasteless** ['teɪstlɪs] *adj* عديم الذوق ['aadeem al-dhaw'q]
**tasty** ['teɪstɪ] *adj* لذيذ المذاق [Ladheedh al-madha'q]
**tattoo** [tæ'tuː] *n* وَشم [waʃm]
**Taurus** ['tɔːrəs] *n* الثور [aθθawri]
**tax** [tæks] *n* ضريبة [dˤari:ba]; **income tax** *n* ضريبة دخل [Ḍareebat dakhl]; **road tax** *n* ضريبة طُرُق [Ḍareebat ṭoro'q]; **tax payer** *n* دافع الضرائب [Daafe'a al-ḍarayeb]; **tax return** *n* إقرار ضريبي [E'qrar ḍareeby]
**taxi** ['tæksɪ] *n* تاكسي [ta:ksi:]; **taxi driver** *n* سائق تاكسي [Sae'q taksey]; **taxi rank** *n* موقف سيارات تاكسي [Maw'qaf sayarat taksy]; **How much is the taxi fare into town?** ما هي أجرة التاكسي داخل البلد؟ [ma heya ejrat al-taxi dakhil al-balad?]; **I left my bags in the taxi** لقد تركت حقائبي في التاكسي [la'qad ta-rakto ḥa'qa-eby fee al-taxi]; **I need a taxi** أنا في حاجة إلى تاكسي [ana fee ḥaja ela taxi]; **Please order me a taxi for 8 o'clock** من فضلك احجز لي تاكسي في الساعة الثامنة [min faḍlak iḥjiz lee taxi fee al-sa'aa al-thamina]; **Where can I get a taxi?** أين يمكن استقلال التاكسي؟ [Ayn yomken este'qlal al-taksey?]; **Where is the taxi stand?** أين يوجد موقف التاكسي؟ [ayna maw'qif al-taxi?]
**TB** [tiː biː] *n* سُل [sull]
**tea** [tiː] *n* شاي [ʃa:j]; **herbal tea** *n* شاى بالأعشاب [Shay bel-a'ashab]; **tea bag** *n* كيس شاي [Kees shaay]; **tea towel** *n* مَناشِف الصُحون [Manashef al-ṣoḥoon]; **A tea, please** شاي من فضلك [shaay min faḍlak]; **Could we have another cup of tea, please?** هل يمكن من فضلك الحصول على كوب آخر من الشاي؟ [hal yamken min faḍlak al-ḥusool 'aala koob aakhar min al-shay?]
**teach** [tiːtʃ] *v* يُدَرِّس [judarrisu]
**teacher** ['tiːtʃə] *n* مدرس [mudarris]; **supply teacher** *n* مُدرّس بديل [Modares badeel]
**teaching** ['tiːtʃɪŋ] *n* تَعْليم [taʕli:m]
**teacup** ['tiːˌkʌp] *n* فنجان شاي [Fenjan shay]
**team** [tiːm] *n* فريق [farjq]
**teapot** ['tiːˌpɒt] *n* براد الشاي [Brad shaay]
**tear¹** [tɪə] *n (from eye)* دَمْعَة [damʕa]
**tear²** [tɛə] *n (split)* تَمْزيق [tamzi:q] ▷ *v* يُمَزِّق [jumazziqu]; **tear up** *v* يَتَمْزَق [jatamzzaqu]
**teargas** ['tɪəˌgæs] *n* غاز مسيل للدموع [Ghaz moseel lel-domooa]
**tease** [tiːz] *v* يُضَايق [judˤa:jiqu]
**teaspoon** ['tiːˌspuːn] *n* ملعقة شاي [Mel'a'qat shay]
**teatime** ['tiːˌtaɪm] *n* ساعة تناول الشاي [Saa'ah tanawol al-shay]
**technical** ['tɛknɪkᵊl] *adj* تقني [tiqnij]
**technician** [tɛk'nɪʃən] *n* فَنِّي [fannij]
**technique** [tɛk'niːk] *n* أسلوب [ʔuslu:b]
**techno** ['tɛknəʊ] *n* تقني [tiqnij]
**technological** [tɛk'nɒlədʒɪkᵊl] *adj* تكنولوجي [tiknu:lu:ʒij]
**technology** [tɛk'nɒlədʒɪ] *n* تكنولوجيا [tiknu:lu:ʒja:]
**tee** [tiː] *n* الهدف في لعبة الجولف [Al-hadaf fy le'abat al-jolf]
**teenager** ['tiːnˌeɪdʒə] *n* بالغ [ba:liɣ]
**teens** [tiːnz] *npl* بالغون [baleghoon]
**tee-shirt** ['tiːˌʃɜːt] *n* تي شيرت [ti: ʃi:rt]
**teethe** [tiːð] *v* يُسَنِّن [jusanninu]
**teetotal** [tiː'təʊtᵊl] *adj* لا يشرب الكحوليات [la: jaʃrabu alkuħu:lija:t]
**telecommunications** [ˌtɛlɪkəˌmjuːnɪ'keɪʃənz] *npl* الاتصالات السلكية [Al-etṣalat al-selkeyah]
**telegram** ['tɛlɪˌgræm] *n* تلغراف [tiliɣra:f]; **Can I send a telegram from here?** هل يمكن إرسال تلغراف من هنا؟ [hal yamken ersaal tal-ghraf min huna?]
**telephone** ['tɛlɪˌfəʊn] *n* تليفون [tili:fu:n]; **telephone directory** *n* دليل

الهاتف [Daleel al-hatef]; **How much is it to telephone...?** كم تبلغ تكلفة المكالمة التليفونية إلى... [kam tablugh taklifat al-mukalama al-talefoniya ela...?]; **I need to make an urgent telephone call** أنا في حاجة إلى إجراء مكالمة تليفونية عاجلة [ana fee ḥaja ela ejraa mukalama talefoniya 'aajela]; **What's the telephone number?** ما هو رقم التليفون؟ [ma howa ra'qim al-talefon?]

**telesales** ['tɛlɪˌseɪlz] *npl* مبيعات بالتليفون [Mabee'aat bel-telefoon]

**telescope** ['tɛlɪˌskəʊp] *n* تليسكوب [tili:sku:b]

**television** ['tɛlɪˌvɪʒən] *n* تلفاز [tilfa:z]; **cable television** *n* وَصْلَة تلفزيونية [Wṣlah telefezyoneyah]; **colour television** *n* تليفزيون ملون [Telefezyon molawan]; **digital television** *n* تليفزيون رقمي [telefezyoon ra'qamey]; **Where is the television?** أين أجد جهاز التلفاز؟ [ayna ajid jehaz al-tilfaz?]

**tell** [tɛl] *v* يُخبِر [juxbiru]

**teller** ['tɛlə] *n* رَاوِي [ra:wi:]

**tell off** [tɛl ɒf] *v* يُوَبِخ [juwabbixu]

**telly** ['tɛlɪ] *n* تلفاز [tilfa:z]

**temp** [tɛmp] *n* عامِل مُؤَقت ['aamel mowa'qat]

**temper** ['tɛmpə] *n* مِزَاج [miza:ʒ]

**temperature** ['tɛmprɪtʃə] *n* درجة الحرارة [Darajat al-haraarah]; **I'd like something for a temperature** أريد شيئًا للارتفاع درجة الحرارة [areed shyan le-irtifa'a darajat al-ḥarara]; **She has a temperature** إنها مصابة بارتفاع في درجة الحرارة [inaha muṣa-ba be-irtefa'a fee darajat al-ḥarara]

**temple** ['tɛmpᵊl] *n* معبد [muʕabbad]; **Is the temple open to the public?** هل المعبد مفتوح للجمهور؟ [hal al-ma'abad maf-tooḥa lel-jamhoor?]; **When is the temple open?** متى يُفتح المعبد؟ [mata yoftaḥ al-ma'abad?]

**temporary** ['tɛmpərərɪ; 'tɛmprərɪ] *adj* مُؤَقّت [muʔaqqat]

**tempt** [tɛmpt] *v* يُغْري [juɣri:]

**temptation** [tɛmp'teɪʃən] *n* إغراء [ʔiɣra:ʔ]

**tempting** ['tɛmptɪŋ] *adj* مغر [muɣrin]

**ten** [tɛn] *number* عشرة [ʕaʃaratun]

**tenant** ['tɛnənt] *n* مستأجر [mustaʔʒir]

**tend** [tɛnd] *v* يرعى [jarʕa:]

**tendency** ['tɛndənsɪ] *n* مَيل [majl]

**tender** ['tɛndə] *adj* لطيف [latˤi:f]

**tendon** ['tɛndən] *n* وتر [watar]

**tennis** ['tɛnɪs] *n* تنس [tinis]; **table tennis** *n* كرة الطاولة [Korat al-ṭawlah]; **tennis player** *n* لاعب تنس [La'aeb tenes]; **tennis racket** *n* مضرب تنس [Maḍrab tenes]; **How much is it to hire a tennis court?** كم يتكلف استئجار ملعب تنس؟ [kam yo-kalaf esti-jar mal'aab tanis?]; **Where can I play tennis?** أين يمكنني أن ألعب التنس؟ [ayna yamken-any an al-'aab al-tanis?]

**tenor** ['tɛnə] *n* آلة التينور الموسيقية [aalat al teenor al mose'qeiah]

**tense** [tɛns] *adj* متوتر [mutawattir] ▷ *n* صيغة الفعل [Ṣeghat al-fe'al]

**tension** ['tɛnʃən] *n* توتر [tawattur]

**tent** [tɛnt] *n* خَيْمة [xajma]; **tent peg** *n* وتد الخيمة [Watad al-kheemah]; **tent pole** *n* عمود الخيمة ['amood al-kheemah]

**tenth** [tɛnθ] *adj* العاشر [al-ʕa:ʃiru] ▷ *n* العاشر [al-ʕa:ʃiru]

**term** [tɜːm] *n (description)* أَجَل [ʔaʒal], *(division of year)* فصل من فصول السنة [Faṣl men foṣol al-sanah]

**terminal** ['tɜːmɪnᵊl] *adj* طرفي [tˤarafajj] ▷ *n* طرف [tˤaraf]

**terminally** ['tɜːmɪnᵊlɪ] *adv* إلى النهاية [Ela al-nehayah]

**terrace** ['tɛrəs] *n* شُرفة مكشوفة [Shorfah makshofah]

**terraced** ['tɛrəst] *adj* مزود بشرفة [Mozawad be-shorfah]

**terrible** ['tɛrəbᵊl] *adj* مريع [muri:ʕ]

**terribly** ['tɛrəblɪ; 'terribly] *adv* بشكل مريع [Be-shakl moreeḥ]

**terrier** ['tɛrɪə] *n* كلب ترير [Kalb tereer]

**terrific** [tə'rɪfɪk] *adj* مُرَوِّع [murawwiʕ]

**terrified** [ˈtɛrɪˌfaɪd] *adj* مرعوب [marʕu:b]
**terrify** [ˈtɛrɪˌfaɪ] *v* يُخِيف [juxi:f]
**territory** [ˈtɛrɪtərɪ; -trɪ] *n* إقليم [iqli:m]
**terrorism** [ˈtɛrəˌrɪzəm] *n* إرهاب [ʔirha:b]
**terrorist** [ˈtɛrərɪst] *n* إرهابي [ʔirha:bij]; **terrorist attack** *n* هجوم إرهابي [Hojoom 'erhaby]
**test** [tɛst] *n* اختبار [ixtiba:r] ▷ *v* يَخْتَبِر [jaxtabiru]; **driving test** *n* اختبار القيادة [Ekhtebar al-'qeyadah]; **smear test** *n* فحص عنق الرحم [Faḥṣ 'aono'q al-raḥem]; **test tube** *n* أنبوب اختبار [Anbob ekhtebar]
**testicle** [ˈtɛstɪkᵊl] *n* خصية [xisˤja]
**tetanus** [ˈtɛtənəs] *n* تيتانوس [ti:ta:nu:s]; **I need a tetanus shot** أحتاج إلى حقنة تيتانوس [aḥtaaj ela ḥe'qnat tetanus]
**text** [tɛkst] *n* نص [nasˤsˤ] ▷ *v* يَضع نصا [Yaḍa'a naṣan]; **text message** *n* رسالة نصية [Resalah naṣeyah]
**textbook** [ˈtɛkstˌbʊk] *n* كتاب دراسي [Ketab derasey]
**textile** [ˈtɛkstaɪl] *n* نسيج [nasi:ʒ]
**Thai** [taɪ] *adj* تايلاندي [ta:jla:ndij] ▷ *n* *(language)* اللغة التايلاندية [Al-logha al-taylandeiah], *(person)* تايلاندي [ta:jla:ndij]
**Thailand** [ˈtaɪˌlænd] *n* تايلاند [ta:jla:nd]
**than** [ðæn; ðən] *conj* مِنْ [min]
**thank** [θæŋk] *v* يَشكر [jaʃkuru]
**thanks** [θæŋks] *excl* شكرا! [Shokran!]
**that** [ðæt; ðət] *adj* هذا [haða:] ▷ *conj* جداً [ʒidan] ▷ *pron* ذَلِك, هذا [haða:]; **Does that contain alcohol?** هل يحتوى هذا على الكحول؟ [hal yaḥ-tawy hadha 'aala al-kiḥool?]
**thatched** [θætʃt] *adj* مسقوف بالقش [Mas'qoof bel-'qash]
**thaw** [θɔː] *v*; **It's thawing** بدأ الدفء في الجو [Badaa al-defaa fee al-jaw]
**the** [ðə] *art* لام التعريف [liummi attaʕri:fi]
**theatre** [ˈθɪətə] *n* مسرح [masraħ]; **operating theatre** *n* غرفة عمليات [ghorfat 'amaleyat]; **What's on at the theatre?** ماذا يعرض الآن على خشبة المسرح؟ [madha yu'a-raḍ al-aan 'aala kha-shabat al-masraḥ?]
**theft** [θɛft] *n* سرقة [sariqa]; **identity theft** *n* سرقة الهوية [Sare'qat al-hawyiah]; **I want to report a theft** أريد التبليغ عن وقوع سرقة [areed al-tableegh 'an wi'qoo'a sare'qa]
**their** [ðɛə] *pron* ضمير الملكية للجمع
**theirs** [ðɛəz] *pron* مِلكهم
**them** [ðɛm; ðəm] *pron* ضمير الغائب للجمع
**theme** [θiːm] *n* موضوع [mawdˤu:ʕ]; **theme park** *n* حديقة ألعاب [Hadee'qat al'aab]
**themselves** [ðəmˈsɛlvz] *pron* أنفسهم
**then** [ðɛn] *adv* آنذاك [ʔa:naða:ka] ▷ *conj* ثُم
**theology** [θɪˈɒlədʒɪ] *n* لاهوت [la:hu:t]
**theory** [ˈθɪərɪ] *n* نظرية [nazˤarijja]
**therapy** [ˈθɛrəpɪ] *n* علاج [ʕila:ʒ]
**there** [ðɛə] *adv* هناك [huna:ka]; **How do I get there?** كيف يمكن أن أصل إلى هناك؟ [kayfa yamkin an aṣal ela hunaak?]; **It's over there** إنه هناك [inaho honaka]
**therefore** [ˈðɛəˌfɔː] *adv* لذلك [ledhalek]
**thermometer** [θəˈmɒmɪtə] *n* ترمومتر [tirmu:mitir]
**Thermos®** [ˈθɜːməs] *n* ثيرموس® [θi:rmu:s]
**thermostat** [ˈθɜːməˌstæt] *n* ثرموستات [θirmu:sta:t]
**these** [ðiːz] *adj* هؤلاء ▷ *pron* هؤلاء
**they** [ðeɪ] *pron* هُم
**thick** [θɪk] *adj* سَميك [sami:k]
**thickness** [ˈθɪknɪs] *n* سَماكة [sama:ka]
**thief** [θiːf] *n* لص [lisˤsˤ]
**thigh** [θaɪ] *n* فخذ [faxð]
**thin** [θɪn] *adj* نحيف [naħi:f]
**thing** [θɪŋ] *n* أمْر [ʔamr]
**think** [θɪŋk] *v* يُفَكِر [jufakkiru]
**third** [θɜːd] *adj* ثالث [θa:liθ] ▷ *n* الثالث [aθ-θa:liθu]; **third-party insurance** *n* تأمين عن الطرف الثالث [Tameen lada algheer]; **Third World** *n* العالم الثالث [Al-'aalam al-thaleth]
**thirdly** [θɜːdlɪ] *adv* ثالثا [θa:liθan]

**thirst** [θɜːst] *n* ظمأ [zˤama]
**thirsty** [ˈθɜːstɪ] *adj* ظمآن [zˤamʔaːn]
**thirteen** [ˈθɜːˈtiːn] *number* ثلاثة عشر [θalaːθata ʕaʃara]
**thirteenth** [ˈθɜːˈtiːnθ; ˈthirˈteenth] *adj* ثالث عشر [θaːliθa ʕaʃara]
**thirty** [ˈθɜːtɪ] *number* ثلاثون [θalaːθuːna]
**this** [ðɪs] *adj* هذا [haðaː] ▷ *pron* هذا [haðaː]; **I'll have this** سوف أتناول هذا [sawfa ata-nawal hadha]; **What is in this?** ماذا يوجد في هذا؟ [madha yujad fee hadha?]
**thistle** [ˈθɪsᵊl] *n* شَوْك [ʃawk]
**thorn** [θɔːn] *n* شَوْكَة [ʃawka]
**thorough** [ˈθʌrə] *adj* شَامِل [ʃaːmil]
**thoroughly** [ˈθʌrəlɪ] *adv* بشكل شامل [Be-shakl shamel]
**those** [ðəʊz] *adj* هذه ▷ *pron* هؤلاء
**though** [ðəʊ] *adv* رغم ذلك [Raghm dhalek] ▷ *conj* ولو أن
**thought** [θɔːt] *n* تفكير [tafkiːr]
**thoughtful** [ˈθɔːtfʊl] *adj* مستغرق في التفكير [Mostaghre'q fee al-tafkeer]
**thoughtless** [ˈθɔːtlɪs] *adj* طائش [tˤaːʔiʃ]
**thousand** [ˈθaʊzənd] *number* ألف [ʔalfun]
**thousandth** [ˈθaʊzənθ; ˈthousandth] *adj* الألف [al-ʔalfu] ▷ *n* جزء من ألف [Joza men al alf]
**thread** [θrɛd] *n* خَيْط [xajtˤ]
**threat** [θrɛt] *n* تهديد [tahdiːd]
**threaten** [ˈθrɛtᵊn] *v* يُهَدِد [juhaddidu]
**threatening** [ˈθrɛtᵊnɪŋ] *adj* تهديدي [tahdiːdij]
**three** [θriː] *number* ثلاثة [θalaːθatun]
**three-dimensional** [ˌθriːdɪˈmɛnʃənᵊl] *adj* ثلاثي الأبعاد [Tholathy al-ab'aaad]
**thrifty** [ˈθrɪftɪ] *adj* مزدهر [muzdahir]
**thrill** [θrɪl] *n* رعشة [raʕʃa]
**thrilled** [θrɪld] *adj* مُنتشي [muntaʃij]
**thriller** [ˈθrɪlə] *n* تَشويق [taʃwiːq]
**thrilling** [ˈθrɪlɪŋ; ˈthrilling] *adj* مُفرِح [mufriħ]
**throat** [θrəʊt] *n* حنجرة [ħanʒura]
**throb** [θrɒb] *v* يَخفِق [jaxfiqu]
**throne** [θrəʊn] *n* عرش [ʕarʃ]
**through** [θruː] *prep* خلال [xilaːla]
**throughout** [θruːˈaʊt] *prep* طوال [tˤiwaːla]
**throw** [θrəʊ] *v* يَرمي [jarmiː]
**throw away** [θrəʊ əˈweɪ] *v* يَتَخَلَّص [jataxallasˤu]
**throw out** [θrəʊ aʊt] *v* يَقْذِف [jaqðifu]
**throw up** [θrəʊ ʌp] *v* يقيء [jaqiːʔu]
**thrush** [θrʌʃ] *n* دُجّ [duʒʒ]
**thug** [θʌg] *n* سَفَّاح [saffaːħ]
**thumb** [θʌm] *n* إبهام اليد [Ebham al-yad]
**thumb tack** [ˈθʌmˌtæk] *n* مسمار صغير يدفع بالإبهام [Mesmar ṣagheer yodfa'a bel-ebham]
**thump** [θʌmp] *v* يجلد [juʒallidu]
**thunder** [ˈθʌndə] *n* رَعْد [raʕd]
**thunderstorm** [ˈθʌndəˌstɔːm] *n* عاصفة رعدية ['aasefah ra'adeyah]
**thundery** [ˈθʌndərɪ] *adj* مصحوب برعد [Maṣḥoob bera'ad]
**Thursday** [ˈθɜːzdɪ] *n* يوم الخميس [jawmul xamiːsi]; **on Thursday** في يوم الخميس [fee yawm al-khamees]
**thyme** [taɪm] *n* الزعتر [az-zaʕtari]
**Tibet** [tɪˈbɛt] *n* تيبت [tiːbit]
**Tibetan** [tɪˈbɛtᵊn] *adj* تيبيتي [tiːbiːtij] ▷ *n* *(language)* اللغة التيبتية [Al-loghah al-tebeteyah], *(person)* شخص تيبيتي [Shakhṣ tebetey]
**tick** [tɪk] *n* حشرة القرادة [Hashrat al-'qaradah] ▷ *v* يُتَكْتِك [jutaktiku]
**ticket** [ˈtɪkɪt] *n* تذكَرة [taðkira]; **bus ticket** *n* تذكرة أوتوبيس [tadhkarat otobees]; **one-way ticket** *n* تذكرة ذهاب [tadhkarat dhehab]; **parking ticket** *n* تذكرة الركن [tadhkarat al-rokn]; **return ticket** *n* تذكرة إياب [tadhkarat eyab]; **season ticket** *n* التذاكر الموسمية [Al-tadhaker al-mawsemeyah]; **single ticket** *n* تذكرة فردية [tadhkarat fardeyah]; **stand-by ticket** *n* تذكرة انتظار [tadhkarat enteḍhar]; **ticket barrier** *n* حاجز وضع التذاكر [Hajez wad'a al-tadhaker]; **ticket collector** *n* جامع التذاكر [Jame'a al-tadhaker]; **ticket**

**inspector** *n* مفتش التذاكر [Mofatesh taḍhaker]; **ticket machine** *n* ماكينة التذاكر [Makenat al-taḍhaker]; **ticket office** *n* مكتب التذاكر [Maktab al-taḍhaker]
**tickle** ['tɪkᵊl] *v* يُدَغدِغ [judaɣdiɣu]
**ticklish** ['tɪklɪʃ] *adj* سريع الغضب [Saree'a al-ghaḍab]
**tick off** [tɪk ɒf] *v* يَضَع عَلامَة صَح [Beḍa'a 'aalamat ṣaḥ]
**tide** [taɪd] *n* مد وجزر [Mad wa-jazr]
**tidy** ['taɪdɪ] *adj* مرتب [murattab] ▷ *v* يُرَتِّب [jurattibu]
**tidy up** ['taɪdɪ ʌp] *v* يُهَنْدِم [juhandimu]
**tie** [taɪ] *n* رباط العنق [Rebaṭ al-'aono'q] ▷ *v* يُقيِّد [juqajjidu]; **bow tie** *n* رباط عنق على شكل فراشة [Rebaṭ 'ala shakl frashah]
**tie up** [taɪ ʌp] *v* يَرْتَبِط مع [Yartabeṭ ma'aa]
**tiger** ['taɪgə] *n* نمر مخطط [Namer mokhaṭaṭ]
**tight** [taɪt] *adj* مُحْكَم [muħkam]
**tighten** ['taɪtᵊn] *v* يُضَيِّق [judˤajjiqu]
**tights** [taɪts] *npl* بنطلون ضيق [banṭaloon ḍaye'q]
**tile** [taɪl] *n* أنبوب فخاري [Onbob fokhary]
**tiled** ['taɪld] *adj* مكسو بالقرميد [Makso bel-'qarmeed]
**till** [tɪl] *conj* إلى أن ▷ *n* دُرج النقود [Dorj al-no'qood]
**timber** ['tɪmbə] *n* أشجار الغابات [Ashjaar al-ghabat]
**time** [taɪm] *n* وَقْت [waqt]; **closing time** *n* وَقت الإغلاق [Wa'qt al-eghlaa'q]; **dinner time** *n* وَقت العشاء [Wa'qt al-'aashaa]; **on time** *adj* في الموعد المحدد [Fee al-maw'aed al-moḥadad]; **spare time** *n* وَقت فراغ [Wa'qt faragh]; **time off** *n* أجازة [ʔaʒa:zatun]; **time zone** *n* نطاق زمني [Neṭa'q zamaney]
**time bomb** ['taɪm,bɒm] *n* قنبلة موقوتة ['qonbolah maw'qota]
**timer** ['taɪmə] *n* ميقاتي [mi:qa:tij]
**timeshare** ['taɪm,ʃɛə] *n* مُشاركة في الوقت [Mosharakah fee al-wa'qt]
**timetable** ['taɪm,teɪbᵊl] *n* جدول زمني [Jadwal zamaney]
**tin** [tɪn] *n* صفيح [sˤafi:ħ]; **tin-opener** *n* فتاحة علب [fatta ḥat 'aolab]
**tinfoil** ['tɪn,fɔɪl] *n* ورق فضي [Wara'q feḍey]
**tinned** [tɪnd] *adj* معلب [muʕallab]
**tinsel** ['tɪnsəl] *n* أشرطة للزينة [Ashreṭah lel-zeena]
**tinted** ['tɪntɪd] *adj* ملون على نحو خفيف [Molawan ala naḥw khafeef]
**tiny** ['taɪnɪ] *adj* ضئيل [dˤaʔiːl]
**tip** [tɪp] *n* (*end of object*) طرف مستدق [Ṭaraf mostabe'q], (*reward*) إكرامية [ʔikra:mijja], (*suggestion*) فكرة مفيدة [Fekrah mofeedah] ▷ *v* (*incline*) يَميل [jami:lu], (*reward*) يمنح بقشيشاً [Yamnaḥ ba'qsheeshan]
**tipsy** ['tɪpsɪ] *adj* مترنح [mutarannịħ]
**tiptoe** ['tɪp,təʊ] *n* رَأس إصبع القدم [Raas eṣbe'a al-'qadam]
**tired** ['taɪəd] *adj* متعب [mutʕab]
**tiring** ['taɪəɪŋ] *adj* منهك [munhak]
**tissue** ['tɪsjuː; 'tɪʃuː] *n* (*anatomy*) نَسيج الجِسْم [Naseej al-jesm], (*paper*) منديل ورقي [Mandeel wara'qey]
**title** ['taɪtᵊl] *n* لَقَبْ [laqab]
**to** [tuː; tʊ; tə] *prep* إلى [ʔila:]; **Can I speak to Mr...?** هل يمكن أن أتحدث إلى السيد...؟ [hal yamken an ata-ḥadath ela al-sayid...?]; **I need someone to look after the children tonight** أحتاج إلى شخص يعتني بالأطفال ليلًا [aḥtaaj ela shakhiṣ y'atany be-al-aṭfaal laylan]; **I need to get to...** أريد أن أذهب إلى... [Areed an adhhab ela...]; **I'm going to...** سوف أذهب إلى... [Sawf adhhab ela]; **When is the first bus to...?** ما هو موعد أول أتوبيس متجه إلى...؟ [ma howa maw-'aid awal baaṣ mutajih ela...?]
**toad** [təʊd] *n* ضفدع الطين [Ḍofda'a al- ṭeen]
**toadstool** ['təʊd,stuːl] *n* فطر الغاريقون [Feṭr al-gharekoon]
**toast** [təʊst] *n* (*grilled bread*) خبز محمص [Khobz mohammṣ], (*tribute*) مشروب

النُّخَب [Mashroob al-nnkhb]
**toaster** ['təʊstə] *n* محمصة خبز كهربائية [Mohamaṣat khobz kahrobaeyah]
**tobacco** [tə'bækəʊ] *n* تبغ [tibɣ]
**tobacconist's** [tə'bækənɪsts] *n* مَتجر السجائر [Matjar al-sajaaer]
**tobogganing** [tə'bɒgənɪŋ] *n* تزلق [tazaluq]
**today** [tə'deɪ] *adv* اليَوْم [aljawma]
**toddler** ['tɒdlə] *n* طفل صغير عادة ما بين السنة الأولى والثانية [Ṭefl ṣagheer 'aaadatan ma bayn al-sanah wal- sanatayen]
**toe** [təʊ] *n* إصبع القدم [Eṣbe'a al'qadam]
**toffee** ['tɒfɪ] *n* حلوى [ħalwa:]
**together** [tə'gɛðə] *adv* سويا [sawijjan]
**Togo** ['təʊgəʊ] *n* توجو [tu:ʒu:]
**toilet** ['tɔɪlɪt] *n* حمام [ħamma:m]; **toilet bag** *n* حقيبة أدوات الاستحمام [Ha'qeebat adwat al-estehmam]; **toilet paper** *n* ورق المرحاض [Wara'q al-merḥaḍ]; **toilet roll** *n* لفة ورق المرحاض [Lafat wara'q al-merhaḍ]; **Are there any toilets for the disabled?** هل توجد حمامات مناسبة للمعاقين؟ [hal tojad ḥama-maat muna-seba lel-mu'aa'qeen?]; **Can I use the toilet?** هل يمكن أن استعمل الحمام؟ [hal yamken an asta'a-mil al-ḥam-maam?]; **Is there a toilet on board?** هل هناك حمام في الأتوبيس؟ [hal hunaka ḥamaam fee al-oto-bees?]
**toiletries** ['tɔɪlɪtri:s] *npl* مستلزمات الحمام [Mostalzamat al-hammam]
**token** ['təʊkən] *n* علامة [ʕala:ma]
**tolerant** ['tɒlərənt] *adj* متسامح [mutasa:miħ]
**toll** [təʊl] *n* رسوم [rusu:m]; **Is there a toll on this motorway?** هل هناك رسوم يتم دفعها للمرور بهذا الطريق؟ [hal hunaka risoom yatim daf-'aaha lel-miroor be-hadha al- ṭaree'q?]; **Where can I pay the toll?** أين سأدفع رسوم المرور بالطريق؟ [ayna sa-adfa'a rosom al-miroor bil-ṭaree'q?]
**tomato, tomatoes** [tə'mɑ:təʊ, tə'mɑ:təʊz] *n* طماطم [tʕama:tʕim]; **tomato sauce** *n* صلصة طماطم [Ṣalṣat ṭamaṭem]
**tomb** [tu:m] *n* مقبرة [maqbara]
**tomboy** ['tɒm,bɔɪ] *n* فتاة متشبهة بالصبيان [fata:tun mutaʃabbihatun bisˤsˤabja:ni]
**tomorrow** [tə'mɒrəʊ] *adv* غداً [ɣadan]
**ton** [tʌn] *n* طنّ [tʕunn]
**tone** [təʊn] *n*; **dialling tone** *n* نغمة الاتصال [Naghamat al-eteṣal]; **engaged tone** *n* رنين انشغال الخط [Raneen ensheghal al-khaṭ]
**Tonga** ['tɒŋgə] *n* مملكة تونجا [Mamlakat tonja]
**tongue** [tʌŋ] *n* لسان [lisa:n]; **mother tongue** *n* اللغة الأم [Al loghah al om]
**tonic** ['tɒnɪk] *n* دواء مُقَوِي [Dawaa mo'qawey]
**tonight** [tə'naɪt] *adv* في هذه الليلة [Fee hadheh al-laylah]
**tonsillitis** [,tɒnsɪ'laɪtɪs] *n* التهاب اللوزتين [Eltehab al-lawzateyn]
**tonsils** ['tɒnsəlz] *npl* لوزتين [lawzatajni]
**too** [tu:] *adv* أيضا [ʔajdˤan]
**tool** [tu:l] *n* أداة [ʔada:t]
**tooth, teeth** ['tu:θ, ti:θ] *n* سِن [sin]; **wisdom tooth** *n* ضرس العقل [Ḍers al-a'aql]
**toothache** ['tu:θ,eɪk] *n* وجع الأسنان [Waja'a al-asnaan]
**toothbrush** ['tu:θ,brʌʃ] *n* فرشاة الأسنان [Forshat al-asnaan]
**toothpaste** ['tu:θ,peɪst] *n* معجون الأسنان [ma'ajoon asnan]
**toothpick** ['tu:θ,pɪk] *n* عود الأسنان ['aood al-asnan]
**top** [tɒp] *adj* علوي [ʕulwij] ▷ *n* قمة [qima]
**topic** ['tɒpɪk] *n* موضوع مقالة أو حديث [Mawḍoo'a ma'qaalah aw hadeeth]
**topical** ['tɒpɪkᵊl] *adj* موضعي [mawdˤiʕij]
**top-secret** ['tɒp'si:krɪt] *adj* سري للغاية [Serey lel-ghayah]
**top up** [tɒp ʌp] *v*; **Can you top up the windscreen washers?** هل يمكن أن تملئ خزان المياه لمساحات الزجاج؟ [hal yamken an tamlee khazaan al-meaah

le-massa-ḥaat al-zujaaj?]; **Where can I buy a top-up card?** أين يمكن أن أشتري كارت إعادة شحن [ayna yamken an ash-tary kart e-'aadat shaḥin?]
**torch** [tɔːtʃ] *n* كشاف كهربائي [Kashaf kahrabaey]
**tornado** [tɔːˈneɪdəʊ] *n* إعصار قمعي [E'aṣar 'qam'ay]
**tortoise** [ˈtɔːtəs] *n* سُلحفاة [sulħufa:t]
**torture** [ˈtɔːtʃə] *n* تعذيب [taʕðiːb] ▷ *v* يُعَذِب [juʕaððibu]
**toss** [tɒs] *v* يقذف [jaqðifu]
**total** [ˈtəʊtᵊl] *adj* إجمالي [ʔiʒmaːlij] ▷ *n* إجمالي [ʔiʒmaːlij]
**totally** [ˈtəʊtᵊlɪ] *adv* بشكل كامل [Beshakl kaamel]
**touch** [tʌtʃ] *v* يَلْمِس [jalmisu]
**touchdown** [ˈtʌtʃˌdaʊn] *n* هبوط الطائرة [Hobooṭ al-ṭaerah]
**touched** [tʌtʃt] *adj* ممسوس [mamsuːs]
**touching** [ˈtʌtʃɪŋ] *adj* فيما يتعلق بـ [Feema yat'ala'q be]
**touchline** [ˈtʌtʃˌlaɪn] *n* خط التماس [Khaṭ al-tamas]
**touchpad** [ˈtʌtʃˌpæd] *n* لوحة اللمس [Lawḥat al-lams]
**touchy** [ˈtʌtʃɪ] *adj* سريع الانفعال [Saree'a al-enfe'aal]
**tough** [tʌf] *adj* قوي [qawij]
**toupee** [ˈtuːpeɪ] *n* خصلة شعر مستعار [khoṣlat sha'ar mosta'aar]
**tour** [tʊə] *n* جولة [ʒawla] ▷ *v* يَتَجوَل [jataʒawwalu]; **guided tour** *n* جولة إرشادية [Jawlah ershadeyah]; **package tour** *n* خطة رحلة شاملة الإقامة والانتقالات [Khotah rehalah shamelah al-e'qamah wal-ente'qalat]; **tour guide** *n* مرشد سياحي [Morshed seyaḥey]; **tour operator** *n* منظم رحلات [monaḍhem raḥalat]
**tourism** [ˈtʊərɪzəm] *n* سياحة [sijaːħa]
**tourist** [ˈtʊərɪst] *n* سائح [saːʔiħ]; **tourist office** *n* مكتب سياحي [Maktab seayaḥey]
**tournament** [ˈtʊənəmənt; ˈtɔː-; ˈtɜː-] *n* سلسلة مباريات [Selselat mobarayat]
**towards** [təˈwɔːdz; tɔːdz] *prep* تجاه
**tow away** [təʊ əˈweɪ] *v* يَجُر سيارة [Yajor sayarah]
**towel** [ˈtaʊəl] *n* منشفة [minʃafa]; **bath towel** *n* منشفة الحمام [Manshafah alḥammam]; **dish towel** *n* فوطة تجفيف الأطباق [Foṭah tajfeef al-aṭbaa'q]; **sanitary towel** *n* منشفة صحية [Manshafah ṣeḥeyah]; **tea towel** *n* مَناشِف الصُحون [Manashef al-ṣoḥoon]
**tower** [ˈtaʊə] *n* بُرْج [burʒ]
**town** [taʊn] *n* بلدة [balda]; **town centre** *n* وَسَطْ المدينة [Wasaṭ al-madeenah]; **town hall** *n* دار البلدية [Dar al-baladeyah]; **town planning** *n* تخطيط المدينة [Takhṭeeṭ almadeenah]
**toxic** [ˈtɒksɪk] *adj* سُمي [summij]
**toy** [tɔɪ] *n* لعبة [luʕba]
**trace** [treɪs] *n* أثر [ʔaθar]
**tracing paper** [ˈtreɪsɪŋ ˈpeɪpə] *n* ورق شفاف [Wara'q shafaf]
**track** [træk] *n* مسار [masaːr]
**track down** [træk daʊn] *v* يَتَتبع [jatatabbaʕu]
**tracksuit** [ˈtrækˌsuːt; -ˌsjuːt] *n* بدلة تدريب [Badlat tadreeb]
**tractor** [ˈtræktə] *n* جرار [ʒaraar]
**trade** [treɪd] *n* تجارة [tiʒaːra]; **trade union** *n* نقابة العمال [Ne'qabat al-'aomal]; **trade unionist** *n* عضو نقابة عمالية ['aḍw ne'qabah a'omaleyah]
**trademark** [ˈtreɪdˌmɑːk] *n* علامة تجارية ['alamah tejareyah]
**tradition** [trəˈdɪʃən] *n* تقليد [taqliːd]
**traditional** [trəˈdɪʃənᵊl] *adj* تقليدي [taqliːdij]
**traffic** [ˈtræfɪk] *n* مُرور [muruːr]; **traffic jam** *n* ازدحام المرور [Ezdeḥam al-moror]; **traffic lights** *npl* إشارات المرور [Esharaat al-moroor]; **traffic warden** *n* شُرطي المرور [Shrṭey al-moror]
**tragedy** [ˈtrædʒɪdɪ] *n* مأساة [maʔsaːt]
**tragic** [ˈtrædʒɪk] *adj* مأساوي [maʔsaːwij]
**trailer** [ˈtreɪlə] *n* عربة مقطورة ['arabat ma'qtoorah]
**train** [treɪn] *n* قطار [qitˤaːr] ▷ *v* يُدرِب

[judarribu]; **Does the train stop at...?** هل يتوقف القطار في...؟ [hal yata-wa'qaf al-'qeṭaar fee...?]; **How frequent are the trains to...?** ما هي المدة الفاصلة بين القطارات؟ [Ma heya almodah alfaselah bayn al'qeṭaraat]; **I've missed my train** لم أتمكن من اللحاق بالقطار [lam atamakan min al-leḥa'q bil-'qeṭaar]; **Is the train wheelchair-accessible?** هل يمكن الوصول إلى القطار بالكراسي المتحركة؟ [hal yamken al-wiṣool ela al-'qeṭaar bel-karasi al-mutaḥarika?]; **Is this the train for...?** هل هذا هو القطار المتجه إلى...؟ [hal hadha howa al-'qeṭaar al-mutajeh ela...?]; **The next available train, please** ما هو موعد القطار التالي من فضلك؟ [ma howa maw-'aid al-'qeṭaar al-taaly min faḍlak?]; **What time does the train arrive in...?** ما هو موعد وصول القطار إلى... [ma howa maw-'aid wiṣool al-'qeṭaar ela...?]; **What time does the train leave?** ما هو موعد مغادرة القطار؟ [ma howa maw-'aid mughadarat al-'qeṭaar?]; **When is the first train to...?** ما هو موعد أول قطار متجه إلى...؟ [ma howa maw-'aid awal 'qeṭaar mutajih ela...?]; **When is the next train to...?** ما هو موعد القطار التالي المتجه إلى...؟ [ma howa maw-'aid al-'qeṭaar al-taaly al-mutajih ela...?]; **Where can I get a train to...?** كيف يمكن أن أركب القطار المتجه إلى... [kayfa yamkin an arkab al-'qetaar al-mutajih ela...?]; **Which platform does the train leave from?** على أي رصيف يغادر القطار؟ ['ala ay raṣeef yo-ghader al-'qeṭaar?]

**trained** ['treɪnd] *adj* مُدَرَّب [mudarrib]

**trainee** [treɪ'niː] *n* متدرب [mutadarrib]

**trainer** ['treɪnə] *n* مُدَرِب [mudarrib]

**trainers** ['treɪnəz] *npl* مدربون [mudarribu:na]

**training** ['treɪnɪŋ] *n* تدريب [tadri:b]; **training course** *n* دروة تدريبية [Dawrah tadreebeyah]

**tram** [træm] *n* ترام [tra:m]

**tramp** [træmp] *n* *(beggar)* مُتَسَوِّل [mutasawwil], *(long walk)* رحلة سيرًا على الأقدام [rehalah sayran ala al-a'qdam]

**trampoline** ['træmpəlɪn; -ˌliːn] *n* منصة البهلوان [Manaṣat al-bahlawan]

**tranquillizer** ['træŋkwɪˌlaɪzə] *n* مُهَدِّئ [muhaddi?]

**transaction** [træn'zækʃən] *n* مُعَامَلة [muʕa:mala]

**transcript** ['trænskrɪpt] *n* سجل مدرسي [Sejel madrasey]

**transfer** *n* ['trænsfɜː] تحويل [taħwi:l] ▷ *v* [træns'fɜː] تحويل [taħwi:lun]; **How long will it take to transfer?** كم يستغرق التحويل؟ [kam yasta-ghri'q al-taḥweel?]; **I would like to transfer some money from my account** أريد تحويل بعض الأموال من حسابي [areed taḥweel ba'aḍ al-amwal min ḥesaaby]; **Is there a transfer charge?** هل يحتسب رسم تحويل؟ [hal yoḥ-tasab rasim taḥ-weel?]

**transform** [træns'fɔːm] *v* يُبَدِل [jubaddilu]

**transfusion** [træns'fjuːʒən] *n* نقل الدم [Na'ql al-dam]; **blood transfusion** *n* نقل الدم [Na'ql al-dam]

**transistor** [træn'zɪstə] *n* ترانزستور [tra:nzistu:r]

**transit** ['trænsɪt; 'trænz-] *n* عبور [ʕubu:r]; **transit lounge** *n* صالة العبور [Ṣalat al'aoboor]

**transition** [træn'zɪʃən] *n* انتقال [intiqa:l]

**translate** [træns'leɪt; trænz-] *v* يُتَرجم [jutarʒimu]

**translation** [træns'leɪʃən; trænz-] *n* ترجمة [tarʒama]

**translator** [træns'leɪtə; trænz-; trans'lator] *n* مترجم [muntarʒim]

**transparent** [træns'pærənt; -'pɛər-] *adj* شَفَّاف [ʃaffa:f]

**transplant** ['trænsˌplɑːnt] *n* زرع الأعضاء [Zar'a al-a'aḍaa]

**transport** *n* ['trænsˌpɔːt] نقل [naql] ▷ *v* [træns'pɔːt] ينقل [junqalu]; **public transport** *n* نقل عام [Na'ql 'aam]

**transvestite** [trænz'vɛstaɪt] *n* المخنث [al-muxannaθu]

**trap** [træp] *n* مصيدة [misˤjada]
**trash** [træʃ] *n* قمامة [quma:ma]
**traumatic** ['trɔːmə,tɪk] *adj* جرحي [ʒarħij]
**travel** ['træv°l] *n* سِفر [safar] ▷ *v* يُسافر [jusa:firu]; **travel agency** *n* وكالة سفريات [Wakalat safareyat]; **travel agent's** *n* مكتب وكيل السفريات [Maktab wakeel al-safareyat]; **travel sickness** *n* دُوار السفر [Dowar al-safar]
**traveller** ['trævələ; 'trævlə] *n* مسافر [musa:fir]; **traveller's cheque** *n* شِيك سياحي [Sheek seyahey]
**travelling** ['træv°lɪŋ] *n* سَفَر [safar]
**tray** [treɪ] *n* صينية [sˤi:nijja]
**treacle** ['triːk°l] *n* دِبْس السكُر [Debs al-sokor]
**tread** [trɛd] *v* يَدوس [jadu:su]
**treasure** ['trɛʒə] *n* كنز [kanz]
**treasurer** ['trɛʒərə] *n* أمين الصندوق [Ameen alṣondoo'q]
**treat** [triːt] *n* دعوة إلى طعام أو شراب [Dawah elaa ṭa'aam aw sharaab] ▷ *v* يَستضيف [jastadˤi:fu]
**treatment** ['triːtmənt] *n* معاملة [muʕa:mala]
**treaty** ['triːtɪ] *n* معاهدة [muʕa:hada]
**treble** ['trɛb°l] *v* يَزداد ثلاثة أضعاف [Yazdad thalathat aḍ'aaaf]
**tree** [triː] *n* شجرة [ʃaʒara]
**trek** [trɛk] *n* رحلة بعربة ثيران [Rehlah be-arabat theran] ▷ *v* يُسافِر سَفْرَة طَويلَة [jusa:firu safratan tˤawi:latan]
**trekking** ['trɛkɪŋ] *n*; **I'd like to go pony trekking** أود أن أقوم بنزهة على ظهر الخيول؟ [awid an a'qoom be-nozha 'aala ḍhahir al-khiyool]
**tremble** ['trɛmb°l] *v* يَرتعِد [jartaʕidu]
**tremendous** [trɪ'mɛndəs] *adj* هائل [ha:ʔil]
**trench** [trɛntʃ] *n* خَنْدَق [xandaq]
**trend** [trɛnd] *n* نزعة [nazʕa]
**trendy** ['trɛndɪ] *adj* مواكب للموضة [Mowakeb lel-moḍah]
**trial** ['traɪəl] *n* محاكمة [muħa:kama]; **trial period** *n* فترة المحاكمة [Fatrat al-moḥkamah]
**triangle** ['traɪ,æŋg°l] *n* مثلث [muθallaθ]
**tribe** [traɪb] *n* قبيلة [qabi:la]
**tribunal** [traɪ'bjuːn°l; trɪ-] *n* محكمة [maħkama]
**trick** [trɪk] *n* خدعة [xudʕa] ▷ *v* يُوهم [juhimu]
**tricky** ['trɪkɪ] *adj* مخادع [muxa:diʕ]
**tricycle** ['traɪsɪk°l] *n* دراجة ثلاثية [Darrajah tholatheyah]
**trifle** ['traɪf°l] *n* تافِه [ta:fih]
**trim** [trɪm] *v* يُزَين [juzajjinu]
**Trinidad and Tobago** ['trɪnɪ,dæd ænd tə'beɪgəʊ] *n* جمهورية ترينيداد وتوباغو [ʒumhu:rijjatu tri:ni:da:d wa tu:ba:ɣu:]
**trip** [trɪp] *n* رحلة قصيرة [Rehalh 'qaṣeerah]; **business trip** *n* رحلة عمل [Reḥlat 'aamal]; **round trip** *n* رحلةانكفائية [Reḥlah enkefaeyah]; **trip (up)** *v* يَتَعَثَر [jataʕaθθaru]
**triple** ['trɪp°l] *adj* ثلاثي [θula:θij]
**triplets** ['trɪplɪts] *npl* ثُلاثِي [θula:θijjun]
**triumph** ['traɪəmf] *n* انتصار [intisˤa:r] ▷ *v* يَنْتَصِر [jantasˤiru]
**trivial** ['trɪvɪəl] *adj* تافِه [ta:fih]
**trolley** ['trɒlɪ] *n* عربة الترولي ['arabat al-troley]; **luggage trolley** *n* عربة حقائب السفر ['arabat ḥa'qaaeb al-safar]; **shopping trolley** *n* ترولي التسوق [Trolley altasaw'q]
**trombone** [trɒm'bəʊn] *n* ترومبون [tru:mbu:n]
**troops** ['truːps] *npl* فرق كشافة [Fear'q kashafah]
**trophy** ['trəʊfɪ] *n* تذكار انتصار [tedhkaar enteṣar]
**tropical** ['trɒpɪk°l] *adj* استوائي [istiwa:ʔij]
**trot** [trɒt] *v* يَخِبُّ الفَرَس [Yakheb al-faras]
**trouble** ['trʌb°l] *n* قلق [qalaq]
**troublemaker** ['trʌb°l,meɪkə] *n* مثير المتاعب [Mother al-mataa'aeb]
**trough** [trɒf] *n* جُرن [ʒurn]
**trousers** ['traʊzəz] *npl* بَنطلون [bantˤalu:nun]
**trout** [traʊt] *n* سمك السُّلْمون المُرَقَّط

[Samak al-salamon almora'qat]
**trowel** ['traʊəl] *n* مسطرين [mistˤarajni]
**truant** ['tru:ənt] *n*; **play truant** *v* يتغيب [jataɣajjabu]
**truce** [tru:s] *n* هدنة [hudna]
**truck** [trʌk] *n* شاحِنة [ʃa:ħina]; **breakdown truck** *n* شاحنة قَطر [Shaḥenat 'qaṭr]; **truck driver** *n* سائق شاحنة [Sae'q shahenah]
**true** [tru:] *adj* حقيقي [ħaqi:qij]
**truly** ['tru:lɪ] *adv* بحَقْ [biħaqqin]
**trumpet** ['trʌmpɪt] *n* بُوق [bu:q]
**trunk** [trʌŋk] *n* جِذْع [ʒiðʕ]; **swimming trunks** *npl* سِروال سباحة [Serwl sebaḥah]
**trunks** [trʌŋks] *npl* بنطلون قصير [Banṭaloon 'qaṣeer]
**trust** [trʌst] *n* ائتمان [iʔtima:n] ▷ *v* يَثِق ب [Yathe'q be]
**trusting** ['trʌstɪŋ] *adj* مؤتمن [muʔtaman]
**truth** [tru:θ] *n* حقيقة [ħaqi:qa]
**truthful** ['tru:θfʊl] *adj* صادق [sˤa:diq]
**try** [traɪ] *n* تجربة [taʒriba] ▷ *v* يُجَرب [juʒarribu]
**try on** [traɪ ɒn] *v* يَقيس ثوباً [Ya'qees thawban]
**try out** [traɪ aʊt] *v* يَضع تحت الاختبار [Yaḍa'a taḥt al-ekhtebar]
**T-shirt** ['ti:,ʃɜ:t] *n* قميص قصير الكمين ['qameeṣ 'qaṣeer al-kmayen]
**tsunami** [tsʊ'næmɪ] *n* تسونامي [tsu:na:mi:]
**tube** [tju:b] *n* أنبوبة [ʔunbu:ba]; **inner tube** *n* أنبوب داخلي [Anboob dakheley]; **test tube** *n* أنبوب اختبار [Anbob ekhtebar]; **tube station** *n* محطة أنفاق [Mahaṭat anfa'q]
**tuberculosis** [tjʊ,bɜ:kjʊ'ləʊsɪs] *n* سُلّ [sull]
**Tuesday** ['tju:zdɪ] *n* يوم الثلاثاء [Yawm al-tholathaa]; **Shrove Tuesday** *n* ثلاثاء المرافع [Tholathaa almrafe'a]; **on Tuesday** في يوم الثلاثاء [fee yawm al-thalathaa]
**tug-of-war** ['tʌgɒv'wɔ:] *n* صراع عنيف [Ṣera'a 'aneef]
**tuition** [tju:'ɪʃən] *n* تعليم [taʕli:m]; **tuition fees** *npl* رسوم التعليم [Rasm al-ta'aleem]
**tulip** ['tju:lɪp] *n* توليب [tawli:bu]
**tummy** ['tʌmɪ] *n* بطن [batˤn]
**tumour** ['tju:mə] *n* وَرَمْ [waram]
**tuna** ['tju:nə] *n* سمك التونة [Samak al-tonah]
**tune** [tju:n] *n* مقطوعة موسيقية [Ma'qṭoo'aah moose'qeyah]
**Tunisia** [tju:'nɪzɪə; -'nɪsɪə] *n* تونس [tu:nus]
**Tunisian** [tju:'nɪzɪən; -'nɪsɪən] *adj* تونسي [tu:nusij] ▷ *n* تونسي [tu:nusij]
**tunnel** ['tʌn°l] *n* نفق [nafaq]
**turbulence** ['tɜ:bjʊləns] *n* اضطراب [idˤtˤira:b]
**Turk** [tɜ:k] *n* تُركي [turkij]
**turkey** ['tɜ:kɪ] *n* ديك رومي [Deek roomey]
**Turkey** ['tɜ:kɪ] *n* تركيا [turkija:]
**Turkish** ['tɜ:kɪʃ] *adj* تركي [turkij] ▷ *n* تُركي [turkij]
**turn** [tɜ:n] *n* دَوْرَة [dawra] ▷ *v* يَدُوُر [jadu:ru]
**turn around** [tɜ:n ə'raʊnd] *v* يَبْرُم [jabrumu]
**turn back** [tɜ:n bæk] *v* يَرجِع [jarʒiʕu]
**turn down** [tɜ:n daʊn] *v* يُقَلِّل [juqallilu]
**turning** ['tɜ:nɪŋ] *n* منعطف [munʕatˤaf]; **Is this the turning for...?** هل هذا هو المنعطف الذي يؤدي إلى...؟ [hal hadha howa al-mun'aa-ṭaf al-ladhy yo-addy ela...?]; **Take the first turning on your right** أتجه نحو أول منعطف على اليمين [ʔattaʒihu naħwa ʔawwali munʕatˤafi ʕala: aljami:ni]; **Take the second turning on your left** اتجه نحو المنعطف الثاني على اليسار [Etajeh naḥw almon'ataf althaney ala alyasaar]
**turnip** ['tɜ:nɪp] *n* نبات اللفت [Nabat al-left]
**turn off** [tɜ:n ɒf] *v* يُطفِئ [jutˤfiʔ]
**turn on** [tɜ:n ɒn] *v* يُشعِل [juʃʕilu]
**turn out** [tɜ:n aʊt] *v* يوقِف [ju:qifu]
**turnover** ['tɜ:n,əʊvə] *n* انقلاب [inqila:b]

**turn round** [tɜːn raʊnd] *v* يَبْرُمُ [jabrumu]
**turnstile** ['tɜːnˌstaɪl] *n* بوابة متحركة [Bawabah motaharekah]
**turn up** [tɜːn ʌp] *v* يَظْهَر [jazˤharu]
**turquoise** ['tɜːkwɔɪz; -kwɑːz] *adj* فيروزي [fajruːzij]
**turtle** ['tɜːtᵊl] *n* سُلحفاة [sulħufaːt]
**tutor** ['tjuːtə] *n* مدرس خصوصي [Modares khoṣooṣey]
**tutorial** [tjuː'tɔːrɪəl] *n* درس خصوصي [Dars khoṣoṣey]
**tuxedo** [tʌk'siːdəʊ] *n* بذلة غامقة اللون للرجال [Badlah ghame'qah al-loon lel-rejal]
**TV** [tiː viː] *n* تليفزيون [tiliːfizjuːn]; **plasma TV** *n* تليفزيون بلازما [Telefezyoon ra'qamey]; **reality TV** *n* تلفزيون الواقع [Telefezyon al-wa'qe'a]; **Does the room have a TV?** هل يوجد تليفزيون بالغرفة [hal yujad tali-fizyon bil-ghurfa?]
**tweezers** ['twiːzəz] *npl* ملاقط صغيرة [Mala'qeṭ ṣagheerah]
**twelfth** [twɛlfθ] *adj* ثاني عشر [θaːnija ʕaʃara]
**twelve** [twɛlv] *number* اثنا عشر [iθnataː ʕaʃara]
**twentieth** ['twɛntɪɪθ; 'twentieth] *adj* العشرون [al-ʕiʃruːna]
**twenty** ['twɛntɪ] *number* عشرون [ʕiʃruːna]
**twice** [twaɪs] *adv* مرتين [marratajni]
**twin** [twɪn] *n* توأم [tawʔam]; **twin beds** *npl* سريرين منفصلين [Sareerayn monfaṣelayen]; **twin room** *n* غرفة مزدوجة [Ghorfah mozdawajah]; **twin-bedded room** *n* غرفة مزودة بأسرة مزدوجة [Ghorfah mozawadah be-aserah mozdawajah]
**twinned** ['twɪnd] *adj* مزدوج [muzdawaʒ]
**twist** [twɪst] *v* يلوي [jalwiː]
**twit** [twɪt] *n* يَسْخَر من [Yaskhar men]
**two** [tuː] *num* اثنين [iθnajni]
**type** [taɪp] *n* نوع [nawʕ] ▷ *v* يُصَنِف [jusˤannifu]; **Have you cut my type of hair before?** هل قمت من قبل بقص شعري من نوع شعري [hal 'qumt min 'qabil be-'qaṣ sha'ar min naw'a sha'ary?]
**typewriter** ['taɪpˌraɪtə] *n* آلة كاتبة [aala katebah]
**typhoid** ['taɪfɔɪd] *n* مرض التيفود [Maraḍ al-tayfood]
**typical** ['tɪpɪkᵊl] *adj* نموذجي [namuːðaʒij]
**typist** ['taɪpɪst] *n* تايبِسْت [taːjbist]
**tyre** ['taɪə] *n* إطار العجلة [Eṭar al ajalah]; **spare tyre** *n* إطار إضافي [Eṭar eḍafy]

# U

**UFO** ['ju:fəʊ] *abbr* جسم غامض [ʒismun ɣa:midˤun]
**Uganda** [ju:'gændə] *n* أوغندا [ʔu:ɣanda:]
**Ugandan** [ju:'gændən] *adj* أوغندي [ʔu:ɣandij] ▷ *n* أوغندي [ʔu:ɣandij]
**ugly** ['ʌglɪ] *adj* قبيح [qabi:ħ]
**UK** [ju: keɪ] *n* المملكة المتحدة [Al-mamlakah al-motahedah]
**Ukraine** [ju:'kreɪn] *n* أوكرانيا [ʔu:kra:nja:]
**Ukrainian** [ju:'kreɪnɪən] *adj* أوكراني [ʔu:kra:nij] ▷ *n (language)* اللغة الأوكرانية [Al loghah al okraneiah], *(person)* أوكراني [ʔu:kra:nij]
**ulcer** ['ʌlsə] *n* قرحة [qurħa]
**Ulster** ['ʌlstə] *n* مقاطعة أولستر [muqa:tˤaʕatun ʔu:lstr]
**ultimate** ['ʌltɪmɪt] *adj* أقصى [ʔaqsˤa:]
**ultimately** ['ʌltɪmɪtlɪ] *adv* حتمياً [ħatmi:an]
**ultimatum** [ˌʌltɪ'meɪtəm] *n* إنذار [ʔinða:r]
**ultrasound** ['ʌltrəˌsaʊnd] *n* موجات فوق صوتية [mawʒa:tun fawqa sˤawtijjatin]
**umbrella** [ʌm'brɛlə] *n* مظلة [mizˤalla]
**umpire** ['ʌmpaɪə] *n* حَكَم [ħakam]
**UN** [ju: ɛn] *abbr* الأمم المتحدة [Al-omam al-motahedah]
**unable** [ʌn'eɪbᵊl] *adj*; **unable to** *adj* عاجز [ʕa:ʒizun]
**unacceptable** [ˌʌnək'sɛptəbᵊl] *adj* غير مقبول [Ghayr ma'qool]
**unanimous** [ju:'nænɪməs] *adj* إجماعي [ʔiʒma:ʕij]
**unattended** [ˌʌnə'tɛndɪd] *adj* بدون مُرافق [Bedon morafe'q]
**unavoidable** [ˌʌnə'vɔɪdəbᵊl] *adj* متعذر تجنبه [Mota'adhar tajanobah]
**unbearable** [ʌn'bɛərəbᵊl] *adj* لا يحتمل [La yaḥtamel]
**unbeatable** [ʌn'bi:təbᵊl] *adj* لا يقهر [La yo'qhar]
**unbelievable** [ˌʌnbɪ'li:vəbᵊl] *adj* لايصدق [la:jusˤaddaq]
**unbreakable** [ʌn'breɪkəbᵊl] *adj* غير قابل للكسر [Ghayr 'qabel lelkasr]
**uncanny** [ʌn'kænɪ] *adj* غريب [ɣari:b]
**uncertain** [ʌn'sɜ:tᵊn] *adj* غير واثق [Ghayr wathe'q]
**uncertainty** [ʌn'sɜ:tᵊntɪ] *n* عدم التأكد ['adam al-taakod]
**unchanged** [ʌn'tʃeɪndʒd] *adj* غير متغير [Ghayr motaghayer]
**uncivilized** [ʌn'sɪvɪˌlaɪzd] *adj* غير متحضر [ghayer motahaḍer]
**uncle** ['ʌŋkᵊl] *n* عَمّ [ʕamm]
**unclear** [ʌn'klɪə] *adj* غير واضح [Ghayr waḍeḥ]
**uncomfortable** [ʌn'kʌmftəbᵊl] *adj* غير مريح [Ghaeyr moreeḥ]
**unconditional** [ˌʌnkən'dɪʃənᵊl] *adj* غير مشروط [Ghayr mashrooṭ]
**unconscious** [ʌn'kɒnʃəs] *adj* فاقد الوعي [Fa'qed al-wa'aey]
**uncontrollable** [ˌʌnkən'trəʊləbᵊl] *adj* متعذر التحكم فيه [Mota'adher al-tahakom feeh]
**unconventional** [ˌʌnkən'vɛnʃənᵊl] *adj* غير تقليدي [Gheer ta'qleedey]
**undecided** [ˌʌndɪ'saɪdɪd] *adj* غير مفصول فيه [Ghaey mafṣool feeh]
**undeniable** [ˌʌndɪ'naɪəbᵊl] *adj* لا يمكن

إنكاره [La yomken enkareh]
**under** ['ʌndə] *prep* تحت [taħta]
**underage** [ˌʌndər'eɪdʒ] *adj* قاصر [qaːsˤir]
**underestimate** [ˌʌndərɛstɪ'meɪt] *v* يَسْتَخِف [jastaxiffu]
**undergo** [ˌʌndə'gəʊ] *v* يَتحمل [jataħammalu]
**undergraduate** [ˌʌndə'grædjʊɪt] *n* طالب لم يتخرج بعد [ṭ aleb lam yatakharaj ba'aad]
**underground** *adj* ['ʌndəˌgraʊnd]تحت سطح الأرض [Taht saṭh al arḍ] ▷ *n* ['ʌndəˌgraʊnd]سكة حديد تحت الأرض [Sekah hadeed taht al-arḍ]
**underline** [ˌʌndə'laɪn] *v* يَرسِم خطا تحت [Yarsem khaṭan taḥt]
**underneath** [ˌʌndə'niːθ] *adv* في الأسفل [Fee al-asfal] ▷ *prep* أسفل
**underpaid** [ˌʌndə'peɪd] *adj* مدفوع بأقل من القيمة [Madfoo'a be-a'qal men al-q'eemah]
**underpants** ['ʌndəˌpænts] *npl* سِروال تحتي [Serwaal taḥtey]
**underpass** ['ʌndəˌpɑːs] *n* مَمَر سُفْلي [Mamar sofley]
**underskirt** ['ʌndəˌskɜːt] *n* تنورة تحتية [Tanorah taḥteyah]
**understand** [ˌʌndə'stænd] *v* يَفْهَم [jafhamu]
**understandable** [ˌʌndə'stændəbᵊl] *adj* مفهوم [mafhuːm]
**understanding** [ˌʌndə'stændɪŋ] *adj* متفهم [mutafahhim]
**undertaker** ['ʌndəˌteɪkə] *n* حانوتي [ħaːnuːtij]
**underwater** ['ʌndə'wɔːtə] *adv* تحت الماء [Taḥt al-maa]
**underwear** ['ʌndəˌwɛə] *n* ملابس داخلية [Malabes dakheleyah]
**undisputed** [ˌʌndɪ'spjuːtɪd] *adj* مُسَلّم به [Mosalam beh]
**undo** [ʌn'duː] *v* يَفُك [jafukku]
**undoubtedly** [ʌn'daʊtɪdlɪ; un'doubtedly] *adv* يَقينا [jaqiːnan]
**undress** [ʌn'drɛs] *v* يُعَرّي [juʕarriː]
**unemployed** [ˌʌnɪm'plɔɪd] *adj* عاطل عن العمل ['aatel 'aan al-'aamal]
**unemployment** [ˌʌnɪm'plɔɪmənt] *n* بطالة [bitˤaːla]
**unexpected** [ˌʌnɪk'spɛktɪd] *adj* غير متوقع [Ghayer motwa'qa'a]
**unexpectedly** [ˌʌnɪk'spɛktɪdlɪ] *adv* على نحو غير متوقع [Ala naḥw motawa'qa'a]
**unfair** [ʌn'fɛə] *adj* جائر [ʒaːʔir]
**unfaithful** [ʌn'feɪθfʊl] *adj* خائن [xaːʔin]
**unfamiliar** [ˌʌnfə'mɪljə] *adj* غير مألوف [Ghayer maaloof]
**unfashionable** [ʌn'fæʃənəbᵊl] *adj* غير مواكب للموضة [Ghayr mowakeb lel-moḍah]
**unfavourable** [ʌn'feɪvərəbᵊl; -'feɪvrə-] *adj* معاد [muʕaːd]
**unfit** [ʌn'fɪt] *adj* غير صالح [Ghayer Ṣaleḥ]
**unforgettable** [ˌʌnfə'gɛtəbᵊl] *adj* لا يمكن نسيانه [La yomken nesyanh]
**unfortunately** [ʌn'fɔːtʃənɪtlɪ] *adv* لسوء الحظ [Le-soa al-haḍh]
**unfriendly** [ʌn'frɛndlɪ] *adj* غير ودي [Ghayr wedey]
**ungrateful** [ʌn'greɪtfʊl] *adj* عاق [ʕaːqq]
**unhappy** [ʌn'hæpɪ] *adj* تعيس [taʕiːs]
**unhealthy** [ʌn'hɛlθɪ] *adj* غير صحي [Ghayr sshey]
**unhelpful** [ʌn'hɛlpfʊl] *adj* غير مفيد [Ghayr mofeed]
**uni** ['juːnɪ] *n* أحادي [ʔuħaːdij]
**unidentified** [ˌʌnaɪ'dɛntɪˌfaɪd] *adj* غير محدد الهوية [Ghayr mohadad al-haweyah]
**uniform** ['juːnɪˌfɔːm] *n* زي رسمي [Zey rasmey]; **school uniform** *n* زي مدرسي موحد [Zey madrasey mowaḥad]
**unimportant** [ˌʌnɪm'pɔːtᵊnt] *adj* غير هام [Ghayr ham]
**uninhabited** [ˌʌnɪn'hæbɪtɪd] *adj* غير مسكون [Ghayr maskoon]
**unintentional** [ˌʌnɪn'tɛnʃənᵊl] *adj* غير متعمد [Ghayr mota'amad]
**union** ['juːnjən] *n* اتحاد [ittiħaːd];

**European Union** *n* الاتحاد الأوروبي [Al-tehad al-orobey]; **trade union** *n* نقابة العمال [Ne'qabat al-'aomal]
**unique** [juːˈniːk] *adj* فريد [fariːd]
**unit** [ˈjuːnɪt] *n* وحدة [waħda]
**unite** [juːˈnaɪt] *v* يُوحد [juwaħħidu]
**United Kingdom** [juːˈnaɪtɪd ˈkɪŋdəm] *n* المملكة المتحدة [Al-mamlakah al-motahedah]
**United States** [juːˈnaɪtɪd steɪts] *n* الولايات المتحدة [Al-welayat al-motḥedah al-amreekeyah]
**universe** [ˈjuːnɪˌvɜːs] *n* كَوْن [kawn]
**university** [ˌjuːnɪˈvɜːsɪtɪ] *n* جامعة [ʒaːmiʕa]
**unknown** [ʌnˈnəʊn] *adj* غير معروف [Gheyr ma'aroof]
**unleaded** [ʌnˈlɛdɪd] *n* خلو من الرصاص [Khelow men al-raṣaṣ]; **unleaded petrol** *n* بنزين خالي من الرصاص [Benzene khaly men al- raṣaṣ]
**unless** [ʌnˈlɛs] *conj* إلا إذا [Elaa edha]
**unlike** [ʌnˈlaɪk] *prep* مختلف عن [Mokhtalef an]
**unlikely** [ʌnˈlaɪklɪ] *adj* غير محتمل [Ghaeyr moḥtamal]
**unlisted** [ʌnˈlɪstɪd] *adj* غير مُدرَّج [Ghayer modraj]
**unload** [ʌnˈləʊd] *v* يُفْرغ حمولة [Yofaregh ḥomolah]
**unlock** [ʌnˈlɒk] *v* يَفْتَح القفل [Yaftaḥ al-'qafl]
**unlucky** [ʌnˈlʌkɪ] *adj* غير محظوظ [Ghayer mahḍhooḍh]
**unmarried** [ʌnˈmærɪd] *adj* غير متزوج [Ghayer motazawej]
**unnecessary** [ʌnˈnɛsɪsərɪ; -ɪsrɪ] *adj* غير ضروري [Ghayer ḍarorey]
**unofficial** [ˌʌnəˈfɪʃəl] *adj* غير رسمي [Ghayer rasmey]
**unpack** [ʌnˈpæk] *v* يَفُك [jafuku]
**unpaid** [ʌnˈpeɪd] *adj* غير مسدد [Ghayr mosadad]
**unpleasant** [ʌnˈplɛzᵊnt] *adj* غير سار [Ghayr sar]
**unplug** [ʌnˈplʌg] *v* يَنزَع القابس الكهربائي [janzaʕu alqaːbusi alkahrabaːʔijji]
**unpopular** [ʌnˈpɒpjʊlə] *adj* غير محبوب [Ghaey maḥboob]
**unprecedented** [ʌnˈprɛsɪˌdɛntɪd] *adj* جديد [ʒadiːd]
**unpredictable** [ˌʌnprɪˈdɪktəbᵊl] *adj* لا يمكن التنبؤ به [La yomken al-tanaboa beh]
**unreal** [ʌnˈrɪəl] *adj* غير حقيقي [Ghayer ha'qee'qey]
**unrealistic** [ˌʌnrɪəˈlɪstɪk] *adj* غير واقعي [Ghayer wa'qe'aey]
**unreasonable** [ʌnˈriːznəbᵊl] *adj* غير معقول [Ghear ma'a'qool]
**unreliable** [ˌʌnrɪˈlaɪəbᵊl] *adj* غير جدير بالثقة [Ghaayr jadeer bel-the'qa]
**unroll** [ʌnˈrəʊl] *v* يَبْسِط [jabsitˤu]
**unsatisfactory** [ˌʌnsætɪsˈfæktərɪ; -trɪ] *adj* غير مرضي [Ghayr marḍa]
**unscrew** [ʌnˈskruː] *v* يَفُكّ اللولب [Yafek al-lawlab]
**unshaven** [ʌnˈʃeɪvᵊn] *adj* غير حليق [Ghayr ḥalee'q]
**unskilled** [ʌnˈskɪld] *adj* غير بارع [gheer bare'a]
**unstable** [ʌnˈsteɪbᵊl] *adj* غير مستقر [Ghayr mosta'qer]
**unsteady** [ʌnˈstɛdɪ] *adj* متقلب [mutaqalibb]
**unsuccessful** [ˌʌnsəkˈsɛsfʊl] *adj* غير ناجح [ghayr najeḥ]
**unsuitable** [ʌnˈsuːtəbᵊl; ʌnˈsjuːt-] *adj* غير مناسب [Ghayr monaseb]
**unsure** [ʌnˈʃʊə] *adj* غير متأكد [Ghayer moaakad]
**untidy** [ʌnˈtaɪdɪ] *adj* غير مُرتب [Ghayer moratb]
**untie** [ʌnˈtaɪ] *v* يحُل [jaħullu]
**until** [ʌnˈtɪl] *conj* حتى [ħattaː] ▷ *prep* إلى أنْ
**unusual** [ʌnˈjuːʒʊəl] *adj* غير معتاد [Ghayer mo'ataad]
**unwell** [ʌnˈwɛl] *adj* معتل [muʕtal]
**unwind** [ʌnˈwaɪnd] *v* يَفُكّ [jafukku]
**unwise** [ʌnˈwaɪz] *adj* غير حكيم [Ghayer hakeem]

**unwrap** [ʌn'ræp] *v* يَفُض [jafudˤdˤu]
**unzip** [ʌn'zɪp] *v* يفتح النشاط [Yaftah nashaṭ]
**up** [ʌp] *adv* عالياً [ʕa:lijan]
**upbringing** ['ʌp,brɪŋɪŋ] *n* تربية [tarbija]
**update** *n* ['ʌp,deɪt]يَجعَله عصريا [Tej'aalah 'aṣreyan] ▷ *v* [ʌp'deɪt]يَجعَله عصريا [Tej'aalah 'aṣreyan]
**upgrade** [ʌp'greɪd] *n*; **I want to upgrade my ticket** أريد تغيير تذكرتي إلى درجة أعلى [areed taghyeer tadhkeraty ela daraja a'ala]
**uphill** ['ʌp'hɪl] *adv* قائم على مرتفع ['qaem ala mortafa'a]
**upper** ['ʌpə] *adj* فوقي [fawqi:]
**upright** ['ʌp,raɪt] *adv* عموديا [ʕamu:dijan]
**upset** *adj* [ʌp'sɛt]قَلِق [qalaq] ▷ *v* [ʌp'sɛt]يَنْقَلِب [janqalibu]
**upside down** ['ʌp,saɪd daʊn] *adv* مقلوب رأسا على عقب [Ma'qloob raasan 'ala 'aa'qab]
**upstairs** ['ʌp'stɛəz] *adv* بالأعلى [Bel'aala]
**uptight** [ʌp'taɪt] *adj* عصبي جداً ['aṣabey jedan]
**up-to-date** [ʌptʊdeɪt] *adj* مُحَدَث [muħaddiθ]
**upwards** ['ʌpwədz] *adv* صاعداً [sˤa:ʕidan]
**uranium** [jʊ'reɪnɪəm] *n* يورانيوم [ju:ra:nju:mi]
**urgency** ['ɜ:dʒənsɪ] *n* أهمية مُلحة [Ahameiah molehah]
**urgent** ['ɜ:dʒənt] *adj* مُلِحّ [milħ]
**urine** ['jʊərɪn] *n* بَوْل [bawl]
**URL** [ju: ɑ: ɛl] *n* محدد مكان الموارد الموحد [muħaddidun maka:n almuwa:rid almuwaħħad]
**Uruguay** ['jʊərə,gwaɪ] *n* أوروجواي [uwru:ʒwa:j]
**Uruguayan** [,jʊərə'gwaɪən] *adj* أوروجواياني [ʔu:ru:ʒwa:ja:ni:] ▷ *n* الأوروجواياني [al-ʔu:ru:ʒwa:ja:ni:]
**us** [ʌs] *pron* نا [na:]; **We'd like to see nobody but us all day!** لا نريد أن نرى أي شخص آخر غيرنا طوال اليوم! [la nureed an nara ay shakhṣ akhar ghyrana ṭewaal al-yawm!]
**US** [ju: ɛs] *n* الولايات المتحدة [Al-welayat al-motḥedah al-amreekeyah]
**USA** [ju: ɛs eɪ] *n* الولايات المتحدة الأمريكية [Alwelayat almotahdah al amrikiyah]
**use** *n* [ju:s]استخدام [istixda:mu] ▷ *v* [ju:z]يَستخدِم [jastaxdimu]; **It is for my own personal use** إنه للاستخدام الشخصي [inaho lel-estikhdam al-shakhṣi]
**used** [ju:zd] *adj* مُستَخدَم [mustaxdamu]
**useful** ['ju:sfʊl] *adj* نافع [na:fiʕ]
**useless** ['ju:slɪs] *adj* عديم الجدوى ['aadam al-jadwa]
**user** ['ju:zə] *n* مُستَخْدِم [mustaxdim]; **Internet user** *n* مُستَخدِم الانترنت [Mostakhdem al-enternet]
**user-friendly** ['ju:zə,frɛndlɪ] *adj* سهل الاستخدام [Sahl al-estekhdam]
**use up** [ju:z ʌp] *v* يَستهلك كليةً [Yastahlek koleyatan]
**usual** ['ju:ʒʊəl] *adj* معتاد [muʕta:d]; **Is it usual to give a tip?** هل من المعتاد إعطاء بقشيش؟ [hal min al-mu'a-taad e'aṭaa ba'q-sheesh?]
**usually** ['ju:ʒʊəlɪ] *adv* عادة [ʕa:datun]
**U-turn** ['ju:,tɜ:n] *n* ملف على شكل حرف U [Malaf 'ala shakl ḥarf U]
**Uzbekistan** [,ʌzbɛkɪ'stɑ:n] *n* أوزباكستان [ʔu:zba:kista:n]

# V

**vacancy** ['veɪkənsɪ] *n* عطلة [ʕutˤla]
**vacant** ['veɪkənt] *adj* شاغِر [ʃa:ɣir]
**vacate** [və'keɪt] *v* يجلو عن مكان [Yajloo 'an al-makaan]
**vaccinate** ['væksɪˌneɪt] *v* يُلَقِح [julaqqiħu]
**vaccination** [ˌvæksɪ'neɪʃən] *n* تلقيح [talqi:ħ]
**vacuum** ['vækjʊəm] *v* يُنَظِف بمكنسة كهربائية [junazˤzˤifu bimiknasatin kahraba:ʔijjatin]; **vacuum cleaner** *n* مكنسة كهربائية [Meknasah kahrobaeyah]
**vague** [veɪg] *adj* مبهم [mubham]
**vain** [veɪn] *adj* تافه [ta:fih]
**valid** ['vælɪd] *adj* مَشروع [maʃru:ʕ]
**valley** ['vælɪ] *n* وادي [wa:di:]
**valuable** ['væljʊəbᵊl] *adj* نفيس [nafi:s]
**valuables** ['væljʊəbᵊlz] *npl* نَفَائِس [nafa:ʔisun]
**value** ['vælju:] *n* قيمة [qi:ma]
**vampire** ['væmpaɪə] *n* مصاص دماء [Maṣaṣ demaa]
**van** [væn] *n* جناح [ʒana:ħ]; **breakdown van** *n* عربة الأعطال ['arabat al-a'ataal]; **removal van** *n* شاحِنة نقل [Shahenat na'ql]
**vandal** ['vændᵊl] *n* مخرب [muxarrib]
**vandalism** ['vændəˌlɪzəm] *n* تَخْريب [taxri:b]
**vandalize** ['vændəˌlaɪz] *v* يُخَرِب الممتلكات العامة والخاصة عن عمد [Yokhareb al-momtalakat al-'aaamah 'an 'amd]
**vanilla** [və'nɪlə] *n* فانيليا [fa:ni:lja:]
**vanish** ['vænɪʃ] *v* يَغيب عن الأنظار [Yagheeb 'an al-anḍhaar]
**variable** ['vɛərɪəbᵊl] *adj* قابل للتغيير ['qabel lel-tagheyer]
**varied** ['vɛərɪd] *adj* معدل [muʕaddal]
**variety** [və'raɪɪtɪ] *n* تنوع [tanawwuʕ]
**various** ['vɛərɪəs] *adj* مختلف [muxtalif]
**varnish** ['vɑːnɪʃ] *n* ورنيش [warni:ʃu] ▷ *v* يُصْقِل [jasˤqulu]; **nail varnish** *n* طلاء أظافر [Ṭelaa aḍhafer]
**vary** ['vɛərɪ] *v* يُغَيِر [juɣajjiru]
**vase** [vɑːz] *n* زهرية [zahrijja]
**VAT** [væt] *abbr* ضريبة القيمة المضافة [dˤari:batu alqi:mati almudˤa:fati]; **Is VAT included?** هل يكون شاملاً ضريبة القيمة المضافة؟ [hal yakoon sha-melan ḍare-bat al-'qema al-muḍafa?]
**Vatican** ['vætɪkən] *n* الفاتيكان [al-fa:ti:ka:ni]
**vault** [vɔːlt] *n*; **pole vault** *n* قفز بالزانة ['qafz bel-zanah]
**veal** [viːl] *n* لحم عجل [Laḥm 'aejl]
**vegan** ['viːgən] *n* نباتي [naba:tij]; **Do you have any vegan dishes?** هل يوجد أي أطباق نباتية؟ [hal yujad ay aṭbaa'q nabat-iya?]
**vegetable** ['vɛdʒtəbᵊl] *n* خضار [xudˤa:r]
**vegetarian** [ˌvɛdʒɪ'tɛərɪən] *adj* نباتي [naba:tij] ▷ *n* نباتي [naba:tij]; **Do you have any vegetarian dishes?** هل يوجد أي أطباق نباتية؟ [hal yujad ay aṭbaa'q nabat-iya?]
**vegetation** [ˌvɛdʒɪ'teɪʃən] *n* حياة نباتية [Hayah Nabateyah]
**vehicle** ['viːɪkᵊl] *n* عَرَبة [ʕaraba]
**veil** [veɪl] *n* خمار [xima:r]
**vein** [veɪn] *n* وريد [wari:d]
**Velcro®** ['vɛlkrəʊ] *n* فيلكرو® [fi:lkru:]
**velvet** ['vɛlvɪt] *n* نُعُومة [nuʕu:ma]

**vendor** ['vɛndɔː] *n* بائع [baːʔiʕ]
**Venezuela** [ˌvɛnɪ'zweɪlə] *n* فنزويلا [finzwiːlaː]
**Venezuelan** [ˌvɛnɪ'zweɪlən] *adj* فنزويلي [finizwiːliː] ▷ *n* فنزويلي [finizwiːliː]
**venison** ['vɛnɪzᵊn; -sᵊn] *n* لحم غزال [Laḥm ghazal]
**venom** ['vɛnəm] *n* سُمّ [summ]
**ventilation** [ˌvɛntɪ'leɪʃən] *n* تهوية [tahwijatin]
**venue** ['vɛnjuː] *n* مكان الحوادث [Makan al-ḥawadeth]
**verb** [vɜːb] *n* فعل [fiʕl]
**verdict** ['vɜːdɪkt] *n* حُكم المحلفين [Hokm al-mohallefeen]
**versatile** ['vɜːsəˌtaɪl] *adj* متعدد الجوانب [Mota'aded al-jawaneb]
**version** ['vɜːʃən; -ʒən] *n* نسخة [nusxa]
**versus** ['vɜːsəs] *prep* ضد [dˤiddun]
**vertical** ['vɜːtɪkᵊl] *adj* رَأسي [raʔsij]
**vertigo** ['vɜːtɪˌɡəʊ] *n* دُوار [duwaːr]
**very** ['vɛrɪ] *adv* جداً [ʒidan]
**vest** [vɛst] *n* صدرة [sˤadra]
**vet** [vɛt] *n* طبيب بيطري [Ṭabeeb bayṭareey]
**veteran** ['vɛtərən; 'vɛtrən] *adj* محنك [muħannak] ▷ *n* محارب قديم [Moḥareb 'qadeem]
**veto** ['viːtəʊ] *n* حق الرفض [Ha'q al-rafḍ]
**via** ['vaɪə] *prep* عن طريق [An ṭaree'q al-khaṭaa]
**vicar** ['vɪkə] *n* قِسْ [qiss]
**vice** [vaɪs] *n* رذيلة [raðiːla]
**vice versa** ['vaɪsɪ 'vɜːsə] *adv* والعكس كذلك [Wal-'aaks kaḍalek]
**vicinity** [vɪ'sɪnɪtɪ] *n* منطقة مجاورة [Menta'qat mojawerah]
**vicious** ['vɪʃəs] *adj* أثيم [ʔaθiːm]
**victim** ['vɪktɪm] *n* ضحية [dˤaħijja]
**victory** ['vɪktərɪ] *n* نصر [nasˤr]
**video** ['vɪdɪˌəʊ] *n* فيديو [fiːdjuː]; **video camera** *n* كاميرا فيديو [Kamera fedyo]
**videophone** ['vɪdɪəˌfəʊn] *n* هاتف مرئي [Hatef mareay]
**Vietnam** [ˌvjɛt'næm] *n* فيتنام [fiːtnaːm]
**Vietnamese** [ˌvjɛtnə'miːz] *adj* فيتنامي [fiːtnaːmij] ▷ *n (language)* اللغة الفيتنامية [Al-loghah al-fetnameyah], *(person)* شخص فيتنامي [Shakhṣ fetnamey]
**view** [vjuː] *n* منظر [manzˤar]
**viewer** ['vjuːə] *n* مشاهد التلفزيون [Moshahadat al-telefezyon]
**viewpoint** ['vjuːˌpɔɪnt] *n* وجهة نظر [Wejhat naḍhar]
**vile** [vaɪl] *adj* وَضيع [wadˤiːʕ]
**villa** ['vɪlə] *n* فيلا [fiːlaː]; **I'd like to rent a villa** أريد فيلا للإيجار [areed villa lil-eejar]
**village** ['vɪlɪdʒ] *n* قرية [qarja]
**villain** ['vɪlən] *n* شِرِّير [ʃirriːr]
**vinaigrette** [ˌvɪneɪ'ɡrɛt] *n* صَلْصَة السَّلَطَة [sˤalsˤatu assalatˤati]
**vine** [vaɪn] *n* كَرْمَة العنب [Karmat al'aenab]
**vinegar** ['vɪnɪɡə] *n* خل [xall]
**vineyard** ['vɪnjəd] *n* كَرْم [karam]
**viola** [vɪ'əʊlə] *n* آلة الفيولا الموسيقية [aalat al veiola al mose'qeiah]
**violence** ['vaɪələns] *n* عنف [ʕunf]
**violent** ['vaɪələnt] *adj* عنيف [ʕaniːf]
**violin** [ˌvaɪə'lɪn] *n* آلة الكَمَان الموسيقية [Aalat al-kaman al-moose'qeyah]
**violinist** [ˌvaɪə'lɪnɪst] *n* عازف الكمان ['aazef al-kaman]
**virgin** ['vɜːdʒɪn] *n* عذراء [ʕaðraːʔ]
**Virgo** ['vɜːɡəʊ] *n* العذراء [al-ʕaðraːʔi]
**virtual** ['vɜːtʃʊəl] *adj* واقعي [waːqiʕij]; **virtual reality** *n* واقع افتراضي [Wa'qe'a eftraḍey]
**virus** ['vaɪrəs] *n* فيروس [fiːruːs]
**visa** ['viːzə] *n* فيزا [fiːzaː]
**visibility** [ˌvɪzɪ'bɪlɪtɪ] *n* وضوح [wudˤuːħ]
**visible** ['vɪzɪbᵊl] *adj* مرئي [marʔij]
**visit** ['vɪzɪt] *n* زيارة [zijaːra] ▷ *v* يَزور [jazuːru]; **visiting hours** *npl* ساعات الزيارة [Sa'at al-zeyadah]; **Can we visit the castle?** أيمكننا زيارة القلعة؟ [a-yamkun-ana zeyarat al-'qal'aa?]; **Do we have time to visit the town?** هل الوقت متاح لزيارة المدينة؟ [hal al-wa'qt muaaḥ le-ziyarat al-madeena?]; **I'm here visiting friends** أنا هنا لزيارة أحد الأصدقاء [ʔana: huna: lizija:ratin ʔaħada

alʔasˤdiqa:ʔa]; **We'd like to visit...** نريد زيارة... [nureed ze-yarat...]
**visitor** ['vɪzɪtə] *n* زائر [za:ʔir]; **visitor centre** *n* مركز زائري [Markaz zaerey]
**visual** ['vɪʒʊəl; -zjʊ-] *adj* بصري [basˤarij]
**visualize** ['vɪʒʊə,laɪz; -zjʊ-] *v* يَتَصور [jatasˤawwaru]
**vital** ['vaɪtᵊl] *adj* حيوي [ħajawij]
**vitamin** ['vɪtəmɪn; 'vaɪ-] *n* فيتامين [fi:ta:mi:n]
**vivid** ['vɪvɪd] *adj* لامِع [la:miʕ]
**vocabulary** [və'kæbjʊlərɪ] *n* مُفردات اللغة [Mofradat Al-loghah]
**vocational** [vəʊ'keɪʃənᵊl] *adj* مهني [mihanij]
**vodka** ['vɒdkə] *n* فودكا [fu:dka:]
**voice** [vɔɪs] *n* صوت [sˤawt]
**voicemail** ['vɔɪs,meɪl] *n* بريد صوتي [Bareed ṣawṭey]
**void** [vɔɪd] *adj* باطل [ba:tˤil] ▷ *n* فَراغ [fara:ɣ]
**volcano, volcanoes** [vɒl'keɪnəʊ, vɒl'keɪnəʊz] *n* بركان [burka:n]
**volleyball** ['vɒlɪ,bɔ:l] *n* كرة طائرة [Korah Ṭaayeara]
**volt** [vəʊlt] *n* حركة دائرية [ħarakatun da:ʔirijja]
**voltage** ['vəʊltɪdʒ] *n* جهد كهربي [Jahd kahrabey]
**volume** ['vɒlju:m] *n* حَجْم [ħaʒm]
**voluntarily** ['vɒləntərɪlɪ] *adv* بشكل متعمد [Be-shakl mota'amad]
**voluntary** ['vɒləntərɪ; -trɪ] *adj* طَوْعي [tˤawʕij]
**volunteer** [,vɒlən'tɪə] *n* متطوع [mutatˤawwiʕ] ▷ *v* يتطوع [jatatˤawwaʕu]
**vomit** ['vɒmɪt] *v* يَتقيأ [jataqajjaʔu]
**vote** [vəʊt] *n* تصويت [tasˤwi:t] ▷ *v* يُصَوِت [jusˤawwitu]
**voucher** ['vaʊtʃə] *n* إيصال [ʔi:sˤa:l]; **gift voucher** *n* قسيمة هدية ['qaseemat hadeyah]
**vowel** ['vaʊəl] *n* حرف متحرك [ħurfun mutaħarrik]
**vulgar** ['vʌlgə] *adj* سُوقي [su:qij]
**vulnerable** ['vʌlnərəbᵊl] *adj* قابل للجرح ['qabel lel-jarh]
**vulture** ['vʌltʃə] *n* نسر [nasr]

# W

**wafer** ['weɪfə] *n* رقاقة [ruqa:qa]
**waffle** ['wɒfᵊl] *n* وَافِل [wa:fil] ▷ *v* يَرغي في الكلام [Yarghey fel kalaam]
**wage** [weɪdʒ] *n* أجْر [ʔaʒr]
**waist** [weɪst] *n* خَصر [xasˤr]
**waistcoat** ['weɪsˌkəʊt] *n* صدرية [sˤadrijja]
**wait** [weɪt] *v* يَتَوَقَّع [jatawaqqaʕu]; **wait for** *v* ينتظر [jantazˤiru]; **waiting list** *n* قائمة انتظار ['qaemat enteḍhar]; **waiting room** *n* غرفة انتظار [Ghorfat enteḍhar]
**waiter** ['weɪtə] *n* نادل [na:dil]
**waitress** ['weɪtrɪs] *n* نادلة [na:dila]
**wait up** [weɪt ʌp] *v* يُطيل السهر [Yoṭeel alsaḥar]
**waive** [weɪv] *v* يَتنازَل عن [Tetnazel 'an]
**wake up** [weɪk ʌp] *v* يَستيقظ [jastajqizˤu]
**Wales** [weɪlz] *n* ويلز [wi:lzu]
**walk** [wɔːk] *n* مُشوار [miʃwa:r] ▷ *v* يَمْشي [jamʃi:]
**walkie-talkie** [ˌwɔːkɪ'tɔːkɪ] *n* جهاز راديو للإرسال والاستقبال [ʒiha:zu ra:diju: lil?irsa:li wa ali:stiqba:li]
**walking** ['wɔːkɪŋ] *n* مَشي [maʃj]; **walking stick** *n* عصا المشي ['asaa almashey]
**walkway** ['wɔːkˌweɪ] *n* ممشى [mamʃa:]
**wall** [wɔːl] *n* جدار [ʒida:r]
**wallet** ['wɒlɪt] *n* محفظة [miħfazˤa]; **My wallet has been stolen** لقد سرقت محفظة نقودي [la'qad sore'qat meḥ-faḍhat ni-'qoody]
**wallpaper** ['wɔːlˌpeɪpə] *n* ورق حائط [Wara'q ḥaeṭ]
**walnut** ['wɔːlˌnʌt] *n* جوز [ʒawz]
**walrus** ['wɔːlrəs; 'wɒl-] *n* حيوان الفَظ [Ḥayawan al-fadh]
**waltz** [wɔːls] *n* رقصة الفالس [Ra'qṣat al-fales] ▷ *v* يَرقص الفالس [Yar'qos al-fales]
**wander** ['wɒndə] *v* يتجول [jataʒawwalu]
**want** [wɒnt] *v* يُريد [juri:du]
**war** [wɔː] *n* حرب [ħarb]; **civil war** *n* حرب أهلية [Ḥarb ahleyah]
**ward** [wɔːd] *n (area)* دائرة من مدينة [Dayrah men madeenah], *(hospital room)* جناح من مستشفى [Janah men al-mostashfa]
**warden** ['wɔːdᵊn] *n* وَصِيّ [wasˤij]; **traffic warden** *n* شُرطي المرور [Shrṭey al-moror]
**wardrobe** ['wɔːdrəʊb] *n* خزانة الثياب [Khezanat al-theyab]
**warehouse** ['wɛəˌhaʊs] *n* مستودع [mustawdaʕu]
**warm** [wɔːm] *adj* دافئ [da:fiʔ]
**warm up** [wɔːm ʌp] *v* يُسَخِّن [jusaxxinu]
**warn** [wɔːn] *v* يُحذِر [juħaððiru]
**warning** ['wɔːnɪŋ] *n* تحذير [taħði:r]; **hazard warning lights** *npl* أضواء التحذير من الخطر [Aḍwaa al-tahdheer men al-khaṭar]
**warranty** ['wɒrəntɪ] *n* كفالة [kafa:la]
**wart** [wɔːt] *n* نتوء صغير [Netoa ṣagheer]
**wash** [wɒʃ] *v* يَغْسِل [jaɣsilu]; **car wash** *n* غسيل سيارة [ghaseel sayaarah]
**washable** ['wɒʃəbᵊl] *adj*; **machine washable** *adj* قابل للغسل في الغسالة ['qabel lel-ghaseel fee al-ghassaalah]; **Is it washable?** هل هذا يمكن غسله؟ [hal hadha yamken ghas-loho?]
**washbasin** ['wɒʃˌbeɪsᵊn] *n* حوض الغسل

[Hawḍ al-ghaseel]
**washing** ['wɒʃɪŋ] *n* غسيل [ɣassi:l]; **washing line** *n* خط الغسيل [Khat al-ghaseel]; **washing machine** *n* غسَّالَة [ɣassa:latun]; **washing powder** *n* مسحوق الغسيل [Masḥoo'q alghaseel]; **Do you have washing powder?** هل لديك مسحوق غسيل [hal ladyka mas-ḥoo'q ghaseel?]
**washing-up** ['wɒʃɪŋʌp] *n* غسيل الأطباق [ghaseel al-atba'q]; **washing-up liquid** *n* سائل غسيل الأطباق [Saael ghaseel al-aṭba'q]
**wash up** [wɒʃ ʌp] *v* يَغْسِل الأطباق [Yaghsel al-aṭbaa'q]
**wasp** [wɒsp] *n* دبور [dabu:r]
**waste** [weɪst] *n* فضلات [fadˤala:t] ▷ *v* يُبَدِد [jubaddidu]
**watch** [wɒtʃ] *n* ساعة يدوية [Saa'ah yadaweyah] ▷ *v* يُشاهد [juʃa:hidu]; **digital watch** *n* ساعة رقمية [Sa'aah ra'qameyah]
**watch out** [wɒtʃ aʊt] *v* يَحْترِس [jaħtarisu]
**water** ['wɔːtə] *n* مياه [mijja:hu] ▷ *v* يَروي [jarwi:]; **drinking water** *n* مياه الشرب [Meyah al-shorb]; **mineral water** *n* مياه معدنية [Meyah ma'adaneyah]; **sea water** *n* مياه البحر [Meyah al-baḥr]; **sparkling water** *n* مياه فوارة [Meyah fawarah]; **watering can** *n* رشاش مياه [Rashah meyah]; **How deep is the water?** كم يبلغ عمق المياه؟ [kam yablugh 'aom'q al-meah?]; **Is hot water included in the price?** هل يشمل السعر توفير المياه الساخنة؟ [hal yash-mil al-si'ar taw-feer al-me-yah al-sakhina?]; **There is no hot water** لا توجد مياه ساخنة [La tojad meyah sakhena]
**watercolour** ['wɔːtə,kʌlə] *n* لون مائي [Lawn maaey]
**watercress** ['wɔːtə,krɛs] *n* قرة العين ['qorat al-'ayn]
**waterfall** ['wɔːtə,fɔːl] *n* شَلَّال [ʃalla:l]
**watermelon** ['wɔːtə,mɛlən] *n* بطيخة [batˤi:xa]
**waterproof** ['wɔːtə,pruːf] *adj* مقاوم للمياه [Mo'qawem lel-meyah]
**water-skiing** ['wɔːtə,skiːɪŋ] *n* تَزَلُج على المياه [Tazaloj 'ala al-meyah]
**wave** [weɪv] *n* موجة [mawʒa] ▷ *v* يُلوِح [julawwiħu]
**wavelength** ['weɪv,lɛŋθ] *n* طول الموجة [Ṭool al-majah]
**wavy** ['weɪvɪ] *adj* متموج [mutamawwiʒ]
**wax** [wæks] *n* شمع [ʃamʕ]
**way** [weɪ] *n* سبيل [sabi:l]; **right of way** *n* حق المرور [Ha'q al-moror]
**way in** [weɪ ɪn] *n* ممر دخول [Mamar dokhool]
**way out** [weɪ aʊt] *n* منفذ خروج [Manfaz khoroj]
**we** [wiː] *pron* نحن
**weak** [wiːk] *adj* ضعيف [dˤaʕi:f]
**weakness** ['wiːknɪs] *n* ضعف [dˤiʕfa]
**wealth** [wɛlθ] *n* ثروة [θarwa]
**wealthy** ['wɛlθɪ] *adj* ثري [θarij]
**weapon** ['wɛpən] *n* سلاح [sila:ħ]
**wear** [wɛə] *v* يَرتدي [jartadi:]
**weasel** ['wiːzᵊl] *n* ابن عرسة [ibnu ʕarusatin]
**weather** ['wɛðə] *n* طقس [tˤaqs]; **weather forecast** *n* توقعات حالة الطقس [Tawa'qo'aat ḥalat al-ṭaqs]; **What awful weather!** ما هذا الطقس السيئ [Ma hadha al-ṭa'qs al-sayea]
**web** [wɛb] *n* شبكة عنكبوتية [Shabakah 'ankaboteyah]; **web address** *n* عنوان الويب ['aonwan al-web]; **web browser** *n* متصفح شبكة الإنترنت [Motaṣafeḥ shabakat al-enternet]
**webcam** ['wɛb,kæm] *n* كاميرا الانترنت [Kamera al-enternet]
**webmaster** ['wɛb,mɑːstə] *n* مُصَمِم موقع [Moṣamem maw'qe'a]
**website** ['wɛb,saɪt] *n* موقع الويب [Maw'qe'a al-weeb]
**webzine** ['wɛb,ziːn] *n* منشور الكتروني [Manshoor elektrooney]
**wedding** ['wɛdɪŋ] *n* زِفَاف [zifa:f]; **wedding anniversary** *n* عيد الزواج

['aeed al-zawaj]; **wedding dress** *n* فستان الزفاف [Fostaan al-zefaf]; **wedding ring** *n* خاتم الزواج [Khatem al-zawaj]
**Wednesday** ['wɛnzdɪ] *n* الأربعاء [al-ʔarbiʕa:ʔi]; **Ash Wednesday** *n* أربعاء الرماد [Arba'aa alramad]; **on Wednesday** في يوم الأربعاء [fee yawm al-arbe-'aa]
**weed** [wi:d] *n* عشبة ضارة ['aoshabah ḍarah]
**weedkiller** ['wi:d,kɪlə] *n* مبيد الأعشاب الضارة [Mobeed al'ashaab al-ḍarah]
**week** [wi:k] *n* أسبوع [ʔusbu:ʕ]; **a week ago** منذ أسبوع [mundho isboo'a]; **How much is it for a week?** كم تبلغ التكلفة الأسبوعية؟ [kam tablugh al-taklifa al-isboo-'aiya?]; **last week** الأسبوع الماضي [al-esboo'a al-maaḍy]; **next week** الأسبوع التالي [al-esboo'a al-taaly]
**weekday** ['wi:k,deɪ] *n* يوم في الأسبوع [Yawm fee al-osboo'a]
**weekend** [,wi:k'ɛnd] *n* عطلة أسبوعية ['aoṭlah osboo'ayeah]
**weep** [wi:p] *v* يَنْتَحب [jantaħibu]
**weigh** [weɪ] *v* يَزِن [jazinu]
**weight** [weɪt] *n* وَزْن [wazn]
**weightlifter** ['weɪt,lɪftə] *n* رافع الأثقال [Rafe'a al-ath'qaal]
**weightlifting** ['weɪt,lɪftɪŋ] *n* رفع الأثقال [Raf'a al-th'qaal]
**weird** [wɪəd] *adj* عجيب [ʕaʒi:b]
**welcome** ['wɛlkəm] *n* ترحيب [tarħi:b] ▷ *v* يَحْتَفي بـ [Yaḥtafey be]; **welcome!** *excl* مرحبا [marħaban]
**well** [wɛl] *adj* حَسَن [ħasan] ▷ *adv* كُلِيَّةً [kulijjatun] ▷ *n* بئر [biʔr]; **oil well** *n* بئر بترول [Beear betrol]
**well-behaved** ['wɛlbɪ'heɪvd] *adj* حسن السلوك [Ḥasen al-solook]
**wellies** ['wɛlɪz] *npl* حذاء برقبة [Hedhaa be-ra'qabah]
**wellingtons** ['wɛlɪŋtənz] *npl* حذاء برقبة [Hedhaa be-ra'qabah]
**well-known** ['wɛl'nəʊn] *adj* مشهور [maʃhu:r]
**well-off** ['wɛl'ɒf] *adj* حسن الأحوال [Hosn al-ahwaal]
**well-paid** ['wɛl'peɪd] *adj* حسن الدخل [Hosn al-dakhl]
**Welsh** [wɛlʃ] *adj* ويلزي [wi:lzij] ▷ *n* ويلزي [wi:lzij]
**west** [wɛst] *adj* غربي [ɣarbij] ▷ *adv* غرباً [ɣarban] ▷ *n* غَرْب [ɣarb]; **West Indian** *n* ساكن الهند الغربية [Saken al-hend al-gharbeyah]; **West Indies** *npl* جزر الهند الغربية [Jozor al-hend al-gharbeyah]
**westbound** ['wɛst,baʊnd] *adj* متجه غرباً [Motajeh gharban]
**western** ['wɛstən] *adj* غربي [ɣarbij] ▷ *n* وسترن [Western]
**wet** [wɛt] *adj* مبتل [mubtal]
**wetsuit** ['wɛt,su:t] *n* بدلة الغوص [Badlat al-ghawṣ]
**whale** [weɪl] *n* حوت [ħu:t]
**what** [wɒt; wət] *adj* أيّ ▷ *pron* ما [ma:]; **What do you do?** ماذا تعمل؟ [madha ta'amal?]; **What is it?** ما هذا؟ [ma hatha?]; **What is the word for...?** ما هي الكلمة التي تعني... [ma heya al-kalema al-laty ta'any...?]
**wheat** [wi:t] *n* قمح [qamħ]; **wheat intolerance** *n* حساسية القمح [Ḥasaseyah al-'qamḥ]
**wheel** [wi:l] *n* عجلة [ʕaʒala]; **spare wheel** *n* عجلة إضافية ['aagalh eḍafeyah]; **steering wheel** *n* عجلة القيادة ['aagalat al-'qeyadh]
**wheelbarrow** ['wi:l,bærəʊ] *n* عجلة اليد ['aagalat al-yad]
**wheelchair** ['wi:l,tʃɛə] *n* كرسي بعجلات [Korsey be-'ajalat]
**when** [wɛn] *adv* متى [mata:] ▷ *conj* عندما; **When does it begin?** متى يبدأ العمل هنا؟ [mata yabda al-'aamal huna?]; **When does it finish?** متى ينتهي العمل هنا؟ [mata yan-tahy al-'aamal huna?]; **When is it due?** متى سيحين الموعد؟ [mata sa-ya-ḥeen al-maw'aid?]
**where** [wɛə] *adv* أين [ʔajna] ▷ *conj* حيث [ħajθu]; **Where are we?** أين نحن الآن؟

[ayna naḥno al-aan?]; **Where are you from?** من أين أنت؟ [min ayna anta?]; **Where are you staying?** أين تقيم؟ [Ayn to'qeem?]; **Where can we meet?** أين يمكن أن نتقابل؟ [ayna yamken an nata-'qabal?]; **Where can you go...?** أين يمكن الذهاب لـ...؟ [ayna yamken al-dhehaab le...?]; **Where do I pay?** أين يتم الدفع؟ [ayna yatim al-daf'a?]; **Where do I sign?** أين مكان التوقيع؟ [ayna makan al-taw'qe'a?]; **Where is...?** أين يوجد...؟ [ayna yujad...?]; **Where is the gents?** أين يوجد حمام الرجال؟ [Ayn yojad ḥamam al-rejal]

**whether** ['wɛðə] *conj* سواء

**which** [wɪtʃ] *pron* أيّ، أيّة [ayyat]

**while** [waɪls] *conj* حينما ▷ *n* فترة وجيزة [Fatrah wajeezah]

**whip** [wɪp] *n* سَوط [sawtˤ]; **whipped cream** *n* كريمة مخفوقة [Keremah makhfoo'qah]

**whisk** [wɪsk] *n* مَضْرَب [midˤrabu]

**whiskers** ['wɪskəz] *npl* شَوَارِب [ʃawa:ribun]

**whisky** ['wɪskɪ] *n* وِسْكي [wiski:]; **malt whisky** *n* ويسكي الشعير المجفف [Weskey al-she'aeer al-mojafaf]

**whisper** ['wɪspə] *v* يهمس [jahmisu]

**whistle** ['wɪsᵊl] *n* صُفّارة [sˤaffa:ra] ▷ *v* يُصَفِر [jusˤaffiru]

**white** [waɪt] *adj* أبيض [ʔabjadˤ]; **egg white** *n* بياض البيض [Bayaḍ al-bayḍ]; **a carafe of white wine** دورق من النبيذ الأبيض [dawra'q min al-nabeedh al-abyaḍ]

**whiteboard** ['waɪt,bɔːd] *n* لوحة بيضاء [Looḥ bayḍaa]

**whitewash** ['waɪt,wɒʃ] *v* يبيض [jubajjidˤu]

**whiting** ['waɪtɪŋ] *n* سمك الأبيض [Samak al-abyaḍ]

**who** [huː] *pron* مَنْ [man]

**whole** [həʊl] *adj* سليم [sali:m] ▷ *n* وحدة كاملة [Weḥdah kamelah]

**wholefoods** ['həʊl,fuːdz] *npl* أغذية متكاملة [Aghzeyah motakamelah]

**wholemeal** ['həʊl,miːl] *adj* طحين الاسمر [tˤaħi:nu ila:smari]

**wholesale** ['həʊl,seɪl] *adj* جملي [ʒumalij] ▷ *n* بيع بالجملة [Bay'a bel-jomlah]

**whom** [huːm] *pron* مَنْ [man]

**whose** [huːz] *adj* خاص به [Khaṣ beh] ▷ *pron* لمن

**why** [waɪ] *adv* لماذا [lemadha]

**wicked** ['wɪkɪd] *adj* كريه [kari:h]

**wide** [waɪd] *adj* عريض [ʕari:dˤ] ▷ *adv* عريضا [ʕari:dˤun]

**widespread** ['waɪd,sprɛd] *adj* منتشر [muntaʃir]

**widow** ['wɪdəʊ] *n* أرملة [ʔarmala]

**widower** ['wɪdəʊə] *n* أرمل [ʔarmal]

**width** [wɪdθ] *n* اتساع [ittisa:ʕ]

**wife, wives** [waɪf, waɪvz] *n* زوجة [zawʒa]

**WiFi** [waɪ faɪ] *n* ماركة واي فاي خاصة بالتكنولوجيا التحتية للشبكات المحلية اللاسلكية [ma:rikatun wa ajji fa:j xa:sˤatin bittiknu:lu:ʒija: attaħtijjati liʃʃabakti almaħallijjati alla:silkijjati]

**wig** [wɪg] *n* باروكة [ba:ru:ka]

**wild** [waɪld] *adj* بري [barij]

**wildlife** ['waɪld,laɪf] *n* حياة برية [Hayah bareyah]

**will** [wɪl] *n (document)* وَصْية [wasˤijja], *(motivation)* إرادة [ʔira:da]

**willing** ['wɪlɪŋ] *adj* مستعد [mustaʕidd]

**willingly** ['wɪlɪŋlɪ] *adv* عن طيب خاطر [An ṭeeb khaṭer]

**willow** ['wɪləʊ] *n* شجرة الصِفْصَاف [Shajart al-ṣefṣaf]

**willpower** ['wɪl,paʊə] *n* قوة الإرادة ['qowat al-eradah]

**wilt** [wɪlt] *v* يَذْبُل [jaðbulu]

**win** [wɪn] *v* يفوز [jafu:zu]

**wind**[1] [wɪnd] *n* رياح [rijja:ħ] ▷ *vt (with a blow etc.)* يُهَوي [juhawi:]

**wind**[2] [waɪnd] *v (coil around)* يُهَوي [juhawi:]

**windmill** ['wɪnd,mɪl; 'wɪn,mɪl] *n* طاحونة هواء [taḥoonat hawaa]

**window** ['wɪndəʊ] *n* نافذة [na:fiða];

**shop window** *n* واجهة العرض في المتجر [Wagehat al-'aarḍ fee al-matjar]; **window pane** *n* لوح زجاجي [Loḥ zojajey]; **window seat** *n* مقعد بجوار النافذة [Ma'q'aad bejwar al-nafedhah]; **I can't open the window** لا يمكنني فتح النافذة [la yam-kinuni faitḥ al-nafitha]; **I'd like a window seat** أريد مقعد بجوار النافذة [areed ma'q'aad be-jewar al-nafedha]; **May I close the window?** هل يمكن أن أغلق النافذة؟ [hal yamken an aghli'q al-nafidha?]; **May I open the window?** هل يمكن أن أفتح النافذة؟ [hal yamken an aftaḥ al-nafidha?]

**windowsill** ['wɪndəʊˌsɪl] *n* عتبة النافذة ['aatabat al-nafedhah]

**windscreen** ['wɪndˌskriːn] *n* الزجاج الأمامي [Al-zojaj al-amamy]; **windscreen wiper** *n* ماسحة زجاج السيارة [Masehat zojaj sayarh]; **Could you clean the windscreen?** أيمكنك تنظيف الزجاج الأمامي من فضلك؟ [a-yamkun-ika tanḍheef al-zujaj al-ama-me min faḍlak?]; **The windscreen is broken** لقد تحطم الزجاج الأمامي [la'qad taḥa-ṭama al-zujaj al-amamy]

**windsurfing** ['wɪndˌsɜːfɪŋ] *n* تَزَلُج شِرَاعِي [Tazaloj shera'aey]

**windy** ['wɪndɪ] *adj* مذرو بالرياح [Madhro bel-reyah]

**wine** [waɪn] *n* خمر [xamr]; **house wine** *n* خمر هاوس واين [Khamr hawees wayen]; **red wine** *n* نبيذ أحمر [nabeedh aḥmar]; **table wine** *n* خَمْر الطعام [Khamr al-ṭa'aam]; **wine list** *n* قائمة خمور ['qaemat khomor]; **This stain is wine** هذه البقعة بقعة خمر [hathy al-bu'q-'aa bu'q-'aat khamur]; **This wine is not chilled** هذا الخمر ليس مثلج [hatha al-khamur lysa muthal-laj]

**wineglass** ['waɪnˌglɑːs] *n* زجاجة الخمر [Zojajat al-khamr]

**wing** [wɪŋ] *n* جناح [ʒanaːħ]; **wing mirror** *n* مرآة جانبية [Meraah janebeyah]

**wink** [wɪŋk] *v* يَغْمِز [jaɣmizu]

**winner** ['wɪnə] *n* شخص فائز [Shakhṣ faaez]

**winning** ['wɪnɪŋ] *adj* فائز [faːʔiz]

**winter** ['wɪntə] *n* الشتاء [aʃ-ʃitaːʔi]; **winter sports** *npl* رياضات شتوية [Reyḍat shetweyah]

**wipe** [waɪp] *v* يَمْسَح [jamsaħu]; **baby wipe** *n* منديل أطفال [Mandeel aṭfaal]

**wipe up** [waɪp ʌp] *v* يَمْسَح [jamsaħu]

**wire** [waɪə] *n* سِلك [silk]; **barbed wire** *n* سِلك شائك [Selk shaaek]

**wisdom** ['wɪzdəm] *n* حِكمة [ħikma]; **wisdom tooth** *n* ضرس العقل [Ḍers al-a'aql]

**wise** [waɪz] *adj* حكيم [ħakiːm]

**wish** [wɪʃ] *n* أمنية [ʔumnijja] ▷ *v* يَتمَنى [jatamannaː]

**wit** [wɪt] *n* فِطنَة [fitˤna]

**witch** [wɪtʃ] *n* ساحرة [saːħira]

**with** [wɪð; wɪθ] *prep* مع [maʕa]; **Can I leave a message with his secretary?** هل يمكنني ترك رسالة مع السكرتير الخاص به؟ [hal yamken -any tark resala ma'aa al-sikertair al-khaṣ behe?]; **It's been a pleasure working with you** من دواعي سروري العمل معك [min dawa-'ay siro-ry al-'aamal ma'aak]

**withdraw** [wɪð'drɔː] *v* يَسحَب [jasħabu]

**withdrawal** [wɪð'drɔːəl] *n* إنسِحاب [ʔinsiħaːb]

**within** [wɪ'ðɪn] *prep (space)* داخل [Dakhel], *(term)* داخل [Dakhel]

**without** [wɪ'ðaʊt] *prep* بدون [biduːni]; **I'd like it without..., please** أحب تناوله بدون...من فضلك [aḥib tana-wilaho be-doon... min faḍlak]

**witness** ['wɪtnɪs] *n* شاهد [ʃaːhid]; **Jehovah's Witness** *n* طائفة شهود يهوه المسيحية [Ṭaaefat shehood yahwah al-maseyheyah]

**witty** ['wɪtɪ] *adj* فَطِن [fatˤin]

**wolf, wolves** [wʊlf, wʊlvz] *n* ذئب [ðiʔb]

**woman, women** ['wʊmən, 'wɪmɪn] *n* امرأة [imraʔa]

**wonder** ['wʌndə] *v* يَتَعجب [jataʕaʒʒabu]

**wonderful** ['wʌndəfʊl] *adj* عجيب

[ʕaʒiːb]
**wood** [wʊd] *n (forest)* غابة [ɣaːba], *(material)* خشب [xaʃab]
**wooden** ['wʊdᵊn] *adj* خشبي [xaʃabij]
**woodwind** ['wʊd,wɪnd] *n* آلة نفخ موسيقية [Aalat nafkh mose'qeyah]
**woodwork** ['wʊd,wɜːk] *n* أعمال الخشب [A'amal al khashab]
**wool** [wʊl] *n* صوف [sˤuːf]; **cotton wool** *n* قطن طبي ['qoṭn ṭebey]
**woollen** ['wʊlən] *adj* صوفي [sˤuːfij]
**woollens** ['wʊlənz] *npl* أنسجة صوفية [Ansejah ṣoofeyah]
**word** [wɜːd] *n* كلمة [kalima]; **all one word** كلمة واحدة فقط [kilema waḥeda fa'qaṭ]; **What is the word for...?** ما هي الكلمة التي تعني... [ma heya al-kalema al-laty ta'any...?]
**work** [wɜːk] *n* عمل [ʕamal] ▷ *v* يَعمَل [jaʕmalu]; **work experience** *n* خبرة العمل [Khebrat al'aamal]; **work of art** *n* عمل فني ['amal faney]; **work permit** *n* تصريح عمل [Taṣreeh 'amal]; **work station** *n* محطة عمل [Mahaṭat 'aamal]; **How does the ticket machine work?** كيف تعمل ماكينة التذاكر؟ [kayfa ta'amal makenat al-tathaker?]; **How does this work?** كيف يعمل هذا؟ [Kayfa ya'amal hatha?]; **I hope we can work together again soon** أتمنى أن نستطيع معاودة العمل سويًا في وقت قريب [ata-mana an nasta-ṭee'a mo'aawadat al-'aamal sa-waian fee wa'qt 'qareeb]; **I work in a factory** أعمل في أحد المصانع [A'amal fee aḥad al-maṣaane'a]; **I'm here for work** أنا هنا للعمل [ana huna lel-'aamal]; **The... doesn't work properly** إن... لا يعمل كما ينبغي [enna... la ya'amal kama yanbaghy]; **The air conditioning doesn't work** التكيف لا يعمل [al-tak-yeef la ya'amal]; **The brakes don't work** الفرامل لا تعمل [Al-faramel la ta'amal]; **The flash is not working** إن الفلاش لا يعمل [enna al-flaash la ya'amal]; **The gears are not working** ناقل السرعات لا يعمل [na'qil al-sur'aat la ya'amal]; **This doesn't work** هذا لا يعمل كما ينبغي [hatha la-ya'amal kama yan-baghy]; **Where do you work?** أين تعمل؟ [ayna ta'amal?]
**worker** ['wɜːkə] *n* عامل [ʕaːmil]; **social worker** *n* أخصائي اجتماعي [Akhṣey ejtema'ay]
**workforce** ['wɜːk,fɔːs] *n* قوة العاملة ['qowah al-'aamelah]
**working-class** ['wɜːkɪŋklɑːs] *adj* طبقة عاملة [Ṭaba'qah 'aaamelah]
**workman, workmen** ['wɜːkmən, 'wɜːkmɛn] *n* عَامِل [ʕaːmil]
**work out** [wɜːk aʊt] *v* يَحُل [jaħullu]
**workplace** ['wɜːk,pleɪs] *n* محل العمل [Maḥal al-'aamal]
**workshop** ['wɜːk,ʃɒp] *n* ورشة العمل [Warshat al-'aamal]
**workspace** ['wɜːk,speɪs] *n* مكان العمل [Makan al-'amal]
**workstation** ['wɜːk,steɪʃən] *n* مكان عمل [Makan 'aamal]
**world** [wɜːld] *n* عالم [ʕaːlam]; **Third World** *n* العالم الثالث [Al-'aalam al-thaleth]; **World Cup** *n* كأس العالم [Kaas al-'aalam]
**worm** [wɜːm] *n* دُودَة [duːda]
**worn** [wɔːn] *adj* رَث [raθθ]
**worried** ['wʌrɪd] *adj* قَلِق [qalaq]
**worry** ['wʌrɪ] *v* يَقْلَق [jaqlaqu]
**worrying** ['wʌrɪɪŋ] *adj* مقلق [muqliq]
**worse** [wɜːs] *adj* أسوأ [ʔaswaʔ] ▷ *adv* على نحو أسوأ [Ala nahw aswaa]
**worsen** ['wɜːsᵊn] *v* يَجعله أسوأ [Tej'aalah aswaa]
**worship** ['wɜːʃɪp] *v* يَعْبُد [jaʕbudu]
**worst** [wɜːst] *adj* الأسوأ [Al-aswaa]
**worth** [wɜːθ] *n* قيمة مالية ['qeemah maleyah]
**worthless** ['wɜːθlɪs] *adj* عديم القيمة ['adeem al-'qeemah]
**would** [wʊd; wəd] *v*; **I would like to wash the car** أريد أن أغسل السيارة [areed an aghsil al-sayara]; **We would like to go cycling** أريد ممارسة رياضة

ركوب الدراجات [areed mu-ma-rasat reyadat rikoob al-darrajaat]
**wound** [wu:nd] *n* جرح [ʒurħ] ▷ *v* يجرح [jaʒraħu]
**wrap** [ræp] *v* يُغَلِف [juɣallifu]; **wrapping paper** *n* ورق التغليف [Wara'q al-taghleef]
**wrap up** [ræp ʌp] *v* يُغَلِف [juɣallifu]
**wreck** [rɛk] *n* خراب [xara:b] ▷ *v* يُحطِم [juħatˤimu]
**wreckage** ['rɛkɪdʒ] *n* حطام [ħutˤa:m]
**wren** [rɛn] *n* طائر الغطاس [Taayer al-ghaṭas]
**wrench** [rɛntʃ] *n* مفتاح ربط وفك الصواميل [Meftaḥ rabṭ wafak al-ṣawameel] ▷ *v* يُحَرِف [juħarrifu]
**wrestler** ['rɛslə] *n* مُصارع [musˤa:riʕ]
**wrestling** ['rɛslɪŋ] *n* مصارعة [musˤa:raʕa]
**wrinkle** ['rɪŋkᵊl] *n* تجعيد [taʒʕi:d]
**wrinkled** ['rɪŋkᵊld] *adj* متجعد [mutaʒaʕid]
**wrist** [rɪst] *n* معصم [miʕsˤam]
**write** [raɪt] *v* يَكْتُب [jaktubu]
**write down** [raɪt daʊn] *v* يُدَوِن [judawwinu]
**writer** ['raɪtə] *n* الكاتب [Al-kateb]
**writing** ['raɪtɪŋ] *n* كتابة [kita:ba]; **writing paper** *n* ورقة كتابة [Wara'qat ketabah]
**wrong** [rɒŋ] *adj* خاطئ [xa:tˤiʔ] ▷ *adv* على نحو خاطئ [Ala nahwen khaṭea]; **wrong number** *n* رقم خطأ [Ra'qam khaṭaa]

# X

**Xmas** ['ɛksməs; 'krɪsməs] *n* كريسماس [kri:sma:s]
**X-ray** [ɛksreɪ] *n* صورَةٌ شُعاعِيَّة [Ṣewar sho'aeyah] ▷ *v* يصور بأشعة إكس [jasˤu:ru biʔaʃʕati ʔiks]
**xylophone** ['zaɪlə,fəʊn] *n* آلة الإكسيليفون الموسيقية [aalat al ekseelefon al mose'qeiah]

# Y

**yacht** [jɒt] *n* يخت [jaxt]
**yard** [jɑːd] *n (enclosure)* حظيرة [ħazˤiːra], *(measurement)* ياردة [jaːrda]
**yawn** [jɔːn] *v* يَتَثَاءب [jataθaːʔabu]
**year** [jɪə] *n* سَنَة [sana]; **academic year** *n* عام دراسي ['aam derasey]; **financial year** *n* سَنة مالية [Sanah maleyah]; **leap year** *n* سَنة كبيسة [Sanah kabeesah]; **New Year** *n* رَأس السَنَة [Raas alsanah]
**yearly** ['jɪəlɪ] *adj* كل سنة [Kol sanah] ▷ *adv* سنويا [sanawijan]
**yeast** [jiːst] *n* خَمِيرَة [xamiːra]
**yell** [jɛl] *v* يَهْتِف [jahtifu]
**yellow** ['jɛləʊ] *adj* أصفر [ʔasˤfar]; **Yellow Pages®** *npl* يلوبيدجز® [bloobeedjez®]
**Yemen** ['jɛmən] *n* اليَمَنُ [al-jamanu]
**yes** [jɛs] *excl* نعم [niʕma]
**yesterday** ['jɛstədɪ; -ˌdeɪ] *adv* أمس [ʔamsun]; **the day before yesterday** أمس الأول [ams al-a-wal]
**yet** [jɛt] *adv (interrogative)* حتى الآن [Ḥata alaan], *(with negative)* حتى الآن [Ḥata alaan] ▷ *conj (nevertheless)* حتى الآن [Ḥata alaan]
**yew** [juː] *n* شجر الطقسوس [Shajar al-ṭa'qsoos]
**yield** [jiːld] *v* يَهبُ [jahibu]
**yoga** ['jəʊgə] *n* يُوجَا [juːʒaː]
**yoghurt** ['jəʊgət; 'jɒg-] *n* زبادي [zabaːdij]
**yolk** [jəʊk] *n* صفار [sˤafaːr]
**you** [juː; jʊ] *pron (plural)* أنت [ʔanta], *(singular polite)* أنت [ʔanta], *(singular)* أنت [ʔanta]; **Are you alright?** هل أنت على ما يرام [hal anta 'aala ma yoraam?]
**young** [jʌŋ] *adj* شَاب [ʃaːbb]
**younger** [jʌŋə] *adj* أصغر [ʔasˤɣaru]
**youngest** [jʌŋɪst] *adj* الأصغر [al-ʔasˤɣaru]
**your** [jɔː; jʊə; jə] *adj (plural)* الخاص بك [alxaːsˤ bik], *(singular polite)* الخاص بك [alxaːsˤ bik], *(singular)* الخاص بك [alxaːsˤ bik]
**yours** [jɔːz; jʊəz] *pron (plural)* لك [lak], *(singular polite)* لك [lak], *(singular)* لك [lak]
**yourself** [jɔː'sɛlf; jʊə-] *pron* نفسك [Nafsek], *(intensifier)* نفسك [Nafsek], *(polite)* نفسك [Nafsek]
**yourselves** [jɔː'sɛlvz] *pron (intensifier)* أنفسكم [Anfosokom], *(polite)* أنفسكم [Anfosokom], *(reflexive)* أنفسكم [Anfosokom]
**youth** [juːθ] *n* شباب [ʃabaːb]; **youth club** *n* نادي الشباب [Nadey shabab]; **youth hostel** *n* دار الشباب [Dar al-shabab]

# Z

**Zambia** ['zæmbɪə] *n* زامبيا [za:mbja:]
**Zambian** ['zæmbɪən] *adj* زامبي [za:mbij] ▷ *n* زامبي [za:mbij]
**zebra** ['zi:brə; 'zɛbrə] *n* الحمار الوحشي [Al-hemar al-wahshey]; **zebra crossing** *n* ممر للمشاة ملون بالأبيض والأسود [Mamar lel-moshah molawan bel-abyaḍ wal-aswad]
**zero, zeroes** ['zɪərəʊ, 'zɪərəʊz] *n* صفر [sˤifr]
**zest** [zɛst] *n* *(excitement)* نَكْهة [nakha], *(lemon-peel)* نَكْهَة [nakha]
**Zimbabwe** [zɪm'bɑ:bwɪ; -weɪ] *n* زيمبابوي [zi:mba:bwij]
**Zimbabwean** [zɪm'bɑ:bwɪən; -weɪən] *adj* دولة زيمبابوي [Dawlat zembabway] ▷ *n* مواطن زيمبابوي [Mewaṭen zembabway]
**zinc** [zɪŋk] *n* زنك [zink]
**zip** [zɪp] *n* حيوية [ħajawijja]; **zip (up)** *v* يُغْلِق زِمام البنطلون [yoghle'q zemam albantaaloon]
**zit** [zɪt] *n* بثرة [baθra]
**zodiac** ['zəʊdɪ,æk] *n* دائرة البروج [Dayrat al-boroj]
**zone** [zəʊn] *n* منطقة [mintˤaqa]; **time zone** *n* نطاق زمني [Neṭa'q zamaney]
**zoo** [zu:] *n* حديقة الحيوان [Hadee'qat al-hayawan]
**zoology** [zəʊ'ɒlədʒɪ; zu:-] *n* علم الحيوان ['aelm al-hayawan]
**zoom** [zu:m] *n*; **zoom lens** *n* عدسة تكبير ['adasah mokaberah]
**zucchini** [tsu:'ki:nɪ; zu:-] *n* كوسة [ku:sa]

ARABIC-ENGLISH

عربي - إنجليزي

# ا

**ائتمان** [iʔtima:n] *n* credit, trust
**كارت ائتمان**
[Kart eateman] *n* credit card
**أب** [ʔab] *n* dad
**أب روحي**
[Af rooḥey] *n* godfather *(baptism)*
**زوجة الأب**
[Zawj al-aab] *n* stepmother
**إباحي** [ʔiba:ħij] *adj* pornographic
**فن إباحي**
[Fan ebaḥey] *n* pornography
**ابتاع** [ʔebta:ʕa] *v* purchase
**ابتدائي** [ibtida:ʔij] *adj* initial
**ابتز** [ʔebtazza] *v* blackmail
**ابتزاز** [ʔibtiza:z] *n* blackmail
**ابتسامة** [ʔibtisa:ma] *n* smile
**ابتسامة عريضة**
[Ebtesamah areeḍah] *n* grin
**ابتسم** [ʔebtasama] *v* smile
**ابتعِد** [ʔebtaʕida] *v*
**يبتعِد عن**
[Yabta'aed 'an] *v* keep out
**ابتكار** [ibtika:r] *n* innovation
**ابتكاري** [ibtika:rij] *adj* innovative
**ابتكر** [ʔebtakara] *v* devise
**ابتلع** [ʔebtalaʕa] *vi* swallow
**ابتهاج** [ibtiha:ʒ] *n* cheer

**ابتهج** [ʔebtahiʒa] *v* cheer
**أبجدية** [ʔabaʒadijja] *n* alphabet
**إبحار** [ʔibħa:r] *n*
**ما هو موعد الإبحار؟**
[ma howa maw-'aid al-ebḥar?] When do we sail?
**أبحر** [ʔabħara] *v* sail
**أبخِرَة** [ʔabxiratun] *npl* fumes
**أبدًا** [ʔabadan] *adv* always
**أنا لا أشرب الخمر أبدا**
[ana la ashrab al-khamr abadan] I never drink wine
**ابداء** [ibda:ʔ] *n* display
**إبداع** [ʔibda:ʕ] *n* creation
**أبْدِع** [ʔabdaʕa] *v* create
**أبدي** [ʔabda:] *v* present
**إبر** [ʔibar] *n*
**وخز بالإبر**
[Wakhz bel-ebar] *n* acupuncture
**إبرة** [ʔibra] *n* needle
**إبرة خياطة**
[Ebrat khayṭ] *n* knitting needle
**هل يوجد لديك إبرة وخيط؟**
[hal yujad ladyka ebra wa khyṭ?] Do you have a needle and thread?
**أبرشية** [ʔabraʃijja] *n* parish
**أبرم** [ʔabarama] *v* turn round
**ابريق** [ibri:qu] *n* pitcher
**ابريق القهوة**
[Abreeq al-'qahwah] *n* coffeepot
**ابريق** [ibri:q] *n* jug
**أبريل** [ʔabri:l] *n* April
**يوم كذبة أبريل**
[yawm kedhbat abreel] *n* April Fools' Day
**إبزيم** [ʔibzi:m] *n* buckle
**إبط** [ʔibitˤ] *n* armpit
**أبطأ** [ʔabtˤaʔa] *v* slow down
**أبطل** [ʔabtˤala] *vt* cancel
**أبعد** [ʔabʕada] *v* relegate
**أبكم** [ʔabkam] *adj* dumb ◁ *n* dummy
**أبلغ** [ʔablaɣa] *v* report
**يُبلغ عن**
[Yoballegh an] *v* inform
**أبله** [ʔablah] *n* idiot ◁ *adj* silly
**ابن** [ʔibn] *n* son

ابن الإبن
[Ebn el-ebn] *n* grandson
ابن الأخ
[Ebn al-akh] *n* nephew
زوجة الابن
[Zawj al-ebn] *n* daughter-in-law
إن ابني مفقود
[enna ibny maf-'qood] My son is missing
فقد ابني
[fo'qeda ibny] My son is lost
*n* [ʔibna] اِبْنَتْ
فقدت ابنتي
[fo'qedat ibnaty] My daughter is lost
daughter *n* [ibna] ابنة
daughter *n* [ʔibna] إبنة
زوج الإبنة
[Zawj al-ebnah] *n* son-in-law
*n* [ʔibha:m] إبهام
إبهام اليد
[Ebham al-yad] *n* thumb
Abu Dhabi *n* [ʔabu zˁabj] أبو ظبي
reject *v* [ʔaba:] أبَى
blank *n* ◁ white *adj* [ʔabjadˁ] أبيض
follow *vt* [ʔetbaʕa] اتبع
*v* [ʔettaʒaha] اتّجه
من فضلك، أي الأتوبيسات يتجه إلى...؟
[Men fadlek, ay al-otobeesaat yatjeh ela...] Excuse me, which bus goes to...?
هل يتجه هذا الأتوبيس إلى...؟
[hal yata-jih hadha al-baaṣ ela...?] Does this bus go to...?
هل يوجد أتوبيس يتجه إلى المطار؟
[Hal yojad otobees yatjeh ela al-maṭaar?] Is there a bus to the airport?
union *n* [ittiħa:d] اتحاد
الاتحاد الأوروبي
[Al-tehad al-orobey] *n* European Union
width *n* [ittisa:ʕ] اتساع
communication, contact *n* [ittisˁa:l] اتصال
اتصال هاتفي
[Eteṣal hatefey] *n* phonecall
كود الاتصال بمنطقة أو بلد
[Kod al-eteṣal bemanṭe'qah aw balad] *n* dialling code
نغمة الاتصال
[Naghamat al-eteṣal] *n* dialling tone
نظام الاتصال الداخلي
[nedhaam aleteṣaal aldakheley] *n* intercom
أين يمكنني الاتصال بك؟
[ayna yamken-any al-etiṣal beka?] Where can I contact you?
من الذي يمكن الاتصال به في حالة حدوث أي مشكلات؟
[man allaði: jumkinu alittisˁa:lu bihi fi: ħa:latin ħudu:θin ʔajji muʃkila:tin] Who do we contact if there are problems?
connection *n* [ʔittisˁsˁl] إتصال
الاتصالات السلكية
[Al-etṣalat al-selkeyah] *npl* telecommunications
contact, dial *v* [ʔettasˁala] اتصل
يَتَّصِل بـ
[Yataṣel be] *v* communicate
سوف أتصل بك غدا
[sawfa ataṣil beka ghadan] I'll call back tomorrow
من فضلك، اتصل بخدمة الأعطال
[min faḍlak, itaṣil be-khidmat al-e'ṭaal] Call the breakdown service, please
هل لي أن اتصل بالمنزل؟
[hal lee an ataṣil bil-manzil?] May I phone home?
agreement *n* [ʔittifa:q] إتفاق
master *v* [ʔatqana] أتقن
lean *v* [ʔettakaʔa] اتكأ
يَتَّكئ على
[Yatakea ala] *v* lean out
يَتَّكئ للأمام
[Yatakea lel-amam] *v* lean forward
*v* [ʔatamma] أتم
أين يتم تقديم الإفطار
[An yatem ta'qdeem al-efṭaar] Where is breakfast served?
هل يتم أخذ الدولارات؟
[hal yatum akhidh al-dolar-aat?] Do you take dollars?
هل يتم قبول بطاقات الائتمان؟

[hal yatum 'qubool be-ṭa'qaat al-eeteman?] Do you take credit cards?
accusation *n* [ittiha:m] **إتهام**
charge *vt* ◁ accuse *v* [ʔettahama] **اتهم** *(accuse)*
coach *n* [ʔatu:bi:s] **أتوبيس**
**أتوبيس المطار**
[Otobees al-maṭar] *n* airport bus
**أين توجد أقرب محطة للأتوبيس؟**
[Ayn tojad a'qrab maḥaṭah lel-otobees] Where is the nearest bus stop?
**أين توجد محطة الأتوبيس؟**
[ayna tojad muḥaṭat al-baaṣ?] Where is the bus station?
**أين يمكن استقلال الأتوبيس إلى...؟**
[Ayn yomken este'qlal al-otobees ela...?] Where do I get a bus for...?
**ما هو موعد الأتوبيس المتجه إلى المدينة؟**
[ma howa maw-'aid al-baaṣ al-mutajih ela al-madena?] When is the bus tour of the town?
**ما هي المسافة بيننا وبين محطة الأتوبيس؟**
[ma heya al-masafa bay-nana wa bayn muḥaṭat al- baaṣ?] How far are we from the bus station?
**من فضلك، أي الأتوبيسات يتجه إلى...؟**
[Men faḍlek, ay al-otobeesaat yatjeh ela...] Excuse me, which bus goes to...?
come *v* [ʔata:] **أتى**
**يأتي من**
[Yaatey men] *v* come from
furniture *n* [ʔaθa:θ] **أثاث**
*n* [ʔa:θa:r] **آثار**
**عالم آثار**
['aalem aathar] *n* archaeologist
**عِلم الآثار**
['Aelm al-aathar] *n* archaeology
proof *(for checking)* *n* [ʔiθba:t] **إثبات**
prove *v* [ʔaθbata] **أثبت**
*v* [ʔaθbatˤa] **أثبط**
**يُثبط من الهمة**
[yothabeṭ men al-hemah] *v* discourage
*n* [ʔa:θar] **آثر**

**آثار جانبية**
[Aathar janeebyah] *n* side effect
effect, trace, influence *n* [ʔaθar] **أثر**
**أثر القدم**
[Athar al'qadam] *n* footprint
affect *v* [ʔaθθara] **أثّر**
**يُؤثر في**
[Yoather fee] *v* impress, influence
archaeological *adj* [ʔaθarij] **أثري**
**نقوش أثرية**
[No'qoosh athareyah] *npl* graffiti
*number* [iθnata: ʕaʃara] **اثنا عشر** twelve
*v* [ʔaθna:] **أثنى**
**يُثني على**
[Yothney 'aala] *v* praise
two *number* [iθnajni] **إثنين**
vicious *adj* [ʔaθi:m] **أثيم**
Ethiopian *adj* [ʔiθju:bij] **إثيوبي**
**مواطن إثيوبي**
[Mowaṭen ethyobey] *n* Ethiopian
Ethiopia *n* [ʔiθju:bja:] **إثيوبيا**
must *v* [ʔajaʒaba] **أجاب**
**يَجب عليه**
[Yajeb alayh] *v* have to
**ما الذي يجب أن ألبسه؟**
[ma al-lathy yajib an al-basaho?] What should I wear?
answer, reply *v* [ʔaʒa:ba] **أجاب**
answer *n* [ʔiʒa:ba] **إجابة**
**هل يمكن أن ترسل لي الإجابة في رسالة؟**
[hal yamken an tarsil lee al-ejaba fee resala?] Can you text me your answer?
time off, holiday *n* [ʔaʒa:za] **أجازة**
**أجازة رعاية طفل**
[ajaazat re'aayat al ṭefl] *n* paternity leave
**أجازة عامة**
[ ajaaza a'mah] *n* public holiday
**أجازة لممارسة الأنشطة**
[ajaaza lemomarsat al 'anshe ṭah] *n* activity holiday
**أجازة مَرضِيّة**
[Ajaza maraḍeyah] *n* sick leave
**أجازة وضع**

[Ajazat wad'a] *n* maternity leave

**أجازة سعيدة**
[ejaaza sa'aeeda] Enjoy your holiday!

**أنا أقضي أجازة هنا**
[ana a'q-ḍy ejaza huna] I'm on holiday here

**أنا هنا في أجازة**
[ana huna fee ejasa] I'm here on holiday

**اجازة** leave *n* [ʔiʒaːza]

**أجبر** force *v* [ʔaʒbara]

**اجتاز** pass, go through *vt* [ʔeʒtaːza]

**اجتماع** assembly, *n* [ʔiʒtimaːʕ] meeting

**علم الاجتماع**
['aelm al-ejtema'a] *n* sociology

**اجتماع الشمل**
[Ejtem'a alshaml] *n* reunion

**اجتماعي** social *adj* [ʔiʒtimaːʕij]

**أخصائي اجتماعي**
[Akhṣey ejtema'ay] *n* social worker

**ضمان اجتماعي**
[Ḍaman ejtema'ay] *n* social security

**خدمات اجتماعية**
[Khadamat ejtem'aeyah] *npl* social services

**الحالة الاجتماعية**
[Al-halah al-ejtemaayah] *n* marital status

**شخص اجتماعي**
[Shakhṣ ejtema'ay] *adj* sociable

**شخص اجتماعي**
[Shakhṣ ejtema'ay] *adj* joiner

**اجتمع** get together, *v* [ʔeʒtamaʕa] gather, meet up

**اجتنب** spare *v* [ʔeʒtanaba]

**إجحاف** prejudice *n* [ʔiʒħaːf]

**أجر** fee (رسم) *n* [ʔaʒr]

**أجَّر** hire *(rental)* *n* [ʔaʒʒara]

**أجر** wage *n* [ʔaʒr]

**أجر** rent *v* [ʔaʒʒara]

**يُؤجِر منقولات**
[Yoajer man'qolat] *v* lease

**هل يمكن أن نؤجر أدوت التزلج هنا؟**
[hal yamken an no-ajer adawat al-tazal-oj huna?] Can we hire skis here?

**إجراء** *n* [ʔiʒraːʔu]

**أريد إجراء مكالمة تليفونية**
[areed ejraa mukalama talefonia] I want to make a phonecall

**هل يمكن أن أقوم بإجراء مكالمة تليفونية من هنا؟**
[hal yamken an a'qoom be-ijraa mukalama talefonia min huna?] Can I phone from here?

**أجرة** rental, price *n* [ʔuʒra]

**سيارة أجرة صغيرة**
[Sayarah ojrah ṣagherah] *n* minicab

**أجرة السفر**
[Ojrat al-safar] *n* fare

**أجرة البريد**
[ojrat al bareed] *n* postage

**ما هي أجرة التاكسي للذهاب إلى المطار؟**
[ma heya ejrat al-taxi lel-thehaab ela al-maṭaar?] How much is the taxi to the airport?

**أجرم** penalize, convict *v* [ʔaʒrama]

**أجرى** *v* [ʔaʒraː]

**يُجرَي عملية جراحية**
[Yojrey 'amaleyah jeraḥeyah] *v* operate *(to perform surgery)*

**أجل** *n* [ʔaʒl]

**ماذا يوجد هناك لأجل الأطفال؟**
[madha yujad hunaka le-ajel al-aṭfaal?] What is there for children to do?

**أجل** postpone *v* [aʒʒala]

**أجَل** term *(description)* *n* [ʔaʒal]

**أجلى** polish *v* [ʔaʒla]

**يجلو عن مكان**
[Yajloo 'an al-makaan] *v* vacate

**إجماع** consensus *n* [ʔiʒmaːʕ]

**إجماعي** unanimous *adj* [ʔiʒmaːʕij]

**إجمالي** total *n* ◁ total *adj* [ʔiʒmaːlij]

**أجمع** collect, sum *v* [ʔeʒmmaʕa] up, add up

**أجمع** round up *v* [ʔaʒamaʕ]

**أجنبي** alien, foreign *adj* [ʔaʒnabij] foreigner *n* ◁

**أجنحة** *npl* [ʔaʒniħatu]

**أجنحة عرض**

[Ajnehat 'arḍ] *n* stands
abortion *n* [ʔiʒhaːdˤ] **إجهاض**
**إجهاض تلقائي**
[Ejhaḍ tel'qaaey] *n* miscarriage
hollow *adj* [ʔaʒwaf] **أجوف**
university *adj* [ʔuħaːdij] **أحادي**
surround *v* [ʔaħaːtˤa] **أحاط**
*v* [ʔaħaba] **أحب**
**أحبك**
[aḥibak] I love you
**أنا أحب...**
[ana aḥib] I love...
**أنا لا أحب...**
[ana la oḥibo...] I don't like...
like *v* [ʔaħabba] **أحبّ**
depression *n* [ʔiħbaːtˤ] **إحباط**
crochet *v* [ʔaħabaka] **أحبك**
*v* [ʔeħtaːʒa] **احتاج**
**يَحتاج إلى**
[Taḥtaaj ela] *v* need
*v* [ʔiħtaːʒa ʔila] **احتاج إلى**
**أحتاج إلى الذهاب إلى طبيب أسنان**
[aḥtaaj ela al-dhehaab ela ṭabeeb asnaan] I need a dentist
**أحتاج إلى شخص يعتني بالأطفال ليلًا**
[aḥtaaj ela shakhiṣ y'atany be-al-aṭfaal laylan] I need someone to look after the children tonight
**هل تحتاج إلى أي شيء؟**
[hal taḥtaaj ela ay shay?] Do you need anything?
protest *n* [iħtiʒaːʒ] **احتجاج**
detention *n* [iħtiʒaːz] **احتجاز**
*n* [iħtiraːf] **احتراف**
**باحتراف**
[Beḥteraaf] *adv* professionally
five *n* [ʔiħtiraːq] **احتراق**
**شعلة الاحتراق**
[Sho'alat al-eḥtera'q] *n* pilot light
respect *n* [iħtiraːm] **احترام**
watch out *v* [ʔeħtarasa] **احترس**
*v* [ʔeħtaraqa] **احترَق**
**يَحترق عن آخره**
[Yaḥtare'q 'an aakherh] *vt* burn down
respect *v* [ʔeħtarama] **احترم**
keeping, *n* [ʔiħtifaːzˤ] **احتفاظ**
guarding
**هل يمكنني الاحتفاظ بمفتاح؟**
[hal yamken -any al-eḥtefaaḍh be-muftaaḥ?] Can I have a key?
**هل يمكنني الاحتفاظ بها؟**
[hal yamken -any al-eḥtefaaḍh beha? ] May I keep it?
celebration *n* [iħtifaːl] **احتفال**
reserve *v* [ʔiħtafizˤa] **احتفظ**
**يَحتَفظ ب**
[taḥtafeḍh be] *vt* hold
**احتفظ بالباقي**
[iḥ-tafuḍh bil-ba'qy] Keep the change
**لا تحتفظ بشحنها**
[la taḥtafiḍh be-shaḥ-neha] It's not holding its charge
**هل يمكنك أن تحتفظ لي بذلك؟**
[hal yamken -aka an taḥ-tafeḍh lee be-dhalik?] Could you hold this for me?
celebrate *v* [ʔeħtafala] **احْتفل**
*v* [ʔeħtafaː] **احْتَفي**
**يَحْتَفي بـ**
[Yaḥtafey be] *n* welcome
contempt *n* [iħtiqaːr] **احتقار**
congestion *n* [iħtiqaːn] **احتقان**
despise *v* [ʔeħtaqara] **احتقر**
monopoly *n* [iħtikaːr] **احتكار**
occupy *v* [ʔeħtalla] **احتل**
occupation *n* [iħtilaːl] **احتلال** *(invasion)*
probability *n* [iħtimaːlijja] **احتمالية**
*v* [ʔiħtamala] **احتمل**
**لا يحتمل**
[La yaḥtamel] *adj* unbearable
contain *v* [ʔeħtawaː] **احتوى**
*n* ◁ spare *adj* [ʔiħtijjaːtˤij] **احتياطي** reserve *(retention)*
fraud *n* [iħtijaːl] **احتيال**
negative *n* [ʔiħʒaːmu] **إحجام**
anyone *n* [ʔaħad] **أحد**
modernize *v* [juħaddiθu] **أحدث**
*number* [ʔaħada ʕaʃar] **أحد عشر** eleven
score *v* [ʔaħraza] **أحرز**
charity *n* [ʔiħsaːn] **إحسان**
improve *v* [ʔaħsana] **أحسن**

إحصاء [ʔiħsˤaːʔ] n
إحصاء رسمي
[Ehṣaa rasmey] n census
إحصائيات [ʔiħsˤaːʔijjaːt] n statistics
أحفاد [ʔaħfaːdun] npl grandchildren
حقا [ħaqqan] adv really
إحكام [ʔiħkaːmu] n precision, accuracy
هل يمكنك إحكام الأربطة لي من فضلك؟
[hal yamken -aka eḥkaam al-arbe-ṭa lee min faḍlak?] Can you tighten my bindings, please?
أحل [ʔaħalla] v untie
أحل [ʔaħala] v
يَحِل مشكلة
[Taḥel al-moshkelah] v solve
أحمر [ʔaħmar] adj red
أحمر خدود
[Ahmar khodod] n blusher
أحمر شفاه
[Ahmar shefah] n lipstick
عنب أحمر
['aenab aḥmar] n redcurrant
الصليب الأحمر
[Al-Ṣaleeb al-aḥmar] n Red Cross
البحر الأحمر
[Al-bahr al-ahmar] n Red Sea
شعر أحمر
[Sha'ar ahmar] n redhead
لحم أحمر
[Laḥm aḥmar] n red meat
نبيذ أحمر
[nabeedh aḥmar] n rosé
هل يمكن أن ترشح لي نوع جيد من النبيذ الأحمر
[hal yamken an tura-shiḥ lee naw'a jayid min al-nabeedh al-aḥmar] Can you recommend a good red wine?
أحمق [ʔaħmaq] adj idiotic, daft
أحيا [ʔaħjjaː] v salute
أخ [ʔax] n brother
أخ من زوجة الأب أو زوج الأم
[Akh men zawjat al ab] n stepbrother
ابن الأخ
[Ebn al-akh] n nephew

أخاف [ʔaxaːfa] v terrify
أخبار [ʔaxbaːrun] npl news
متى تعرض الأخبار؟
[Tee ta'areḍ alakhbaar] When is the news?
أخبر [ʔaxbara] vt tell
أخت [ʔuxt] n sister
أخت الزوجة
[Okht alzawjah] n sister-in-law
أخت من زوجة الأب أو زوج الأم
[Okht men zawjat al ab aw zawj al om] n stepsister
بِنْت الأخت
[Bent al-okht] n niece
اختار [ʔextaːra] vt pick ◂ choose v
اختبئ [ʔextabaʔ] vi hide
اختبار [ixtibaːr] n test
أنبوب اختبار
[Anbob ekhtebar] n test tube
اختبار الدم
[Ekhtebar al-dam] n blood test
اختبار القيادة
[Ekhtebar al-'qeyadah] n driving test
اختبار موجز
[ekhtebar mojaz] n quiz
اختَبر [ʔextabara] v test
اختتم [ʔextatama] vt conclude, finish
اختراع [ixtiraːʕ] n invention
اخترع [ʔextaraʕa] v invent
اختزال [ixtizaːl] n shorthand
اختصار [ixtisˤaːr] n abbreviation
باختصار
[bekhteṣaar] adv briefly
اختطف [ʔextatˤafa] v hijack, kidnap
اختَطف [ʔextatˤafa] v snatch
اختفاء [ixtifaːʔ] n disappearance
اختفي [ʔextafaː] v disappear
اختلاف [ixtilaːf] n difference
اختلاف الرأى
[Ekhtelaf al-raaey] n disagreement
اختَلق [ʔextalaqa] v make up
اختنَق [ʔextanaqa] vi choke
اختيار [ixtijaːr] n choice
اختياري [ixtijaːrij] adj optional
أخدود [ʔuxduːd] n pothole
أخذ [ʔaxaða] vt take

**هل يمكن أن تأخذ مقاسي من فضلك؟**
[hal yamken an takhudh ma'qa-see min faḍlak?] Can you measure me, please?
**هل يمكنك أن تأخذ بيدي من فضلك؟**
[hal yamken -aka an takhudh be-yady min faḍlak?] Can you guide me, please?
**آخر** adj [ʔa:xar]
**في مكان آخر**
[Fee makaan aakhar] *adv* elsewhere
**ما هو آخر موعد للمركب المتجه إلى...؟**
[ma howa aakhir maw'aid lel-markab al-mutajeh ela...?] When is the last sailing to...?
**ما هو موعد آخر قطار متجه إلى...؟**
[ma howa maw-'aid aakhir 'qeṭaar mutajih ela...?] When is the last train to...?
**هل لديكم أي شيء آخر؟**
[hal ladykum ay shay aakhar?] Have you anything else?
**آخَر** another *n* [ʔa:xaru]
**أخر** put off *v* [aʔaxara]
**آخر** other *adj* [ʔaxar]
**آخرا** last *adv* [ʔa:xiran]
**أخرق** clumsy, awkward *adj* [ʔaxraq]
**أخرى** other *pron* [ʔuxra:]
**متى ستتحرك السيارات مرة أخرى؟**
[mata satata-ḥarak al-saya-raat murra ukhra?] When will the road be clear?
**هل لديك أي غرف أخرى؟**
[hal ladyka ay 'quraf okhra?] Do you have any others?
**أخصائي** *adj* [ʔaxisˤa:ʔijju]
**أخصائي العلاج الطبيعي**
[Akeṣaaey al-elaj al-ṭabeaey] *n* physiotherapist
**أخضر** green *(colour) adj* [ʔaxdˤar] green *n* ◁
**أخطأ** mistake *v* [ʔaxtˤʔa]
**يُخطئ في الحكم على**
[yokhṭea fee al-ḥokm ala] *v* misjudge
**أخطأ** mess up *v* [ʔaxtˤaʔa]
**أخطبوط** octopus *n* [ʔuxtˤubu:tˤ]
**أخفى** hide *vt* [ʔaxfa:]
**إخلاص** loyalty *n* [ʔixla:sˤ]
**أخلاق** character *n* [ʔaxla:q]
**دَمِث الأخلاق**
[Dameth al-akhla'q] *adj* good-natured
**أخلاقي** moral (معنوي) *adj* [ʔaxla:qij]
**أخلاقي مِهَني**
[Akhla'qy mehany] *adj* ethical
**لا أخلاقي**
[La Akhla'qy] *adj* immoral
**أخلاقيات** morals *npl* [ʔaxla:qijja:tun]
**أخلى** evacuate *v* [ʔaxla:]
**أخير** last *adj* [ʔaxi:r]
**قبل الأخير**
['qabl al akheer] *adj* penultimate
**أخيراً** lastly *adv* [ʔaxi:ran]
**أداء** performance *n* [ʔada:ʔ]
**أداة** tool, instrument *n* [ʔada:t]
**أدوات الإسعافات الأولية**
[Adawat al-es'aafaat al-awaleyah] *n* first-aid kit
**أدار** run *vt* ◁ manage *v* [ʔada:ra]
**إدارة** administration, *n* [ʔida:ra] management
**إدارة الحوادث والطوارئ**
[Edarat al-hawadeth wa-al-tawarea] *n* accident & emergency department
**مدير الإدارة التنفيذية**
[Modeer el-edarah al-tanfeedheyah] *n* CEO
**إداري** administrative *adj* [ʔida:rij]
**أداع** let *v* [ʔada:ʕa]
**أدان** owe, condemn *v* [ʔada:na]
**أدب** literature *n* [dab]
**أدب** culture *n* [ʔadab]
**بأدب**
[Beadab] *adv* politely
**ادخر** save *(money) v* [ʔeddaxara]
**أدخل** enter *vt* [ʔadxala]
**إدراك** comprehension *n* [ʔidra:k]
**أدرك** realize *v* [ʔadraka]
**أدرياتيكي** Adriatic *adj* [ʔadrija:ti:ki:]
**البحر الأدرياتيكي**
[Albahr al adriateky] *n* Adriatic Sea
**ادّعاء** allegation *n* [ʔiddiʕa:ʔ]
**أدنى** lower, minimal *adj* [ʔadna:] *v* ◁ minimum
**أدنى درجة**
[Adna darajah] *n* inferior

حد أدنى
[Had adna] *n* minimum
astonish *v* [ʔadhaʃa] دهش
perform *v* [ʔadda] ادى
if *conj* [ʔiðaː] إذا
dissolve, melt *vt* [ʔaðaːba] أذاب
advertise *v* [ʔaðaːʕa] أذاع
broadcast *v* [ʔaðaːʕa] أذاع
broadcast *n* [ʔiðaːʕa] إذاعة
Azerbaijan *n* [ʔaðarbajʒaːn] أذربيجان
*adj* [ʔaðarbiːʒaːnij] أذربيجاني Azerbaijani
Azerbaijani *n* ◁
panic *v* [ʔaðʕara] أذعر
permission *n* [ʔiðn] اذن
اذن بالدخول
[Edhn bel-dekhool] *n* admittance
ear *n* [ʔuðun] أذن
سماعات الأذن
[Sama'at al-odhon] *npl* earphones
سدادات الأذن
[Sedadat alodhon] *npl* earplugs
ألم الأذن
[Alam al odhon] *n* earache
طبلة الأذن
[Tablat alozon] *n* eardrum
permission *n* [ʔiðn] إذن
amaze *v* [ʔaðhala] أذهل
hurt *v* [ʔaðja] آذى
want *v* [ʔaraːda] أراد
أريد... من فضلك
[areed... min faḍlak] I'd like..., please
أريد أن أتركها في...
[Areed an atrokha fee...] I'd like to leave it in...
أريد أن أتحدث مع... من فضلك
[areed an ataḥad-ath ma'aa... min faḍlak] I'd like to speak to..., please
أريد أن أذهب إلى...
[Areed an adhhab ela...] I need to get to...
.أريد تذكرتين من فضلك
[Areed tadhkaratayn men faḍlek.] I'd like two tickets, please
أريد التسجيل في الرحلة من فضلك
[areed al-tasjeel fee al-reḥla min faḍlak] I'd like to check in, please
أريد الذهاب إلى السوبر ماركت
[areed al-dhehaab ela al-subar market] I need to find a supermarket
will *(motivation)* *n* [ʔiraːda] إرادة
spill *vt* [ʔaraːqa] أراق
four *number* [ʔarbaʕatun] أربعة
*number* [ʔarbaʕata ʕaʃr] أربعة عشر fourteen
forty *number* [ʔarbaʕuːna] أربعون
confuse, rave *v* [ʔarbaka] أربك
doubt *v* [ʔertaːba] ارتاب
engagement *n* [irtibaːtˤ] ارتباط
muddle *n* [irtibaːk] ارتباك
*v* [ʔertabatˤa] ارتبط
يَرْتَبِط مع
[Yartabeṭ ma'aa] *v* tie up
shock *n* [rtiʒaːʒ] ارتجاج
ارتجاج في المخ
[Ertejaj fee al-mokh] *n* concussion
bounce *vi* [ʔertadda] ارتد
wear *vt* [ʔartadaː] ارتدى
*v* [ʔertatˤama] ارتطم
يَرْتَطِم ب
[Yartaṭem be] *vi* strike
tremble *v* [ʔertaʕada] ارتعد
shiver *v* [ʔertaʕaʃa] ارتعش
height *n* [irtifaːʕ] ارتفاع
climb, go up, rise *v* [ʔertafaʕa] ارتفع
commit *v* [ʔertakaba] ارتكب
يَرْتَكِبُ خطأ
[Yartekab khaṭaa] *v* slip up
suspend *v* [ʔarʒaʔa] أرجأ
back, put back, *v* [ʔarʒaʕa] أرجع send back
Argentine *adj* [ʔarʒuntiːnij] أرجنتيني
Argentinian *(person)* *n* ◁
purple *adj* [urʒuwaːnij] أرجواني
seesaw *n* [ʔurʒuːħa] أرجوحة
الأرجوحة الشبكية
[Al orjoha al shabakiya] *n* hammock
please! *excl* [ʔarʒuːka] أرجوك
buttocks *npl* [ʔardaːfun] أرداف
*n* ◁ Jordanian *adj* [urdunij] أردني Jordanian
slate *n* [ardwaːz] اردواز

أرز rice *n* [ʔurz]
أرز أسمر
[Orz asmar] *n* brown rice
إرسال sending, shipping *n* [irsa:l]
جهاز إرسال الإشعاع
[Jehaz esrsaal al-esh'aaa'a] *n* radiator
أريد إرسال فاكس
[areed ersaal fax] I want to send a fax
أين يمكن إرسال هذه الكروت؟
[ayna yamken ersaal hadhy al-korot?] Where can I post these cards?
كم تبلغ تكلفة إرسال هذا الطرد؟
[kam tablugh taklifat ersal hadha al-ṭard?] How much is it to send this parcel?
لقد قمت بإرسال حقائبي مقدما
[la'qad 'qimto be-irsaal ḥa'qa-eby mu-'qadaman] I sent my luggage on in advance
من أين يمكنني إرسال تلغراف؟
[min ayna yamken -ini ersaal tal-ighraaf?] Where can I send a telegram from?
أرسل forward *v* [ʔa̱rsala]
يُرسِل رسالة بالفاكس
[Yorsel resalah bel-fax] *v* fax
يُرسِل بريدا إلكترونيا
[Yorsel bareedan electroneyan] *v* email
إرشادي guide *adj* [ʔirʃa:dijjat]
جولة إرشادية
[Jawlah ershadeyah] *n* guided tour
أرشيف archive *n* [ʔarʃi:f]
أرض land *n* [ʔardˤ]
صاحب الأرض
[Ṣaheb ardh] *n* landlord
سَطح الأرض
[Saṭh alarḍ] *n* ground
أرض سبخة
[Arḍ sabkha] *n* moor
أرض خضراء
[Arḍ khaḍraa] *n* meadow
أرض المعارض
[Arḍ al ma'ariḍ] *n* fairground
تحت سطح الأرض
[Taht saṭh al arḍ] *adv* underground
مالك الأرض
[Malek al-arḍ] *n* landowner
إرضاع breast-feeding *n* [ʔirdˤa:ʕ]
هل يمكنني إرضاعه هنا؟
[hal yamken -any erḍa-'aaho huna?] Can I breast-feed here?
أرضي *adj* [ʔardˤij]
الدور الأرضي
[Aldoor al-arḍey] *n* ground floor
الكرة الأرضية
[Al-korah al-ardheyah] *n* globe
أرضية floor *n* [ʔardˤijja]
أرعب frighten *v* [ʔarʕaba]
أرغن organ *(music)* *n* [ʔurɣun]
آلة الأرغن الموسيقية
[Aalat al-arghan al-moseeqeyah] *n* organ *(music)*
أرفق attach *v* [ʔarfaqa]
أرق insomnia *n* [ʔaraq]
أرمل widower *n* [ʔarmal]
أرملة widow *n* [ʔarmala]
أرمني Armenian *adj* [ʔarminij]
◁ Armenian *(person)* *n*
اللغة الأرمنية
[Al-loghah al-armeeneyah] *(language)* *n* Armenian
أرمينيا Armenia *n* [ʔarminja:]
أرنب hare, rabbit *n* [ʔarnab]
إرهاب terrorism *n* [ʔirha:b]
إرهابي terrorist *n* [ʔirha:bij]
هجوم إرهابي
[Hojoom 'erhaby] *n* terrorist attack
إرهاق strain *n* [ʔirha:q]
إريتريا Eritrea *n* [ʔiri:tirja:]
أريكة settee *n* [ʔri:ka]
أزال remove *v* [ʔaza:la]
يُزيل الغموض
[Yozeel al-ghmooḍ] *v* clear up
إزالة removal *n* [ʔiza:la]
ازداد *v* [ʔezda:da]
يَزداد ثلاثة أضعاف
[Yazdad thalathat aḍ'aaaf] *v* triple
ازدحام crowd *n* [izdiħa:m]
ازدحام المرور
[Ezdeḥam al-moror] *n* traffic jam
هل هناك طريق بعيد عن ازدحام المرور؟

[hal hunaka ṭaree'q ba'aeed 'aan izde-ḥam al-miroor?] Is there a route that avoids the traffic?

**ازدهار** bloom, flourishing *n* [izdihaːr]

**موسم ازدهار** [Mawsem ezdehar] *n* high season

**إزدهار** prosperity *n* [ʔizdihaːr]

**أزرق** blue *adj* [ʔazraq]

**أزرق داكن** [Azra'q daken] *n* navy-blue

**إزعاج** mischief, nuisance *n* [ʔizʕaːʒ]

**أزعَج** disturb *v* [ʔazʕaʒa]

**أزل** slip *vi* [ʔazalla]

**أزمة** crisis *n* [ʔazma]

**أزمة قلبية** [Azmah 'qalbeyah] *n* heart attack

**إزميل** chisel *n* [ʔizmiːl]

**أزهر** flower, blossom *v* [ʔazhara]

**أساء** *v* [ʔasaʔa]

**يُسِئ فهم** [Yoseea fahm] *v* misunderstand

**أساء** *v* [ʔasaːʔa]

**يُسيء إلى** [Yoseea ela] *v* offend

**يُسيء استخدام** [Yosea estekhdam] *v* abuse

**إساءة** offence *n* [ʔisaːʔa]

**أساس** basis *n* [ʔasaːs]

**أساسات** *npl* [ʔasaːsaːtun] foundations

**أساسي** basic, main, *adj* [ʔasaːsij] major

**بصورة أساسية** [Beṣorah asasiyah] *adv* primarily

**بشكل أساسي** [Beshkl asasy] *adv* basically

**أساسيات** basics *npl* [ʔasaːsijjaːtun]

**إسباني** *n* ⊲ Spanish *adj* [ʔisbaːnij] Spaniard, Spanish

**إسبانيا** Spain *n* [ʔisbaːnjjaː]

**أسبرين** aspirin *n* [ʔasbiriːn]

**أريد بعض الأسبرين** [areed ba'aḍ al-asbereen] I'd like some aspirin

**أسبوع** week *n* [ʔusbuːʕ]

**أريد تذكرة تزلج لمدة أسبوع** [areed tadhkera tazaluj le-mudat isboo'a] I'd like a ski pass for a week

**الأسبوع التالي** [al-esboo'a al-taaly] next week

**الأسبوع الذي يلي الأسبوع المقبل** [al-esboo'a al-ladhy yalee al-esboo'a al-mu'qbil] the week after next

**الأسبوع الماضي** [al-esboo'a al-maaḍy] last week

**الأسبوع قبل الماضي** [al-esboo'a 'qabil al-maaḍy] the week before last

**في غضون أسبوع** [fee ghoḍon isboo'a ] a week from today

**كم تبلغ تكلفة الإقامة الأسبوعية بالغرفة؟** [kam tablugh taklifat al-e'qama al-isbo-'aiya bil-ghurfa?] How much is it per week?

**منذ أسبوع** [mundho isboo'a] a week ago

**أسبوعي** weekly *adj* [ʔusbuːʕij]

**كم تبلغ التكلفة الأسبوعية؟** [kam tablugh al-taklifa al-isboo-'aiya?] How much is it for a week?

**استئجار** rent *n* [istiːʒaːr]

**استئجار سيارة** [isti-jar sayara] *n* rental car

**أريد استئجار موتوسيكل** [Oreed esteajaar motoseekl] I want to rent a motorbike

**إستأجر** hire *(people)* *v* [ʔestaʔʒara]

**أستاذ** *n* [ʔustaːð]

**أستاذ جامعي** [Ostaz jame'aey] *n* professor

**استئناف** appeal *n* [ʔistiʔnaːf]

**استأنف** continue *vi* [ʔestaʔnafa]

**يَستأنِف حكما** [Yastaanef al-hokm] *v* appeal

**استبدال** replacement *n* [istibdaːl]

**استبدل** replace *v* [ʔestabdala]

**استبعد** rule out, *v* [ʔestabʕada] exclude, leave out

**استبيان** questionnaire *n* [istibjaːn]

**استثمار** [istiθma:r] *n* investment
**استثمر** [ʔestaθmara] *v* invest
**استثناء** [istiθna:ʔ] *n* exception
**استثنائي** [istiθna:ʔij] *adj* exceptional, extraordinary
**إستجابة** [istiʒa:ba] *n* response
**إستجدى** [ʔestaʒda:] *v* beg
**استجواب** [istiʒwa:b] *n* inquest
**استجوب** [ʔestaʒwaba] *v* interrogate, question
**استجيب** [ʔestaʒa:ba] *v* respond
**استحق** [ʔestaħaqqa] *v* deserve
**متى يستحق الدفع؟**
[mata yasta-ḥi'q al-daf'a?] When is it due to be paid?
**استحم** [ʔestaħamma] *v* swim
**استحمام** [istiħma:m] *n* bathing
**سائل استحمام**
[Saael estehmam] *n* bubble bath
**غطاء الشعر للاستحمام**
[ghetaa al-sha'ar lel-estehmam] *n* shower cap
**جل الاستحمام**
[Jel al-estehmam] *n* shower gel
**حقيبة أدوات الاستحمام**
[Ha'qeebat adwat al-estehmam] *n* toilet bag
**أين توجد أماكن الاستحمام؟**
[ayna tojad amaken al-estiḥmam?] Where are the showers?
**استحى** [ʔestaħa:] *v* blush
**استخدام** [istixda:mu] *n* use
**سهل الاستخدام**
[Sahl al-estekhdam] *adj* user-friendly
**استخدام الحاسب الآلي**
[Estekhdam al-haseb al-aaly] *n* computing
**يُسيء استخدام**
[Yosea estekhdam] *v* abuse
**يُفضل استخدامه قبل التاريخ المُحدد**
[Yofaḍḍal estekhdamoh 'qabl al-tareekh al-mohaddad] *adj* best-before date
**إنه للاستخدام الشخصي**
[inaho lel-estikhdam al-shakhṣi] It is for my own personal use
**هل يمكنني استخدام تليفوني من فضلك؟**
[hal yamken -any esti-khdaam talefonak min faḍlak?] Can I use your phone, please?
**هل يمكنني استخدام بطاقتي في ماكينة الصرف الآلي هذه؟**
[hal yamken -any esti-khdaam beṭa-'qatee fee makenat al-ṣarf al-aaly hadhy?] Can I use my card with this cash machine?
**استخدم** [ʔestaxdama] *v* use
**استخرج** [ʔestaxraʒa] *v*
**يستخرج نسخة**
[Yastakhrej noskhah] *v* photocopy
**اسْتخف** [ʔestaxaffa] *v* underestimate
**استدان** [ʔestada:na] *v* borrow
**استدعى** [ʔestadʕa:] *v* page, call
**استدلال** [ʔistidla:l] *n* guidance
**الاستدلال على الاتجاهات من الأقمار الصناعية**
[Al-estedlal ala al-etejahat men al-'qmar alṣena'ayah] *n* sat nav
**إستراتيجي** [ʔistira:ti:ʒij] *adj* strategic
**إستراتيجية** [ʔistira:ti:ʒijja] *n* strategy
**استراح** [ʔestara:ħa] *vi* rest
**استراحة** [istira:ħa] *n* rest, break
**استراحة غداء**
[Estrahet ghadaa] *n* lunch break
**أسترالي** [ʔustra:lij] *adj* Australian ◁ *n* Australian
**أستراليا** [ʔustra:lija:] *n* Australia
**استرخاء** [istirxa:ʔ] *n* relaxation
**استرخى** [ʔestarxa:] *vi* relax
**استرد** [ʔestarada] *v*
**أريد أن أسترد نقودي**
[areed an asta-rid ni'qodi] I want my money back
**هل يمكن أن أسترد المال مرة أخرى؟**
[hal yamken an asta-rid al-maal marra okhra?] Can I have a refund?
**اسْتَرد** [ʔestaradda] *v* restore, get back
**استرليني** [ʒunajh] *n*
**جنيه استرليني**

[Jeneh esterleeney] *n* pound sterling
**استسلم** give in *v* [ʔestaslama]
**استشار** consult *v* [ʔestaʃa:ra]
**استضاف** treat, *v* [ʔestadˤa:fa] entertain (يسلي)
**استطاع** *v* [ʔestatˤa:ʕa]
**لا يستطع التنفس**
[la ystạ-ṭee'a al-tanaf-uss] He can't breathe
**استطاع** can *v* [ʔestatˤa:ʕa]
**استطلاع** study *n* [istitˤla:ʕ]
**استطلاع الرأي**
[Eateṭla'a al-ray] *n* opinion poll
**محب للاستطلاع**
[Moḥeb lel-esteṭlaa'a] *adj* curious
**استطلع** spot *v* [ʔestatˤlaʕa]
**يَستطلع الرأي**
[Yastaṭle'a al-ray] *v* canvass
**استعاد** regain, resume *v* [ʔestaʕa:da]
**استعبد** slave *v* [ʔesataʕbada]
**استعجال** hurry *n* [istiʕʒa:l]
**استعجل** hurry up *v* [ʔestaʕʒala]
**استعراض** parade *n* [istiʕra:dˤ]
**استعراضات القفز**
[Este'araḍat al-'qafz] *n* show-jumping
**مجال الاستعراض**
[Majal al-este'araḍ] *n* show business
**استعلام** inquiry *n* [istiʕla:m]
**استعلامات** *npl* [istiʕla:ma:tun]
**مكتب الاستعلامات**
[Maktab al-este'alamaat] *n* enquiry desk
**استعلم عن** *v* [ʔestaʕlama ʕan] inquire
**استعمال** *n* [stiʕma:lin]
**سوء استعمال**
[Sooa este'amal] *v* abuse
**ما هي طريقة استعماله؟**
[ma heya ṯaree-'qat esti-'amal-uho?] How should I take it?
**استغرق** *v* [ʔestaɣraqa]
**كم من الوقت يستغرق تصليحها؟**
[kam min al-wa'qt yast-aghri'q taṣle-ḥaha?] How long will it take to repair?
**ما الفترة التي سأستغرقها للوصول إلى...؟**
[Ma al-fatrah alatey sastaghre'qha lel-woṣool ela...] How long will it take to get to...?
**ما هي المدة التي يستغرقها العبور؟**
[ma heya al-mudda al-laty yasta-ghri'q-uha al-'auboor?] How long does the crossing ṯake?
**استغل** exploit *v* [ʔestaɣalla]
**استغلال** exploitation *n* [istiɣla:l]
**استغنى** *v* [ʔestaɣna:]
**يَستغني عن**
[Yastaghney 'aan] *v* do without
**استفاد** benefit *v* [ʔestafa:da]
**استفاق** come round *v* [ʔestafa:qa]
**استفهم** query *v* [ʔestafhama]
**استقال** resign *v* [ʔestaqa:l]
**استقبال** reception *n* [istiqba:l]
**جهاز الاستقبال**
[Jehaz alest'qbal] *n* receiver *(electronic)*
**موظف الاستقبال**
[mowadhaf al-este'qbal] *n* receptionist
**استقر** settle down *v* [ʔestaqarra]
**استقرار** stability *n* [istiqra:r]
**استقلال** independence *n* [istiqla:lu]
**استكشف** explore *v* [ʔestakʃafa]
**استلام** takeover *n* [ʔistila:m]
**استلام الأمتعة**
[Estelam al-amte'aah] *n* baggage reclaim
**استلم** receive *v* [ʔestalama]
**استمارة** *n* [istima:ra]
**استمارة مطالبة**
[Estemarat moṭalabah] *n* claim form
**استماع** listening *n* [ʔistima:ʕ]
**أين يمكننا الاستماع إلى عازفين محليين يعزفون الموسيقى؟**
[ayna yamken-ana al-istima'a ela 'aazifeen ma-ḥaliyeen y'azifoon al-mose'qa?] Where can we hear local musicians play?
**استمتاع** pleasure *n* [ʔistimta:ʕ]
**نتمنى الاستمتاع بوجبتك**
[nata-mana al-estim-ta'a be-waj-bataka] Enjoy your meal!
**استمتع** *v* [ʔestamtaʕa]
**هل تستمتع بهذا العمل؟**

[Hal tastamte'a behadha al-'amal] Do you enjoy it?
هل استمتعت؟
[hal istam-ta'at?] Did you enjoy yourself?
استمتع ب enjoy v [ʔestamtaʕa bi]
استمر go on, carry v [ʔestamarra] continue vt ◁ on, last
استمع listen v [ʔestamaʕa]
يَستمِع إلى
[Yastame'a ela] v listen to
استند v [ʔestanada]
يَستنِد على
[Yastaned 'ala] v lean on
استنساخ clone n [istinsaːx]
اسْتَنْسخ clone v [ʔestansax]
استنشق breathe in v [ʔestanʃaqa]
استنفذ run out of v [ʔestanfaða]
استهلك v [ʔestahlaka]
يَستهلك كلية
[Yastahlek koleyatan] v use up
استواء n [istiwaːʔ]
غابات المطر بخط الاستواء
[Ghabat al-maṭar be-khaṭ al-estwaa] n rainforest
خط الاستواء
[Khaṭ al-estwaa] n equator
استوائي tropical adj [istiwaːʔij]
استوديو studio n [stuːdjuː]
استورد import v [ʔestawrada]
استولى v [ʔestawlaː]
يستولي على
[Yastwley 'ala] v seize
إستوني n ◁ Estonian adj [ʔistuːnij] Estonian (person)
اللغة الإستوانية
[Al-loghah al-estwaneyah] (language) n Estonian
إستونيا Estonia n [ʔistuːnjaː]
استيراد import n [istijraːd]
استيقظ wake up v [ʔestajqazˤa]
أسد lion n [ʔasad]
أسر capture v [ʔasira]
إسرائيل Israel n [ʔisraːʔiːl]
إسرائيلي Israeli adj [ʔisraːʔiːlij] Israeli n ◁

أسرة family n [ʔusra]
هل توجد أسرة للأطفال؟
[hal tojad a-serra lil-aṭfaal?] Do you have a cot?
هل يوجد لديكم أسرة فردية بدورين؟
[Hal yoojad ladaykom aserah fardeyah bedoorayen?] Do you have any single sex dorms?
أسرع accelerate, hurry, v [ʔasraʕa] speed up
اسطبل stable n [istˤabl]
اسطوانة cylinder, n [ustˤuwaːna] CD, roller
اسطوانة دى في دي
[Esṭwanah DVD] n DVD
مشغل اسطوانات دى في دي
[Moshaghel esṭwanat D V D] n DVD player
ناسخ لاسطوانات دى في دي
[Nasekh le-sṭewanat D V D] n DVD burner
هل يمكنك وضع هذه الصور على اسطوانة من فضلك؟
[hal yamken -aka waḍi'a hadhy al-ṣowar 'aala eṣti-wana min faḍlak?] Can you put these photos on CD, please?
أسطورة legend, myth n [ʔustˤuːra]
علم الأساطير
['aelm al asateer] n mythology
أسطول navy n [ʔustˤuːl]
إسعاف help n [ʔisʕaːf]
سيارة إسعاف
[Sayarat es'aaf] n ambulance
اتصل بعربة الإسعاف
[itaṣel be-'aarabat al-es'aaf] Call an ambulance
أسعد v [ʔasʕada]
يسعدني أن التقي بك أخيرًا
[yas-'aedny an al-ta'qy beka akheran] I'm delighted to meet you at last
أسف sorrow, regret n [ʔasaf]
أناأسف للإزعاج
[Ana asef lel-ez'aaj] I'm sorry to trouble you
أسِفَ regret v [ʔasfa]
أسفل underneath adv [ʔasfala]

**في الأسفل**
[Fee al-asfal] *adv* underneath

**أسفل** [ʔasfalu] *adj* underneath *prep* ◄ underneath
beneath

**إسفنج** [ʔisfanʒ] *n* sponge

**إسفنجة** [ʔisfanʒa] *n* sponge (for washing)

**أسقط** [ʔasqatˤa] *v*

**يُسقِط من**
[Yos'qeṭ men] *v* subtract

**أسقف** [asquf] *n* bishop

**اسكتلاندة** [iskutla:ndatu] *n*
Scotland

**اسكتلاندي** [iskutla:ndi:] *adj* Scottish
Scot, Scotsman *n* ◄

**اسكتلاندية** [iskutla:ndijja] *n*
Scotswoman

**اسكتلانديون** [iskutla:ndiju:na]
Scots *adj*

**إسكندنافيا** [ʔiskundina:fja:] *n*
Scandinavia

**اسكندينافي** [ʔiskundina:fjj] *adj*
Scandinavian

**إسلامي** [ʔisla:mij] *adj* Islamic

**أسلوب** [ʔuslu:b] *n* technique

**اسم** [ism] *n* name, noun

**اسم المرأة قبل الزواج**
[Esm al-marah 'qabl alzawaj] *n* maiden name

**اسم مستعار**
[Esm mostaar] *n* alias

**اسم مَسيحي**
[Esm maseeḥey] *n* first name

**اسم مُستعار**
[Esm most'aar] *n* pseudonym

**اسم مُختَصَر**
[Esm mokhtaṣar] *n* acronym

**الاسم الأول**
[Al-esm al-awal] *n* first name

**اسمي...**
[ismee..] My name is...

**لقد قمت بحجز غرفة باسم...**
[La'qad 'qomt behajz ghorfah besm...] I booked a room in the name of...

**ما اسمك؟**
[ma ismak?] What's your name?

**أسمر** [ʔasmar] *adj* brown

**ارز أسمر**
[Orz asmar] *n* brown rice

**اسمر محمر**
[Asmar mehmer] *adj* auburn

**خبز أسمر**
[Khobz asmar] *n* brown bread

**أسمنت** [ʔasmant] *n* cement

**أسنان** [ʔasna:nu] *npl* teeth

**إسهاب** [ʔisha:b] *n* (حشو) redundancy

**إسهال** [ʔisha:l] *n* diarrhoea

**أعاني من الإصابة بالإسهال**
[o-'aany min al-eṣaaba bel-es-haal] I have diarrhoea

**إسهام** [ʔisha:m] *n* contribution

**أسهم** [ʔashama] *v* contribute

**أسوأ** [ʔaswaʔ] *adj* worse

**الأسوأ**
[Al-aswaa] *adj* worst

**أسود** [ʔaswad] *adj* black

**أسى** [ʔasa:] *n* grief

**آسيا** [ʔa:sja:] *n* Asia

**آسيوي** [ʔa:sjawij] *adj* Asian, Asiatic
Asian *n* ◄

**أشار** [ʔeʃa:ra] *v* point

**يُشير إلى**
[Yosheer ela] *v* refer

**يشير إلى**
[Yosheer ela] *v* indicate

**إشارة** [ʔiʃa:ra] *n* signal

**إشارة إنشغال الخط**
[Esharat ensheghal al-khat] *n* engaged tone

**إشارات المرور**
[Esharaat al-moroor] *npl* traffic lights

**عمود الإشارة**
['amood al-esharah] *n* signpost

**لغة الإشارة**
[Loghat al-esharah] *n* sign language

**إشاعة** [ʔiʃa:ʕa] *n* rumour

**إشباع** [ʔiʃba:ʕ] *n* satisfaction

**أشبع** [ʔaʃbaʕa] *v*

**لقد شبعت**
[la'qad sha-be'ato] I'm full

**أشبه** [ʔaʃabbah] *v* resemble

**أشبِه** [ʔaʃbbaha] *v* look like

اشتبه v [ʔeʃtabaha]
يَشتبِه ب
[Yashtabeh be] v suspect
اشتراك subscription n [iʃtiraːk]
اشتراكي socialist adj [ʔiʃtiraːkij]
socialist n ◁
اشتراكية socialism n [ʔiʃtiraːkijja]
اشترك v [ʔeʃtaraka]
يَشترك في
[Yashtarek fee] v participate
اشتري buy v [ʔeʃtaraː]
سوف أشتريه
[sawfa ashtareeh] I'll take it
أين يمكن أن أشتري خريطة للبلد؟
[ayna yamken an ash-tary khareeṭa lil-balad?] Where can I buy a map of the country?
أين يمكن أن أشتري الهدايا؟
[ayna yamken an ash-tary al-hadaya?] Where can I buy gifts?
اشتعال ignition n [iʃtiʕaːl]
قابل للاشتعال
['qabel lel-eshte'aal] adj flammable
اشتمل v [ʔeʃtamila]
هل يشتمل على خضروات؟
[hal yash-tamil 'aala khiḍra-waat?] Are the vegetables included?
إشراف supervision n [ʔiʃraːf]
أشرطة n [ʔaʃritˤa]
أشرطة للزينة
[Ashreṭah lel-zeena] n tinsel
إشعار notice *(note)* n [ʔiʃʕaːr]
إشعاع radiation n [ʔiʃʕaːʕ]
إشعال making a fire n [ʔiʃʕaːl]
إشعال الحرائق
[Esha'aal alḥarae'q] n arson
إشعال النار
[Esh'aal al-naar] n bonfire
شمعة إشعال
[Sham'aat esh'aal] n spark plug
أشعة npl [ʔuʃiʕʕatu]
أشعة الشمس
[Ashe'aat al-shams] n sunshine
أشعَل turn on v [ʔaʃʕala]
أشفق v [ʔaʃfaqa]
يُشفق على
[Yoshfe'q 'aala] v pity
أشقاء siblings npl [ʔaʃʃiqaːʔun]
أشقر blonde n [ʔaʃqar]
اشمئز v [ʔeʃmaʔazza]
يَشمئز من
[Yashmaaez 'an] v loathe
أصاب hit v [ʔasˤaːba]
لقد أصيب أحد الأشخاص
[la'qad oṣeba aḥad al-ash-khaaṣ] Someone is injured
إصابة injury n [ʔisˤaːba]
إصابة بالإيدز- إيجابية
[Eṣaba bel edz – ejabeyah] adj HIV-positive
إصابة بالإيدز- سلبية
[Eṣaba bel edz – salbeyah] adj HIV-negative
أصبِح become v [ʔasˤbaħa]
إصبَع finger n [ʔisˤbaʕ]
إصبع القدم
[Eṣbe'a al'qadam] n toe
إصدار issue n [ʔisˤdaːr]
إصدار التعليمات
[Eṣdar al ta'alemat] n briefing
أصَّر v [ʔasˤarra]
يُصِر على
[Yoṣṣer 'aala] v insist
اصطاد v [ʔesˤtˤaːda]
هل نستطيع أن نصطاد هنا؟
[hal nasta-ṭee'a an naṣ-ṭaad huna?] Can we fish here?
اصطاد fish vi [ʔesˤtˤaːda]
اصطدم clash vi [ʔesˤtˤadama]
اصطف queue v [ʔesˤtˤaffa]
اصطفاء selection n [isˤtˤifaːʔ]
اصطناعي artificial adj [ʔisˤtˤinaːʕij]
أصغر junior, younger adj [ʔasˤɣaru]
أصفر yellow adj [ʔasˤfar]
أصقل varnish v [ʔasˤqala]
أصل pedigree adj [ʔasˤl] *(source)* n ◁ origin
في الأصل
[Fee al aṣl] adv originally
إصلاح repair n [ʔisˤlaːħ]
أين توجد أقرب ورشة لإصلاح الدراجات؟
[ayna tojad a'qrab warsha le-eṣlaḥ

al-darrajaat?] Where is the nearest bike repair shop?

**أين توجد أقرب ورشة لإصلاح الكراسي المتحركة؟**

[ayna tojad a'qrab warsha le-eṣlaḥ al-karasy al-mutaḥarika?] Where is the nearest repair shop for wheelchairs?

**هل يمكن أن أحصل على عدة الإصلاح؟**

[Hal yomken an aḥsol ala 'aedat eṣlaḥ] Can I have a repair kit?

**أصلح** repair, fix *v* [ʔasˤlaħa]

**أصلع** bald *adj* [ʔasˤlaʕ]

**أصلي** genuine, principal *adj* [ʔasˤlij]

**موطن أصلي**

[Mawṭen aṣley] *n* homeland

**أصم** deaf *adj* [ʔasˤamm]

**أصهار** in-laws *npl* [ʔasˤhaːrun]

**أصيل** original *adj* [ʔasˤiːl]

**أضاء** light *v* [ʔadˤaːʔa]

**إضاءة** lighting *n* [idˤaːʔa]

**أضاف** add *v* [ʔadˤaːfa]

**إضافة** addition *n* [ʔidˤaːfatan]

**بالإضافة إلى**

[Bel-edafah ela] *adv* besides

**إضافة** additive *n* [ʔidˤaːfa]

**إضافي** additional *adj* [ʔidˤaːfij]

**إطار إضافي**

[Eṭar eḍafy] *n* spare tyre

**ضريبة إضافية**

[Ḍareba eḍafeyah] *n* surcharge

**عجلة إضافية**

['aagalh eḍafeyah] *n* spare wheel

**غرفة إضافية**

[ghorfah eḍafeyah] *n* spare room

**إضراب** strike *n* [ʔidˤraːb]

**بسبب وجود إضراب**

[besabab wijood eḍraab] Because there was a strike

**أضرب** strike *(suspend work) vi* [ʔadˤraba]

**اضطراب** turbulence *n* [idˤtˤiraːb]

**اضطهد** prosecute, persecute *v* [ʔedˤtˤahada]

**إطار** frame, rim *n* [ʔitˤaːr]

**إطار إضافي**

[Eṭar eḍafy] *n* spare tyre

**إطار الصورة**

[Eṭar al ṣorah] *n* picture frame

**إطار العجلة**

[Eṭar al ajalah] *n* tyre

**أطاع** obey *v* [ʔatˤaːʕa]

**أطال** *v* [ʔatˤaːla]

**يُطيل السهر**

[Yoṭeel alsahar] *v* wait up

**أطرى** flatter, applaud *v* [ʔatˤraː]

**أطعم** feed *vt* [ʔatˤʕama]

**أطعمة** food *n* [ʔatˤʕima]

**الأطعمة البحرية**

[Al-aṭ'aemah al-baḥareyh] *n* seafood

**أطفأ** turn off *v* [ʔatˤfaʔa]

**اطلاع** review *n* [itˤilaːʕ]

**إطلاق** release *n* [ʔitˤlaːq]

**إطلاق سراح مشروط**

[Eṭla'q ṣarah mashroot] *n* parole

**إطلاق النار**

[Eṭla'q al nar] *n* shooting

**أطلق** launch, shoot *vt* [ʔatˤlaqa]

**يُطلق سراح**

[Yoṭle'q sarah] *v* release

**أطلنطي** Atlantic *n* [ʔatˤlantˤij]

**أطول** longer *adv* [ʔatˤwalu]

**أعاد** bring back, return, repeat *v* [ʔaʕaːda]

**يُعيد عمل الشيء**

[Yo'aeed 'aamal al-shaya] *v* redo

**يُعيد تزيين**

[Yo'aeed tazyeen] *v* redecorate

**يُعيد تشغيل**

[Yo'aeed tashgheel] *v* replay

**يُعيد تنظيم**

[Yo'aeed tanḍheem] *v* reorganize

**يُعيد تهيئة**

[Yo'aeed taheyaah] *v* format

**يُعيد استخدام**

[Yo'aeed estekhdam] *v* recycle, reuse

**يُعيد النظر في**

[Yo'aeed al-naḍhar fee] *v* reconsider

**يُعيد بناء**

[Yo'aeed benaa] *v* rebuild

**يُعيد شحن بطارية**

[Yo'aeed shaḥn baṭareyah] *v* recharge

**يُعيد طمأنته**

[Yo'aeed ṭomaanath] v reassure

يُعيد ملء

[Yo'aeed mela] v refill

هل يحب أن أعيد السيارة إلى هنا مرة أخرى؟

[hal yajib an a'aeed al-sayarah ela huna marra okhra?] Do I have to return the car here?

returning, restoring n [ʔiʕa:da] إعادة

إعادة صُنْع

[E'aadat taṣnea'a] n remake

إعادة تصنيع

[E'aadat taṣnee'a] n recycling

إعادة تشغيل

[E'aadat tashgheel] n replay

إعادة دفع

[E'aadat daf'a] n refund

رجاء إعادة إرسال الفاكس

[rejaa e-'aadat ersaal al-fax] Please resend your fax

أين يمكن أن أشتري كارت إعادة شحن

[ayna yamken an ash-tary kart e-'aadat shaḥin?] Where can I buy a top-up card?

disability n [ʔiʕa:qa] إعاقة

provide for v [ʔaʕa:la] أعال

help, aid n [ʔiʕa:na] إعانة

إعانة بَطَالة

[E'anat baṭalah] n dole

إعانة مالية

[E'aanah maleyah] n subsidy

regard v [ʔeʕtabara] اعتبر

moderation n [iʕtida:l] اعتدال

apology n [ʔiʕtiða:r] اعتذار

apologize v [ʔaʕtaðara] اعتذر

objection n [iʕtira:dˤ] اعتراض

acknowledgement, admission n [iʕtira:f] اعتراف

protest v [ʔeʕtaradˤa] اعترض

confess v [ʔeʕtarafa] اعترَف

intend to v [ʔeʕtazama] اعْتَزم

belief n [ʕtiqa:d] اعتقاد

arrest n [ʔiʕtiqa:l] اعتقال

v [ʔeʕtaqada] اعتقد

أعتقد أنه سوف يكون هناك رعدا

[a'ata'qid anna-ho sawfa yakoon hunaka ra'adan] I think it's going to thunder

n [ʕtima:d] اعتماد

أوراق اعتماد

[Awra'q e'atemaad] n credentials

v [ʔeʕtamada] اعتمد

يعتمد على

[jaʕtamidu ʕala:] v count on

v [ʔeʕtamada ʕala:] depend اعتمد على

يعتمد على

[jaʕtamidu ʕala:] v count on

care v [ʔeʕtana:] اعتنى

يعتني بـ

[Ya'ataney be] v look after

admiration n [ʔiʕʒa:b] إعجاب

v [ʔoʕʒiba bi] اعجب ب

يُعجب بـ

[Yo'ajab be] v admire

prepare v [ʔaʕada] أعدَّ

calculate v [ʔaʕadda] أعدَّ

preparation n [ʔiʕda:d] إعداد

execute v [ʔaʕdama] أعدم

bachelor n ◁ single adj [ʔaʕzab] أعزب

left-hand, left-handed adj [ʔaʕsar] أعسر

herbs npl [ʔaʕʃa:bun] أعشاب

شاى بالأعشاب

[Shay bel-a'ashab] n herbal tea

hurricane n [ʔiʕsˤa:r] إعصار

إعصار قمعي

[E'aṣar 'qam'ay] n tornado

giving n [ʔiʕtˤa:ʔ] إعطاء

اعتقد أنه قد تم إعطاء الباقي لك خطأ

[a'ata'qid an-naka a'aṭytani al-baa-'qy khạṭa-an] I think you've given me the wrong change

give vt [ʔaʕtˤa:] أعطى

information n [ʔiʕla:m] إعلام

وَسائِل الإعلام

[Wasaael al-e'alaam] npl media

advert, advertisement, announcement n [ʔiʕla:n] إعلان

صناعة الإعلان

[Ṣena'aat al e'alan] n advertising

إعلان تجارى

[E'alaan tejarey] n commercial

**إعلان ملصق**
[E'alan Molṣa'q] *n* poster
**إعلانات صغيرة**
[E'alanat ṣaghera] *npl* small ads
**إعلاني** advertising *adj* [ʔiʕlaːniː]
**فاصل إعلاني**
[Faṣel e'alaany] *n* commercial break
**أعلم** instruct, notify *v* [ʔaʕallama]
**أعلن** announce, declare *v* [ʔaʕlana]
**أعلى** higher *adj* [ʔaʕlaː]
**أعلى مكانة**
[A'ala makanah] *n* superior
**الأعلى مقاماً**
[Al a'ala ma'qaman] *adj* senior
**بالأعلى**
[Bel'aala] *adv* upstairs
**أعلى** raise *v* [ʔaʕlaː]
**أعمال** work *n* [ʔaʕmaːl]
**رَجُل أعمال**
[Rajol a'amal] *n* businessman
**سيدة أعمال**
[Sayedat a'amaal] *n* businesswoman
**أعمال تجارية**
[A'amaal tejareyah] *n* business
**أعمال الخشب**
[A'amal al khashab] *npl* woodwork
**أعمال الطريق**
[a'amal alṭ aree'q] *n* roadworks
**أعمال منزلية**
[A'amaal manzelyah] *n* housework
**جدول أعمال**
[Jadwal a'amal] *n* agenda
**درجة رجال الأعمال**
[Darajat rejal ala'amal] *n* business class
**اغتسال** *n* [ʔiɣtisaːl]
**هل يوجد أماكن للاغتسال؟**
[hal yujad amakin lel-ightisaal?] Are there showers?
**اغتصاب** rape *(sexual n* [iɣtisˤaːb] *attack)*
**لقد تعرضت للاغتصاب**
[la'qad ta-'aaraḍto lel-ighti-ṣaab] I've been raped
**اغتصب** rape (يسلب) *v* [ʔeɣtasˤaba]
**أغذية** food *n* [ʔaɣðijjat]
**أغذية متكاملة**
[Aghzeyah motakamelah] *npl* wholefoods
**إغراء** temptation *n* [ʔiɣraːʔ]
**أغرى** tempt *v* [ʔaɣraː]
**أغسطس** August *n* [ʔuɣustˤus]
**إغلاق** closure *n* [ʔiɣlaːq]
**وقت الإغلاق**
[Wa'qt al-eghlaa'q] *n* closing time
**أغلب** most *adj* [ʔaɣlab]
**في الأغلب**
[Fee al-aghlab] *adv* mostly
**أغلق** shut, close *v* [ʔaɣlaqa]
**يُغلِق الباب**
[Yoghle'q albab] *v* slam
**إغماء** faint *n* [ʔiɣmaːʔ]
**يُصَاب بإغماء**
[yoṣab be-eghmaa] faint
**أغْمَى** *v* [ʔaɣmaː]
**يُغمَى عليه**
[Yoghma alayh] *v* pass out
**أغنَى** sing *v* [ʔaɣnaː]
**أغنية** song *n* [ʔuɣnija]
**أغنية أطفال**
[Aghzeyat aṭfaal] *n* nursery rhyme
**أغنية مرحة**
[ogneyah mareha] *n* carol
**أغْنِيَّة** song *n* [ʔuɣnijja]
**إفادة** notice, *n* [ʔifaːda] communication
**الإفادة بالرأي**
[Al-efadah bel-raay] *n* feedback
**أفاق** awake *v* [ʔafaːqa]
**افتراض** assumption *n* [iftiraːdˤ]
**على افتراض**
[Ala eftraḍ] *adv* supposedly
**بافتراض**
[Be-efteraḍ] *conj* supposing
**افتراضي** *n* [iftiraːdˤij]
**واقع افتراضي**
[Wa'qe'a eftraḍey] *n* virtual reality
**افترض** assume *v* [ʔeftaradˤa]
**افتقد** miss *vt* [ʔeftaqada]
**افراط** excess *n* [ifraːtˤ]
**افراط السحب على البنك**
[Efraṭ al-saḥb ala al-bank] *n* overdraft
**أفريقي** African *adj* [ʔifriːqij]

**جنوب أفريقي**
[Janoob afree'qy] *adj* South African
**أفريقيا** Africa *n* [ʔifriːqijaː]
**جمهورية أفريقيا الوسطى**
[Jomhoreyat afre'qya al-wosṭa] *n* Central African Republic
**جنوب أفريقيا**
[Janoob afree'qya] *n* South Africa
**شخص من جنوب أفريقيا**
[Shkhṣ men janoob afree'qya] *n* South African
**شمال أفريقيا**
[Shamal afreekya] *n* North Africa
**إفريقيا** Africa *n* [ʔifriːqjaː]
**شخص من شمال إفريقيا**
[Shakhs men shamal afree'qya] *n* North African
**من شمال إفريقيا**
[Men shamal afree'qya] *adv* North African
**أفريكاني** *n* [ʔafriːkaːnij]
**اللغة الأفريكانية**
[Al-loghah al-afreekaneyah] *n* Afrikaans
**أفسد** spoil *vt* [ʔafsada]
**أفشى** disclose *v* [ʔafʃaː]
**أفضل** best, better *adj* [ʔafdˤalu]
**من الأفضل**
[Men al-'afḍal] *adv* preferably
**إفطار** breakfast *n* [ʔiftˤaːr]
**إفطار كونتيننتال**
[Efṭaar kontenental] *n* continental breakfast
**مبيت وإفطار**
[Mabeet wa efṭaar] *n* bed and breakfast, B&B
**غير شاملة للإفطار**
[gheyr shamela lel-eftaar] without breakfast
**شاملة الإفطار**
[shamelat al-eftaar] with breakfast
**ما هو موعد الإفطار**
[ma howa maw-'aid al-eftaar?] What time is breakfast?
**هل يمكن أن أتناول الإفطار داخل غرفتي؟**
[hal yamken an ata-nawal al-eftaar dakhil ghurfaty?] Can I have breakfast in my room?
**أفعى** *n* [ʔafʕaː]
**الأفعى ذات الأجراس**
[Al-af'aa dhat al-ajraas] *n* rattlesnake
**افغانستان** *n* [ʔafɣaːnistaːn] Afghanistan
**أفغاني** *n* ◁ Afghan *adj* [ʔafɣaːnij] Afghan
**أفقي** horizontal *adj* [ʔufuqij]
**أفوكاتو** solicitor, *n* [ʔafuːkaːtuː] avocado
**ثمرة الأفوكاتو**
[Thamarat al-afokatoo] *n* avocado
**أقام** stay *v* [ʔaqama]
**إقامة** stay *n* [ʔiqaːma]
**أريد الإقامة لليلتين**
[areed al-e'qama le lay-la-tain] I'd like to stay for two nights
**اقتباس** quote *n* [iqtibaːs]
**علامات الاقتباس**
['aalamat al-e'qtebas] *n* quotation marks
**اقتبس** quote *v* [ʔeqtabasa]
**اقتحام** break-in *n* [iqtiħaːm]
**اقتراح** offer, suggestion *n* [iqtiraːħ]
**اقتراع** poll *n* [iqtiraːʕ]
**اقترب** approach *v* [ʔeqtaraba]
**اقترح** propose, suggest *v* [ʔeqtaraħa]
**اقتصاد** economy *n* [iqtisˤaːd]
**علم الاقتصاد**
['aelm al-e'qtesad] *npl* economics
**اقتصادي** economic *adj* [iqtisˤaːdij]
**عالم اقتصادي**
['aaalem e'qteṣaadey] *n* economist
**اقتصد** economize *v* [ʔeqtasˤada]
**اقتطع** deduct *v* [ʔeqtatˤaʕa]
**اقتلع** pull out *v* [ʔeqtalaʕa]
**أقحوان** daisy, *n* [ʔuqħuwaːn] chamomile
**زهرة الأقحوان**
[Thamrat al-o'qḥowan] *n* daisy
**أقدام** feet *npl* [ʔaqdaːmun]
**إقدام** courage *n* [ʔiqdaːm]
**أقدم** earlier *adv* [aqdam]
**أقر** admit *(confess)* *v* [ʔaqara]

يُقِر ب
[Yo'qarreb] v own up
confession n [ʔiqrar] إقرار
إقرار ضريبي
[E'qrar ḍareeby] n tax return
n [ʔaqra:sˤ] أقراص
لا أتناول الأقراص
[la ata-nawal al-a'qraaṣ] I'm not on the pill
loan v [ʔaqradˤa] أقرض
يُقرِض مالا
[Yo'qred malan] v loan
part, npl [ʔaqsa:mun] أقسام department
محل مكون من أقسام
[Maḥal mokawan men a'qsaam] n department store
vt ⊲ share out v [ʔaqassama] أقسَم divide
maximum, most, adj [ʔaqsˤa:] أقصى ultimate
أقصى عقوبة
[A'qsa 'aoqobah] n capital punishment
fewer adj [ʔaqallu] أقل
على الأقل
['ala ala'qal] adv at least
الأقل
[Al'aqal] adj least
takeoff n [ʔiqla:ʕ] إقلاع
v [ʔaqlaʕa] أقلع
يُقلِع عن
[Yo'qle'a 'aan] vt quit
v [ʔaqlaʕa] أقلع
يُقلِع عن
[Yo'qle'a an] v give up
minority n [ʔaqallija] أقلية
region, territory n [iqli:m] إقليم
regional adj [iqli:mij] إقليمي
v [ʔaqnaʕa] أقنع
يُقنِع بـ
[Yo'qn'a be] v convince
brackets npl [ʔaqwa:sun] أقواس (round)
academic adj [ʔaka:di:mij] أكاديمي
academy n [ʔaka:di:mijja] أكاديمية
bigger adj [ʔakbaru] أكبر

depression n [iktiʔa:b] اكتئاب
مضاد للاكتئاب
[Moḍad lel-ekteaab] n antidepressant
obtain, earn v [ʔektasaba] اكتسب
discover, v [ʔektaʃafa] اكتشف find out
October n [ʔuktu:bar] أكتوبر
best, adv ⊲ more adj [ʔakθaru] أكثر better
multiply v [ʔakθara] أكثر
emphasize v [ʔakadda] أكد
يُؤَكِد على
[Yoaked ala] v confirm
stress v [ʔakkada] أكّد
acre n [ʔakr] أكر
tip (reward) n [ʔikra:mijja] إكرامية
acrobat n [ʔakru:ba:t] أكروبات
eczema n [ikzi:ma:] إكزيما
oxygen n [ʔuksiʒi:n] أكسجين
n [ʔakl] أكل
صالح للأكل
[Ṣaleḥ lel-aakl] adj edible
شراهة الأكل
[Sharahat alakal] n bulimia
eat vt [ʔakala] أكل
n [ʔikli:l] إكليل
إكليل الجبل
[Ekleel al-jabal] n rosemary
accordion n [ʔaku:rdju:n] أكورديون
porn n [al-ʔiba:ħijatu] الإباحية
sailing n [al-ʔibħa:ri] الإبحار
Monday n [al-ʔiθnajni] الاثنين
في يوم الاثنين
[fee yawm al-ithnayn] on Monday
يوم الاثنين الموافق 15 يونيو
[yawm al-ithnain al-muwa-fi'q 15 yon-yo] It's Monday fifteenth June
rental n [alʔuʒrati] الأجرة
Sunday n [al-ʔaħadu] الأحد
يوم الأحد الموافق الثالث من أكتوبر
[yawm al-aḥad al- muwa-fi'q al-thalith min iktobar] It's Sunday third October
Wednesday n [al-ʔarbiʕa:ʔi] الأربعاء
في يوم الأربعاء
[fee yawm al-arbe-'aa] on Wednesday
n [ʔal-ʔarʒunti:n] الأرجنتين

Argentina

**الأردن** Jordan *n* [al-ʔurd]

**الأرض** earth *n* [al-ʔardˤi]

**الاسترليني** *n* [al-istirli:nijju] sterling

**الإسلام** Islam *n* [al-ʔisla:mu]

**الأصغر** youngest *adj* [al-ʔasˤɣaru]

**الأطلس** atlas *n* [ʔal-ʔatˤlasu]

**الأغلبية** majority *n* [al-ʔaɣlabijjatu]

**الأفق** horizon *n* [al-ʔufuqi]

**الاقحوان** *n* [al-uqħuwa:nu] chrysanthemum

**الأقحوان** *n* [al-ʔuqħuwa:nu] marigold

**الإكوادور** Ecuador *n* [al-ikwa:du:r]

**الألف** thousandth *adj* [al-ʔalfu]

**الألفية** millennium *n* [al-ʔalfijjatu]

**الآلية** machinery *n* [al-ajjatu]

**آلام** *n* [a:la:m]

**مسكن آلام**

[Mosaken lel-alam] *n* painkiller

**الأمن** security *n* [alʔamnu]

**الآن** now *adv* [ʔal-ʔa:n]

**من فضلك هل يمكنني الآن أن أطلب ما أريده؟**

[min faḍlak hal yamkin-ani al-aan an aṭlib ma areed-aho?] Can I order now, please?

**الانترنت** Internet *n* [al-intirnit]

**الأنثروبولوجيا** [ʔal-anthropology *n*ʔanθiru:bu:lu:ʒja:]

**الإنجيل** Bible *n* [al-ʔinʒi:lu]

**الأوبرا** opera *n* [ʔal-ʔu:bira:]

**الأوركسترا** *n* [ʔal-ʔu:rkistra:] orchestra

**الأوروجواياني** *n* [al-ʔu:ru:ʒwa:ja:ni:] Uruguayan

**الأوزون** ozone *n* [ʔal-ʔu:zu:ni]

**الأومليت** omelette *n* [ʔal-ʔu:mli:ti]

**الأونس** ounce *n* [ʔal-ʔu:nsu]

**الإيقاع** rhythm *n* [ʔal-ʔi:qa:ʕu]

**البابا** pope *n* [al-ba:ba:]

**الباني** *n* ◁ Albanian *adj* [ʔalba:nij] Albanian *(person)*

**ألبانيا** Albania *n* [ʔalba:nja:]

**البحرين** Bahrain *n* [al-baħrajni]

**البرازيل** Brazil *n* [ʔal-bara:zi:lu]

**البرابادوس** *n* [ʔalbarba:du:s] Barbados

**البرتغال** Portugal *n* [al-burtuɣa:l]

**البسة** clothing *n* [ʔalbisa]

**البندق** hazelnut *n* [al-bunduqi]

**البوذية** Buddhism *n* [al-bu:ðijjatu]

**البورصة** stock *n* [al-bu:rsˤatu] market

**البوسنة** Bosnia *v* [ʔal-bu:snatu]

**البوسنة والهرسك** [ʔal-bu:snatu Bosnia and *n*wa ʔal-hirsik] Herzegovina

**ألبوم** album *n* [ʔalbu:m]

**ألبوم الصور**

[Albom al ṣewar] *n* photo album

**آلة** machine *n* [a:la]

**آلة الصنج الموسيقية**

[Alat al-ṣanj al-mose'qeyah] *npl* cymbals

**آلة الإكسيليفون الموسيقية**

[aalat al ekseelefon al mose'qeiah] *n* xylophone

**آلة التينور الموسيقية**

[aalat al teenor al mose'qeiah] *n* tenor

**آلة الفيولا الموسيقية**

[aalat al veiola al mose'qeiah] *n* viola

**آلة حاسبة**

[Aalah ḥasbah] *n* calculator

**آلة كاتبة**

[aala katebah] *n* typewriter

**آلة كشف الشذوذ الجنسي**

[aalat kashf al shedhodh al jensy] *n* fruit machine

**التاسع عشر** *adj* [atta:siʕa ʕaʃara] nineteenth

**التذكرة** memento *n* [at-taðkiratu]

**التفاف** *n* [iltifa:f]

**التفاف إبهام القدم**

[Eltefaf ebham al-'qadam] *n* bunion

**التقط** *v* [ʕeltaqatˤa]

**هل يمكن أن تلتقط لنا صورة هنا من فضلك؟**

[hal yamken an talta-'qiṭ lana ṣoora min faḍlak?] Would you take a picture of us, please?

**الْتَقَى** *v* [ʔeltaqa:]

يَلْتَقي ب
[Yalta'qey be] v meet up
التماس [iltimaːs] n petition
التَمس [ʔeltamasa] v request
التهاب [ʔiltihaːb] n inflammation
التهاب السحايا
[Eltehab al-sahaya] n meningitis
التهاب الغدة النكفية
[Eltehab alghda alnokafeyah] n mumps
التهاب الحنجرة
[Eltehab al-hanjara] n laryngitis
التهاب الكبد
[El-tehab al-kabed] n hepatitis
التهاب المثانة
[El-tehab al-mathanah] n cystitis
التهاب المفاصل
[Eltehab al-mafaṣel] n arthritis
التهاب شُعَبي
[Eltehab sho'aaby] n bronchitis
إلتهاب [ʔiltihaːbun] n
التهاب الزائدة
[Eltehab al-zaedah] n appendicitis
التواء [ʔiltiwaːʔ] n bend
الثالث [aθ-θaːliθu] n third
الثامن [aθθaːmin] adj eighth
الثامن عشر [aθ-θaːmin ʕaʃar] adj eighteenth
الثاني [aθ-θaːniː] adj second
الثلاثاء [aθ-θulaːθaːʔu] n
في يوم الثلاثاء
[fee yawm al-thalathaa] on Tuesday
الثور [aθθawri] n Taurus
الجابون [al-ʒaːbuːn] n Gabon
الجَدي [alʒadjju] n Capricorn
الجدين [al-ʒaddajni] npl grandparents
الجذل [al-ʒaðalu] n stub
الجزائر [ʔal-ʒazaːʔiru] n Algeria
الجمعة [al-ʒumuʕatu] n Friday
في يوم الجمعة
[fee yawm al-jum'aa ] on Friday
يوم الجمعة الموافق الحادي والثلاثين من ديسمبر
[yawm al-jum'aa al- muwa-fi'q al-ḥady waal-thalatheen min desambar] on Friday, December thirty-first

الجوزاء [al-ʒawzaːʔu] n Gemini
الحادي عشر [al-ħaːdiː ʕaʃar] number
الحادي عشر
[al-ħaːdiː ʕaʃar] adj eleventh
الحاضرين [ʔal-ħaːdˤiriːna] npl attendance
الحج [al-ħaʒʒu] n pilgrimage
الحماة [al-ħamaːtu] n mother-in-law
الحمو [alħamuː] n father-in-law
الحوت [al-ħuːtu] n Pisces
الحوض [alħawdˤi] n pelvis
الخ [ʔilax] abbr etc
الخاسر [al-xaːsiru] n loser
الخامس عشر [al-xaːmis ʕaʃar] adj fifteenth
الخُلد [al-xuldu] n mole (mammal)
الخميس [al-xamiːsu] n
في يوم الخميس
[fee yawm al-khamees] on Thursday
الدانمارك [ad-daːnmaːrk] n Denmark
الذي [al-laðiː] pron who, that, which
ما الذي بك؟
[ma al-lathy beka?] What's wrong?
الرابع عشر [ar-raːbiʕu ʕaʃari] adj fourteenth
الربيع [arrabiːʕu] n spring (season)
الرضفة [aradˤfatu] n kneecap
الركمجة [ar-rakmaʒatu] n surfing
الزامي [ʔilzaːmij] adj compulsory
الزَبّال [az-zabbaːlu] n dustman
الزعتر [az-zaʕtari] n thyme
السابع [as-saːbiʕu] n seventh
السادس [as-saːdisu] adj sixth
السادس عشر [assaːdisa ʕaʃara] sixteenth adj
السبت [ʔa-sabti] n Saturday
في يوم السبت
[fee yawm al-sabit] on Saturday
السِحلية [as-siħlijjatu] n lizard
السعودية [ʔa-saʕuːdijjatu] adj Saudi Arabian
السنغال [as-siniɣaːlu] n Senegal
السنونو [as-sunuːnuː] n
طائر السنونو
[Ṭaaer al-sonono] n swallow

**السودان** [as-suːdaːnu] *n* Sudan
**السوق** [as-suːqi] *n* marketplace
**السويد** [as-suwiːdu] *n* Sweden
**السيخي** [assiːxijju] *n* Sikh
**تابع للديانة السيخية**
[Tabe'a lel-zobabah al-sekheyah] *adj* Sikh
**السيد** [asajjidu] *n* Mr
**السيدة** [asajjidatu] *n* Mrs
**الشتاء** [aʃ-ʃitaːʔi] *n* winter
**الشيشان** [aʃ-ʃiːʃaːn] *n* Chechnya
**الصرب** [asˤ-sˤirbu] *n* Serbia
**الصومال** [asˤ-sˤuːmaːlu] *n* Somalia
**الصيف** [asˤ-sˤajfu] *n* summer
**الصين** [asˤ-sˤiːnu] *n* China
**ألعاب القوى** [ʔalʕaːbun ʔalqiwaː] athletics *npl*
**العاشر** [al-ʕaːʃiru] *adj* tenth *n* ◁ tenth
**العذراء** [al-ʕaðraːʔi] *n* Virgo
**العراق** [al-ʕiraːqi] *n* Iraq
**العشرون** [al-ʕiʃruːna] *adj* twentieth
**العقرب** [al-ʕaqrabi] *n* Scorpio
**إلغاء** [ʔilɣaːʔ] *n* abolition, cancellation
**الغوص** [al-ɣawsˤu] *n* diving
**ألغى** [ʕalɣaː] *v* abolish
**ألف** [ʔalfun] *number* thousand
**جزء من ألف**
[Joza men al alf] *n* thousandth
**الفاتيكان** [al-faːtiːkaːni] *n* Vatican
**الفاحص** [al-faːħisˤu] *n* examiner
**القارض** [al-qaːridˤi] *n* rodent
**القرآن** [al-qurʔaːnu] *n* Koran
**ألقى** [ʔalqaː] *v*
**يُلقي بضغط**
[Yol'qy be-ḍaght] *v* pressure
**يُلقي الضوء على**
[Yol'qy al-ḍawa 'aala] *v* highlight
**يُلقي النفايات**
[Yol'qy al-nefayat] *v* dump
**القيود** [al-qujuːdu] *npl* handcuffs
**الكاميرون** [al-kaːmiːruːn] *n* Cameroon
**الكتروني** [iliktruːnijjat] *adj* electronic
**بريد الكتروني**
[Bareed elektrooney] *n* email
**كتاب الكتروني**
[Ketab elektrooney] *n* e-book
**لعبة الكترونية**
[Lo'abah elektroneyah] *n* computer game
**إلكتروني** [ʔiliktruːniː] *adj* electronic
**هل تلقيت أي رسائل بالبريد الإلكتروني؟**
[hal tala-'qyto ay rasa-el bil-bareed al-alekitrony?] Is there any mail for me?
**الكترونيات** [ilikturuːnijjaːtun] *npl* electronics
**الكترونية** [ilikturuːnijja] *n*
**تجارة الكترونية**
[Tejarah elektroneyah] *n* e-commerce
**إلكترونية** [ʔilikturuːnijjat] *adj*
**تذكرة إلكترونية**
[Tadhkarah elektroneyah] *n* e-ticket
**الكونغو** [al-kuːnɣuː] *n* Congo
**الكويت** [al-kuwiːtu] *n* Kuwait
**الكياسة** [al-kijaːsatu] *n* politeness
**الله** [allahu] *n* Allah, God
**ألم** [ʔalama] *v* ache
**ألم** [ʔalam] *n* pain
**ألم الأذن**
[Alam al odhon] *n* earache
**ألم المَعِدة**
[Alam alma'aedah] *n* stomachache
**ألم مفاجئ**
[Alam Mofajea] *n* stitch
**ألمُ الظهر**
[Alam al-ḍhahr] *n* back pain
**إن ظهري به آلام**
[enna ḍhahry behe aa-laam] My back is sore
**أريد أخذ حقنة لتخفيف الألم**
[areed akhdh ḥu'qna le-takhfeef al-alam] I want an injection for the pain
**أعاني من ألم في صدري**
[o-'aany min alam fee ṣadry] I have a pain in my chest
**أشعر بألم هنا**
[ash-'aur be-alam huna] It hurts here
**موضع الألم هنا**
[mawḍi'a al-alam huna] It hurts here

هل يمكنك إعطائي شيئًا لتخفيف الألم؟ [hal yamken -aka e'aṭa-ee shay-an le-takhfeef al-alam?] Can you give me something for the pain?
الماركسية *n* [al-ma:rkisijjatu] Marxism
الماع cue *n* [ʔilma:ʕ]
المؤلف author *n* [ʔal-muallifu]
الماني *n* ◁ German *adj* [ʔalma:nij] German *(person)*
اللغة الألمانية [Al loghah al almaniyah] *(language) n* German
حصبة ألمانية [Haṣbah al-maneyah] *n* German measles
ألمانيا Germany *n* [ʔalma:nijja:]
المؤيد supporter *n* [al-muajjidu]
المتبجح bouncer *n* [al-mutabaʒʒiħ]
المتفاخر show-off *n* [almutafa:xiru]
المجر Hungary *n* [al-maʒari]
المحيط الهادي [ʌl-moħeeṭ al-haadey] Pacific *n*
المخنث *n* [al-muxannaθu] transvestite
المَسيح Christ *n* [al-masi:ħu]
المَسيحية *n* [al-masi:ħijjatu] Christianity
المَشرق Far East *n* [ʔalmaʃriqi]
المغربَ Morocco *n* [almaɣribu]
المكسيك Mexico *n* [al-miksi:ku]
الموظفين *n* [almuwazˤzˤafi:na] personnel
الميزان Libra *n* [al-mi:za:nu]
النجدة help! *excl* [al-naʒdati]
النرويج Norway *n* [ʔan-narwi:ʒ]
النقص decrease *n* [an-naqsˤu]
النقيض reverse *n* [anaqi:dˤu]
النمْس ferret *n* [an-nimsu]
النمسا Austria *n* [ʔa-nnamsa:]
النَوْع gender *n* [an-nawʕu]
النيجر Niger *n* [an-ni:ʒar]
إله god *n* [ʔilah]
الهند India *n* [al-hindi]
الهندوراس *n* [al-handu:ra:si] Honduras

الومونيوم *n* [ʔalu:minju:m] aluminium
آلي automatic *adj* [ajj]
إليّ me *pron* [ʔilajja]
إلى to *prep* [ʔila:]
آليا automatically *adv* [ajjan]
اليابان Japan *n* [al-ja:ba:nu]
اليابسة mainland *n* [al-ja:bisatu]
لياف fibre *n* [ʔalja:f]
أليف *adj* [ʔali:f]
حيوان أليف [Hayawaan aleef] *n* pet
اليَمَنْ Yemen *n* [al-jamanu]
اليَوْم today *adv* [aljawma]
اليونان Greece *n* [al-ju:na:ni]
أم mother *n* [ʔumm]
أم الأب أو الأم [Om al-ab aw al-om] *n* grandmother
الأم البديلة [al om al badeelah] *n* surrogate mother
الأم المُربية [al om almorabeyah] *n* godmother
اللغة الأم [Al loghah al om] *n* mother tongue
زوج الأم [Zawj al-om] *n* stepfather
متعلق بالأم [Mota'ale'q bel om] *adj* maternal
إمارة emirate *n* [ʔima:ra]
إمارة أندورة [ʔima:ratu ʔandu:rata] *n* Andorra
أمام *prep* ◁ before *adv* [ʔama:ma] before
إلى الأمام [Ela al amam] *adv* forward
أمامي *n* ◁ front *adj* [ʔama:mij] foreground
أمان safety, security *n* [ʔama:n]
حزام الأمان المثبت في المقعد [Hezam al-aman al-mothabat fee al-ma'q'aad] *n* seatbelt
أمانة honesty *n* [ʔama:na]
امبراطور emperor *n* [ʔimbara:tˤu:r]
امبراطورية *n* [ʔimbara:tˤu:rijja] empire
امبير amp *n* [ʔambi:r]

**أمة** [ʔumma] *n* nation
**الأمم المتحدة**
[Al-omam al-motahedah] *n* United Nations
**امتحان** [imtiħa:n] *n* exam
**امتد** [ʔemtada] *vi* stretch
**امتداد** [imtida:d] *n* (توسع) extension
**امتطي** [ʔemtatˤa:] *v*
**هل يمكننا أن نمتطي الجياد؟**
[hal yamken -ana an namta-ṭy al-ji-yaad?] Can we go horse riding?
**أمتِعَة** [ʔamtiʕa] *n* baggage
**أمتعة محمولة في اليد**
[Amte'aah maḥmoolah fee al-yad] *n* hand luggage
**أمتعة مُخزّنة**
[Amte'aah mokhazzanah] *n* left-luggage
**استلام الأمتعة**
[Estelam al-amte'aah] *n* baggage reclaim
**مكتب الأمتعة**
[Makatb al amte'aah] *n* left-luggage office
**وَزْن الأمتعة المسموح به**
[Wazn al-amte'aah al-masmooh beh] *n* baggage allowance
**امْتَعض** [ʔemtaʕadˤa] *v* resent
**امتلك** [ʔemtalaka] *v* possess, own
**امتياز** [imtija:z] *n* concession, privilege
**أمحى** [ʔamħa:] *v* erase
**إمداد** [ʔimda:d] *n* supply
**أمر** [ʔamr] *n* thing
**أمر دفع شهري**
[Amr daf'a shahrey] *n* standing order
**أمر** [ʔamara] *v* order
**امرأة** [imraʔa] *n* woman
**امرأة ملتحقة بالقوات المسلحة**
[Emraah moltahe'qah bel-'qwat al-mosallaha] *n* servicewoman
**أمريكا** [ʔamri:ka:] *n* America
**أمريكا الجنوبية**
[Amrika al janobeyiah] *n* South America
**أمريكا الشمالية**
[Amreeka al- Shamaleyah] *n* North America
**أمريكا اللاتينية**
[Amreeka al-lateeneyah] *n* Latin America
**أمريكا الوسطى**
[Amrika al wostaa] *n* Central America
**شخص من أمريكا الشمالية**
[Shkhṣ men Amrika al shamalyiah] *n* North American
**من أمريكا الشمالية**
[men Amrika al shamalyiah] *adv* North American
**من أمريكا اللاتينية**
[men Amrika al lateniyah] *adj* Latin American
**أمريكي** [ʔamri:kij] *adj* American ◁ *n* American
**جنوب أمريكي**
[Janoob amriky] *adj* South American
**الولايات المتحدة الأمريكية**
[Alwelayat almotahdah al amrikiyah] *n* USA
**كرة القدم الأمريكية**
[Korat al-'qadam al-amreekeyah] *n* American football
**أمس** [ʔamsun] *adv* yesterday
**أمس الأول**
[ams al-a-wal] the day before yesterday
**منذ الأمس وأنا أعاني من المرض**
[mundho al-ams wa ana o'aany min al-maraḍ] I've been sick since yesterday
**امساك** [imsa:k] *n* stopping
**مصاب بالامساك**
[Moṣab bel-emsak] *adj* constipated
**أمسك** [ʔamasaka] *v*
**يُمْسِك ب**
[Yomsek be] *v* tackle ◁ *vt* catch
**يمسك بإحكام**
[Yamsek be-ehkam] *v* grip
**أمطر** [ʔamtˤara] *v* rain
**تمطر ثلجا**
[Tomṭer thaljan] *v* snow
**تمطر مطرا متجمدا**
[Tomṭer maṭran motajamedan] *v* sleet
**إمكانية** [ʔimka:nijja] *n* possibility, potential
**أمكن** [ʔamkana] *v*

أين يمكنني كيّ هذا؟
[Ayna yomkenaney kay hadhah] Where can I get this ironed?
هل هذا يمكن غسله؟
[hal hadha yamken ghas-loho?] Is it washable?
هل يمكن أن أجربها
[hal yamken an ajar-rebha] Can I try it on?
هل يمكن أن نتقابل فيما بعد؟
[hal yamken an nta'qabal fema ba'ad?] Shall we meet afterwards?
هل يمكن تصليح هذه؟
[hal yamken taṣleeḥ hadhy?] Can you repair this?
هل يمكنك كتابة ذلك على الورق إذا سمحت؟
[hal yamken -aka ketabat dhaleka 'aala al-wara'q edha samaḥt?] Could you write it down, please?
hope *n* [ʔamal] **أمل**
**خيبة الأمل**
[Khaybat al-amal] *n* disappointment
**مفعم بالأمل**
[Mof-'am bel-amal] *adv* hopefully
hope *v* [ʔamela] **أمل**
dictation *n* [ʔimla:ʔ] **إملاء**
*v* [ʔamla:] **أملى**
**يُملي عليه**
[Yomely 'aleyh] *v* boss around
nationalize *v* [ʔammama] **أمّم**
safety, security *n* [ʔa:min] **أمن**
**غير آمن**
[Ghayr aamen] *adj* insecure
هل هذا المكان آمن للسباحة؟
[hal hadha al-makaan aamin lel-sebaḥa?] Is it safe to swim here?
هل هو آمن للأطفال؟
[hal howa aamin lil-aṭfaal?] Is it safe for children?
هل هو آمن للأطفال؟
[hal howa aamin lil-aṭfaal?] Is it safe for children?
reckon *v* [ʔamana] **آمن**
safe *adj* [ʔa:mi] **آمِنْ**
safety, security *n* [ʔamn] **أمن**

**حارس الأمن**
[Ḥares al-amn] *n* security guard
insure *v* [ʔammana] **أمّن**
wish *n* [ʔumnijja] **أمنية**
waves *npl* [ʔamwa:ʒun] **أمواج**
**ركوب الأمواج**
[Rokoob al-amwaj] *n* surf
illiterate *adj* [ʔumijju] **أمي**
prince *n* [ʔami:r] **أمير**
princess *n* [ʔami:ra] **أميرة**
fiscal *adj* [ʔami:rij] **أميري**
honest *adj* [ʔami:n] **أمين**
**أمين الصندوق**
[Ameen alṣondoo'q] *n* treasurer
**أمين المكتبة**
[Ameen al maktabah] *n* librarian
**غير أمين**
[Gheyr amen] *adj* dishonest
if, that, a,though *conj* [ʔanna] **أن**
**لأن**
[liʔanna] *conj* because
groan *v* [ʔanna] **أنّ**
I *pron* [ʔana] **أنا**
pot *n* [ʔina:ʔ] **إناء**
pineapple *n* [ʔana:na:s] **أناناس**
selfish *adj* [ʔana:nij] **أناني**
dent *v* [ʔenbaʕaʒa] **إنبعج**
jet, tube, pipe *n* [ʔunbu:b] **أنبوب**
**أنبوب اختبار**
[Anbob ekhtebar] *n* test tube
**أنبوب التصريف**
[Anboob altaṣreef] *n* drainpipe
**أنبوب فخاري**
[Onbob fokhary] *n* tile
tube *n* [ʔunbu:ba] **أنبوبة**
you *pron* [ʔanta] **أنت**
production *n* [inta:ʒ] **انتاج**
**تخفيض الانتاج**
[Takhfeeḍ al-entaj] *n* cutback
production *n* [ʔinta:ʒ] **إنتاج**
**إعادة إنتاج**
[E'adat entaj] *n* reproduction
**إنتاج رئيسي**
[Entaj raaesey] *v* staple *(commodity)*
productivity *n* [ʔinta:ʒijja] **إنتاجية**
attention *n* [ʔintiba:h] **انتباه**

**شديد الانتباه**
[shaded al-entebah] *adj* observant
**أنتج** produce *v* [ʔantaʒa]
**انتحب** weep *v* [ʔentaħaba]
**انتحر** suicide *v* [ʔetaħara]
**انتخاب** election *n* [intixa:b]
**انتخابات** *n* [intixa:ba:t]
**انتخابات عامة**
[Entekhabat 'aamah] *n* general election
**انتخابي** electoral *adj* [intixa:bijjat]
**دائرة انتخابية**
[Daaera entekhabeyah] *n* constituency
**انتخب** elect *v* [ʔentaxaba]
**انتداب** delegate *n* [intida:b]
**انتدب** delegate *v* [ʔantadaba]
**انترنت** Internet *n* [intirnit]
**جرائم الكمبيوتر والانترنت**
[Jraem al-kmobyoter wal-enternet] *n* cybercrime
**مقهى الانترنت**
[Ma'qha al-enternet] *n* cybercafé
**إنترنت** Internet *n* [ʔintirnit]
**متصلا بالإنترنت**
[Motaṣelan bel-enternet] *adv* online
**هل هناك اتصال لاسلكي بالإنترنت داخل الحجرة**
[hal hunak ite-ṣaal la-silki bel-internet dakhil al-ḥijra?] Does the room have wireless internet access?
**هل يوجد أي مقهى للإنترنت هنا؟**
[hal yujad ay ma'qha lel-internet huna?] Are there any Internet cafés here?
**انتشار** spread *n* [intiʃa:r]
**انتشر** *vt* ◁ spread out *v* [ʔentaʃara] spread
**انتصار** triumph *n* [intisˤa:r]
**تذكار انتصار**
[tedhkaar enteṣar] *n* trophy
**انتصر** triumph *v* [ʔentasˤara]
**انتظار** waiting *n* [intizˤa:r]
**غرفة انتظار**
[Ghorfat enteḍhar] *n* waiting room
**مكان انتظار**
[Makan enteḍhar] *n* layby
**هل يوجد مكان انتظار للسيارات بالقرب من هنا؟**
[hal yujad makan inti-ḍhar lil-sayaraat bil-'qurb min huna?] Is there a car park near here?
**انتظام** order *n* [intizˤa:m]
**بانتظام**
[benteḍham] *adv* regularly
**انتظر** hang on, *v* [ʔentazˤara] wait for
**ينتظر قليلا**
[yantḍher 'qaleelan] *v* hold on
**انتظرني من فضلك**
[intaḍhirny min faḍlak] Please wait for me
**هل يمكن أن تنتظر هنا دقائق قليلة؟**
[hal yamken an tanta-ḍher huna le-da'qa-e'q 'qalela?] Can you wait here for a few minutes?
**انتفض** shudder *v* [ʔentafadˤa]
**انتقاء** pick *n* [intiqa:ʔ]
**انتقادي** critical *adj* [intiqa:dij]
**انتقال** shift, transition *n* [intiqa:l]
**انتقام** revenge *n* [intiqa:m]
**انتقد** criticize *v* [ʔentaqada]
**انتقل** move in *v* [ʔentaqala]
**انتقى** pick out *v* [ʔentaqa:]
**انتكاسة** relapse *n* [intika:sa]
**انتماء** membership *n* [ntima:ʔ]
**الانتماء الوطني**
[Al-entemaa alwaṭaney] *n* citizenship
**انتمي** *v* [ʔentama:]
**ينتمي إلى**
[Yantamey ela] *v* belong to
**انتهاء** ending *n* [intiha:ʔ]
**تاريخ الانتهاء**
[Tareekh al-entehaa] *n* expiry date
**موعد الانتهاء**
[Maw'aed al-entehaa] *n* deadline
**إنْتَهى** end *v* [ʔentaha:]
**أنثى** female *n* [ʔunθa:]
**إنجاز** achievement *n* [ʔinʒa:z]
**إنْجَرف** drift *vi* [ʔenʒarafa]
**أنجز** fulfil *v* [ʔanʒaza]
**إنجلترا** England *n* [ʔinʒiltira:]
**انجليزي** English *adj* [inʒili:zij]
**إنجليزي** *n* ◁ English *adj* [ʔinʒili:zij] English

**مواطنة إنجليزية**
[Mowaṭenah enjilezeyah] *n* Englishwoman
**هل يوجد لديكم كتيب باللغة الإنجليزية؟**
[hal yujad laday-kum kuty-ib bil-lugha al-injile-ziya?] Do you have a leaflet in English?
*n* [ʔinʒaliːzijja] **إنجليزية**
**هل تتحدث الإنجليزية**
[hal tata- ḥadath al-injileez-iya?] Do you speak English?
Angola *n* [ʔanʒuːlaː] **أنجولا**
*n* ◁ Angolan *adj* [ʔanʒuːlij] **أنجولي** Angolan
gospel *n* [ʔinʒiːl] **إنجيل**
slope, decline *n* [ʔinħidaːr] **انحدار**
**هل هو شديد الانحدار؟**
[hal howa shadeed al-inḥi-daar?] Is it very steep?
descend *v* [ʔenħadara] **انحدر**
diversion *(road)* *n* [inħiraːf] **انحراف**
swerve *v* [ʔenħarafa] **انحرف**
bow *n* [inħinaːʔ] **انحناء**
bend over *v* [ʔenħanaː] **انحنى**
lower, come *v* [ʔenxafadˤa] **انخفض** down
rush *n* [indifaːʕ] **اندفاع**
dash, rush *vi* [ʔandafaʕa] **إندفع**
*n* [ʔanduːniːsij] **أندونيسي** Indonesian *(person)* Indonesian *adj* ◁
*n* [ʔanduːniːsjjaː] **أندونيسيا** Indonesia
alarm, notice *n* [ʔinðaːr] **إنذار** *(termination)*, ultimatum
**إنذار سرقة**
[endhar sare'qa] *n* burglar alarm
**إنذار حريق**
[endhar Haree'q] *n* fire alarm
**إنذار كاذب**
[endhar kadheb] *n* false alarm
then *adv* [ʔaːnaðaːka] **آنذاك**
notice *v* [ʔanðara] **أنذر**
slipping *n* [ʔinzilaːq] **إنزلاق**
**إنزلاق غضروفي**
[Enzela'q ghodrofey] *n* slipped disc

slide, skid *v* [ʔenzalaqa] **انزلق**
human being *n* [ʔinsaːn] **إنسان**
**إنسان آلي**
[Ensan aly] *n* robot
**حقوق الإنسان**
[Ho'qoo'q al-ensan] *npl* human rights
**من صنع الإنسان**
[Men ṣon'a al-ensan] *adj* man-made
human *adj* [ʔinsaːnij] **إنساني**
**ضمير إنساني**
[Ḍameer ensaney] *n* conscience
Miss *n* [ʔaːnisa] **آنسة**
recession *n* [insiħaːb] **انسحاب**
withdrawal *n* [ʔinsiħaːb] **إنسحاب**
drag *vt* [ʔensaħaba] **انسحب**
blockage *n* [insidaːd] **انسداد**
insulin *n* [ʔansuːliːn] **إنسولين**
construct *v* [ʔanʃaʔa] **أنشأ**
construction *n* [ʔinʃaːʔ] **إنشاء**
anchovy *n* [ʔunʃuːda] **أنشوجة**
get away *v* [ʔensˤarafa] **انصرف**
impression *n* [intˤibbaːʕ] **انطباع**
go ahead *v* [ʔentˤalaqa] **إنطلق**
freshen up *v* [ʔanʕaʃa] **أنعش**
reflection *n* [inʕikaːs] **انعكاس**
*adj* [inʕikaːsij] **انعكاسي**
**رد انعكاسي**
[Rad en'aekasey] *n* reflex
nose *n* [ʔanf] **أنف**
explosion *n* [infiʒaːr] **انفجار**
**انفجار عاطفي**
[Enfejar 'aatefy] *n* gust
blow up, burst *v* [ʔenfaʒara] **انفجر**
**لقد انفجر إطار السيارة**
[la'qad infajara eṭar al-sayara] The tyre has burst
isolation *n* [ʔinfiraːd] **انفراد**
**هل يمكنني التحدث إليك على انفراد؟**
[hal yamken -any al-taḥaduth elayka 'aala enfi-raad?] Can I speak to you in private?
separation *n* [infisˤaːl] **انفصال**
split up *v* [ʔenfasˤala] **انفصل**
*n* [infiʕaːl] **انفعال**
**سريع الانفعال**
[Saree'a al-enfe'aal] *adj* touchy

**إنفلوانزا** [ʔinfilwa:nza:] *n* flu
**إنفلوانزا الطيور**
[Enfelwanza al-ṭeyor] *n* bird flu
**أنفلونزا** [ʔanfluwanza:] *n* influenza
**إنقاذ** [ʔinqa:ð] *n* rescue
**عامل الإنقاذ**
['aamel alen'qaḍh] *n* lifeguard
**حبل الإنقاذ**
[Habl elen'qadh] *n* helpline
**أين يوجد أقرب مركز لخدمة الإنقاذ بالجبل؟**
[ayna yujad a'qrab markaz le-khedmat al-en-'qaadh bil-jabal?] Where is the nearest mountain rescue service post?
**أنقذ** [ʔanqaða] *v* rescue
**إنقسم** [ʔenqasama] *vt* split
**أنقص** [ʔanqasˤa] *v* decrease
**انقطاع** [inqitˤa:ʕ] *n* disruption
**انقطاع التيار الكهربي**
[En'qetaa'a al-tayar alkahrabey] *n* power cut
**انقطع** [ʔenqatˤaʕa] *v* go off
**انقلاب** [inqila:b] *n* turnover
**انقلب** [ʔenqalaba] *v* capsize, upset
**انقياد** [inqija:d] *n*
**سهل الانقياد**
[Sahl al-en'qyad] *adj* easy-going
**إنكار** [ʔinka:ruhu] *n* denial
**لا يمكن إنكاره**
[La yomken enkareh] *adj* undeniable
**أنكر** [ʔankara] *v* deny
**انكسر** [ʔenkasara] *v*
**لقد انكسرت علبة التروس**
[la'qad inkasarat 'ailbat al-tiroos] The gearbox is broken
**إنهار** [ʔenha:ra] *v* collapse
**انهمك** [ʔenhamaka] *v*
**يَنْهَمك في القيل والقال**
[Yanhamek fee al-'qeel wa al-'qaal] *v* gossip
**أنهى** [ʔanha:] *v* finalize
**انهيار** [ʔinhija:r] *n* avalanche, crash, collapse
**انهيار أرضي**
[Enheyar ardey] *n* landslide
**إنهيار عصبي**
[Enheyar aṣabey] *n* nervous breakdown
**أنواع** [ʔanwa:ʕ] *npl* species
**آنية** [ʔa:nija] *n*
**آنية من الصيني**
[Aaneyah men al-ṣeeney] *n* china
**أنيق** [ʔani:q] *adj* elegant
**أنيميا** [ʔani:mja:] *n* anaemia
**مُصاب بالأنيميا**
[Moṣaab bel-aneemeya] *n* anaemic
**أهان** [ʔaha:na] *v* insult, slap
**إهانة** [ʔiha:na] *n* insult
**اهتز** [ʔehtazza] *vi* shake
**اهتم** [ʔehtamma] *vi* mind
**اهتمام** [ihtima:m] *n* concern, interest *(curiosity)*, regard
**يُثير اهتمام**
[yotheer ehtemam] *v* interest
**اهتياج** [htija:ʒ] *n* agitation
**شديد الاهتياج**
[Shdeed al-ehteyaj] *adj* frantic
**أهدر** [ʔahdara] *v* growl
**أهل** [ʔahl] *n* family
**أهل البيت**
[Ahl al-bayt] *n* household
**أهّل** [ʔahala] *v* qualify
**أهلا** [ʔahlan] *excl* hello!
**أهلي** [ʔahlij] *adj* family
**حرب أهلية**
[Ḥarb ahleyah] *n* civil war
**إهمال** [ʔihma:l] *n* neglect
**أهمَل** [ʔahmala] *v* neglect
**أهمية** [ʔahamijja] *n* importance
**أهمية مُلحة**
[Ahameiah molehah] *n* urgency
**أوبوا** [ʔu:bwa:] *n* oboe
**أوتوبيس** [ʔu:tu:bi:s] *n* coach
**تذكرة أوتوبيس**
[tadhkarat otobees] *n* bus ticket
**محطة أوتوبيس**
[Mahaṭat otobees] *n* bus station
**موقف أوتوبيس**
[Maw'qaf otobees] *n* bus stop
**أوتوجراف** [ʔu:tu:ʒra:f] *n* autograph
**أوثق** [ʔawθaqa] *v* moor
**أوركيد** [ʔu:rki:d] *n*
**زهرة الأوركيد**

[Zahrat al-orkeed] *n* orchid
**أوروبا** Europe *n* [ʔu:ru:bba:]
**أوروبي** European *adj* [ʔu:ru:bij]
**الاتحاد الأوروبي**
[Al-tehad al-orobey] *n* European Union
**شخص أوروبي**
[Shakhs orobby] *n* European
**أوروجواي** Uruguay *n* [uwru:ʒwa:j]
**أوروجواياني** *adj* [ʔu:ru:ʒwa:ja:ni:] Uruguayan
**أوزباكستان** *n* [ʔu:zba:kista:n] Uzbekistan
**أوزة** goose, swan *n* [ʔiwazza]
**أوزون** *n* [ʔu:zu:n]
**طبقة الأوزون**
[Taba'qat al-odhoon] *n* ozone layer
**أوسترالاسيا** *n* [ʔu:stra:la:sja:] Australasia
**أوسط** mid *adj* [ʔawsatˁ]
**أوسيانيا** Oceania *n* [ʔu:sja:nja:]
**أوصى** recommend *v* [ʔawsˁa:]
**أوضح** point out *v* [ʔawdˁaħa]
**أوضح** clarify *v* [ʔawdˁaħa]
**أوغندا** Uganda *n* [ʔu:ɣanda:]
**أوغندي** *n* ◂ Ugandan *adj* [ʔu:ɣandij] Ugandan
**أوقع** sign *v* [ʔawaqaʕa]
**أوقف** stop, turn out *v* [ʔawqafa]
**يُوقِف السيارة**
[Yo'qef sayarah] *v* pullover
**أوكراني** *n* ◂ Ukrainian *adj* [ʔu:kra:nij] Ukrainian *(person)*
**اللغة الأوكرانية**
[Al loghah al okraneiah] *(language) n* Ukrainian
**أوكرانيا** Ukraine *n* [ʔu:kra:nja:]
**أول** first *n* ◂ first *adj* [ʔawwal]
**الاسم الأول**
[Al-esm al-awal] *n* first name
**ما هو موعد أول قطار متجه إلى...؟**
[ma howa maw-'aid awal 'qeṭaar mutajih ela...?] When is the first train to...?
**أولا** first, firstly *adv* [ʔawwala:]
**أولوية** priority *n* [ʔawlawijja]
**أولي** primary *adj* [ʔawwalij]
**الأحرف الأولى**
[Al-aḥrof al-ola] *npl* initials
**في الدرجة الأولى**
[Fee al darajah al ola] *adv* mainly
**إسعافات أولية**
[Es'aafat awaleyah] *n* first aid
**أومأ** signal *v* [ʔawmaʔa]
**يُومئ برأسه**
[Yomea beraaseh] *v* nod
**أوهم** trick *v* [ʔewhama]
**أي** any *adj* [ʔajju]
**أي شخص**
[Ay shakhṣ] *pron* anybody
**أي شيء**
[Ay shaya] *n* anything
**أي من**
[Ay men] *pron* any
**على أي حال**
[Ala ay ḥal] *adv* anyway
**بأي طريقة**
[Be-ay ṭaree'qah] *adv* anyhow
**في أي مكان**
[Fee ay makan] *adv* anywhere
**إيجابي** positive *adj* [ʔi:ʒa:bij]
**إيجار** rent *n* [ʔjʒa:r]
**أيدولوجية** ideology *n* [ʔajdu:lu:ʒijja]
**إيراد** revenue *n* [ʔi:ra:d]
**إيران** Iran *n* [ʔi:ra:n]
**إيراني** *n* ◂ Iranian *adj* [ʔi:ra:nij] Iranian *(person)*
**أيرلندا** Ireland *n* [ʔajrlanda:]
**أيرلندة** *n* [ʔajrlanda]
**أيرلندة الشمالية**
[Ayarlanda al-shamaleyah] *n* Northern Ireland
**أيرلندي** Irish *adj* [ajrlandij]
**الأيرلندي**
[Alayarlandey] *n* Irish
**إيرلندي** *adj* [ijrlandij]
**رَجُل إيرلندي**
[Rajol ayarlandey] *n* Irishman
**إيرلندية** Irishwoman *n* [ijrlandijja]
**آيس** *n* [ʔa:js]
**ستيك الآيس كريم**
[Steek al-aayes kreem] *n* ice lolly
**آيس كريم**
[aayes kreem] *n* ice cream

**أيسلاندي** Icelandic *adj* [ʔajslaːndiː]
**الأيسلندي**
[Alayeslandey] *n* Icelandic
**أيسلندا** Iceland *n* [ʔajslandaː]
**إيصال** voucher *n* [ʔiːsˤaːl]
**إيصالات** takings *npl* [ʔiːsˤaːlaːtun] *(money)*
**أيضا** also, else, too *adv* [ʔajdˤan]
**إيضاحي** *adj* [ʔiːdˤaːħijjat]
**تجربة إيضاحية**
[Tajrebah eeḍaheyah] *n* demonstration
**إيطالي** *n* ◁ Italian *adj* [ʔiːtˤaːlij]
Italian *(person)*
**اللغة الإيطالية**
[alloghah al eṭaleyah] *(language) n* Italian
**إيطاليا** Italy *n* [ʔiːtˤaːljjaː]
**إيقاف** stopping *n* [ʔiːqaːf]
**لا يمكنني إيقاف تشغيله**
[la yam-kinuni e-'qaaf tash-ghe-lehe] I can't turn the heating off
**لن أقوم بإيقاف تشغيله**
[Lan a'qoom be-ee'qaf tashgheeleh] It won't turn off
**هل يمكن إيقاف السيارة بالقرب منا؟**
[hal yamken e'qaaf al-sayara bil-'qurb min-na?] Can we park by our site?
**أيقونة** icon *n* [ʔajquːna]
**أيل** deer *n* [ʔajl]
**إيماءة** gesture *n* [ʔiːmaːʔa]
**إيمان** faith *n* [ʔiːmaːn]
**أيمن** right-handed *adj* [ʔajman]
**أين** where *adv* [ʔajna]
**أين تسكن؟**
[ayna taskun?] Where do you live?
**أين تقيم؟**
[Ayn to'qeem?] Where are you staying?
**أين يمكن أن نتقابل؟**
[ayna yamken an nata-'qabal?] Where can we meet?
**أين يمكنني إرضاع الرضيع؟**
[ayna yamken-any erḍa'a al-raḍee'a?] Where can I breast-feed the baby?
**أين يوجد قسم الشرطة؟**
[ayna yujad 'qisim al- shurṭa?] Where is the police station?
**من أين أنت؟**
[min ayna anta?] Where are you from?
**إيوَاء** lodging *n* [ʔiːwaːʔ]
**دَار إيوَاء**
[Dar eewaa] *n* dormitory *(large bedroom)*

# ب

ب in, on, with, by *prep* [bi]

بجانب

[Bejaneb] *prep* beside

بائع vendor *n* [baːʔiʕ]

بائع تجزئة

[Bae'a tajzeah] *n* retailer

بائع زهور

[Bae'a zohor] *n* florist

باب door *n* [baːb]

جرس الباب

[Jaras al-bab] *n* doorbell

درجة الباب

[Darajat al-bab] *n* doorstep

مقبض الباب

[Me'qbaḍ al-bab] *n* door handle

أين يوجد باب الخروج...؟

[Ayn yojad bab al-khoroj...] Which exit for...?

أين يوجد مفتاح الباب الأمامي؟

[ayna yujad muftaaḥ al-baab al-ama-my?] Which is the key for the front door?

أين يوجد مفتاح الباب الخلفي؟

[ayna yujad muftaaḥ al-baab al-khalfy?] Which is the key for the back door?

أين يوجد مفتاح هذا الباب؟

[ayna yujad muftaaḥ hadha al-baab?] Which is the key for this door?

اترك الباب مغلقا

[itruk al-baab mughla'qan] Keep the door locked

الباب لا يُغلَق

[al-baab la yoghla'q] The door won't close

الباب لا يُقفَل

[al-baab la yo'qfal] The door won't lock

لقد أوصد الباب وأنا بخارج الغرفة

[la'qad o-ṣeda al-baab wa ana be kharej al-ghurfa] I have locked myself out of my room

بابا daddy *n* [baːbaː]

بُؤبُؤ *n* [buʔbuʔ]

بُؤبُؤ العَيْن

[Boaboa al-'ayn] *n* pupil *(eye)*

بإتقان neatly *adv* [biʔitqaːnin]

باح *v* [baːħa]

يبوح ب

[Yabooḥ be] *v* reveal

بإحكام close *adv* [biʔiħkaːmin]

باخِرَة *n* [baxira]

باَخِرَة رُكّاب

[Bakherat rokkab] *n* liner

بإخلاص sincerely *adv* [biʔixlasˤin]

بادِئ starter *n* [baːdiʔ]

باذَنجان aubergine *n* [baːðinʒaːn]

بار bar *(alcohol)* *n* [baːr]

ساقي البار

[Sa'qey al-bar] *n* bartender

بئر well *n* [biʔr]

باراجواي Paraguay *n* [baːraːʒwaːj]

شخص من باراجواي

[Shakhṣ men barajway] *n* Paraguayan

من باراجواي

[Men barajway] *adj* Paraguayan

باراسيتامول *n* [baːraːsiːtaːmuːl]

أريد باراسيتامول

[areed barasetamol] I'd like some paracetamol

بارافين paraffin *n* [baːraːfiːn]

بؤرة focus *n* [buʔra]

ثنائي البؤرة

[Thonaey al-booarah] *npl* bifocals

بارد cold *adj* [baːrid]

**إن الطعام بارد أكثر من اللازم**
[enna al-ṭa'aam bared akthar min al-laazim] The food is too cold
**إن اللحم باردة**
[En al-laḥm baredah] The meat is cold
**الحمامات باردة**
[al-doosh bared] The showers are cold
**هذه الغرفة باردة أكثر من اللازم**
[hathy al-ghurfa barda ak-thar min al-laazim] The room is too cold
**بارز** [baːriz] *adj* outstanding
**بارع** [baːriʕ] *adj* skilful
**غير بارع**
[gheer bare'a] *adj* unskilled
**بارك** [baːraka] *v* bless
**باروكة** [baːruːka] *n* wig
**بأس** [baʔs] *adj*
**لا بأس**
[la baas] No problem
**لا بأس من أخذ الأطفال**
[la baas min akhth al-aṭfaal] Is it OK to take children?
**بؤس** [buʔs] *n* misery
**باستا** [baːstaː] *n* pasta
**باستمرار** [bistimrarin] *adv* continually
**باسكي** [baːskiː] *adj* Basque ◁ *n* Basque *(person)*
**باص** [baːsˤ] *n*
**ميني باص**
[Meny baas] *n* minibus
**باض** [baːdˤa] *v* whitewash, bleach
**باطل** [baːtˤil] *adj* void
**باطني** [baːtˤinij] *adj* inner
**باع** [baːʕa] *v* sell
**يَبيع المخزون**
[Yabea'a al-makhzoon] *v* sell out
**يَبيع بالتصفية**
[Yabea'a bel-taṣfeyah] *v* sell off
**يَبيع بالتجزئة**
[Yabea'a bel-tajzeaah] *v* retail
**هل تبيع كروت التليفون؟**
[hal tabee'a kroot al-talefon?] Do you sell phonecards?
**باعث** [baːʕiθ] *n* incentive
**بَاقة** [baːqa] *n* bouquet
**باكراً** [baːkiran] *adv* early
**باكستان** [baːkistaːn] *n* Pakistan
**باكستاني** [baːkistaːnij] *adj* Pakistani ◁ *n* Pakistani
**بال** [baːlin] *adj* shabby
**بالبَيْت** [bi-al-bajti] *adv* at home
**بالتأكيد** [bi-at-taʔkiːdi] *adv* surely
**بالتحديد** [bi-at-taħdiːdi] *adv* precisely
**بالتدريج** [bi-at-tadriːʒi] *adv* gradually
**بالحاح** [bi-ilħaːħin] *adv* instantly
**بالضرورة** [bi-adˤ-dˤaruːrati] *adv* necessarily
**بالغ** [baːliɣ] *n* grown-up, teenager
**بالغ** [baːlaɣa] *v* exaggerate
**بالفعل** [bi-al-fiʕli] *adv* already
**بالكاد** [bil-kaːdi] *adv* hardly
**بالكامل** [bialkaːmili] *adv* completely
**بالمائة** [biʕalmiʕati] *adv* per cent
**بالوعة** [baːluːʕa] *n* sewer, washbasin
**بالون** [baːluːn] *n* balloon
**لبان بالون**
[Leban balloon] *n* bubble gum
**باليه** [baːliːh] *n* ballet
**راقص باليه**
[Ra'qeṣ baleeh] *n* ballet dancer
**راقصة باليه**
[Ra'ṣat baleeh] *n* ballerina
**أين يمكنني أن أشتري تذاكر لعرض الباليه؟**
[ayna yamken-any an ashtray tadhaker le-'aarḍ al-baleh?] Where can I buy tickets for the ballet?
**بأمانة** [biʔamaːnati] *adv* honestly
**بانجو** [baːnʒuː] *n*
**آلة البانجو الموسيقية**
[Aalat al-banjoo al-mose'qeyah] *n* banjo
**بإنصَاف** [bi-ʔinsˤaːfin] *adv* fairly
**بَاهت** [baːhit] *adj* dim
**باينت** [baːjant] *n* pint
**ببغاء** [babbaɣaːʔ] *n* parrot
**بترول** [bitruːl] *n* petroleum
**بئر بترول**
[Beear betrol] *n* oil well
**بتسوانا** [butswaːnaː] *n* Botswana
**بثبَات** [biθabaːtin] *adv* constantly
**بَثرة** [baθra] *n* pimple, blister

pelican *n* [baʒaʕa] **بَجَعَة**
madly *adv* [biʒunu:nin] **بجنون**
sailor *n* [baħħa:r] **بحّار**
search *n* [baħθ] **بحث**
**محب للبحث والتحقيق**
[moḥeb lel-baḥth wal-taḥ'qeeq] *adj* inquisitive
**بَحْث دراسي**
[Bahth derasy] *n* research
*v* [baħaθa] **بحث**
**يَبْحَث عن**
[Yabḥath an] *v* look for, seek
**إننا نبحث عن...**
[ena-na nabḥath 'aan...] We're looking for...
**أنا أبحث عن بطاقات بريدية**
[ana abḥath 'aan beṭa-'qaat baree-diya] I'm looking for postcards
**أنا أبحث هدية لطفلي**
[Ana abḥath ḥadeyah leṭfley] I'm looking for a present for a child
**نحن نبحث عن أحد الفنادق**
[naḥno nabḥath 'aan aḥad al-fanadi'q] We're looking for a hotel
sea *n* [baħr] **بحر**
**ساحل البحر**
[saḥel al-baḥr] *n* seaside
**عبر البحار**
['abr al-behar] *adv* overseas
**البحر الأحمر**
[Al-bahr al-ahmar] *n* Red Sea
**البحر الشمالي**
[Al-baḥr al-Shamaley] *n* North Sea
**البحر الكاريبي**
[Al-baḥr al-kareebey] *n* Caribbean
**البحر المتوسط**
[Al-bahr al-motawaseṭ] *n* Mediterranean
**مستوى سطح البحر**
[Mostawa saṭh al-bahr] *n* sea level
**مياه البحر**
[Meyah al-baḥr] *n* sea water
**أريد غرفة تطل على البحر**
[areed ghurfa ta-ṭul 'aala al-baḥir] I'd like a room with a view of the sea
**أعاني من دوار البحر**
[o-'aany min dawaar al-baḥar] I get travel-sick
**هل تظهر هنا قناديل البحر؟**
[hal taḍhhar huna 'qana-deel al-baḥir?] Are there jellyfish here?
**هل البحر مرتفع اليوم؟**
[hal al-baḥr murta-fi'a al-yawm?] Is the sea rough today?
maritime, naval *adj* [baħrij] **بحري**
**رحلة بحرية**
[Rehalh bahreyah] *n* cruise
**جندي بحري**
[Jondey baharey] *n* seaman
**الأطعمة البحرية**
[Al-aṭ'aemah al-baḥareyh] *n* seafood
strictly *adv* [biħazmin] **بحزم**
truly *adv* [biħaqqin] **بحَق**
lake, lagoon *n* [buħajra] **بُحَيْرة**
lively *adj* [biħajawijjatin] **بحيوية**
inhaler *n* [baxxa:x] **بَخاخ**
steam *n* [buxa:r] **بُخَار**
inexpensive *adj* [baxs] **بَخس**
miser *adj* [baxi:l] **بَخيل**
seem *v* [bada:] **بدا**
start *n* [badʔ] **بَدء**
begin, start *v* [badaʔa] **بدأ**
**يَبدأ الحركة والنشاط**
[Yabdaa alḥarakah wal-nashaṭ] *v* start off
**متى يبدأ العرض؟**
[mata yabda al-'aarḍ?] When does the performance begin?
**متى يبدأ العمل هنا؟**
[mata yabda al-'aamal huna?] When does it begin?
primitive *adj* [bida:ʔij] **بدائي**
into *prep* [bida:xili] **بداخل**
beginning *n* [bida:ja] **بداية**
**في بداية شهر يونيو**
[fee bedayat shaher yon-yo ] at the beginning of June
squander, waste *v* [baddada] **بَدد**
full moon *n* [badr] **بَدر**
basement *n* [bidru:m] **بدروم**
*v* [baddala] **بدل**
**أين أستطيع أن أبدل ملابسي؟**
[ayna asṭaṭe'a an abid-il mala-bisy]

Where do I change?
**هل يمكن أن أبدل الغرف**
[hal yamken an abad-il al-ghuraf?] Can I switch rooms?

**بَدّل** alter, transform *v* [baddala]

**بدلًا** instead of *prep* [badalan]
**بدلًا من ذلك**
[Badalan men ḍhalek] *adv* instead of that

**بدلة** fancy dress, outfit *n* [badla]
**بدلة تدريب**
[Badlat tadreeb] *n* tracksuit
**بدلة العمل**
[Badlat al-'aamal] *n* overalls
**بدلة الغوص**
[Badlat al-ghawṣ] *n* wetsuit

**بدني** physical *adj* [badanij]
**عقوبة بدنية**
['ao'qoba badaneyah] *n* corporal punishment

**بدون** without *prep* [bidu:ni]
**بدون توقف**
[Bedon tawa'qof] *adv* non-stop

**بديع** magnificent *adj* [badi:ʕ]

**بديل** alternative *n* [badi:l]

**بَدين** fat *n* ◁ obese *adj* [badi:n]

**بِذرة** seed *n* [biðra]

**بَذلة** suit *n* [baðla]
**بذلة غامقة اللون للرجال**
[Badlah ghame'qah al-loon lel-rejal] *n* tuxedo

**بريء** innocent *adj* [bari:ʔ]

**برازيلي** *n* ◁ Brazilian *adj* [bara:zi:lij] Brazilian

**براعم** flower *n* [bara:ʕim]
**براعم الورق**
[Bra'aem al-wara'q] *n* sprouts

**برامج** software *n* [bara:miʒ]

**براندي** brandy *n* [bra:ndi:]
**سأتناول براندي**
[sa-ata-nawal brandy] I'll have a brandy

**برتغالي** Portuguese *adj* [burtuɣa:lij]
Portuguese *(person)* *n* ◁
**اللغة البرتغالية**
[Al-loghah al-bortoghaleyah] *(language)* *n* Portuguese

**برتقال** orange *(fruit)* *n* [burtuqa:l]
**عصير برتقال**
[Aṣeer borto'qaal] *n* orange juice

**برتقالة** orange *n* [burtuqa:la]

**برتقالي** orange *adj* [burtuqa:lij]

**برتو ريكو** Puerto Rico *n* [burtu: ri:ku:]

**برج** tower *n* [burʒ]
**برج محصن**
[Borj mohaṣṣan] *n* dungeon
**بُرج كهرباء**
[Borj kahrbaa] *n* pylon
**بُرج الكنيسة**
[Borj al-kaneesah] *n* steeple

**برد** cold *n* [bard]
**أريد شيئًا للبرد**
[areed shyan lel-bard] I'd like something for a cold
**أعاني من البرد**
[o-'aany min al-barid] I have a cold
**أشعر بالبرد**
[ash-'aur bil-bard] I'm cold

**برد** *v* [brada]
**يبرد بمبرد**
[Yobared bemobared] *v* file *(smoothing)*

**بَرّد** chill *v* [barrada]

**بَرْدَقوش** *n* [bardaqu:ʃ]
**عشب البَرْدَقوش**
['aoshb al-barda'qoosh] *n* marjoram

**برر** account for *v* [barara]

**برز** *v* [baroza]
**يبرُز من**
[Yabroz men] *v* come out

**برطمان** jar *n* [bartˤama:n]

**برغوث** flea *n* [barɣu:θ]

**بَرق** lightning *n* [barq]

**برقوق** plum, prune *n* [barqu:q]

**بركان** volcano *n* [burka:n]

**بركانية** volcanic *adj* [burka:nijjat]
**الحمم البركانية**
[Al-ḥemam al-borkaneyah] *n* lava

**بِرْكَة** pond, puddle *n* [birka]

**بَرلمان** parliament *n* [barlama:n]

**بَرمج** programme *v* [barmaʒ]

**برمجة** programming *n* [barmaʒa]

**برميل** barrel *n* [birmi:l]

برنامج programme, *n* [barna:maʒ]
*(computer)* programme
برنامج حواري
[Barnamaj hewary] *n* chat show
بَرْهن demonstrate *v* [barhana]
بروتستانتي *adj* [bru:tista:ntij] Protestant
◁ Protestant *n*
بروتين protein *n* [bru:ti:n]
برودة cold *n* [buru:da]
شديد البرودة
[Shadeedat al-broodah] *adj* freezing
بروش brooch *n* [bru:ʃ]
بروفة rehearsal, test *n* [bru:fa]
بروكسيل *n* [bru:ksi:l]
كرنب بروكسيل
[Koronb brokseel] *n* Brussels sprouts
برونز bronze *n* [bru:nz]
بري wild *adj* [barrij]
بريد post *n* [bari:d]
صندوق البريد
[Ṣondo'q bareed] *n* postbox
عنوان البريد الإلكتروني
['aonwan al-bareed al-electrooney] *n* email address
بريد غير مرغوب
[Bareed gheer marghoob] *n* junk mail
بريد جوي
[Bareed jawey] *n* airmail
بريد الكتروني
[Bareed elektrooney] *n* email
يُرْسِل بريدا إلكترونيا
[Yorsel bareedan electroneyan] *v* email
ما المدة التي يستغرقها بالبريد العادي؟
[ma al-mudda al-laty yasta-ghru'qoha bil-bareed al-al-'aadee?] How long will it take by normal post?
بريدي postal *adj* [bari:dij]
نظام بريدي
[neḍham bareedey] *n* post *(mail)*
هل يمكن أن أحصل على طوابع لأربعة كروت بريدية؟
[hal yamken an aḥṣal 'aala ṭawa-bi'a le-arba'aat kiroot baree-diya?] Can I have stamps for four postcards to...

بريطاني British *adj* [bri:tˤa:nij]
◁ British *n*
بريطانيا Britain *n* [bri:tˤa:nja:]
بريطانيا العظمى
[Beretanyah al-'aoḍhma] *n* Great Britain
بستان orchard *n* [busta:n]
بُستاني gardener *n* [busta:nij]
بَسْتَنة gardening *n* [bastana]
بسِط unroll *v* [basitˤa]
بَسط simplify *v* [basatˤa]
بسكويت biscuit *n* [baskawi:t]
بسِلة peas *n* [bisalati]
بَسِلة mangetout *n* [bisallatin]
بَسهولة easily *adv* [bisuhu:latin]
بسيط plain, simple *adj* [basi:tˤ]
ببساطة
[Bebasata] *adv* simply
بشر (يحك بسطح خشن) *v* [baʃara] grate
بَشَرَة complexion *n* [baʃra]
بشري human *adj* [baʃarijjat]
قوة بشرية
['qowah bashareyah] *n* manpower
بشرية mankind *n* [baʃarijja]
بَشِع hideous *adj* [baʃiʕ]
بُصاق spit *n* [busˤa:q]
بصِدق faithfully *adv* [bisˤidqin]
بصر vision *n* [basˤar]
أعاني من ضعف البصر
[o-'aany min ḍu'auf al-baṣar] I'm visually impaired
بصري visual *adj* [basˤarij]
بصق spit *v* [bsˤaqa]
بصل onion *n* [basˤal]
بصل أخضر
[Baṣal akhdar] *n* spring onion
بصلة *n* [basˤala]
بصلة النبات
[baṣalat al-nabat] *n* bulb *(electricity)*
بصمة imprint *n* [basˤma]
بصمة الإصبع
[Baṣmat al-eṣba'a] *n* fingerprint
بصمة كربونية
[Baṣma karbonyah] *n* carbon footprint
بضائع goods *npl* [badˤa:ʔiʕun]
بطء slowness *n* [butˤʔ]

**ببطء**
[Beboṭa] *adv* slowly
**هل يمكن أن تتحدث ببطء أكثر إذا سمحت؟**
[hal yamken an tata-ḥadath be-buṭi akthar edha samaḥt?] Could you speak more slowly, please?
**بطارية** battery *n* [batˤtˤaːrijja]
**أريد بطارية جديدة**
[areed baṭaariya jadeeda] I need a new battery
**هل لديك أي بطاريات كهربية لهذه الكاميرا؟**
[hal ladyka ay baṭa-reyaat le-hadhy al-kamera?] Do you have batteries for this camera?
**بطاطس** potato *n* [batˤaːtˤis]
**بطاطس بالفرن**
[Baṭaṭes bel-forn] *npl* jacket potato
**بطاطس مشوية بقشرها**
[Baṭaṭes mashweiah be'qshreha] *n* jacket potato
**بطاطس مهروسة**
[Baṭaṭes mahrosah] *n* mashed potatoes
**شرائح البطاطس**
[Sharaeh al- baṭaṭes] *npl* crisps
**بطاقة** card *n* [bitˤaːqa]
**بطاقة عضوية**
[Beṭaqat 'aodweiah] *n* membership card
**بطاقة تهنئة**
[Beṭaqat tahneaa] *n* greetings card
**بطاقة بريدية**
[Beṭaqah bareedyah] *n* postcard
**بطاقة شخصية**
[beṭ a'qah shakhṣeyah] *n* identity card, ID card
**بطاقة لعب**
[Beṭaqat la'aeb] *n* playing card
**لقد سرقت بطاقتي**
[la'qad sore'qat be-ṭa'qaty] My card has been stolen
**هل لديك بطاقة تجارية؟**
[hal ladyka beṭa'qa tejar-eya?] Do you have a business card?
**هل يتم قبول بطاقات الخصم؟**
[hal yatum 'qubool be-ṭa'qaat al-khaṣim?] Do you take debit cards?
**هل يمكنني الدفع ببطاقة الائتمان؟**
[hal yamken -any al-daf'a be- beṭa-'qat al-etemaan?] Can I pay by credit card?
**هل يمكنني الحصول على سلفه نقدية ببطاقة الائتمان الخاصة بي؟**
[hal yamken -any al-ḥuṣool 'aala silfa na'qdiya be- beṭa-'qat al-etemaan al-khaṣa bee?] Can I get a cash advance with my credit card?
**بطالة** unemployment *n* [bitˤaːla]
**بَطَالة** *n* [batˤaːla]
**إعانة بَطَالة**
[E'anat baṭalah] *n* dole
**بطَانَة** lining *n* [batˤaːna]
**بَطانية** blanket *n* [batˤaːnijja]
**بطانية كهربائية**
[Baṭaneyah kahrobaeyah] *n* electric blanket
**من فضلك أريد بطانية إضافية**
[min faḍlak areed baṭa-nya eḍa-fiya] Please bring me an extra blanket
**بطة** duck *n* [batˤtˤa]
**بطريق** penguin *n* [bitˤriːq]
**بطل** champion *(competition)*, *n* [batˤal] hero *(novel)*
**بَطَلة** heroine *n* [batˤala]
**بطن** stomach *n* [batˤn]
**سُرَّة البطن**
[Sorrat al-baṭn] *n* belly button
**بَطَنِيّ** coeliac *adj* [batˤnij]
**بطولة** championship *n* [butˤuːla]
**بَطيءٌ** slow *adj* [batˤiːʔ]
**بطِّيخة** watermelon *n* [batˤiːxa]
**بعَثَ** *v* [baʕaθa]
**يَبْعَث ب**
[Yab'ath be] *v* send
**يَبعث ب**
[Tab'aath be] *v* send out
**يَبْعَث رائِحَة**
[Yab'ath raeḥah] *vi* smell
**بِعْثَة** expedition *n* [biʕθa]
**بَعد** after, *prep* ◁ after *conj* [baʕda] besides
**بَعْد ذلك**
[Ba'ad dhalek] *adv* afterwards

**بَعْدَما**
[Ba'dama] *prep* after
**بعد الميلاد**
[Ba'ad al-meelad] *abbr* AD
**فيما بعد**
[Feema baad] *adv* later
**بُعْد** dimension *n* [buʕd]
**عن بُعْد**
['an bo'ad] *adv* remotely
**بعض** few, some *adj* [baʕdˤu]
**أي يمكن أن أشتري بعض البطاقات البريدية؟**
[ʔajji jumkinu ʔan ʔaʃtari: baʕdˤa albitˤa:qa:ti albari:dijjati] Where can I buy some postcards?
**هناك بعض الأشخاص المصابين**
[hunaka ba'aḍ al-ash-khaaṣ al-muṣabeen] There are some people injured
**بعمق** deeply *adv* [biʕumqin]
**بعوضة** mosquito *n* [baʕu:dˤa]
**بعيد** distant, far, out *adj* [baʕi:d]
**المسافة ليست بعيدة**
[al-masaafa laysat ba'aeeda] It's not far
**هل المسافة بعيدة؟**
[hal al-masafa ba'aeda?] Is it far?
**بعيداً** off, away *adv* [baʕi:dan]
**بغبغاء** budgerigar, *n* [babbaɣa:ʔ] budgie
**بُغض** hatred *n* [buɣdˤ]
**بغَض** hate *v* [baɣadˤa]
**بَغل** mule *n* [baɣl]
**بغيض** obnoxious *adj* [baɣi:dˤ]
**بفظاظة** grossly *adv* [bifazˤa:zˤatin]
**بفعالية** *adv* [bifaʕa:lijjatin] effectively
**بَقَاء** survival *n* [baqa:ʔ]
**بَقّال** grocer *n* [baqqa:l]
**بقالة** groceries *n* [baqa:la]
**بَقايا** remains *npl* [baqa:ja:]
**بَقّة** bug *n* [baqqa]
**بَقدونِس** parsley *n* [baqdu:nis]
**بقر** cattle *n* [baqar]
**راعى البقر**
[Ra'aey al-ba'qar] *n* cowboy
**بقرة** cow *n* [baqara]

**بُقسماط** *n* [buqsuma:tˤ]
**بُقسماط مطحون**
[Bo'qsomat maṭhoon] *n* breadcrumbs
**بُقْسُماط** rusk *n* [buqsuma:tˤin]
**بقشيش** tip *n* [baqʃi:ʃan]
**يمنح بقشيشاً**
[Yamnaḥ ba'qsheeshan] *vt* tip *(reward)*
**هل من المعتاد إعطاء بقشيش؟**
[hal min al-mu'a-taad e'aṭaa ba'q-sheesh?] Is it usual to give a tip?
**بقع** stain *n* [buqaʕ]
**مزيل البقع**
[Mozeel al-bo'qa,a] *n* stain remover
**بُقعَة** spot *(blemish)* *n* [wasˤma]
**بقى** remain *v* [baqa:]
**بُكَاء** cry *n* [buka:ʔ]
**بكتريا** bacteria *npl* [baktirja:]
**قابل للتحلل بالبكتريا**
['qabel lel-tahalol bel-bekteriya] *n* biodegradable
**بَكَرَة** reel *n* [bakara]
**بكسل** pixel *n* [biksil]
**بَكفاءة** efficiently *adv* [bikafa:ʔatin]
**بكين** Beijing *n* [biki:n]
**بلاتين** platinum *n* [bla:ti:n]
**بلاستيك** plastic *n* [bla:sti:k]
**بلاستيكي** plastic *adj* [bla:sti:kij]
**كيس بلاستيكي**
[Kees belasteekey] *n* plastic bag
**بلاط** *n* [bala:tˤ]
**بلاط القصر**
[Balaṭ al-'qaṣr] *n* court
**بلاك بيري®** *n* [bla:k bi:ri:] BlackBerry®
**بلايستيشن®** *n* [bla:jsiti:ʃn] PlayStation®
**بلجيكا** Belgium *n* [bilʒi:ka:]
**بلجيكي** *n* ◁ Belgian *adj* [bilʒi:kij] Belgian
**بلد** country, city, village *n* [balad]
**بَلَد نام**
[Baladen namen] *n* developing country
**ما هي أجرة التاكسي داخل البلد؟**
[ma heya ejrat al-taxi dakhil al-balad?] How much is the taxi fare into town?
**ما هي المسافة بيننا وبين وسط البلد؟**

[ma heya al-masafa bay-nana wa bayn waṣaṭ al-balad?] How far are we from the town centre?

town *n* [balda] **بلدة**

**هل يوجد لديكم أي شيء يحمل طابع هذه البلدة؟**
[hal yujad laday-kum ay shay yaḥmil ṭabi'a hadhy al-balda?] Have you anything typical of this town?

native *adj* [baladij] **بلدي**

axe *n* [baltˤa] **بَلطة**

bully *n* [baltˤaʒij] **بلطجي**

gently *adv* [bilutˤfin] **بلطف**

swallow *vt* [balaʕa] **بلع**

*v* [balaɣa] **بلغ**

**كم يبلغ سعر ذلك؟**
[kam yablugh si'ar thalik?] How much does that come to?

**كم يبلغ عمق المياه؟**
[kam yablugh 'aom'q al-meah? ] How deep is the water?

**كم يبلغ ثمن تذكرة الذهاب فقط؟**
[Kam yablogh thaman tadhkarat aldhehab fa'qaṭ?] How much is a single ticket?

**كم يبلغ البقشيش الذي علي أن أدفعه؟**
[Kam yablogh al-ba'qsheesh aladhey 'alay an adfa'aoh?] How much should I give as a tip?

**كم يبلغ زمن العرض؟**
[kam yablugh zamin al-'aarḍ?] How long does the performance last?

**كم يبلغ طولك؟**
[kam yablugh ṭoolak?] How tall are you?

**كم يبلغ وزنك؟**
[kam yablugh waznak? ] How much do you weigh?

reach *v* [balaɣa] **بلّغ**

Bulgarian *adj* [balɣa:ri:] **بلغاري**

◁ Bulgarian *(person) n*

**اللغة البلغارية**
[Al-loghah al-balghareyah] *(language) n* Bulgarian

Bulgaria *n* [bulɣa:rja:] **بلغاريا**

Balkan *adj* [balqa:nij] **بلقاني**

drench *v* [balala] **بَلل**

crystal *n* [billawr] **بلّور**

blouse *n* [blu:za] **بلوزة**

oak *n* [ballu:tˤ] **بَلوط**

sweater *n* [bulu:far] **بلوفر**

*n* [bilaja:rdu:] **بلياردو**

**لعبة البلياردو**
[Lo'abat al-belyardo] *n* billiards

blazer *n* [blajzir] **بليزر**

coffee *n* [bunn] **بن**

**حبوب البن**
[Ḥobob al-bon] *n* coffee bean

building *n* [bina:ʔ] **بناء**

**بناء على**
[Benaa ala] *adv* accordingly

**موقع البناء**
[Maw'qe'a al-benaa] *n* building site

bricklayer, builder *n* [banna:ʔ] **بنّاء**

◁ constructive *adj*

block *(buildings) n* [bina:ja] **بِناية**

**بِناية عالية**
[Benayah 'aaleyah] *n* high-rise

lass *n* [bint] **بَنْت**

**بَنْت الأخت**
[Bent al-okht] *n* niece

successfully *adv* [binaʒa:ħin] **بنجاح**

beetroot *n* [banʒar] **بنجر**

Bangladesh *n* [banʒla:di:ʃ] **بنجلاديش**

*adj* [banʒla:di:ʃij] **بنجلاديشي** Bangladeshi

◁ Bangladeshi *n*

*n* [banʒu:] **بنجو**

**لعبة البنجو**
[Lo'abat al-benjo] *n* bingo

item *n* [bund] **بَنْد**

panda *n* [banda:] **بَنْدَا**

gun, rifle *n* [bunduqijja] **بندقية**

**بندقية رش**
[Bonde'qyat rash] *n* shotgun

petrol *n* [binzi:n] **بنزين**

**خزان بنزين**
[Khazan benzeen] *n* petrol tank

**بنزين خالي من الرصاص**
[Benzene khaly men al- raṣaṣ] *n* unleaded petrol

**محطة بنزين**
[Mahaṭat benzene] *n* petrol station

بنسلين [binisiliːn] *n* penicillin
بنطلون [bantˤaluːn] *npl* trousers
بنطلون صيق
[Banṭaloon ṣaye'q] *npl* leggings
بنطلون ضيق
[banṭaloon ḍaye'q] *n* tights
بنطلون قصير
[Banṭaloon 'qaṣeer] *npl* trunks
حمالات البنطلون
[Hammalaat al- banṭaloon] *npl* suspenders
هل يمكن أن أجرب هذا البنطلون؟
[hal yamken an ajar-reb hadha al-ban-taloon?] Can I try on these trousers?
بنفسجي [banafsaʒij] *adj* mauve
بنك [bank] *n* bank *(finance)*
بنك تجاري
[Bank Tejarey] *n* merchant bank
موظف بنك
[mowaḍhaf bank] *n* banker
ما هي المسافة بينا وبين البنك؟
[Ma heya al-masafa bayna wa been al-bank?] How far is the bank?
هل يوجد بنك هنا؟
[hal yujad bank huna?] Is there a bank here?
بنكي [bankij] *adj*
حساب بنكي
[Hesab bankey] *n* bank account
كشف بنكي
[Kashf bankey] *n* bank statement
مصاريف بنكية
[Maṣareef Bankeyah] *npl* bank charges
بنما [banamaː] *n* Panama
بني [banaː] *vt* build
بُني [bunnij] *adj* brown
بِنيَة [binja] *n* structure
بِنيَة أساسية
[Benyah asaseyah] *n* infrastructure
بهجة [bahʒa] *n* delight, joy
بهدوء [bihuduːʔin] *adv* quietly
بهيج [bahiːʒ] *adj* jolly, merry
بواب [bawwaːb] *n* doorman
بوابة [bawwaːba] *n* gate
بوابة متحركة
[Bawabah motaharekah] *n* turnstile
بواسطة [biwaːsitˤati] *prep* by
بودرة [buːdra] *n* powder
بودكاست [buːdkaːst] *n* podcast
بودل [buːdal] *n*
كلب البودل
[Kalb al-boodel] *n* poodle
بودينج [buːdiːnʒ] *n*
حلوى البودينج
[Ḥalwa al-boodenj] *n* sweet
بوذا [buːðaː] *n* Buddha
بوذي [buːðij] *adj* Buddhist ◁ *n* Buddhist
بورما [buːrmaː] *n* Burma
بورمي [buːrmij] *adj* Burmese ◁ *n* Burmese *(person)*
اللغة البورمية
[Al-loghah al-bormeyah] *(language) n* Burmese
بوسني [buːsnij] *n (person)* Bosnian
بوصة [bawsˤa] *n* inch
بوصلة [bawsˤala] *n* compass
بوضوح [biwudˤuːħin] *adv* clearly
بوفيه [buːfiːh] *n* sideboard
عربة البوفيه
['arabat al-boofeeh] *n* dining car
بوق [buːq] *n* trumpet, cornet, horn
بوكر [buːkar] *n*
لعبَة البوكَر
[Lo'abat al-bookar] *n* poker
بُوْل [bawl] *n* urine
بولندة [buːlandat] *n* Poland
بولندي [buːlandij] *adj* Polish ◁ *n* Pole, Polish
بولنسي [buːlinisij] *adj* Polynesian
بوليصة [buːliːsˤa] *n*
بوليصة تأمين
[Booleeṣat taameen] *n* insurance policy
بوليفي [buːliːfij] *adj* Bolivian ◁ *n* Bolivian
بوليفيا [buːlijfjaː] *n* Bolivia
بولينسيا [buːliːnisjaː] *n* Polynesia
بولينيسي [buːliːniːsij] *n* Polynesian *(person)*
اللغة البولينيسية
[Al- loghah al-bolenseyah] *(language) n*

Polynesian
owl *n* [bu:ma] **بومة**
environment *n* [bi:ʔit] **بيئة**
**صديق للبيئة**
[Ṣadeek al-beeaah] *adj* environmentally friendly
**علم البيئة**
['aelm al-beeah] *n* ecology
**البيئة المُحِيطة**
[Al- beeaah almoheeṭah] *npl* surroundings
desperately *adv* [bijaʔsin] **بيأس**
bedding *npl* [bajja:dˤa:tun] **بياضات**
**بياضات الأسرّة**
[Bayaḍat al-aserah] *n* bed linen
account (بالأسباب) *n* [baja:n] **بيان** *(report)*
data *npl* [baja:na:tun] **بيانات**
piano *n* [bija:nu:] **بيانو**
**لاعب البيانو**
[La'aeb al-beyano] *n* pianist
ecological, *adj* [bi:ʔij] **بيئي** environmental
house *n* [bajt] **بيت**
**أهل البيت**
[Ahl al-bayt] *n* household
**بيت من طابق واحد**
[Bayt men ṭabe'q wahed] *n* bungalow
pizza *n* [bi:tza:] **بيتزا**
beige *n* [bi:ʒ] **بيج**
pyjamas *n* [bi:ʒa:ma] **بيجامة**
beer *n* [bi:ra] **بيرة**
**مصنع البيرة**
[maṣna'a al-beerah] *n* brewery
**كأس آخر من البيرة**
[kaas aakhar min al-beera] another beer
Peru *n* [bi:ru:] **بيرو**
Biro® *n* [bi:ru:] **بيرو®**
*n* ◁ Peruvian *adj* [bi:ru:fij] **بيروفي** Peruvian
*n* [bi:ru:qra:tˤijjati] **بيروقراطية** bureaucracy
beret *n* [bi:ri:h] **بيريه**
baseball *adj* [bi:sbu:l] **بيسبول**
egg *n* [bajdˤ] **بيض**
**بيض عيد الفصح**
[Bayḍ 'aeed al-feṣh] *n* Easter egg
**بيض مخفوق**
[Bayḍ makhfou'q] *n* scrambled eggs
**لا أستطيع تناول البيض النيئ**
[la asta-ṭee'a ta-nawil al-bayḍ al-nee] I can't eat raw eggs
egg *n* [bajdˤa] **بيضة**
**صفار البيض**
[Ṣafar al-bayḍ] *n* egg yolk
**بيضة مسلوقة**
[Bayḍah maslo'qah] *n* boiled egg
**بياض البيض**
[Bayaḍ al-bayḍ] *n* egg white
**كأس البيضة**
[Kaas al-bayḍah] *n* eggcup
oval *adj* [bajdˤawij] **بيضوي**
sale *n* [bajʕ] **بيع**
**الأكثر مبيعا**
[Al-akthar mabe'aan] *adj* bestseller
**بيع بالتجزئة**
[Bay'a bel- tajzeaah] *n* retail
**بيع بالجملة**
[Bay'a bel-jomlah] *n* wholesale
**طاولة بيع**
[Ṭawelat bey'a] *n* counter
*v* [bee:ʕa] **بِيع**
**أين تُباع التذاكر؟**
[ayna tuba'a al-tadhaker?] Where can I get tickets?, Where do I buy a ticket?
bikini *n* [bi:ki:ni:] **بيكيني**
Belarussian, *n* [bi:la:ru:sij] **بيلاروسي** Belarussian *(person)*
**اللغة البيلاروسية**
[Al-loghah al-belaroseyah] *(language) n* Belarussian
between *prep* [bajna] **بين**
**بينما**
[bajnama:] *conj* as
while, *conj* [bajnama:] **بينما** whereas, as
**بينما**
[bajnama:] *conj* as
*n* [biju:tar] **بيوتر**
**سبيكة البيوتر**
[Sabeekat al-beyooter] *n* pewter

biological *adj* [bju:lu:ʒij] بيولوجي

بيولوجي إحصائي

[Bayology ehṢaey] *adj* biometric

biology *n* [bju:lu:ʒja:] بيولوجيا

# ت

lost *adj* [ta:ʔih] **تائه**

following *n* [ta:biʕa] **تابع**

**شركة تابعة**

[Sharekah tabe'ah] *n* subsidiary

coffin, box, case *n* [ta:bu:t] **تابوت**

impact *n* [taʔθi:r] **تأثير**

crown *n* [ta:ʒ] **تاج**

dealer *n* [ta:ʒir] **تاجر**

**تاجر الأسماك**

[Tajer al-asmak] *n* fishmonger

**تاجر مخدرات**

[Tajer mokhaddrat] *n* drug dealer

rental, lease *n* [taʔʒi:r] **تأجير**

**تأجير سيارة**

[Taajeer sayarah] *n* car rental

**هل تقومون بتأجير أجهزة DVD؟**

[Hal ta'qomoon betaajeer ajhezat DVD?]

Do you rent DVDs?

**هل يمكن تأجير عربات للأطفال؟**

[hal yamken ta-jeer 'aarabat lil-aṭfaal?]

Do you hire push-chairs?

delay *n* [taʔʒi:l] **تأجيل**

**لقد تم تأجيل موعد الرحلة**

[la'qad tum-a ta-jeel maw-'aid al-reḥla]

The flight has been delayed

delay *v* [taʔaxxara] **تأخر**

**يتأخر في النوم في الصباح**

[Yataakhar fee al-nawm fee al-ṣabah] v sleep in
**هل تأخر القطار عن الموعد المحدد؟**
[hal ta-akhar al-'qiṭaar 'aan al-maw'aid al-muḥadad?] Is the train running late?
**تأخير** delay n [taʔxi:r]
**تأديب** discipline n [taʔdi:b]
**تأرجح** rock v [taʔarʒaħa]
**تأرجح** swing n [taʔarʒuħ]
**تاريخ** date, history n [ta:ri:x]
**تاريخ الانتهاء**
[Tareekh al-entehaa] n expiry date
**متعلق بما قبل التاريخ**
[Mota'ale'q bema 'qabl al-tareekh] adj prehistoric
**يُفضل استخدامه قبل التاريخ المُحدد**
[Yofaḍḍal estekhdamoh 'qabl al-tareekh al-mohaddad] adj best-before date
**ما هو التاريخ؟**
[ma howa al-tareekh?] What is the date?
**تاريخي** historical adj [ta:ri:xij]
**تاسع** ninth n ◁ ninth adj [ta:siʕ]
**تأشيرة** visa n [taʔʃi:ra]
**لدي تأشيرة دخول**
[la-daya ta-sherat dikhool] I have an entry visa
**هذه هي التأشيرة**
[hathy heya al-taa-sheera] Here is my visa
**تافه** trivial, rubbish, adj [ta:fih] trifle n ◁ ridiculous, vain
**تاكسي** taxi n [ta:ksi:]
**موقف سيارات تاكسي**
[Maw'qaf sayarat taksy] n taxi rank
**أنا في حاجة إلى تاكسي**
[ana fee ḥaja ela taxi] I need a taxi
**أين يمكن استقلال التاكسي؟**
[Ayn yomken este'qlal al-taksey?] Where can I get a taxi?
**لقد تركت حقائبي في التاكسي**
[la'qad ta-rakto ḥa'qa-eby fee al-taxi] I left my bags in the taxi
**من فضلك احجز لي تاكسي**
[min faḍlak iḥjiz lee taxi] Please order me a taxi

**تأكيد** confirmation n [taʔki:d]
**بكل تأكيد**
[Bekol taakeed] adv absolutely, definitely
**تالٍ** next adv [ta:lin]
**تآلف** v [taʔallafa]
**يَتآلف من**
[Yataalaf men] consist of
**تالي** further, next adj [ta:li:]
**متى سنتوقف في المرة التالية؟**
[mata sa-nata-wa'qaf fee al-murra al-taleya?] When do we stop next?
**ما هو الموعد التالي للأتوبيس المتجه إلى...؟**
[ma howa al-maw'aid al-taaly lel-baaṣ al-mutajeh ela...?] When is the next bus to...?
**ما هو موعد القطار التالي من فضلك؟**
[ma howa maw-'aid al-'qeṭaar al-taaly min faḍlak?] The next available train, please
**تام** perfect adj [ta:mm]
**تآمر** plot (secret plan) v [taʔa:mara]
**تأمل** speculate v [taʔammala]
**تأمل** meditation n [taʔammul]
**تأمين** insurance n [taʔmi:n]
**تأمين سيارة**
[Taameen sayarah] n car insurance
**تأمين ضد الحوادث**
[Taameen ḍed al-hawaadeth] n accident insurance
**تأمين على الحياة**
[Taameen 'ala al-hayah] n life insurance
**تأمين السفر**
[Taameen al-safar] n travel insurance
**تأمين عن الطرف الثالث**
[Tameen lada algheer] n third-party insurance
**بوليصة تأمين**
[Booleeṣat taameen] n insurance policy
**شهادة تأمين**
[Shehadat taameen] n insurance certificate
**أحتاج إلى إيصال لأجل التأمين**
[aḥtaaj ela eṣaal leajl al-taameen] I need a receipt for the insurance

**تفضل هذه هي بيانات التأمين الخاص بي**
[Tafaḍal hadheh heya beyanaat altaameen alkhaṣ bee] Here are my insurance details
**لدي تأمين صحي خاص**
[la-daya ta-meen ṣiḥy khaṣ] I have private health insurance
**ليس لدي تأمين في السفر**
[laysa la-daya ta-meen lel-safar] I don't have travel insurance
**هل ستدفع لك شركة التأمين مقابل ذلك**
[hal sa-tadfaa laka share-kat al-tameen ma'qabil dhalik? ] Will the insurance pay for it?
**هل لديك تأمين؟**
[hal ladyka ta-meen?] Do you have insurance?
n ◁ Tanzanian *adj* [taːnzaːnij] **تانزاني** Tanzanian
dress up *v* [taʔannaqa] **تأنق**
Tahiti *n* [taːhiːtiː] **تاهيتي**
typist *n* [taːjbist] **تايبست**
Thailand *n* [taːjlaːnd] **تايلاند**
*n* ◁ Thai *adj* [taːjlaːndij] **تايلاندي** Thai *(person)*
**اللغة التايلاندية**
[Al-logha al-taylandeiah] *(language) n* Thai
Taiwan *n* [taːjwaːn] **تايوان**
*n* ◁ Taiwanese *adj* [taːjwaːnij] **تايواني** Taiwanese
exchange *v* [tabaːdala] **تبادل**
boast *v* [tabaːhaː] **تباهى**
contrast *n* [tabaːjun] **تباين**
change, substitute *n* [tabdiːl] **تبديل**
**أين غرف تبديل الملابس؟**
[ayna ghuraf tabdeel al-malabis?] Where are the clothes lockers?
donate *v* [tabarraʕa] **تبرع**
repercussions *n* [tabaʕijjaːt] **تبعيات**
tobacco *n* [tibɣ] **تبغ**
hay *n* [tibn] **تبن**
adoption *n* [tabanniː] **تبني**
adopt (يُقر) *v* [tabannaː] **تبنى**

figure out *v* [tabajjana] **تبين**
track down *v* [tatabbaʕa] **تتبع**
yawn *v* [taθaːʔaba] **تثاءب**
informative *adj* [taθqiːfij] **تثقيفي**
experiment *n* [taʒaːrib] **تجارب**
**حقل للتجارب**
[Ha'ql lel-tajareb] *n* guinea pig *(for experiment)*
trade *n* [tiʒaːra] **تجارة**
**تجارة الكترونية**
[Tejarah elektroneyah] *n* e-commerce
commercial *adj* [tiʒaːrij] **تجاري**
**إعلان تجاري**
[E'alaan tejarey] *n* commercial
**أعمال تجارية**
[A'amaal tejareyah] *n* business
**فاتورة تجارية**
[Fatoorah tejareyah] *n* invoice
**ما هو موعد إغلاق المحلات التجارية؟**
[ma howa maw-'aid eghla'q al-maḥalat al-tejar-iya?] What time do the shops close?
opposite *adv* [tiʒaːha] **تجاه**
ignore *v* [taʒaːhala] **تجاهل**
pass *(on road)*, *v* [taʒaːwaza] **تجاوز** go past
*n* [taʒdiːd] **تجديد**
**ممكن تجديده**
[Momken tajdedoh] *adj* renewable
canoeing, rowing *n* [taʒdiːf] **تجديف**
**أين يمكن أن أمارس رياضة التجديف بالقوارب الصغيرة؟**
[ayna yamken an omares riyaḍat al-tajdeef bil- 'qawareb al-ṣaghera?] Where can we go canoeing?
**أين يمكننا أن نذهب للتجديف؟**
[ʔajna jumkinunaː ʔan naðhabu littaʒdiːfi] Where can we go rowing?
experiment, try *n* [taʒriba] **تجربة**
**تجربة إيضاحية**
[Tajrebah eeḍaheyah] *n* demo
spying *n* [taʒassus] **تجسس**
spy *vi* [taʒassasa] **تجسس**
burp *vi* [taʒaʃʃaʔa] **تجشأ**
burp *n* [taʒaʃʃuʔ] **تجشؤ**
wrinkle *n* [taʒʕiːd] **تجعيد**

ماكينة تجعيد الشعر
[Makeenat taj'aeed sha'ar] *n* curler
**تجفيف** drying *n* [taʒfi:f]
تجفيف الشعر
[Tajfeef al-saha'ar] *n* blow-dry
لوحة تجفيف
[Lawhat tajfeef] *n* draining board
هل يمكنك من فضلك تجفيفه؟
[hal yamken -aka min faḍlak taj-fefaho?] Can you dye my hair, please?
هل يوجد مكان ما لتجفيف الملابس؟
[hal yujad makan ma le-tajfeef al-malabis?] Is there somewhere to dry clothes?
**تجمد** freezing *n* [taʒammud]
مانع للتجمد
[Mane'a lel-tajamod] *n* antifreeze
**تَجمد** freeze *vi* [taʒammada]
**تجمع** meeting *n* [taʒammuʕ]
متى يحين موعد التجمع؟
[mata yaḥeen maw'aid al-tajamu'a?] When is mass?
**تجميل** *n* [taʒmi:l]
جراحة تجميل
[Jerahat tajmeel] *n* plastic surgery
مستحضرات التجميل
[Mostahdraat al-tajmeel] *n* make-up
**تجميلي** cosmetic *adj* [taʒmi:lij]
مادة تجميلية تبرز الملامح
[Madah tajmeeleyah tobrez al-malameḥ] *n* highlighter
**تَجنب** avoid *v* [taʒanabba]
**تجول** wander, tour *v* [taʒawwala]
**تَجَوّل** stroll *n* [taʒawwul]
**تجويف** sinus *n* [taʒwi:f]
**تَحَالُف** alliance *n* [taħa:luf]
**تحت** below *prep* ◁ below *adv* [taħta]
**تحتي** lower *adj* [taħtij]
سِروال تحتي
[Serwaal taḥtey] *n* underpants
**تحدّ** challenge *n* [taħaddin]
**تحدث** talk *vi* [taħaddaθa]
يتحدث إلى
[yataḥdath ela] *v* talk to
يتحدث بحرية وبدون تحفظ
[yathadath be-ḥorreyah wa-bedon taḥaffoḍh] *v* speak up
**تحدى** challenge *v* [taħadda:]
**تحديداً** specifically *adv* [taħdi:dan]
**تحذير** warning *n* [taħði:r]
أضواء التحذير من الخطر
[Aḍwaa al-tahdheer men al-khaṭar] *npl* hazard warning lights
**تحرري** liberal *adj* [taħarurij]
**تحرك** movement *n* [taħaruk]
لا يمكنها التحرك
[la yam-kinuha al-taḥaruk] She can't move
**تحرّك** *v* [taħarraka]
متى يتحرك أول ناقل للمتزلجين؟
[mata yata-ḥarak awal na'qil lel-muta-zalijeen?] When does the first chair-lift go?
**تَحرك** shift *vi* [taħarraka]
يَتَحرك إلى الأمام
[Yatḥarak lel-amam] *v* move forward
يَتَحرك للخلف
[Yatḥarak lel-khalf] *v* move back
**تحرير** liberation *n* [taħri:r]
**تحريك** moving *n* [taħri:k]
هل يمكنك تحريك سيارتك من فضلك؟
[hal yamken -aka taḥreek saya-ratuka min faḍlak?] Could you move your car, please?
**تحسّن** *v* [taħassana]
أتمنى أن تتحسن حالة الجو
[ata-mana an tata-ḥasan ḥalat al-jaw] I hope the weather improves
**تَحَسُّن** advance *n* [taħassun]
**تحسين** improvement *n* [taħsi:n]
**تَحَطم** wreck, crash *v* [taħatˤtˤama]
**تَحَطم** wreck *n* [taħatˤum]
**تَحَفظ** reservation *n* [taħafuzˤin]
**تحفيز** motivation *n* [taħfi:z]
**تحقيق** investigation *n* [taħqi:qu]
**تحكم** control *n* [taħakkum]
التحكم عن بعد
[Al-taḥakom an bo'ad] *n* remote control
وحدة التحكم في ألعاب الفيديو
[Wehdat al-tahakom fee al'aab al-vedyoo] *n* games console
لقد تعطلت مفاتيح التحكم عن العمل

[la'qad ta-'aaṭalat mafa-teeḥ al-taḥa-kum 'aan al-'aamal] The controls have jammed

**تحكم** v [taħakkama]

**يتحكم ب**
[Yataḥkam be] v overrule

**تحكيم** arbitration n [taħki:m]

**تحلية** sweet n [taħlija]

**تحليق** n [taħli:q]

**التحليق في الجو**
[Al-taḥlee'q fee al-jaw] n gliding

**تحليل** analysis n [taħli:l]

**تحمل** undergo v [taħammala]

**تحميل** download n [taħmi:l]

**تحول** diversion n [taħawwul]

**تحول في المظهر**
[taḥawol fee almaḍhhar] n makeover

**تحوّل** convert v [taħawwala]

**تحويل** transfer n [taħwi:l]

**قابل للتحويل**
['qabel lel-taḥweel] adj convertible

**كم يستغرق التحويل؟**
[kam yasta-ghri'q al-taḥweel?] How long will it take to transfer?

**تحية** greeting n [taħijja]

**تَخاصم** squabble v [taxa:sˤama]

**تخرج** graduation n [taxarruʒ]

**تَخريب** vandalism n [taxri:b]

**تخريبي** destructive adj [taxri:bij]

**عمل تخريبي**
['amal takhreeby] n sabotage

**تَخصص** specialize v [taxasˤsˤasˤa]

**تَخَصُص** speciality n [taxasˤusˤsˤ]

**تخطى** skip vt [taxatˤtˤa:]

**تخطيط** planning n [taxtˤi:tˤ]

**تخطيط المدينة**
[Takhṭeeṭ almadeenah] n town planning

**تخطيط بياني**
[Takhṭeeṭ bayany] n graph

**تخفيض** reduction n [taxfi:dˤ]

**تخفيض الانتاج**
[Takhfeeḍ al-entaj] n cutback

**تخفيض قيمة العملة**
[Takhfeeḍ 'qeemat al'aomlah] n devaluation

**هل هناك تخفيض للأشخاص المعاقين؟**
[hal hunaka takhfeeḍ lel-ash-khaṣ al-mu'aa-'qeen?] Is there a reduction for disabled people?

**هل يوجد أي تخفيضات لطلبة؟**
[hal yujad ay takhfeeḍ-aat lel-ṭalaba?] Are there any reductions for students?

**هل يوجد أي تخفيضات للأطفال؟**
[hal yujad ay takhfeeḍ-aat lil-aṭfaal?] Are there any reductions for children?

**تخفيف** relief n [taxfi:f]

**لا أريد أخذ حقنة لتخفيف الألم**
[la areed akhith ḥu'qna li-takhfeef al-alam] I don't want an injection for the pain

**تخلص** n [taxallusˤ]

**ممكن التخلص منه**
[Momken al-takhalos menh] adj disposable

**تَخَلَّص** throw away v [taxallasˤa]

**تخلف** lag behind v [taxallafa]

**تخلف** v [taxallafa]

**لقد تخلفت عنه**
[la'qad takha-lafto 'aanho] I've been left behind

**تخلى** v [taxalla:]

**يَتخلى عن**
[Yatkhala an] v let down

**يَتَخَلَّى عن**
[Yatkhala 'an] v part with

**تخم** frontier n [tuxm]

**تخمين** guess n [taxmi:n]

**تخير** select v [taxajjara]

**تَخَيَّل** imagine, fancy v [taxajjala]

**تَخَيُّلي** imaginary adj [taxajjulij]

**تدخل** go in v [tadaxxala]

**تدخين** smoking n [tadxi:n]

**التدخين**
[Al-tadkheen] n smoking

**أريد غرفة مسموح فيها بالتدخين**
[areed ghurfa masmooḥ feeha bil-tadkheen] I'd like a smoking room

**تدرج** n [tadruʒ]

**طائر التدرج**
[Ṭaear al-tadraj] n pheasant

**تدريب** training n [tadri:b]

**تدريجي** gradual *adj* [tadri:ʒij]
**تدريس** teaching *n* [tadri:s]
**هل تقومون بالتدريس؟**
[hal ta'qo-moon bil-tadrees?] Do you give lessons?
**تدريم** *n* [tadri:m]
**تدريم الأظافر**
[Tadreem al-adhaafe] *n* manicure
**تدفئة** heating *n* [tadfiʔa]
**تدفئة مركزية**
[Tadfeah markazeyah] *n* central heating
**إن نظام التدفئة لا يعمل**
[enna nedham al-tad-fe-a la ya'amal] The heating doesn't work
**تدفق** current *(flow) n* [tadaffuq]
**تدفق** flow *v* [tadaffaqa]
**تدليك** massage *n* [tadli:k]
**تدمير** destruction *n* [tadmi:r]
**تدوير** cycling *n* [tadwi:ru]
**تذكار** souvenir *n* [tiðka:r]
**تذكر** remember *v* [taðakkara]
**تذكرة** ticket, pass *n* [taðkira]
**تذكرة إلكترونية**
[Tadhkarah elektroneyah] *n* e-ticket
**تذكرة إياب**
[tadhkarat eyab] *n* return ticket
**تذكرة أوتوبيس**
[tadhkarat otobees] *n* bus ticket
**تذكرة الركن**
[tadhkarat al-rokn] *n* parking ticket
**تذكرة انتظار**
[tadhkarat entedhar] *n* stand-by ticket
**تذكرة ذهاب**
[tadhkarat dhehab] *n* single ticket
**تذكرة ذهاب وعودة في نفس اليوم**
[tadhkarat dhehab we-'awdah fee nafs al-yawm] *n* day return
**تذكرة فردية**
[tadhkarat fardeyah] *n* single ticket
**شباك التذاكر**
[Shobak al-tadhaker] *n* box office
**ماكينة التذاكر**
[Makenat al-tadhaker] *n* ticket machine
**تذكرة طفل**
[tadhkerat tifil ] a child's ticket
**كم يبلغ ثمن تذكرة الذهاب والعودة؟**
[Kam yablogh thaman tadhkarat al-dhab wal-'awdah?] How much is a return ticket?
**لقد ضاعت تذكرتي**
[la'qad da'aat tadhkeraty] I've lost my ticket
**ما هو ثمن تذكرة التزلج؟**
[ma howa thaman tathkarat al-tazal-oj?] How much is a ski pass?
**من أين يمكن شراء تذكرة الأتوبيس؟**
[Men ayen yomken sheraa tadhkarat al otoobees?] Where can I buy a bus card?
**هل يمكن أن أشتري التذاكر هنا؟**
[hal yamken an ashtary al-tadhaker huna?] Can I buy the tickets here?
**تذوق** taste *v* [taðawwaqa]
**تراجع عن** back out *v* [tara:ʒaʕa ʕan]
**ترام** tram *n* [tra:m]
**ترانزستور** transistor *n* [tra:nzistu:r]
**تراوح** range *v* [tara:waħa]
**تربة** soil *n* [turba]
**تربوي** educational *adj* [tarbawij]
**تربية** upbringing *n* [tarbija]
**ترتيب** arrangement *n* [tarti:b]
**على الترتيب**
[Ala altarteeb] *adv* respectively
**ترجم** translate *v* [tarʒama]
**هل يمكن أن تترجم لي من فضلك؟**
[hal yamken an tutar-jim lee min fadlak?] Could you act as an interpreter for us, please?
**ترجمة** translation *n* [tarʒama]
**ترحيب** welcome *n* [tarħi:b]
**تردد** frequency *n* [taraddud]
**تردد** hesitate *v* [taraddada]
**ترشيح** nomination *n* [tarʃi:ħ]
**جهاز ترشيح**
[Jehaz tarsheeh] *n* filter
**ترفيه** *n* [tarfi:h]
**هل يوجد ملهي للترفيه هنا؟**
[hal yujad mula-hee lel-tarfeeh huna?] Is there a play park near here?
**ترقوة** collarbone *n* [turquwa]
**ترك** leave *v* [taraka]
**أين يمكن أن أترك متعلقاتي الثمينة؟**

[ayna yamken an atruk muta-'ala'qaty al-thameena?] Where can I leave my valuables?
تركز focus *v* [tarakkaza]
تركي Turkish *adj* [turkij]
تركيا Turkey *n* [turkija:]
تركيب composition, *n* [tarki:b] instalment
تركيز concentration *n* [tarki:z]
ترمومتر *n* [tirmu:mitir] thermometer
ترنم hum *v* [tarannama]
ترنيمة hymn *n* [tarni:ma]
ترويج promotion *n* [tarwi:ʒ]
ترياق antidote *n* [tirja:q]
تزامن coincidence *n* [taza:mana]
تزامن coincide *v* [taza:mana]
تزحلق sledging, *n* [tazaħluq] skating, rolling, sliding
ممر التزحلق
[Mamar al-tazahlo'q] *n* ski pass
تَزَلَّج على العجل
[Tazaloj 'ala al-'ajal] *n* rollerskating
تَزَلُّج على الجليد
[Tazaloj 'ala al-jaleed] *n* ice-skating
تَزَلُّج على اللوح
[Tazaloj 'ala al-looh] *n* skateboarding
تَزَلُّج على المياه
[Tazaloj 'ala al-meyah] *n* water-skiing
تَزَلُّج شِرَاعِي
[Tazaloj shera'aey] *n* windsurfing
حلبة تَزَلُّج
[Ḥalabat tazaloj] *n* skating rink
أين يمكنك ممارسة رياضة التزحلق على الماء؟
[ayna yamken-ak muma-rasat riyaḍat al-tazaḥlu'q 'ala al-maa?] Where can you go water-skiing?
تزعم lead *vt* [tzaʕʕama]
تزلج *n* [tazaluʒ]
لوح التزلج
[Lawh al-tazalloj] *n* skateboard
أريد إيجار عصي تزلج
[areed e-jar 'aoṣy tazaluj] I want to hire ski poles
أين يمكن أن نؤجر معدات التزلج؟
[ayna yamken an noa-jer mo'aedat al-tazal-oj?] Where can I hire skiing equipment?
أين يمكن أن نذهب للتزلج على الجليد؟
[ayna yamken an nadhhab lel-tazaluj 'ala al-jaleed?] Where can we go ice-skating?
ما هي أسهل ممرات التزلج؟
[ma heya as-hal mama-raat al-tazal-oj?] Which are the easiest runs?
من أين يمكن أن نشتري تذاكر التزلج؟
[min ayna yamken an nash-tary tadhaker al-tazal-oj?] Where can I buy a ski pass?
تزلج skate *v* [tazallaʒa]
أين يمكن أن نتزلج على عربات التزلج؟
[ayna yamken an natazalaj 'ala 'aarabat al-tazal-oj?] Where can we go sledging?
تَزَلُّج skiing *n* [tazzaluʒ]
تزلق tobogganing *n* [tazaluq]
تزوج marry *v* [tazawwaʒa]
يتزوج ثانية
[Yatazawaj thaneyah] *v* remarry
تزوير forgery *n* [tazwi:r]
تزيين *n* [tazji:nu]
تزيين الحلوى
[Tazyeen al-ḥalwa] *n* icing
تساؤل query *n* [tasa:ʔul]
تسابق race *vi* [tasa:baqa]
تسجل *v* [tasaʒʒala]
يتسجل في فندق
[Yatasajal fee fondo'q] *v* check in
تسجيل registration *n* [tasʒi:lu]
عملية التسجيل
['amalyat al-tasjeel] *n* recording
جهاز التسجيل
[Jehaz al-tasjeel] *n* recorder *(music)*
التسجيل في فندق
[Al-tasjeel fee fondo'q] *n* check-in
ماكينة تسجيل الكاش
[Makenat tasjeel al-kaash] *n* till
مكتب التسجيل
[Maktab al-tasjeel] *n* registry office
تسخين heating *n* [tasxi:n]
تَسَرُّب leak *n* [tasarrub]
تسريح *n* [tasri:ħ]

**هل تبيع مستحضرات لتسريح الشعر؟** [hal tabee'a musta-ḥḍaraat le-tasreeḥ al-sha'air?] Do you sell styling products?
**تسريحة** hairstyle *n* [tasri:ħa]
**أريد تسريحة جديدة تمامًا** [areed tas-reeḥa jadeeda ta-maman] I want a completely new style
**هذه التسريحة من فضلك** [hathy al-tasreeḥa min faḍlak] This style, please
**تسريع** acceleration *n* [tasri:ʕ]
**تسعة** nine *number* [tisʕatun]
**تسعة عشر** *number* [tisʕata ʕaʃara] nineteen
**تسعين** ninety *number* [tisʕi:nun]
**تسلسل** sequence *n* [tasalsul]
**تسلق** climbing *n* [tasalluq]
**تسلق الصخور** [Tasalo'q alṣokhoor] *n* rock climbing
**تسلق الجبال** [Tasalo'q al-jebal] *n* mountaineering
**أود أن أذهب للتسلق؟** [awid an adhhab lel tasalo'q] I'd like to go climbing
**تسلق** climb *v* [tasallaqa]
**تسلل** hack (كمبيوتر) *v* [tasallala]
**تسلية** pastime *n* [taslija]
**تسليم** delivery *n* [tasli:m]
**تسمانيا** Tasmania *n* [tasma:nja:]
**تسمم** poisoning *n* [tasammum]
**تسمم الدم** [Tasamom al-dam] *n* blood poisoning
**التسمم الغذائي** [Al-tasmom al-ghedhaaey] *n* food poisoning
**تسهيل** *n* [tashi:l]
**ما هي التسهيلات التي تقدمها للمعاقين؟** [ma heya al-tas-helaat al-laty tu'qadem-ha lel-mu'aa'qeen?] What facilities do you have for disabled people?
**تسوق** shopping *n* [tasawwuq]
**ترولي التسوق** [Trolley altasaw'q] *n* shopping trolley
**تسونامي** tsunami *n* [tsu:na:mi:]
**تسوية** compromise *n* [taswija]
**تسويق** marketing *n* [taswi:qu]
**تشابه** similarity *n* [taʃa:buh]
**تشاجر** scrap, fall out *v* [taʃa:ʒara]
**يتشاجر مع** [Yatashajar ma'a] *v* row
**تشاد** Chad *n* [tʃa:d]
**تشبث** hug *n* [taʃabbuθ]
**تشجيع** encouragement *n* [taʃʒi:ʕ]
**تشخيص** diagnosis *n* [taʃxi:sˤ]
**تشريع** legislation *n* [taʃri:ʕ]
**تشغيل** working, *n* [taʃɣi:l] functioning
**إعادة تشغيل** [E'aadat tashgheel] *n* replay
**لا يمكنني تشغيله** [la yam-kinuni tash-gheloho] I can't turn the heating on
**لن أقوم بتشغيله** [Lan a'qoom betashgheeloh] It won't turn on
**تشوش** muddle, mix-up *n* [taʃawwuʃ]
**تشويق** suspense, thriller *n* [taʃwi:q]
**تشيكي** Czech *adj* [tʃi:kij]
**اللغة التشيكية** [Al-loghah al-teshekeyah] *(language) n* Czech
**شخص تشيكي** [Shakhṣ tesheekey] *(person) n* Czech
**تشيلي** Chilean *adj* [tʃi:lij]
**دولة تشيلي** [Dawlat tesheeley] *n* Chile
**مواطن تشيلي** [Mowaṭen tsheeley] *n* Chilean
**تصادف** *v* [tasˤa:dafa]
**يتصادف مع** [Yataṣaadaf ma'a] *v* bump into
**تصادم** collision *n* [tasˤa:dum]
**تصادم** collide *v* [tasˤa:dama]
**تصحيح** correction *n* [tasˤħi:ħ]
**تصديق** *n* [tasˤdi:q]
**غير قابل للتصديق** [Ghayr 'qabel leltaṣdee'q] *adj* fabulous
**تَصَرف** behave *v* [tasˤarrafa]
**تصريح** permission, permit [tasˤri:ħ]

**تصريح عمل**
[Taṣreeh 'amal] *n* work permit

**تصريح خروج**
[Taṣreeh khoroj] *n* Passover

**تصريح الركوب**
[Taṣreeh al-rokob] *n* boarding pass

**هل أنت في احتياج إلى تصريح بالصيد؟**
[hal anta fee iḥti-yaj ela taṣreeḥ bil-ṣayd?] Do you need a fishing permit?

**هل يوجد أي تخفيضات مع هذا التصريح؟**
[hal yujad ay takhfeeḍ-aat ma'aa hadha al-taṣ-reeḥ?] Is there a reduction with this pass?

**تصريف** *n* [tasˤriːf]

**أنبوب التصريف**
[Anboob altaṣreef] *n* drainpipe

**تصريف الأفعال**
[Taṣreef al-afaal] *n* conjugation

**تصّفح** browse *vt* [tassˤaffaħa]

**يَتَصَفح الانترنت**
[Yataṣafaḥ al-enternet] *v* surf

**تصفيف** alignment *n* [tasˤfiːf]

**تصفيف الشعر**
[taṣfeef al-sha'ar] *n* hairstyle

**تصفيق** applause *n* [tasˤfiːq]

**تصليح** repair *n* [tasˤliːħ]

**عدة التصليح**
['aodat altaṣleeh] *n* repair kit

**أين يمكنني تصليح هذه الحقيبة؟**
[ayna yamken-any taṣleeḥ hadhe al-ḥa'qeba?] Where can I get this repaired?

**كم تكلفة التصليح؟**
[kam taklifat al-taṣleeḥ?] How much will the repairs cost?

**هل تستحق أن يتم تصليحها؟**
[hal tasta-ḥi'q an yatum taṣle-ḥaha?] Is it worth repairing?

**هل يمكن تصليح ساعتي؟**
[hal yamken taṣleeḥ sa'aaty?] Can you repair my watch?

**تصميم** design, *n* [tasˤmiːm] resolution

**تصنيف** assortment *n* [tasˤniːf]

**تَصور** visualize *v* [tasˤawwara]

**تصويت** vote *n* [tasˤwiːt]

**تصوير** drawing, *n* [tasˤwiːr] photography

**التصوير الفوتوغرافي**
[Al-taṣweer al-fotoghrafey] *n* photography

**ماكينة تصوير**
[Makenat taṣweer] *n* photocopier

**أين يوجد أقرب محل لبيع معدات التصوير الفوتوغرافي؟**
[Ayn yoojad a'qrab mahal lebay'a mo'aedat al-taṣweer al-fotoghrafey] Where is the nearest place to buy photography equipment?

**هل يمكنني القيام بالتصوير السينمائي هنا؟**
[hal yamken -any al-'qeyaam bil-taṣ-weer al-sena-maiy huna?] Can I film here?

**تَضَخُم** inflation *n* [tadˤaxxum]

**تَضمن** include *v* [tadˤammana]

**تطرف** extremism *n* [tatˤarruf]

**تطريز** embroidery *n* [tatˤriːz]

**تطعيم** vaccination *n* [tatˤʕiːm]

**أنا أحتاج إلى تطعيم**
[ana aḥtaaj ela ṭaṭ-'aeem] I need a vaccination

**تَطَلب** require *v* [tatˤallaba]

**تطور** development *n* [tatˤawwur]

**تطور** develop *vi* [tatˤawwara]

**تطوع** volunteer *v* [tatˤawwaʕa]

**تظاهر** pretend *v* [tazˤaːhara]

**تعادل** *v* [taʕaːdala]

**يتعادل مع**
[Yata'aaadal ma'a] *v* tie *(equal with)*

**تعارَض** disagree *v* [taʕaːradˤa]

**تعاطف** sympathy *n* [taʕaːtˤuf]

**تعاطف** sympathize *v* [taʕaːtˤafa]

**تعاون** cooperation *n* [taʕaːwun]

**تعاون** collaborate *v* [taʕaːwana]

**تعب** exhaustion *n* [taʕib]

**تعب بعد السفر بالطائرة**
[Ta'aeb ba'ad al-safar bel-ṭaerah] *n* jetlag

**أشعر بالتعب**

[ash-'aur bil-ta'aab] I'm tired
packaging *n* [taʕbiʔit] **تعبئة**
expression *n* [taʕbi:r] **تعبير**
blackout *n* [taʕti:m] **تعتيم**
trip, stumble *v* [taʕaθθara] **تَعَثَّر**
wonder *v* [taʕaʒʒaba] **تَعجب**
modification *n* [taʕdi:l] **تعديل**
mining *n* [taʕdi:n] **تعدين**
torture *n* [taʕði:b] **تعذيب**
*v* [taʕarradˤa] **تعرض**
**لقد تعرضت حقائبي للضرر**
[la'qad ta-'aaraḍat ḥa'qa-eby lel-ḍarar] My luggage has been damaged
*v* [taʕarrafa] **تَعَرف**
**يَتَعَرف على**
[Yata'araf 'ala] *v* recognize
perspiration *n* [taʕarruq] **تَعَرُّق**
*adj* [taʕarri:] **تعري**
**راقصة تعري**
[Ra'qeṣat ta'arey] *n* stripper
definition, *n* [taʕri:f] **تعريف** description
**تعريف الهوية**
[Ta'areef al-haweyah] *n* identification
tariff, notice *n* [taʕri:fa] **تعريفة**
gear *(mechanism)* *n* [taʕʃi:qa] **تعشيقة**
break down *v* [taʕatˤtˤala] **تعطل**
**لقد تعطلت سيارتي**
[la'qad ta-'aṭalat sayaraty ] My car has broken down
**ماذا أفعل إلى تعطلت السيارة؟**
[madha af'aal edha ta'aa-ṭalat al-sayara?] What do I do if I break down?
breakdown *n* [taʕatˤul] **تَعَطُّل**
decay, rot *v* [taʕaffana] **تعفن**
discretion *n* [taʕaqqul] **تعقل**
complication *n* [taʕqi:d] **تعقيد**
*v* [taʕallaqa] **تعلق**
**فيما يتعلق بـ**
[Feema yat'ala'q be] *adj* moving
learn *v* [taʕallama] **تعلم**
caption, *n* [taʕli:q] **تعليق** commentary, suspension
teaching, *n* [taʕli:m] **تعليم** education, tuition

**تعليم عالى**
[Ta'aleem 'aaaly] *n* higher education
**تعليم الكبار**
[Ta'aleem al-kebar] *n* adult education
**نظام التعليم الإضافي**
[neḍham al-ta'aleem al-eḍafey] *n* higher education *(lower-level)*
*npl* [taʕli:ma:tun] **تعليمات** instructions
educational *adj* [taʕli:mijjat] **تعليمي**
**منحة تعليمية**
[Menḥah ta'aleemeyah] *n* scholarship
*n* [tʕmi:d] **تعميد**
**حفلة التعميد**
[Ḥaflat alt'ameed] *n* christening
compensation *n* [taʕwi:dˤ] **تعويض**
miserable, *adj* [taʕi:s] **تعيس** unhappy
nutrition *n* [taɣðija] **تغذية**
**سوء التغذية**
[Sooa al taghdheyah] *n* malnutrition
coverage *n* [taɣtˤija] **تغطية**
**تغطية الكيك**
[taghṭeyat al-keek] *n* frosting
*v* [taɣallaba] **تَغلب**
**يَتَغلب على**
[Yatghalab 'ala] *v* get over
**يَتَغلَب على**
[Yatghalab 'ala] *v* overcome
**يَتَغلَب على**
[Yatghalab 'ala] *v* cope
play truant *v* [taɣajjaba] **تغَيّب**
shift, change *n* [taɣajjur] **تغير**
**تغير المناخ**
[Taghyeer almonakh] *n* climate change
change *vi* [taɣajjara] **تغَير**
change *n* [taɣji:r] **تغيير**
**قابل للتغيير**
['qabel lel-tagheyer] *adj* changeable, variable
**أريد تغيير تذكرتي**
[areed taghyeer tadhkeraty] I want to change my ticket
**أين يمكنني تغيير ملابس الرضيع؟**
[ayna yamken-any taghyeer ma-labis al-raḍee'a?] Where can I change the

baby?
**هل من المتوقع أن يحدث تغيير في حالة الجو**
[Hal men al-motwa'qa'a an yahdoth tagheer fee ḥalat al-jaw] Is the weather going to change?
**تفاؤل** optimism *n* [tafa:ʔul]
**تفاح** apple *n* [tuffa:ħ]
**عصير تفاح**
['aaṣeer tofaḥ] *n* cider
**فطيرة التفاح**
[Faṭeerat al-tofaaḥ] *n* apple pie
**تفاحة** apple *n* [tuffa:ħa]
**تفادى** flee *v* [tafa:da:]
**تفاعل** react *v* [tafaaʕala]
**تفاعل** reaction *n* [tafa:ʕul]
**تفاهم** *n* [tafa:hum]
**هناك سوء تفاهم**
[hunaka so-i tafa-hum] There's been a misunderstanding
**تفاوض** negotiate *v* [tafa:wadˤa]
**تفتيش** *n* [tafti:ʃ]
**غرفة تفتيش**
[Ghorfat tafteesh] *n* septic tank
**تفجير** bombing *n* [tafʒi:r]
**تفحص** (يستجوب) *v* [tafaħħasˤa] examine
**تفريغ** unpacking *n* [tafri:ɣ]
**يجب علي تفريغ الحقائب**
[yajib 'aala-ya taf-reegh al-ḥa'qaeb] I have to unpack
**تفصيل** detail *n* [tafsˤi:l]
**تفضيل** preference *n* [tafdˤi:l]
**تفقد** *v* [tafaqqada]
**أين يمكن أن أتفقد حقائبي؟**
[ayna yamken e-da'a ḥa'qa-eby?] Where do I check in my luggage?
**تفقد** review, inspection *n* [tafaqqud]
**تفقد الحضور**
[Tafa'qod al-ḥoḍor] *n* roll call
**تفكير** thought *n* [tafki:r]
**مستغرق في التفكير**
[Mostaghre'q fee al-tafkeer] *adj* thoughtful
**تقابل** *v* [taqa:bala]
**متى سنتقابل**
[Mata sanata'qabal] Where shall we meet?
**تقاطع** junction, way out *n* [taqa:tˤuʕ]
**اتجه نحو اليمين عند التقاطع الثاني**
[Etajeh naḥw al-yameen] Go right at the next junction
**السيارة بالقرب من التقاطع رقم...**
[al-sayara bil-'qurb min al-ta'qa-ṭu'a ra'qim...] The car is near junction number...
**ما هو التقاطع الذي يوصل إلى...؟**
[ma howa al-ta'qa-ṭu'a al-lathy yo-waṣil ela...?] Which junction is it for...?
**تقاعد** retirement *n* [taqa:ʕud]
**تقاعد** *v* [taqa:ʕada]
**لقد تقاعدت عن العمل**
[Le'qad ta'qa'adt 'an al-'amal] I'm retired
**تقاعد** retire *v* [taqa:ʕada]
**تقدم** progress *n* [taqaddum]
**تقدم** advance *v* [taqadama]
**تقدير** estimate *n* [taqdi:r]
**تقديم** presentation *n* [taqdi:m]
**تقديم الهدايا**
[Ta'qdeem al-hadayah] *n* prize-giving
**تقريبا** approximately, *adv* [taqri:ban] almost
**تقريبي** approximate *adj* [taqri:bij]
**تقرير** report *n* [taqri:r]
**تقرير مدرسي**
[Ta'qreer madrasey] *n* report card
**تقسيم** division *n* [taqsi:m]
**تقشير** peeling *n* [taqʃi:r]
**جهاز تقشير البطاطس**
[Jehaz ta'qsheer al-baṭaṭes] *n* potato peeler
**تقطير** filtration, *n* [taqtˤi:r] distillation
**معمل التقطير**
[Ma'amal alta'qṭeer] *n* distillery
**تقلص** contraction *n* [taqallunsˤ]
**تقلص عضلي**
[Ta'qaloṣ 'aḍaley] *n* spasm
**تقلص** shrink *v* [taqallasˤa]
**تقليد** tradition *n* [taqli:d]
**تقليدي** conventional, *adj* [taqli:dij] traditional

**غير تقليدي**
[Gheer ta'qleedey] *adj* unconventional
**تقليل** reduction *n* [taqli:l]
**تقني** technical *adj* [tiqnij]
techie *n* ◁
**تقنية** mechanism *n* [tiqnija]
**تقويم** calendar *n* [taqwi:m]
**تقيأ** vomit *v* [taqajjaʔa]
**تَكاسَل** skive *v* [taka:sala]
**تكبير** enlargement *n* [takbi:r]
**تَكتَك** tick *v* [taktaka]
**تكتيكات** tactics *npl* [takti:ka:tun]
**تكثيف** condensation *n* [takθi:f]
**تكدس** pile-up *n* [takaddus]
**تكرار** repeat *n* [tikra:r]
**تكراري** repetitive *adj* [tikra:rij]
**تكريس** dedication *n* [takri:s]
**تكلفة** cost *n* [taklufa]
**تكلفة المعيشة**
[Taklefat al-ma'aeeshah] *n* cost of living
**كم تبلغ تكلفة المكالمة التليفونية إلى...؟**
[kam tablugh taklifat al-mukalama al-talefoniya ela...?] How much is it to telephone...?
**كم تبلغ تكلفة ذلك؟**
[kam tablugh taklifat dhalik?] How much does that cost?
**هل يشمل ذلك تكلفة الكهرباء؟**
[hal yash-mil dhalik tak-lifat al-kah-rabaa?] Is the cost of electricity included?
**تكلم** speech *n* [takallum]
**عسر التكلم**
['aosr al-takalom] *n* dyslexia
**تكلم** speak *v* [takalama]
**تكنولوجي** *adj* [tiknu:lu:ʒij] technological
**تكنولوجيا** *n* [tiknu:lu:ʒja:] technology
**تَكَيف** adapt *v* [takajjafa]
**تكييف** regulation, *n* [takji:fu] adjusting
**تكييف الهواء**
[Takyeef al-hawaa] *n* air conditioning
**هل هناك تكييف هواء بالغرفة**
[hal hunaka takyeef hawaa bil-ghurfa?] Does the room have air conditioning?
**تل** hill *n* [tall]
**تلاءم** *v* [tala:ʔama]
**يَتلائم مع**
[Yatalaam ma'a] *v* fit in
**تلخبط** mess about *v* [talaxbatˤa]
**تلعثم** stammer *v* [talaʕθama]
**تلغراف** telegram *n* [tiliɣra:f]
**أريد إرسال تلغراف**
[areed ersaal tal-ghraaf] I want to send a telegram
**هل يمكن إرسال تلغراف من هنا؟**
[hal yamken ersaal tal-ghraf min huna?] Can I send a telegram from here?
**تلفاز** television, TV *n* [tilfa:z]
**أين أجد جهاز التلفاز؟**
[ayna ajid jehaz al-tilfaz?] Where is the television?
**تلفزيون** television *n* [tilifiziju:n]
**تلفزيون الواقع**
[Telefezyon al-wa'qe'a] *n* reality TV
**وَصْلَة تلفزيونية**
[Wṣlah telefezyoneyah] *n* cable television
**هل يوجد قاعة لمشاهدة التلفزيون؟**
[hal yujad 'qa'aa le-musha-hadat al-tali-fizyon? ] Is there a television lounge?
**تلفزيوني** *adj* [tilifizju:nij]
**دائرة تلفزيونية مغلقة**
[Daerah telefezyoneyah moghla'qa] *n* CCTV
**تَلَقف** grab *v* [talaqqafa]
**تلقى** *v* [talaqqa:]
**يتلقى حملا**
[Yatala'qa ḥemlan] *v* load
**تلقيح** vaccination *n* [talqi:ħ]
**تلَمس** *v* [talammasa]
**يَتلَمس طريقه في الظلام**
[Yatalamas ṭaree'qah fee al-ḍhalam] *v* grope
**تلميح** hint *n* [talmi:ħ]
**تلميذ, تلميذة** [tilmi:ðun, tilmi:ða, pupil, schoolboy, *n*tilmi:ða] schoolgirl

**تلميذ داخلي**
[telmeedh dakhely] *n* boarder
schoolgirl *n* [tilmi:ða] **تلميذة**
pollution *n* [talawwuθ] **تلوث**
colouring *n* [talwi:n] **تلوين**
telescope *n* [tili:sku:b] **تليسكوب**
chairlift *n* [tili:fri:k] **تليفريك**
TV *n* [tili:fizju:n] **تليفزيون**
**تليفزيون رقمي**
[telefezyoon ra'qamey] *n* digital television
**تليفزيون بلازما**
[Telefezyoon ra'qamey] *n* plasma TV
**تليفزيون ملون**
[Telefezyon molawan] *n* colour television
**شاشة تليفزيون**
[Shashat telefezyoon] *n* screen
**هل يوجد تليفزيون بالغرفة**
[hal yujad tali-fizyon bil-ghurfa?] Does the room have a TV?
telephone *n* [tili:fu:n] **تليفون**
**رقم التليفون**
[Ra'qm al-telefone] *n* phone number
**تليفون المدخل**
[Telefoon al-madkhal] *n* entry phone
**تليفون بكاميرا**
[Telefoon bekamerah] *n* camera phone
**تليفون مزود بوظيفة الرد الآلي**
[Telephone mozawad be-waḍheefat al-rad al-aaley] *n* answerphone
**كارت تليفون**
[Kart telefone] *n* cardphone, phonecard
**كابينة تليفون**
[Kabeenat telefoon] *n* phonebox
*adj* [tili:fu:nij] **تليفوني**
**يجب أن أقوم بإجراء مكالمة تليفونية**
[yajib an a'qoom be-ijraa mukalama talefonia] I must make a phonecall
fully, *adv* [tama:man] **تماما** altogether, exactly
swing, sway *vi* [tama:jala] **تمايل**
stutter *v* [tamtama] **تمْتم**
statue *n* [timθa:l] **تمثال**
acting *n* [tamθi:l] **تمثيل**
**التمثيل الصامت**
[altamtheel al-ṣamet] *n* pantomime
*n* [tamri:dˤ] **تمريض**
**دار التمريض**
[Dar al-tamreeḍ] *n* nursing home
exercise *n* [tamri:n] **تمرين**
**تمرين الضغط**
[Tamreen al- Ḍaght] *n* push-up
tear up *v* [tamzzaqa] **تَمزّق**
tear *(split)* *n* [tamzi:q] **تَمْزيق**
crocodile *n* [timsa:ħ] **تمساح**
**تمساح أمريكي**
[Temsaah amreekey] *n* alligator
**تمساح نهري أسيوي**
[Temsaah nahrey asyawey] *n* mugger
wish *v* [tamanna:] **تمَنى**
*n* [tamwi:ʒu] **تمويج**
**تمويج الشعر**
[Tamweej al-sha'ar] *n* perm
finance *n* [tamwi:l] **تمويل**
stand out *v* [tamajjaza] **تمَيز**
discrimination *n* [tamji:z] **تمييز**
**تمييز عنصري**
[Tamyeez 'aonory] *n* racism
**ممكن تمييزه**
[Momken tamyezoh] *adj* recognizable
waiver, surrender, *n* [tana:zul] **تنازل** fight
**أريد عمل الترتيبات الخاصة بالتنازل عن تعويض التصادم**
[areed 'aamal al-tar-tebaat al-khaṣa bil-tanazul 'aan ta'aweeḍ al-ta-ṣadum] I'd like to arrange a collision damage waiver
*v* [tana:zala] **تنازَل**
**يَتنازَل عن**
[Tetnazel 'an] *v* waive
breed *v* [tana:sala] **تناسل**
rivalry *n* [tana:fus] **تنافس**
compete *v* [tana:fasa] **تنافس**
competitive *adj* [tana:fusij] **تنافسي**
contradiction *n* [tana:qudˤ] **تناقض**
relay *n* [tana:wub] **تناوب**
taking, having *n* [tana:wul] **تناول**
**أحب تناوله بدون...من فضلك**
[aḥib tana-wilaho be-doon... min faḍlak] I'd like it without..., please

أحب تناوله وبه...زائد من فضلك
[aḥib tana-wilaho be-zeyaada... min faḍlak] I'd like it with extra..., please
لا يمكنني تناول الأسبرين
[la yam-kinuni tanawil al-asbireen] I can't take aspirin
ماذا تريد تناوله في الإفطار
[madha tureed tana-wilho fee al-efṯaar?] What would you like for breakfast?
**تناول** v [tana:wala]
سوف أتناول هذا
[sawfa ata-nawal hadha] I'll have this
ماذا تريد أن تتناول؟
[madha tureed an tata-nawal?] What would you like to eat?
هل يمكن أن أتناول أحد المشروبات؟
[Hal yomken an atanaawal aḥad al-mashroobat?] Can I get you a drink?
هل يمكن أن أتناول الإفطار داخل غرفتي؟
[hal yamken an ata-nawal al-efṭaar dakhil ghurfaty?] Can I have breakfast in my room?
**تنبأ** predict v [tanabbaʔa]
يتنبأ ب
[Yatanabaa be] v foresee
**تنبؤ** forecast n [tanabuʔ]
لا يمكن التنبؤ به
[La yomken al-tanaboa beh] adj unpredictable
**تنجيم** n [tanʒi:m]
علم التنجيم
[A'elm al-tanjeem] n astrology
**تنزانيا** Tanzania n [tanza:nija:]
**تنزه** hill-walking n [tanazzuh]
التنزه بين المرتفعات
[Altanazoh bayn al-mortaf'aat] n hill-walking
**تنس** tennis n [tinis]
تنس الريشة
[Tenes al-reshah] n badminton
لاعب تنس
[La'aeb tenes] n tennis player
مضرب تنس
[Maḍrab tenes] n tennis racket
ملعب تنس
[Mal'aab tenes] n tennis court
نود أن نلعب التنس؟
[nawid an nal'aab al-tanis] We'd like to play tennis
**تنسيق** format n [tansi:q]
**تنشق** sniff v [tanaʃʃaqa]
**تنظيف** cleaning n [tanzˤi:f]
تنظيف شامل للمنزل بعد انتهاء الشتاء
[tanḍheef shamel lel-manzel ba'ad entehaa al-shetaa] n spring-cleaning
خادم للتنظيف
[Khadem lel-tanḍheef] n cleaner
محل التنظيف الجاف
[Mahal al- tanḍheef al-jaf] n dry-cleaner's
**تنظيم** regulation n [tanzˤi:m]
تنظيم المعسكرات
[Tanṭeem al-mo'askarat] n camping
تنظيم النسل
[tanḍheem al-nasl] n birth control
**تنفس** breathing n [tanaffus]
**تنفس** breathe v [tanafasa]
**تنفيذ** execution n [tanfi:ð]
**تنفيذي** executive adj [tanfi:ðijjat]
سلطة تنفيذية
[Soltah tanfeedheyah] (مدير) n executive
**تنكر** disguise v [tanakkara]
**تنهد** sigh v [tanahhada]
**تنهيدة** sigh n [tanhi:da]
**تنوب** n [tannu:b]
شجر التنوب
[Shajar al-tanob] n fir (tree)
**تنورة** n [tannu:ra]
تنورة تحتية
[Tanorah taḥteyah] n underskirt
تنورة قصيرة بها ثنيات واسعة
[Tannorah 'qaṣeerah beha thanayat wase'aah] n kilt
**تنوع** variety n [tanawwuʕ]
**تنين** dragon n [tinni:n]
**تهادي** stagger v [taha:da:]
**تهجئة** spelling n [tahʒiʔa]
مصحح التهجئة
[Moṣaheh altahjeaah] n spellchecker
**تهديد** threat n [tahdi:d]

threatening *adj* [tahdi:dij] **تهديدي**
smuggling *n* [tahri:bu] **تهريب**
ironic *adj* [tahakumij] **تهكمي**
charge *(accusation)* *n* [tuhma] **تهمة**
congratulations *npl* [tahniʔat] **تهنئة**
ventilation *n* [tahwijatin] **تهوية**
lullaby *n* [tahwi:da] **تهويدة**
soon *adv* [tawwan] **توا**
seasoning, spice *n* [tawa:bil] **توابل**
balance *n* [tawa:zun] **توازن**
*n* [tawa:lajtu] **تواليت**
**السيفون لا يعمل في التواليت**
[al-seefon la ya'amal fee al-toilet] The toilet won't flush
twin *n* [tawʔam] **توأم**
berry, raspberry *n* [tu:tt] **توت**
**توت برى**
[Toot barrey] *n* cranberry
**توت أزرق**
[Toot azra'q] *n* blueberry
tension *n* [tawattur] **توتر**
**مسبب توتر**
[Mosabeb tawator] *adj* stressful
documentation *n* [tawθi:q] **توثيق**
Togo *n* [tu:ʒu:] **توجو**
direction, steering *n* [tawʒi:h] **توجيه**
*npl* [tawʒi:ha:tun] **توجيهات** directions
flush (يتدفق) *v* [tawarrada] **تورد**
*v* [tawarratˤa] **تورط**
**يتورط في**
[Yatawaraṭ fee] *v* get into
supply *n* [tawri:d] **توريد**
**توريد الطعام**
[Tarweed al-ṭa'aam] *n* catering
supplies *npl* [tawri:da:tun] **توريدات**
*n* [tawzi:ʕ] **توزيع**
**صنبور توزيع**
[Ṣonboor twazea'a] *n* dispenser
**طريق توزيع الصحف**
[ṭaree'q tawze'a al-ṣohof] *n* paper round
recommendation *n* [tawsˤijja] **توصية**
conveyance *n* [tawsˤi:l] **توصيل**
**طلب التوصيل**
[Ṭalab al-tawseel] *n* hitchhiking
**أريد إرسال ساعي لتوصيل ذلك**
[areed ersaal sa'ay le-tawṣeel hadha] I want to send this by courier
**هل يمكن توصيل حقائبي إلى أعلى؟**
[hal yamken tawṣeel ḥa'qa-ebee ela a'ala?] Could you have my luggage taken up?
*n* [tawsˤi:la] **توصيلة**
**توصيلة مجانية**
[tawṣeelah majaneyah] *n* ride *(free ride)*
illustration *n* [tawdˤi:ħ] **توضيح**
recruitment *n* [tawzˤi:f] **توظيف**
availability *n* [tawaffur] **توفر**
*n* [tawq] **توق**
**توق شديد**
[Too'q shaded] *n* anxiety
*v* [tawaqa] **توق**
**يتوق إلى**
[Yatoo'q ela] *v* long
expect, wait *v* [tawaqqaʕa] **توقع**
prospect *n* [tawaqqaʕa] **توقع**
setback, stop *n* [tawaqquf] **توقف**
**توقف في رحلة**
[Tawa'qof fee rehlah] *n* stopover
**شاشة توقف**
[Shashat taw'qof] *n* screen-saver
*v* [tawaqafa] **توقف**
**هل سنتوقف في ...؟**
[hal sanata-wa'qaf fee...?] Do we stop at...?
**هل يتوقف القطار في...؟**
[hal yata-wa'qaf al-'qeṭaar fee...?] Does the train stop at...?
stop *vi* [tawaqqafa] **توقف**
signature *n* [tawqi:ʕ] **توقيع**
take over *v* [tawalla:] **تولى**
tulip *n* [tawli:bu] **توليب**
reproduction, *n* [tawli:d] **توليد** midwifery
**مستشفى توليد**
[Mostashfa tawleed] *n* maternity hospital
*n* [tu:nʒa:] **تونجا**
**مملكة تونجا**
[Mamlakat tonja] *n* Tonga
Tunisia *n* [tu:nus] **تونس**
*n* ◃ Tunisian *adj* [tu:nusij] **تونسي**

Tunisian
current *(electricity)* *n* [tajjaːr] **تيار**
Tibet *n* [tiːbit] **تيبت**
*adj* [tiːbitij] **تيبتي**
**اللغة التيبتية**
[Al-loghah al-tebeteyah] *(language)* *n*
Tibetan
Tibetan *adj* [tiːbiːtij] **تيبيتي**
**شخص تيبيتي**
[Shakhṣ tebetey] *(person)* *n* Tibetan
tetanus *n* [tiːtaːnuːs] **تيتانوس**
*v* [tajjamma] **تيّم**
**يُتَيَّمُ ب**
[Yotayam be] *v* love
fig *n* [tiːn] **تين**

# ث

rebellious, furious *adj* [θaːʔir] **ثائر**
fixed, still *adj* [θaːbit] **ثابت**
persevere *v* [θaːbara] **ثابر**
thirdly *adv* [θaːliθan] **ثالثاً**
*adj* [θaːliθa ʕaʃara] **ثالث عشر**
thirteenth
minor *adj* [θaːnawij] **ثانوي**
next, second *adj* [θaːniː] **ثاني**
**اتجه نحو اليسار عند التقاطع الثاني**
[Etajh naḥw al-yasar 'aend al-ta'qato'a al-thaney] Go left at the next junction
secondly *adv* [θaːniːan] **ثانياً**
second *n* [θaːnija] **ثانية**
twelfth *adj* [θaːnija ʕaʃara] **ثاني عشر**
do up, fix *v* [θabbata] **ثبّت**
breast *n* [θadjj] **ثدي**
talkative *adj* [θarθaːr] **ثرثار**
*n* [θirmuːstaːt] **ثرموستات**
thermostat
wealth *n* [θarwa] **ثروة**
wealthy *adj* [θarij] **ثري**
snake *n* [θuʕbaːn] **ثعبان**
fox *n* [θaʕlab] **ثعلب**
**ثعلب الماء**
[Tha'alab al-maaa] *n* otter
culture *n* [θaqaːfa] **ثقافة**
cultural *adj* [θaqaːfij] **ثقافى**

**ثقالة** weight *n* [θaqqa:la]
**ثقالة الورق**
[Na'qalat al-wara'q] *n* paperweight
**ثقب** aperture, puncture, *n* [θuqb]
piercing,
**ثقب** prick, bore *v* [θaqaba]
**يثقب بمثقاب**
[Yath'qob bemeth'qaab] *vt* drill
**ثقة** confidence *(secret)*, *n* [θiqa]
confidence *(trust)*
**غير جدير بالثقة**
[Ghaayr jadeer bel-the'qa] *adj* unreliable
**ثقة بالنفس**
[The'qah bel-nafs] *n* confidence
*(self-assurance)*
**ثقيل** heavy *adj* [θaqi:l]
**إنه ثقيل جدا**
[inaho tha'qeel jedan] This is too heavy
**ثلاث** *number* [θala:θun]
**عندي ثلاثة أطفال**
['aendy thalathat aṭfaal] I have three
children
**ثلاثاء** Tuesday *n* [θula:θa:ʔ]
**ثلاثاء المرافع**
[Tholathaa almrafe'a] *n* Shrove Tuesday
**ثلاثة** three *number* [θala:θatun]
**ثلاثة عشر** *number* [θala:θata ʕaʃara]
thirteen
**ثلاثون** thirty *number* [θala:θu:na]
**ثلاثي** triple *adj* [θula:θij]
**ثلاثي الأبعاد**
[Tholathy al-ab'aaad] *adj*
three-dimensional
**ثُلاثِي** triplets *npl* [θula:θijjun]
**ثلاجة** fridge, refrigerator *n* [θalla:ʒa]
**ثلاجة صغيرة**
[Thallaja ṣagheerah] *n* minibar
**ثلج** snow *n* [θalʒ]
**رجل الثلج**
[Rajol al-thalj] *n* snowman
**صندوق الثلج**
[Ṣondoo'q al-thalj] *n* icebox
**ثلج أسود**
[thalj aswad] *n* black ice
**كرة ثلج**
[Korat thalj] *n* snowball
**كتلة ثلج رقيقة**
[Kotlat thalj ra'qee'qah] *n* snowflake
**محراث الثلج**
[Mehrath thalj] *n* snowplough
**مكعب ثلج**
[Moka'aab thalj] *n* ice cube
**يَتزحلق على الثلج**
[Yatazahal'q ala al-thalj] *v* ski
**تتساقط الثلوج**
[tata-sa'qaṭ al-tholooj] It's snowing
**الثلوج كثيفة جدا**
[al- tholoj kathefa jedan] The snow is
very heavy
**هل تعتقد أن الثلوج سوف تتساقط؟**
[hal ta'ata-'qid an-na al-thilooj sawfa
tata-sa'qaṭ?] Do you think it will snow?
**ثلوج** *n* [θulu:ʒ]
**ماكينة إزالة الثلوج**
[Makenat ezalat al-tholo'j] *n* de-icer
**ثمانون** eighty *number* [θama:nu:na]
**ثمانية** eight *number* [θama:nijatun]
**ثمانية عشر** [θama:nijata ʕaʃara]
eighteen *number*
**ثمرة** fruit *n* [θamara]
**ثمرة العُليق**
[Thamrat al-'alay'q] *n* blackberry
**ثمرة البلوط**
[Thamarat al-baloot] *n* acorn
**ثمرة الكاجو**
[Thamarat al-kajoo] *n* cashew
**ثَمِل** drunk *adj* [θamil]
**ثمَن** cost, value *n* [θaman]
**مرتفع الثمن**
[mortafe'a al-thaman] *adj* expensive
**كم يبلغ الثمن لكل ساعة**
[kam yablugh al-thaman le-kul layla?]
How much is it per night?
**لقد طلب مني ثمنًا باهظًا**
[la'qad ṭuleba min-y thamanan
ba-heḍhan] I've been overcharged
**ما هو ثمن التذاكر؟**
[Ma hwa thamn al-tadhaker?] How
much are the tickets?
**ثمّن** rate *v* [θammana]
**ثمن** eighth *n* [θumun]
**ثمين** valuable *adj* [θami:n]

**أريد أن أضع بعض الأشياء الثمينة في الخزينة**
[areed an aḍa'a ba'aḍ al-ashiaa al-thameena fee al-khazeena] I'd like to put my valuables in the safe

**ثني** bend *v* [θanaː]

**ثنية** crease *n* [θanja]

**ثوب** garment *n* [θawb]

**ثوب الراقص أو البهلوان**
[Thawb al-ra'qes aw al-bahlawan] *n* leotard

**ثوب فضفاض**
[Thawb feḍeaḍ] *n* negligee

**ثور** bull *n* [θawr]

**ثورة** revolution *n* [θawra]

**ثوري** revolutionary *adj* [θawrij]

**ثوم** garlic *n* [θuːm]

**ثوم معمر**
[Thoom mo'aamer] *npl* chives

**هل به ثوم؟**
[hal behe thoom?] Is there any garlic in it?

**ثياب** clothing *n* [θijaːb]

**ثياب النوم**
[Theyab al-noom] *n* nightdress

**أيجب أن نرتدي ثيابًا خاصة؟**
[ayajib an nartady the-aban khaṣa?] Is there a dress-code?

**ثيرموس®** Thermos® *n* [θiːrmuːs]

# ج

**جائر** unfair *adj* [ʒaːʔir]

**جائزة** award, prize *n* [ʒaːʔiza]

**الفائز بالجائزة**
[Al-faez bel-jaaezah] *n* prizewinner

**جاتوه** gateau *n* [ʒaːtuː]

**جاد** serious *adj* [ʒaːdd]

**جادل** argue, row *(to argue)* *v* [ʒaːdala]

**جاذبية** attraction *n* [ʒaːðibijja]

**جار** neighbour *n* [ʒaːr]

**جاروف** shovel *n* [ʒaːruːf]

**جاز** jazz *n* [ʒaːz]

**موسيقى الجاز**
[Mosey'qa al-jaz] *n* jazz

**جازف** risk *v* [ʒazafa]

**جاسوس** spy *n* [ʒaːsuːs]

**جاسوسية** espionage *n* [ʒaːsuːsijja]

**جاف** dry *adj* [ʒaːff]

**تنظيف جاف**
[tanḍheef jaf] *n* dry-cleaning

**جاف تماماً**
[Jaf tamaman] *n* bone dry

**أنا شعري جاف**
[ana sha'ary jaaf] I have dry hair

**كأس من مشروب الشيري الجاف من فضلك**
[Kaas mashroob al-sheery al-jaf men faḍlek] A dry sherry, please

جاكت [ʒa:kit] jacket *n*
جاكت العشاء
[Jaket al-'aashaa] *n* dinner jacket
جاكيت ثقيل
[Jaket tha'qeel] *n* anorak
جالس [ʒa:lasa] *v*
يُجالس الأطفال
[Yojales al-aṭfaal] *v* babysit
جاليري [ʒa:li:ri:] gallery *n*
جامايكي [ʒa:ma:jkij] Jamaican *adj*
Jamaican *n* ◁
جامبيا [ʒa:mbija:] Gambia *n*
جامع [ʒa:miʕ] inclusive *adj* ◁ *n*
mosque
جامع التذاكر
[Jame'a al-tadhaker] *n* ticket collector
جامع الجوز
[Jame'a al-jooz] *n* nutter
جامعة [ʒa:miʕa] university *n*
جامعي [ʒa:miʕij] academic *adj*
الحرم الجامعي
[Al-ḥaram al-jame'aey] *n* campus
جامل [ʒa:mala] compliment *v*
جاموسة [ʒa:mu:sa] buffalo *n*
جانب [ʒa:nib] side *n*
بجانب
[Bejaneb] *prep* beside
جانبي [ʒa:nibij] *adj*
ضوء جانبي
[Ḍowa janebey] *n* sidelight
آثار جانبية
[Aathar janeebyah] *n* side effect
شارع جانبي
[Share'a janebey] *n* side street
جاهز [ʒa:hiz] bought *adj*
جاهزة [ʒa:hizat] *adj*
السيارة ستكون جاهزة
[al-sayara sa-ta-koon ja-heza] When will the car be ready?
متى ستكون جاهزة للتشغيل؟
[mata sata-koon jaheza lel-tash-gheel?] When will it be ready?
جاهل [ʒa:hil] ignorant *adj*
جبال [ʒiba:l] mountains *npl*
جبال الألب
[ʒiba:lu al-ʔalbi] *npl* Alps

جبال الأنديز
[ʒiba:lu al-ʔandi:zi] *npl* Andes
جبل
[ʒabal] *n* mountain
جبل جليدي
[Jabal jaleedey] *n* iceberg
دراجة الجبال
[Darrajah al-jebal] *n* mountain bike
أريد غرفة مطلة على الجبال
[areed ghurfa mụ-ṭella 'aala al-jebaal] I'd like a room with a view of the mountains
أين يوجد أقرب كوخ بالجبل؟
[ayna yujad a'qrab kookh bil-jabal?] Where is the nearest mountain hut?
جبان [ʒaba:n] cowardly *adj* ◁ coward *n*
جبد [ʒabad] fit *adj*
جبلي [ʒabalij] mountainous *adj*
جبن [ʒubn] cheese *n*
جبن قريش
[Jobn 'qareesh] *n* cottage cheese
ما نوع الجبن؟
[ma naw'a al-jibin?] What sort of cheese?
جبهة [ʒabha] forehead *n*
جثة [ʒuθθa] corpse *n*
جحيم [ʒaħi:m] hell *n*
جد [ʒadd] granddad, grandfather, *n* grandpa
الجَدّ الأكبر
[Al-jad al-akbar] *n* great-grandfather
جداً [ʒidan] very *adv*
مسرور جداً
[Masroor jedan] *adj* delighted
إلى جد بعيد
[Ela jad ba'aeed] *adv* most
جدار [ʒida:r] wall *n*
الجدار الواقي
[Al-jedar al-wa'qey] *n* firewall
جدة [ʒadda] grandma, granny *n*
الجدة الأكبر
[Al-jaddah al-akbar] *n* great-grandmother
جَدد [ʒaddada] renew *v*
جدف [ʒaddafa] row *(in boat)* *v*
جَدَلي [ʒadalij] controversial *adj*

جدول [ʒadwal] n stream, table (chart)
جدول أعمال
[Jadwal a'amal] n agenda
جدول زمني
[Jadwal zamaney] n schedule, timetable
جديا [ʒiddi:an] adv seriously
جديد [ʒadi:d] adj new, unprecedented
جدير [ʒadi:r] adj worthy
جدير بالذكر
[Jadeer bel-dhekr] adj particular
جدير بالملاحظة
[Jadeer bel-molahaḍhah] adj remarkable
جذاب [ʒaððа:b] adj attractive
جذب [ʒaðaba] v attract ◁ vt pull
جذر [ʒiðr] n root
جذع [ʒiðʕ] n trunk
جذف [ʒaððafa] vi paddle
جر [ʒarra] v
يَجُر سيارة
[Yajor sayarah] v tow away
جرأ [ʒaraʔa] v dare
جرئ [ʒariʔ] adj daring
جراب [ʒira:b] n bag, holdall
جراج [ʒara:ʒ] n garage
جراح [ʒarra:ħ] n surgeon
جراحة [ʒira:ħa] n surgery
جراحة تجميل
[Jerahat tajmeel] n plastic surgery
جراحة تجميلية
[Jerahah tajmeeleyah] n plastic surgery
جراد [ʒara:d] n
جراد الجندب
[Jarad al-jandab] n grasshopper
جراد البحر
[Jarad al-bahr] n crayfish
جَرَاد البحر
[Garad al-baḥr] n lobster
جرار [ʒaraar] n tractor
جرافة [ʒarra:fa] n bulldozer
جرافيك [ʒara:fi:k] n
رسوم جرافيك
[Rasm jrafek] npl graphics
جرام [ʒra:m] n gramme
جرانيت [ʒara:ni:t] n
حجر الجرانيت
[Ḥajar al-jraneet] n granite
جرب [ʒarraba] v try
هل يمكن أن أجربها من فضلك؟
[hal yamken an ajar-rebha min faḍlak?] Can I test it, please?
جرثومة [ʒurθu:ma] n germ
جرح [ʒurħ] n injury, wound
قابل للجرح
['qabel lel-jarh] adj vulnerable
جرح [ʒaraħa] v injure, wound
جرحي [ʒarħij] adj traumatic
جَرد [ʒarrada] v strip
جرَذ [ʒurð] n rat
جرس [ʒaras] n bell
جرس الباب
[Jaras al-bab] n doorbell
جرعة [ʒurʕa] n dose
جرعة زائدة
[Jor'aah zaedah] n overdose
جرف [ʒurf] n drift, cliff
جرم [ʒurm] n crime
جرائم الكمبيوتر والانترنت
[Jraem al-kmobyoter wal-enternet] n cybercrime
جُرن [ʒurn] n trough
جرو [ʒarw] n puppy
جرى [ʒara:] v run
يَجْري بالفرس
[Yajree bel-faras] v gallop
جريدة [ʒari:da] n newspaper
أين يمكن أن أشتري الجرائد الإخبارية؟
[Ayn yomken an ashtray al-jraaed al-yawmeyah] Where can I buy a newspaper?
أين يوجد أقرب محل لبيع الجرائد؟
[Ayn yojad a'qrab mahal leby'a aljraaed?] Where is the nearest shop which sells newspapers?
هل يوجد لديكم جرائد إخبارية؟
[hal yujad laday-kum jara-ed ekhbar-iya?] Do you have newspapers?
جريمة [ʒari:ma] n crime
شريك في جريمة
[Shareek fee jareemah] n accomplice
جرينلاند [ʒri:nala:ndi] n Greenland

**جزّ** mow *v* [ʒazza]
**جزء** part *n* [ʒuzʔ]
**جزء صغير** [Joza ṣagheer] *n* bit
**جزء ذو أهمية خاصة** [Joza dho ahammeyah khaṣah] *n* highlight
**لا يعمل هذا الجزء كما ينبغي** [la ya'amal hatha al-juz-i kama yan-baghy] This part doesn't work properly
**جَزأ** break up *v* [ʒazzaʔa]
**جزاء** penalty *n* [ʒazaːʔ]
**جزائري** Algerian *adj* [ʒazaːʔirij]
**شخص جزائري** [Shakhṣ jazayry] *n* Algerian
**جزار** butcher *n* [ʒazzaːr]
**جزازة** mower *n* [ʒazzaːzatu]
**جزازة العشب** [Jazazt al-'aoshb] *n* lawnmower
**جزئي** partial *adj* [ʒuzʔij]
**بدوام جزئي** [Bedwam jozay] *adv* part-time
**جزئياً** partly *adv* [ʒuzʔijan]
**جزر** carrot *n* [ʒazar]
**جزر أبيض** [Jazar abyad] *n* parsnip
**جزر الهند الغربية** [Jozor al-hend al-gharbeyah] *n* West Indies
**جزر الباهاما** [ʒuzuru ʔal-baːhaːmaː] Bahamas *npl*
**جزيء** molecule *n* [ʒuzajʔ]
**جزيرة** island *n* [ʒaziːra]
**جزيرة استوائية غير مأهولة** [Jozor ghayr maahoolah] *n* desert island
**شبه الجزيرة** [Shebh al-jazeerah] *n* peninsula
**جسر** bridge, embankment *n* [ʒisr]
**جسر معلق** [Jesr mo'aala'q] *n* suspension bridge
**جسم** body *n* [ʒism]
**جسم السفينة** [Jesm al-safeenah] *n* hull
**جسم مضاد** [Jesm moḍad] *n* antibody

**جشع** greedy *adj* [ʒaʃiʕ]
**جص** plaster *(for wall)* *n* [ʒibsˤ]
**جعة** *n* [ʒunʕʕa]
**جعة معتقة** [Jo'aah mo'ata'qah] *n* lager
**جعَل** *v* [ʒaʕala]
**يَجعَله عصريا** [Tej'aalah 'aṣreyan] *v* update
**جغرافيا** geography *n* [ʒuɣraːfjaː]
**جفاف** drought *n* [ʒafaːf]
**جَفف** dry *v* [ʒaffafa]
**جفن** eyelid *n* [ʒafn]
**جَل** gel *n* [ʒil]
**جل الشعر** [Jel al-sha'ar] *n* hair gel
**جلالة** majesty *n* [ʒalaːla]
**جلب** fetch, pick up *v* [ʒlaba]
**جَلَبة** fuss *n* [ʒalaba]
**جلد** skin *n* [ʒildu]
**جلد الغنم** [Jeld al-ghanam] *n* sheepskin
**جلد مدبوغ** [Jeld madboogh] *n* leather
**جلد مزابر** [Jeld mazaabar] *n* suede
**قشعريرة الجلد** ['qash'aarerat al-jeld] *n* goose pimples
**جلد** thump *v* [ʒalada]
**جلس** *v* [ʒalasa]
**هل يمكن أن نجلس معا؟** [hal yamken an najlis ma'aan?] Can we have seats together?
**جلس** sit down *v* [jaʒlasa]
**يَجلِس مرة أخرى** [Yajles marrah okhra] *v* resit
**جلسة** session *n* [ʒalsa]
**جلطة** stroke *n* [ʒaltˤa]
**جلوتين** gluten *n* [ʒluːtiːn]
**جلوس** sitting *n* [ʒuluːs]
**حجرة الجلوس** [Hojrat al-joloos] *n* lounge
**أين يمكنني الجلوس؟** [ayna yamken-any al-jiloos?] Where can I sit down?
**هل يوجد مكان يمكنني الجلوس فيه؟** [hal yujad makan yamken -ini al-juloos

feehe?] Is there somewhere I can sit down?
glucose *n* [ʒluku:z] **جلوكوز**
obvious *adj* [ʒalij] **جَلي**
ice *n* [ʒali:d] **جليد**
icy *adj* [ʒali:dij] **جليدي**
**نهر جليدي**
[Nahr jaleedey] *n* glacier
companion *(male) n* [ʒali:s] **جليس**
**جليس أطفال**
[Jalees aṭfaal] *n* babysitter
companion *(female) n* [ʒali:sa] **جليسة**
**جليسة أطفال**
[Jaleesat aṭfaal] *n* nanny
glorious *adj* [ʒali:l] **جليل**
sexual intercourse *n* [ʒima:ʕ] **جماع**
lot *n* [ʒama:ʕa] **جماعة**
collective *adj* [ʒama: ʕij] **جماعي**
beauty *n* [ʒama:l] **جمال**
gym *n* [ʒimna:zju:mi] **جمانزيوم**
**أخصائي الجمنازيوم**
[akheṣaaey al-jemnazyom] *n* gymnast
**تدريبات الجمنازيوم**
[Tadreebat al-jemnazyoom] *npl* gymnastics
shrimp *n* [ʒambarij] **جمبري**
**جمبري كبير**
[Jambarey kabeer] *n* scampi
skull *n* [ʒumʒuma] **جمجمة**
*adj* [ʒumrukij] **جمركي**
**رسوم جمركية**
[Rosoom jomrekeyah] *npl* customs
plural *n* [ʒamʕ] **جمع**
Friday *n* [ʒumuʕa] **جمعة**
**الجمعة العظيمة**
[Al-jom'ah al-'aaḍheemah] *n* Good Friday
association *n* [ʒamʕijja] **جمعية**
camel *n* [ʒamal] **جمل**
sentence *(words) n* [ʒumla] **جملة**
wholesale *adj* [ʒumalij] **جملي**
audience *n* [ʒumhu:r] **جمهور**
**جمهور الناخبين**
[Jomhoor al-nakhebeen] *n* electorate
republic *n* [ʒunmhu:rijjati] **جمهورية**
**جمهورية أفريقيا الوسطى**
[Jomhoreyat afre'qya al-wosṭa] *n* Central African Republic
**جمهورية التشيك**
[Jomhoreyat al-tesheek] *n* Czech Republic
**جمهورية الدومنيكان**
[Jomhoreyat al-domenekan] *n* Dominican Republic
all *adj* [ʒami:ʕ] **جميع**
beautiful *adj* [ʒami:l] **جميل**
**على نحو جميل**
[Ala nahw jameel] *adv* prettily
**بشكل جميل**
[Beshakl jameel] *adv* beautifully
criminal *adj* [ʒina:ʔij] **جنائي**
van, wing *n* [ʒana:ħ] **جناح**
**جناح أيسر**
[Janah aysar] *adj* left-wing
**جناح أيمن**
[Janah ayman] *adj* right-wing
**جناح من مستشفى**
[Janah men al-mostashfa] *n* ward *(hospital room)*
funeral *n* [ʒana:za] **جنازة**
side *n* [ʒanbun] **جنب**
**من الجنب**
[Men al-janb] *adv* sideways
paradise, heaven *n* [ʒanna] **جنة**
serviceman, soldier *n* [ʒundij] **جندي**
**جندي بحري**
[Jondey baharey] *n* seaman
category, class, *n* [ʒins] **جنس** gender, sex
**مؤيد للتفرقة العنصرية بحسب الجنس**
[Moaed lel-tare'qa al'aonṣeryah behasb aljens] *n* sexist
**مشته للجنس الآخر**
[Mashtah lel-jens al-aakahar] *adj* heterosexual
sexual *adj* [ʒinsij] **جنسي**
**مثير جنسيا**
[Motheer jensyan] *adj* sexy
**مُثير للشهوة الجنسية**
[Motheer lel shahwah al-jenseyah] *adj* erotic
**مَيْل جِنسي**

[Bejahd shaded] *adv* barely

**جهّز** (يوفر) *v* [ʒahhaza] accommodate

**يُجَهِّز بالسِّلَع**

[Yojahez bel-sela'a] *v* stock up on

**جهل** ignorance *n* [ʒahl]

**جو** weather, air, *n* [ʒaww] atmosphere

**الجو شديد البرودة**

[al-jaw shaded al-boroda] It's freezing cold

**الجو شديد الحرارة**

[al-jaw shaded al-ḥarara] It's very hot

**كيف ستكون حالة الجو غدا؟**

[kayfa sata-koon ḥalat al-jaw ghadan?] What will the weather be like tomorrow?

**ما هي حالة الجو المتوقعة غدا؟**

[ma heya ḥalat al-jaw al-muta-wa'qi'aa ghadan?] What's the weather forecast?

**هل من المتوقع أن يحدث تغيير في حالة الجو**

[Hal men al-motwa'qa'a an yahdoth tagheer fee ḥalat al-jaw] Is the weather going to change?

**جواتيمالا** *n* [ʒwa:ti:ma:la:] Guatemala

**جواد** *n* [ʒawa:d]

**جواد السباق**

[Jawad al-seba'q] *n* racehorse

**جواز** permit *n* [ʒawa:z]

**جواز سفر**

[Jawaz al-safar] *n* passport

**جواز مرور**

[Jawaz moror] *n* pass *(permit)*

**الأطفال مقيدون في هذا الجواز**

[Al-aṭfaal mo'aydoon fee hadha al-jawaz] The children are on this passport

**لقد سرق جواز سفري**

[la'qad sure'qa jawaz safary] My passport has been stolen

**لقد ضاع جواز سفري**

[la'qad ḍa'aa jawaz safary] I've lost my passport

**لقد نسيت جواز سفري**

[Mayl jensey] *n* sexuality

**جنسية** nationality *n* [ʒinsijja]

**جنوب** south *n* [ʒanu:bu]

**جنوب أفريقيا**

[Janoob afree'qya] *n* South Africa

**جنوب شرقي**

[Janoob shr'qey] *n* southeast

**متجه للجنوب**

[Motageh lel-janoob] *adj* southbound

**واقع نحو الجنوب**

[Wa'qe'a nahw al-janoob] *adj* southern

**جنوباً** south *adv* [ʒanu:ban]

**جنوبي** south *adj* [ʒanu:bij]

**القارة القطبية الجنوبية**

[Al-'qarah al-'qoṭbeyah al-janoobeyah] *n* Antarctic

**القطب الجنوبي**

[Al-k'qotb al-janoobey] *n* South Pole

**شخص من أمريكا الجنوبية**

[Shakhṣ men amreeka al-janoobeyah] *n* South American

**قطبي جنوبي**

['qoṭbey janoobey] *adj* Antarctic

**كوريا الجنوبية**

[Korya al-janoobeyah] *n* South Korea

**جنون** madness *n* [ʒunu:n]

**جنية** fairy *n* [ʒinnija]

**جنين** foetus *n* [ʒani:n]

**جنيني** antenatal *adv* [ʒani:nijjun]

**جنيه** *n* [ʒunajh]

**جنيه استرليني**

[Jeneh esterleeney] *n* pound sterling

**جهاز** apparatus, gear *n* [ʒiha:z] *(equipment)*, appliance

**جهاز الرد الآلي**

[Jehaz al-rad al-aaly] *n* answerphone

**جهاز المناعة**

[Jehaz al-mana'aa] *n* immune system

**جهاز النداء الآلي**

[Jehaz al-nedaa al-aaley] *n* bleeper

**جهاز حفر**

[Jehaz hafr] *n* rig

**جهد** effort *n* [ʒuhd]

**جهد كهربي**

[Jahd kahrabey] *n* voltage

**بجهد شديد**

[la'qad nasyto jawaz safary] I've forgotten my passport
jeweller *n* [ʒawaːhirʒiː] **جواهرجي**
**محل جواهرجي**
[Maḥal jawaherjey] *n* jeweller's
quality *n* [ʒawda] **جودة**
judo *n* [ʒuːduː] **جودو**
stocking *n* [ʒawrab] **جورب**
**جورب قصير**
[Jawrab 'qaṣeer] *n* sock
Georgian *adj* [ʒuːrʒij] **جورجي**
**مواطن جورجي**
[Mowaṭen jorjey] *n* Georgian *(person)*
Georgia *(country)* *n* [ʒuːrʒjaː] **جورجيا**
**ولاية جورجيا**
[Welayat jorjeya] *n* Georgia *(US state)*
walnut *n* [ʒawz] **جوز**
**جامع الجوز**
[Jame'a al-jooz] *n* nutter
**حساسية الجوز**
[Hasaseyat al-joz] *n* nut allergy
nut *(food)* *n* [ʒawza] **جوزة**
**جوزة الهند**
[Jawzat al-hend] *n* coconut
hunger *n* [ʒuːʕ] **جوع**
starve *v* [ʒuːʕa] **جوع**
hungry *adj* [ʒawʕaːn] **جوعان**
choir *n* [ʒawqa] **جَوْقة**
jockey *n* [ʒuːkij] **جوكي**
tour *n* [ʒawla] **جولة**
**جولة إرشادية**
[Jawlah ershadeyah] *n* guided tour
*n* [ʒuːlf] **جولف**
**رياضة الجولف**
[Reyadat al-jolf] *n* golf
**ملعب الجولف**
[Mal'aab al-jolf] *n* golf course
**نادي الجولف**
[Nady al-jolf] *n* golf club *(game)*
**أين يمكنني أن ألعب الجولف؟**
[ayna yamken-any an al-'aab al-jolf?] Where can I play golf?
skirt *n* [ʒawnala] **جونلة**
**جونلة قصيرة**
[Jonelah 'qaṣeerah] *n* miniskirt
substance *n* [ʒawhar] **جوهر**
jewel *n* [ʒawhara] **جوهرة**
essential *adj* [ʒawharij] **جَوهَري**
air *adj* [ʒawwij] **جوي**
**ما المدة التي يستغرقها بالبريد الجوي؟**
[ma al-mudda al-laty yasta-ghru'qoha bil-bareed al-jaw-wy?] How long will it take by air?
*n* [ʒawijja] **جوية**
**أريد تغيير رحلتي الجوية**
[areed taghyeer reḥlaty al-jaw-wya] I'd like to change my flight
Guyana *n* [ʒujaːnaː] **جيانا**
pocket *n* [ʒajb] **جيب**
guitar *n* [ʒiːtaːr] **جيتار**
good, excellent *adj* [ʒajjid] **جيد**
**إنه جيد جدًا**
[inaho jayed jedan] It's quite good
**هل يوجد شواطئ جيدة قريبة من هنا؟**
[hal yujad shawaṭee jayida 'qareeba min huna?] Are there any good beaches near here?
well *adv* [ʒajjidan] **جيدًا**
**مذاقه ليس جيدًا**
[madha-'qaho laysa jay-edan] It doesn't taste very nice
**هل نمت جيدًا؟**
[hal nimt jayi-dan?] Did you sleep well?
lime *(compound)* *n* [ʒiːr] **جير**
*n* [ʒiːraːnjuːmi] **جيرانيوم**
**نبات الجيرانيوم**
[Nabat al-jeranyom] *n* geranium
army *n* [ʒajʃ] **جيش**
generation *n* [ʒiːl] **جيل**
jelly *n* [ʒiːliː] **جيلي**
*n* [ʒiːn] **جين**
**جين وراثي**
[Jeen werathey] *n* gene
*n* [ʒiːnz] **جينز**
**ملابس الجينز**
[Malabes al-jeenz] *npl* jeans
genetic *adj* [ʒiːnnij] **جيني**
geology *n* [ʒjuːluːʒjaː] **جيولوجيا**

# ح

**حائز** n [ħaːʔiz]

**الحائز على المرتبة الثانية**
[Al-ḥaez ala al-martabah al-thaneyah] *n* runner-up

**حائط** wall *n* [ħaːʔitˤ]

**ورق حائط**
[Wara'q ḥaet] *n* wallpaper

**حَاجّ** pilgrim *n* [ħaːʒʒ]

**حاجب** eyebrow, janitor *n* [ħaːʒib]

**حاجة** need *n* [ħaːʒa]

**حاجة ملحة**
[Hajah molehah] *n* demand

**إننا في حاجة إلى مفتاح آخر**
[ena-na fee ḥaja ela muftaaḥ aakhar] We need a second key

**أنا في حاجة إلى مكواة**
[ana fee ḥaja ela muk-wat] I need an iron

**نحن في حاجة إلى المزيد من المفارش**
[naḥno fee ḥaja ela al-mazeed min al-mafa-rish] We need more sheets

**حاجز** barrier *n* [ħaːʒiz]

**حاجز الأمواج**
[Hajez al-amwaj] *n* mole *(infiltrator)*

**حاجز الماء**
[Hajez al-maa] *n* jetty

**حاجز حجرى**
[Hajez hajarey] *n* kerb

**حاجز وضع التذاكر**
[Hajez wad'a al-tadhaker] *n* ticket barrier

**حاخام** rabbi *n* [ħaːxaːm]

**حاد** sharp *adj* [ħaːdd]

**حادث** accident *n* [ħaːdiθ]

**إدارة الحوادث والطوارئ**
[Edarat al-hawadeth wa-al-tawarea] *n* accident & emergency department

**تأمين ضد الحوادث**
[Taameen ḍed al-hawaadeth] *n* accident insurance

**تعرضت لحادث**
[ta'aar-ḍto le-ḥadith] I've had an accident

**لقد وقع لي حادث**
[la'qad wa'qa lee ḥadeth] I've been in an accident

**ماذا أفعل عند وقوع حادث؟**
[madha af'aal 'aenda wi-'qoo'a ḥadeth? ] What do I do if I have an accident?

**حادثة** *n* [ħaːdiθa]

**كانت هناك حادثة**
[kanat hunaka ḥadetha] There's been an accident!

**حار** hot *adj* [ħaːrr]

**فلفل أحمر حار**
[Felfel aḥmar ḥar] *n* chilli

**هذه الغرفة حارة أكثر من اللازم**
[hathy al-ghurfa ḥara ak-thar min al-laazim] The room is too hot

**حارب** fight *v* [ħaːraba]

**حارَة** *n* [ħaːra]

**أنت تسير في حارة غير صحيحة**
[Anta taseer fee ḥarah gheyr ṣaheehah] You are in the wrong lane

**حارس** guard *n* [ħaːris]

**حارس الأمن**
[Ḥares al-amn] *n* security guard

**حارس المرمى**
[Hares al-marma] *n* goalkeeper

**حارس شخصي**
[ḥares shakhṣ] *n* bodyguard

**حازم** strict *adj* [ħaːzim]

**حاسب** calculator, *n* [ħaːsib]

computer
**علوم الحاسب الآلي**
['aoloom al-ḥaseb al-aaly] *n* computer science
**استخدام الحاسب الآلي**
[Estekhdam al-haseb al-aaly] *n* computing
**حاسبة** *n* [ħaːsiba]
**آلة حاسبة**
[Aalah ḥasbah] *n* calculator
**آلة حاسبة للجيب**
[Alah haseba lel-jeeb] *n* pocket calculator
**حاسة** sense *n* [ħaːssa]
**حاسة السمع**
[Hasat al-sama'a] *n* audition
**حاسم** decisive *adj* [ħaːsim]
**غير حاسم**
[Gahyr hasem] *adj* indecisive
**حاشية** border *n* [ħaːʃijja]
**حاضر** *n* ◁ present *adj* [ħaːdˤir] present *(time being)*
**حاضر** lecture *v* [ħaːdˤara]
**حافة** edge *n* [ħaːffa]
**حافز** motive *n* [ħaːfiz]
**حافظ** guardian *n* [ħaːfizˤa]
**مادة حافظة**
[Madah ḥafeḍhah] *n* preservative
**حافظ** *v* [ħaːfazˤa]
**يُحافِظ على**
[Yoḥafez 'aala] *v* save
**حافظة** folder, wallet *n* [ħaːfizˤa]
**حافلة** carriage *(train)* *n* [ħaːfila]
**حاقد** spiteful *adj* [ħaːqid]
**حاكم** ruler *(commander)* *n* [ħaːkim]
**حاكم** judge *v* [ħaːkama]
**حال** situation *n* [ħaːl]
**على أي حال**
[Ala ay ḥal] *adv* anyway
**فى الحال**
[Fee al-hal] *adv* immediately
**هل يجب علي دفعها في الحال؟**
[hal yajib 'aala-ya daf'aa-ha fee al-ḥaal?] Do I have to pay it straightaway?
**هل يمكنك تصليحها في الحال؟**
[hal yamken -aka taṣlee-ḥaha fee al-ḥaal?] Can you do it straightaway?
**حالاً** readily *adv* [ħaːlaː]
**حالة** state, situation, *n* [ħaːla] condition
**الحالة الاجتماعية**
[Al-halah al-ejtemaayah] *n* marital status
**حالة طارئة**
[Ḥalah ṭareaa] *n* emergency
**حالة مزاجية**
[Halah mazajeyah] *n* mood
**حالي** current *adj* [ħaːlij]
**حاليا** currently *adv* [ħaːlijjan]
**حامض** sour *adj* [ħaːmidˤ]
**حامل** rack *n* [ħaːmil]
**حامل أسهم**
[Hamel ashom] *n* shareholder
**حامل حقائب السفر**
[Hamel ha'qaeb al-safar] *n* luggage rack
**حامل حقيبة الظهر**
[Hamel ha'qeebat al-ḍhahr] *n* backpacker
**حانة** pub *n* [ħaːna]
**صاحب حانة**
[Ṣaheb hanah] *n* publican
**حانوتي** undertaker *n* [ħaːnuːtij]
**حاول** attempt *v* [ħaːwala]
**حاوية** container *n* [ħaːwija]
**حب** love *n* [ħubb]
**حب الأطفال**
[Hob al-atfaal] *n* paedophile
**حب الشباب**
[Hob al-shabab] *n* acne
**حبار** squid *n* [ħabbaːr]
**حبة** grain, seed, tablet *n* [ħabba]
**حبة الحمص**
[Habat al-hommoṣ] *n* chickpea
**حبة نوم**
[Habit nawm] *n* sleeping pill
**حِبر** ink *n* [ħibr]
**حَبْس** prison *n* [ħabs]
**حَبك** knitting *n* [ħibk]
**حبل** cord, rope *n* [ħabl]
**الحبل الشوكي**
[Al-ḥabl alshawkey] *n* spinal cord

**حبل الغسيل**
[ḥ abl al-ghaseel] *n* washing line
pregnant *adj* [ħublaː] **حَبلى**
cereal *n* [ħubuːb] **حبوب**
**حبوب البن**
[Ḥobob al-bon] *n* coffee bean
darling *n* [ħabiːb] **حبيب**
*n* [ħabiːba] **حبيبة**
**حبيبات خشنة**
[Ḥobaybat khashabeyah] *npl* grit
ultimately *adv* [ħatmiːan] **حتمياً**
even *adv* [ħattaː] **حتى**
persuade *v* [ħaθθa] **حث**
refuse *n* [ħuθaːla] **حثالة**
veil, cover *n* [ħiʒaːb] **حجاب**
**حجاب واقى**
[Ḥejab wara'qey] *n* dashboard
**حجاب واق**
[Hejab wa'q] *n* shield
screen *v* [ħaʒaba] **حجب**
argument, document, pretext *n* [ħuʒʒa] **حجّة**
stone *n* [ħaʒar] **حجر**
**أحجار الدومينو**
[Ahjar al-domino] *npl* dominoes
**حجر رملي**
[Hajar ramley] *n* sandstone
**حجر الجرانيت**
[Ḥajar al-jraneet] *n* granite
**حجر الجير**
[Hajar al-jeer] *n* limestone
**حجر كريم**
[Ajar kareem] *n* gem
**حَجْر صحي**
[Ḥajar ṣeḥey] *n* quarantine
room *n* [ħuʒra] **حجرة**
**حجرة دراسية**
[Ḥojrat derasah] *n* classroom
**حجرة لحفظ المعاطف**
[Hojarah le-hefḍh al-ma'atef] *n* cloakroom
**هل هناك تدفئة بالحجرة**
[hal hunaka tad-fiaa bil-ḥijra?] Does the room have heating?
**هل يوجد وصلة إنترنت داخل الحجرة**
[hal yujad wṣlat internet dakhil al-ḥijra?] Is there an Internet connection in the room?
reservation *n* [ħaʒz] **حجز**
**حجز مقدم**
[Hajz mo'qadam] *n* advance booking
**لدي حجز**
[la-daya ḥajiz] I have a reservation
**لقد أكدت حجزي بخطاب**
[la'qad akad-to ḥajzi bekhẹ-ṭab] I confirmed my booking by letter
**هل يمكن أن أغير الحجز الذي قمت به؟**
[hal yamken an aghyir al-ḥajiz al-ladhy 'qumt behe?] Can I change my booking?
reserve *v* [ħʒiza] **حجز**
**أريد حجز غرفة لشخص واحد**
[areed ḥajiz ghurfa le-shakhiṣ waḥid] I'd like to book a double room, I'd like to book a single room
**أين يمكنني أن أحجز ملعبًا؟**
[ayna yamken-any an aḥjiz mal-'aaban?] Where can I book a court?
size, volume *n* [ħaʒm] **حجم**
*n* [ħuʒajra] **حُجَيْرَة**
**حُجَيْرَة الطيّار**
[Ḥojayrat al-ṭayar] *n* cockpit
boundary *n* [ħadd] **حد**
**حد أقصى**
[Had a'qsa] *n* maximum
mourning *n* [ħidaːd] **حداد**
event *n* [ħadaθ] **حدث**
**حدث عرضي**
[Hadth 'aradey] *n* incident
*v* [ħadaθa] **حدث**
**ماذا حدث**
[madha ḥadatha? ] What happened?
**من الذي يحدثني؟**
[min al-ladhy yoḥadi-thny?] Who am I talking to?
happen *v* [ħadaθa] **حدث**
specify *v* [ħaddada] **حدد**
intuition *n* [ħads] **حَدْس**
gaze *v* [ħaddaqa] **حدق**
**يُحَدِق بإمعان**
[Yoḥade'q be-em'aaan] *v* pry
occurrence *n* [ħuduːθ] **حدوث**

**حدوق** n [ħaddu:q]
**سمك الحدوق**
[Samak al-ḥadoo'q] n haddock
**حديث** recent adj [ħadi:θ]
**حديثاً** recently adv [ħadi:θan]
**حديثة** n [ħadi:θa]
**لغات حديثة**
[Loghat hadethah] npl modern languages
**حديد** iron n [ħadi:d]
**سكة حديد تحت الأرض**
[Sekah hadeed taht al-arḍ] n underground
**محل تاجر الحديد والأدوات المعدنية**
[Maḥal tajer alḥadeed wal-adwat al-ma'adaneyah] n ironmonger's
**حديدي** iron adj [ħadi:dijjat]
**قضبان السكة الحديدية**
['qoḍban al-sekah al-ḥadeedeyah] n rail
**حديقة** garden n [ħadi:qa]
**حديقة ألعاب**
[Hadee'qat al'aab] n theme park
**حديقة الحيوان**
[Hadee'qat al-hayawan] n zoo
**حديقة وطنية**
[Hadee'qah waṭaneyah] n national park
**حذاء** shoe n [ħiða:ʔ]
**حذاء عالي الساق**
[hedhaa 'aaley al-sa'q] n boot
**حذاء الباليه**
[hedhaa al-baleeh] npl ballet shoes
**حذاء برقبة**
[Hedhaa be-ra'qabah] npl wellingtons
**زوج أحذية رياضية**
[Zawj ahzeyah Reyaḍeyah] n sneakers
**هل يمكن إعادة تركيب كعب لهذا الحذاء؟**
[hal yamken e'aa-dat tarkeeb ka'ab le-hadha al-ḥedhaa?] Can you re-heel these shoes?
**هل يمكن تصليح هذا الحذاء؟**
[hal yamken taṣleeḥ hadha al-ḥedhaa?] Can you repair these shoes?
**حذر** cautious adj [ħaðir]
**بحذر**
[beḥadhar] adv cautiously

**توخي الحذر**
[ta-wakhy al-ḥadhar] Take care
**حذّر** warn v [ħaððara]
**حَذَر** caution n [ħaðar]
**حَذِر** careful adj [ħaðir]
**حذف** eliminate v [ħðefa]
**حذف** delete v [ħaðafa]
**حَذِق** cute adj [ħaðiq]
**حر** free *(no restraint)* adj [ħurr]
**شديد الحر**
[Shadeed al-har] adj sweltering
**يعمل بشكل حر**
[Ya'amal beshakl ḥor] adj freelance
**حُر** adj [ħurru]
**حُر المهنة**
[Ḥor al-mehnah] adj self-employed
**حرارة** heat n [ħara:ra]
**درجة الحرارة**
[Darajat al-haraarah] n temperature
**درجة حرارة سلزيوس**
[Darajat ḥararah selezyos] n degree Celsius
**درجة حرارة فهرنهايتي**
[Darjat hararh ferhrenhaytey] n degree Fahrenheit
**لا يمكنني النوم بسبب حرارة الغرفة**
[la yam-kinuni al-nawm be-sabab ḥararat al-ghurfa] I can't sleep because of the heat
**حرب** war n [ħarb]
**حرب أهلية**
[Ḥarb ahleyah] n civil war
**حرة** n [ħura]
**أين يوجد السوق الحرة؟**
[ayna tojad al-soo'q al-ḥorra?] Where is the duty-free shopping?
**حرث** plough vt [ħaraθa]
**حرد** sulk v [ħarada]
**حَرَّر** free v [ħarrara]
**حرَس** guard v [ħarasa]
**حرف** letter *(a, b, c)* n [ħarf]
**حرف ساكن**
[ḥarf saken] n consonant
**حرف عطف**
[Harf 'aatf] n conjunction
**حَرَّف** wrench v [ħarrafa]

craft *n* [ħirfa] **حرفة**
craftsman *n* [ħirafij] **حِرَفي**
literally *adv* [ħarfijjan] **حرفياً**
burn *n* [ħuriqa] **حرق**
burn *vt* [ħaraqa] **حرق**
burning *n* [ħurqa] **حرقة**
**حرقة في فم المعدة**
[Ḥor'qah fee fom al-ma'adah] *n* heartburn
shift *vt* [ħarraka] **حَرّك**
movement *n* [ħaraka] **حركة**
**حركة مفاجئة**
[Ḥarakah mofajeah] *n* hitch
*n* [ħaram] **حرم**
**الحرم الجامعي**
[Al-ḥaram al-jame'aey] *n* campus
*v* [ħarrama] **حرّم**
**يُحرِم شخصاً من الدخول**
[Yoḥrem shakhṣan men al-dokhool] *v* lock out
forbid *v* [ħarrama] **حَرّم**
freedom *n* [ħurrijja] **حرية**
silk *n* [ħari:r] **حرير**
sack *n* [ħari:q] **حريق**
**سُلَم النجاة من الحريق**
[Solam al-najah men al-ḥaree'q] *n* fire escape
**طفاية الحريق**
[Ṭafayat ḥaree'q] *n* fire extinguisher
belt *n* [ħiza:m] **حزام**
**حزام الأمان**
[Hezam al-aman] *n* safety belt
**حزام النجاة من الغرق**
[Hezam al-najah men al-ghar'q] *n* lifebelt
**حزام لحفظ المال**
[Hezam lehefḍh almal] *n* money belt
party *(group)* *n* [ħizb] **حزب**
*n* [ħuzam] **حزم**
**أنا في حاجة لحزم أمتعتي الآن**
[ana fee ḥaja le-ḥazem am-te-'aaty al-aan] I need to pack now
pack *vt* [ħazama] **حَزم**
bunch, parcel *n* [ħuzma] **حِزمة**
sorrow, sore *n* [ħuzn] **حُزن**
**بحُزن**
[Beḥozn] *adv* sadly
sad *adj* [ħazi:nu] **حزين**
sense, feeling *n* [ħiss] **حِس**
**الحِس العام**
[Al-ḥes al-'aaam] *n* common sense
soup *n* [ħasa:ʔ] **حساء**
**ما هو حساء اليوم؟**
[ma howa ḥasaa al-yawm?] What is the soup of the day?
account *(in bank)* *n* [ħisa:b] **حساب**
**رقم الحساب**
[Ra'qm al-hesab] *n* account number
**حساب جاري**
[Hesab tejarey] *n* current account
**حساب بنكي**
[Hesab bankey] *n* bank account, bank balance
**حساب مشترك**
[Hesab moshtarak] *n* joint account
**يخصم مباشرةً من حساب العميل**
[Yokhṣam mobasharatan men hesab al'ameel] *n* direct debit
**المشروبات على حسابي**
[al-mashro-baat 'ala ḥesaby] The drinks are on me
sensitive, sentimental *adj* [ħassa:s] **حساس**
**غير حساس**
[Ghayr hasas] *adj* insensitive
allergy *n* [ħasa:sijja] **حساسية**
**حساسية تجاه الفول السوداني**
[Hasaseyah tejah al-fool alsodaney] *n* peanut allergy
**حساسية الجوز**
[Hasaseyat al-joz] *n* nut allergy
reckon *v* [ħsaba] **حسب**
count *v* [ħasaba] **حسَب**
calculation *n* [ħusba:n] **حُسبان**
envy *n* [ħasad] **حسد**
envy *v* [ħasada] **حسد**
rebate *n* [ħasm] **حَسْم**
well *adj* [ħasan] **حَسَن**
**حسن الاطلاع**
[Hosn al-etela'a] *adj* knowledgeable
**حسن المظهر**
[Hosn al-maḍhar] *adj* good-looking

**حُسْن** [ħusn] *n* excellence, beauty
**حسن السلوك**
[Ḥasen al-solook] *adj* well-behaved
**حسن الأحوال**
[Hosn al-ahwaal] *adj* well-off
**حسن الدخل**
[Hosn al-dakhl] *adj* well-paid
**لحسن الطالع**
[Le-hosn alṭale'a] *adj* luckily
**حسناً** [ħasanan] *excl* okay!, OK!
**حسود** [ħasu:d] *adj* envious
**حسي** [ħissij] *adj* sensuous
**حشد** [ħaʃd] *n* crowd, presenter *(multitude)*
**حشرة** [ħaʃara] *n* insect
**الحشرة العصوية**
[Al-hasherah al-'aodwela] *n* stick insect
**حشرة صرار الليل**
[Hashrat ṣarar al-layl] *n* cricket *(insect)*
**حشرة القرادة**
[Hashrat al-'qaradah] *n* tick
**حشو** [ħaʃw] *n* filling
**لقد تآكل الحشو**
[la'qad ta-aa-kala al-ḥasho] A filling has fallen out
**هل يمكنك عمل حشو مؤقت؟**
[hal yamken -aka 'aamal ḥasho mo-a'qat?] Can you do a temporary filling?
**حشوة** [ħaʃwa] *n* stuffing
**حشي** [ħaʃeja] *vi* swot, charge *(electricity)*
**حشية** [ħiʃʃa] *n* mattress
**حشيش** [ħaʃi:ʃ] *n* cannabis
**حشيش مخدر**
[Hashesh mokhader] *n* marijuana
**حصاة** [ħasˤa:t] *n* pebble
**حصاة المرارة**
[Haṣat al-mararah] *n* gallstone
**حصاد** [ħasˤa:d] *n* harvest
**حصالة** [ħasˤsˤa:la] *n*
**حصالة على شكل خنزير**
[Ḥaṣalah ala shakl khenzeer] *n* piggybank
**حصان** [ħisˤa:n] *n* horse
**حصان خشبي هزاز**
[Heṣan khashabey hazaz] *n* rocking horse
**حدوة الحصان**
[Hedawat heṣan] *n* horseshoe
**حصبة** [ħasˤaba] *n* measles
**حصبة ألمانية**
[Haṣbah al-maneyah] *n* German measles
**حصة** [ħisˤsˤa] *n* portion
**حصد** [ħasˤada] *v* harvest
**حصل** [jaħsˤala] *v*
**يَحصُل على**
[ Tahṣol 'ala] *v* get
**هل يمكن أن أحصل على جدول المواعيد من فضلك؟**
[hal yamken an aḥṣal 'aala jadwal al-mawa-'aeed min faḍlak?] Can I have a timetable, please?
**حصن** [ħisˤn] *n* fort
**حصول** [ħusˤu:l] *n* acquisition
**أرغب في الحصول على خمسمائة...**
[Arghab fee al-ḥoṣol alaa khomsamah...] I'd like five hundred...
**أريد الحصول على أرخص البدائل**
[areed al-ḥuṣool 'aala arkhaṣ al-badaa-el] I'd like the cheapest option
**كيف يمكن لنا الحصول على التذاكر؟**
[kayfa yamkun lana al-ḥuṣool 'aala al-tadhaker?] Where can we get tickets?
**هل يمكنني استخدام بطاقتي للحصول على أموال نقدية؟**
[hal yamken -any esti-khdaam beṭa-'qatee lil-ḥiṣool 'aala amwaal na'qdiya?] Can I use my card to get cash?
**هل يمكنني الحصول على شوكة نظيفة من فضلك؟**
[hal yamken -any al-ḥuṣool 'aala shawka naḍhefa min faḍlak?] Could I have a clean fork please?
**حصى** [ħasˤa:] *n* gravel
**حضارة** [ħadˤa:ra] *n* civilization
**حضانة** [ħadˤa:na] *n* nursery
**حضانة أطفال**
[Haḍanat aṭfal] *n* crêche

party *(social gathering)* *n* [ħafla] **حفلة**
**حفلة عشاء**
[Ḥaflat 'aashaa] *n* dinner party
**حفلة موسيقية**
[Haflah mose'qeyah] *n* concert
grandchild *n* [ħafiːd] **حفيد**
granddaughter *n* [ħafiːda] **حفيدة**
right *n* [ħaq] **حق**
**حق الرفض**
[Ha'q al-rafḍ] *n* veto
**حق المرور**
[Ha'q al-moror] *n* right of way
**حقوق الإنسان**
[Ho'qoo'q al-ensan] *npl* human rights
**حقوق الطبع والنشر**
[Ho'qoo'q al-ṭab'a wal-nashr] *n* copyright
**حقوق مدنية**
[Ḥo'qoo'q madaneyah] *npl* civil rights
right *excl* ◁ indeed *adv* [ħaqqan] **حقاً**
*v* [ħaqada] **حقد**
**يَحْقِد على**
[yaḥ'qed 'alaa] *v* spite
achieve *v* [ħaqqaqa] **حقق**
field *n* [ħaql] **حقل**
**حقل النشاط**
[Ha'ql al-nashat] *n* career
**حقل للتجارب**
[Ha'ql lel-tajareb] *n* guinea pig *(for experiment)*
injection *n* [ħaqn] **حقن**
inject *v* [ħaqana] **حقن**
shot, syringe *n* [ħuqna] **حقنة**
**أحتاج إلى حقنة تيتانوس**
[aḥtaaj ela ḥe'qnat tetanus] I need a tetanus shot
law *npl* [ħuquːqun] **حقوق**
**كلية الحقوق**
[Kolayt al-ho'qooq] *n* law school
bag *n* [ħaqiːba] **حقيبة**
**حقيبة صغيرة**
[Ha'qeebah ṣagheerah] *n* bum bag
**حقيبة سرج الحصان**
[Ha'qeebat sarj al-hoṣan] *n* saddlebag
**حقيبة أوراق**
[Ha'qeebat awra'q] *n* portfolio

*n* [ħadˤr] **حضر**
**حضر التجول**
[haḍr al-tajawol] *n* curfew
*v* [ʔeħadˤara] **حضر**
**يَحضر حفل**
[Taḥḍar ḥafl] *v* party
attend, bring *v* [ħadˤdˤara] **حضّر**
lap *n* [ħudˤn] **حضن**
presence *n* [ħudˤuːr] **حضور**
wreckage *n* [ħutˤaːm] **حطام**
**سفينة محطمة**
[Safeenah mohaṭamah] *adj* shipwrecked
**حطام السفينة**
[Hoṭam al-safeenah] *n* shipwreck
**حُطام النيزك**
[Ḥoṭaam al-nayzak] *n* meteorite
wreck *v* [ħatˤama] **حطم**
luck *n* [ħazˤzˤ] **حظ**
**حظ سعيد**
[haḍh sa'aeed] *n* fortune
**لسوء الحظ**
[Le-soa al-haḍh] *adv* unfortunately
**لحسن الحظ**
[Le-hosn al-haḍh] *adv* fortunately
ban *n* [ħazˤr] **حظر**
prohibit *v* [ħazˤara] **حظر**
yard *(enclosure)* *n* [ħazˤiːra] **حظيرة**
digger *n* [ħaffaːr] **حفار**
dig *vt* [ħafara] **حفر**
hole *n* [ħufra] **حفرة**
**حفرة رملية**
[Hofrah ramleyah] *n* sandpit
prompt *v* [ħaffaza] **حَفز**
keep *vt* ◁ memorize *v* [ħafazˤa] **حفظ**
**يَحفَظ في ملف**
[yahfaḍh fee malaf] *v* file *(folder)*
gathering, event *n* [ħafl] **حفل**
**حفل راقص**
[Half ra'qeṣ] *n* ball *(dance)*
**أين يمكنني شراء تذاكر الحفل الغنائي؟**
[ayna yamken-any sheraa tadhaker al-ḥafil al-ghenaee?] Where can I buy tickets for the concert?
**نحن هنا لحضور حفل زفاف**
[naḥno huna le-ḥiḍor ḥafil zafaaf] We are here for a wedding

حقيبة أوراق جلدية
[Ha'qeebat awra'q jeldeyah] *n* briefcase
حقيبة الظهر
[Ha'qeebat al-ḍhahr] *n* rucksack
حقيبة للرحلات القصيرة
[Ha'qeebah lel-rahalat al-'qaṣeerah] *n* overnight bag
حقيبة للكتب المدرسية
[Ha'qeebah lel-kotob al-madraseyah] *n* satchel
حقيبة مبطنة
[Ha'qeebah mobaṭanah] *n* sponge bag
حقيبة ملابس تحمل على الظهر
[Ha'qeebat malabes tohmal 'aala al-ḍhahr] *n* rucksack
حقيبة من البوليثين
[Ha'qeebah men al-bolytheleyn] *n* polythene bag
حقيبة يد
[Ha'qeebat yad] *n* handbag
شكرًا لا أحتاج إلى حقيبة
[shukran la aḥtaj ela ḥa'qeba] I don't need a bag, thanks
من فضلك هل يمكنني الحصول على حقيبة أخرى؟
[min faḍlak hal yamkin-ani al-ḥuṣool 'aala ḥa'qeba okhra?] Can I have an extra bag, please?
حقير stingy *adj* [ħaqi:r]
حقيقة fact, truth *n* [ħaqi:qa]
حقيقي true *adj* [ħaqi:qij]
غير حقيقي
[Ghayer ha'qee'qey] *adj* unreal
حك scratching *n* [ħakka]
يتطلب الحك
[yataṭalab al-hak] *adj* itchy
حكّ rub *v* [ħakka]
حكاية tale *n* [ħika:ja]
إحدى حكايات الجان
[Aḥad ḥekayat al-jan] *n* fairytale
حكم *v* [ħakama]
يَحكم على
[Yaḥkom 'ala] *v* sentence
حَكَم umpire *n* [ħakam]
حَكَم مباريات رياضية
[Hosn almaḍhar] *n* referee

حُكم rule, sentence *n* [ħukm] (*punishment*)
حُكم المحلفين
[Hokm al-mohallefeen] *n* verdict
حُكْم ذاتي
[ḥokm ḍhatey] *n* autonomy
حِكمة wisdom *n* [ħikma]
حكومة government *n* [ħukuwamt]
موظف حكومة
[mowaḍhaf hokomah] *n* civil servant
حكومي *adj* [ħuku:mij] governmental
موظف حكومي
[mowaḍhaf ḥokomey] *n* servant
حكيم wise *adj* [ħaki:m]
غير حكيم
[Ghayer hakeem] *adj* unwise
حل solution *n* [ħall]
حل *v* [ħalla]
يَحل محل
[Taḥel maḥal] *v* substitute
حل work out *v* [ħalla]
حلاق shaving, barber *n* [ħalla:q]
ماكينة حلاقة
[Makeenat ḥelaqah] *npl* clippers
صالون حلاقة
[Ṣalon ḥelaqah] *n* hairdresser's
شفرة حلاقة
[Shafrat hela'qah] *n* razor blade
ماكينة حِلاقة
[Makenat ḥela'qa] *n* shaver
موسى الحلاقة
[Mosa alḥela'qah] *n* razor
حلب milk *v* [ħalaba]
حلبة rink *n* [ħalaba]
حلبة تزَلّج
[Ḥalabat tazaloj] *n* skating rink
حلبة السباق
[ḥ alabat seba'q] *n* racetrack
حلبة من الجليد الصناعي
[Ḥalabah men aljaleed alṣena'aey] *n* ice rink
حلزون snail *n* [ħalazu:n]
حلف swear *v* [ħalafa]
حلق shave *v* [ħalaqa]
حلقة round, circle, ring *n* [ħalaqa]

analyse v [ħallala] حلل
dream n [ħulm] حلم
dream v [ħalama] حلم
sweet *(taste)* *adj* [ħulw] حلو
sweet, toffee n [ħalwa:] حلوى
**حلوى البودينج**
[Ḥalwa al-boodenj] *n* sweet
**قائمة الحلوى من فضلك**
['qaemat al-ḥalwa min faḍlak] The dessert menu, please
sweets *npl* [ħalawija:tun] حلويات
milk n [ħali:b] حليب
**حليب منزوع الدسم**
[Haleeb manzoo'a al-dasam] *n* skimmed milk
**حليب نصف دسم**
[Haleeb nesf dasam] *n* semi-skimmed milk
**بالحليب دون خلطه**
[bil ḥaleeb doon khal-ṭuho] with the milk separate
ornament n [ħilijja] حلية
**حلية متدلية**
[Halabh motadaleyah] *n* pendant
ally n [ħali:f] حليف
shaved *adj* [ħali:q] حليق
**غير حليق**
[Ghayr ḥalee'q] *adj* unshaven
donkey n [ħima:r] حمار
**الحمار الوحشي**
[Al-hemar al-wahshey] *n* zebra
enthusiasm n [ħama:sa] حماسة
chickenpox n [ħumq] حُماق
braces, sling n [ħamma:la] حمالة
**حمالة ثياب**
[Hammalt theyab] *n* hanger
**حَمَّالة صَدر**
[Hammalat ṣadr] *n* bra
bath, loo, toilet n [ħamma:m] حمام
**بُرنس حمام**
[Bornos hammam] *n* dressing gown
**حمام بخار**
[Hammam bokhar] *n* sauna
**مستلزمات الحمام**
[Mostalzamat al-hammam] *npl* toiletries
**منشفة الحمام**
[Manshafah alḥammam] *n* bath towel
**يَأخُذ حمام شمس**
[yaakhoḍ hammam shams] *v* sunbathe
**الحمام تغمره المياه**
[al-ḥamaam taghmurho al-me-aa] The bathroom is flooded
**هل يوجد حمام خاص داخل الحجرة**
[hal yujad ḥamam khaṣ dakhil al-ḥujra?] Does the room have a private bathroom?
baths *npl* [ħamma:ma:tun] حمامات
pigeon n [ħama:ma] حمامة
protection n [ħima:ja] حماية
acid n [ħimdˤ] حمض
*adj* [ħimdˤijjat] حمضي
**أمطار حمضية**
[Amṭar ḥemdeyah] *n* acid rain
pregnancy n [ħaml] حمل
**عازل طبى لمنع الحمل**
['aazel ṭebey le-man'a al-haml] *n* condom
**حمل حقيبة الظهر**
[Hamal ha'qeebat al-ḍhahr] *n* backpacking
**منع الحمل**
[Man'a al-ḥml] *n* contraception
**مواد مانعة للحمل**
[Mawad mane'aah lel-haml] *n* contraceptive
download v [ħammala] حمل
carry vt [ħamala] حمل
lamb n [ħiml] حَمَل
pregnancy n [ħaml] حَمْل
load n [ħiml] حِمل
campaign n [ħamla] حملة
stare, v [ħamlaqa] حملق
glare (يسطع)
cargo n [ħumu:la] حُمولة
fever n [ħumma:] حمى
protect v [ħama:] حمى
close, intimate *adj* [ħami:m] حميم
n [ħinθ] حنث
**الحنث باليمين**
[Al-ḥanth bel-yameen] *n* perjury
throat n [ħanʒura] حنجرة
tap n [ħanafijja] حنفية

**حنون** affectionate, kind *adj* [ħanu:n]
**حنين** longing *adj* [ħani:n]
**حنين إلى الوطن**
[Ḥaneem ela al-waṭan] *adj* homesick
**حوار** dialogue *n* [ħiwa:ru]
**حوالة** *n* [ħawa:la]
**حوالة مالية**
[Ḥewala maleyah] *n* postal order
**حوالي** about *prep* [ħawa:laj]
**حَوّامَة** hovercraft *n* [ħawwa:ma]
**حوت** whale *n* [ħu:t]
**حور** poplar *n* [ħu:r]
**خشب الحور**
[Khashab al-ḥoor] *n* poplar, wood
**حورية** *n* [ħu:rijja]
**حورية الماء**
[Ḥooreyat al-maa] *n* mermaid
**حوض** basin, pool *n* [ħawdˤdˤ]
**حوض سمك**
[Hawḍ al-samak] *n* aquarium
**حوض استحمام**
[Hawḍ estehmam] *n* bathtub
**حوض السفن**
[Hawḍ al-sofon] *n* dock
**حوض الغسل**
[Hawḍ al-ghaseel] *n* washbasin
**حوض مرسى السفن**
[Hawḍ marsa al-sofon] *n* marina
**حوض منتج للنفط**
[Hawḍ montej lel-naft] *n* pool *(resources)*
**حوض نباتات**
[Hawḍ nabatat] *n* plant pot
**حَوض** pool *(water)* *n* [ħawdˤ]
**حَوض سباحة للأطفال**
[Ḥaeḍ sebaha lel-aṭfaal] *n* paddling pool
**حول** round *prep* [ħawla]
**حوّل** *v* [ħawwala]
**يَحْول عَيْنَه**
[Yoḥawel aynah] *v* squint
**حَوّل** switch *v* [ħawwala]
**حي** live *adj* [ħajj]
**حي الفقراء**
[Hay al-fo'qraa] *n* slum
**حياة** life *n* [ħaja:t]
**على قيد الحياة**
[Ala 'qayd al-hayah] *adj* alive
**حياة برية**
[Hayah bareyah] *n* wildlife
**مُنقذ للحياة**
[Mon'qedh lel-ḥayah] *adj* life-saving
**نمط حياة**
[Namaṭ hayah] *n* lifestyle
**حيادي** neutral *n* [ħija:dij]
**حيازة** possession *n* [ħija:za]
**حيث** where *conj* [ħajθu]
**حيث أن**
[Hayth ann] *adv* as, because
**حيثما** everywhere *adv* [ħajθuma:]
**حيطة** precaution *n* [ħi:tˤa]
**حيوان** animal *n* [ħajawa:n]
**حيوان أليف**
[Ḥayawaan aleef] *n* pet
**حيوان الغُرَير**
[Ḥayawaan al-ghoreer] *n* badger
**حيوان الهمستر**
[Heyawaan al-hemester] *n* hamster
**حيوي** vital *adj* [ħajawij]
**مضاد حيوي**
[Moḍad ḥayawey] *n* antibiotic
**حيوية** zip *n* [ħajawijja]

# خ

**خائر** [xaːʔir] *adj* excellent
**خائر القوى**
[Khaaer al-'qowa] *adj* faint
**خائف** [xaːʔif] *adj* afraid, apprehensive, scared
**خائف من الأماكن المغلقة**
[Khaef men al-amaken al-moghla'ah] *adj* claustrophobic
**خائن** [xaːʔin] *adj* unfaithful
**خاتم** [xaːtam] *n* ring
**خاتم الخطوبة**
[Khatem al-khotobah] *n* engagement ring
**خاتم البريد**
[Khatem al-bareed] *n* postmark
**خاتم الزواج**
[Khatem al-zawaj] *n* wedding ring
**خاتمة** [xaːtima] *n* conclusion
**خادم** [xaːdim] *n* server *(person)*, servant
**خادمة** [xaːdima] *n* maid
**خادمة في فندق**
[Khademah fee fodo'q] *n* maid
**خارج** [xaːriʒ] *n* outside
**خارج النطاق المُحَدد**
[Kharej al-neta'q al-mohadad] *adv* offside
**بالخارج**
[Bel-kharej] *adv* abroad
**خارجاً** [xaːriʒan] *adv* out, outside
**خارجي** [xaːriʒij] *adj* exterior, outside
**أريد إجراء مكالمة خارجية، هل يمكن أن تحول لي أحد الخطوط؟**
[areed ejraa mukalama kharij-iya, hal yamkin an it-ḥawil le aḥad al-khiṭooṭ?] I want to make an outside call, can I have a line?
**خارطة** [xaːritˤatu] *n* map, chart
**خارطة الشارع**
[khareṭat al-share'a] *n* street map
**خارق** [xaːriq] *adj* out-of-the-ordinary
**خارق للطبيعة**
[Khare'q lel-ṭabe'aah] *adj* supernatural
**خازوق** [xaːzuːq] *n* pole
**خاص** [xaːsˤsˤ] *adj* special
**عرض خاص**
['aarḍ khaṣ] *n* special offer
**خاصة** [xaːsˤsˤatan] *adv* specially
**خاط** [xaːtˤa] *v* sew
**خاطئ** [xaːtˤiʔ] *adj* incorrect, wrong
**على نحو خاطئ**
[Ala nahwen khaṭea] *adv* wrong
**خاطر** [xaːtˤir] *n* thought, wish
**عن طيب خاطر**
[An ṭeeb khaṭer] *adv* willingly
**خاطف** [xaːtˤif] *adj* momentary
**خاف** [xaːfa] *v* fear
**خالٍ** [xaːlin] *adj* empty
**خال** [xaːl] *n* mole *(skin)*
**خالد** [xaːlid] *adj* eternal
**خالي** [xaːliː] *adj* free (of)
**خالي من الرصاص**
[Khaley men al-raṣaṣ] *adj* lead-free
**هل توجد أطباق خالية من الجلوتين؟**
[hal tojad aṭba'q khaleya min al-jiloteen?] Do you have gluten-free dishes?
**هل توجد أطباق خالية من منتجات الألبان؟**
[hal tojad aṭba'q khaleya min munta-jaat al-albaan?] Do you have dairy-free dishes?
**هل يمكن إعداد وجبة خالية من**

الجلوتين؟
[hal yamken e'adad wajba khaliya min al-jilo-teen?] Could you prepare a meal without gluten?
**خام** raw *adj* [xaːm]
**خامة** *n* [xaːma]
**ماهي خامة؟**
[ma heya khamat al-ṣuni'a?] What is the material?
**خامس** fifth *adj* [xaːmis]
**خان** inn *n* [xaːna]
**خان** betray *v* [xaːna]
**خانق** stifling *adj* [xaːniq]
**خبّ** *v* [xabba]
**يَخِبُّ الفَرَس**
[Yakheb al-faras] *v* trot
**خباز** baker *n* [xabbaːz]
**خبرة** experience *n* [xibra]
**خبرة العمل**
[Khebrat al'aamal] *n* work experience
**قليل الخبرة**
['qaleel al-khebrah] *adj* inexperienced
**خبز** bread, baking *n* [xubz]
**خبز أسمر**
[Khobz asmar] *n* brown bread
**خبز محمص**
[Khobz mohammṣ] *n* toast *(grilled bread)*
**خبز ملفوف**
[Khobz malfoof] *n* roll
**كِسْرة خبز**
[Kesrat khobz] *n* crumb
**محمصة خبز كهربائية**
[Mohamaṣat khobz kahrobaeyah] *n* toaster
**من فضلك أحضر لي المزيد من الخبز**
[min faḍlak iḥḍir lee al-mazeed min al-khibz] Please bring more bread
**هل تريد بعض الخبز؟**
[hal tureed ba'aḍ al-khubz?] Would you like some bread?
**خبز** bake *v* [xabaza]
**خبل** mad *(insane) adj* [xabil]
**خبيث** malicious, *adj* [xabiːθ] malignant
**خبير** expert *n* [xabiːr]
**ختم** seal *v* [xatama]
**ختم** seal *(mark) n* [xitm]
**خجلان** ashamed *n* [xaʒlaːn]
**خجول** self-conscious *adj* [xaʒuːl]
**خد** cheek *n* [xadd]
**خِدَاع** scam *n* [xidaːʕ]
**خَدِر** numb *adj* [xadir]
**خدش** scratch *n* [xudʃu]
**خدش** scratch *v* [xadaʃa]
**خدَع** bluff, kid *v* [xadaʕa]
**خدعة** trick *n* [xudʕa]
**خدم** serve *v* [xadama]
**خدمة** service *n* [xidma]
**خدمة رسائل الوسائط المتعددة**
[Khedmat rasael al-wasaaeṭ almota'aadedah] *n* MMS
**خدمة سرية**
[Khedmah serreyah] *n* secret service
**خدمة الغرف**
[Khedmat al-ghoraf] *n* room service
**خدمة ذاتية**
[Khedmah ḍateyah] *n* self-service, self-catering *(lodging)*
**مدة خدمة**
[Modat khedmah] *n* serve
**محطة الخدمة**
[Mahaṭat al-khedmah] *n* service station
**أريد في تقديم شكاوى بشأن الخدمة**
[areed ta'q-deem shakawee be-shan al-khedma] I want to complain about the service
**أي الصيدليات تقدم خدمة الطوارئ؟**
[ay al-ṣyda-lyaat to'qadem khidmat al-ṭawa-ree] Which pharmacy provides emergency service?
**كانت الخدمة سيئة للغاية**
[kanat il-khidma say-ia el-ghaya] The service was terrible
**هل هناك مصاريف للحصول على الخدمة؟**
[Hal honak maṣareef lel-ḥoṣol ala al-khedmah] Is there a charge for the service?
**خديعة** bluff *n* [xadiːʕa]
**خراب** ruin, wreck *n* [xaraːb]
**خراج** abscess *n* [xuraːʒ]
**أعاني من وجود خراج**

[o-'aany min wijood khuraaj] I have an abscess

**خُرَّاج** abscess *n* [xurra:ʒ]

**خرافي** superstitious *n* [xura:fij]

**خرّب** sabotage *v* [xxarraba]

**خرّب** *v* [xarraba]

**يُخرِب الممتلكات العامة والخاصة عن عمد**
[Yokhareb al-momtalakat al-'aaamah 'an 'amd] *v* vandalize

**خربش** scribble *v* [xarbaʃa]

**خرج** *v* [xraʒa]

**متى سيخرج من المستشفى؟**
[mata sa-yakhruj min al-mus-tashfa?] When will he be discharged?

**خرج** get out *v* [xaraʒa]

**خرخر** purr *v* [xarxara]

**خردة** junk *n* [xurda]

**خردل** mustard *n* [xardal]

**خرزة** bead *n* [xurza]

**خرشوف** artichoke *n* [xarʃu:f]

**خرصانة** concrete *n* [xarasˤa:na]

**خرطوشة** cartridge *n* [xartˤu:ʃa]

**خرطوم** hose *n* [xurtˤu:m]

**خرطوم المياه**
[Kharṭoom al-meyah] *n* hosepipe

**خرق** pierce *v* [xaraqa]

**خرقة** rag *n* [xirqa]

**خرّم** punch *v* [xarrama]

**خروج** way out, departure *n* [xuru:ʒ]

**أين يوجد باب الخروج؟**
[ayna yujad bab al-khorooj?] Where is the exit?

**خروف** sheep *n* [xaru:f]

**صوف الخروف**
[Ṣoof al-kharoof] *n* fleece

**خريج** graduate *n* [xirri:ʒ]

**خريطة** map *n* [xari:tˤa]

**خريطة البروج**
[khareeṭat al-brooj] *n* horoscope

**خريطة الطريق**
[Khareeṭat al-ṭaree'q] *n* road map

**أريد خريطة الطريق لـ...**
[areed khareeṭat al-ṭaree'q le...] I need a road map of...

**أين يمكن أن أشتري خريطة للمنطقة؟**
[ayna yamken an ash-tary khareeṭa lil-manṭa'qa?] Where can I buy a map of the region?

**هل لديكم خريطة لمحطات المترو؟**
[hal ladykum khareeṭa le-muḥaṭ-aat al-metro?] Do you have a map of the tube?

**هل يمكن أن أري مكانه على الخريطة؟**
[Hal yomken an ara makanah ala al-khareeṭah] Can you show me where it is on the map?

**هل يمكنني الحصول على خريطة المترو من فضلك؟**
[hal yamken -any al-ḥuṣool 'aala khareeṭat al-mitro min faḍlak?] Could I have a map of the tube, please?

**هل يوجد لديك خريطة... ؟**
[hal yujad ladyka khareeṭa...?] Have you got a map of...?

**خريف** *n* [xari:f]

**الخريف**
[Al-khareef] *n* autumn

**خزان** reservoir *n* [xazza:nu]

**خزان بنزين**
[Khazan benzeen] *n* petrol tank

**خزانة** safe, closet, cabinet *n* [xiza:na]

**خزانة الأمتعة المتروكة**
[Khezanat al-amte'ah al-matrookah] *n* left-luggage locker

**خزانة الثياب**
[Khezanat al-theyab] *n* wardrobe

**خزانة بقفل**
[Khezanah be-'qefl] *n* locker

**خزانة كتب**
[Khezanat kotob] *n* bookcase

**خزانة للأطباق والكؤوس**
[Khezanah lel aṭba'q wal-koos] *n* cupboard

**خزانة ملابس بأدراج**
[Khezanat malabes be-adraj] *n* chest of drawers

**خزفي** ceramic *adj* [xazafij]

**خزن** stock *v* [xazana]

**خزّن** store *v* [xazzana]

**خزي** shame *n* [xizj]

**خزينة** safe *n* [xazi:na]

أريد أن أضع مجوهراتي في الخزينة
[areed an aḍa'a mujaw-haraty fee al-khazeena] I would like to put my jewellery in the safe
ضع هذا في الخزينة من فضلك
[ḍa'a hadha fee al-khazena, min faḍlak] Put that in the safe, please
lettuce n [xussu] خَش
loss n [xasa:ra] خسارة
lose vt [xasara] خسر
rubbish adj [xasi:s] خسيس
wood (material) n [xaʃab] خشب
خشب أبلكاج
[Khashab ablakaj] n plywood
n [xaʃabatu] خشبة
خشبة المسرح
[Khashabat al-masrah] n stage
wooden adj [xaʃabij] خشبي
poppy n [xaʃxa:ʃ] خشخاش
n [xaʃxi:ʃa] خشخيشة
خشخيشة الأطفال
[Khashkheeshat al-aṭfaal] n rattle
harsh, rough adj [xaʃin] خشن
belong v [xasˤsˤa] خص
fertile adj [xisˤb] خِصب
waist n [xasˤr] خَصر
privatize v [xasˤsˤasˤa] خصخص
n [xusˤla] خُصلة
خُصلة شعر
[Khoṣlat sha'ar] n lock (hair)
discount n [xasˤm] خصم
خصم للطلاب
[Khaṣm lel-ṭolab] n student discount
هل يتم قبول بطاقات الخصم؟
[hal yatum 'qubool be-ṭa'qaat al-khaṣim?] Do you take debit cards?
adversary, opponent, rival n [xasˤm] خَصْم
n [xusˤu:sˤ] خصوص
على وجه الخصوص
[Ala wajh al-khoṣoṣ] adv particularly
especially adv [xusˤwusˤan] خصوصاً
private adj [xusˤu:sˤij] خصوصي
testicle n [xisˤja] خصية
vegetable n [xudˤa:r] خضار
vegetables npl [xudˤar] خضر

متجر الخضر والفاكهة
[Matjar al-khoḍar wal-fakehah] n greengrocer's
queue n [xatˤtˤu] خط
إشارة إنشغال الخط
[Esharat ensheghal al-khat] n engaged tone
خط أنابيب
[Khaṭ anabeeb] n pipeline
خط التماس
[Khaṭ al-tamas] n touchline
خط الاستواء
[Khaṭ al-estwaa] n equator
خط طول
[Khaṭ ṭool] n longitude
ما هو الخط الذي يجب أن أستقله؟
[ma howa al-khaṭ al-lathy yajeb an asta'qil-uho?] Which line should I take for...?
mistake n [xatˤa] خطأ
رقم خطأ
[Ra'qam khaṭaa] n wrong number
خطأ فادح
[Khata fadeh] n blunder
خطأ مطبعي
[Khata matba'aey] n misprint
letter, message, speech, address n [xitˤa:b] خطاب
أريد أن أرسل هذا الخطاب
[areed an arsil hadha al-kheṭab] I'd like to send this letter
crook n [xutˤa:f] خُطاف
speech n [xutˤba] خُطبة
scheme n [xutˤtˤa] خطة
danger n [xatˤar] خطر
هل يوجد خطر من وجود الكتلة الجليدية المنحدرة؟
[hal yujad khatar min wijood al-kutla al-jalee-diya al-muḥadera?] Is there a danger of avalanches?
abduct v [xatˤafa] خطف
step n [xutˤwa] خطوة
sin n [xatˤi:ʔa] خطيئة
fiancé n [xatˤi:b] خطيب
fiancée n [xatˤi:ba] خطيبة
dangerous adj [xatˤi:r] خطير

خَلَنج [xalnaʒ] n
نبات الخَلَنج
[Nabat al-khalnaj] n heather
خُفاش [xuffa:ʃ] n bat (mammal)
خفر [xafar] n guard
خفر السواحل
[Khafar al-ṣawaḥel] n coastguard
خَفَض [xaffadˤa] v reduce
خفف [xafaffa] v dilute, relieve
خفق [xafaqa] v throb
خفي [xafij] adj hidden
خفيف [xafi:f] adj light (not dark), light (not heavy)
خل [xall] n vinegar
خلاصة [xula:sˤa] n summary
خلاصة بحث أو منهج دراسي
[Kholaṣat bahth aw manhaj derasey] n syllabus
خلاط [xala:atˤ] n mixer
خلاط كهربائي
[Khalaṭ kahrabaey] n liquidizer
خلاف [xila:f] n contrast, difference
بخلاف
[Be-khelaf] prep apart from
خلاق [xalla:q] adj creative
خلال [xila:la] prep through
خلال ذلك
[Khelal dhalek] adv meanwhile
خلط [xalatˤa] v mix up
خلع [xalaʕa] v
يَخلع ملابسه
[Yakhla'a malabesh], take off
خلف [xalfa] adv behind
للخلف
[Lel-khalf] adv backwards
خلفي [xalfij] adj rear
متجه خلفاً
[Motajeh khalfan] adj back
خلفية [xalfijja] n background
خلل [xallala] v marinade
خلود [xulu:d] n eternity
خلول [xulu:l] n
أم الخلول
[Om al-kholool] n mussel
خلوي [xalawij] adj outdoor
خلية [xalijja] n cell
خليج [xali:ʒ] n bay
دُوَل الخليج العربي
[Dowel al-khaleej al'arabey] npl Gulf States
خليط [xali:tˤ] n mixture
خليلة [xali:la] n mistress
خمار [xima:r] n veil
خماسي [xuma:sij] adj five-part
مباراة خماسية
[Mobarah khomaseyah] n pentathlon
خمد [xamada] v stub out
خمر [xamr] n wine
خَمر الشِري
[Khamr alsherey] n sherry
خَمر الطعام
[Khamr al-ṭa'aam] n table wine
هذا الخمر ليس مثلج
[hatha al-khamur lysa muthal-laj] This wine is not chilled
هذه البقعة بقعة خمر
[hathy al-bu'q-'aa bu'q-'aat khamur] This stain is wine
خَمْسة [xamsatun] number five
خَمْسة عشر [xamsata ʕaʃar] number fifteen
خَمْسُون [xamsu:na] number fifty
خمّن [xammana] v guess
خَمِيرَة [xami:ra] n yeast
خَنْدق [xandaq] n trench
خَنْدَق مائي
[Khanda'q maaey] n moat
خنزير [xinzi:r] n pig
خنزير غينيا
[Khnzeer ghemyah] n guinea pig (rodent)
فخذ الخنزير المدخن
[Fakhdh al-khenzeer al-modakhan] n ham
لحم خنزير
[Lahm al-khenzeer] n pork
لحم خنزير مقدد
[Laḥm khanzeer me'qaded] n bacon
خُنفساء [xunfusa:ʔ] n beetle
خُنفَساء الدَعْسُوقة
[Khonfesaa al-da'aso'qah] n ladybird
خنق [xanaqa] v strangle, suffocate

خُوخ [xu:x] n nectarine, peach
خوذة [xuwða] n helmet
هل يمكن أن أحصل على خوذة؟
[hal yamken an aḥṣal 'aala khoo-dha?] Can I have a helmet?
خوف [xawf] n fear
خوف مرضي
[Khawf maraḍey] n phobia
خوّف [xawwafa] v intimidate
خِيَار [xija:r] n cucumber, option
خَيَّاط [xajja:tˤ] n tailor
خياطة [xija:tˤa] n sewing
ماكينة خياطة
[Makenat kheyaṭah] n sewing machine
خِيَاطة [xaja:tˤa] n sewing
خَيال [xaja:l] n imagination
خيال علمي
[Khayal 'aelmey] n science fiction
خيال الظِل
[Khayal al-ḍhel] n scarecrow
خَيَالِي [xaja:lij] adj fantastic
خيب [xajba] n
خيبة الأمل
[Khaybat al-amal] n disappointment
خيّب [xajjaba] v disappoint
خير [xajr] adj good
بخير، شكرا
[be-khair, shukran] Fine, thanks
خَيْزَرَان [xajzura:n] n bamboo
خيط [xajatˤa] v
يُخيط تماما
[Yokhayeṭ tamaman] v sew up
خَيْط [xajtˤ] n thread
خَيْط تنظيف الأسنان
[Khayṭ tandheef al-asnan] n dental floss
خيل [xajl] n horse
ركوب الخيل
[Rekoob al-khayl] n horse riding
دوامة الخيل
[Dawamat al-kheel] n merry-go-round
أود أن أشاهد سباقًا للخيول؟
[awid an oshahed seba'qan lil-khiyool] I'd like to see a horse race
أود أن أقوم بنزهة على ظهر الخيول؟
[awid an a'qoom be-nozha 'aala ḍhahir al-khiyool] I'd like to go pony trekking
هيا نذهب لركوب الخيل
[hya nadhhab le-rikoob al-khayl] Let's go horse riding
خيم [xajjama] v camp
خيمة [xajma] n tent
عمود الخيمة
['amood al-kheemah] n tent pole
نريد موقع لنصب الخيمة
[nureed maw'qi'a le-naṣib al-khyma] We'd like a site for a tent
هل يمكن أن ننصب خيمتنا هنا؟
[Hal yomken an nansob khaymatna hona?] Can we pitch our tent here?

# د

**داء** illness *n* [da:ʔ]

**داء البواسير**
[Daa al-bawaseer] *n* piles

**داء الكلب**
[Daa al-kalb] *n* rabies

**دائرة** circle, round *(series)* *n* [da:ʔira]

**دائرة تلفزيونية مغلقة**
[Daerah telefezyoneyah moghla'qa] *n* CCTV

**دائرة البروج**
[Dayrat al-boroj] *n* zodiac

**دائرة انتخابية**
[Daaera entekhabeyah] *n* constituency, precinct

**دائرة من مدينة**
[Dayrah men madeenah] *n* ward *(area)*

**الدائرة القطبية الشمالية**
[Al-daerah al'qoṭbeyah al-Shamaleyah] *n* Arctic Circle

**دائري** circular *adj* [da:ʔirij]

**طريق دائري**
[Ṭaree'q dayery] *n* ring road

**دائم** permanent *adj* [da:ʔim]

**بشكل دائم**
[Beshakl daaem] *adv* permanently

**دائما** always *adv* [da:ʔiman]

**دَاخِل** inside *n* [da:xila]

**دَاخِل** interior *n* [da:xil]

**داخلًا** inside *adv* [da:xila:]

**داخلي** domestic, indoor, *adj* [da:xilij] internal

**أنبوب داخلي**
[Anboob dakheley] *n* inner tube

**تلميذ داخلي**
[telmeedh dakhely] *n* boarder

**لباس داخلي**
[Lebas dakhely] *n* panties

**مدرسة داخلية**
[Madrasah dakheleyah] *n* boarding school

**ملابس داخلية**
[Malabes dakheleyah] *n* underwear

**مُصَمِم داخلي**
[Moṣamem dakheley] *n* interior designer

**نظام الاتصال الداخلي**
[nedhaam aleteṣaal aldakheley] *n* intercom

**ما الأنشطة الرياضية الداخلية المتاحة؟**
[ma al-anshiṭa al-reyaḍya al-dakhiliya al-mutaḥa?] What indoor activities are there?

**داخلياً** indoors *adv* [da:xilijjan]

**دار** house, building *n* [da:r]

**دار سك العملة**
[Daar ṣaak al'aomlah] *n* mint *(coins)*

**دار ضيافة**
[Dar eḍafeyah] *n* guesthouse

**دار البلدية**
[Dar al-baladeyah] *n* town hall

**دار الشباب**
[Dar al-shabab] *n* youth hostel

**دار المجلس التشريعى**
[Dar al-majles al-tashre'aey] *n* council house

**ماذا يعرض الآن في دار الأوبرا؟**
[madha yu'a-raḍ al-aan fee daar al-obera?] What's on tonight at the opera?

**دارة** circuit *n* [da:ra]

**داس** stamp *vt* ◁ step on *v* [da:sa]

**دافئ** warm *adj* [da:fiʔ]

**دافع** *n* [da:fiʕ]

**دافع الضرائب**
[Daafe'a al-ḍarayeb] *n* tax payer
defend *v* [da:faʕa] **دافع**
Danish *adj* [da:nma:rkij] **دانماركي**
Dane *n* ◁
*adj* [da:nmarkijjat] **دانمركي**
**اللغة الدانمركية**
[Al-loghah al-danmarkeyah] *(language) n* Danish
bear *n* [dubb] **دُبّ**
**دب تيدي بير**
[Dob tedey beer] *n* teddy bear
tank *(combat vehicle) n* [dabba:ba] **دبابة**
stapler *n* [dabba:sa] **دَبّاسَة**
*v* [dabbasa] **دَبّس**
**يُدَبِّس الأوراق**
[Yodabes al-wra'q] *v* staple
*n* [dibs] **دِبْس**
**دِبس السكر**
[Debs al-sokor] *n* treacle
diploma *n* [diblu:ma:] **دبلوما**
*adj* [diblu:ma:sij] **دبلوماسي**
diplomatic
diplomat *n* ◁
wasp *n* [dabu:r] **دبور**
pin *n* [dabbu:s] **دبوس**
**دبوس أمان**
[Daboos aman] *n* safety pin
**دبوس تثبيت اللوائح**
[Daboos tathbeet al-lawaeh] *n* drawing pin
**دبوس شعر**
[Daboos sha'ar] *n* hairgrip
**أحتاج إلى دبوس آمن**
[aḥtaaj ela dub-boos aamin] I need a safety pin
thrush *n* [duʒʒ] **دُجّ**
hen, chicken *n* [daʒa:ʒa] **دجاجة**
juggler *n* [daʒʒa:l] **دَجّال**
smoke *n* [duxa:n] **دخان**
**كاشف الدُخان**
[Kashef al-dokhan] *n* smoke alarm
**هناك رائحة دخان بغرفتي**
[hunaka ra-eḥa dukhaan be-ghurfaty] My room smells of smoke
income *n* [daxl] **دخل**

**ضريبة دخل**
[Ḍareebat dakhl] *n* income tax
access, come in *v* [daxala] **دِخل**
income *n* [daxla] **دَخل**
*v* [daxxin] **دخن**
**أين يمكن أن أدخن؟**
[ayna yamken an adakhin?] Where can I smoke?
**هل أنت ممن يدخنون؟**
[hal anta me-man yoda-khinoon?] Do you smoke?
smoke *v* [daxana] **دخّن**
entry (مادة) *n* [duxu:l] **دخول**
**رَسْم الدخول**
[Rasm al-dokhool] *n* entrance fee
**يَسمَح بالدخول**
[Yasmaḥ bel-dokhool] *v* admit *(allow in)*
exotic, alien *adj* [daxi:l] **دِخيل**
banister *n* [dara:bizi:n] **دَرابزين**
*npl* [dara:bzi:na:tun] **درابزينات**
railings
cycle *n* [darra:ʒa] **دراجة**
**راكب الدراجة**
[Rakeb al-darrajah] *n* cyclist
**دراجة ترادفية**
[Darrajah tradofeyah] *n* tandem
**دراجة آلية**
[darrajah aaleyah] *n* moped
**دراجة الرجْل**
[Darrajat al-rejl] *n* scooter
**دراجة الجبال**
[Darrajah al-jebal] *n* mountain bike
**دراجة بخارية**
[Darrajah bokhareyah] *n* cycle *(bike)*
**دراجة بمحرك**
[Darrajah be-moharrek] *n* motorbike
**دراجة نارية**
[Darrajah narreyah] *n* motorcycle
**دراجة هوائية**
[Darrajah hawaeyah] *n* bike
**منفاخ دراجة**
[Monfakh draajah] *n* bicycle pump
study *n* [dira:sa] **دراسة**
**دراسة السوق**
[Derasat al-soo'q] *n* market research
**لا زلت في الدراسة**

[la zilto fee al-deraasa] I'm still studying
academic *adj* [dira:sij] **دراسي**
**عام دراسي**
['aam derasey] *n* academic year
**حجرة دراسية**
[Hojrat derasah] *n* classroom
**كتاب دراسي**
[Ketab derasey] *n* textbook
**منهج دراسى**
[Manhaj derasey] *n* curriculum
drama *n* [dra:ma:] **دراما**
dramatic *adj* [dra:mij] **درامي**
driveway *n* [darb] **درب**
train *vt* [darraba] **دَرَّب**
staircase *n* [daraʒ] **دَرَج**
drawer *n* [durʒ] **دُرج**
**دُرج الأسطوانات المدمجة**
[Dorj al-esṭewanaat al-modmajah] *n* CD-ROM
**دُرج العربة**
[Dorj al-'aarabah] *n* glove compartment
**دُرج النقود**
[Dorj al-no'qood] *n* till
degree, class *n* [daraʒa] **درجة**
**إلى درجة فائقة**
[Ela darajah fae'qah] *adv* extra
**درجة رجال الأعمال**
[Darajat rejal ala'amal] *n* business class
**درجة سياحية**
[Darjah seyaḥeyah] *n* economy class
**درجة أولى**
[Darajah aula] *adj* first-class
**درجة ثانية**
[Darajah thaneyah] *n* second class
**درجة الباب**
[Darajat al-bab] *n* doorstep
**درجة الحرارة**
[Darajat al-haraarah] *n* temperature
**درجة حرارة سلزيوس**
[Darajat ḥararah selezyos] *n* degree Celsius
**درجة حرارة فهرنهايتي**
[Darjat hararh ferhrenhaytey] *n* degree Fahrenheit
**درجة حرارة مئوية**
[Draajat ḥaraarah meaweyah] *n* degree centigrade
**بدرجة أقل**
[Be-darajah a'qal] *adv* less
**بدرجة أكبر**
[Be-darajah akbar] *adv* more
**بدرجة كبيرة**
[Be-darajah kabeerah] *adv* largely
**من الدرجة الثانية**
[Men al-darajah althaneyah] *adj* second-rate
elm *n* [darda:r] **دردار**
**شجر الدردار**
[Shajar al-dardaar] *n* elm tree
chat *v* [dardaʃa] **دردش**
chat *n* [dardaʃa] **دردشة**
stitch *v* [daraza] **درز**
study *v* [darasa] **درس**
**يَدْرُس بِجِد**
[Yadros bejed] *v* swot *(study)*
teach *v* [darrasa] **دَرس**
lesson *n* [dars] **دَرْس**
**درس خصوصي**
[Dars khoṣoṣey] *n* tutorial
**دَرْس القيادة**
[Dars al-'qeyadah] *n* driving lesson
**هل يمكن أن نأخذ دروسا؟**
[hal yamken an nakhudh di-roosan?] Can we take lessons?
armour *n* [dirʕ] **دِرْع**
do one's nails *v* [darrama] **درم**
*n* [dirwa] **دروة**
**دروة تدريبية**
[Dawrah tadreebeyah] *n* training course
dozen *n* [dasta] **دستة**
constitution *n* [dustu:r] **دستور**
fat *n* [dasam] **دسم**
**قليل الدسم**
['qaleel al-dasam] *adj* low-fat
**الطعام كثير الدسم**
[al-ṭa'aam katheer al-dasim] The food is very greasy
shower *n* [duʃ] **دش**
**الدش لا يعمل**
[al-doosh la ya'amal] The shower doesn't work
**الدش متسخ**

[al-doosh mutasikh] The shower is dirty
invite *v* [daʕa:] **دعا**
**يَدْعو إلى**
[Yad'aoo ela] *v* call for
piles *npl* [daʕa:ʔimun] **دِعائم**
humour *n* [duʕa:ba] **دُعَابة**
pier, pillar, *n* [daʕa:ma] **دعامة**
support
propaganda *n* [diʕa:jat] **دِعَايَة**
support, backing *n* [daʕm] **دَعم**
back up *v* ◁ support *n* [dʕama] **دعم**
invitation *n* [daʕwa] **دعوة**
**دعوة إلى طعام أو شراب**
[Dawah elaa ṭa'aam aw sharaab] *n* treat
suit *n* [daʕwa:] **دعوى**
**دعوى قضائية**
[Da'awa 'qaḍaeyah] *n* proceedings
tickle *v* [daɣdaɣa] **دَغدغ**
jungle *n* [daɣl] **دِغل**
bush *(thicket) n* [daɣal] **دَغَل**
warmth *n* [difʔ] **دفء**
**بدأ الدفء في الجو**
[Badaa al-defaa fee al-jaw] It's thawing
defence *n* [difa:ʕ] **دفاع**
**الدفاع عن النفس**
[Al-defaa'a 'aan al-nafs] *n* self-defence
notebook *n* [diftar] **دفتر**
**دفتر صغير**
[Daftar ṣagheer] *n* notepad
**دفتر العناوين**
[Daftar al-'aanaaween] *n* address book
**دفتر الهاتف**
[Daftar al-hatef] *n* phonebook
**دفتر شيكات**
[Daftar sheekaat] *n* chequebook
**دفتر تذاكر من فضلك**
[daftar tadhaker min faḍlak] A book of tickets, please
payment *n* [dafʕ] **دفع**
**دفع بالغيبة**
[Dafa'a bel-ghaybah] *n* alibi
**واجب دفعه**
[Wajeb daf'aaho] *adj* payable
**أين يتم الدفع؟**
[ayna yatim al-daf'a?] Where do I pay?
**هل سيكون الدفع واجبًا علي؟**
[hal sayakon al-dafi'a wajeban 'aalya?] Will I have to pay?
**هل يجب الدفع مقدما؟**
[hal yajib al-dafi'a mu'qad-aman?] Do I pay in advance?
pay, push *v* [dfaʕa] **دفع**
**متى أدفع؟**
[mata adfa'a?] When do I pay?
**هل هناك أية إضافة تدفع؟**
[hal hunaka ayaty eḍafa tudfa'a?] Is there a supplement to pay?
**هل يمكن أن تدفع سيارتي**
[hal yamken an tadfa'a sayaraty?] Can you give me a push?
**يجب أن تدفع لي**
[yajib an tad-fa'a lee...] You owe me...
bury *v* [dafana] **دفن**
ring *v* [daqqa] **دق**
*n* [daqqa] **دقة**
**دقة قديمة**
[Da'qah 'qadeemah] *adj* old-fashioned
accuracy *n* [diqqa] **دِقّة**
**بدِقّة**
[Bedae'qah] *adv* accurately
*v* [daqqaqa] **دقق**
**يدقق الحسابات**
[Yoda'qe'q al-ḥesabat] *v* audit
accurate *adj* [daqi:q] **دقيق**
**غير دقيق**
[Ghayer da'qee'q] *adj* inaccurate
**دقيق الحجم**
[Da'qee'q al-hajm] *adj* minute
**دقيق الشوفان**
[Da'qee'q al-shofaan] *n* porridge
**دقيق طحين**
[Da'qee'q ṭaheen] *n* flour
minute *n* [daqi:qa] **دقيقة**
**من فضلك، هل يمكن أن أترك حقيبتي معك لدقيقة واحدة؟**
[min faḍlak, hal yamkin an atrik ḥa'qebaty ma'aak le-da'qe'qa waḥeda?] Could you watch my bag for a minute, please?
**هناك أتوبيس يغادر كل 20 دقيقة**
[Honak otobees yoghader kol 20 da'qee'qa] The bus runs every twenty

minutes
bossy *n* [dikta:tu:rij] **دكتاتوري**
significance *n* [dala:la] **دِلالة**
locket *n* [dala:ja] **دَلايَة**
pail, bucket *n* [dalw] **دلو**
directory, evidence, handbook, proof *n* [dali:l] **دليل**
**دليل التشغيل**
[Daleel al-tashgheel] *n* manual
**دليل الهاتف**
[Daleel al-hatef] *n* telephone directory
**استعلامات دليل الهاتف**
[Este'alamat daleel al-hatef] *npl* directory enquiries
**ما هو رقم استعلامات دليل التليفون؟**
[ma howa ra'qim esti'a-lamaat daleel al-talefon?] What is the number for directory enquiries?
blood *n* [dam] **دم**
**ضغط الدم**
[ḍaghṭ al-dam] *n* blood pressure
**تسمم الدم**
[Tasamom al-dam] *n* blood poisoning
**اختبار الدم**
[Ekhtebar al-dam] *n* blood test
**فصيلة دم**
[faṣeelat dam] *n* blood group
**نقل الدم**
[Na'ql al-dam] *n* blood transfusion, transfusion
**هذه البقعة بقعة دم**
[hathy al-bu'q-'aa bu'q-'aat dum] This stain is blood
destruction *n* [dama:r] **دمار**
**مسبب لدمار هائل**
[Mosabeb ledamar haael] *adj* devastating
brain *n* [dima:ɣ] **دِمَاغ**
*adj* [damiθ] **دَمِث**
**دَمِث الأخلاق**
[Dameth al-akhla'q] *adj* good-natured
merge *v* [damaʒa] **دِمج**
merger *n* [damʒ] **دَمْج**
destroy *v* [dammara] **دمّر**
ruin *v* [dammara] **دَمّر**
tear *(from eye)* *n* [damʕa] **دَمْعَة**

stamp *n* [damɣa] **دِمغة**
pimple *n* [dumul] **دُمّل**
bloody *n* [damawij] **دموي**
doll *n* [dumja] **دمية**
**دمية متحركة**
[Domeyah motaḥarekah] *n* puppet
*n* [dani:m] **دنيم**
**قماش الدنيم القطني**
['qomash al-deneem al-'qotney] *n* denim
*n* [dini:mi] **دِنيم**
**سروال من قماش الدِنيم القطني**
[Serwal men 'qomash al-deneem al-'qotney] *n* jeans
paint *n* [diha:n] **دِهَان**
greasy *adj* [duhnij] **دُهني**
remedy, medicine *n* [dawa:ʔ] **دواء**
**دواء مُقَوي**
[Dawaa mo'qawey] *n* tonic
**حبة دواء**
[Habbat dawaa] *n* tablet
vertigo, motion sickness *n* [duwa:ru] **دوار**
**دوار الجو**
[Dawar al-jaw] *n* airsick
vertigo *n* ◃ dizzy *adj* [duwa:r] **دُوار**
pedal *n* [dawwa:sa] **دَوّاسة**
length of time *n* [dawa:m] **دوام**
**دوام كامل**
[Dawam kamel] *adj* full-time
vertigo, nausea *n* [du:xa] **دوخة**
**أعاني من الدوخة**
[o-'aany min al-dokha] I suffer from vertigo
**أشعر بدوخة**
[ash-'aur be-dowkha] I feel dizzy
**لا زلت أعاني من الدوخة**
[la zilto o'aany min al-dokha] I keep having dizzy spells
worm *n* [du:da] **دُودَة**
round, floor, role *n* [dawr] **دور**
**دَور رئيسي**
[Dawr raaesey] *n* lead *(in play/film)*
**على من الدور؟**
[Ala man al-door?] Whose round is it?
**في أي دور تقع هذه الغرفة**
[fee ay dawr ta'qa'a hadhy al-ghurfa?]

What floor is it on?
في أي دور توجد محلات الأحذية؟
[fee ay dawr tojad maḥa-laat al-aḥ-dhiyah?] Which floor are shoes on?
turn, cycle v [dawara] دور
السيارة لا تدور
[al-sayara la tadoor] The car won't start
يجب أن تدور إلى الخلف
[yajib an tadoor ela al-khalf] You have to turn round
circulation n [dawara:n] دَوَران
cycle (recurring period), turn n [dawra] دورة
دورة تنشيطية
[Dawrah ṭansheeṭeyah] n refresher course
دَوْرَة تعليمية
[Dawrah ta'aleemeyah] n course
carafe, flask n [dawraq] دورق
دورق من النبيذ الأبيض
[dawra'q min al-nabeedh al-abyaḍ] a carafe of white wine
patrol n [dawrijja] دَورية
n [du:la:b] دولاب
أي من دولاب من هذه الدواليب يخصني؟
[ay doolab lee? ] Which locker is mine?
dollar n [du:la:r] دُولار
country n [dawla] دولة
دولة تشيلي
[Dawlat tesheeley] n Chile
dolphin n [du:lfi:n] دُولفين
international adj [dawlij] دولي
أين يمكن أن أقوم بإجراء مكالمة دولية؟
[ayna yamken an a'qoom be-ijraa mukalama daw-liya?] Where can I make an international phonecall?
هل تبيع كروت المكالمات الدولية التليفونية؟
[hal tabee'a kroot al-muka-lamat al-daw-liya al-talefoniya?] Do you sell international phonecards?
adj [du:mini:ka:n] دومنيكان
Dominican
جمهورية الدومنيكان
[Jomhoreyat al-domenekan] n Dominican Republic
n [du:mi:nu:] دومينو
أحجار الدومينو
[Ahjar al-domino] npl dominoes
لعبة الدومينو
[Loabat al-domeno] n domino
note down, blog, write down v [dawwana] دوّن
monastery n [dajr] دير
دَيْر الراهبات
[Deer al-rahebat] n convent
دَيْر الرهبان
[Deer al-rohban] n abbey, monastery
هل الدير مفتوحة للجمهور؟
[Hal al-deer maftoḥah lel-jomhoor?] Is the monastery open to the public?
n [di:zi:l] ديزيل
وقود الديزيل
[Wa'qood al-deezel] n diesel
disco n [di:sku:] ديسكو
December n [di:sambar] ديسمبر
n [di:fi: di:] دى في دي
اسطوانة دى في دي
[Esṭwanah DVD] n DVD
cock n [di:k] ديك
دِيْك رومي
[Deek roomey] n turkey
دِيْك صغير
[Deek ṣagheer] n cockerel
dictator n [di:kta:tu:r] ديكتاتور
adj [di:muqra:tˤij] ديمقراطي
democratic
n [di:muqra:tˤijja] ديمقراطية
democracy
debt n [dajn] دَيْن
religion n [dajn] دِين
dinosaur n [di:na:sˤu:r] دَيْناصور
adj [di:na:mi:kajj] ديناميكي
dynamic
religious, sacred adj [di:nij] ديني

# ذ

melt *vi* [ða:ba] **ذاب**
wolf *n* [ðiʔb] **ذئب**
personal *adj* [ða:tij] **ذاتي**
**سيرة ذاتية**
[Seerah dhateyah] *n* CV
**حُكم ذاتي**
[ḥokm ḍhatey] *n* autonomy
*v* [ða:qa] **ذاق**
**هل يمكنني تذوقها؟**
[hal yamken -any tadha-we'qha?] Can I taste it?
memory *n* [ða:kira] **ذاكِرة**
*n* [ða:hib] **ذاهِب**
**نحن ذاهبون إلى...**
[naḥno dhahe-boon ela...] We're going to...
fly *n* [ðuba:ba] **ذُبَابَة**
**ذُبَابَة صغيرة**
[Dhobabah ṣagheerah] *n* midge
*n* [ðabħa] **ذبحة**
**ذبحة صدرية**
[dhabhah ṣadreyah] *n* angina
wilt *v* [ðabula] **ذَبُل**
ammunition *n* [ðaxi:ra] **ذَخِيرة**
**ذَخيرة حربية**
[dhakheerah ḥarbeyah] *n* magazine *(ammunition)*

arm *n* [ðira:ʕ] **ذِرَاع**
**ذِراع الفتيس**
[dhera'a al-fetees] *n* gearshift
**لا يمكنني تحريك ذراعي**
[la yam-kinuni taḥreek thera-'ay] I can't move my arm
**لقد جرح ذراعه**
[la'qad jara-ḥa thera-'aehe] He has hurt his arm
*n* [ðura] **ذرة**
**ذرة سكري**
[dhorah sokarey] *n* sweetcorn
**نشا الذرة**
[Nesha al-zorah] *n* cornflour
atom *n* [ðarra] **ذَرَّة**
corn *n* [ḍura] **ذُرَة**
**رقائق الذُرَة**
[Ra'qae'a al-dorrah] *npl* cornflakes
peak *n* [ðirwa] **ذروة**
**ساعات الذروة**
[Sa'aat al-dhorwah] *npl* peak hours
**في غير وقت الذروة**
[Fee ghaeyr wa'qt al-dhorwah] *adv* off-peak
*n* [ðuru:r] **ذرور**
**ذرور معطر**
[Zaroor mo'aṭar] *n* sachet
atomic *adj* [ðarij] **ذَرِي**
panic, scare *n* [ðuʕr] **ذُعر**
chin *n* [ðaqn] **ذقن**
intelligence *n* [ðaka:ʔ] **ذكاء**
**شخص متقد الذكاء**
[shakhṣ mota'qed al-dhakaa] *n* brilliant
remind *v* [ðakkara] **ذَكّر**
mention *v* [ðkara] **ذَكَر**
male *n* [ðakar] **ذَكَر**
male *adj* [ðakarij] **ذَكَرِي**
memory, *n* [ðikra:] **ذِكرَى** remembrance
**ذِكرى سنوية**
[dhekra sanaweyah] *n* anniversary
brainy, smart, *adj* [ðakij] **ذكي** intelligent
tail *n* [ðanab] **ذنب**
**نجم ذو ذنب**
[Najm dho dhanab] *n* comet

**ذَنْب** guilt *n* [ðanb]
**ذهاب** going *n* [ðaha:b]
**أريد الذهاب للتزلج**
[areed al-dhehaab lil-tazal-oj] I'd like to go skiing
**أين يمكن الذهاب لـ...؟**
[ayna yamken al-dhehaab le...?] Where can you go...?
**أين يمكنني الذهاب للعدو؟**
[ayna yamken-any al-dhehab lel-'aado?] Where can I go jogging?
**نريد الذهاب إلى...**
[nureed al-dhehaab ela...] We'd like to go to...
**هل يمكن أن تقترح بعض الأماكن الشيقة التي يمكن الذهاب إليها؟**
[hal yamken an ta'qta-reḥ ba'aḍ al-amakin al-shay-i'qa al-laty yamken al- dhehaab elay-ha?] Can you suggest somewhere interesting to go?
**ذهب** gold *n* [ðahab]
**مطلي بالذهب**
[Maṭley beldhahab] *adj* gold-plated
**ذهب** go *v* [ðahaba]
**يَذهَب بسرعة**
[yaḍhab besor'aa] *v* go away
**سوف أذهب إلى...**
[Sawf adhhab ela] I'm going to...
**لم أذهب أبدا إلى...**
[lam athhab abadan ela...] I've never been to...
**لن أذهب**
[Lan adhhab] I'm not coming
**هل ذهبت إلى...**
[hal dhahabta ela...?] Have you ever been to...?
**ذهبي** golden *adj* [ðahabij]
**سمك ذهبي**
[Samak dhahabey] *n* goldfish
**ذهن** mind *n* [ðihn]
**شارِد الذهن**
[Shared al-dhehn] *adj* absent-minded
**ذوبان** dissolving, *n* [ðawaba:n] melting
**قابل للذوبان**
['qabel lel-dhawaban] *adj* soluble
**ذوق** taste *n* [ðawq]
**عديم الذوق**
['aadeem al-dhaw'q] *adj* tasteless
**حسن الذوق**
[Hosn aldhaw'q] *adj* tasteful
**ذوى** fade *v* [ðawwa:]
**ذَيْل** tail *n* [ðajl]

# ر

**راجع** revise *v* [ra:ʒaʕa]
**راحة** leisure, relief, rest *n* [ra:ħa]
**راحة اليد**
[Rahat al-yad] *n* palm *(part of hand)*
**أسباب الراحة**
[Asbab al-rahah] *n* amenities
**وسائل الراحة الحديثة**
[Wasael al-rahah al-hadethah] *npl* mod cons
**يساعد على الراحة**
[Yosaed ala al-rahah] *adj* relaxing
**يوم الراحة**
[Yawm al-raḥah] *n* Sabbath
**راحل** gone *adj* [ra:ħil]
**رادار** radar *n* [ra:da:r]
**راديو** radio *n* [ra:dju:]
**راديو رقمي**
[Radyo ra'qamey] *n* digital radio
**محطة راديو**
[Mahaṭat radyo] *n* radio station
**هل يمكن أن أشغل الراديو؟**
[hal yamken an osha-ghel al-radio?] Can I switch the radio on?
**هل يمكن أن أطفئ الراديو؟**
[hal yamken an aṭfee al-radio?] Can I switch the radio off?
**رأس** head *n* [raʔs]
**رأس البرعم القطني**
[Raas al-bor'aom al-'qaṭaney] *n* cotton bud
**سماعات الرأس**
[Samaat al-raas] *npl* headphones
**عصابة الرأس**
['eṣabat al-raas] *n* hairband
**غطاء للرأس والعنق**
[Gheṭa'a lel-raas wal-a'ono'q] *n* hood
**حليق الرأس**
[Halee'q al-raas] *n* skinhead
**وشاح غطاء الرأس**
[Weshaḥ gheṭaa al-raas] *n* headscarf
**رَأس إصبع القدم**
[Raas eṣbe'a al-'qadam] *n* tiptoe
**رَأس السَنَة**
[Raas alsanah] *n* New Year
**هل توجد سماعات رأس؟**
[hal tojad simma-'aat raas?] Does it

**رائحة** smell *n* [raːʔiħa]
**رائحة كريهة**
[Raaehah kareehah] *n* stink
**كريه الرائحة**
[Kareeh al-raaehah] *adj* smelly
**مزيل رائحة العرق**
[Mozeel raaehat al-'aara'q] *n* deodorant
**انني أشم رائحة غاز**
[ina-ny ashum ra-e-hat ghaaz] I can smell gas
**توجد رائحة غريبة في الغرفة**
[toojad raeḥa ghareba fee al-ghurfa] There's a funny smell
**رائع** amazing, picturesque, *adj* [raːʔiʕ] fine (رقيق)
**على نحو رائع**
[Ala nahw rae'a] *adv* fine
**رائعا** remarkably *adv* [raːʔiʕan]
**رائعة** masterpiece *n* [raːʔiʕa]
**رابط** link *n* [raːbitˤ]
**رَابطة** connection *n* [raːbitˤa]
**رابع** fourth *adj* [raːbiʕu]
**رئة** lung *n* [riʔit]
**راتب** salary *n* [raːtib]
**راتينج** *n* [raːtiːnʒ]
**مادة الراتينج**
[Madat al-ratenj] *n* resin

have headphones?
head *v* [raʔasa] **رأس**
firm *adj* [ra:six] **راسخ**
capitalism *n* [raʔsuma:lijja] **رأسمالية**
vertical *adj* [raʔsij] **رَأسي**
adult *adj* [ra:ʃid] **راشد**
**طالب راشد**
[Ṭaleb rashed] *n* mature student
satisfied *adj* [ra:dˤin] **راض**
**غير راض**
[Ghayr raḍ] *adj* dissatisfied
shepherd, sponsor *n* [ra:ʕi:] **راعي**
**راعى البقر**
[Ra'aey al-ba'qar] *n* cowboy
*n* [ra:fiʕ] **رافع**
**رافع الأثقال**
[Rafe'a al-ath'qaal] *n* weightlifter
crane *(bird)*, jack *n* [ra:fiʕa] **رافعة**
escort, accompany *v* [ra:faqa] **رافق**
dancer *nm* [ra:qisˤu] **راقص**
**راقص باليه**
[Ra'qeṣ baleeh] *n* ballet dancer
dancer *nf* [ra:qisˤa] **راقصة**
**راقصة باليه**
[Ra'ṣat baleeh] *n* ballerina
passenger, rider *n* [ra:kib] **راكب**
**راكب الدراجة**
[Rakeb al-darrajah] *n* cyclist
*n* [ra:ku:n] **راكون**
**حيوان الراكون**
[Ḥayawaan al-rakoon] *n* racoon
*n* [ra:ki:t] **راكيت**
**مضرب الراكيت**
[Maḍrab alrakeet] *n* racquet
*v* [ra:ma] **رام**
**على ما يُرام**
['aala ma yoram] *adv* all right
**إنه ليس على ما يرام**
[inaho laysa 'aala ma you-ram] He's not well
monk *n* [ra:hib] **راهب**
nun *n* [ra:hiba] **راهبة**
current *adj* [ra:hin] **راهن**
**الوضع الراهن**
[Al-waḍ'a al-rahen] *n* status quo
bet *vi* [ra:hana] **راهن**

dodge *v* [ra:waɣa] **راوغ**
*n* [ra:wand] **راوند**
**عشب الراوند**
['aoshb al-rawend] *n* rhubarb
teller *n* [ra:wi:] **رَاوي**
option *n* [raʔj] **رأي**
**الرأي العام**
[Al-raaey al-'aam] *n* public opinion
**ما رأيك في الخروج وتناول العشاء**
[Ma raaek fee al-khoroj wa-tanawol al-'aashaa] Would you like to go out for dinner?
opinion *n* [raʔjj] **رَأي**
see *vt* [raʔa] **رأى**
**نريد أن نرى النباتات والأشجار المحلية**
[nureed an nara al-naba-taat wa al-ash-jaar al-maḥali-ya] We'd like to see local plants and trees
sight *n* [ruʔja] **رؤية**
captain, president *n* [raʔijs] **رئيس**
**رئيس أساقفة**
[Raees asa'qefah] *n* archbishop
**رئيس عصابة**
[Raees eṣabah] *n* godfather *(criminal leader)*
**رئيس الطهاة**
[Raees al-ṭohah] *n* chef
**رئيس المجلس**
[Raees al-majlas] *n* chairman
**رئيس الوزراء**
[Raees al-wezaraa] *n* prime minister
**نائب الرئيس**
[Naeb al-raaes] *n* deputy head
chief *adj* [raʔi:sij] **رئيسي**
**صفحة رئيسية**
[Ṣafḥah raeseyah] *n* home page
**دَور رئيسي**
[Dawr raaesey] *n* lead *(in play/film)*
**طريق رئيسي**
[ṭaree'q raeysey] *n* main road
**طبق رئيسي**
[Ṭaba'q raeesey] *n* main course
**مراكز رئيسية**
[Marakez raeaseyah] *npl* headquarters
**مقال رئيسي فى صحيفة**
[Ma'qal raaeaey fee ṣaheefah] *n* lead

(position)

**مكتب رئيسي**

[Maktab a'ala] *n* head office

band *(strip)* *n* [ribaːtˤ] **رباط**

**رباط عنق على شكل فراشة**

[Rebaṭ 'ala shakl frashah] *n* bow tie

**رباط العنق**

[Rebaṭ al-'aono'q] *n* tie

**رباط الحذاء**

[Rebaṭ al-hedhaa] *n* shoelace

**رباط مطاطي**

[rebaṭ maṭaṭey] *n* rubber band

quartet *n* [rubaːʕijjatu] **رباعية**

quarter *n* [rubbaːn] **ربان**

**ربان الطائرة**

[Roban al-ṭaaerah] *n* pilot

lady, owner *n* [rabba] **رَبّة**

**رَبّة المنزل**

[Rabat al-manzel] *n* housewife

gain *vt* [rabaħa] **ربَح**

profit *n* [ribħ] **رِبْح**

crouch down *v* [rabadˤa] **رَبَض**

join *vt* [rabatˤa] **رَبَط**

attachment *n* [rabtˤ] **رَبْط**

quarter *n* [rubʕ] **ربع**

**سباق الدور رُبع النهائي**

[Seba'q al-door roba'a al-nehaaey] *n* quarter final

**الساعة الثانية إلا ربع**

[al-sa'aa al-thaneya ella rubu'a] It's quarter to two

maybe *adv* [rubbamaː] **رُبما**

*n* [rabw] **ربو**

**الربو**

[Al-rabw] *n* asthma

**أعاني من مرض الربو**

[o-'aany min maraḍ al-raboo] I suffer from asthma

bring up *v* [rabbaː] **ربى**

godchild, godson, *n* [rabiːb] **ربيب** stepson

goddaughter, *n* [rabiːba] **ربيبة** stepdaughter

spring *n* [rabiːʕ] **ربيع**

**زهرة الربيع**

[Zahrat al-rabee'a] *n* primrose

**فصل الربيع**

[Faṣl al-rabeya] *n* springtime

arrange, rank *v* [rattaba] **رتّب**

row *(line)* *n* [rutba] **رُتبة**

drab *adj* [ratiːb] **رَتيب**

worn *adj* [raθθ] **رَثّ**

men *npl* [riʒaːlun] **رجال**

**دَوْرة مياه للرجال**

[Dawrat meyah lel-rejal] *n* gents'

turn back, go back *v* [raʒaʕa] **رجع**

man *n* [raʒul] **رجُل**

**رَجُل أعمال**

[Rajol a'amal] *n* businessman

**رَجُل المخاطر**

[Rajol al-makhater] *n* stuntman

**أنا رجل أعمال**

[ana rajul a'amaal] I'm a businessman

leg *n* [riʒl] **رِجل**

return *n* [ruʒuːʕ] **رُجوع**

**أود الرجوع إلى البيت**

[awid al-rijoo'a ela al-bayt] I'd like to go home

*v* [raħħaba] **رحّب**

**يُرحِب ب**

[Yoraḥeb bee] *v* greet

depart *v* [raħala] **رحل**

journey, passage *(musical)* *n* [riħla] **رحلة**

**رحلة سيرًا على الأقدام**

[rehalah sayran ala al-a'qdam] *n* tramp *(long walk)*

**رحلة على الجياد**

[Rehalah ala al-jeyad] *n* pony trekking

**رحلة عمل**

[Reḥlat 'aamal] *n* business trip

**رحلة جوية**

[Rehalah jaweyah] *n* flight

**رحلة جوية مُؤجَرة**

[Rehalh jaweyah moajarah] *n* charter flight

**رحلة بعربة ثيران**

[Rehlah be-arabat theran] *n* trek

**رحلة بحرية**

[Rehalh bahreyah] *n* cruise

**رحلة قصيرة**

[Rehalh 'qaṣeerah] *n* trip

**رحلةانكفائية**

[Reḥlah enkefaeyah] *n* round trip
**خطة رحلة شاملة الإقامة والانتقالات**
[Khotah rehalah shamelah al-e'qamah wal-ente'qalat] *n* package tour
**رحم** [raħim] *n* womb
**فحص عنق الرحم**
[Faḥṣ 'aono'q al-raḥem] *n* smear test
**رحمة** [raħma] *n* mercy
**رحيق** [raħiːq] *n* nectar
**شجيرة غنية بالرحيق**
[Shojayrah ghaneyah bel-raḥee'q] *n* honeysuckle
**رحيل** [raħiːl] *n* parting
**رُخَام** [ruxaːm] *n* marble
**رخصة** [ruxsˤa] *n* licence
**رُخْصَة القيادة**
[Rokhṣat al-'qeyadah] *n* driving licence
**رُخصَة بيع الخمور لتناولها خارج المحل**
[Rokhṣat baye'a al-khomor letnawolha kharej al-maḥal] *n* off-license
**رقم رخصة قيادتي هو...**
[ra'qim rikhṣat 'qeyad-aty howa...] My driving licence number is...
**أحمل رخصة قيادة، لكنها ليست معي الآن**
[Aḥmel rokhṣat 'qeyadah, lakenaha laysat ma'aey al-aan] I don't have my driving licence on me
**رَخو** [raxw] *adj* flabby
**رخيص** [raxiːsˤ] *adj* cheap
**هل هناك أي رحلات جوية رخيصة؟**
[hal hunaka ay reḥ-laat jaw-wya rakheṣa?] Are there any cheap flights?
**رد** [radd] *n* return, response, reply
**رد انعكاسي**
[Rad en'aekasey] *n* reflex
**تليفون مزود بوظيفة الرد الآلي**
[Telephone mozawad be-waḍheefat al-rad al-aaley] *n* answerphone
**جهاز الرد الآلي**
[Jehaz al-rad al-aaly] *n* answerphone
**رد** [radda] *v* give back
**مال يرد بعد دفعه**
[Maal yorad daf'ah] *n* drawback
**رُدهَة** [radha] *n* hallway
**رذاذ** [raðaːð] *n* drizzle
**رذِيلة** [raðiːla] *n* vice
**رزة** [razza] *n*
**رزة سلكية**
[Rozzah selkeyah] *n* staple *(wire)*
**رزق** [rizq] *n* living
**رَزمة** [ruzma] *n* pack, packet
**رسالة** [risaːla] *n* message
**رسالة تذكير**
[Resalat tadhkeer] *n* reminder
**هل وصلتكم أي رسائل من أجلي؟**
[hal waṣal-kum ay rasaa-el min ajlee?] Are there any messages for me?
**هل يمكن أن أترك رسالة؟**
[hal yamken an atruk resala?] Can I leave a message?
**رسام** [rassaːm] *n* painter
**رسخ** [rassixa] *v* settle
**رُسغ** [rusɣ] *n*
**رُسغ القدم**
[rosgh al-'qadam] *n* ankle
**رسم** [rasm] *n* charge *(price)*, drawing
**رسم بياني**
[Rasm bayany] *n* chart, diagram
**رسم بياني دائري**
[Rasm bayany daery] *n* pie chart
**رسوم جمركية**
[Rosoom jomrekeyah] *npl* customs
**رسوم التعليم**
[Rasm al-ta'aleem] *npl* tuition fees
**رسوم متحركة**
[Rosoom motaharekah] *npl* cartoon
**رَسْم الدخول**
[Rasm al-dokhool] *n* entrance fee
**رَسْم الخدمة**
[Rasm al-khedmah] *n* service charge
**رَسْم الالتحاق**
[Rasm al-elteha'q] *n* admission charge
**هل يحتسب رسم تحويل؟**
[hal yoḥ-tasab rasim taḥ-weel?] Is there a transfer charge?
**رسم** [rasama] *v* draw *(sketch)*
**يَرسِم خطا تحت**
[Yarsem khaṭan taḥt] *v* underline
**هل يمكن أن ترسم لي خريطة للاتجاهات؟**
[Hal yomken an tarsem le khareeṭah

lel-etejahaat?] Can you draw me a map with directions?

**رسمي** official *adj* [rasmij]

**غير رسمي**

[Ghayer rasmey] *adj* unofficial

**غير رسمي**

[Ghayer rasmey] *adj* informal

**زي رسمي**

[Zey rasmey] *n* uniform

**شكل رسمي**

[Shakl rasmey] *n* formality

**رسول** messenger *n* [rasu:l]

**رسوم** toll *n* [rusu:m]

**أين سأدفع رسوم المرور بالطريق؟**

[ayna sa-adfa'a rosom al-miroor bil-ṭaree'q?] Where can I pay the toll?

**هل هناك رسوم يتم دفعها للمرور بهذا الطريق؟**

[hal hunaka risoom yatim daf-'aaha lel-miroor be-hadha al-ṭaree'q?] Is there a toll on this motorway?

**رش** splash *v* [raʃʃa]

**رشاد** *n* [raʃa:d]

**نبات رشاد**

[Nabat rashad] *n* cress

**رشاش** machine gun, spray *n* [raʃʃa:ʃ]

**رشاش مياه**

[Rashah meyah] *n* watering can

**رشح** *v* [raʃaħa]

**ماذا ترشح لنا؟**

[madha tura-shiḥ lana?] What do you recommend?

**هل يمكن أن ترشح لي أحد الأطباق المحلية؟**

[hal yamken an tura-shiḥ lee aḥad al-aṭbaa'q al-maḥa-leya?] Can you recommend a local dish?

**هل يمكن أن ترشح لي نوع جيد من النبيذ الوردي؟**

[hal yamken an tura-shiḥ lee naw'a jayid min al-nabeedh al-wardy?] Can you recommend a good rosé wine?

**رَشح** nominate *v* [raʃʃaħa]

**رشوة** bribery *n* [raʃwa]

**رصاص** lead *n* [rasˤa:sˤa]

**خلو من الرصاص**

[Khelow men al-raṣaṣ] *n* unleaded

**رصاصة** bullet *n* [rasˤa:sˤa]

**رصيف** pavement *n* [rasˤi:fu]

**رصيف الميناء**

[Raṣeef al-meenaa] *n* quay

**رضا** content *n* [ridˤa:]

**رضع** nursing *n* [rudˤdˤaʕ]

**هل توجد تسهيلات لمن معهم أطفالهم الرضع؟**

[hal tojad tas-heelat leman ma-'aahum aṭfaal-ahum al-ruḍa'a?] Are there facilities for parents with babies?

**رضع** breast-feed *v* [radˤaʕa]

**رضع** suck *v* [radˤaʕa]

**رطب** humid *adj* [ratˤb]

**الجو رطب**

[al-jaw raṭb] It's muggy

**رطل** pound *n* [ratˤl]

**رطوبة** humidity *n* [rutˤu:ba]

**رعاية** sponsorship *n* [riʕa:ja]

**رعاية الأطفال**

[Re'aayat al-aṭfal] *n* childcare

**رُعب** fright *n* [ruʕb]

**رعد** thunder *n* [raʕd]

**مصحوب برعد**

[Maṣḥoob bera'ad] *adj* thundery

**رعديّ** *adj* [raʕdij]

**عاصفة رعدية**

['aasefah ra'adeyah] *n* thunderstorm

**رعشة** thrill *n* [raʕʃa]

**رعى** tend, sponsor *v* [raʕa:]

**رغب** desire *v* [raɣaba]

**رغبة** desire *n* [raɣba]

**رغب في** *v* [rɣeba fi:]

**أرغب في ترتيب إجراء اجتماع مع.....؟**

[arghab fee tar-teeb ejraa ejtemaa ma'aa...] I'd like to arrange a meeting with...

**من فضلك أرغب في التحدث إلى المدير**

[min faḍlak arghab fee al-taḥaduth ela al-mudeer] I'd like to speak to the manager, please

**هل ترغب في تناول أحد المشروبات؟**

[hal tar-ghab fee tanawil aḥad al-mashro-baat?] Would you like a drink?

despite *prep* [raɣma] **رغم**
**بالرغم من**
[Bel-raghm men] *conj* although
foam *n* [raɣwa] **رغوة**
**رغوة الحلاقة**
[Raghwat ḥela'qah] *n* shaving foam
loaf *n* [raɣi:f] **رغيف**
shelf *n* [raffu] **رف**
**رف المستوقد**
[Raf al-mostaw'qed] *n* mantelpiece
**رَف السقف**
[Raf alsa'qf] *n* roofrack
**رَف الكُتُب**
[Raf al-kotob] *n* bookshelf
companion, lot *npl* [rifa:qun] **رفاق**
**الرفاق الموجودون في الأسرة المجاورة يسببون إزعاجا شديدا**
[al-osrah al-mojawera ḍajeej-oha sha-deed] My roommates are very noisy
luxury *n* [rafa:hijja] **رفاهية**
lifting *n* [rafraf] **رفرف**
**رفرف العجلة**
[Rafraf al-'ajalah] *n* mudguard
flap *v* [rafrafa] **رفرف**
refuse *v* [rafadˤa] **رفض**
refusal *n* [rafdˤ] **رَفض**
lifting *n* [rafʕ] **رفع**
**رفع الأثقال**
[Raf'a al-th'qaal] *n* weightlifting
lift *v* [rafaʕa] **رفع**
**يَرفَع بصره**
[Yarfa'a baṣarah] *v* look up
**من فضلك، ارفع صوتك في الحديث**
[min faḍlak, irfa'a ṣawtak fee al-ḥadeeth] Could you speak louder, please?
slender *adj* [rafi:ʕ] **رفيع**
boyfriend, mate *n* [rafi:q] **رفيق**
**رفيق الحجرة**
[Refee'q al-hohrah] *n* roommate
*n* [riqa:ba] **رقابة**
**الرقابة على جوازات السفر**
[Al-re'qabah ala jawazat al-safar] *n* passport control
chip *(small piece)*, *n* [ruqa:qa] **رقاقة**
wafer
**رقائق الذُرَة**
[Ra'qae'a al-dorrah] *npl* cornflakes
**رقاقة معدنية**
[Re'qaeq ma'adaneyah] *n* foil
neck *n* [raqaba] **رَقَبَة**
dancing *n* [raqsˤ] **رقص**
**رقص ثنائي**
[Ra'qṣ thonaaey] *n* ballroom dancing
**رقص الكلاكيت**
[Ra'qṣ al-kelakeet] *n* tap-dancing
**أين يمكننا الذهاب للرقص؟**
[ayna yamken-ana al-dhehaab lel-ra'qṣ?] Where can we go dancing?
**هل تحب الرقص؟**
[hal taḥib al-ra'qiṣ?] Would you like to dance?
**يتملكني شعور بالرغبة في الرقص.**
[yatamal-akany shi'aoor bil-raghba fee al-ri'qṣ] I feel like dancing
dance *v* [raqasˤa] **رقص**
**يَرقص الفالس**
[Yar'qos al-fales] *v* waltz
dance *n* [raqsˤa] **رقصة**
**رقصة الفالس**
[Ra'qṣat al-fales] *n* waltz
patch *n* [ruqʕa] **رقعة**
figure, number *n* [raqm] **رقم**
**رقم الغرفة**
[Ra'qam al-ghorfah] *n* room number
**رقم التليفون**
[Ra'qm al-telefone] *n* phone number
**رقم الحساب**
[Ra'qm al-hesab] *n* account number
**رقم المحمول**
[Ra'qm almahmool] *n* mobile number
**رقم مرجعي**
[Ra'qm marje'ay] *n* reference number
**ما هو رقم تليفونك المحمول؟**
[ma howa ra'qim talefonak al-maḥmool?] What is the number of your mobile?
**ما هو رقم التليفون؟**
[ma howa ra'qim al-talefon?] What's the telephone number?
**ما هو رقم الفاكس؟**
[ma howa ra'qim al-fax?] What is the fax number?

**مفتاح الغرفة رقم مائتين واثنين**
[muftaaḥ al-ghurfa ra'qim ma-atyn wa ithnayn] the key for room number two hundred and two
**هل يمكن أن أحصل على رقم تليفونك؟**
[hal yamken an aḥṣal 'aala ra'qm talefonak?] Can I have your phone number?
**رقمي** [raqmij] *adj* digital
**راديو رقمي**
[Radyo ra'qamey] *n* digital radio
**ساعة رقمية**
[Sa'aah ra'qameyah] *n* digital watch
**تليفزيون رقمي**
[telefezyoon ra'qamey] *n* digital television
**كاميرا رقمية**
[Kameera ra'qmeyah] *n* digital camera
**أريد كارت ذاكرة لهذه الكاميرا الرقمية من فضلك**
[areed kart dhakera le-hadhy al-kamera al-ra'qm-eya min faḍlak] A memory card for this digital camera, please
**رقيق** [raqi:q] *adj* delicate
**طين رقيق القوام**
[Ṭeen ra'qee'q al'qawam] *n* slush
**زُكَام** [ruka:m] *n*
**زُكَام مُبَعثَر**
[Rokaam moba'athar] *n* litter *(trash)*
**ركِب** [rakaba] *v* get in, get on, put in
**ركِب** [rakaba] *vt* ride
**رَكبَة** [runkbatu] *n* ride
**رُكبَة** [rukba] *n* knee
**رَكبي** [rakbi:] *n*
**رياضة الرُكبي**
[Reyaḍat al-rakbey] *n* rugby
**ركز** [rakkaza] *v* concentrate
**ركض** [rakadˤa] *v*
**يَركُض بِسُرعَه**
[Yrkoḍ besor'aah] *v* sprint
**ركع** [rakaʕa] *v* kneel
**ركل** [rakala] *vt* kick
**ركلة** [rakla] *n* kick
**الركلة الأولى**
[Al-raklah al-ola] *n* kick-off
**ركوب** [ruku:b] *n* riding
**تصريح الركوب**
[Taṣreeh al-rokob] *n* boarding pass
**رم** [ramm] *n*
**شراب الرّم**
[Sharab al-ram] *n* rum
**رمادي** [rama:dij] *adj* grey
**رمال** [rima:l] *n* sand
**رُمّان** [rumma:n] *n* pomegranate
**رُمْح** [rumħ] *n* javelin
**رمز** [ramz] *n* symbol, code
**رمز بريدي**
[Ramz bareedey] *n* post code
**رمز** [ramaza] *v* stand for
**يَرمُز إلى**
[Yarmoz ela] *v* hint
**رِمش** [rimʃ] *n*
**رِمش العين**
[Remsh al'ayn] *n* eyelash
**رَمَضَانْ** [ramadˤa:n] *n* Ramadan
**رملي** [ramlij] *adj*
**حجر رملي**
[Hajar ramley] *n* sandstone
**كثبان رملية**
[Kothban ramleyah] *n* sand dune
**رمم** [rammam] *v* renovate
**رمى** [rama:] *vt* throw, pitch
**رَمْيَة** [ramja] *n* pitch *(sport)*
**رِنجَة** [ranʒa] *n*
**سمك الرِنجَة**
[Samakat al-renjah] *n* herring
**رنين** [rani:nu] *n* sound
**رنين انشغال الخط**
[Raneen ensheghal al-khaṭ] *n* engaged tone
**رِهان** [riha:n] *n* bet
**رَهن** [rahn] *n* mortgage
**رهيب** [rahi:b] *adj* horrendous, horrible
**رهينة** [rahi:na] *n* hostage
**رِوَائي** [riwa:ʔij] *n* novelist
**رواق** [riwa:q] *n* porch, corridor
**رِواية** [riwa:ja] *n* novel
**روب** [ru:b] *n*
**روب الحَمَّام**
[Roob al-ḥamam] *n* dressing gown
**زُوبيَان** [ru:bja:n] *n* shrimp

routine *n* [ru:ti:n] روتين
promote *v* [rawwaʒa] روّج
spirit *n* [ru:ħ] رَوح
spiritual *adj* [ru:ħij] روحي
أب روحي
[Af rooḥey] *n* godfather *(baptism)*
Russian *adj* [ru:sij] روسي
روسي الجنسية
[Rosey al-jenseyah] *(person) n* Russian
اللغة الروسية
[Al-loghah al-roseyah] *(language) n* Russian
Russia *n* [ru:sja:] روسيا
روسيا البيضاء[ru:sja: ʔal-bajdˤa:ʔu] Belarus *n*
scare *v* [rawwaʕa] رَوّع
يُرَوْع فجاة
[Yorawe'a fajaah] *v* startle, surprise
roulette *n* [ru:li:t] روليت
*n* [ru:ma:ti:zmu] روماتيزم rheumatism
romantic *adj* [ru:ma:nsij] رومانسي
romance *n* [ru:ma:nsijja] رومانسية
*adj* [ru:ma:nsi:kij] رومانسيكي
طراز رومانسيكي
[Ṭeraz romanseekey] *adj* Romanesque
Roman, *adj* [ru:ma:nij] روماني Romanian
روماني الجنسية
[Romaney al-jenseyah] *(person) n* Romanian
اللغة الرومانية
[Al-loghah al-romanyah] *(language) n* Romanian
شخص روماني كاثوليكي
[shakhṣ romaney katholeekey] *n* Roman Catholic
Romania *n* [ru:ma:njja:] رومانيا
water *v* [rawa:] روى
wind *n* [rijja:ħ] رياح
مذرو بالرياح
[Madhro bel-reyah] *adj* windy
sport *n* [rija:dˤa] رياضة
رياضة دموية
[Reyaḍah damaweyah] *n* blood sports
رياضة الطائرة الشراعية الصغيرة
[Reyadar al-Ṭaayearah al-ehraeyah al-ṣagherah] *n* hang-gliding
*adj* [rija:dˤij] رياضي
رجل رياضي
[Rajol reyaḍey] *n* sportsman
رياضي) متعلق بالرياضة البدنية)
[(Reyaḍy) mota'ale'q bel- Reyaḍah al-badabeyah] *adj* athletic
رياضي) متعلق بالألعاب الرياضية)
[(Reyaḍey) mota'ale'q bel- al'aab al-reyaḍah] *adj* sporty
سيدة رياضية
[Sayedah reyaḍah] *n* sportswoman
زي رياضي
[Zey reyaḍey] *n* tracksuit
ملابس رياضية
[Malabes reyaḍah] *n* sportswear
إلى أي الأحداث الرياضية يمكننا أن نذهب؟
[Ela ay al-aḥdath al-reyaḍiyah yamkuno-na an nadhhab?] Which sporting events can we go to?
كيف نصل إلى الإستاد الرياضي؟
[kayfa naṣil ela al-istad al-riyaḍy?] How do we get to the stadium?
ما الخدمات الرياضية المتاحة؟
[ma al-khadamat al-reyaḍya al-mutaḥa?] What sports facilities are there?
*npl* [rija:dˤijja:tun] رياضيات mathematics
علم الرياضيات
['aelm al-reyaḍeyat] *npl* maths
wind *n* [ri:ħ] ريح
ريح موسمية
[Reeḥ mawsemeyah] *adj* monsoon
ريح هوجاء
[Reyḥ ḥawjaa] *n* gale
basil *n* [rajħa:nn] رَيحان
feather, pen *n* [ri:ʃa] ريشة
كُرَة الريشة
[Korat al-reeshaa] *n* shuttlecock
countryside *n* [ri:f] ريف
rural *adj* [ri:fij] رَيفي
قصر ريفي
['qaṣr reefey] *n* stately home

# ز

زائد [za:ʔidun]
زائد الطهو
[Zaed al-ṭahw] *adj* overdone
زائد الوزن
[Zaed alwazn] *adj* overweight
زائد [za:ʔid] *adj* extra
زائر [za:ʔir] *n* visitor
زائف [za:ʔif] *adj* false ◂ *n* (مدع) fake
زئبق [ziʔbaq] *n* mercury
زاخر [za:xir] *adj*
زاخر بالأحداث
[Zakher bel-aḥdath] (خطير) *adj* eventful
زاد [za:da] *v* increase
يزيد من
[Yazeed men] *v* mount up, accumulate
هذا يزيد عن العداد
[hatha yazeed 'aan al-'aadad] It's more than on the meter
زار [za:ra] *v* visit
زار [za:ra] *v* forge
زال [za:la] *v*
لا يزال
[La yazaal] *adv* still
زامبي [za:mbij] *adj* Zambian ◂ *n* Zambian
زامبيا [za:mbja:] *n* Zambia

زاوية [za:wija] *n* angle, corner
زاوية يُمنى
[Zaweyah yomna] *n* right angle
زايد [za:jada] *vi* (*at auction*) bid
زبادي [zaba:dij] *n* yoghurt
زبْدة [zubda] *n* butter
زبدة الفستق
[Zobdat al-fosto'q] *n* peanut butter
زبون [zabu:n] *n* client
زبيب [zabi:b] *n* currant, raisin
زجاج [zuʒa:ʒ] *n* glass
الزجاج الأمامي
[Al-zojaj al-amamy] *n* windscreen
زجاج مُعَشق
[Zojaj moasha'q] *n* stained glass
طبقتين من الزجاج
[Ṭaba'qatayen men al-zojaj] *n* double glazing
مادة ألياف الزجاج
[Madat alyaf alzojaj] *n* fibreglass
لقد تحطم الزجاج الأمامي
[la'qad taḥa-ṭama al-zujaj al-amamy] The windscreen is broken
هل يمكن أن تملئ خزان المياه لمساحات الزجاج؟
[hal yamken an tamlee khazaan al-meaah le-massa-ḥaat al-zujaaj?] Can you top up the windscreen washers?
زجاجة [zuʒa:ʒa] *n* bottle
زجاجة رضاعة الطفل
[Zojajat reḍa'aat al-ṭefl] *n* baby's bottle
زجاجة الخمر
[Zojajat al-khamr] *n* wineglass
زجاجة من النبيذ الأحمر
[zujaja min al-nabeedh al-aḥmar] a bottle of red wine
زجاجة مياه معدنية
[zujaja meaa ma'adan-iya] a bottle of mineral water
معي زجاجة للمشروبات الروحية
[ma'ay zujaja lil-mashroobat al-roḥiya] I have a bottle of spirits to declare
من فضلك أحضر لي زجاجة أخرى
[min faḍlak iḥḍir lee zujaja okhra] Please bring another bottle

زجاجي [zuʒaːʒij] *adj*
لوح زجاجي
[Loḥ zojajey] *n* window pane
زحف [zaħafa] *v* crawl
زخرف [zaxrafa] *v* decorate
زر [zirr] *n* button
زرار [ziraːr] *n* button
أزرار كم القميص
[Azrar kom al'qameeṣ] *npl* cufflinks
زراعة [ziraːʕa] *n* farming, agriculture
زراعي [ziraːʕij] *adj* agricultural
زرافة [zaraːfa] *n* giraffe
زرع [zarʕ] *n* seed, planting
زرع الأعضاء
[Zar'a al-a'aḍaa] *n* transplant
زرع [zaraʕa] *v* plant
زعانف [zaʕaːnifun] *npl*
زعانف الغطس
[Za'aanef al-ghaṭs] *npl* flippers
زَعْتَر [zaʕtar] *n*
زَعْتَر بَري
[Za'atar barey] *n* oregano
زعرور [zaʕruːr] *n*
زعرور بلدي
[Za'aroor baladey] *n* hawthorn
زعفران [zaʕfaraːn] *n* crocus
نبات الزعفران
[Nabat al-za'afaran] *n* saffron
زعق [zaʕaqa] *v* squeak
زعيم [zaʕiːm] *n* boss
زغطة [zuɣtˤatun] *npl* hiccups
زفاف [zifaːf] *n* wedding
زفر [zafara] *v* breathe out
زقاق [zuqaːq] *n* alley, lane
زقاق دائري
[Zo'qa'q daerey] *n* cycle lane
زكام [zukaːm] *n* cold
زلابية [zalaːbijja] *n* doughnut, dumpling
زلاجات [zalaːʒaːtun] *npl* skates
زلاجة [zalaːʒa] *n* ski
أريد أن أؤجر زلاجة
[areed an o-ajer zalaja] I want to hire skis
زلاقة [zallaːqa] *n* slide
زلزال [zilzaːl] *n* earthquake
زَلق [zalaqa] *adj* slippery
زمن [zaman] *n* time
عقد من الزمن
['aa'qd men al-zaman] *n* decade
زمني [zamanij] *adj*
جدول زمني
[Jadwal zamaney] *n* timetable
زميل [zamiːl] *n* colleague
زميل الفصل
[Zameel al-faṣl] *n* classmate
زُنْبُرك [zunburk] *n* spring *(coil)*
زنبَق [zanbaq] *n*
زنبق الوادي
[Zanba'q al-wadey] *n* lily of the valley
زنبقة [zanbaqa] *n* lily
زنجبيل [zanʒabiːl] *n* ginger
زنجية [zinʒijja] *n*
زنجية عجوز
[Enjeyah 'aajooz] *n* auntie
زنك [zink] *n* zinc
زهرة [zahra] *n* flower
زهرة الشجرة المثمرة
[Zahrat al-shajarah al-mothmerah] *n* blossom
زهرية [zahrijja] *n* vase
زواج [zawaːʒ] *n* marriage
عقد زواج
['aa'qd zawaj] *n* marriage certificate
عيد الزواج
['aeed al-zawaj] *n* wedding anniversary
زواحف [zawaːħif] *n* reptile
زوبعة [zawbaʕa] *n* cyclone
زوج [zawʒ] *n* husband
زوج سابق
[Zawj sabe'q] *n* ex-husband
زوج الإبنة
[Zawj al-ebnah] *n* son-in-law
زوج الأخت
[zawj alokht] *n* brother-in-law
زوج الأم
[Zawj al-om] *n* stepfather
أنا أبحث عن هدية لزوجي
[ana abḥath 'aan hadiya le-zawjee] I'm looking for a present for my husband
هذا زوجي
[hatha zawjee] This is my husband

couple, pair *n* [zawʒa:ni] **زوجان**
wife *n* [zawʒa] **زوجة**
**أخت الزوجة**
[Okht alzawjah] *n* sister-in-law
**زوجة سابقة**
[Zawjah sabe'qah] *n* ex-wife
**زوجة الأب**
[Zawj al-aab] *n* stepmother
**زوجة الابن**
[Zawj al-ebn] *n* daughter-in-law
**هذه زوجتي**
[hathy zawjaty] This is my wife
provide, service, *v* [zawwada] **زود** supply
boat *n* [zawraq] **زورق**
**زورق صغير**
[Zawra'q ṣagheer] *n* pram
**زورق تجديف**
[Zawra'q] *n* dinghy
**زورق بخاري مخصص لقائد الأسطول**
[Zawra'q bokharee mokhaṣaṣ le-'qaaed al-osṭool] *n* barge
**زورق بمحرك**
[Zawra'q be-moḥ arek] *n* motorboat
**استدعي زورق النجاة**
[istad'ay zawra'q al-najaat] Call out the lifeboat!
clothing, outfit *n* [zij] **زي**
**زي رياضي**
[Zey reyaḍey] *n* tracksuit
**زي تنكري**
[Zey tanakorey] *n* fancy dress *(party)*
**زي مدرسي موحد**
[Zey madrasey mowaḥad] *n* school uniform
fancy dress *n* [zajj] **زي**
increase *n* [zija:da] **زيادة**
**زيادة السرعة**
[Zeyadat alsor'aah] *n* speeding
visit *n* [zija:ra] **زيارة**
**ساعات الزيارة**
[Sa'at al-zeyadah] *n* visiting hours
**زيارة المعالم السياحية**
[Zeyarat al-ma'aalem al-seyahyah] *n* sightseeing
**أنا هنا لزيارة أحد الأصدقاء**
[ʔana: huna: lizija:ratin ʔaħada alʔasˤdiqa:ʔa] I'm here visiting friends
**أيمكننا زيارة الحدائق؟**
[a-yamkun-ana zeyarat al-ḥada-e'q?] Can we visit the gardens?
**متى تكون ساعات الزيارة؟**
[mata takoon sa'aat al-zeyara?] When are visiting hours?
**نريد زيارة...**
[nureed ze-yarat...] We'd like to visit...
**هل الوقت متاح لزيارة المدينة؟**
[hal al-wa'qt muaaḥ le-ziyarat al-madeena?] Do we have time to visit the town?
*n* [zajt] **زيت**
**زيت سمرة الشمس**
[Zayt samarat al-shams] *n* suntan oil
**زيت الزيتون**
[Zayt al-zaytoon] *n* olive oil
**طبقة زيت طافية على الماء**
[Ṭaba'qat zayt ṭafeyah alaa alma] *n* oil slick
**معمل تكرير الزيت**
[Ma'amal takreer al-zayt] *n* oil refinery
**هذه البقعة بقعة زيت**
[hathy al-bu'q-'aa bu'q-'aat zayt] This stain is oil
olive *n* [zajtu:n] **زيتون**
**زيت الزيتون**
[Zayt al-zaytoon] *n* olive oil
**شجرة الزيتون**
[Shajarat al-zaytoon] *n* olive tree
Zimbabwe *n* [zi:mba:bwij] **زيمبابوي**
**دولة زيمبابوي**
[Dawlat zembabway] *adj* Zimbabwean
**مواطن زيمبابوي**
[Mewaṭen zembabway] *n* Zimbabwean
embroider, trim *v* [zajjana] **زيّن**
**يُزين بالنجوم**
[Yozaeyen bel-nejoom] *v* star

# س

**سائح** tourist *n* [saːʔiħ]
**دليل السائح**
[Daleel al-saaeh] *n* itinerary
**سائس** *n* [saːʔis]
**سائس خيل**
[Saaes kheel] *n* groom
**سائق** driver *n* [saːʔiq]
**سائق سيارة**
[Saae'q sayarah] *n* chauffeur, motorist
**سائق سيارة سباق**
[Sae'q sayarah seba'q] *n* racing driver
**سائق تاكسي**
[Sae'q taksey] *n* taxi driver
**سائق دراجة بخارية**
[Sae'q drajah bokhareyah] *n* motorcyclist
**سائق شاحنة**
[Sae'q shahenah] *n* truck driver
**سائق لوري**
[Sae'q lorey] *n* lorry driver
**سائق مبتدئ**
[Sae'q mobtadea] *n* learner driver
**سائل** liquid *n* [saːʔil]
**سائل غسيل الأطباق**
[Saael ghaseel al-aṭba'q] *n* washing-up liquid
**سائل تنظيف**
[Sael tanḍheef] *n* cleansing lotion
**سائل استحمام**
[Saael estehmam] *n* bubble bath
**سائل متقطّر**
[Sael mota'qaṭer] *n* drop
**سُؤال** question *n* [suaːl]
**سابح** swimmer *n* [saːbiħ]
**سابع** seventh *adj* [saːbiʕu]
**سابع عشر** *adj* [saːbiʕa ʕaʃara] seventeenth
**سابق** former *adj* [saːbiq]
**زوج سابق**
[Zawj sabe'q] *n* ex-husband
**سابقاً** formerly *adv* [saːbiqan]
**ساحة** *n* [saːħa]
**ساحة الدار**
[Sahat al-dar] *n* courtyard
**ساحر** charming, magic *adj* [saːħir] magician *n* ◁
**ساحرة** witch *n* [saːħira]
**ساحِق** terrific *adj* [saːħiq]
**ساحِل** coast, shore *n* [saːħil]
**ساخر** sarcastic *adj* [saːxir]
**ساخن** hot *adj* [saːxinat]
**زجاجة مياه ساخنة**
[Zojajat meyah sakhenah] *n* hot-water bottle
**إن الطعام ساخن أكثر من اللازم**
[enna al-ṭa'aam sakhen akthar min al-laazim] The food is too hot
**أهو مسبح ساخن؟**
[a-howa masbaḥ sakhin?] Is the pool heated?
**لا توجد مياه ساخنة**
[La tojad meyah sakhena ] There is no hot water
**ساذج** naïve *adj* [saːðaʒ]
**سار** pleasant, savoury *adj* [saːrr]
**سار جداً**
[Sar jedan] *adj* delightful
**غير سار**
[Ghayr sar] *adj* unpleasant
**سار** march *v* [saːra]
**سارق** robber *n* [saːriq]
**ساطع** bright, glaring *adj* [saːtˤiʕ]
**ساعة** hour *n* [saːʕa]

**ساعة رقمية**
[Sa'aah ra'qameyah] *n* digital watch
**ساعة تناول الشاي**
[Saa'ah tanawol al-shay] *n* teatime
**ساعة الإيقاف**
[Saa'ah al-e'qaaf] *n* stopwatch
**ساعة حائط**
[Saa'ah ḥaaeṭ] *n* clock
**ساعة يدوية**
[Saa'ah yadaweyah] *n* watch
**عكس عقارب الساعة**
['aaks 'aa'qareb al-saa'ah] *n* anticlockwise
**باتجاه عقارب الساعة**
[Betejah a'qareb al-saa'ah] *adv* clockwise
**شؤون الساعة**
[Sheoon al-saa'ah] *npl* current affairs
**كل ساعة**
[Kol al-saa'ah] *adv* hourly
**محسوب بالساعة**
[Mahsoob bel-saa'ah] *adj* hourly
**نصف ساعة**
[Neṣf saa'aah] *n* half-hour
**كم تبلغ تكلفة الدخول على الإنترنت لمدة ساعة؟**
[kam tablugh taklifat al-dikhool 'ala al-internet le-mudat sa'aa?] How much is it to log on for an hour?
**كم يبلغ الثمن لكل ساعة؟**
[kam yablugh al-thaman le-kul sa'a a?] How much is it per hour?
**ساعد** [saːʕada] *vt* help
**ساعي** [saːʕiː] *n* courier
**ساعي البريد**
[Sa'aey al-bareed] *n* postwoman
**ساعية** [saːʕijatu] *n* courier *(female)*
**ساعية البريد**
[Sa'aeyat al-bareed] *n* postwoman
**سافر** [saːfira] *v* travel
**يسافر متطفلاً**
[Yosaafer motaṭafelan] *v* hitchhike
**يسافر يومياً من وإلى مكان عمله**
[Yosafer yawmeyan men wa ela makan 'amaleh] *v* commute
**أنا أسافر بمفردي**
[ana asaafir be-mufrady] I'm travelling alone
**ساكن** [saːkin] *adj* calm, motionless
◄ *n* inhabitant
**حرف ساكن**
[ḥarf saken] *n* consonant
**سأل** [saʔala] *v* ask
**يسأل عن**
[Yasaal 'an] *v* inquire
**سالامي** [saːlaːmiː] *n*
**طعام السالامي**
[Ṭa'aam al-salamey] *n* salami
**سالف** [saːlif] *adj* preceding
**سام** [saːmm] *adj* poisonous
**سأم** [saʔam] *n* boredom
**سئم** [saʔima] *adj* fed up
**سان مارينو** [saːn maːriːnuː] *n* San Marino
**ساوم** [saːwama] *v* haggle
**ساوى** [saːwaː] *v* equal
**يساوي بين**
[Yosawey bayn] *v* equalize
**إنه يساوي...**
[Enah yosaawey...] It's worth...
**كم يساوي؟**
[kam yusa-wee?] How much is it worth?
**سبابة** [sabbaːba] *n*
**اصبع السبابة**
[Eṣbe'a al-sababah] *n* index finger
**سباحة** [sibaːħa] *n* swimming
**سباحة تحت الماء**
[Sebaḥah taḥt al-maa] *n* snorkel
**سباحة الصدر**
[Sebaḥat al-ṣadr] *n* breaststroke
**سروال سباحة**
[Serwl sebaḥah] *n* swimming trunks
**حمام سباحة**
[Hammam sebaḥah] *n* swimming pool
**زي السباحة**
[Zey sebaḥah] *n* swimming costume
**أين يمكنني أن أذهب للسباحة؟**
[ayna yamken-any an adhhab lel-sebaḥa?] Where can I go swimming?
**هل يوجد حمام سباحة؟**

[hal yujad ḥamam sebaḥa?] Is there a swimming pool?
**هيا نذهب للسباحة**
[hya nadhhab lil-sebaḥa] Let's go swimming
**سباق** race *(contest)* *n* [sibaːq]
**سباق سيارات**
[Seba'q sayarat] *n* motor racing
**سباق الراليات**
[Seba'q al-raleyat] *n* rally
**سباق الضاحية**
[Seba'q al-ḍaheyah] *n* cross-country
**سباق الخيول**
[Seba'q al-kheyol] *n* horse racing
**سباق قصير سريع**
[Seba'q 'qaṣer sare'a] *n* sprint
**حلبة السباق**
[ḥ alabat seba'q] *n* racetrack
**سباك** plumber *n* [sabbaːk]
**سِبَاكَة** plumbing *n* [sibaːka]
**سَبانخ** spinach *n* [sabaːnix]
**سبب** cause *(ideals)*, cause *n* [sabab] *(reason)*
**ما السبب في هذا الوقوف؟**
[ma al-sabab fee hatha al-wi'qoof?] What is causing this hold-up?
**سبب** cause *v* [abbaba]
**يُسبِب الملل**
[Yosabeb al-malal] *v* bored
**سبتمبر** September *n* [sibtumbar]
**سَبَح** swim *vi* [sabaħa]
**سبخة** marsh *n* [sabxa]
**سبعة** seven *number* [sabʕatun]
**سبعة عشر** *number* [sabʕata ʕaʃara] seventeen
**سبعين** seventy *number* [sabʕiːna]
**سبورة** blackboard *n* [sabuːra]
**سبيل** path, way *n* [sabiːl]
**على سبيل المثال**
['ala sabeel al-methal] *n* e.g.
**ستارة** curtain *n* [sitaːra]
**ستارة النافذة**
[Setarat al-nafedhah] *n* blind
**ستارة مُعتِمة**
[Setarah mo'atemah] *n* Venetian blind
**ستة** six *number* [sittatun]
**ستة عشر** *number* [sittata ʕaʃara] sixteen
**سترة** coat, jacket *n* [sutra]
**سترة صوفية**
[Sotrah ṣofeyah] *n* cardigan
**سُترة النجاة**
[Sotrat al-najah] *n* life jacket
**سُترة بولو برقبة**
[Sotrat bolo be-ra'qabah] *n* polo-necked sweater
**سترودي** steroid *n* [stirwudij]
**ستريو** stereo *n* [stirjuː]
**ستون** sixty *number* [sittuːna]
**سجائر** *n* [saʒaːʔir]
**هل يمكنني الحصول على طفاية للسجائر؟**
[hal yamken -any al-ḥuṣool 'aala ṭafa-ya lel-saja-er?] May I have an ashtray?
**سجاد** *n* [saʒʒaːd]
**سجاد مثبت**
[Sejad mothabat] *n* fitted carpet
**سجادة** carpet, rug *n* [saʒaːdda]
**سجد** kneel down *v* [saʒada]
**سجق** sausage *n* [saʒq]
**سجل** register *n* [siʒʒil]
**سجل مدرسي**
[Sejel madrasey] *n* transcript
**سِجل القصاصات**
[Sejel al'qeṣaṣat] *n* scrapbook
**سجّل** record, register *v* [saʒʒala]
**يُسَجِل الدخول**
[Yosajel al-dokhool] *v* log in
**يُسجِل الخروج**
[Yosajel al-khoroj] *v* log off
**يُسَجِّل على شريط**
[Yosajel 'aala shereet] *v* tape
**سجن** jail *n* [siʒn]
**ضابط سجن**
[Ḍabeṭ sejn] *n* prison officer
**سجن** jail *v* [saʒana]
**سجين** prisoner *n* [saʒiːn]
**سحاب** cloud *n* [saħaːb]
**ناطحة سحاب**
[Naṭehat saḥab] *n* skyscraper
**سحابة** cloud *n* [saħaːba]
**سحب** draw, withdrawing *n* [saħb]

**كارت سحب**
[Kart sahb] *n* debit card

**سحَب** withdraw, pull up *v* [saħaba]

**يَسحب كلامه**
[Yasḥab kalameh] *v* take back

**سحر** spell, magic *n* [siħr]

**سحر** spell *v* [jasħiru]

**سِحري** magical *adj* [siħrij]

**سَحق** crush *v* [saħaqa]

**سُخام** soot *n* [suxa:m]

**سخّان** heater *n* [saxxa:n]

**سخَر** *v* [saxara]

**يَسخر من**
[Yaskhar men] *v* scoff

**سُخرية** irony *n* [suxrijja]

**سَخّن** heat up *v* [saxxana]

**سَخّن** heat, warm up *v* [saxxana]

**سخي** generous *adj* [saxij]

**سَخيف** absurd *adj* [saxi:f]

**سد** dam *n* [sadd]

**سَداد** repayment *n* [sadda:d]

**سِدادة** tampon *n* [sidda:da]

**سدّد** pay back *v* [saddada]

**سِرّ** secret *n* [sirr]

**سِراً** secretly *adv* [sirran]

**سَراخس** *n* [sara:xis]

**نبات السراخس**
[Nabat al-sarakhes] *n* fern

**سُرادق** pavilion *n* [sara:diq]

**سرّب** leak *vi* [sarraba]

**سِرب** flock *n* [sirb]

**سُرّة** navel *n* [surra]

**سُرّة البطن**
[Sorrat al-baṭn] *n* belly button

**سرج** saddle *n* [sarʒ]

**سَرّح** lay off *v* [sarraħa]

**سردين** sardine *n* [sardi:nu]

**سرطان** *n* [saratˤa:n]

**حيوان السرطان**
[Ḥayawan al-saraṭan] *n* crab

**مرض السرطان**
[Maraḍ al-saraṭan] *n* cancer *(illness)*

**سرعة** speed *n* [surʕa]

**سرعة السير**
[Sor'aat al-seer] *n* pace

**بسرعة**
[Besor'aah] *adv* fast

**حد السرعة**
[Ḥad alsor'aah] *n* speed limit

**ذراع نقل السرعة**
[Dhera'a na'ql al-sor'aah] *n* gearshift

**سرق** steal *v* [saraqa]

**يَسرِق عَلانية**
[Yasre'q 'alaneytan] *v* rip off

**لقد سرق شخص ما حقيبتي**
[la'qad sara'qa shakh-ṣon ma ḥa'qebaty] Someone's stolen my bag

**سرقة** rip-off, theft *n* [sariqa]

**سرقة السلع من المَتَاجِر**
[Sare'qat al-sela'a men al-matajer] *n* shoplifting

**سرقة الهوية**
[Sare'qat al-hawyiah] *n* identity theft

**أريد التبليغ عن وقوع سرقة**
[areed al-tableegh 'an wi'qoo'a sare'qa] I want to report a theft

**سروال** pants *npl* [sirwa:l]

**سروال تحتي قصير**
[Serwal taḥtey 'qaṣeer] *n* briefs

**سروال قصير**
[Serwal 'qaṣeer] *n* knickers

**سروال من قماش الدِنيم القطني**
[Serwal men 'qomash al-deneem al-'qotney] *n* jeans

**سرور** pleasure *n* [suru:r]

**بكل سرور**
[bekul siroor] With pleasure!

**من دواعي سروري العمل معك**
[min dawa-'ay siro-ry al-'aamal ma'aak] It's been a pleasure working with you

**سروري** *n* [suru:rij]

**من دواعي سروري أن التقي بك**
[min dawa-'ay siro-ry an al-ta'qy bik] It was a pleasure to meet you

**سري** *adj* [sirrij]

**سري للغاية**
[Serey lel-ghayah] *adj* top-secret

**سِريّ** confidential, secret *adj* [sirij]

**سِرية** privacy *n* [sirrija]

**سرير** bed *n* [sari:r]

**سرير محمول للطفل**
[Sareer maḥmool lel-ṭefl] *n* carrycot

**سريرين منفصلين**
[Sareerayn monfaṣ elayen] *npl* twin beds
**بياضات الأسرّة**
[Bayaḍat al-aserah] *n* bed linen
**سَرير رحلات**
[Sareer raḥalat] *n* camp bed
**سَرير بدورين**
[Sareer bedoreen] *n* bunk beds
**سَرير فردي**
[Sareer fardey] *n* single bed
**سَرير مبيت**
[Sareer mabeet] *n* bunk
**سَرير مُزدوج**
[Sareer mozdawaj] *n* double bed
**أريد سرير بدورين**
[Areed sareer bedoreen] I'd like a dorm bed
**أريد غرفة بسرير مزدوج**
[areed ghurfa be-sareer muzdawaj] I'd like a room with a double bed
**السرير ليس مريحًا**
[al-sareer laysa mureeḥan] The bed is uncomfortable
**هل يجب علي البقاء في السرير؟**
[hal yajib 'aala-ya al-ba'qaa fee al-sareer?] Do I have to stay in bed?
**سريع** fast, quick *adj* [sariːʕ]
**سريع الغضب**
[Saree'a al-ghaḍab] *adj* ticklish
**زورق بخاري سريع**
[Zawra'q bokharey sarea'a] *n* speedboat
**سريعاً** quickly *adv* [sariːʕan]
**سِري لانكا** Sri Lanka *n* [sriː laːnkaː]
**سَطح** surface *n* [satˤħ]
**سَطح المبنى**
[Saṭh al-mabna] *n* roof
**سَطح مستوي**
[Saṭ mostawey] *n* plane *(surface)*
**أيمكننا أن نخرج إلى سطح المركب؟**
[a-yamkun-ana an nakhruj ela saṭ-ḥ al-markab?] Can we go out on deck?
**سطحي** external, *adj* [satˤħij] superficial
**سطو** robbery, burglary *n* [satˤw]
**سطو مُسلح**
[Saṭw mosalaḥ] *n* hold-up
**سطو** burgle *v* [satˤwaː]
**يسطو على**
[Yasṭo 'ala] *v* break in
**سَعادة** happiness *n* [saʕaːda]
**بسعادة**
[Besa'aaadah] *adv* happily
**سُعال** cough *n* [suʕaːl]
**سعة** capacity *n* [siʕa]
**سعر** price *n* [siʕr]
**سعر التجزئة**
[Se'ar al-tajzeah] *n* retail price
**سعر البيع**
[Se'ar al-bay'a] *n* selling price
**بنصف السعر**
[Be-nesf al-se'ar] *adv* half-price
**رجاء كتابة السعر**
[rejaa ketabat al-si'ar] Please write down the price
**كم سعره؟**
[kam si'aroh?] How much is it?
**ما هو سعر الصرف؟**
[ma howa si'ar al-ṣarf?] What's the exchange rate?
**ما هو سعر الوجبة الشاملة؟**
[ma howa si'ar al-wajba al-shamela?] How much is the set menu?
**ما هي الأشياء التي تدخل ضمن هذا السعر؟**
[ma heya al-ashyaa al-laty tadkhul ḍimn hatha al-si'ar?] What is included in the price?
**هل لديكم أشياء أقل سعرا؟**
[hal ladykum ashyaa a'qal si'aran?] Do you have anything cheaper?
**سُعْر** *n* [suʕr]
**سُعْر حراري**
[So'ar hararey] *n* calorie
**سِعر** price *n* [siʕr]
**سِعر الصرف**
[Se'ar al-ṣ arf] *n* exchange rate, rate of exchange
**سعل** cough *vi* [saʕala]
**سعودي** Saudi *n* ◁ Saudi *adj* [saʕuːdij]
**المملكة العربية السعودية**
[Al-mamlakah al-'aarabeyah

al-so'aodeyah] *n* Saudi Arabia
**مواطن سعودي**
[Mewaṭen saudey] *n* Saudi Arabian
**سَعَى** *v* [saʕaː]
**يَسعَى إلى**
[Yas'aaa ela] *n* aim
**يَسعَى وراء**
[Yas'aa waraa] *v* pursue, follow
**سعيد** fortunate, glad, *adj* [saʕiːd] happy
**حظ سعيد**
[haḍh sa'aeed] *n* fortune
**سفاح** killer, thug *n* [saffaːħ]
**سفارة** embassy *n* [sifaːra]
**أريد الاتصال بسفارة بلادي**
[areed al-etiṣal be-safaarat belaady] I'd like to phone my embassy
**أحتاج إلى الاتصال بسفارة بلادي**
[aḥtaaj ela al-iteṣaal be-safaarat belaady] I need to call my embassy
**سفاري** *n* [safaːriː]
**رحلة سفاري**
[Reḥlat safarey] *n* safari
**سفر** trip, travel, travelling *n* [safar]
**أجرة السفر**
[Ojrat al-safar] *n* fare
**دُوار السفر**
[Dowar al-safar] *n* travel sickness
**حقائب السفر**
[ḥa'qaeb al-safar] *n* luggage
**حقيبة سفر**
[Ha'qeebat al-safar] *n* suitcase
**أريد السفر في الدرجة الأولى**
[areed al-safar fee al-daraja al-oola] I would like to travel first-class
**لم تصل حقائب السفر الخاصة بي بعد**
[Lam taṣel ḥa'qaeb al-safar al-khaṣah bee ba'ad] My luggage hasn't arrived
**هذا هو جواز السفر**
[hatha howa jawaz al-safar] Here is my passport
**سُفرة** snack bar *n* [sufra]
**سَفعَة** *n* [safʕa]
**سَفعَة شمس**
[Saf'aat ahams] *n* sunburn
**سُفلى** downstairs *adj* [suflaː]

**سفلياً** downstairs *adv* [suflijjan]
**سفن** ships *npl* [sufun]
**تِرْسَانة السُفن**
[Yarsanat al-sofon] *n* shipyard
**بناء السفن**
[Benaa al-sofon] *n* shipbuilding
**حوض السفن**
[Hawḍ al-sofon] *n* dock
**سَفير** ambassador *n* [safiːr]
**سَفينة** ship *n* [safiːna]
**سَفينة حربية**
[Safeenah ḥarbeyah] *n* battleship
**سقالات** scaffolding *npl* [saqaːlaːtun]
**سقط** drop, fall down *v* [saqatˤa]
**سقطت**
[sa'qaṭat] She fell
**لقد سقط مقبض الباب**
[la'qad sa'qaṭa me-'qbaḍ al-baab] The handle has come off
**هل تظن أن المطر سوف يسقط؟**
[hal taḍhun ana al-maṭar sawfa yas'qiṭ?] Do you think it's going to rain?
**سقف** roof, ceiling *n* [saqf]
**يوجد تسرب في السقف**
[yujad tasa-rub fee al-sa'qf] The roof leaks
**سقم** sickness *n* [saqam]
**سُقوط** fall *n* [suquːtˤ]
**سقيم** ill *adj* [saqiːm]
**سكّان** population *n* [sukkaːn]
**سكب** pour *vt* [sakaba]
**سكت** shut up *v* [sakata]
**سكة** road *n* [sikka]
**سكة حديد بالملاهي**
[Sekat ḥadeed bel-malahey] *n* rollercoaster
**سكة حديدية**
[Sekah haedeedyah] *n* railway
**قضبان السكة الحديدية**
['qoḍban al-sekah al-ḥadeedeyah] *n* rail
**سكر** sugar *n* [sukar]
**سكر ناعِم**
[Sokar na'aem] *n* icing sugar
**خالي من السكر**
[Khaley men al-oskar] *adj* sugar-free
**مرض السكر**

[Maraḍ al-sokar] *n* diabetes
بدون سكر
[bedoon suk-kar] no sugar
سكران drunk *n* [sakra:n]
سكرتير secretary *n* [sikirti:r]
هل يمكنني ترك رسالة مع السكرتير الخاص به؟
[hal yamken -any tark resala ma'aa al-sikertair al-khaṣ behe?] Can I leave a message with his secretary?
سكري *adj* [sukkarij]
شخص مصاب بالبول السكري
[Shakhṣ moṣaab bel-bol al-sokarey] *n* diabetic
مصاب بالسكري
[Moṣab bel sokkarey] *adj* diabetic
سكسية *n* [saksijja]
آلة السكسية
[Alat al-sekseyah] *n* saxophone
سكن *v* [sakana]
أسكن في...
[askun fee..] We live in...
أسكن في...
[askun fee..] I live in...
سَكني residential *adj* [sakanij]
سكير alcoholic *n* [sikki:r]
سكين knife *n* [sikki:n]
سكين القلم
[Sekeen al-'qalam] *n* penknife
سَكاكين المائدة
[Skakeen al-maeadah] *n* cutlery
سكينة knife *n* [sikki:na]
سُل tuberculosis *n* [sull]
سلاح weapon *n* [sila:ħ]
سلاح الطيران
[Selaḥ al-ṭayaran] *n* Air Force
سلاح المُشاة
[Selaḥ al-moshah] *n* infantry
سلاح ناري
[Selaḥ narey] *n* revolver
سلاطة salad *n* [sala:tˤa]
سَلاطة خضراء
[Salaṭat khadraa] *n* green salad
سلاطة مخلوطة
[Salata makhloṭa] *n* mixed salad
سَلاطة الكرنب والجزر
[Salaṭ at al-koronb wal-jazar] *n* coleslaw
سَلاطة فواكه
[Salaṭat fawakeh] *n* fruit salad
سلالة race *(origin)* *n* [sula:la]
سلام peace *n* [sala:m]
سلامة safety *n* [sala:ma]
سلب rob *v* [salaba]
سلبي negative, passive *adj* [silbij]
سلة basket *n* [salla]
سلة الأوراق المهملة
[Salat al-awra'q al-mohmalah] *n* wastepaper basket
سلة المهملات
[Salat al-mohmalat] *n* litter bin
كرة السلة
[Korat al-salah] *n* basketball
سُلحفاة tortoise, turtle *n* [sulħufa:t]
سلزيوس *n* [silizju:s]
درجة حرارة سلزيوس
[Darajat ḥararah selezyos] *n* degree Celsius
سَلس fluent (فصيح) *adj* [salis]
سِلسة chain *n* [silsila]
سلسلة رسوم هزلية
[Selselat resoom hazaleyah] *n* comic strip
سلسلة جبال
[Selselat jebal] *n* range *(mountains)*
سلسلة متتابعة
[Selselah motatabe'ah] *n* episode
سلسلة مباريات
[Selselat mobarayat] *n* tournament
سلطانة sultana *n* [sultˤa:na]
زبيب سلطانة
[Zebeeb solṭanah] *n* sultana
سُلطانية bowels *n* [sultˤa:nijja]
سلطة command, power *n* [sultˤa]
سلف predecessor, ancestor *n* [salaf]
سلق boil *vi* [slaqa]
سِلك string, wire *n* [silk]
سِلك شائك
[Selk shaaek] *n* barbed wire
سلكي *n* [silkij]
لا سلكي
[La-selkey] *adj* cordless
سلم stair, staircase *n* [sullam]

سلم متحرك
[Solam motaḥarek] n escalator
سُلّم نقال
[Sollam na'q'qaal] n stepladder
سلالم
[sala:lim] n stairs
سَلّم [sallama] v hand, surrender
deliver vt ◁
يُسَلِم ب
[Yosalem be] v presume
سُلّم n ladder
سلمون [salamu:n] n
سمك السلمون
[Samak al-salmon] n salmon
ذَكَر سمك السلمون
[Dhakar samak al-salamon] n kipper
سلوفاكي [slu:fa:kij] adj Slovak
اللغة السلوفاكية
[Al-logha al-slofakeyah] (language) n Slovak
مواطن سلوفاكي
[Mowaṭen slofakey] (person) n Slovak
سلوفاكيا [slu:fa:kija:] n Slovakia
سلوفاني [slu:fa:ni:] adj Slovenian
اللغة السلوفانية
[Al-logha al-slofaneyah] (language) n Slovenian
مواطن سلوفاني
[Mowaṭen slofaney] (person) n Slovenian
سلوفانيا [slu:fa:nija:] n Slovenia
سلوك [sulu:k] n behaviour, manner
سلوكي [sulu:kij] adj
عادة سلوكية
['aadah selokeyah] n habit
سلوكيات [sulu:kijja:tun] npl manners
سَلّى [salla:] v amuse
سليم [sali:m] adj intact, sound, whole
سُمّ [summ] n poison, venom
سماء [sama:ʔ] n sky
سماد [sama:d] n manure, fertilizer
سماد عضوي
[Semad 'aodwey] n manure
سِمَاد طبيعي
[Semad ṭabe'ay] n peat

سماعات [samma:ʕa:t] n hands-free kit
سَماكة [sama:ka] n thickness
سِمّان [simma:n] n
طائر السِمّان
[Ṭaaer al-saman] n quail
سمة [sima] n characteristic, feature
سمَح [samaħa] v allow
سُمرة [sumra] n tan
سُمرة الشمس
[Somrat al-shams] n suntan
سِمسار [samsa:r] n broker
سِمسار عقارات
[Semsaar a'qarat] n estate agent
سِمسار البورصة
[Semsar al-borṣah] n stockbroker
سَمْع [samʕ] n hearing
سمعة [sumʕa] n reputation
حسن السمعة
[Ḥasen al-som'aah] adj reputable
سَمعي [samʕij] adj acoustic
سِمفونية [samfu:nijja] n symphony
سمك [samak] n fish
صياد السمك
[Ṣayad al-samak] n fisherman
سمك سياف البحر
[Samak aayaf al-baḥr] n swordfish
سمك السُلمون المُرَقَّط
[Samak al-salamon almora'qat] n trout
سمك الأبيض
[Samak al-abyaḍ] n whiting
سمك التونة
[Samak al-tonah] n tuna
سمك الشص
[Samak al-shaṣ] n fisherman
سمك القد
[Samak al'qad] n cod
سمك ذهبي
[Samak dhahabey] n goldfish
سوف أتناول سمك
[sawfa ata-nawal samak] I'll have the fish
لا أتناول الأسماك
[la ata-nawal al-asmaak] I don't eat fish
ماذا يوجد من أطباق السمك؟
[madha yujad min aṭbaa'q al-samak?]

What fish dishes do you have?
**هل يمكن إعداد وجبة خالية من الأسماك؟**
[hal yamken e'adad wajba khaliya min al-asmaak?] Could you prepare a meal without fish?
**سَمك** fish *n* [samaka]
**سَمكة مياه عذبة**
[Samakat meyah adhbah] *n* freshwater fish
**سَمكة الأنقليس**
[Samakat al-anfalees] *n* eel
**سَمّم** poison *v* [sammama]
**سَمْن** butter *n* [samn]
**سَمْن نباتي**
[Samn nabatey] *n* margarine
**سَمندل** salamander *n* [samandal]
**سَمندل الماء**
[Samandal al-maa] *n* newt
**سُمي** toxic *adj* [summij]
**سَميك** thick *adj* [sami:k]
**سَمين** fat *adj* [sami:n]
**سن** tooth *n* [sinn]
**أطقم أسنان صناعية**
[Aṭ'qom asnan ṣena'aeyah] *npl* dentures
**أكبر سِنّاً**
[Akbar senan] *adj* elder
**خَيط تنظيف الأسنان**
[Khayṭ tandheef al-asnan] *n* dental floss
**الأكبر سناً**
[Al-akbar senan] *adj* eldest
**طبيب أسنان**
[Ṭabeeb asnan] *n* dentist
**متعلق بطب الأسنان**
[Mota'ale'q be-ṭeb al-asnan] *adj* dental
**عندي وجع في الأسنان**
['aendy waja'a fee al-as-nan] I have toothache
**لقد كسرت سنتي**
[la'qad kasarto sin-ny] I've broken a tooth
**ليس لدي تأمين صحي لأسناني**
[laysa la-daya ta-meen ṣiḥee le-asnany] I don't have dental insurance
**هذا السن يؤلمني**
[haḍha al-sen yoelemoney] This tooth hurts
**سِن** tooth *n* [sin]
**سِن المرء**
[Sen al-mara] *n* age
**سِن المراهقة**
[Sen al-moraha'qah] *n* adolescence
**حد السّن**
[Had alssan] *n* age limit
**سناد** brace *n* [sana:d]
**سِنارة** fishing rod *n* [sˤanna:ra]
**سِنت** cent, penny *n* [sint]
**سَنة** year *n* [sana]
**سنة ضريبية**
[Sanah ḍareebeyah] *n* fiscal year
**سَنة كبيسة**
[Sanah kabeesah] *n* leap year
**سَنة مالية**
[Sanah maleyah] *n* financial year
**رَأس السَنة**
[Raas alsanah] *n* New Year
**كل سنة**
[Kol sanah] *adj* yearly
**سنتيمتر** centimetre *n* [santi:mitar]
**سِنجاب** squirrel *n* [sinʒa:b]
**سَند** bond *n* [sanad]
**سَندويتش** sandwich *n* [sandiwi:tʃ]
**سِنغالي** Senegalese *n* [siniɣa:lij]
**سَنّن** teethe *v* [sannana]
**سِنوكر** *n* [snu:kar]
**لُعبَة السُنوكِر**
[Lo'abat al-sonoker] *n* snooker
**سنوي** annual *adj* [sanawij]
**سنوياً** yearly *adv* [sanawijan]
**سهرة** *n* [sahra]
**ملابس السهرة**
[Malabes al-sahrah] *npl* evening dress
**سهل** easy, flat *adj* [sahl]
**سهل الانقياد**
[Sahl al-en'qyad] *adj* easy-going
**سهل الوصول**
[Sahl al-woṣool] *adj* accessible
**سهم** arrow, dart *n* [sahm]
**سهم مالي**
[Sahm maley] *n* share
**لعبة رمي السهام**
[Lo'abat ramey al-seham] *npl* darts

**سهو** [sahw] *n* (*mistake*) oversight
**سوء** [su:ʔ] *n* misfortune
**سوء الحظ**
[Soa al-ḥaḍh] *n* misfortune
**سوء فهم**
[Soa fahm] *n* misunderstanding
**سوء معاملة الأطفال**
[Soo mo'aamalat al-aṭfaal] *n* child abuse
**سُوَار** [suwa:r] *n* bracelet
**سُوَار الساعة**
[Sowar al-sa'aah] *n* watch strap
**سوازيلاند** [swa:zi:la:nd] *n* Swaziland
**سوداني** [su:da:nij] *adj* Sudanese ◁ *n* Sudanese
**سوري** [su:rij] *adj* Syrian ◁ *n* Syrian
**سوريا** [su:rja:] *n* Syria
**سَوط** [sawtˤ] *n* whip
**سوق** [su:q] *n* market, market place
**سوق خيرية**
[Soo'q khayreyah] *n* fair
**سُوق الأوراق المالية**
[Soo'q al-awra'q al-maleyah] *n* stock exchange
**سُوق للسلع الرخيصة**
[Soo'q lel-sealaa al-ṣgheerah] *n* flea market
**متى يبدأ العمل في السوق؟**
[mata yabda al-'aamal fee al-soo'q?] When is the market on?
**سُوقي** [su:qij] *adj* vulgar
**سولار** [su:la:r] *n*
**سولار من فضلك...**
[Solar men faḍlek...] ... worth of diesel, please
**سويا** [sawijjan] *adv* together
**سويدي** [swi:dij] *adj* Swedish ◁ *n* Swede
**اللغة السويدية**
[Al-loghah al-sweedeyah] *n* Swedish
**اللّفت السويدي**
[Al-left al-sweedey] *n* swede
**سويسرا** [swi:sra:] *n* Switzerland
**سويسري** [swi:srij] *adj* Swiss ◁ *n* Swiss
**سيء** [sajjiʔ] *adj* bad
**على نحو سيء**
[Ala nahw saye] *adv* badly
**أسوأ**
[ʔaswaʔun] *adj* worse
**على نحو أسوأ**
[Ala nahw aswaa] *adv* worse
**الأسوأ**
[Al-aswaa] *adj* worst
**سياج** [sija:ʒ] *n* fence
**سياج نقال**
[Seyaj na'qal] *n* hurdle
**سِياج من الشجيرات**
[Seyaj men al-shojayrat] *n* hedge
**سياحة** [sija:ħa] *n* tourism
**سياحي** [sija:ħij] *adj*
**درجة سياحية**
[Darjah seyaḥeyah] *n* economy class
**مرشد سياحي**
[Morshed seyaḥey] *n* tour guide
**مكتب سياحي**
[Maktab seayaḥey] *n* tourist office
**لقد سرق شخص ما الشيكات السياحية الخاصة بي**
[la'qad sara'qa shakh-ṣon ma al-shaikaat al-seyaḥiya al-khaṣa be] Someone's stolen my traveller's cheques
**هل يتم قبول الشيكات السياحية؟**
[hal yatum 'qubool al-shaikaat al-seyaḥiya?] Do you accept traveller's cheques?
**سيارة** [sajja:ra] *n* carriage
**إيجار سيارة**
[Ejar sayarah] *n* car rental
**سائق سيارة**
[Saae'q sayarah] *n* chauffeur
**سيارة صالون**
[Sayarah ṣalon] *n* saloon car
**سيارة إسعاف**
[Sayarat es'aaf] *n* ambulance
**سيارة إيجار**
[Sayarah eejar] *n* rental car
**سيارة أجرة**
[Sayarah ojarah] *n* cab
**سيارة السباق**
[Sayarah al-seba'q] *n* racing car
**سيارة الشركة**

[Sayarat al-sharekah] *n* company car
**سيارة بصالون متحرك المقاعد**
[Sayarah be-ṣalon motaḥarek al-ma'qaed] *n* estate car
**سيارة بباب خلفي**
[Sayarah be-bab khalfey] *n* hatchback
**سيارة كوبيه**
[Sayarah kobeeh] *n* convertible
**سيارة مستأجرة**
[Sayarah mostaajarah] *n* hired car
**غسيل سيارة**
[ghaseel sayaarah] *n* car wash
**تأجير سيارة**
[Taajeer sayarah] *n* car rental
**تأمين سيارة**
[Taameen sayarah] *n* car insurance
**استئجار سيارة**
[isti-jar sayara] *n* rental car
**أريد أن استأجر سيارة**
[areed an asta-jer sayara] I want to hire a car
**الأطفال في السيارة**
[al-aṭfaal fee al-sayara] My children are in the car
**كم تبلغ مصاريف سيارة لشخصين؟**
[kam tablugh ma-ṣareef sayarah le-sha-khṣyn?] How much is it for a car for two people?
**لقد صدمتُ سيارتي**
[la'qad ṣadamto sayaraty] I've crashed my car
**متى ستغادر السيارة في الصباح؟**
[mata satu-ghader al-sayarah fee al-ṣabaaḥ?] When does the coach leave in the morning?
**هل يمكن أن أوقف السيارة هنا؟**
[hal yamken an o'qef al- sayara huna?] Can I park here?
**هل يمكنك توصيلي بالسيارة؟**
[hal yamken -aka taw-ṣeely bil-sayara?] Can you take me by car?
**هل يمكنك جر سيارتي إلى ورشة السيارات؟**
[Hal yomkenak jar sayaratey ela warshat al-sayarat?] Can you tow me to a garage?

**هناك ثقب في ردياتير السيارة**
[Honak tho'qb fee radyateer al-sayarah] There is a leak in the radiator
**سياسة** politics *npl* [sija:sa]
**رجل سياسة**
[Rajol seyasah] *n* politician
**علم السياسة**
['aelm alseyasah] *n* political science
**سياسي** political *adj* [sija:sij]
**سياق** context *n* [sija:q]
**سيبيريا** Siberia *n* [si:bi:rja:]
**سيجار** cigar *n* [si:ʒa:r]
**سيجارة** cigarette *n* [si:ʒa:ra]
**سيخ** skewer *n* [si:x]
**سيد** chief *n* [sajjid]
**سيدة** lady *n* [sajjida]
**سيدة أعمال**
[Sayedat a'amaal] *n* businesswoman
**سيدي** sir *n* [sajjidi:]
**سير** belt, march *n* [sajr]
**سرعة السير**
[Sor'aat al-seer] *n* pace
**سير المروحة**
[Seer almarwaha] *n* fan belt
**سير متحرك**
[Sayer motaḥrrek] *n* conveyor belt
**أريد صعود التل سيرا على الأقدام**
[areed ṣi'aood al-tal sayran 'aala al-a'qdaam] I'd like to go hill walking
**هل يمكن السير هناك؟**
[hal yamken al-sayr hunak?] Can I walk there?
**هل يوجد أي جولات للسير مع أحد المرشدين؟**
[hal yujad ay jaw-laat lel-sayer ma'aa aḥad al-murshid-een?] Are there any guided walks?
**سيرة** biography *n* [si:ra]
**سيرة ذاتية**
[Seerah dhateyah] *n* autobiography, CV
**سيرفر** *n* [si:rfar]
**جهاز السيرفر**
[Jehaz al-servo] *n* server *(computer)*
**سيرك** circus *n* [si:rk]
**سيف** sword *n* [sajf]
**سيكولوجي** *adj* [sajku:lu:ʒij]

psychological
**سَيْل** downpour *n* [sajl]
**سينما** cinema *n* [siːnimaː]
**ماذا يعرض الآن على شاشات السينما؟**
[madha yu'a-raḍ al-aan 'aala sha-shaat al-senama?] What's on at the cinema?
**سينمائي** *adj* [siːnimaːʔij]
**نجم سينمائي**
[Najm senemaaey] *n* film star

# ش

**شائع** common *adj* [ʃaːʔiʕ]
**شائك** prickly *adj* [ʃaːʔiku]
**نبات شائك الأطراف**
[Nabat shaek al-aṭraf] *n* holly
**شائِن** disgraceful *adj* [ʃaːʔin]
**شاب** young *adj* [ʃaːbb]
**شابك** snarl *v* [ʃaːbaka]
**شاة** ewe *n* [ʃaːt]
**شاحب** pale *adj* [ʃaːħib]
**شاحِن** charger *n* [ʃaːħin]
**شاحِنة** truck *n* [ʃaːħina]
**شاحِنة لوري**
[Shaḥenah loorey] *n* truck
**شاحنة قطر**
[Shaḥenat 'qaṭr] *n* breakdown truck
**شاحِنة نقل**
[Shahenat na'ql] *n* removal van
**شاذ** odd *adj* [ʃaːðð]
**شارِب** moustache *n* [ʃaːrib]
**شارَة** badge *n* [ʃaːra]
**شارع** street *n* [ʃaːriʕ]
**شارع جانبي**
[Share'a janebey] *n* side street
**خريطة الشارع**
[Khareeṭat al-share'a] *n* street plan
**أريد خريطة لشوارع المدينة**
[areed khareeṭa le-shawari'a al-madena]

I want a street map of the city
**شارك** share *v* [ʃa:raka]
**شاشة** monitor *n* [ʃa:ʃa]
**شاشة بلازما**
[Shashah blazma] *n* plasma screen
**شاشة مسطحة**
[Shasha mosṭahah] *adj* flat-screen
**شاطئ** beach *n* [ʃa:tˤiʔ]
**شاطئ البحر**
[Shaṭeya al-baḥr] *n* seashore
**سوف أذهب إلى الشاطئ**
[sawfa adhab ela al-shaṭee] I'm going to the beach
**ما هي المسافة بيننا وبين الشاطئ؟**
[ma heya al-masafa bay-nana wa bayn al-shaṭee?] How far are we from the beach?, How far is the beach?
**هل يوجد أتوبيس إلى الشاطئ؟**
[Hal yojad otobees elaa al-shaṭea?] Is there a bus to the beach?
**شاطر** clever *adj* [ʃa:tˤir]
**شاعر** intuitive *adj* ◂ poet *n* [ʃa:ʕir]
**شاعر بالإطراء**
[Shaa'aer bel-eṭraa] *adj* flattered
**شاغب** riot *v* [ʃa:ɣaba]
**شاغر** vacant *adj* [ʃa:ɣir]
**شاكوش** hammer *n* [ʃa:ku:ʃ]
**شال** shawl *n* [ʃa:l]
**شامبانيا** champagne *n* [ʃa:mba:nija:]
**شامبو** shampoo *n* [ʃa:mbu:]
**هل تبيع شامبوهات**
[hal tabee'a shambo-haat?] Do you sell shampoo?
**شامة** beauty spot *n* [ʃa:ma]
**شامل** comprehensive, *adj* [ʃa:mil] thorough
**بشكل شامل**
[Be-shakl shamel] *adv* thoroughly
**شأن** affair *n* [ʃaʔn]
**شؤون الساعة**
[Sheoon al-saa'ah] *npl* current affairs
**شاهد** witness *n* [ʃa:hid]
**شاهد** watch *v* [ʃa:hada]
**أنا أشاهد فقط**
[ana ashahid fa'qaṭ] I'm just looking
**شاهق** steep, high *adj* [ʃa:hiq]

**شاي** tea *n* [ʃa:j]
**براد الشاي**
[Brad shaay] *n* teapot
**فنجان شاي**
[Fenjan shay] *n* teacup
**كيس شاي**
[Kees shaay] *n* tea bag
**ملعقة شاي**
[Mel'a'qat shay] *v* teaspoon
**شاي من فضلك**
[shaay min faḍlak] A tea, please
**هل يمكن من فضلك الحصول على كوب آخر من الشاي؟**
[hal yamken min faḍlak al-ḥusool 'aala koob aakhar min al-shay?] Could we have another cup of tea, please?
**شباب** youth *n* [ʃaba:b]
**بيت الشباب**
[Bayt al-shabab] *n* hostel
**شباك** *n* [ʃubba:k]
**شباك التذاكر**
[Shobak al-taḍhaker] *n* box office
**شبح** ghost *n* [ʃabaħ]
**شبحي** spooky *adj* [ʃabaħij]
**شبشب** flip-flops *n* [ʃubʃub]
**شبشب حمام**
[Shebsheb ḥamam] *n* slipper
**شبكة** net, network *n* [ʃabaka]
**شبكة عنكبوتية**
[Shabakah 'ankaboteyah] *n* web
**شبكة داخلية**
[Shabakah dakheleyah] *n* intranet
**كرة الشبكة**
[Korat al-shabakah] *n* netball
**شبكة قضبان مُتصالِبة**
[Shabakat 'qodban motaṣalebah] *n* grid
**لا أستطيع الوصول إلى الشبكة**
[la astạ-ṭee'a al-wiṣool ela al-shabaka] I can't get a network
**شبل** cub *n* [ʃibl]
**شبه** semi-detached house, *n* [ʃibhu] resemblance
**شبّورة** mist *n* [ʃabuwra]
**شتوي** winter *adj* [ʃitwijjat]
**رياضات شتوية**
[Reyḍat shetweyah] *npl* winter sports

**شتيمة** [ʃatiːma] *n* swearword, insult
**شجار** [ʃiʒaːr] *n* row
**شجاع** [ʃuʒaːʕ] *n* brave
**شجاعة** [ʃaʒaːʕa] *n* bravery
**شجر** [ʃaʒar] *n* tree
**شجر البتولا**
[Ahjar al-betola] *n* birch
**شجر الطقسوس**
[Shajar al-ṭa'qsoos] *n* yew
**أشجار الغابات**
[Ashjaar al-ghabat] *n* timber
**شجرة** [ʃaʒara] *n* tree
**شجرة عيد الميلاد**
[Shajarat 'aeed al-meelad] *n* Christmas tree
**شجرة الصنوبر**
[Shajarat al-ṣonobar] *n* pine
**شجرة الصنوبر المخروطية**
[Shajarat al-ṣonobar al-makhrooṭeyah] *n* conifer
**شجرة الصِفْصَاف**
[Shajart al-ṣefṣaf] *n* willow
**شجرة الزان**
[Shajarat al-zaan] *n* beech (tree)
**شجّع** [ʃaʒʒaʕa] *v* encourage
**شُجَيْرَة** [ʃuʒajra] *n* bush *(shrub)*
**شحرور** [ʃaħruːr] *n* blackbird
**شحم** [ʃaħm] *n* grease
**شحن** [ʃaħn] *n* charge *(electricity)*
**إنها لا تقبل الشحن**
[inaha la ta'qbal al-shaḥin] It's not charging.
**شحنة** [ʃuħna] *n* freight
**شخص** [ʃaxsˤun] *n* person, character
**أي شخص**
[Ay shakhṣ] *pron* anybody
**شخص عربي**
[Shakhṣ 'arabey] *(person) adj* Arab
**شخص جزائري**
[Shakhṣ jazayry] *n* Algerian
**كم تبلغ تكلفة عربة مجهزة للمخيمات لأربعة أشخاص؟**
[kam tablugh taklifat 'aaraba mujahaza lel-mukhyamat le-arba'aat ash-khaṣ?] How much is it for a camper with four people?
**هل هذا مناسب للأشخاص النباتيين**
[hal hadha munasib lel-ash-khaaṣ al-nabat-iyen?] Is this suitable for vegetarians?
**شخصي** [ʃaxsˤij] *adj* personal
**بطاقة شخصية**
[beṭ a'qah shakhṣeyah] *n* identity card
**حارس شخصي**
[ḥares shakhṣ] *n* bodyguard
**أريد عمل الترتيبات الخاصة بالتأمين ضد الحوادث الشخصية**
[areed 'aamal al-tar-tebaat al-khaṣa bil-taameen ḍid al-ḥawadith al-shakhṣiya] I'd like to arrange personal accident insurance
**شخصياً** [ʃaxsˤiːan] *adv* personally
**شخصية** [ʃaxsˤijja] *n* character, personality
**شَحنة** [ʃaxna] *n* shipment
**شديد** [ʃadiːd] *adj* extreme, intensive
**بدرجة شديدة**
[Bedarajah shadeedah] *adv* extremely
**شذا** [ʃaðaː] *n* odour
**شراء** [ʃiraːʔ] *n* purchase
**شراء كامل**
[Sheraa kaamel] *n* buyout
**أين يمكن شراء الطوابع؟**
[ayna yamken sheraa al-ṯawabi'a?] Where can I buy stamps?
**هل يجب شراء تذكرة لإيقاف السيارة؟**
[hal yajib al-sayarah tadhkara] Do I need to buy a car-parking ticket?
**شرائح** [ʃaraːʔiħun] *npl* chips
**شراب** [ʃaraːb] *n* drink, syrup
**إسراف في الشراب**
[Esraf fee alsharab] *n* booze
**الإفراط في تناول الشراب**
[Al-efraaṭ fee tanawol alsharab] *n* binge drinking
**شراب الجين المُسكِر**
[Sharaab al-jobn al-mosaker] (محلج القطن) *n* gin
**شراب البَنْش المُسكِر**
[Sharaab al-bensh al-mosker] *n* punch *(hot drink)*
**شراب مُسكِر**

[Sharaab mosker] *n* nappy

**شرارة** spark *n* [ʃaraːra]

**شراشف** bedding *n* [ʃaraːʃif]

**شراع** sail *n* [ʃiraːʕ]

**شرب** drinking *n* [ʃurb]

**مياه الشرب**
[Meyah al-shorb] *n* drinking water

**شرب** drink *v* [ʃareba]

**.أنا لا أشرب**
[ana la ashrab] I'm not drinking

**أنا لا أشرب الخمر أبدا**
[ana la ashrab al-khamr abadan] I never drink wine

**أنا لا أشرب الكحول**
[ana la ashrab al-koḥool] I don't drink alcohol

**هل أنت ممن يشربون اللبن؟**
[hal anta me-man yash-raboon al-laban?] Do you drink milk?

**شرب** drink *vt* [ʃaraba]

**شرح** explain *v* [ʃaraħa]

**هل يمكن أن تشرح لي ما الذي بي؟**
[hal yamken an tash-raḥ lee ma al-ladhy be?] Can you explain what the matter is?

**شرح** explanation *n* [ʃarħ]

**شرس** bad-tempered *adj* [ʃaris]

**شرط** condition *n* [ʃartˤ]

**شرطة** police *n* [ʃurtˤa]

**ضابط شرطة**
[Ḍabeṭ shorṭah] *n* policeman

**شرطة سرية**
[Shorṭah serryah] *n* detective

**شرطة قصيرة**
[Sharṭah 'qaṣeerah] *n* hyphen

**شرطة مائلة للأمام**
[Sharṭah maelah lel-amam] *n* forward slash

**شرطة مائلة للخلف**
[Sharṭah maelah lel-khalf] *n* backslash

**قسم شرطة**
['qesm shorṭah] *n* police station

**سوف يجب علينا إبلاغ الشرطة**
[sawfa yajeb 'aalyna eb-laagh al-shurṭa] We will have to report it to the police

**أريد الذهاب إلى قسم الشرطة؟**
[areed al-dhehaab ela 'qism al-shurṭa] I need to find a police station

**ارغب في التحدث إلى أحد رجال الشرطة**
[arghab fee al-taḥaduth ela shurṭia] I want to speak to a policewoman

**اتصل بالشرطة**
[itaṣel bil-shurṭa] Call the police

**احتاج إلى عمل محضر في الشرطة لأجل التأمين**
[aḥtaaj ela 'aamal maḥḍar fee al-shurṭa le-ajl al-taameen] I need a police report for my insurance

**شرطي** cop *n* [ʃurtˤij]

**شرطي** provisional *adj* [ʃartˤij]

**شرطي** *adj* [ʃurtˤijju]

**شرطي المرور**
[Shrṭey al-moror] *n* traffic warden

**شرعيّ** legal, kosher *adj* [ʃarʕij]

**شرّف** supervise *v* [ʃarrafa]

**شرف** honour *n* [ʃaraf]

**شرفة** balcony *n* [ʃurfa]

**مزود بشرفة**
[Mozawad be-shorfah] *adj* terraced *(row houses)*

**شرفة مكشوفة**
[Shorfah makshofah] *n* terrace

**هل يمكن أن أتناول طعامي في الشرفة؟**
[hal yamken an ata-nawal ṭa'aa-mee fee al-shur-fa?] Can I eat on the terrace?

**شرق** east *n* [ʃarq]

**الشرق الأقصى**
[Al-shar'q al-a'qsa] *n* Far East

**الشرق الأوسط**
[Al-shar'q al-awṣaṭ] *n* Middle East

**شرقاً** east *adv* [ʃarqan]

**متجه شرقاً**
[Motajeh sharqan] *adj* eastbound

**شرقي** east, eastern *adj* [ʃarqij]

**جنوب شرقي**
[Janoob shr'qey] *n* southeast

**شمال شرقي**
[Shamal shar'qey] *n* northeast

**شركة** company *n* [ʃarika]

**سيارة الشركة**
[Sayarat al-sharekah] *n* company car

**شركة تابعة**
[Sharekah tabe'ah] *n* subsidiary
**شركة طيران**
[Sharekat ṭayaraan] *n* airline
**شركة متعددة الجنسيات**
[Shreakah mota'adedat al-jenseyat] *n* multinational
**أريد الحصول على بعض المعلومات عن الشركة**
[areed al-ḥuṣool 'aala ba'aḍ al-ma'aloomat 'an al-shareka] I would like some information about the company
**تفضل بعض المعلومات المتعلقة بشركتي**
[tafaḍal ba'aḍ al-ma'a-lomaat al-muta'a-le'qa be-share-katy] Here's some information about my company
**شروق** *n* [ʃuru:q]
**شروق الشمس**
[Sheroo'q al-shams] *n* sunrise
**شريان** artery *n* [ʃurja:n]
**شريحة** chip *(electronic)*, *n* [ʃari:ħatt] splint
**شريحة صغيرة**
[Shareehat ṣagheerah] *n* microchip
**شريحة السليكون**
[Shreeḥah men al-selekoon] *n* silicon chip
**شريحة لحم مخلية من العظام**
[Shreeḥat laḥm makhleyah men al-eḍham] (عصابة رأس) *n* fillet
**شريحة من لحم البقر**
[Shreeḥa men laḥm al-ba'qar] *n* rump steak
**شريحة** slice *n* [ʃari:ħa]
**شريحة لحم**
[Shareehat laḥm] *n* steak
**شريحة لحم خنزير**
[Shareehat laḥm khenzeer] *n* pork chop
**شريحة لحم مشوية**
[Shareehat laḥm mashweyah] *n* cutlet
**شريد** homeless *adj* [ʃari:d]
**شرير** evil, villain *adj* [ʃirri:r]
**شريط** tape *n* [ʃari:tˤ]
**شريط الحذاء**
[Shreeṭ al-ḥedhaa] *n* lace
**شريط قياس**
[Shreeṭ 'qeyas] *n* tape measure
**شريطة** strip *n* [ʃari:tˤa]
**شريعة** sharia *n* [ʃari:ʕa]
**هل توجد أطباق مباح أكلها في الشريعة الإسلامية؟**
[hal tojad aṭba'q mubaḥ akluha fee al-sharee-'aa al-islam-iya?] Do you have halal dishes?
**شريك** partner *n* [ʃari:k]
**شريك السكن**
[Shareek al-sakan] *n* inmate
**شريك حياة**
[Shareek al-ḥayah] *n* match *(partnership)*
**شريك في جريمة**
[Shareek fee jareemah] *n* accomplice
**شطب** cross out *v* [ʃatˤaba]
**شطرنج** *npl* ◁ chess *n* [ʃatˤranʒ] draughts
**شطف** rinse *v* [ʃatˤafa]
**شطف** rinse *n* [ʃatˤf]
**شظية** splinter *n* [ʃazˤijja]
**شعائري** ritual *adj* [ʃaʕa:ʔirij]
**شعار** logo *n* [ʃiʕa:r]
**شعاعي** *adj* [ʃuʕa:ʕij]
**صورة شعاعية**
[Ṣewar sho'aeyah] *v* X-ray
**شعب** public *n* [ʃaʕb]
**شعبي** popular, public *adj* [ʃaʕbij]
**موسيقى شعبية**
[Mose'qa sha'abeyah] *n* folk music
**شعبية** popularity *n* [ʃaʕbijjit]
**شعبية** publicity *n* [ʃaʕbijja]
**شعر** hair *n* [ʃaʕr]
**رمادي الشعر**
[Ramadey al-sha'ar] *adj* grey-haired
**سبراي الشعر**
[Sbray al-sha'ar] *n* hair spray
**أحمر الشعر**
[Aḥmar al-sha'ar] *adj* red-haired
**تسريحة الشعر**
[Tasreehat al-sha'ar] *n* hairdo
**جل الشعر**
[Jel al-sha'ar] *n* hair gel
**خصلة شعر مستعار**

[khoṣlat sha'ar mosta'aar] *n* toupee
**قصة شعر قصيرة**
['qaṣat sha'ar] *n* crew cut
**كثير الشعر**
[Katheer sha'ar] *adj* hairy
**ماكينة تجعيد الشعر**
[Makeenat taj'aeed sha'ar] *n* curler
**يَعْقِص الشعر**
[Ya'aqeṣ al-sha'ar] *n* curl
**إن شعري مصبوغ**
[enna sha'ary maṣboogh] My hair is highlighted
**أنا في حاجة إلى مجفف شعر**
[ana fee ḥaja ela mujaf-if sh'aar] I need a hair dryer
**شعري أشقر بطبيعته**
[sha'ary ash'qar beṭa-be'aatehe] My hair is naturally blonde
**هل تبيع بلسم مرطب للشعر؟**
[hal tabee'a balsam mura-ṯib lil-sha'air?] Do you sell conditioner?
**هل يمكن أن تصبغ لي جذور شعري من فضلك؟**
[hal yamken an taṣbugh lee jidhoor sha'ary min faḍlak?] Can you dye my roots, please?
**هل يمكن أن تقص أطراف شعري؟**
[hal yamken an ta'quṣ aṭraaf sha'ary?] Can I have a trim?
**شعر** [ʃaʕura] *v* feel
**كيف تشعر الآن**
[kayfa tash-'aur al-aan?] How are you feeling now?
**شِعْر** [ʃiʕr] *n* poetry
**شَعر ب** [ʃaʕura bi] *v*
**أشعر بهرش في قدمي**
[ash-'aur be-harsh fee sa'qy] My leg itches
**شُعور** [ʃuʕuːr] *n* feeling
**شعِير** [ʃaʕiːr] *n* barley
**شعيرة** [ʃaʕiːra] *n* ritual
**شَغَب** [ʃaɣab] *n* riot
**شغل** [ʃaɣɣala] *v* turn on, operate *(to function)*
**شِفَاء** [ʃifaːʔ] *n* cure, recovery
**شفاف** [ʃaffaːf] *adj* transparent
**شفاه** [ʃifaːh] *n* lip
**شفرة** [ʃafra] *n* blade, edge
**شفرة حلاقة**
[Shafrat hela'qah] *n* razor blade
**شفقة** [ʃafaqa] *n* pity
**شفهي** [ʃafahij] *adj* oral
**فحص شفهي**
[Faḥṣ shafahey] *n* oral
**شفى** [ʃafaː] *v* heal, recover
**شق** [ʃaqqa] *vt* rip
**شقة** [ʃaqqa] *n*
**شقة ستديو**
[Sha'qah stedeyo] *n* studio flat
**شقة بغرفة واحدة**
[Sh'qah be-ghorfah waḥedah] *n* studio flat
**إننا نبحث عن شقة**
[ena-na nabḥath 'aan shu'qa] We're looking for an apartment
**لقد قمنا بحجز شقة باسم...**
[la'qad 'qimto be- ḥajis shu'qa be-isim...] We've booked an apartment in the name of...
**هل يمكن أن نرى الشقة؟**
[hal yamken an naraa al-shu'qa?] Could you show us around the apartment?
**شقي** [ʃaqij] *adj* mischievous
**شك** [ʃakk] *n* doubt
**معتنق مذهب الشك**
[Mo'atane'q maḍhhab al-shak] *adj* sceptical
**شك** [ʃak] *n* doubt
**بلا شك**
[Bela shak] *adv* certainly
**شكا** [ʃakaː] *v* complain
**شكر** [ʃakara] *v* thank
**شكرا** [ʃukran] *excl* thanks!
**!شكرا**
[Shokran!] *excl* thanks!
**شكرا جزيلا**
[shukran jazeelan] Thank you very much
**شكرا لك**
[Shokran lak] That's very kind of you
**شكل** [ʃakl] *n* form
**بشكل صحيح**

[Beshakl ṣaheeh] *adv* correctly
**بشكل سيء**
[Be-shakl sayea] *adj* unwell
**بشكل كامل**
[Beshakl kaamel] *adv* totally
**بشكل مُنفَصِل**
[Beshakl monfaṣel] *adv* apart
**شكل رسمي**
[Shakl rasmey] *n* formality
**ما هو شكل الثلوج؟**
[ma howa shakl al-thilooj?] What is the snow like?
**شَكَّل** [ʃakkala] *v* model
**شكوى** [ʃakwa:] *n* complaint, grouse *(complaint)*
**إني أرغب في تقديم شكوى**
[inny arghab fee ta'qdeem shakwa] I'd like to make a complaint
**شكيمة** [ʃaki:ma] *n* kerb
**شَلَّال** [ʃalla:l] *n* waterfall
**شَلَّال كبير**
[Shallal kabeer] *n* cataract *(waterfall)*
**شلل** [ʃalal] *n*
**شلل أطفال**
[Shalal aṭfaal] *n* polio
**شَمَّ** [ʃamma] *vt* smell
**شماعة** [ʃamma:ʕa] *n*
**شماعة المعاطف**
[Shama'aat al-ma'aatef] *n* coathanger
**شمال** [ʃama:l] *n* north
**شمال أفريقيا**
[Shamal afreekya] *n* North Africa
**شمال غربي**
[Shamal gharbey] *n* northwest
**شمال شرقي**
[Shamal shar'qey] *n* northeast
**شمالا** [ʃama:lan] *adv* north
**متجه شمالًا**
[Motajeh shamalan] *adj* northbound
**شمالي** [ʃama:lij] *n* north ◁ *adj* northern
**أمريكا الشمالية**
[Amreeka al- Shamaleyah] *n* North America
**أيرلندة الشمالية**
[Ayarlanda al-shamaleyah] *n* Northern Ireland
**الدائرة القطبية الشمالية**
[Al-daerah al'qoṭbeyah al-Shamaleyah] *n* Arctic Circle
**البحر الشمالي**
[Al-bahr al-Shamaley] *n* North Sea
**القطب الشمالي**
[A'qoṭb al-shamaley] *n* North Pole
**المحيط القطبي الشمالي**
[Al-moheeṭ al-'qoṭbey al-shamaley] *n* Arctic Ocean
**كوريا الشمالية**
[Koreya al-shamaleyah] *n* North Korea
**شَمَّام** [ʃamma:m] *n* melon
**شمبانزي** [ʃamba:nzij] *n* chimpanzee
**شمر** [ʃamar] *n*
**نبات الشمر**
[Nabat al-shamar] *n* fennel
**شمس** [ʃams] *n* sun
**عباد الشمس**
['aabaad al-shams] *n* sunflower
**حمام شمس**
[Ḥamam shams] *n* sunbed
**كريم الشمس**
[Kreem shams] *n* sunscreen
**كريم للوقاية من الشمس**
[Kreem lel-we'qayah men al-shams] *n* sunblock
**مسفوع بأشعة الشمس**
[Masfoo'a be-ashe'aat al-shams] *adj* sunburnt
**أعاني من حروق من جراء التعرض للشمس**
[O'aaney men ḥoro'q men jaraa al-ta'aroḍ lel-shams] I am sunburnt
**شمسي** [ʃamsij] *adj* solar
**طاقة شمسية**
[Ṭa'qah shamseyah] *n* solar power
**نظارات شمسية**
[naḍharat shamseyah] *npl* sunglasses
**نظام شمسي**
[neḍham shamsey] *n* solar system
**شمع** [ʃamʕ] *n* wax
**شمعة** [ʃamʕa] *n* candle
**شمعدان** [ʃamʕada:n] *n* candlestick
**شمل** [ʃamela] *v* involve

هل يشمل السعر عصي التزلج
[hal yash-mil al-si'ar 'aoṣy al-tazal-oj?] Does the price include poles?
هل يشمل ذلك الإفطار؟
[hal yash-mil dhalik al-iftaar?] Is breakfast included?
شنّ v [ʃanna]
يَشن غارة
[Yashen gharah] v raid
شنق [ʃanaqa] hang vt
شنيع [ʃaniːʕ] awful, outrageous adj
شهادة [ʃahaːda] certificate n
شهادة تأمين
[Shehadat taameen] n insurance certificate
شهادة طبية
[Shehadah ṭebeyah] n medical certificate
شهادة ميلاد
[Shahadat meelad] n birth certificate
هل يمكنني الإطلاع على شهادة التأمين من فضلك؟
[hal yamken -any al-eṭla'a 'aala sha-hadat al-tameen min faḍlak?] Can I see your insurance certificate please?
شهر [ʃahr] month n
شهر العسل
[Shahr al-'asal] n honeymoon
في غضون شهر
[fee ghoḍon shahr] a month from now
في نهاية شهر يونيو
[fee nehayat shahr yon-yo] at the end of June
من المقرر أن أضع في غضون خمسة أشهر
[min al-mu'qarar an aḍa'a fee ghiḍoon khamsat ash-hur] I'm due in five months
منذ شهر
[mundho shahr] a month ago
شُهرَة [ʃuhra] celebrity n
شهري [ʃahrij] monthly adj
شهوة [ʃahwa] lust n
شهي [ʃahij] delicious adj
شهية [ʃahijja] appetite n
شهيد [ʃahiːd] martyr n
شهير [ʃahiːr] renowned adj
الشهير بـ
[Al-shaheer be-] adj alias
شوا [ʃawaː] grill v
شواء [ʃiwaːʔu] n
شواء اللحم
[Shewaa al-lahm] n barbecue
شوارب [ʃawaːribun] whiskers npl
شوّاية [ʃawwaːja] grill n
شورت [ʃuːrt] shorts n
شورت بوكسر
[Short boksar] n boxer shorts
شوفان [ʃuːfaːn] oats n
دقيق الشوفان
[Da'qee'q al-shofaan] n porridge
شَوْك [ʃawk] thistle n
شوكة [ʃawkatu] thorn, fork n
شوكة طعام
[Shawkat ṭa'aaam] n fork
شوكولاتة [ʃuːkuːlaːta] chocolate n
شيء [ʃajʔun] object, thing n
أي شيء
[Ay shaya] n anything
شيء ما
[Shaya ma] pron something
لا شيء
[La shaya] n nothing, zero
شيّال [ʃajjaːl] porter n
شيخ [ʃajx] n
طب الشيخوخة
[Ṭeb al-shaykhokhah] n geriatric
شيخوخي [ʃajxuːxij] geriatric adj
شيطان [ʃajtˤaːn] devil n
شيعي [ʃiːʕij] Shiite adj
شيك [ʃiːk] tick n
دفتر شيكات
[Daftar sheekaat] n chequebook
شيك على بياض
[Sheek ala bayaḍ] n blank cheque
شِيك سياحي
[Sheek seyahey] n traveller's cheque
شِيك بنكي
[Sheek bankey] n tick
أريد صرف شيكًا من فضلك
[areed ṣarf shaikan min faḍlak?] I want to cash a cheque, please

هل يمكنني الدفع بشيك؟
[hal yamken -any al-daf'a be- shaik?]
Can I pay by cheque?
n [ʃi:ku:la:ta] شيكولاتة
شيكولاتة سادة
[Shekolatah sada] *n* plain chocolate
شيكولاتة باللبن
[Shekolata bel-laban] *n* milk chocolate
كريمة شيكولاتة
[Kareemat shekolatah] *n* mousse
*n* ◁ communist *adj* [ʃuju:ʕij] شيوعي
communist
communism *n* [ʃuju:ʕijja] شيوعية

# ص

soap *n* [sˤa:bu:n] صابون
طبق صابون
[Ṭaba'q ṣaboon] *n* soap dish
مسحوق الصابون
[Masḥoo'q ṣaboon] *n* washing powder
لا يوجد صابون
[la yujad ṣaboon] There is no soap
scream, shout *v* [sˤa:ħa] صاح
companion *n* [sˤa:ħib] صاحب
صاحب الأرض
[Ṣaheb ardh] *n* landlord
صاحب العمل
[Ṣaheb 'aamal] *n* employer
escort *v* [sˤa:ħaba] صَاحب
hunt *v* [sˤa:da] صاد
export (تصدير) *n* [sˤa:dir] صادِر
truthful *adj* [sˤa:diq] صادِق
blatant *adj* [sˤa:rix] صَارخ
stark *adj* [sˤa:rim] صارِم
rocket *n* [sˤa:ru:xin] صاروخ
mast *n* [sˤa:ri:] صاري
upwards *adv* [sˤa:ʕidan] صاعداً
net *adj* [sˤa:fi:] صافي
*n* [sˤa:la] صالة
صالة العبور
[Ṣalat al'aoboor] *n* transit lounge
صالة المغادرة

[Ṣalat al-moghadarah] *n* departure lounge

**أين توجد صالة الألعاب الرياضية؟**
[ayna tojad ṣalat al-al'aab al-reyaḍeya?] Where is the gym?

**صالح** fitting, good *adj* [sˤa:liħ]

**صالح للأكل**
[Ṣaleḥ lel-aakl] *adj* edible

**غير صالح**
[Ghayer Ṣaleḥ] *adj* unfit

**صالون** saloon car *n* [sˤa:lu:n]

**صالون تجميل**
[Ṣalon ḥela'qa] *n* beauty salon

**صالون حلاقة**
[Ṣalon ḥelaqah] *n* hairdresser's

**صامت** silent *adj* [sˤa:mit]

**صامولة** bolt *n* [sˤa:mu:la]

**صان** maintain *v* [sˤa:na]

**صانع** maker *n* [sˤa:niʕ]

**صباح** morning *n* [sˤaba:ħ]

**غثيان الصباح**
[Ghathayan al-ṣabaḥ] *n* morning sickness

**صباح الخير**
[ṣabaḥ al-khyer] Good morning

**سوف أغادر غدا في الساعة العاشرة صباحا**
[sawfa oghader ghadan fee al-sa'aa al-'aashera ṣaba-han] I will be leaving tomorrow morning at ten a.m.

**غدًا في الصباح**
[ghadan fee al-ṣabaḥ] tomorrow morning

**في الصباح**
[fee al-ṣabaḥ ] in the morning

**منذ الصباح وأنا أعاني من المرض**
[mundho al-ṣabaah wa ana o'aany min al-maraḍ] I've been sick since this morning

**هذا الصباح**
[hatha al-ṣabaḥ] this morning

**صباحا** morning *adj* [sˤaba:ħan]

**صبار** cactus *n* [sˤabba:r]

**صبر** patience *n* [sˤabr]

**بدون صبر**
[Bedon ṣabr] *adv* impatiently

**نفاذ الصبر**
[nafadh al-ṣabr] *n* impatience

**صبغ** dye *v* [sˤabaɣa]

**صبغة** dye *n* [sˤibɣa]

**صبور** patient *adj* [sˤabu:r]

**صبي** lad *n* [sˤabij]

**صحافة** journalism *n* [sˤaħa:fa]

**صحة** health *n* [sˤiħħa]

**صحح** correct *v* [sˤaħħaħa]

**صحراء** desert *n* [sˤaħra:ʔu]

**الصحراء الكبرى**
[Al-ṣaḥraa al-kobraa] *n* Sahara

**صحفي** journalist *n* [sˤaħafij]

**صحن** dish *n* [sˤaħn]

**صحن الفنجان**
[Ṣaḥn al-fenjaan] *n* saucer

**صحي** healthy *adj* [sˤiħij]

**غير صحي**
[Ghayr ṣshey] *adj* unhealthy

**منتجع صحي**
[Montaja'a ṣeḥey] *n* spa

**صحيح** correct, right *adj* [sˤaħi:ħ] *(correct)*

**بشكل صحيح**
[Beshakl ṣaheeh] *adv* correctly, rightly

**لم تكن تسير في الطريق الصحيح**
[lam takun ta-seer fee al-ṭaree'q al-ṣaḥeeḥ] It wasn't your right of way

**ليس مطهي بشكل صحيح**
[laysa maṭ-hee be-shakel ṣaḥeeḥ] This isn't cooked properly

**صحيفة** newspaper, plate *n* [sˤaħi:fa]

**صخرة** rock *n* [sˤaxra]

**صدأ** rust *n* [sˤada]

**صدئ** rusty *adj* [sˤadiʔ]

**صداع** headache *n* [sˤuda:ʕ]

**صداع النصفي**
[Ṣoda'a al-naṣfey] *n* migraine

**أريد شيئًا للصداع**
[areed shyan lel-ṣuda'a] I'd like something for a headache

**صداقة** friendship *n* [sˤada:qa]

**صَدّر** export *v* [sˤaddara]

**صَدر** bust, chest *(body part)* *n* [sˤadr]

**صدرة** vest *n* [sˤadra]

**صدرية** waistcoat *n* [sˤadrijja]

صدرية طفل
[Ṣadreyat ṭefl] *n* bib
صدع [sˤadaʕa] *vi* crack
صَدْع [sˤadʕ] *n* crack *(fracture)*
صَدَفَة [sˤadafa] *n* oyster
صُدْفَة [sˤudfa] *n*
بالصُدْفَة
[Bel-ṣodfah] *adv* accidentally
صدّق [sˤddaqa] *v*
لا يصدق
[La yoṣda'q] *adj* incredible
صدّق [sˤaddaqa] *vt* reckon
صدم [sˤadama] *v* shock
يَصْدِم بقوة
[Yaṣdem be'qowah] *v* ram
صَدْمَة [sˤadma] *n* shock
صَدْمَة كهربائية
[Ṣadmah kahrbaeyah] *n* electric shock
صَدَى [sˤada:] *n* echo
صديق [sˤadi:q] *n* friend, pal
صديق بالمراسلة
[Ṣadeek belmoraslah] *n* penfriend
صديق للبيئة
[Ṣadeek al-beeaah] *adj* ecofriendly
أنا هنا مع أصدقائي
[ana huna ma'aa aṣde'qa-ee] I'm here with my friends
صديقة [sˤadi:qa] *n* friend, girlfriend
صراحة [sˤara:ħa] *n* clarity
بصراحة
[Beṣarahah] *adv* frankly
صراخ [sˤura:x] *n* scream
صراع [sˤira:ʕ] *n* conflict
صراع عنيف
[Ṣera'a 'aneef] *n* tug-of-war
صَرّاف [sˤarra:f] *n* cashier
صرافة [sˤira:fa] *n* banking
ماكينة صرافة
[Makenat ṣerafah] *n* cash dispenser
مكتب صرافة
[Maktab ṣerafah] *n* bureau de change
أريد الذهاب إلى مكتب صرافة
[areed al-dhehaab ela maktab ṣerafa] I need to find a bureau de change
متى يبدأ مكتب الصرافة عمله؟
[mata yabda maktab al-ṣirafa 'aamalaho?] When is the bureau de change open?
صربي [sˤirbij] *adj* Serbian ◁ *n* Serbian *(person)*
اللغة الصربية
[Al-loghah al-ṣerbeyah] *(language) n* Serbian
صَرّح [sˤarraħa] *v*
يُصَرح ب
[Yoṣareh be] *v* state
صرخ [sˤraxa] *v* shriek, cry
صرصور [sˤarsˤu:r] *n* cockroach
صرع [sˤaraʕ] *n*
نوبة صرع
[Nawbat ṣar'a] *n* epileptic fit
صرَع [sˤaraʕa] *v* knock down
صرف [sˤarafa] *n*
لقد ابتلعت ماكينة الصرف الآلي بطاقتي
[la'qad ibtal-'aat makenat al-ṣarf al-aaly be-ṭa'qaty ] The cash machine swallowed my card
هل توجد ماكينة صرف آلي هنا؟
[hal tojad makenat ṣarf aaly huna?] Is there a cash machine here?
هل يمكنني صرف شيك؟
[hal yamken -any ṣarf shaik?] Can I cash a cheque?
صرف [sˤarafa] *v* dismiss
يَصْرِف من الخدمة
[Yaṣref men al-khedmah] *v* sack
صَرّف [sˤarrafa] *v*
يُصَرّف ماءً
[Yoṣṣaref maae] *vt* plughole
صريح [sˤari:ħ] *adj* outspoken, straightforward
صعب [sˤaʕb] *adj* challenging, difficult, hard *(difficult)*
صَعْب الإرضاء
[Ṣa'ab al-erḍaa] (منمق) *adj* fussy
صعوبة [sˤuʕu:ba] *n* difficulty
صعود [sˤuʕu:d] *n* rise
صغير [sˤaɣi:r] *adj* little, small
شريحة صغيرة
[Shareehat ṣagheerah] *n* microchip
إنه صغير جدا

[inaho ṣagheer jedan] It's too small
**الغرفة صغيرة جدا**
[al-ghurfa ṣagherah jedan] The room is too small
**هل يوجد مقاسات صغيرة؟**
[hal yujad ma'qaas-at ṣaghera?] Do you have a small?
**صف** rank *(line)* *n* [sˤaff]
**صف مسائي**
[Ṣaf masaaey] *n* evening class
**صَف** queue *n* [sˤaf]
**صفار** yolk *n* [sˤafa:r]
**صَفارَة** whistle *n* [sˤaffa:ra]
**صَفارَة إنْذار**
[Ṣafarat endhar] *n* siren
**صفة** adjective *n* [sˤifa]
**صفحة** page *n* [sˤafħa]
**صفحة رئيسية**
[Ṣafḥah raeseyah] *n* home page
**صفر** zero *n* [sˤifr]
**صَفر** whistle *v* [sˤaffara]
**صفع** slap, smack *v* [sˤafaʕa]
**صَفق** clap *vi* [sˤaffaqa]
**صفقة** bargain, deal *n* [sˤafqa]
**صَفى** filter *v* [sˤaffa:]
**صفيح** tin *n* [sˤafi:ħ]
**صقيع** frost *n* [sˤaqi:ʕ]
**تَكوّن الصقيع**
[Takawon al-sa'qee'a] *adj* frosty
**صلاة** prayer *n* [sˤala:t]
**صلب** hard, steel, solid *adj* [sˤalb]
**صلب غير قابل للصدأ**
[Ṣalb ghayr 'qabel lel-ṣadaa] *n* stainless steel
**صلصال** clay *n* [sˤalsˤa:l]
**صلصة** sauce *n* [sˤalsˤa]
**صلصة السلطة**
[Ṣalṣat al-salata] *n* salad dressing
**صلصة طماطم**
[Ṣalṣat ṭamaṭem] *n* tomato sauce
**صَلى** pray *v* [sˤala:]
**صليب** cross *n* [sˤali:b]
**الصليب الأحمر**
[Al-Ṣaleeb al-aḥmar] *n* Red Cross
**صمام** *n* [sˤamma:m]
**صمام كهربائي**
[Ṣamam kahrabaey] *n* fuse
**صَمْت** silence *n* [sˤamt]
**صمد** bear up *v* [sˤamada]
**صمّم** design *v* [sˤammama]
**صمولة** nut *(device)* *n* [sˤamu:la]
**صناعة** industry *n* [sˤina:ʕa]
**صناعي** industrial *adj* [sˤina:ʕij]
**أطقم أسنان صناعية**
[Aṭ'qom asnan ṣena'aeyah] *npl* dentures
**عقارات صناعية**
['aa'qarat ṣenaeyah] *n* industrial estate
**قمر صناعي**
['qamar ṣenaaey] *n* satellite
**صُنبور** *n* [sˤunbu:r]
**صُنبور توزيع**
[Ṣonboor twazea'a] *n* dispenser
**صنج** *n* [sˤanʒ]
**آلة الصنج الموسيقية**
[Alat al-ṣanj al-mose'qeyah] *npl* cymbals
**صندل** canoe, | *n* [sˤandal] sandal (حذاء)
**صندوق** box, chest *n* [sˤundu:q] *(storage)*, bin
**صندوق العدة**
[Ṣondok al-'aedah] *n* kit
**صندوق الخطابات**
[Ṣondok al-kheṭabat] *n* postbox
**صندوق القمامة**
[Ṣondok al-'qemamah] *n* dustbin
**صندوق الوارد**
[Ṣondok alwared] *n* inbox
**صنع** manufacture, making *n* [sˤunʕ]
**من صنع الإنسان**
[Men ṣon'a al-ensan] *adj* man-made
**صنّع** make *v* [sˤanaʕa]
**صنع** manufacture *v* [sˤanaʕa]
**صنف** sort, kind *n* [sˤinf]
**صَنف** type *v* [sˤannafa]
**صهريج** tank *(large container)* *n* [sˤihri:ʒ]
**صوبة** *n* [sˤu:bba]
**صوبة زراعية**
[Ṣobah zera'aeyah] *n* greenhouse
**صوت** sound, voice *n* [sˤawt]
**صوت السوبرانو**
[Ṣondok alsobrano] *n* soprano

**جهاز الصوت المجسم الشخصي**
[Jehaz al-ṣawt al-mojasam al-shakhṣey] *n* personal stereo

**بصوت مرتفع**
[Beṣot mortafe'a] *adv* aloud

**كاتم للصوت**
[Katem lel-ṣawt] *n* silencer

**مكبر الصوت**
[Mokabber al-ṣawt] *n* speaker

**صَوّت** [sˤawwata] *v* vote

**صوتي** [sˤawtij] *adj*

**بريد صوتي**
[Bareed ṣawṭey] *n* voicemail

**صوّر** [sˤawwara] *v*

**يُصور فوتوغرافيا**
[Yoṣawer fotoghrafeyah] *v* photograph

**صورة** [sˤu:ra] *n* image, picture

**صورة عارية**
[Ṣoorah 'aareyah] *n* nude

**صورة فوتوغرافية**
[Ṣorah fotoghrafeyah] *n* photo, photograph

**صورة للوجه**
[Ṣorah lel-wajh] *n* portrait

**صوص** [sˤu:sˤu] *n* soya

**صوص الصويا**
[Ṣoṣ al-ṣoyah] *n* soy sauce

**صوف** [sˤu:f] *n* wool

**شال من الصوف الناعم**
[Shal men al-Ṣoof al-na'aem] *n* cashmere

**صوفي** [sˤu:fij] *adj* woollen

**صَوم** [sˤawm] *n* frost

**الصَوم الكبير**
[Al-ṣawm al-kabeer] *n* Lent

**صومالي** [sˤsˤu:ma:lij] *adj* Somali ◁ *n* *(person)* Somali

**اللغة الصومالية**
[Al-loghah al-Ṣomaleyah] *n* *(language)* Somali

**صويا** [sˤu:ja:] *n* soy

**صوص الصويا**
[Ṣoṣ al-ṣoyah] *n* soy sauce

**صياد** [sˤajja:d] *n* hunter

**صيانة** [sˤija:na] *n* maintenance

**صيحة** [sˤajħa] *n* shout

**صيد** [sˤajd] *n* hunting

**صيد السمك**
[Ṣayd al-samak] *n* fishing

**صيد بالسِنّارة**
[Ṣayd bel-sayarah] *n* fishing

**قارب صيد**
['qareb ṣayd] *n* fishing boat

**صيدلي** [sˤajdalij] *n* pharmacist

**صيدلية** [sˤajdalijja] *n* pharmacy

**صيغة** [sˤi:ɣa] *n* formula

**صيغة الفعل**
[Ṣeghat al-fe'al] *n* tense

**صيف** [sˤajf] *n* summer

**بعد فصل الصيف**
[ba'ad faṣil al-ṣayf] after summer

**في الصيف**
[fee al-ṣayf] in summer

**قبل الصيف**
['qabl al-ṣayf] before summer

**صيفي** [sˤajfij] *adj* summer

**الأجازات الصيفية**
[Al-ajazat al-ṣayfeyah] *npl* summer holidays

**منزل صيفي**
[Manzel ṣayfey] *n* holiday home

**صيني** [sˤi:nij] *adj* Chinese ◁ *n* Chinese *(person)*

**آنية من الصيني**
[Aaneyah men al-ṣeeney] *n* china

**اللغة الصينية**
[Al-loghah al-ṣeeneyah] *(language)* *n* Chinese

**اللغة الصينية الرئيسية**
[Al-loghah al-Ṣeneyah alraeseyah] *n* mandarin *(official)*

**صينية** [sˤi:nijja] *n* tray

# ض

officer *n* [dˤaːbitˤ] **ضابط**

**ضابط رَقيب**

[Ḍabeṭ ra'qeeb] *n* sergeant

**ضابط سجن**

[Ḍabeṭ sejn] *n* prison officer

**ضابط شرطة**

[Ḍabeṭ shorṭah] *n* police officer

police, officer *n* [dˤaːbitˤa] **ضابطة** *(female)*

**ضابطة شرطة**

[Ḍaabeṭ shorṭah] *n* policewoman

suburb *n* [dˤaːħija] **ضاحية**

**ساكن الضاحية**

[Saken al-ḍaheyah] *adj* suburban

**سباق الضاحية**

[Seba'q al-ḍaheyah] *n* cross-country

striker *n* [dˤaːrib] **ضَارب**

misplace, lose *v* [dˤaːʕa] **ضاعَ**

**لقد ضاع جواز سفري**

[la'qad ḍa'aa jawaz safary] I've lost my passport

double *vt* [dˤaːʕafa] **ضاعف**

stray *n* [dˤaːl] **ضَال**

sheep *n* [dˤaʔn] **ضأن**

**لحم ضأن**

[Lahm ḍaan] *n* mutton

match *vt* [dˤaːhaː] **ضاهى**

annoy, pester, *v* [dˤaːjaqa] **ضايق** tease

remote, tiny *adj* [dˤaʔijl] **ضئيل**

fog *n* [dˤabaːb] **ضباب**

misty, foggy *adj* [dˤabaːbij] **ضبابي**

control, adjustment *n* [dˤabtˤ] **ضبط**

**على وجه الضبط**

[Ala wajh al-ḍabṭ] *adv* just

**يُمكِن ضبطه**

[Yomken ḍabṭoh] *adj* adjustable

**هل يمكنك ضبط الأربطة لي من فضلك؟**

[hal yamken -aka ḍabṭ al-arbe-ṭa lee min faḍlak?] Can you adjust my bindings, please?

control, adjust *v* [dˤabatˤa] **ضبط**

bang *n* [dˤaʒʒa] **ضَجَّة**

din *n* [dˤaʒiːʒ] **ضجيج**

laugh *v* [dˤaħaka] **ضحَك**

**يَضحَك ضحكاً نصف مكبوت**

[Yaḍḥak ḍeḥkan neṣf makboot] *v* snigger

laugh *n* [dˤaħka] **ضحكة**

**ضَحِك**

[dˤaħik] *n* laughter

shallow *adj* [dˤaħl] **ضحل**

victim *n* [dˤaħijja] **ضحية**

pump *v* [dˤaxxa] **ضخ**

enormous, massive *adj* [dˤaxm] **ضخم**

against *prep* [dˤiddun] **ضد**

damage, harm *v* [dˤarra] **ضرّ**

beat *(strike)*, strike *v* [dˤaraba] **ضرب**

**يَضرِب ضربة عنيفة**

[Yaḍreb ḍarban 'aneefan] *v* swat

**يَضرِب بعنف**

[Yaḍreb be'aonf] *v* bash

bash, hit, strike, *n* [dˤarba] **ضربة** bump

**ضربة عنيفة**

[Ḍarba 'aneefa] *n* knock

**ضربة خلفية**

[Ḍarba khalfeyah] *n* backstroke

**ضربة حرة**

[Ḍarba ḥorra] *n* free kick

**ضربة شمس**

[Ḍarbat shams] *n* sunstroke

ضرر damage *n* [dˤarar]
ضرورة necessity *n* [dˤaruːra]
ضروري necessary *adj* [dˤaruːrij]
غير ضروري
[Ghayer ḍarorey] *adj* unnecessary
ضريبة tax *n* [dˤariːba]
ضريبة دخل
[Ḍareebat dakhl] *n* income tax
ضريبة طُرُق
[Ḍareebat ṭoro'q] *n* road tax
ضريبي *adj* [dˤariːbij]
مَعْفِي من الضرائب
[Ma'afey men al-ḍaraaeb] *n* duty-free
ضريح shrine, grave, tomb *n* [dˤariːħ]
ضرير blind *adj* [dˤariːr]
ضعف weakness *n* [dˤiʕfa]
ضعيف mad, weak *adj* [dˤaʕiːf]
ضغط stress, pressure *n* [dˤaɣtˤ]
ضغط الدم
[ḍaghṭ al-dam] *n* blood pressure
تمرين الضغط
[Tamreen al- Ḍaghṭ] *n* push-up
ضغط press *v* [dˤaɣatˤa]
ضغينة grudge, spite *n* [dˤaɣiːna]
ضفة bank *(ridge)*, shore *n* [dˤiffa]
ضفدع frog *n* [dˤifdaʕ]
ضفدع الطين
[Ḍofda'a al- ṭeen] *n* toad
ضفيرة pigtail, ponytail *n* [dˤafiːra]
ضِلع rib *n* [dˤilʕ]
ضَلل *v* [dˤallala]
لقد ضللنا الطريق
[la'qad ḍalalna al-ṭaree'q] We're lost
ضمادة plaster *n* [dˤammaːda]
أريد ضمادة جروح
[areed ḍimadat jirooḥ] I'd like a bandage
أريد ضمادة جديدة
[areed ḍimada jadeeda] I'd like a fresh bandage
ضمان guarantee *n* [dˤamaːn]
ضمن guarantee *v* [dˤamana]
ضمير pronoun *n* [dˤamiːr]
ضمير إنساني
[Ḍameer ensaney] *n* conscience
حي الضمير
[Hay al-Ḍameer] *adj* conscientious

ضوء light *n* [dˤawʔ]
ضوء الشمس
[Ḍawa al-shams] *n* sunlight
ضوء مُسَلّط
[Dawa mosalṭ] *n* spotlight
هل يمكن أن أشاهدها في الضوء؟
[hal yamken an osha-heduha fee al-ḍoe?] May I take it over to the light?
ضواح outskirts *npl* [dˤawaːħin]
ضوضاء *n* ◁ noisy *adj* [dˤawdˤaːʔ] clutter, noise
ضيافة *n* [dˤijaːfa]
حُسن الضيافة
[Ḥosn al-ḍeyafah] *n* hospitality
ضيف guest *n* [dˤajf]
ضيق narrow *adj* [dˤajjiq]
ضيق جدا
[Ḍaye'q jedan] *adj* skin-tight
ضَيّق الأفق
[Ḍaye'q al-ofo'q] *adj* narrow-minded
ضَيّق tighten *v* [dˤajjiqa]

# ط

**طائر** bird *n* [tˤaːʔir]

**طائر أبو الحناء**
[Ṭaaer abo elḥnaa] *n* robin

**طائر الرفراف**
[Ṭaayer alrafraf] *n* kingfisher

**طائر الغِطاس**
[Ṭaayer al-ghaṭas] *n* wren

**طائر الحَجل**
[Ṭaayer al-hajal] *n* partridge

**طائر الكناري**
[Ṭaaer al-kanarey] *n* canary

**طائر الوقواق**
[Ṭaaer al-wa'qwa'q] *n* cuckoo

**طائرة** aircraft, plane *n* [tˤaːʔira] *(airplane)*, plane *(tool)*

**رياضة الطائرة الشراعية الصغيرة**
[Reyadar al-Ṭaayearah al-ehraeyah al-ṣagherah] *n* hang-gliding

**طائرة شراعية**
[Ṭaayearah ehraeyah] *n* glider

**طائرة نفاثة**
[Ṭaayeara nafathah] *n* jumbo jet

**طائرة ورقية**
[Ṭaayeara wara'qyah] *n* kite

**كرة طائرة**
[Korah Ṭaayeara] *n* volleyball

**مضيف الطائرة**
[moḍeef al-ṭaaerah] *n* flight attendant

**طائش** thoughtless *adj* [tˤaːʔiʃ]

**طائفة** sect *n* [tˤaːʔifa]

**طائفة شهود يهوه المسيحية**
[Ṭaaefat shehood yahwah al-maseyheyah] *n* Jehovah's Witness

**طابع** stamp *n* [tˤaːbaʕ]

**أين يوجد أقرب محل لبيع الطوابع؟**
[ayna yujad a'qrab maḥal le-bay'a al-ṭawabi'a?] Where is the nearest shop which sells stamps?

**هل تبيعون الطوابع؟**
[hal tabee'a-oon al-ṭawa-bi'a] Do you sell stamps?

**هل يوجد لديكم أي شيء يحمل طابع هذه المنطقة؟**
[hal yujad laday-kum ay shay yaḥmil ṭabi'a hadhy al- manṭa'qa?] Do you have anything typical of this region?

**طابعة** printer *(person)*, *n* [tˤaːbiʕa] printer *(machine)*

**هل توجد طابعة ملونة؟**
[hal tojaḍ ṭabe-'aa mulawa-na?] Is there a colour printer?

**طابق** story *(building)* *n* [tˤaːbaq]

**طابق علوي**
[Ṭabe'q 'aolwei] *n* loft

**طاجكستان** *n* [tˤaːʒikistaːn] Tajikistan

**طاحونة** mill *n* [tˤaːħuːna]

**طار** fly *vi* [tˤaːra]

**طارئ** casual, accidental *adj* [tˤaːriʔ]

**حالة طارئة**
[Ḥalah ṭareaa] *n* emergency

**طارئة** accident *n* [tˤaːriʔit]

**أحتاج إلى الذهاب إلى قسم الحوادث الطارئة**
[aḥtaaj ela al-dhehaab ela 'qisim al-ḥawadith al-ṭaa-reaa] I need to go to casualty

**طارد** expulsion, repellent *n* [tˤaːrid]

**طارد للحشرات**
[Ṭared lel-ḥasharat] *n* insect repellent

**هل لديك طارد للحشرات؟**
[hal ladyka ṭared lel-ḥasha-raat?] Do you have insect repellent?

**طارد** chase *v* [tˤaːrada]
**طازج** fresh *adj* [tˤaːzaʒ]
**هل الخضروات طازجة أم مجمدة؟**
[hal al-khiḍ-rawaat ṭazija amm mujam-ada?] Are the vegetables fresh or frozen?
**هل يوجد بن طازج؟**
[hal yujad buṇ ṭaazij?] Have you got fresh coffee?
**طاقة** energy *n* [tˤaːqa]
**طاقة شمسية**
[Ṭa'qah shamseyah] *n* solar power
**ملئ بالطاقة**
[Maleea bel-ṭa'qah] *adj* energetic
**طاقم** crew *n* [tˤaːqam]
**طالب** student *n* [tˤaːlib]
**طالب راشد**
[Ṭaleb rashed] *n* mature student
**طالب عسكري**
[Ṭaleb 'askarey] *n* cadet
**طالب لجوء سياسي**
[ṭ aleb lejoa seyasy] *n* asylum seeker
**طالب لم يتخرج بعد**
[ṭ aleb lam yatakharaj ba'aad] *n* undergraduate
**طالب** claim *v* [tˤaːlaba]
**يُطَالِب ب**
[Yoṭaleb be] *v* demand
**طاولة** *n* [tˤaːwila]
**طاولة بيع**
[Ṭawelat bey'a] *n* counter
**طاولة قهوة**
[Ṭawlat 'qahwa] *n* coffee table
**كرة الطاولة**
[Korat al-ṭawlah] *n* table tennis
**لعبة طاولة**
[Lo'abat ṭawlah] *n* board game
**طَاولَة زينة**
[Ṭawlat zeenah] *n* dressing table
**طاووس** peacock *n* [tˤaːwuːs]
**طَبَّاخ** cook *n* [tˤabbaːx]
**طباشير** chalk *n* [tˤabaːʃiːr]
**طبال** drummer *n* [tˤabbaːl]
**طبخ** cooking *n* [tˤabx]
**فن الطبخ**
[Fan al-ṭabkh] *n* cookery

**طبع** temper, character *n* [tˤabʕ]
**سَئ الطبع**
[Sayea al-ṭabe'a] *adj* grumpy
**طبَع** print *v* [tˤabaʕa]
**طبعة** edition *n* [tˤabʕa]
**طبق** dish *n* [tˤabaq]
**طبق رئيسي**
[Ṭaba'q raeesey] *n* main course
**طبق صابون**
[Ṭaba'q ṣaboon] *n* soap dish
**طبق قمر صناعي**
[Ṭaba'q ṣena'aey] *n* satellite dish
**ما الذي في هذا الطبق؟**
[ma al-lathy fee hatha al-ṭaba'q?] What is in this dish?
**ما هو طبق اليوم**
[ma howạ ṭaba'q al-yawm?] What is the dish of the day?
**طبقة** layer, level, class *n* [tˤabaqa]
**طبقة صوت**
[Ṭabaqat ṣawṭ] *n* pitch *(sound)*
**طبقة عاملة**
[Ṭaba'qah 'aaamelah] *adj* working-class
**طبقة الأوزون**
[Ṭaba'qat al-odhoon] *n* ozone layer
**طبقتين من الزجاج**
[Ṭaba'qatayen men al-zojaj] *n* double glazing
**من الطبقة الوسطى**
[men al-Ṭaba'qah al-wosṭa] *adj* middle-class
**طبلة** drum *n* [tˤabla]
**طبلة الأذن**
[Ṭablat alozon] *n* eardrum
**طبلة كبيرة رنانة غليظة الصوت**
[Ṭablah kabeerah rannanah ghaleeḍhat al-ṣawt] *n* bass drum
**طبي** medical *adj* [tˤibbij]
**فحص طبي شامل**
[Fahṣ ṭebey shamel] *n* physical
**طبيب** doctor *n* [tˤabiːb]
**طبيب أسنان**
[Ṭabeeb asnan] *n* dentist
**طبيب أمراض نساء**
[Ṭabeeb amraḍ nesaa] *n* gynaecologist
**طبيب بيطري**

[Ṭabeeb bayṭareey] *n* vet
**طبيب مساعد**
[Ṭabeeb mosaa'aed] *n* paramedic
**طبيب نفساني**
[Ṭabeeb nafsaaney] *n* psychiatrist
**أرغب في استشارة طبيب**
[arghab fee es-ti-sharaṭ ṭabeeb] I'd like to speak to a doctor
**أحتاج إلى طبيب**
[aḥtaaj ela ṭabeeb ] I need a doctor
**اتصل بالطبيب**
[itaṣel bil-ṭabeeb] Call a doctor!
**هل يمكنني تحديد موعد مع الطبيب؟**
[hal yamken -any taḥdeed maw'aid ma'aa al-ṭabeeb?] Can I have an appointment with the doctor?
**هل يوجد طبيب هنا يتحدث الإنجليزية؟**
[hal yujad ṭabeeb huna yata-ḥadath al-injile-ziya?] Is there a doctor who speaks English?
**طبيبة** doctor *(female)* *n* [tˤabiːba]
**أرغب في استشارة طبيبة**
[arghab fee es-ti-sharaṭ ṭabeeba] I'd like to speak to a female doctor
**طبيعة** nature *n* [tˤabiːʕa]
**طبيعي** natural, normal *adj* [tˤabiːʕij]
◁ naturally *adv*
**علاج طبيعي**
['aelaj ṭabeye] *n* physiotherapy
**غير طبيعي**
[Ghayer ṭabe'aey] *adj* abnormal
**بصورة طبيعية**
[beṣoraten ṭabe'aey] *adv* normally
**موارد طبيعية**
[Mawared ṭabe'aey] *npl* natural resources
**طُحْلُب** *n* [tˤuntlub]
**طُحْلب بحري**
[Ṭoḥleb baḥahrey] *n* seaweed
**طُحْلب** moss *n* [tˤuħlub]
**طَحَن** grind *vt* [tˤaħana]
**طراز** model, kind *n* [tˤiraːz]
**قديم الطراز**
['qadeem al-ṭeraz] *adj* naff
**طرَح** lay *vt* [tˤaraħa]
**يَطرَح جانبا**
[Yaṭraḥ janeban] *v* fling
**طرد** parcel *n* [tˤard]
**اريد أن أرسل هذا الطرد**
[areed an arsil hadha al-ṭard] I'd like to send this parcel
**طرد** expel *v* [tˤarada]
**طرف** terminal *n* [tˤaraf]
**طرف مستدق**
[Ṭaraf mostabe'q] *n* tip *(end of object)*
**طرفي** terminal *adj* [tˤarafij]
**طرق** corridor, aisle *n* [tˤuruq]
**طرق متقاطعة**
[Ṭaree'q mot'qat'ah] *n* crossroads
**طرقة** *n* [tˤarqa]
**أريد مقعد بجوار الطرقة**
[Oreed ma'q'aad bejwar al-ṭor'qah] I'd like an aisle seat
**طريدة** quarry *n* [tˤariːda]
**طريف** quaint, odd *adj* [tˤariːf]
**طريق** road *n* [tˤariːq]
**عن طريق الخطأ**
[Aan ṭaree'q al-khataa] *adv* mistakenly
**طريق رئيسي**
[ṭaree'q raeysey] *n* main road
**طريق اسفلتي**
[ṭaree'q asfaltey] *n* tarmac
**طريق السيارات**
[ṭaree'q alsayaraat] *n* motorway
**طريق مسدود**
[Taree'q masdood] *n* dead end
**طريق متصل بطريق سريع للسيارات أو منفصل عنه**
[ṭaree'q mataṣel be- ṭaree'q sarea'a lel-sayaraat aw monfaṣel 'anho] *n* slip road
**طريق مختصر**
[ṭaree'q mokhtaṣar] *n* shortcut
**طريق مزدوج الاتجاه للسيارات**
[Taree'q mozdawaj al-etejah lel-sayarat] *n* dual carriageway
**طريق مشجر**
[ṭaree'q moshajar] *n* avenue
**طريق ملتو**
[ṭaree'q moltawe] *n* roundabout
**مشاحنات على الطريق**
[Moshahanaat ala al-ṭaree'q] *n* road

rage

**ما هو الطريق الذي يؤدي إلى... ؟**
[ma howa al-ṭaree'q al-lathy yo-aady ela...?] Which road do I take for...?

**هل يوجد خريطة طريق لهذه المنطقة؟**
[hal yujad khareeṭat ṭaree'q le-hadhy al-manṭa'qa?] Do you have a road map of this area?

method *n* [tˤari:qa] **طريقة**

**بأي طريقة**
[Be-ay ṭaree'qah] *adv* anyhow

**بطريقة صحيحة**
[Be- ṭaree'qah ṣaḥeeḥah] *adv* right

**بطريقة أخرى**
[ṭaree'qah okhra] *adv* otherwise

food *n* [tˤaʕa:m] **طعام**

**عربة تناول الطعام في القطار**
['arabat tanawool al-ṭa'aaam fee al-'qeṭar] *n* dining car

**غرفة طعام**
[ghorat ṭa'aam] *n* dining room

**توريد الطعام**
[Tarweed al-ṭa'aam] *n* catering

**بقايا الطعام**
[Ba'qaya ṭ a'aam] *npl* leftovers

**طعام مطهو بالغلي**
[ṭ a'aam maṭhoo bel-ghaley] *n* stew

**وجبة طعام خفيفة**
[Wajbat ṭ a'aam khafeefah] *n* refreshments

**وَجْبَة الطعام**
[Wajbat al-ṭa'aam] *n* dinner

**الطعام متبل أكثر من اللازم**
[al-ṭa'aam mutabal akthar min al-laazim] The food is too spicy

**هل تقدمون الطعام هنا؟**
[hal tu'qa-dimoon al-ṭa'aam huna?] Do you serve food here?

taste *n* [tˤaʕm] **طعم**

**أطعمة معلبة**
[a ṭ'aemah mo'aalabah] *n* delicatessen

stab *v* [tˤaʕana] **طعن**

float *vi* [taˤfa:] **طفا**

*n* [tˤaffa:ja] **طفاية**

**طفاية السجائر**
[Ṭafayat al-sajayer] *n* ashtray

**طفاية الحريق**
[Ṭafayat ḥaree'q] *n* extinguisher

rash *n* [tˤafħ] **طفح**

**طفح جلدي**
[Ṭafh jeldey] *n* rash

**أعاني من طفح جلدي**
[O'aaney men ṭafh jeldey] I have a rash

run over *v* [tˤafaħa] **طفح**

child, baby *n* [tˤifl] **طفل**

**سرير محمول للطفل**
[Sareer maḥmool lel-ṭefl] *n* carrycot

**طفل رضيع**
[Ṭefl readea'a] *n* baby

**طفل صغير عادة ما بين السنة الأولى والثانية**
[Ṭefl ṣagheer 'aaadatan ma bayn al-sanah wal- sanatayen] *n* toddler

**طفل حديث الولادة**
[Ṭefl ḥadeeth alweladah] *n* newborn

**طفل متبنى**
[Ṭefl matabanna] *n* foster child

**طفل مزعج**
[Ṭefl moz'aej] *n* brat

**عندي طفل واحد**
['aendy ṭifil waḥid] I have one child

**الطفل مقيد في هذا الجواز**
[Al- ṭefl mo'qayad fee hadha al-jawaz] The child is on this passport

**ليس لدي أطفال**
[laysa la-daya aṭfaal] I don't have any children

**هل توجد أنشطة للأطفال**
[hal tojad anshi-ṭa lil-aṭfaal?] Do you have activities for children?

**هل يمكن أن ترشح لي أحد أطباء الأطفال؟**
[hal yamken an tura-shiḥ lee aḥad aṭebaa al-aṭfaal?] Can you recommend a paediatrician?

**هل يوجد لديك مقعد للأطفال؟**
[hal yujad ladyka ma'q'aad lil-aṭfaal?] Do you have a child's seat?

childhood *n* [tˤufu:la] **طفولة**

childish *adj* [tˤufu:lij] **طفولي**

slight *adj* [tˤafi:f] **طفيف**

**بدرجة طفيفة**

[Bedarajah ṭafeefah] *adv* slightly
**طقس** weather *n* [tˤaqs]
**توقعات حالة الطقس**
[Tawa'qo'aat ḥalat al-ṭaqs] *npl* weather forecast
**ما هذا الطقس السيئ**
[Ma hadha al-ṭa'qs al-sayea] What awful weather!
**طقم** set *n* [tˤaqm]
**هل يمكنك إصلاح طقم أسناني؟**
[hal yamken -aka eṣlaaḥ ṭa'qum asnany?] Can you repair my dentures?
**طلّ** *v* [tˤalla]
**يَطّل على**
[Ya'aṣeb al-'aynayn] *v* overlook
**طلا** paint *vt* [tˤala:]
**طلاء** coating *n* [tˤila:ʔ]
**طلاء أظافر**
[Ṭelaa aḍhafer] *n* nail varnish
**طلاء المينا**
[Ṭelaa al-meena] *n* enamel
**طلاق** divorce *n* [tˤala:q]
**طلب** application, order *n* [tˤalab]
**مُقدم الطلب**
[Mo'qadem al-ṭalab] *n* applicant
**نموذج الطلب**
[Namozaj al-ṭalab] *n* application form
**يَتقَدم بطلب**
[Yata'qadam be-ṭalab] *n* apply
**طلب** ask for *v* [tˤalaba]
**هل تطلب عمولة؟**
[hal ṭaṭlub 'aumoola?] Do you charge commission?
**طلع** come up *v* [tˤalaʕa]
**طماطم** tomato *n* [tˤama:tˤim]
**طَمئن** assure *v* [tˤmaʔana]
**طَمْث** menstruation *n* [tˤamθ]
**طَموح** ambitious *adj* [tˤumu:ħ]
**طَموح** ambition *n* [tˤamu:ħ]
**طنّ** ton *n* [tˤunn]
**طها** cook *v* [tˤaha:]
**طهي** *v* [tˤahja:]
**كيف يطهي هذا الطبق؟**
[Kayfa yoṭhaa hadha alṭaba'q] How do you cook this dish?
**طَهْيٌ** cooking *n* [tˤahj]

**طوارئ** emergency *n* [tˤawa:riʔ]
**مخرج طوارئ**
[Makhraj ṭawarea] *n* emergency exit
**طوال** throughout, durring [tˤiwa:la]
**طوال شهر يونيو**
[ṭewal shahr yon-yo] all through June
**طوبة** brick *n* [tˤu:ba]
**طوّر** develop *vt* [tˤawwara]
**طوْعي** voluntary *adj* [tˤawʕij]
**طوْف** raft *n* [tˤawf]
**طوفان** flood *n* [tˤu:fa:n]
**طوق** strap, necklace *n* [tˤawq]
**طول** length *n* [tˤu:l]
**على طول**
[Ala ṭool] *prep* along
**طول الموجة**
[Ṭool al-majah] *n* wavelength
**هذا الطول من فضلك**
[hatha al-ṭool min faḍlak] This length, please
**طويل** long *adj* [tˤawi:l]
**طويل القامة**
[Ṭaweel al-'qamah] *adj* tall
**طويل مع هزال**
[Ṭaweel ma'aa hozal] *adj* lanky
**طويلًا** long *adv* [tˤawi:la:an]
**طي** fold (حظيرة خراف) *n* [tˤajj]
**طيب** goodness *n* [tˤi:bu]
**جوزة الطيب**
[Jozat al-ṭeeb] *n* nutmeg
**طية** plait *n* [tˤajja]
**طير** bird *n* [tˤajr]
**طيور جارحة**
[Ṭeyoor jareḥah] *n* bird of prey
**طيران** flying *n* [tˤajara:n]
**شركة طيران**
[Sharekat ṭayaraan] *n* airline
**أود أن أمارس رياضة الطيران الشراعي؟**
[awid an oma-ris reyaḍat al- ṭayaran al-shera'ay] I'd like to go hang-gliding
**طين** mud, soil *n* [tˤi:n]
**طيهوج** *n* [tˤajhu:ʒ]
**طائر الطيهوج**
[Ṭaaer al-ṭayhooj] *n* grouse *(game bird)*

# ظ

apparent *adj* [zˁaːhir] ظاهر
phenomenon *n* [zˁaːhira] ظاهرة
**ظاهرة الاحتباس الحراري**
[dhaherat al-eḥtebas al-ḥararey] *n* global warming
antelope *n* [zˁabjj] ظبي
adverb *n* [zˁarf] ظرف
circumstances *npl* [zˁuruːfun] ظروف
fingernail, claw *n* [zˁufr] ظفر
shade, shadow *n* [zˁill] ظل
**ظل العيون**
[ḍhel al-'aoyoon] *n* eye shadow
stay up *v* [zˁalla] ظل
**إلى متى ستظل هكذا؟**
[ela mata sa-taḍhil hakadha] How long will it keep?
**أتمنى أن يظل الجو على ما هو عليه**
[ata-mana an yaḍhil al-jaw 'aala ma howa 'aa-ly-he] I hope the weather stays like this
dark *n* [zˁalaːm] ظلام
injustice *n* [zˁulm] ظلم
darkness *n* [zˁulma] ظُلمَة
thirst *n* [zˁama] ظمأ
thirsty *adj* [zˁamʔaːn] ظمآن
suppose *v* [zˁanna] ظنّ
show up, appear, *v* [zˁahara] ظهر
turn up
back *n* [zˁahr] ظَهر
**ألم الظهر**
[Alam al-ḍhahr] *n* backache
**ظهر المركب**
[ḍhahr al-mrkeb] *n* deck
**لقد أصيب ظهري**
[la'qad oṣeba ḍhahry] I've got a bad back
**لقد جرحت في ظهري**
[la'qad athayto ḍhahry] I've hurt my back
noon *n* [zˁuhr] ظُهر
**بَعْد الظهر**
[Ba'ada al-ḍhohr] *n* afternoon
**الساعة الثانية عشر ظهرًا**
[al-sa'aa al-thaneya 'aashar ḍhuhran] It's twelve midday
**كيف يمكن الوصول إلى السيارة على ظهر المركب؟**
[kayfa yamkin al-wiṣool ela al-sayarah 'ala ḍhahr al-markab?] How do I get to the car deck?
**هل المتحف مفتوح بعد الظهر؟**
[hal al-mat-ḥaf maf-tooḥ ba'ad al-ḍhihir?] Is the museum open in the afternoon?
noon *n* [zˁahiːra] ظهيرة
**أوقات الظهيرة**
[Aw'qat aldhaherah] *npl* sweet
**غدًا في فترة بعد الظهيرة**
[ghadan ba'ad al-ḍhuhr] tomorrow afternoon
**في فترة ما بعد الظهيرة**
[ba'ada al-ḍhuhr] in the afternoon

# ع

return *(yield)* *n* [ʕa:ʔid] **عائد**
proceeds *npl* [ʕa:ʔida:tun] **عائدات**
family *n* [ʕa:ʔila] **عائلة**
**أقرب أفراد العائلة**
[A'qrab afrad al-'aaleah] *n* next-of-kin
**أنا هنا مع عائلتي**
[ana huna ma'aa 'aa-elaty ] I'm here with my family
*n* [ʕa:θir] **عاثر**
**حظ عاثر**
[Ḥadh 'aaer] *n* mishap
ivory *n* [ʕa:ʒ] **عاج**
disabled, unable to *adj* [ʕa:ʒiz] **عاجز**
immediate *adj* [ʕa:ʒil] **عاجل**
**أنا في حاجة إلى إجراء مكالمة تليفونية عاجلة**
[ana fee ḥaja ela ejraa mukalama talefoniya 'aajela] I need to make an urgent telephone call
**هل يمكنك الترتيب للحصول على بعض الأموال التي تم إرسالها بشكل عاجل؟**
[hal yamken -aka tarteeb ersaal ba'aḍ al-amwaal be-shakel 'aajil?] Can you arrange to have some money sent over urgently?
sooner, *adv* [ʕa:ʒila:] **عاجلا**
immediately

come back *v* [ʕa:da] **عاد**
custom, practise *n* [ʕa:datun] **عادة**
**عادة سلوكية**
['aadah selokeyah] *n* habit
**عادة من الماضي**
['aadah men al-maḍey] *n* hangover
generally, usually *adv* [ʕa:datan] **عادةً**
fair *(reasonable)* *adj* [ʕa:dil] **عادل**
waste, exhaust *n* [ʕa:dim] **عادم**
**أدخنة العادم**
[Adghenat al-'aadem] *npl* exhaust fumes
**ماسورة العادم**
[Masorat al-'aadem] *n* exhaust pipe
**لقد انكسرت ماسورة العادم**
[Le'aad enkasarat masoorat al-'adem] The exhaust is broken
ordinary *adj* [ʕa:dij] **عادي**
antagonize *v* [ʕa:da:] **عادى**
naked *adj* [ʕa:r] **عار**
oppose *v* [ʕa:radˤa] **عارض**
*adj* [ʕa:ridˤ] **عَارِض**
**بَشكل عَارِض**
[Beshakl 'aareḍ] *n* casually
staff *(stick or rod)*, *n* [ʕa:ridˤa] **عارضة**
post, beam
**عَارِضَة خَشَبِيَّة**
['aareḍeh khashabeyah] *n* beam
naked *adj* [ʕa:ri:] **عاري**
**صورة عارية**
[Ṣoorah 'aareyah] *n* nude
insulation *n* [ʕa:zil] **عَازِل**
live *v* [ʕa:ʃa] **عاش**
**يعيش سوياً**
[Ya'aeesh saweyan] *v* live together
**يعيش على**
[Ya'aeesh ala] *v* live on
stormy *adj* [ʕa:sˤif] **عاصف**
**الجو عاصف**
[al-jaw 'aaṣuf] It's stormy
storm *n* [ʕa:sˤifa] **عاصفة**
**عاصفة ثلجية**
['aasefah thaljeyah] *n* snowstorm
**عاصفة ثلجية عنيفة**
['aasefah thaljeyah 'aneefah] *n* blizzard
**هل تتوقع هبوب أية عواصف؟**

[Hal tatawa'q'a hobob 'awasef?] Do you think there will be a storm?
capital *n* [ʕaːsˤima] **عاصمة**
disobedient *adj* [ʕaːsˤiː] **عاصي**
emotion, affection *n* [ʕaːtˤifa] **عاطفة**
emotional, affectionate *adj* [ʕaːtˤifij] **عاطفي**
jobless, idle *adj* [ʕaːtˤil] **عاطل**
**عاطل عن العمل**
['aatel 'aan al-'aamal] *adj* unemployed
ungrateful, disrespectful *adj* [ʕaːqq] **عاق**
obstruct *v* [ʕaːqa] **عاق**
punish *v* [ʕaːqaba] **عَاقب**
consequence *n* [ʕaːqiba] **عاقبة**
high *adj* [ʕaːlin] **عال**
**بصوت عال**
[Besot 'aaley] *adv* loudly
cure *vt* ◁ deal with *v* [ʕaːlaʒa] **عالج**
**يُعالِج باليد**
[Yo'aalej bel-yad] *v* manipulate
*adj* [ʕaːliq] **عالق**
**درج الملابس عالق**
[durj al-malabis 'aali'q] The drawer is jammed
world *n* [ʕaːlam] **عالم**
**العالم الثالث**
[Al-'aalam al-thaleth] *n* Third World
scientist *n* [ʕaːlim] **عَالِم**
**عالم آثار**
['aalem aathar] *n* archaeologist
**عالم اقتصادي**
['aaalem e'qtesaadey] *n* economist
**عالم لغويات**
['aalem laghaweyat] *n* linguist
global *adj* [ʕaːlamij] **عالمي**
high *adj* [ʕaːlijju] **عالي**
**قفزة عالية**
['qafzah 'aaleyah] *n* high jump
**كعوب عالية**
[Ko'aoob 'aleyah] *npl* high heels
up *adv* [ʕaːlijan] **عالياً**
general, public *adj* [ʕaːm] **عام**
**عام دراسي**
['aam derasey] *n* academic year
**الحِس العام**
[Al-ḥes al-'aaam] *n* common sense
**كل عام**
[Kol-'aaam] *adv* annually
**مصاريف عامة**
[Maṣareef 'aamah] *n* overheads
**نقل عام**
[Na'ql 'aam] *n* public transport
worker, labourer, workman *n* [ʕaːmil] **عامل**
**عامل مناجم**
['aaamel manajem] *n* miner
*v* [ʕaːmala] **عامل**
**يُعامِل معاملة سيئة**
[Yo'aamal mo'aamalh sayeah] *v* abuse
handle *v* [ʕaːmala] **عَامَل**
worker *(female)* *n* [ʕaːmila] **عاملة**
**عاملة النظافة**
['aamelat al-nadhafah] *n* cleaning lady
staff *(workers)* *n* [ʕaːmiliːna] **عاملين**
**غرفة العاملين**
[Ghorfat al'aameleen] *n* staffroom
slang *n* [ʕaːmmija] **عامّية**
spinster *n* [ʕaːnis] **عانس**
cuddle, hug *v* [ʕaːnaqa] **عانَق**
suffer *v* [ʕaːnaː] **عانى**
**أنه يعاني من الحمى**
[inaho yo-'aany min al- ḥomma] He has a fever
prostitute *n* [ʕaːhira] **عاهرة**
*v* [ʕaːwada] **عاود**
**يُعاوِد الاتصال**
[Yo'aaawed al-eteṣaal] *v* ring back
gauge *v* [ʕaːjara] **عاير**
burden *n* [ʕibʔ] **عبء**
phrase *n* [ʕibaːra] **عبارة**
slave *n* [ʕabd] **عبد**
worship *v* [ʕabada] **عبد**
across *prep* [ʕabra] **عبر**
cross *vt* [ʕabara] **عَبر**
**يُعَبِر عن**
[Yo'aber 'an] *v* express
Jewish *adj* [ʕibriː] **عِبري**
frown *v* [ʕabasa] **عَبَس**
ingenious *adj* [ʕabqarij] **عبقري**
**شخص عبقري**
[Shakhṣ ab'qarey] *n* genius

crossing, transit *n* [ʕubu:r] **عبور**
**كان العبور صعبا**
[kan il-'aobor ṣa'aban] The crossing was rough
aroma *n* [ʕabi:r] **عبير**
lever *n* [ʕatla] **عتلة**
antique *adj* [ʕati:q] **عتيق**
moth *n* [ʕaθθa] **عثة**
*n* [ʕuʒa:la] **عُجالة**
**في عُجالة**
[Fee 'aojalah] *adv* hastily
disability, shortage *n* [ʕaʒz] **عجز**
**عجز في الميزانية**
['ajz fee- almezaneyah] *n* deficit
calf *n* [ʕiʒl] **عجل**
wheel *n* [ʕaʒala] **عجلة**
**عجلة إضافية**
['aagalh eḍafeyah] *n* spare wheel
**عجلة القيادة**
['aagalat al-'qeyadh] *n* steering wheel
**عجلة اليد**
['aagalat al-yad] *n* wheelbarrow
old *adj* [ʕaʒu:z] **عجوز**
weird, wonderful *adj* [ʕaʒi:b] **عجيب**
bum *n* [ʕaʒi:za] **عَجيزة**
dough *n* [ʕaʒi:na] **عجينة**
**عجينة الباف باستري**
['ajeenah aleyaf bastrey] *n* puff pastry
**عجينة الكريب**
['aajenat al-kreeb] *n* batter
runner *n* [ʕadda:ʔ] **عداء**
hostile *adj* [ʕida:ʔij] **عدائي**
metre *n* [ʕadda:d] **عداد**
**عداد السرعة**
['adaad al-sor'aah] *n* speedometer
**عداد الأميال المقطوعة**
['adaad al-amyal al-ma'qto'aah] *n* mileometer
**عداد وقوف السيارة**
['adaad wo'qoof al-sayarah] *n* parking meter
**أين يوجد عداد الكهرباء؟**
[ayna yujad 'aadad al-kah-raba?] Where is the electricity meter?
**من فضلك قم بتشغيل العداد**
[Men faḍlek 'qom betashgheel al'adaad] Please use the meter
**هل لديك عداد؟**
[hal ladyka 'aadaad?] Do you have a meter?
justice *n* [ʕada:la] **عَدَالة**
tackle *n* [ʕudda] **عدة**
quantity, amount *n* [ʕadad] **عدد**
**كما عدد المحطات الباقية على الوصول إلى ...؟**
[kam 'aadad al-muḥaṭaat al-ba'qiya lel-wiṣool ela...?] How many stops is it to...?
lentils *n* [ʕadas] **عدس**
**نبات العدس**
[Nabat al-'aads] *npl* lentils
lens *n* [ʕadasa] **عدسة**
**عدسة تكبير**
['adasah mokaberah] *n* zoom lens
**عدسة مكبرة**
['adasat takbeer] *n* magnifying glass
**أنني استعمل العدسات اللاصقة**
[ina-ny ast'amil al-'aadasaat al-laṣi'qa] I wear contact lenses
**محلول مطهر للعدسات اللاصقة**
[maḥlool muṭaher lil-'aada-saat al-laṣi'qa] cleansing solution for contact lenses
fairness *n* [ʕadl] **عدل**
rectify *v* [ʕaddala] **عدّل**
modify *v* [ʕadala] **عَدَل**
lack, absence *n* [ʕadam] **عدم**
**عدم التأكد**
['adam al-taakod] *n* uncertainty
**عدم الثبات**
['adam al-thabat] *n* instability
**عدم المُلاءمة**
['adam al-molaamah] *n* inconvenience
**أنا أسف لعدم معرفتي باللوائح**
[Ana aasef le'aadam ma'arefatey bel-lawaeah] I'm very sorry, I didn't know the regulations
enemy, run *n* [ʕaduww] **عدو**
aggressive *adj* [ʕudwa:nij] **عدواني**
infection *n* [ʕadwa:] **عدوى**
**ناقل للعدوى**
[Na'qel lel-'aadwa] *adj* contagious

عديد several *adj* [ʕadiːd]
عديم lacking *adj* [ʕadiːm]
**عديم الجدوى**
['aadam al-jadwa] *adj* useless
**عديم الاحساس**
['adeem al-ehsas] *adj* senseless
**عديم القيمة**
['adeem al-'qeemah] *adj* worthless
عذب sweet *(pleasing) adj* [ʕaðb]
عَذب torture *v* [ʕaððaba]
عذر excuse, pardon *n* [ʕuðran]
عذر excuse *v* [ʕaðara]
عذراء virgin, Virgo *n* [ʕaðraːʔ]
عراء *n* [ʕaraːʔ]
**في العراء**
[Fee al-'aaraa] *adv* outdoors
عراقي Iraqi *n* ◁ Iraqi *adj* [ʕiraːqij]
عِراك scrap *(dispute) n* [ʕiraːk]
عَربة trolley, vehicle *n* [ʕaraba]
**عربة صغيرة خفيفة**
['arabah ṣagheerah khafeefah] *n* buggy
**عربة تناول الطعام في القطار**
['arabat tanawool al-ṭa'aaam fee al-'qeṭar] *n* dining car
**عربة الأعطال**
['arabat al-a'ataal] *n* breakdown truck
**عربة الترولي**
['arabat al-troley] *n* trolley
**عربة البوفيه**
['arabat al-boofeeh] *n* dining car
**عربة النوم**
['arabat al-nawm] *n* sleeping car
**عربة حقائب السفر**
['arabat ḥa'qaaeb al-safar] *n* luggage trolley
**عربة طفل**
['arabat ṭefl] *n* pushchair
**عربة مقطورة**
['arabat ma'qtoorah] *n* trailer
**هل يوجد عربة متنقلة لحمل الحقائب؟**
[hal yujad 'aaraba muta-na'qela leḥaml al-ḥa'qaeb?] Are there any luggage trolleys?
عربي Arabic, Arab *adj* [ʕarabij]
**عربي الجنسية**
['arabey al-jenseyah] *adj* Arab
**الإمارات العربية المتحدة**
[Al-emaraat al'arabeyah al-motaḥedah] *npl* United Arab Emirates
**اللغة العربية**
[Al-loghah al-arabeyah] *(language) n* Arabic
**المملكة العربية السعودية**
[Al-mamlakah al-'aarabeyah al-so'aodeyah] *n* Saudi Arabia
عرج limp *v* [ʕaraʒa]
عرش throne *n* [ʕarʃ]
عرض proposal *n* [ʕardˤ]
**عرض أسعار**
['aarḍ as'aar] *n* quotation
**جهاز عرض**
[Jehaz 'ard] *n* projector
**جهاز العرض العلوي**
[Jehaz al-'ard al-'aolwey] *n* overhead projector
**خط العرض**
[Khaṭ al-'arḍ] *n* latitude
عرض *v* [ʕaradˤa]
**أي فيلم يعرض الآن على شاشة السينما؟**
[ay filim ya'aruḍ al-aan 'ala sha-shat al-senama?] Which film is on at the cinema?
عرِض display, set out, *v* [ʕaradˤa] show
عَرّض *v* [ʕarradˤa]
**يُعَرِض للخطر**
[Yo'areḍ lel-khaṭar] *v* endanger
عرضي accidental *adj* [ʕaradˤij]
عرف custom *n* [ʕurf]
عرف know, define *v* [ʕarafa]
**لا أعرف**
[la a'arif] I don't know
**هل تعرفه؟**
[hal ta'a-rifuho?] Do you know him?
عُرفي formal *adj* [ʕurafij]
عرق sweat *n* [ʕirq]
**مبلل بالعرق**
[Mobala bel-ara'q] *adj* sweaty
عرَق sweat *v* [ʕaraqa]
عرقي ethnic *adj* [ʕirqij]
عروس bride *n* [ʕaruːs]

وصيفة العروس
[Waṣeefat al-'aroos] n bridesmaid
n [ʕurj] عُزي
مُناصر للعُزي
[Monaṣer lel'aory] n nudist
undress v [ʕarra:] عَرّى
bridegroom n [ʕari:s] عريس
إشبين العريس
[Eshbeen al-aroos] n best man
large, wide adj [ʕari:dˤ] عريض
ابتسامة عريضة
[Ebtesamah areeḍah] n grin
wide adv [ʕari:dˤun] عريضا
corporal n [ʕari:f] عريف
estate n [ʕizba] عِزبة
foster, boost (يتبنى) v [ʕazzaza] عزز
play (music) vt [ʕazafa] عزف
n [ʕazf] عَزف
آلة عَزف
[Aalat 'aazf] n player (instrumentalist)
determination n [ʕazm] عزم
عاقد العزم
['aaa'qed al-'aazm] adj determined
dear (loved) adj [ʕazi:z] عزيز
dear (expensive) adj [ʕazi:zi:] عزيزي
difficulty n [ʕusr] عسر
عسر التكلم
['aosr al-takalom] n dyslexia
عسر الهضم
['aosr al-haḍm] n indigestion
military adj [ʕaskarij] عسكري
طالب عسكري
[Ṭaleb 'askarey] n cadet
honey n [ʕasal] عسل
nest n [ʕuʃ] عش
dinner, supper n [ʕaʃa:ʔ] عشاء
حفلة عشاء
[Ḥaflat 'aashaa] n dinner party
متناول العشاء
[Motanawal al-'aashaa] n diner
كان العشاء شهيا
[kan il-'aashaa sha-heyan] The dinner was delicious
ما رأيك في الخروج وتناول العشاء
[Ma raaek fee al-khoroj wa-tanawol al-'aashaa] Would you like to go out for dinner?
ما هو موعد العشاء؟
[ma howa maw-'aid al-'aashaa?] What time is dinner?
grass (plant) n [ʕuʃb] عشب
عُشب الحَوْذان
['aoshb al-hawdhan] n buttercup
عُشب الطرخون
['aoshb al-ṭarkhoon] n tarragon
n [ʕuʃba] عشبة
عشبة ضارة
['aoshabah ḍarah] n weed
ten number [ʕaʃar] عشر
أحد عشر
[ʔaħada ʕaʃar] number eleven
الحادي عشر
[al-ħa:di: ʕaʃar] adj eleventh
لقد تأخرنا عشرة دقائق
[la'qad ta-akharna 'aashir da-'qae'q] We are ten minutes late
ten number [ʕaʃaratun] عشرة
twenty number [ʕiʃru:na] عشرون
decimal adj [ʕuʃarij] عشري
passion n [ʕiʃq] عشق
فاكهة العشق
[Fakehat al-'aesh'q] n passion fruit
adore v [ʕaʃaqa] عشق
random adj [ʕaʃwa:ʔij] عشوائي
eve n [ʕaʃijja] عشية
عشية عيد الميلاد
['aasheyat 'aeed al-meelad] n Christmas Eve
stick n [ʕasˤa:] عصا
عصا القيادة
['aaṣa al-'qeyadh] n joystick
عصا المشي
['asaa almashey] n walking stick
gang, band n [ʕisˤa:ba] عصابة
عصابة الرأس
['eṣabat al-raas] n hairband
معصوب العينين
[Ma'aṣoob al-'aainayn] adj blindfold
neurotic adj [ʕisˤa:bij] عصابي
nerve (to/from brain) n [ʕasˤab] عصب
v [ʕasˤaba] عصب
يَعْصِبُ العينين

[Ya'aṣeb al-ozonayn] v blindfold
عصبي nervous *adj* [ʕasˤabij]
عصبي جداً
['aṣabey jedan] *adj* uptight
عصبي المزاج
['aṣabey] *adj* nervous
عصر squeeze v [ʕasˤara]
عصري modern *adj* [ʕasˤrij]
عصفور sparrow n [ʕusˤfuːr]
عصى disobey v [ʕasˤaː]
عصيب crucial *adj* [ʕasˤiːb]
عصيدة porridge n [ʕasˤiːda]
عصير juice n [ʕasˤiːru]
عصير الفاكهة
['aṣeer fakehah] n fruit juice
عصير برتقال
[Aṣeer borto'qaal] n orange juice
عضلة muscle n [ʕadˤala]
عضلي muscular *adj* [ʕadˤalij]
عضو member n [ʕudˤw]
عضو في عصابة
['aoḍw fee eṣabah] n gangster
عضو في الجسد
['aoḍw fee al-jasad] n organ *(body part)*
عضو مجلس
['aodw majles] n councillor
عضو مُنتَدب
['aḍow montadab] n president *(business)*
عضو نقابة عمالية
['aḍw ne'qabah a'omaleyah] n trade unionist
هل يجب أن تكون عضوا؟
[hal yajib an takoon 'auḍwan?] Do you have to be a member?
هل يجب علي أن أكون عضوا؟
[hal yajib 'aala-ya an akoon 'auḍwan?] Do I have to be a member?
عضوي organic *adj* [ʕudˤwij]
سماد عضوي
[Semad 'aodwey] n manure
غير عضوي
[Ghayer 'aoḍwey] *adj* mineral
عضوية membership n [ʕudˤwijja]
عضوية في مجلس تشريعي
['aoḍweyah fee majles tashreaey] n seat *(constituency)*

عطر perfume, scent n [ʕitˤr]
أشعر بالعطش
[ash-'aur bil-'aaṭash] I'm thirsty
عطس sneeze v [ʕatˤasa]
عطلة holiday, n [ʕutˤla] unemployment
عطلة أسبوعية
['aoṭlah osboo'ayeah] n weekend
عطلة نصف الفصل الدراسي
['aoṭlah neṣf al-faṣl al-derasey] n half-term
خطة عطلة شاملة الإقامة والانتقال
[Khoṭ at 'aoṭlah shamelat al-e'qamah wal-ente'qal] n package tour
عظم bone n [ʕazˤm]
عظم الوجنة
[aḍhm al-wajnah] n cheekbone
عظمة bone n [ʕazˤama]
عظيم grand, great *adj* [ʕazˤiːm]
الجمعة العظيمة
[Al-jom'ah al-'aaḍheemah] n Good Friday
عفن mould *(fungus)* n [ʕafan]
عفوي spontaneous *adj* [ʕafawij]
عِقاب punishment n [ʕiqaːb]
عُقاب eagle n [ʕuqaːb]
عقار medication, drug n [ʕaqaːr]
عقار مسكن
['aa'qaar mosaken] n sedative
عقار مخدر موضعي
['aa'qar mokhader mawde'aey] n local anaesthetic
عقب end n [ʕaqib]
مقلوب رأسا على عقب
[Ma'qloob raasan 'ala 'aa'qab] *adv* upside down
عقبة obstacle n [ʕaqaba]
عقد contract n [ʕaqd]
عقد إيجار
['aa'qd eejar] n lease
عقد من الزمن
['aa'qd men al-zaman] n decade
عقد knit v [ʕaqada]
عقدة knot n [ʕuqda]
عقرب scorpion, Scorpio n [ʕaqrab]
عقص v [ʕaqasˤa]

**يَعْقِص الشعر**
[Ya'aqeṣ al-sha'ar] *n* curl
**عَقْعَق** [ʕaqʕaq] *n*
**طائر العَقْعَق**
[Ṭaaer al'a'qa'q] *n* magpie
**عقل** [ʕaqil] *n* mind, intelligence
**ضرس العقل**
[Ḍers al-a'aql] *n* wisdom tooth
**عقلاني** [ʕaqla:nij] *adj* rational
**عقلي** [ʕaqlij] *adj* mental
**عقلية** [ʕaqlijja] *n* mentality
**عَقم** [ʕaqqama] *v* sterilize
**عقوبة** [ʕuqu:ba] *n* punishment
**أقصى عقوبة**
[A'qsa 'aoqobah] *n* capital punishment
**عقوبة بدنية**
['ao'qoba badaneyah] *n* corporal punishment
**عقيفة** [ʕaqi:fa] *n* hook
**عقيم** [ʕaqi:m] *adj* sterile
**عكاز** [ʕukka:z] *n* crutch
**عكس** [ʕaks] *n* reverse, reversal
**عكس عقارب الساعة**
['aaks 'aa'qareb al-saa'ah] *n* anticlockwise
**والعكس كذلك**
[Wal-'aaks kaḍalek] *adv* vice versa
**عكس** [ʕakasa] *v* reflect
**علاج** [ʕila:ʒ] *n* therapy, treatment
**علاج بالعطور**
['aelaj bel-oṭoor] *n* aromatherapy
**علاج طبيعي**
['aelaj ṭabeye] *n* physiotherapy
**علاج نفسي**
['aelaj nafsey] *n* psychotherapy
**مُركّب لعلاج السعال**
[Morakab le'alaaj also'aal] *n* cough mixture
**علاقة** [ʕala:qa] *n* relation, relationship
**علاقات عامة**
['ala'qat 'aamah] *npl* public relations
**آسف، أنا على علاقة بأحد الأشخاص**
[ʔa:sifun ʔana: ʕala: ʕila:qatin biʔaħadin alʔaʃxa:sʕi] Sorry, I'm in a relationship
**عَلَاقَة** [ʕala:qatu] *n*
**عَلَاقَة مفاتيح**
['aalaqat mafateeḥ] *n* keyring
**علامة** [ʕala:ma] *n* mark, symptom, tag, token
**علامة تعجب**
['alamah ta'ajob] *n* exclamation mark
**علامة تجارية**
['alamah tejareyah] *n* trademark
**علامة استفهام**
['alamat estefham] *n* question mark
**علامة مميزة**
['alamah momayazah] *n* bookmark
**العلامة التجارية**
[Al-'alamah al-tejareyah] *n* brand name
**يَضَع عَلَامَة صَح**
[Beḍa'a 'aalamat ṣaḥ] *v* tick off
**علاوة** [ʕala:wa] *n* bonus
**علاوة على ذلك**
['aelawah ala ḍalek] *adv* further
**علب** [ʕulab] *npl* cans
**فتاحة علب**
[fatta ḥat 'aolab] *n* tin opener
**علبة** [ʕulba] *n* parcel
**علبة صغيرة**
['aolbah ṣagherah] *n* canister
**علبة التروس**
['aolbat al-teroos] *n* gear box
**علبة الفيوز**
['aolbat al-feyoz] *n* fuse box
**علبة كارتون**
['aolbat kartoon] *n* carton
**عَلّق** [ʕallaqa] *vt* hang
**يُعَلِق على**
[Yo'alle'q ala] *v* comment
**علكة** [ʕilka] *n* chewing gum
**عَلّل** [ʕallala] *v* justify
**علم** [ʕilm] *n* knowledge, science
**علم التنجيم**
[A'elm al-tanjeem] *n* astrology
**علم الاقتصاد**
['aelm al-e'qtesad] *npl* economics
**علم البيئة**
['aelm al-beeah] *n* ecology
**علم الحيوان**
['aelm al-hayawan] *n* zoology
**علم الفلك**
['aelm al-falak] *n* astronomy

علم النحو والصرف
['aelm al-naḥw wal-ṣarf] *n* grammar
علوم الحاسب الآلي
['aoloom al-ḥaseb al-aaly] *n* computer science
**عَلَم** [ʕalam] *n* flag
**عِلم** [ʕilm] *n*
عِلم الآثار
['Aelm al-aathar] *n* archaeology
**عِلم** [ʕilmu] *n* (المعرفة) science
**عِلمي** [ʕilmij] *adj* scientific
خيال علمي
[Khayal 'aelmey] *n* scifi
**عُلوّ** [ʕuluww] *n* altitude
**علوي** [ʕulwij] *adj* top
**على** [ʕala:] *prep* on ◁ *adv* above
على طول
[Ala ṭool] *prep* along
**عِلية** [ʕilja] *n* loft
**عَليل** [ʕali:l] *adj* sick
**عم** [ʕamm] *n* uncle
ابن العم
[Ebn al-'aam] *n* cousin
**عمارة** [ʕima:ra] *n* building
فن العمارة
[Fan el-'aemarah] *n* architecture
**عمال** [ʕumma:l] *n* labour
**عمان** [ʕuma:n] *n* Oman
**عمة** [ʕamma] *n* (خالة) aunt
**عمر** [ʕumur] *n* age
شخص متقدم العمر
[Shakhṣ mota'qadem al-'aomr] *n* senior citizen
إنه يبلغ من العمر عشرة أعوام
[inaho yabligh min al-'aumr 'aashrat a'a-wam] He is ten years old
أبلغ من العمر خمسين عاماً
[ablugh min al-'aumr khamseen 'aaman] I'm fifty years old
كم عمرك؟
[kam 'aomrak?] How old are you?
**عمق** [ʕumq] *n* depth
**عمل** [ʕamal] *n* work
رحلة عمل
[Reḥlat 'aamal] *n* business trip
ساعات عمل مرنة
[Sa'aat 'aamal marenah] *n* flexitime
ساعات العمل
[Sa'aat al-'amal] *npl* office hours, opening hours
مكان العمل
[Makan al-'amal] *n* workspace
أنا هنا للعمل
[ana huna lel-'aamal] I'm here for work
**عمل** [ʕamala] *v* work
يعمل بشكل حر
[Ya'amal beshakl ḥor] *adj* freelance
سيارة تعمل بنظام نقل السرعات اليدوي من فضلك
[sayara ta'amal be-neḍham na'qil al-sur'aat al-yadawy, min faḍlak] A manual, please
أعمل لدى...
[a'amal lada...] I work for...
أين تعمل؟
[ayna ta'amal?] Where do you work?
التكيف لا يعمل
[al-tak-yeef la ya'amal] The air conditioning doesn't work
المفتاح لا يعمل
[al-muftaaḥ la ya'amal] The key doesn't work
كيف يعمل هذا؟
[Kayfa ya'amal hatha?] How does this work?
ماذا تعمل؟
[madha ta'amal?] What do you do?
ماكينة التذاكر لا تعمل
[makenat al-tadhaker la-ta'amal] The ticket machine isn't working
هذا لا يعمل كما ينبغي
[hatha la-ya'amal kama yan-baghy] This doesn't work
**عملاق** [ʕimla:q] *adj* giant, gigantic
**عملة** [ʕumla] *n* currency, pay
عملة معدنية
[Omlah ma'adaneyah] *n* coin
عملة متداولة
[A'omlah motadawlah] *n* currency
تخفيض قيمة العملة
[Takhfeeḍ 'qeemat al'aomlah] *n* devaluation

دار سك العملة
[Daar ṣaak al'aomlah] *n* mint *(coins)*
عملي feasible, practical *adj* [ʕamalij]
غير عملي
[Ghayer 'aamaley] *adj* impractical
عمليا practically *adv* [ʕamalijan]
عملية operation *n* [ʕamalijja] *(undertaking)*, process
عملية جراحية
['amaleyah jeraheyah] *n* operation *(surgery)*, surgery *(operation)*
عملية الأيض
['amaleyah al-abyaḍ] *n* metabolism
عَمَّم generalize *v* [ʕammama]
عمود column, post *(stake)* *n* [ʕamu:d]
عمود النور
['amood al-noor] *n* lamppost
عمود فقري
['amood fa'qarey] *n* backbone, spine
عموديا upright *adv* [ʕamu:dijan]
عمولة commission *n* [ʕumu:la]
ما هي العمولة؟
[ma heya al-'aumola?] What's the commission?
عموما overall *adv* [ʕumu:man]
عمى blind *n* [ʕama:]
مصاب بعمى الألوان
[Moṣaab be-'ama al-alwaan] *adj* colour-blind
عميق deep *adj* [ʕami:q]
واد عميق وضيق
[Wad 'amee'q wa-ḍaye'q] *n* ravine
عميل customer, client, *n* [ʕami:l] agent
عن about, from *prep* [ʕan]
عناق cuddle *n* [ʕina:q]
عناية care *n* [ʕina:ja]
بِعناية
[Be-'aenayah] *n* carefully
عنب grape *n* [ʕinab]
عنب أحمر
['aenab aḥmar] *n* redcurrant
كَرْمَة العنب
[Karmat al'aenab] *n* vine
عنبر hospital ward *n* [ʕanbar]
في أي عنبر يوجد......؟
[fee ay 'aanbar yujad...?] Which ward is... in?
عند at *prep* [ʕinda]
عنصر element *n* [ʕunsˤur]
عنصري racial *adj* [ʕunsˤurij] *n* ◁ racist
التفرقة العنصرية بحسب الجنس
[Al-tafre'qa al'aonṣoreyah beḥasab al-jens] *n* sexism
عنف violence *n* [ʕunf]
عَنَّف scold *v* [ʕannafa]
عنكبوت spider *n* [ʕankabu:t]
بيت العنكبوت
[Bayt al-'ankaboot] *n* cobweb
عنوان address *(location)* *n* [ʕunwa:n]
عنوان البريد الإلكتروني
['aonwan al-bareed al-electrooney] *n* email address
عنوان المنزل
['aonwan al-manzel] *n* home address
عنوان الويب
['aonwan al-web] *n* web address
دفتر العناوين
[Daftar al-'aanaaween] *n* address book
عُنوان رئيسي
['aonwan raaesey] *n* headline
عنوان موقع الويب هو...
['ainwan maw-'q i'a al-web howa...] The website address is...
ما هو عنوان بريدك الالكتروني؟
[ma howa 'ain-wan bareed-ak al-alikit-rony?] What is your email address?
من فضلك قم بتحويل رسائلي إلى هذا العنوان
[min faḍlak 'qum be-taḥweel rasa-ely ela hadha al-'ainwan] Please send my mail on to this address
هل يمكن لك أن تدون العنوان، إذا تفضلت؟
[hal yamken laka an tudaw-win al-'aenwaan, edha tafaḍalt? ] Will you write down the address, please?
عنيد stubborn *adj* [ʕani:d]
عنيف drastic, violent *adj* [ʕani:f]
عهد promise *n* [ʕahd]

**منذ عهد قريب**
[mondh 'aahd 'qareeb] *adv* lately
**عوامة** float, buoy *n* [ʕawa:ma]
**عود** stick *n* [ʕu:d]
**عود الأسنان**
['aood al-asnan] *n* toothpick
**عودة** return *n* [ʕawda]
**تذكرة ذهاب وعودة في نفس اليوم**
[tadhkarat dhehab we-'awdah fee nafs al-yawm] *n* day return
**رجاء العودة بحلول الساعة الحادية عشر مساءً**
[rejaa al-'aawda beḥilool al-sa'aa al-ḥade-a 'aashar masa-an] Please come home by 11p.m.
**ما هو موعد العودة؟**
[ma howa maw-'aid al-'aawda?] When do we get back?
**يمكنك العودة وقتما رغبت ذلك**
[yam-kunaka al-'aawda wa'qt-ama raghabta dhalik] Come home whenever you like
**عوّض** compensate *v* [ʕawwadˤa]
**يُعوّض عن**
[Yo'aweḍ 'an] *v* reimburse
**عَوّل** *v* [ʕawwala]
**يُعَول على**
[yo'awel 'ala] *v* rely on
**عَوْلَمَة** globalization *n* [ʕawlama]
**عون** aid *n* [ʕawn]
**عوى** howl *v* [ʕawa:]
**عيادة** clinic *n* [ʕija:da]
**عيب** defect, fault, *n* [ʕajb] disadvantage
**عيد** festival, holiday *n* [ʕi:d]
**عيد الحب**
['aeed al-ḥob] *n* Valentine's Day
**عيد الفصح**
['aeed al-fesḥ] *n* Easter
**عيد الميلاد المجيد**
['aeed al-meelad al-majeed] *n* Christmas
**عيد ميلاد**
['aeed al-meelad] *n* birthday
**عيش** *n* [ʕajʃ]
**عيش الغراب**
['aaysh al-ghorab] *n* mushroom
**عين** eye *n* [ʕajn]
**إن عيناي ملتهبتان**
[enna 'aynaya multa-hebatan] My eyes are sore
**يوجد شيء ما في عيني**
[yujad shay-un ma fee 'aynee] I have something in my eye
**عيّن** appoint *v* [ʕajjana]
**يُعَيِّنُ الهويّة**
[Yo'aeyen al-haweyah] *b* identify
**عينة** sample *n* [ʕajjina]
**عينه** same *adj* [ʕajinnat]

# غ

**غائب** absent *adj* [ɣaːʔibb]
**غائم** cloudy, foggy *adj* [ɣaːʔim]
**غاب** *v* [ɣaːba]
**يَغيب عن الأنظار**
[Yagheeb 'an al-andhaar] *v* vanish
**غابة** forest, woods *n* [ɣaːba]
**غابات المطر بخط الاستواء**
[Ghabat al-maṭar be-khaṭ al-estwaa] *n* rainforest
**غادر** *v* [ɣaːdara]
**سوف أغادر غداً**
[Yoghader al-fodo'q] *v* check out
**يُغادِر المكان**
[Yoghader al-makanan] *v* go out
**يُغَادر مكانا**
[Yoghader makanan] *v* go away
**سوا أغادر غدا**
[Sawa oghader ghadan] I'm leaving tomorrow
**أين نترك المفتاح عندما نغادر؟**
[ayna natruk al-muftaaḥ 'aendama nughader?] Where do we hand in the key when we're leaving?
**على أي رصيف يغادر القطار؟**
['ala ay raṣeef yo-ghader al-'qeṭaar?] Which platform does the train leave from?
**من أي مكان يغادر المركب؟**
[min ay makan yoghader al-markab?] Where does the boat leave from?
**هل هذا هو الرصيف الذي يغادر منه القطار المتجه إلى...؟**
[hal hadha howa al-raṣeef al-ladhy yoghader minho al-'qeṭaar al-mutajeh ela...?] Is this the right platform for the train to...?
**غادِر** foul *adj* [ɣaːdir]
**غار** *n* [ɣaːr]
**ورق الغار**
[Wara'q alghaar] *n* bay leaf
**غارة** raid *n* [ɣaːra]
**غاز** gas *n* [ɣaːz]
**غاز طبيعي**
[ghaz ṭabeeaey] *n* natural gas
**غاز مسيل للدموع**
[Ghaz moseel lel-domooa] *n* teargas
**موقد يعمل بالغاز للمعسكرات**
[Maw'qed ya'amal bel-ghaz lel-mo'askarat] *n* camping gas
**أين يوجد عداد الغاز؟**
[ayna yujad 'aadad al-ghaz?] Where is the gas meter?
**هل يمكنك إعادة ملء الولاعة بالغاز؟**
[hal yamken -aka e'aadat mil-e al-walla-'aa bil-ghaz?] Do you have a refill for my gas lighter?
**غَازل** flirt *v* [ɣaːzala]
**غاضِب** angry, stuffy *adj* [ɣaːdˤib]
**غاظ** fret *v* [ɣaːzˤa]
**غالبا** often *adv* [ɣaːliban]
**غالي** *adj* [ɣaːliː]
**إنه غالي جدا ولا يمكنني شراؤه**
[Enaho ghaley gedan wala yomken sheraaoh] It's too expensive for me
**إنه غالي بالفعل**
[inaho ghalee bil-fi'ail] It's quite expensive
**غالى** *v* [ɣaːlaː]
**يغالي في الثمن**
[Yoghaley fee al-thaman] *v* overcharge
**يُغَالي في التقدير**
[Yoghaley fee al-ta'qdeer] *v* overestimate

غامض mysterious *adj* [ɣa:midˤ]
غانا Ghana *n* [ɣa:na:]
غاني Ghanaian *adj* [ɣa:nij]
مواطن غاني
[Mowaṭen ghaney] *n* Ghanaian
غبار dust *n* [ɣuba:r]
غبي stupid *adj* [ɣabijju]
غثيان nausea *n* [ɣaθaja:n]
غجري gypsy *n* [ɣaʒarij]
غد *n* [ɣad]
أريد أن توقظني بالتليفون في الساعة السابعة من صباح الغد
[areed an to'qeḍhaney bel-telefone fee al-sa'aah al-sabe'aah men ṣabaḥ al-ghad] I'd like a wake-up call for tomorrow morning at seven o'clock
بعد غد
[ba'ad al-ghad] the day after tomorrow
غداً tomorrow *adv* [ɣadan]
هل هو مفتوح غدا؟
[hal how maftooḥ ghadan?] Is it open tomorrow?
هل يمكن أن أتصل بك غدا؟
[hal yamken an ataṣel beka ghadan?] May I call you tomorrow?
غداء lunch *n* [ɣada:ʔ]
غدة gland *n* [ɣuda]
غذاء *n* [ɣaða:ʔ]
وجبة الغذاء المعبأة
[Wajbat al-ghezaa al-mo'abaah] *n* packed lunch
كان الغذاء رائعا
[kan il-ghadaa ra-e'aan] The lunch was excellent
متى سنتوقف لتناول الغذاء؟
[mata sa-nata-wa'qaf le-tanawil al-ghadaa?] Where do we stop for lunch?
متى سيتم تجهيز الغذاء؟
[mata sayatim taj-heez al-ghadaa?] When will lunch be ready?
غذائي *adj* [ɣiða:ʔij]
التسمم الغذائي
[Al-tasmom al-ghedhaaey] *n* food poisoning
نظام غذائي
[Neḍhaam ghedhey] *v* diet
غر child *n* [ɣirr]
غراء glue *n* [ɣira:ʔ]
غراب crow *n* [ɣura:b]
غراب أسود
[Ghorab aswad] *n* raven
غرّافة carafe *n* [ɣarra:fa]
غرامة fine *n* [ɣara:ma]
أين تدفع الغرامة؟
[ayna tudfa'a al-gharama?] Where do I pay the fine?
كم تبلغ الغرامة؟
[kam tablugh al-gharama?] How much is the fine?
غرب *n* [ɣarban]
متجه غرباً
[Motajeh gharban] *adj* westbound
غَرْب west *n* [ɣarb]
غرباً west *adv* [ɣarban]
غربي west, western *adj* [ɣarbij]
ساكن الهند الغربية
[Saken al-hend al-gharbeyah] *n* West Indian
جنوب غربي
[Janoob gharbey] *n* southwest
شمال غربي
[Shamal gharbey] *n* northwest
غرز stick *vi* [ɣaraza]
غرض purpose *n* [ɣaradˤ]
غرفة room *n* [ɣurfa]
رقم الغرفة
[Ra'qam al-ghorfah] *n* room number
غرفة إضافية
[ghorfah eḍafeyah] *n* spare room
غرفة عمليات
[ghorfat 'amaleyat] *n* operating theatre
غرفة تبديل الملابس
[Ghorfat tabdeel al-malabes] *n* fitting room
غرفة خدمات
[ghorfat khadamat] *n* utility room
غرفة القياس
[ghorfat al-'qeyas] *n* fitting room
غرفة المعيشة
[ghorfat al-ma'aeshah] *n* sitting room
غرفة النوم

[Ghorfat al-noom] *n* bedroom
**غرفة طعام**
[ghorat ṭa'aam] *n* dining room
**غرفة لشخص واحد**
[ghorfah le-shakhṣ wahed] *n* single room
**غرفة محادثة**
[ghorfat mohadathah] *n* chatroom
**غرفة مزدوجة**
[Ghorfah mozdawajah] *n* double room, twin room
**غُرفة خشبية**
[Ghorfah khashabeyah] *n* shed
**أريد غرفة أخرى غيرها**
[areed ghurfa ukhra ghyraha] I'd like another room
**أريد غرفة للإيجار**
[areed ghurfa lil-eejar] I'd like to rent a room
**أريد حجز غرفة عائلية**
[areed ḥajiz ghurfa 'aa-e-liya] I'd like to book a family room
**أريد حجز غرفة لشخصين**
[areed ḥajiz ghurfa le-shakhiṣ-yen] I want to reserve a double room
**أيمكنني الحصول على أحد الغرف؟**
[a-yamkun-iny al-ḥuṣool 'ala aḥad al-ghuraf?] Do you have a room?
**أين توجد غرفة الكمبيوتر؟**
[ayna tojad ghurfat al-computer] Where is the computer room?
**الغرفة ليست نظيفة**
[al-ghurfa laysat naḍhefa] The room isn't clean
**الغرفة متسخة**
[al-ghurfa mutaskha] The room is dirty
**هل هناك خدمة للغرفة؟**
[hal hunaka khidma lil-ghurfa?] Is there room service?
**هل يمكن أن أرى الغرفة؟**
[hal yamken an ara al-ghurfa?] Can I see the room?
**هناك ضوضاء كثيرة جدا بالغرفة**
[hunaka ḍaw-ḍaa kathera jedan bil-ghurfa] The room is too noisy
washbasin, drown *vi* [ɣaraqa] **غرق**

sunset *n* [ɣuru:b] **غُروب**
glue *v* [ɣarra:] **غرّى**
strange, spooky *adj* [ɣari:b] **غريب**
**شخص غريب**
[Shakhṣ ghareeb] *n* stranger
*n* [ɣurajr] **غُرَير**
**حيوان الغُرَير**
[Ḥayawaan al-ghoreer] *n* badger
instinct *n* [ɣari:za] **غريزة**
flirt (حركة خاطفة) *n* [ɣazl] **غزل**
**غزل البنات**
[Ghazl al-banat] *n* candyfloss
invade, conquer *v* [ɣaza:] **غزى**
washing machine *n* [ɣassa:la] **غسالة**
**غسالة أطباق**
[ghasalat aṭba'q] *n* dishwasher
dusk *n* [ɣasaq] **غَسَق**
*n* [ɣasl] **غسل**
**قابل للغسل في الغسالة**
['qabel lel-ghaseel fee al-ghassaalah] *adj* machine washable
**أرغب في غسل هذه الأشياء**
[arghab fee ghasil hadhy al-ashyaa] I'd like to get these things washed
wash *v* [ɣasala] **غسل**
**يَغْسِل الأطباق**
[Yaghsel al-aṭbaa'q] *v* wash up
**أريد أن أغسل السيارة**
[areed an aghsil al-sayara] I would like to wash the car
**اين يمكن أن أغسل يدي؟**
[ayna yamken an aghsil yady?] Where can I wash my hands?
**هل يمكنك من فضلك غسله**
[hal yamken -aka min faḍlak ghaslaho?] Could you wash my hair, please?
cleanser *n* [ɣasu:l] **غسول**
**غسول سمرة الشمس**
[ghasool somrat al-shams] *n* suntan lotion
washing *n* [ɣassi:l] **غسيل**
**غسيل سيارة**
[ghaseel sayaarah] *n* car wash
**غسيل الأطباق**
[ghaseel al-atba'q] *n* washing-up
**خط الغسيل**

[Khat al-ghaseel] *n* washing line
**حبل الغسيل**
[ḥ abl al-ghaseel] *n* washing line
**مسحوق الغسيل**
[Mashoo'q alghaseel] *n* washing powder
**مشبك الغسيل**
[Mashbak al-ghaseel] *n* clothes peg
cheat *n* [ɣaʃʃa] **غش**
deceive, cheat *v* [ɣaʃʃa] **غش**
anger *n* [ɣadˤab] **غضب**
**سريع الغضب**
[Saree'a al-ghaḍab] *adj* irritable
**غضب شديد**
[ghaḍab shaded] *n* rage
**مثير للغضب**
[Mother lel-ghaḍab] *adj* infuriating
*v* [ɣutˤtˤa] **غط**
**يَغُط في النوم**
[yaghoṭ fee al-nawm] *v* snore
cover, lid *n* [ɣitˤaːʔ] **غطاء**
**غطاء سرير**
[Gheṭa'a sareer] *n* bedspread
**غطاء المصباح**
[Gheṭaa almeṣbaḥ] *n* lampshade
**غطاء الوسادة**
[gheṭaa al-wesadah] *n* pillowcase
**غطاء قنينة**
[Gheṭa'a 'qeneenah] *n* cap
**غطاء للرأس والعنق**
[Gheṭa'a lel-raas wal-a'ono'q] *n* hood
**غطاء للوقاية أو الزينة**
[Gheṭa'a lel-we'qayah aw lel-zeenah] *n* hubcap
**غطاء مخملي**
[Gheṭa'a makhmaley] *n* duvet
**غطاء مائدة**
[Gheṭa'a maydah] *n* tablecloth
diver *n* [ɣatˤtˤaːs] **غطاس**
dive *n* [ɣatˤasa] **غطس**
**لوح غطس**
[Looḥ ghaṭs] *n* diving board
dive *v* [ɣatˤisa] **غطس**
plunge *v* [ɣatˤasa] **غطس**
cover *v* [ɣatˤtˤaː] **غطى**
snooze *v* [ɣafa] **غفا**
forgive *v* [ɣafara] **غفر**
nap *n* [ɣafwa] **غفوة**
kid *n* [ɣulaːm] **غلام**
kettle *n* [ɣallaːja] **غلاية**
mistake *v* [ɣalatˤun] **غلط**
error *n* [ɣaltˤa] **غلطة**
wrap, wrap up *v* [ɣallafa] **غلف**
**هل يمكن أن تغلفه من فضلك؟**
[hal yamken an tugha-lifho min faḍlak?] Could you wrap it up for me, please?
*n* [ɣalaqa] **غلق**
**ما هو ميعاد الغلق هنا؟**
[ma howa me-'aad al-ghali'q huna?] When does it close?
boil *vi* [ɣalaː] **غلى**
boiling *n* [ɣalajaːn] **غليان**
flood *vt* [ɣamara] **غمر**
wink *v* [ɣamaza] **غمز**
dip *vt* [ɣamasa] **غمس**
dip *(food/sauce)* *n* [ɣams] **غَمْس**
mutter *v* [ɣamɣama] **غَمْغَم**
mystery *n* [ɣumuːdˤ] **غموض**
singing *n* [ɣinaːʔ] **غناء**
**غِنَاء مع الموسيقى**
[Ghenaa ma'a al-mose'qa] *n* karaoke
*adj* [ɣinaːʔijjat] **غنائي**
**قصائد غنائية**
['qaṣaaed ghenaaeah] *npl* lyrics
*n* [ɣanam] **غنم**
**جلد الغنم**
[Jeld al-ghanam] *n* sheepskin
rich *adj* [ɣanij] **غني**
**غني بالألوان**
[Ghaney bel-alwaan] صفة colourful
submarine *n* [ɣawwaːsˤa] **غواصة**
gorilla *n* [ɣuːriːlaː] **غوريلا**
diving *n* [ɣawsˤ] **غوص**
**غوص بأجهزة التنفس**
[ghawṣ beajhezat altanafos] *n* scuba diving
**أين يمكننا أن نجد أفضل مناطق الغوص؟**
[ayna yamken-ana an najed afḍal manaṭi'q al-ghawṣ?] Where is the best place to dive?
absence *n* [ɣijaːb] **غياب**

*n* [ɣijjaːr] **غيار**
**هل لديك قطع غيار لماركة تويوتا**
[hal ladyka 'qiṭa'a gheyaar le-markat toyota?] Do you have parts for a Toyota?
*n* [ɣajba] **غيبة**
**دفع بالغيبة**
[Dafa'a bel-ghaybah] *n* alibi
*n* [ɣajbuːba] **غيبوبة**
**غيبوبة عميقة**
[Ghaybobah 'amee'qah] *n* coma
not *adj* [ɣajru] **غير**
**غير صبور**
[Ghaeyr ṣaboor] *adj* impatient
**غير معتاد**
[Ghayer mo'ataad] *adj* unusual
**غير مُرتب**
[Ghayer moratb] *adj* untidy
vary, change *v* [ɣajjara] **غَيّر**
Guinea *n* [ɣiːnjaː] **غينيا**
[ɣiːnjaː al- **غينيا الاستوائية**
Equatorial Guinea *n*istiwaːʔijjatu]
jealous *adj* [ɣajuːr] **غيور**

# ف

benefit *n* [faːʔida] **فائدة**
**معدل الفائدة**
[Moaadal al-faaedah] *n* interest rate
winning *adj* [faːʔiz] **فائز**
**شخص فائز**
[Shakhṣ faaez] *n* winner
surplus *adj* [faːʔidˤ] **فائض**
*adj* [faːʔiq] **فائق**
**فائق الجمال**
[Faae'q al-jamal] *adj* gorgeous
category *n* [fiʔa] **فئة**
fair *(light colour)* *adj* [faːtiħ] **فاتح**
dull, lukewarm *adj* [faːtir] **فاتر**
catching, glamorous, *adj* [faːtin] **فاتن**
superb, fascinating
*n* [faːtuːra] **فاتورة**
**فاتورة رسمية**
[Fatoorah rasmeyah] *n* note *(account)*
**فاتورة تجارية**
[Fatoorah tejareyah] *n* invoice
**فاتورة تليفون**
[Fatoorat telefon] *n* phone bill
**يُعِد فاتورة**
[Yo'aed al-fatoorah] *v* invoice
**قم بإضافته إلى فاتورتي**
['qim be-iḍa-fatuho ela foatoraty] Put it on my bill

**قم بإعداد الفاتورة من فضلك**
['qim be-i'adad al-foatora min faḍlak] Please prepare the bill
**من فضلك أحضر لي الفاتورة**
[min faḍlak iḥḍir lee al-fatora] Please bring the bill
**هل لي أن أحصل على فاتورة مفصلة؟**
[hal lee an aḥṣil 'aala fatoora mufa-ṣala?] Can I have an itemized bill?
**فاحش** [fa:ħiʃ] *adj* obscene
**فأر** [faʔr] *n* mouse
**فارسي** [fa:risij] *adj* Persian
**فارغ** [fa:riɣ] *adj* blank
**فارق** [fa:riq] *n* distinction
**فاز** [fa:za] *v* win
**فاسد** [fa:sid] *adj* corrupt
**فاصل** [fa:sˤil] *n* interval
**فاصل إعلاني**
[Faṣel e'alaany] *n* commercial break
**فاصلة** [fa:sˤila] *n* comma
**فاصلة علوية**
[Faṣela a'olweyah] *n* apostrophe
**فاصوليا** [fa:sˤu:lja:] *n*
**فاصوليا خضراء متعرشة**
[faṣoleya khadraa mota'aresha] *n* runner bean
**فاصوليا خضراء**
[Faṣoleya khaḍraa] *npl* French beans
**فاض** [fa:dˤa] *vi* flood
**فاكس** [fa:ks] *n* fax
**هل يوجد فاكس؟**
[hal yujad fax?] Do you have a fax?
**فاكهة** [fa:kiha] *n* fruit
**عصير الفاكهة**
['aṣeer fakehah] *n* fruit juice
**متجر الخضر والفاكهة**
[Matjar al-khoḍar wal-fakehah] *n* greengrocer's
**مثلجات الفاكهة**
[Mothalajat al-fakehah] *n* sorbet
**فانيلة** [fa:ni:la] *n*
**صوف فانيلة**
[Ṣoof faneelah] *n* flannel
**فانيليا** [fa:ni:lja:] *n* vanilla
**فبراير** [fabra:jir] *n* February
**فتاة** [fata:t] *n* lass

**فتاحة** [fatta:ħa] *n*
**فتاحة علب**
[fatta ḥat 'aolab] *n* tin opener
**فتاحة علب التصبير**
[Fatahat 'aolab al-taṣdeer] *n* tin opener
**فتاحة الزجاجات**
[Fatahat al-zojajat] *n* bottle-opener
**فتح** [fataħa] *n*
**أريد أن أبدأ بالمكرونة لفتح شهيتي**
[areed an abda bil-makarona le-fatiḥ sha-heiaty] I'd like pasta as a starter
**ما هو ميعاد الفتح هنا؟**
[ma howa me-'aad al-fatiḥ huna?] When does it open?
**فتح** [fataħa] *vt* open
**يفتح النشاط**
[Yaftah nashat] *v* unzip
**يَفتح القفل**
[Yaftaḥ al-'qafl] *v* unlock
**الباب لا يُفتح**
[al-baab la yoftaḥ] The door won't open
**متى يُفتح القصر؟**
[mata yoftaḥ al-'qaṣir?] When is the palace open?
**متى يُفتح المعبد؟**
[mata yoftaḥ al-ma'abad?] When is the temple open?
**فتحة** [fatħa] *n* slot
**فتحة سقف السيارة**
[fatḥ at saa'qf al-sayaarah] *n* headroom
**فتحة سَقف**
[Fathat sa'qf] *n* sunroof
**فتحة الأنف**
[Fathat al-anf] *n* nostril
**فتحة التوصيل**
[Fathat al-tawṣeel] *n* plughole
**فترة** [fatra] *n*
**فترة راحة**
[Fatrat raaḥ a] *n* break
**فترة ركود**
[Fatrat rekood] *n* low season
**فترة المحاكمة**
[Fatrat al-moḥkamah] *n* trial period
**فترة النهار**
[Fatrat al-nehaar] *n* daytime
**فترة وجيزة**

[Fatrah wajeezah] *n* while
**إنها لا تزال داخل فترة الضمان**
[inaha la tazaal dakhel fatrat al-ḍaman] It's still under guarantee
**لقد ظللنا منتظرين لفترة طويلة**
[La'qad ḍhallalna montaḍhereen le-fatrah ṭaweelah] We've been waiting for a very long time
**ما الفترة التي سأستغرقها للوصول إلى هناك؟**
[Ma alfatrah alaty saastaghre'qha lel-woṣool ela honak?] How long will it take to get there?
**فَتّش** search *v* [fattaʃa]
**فتق** hernia *n* [fatq]
**فِتنة** charm *n* [fitna]
**فتى** guy *n* [fata:]
**فج** crude *adj* [faʒʒ]
**فجأة** suddenly *adv* [faʒʔatun]
**فجّر** explode *v* [faʒʒara]
**فجْر** dawn *n* [faʒr]
**فجل** radish *n* [fiʒl]
**فجل حار**
[Fejl ḥar] *n* horseradish
**فجوة** gap *n* [faʒwa]
**فحص** tick, examination *n* [faħsˤ]
**فحص طبى عام**
[Faḥṣ ṭebey 'aam] *n* check-up
**هل تسمح بفحص إطارات السيارة؟**
[hal tasmaḥ be-faḥṣ eṭaraat al-sayarah?] Can you check the tyres, please?
**فحص** tick, inspect *vt* [faħasˤa]
**فحم** coal *n* [faħm]
**منجم فحم**
[Majam fahm] *n* colliery
**فحْم نباتي**
[Faḥm nabatey] *n* charcoal
**فخار** *n* [faxxa:r]
**مصنع الفخار**
[Maṣna'a al-fakhaar] *n* pottery
**فخذ** thigh *n* [faxð]
**فخر** pride *n* [faxr]
**فخور** proud *adj* [faxu:r]
**فدية** ransom *n* [fidja]
**فر** escape *vi* [farra]
**فراش** bed *n* [fira:ʃ]
**فراش كبير الحجم**
[Ferash kabeer al-ḥajm] *n* king-size bed
**عند العودة سوف نكون في الفراش**
['aenda al-'aoda sawfa nakoon fee al-feraash] We'll be in bed when you get back
**فراشة** butterfly, moth *n* [fara:ʃa]
**فراغ** void *n* [fara:ɣ]
**وَقت فراغ**
[Wa'qt faragh] *n* spare time
**فرامل** brake *n* [fara:mil]
**الفرامل لا تعمل**
[Al-faramel la ta'amal] The brakes are not working, The brakes don't work
**هل يوجد فرامل في الدراجة؟**
[hal yujad fara-mil fee al-darraja?] Does the bike have brakes?
**فراولة** strawberry *n* [fara:wla]
**فرخ** *n* [farx]
**فرخ الضفدع**
[Farkh al-ḍofda'a] *n* tadpole
**فرد** single, person *n* [fard]
**أقرب أفراد العائلة**
[A'qrab afrad al-'aaleah] *n* next-of-kin
**فردي** individual *adj* [fardijjat]
**مباراة فردية**
[Mobarah fardeyah] *n* singles
**فرز** sort out *v* [faraza]
**فرَس** mare *n* [faras]
**عدو الفرس**
[adow al-faras] (جري) *n* gallop
**فرس النهر**
[Faras al-nahr] *n* hippo
**فَرَس قزم**
[Faras 'qezm] *n* pony
**فرشاة** brush *n* [furʃa:t]
**فرشاة أظافر**
[Forshat aḍhafer] *n* nailbrush
**فرشاة الأسنان**
[Forshat al-asnaan] *n* toothbrush
**فرشاة الدهان**
[Forshat al-dahaan] *n* paintbrush
**فرشاة الشعر**
[Forshat al-sha'ar] *n* hairbrush
**يُنَظِف بالفرشاة**

[yonaḍhef bel-forshah] *v* brush

opportunity *n* [fursˤa] **فرصة**

branch *n* [farʕ] **فرع**

**عناوين فرعية**
['anaween far'aeyah] *npl* subtitles

*adj* [farʕijji] **فرعي**

**مزود بعنوان فرعي**
[Mozawad be'aonwan far'aey] *adj* subtitled

empty *vt* [farraɣa] **فرّغ**

**يُفرغ حمولة**
[Yofaregh ḥomolah] *v* unload

*n* [firaq] **فرق**

**فرق كشافة**
[Fear'q kashafah] *npl* troops

separate *vt* [farraqa] **فرّق**

*n* [firqa] **فرقة**

**فرقة الآلات النحاسية**
[Fer'qat al-aalat al-naḥaseqeyah] *n* brass band

**فرقة مطافيء**
[Fer'qat maṭafeya] *n* fire brigade

**فرقة موسيقية**
[Fer'qah mose'qeyah] *n* band *(musical group)*

**من فضلك اتصل بفرقة المطافئ**
[min faḍlak itaṣil be-fir'qat al-maṭa-fee] Please call the fire brigade

scrub *v* [faraka] **فرك**

chop *n* [faram] **فرم**

chop *v* [farama] **فِرم**

brake *v* [farmala] **فرمَل**

*n* [farmala] **فرملة**

**فرملة يَدّ**
[Farmalat yad] *n* handbrake

oven *n* [furn] **فرن**

France *n* [faransaː] **فرنسا**

French *adj* [faransij] **فرنسي**

**اللغة الفرنسية**
[All-loghah al-franseyah] *adj* French

**بوق فرنسي**
[Boo'q faransey] *n* French horn

**مواطن فرنسي**
[Mowaṭen faransey] *n* Frenchman

**مواطنة فرنسية**
[Mowaṭenah faranseyah] *n* Frenchwoman

fur *n* [farw] **فرو**

peculiar, unique *adj* [fariːd] **فريد**

freezer *n* [friːzar] **فريزر**

prey *n* [fariːsa] **فريسة**

team *n* [farjq] **فريق**

**فريق البحث**
[Faree'q al-bahth] *n* search party

horror *n* [fazaʕ] **فَزَع**

corruption *n* [fasaːd] **فساد**

dress *n* [fustaːn] **فستان**

**فستان الزفاف**
[Fostaan al-zefaf] *n* wedding dress

**هل يمكن أن أجرب هذا الفستان؟**
[hal yamken an ajar-reb hadha al-fustaan?] Can I try on this dress?

deteriorate *v* [fasada] **فسَد**

interpret *v* [fassara] **فسّر**

mosaic *n* [fusajfisaːʔ] **فسيفساء**

popcorn *n* [fuʃaːr] **فشار**

failure *n* [faʃal] **فشل**

fail *vi* [faʃala] **فشل**

*n* [fasˤsˤ] **فص**

**فص ثوم**
[Faṣ thawm] *n* clove

*n* [fisˤaːm] **فصَام**

**مريض بالفصَام**
[Mareeḍ bel-feṣaam] *adj* schizophrenic

chapter *n* [fasˤl] **فصل**

**فصل دراسي**
[Faṣl derasey] *n* semester

**فصل الربيع**
[Faṣl al-rabeya] *n* springtime

**فصل الصيف**
[Faṣl al-ṣayf] *n* summertime

**فصل من فصول السنة**
[Faṣl men foṣol al-sanah] *n* term *(division of year)*

disconnect *v* [fasˤala] **فصل**

*n* [fasˤla] **فصلة**

**فصلة منقوطة**
[faṣelah man'qoṭa] *n* semicolon

*n* [fasˤiːla] **فصيلة**

**فصيلة دم**
[faṣeelat dam] *n* blood group

**فصيلة دمي 0 موجب**

[faṣeelat damey 0 mojab] My blood group is O positive
**فضّ** unwrap *v* [fadˤdˤa]
**فضاء** space *n* [fadˤaːʔ]
**رائد فضاء**
[Raeed fadaa] *n* astronaut
**سَفينة الفضاء**
[Safenat al-faḍaa] *n* spacecraft
**فضة** silver *n* [fidˤdˤa]
**فضفاض** loose *adj* [fadˤfaːdˤ]
**كنزة فضفاضة يرتديها الرياضيون**
[Kanzah feḍfaḍh yartadeha al-reyadeyon] *n* sweatshirt
**فضل** *n* [fadˤl]
**غير المدخنين من فضلك**
[gheyr al-mudakhin-een min faḍlak] Non-smoking, please
**.في الأمام من فضلك**
[Fee al-amaam men faḍlek] Facing the front, please
**من فضلك أخبرني عندما نصل إلى...**
[min faḍlak ikh-birny 'aindama naṣal ela...] Please let me know when we get to...
**فضل** *v* [fadˤala]
**أفضل أن تكون الرحلة الجوية في موعد أقرب**
[ofaḍel an takoon al-reḥla al-jaw-wya fee maw-'aed a'qrab] I would prefer an earlier flight
**أنا أفضل...**
[ana ofaḍel...] I like..., I prefer to...
**من فضلك**
[min faḍlak ] Please
**فَضَّل** prefer *v* [fadˤdˤala]
**فَضَلات** waste *n* [fadˤalaːt]
**فَضْلَة** scrap *(small piece)* *n* [fadˤla]
**فضولي** nosy *adj* [fudˤuːlij]
**فضيحة** scandal *n* [fadˤiːħa]
**فطر** *n* [fatˤara]
**فطر الغاريقون**
[Feṭr al-gharekoon] *n* toadstool
**فَطِن** witty *adj* [fatˤin]
**فِطْنَة** wit *n* [fitˤna]
**فَطير** *adj* [fatˤiːratu]
**فطيرة التفاح**
[Faṭeerat al-tofaaḥ] *n* apple pie
**فطيرة** pie *n* [fatˤiːra]
**فطيرة فلَان**
[Faṭerat folan] *n* flan
**فطيرة محلاة**
[Faṭerah moḥalah] *n* pancake
**فطيرة هَشة**
[Faṭerah hashah] *n* shortcrust pastry
**فطيرَة مَحْشوَّة**
[Faṭeerah maḥshowah] *n* tart
**فظ** coarse *adj* [fazˤzˤ]
**حيوان الفَظ**
[Ḥayawan al-fadh] *n* walrus
**فظاعة** *n* [fazˤaːʕa]
**بفظاعة**
[befaḍha'aah] *adv* awfully
**فعال** effective *adj* [faʕʕaːl]
**غير فعال**
[Ghayer fa'aal] *adj* inefficient
**فعل** verb, act, action *n* [fiʕl]
**فعل** do *v* [faʕala]
**ما الذي يمكن أن نفعله هنا؟**
[ma al-lathy yamkin an naf-'aalaho hona?] What is there to do here?
**فعلا** quite *adv* [fiʕlan]
**فِعلي** actual *n* [fiʕlij]
**فقاعة** bubble *n* [fuqaːʕa]
**فقدان** *n* [fuqdaːn]
**فقدان الشهية**
[Fo'qdaan al-shaheyah] *n* anorexia
**فَقر** poverty *n* [faqr]
**فقرة** paragraph *n* [faqra]
**فقط** only *adv* [faqatˤ]
**فقمة** *n* [fuqma]
**حيوان الفقمة**
[Ḥayawaan al-fa'qmah] (حيوان) *n* seal *(animal)*
**فقيد** late *(dead)* *adj* [faqiːd]
**فقير** poor *adj* [faqiːr]
**فكّ** jaw *n* [fakk]
**فكّ** unpack *v* [fakka]
**فكّ** unwind, undo *vt* [fakka]
**يَفكّ اللولب**
[Yafek al-lawlab] *v* unscrew
**فكاهة** *n* [fukaːha]
**حس الفكاهة**

[Ḥes al-fokahah] *n* sense of humour
**فكاهي** humourous *adj* [fuka:hij]
**فكّة** *n* [fakkat]
**معذرة، ليس لدي أية فكّة**
[Ma'adheratan, lays laday ay fakah] Sorry, I don't have any change
**هل يمكن إعطائي بعض الفكّة من فضلك؟**
[Hal yomken e'ataaey ba'aḍ alfakah men faḍlek] Can you give me some change, please?
**فَكّر** think *v* [fakkara]
**يُفَكِر في**
[Yofaker fee] *vi* consider
**فكرة** idea *n* [fikra]
**فكرة عامة**
[Fekrah 'aamah] *n* general
**فكرة مفيدة**
[Fekrah mofeedah] *n* tip *(suggestion)*
**فِكري** *n* ◁ intellectual *adj* [fikrij] intellectual
**فَكّك** *v* [fakkaka]
**يُفَكّك إلى أجْزاء**
[Yo'fakek ela ajzaa] *v* take apart
**فلاش** *n* [fla:ʃ]
**إن الفلاش لا يعمل**
[enna al-flaash la ya'amal] The flash is not working
**فلامنجو** *n* [fla:minʒ]
**طائر الفلامنجو**
[Ṭaaer al-flamenjo] *n* flamingo
**فلبيني** Filipino *adj* [filibbi:nij]
**مواطن فلبيني**
[Mowaṭen felebeeney] *n* Filipino
**فلسطين** Palestine *n* [filastˤi:nu]
**فلسطيني** *adj* [filastˤi:nij] Palestinian
Palestinian *n* ◁
**فلسفة** philosophy *n* [falsafa]
**فلفل** pepper *n* [fulful]
**فلفل أحمر حار**
[Felfel aḥmar ḥar] *n* chilli
**مطحنة الفلفل**
[maṭḥanat al-felfel] *n* peppermill
**فلفل مطحون**
[Felfel maṭhoon] *n* paprika

**فلك** *n* [falak]
**علم الفلك**
['aelm al-falak] *n* astronomy
**فلوت** *n* [flu:t]
**آلة الفلوت**
[Aalat al-felot] *n* flute
**فلوري** fluorescent *adj* [flu:rij]
**فلين** cork *n* [filli:n]
**فم** mouth *n* [fam]
**غسول الفم**
[Ghasool al-fam] *n* mouthwash
**فن** art (مهارة) *n* [fann]
**فناء** *n* [fana:ʔ]
**فناء مرصوف**
[Fenaa marṣoof] *n* patio
**فنان** artist *n* [fanna:n]
**فنان متسول**
[Fanan motasawol] *n* busker
**فنان مشترك في حفلة عامة**
[Fanan moshtarek fe ḥaflah 'aama] *n* (فنان) entertainer
**فنجان** cup *n* [finʒa:n]
**صحن الفنجان**
[Ṣaḥn al-fenjaan] *n* saucer
**فنجان شاي**
[Fenjan shay] *n* teacup
**هل يمكن الحصول على فنجان آخر من القهوة من فضلك؟**
[hal yamken al-ḥuṣool 'aala fin-jaan aakhar min al-'qahwa min faḍlak?] Could we have another cup of coffee, please?
**فندق** hotel *n* [funduq]
**جناح في فندق**
[Janaḥ fee fond'q] *n* suite
**يغادر الفندق**
[Yoghader al-fodo'q] *v* check out
**يتسجل في فندق**
[Yatasajal fee fondo'q] *v* check in
**أنا مقيم في فندق**
[ana mu'qeem fee finda'q] I'm staying at a hotel
**أيمكنك أن تحجز لي بالفندق؟**
[a-yamkun-ika an taḥjuz lee bil-finda'q?] Can you book me into a hotel?
**ما هو أفضل طريق للذهاب إلى هذا**

الفندق
[Ma howa afḍal taree'q lel-dhehab ela al-fondo'q] What's the best way to get to this hotel?
ما هي أجرة التاكسي للذهاب إلى هذا الفندق؟
[ma heya ejrat al-taxi lel-thehaab ela hatha al-finda'q?] How much is the taxi fare to this hotel?
هل يمكن أن تنصحني بأحد الفنادق؟
[hal yamken an tan-ṣaḥny be-aḥad al-fana-di'q] Can you recommend a hotel?
هل يمكن الوصول إلى الفندق بكراسي المقعدين المتحركة؟
[hal yamken al-wiṣool ela al-finda'q be-karasi al-mu'q'aadeen al-mutaḥarika?] Is your hotel wheelchair accessible?
فنزويلا [finzwi:la:] *n* Venezuela
فنزويلي [finizwi:li:] *adj* Venezuelan ◁ *n* Venezuelan
فنلندا [finlanda:] *n* Finland
فنلندي [fanlandij] *adj* Finnish
مواطن فنلندي
[Mowaṭen fenlandey] *n* Finn
فني [fanij] *adj* artistic
عمل فني
['amal faney] *n* work of art
جاليري فني
[Jalery faney] *n* art gallery
فَنّي [fannij] *n* technician
فهرس [fahras] *n* index *(list)*, index *(numerical scale)*
فهرنهايتي [fahranha:jti:] *n*
درجة حرارة فهرنهايتي
[Darjat hararh ferhrenhaytey] *n* degree Fahrenheit
فهم [fahm] *n*
سوء فهم
[Soa fahm] *n* misunderstanding
فهم [fahama] *v* understand
أفهمت؟
[a-fa-hemt?] Do you understand?
فهمت
[fahamto ] I understand
لم أفهم
[lam afham] I don't understand
فوار [fuwa:r] *adj* fizzy
فواصل [fawa:sˤilun] *npl*
فواصل معقوفة
[Fawaṣel ma'a'qoofah] *npl* quotation marks
فوتوغرافي [fu:tu:ɣra:fijja] *n*
صورة فوتوغرافية
[Ṣorah fotoghrafeyah] *n* photo
كم تبلغ تكلفة الصور الفوتوغرافية؟
[kam tablugh taklifat al-ṣowar al-foto-ghrafiyah?] How much do the photos cost?
فوج [fawʒu] *n* regiment
فودكا [fu:dka:] *n* vodka
فورا [fawran] *adv* promptly
فوري [fawrij] *adj* immediate ◁ *adv* simultaneously
فَوّض [fawwadˤa] *v* authorize
فوضوي [fawdˤawij] *adj* messy
فوضى [fawdˤa:] *n* chaos, mess
فوطة [fu:tˤa] *n*
فوطة تجفيف الأطباق
[Foṭah tajfeef al-aṭbaa'q] *n* tea towel
فوق [fawqa] *prep* above
فوق ذلك
[Faw'q dhalek] *adv* neither
فوقي [fawqi:] *adj* upper
فول [fu:l] *n* broad bean, bean
حبة فول سوداني
[Ḥabat fool sodaney] *n* peanut
براعم الفول
[Braa'em al-fool] *npl* beansprouts
فولكلور [fu:lklu:r] *n* folklore
في [fi:] *prep* in
فيتامين [fi:ta:mi:n] *n* vitamin
فيتنام [fi:tna:m] *n* Vietnam
فيتنامي [fi:tna:mij] *adj* Vietnamese
اللغة الفيتنامية
[Al-loghah al-fetnameyah] *(language)* *n* Vietnamese
شخص فيتنامي
[Shakhṣ fetnamey] *(person)* *n* Vietnamese
فيجي [fi:ʒi:] *n* Fiji

video *n* [fiːdjuː] **فيديو**

**كاميرا فيديو نقال**

[Kamera fedyo na'q'qaal] *n* camcorder

**هل يمكنني تشغيل ألعاب الفيديو؟**

[hal yamken -any tash-gheel al-'aab al-video?] Can I play video games?

turquoise *adj* [fajruːziː] **فيروزي**

virus *n* [fiːruːs] **فيروس**

**مضاد للفيروسات**

[Moḍad lel-fayrosat] *n* antivirus

visa *n* [fiːzaː] **فيزا**

physics *n* [fiːzjaːʔ] **فيزياء**

physicist *n* [fiːzjaːʔij] **فيزيائي**

flooding *n* [fajadˤaːn] **فيضان**

elephant *n* [fiːl] **فيل**

villa *n* [fiːlaː] **فيلا**

**أريد فيلا للإيجار**

[areed villa lil-eejar] I'd like to rent a villa

movie *n* [fiːlm] **فيلم**

**فيلم رعب**

[Feelm ro'ab] *n* horror film

**فيلم وثائقي**

[Feel wathaae'qey] *n* documentary

# ق

throw up *v* [qaːʔa] **قاء**

*n* **(قائدة)** [qaːʔidun, qaːʔida] **قائد**

principal *(principal)*, leader

**قائد فرقة موسيقية**

['qaaed fer'qah mose'qeyah] *n* conductor

*adj* [qaːʔim] **قائم**

**القائم برحلات يومية من وإلى عمله**

[Al-'qaem beraḥlaat yawmeyah men wa ela 'amaleh] *n* commuter

**قائم على مرتفع**

['qaem ala mortafa'a] *adv* uphill

list *n* [qaːʔima] **قائمة**

**قائمة أسعار**

['qaemat as'aar] *n* price list

**قائمة خمور**

['qaemat khomor] *n* wine list

**قائمة انتظار**

['qaemat enteḍhar] *n* waiting list

**قائمة بريد**

['qaemat bareed] *n* mailing list

**قائمة طعام**

['qaemat ṭa'aam] *n* menu

**قائمة مرشحين**

['qaemat morashaḥeen] *n* short list

**قائمة مجموعات الأغذية**

['qaemat majmo'aat al-oghneyah] *n* set

menu
قابِس plug *n* [qa:bis]
قابِض clutch *n* [qa:bidˁ]
قابل *adj* [qa:bil]
قابل للتغيير
['qabel lel-tagheyer] *adj* changeable
قابل للتحويل
['qabel lel-taḥweel] *adj* convertible
قابل للطي
['qabel lel-ṭay] *adj* folding
قابل للمقارنة
['qabel lel-mo'qaranah] *adj* comparable
قابل interview, meet up *v* [qa:bala]
قابِلة midwife *n* [qa:bila]
قاتِل murderer *n* [qa:til]
قاحل infertile *adj* [qa:ħil]
قاد drive *v* [qa:da]
كان يقود السيارة بسرعة كبيرة
[ka:na jaqu:du assajja:rata bisurʕatin kabi:ratin] He was driving too fast
قادِر able *adj* [qa:dir]
قادم *adj* [qa:dim]
أريد تذكرتين للجمعة القادمة
[areed tadhkeara-tayn lel-jum'aa al-'qadema] I'd like two tickets for next Friday
ما هي المحطة القادمة؟
[ma heya al-muḥaṭa al-'qadema?] What is the next stop?
هل المحطة القادمة هي محطة...؟
[Hal al-maḥaṭah al-'qademah hey maḥṭat...?] Is the next stop...?
يوم السبت القادم
[yawm al-sabit al-'qadem] next Saturday
قارئ reader *n* [qa:riʔ]
قارئ الأخبار
['qarey al-akhbar] *n* newsreader
قارب *adj* [qa:rib]
قارب صيد
['qareb ṣayd] *n* fishing boat
قارب تجديف
['qareb tajdeef] *n* rowing boat
قارب ابحار
['qareb ebḥar] *n* sailing boat
قارب نجاة
['qareb najah] *n* lifeboat
قارة continent *n* [qa:rra]
قارص stingy *adj* [qa:risˁ]
قارن compare *v* [qa:rana]
قاروس *n* [qa:ru:s]
سمك القاروس
[Samak al-faros] *n* bass
قاس ruthless, stiff *adj* [qa:sin]
قاس measure *v* [qasa]
يَقيس ثوباً
[Ya'qees thawban] *v* try on
يَقيس مقدار
[Ya'qees me'qdaar] *v* quantify
قاسي cruel *adj* [qa:si:]
قاصر underage *adj* [qa:sˁir]
شخص قاصر
[Shakhṣ 'qaṣer] *n* minor
قاضي judge, magistrate *n* [qa:dˁi:]
قاضى sue *v* [qa:dˁa:]
قاطِع edgy, keen *adj* [qa:tˁiʕ]
قاطَع interrupt *v* [qa:tˁaʕa]
قاع bottom *n* [qa:ʕ]
قاعة hall *n* [qa:ʕa]
قاعة إعداد الموتى
['qaat e'adad al-mawta] *n* funeral parlour
ماذا يعرضون هذه الليلة في قاعة الحفلات الغنائية؟
[madha ya'a-reḍoon hadhehe al-layla fee 'qa'aat al-ḥaf-laat al-ghena-eya?] What's on tonight at the concert hall?
قاعدة base *n* [qa:ʕida]
قاعدة بيانات
['qaedat bayanat] *n* database
قافلة fleet *n* [qa:fila]
قال say *v* [qa:la]
قالب mould *(shape) n* [qa:lab]
قالب مستطيل
['qaleb mostaṭeel] *n* bar *(strip)*
قام ب *v* [qa:ma bi ʕamalin]
يَقوم بعمل
[Ya'qoom be] *v* act
قامر gamble *v* [qa:mara]
قاموس dictionary *n* [qa:mu:s]
قانون law *n* [qa:nu:n]
مشروع قانون

[Mashroo'a 'qanooney] *n* note (*legislation*)
legal *adj* [qa:nu:nij] **قانوني**
**غير قانوني**
[Ghayer 'qanooney] *adj* illegal
resist *v* [qa:wama] **قاوم**
swap *v* [qa:jadˤa] **قايَض**
grave *n* [qabr] **قبر**
**شاهد القبر**
[Shahed al-'qabr] *n* gravestone
Cyprus *n* [qubrusˤ] **قبرص**
*n* ◁ Cypriot *adj* [qubrusˤij] **قبرصي**
Cypriot (*person*)
*v* [qabadˤa] **قبض**
**يَقبض على**
[jaqbudˤu ʕala:] *v* grasp
fist *n* [qabdˤa] **قبضة**
arrest *v* [qabadˤa ʕala:] **قبض على**
hat *n* [qubaʕa] **قُبَعة**
*n* [qubbaʕa] **قبّعة**
**قبعة البيسبول**
['qoba'at al-beesbool] *n* baseball cap
clog *n* [qubqa:b] **قبقاب**
*prep* [qabla] **قبل**
**من قبل**
[Men 'qabl] *adv* previously
accept *v* ◁ agree *n* [qabbala] **قَبِل**
kiss *v* [qabbala] **قبّل**
kiss *n* [qibla] **قبلة**
cellar *n* [qabw] **قبو**
ugly *adj* [qabi:ħ] **قبيح**
tribe *n* [qabi:la] **قبيلة**
fight, fighting *n* [qita:l] **قتال**
*n* [qatl] **قتل**
**جريمة قتل**
[Jareemat 'qatl] *n* murder
kill *v* [qatala] **قتل**
**يقتل عمداً**
[Ya'qtol 'aamdan] *v* murder
cigarette lighter, *n* [qadda:ħa] **قداحة**
lighter
mass (*church*) *n* [qudda:s] **قُدّاس**
afford, appreciate *v* [qadara] **قدر**
destiny, fate *n* [qadar] **قَدَر**
ability *n* [qudra] **قدرة**
**القدرة الفنية**
[Al'qodarh al-faneyah] *n* know-how
**قدرة على الاحتمال**
['qodrah ala al-eḥtemal] *n* stamina
foot *n* [qadam] **قدم**
**أثر القدم**
[Athar al-'qadam] *n* footstep
**حافي القدمين**
[Ḥafey al-'qadameyn] *adv* barefoot
**لاعب كرة قدم**
[La'eb korat 'qadam] *n* footballer
**مُعَالِج القدم**
[Mo'aaleg al-'qadam] *n* chiropodist
**إن قدماي تؤلمني**
[enna 'qadam-aya to-al-imany] My feet are sore
**مقاس قدمي ستة**
[ma'qas 'qadamy sit-a] My feet are a size six
offer, introduce, *v* [qaddama] **قدم**
put forward
**كيف يقدم هذا الطبق؟**
[kayfa yu'qadam hatha al-ṭaba'q?] How is this dish served?
ahead *adv* [qudumaan] **قُدُماً**
saint *n* [qiddi:s] **قدّيس**
ancient *adj* [qadi:m] **قديم**
since *adv* [qadi:man] **قديماً**
dirt *n* [qaða:ra] **قذارة**
filthy, sloppy *adj* [qaðir] **قذر**
toss, throw out *v* [qaðafa] **قذف**
*n* [qaði:fa] **قذيفة**
**قذيفة صاروخية**
['qadheefah ṣarookheyah] *n* missile
read *v* [qaraʔa] **قرَأ**
**يَقرَأ الشفاه**
[Ya'qraa al-shefaa] *v* lip-read
**يَقرَأ بصوت مرتفع**
[Ya'qraa beṣawt mortafe'a] *v* read out
reading *n* [qira:ʔa] **قراءة**
proximity *n* [qura:ba] **قرابة**
decision *n* [qara:r] **قرار**
*n* [qara:sˤina] **قراصنة**
**قراصنة الكمبيوتر**
['qaraṣenat al-kombyotar] (كمبيوتر) *n* hacker
*n* [qurb] **قرب**

هل توجد مغسلة آلية بالقرب من هنا؟
[hal tojad maghsala aalya bil-'qurb min huna?] Is there a launderette near here?

هل هناك أي أماكن شيقة للمشي بالقرب من هنا؟
[hal hunaka ay amakin shay-i'qa lel-mashy bil-'qurb min huna?] Are there any interesting walks nearby?

هل يوجد بنك بالقرب من هنا؟
[hal yujad bank bil-'qurb min huna?] Is there a bank nearby?

هل يوجد ورشة سيارات بالقرب من هنا؟
[hal yujad warshat sayaraat bil-'qurb min huna?] Is there a garage near here?

**قُرب** [qurba] *adv* near

**قرة** [qurra] *n*

**قرة العين**
['qorat al-'ayn] *n* watercress

**قرحة** [qurħa] *n* ulcer

**قرحة البرد حول الشفاة**
['qorḥat al-bard ḥawl al-shefah] *n* cold sore

**قرد** [qird] *n* monkey

**قرر** [qarrara] *v* opt out, decide

**قرش** [qirʃ] *n*

**سمك القرش**
[Samak al-'qersh] (سمك) *n* shark

**قرص** [qursˤ] *n* disc

**سواقة أقراص**
[Sowa'qat a'qraṣ] *n* disk drive

**قرص صغير**
['qorṣ ṣagheyr] *n* diskette

**قرص صلب**
['qorṣ ṣalb] *n* hard disk

**قرص مرن**
['qorṣ maren] *n* floppy disk

**قرص مضغوط**
['qorṣ maḍghooṭ] *n* compact disc

**قَرَص** [qarasˤa] *vt* pinch

**قُرصان** [qursˤaːn] *n* pirate

**قرض** [qardˤ] *n* loan

**قرط** [qirtˤ] *n* earring

**قَرَع** [qaraʕa] *v* knock

**قَرع** [qarʕ] *n* pumpkin

**نبات القرع**
[Nabat al-'qar'a] *n* squash

**قرفة** [qirfa] *n* cinnamon

**قرمزي** [qurmuzij] *adj* scarlet

**قرميد** [qarmiːd] *n*

**مكسو بالقرميد**
[Makso bel-'qarmeed] *adj* tiled

**قرن** [qarn] *n* century, centenary

**قرنبيط** [qarnabiːtˤ] *n* broccoli

**قريب** [qariːb] *n* relative ◁ *adj* near

**على نحو قريب**
[Ala naḥw 'qareeb] *adv* nearby

**قريب من**
['qareeb men] *adj* close by

**قريباً** [qariːban] *adv* shortly, soon

**أراكم قريبا**
[arakum 'qareeban] See you soon

**قرية** [qarja] *n* village

**قزحية** [quzaħijja] *n*

**قزحية العين**
['qazeḥeyat al-'ayn] *n* iris

**قزم** [qazam] *n* dwarf

**قس** [qiss] *n* vicar

**قسم** [qism] *n* section, oath, department

**قسوة** [qaswa] *n* cruelty

**بقسوة**
[Be'qaswah] *adv* roughly

**يُوَبِخ بقسوة**
[Yowabekh be-'qaswah] *v* spank

**قسيس** [qasiːs] *n* priest

**قسيمة** [qasiːma] *n*

**قسيمة هدية**
['qaseemat hadeyah] *n* gift voucher

**قش** [qaʃʃ] *n* straw

**كومة مضغوطة من القش**
[Kawmah maḍghoṭah men al-'qash] *n* haystack

**مسقوف بالقش**
[Mas'qoof bel-'qash] *adj* thatched

**قشدة** [qiʃda] *n* cream

**قشر** [qaʃʃara] *vt* peel

**قشرة** [qiʃritu] *n*

**قشرة الرأس**
['qeshart al-raas] *n* dandruff

**قشعريرة** [quʃaʕriːratun] *npl*

**قشعريرة الجلد**

['qash'aarerat al-jeld] *n* goose pimples
*n* [qasˤsˤ] **قص**
**من فضلك أريد قص شعري وتجفيفه**
[min faḍlak areed 'qaṣ sha'ary wa taj-fefaho] A cut and blow-dry, please
slip *(paper)* *n* [qusˤaːsˤa] **قصاصة**
reed *n* [qasˤaba] **قصبة**
**قَصبة الرِجْل**
['qaṣabat al-rejl] *n* shin
story *n* [qisˤsˤa] **قصة**
**قصة خيالية**
['qeṣah khayaleyah] *n* fiction
**قصة الشعر**
['qaṣat al-sha'ar] *n* haircut
**قصة شعر قصيرة**
['qaṣat sha'ar] *n* crew cut
**قصة قصيرة**
['qeṣah 'qaṣeerah] *n* short story
mean *v* [qasˤada] **قِصد**
*n* [qasˤd] **قَصْد**
**بدون قَصْد**
[Bedoon 'qaṣd] *adv* inadvertently
palace *n* [qasˤr] **قصر**
**بلاط القصر**
[Balaṭ al-'qaṣr] *n* court
**قصر ريفي**
['qaṣr reefey] *n* stately home
**هل القصر مفتوح للجمهور؟**
[hal al-'qaṣir maf-tooḥ lel-jamhoor?] Is the palace open to the public?
bomb *vt* [qasˤafa] **قصف**
poem *n* [qasˤiːda] **قصيدة**
short *adj* [qasˤiːr] **قصير**
**قصير الأكمام**
['qaṣeer al-akmam] *adj* short-sleeved
*n* [qadˤaːʔijja] **قضائي**
**دعوى قضائية**
[Da'awa 'qaḍaeyah] *n* proceedings
bite *n* [qadˤma] **قضمة**
spend *v* [qadˤaː] **قضى**
rod *n* [qadˤiːb] **قضيب**
**قضيب قياس العمق**
['qaḍeeb 'qeyas al-'aom'q] *n* dipstick
case *n* [qadˤijja] **قضية**
train *n* [qitˤaːr] **قطار**
**بطاقة للسفر بالقطار**
[Beṭa'qah lel-safar bel-kharej] *n* railcard
**كيف يمكن أن أركب القطار المتجه إلى...**
[kayfa yamkin an arkab al- 'qetaar al-mutajih ela...?] Where can I get a train to...?
**لم أتمكن من اللحاق بالقطار**
[lam atamakan min al-leḥa'q bil-'qeṭaar] I've missed my train
**متى يحين موعد القطار؟**
[mata yaḥeen maw'aid al-'qeṭaar?] When is the train due?
**ما هو أفضل طريق للذهاب إلى محطة القطار**
[Ma howa af ḍal ṭaree'q lel-dhehab ela maḥaṭat al-'qeṭaar] What's the best way to get to the railway station?
**ما هو موعد القطار التالي المتجه إلى...؟**
[ma howa maw-'aid al-'qeṭaar al-taaly al-mutajih ela...?] When is the next train to...?
**هل هذا هو القطار المتجه إلى...؟**
[hal hadha howa al-'qeṭaar al-mutajeh ela...?] Is this the train for...?
sector *n* [qitˤaːʕ] **قطاع**
pole *n* [qutˤb] **قطب**
**القطب الشمالي**
[A'qoṭb al-shamaley] *n* North Pole
polar *adj* [qutˤbij] **قطبي**
**الدب القطبي**
[Al-dob al-shamaley] *n* polar bear
**القارة القطبية الجنوبية**
[Al-'qarah al-'qoṭbeyah al-janoobeyah] *n* Antarctic
**قطبي جنوبي**
['qoṭbey janoobey] *adj* Antarctic
**قطبي شمالي**
['qoṭbey shamaley] *adj* Arctic
cat *n* [qitˤa] **قطة**
Qatar *n* [qatˤar] **قطر**
drip *v* [qatˤara] **قِطر**
*n* [qatˤr] **قَطر**
**شاحنة قَطر**
[Shaḥenat 'qaṭr] *n* breakdown truck
diameter *n* [qutˤr] **قُطر**
drop *n* [qatˤra] **قطرة**

قطرة للعين
['qaṭrah lel-'ayn] *n* eye drops
**قطري** diagonal *adj* [qutˤrij]
**قطع** cutting *n* [qitˤaʕ]
قطع غيار
['qaṭa'a gheyar] *n* spare part
**قطع** cut *v* [qatˤaʕa]
**قطّع** *v* [qatˤtˤaʕa]
يُقطّع إلى شرائح
[Yo'qaṭe'a ela shraeḥ] *v* slice
يُقطّع إلى شرائح
[Yo'qaṭe'a ela shraeḥ] *v* fillet
**قطعة** piece *n* [qitˤʕa]
قطعة أرض
['qeṭ'aat arḍ] *n* plot *(piece of land)*
قطعة غليظة قصيرة
['qet'aah ghaleḍhah] *n* chunk
**قطن** cotton wool *n* [qutˤn]
قطن طبي
['qoṭn ṭebey] *n* cotton wool
**قطني** *adj* [qutˤnijju]
رأس البرعم القطني
[Raas al-bor'aom al-'qaṭaney] *n* cotton bud
**قعد** sit *vi* [qaʕada]
**قفاز** glove *n* [quffa:z]
قفاز فرن
['qoffaz forn] *n* oven glove
قفاز يغطي الرسغ
['qoffaz yoghaṭey al-rasgh] *n* mitten
**قفز** pop-up *n* [qafaza]
قفز بالحبال
['qafz bel-ḥebal] *n* bungee jumping
قفز بالزانة
['qafz bel-zanah] *n* pole vault
**قفز** jump *vi* [qafaza]
**قفزة** *n* [qafza]
قفزة عالية
['qafzah 'aaleyah] *n* high jump
قفزة طويلة
['qafzah ṭaweelah] *n* long jump
**قفص** cage *n* [qafasˤ]
**قفل** padlock *n* [qufl]
**قفل** lock *vt* ◃ shut down *v* [qafala]
**قلادة** necklace, plaque *n* [qila:da]
قلادة قصيرة
['qeladah 'qaṣeerah] *n* collar
**قلاووظ** *n* [qala:wu:zˤ]
لقد انفك المسمار القلاووظ
[La'qad anfak al-mesmar al-'qalawoḍh] The screw has come loose
**قلاية** frying pan *n* [qala:jja]
**قلب** heart *n* [qalb]
واقع في قلب المدينة
[Wa'qe'a fee 'qalb al-madeenah] *adv* downtown
أعاني من حالة مرضية في القلب
[o-'aany min ḥala maradiya fee al-'qalb] I have a heart condition
**قلب** reverse *v* [qalaba]
**قلّب** stir *vt* [qallaba]
**قلبي** *adj* [qalbijjat]
أزمة قلبية
[Azmah 'qalbeyah] *n* heart attack
**قِلة** shortfall *n* [qilla]
**قلّد** imitate *v* [qallada]
**قلعة** castle *n* [qalʕa]
قلعة من الرمال
['qal'aah men al-remal] *n* sandcastle
أيمكننا زيارة القلعة؟
[a-yamkun-ana zeyarat al-'qal'aa?] Can we visit the castle?
**قلق** restless, upset, *adj* [qalaq] trouble *n* ◃ worried
**قلق** worry, bother *vi* [qalaqa]
**قلّل** diminish, turn down *v* [qallala]
**قلم** pen *n* [qalam]
أقلام ملونة
[A'qlaam molawanah] *n* crayon
قلم رصاص
['qalam raṣaṣ] *n* pencil
قلم تحديد العينين
['qalam taḥdeed al-'ayn] *n* eyeliner
قلم حبر
['qalam ḥebr] *n* fountain pen
قلم حبر جاف
['qalam ḥebr jaf] *n* Biro®
قلم ذو سن من اللباد
['qalam dho sen men al-lebad] *n* felt-tip pen
هل يمكن أن أستعير منك أحد الأقلام؟
[hal yamken an asta-'aeer minka aḥad

al-a'qlaam?] Do you have a pen I could borrow?
قلنسوة hood *(car)* n [qulunsuwa]
قلى deep-fry, fry v [qala:]
قليل scarce *adj* [qali:l]
قماش cloth, fabric n [quma:ʃ]
قماش الرسم
['qomash al-rasm] n canvas
قماش الدنيم القطني
['qomash al-deneem al-'qotney] n denim
قماش قطني متين
['qomash 'qoṭ ney mateen] n corduroy
قماش مقلم
['qomash mo'qallem] n stripe
قماشة لغسل الأطباق
['qomash le-ghseel al-aṭbaa'q] n dishcloth
قمامة trash n [quma:ma]
أين تُوضع القمامة؟
[ayna toḍa'a al-'qemama?] Where do we leave the rubbish?
قمة peak, top n [qima]
مؤتمر قمة
[Moatamar 'qemmah] n summit
قمح wheat n [qamħ]
حساسية القمح
[Ḥasaseyah al-'qamḥ] n wheat intolerance
قمر moon n [qamar]
قمر صناعي
['qamar ṣenaaey] n satellite
قمع funnel n [qamʕ]
قمل lice *npl* [qamlun]
قميص shirt n [qami:sˁ]
أزرار كم القميص
[Azrar kom al'qameeṣ] *npl* cufflinks
قميص تحتي
['qameeṣ taḥtey] n slip *(underwear)*
قميص بولو
['qameeṣ bolo] n polo shirt
قميص قصير الكمين
['qameeṣ 'qaṣeer al-kmayen] n T-shirt
قميص من الصوف
['qameeṣ men al-ṣoof] n jersey
قميص نوم نسائي
['qamees noom nesaaey] n nightie

قناة canal n [qana:t]
قناع mask n [qina:ʕ]
قنبلة bomb n [qunbula]
قنبلة ذرية
['qobelah dhareyah] n atom bomb
قنبلة موقوتة
['qonbolah maw'qota] n timebomb
قنبيط cauliflower n [qanbi:tˁ]
قندس beaver n [qundus]
قنديل n [qindi:l]
قنديل البحر
['qandeel al-baḥr] n jellyfish
قنصل consul n [qunsˁul]
قنصلية consulate n [qunsˁulijja]
قنطرة arch n [qantˁara]
قنفذ hedgehog n [qunfuð]
قهر v [qahara]
لا يقهر
[La yo'qhar] *adj* unbeatable
قهقه giggle v [qahqaha]
قهوة coffee n [qahwa]
أبريق القهوة
[Abreeq al-'qahwah] n coffeepot
طاولة قهوة
[Ṭawlat 'qahwa] n coffee table
قهوة سادة
['qahwa sadah] n black coffee
قهوة منزوعة الكافيين
['qahwa manzo'aat al-kafayen] n decaffeinated coffee
قهوة باللبن من فضلك
['qahwa bil-laban min faḍlak] A white coffee, please
قهوة من فضلك
['qahwa min faḍlak] A coffee, please
هذه البقعة بقعة قهوة
[hathy al-bu'q-'aa bu'q-'aat 'qahwa] This stain is coffee
قوّا strengthen v [qawwa:]
قوة power, strength n [quwwa]
بقوة
[Be-'qowah] *adv* hard, strongly
قوة عسكرية
['qowah askareyah] n force
قوة الإرادة
['qowat al-eradah] n willpower

**قوة العاملة**
['qowah al-'aamelah] *n* workforce
**قوة بشرية**
['qowah bashareyah] *n* manpower
bow *(weapon) n* [qaws] **قوس**
**قوس قزح**
['qaws 'qazh] *n* rainbow
Caucasus *n* [qu:qa:z] **قوقاز**
saying *n* [qawl] **قول**
colon *n* [qu:lu:n] **قولون**
*v* [qawwama] **قوم**
**هل يمكن أن أقوم بإجراء مكالمة دولية من هنا؟**
[hal yamken an a'qoom be-ijraa mukalama dawleya min huna?] Can I phone internationally from here?
**هل يمكن أن نقوم بعمل مخيم للمبيت هنا؟**
[hal yamken an na'qoom be-'aamal mukhyam lel-mabeet huna?] Can we camp here overnight?
national *adj* [qawmijju] **قومي**
nationalism *n* [qawmijja] **قومية**
powerful, tough *adj* [qawij] **قوي**
lead *(metal) n* [qija:da] **قيادة**
**رُخصَة القيادة**
[Rokhṣat al-'qeyadah] *n* driving licence
**سهل القيادة**
[Sahl al-'qeyadah] *adj* manageable
**عجلة القيادة اليمنى**
['aajalat al-'qeyadah al-yomna] *n* right-hand drive
**دَرس القيادة**
[Dars al-'qeyadah] *n* driving lesson
**اختبار القيادة**
[Ekhtebar al-'qeyadah] *n* driving test
**القيادة تحت تأثير الكحول**
[Al-'qeyadh taḥt taatheer al-koḥool] *n* drink-driving
**معلم القيادة**
[Mo'alem al-'qeyadh] *n* driving instructor
*n* [qija:s] **قياس**
**وحدة قياس**
[Weḥdat 'qeyas] *n* module
measurements *n* [qija:sa:t] **قياسات**
standard *adj* [qija:sij] **قياسي**
*n* [qija:m] **قيام**
**أيمكنك القيام بذلك وأنا معك هنا؟**
[a-yamkun-ika al-'qeyam be-dhalek wa ana ma'aka huna?] Can you do it while I wait?
**نعم، أحب القيام بذلك**
[na'aam, aḥib al-'qiyam be-dhalik] Yes, I'd love to
**هل تفضل القيام بأي شيء غدا؟**
[Hal tofaḍel al-'qeyam beay shaya ghadan?] Would you like to do something tomorrow?
harp *n* [qi:θa:ra] **قيثار**
pus *n* [qajħ] **قيح**
limit *n* [qajd] **قيد**
tie, restrict *v* [qajjada] **قيّد**
carat *n* [qi:ra:tˤ] **قيراط**
*n* [qajqab] **قيقب**
**أشجار القيقب**
[Ashjaar al-'qay'qab] *n* maple
estimate *v* [qajjama] **قيّم**
value *n* [qi:ma] **قيمة**
**قيمة مالية**
['qeemah maleyah] *n* worth

# ك

ك [ka] *pron*
كما
[kama:] *prep* as
كائن [ka:ʔin] *adj* situated
كآبة [kaʔa:ba] *n* blues
كابل [ka:bil] *n* cable
كابوس [ka:bu:s] *n* nightmare
كابينة [ka:bi:na]
كابينة تليفون
[Kabeenat telefoon] *n* phonebox
كابينة الطاقم
[Kabbenat al-ṭa'qam] *n* cabin crew
كابينة من الدرجة الأولى
[kabeena min al-daraja al-o-la] a first-class cabin
كابينة من الدرجة العادية
[kabeena min al-daraja al-'aadiyah] a standard class cabin
كاتب [ka:tib] *n*
الكاتب
[Al-kateb] *n* writer
كاتب مسرحي
[Kateb masrḥey] *n* playwright
كاتدرائية [ka:tidra:ʔijja] *n* cathedral
متى تفتح الكاتدرائية؟
[mata tuftaḥ al-katid-ra-eya?] When is the cathedral open?
كاتشب [ka:tʃub] *n* ketchup
كاثوليكي [ka:θu:li:kij] *adj* Catholic
روماني كاثوليكي
[Romaney katholeykey] *adj* Roman Catholic
شخص كاثوليكي
[Shakhṣ katholeykey] *n* Catholic
كَارْبُوهَيْدرَات [ka:rbu:hajdra:t] *n* carbohydrate
كارت [ka:rt] *n*
كارت إعادة الشحن
[Kart e'aadat shaḥn] *n* top-up card
كارت سحب
[Kart sahb] *n* debit card
كارت تليفون
[Kart telefone] *n* cardphone
كارت ائتمان
[Kart eateman] *n* credit card
كارت الكريسماس
[Kart al-kresmas] *n* Christmas card
كارت ذاكرة
[Kart dhakerah] *n* memory card
أريد كارت للمكالمات الدولية من فضلك
[areed kart lel-mukalamat al-dawleya min faḍlak] An international phonecard, please
أين يمكن أن اشتري كارت للهاتف؟
[ayna yamken an ash-tary kart lil-haatif?] Where can I buy a phonecard?
كارتون [ka:rtu:n] *n*
علبة كارتون
['aolbat kartoon] *n* carton
كارثه [ka:riθa] *n* disaster
كارثي [ka:riθij] *adj* disastrous
كاري [ka:ri:] *n* curry
مسحوق الكاري
[Mashoo'q alkaarey] *n* curry powder
كاريبي [ka:rajbi:] *adj* Caribbean
البحر الكاريبي
[Al-baḥr al-kareebey] *n* Caribbean
كازاخستان [ka:za:xista:n] *n* Kazakhstan
كازينو [ka:zi:nu:] *n* casino

**كأس** *n* [kaʔs]
**كأس العالم**
[Kaas al-'aalam] *n* World Cup
**كأس من البيرة من فضلك**
[kaas min al-beera min faḍlak] A draught beer, please
**كاسيت** cassette *n* [ka:si:t]
**كاش** *n* [ka:ʃ]
**ماكينة تسجيل الكاش**
[Makenat tasjeel al-kaash] *n* till
**كاف** efficient, enough *adj* [ka:fin]
**كافح** struggle *v* [ka:faħa]
**كافي** *adj* [ka:fi:]
**غير كافي**
[Ghayr kafey] *adj* insufficient
**كافيتريا** cafeteria *n* [kafijtirja:]
**كافين** caffeine *n* [ka:fi:n]
**كافيين** *n* [ka:faji:n]
**منزوع منه الكافيين**
[Manzoo'a menh al-kafayeen] *adj* decaffeinated
**كاكاو** cocoa *n* [ka:ka:w]
**كالسيوم** calcium *n* [ka:lsju:m]
**كامبوديا** Cambodia *n* [ka:mbu:dja:]
**كامل** complete *adj* [ka:mil]
**على نحو كامل**
[Ala naḥw kaamel] *adv* perfectly
**بدوام كامل**
[Bedawam kaamel] *adv* full-time
**بشكل كامل**
[Beshakl kaamel] *adv* entirely
**شراء كامل**
[Sheraa kaamel] *n* buyout
**كاميرا** camera *n* [ka:mi:ra:]
**كاميرا رقمية**
[Kameera ra'qmeyah] *n* digital camera
**كاميرا الانترنت**
[Kamera al-enternet] *n* webcam
**كاميرا فيديو**
[Kamera fedyo] *n* video camera
**كاميرا فيديو نقال**
[Kamera fedyo na'q'qaal] *n* camcorder
**هل يمكن أن أحصل على شريط فيديو لهذه الكاميرا من فضلك؟**
[hal yamken an aḥṣal 'aala shar-eeṭ video le- hadhy al-kamera min faḍlak?] Can I have a tape for this video camera, please?
**هناك التصاق بالكاميرا**
[hunaka el-tiṣaa'q bel-kamera] My camera is sticking
**كان** be *v* [ka:na]
**كاهن** minister *(clergy)* *n* [ka:hin]
**كئيب** gloomy *adj* [kaʔijb]
**كباب** kebab *n* [kaba:b]
**كبح** inhibition *n* [kabħ]
**كبد** liver *n* [kabid]
**التهاب الكبد**
[El-tehab al-kabed] *n* hepatitis
**كبسولة** capsule *n* [kabsu:la]
**كبش** ram *n* [kabʃ]
**كبير** big, mega *adj* [kabi:r]
**إنه كبير جدا**
[inaho kabeer jedan] It's too big
**كتاب** book *n* [kita:b]
**كتاب دراسي**
[Ketab derasey] *n* textbook
**كتاب العبارات**
[Ketab al-'aebarat] *n* phrasebook
**كتاب الكتروني**
[Ketab elektrooney] *n* e-book
**كتاب طهي**
[Ketab ṭahey] *n* cookery book
**كتاب مدرسي**
[Ketab madrasey] *n* schoolbook
**كتاب هزلي**
[Ketab hazaley] *n* comic book
**كتاب ورقي الغلاف**
[Ketab wara'qey al-gholaf] *n* paperback
**كتابة** writing *n* [kita:ba]
**كتالوج** catalogue *n* [kata:lu:ʒ]
**أريد مشاهدة الكتالوج**
[areed mu-shahadat al-kataloj] I'd like a catalogue
**كتان** linen *n* [katta:n]
**كتب** write *v* [kataba]
**كتب بسرعة**
[Katab besor'aah] *v* jot down
**كتف** shoulder *n* [katif]
**كتف طريق صلب**
[Katef ṭaree'q ṣalb] *n* hard shoulder
**لَوْح الكَتِف**

[Looh al-katef] *n* shoulder blade
**لقد أصبت في كتفي**
[la'qad oṣibto fee katfee] I've hurt my shoulder
**كتكوت** chick *n* [kutku:t]
**كتلة** block *(solid piece)* *n* [kutla]
**كتلة خشبية أو حجرية**
[Kotlah khashebeyah aw hajareyah] *n* block *(obstruction)*
**كتوم** sly *adj* [katu:m]
**كتيب** pamphlet, booklet *n* [kutajjib]
**كتيب إعلاني**
[Kotayeb e'alaaney] *n* leaflet
**كتيب ملاحظات**
[Kotayeb molaḥaḍhat] *n* notepad
**كُتيِّب الإرشادات**
[Kotayeb al-ershadat] *n* guidebook
**كثافة** density *n* [kaθa:fa]
**كثير** many, much *adj* [kaθi:r]
**لا تقم بقص الكثير منه**
[la ta'qum be-'qaṣ al-katheer minho] Don't cut too much off
**يوجد به الكثير من...**
[yujad behe al-kather min...] There's too much... in it
**كثيرا** much *adv* [kaθi:ran]
**كثيف** dense *adj* [kaθi:f]
**كحة** *n* [kuħħa]
**أعاني من الكحة**
[o-'aany min al-kaḥa] I have a cough
**كحول** alcohol *n* [kuħu:l]
**خالي من الكحول**
[Khaley men al-koḥool] *adj* alcohol-free
**القيادة تحت تأثير الكحول**
[Al-'qeyadh taḥt taatheer al-koḥool] *n* drink-driving
**قليلة الكحول**
['qaleelat al-koḥool] *adj* low-alcohol
**أنا لا أشرب الكحول**
[ana la ashrab al-koḥool] I don't drink alcohol
**معي كمية من الكحول لا تزيد عن الكمية المصرح بها**
[ma'ay kam-iya min al-kuḥool la tazeed 'aan al-kam-iya al-muṣa-raḥ beha] I have the allowed amount of alcohol to declare
**هل يحتوى هذا على الكحول؟**
[hal yaḥ-tawy hadha 'aala al-kiḥool?] Does that contain alcohol?
**كحولي** alcoholic *adj* [kuħu:lij]
**كدح** fag *n* [kadaħ]
**كدمة** bruise *n* [kadama]
**كذاب** liar *n* [kaða:b]
**كذب** lie *v* [kaððaba]
**كذبة** lie *n* [kiðba]
**كراتيه** karate *n* [kara:ti:h]
**كرامة** dignity *n* [kara:ma]
**كربون** carbon *n* [karbu:n]
**كربونات** *n* [karbu:na:t]
**ثاني كربونات الصوديوم**
[Thaney okseed al-karboon] *n* bicarbonate of soda
**كرة** ball *(toy)* *n* [kura]
**الكرة الأرضية**
[Al-korah al-ardheyah] *n* globe
**كرة صغيرة**
[Korat ṣagheerah] *n* pellet
**كرة السلة**
[Korat al-salah] *n* basketball
**كرة الشبكة**
[Korat al-shabakah] *n* netball
**كرة القدم**
[Korat al-'qadam] *n* football
**كرة القدم الأمريكية**
[Korat al-'qadam al-amreekeyah] *n* American football
**كرة اليد**
[Korat al-yad] *n* handball
**كرة لحم**
[Korat laḥm] *n* meatball
**كرر** *v* [karrara]
**كرر ما قلت، إذا سمحت**
[kar-ir ma 'qulta, edha samaḥt] Could you repeat that, please?
**كَرر** rehearse *v* [karara]
**كرَز** cherry *n* [karaz]
**كرسي** chair *(furniture)* *n* [kursij]
**كرسي بعجلات**
[Korsey be-'ajalat] *n* wheelchair
**كرسي بجوار الممر**
[Korsey be-jewar al-mamar] *n* aisle seat

**كرسي بلا ظهر أو ذراعين**
[Korsey bela ḍhahr aw dhera'aayn] *n* stool

**كرسي مريح**
[Korsey moreeḥ] *n* easy chair

**كرسي مزود بذراعين**
[Korsey mozawad be-dhera'aayn] *n* armchair

**كرسي هَزَّاز**
[Korsey hazzaz] *n* rocking chair

**كُرْسي مُرتَفِع**
[Korsey mortafe'a] *n* highchair

**هل توجد كراسي عالية للأطفال؟**
[hal tojad kursy 'aaleya lil-aṭfaal?] Do you have a high chair?

**كرفس** [kurfus] *n* celery

**كَرَم** [karam] *n* generosity

**كرْم** [karm] *n* vineyard

**كرميل** [karamiːl] *n* caramel

**كرنب** [kurnub] *n* cabbage

**كرنب بروكسيل**
[Koronb brokseel] *n* Brussels sprouts

**كرنفال** [karnafaːl] *n* carnival

**كره** [kareha] *v* dislike

**كرواتي** [kruwaːtijjat] *adj* Croatian
◃ *n* *(person)* Croatian

**اللغة الكرواتية**
[Al-loghah al-korwateyah] *n* *(language)* Croatian

**كرواتيا** [karwaːtjaː] *n* Croatia

**كريسماس** [kriːsmaːs] *n* Xmas

**كريكيت** [kriːkiːt] *n*

**لعبة الكريكيت**
[Lo'abat al-kreeket] *n* cricket *(game)*

**كريم** [kriːm] *n*

**كريم الحلاقة**
[Kereem al-helaka] *n* shaving cream

**كريم للشفاه**
[Kereem lel shefah] *n* lip salve

**أريد تناول آيس كريم**
[areed tanawil ice kreem] I'd like an ice cream

**كريمة** [kriːmatu] *n*

**كريمة شيكولاتة**
[Kareemat shekolatah] *n* mousse

**كريمة مخفوقة**
[Keremah makhfoo'qah] *n* whipped cream

**كريمي** [kriːmiː] *adj* cream

**كريه** [kariːh] *adj* nasty, wicked

**كزبرة** [kuzbara] *n* *(seed)* coriander

**كسارة** [kassaːra] *n*

**كسارة الجوز**
[Kasarat al-jooz] *n* cracker

**كسترد** [kustard] *n* custard

**كَستِناء** [kastanaːʔ] *n* chestnut

**كسر** [kasr] *n* fracture

**غير قابل للكسر**
[Ghayr 'qabel lelkasr] *adj* unbreakable

**قابل للكسر**
['qabel lel-kassr] *adj* fragile

**كسر** [kasara] *vt* break, snap

**كِسْرة** [kisra] *n*

**كِسْرة خبز**
[Kesrat khobz] *n* crumb

**كسرولة** [kasruːlatu] *n* casserole

**كسول** [kasuːl] *adj* lazy

**كسيح** [kasiːħ] *adj* lame

**كشاف** [kaʃʃaːf] *n* scout

**كشاف كهربائي**
[Kashaf kahrabaey] *n* torch

**كشر** [kaʃʃara] *v* grin

**كشف** [kaʃf] *n*

**كشف بنكي**
[Kashf bankey] *n* bank statement

**كشف** [kzʃafa] *v*

**يَكْشِف عن**
[Yakshef 'an] *v* bare

**كشك** [kiʃk] *n* kiosk

**كشمش** [kuʃmuʃ] *n* gooseberry

**كِشمِش** [kiʃmiʃ] *n*

**كِشمِش أسود**
[Keshmesh aswad] *n* blackcurrant

**كعب** [kaʕb] *n* heel

**كعب عالى**
[Ka'ab 'aaaley] *adj* high-heeled

**كعوب عالية**
[Ko'aoob 'aleyah] *npl* high heels

**كعك** [kaʕk] *n* cake

**كعكة** [kaʕka] *n* bun

**كعكات محلاة مقلية**
[Ka'akat moḥallah ma'qleyah] *n*

doughnut
كف n [kaff]
كف الحيوان
[Kaf al-ḥayawaan] n paw
كفؤ adj [kufuʔ]
غير كفؤ
[Ghayr kofa] adj incompetent
كفاح struggle n [kifa:ħ]
كفالة bail, warranty n [kafa:la]
كفتي adj [kafatajj]
كفتي الميزان
[Kafatay al-meezan] n scales
كفل ensure v [kafala]
كفى v [kafa:]
هذا يكفي شكرًا لك
[hatha ykfee shukran laka] That's enough, thank you
كل all pron [kulla]
بكل تأكيد
[Bekol taakeed] adv absolutely
كل يوم سبت
[kul yawm sabit] every Saturday
كلًا adj [kula:an]
كلًا من
[Kolan men] adj both
كلارينت clarinet n [kla:ri:nit]
كلاسيكي classic, adj [kla:si:kij] classic n ⊲ classical
كلام talk n [kala:m]
فاقد القدرة على الكلام
[Fa'qed al-'qodrah 'aala al-kalam] adj speechless
كلاهما both pron [kila:huma:]
كلب dog, bitch (female dog) n [kalb]
كلب تريير
[Kalb tereer] n terrier
كلب اسكتلندى ضخم
[Kalb eskotalandey dakhm] n collie
كلب الراعي
[Kalb al-ra'aey] n sheepdog
كلب السبنيلي
[Kalb al-sebneeley] n spaniel
كلب بكيني
[Kalb bekkeeney] n Pekinese
كلب هادي مدرب للمكفوفين
[Kalb hadey modarab lel-makfoofeen] n guide dog
وجار الكلب
[Wejaar alkalb] n kennel
لدي كلب يرشدني في السير
[la-daya kalb yar-shidiny fee al-sayr] I have a guide dog
كلّف cost v [kallafa]
كلمة word n [kalima]
كلمة السر
[Kelmat al-ser] n password
كلمة واحدة فقط
[kilema waḥeda fa'qaṭ] all one word
ما هي الكلمة التي تعني...؟
[ma heya al-kalema al-laty ta'any...?] What is the word for...?
كلور chlorine n [klu:r]
كلية n [kulijja]
كلية الحقوق
[Kolayt al-ho'qooq] n law school
كلية الفنون
[Koleyat al-fonoon] n art school
كُلِيَة well adv [kulijjatan]
كلية college n [kulijja]
كُلْيَة kidney n [kilja]
كم sleeve n [kumm]
بدون أكمام
[Bedon akmaam] adj sleeveless
كما conj [kama:]
كما
[kama:] prep as
كمّاشة pliers n [kamma:ʃa]
كمال n [kama:l]
كمال الأجسام
[Kamal al-ajsaam] npl bodybuilding
كماليات accessory n [kama:lijja:t]
كمان violin n [kama:n]
عازف الكمان
['aazef al-kaman] n violinist
آلة الكمان الموسيقية
[Aalat al-kaman al-moose'qeyah] n violin
كمبودي Cambodian adj [kambu:dij]
شخص كمبودي
[Shakhṣ kamboodey] (person) n Cambodian
كمبيوتر computer n [kumbiju:tar]

**هل لي أن استخدم الكمبيوتر الخاص بك؟**
[hal lee an astakhdim al-computer al-khaaṣ bik?] May I use your computer?
pear *n* [kummiθra:] **كُمَّثري**
violin *n* [kamanʒa] **كمنجة**
**كمنجة كبيرة**
[Kamanjah kabeerah] *n* cello
cumin *n* [kammu:n] **كَمّون**
quantity *n* [kammija] **كمية**
ambush *n* [kami:n] **كمين**
canary *adj* [kana:rij] **كناري**
**طائر الكناري**
[Ṭaaer al-kanarey] *n* canary
**طيور الكناري**
[tʕuju:ru al-kana:rijji] *n* Canaries
*n* [kanna:sati] **كناسة**
**جاروف الكناسة**
[Jaroof al-kannasah] *n* dustpan
sofa *n* [kanaba] **كنبة**
**كنبة سرير**
[Kanabat sereer] *n* sofa bed
Canada *n* [kanada:] **كندا**
Canadian *n* [kanadij] **كندي**
**شخص كندي**
[Shakhṣ kanadey] *n* Canadian
treasure *n* [kanz] **كنز**
sweep *v* [kanasa] **كنس**
**يَكْنِس بالمكنسة الكهربائية**
[Yaknes bel-maknasah al-kahrabaeyah] *v* vacuum
kangaroo *n* [kanɣur] **كُنْغر**
nickname *n* [kinja] **كنية**
church *n* [kani:sa] **كنيسة**
**كنيسة صغيرة**
[Kanesah ṣagherah] *n* chapel
**كنيسة معمدانية**
[Kaneesah me'amedaneyah] *n* Baptist
**أيمكننا زيارة الكنيسة؟**
[a-yamkun-ana zeyarat al-kaneesa] Can we visit the church?
electricity *n* [kahraba:ʔ] **كهرباء**
**مشتغل بالكهرباء**
[Moshtaghel bel-kahrabaa] *n* electrician
**لا توجد كهرباء**
[la tojad kah-rabaa] There is no electricity
**هل يحب علينا دفع مصاريف إضافية للكهرباء؟**
[hal yajib 'aala-yna daf'a maṣa-reef eḍafiya lel-kah-rabaa?] Do we have to pay extra for electricity?
electrical *adj* [kahraba:ʔij] **كهربائي**
**صَدمَة كهربائية**
[Ṣadmah kahrbaeyah] *n* electric shock
**سِلك كهربائي**
[Selk kahrabaey] (لي) *n* flex
**بطانية كهربائية**
[Baṭaneyah kahrobaeyah] *n* electric blanket
*adj* [kahrabij] **كهربي**
**انقطاع التيار الكهربي**
[En'qetaa'a al-tayar alkahrabey] *n* power cut
**أين توجد علبة المفاتيح الكهربية**
[ayna tojad 'ailbat al-mafateeḥ al-kahraba-eya?] Where is the fusebox?
**هل لديك أي بطاريات كهربية؟**
[hal ladyka ay baṭa-reyaat?] Do you have any batteries?
**هناك خطأ ما في الوصلات الكهربية**
[hunaka khaṭaa ma fee al-waslaat al-kah-rabiya] There is something wrong with the electrics
amber *n* [kahrama:n] **كهرمان**
cave *n* [kahf] **كهف**
middle-aged *adj* [kahl] **كهل**
ministry *(religion)* *n* [kahnu:t] **كهنوت**
elderly *adj* [kuhu:lij] **كهولي**
*n* [ku:b] **كوب**
**كوب من الماء**
[koob min al-maa] a glass of water
Cuba *n* [ku:ba:] **كوبا**
Cuban *n* ◁ Cuban *adj* [ku:bij] **كوبي**
cabin, hut *n* [ku:x] **كوخ**
**كوخ لقضاء العطلة**
[Kookh le-'qadaa al-'aotlah] *n* cottage
*n* [ku:du] **كود**
**كود الاتصال بمنطقة أو بلد**
[Kod al-eteṣal bemanṭe'qah aw balad] *n* dialling code

chrome *n* [ku:ru:mu] كُروم
*n* ◁ Korean *adj* [ku:rijjat] كوري
Korean *(person)*
**اللغة الكورية**
[Al-loghah al-koreyah] *(language) n* Korean
Korea *n* [ku:rja:] كوريا
**كوريا الشمالية**
[Koreya al-shamaleyah] *n* North Korea
zucchini *n* [ku:sa] كوسة
Costa *n* [ku:sta:ri:ka:] كوستاريكا Rica
Kosovo *n* [ku:su:fu:] كوسوفو
cocaine *n* [ku:ka:ji:n] كوكايين
planet *n* [kawkab] كوكب
*n* [kawkaba] كوكبة
**كوكبة القوس والرامي**
[Kawkabat al-'qaws wa alramey] *n* Sagittarius
cocktail *n* [ku:kti:l] كوكتيل
**أتقدمون الكوكتيلات؟**
[a-tu'qade-moon al-koktailaat?] Do you sell cocktails?
*n* [ku:listiru:l] كولِسْتِرُول cholesterol
Colombian *adj* [ku:lu:mbi:] كولومبي
**شخص كولومبي**
[Shakhṣ kolombey] *n* Colombian
Colombia *n* [ku:lu:mbija:] كولومبيا
colonel *n* [ku:lu:ni:l] كولونيل
heap *n* [ku:ma] كومة
**كومة منتظم**
[Komat montaḍhem] *n* stack
bedside *n* [ku:mu:di:nu:] كومودينو table
comedy *n* [ku:mi:dja:] كوميديا
**كوميديا الموقف**
[Komedya al-maw'qf] *n* sitcom
universe *n* [kawn] كَوْن
*adj* [ku:nti:nunta:l] كونتينتال
**إفطار كونتينتال**
[Efṭaar kontenental] *n* continental breakfast
iron *v* [kawa:] كوى
*n* ◁ Kuwaiti *adj* [kuwajtij] كويتي Kuwaiti

*n* [kajj] كيّ
**كيّ الملابس**
[Kay almalabes] *n* ironing
**لوح الكي**
[Looḥ alkay] *n* ironing board
*n* [ki:raʒista:n] كيرجستان Kyrgyzstan
kerosene *n* [ki:runwsi:n] كيروسين
sack *(container) n* [ki:s] كيس
**كيس التسوق**
[Kees al-tasawo'q] *n* shopping bag
**كيس النوم**
[Kees al-nawm] *n* sleeping bag
**كيس بلاستيكي**
[Kees belasteekey] *n* plastic bag
**كيس مشتريات**
[Kees moshtarayat] *n* shopping bag
how *adv* [kajfa] كيف
**كيف حالك؟**
[kayfa ḥaluka? ] How are you?
**كيف يمكن أن أصل إلى هناك؟**
[kayfa yamkin an aṣal ela hunaak?] How do I get there?
kilo *n* [ki:lu:] كيلو
kilometre *n* [ki:lu:mitr] كيلومتر
chemistry *n* [ki:mija:ʔ] كيمياء
**كيمياء حيوية**
[Kemyaa ḥayaweyah] *n* biochemistry
pharmacist *adj* [ki:mija:ʔij] كيميائي
**معمل كيميائي**
[M'amal kemyaaeay] *n* pharmacy
**مادة كيميائية**
[Madah kemyaeyah] *n* chemical
Kenyan *adj* [ki:nij] كيني
**شخص كيني**
[Shakhs keeny] *n* Kenyan
Kenya *n* [ki:nja:] كينيا
*n* [ki:wi:] كيوي
**طائر الكيوي**
[Ṭaarr alkewey] *n* kiwi

# ل

**ل** [li] *prep*
**لأن**
[liʔanna] *conj* because
**لا** [laː] no, not *adv*
**لائم** [laːʔama] suit *v*
**لاتيفي** [laːtiːfiː] Latvian *adj*
**اللغة الاتيفية**
[Al-loghah al-atefeyah] *(language) n* Latvian
**شخص لاتيفي**
[Shakhs lateefey] *(person) n* Latvian
**لاتيفيا** [laːtiːfjaː] Latvia *n*
**لاتيني** [laːtiːniː] Latin *adj* ◁ Latin *n*
**أمريكا اللاتينية**
[Amreeka al-lateeneyah] *n* Latin America
**لاجئ** [laːʒiʔ] refugee *n*
**لأجل** [liʔaʒli] for *prep*
**لاحظ** [laːħazˤa] observe *v*
**أعتذر، لم ألاحظ ذلك**
[A'atadher, lam olaḥeḍh dhalek] Sorry, I didn't catch that
**لاحق** [laːħiq] following *adj*
**سوف أتصل بك لاحقا**
[sawfa ataṣil beka laḥi'qan] I'll call back later
**هل يجب أن أدفع الآن أم لاحقا؟**
[hal yajib an adfa'a al-aan am la-ḥe'qan?] Do I pay now or later?
**هل يمكن أن أعود في وقت لاحق؟**
[hal yamken an a'aood fee wa'qt la-ḥi'q?] Shall I come back later?
**لاحق** [laːħaqa] pursue *v*
**يلاحق خطوة بخطوة**
[Yolaḥek khoṭwa bekhoṭwah] *v* keep up
**لاحقاً** [laːħiqan] eventually *adv*
**لاصق** [laːsˤiq] *adj*
**شريط لاصق**
[Shreeṭ laṣe'q] *n* Sellotape®
**لاصقة** [laːsˤiqa] *n*
**أريد بعض اللاصقات الطبية**
[areed ba'aḍ al-laṣi-'qaat aḷ-ṭub-iya] I'd like some plasters
**لاطف** [laːtˤafa] stroke *v*
**لاعب** [laːʕib] player *(of a sport) n*
**لاعب رياضي**
[La'aeb reyaḍey] *n* athlete
**لاعب كرة القدم**
[La'aeb korat al-'qadam] *n* footballer
**لافت** [laːfit] *adj*
**لافت للنظر**
[Lafet lel-nadhar] *adj* striking
**لافتة** [laːfita] sign *n*
**لافتة طريق**
[Lafetat ṭaree'q] *n* road sign
**لافندر** [laːfandar] lavender *n*
**لؤلؤة** [luʔluʔa] pearl *n*
**لام** [laːm] blame *v*
**لامع** [laːmiʕ] shiny, vivid *adj*
**لأن** [liʔanna] *conj*
**لأن**
[liʔanna] *conj* because
**لاهوت** [laːhuːt] theology *n*
**لاووس** [laːwuːs] *n*
**جمهورية لاووس**
[Jomhoreyat lawoos] *n* Laos
**لايصدق** [laːjusˤaddaq] unbelievable *adj*
**لايلاك** [laːjlaːk] lilac *n*
**لب** [lubb] core *n*
**لبؤة** [labuʔa] lioness *n*
**لباد** [libaːd] felt *n*
**لباس** [libaːs] style *n*
**لباس الاستحمام**
[Lebas al-estehmam] *n* swimming

costume

**لباقة** tact *n* [laba:qa]

**لبس** dress *vi* [labasa]

**لبق** tactful, graceful *adj* [labiq]

**غير لبق**
[Ghaey labe'q] *adj* tactless

**لبلاب** ivy *n* [labla:b]

**لبن** *n* [laban]

**لبن أطفال**
[Laban aṭfaal] *n* formula

**لبن مبستر**
[Laban mobaster] *n* UHT milk

**مصنع منتجات الألبان**
[maṣna'a montajat al-alban] *n* dairy

**منتجات الألبان**
[Montajat al-baan] *npl* dairy products

**إنه منتج بلبن غير مبستر**
[inaho muntaj be-laban ghayr mubastar] Is it made with unpasteurised milk?

**لبنان** Lebanon *n* [lubna:n]

**لبناني** Lebanese *adj* [lubna:nij]

**لبون** mammal *n* [labu:n]

**لتر** litre *n* [litr]

**لثة** gum *n* [laθatt]

**لثتي تنزف**
[lathaty tanzuf] My gums are bleeding

**لجأ** *v* [laʒaʔa]

**لجأ إلى**
[Lajaa ela] *v* resort to

**لجام** reins *n* [liʒa:m]

**لجنة** committee *n* [laʒna]

**لحاء** bulb *(plant)* *n* [liħa:ʔ]

**لحاف** quilt *n* [liħa:f]

**لحظة** moment *n* [laħzˤa]

**كل لحظة**
[Kol laḥdhah] *adv* momentarily

**لحظة واحدة من فضلك**
[laḥḍha waheda min faḍlak] Just a moment, please

**لحق ب** catch up *n* [laħiqa bi]

**لحم** meat *n* [laħm]

**شرائح اللحم البقري المشوي**
[Shraeḥ al-laḥm al-ba'qarey al-mashwey] *n* beefburger

**كرة لحم**
[Korat laḥm] *n* meatball

**لحم أحمر**
[Laḥm aḥmar] *n* red meat

**لحم ضأن**
[Lahm ḍaan] *n* mutton

**لحم عجل**
[Laḥm 'aejl] *n* veal

**لحم غزال**
[Laḥm ghazal] *n* venison

**لحم خنزير مقدد**
[Laḥm khanzeer me'qaded] *n* bacon

**لحم بقري**
[Laḥm ba'qarey] *n* beef

**لحم مفروم**
[Laḥm mafroom] *n* mince

**لا أتناول اللحوم الحمراء**
[la ata- nawal al-liḥoom al-ḥamraa] I don't eat red meat

**لا أحب تناول اللحوم**
[la aḥib ta-nawal al-liḥoom] I don't like meat

**لا أكل اللحوم**
[la aakul al-liḥoom] I don't eat meat

**ما هي الأطباق التي لا تحتوي على لحوم أو أسماك؟**
[ma heya al-aṭba'q al-laty la taḥtawy 'aala liḥoom aw asmak?] Which dishes have no meat / fish?

**لحن** melody *n* [laħn]

**لحن منفرد**
[Laḥn monfared] *n* concerto

**لحية** beard *n* [liħja]

**لخبط** shuffle *v* [lxbatˤa]

**لختنشتاين** *n* [lixtunʃta:jan] Liechtenstein

**لخص** summarize *v* [laxxasˤa]

**لدغ** sting *v* [ladaɣa]

**لقد لدغت**
[la'qad lode'q-to] I've been stung

**لدغة** sting *n* [ladɣa]

**لذيذ** *adj* [laðiːð]

**لذيذ المذاق**
[Ladheedh al-madha'q] *adj* tasty

**كان مذاقه لذيذًا**
[kan madha-'qoho ladhe-dhan] That was delicious

**كان هذا لذيذًا**

[kan hadha ladhe-dhan] That was delicious

لزج sticky *adj* [laziʒ]

لسان tongue *n* [lisa:n]

لسع bite *v* [lasaʕa]

لص thief *n* [lisˤsˤ]

لص المنازل

[Leṣ al-manazel] *n* burglar

لصقة *n* [lasˤqa]

لصقة طبية

[Laṣ'qah ṭebeyah] *n* Band-Aid

لَطخ stain *v* [latˤtˤaxa]

لطخة stain, smudge *n* [latˤxa]

لطف kindness *n* [lutˤf]

لطفا kindly *adv* [lutˤfan]

لطمة blow *n* [latˤma]

لطيف mild, nice, tender *adj* [latˤi:f]

لعَاب saliva *n* [luʕa:b]

لعب play *n* [laʕib]

لعب play *(in sports) vt* [laʕaba]

أين يمكنني أن ألعب التنس؟

[ayna yamken-any an al-'aab al-tanis?] Where can I play tennis?

لعبة toy *n* [luʕba]

لعبة رمي السهام

[Lo'abat ramey al-seham] *npl* darts

لعبة ترفيهية

[Lo'abah trafeheyah] *n* amusement arcade

لعبة الاستغماية

[Lo'abat al-estoghomayah] *n* hide-and-seek

لعبة البولنغ العشرية

[Lo'aba al-boolenj al-'ashreyah] *n* tenpin bowling

لعبة البولينج

[Lo'aba al-boolenj] *n* tenpin bowling

لعبة الكريكيت

[Lo'abat al-kreeket] *n* cricket *(game)*

لعبة الكترونية

[Lo'abah elektroneyah] *n* computer game

لعبة طاولة

[Lo'abat ṭawlah] *n* board game

لعِق lick *v* [laʕaqa]

لَعلّ perhaps *adv* [laʕalla]

لعنة curse *n* [laʕna]

لعوب cheerful *adj* [laʕu:b]

لعين damn *adj* [laʕi:nu]

لغة language *n* [luɣa]

اللغة الصينية

[Al-loghah al-ṣeeneyah] *(language) n* Chinese

اللغة الأرمنية

[Al-loghah al-armeeneyah] *(language) n* Armenian

اللغة الألبانية

[Al-loghah al-albaneyah] *(language) n* Albanian

اللغة العربية

[Al-loghah al-arabeyah] *(language) n* Arabic

اللغة التشيكية

[Al-loghah al-teshekeyah] *(language) n* Czech

اللغة الباسكية

[Al-loghah al-bakestaneyah] *(language) n* Basque

اللغة البلغارية

[Al-loghah al-balghareyah] *(language) n* Bulgarian

اللغة البورمية

[Al-loghah al-bormeyah] *(language) n* Burmese

اللغة البيلاروسية

[Al-loghah al-belaroseyah] *(language) n* Belarussian

اللغة الفنلندية

[Al-loghah al-fenlandeyah] *n* Finnish

اللغة الكرواتية

[Al-loghah al-korwateyah] *(language) n* Croatian

مُفردات اللغة

[Mofradat Al-loghah] *npl* vocabulary

لغز puzzle *n* [luɣz]

لغوي linguistic *adj* [luɣawij]

لف roll *vi* [laffa]

لف go round *v*

لفاع scarf *n* [lifa:ʕ]

لفت turnip *n* [laft]

نبات اللفت

[Nabat al-left] *n* rape *(plant)*

لَفّة roll *n* [laffa]

blast *n* [lafħa] **لفحة**
*n* [liqa:ʔ] **لقاء**
**إلى اللقاء**
[ela al-le'qaa] *excl* bye-bye!
**إلى اللقاء**
[ela al-le'qaa] Goodbye
pollen *n* [liqa:ħ] **لقاح**
surname, title *n* [laqab] **لقب**
vaccinate *v* [laqqaħa] **لقح**
*n* [laqtˤa] **لقطة**
**لقطة فوتوغرافية**
[La'qṭah fotoghrafeyah] *n* snapshot
*n* [luksambu:rɣ] **لكسمبورغ** Luxembourg
per *prep* [likulli] **لكل**
poke *v* [lakama] **لكم**
*n* [lamba] **لمبة**
**اللمبة لا تضئ**
[al-lumbah la-tuḍee] The lamp is not working
glance *v* [lamaħa] **لمح**
glance *n* [lamħa] **لمحة**
*n* [lams] **لمس**
**لوحة اللمس**
[Lawḥat al-lams] *n* touchpad
touch *v* [lamasa] **لمس**
shine *v* [lamaʕa] **لمع**
London *n* [lund] **لندن**
flame *n* [lahab] **لهب**
dialect *n* [lahʒa] **لهجة**
fun *n* [lahw] **لهو**
pollute *v* [lawwaθa] **لوث**
board *(wood)* *n* [lawħ] **لوح**
**لوح صلب**
[Looḥ ṣolb] *n* hardboard
**لوح غطس**
[Looḥ ghaṭs] *n* diving board
**لوح الركمجة**
[Looḥ al-rakmajah] *n* surfboard
**لوح الكي**
[Looḥ alkay] *n* ironing board
wave *v* [lawwaħa] **لوّح**
tablet, painting *n* [lawħa] **لوحة**
**لوحة الأرقام**
[Looḥ al-ar'qaam] *n* number plate
**لوحة الفأرة**
[Looḥat al-faarah] *n* mouse mat
**لوحة الملاحظات**
[Looḥat al-molahḍhat] *n* notice board
**لوحة النشرات**
[Looḥat al-nasharaat] *n* notice board
**لوحة بيضاء**
[Looḥ bayḍaa] *n* whiteboard
**لوحة مفاتيح**
[Looḥat mafateeḥ] *n* keyboard
**لوحة مفاتيح تحكم**
[Looḥat mafateeḥ taḥakom] *n* switchboard
*n* [lu:ri:] **لوري**
**شاحِنة لوري**
[Shaḥenah loorey] *n* truck
almond *n* [lawz] **لوز**
*n* [lawza] **لوزة**
**التهاب اللوزتين**
[Eltehab al-lawzateyn] *n* tonsillitis
tonsils *npl* [lawzatajni] **لوزتين**
*n* [lawʃan] **لوشن**
**لوشن بعد التعرض للشمس**
[Loshan b'ad al-t'aroḍ lel shams] *n* after-sun lotion
leukaemia *n* [lu:ki:mja:] **لوكيميا**
blame *n* [lawm] **لوم**
colour *n* [lawn] **لون**
**لون مائي**
[Lawn maaey] *n* watercolour
**أنا لا أحب هذا اللون**
[ana la oḥibo hadha al-lawn] I don't like the colour
**بالألوان**
[bil-al-waan] in colour
**هذا اللون من فضلك**
[hatha al-lawn min faḍlak] This colour, please
**هل يوجد لون آخر غير ذلك اللون؟**
[hal yujad lawn aakhar ghayr dhalika al-lawn?] Do you have this in another colour?
twist *vt* [lawa:] **لوى**
**يلوي المفصل**
[Yalwey al-mefṣal] *v* sprain
Libyan *n* ⊲ Libyan *adj* [li:bij] **ليبي**
Libya *n* [li:bja:] **ليبيا**

**ليبيري** [liːbiːrij] *adj* Liberian ◁ *n* Liberian
**ليبيريا** [liːbiːrjaː] *n* Liberia
**ليتواني** [liːtwaːnij] *adj* Lithuanian
**اللغة الليتوانية**
[Al-loghah al-letwaneyah] *(language) n* Lithuanian
**شخص ليتواني**
[shakhṣ letwaneyah] *(person) n* Lithuanian
**ليتوانيا** [liːtwaːnjaː] *n* Lithuania
**ليزر** [lajzar] *n* laser
**ليس** [lajsa] *adv*
**ليس لدي أية فكّة أصغر**
[Laysa laday ay fakah aṣghar] I don't have anything smaller
**ليل** [lajl] *n* night
**منتصف الليل**
[montaṣaf al-layl] *n* midnight
**غدًا في الليل**
[ghadan fee al-layl] tomorrow night
**ليلا** [lajlaː] *adv* at night
**ليلة** [lajla] *n* night
**في هذه الليلة**
[Fee hadheh al-laylah] *adv* tonight
**.أريد تذكرتين لحفلة الليلة، إذا تفضلت**
[areed tadhkara-tayn le-ḥaflat al-layla, edha tafaḍalt] Two tickets for tonight, please
**أريد تذكرتين لهذه الليلة**
[areed tadhkeara-tayn le-hadhy al-layla] I'd like two tickets for tonight
**أريد البقاء لليلة أخرى**
[areed al-ba'qaa le-layla ukhra] I want to stay an extra night
**أريد حجز مائدة لثلاثة أشخاص هذه الليلة**
[areed ḥajiz ma-e-da le-thalathat ashkhaaṣ hadhy al-layla] I'd like to reserve a table for three people for tonight
**الليلة الماضية**
[al-laylah al-maaḍiya] last night
**كم تبلغ تكلفة الإقامة في الليلة الواحدة؟**
[kam tablugh taklifat al-e'qama fee al-layla al-waḥida?] How much is it per night?
**كم تبلغ تكلفة الخيمة في الليلة الواحدة؟**
[kam tablugh taklifat al-khyma fee al-layla al-waḥida?] How much is it per night for a tent?
**ليلة سعيدة**
[layla sa'aeeda] Good night
**ما المكان تفضل الذي الذهاب إليه الليلة؟**
[ma al-makan aladhy tofaḍel al-dhehab wlayhe al-laylah?] Where would you like to go tonight?
**ماذا يعرض الليلة على شاشة السينما؟**
[madha yu'a-raḍ al-layla 'aala sha-shat al-senama?] What's on tonight at the cinema?
**نريد حجز مقعدين في هذه الليلة**
[nureed ḥajiz ma'q-'aad-ayn fee hadhy al-layla] We'd like to reserve two seats for tonight
**هل سيكون الجو باردا الليلة؟**
[hal sayakon al-jaw baredan al-layla?] Will it be cold tonight?
**هل لديكم غرفة شاغرة الليلة؟**
[hal ladykum ghurfa shaghera al-layla?] Do you have a room for tonight?
**ليلي** [lajlij] *adj* nighttime
**الخدمات الترفيهية الليلية**
[Alkhadmat al-tarfeeheyah al-layleyah] *n* nightlife
**مدرسة ليلية**
[Madrasah layleyah] *n* night school
**نادي ليلي**
[Nadey layley] *n* nightclub
**نوبة ليلية**
[Noba layleyah] *n* nightshift
**ليموزين** [liːmuːziːn] *n* limousine
**ليمون** [lajmuːn] *n (fruit)* lemon, lime
**عصير الليمون المحلى**
['aaṣeer al-laymoon al-moḥala] *n* lemonade
**بالليمون**
[bil-laymoon] with lemon
**ليو** [liju:] *n* Leo

# م

ما what *pron* [ma:]
كما
[kama:] *prep* as
ما الذي بك؟
[ma al-lathy beka?] What's the matter?
ماء water *n* [ma:ʔ]
تحت الماء
[Taḥt al-maa] *adv* underwater
ماء ملحي
[Maa mel'ḥey] *adj* saltwater
إبريق من الماء
[ebree'q min al-maa-i] a jug of water
أتسمح بفحص الماء بالسيارة؟
[a-tas-maḥ be-faḥiṣ al-maa-i bil-sayara?] Can you check the water, please?
.أود أن أسبح تحت الماء
[Owad an asbaḥ taḥt al-maa.] I'd like to go snorkelling
مائة hundred *number* [ma:ʔitun]
...أرغب في تغيير مائة... إلى
[arghab fee taghyeer ma-a... ela...] I'd like to change one hundred... into...
أرغب في الحصول على مائتي...
[arghab fee al-ḥuṣool 'aala ma-a-tay...] I'd like two hundred...
مائدة *n* [ma:ʔida]
سَكاكين المائدة
[Skakeen al-maeadah] *n* cutlery
أريد حجز مائدة لشخصين في ليلة الغد
[areed ḥajiz ma-e-da le-shakhṣiyn fee laylat al-ghad] I'd like to reserve a table for two people for tomorrow night
من فضلك أريد مائدة لأربعة أشخاص
[min faḍlak areed ma-eda le-arba'aat ash-khaṣ] A table for four people, please
مائِل *adj* [ma:ʔil]
مائِل للبرودة
[Mael lel-brodah] *adj* cool *(cold)*
مؤامرة conspiracy *n* [muʔa:mara]
مات die *v* [ma:ta]
مؤتمر conference *n* [muʔtamar]
مؤتمر صحفي
[Moatamar ṣaḥafey] *n* press conference
مؤتمن trusting *adj* [muʔtaman]
مؤثر impressive *adj* [muʔaθir]
مؤخرًا *adv* [muʔaxxaran]
أصبت مؤخرًا بمرض الحصبة
[oṣebtu mu-akharan be-maraḍ al-ḥaṣba] I had measles recently
مُؤخِرَّة backside *n* [muʔaxirra]
مؤخرة الجيش
[Mowakherat al-jaysh] *n* rear
مُؤَخَّرَه behind *n* [muʔaxxirra]
مؤدب polite *adj* [muʔaddab]
مادة clause, material *n* [ma:dda]
مادة سائلة
[madah saaelah] *n* liquid
مادة غير عضوية
[Madah ghayer 'aodweyah] *n* mineral
مادة تلميع
[Madah talmee'a] *adj* polish
مادة كيميائية
[Madah kemyaeyah] *n* chemical
مادة لاصقة
[Madah laṣe'qah] *n* plaster *(for wound)*
مادة مركبة
[Madah morakabah] *n* complex
مادة مسيلة
[Madah moseelah] *n* liquidizer
مادة متفجرة
[Madah motafajerah] *n* explosive

**مادة منظفة**
[Madah monaḍhefah] *n* detergent
**مادة منكهة**
[Madah monakahah] *n* flavouring
**مادي** [maːdijat] *adj*
**مكونات مادية**
[Mokawenat madeyah] *n* hardware
**مؤذ** [muʔðin] *adj* mischievous
**غير مؤذ**
[Ghayer modh] *adj* harmless
**ماذا** [maːðaː] *pron*
**ماذا أفعل؟**
[madha af'aal? ] What do I do?
**ماذا يوجد في هذا؟**
[madha yujad fee hadha?] What is in this?
**ماذا؟**
[Madeyah] Pardon?
**مؤذي** [muʔðiː] *adj* harmful ⊲ *v* abusive
**مارثون** [maːraθuːn] *n*
**سباق المارثون**
[Seba'q al-marathon] *n* marathon
**مُؤرِّخ** [muʔarrix] *n* historian
**مارد** [maːrid] *n* giant
**مارس** [maːris] *n* March
**مارس** [maːrasa] *v* practise
**يُمارس رياضة العدو**
[Yomares reyaḍat al-'adw] *vi* jog
**.أود أن أمارس رياضة ركوب الأمواج**
[Awad an omares reyaḍat rekob al-amwaj.] I'd like to go wind-surfing
**أين يمكن أن نمارس رياضة التزلج بأحذية التزلج؟**
[ayna yamken an nomares riyaḍat al-tazal-oj be-aḥdheat al-tazal-oj?] Where can we go roller skating?
**ماركة** [maːrka] *n* make
**ماركة جديدة**
[Markah jadeedah] *n* brand-new
**ماريجوانا** [maːriːʒwaːnaː] *n* marijuana
**مئزر** [miʔzar] *n* pinafore
**مأزق** [maʔziq] *n* ordeal
**ماس** [maːs] *n* diamond
**مأساة** [maʔsaːt] *n* tragedy
**مأساوي** [maʔsaːwij] *adj* tragic
**ماسح** [maːsiħ] *n*
**ماسح ضوئي**
[Maaseh daweay] *n* scanner
**ماسح الأراضي**
[Maseh al-araaḍey] *n* surveyor
**ماسحة** [maːsiħa] *n*
**ماسحة زجاج السيارة**
[Masehat zojaj sayarh] *n* windscreen wiper
**مؤسس** [muʔassas] *adj*
**مؤسس على**
[Moasas ala] *adj* based
**مؤسسة** [muʔassasa] *n* firm, institution
**ماسكارا** [maːskaːraː] *n* mascara
**ماسورة** [maːsuːra] *n* pipe
**مُؤَشر** [muʔaʃʃir] *n* cursor, indicator
**ماشية** [maːʃijjatun] *npl* cattle
**ماضي** [maːdˤiː] *n* past
**ماعِز** [maːʕiz] *n* goat
**مُؤَقت** [muʔaqqat] *adj* temporary
**عامِل مُؤَقت**
['aamel mowa'qat] *n* temp
**ماكر** [maːkir] *adj* cunning
**ماكريل** [maːkiriːli] *n*
**سمك الماكريل**
[Samak al-makreel] *n* mackerel
**ماكينة** [maːkiːna] *n* machine
**ماكينة صرافة**
[Makenat ṣerafah] *n* cash dispenser
**ماكينة تسجيل الكاش**
[Makenat tasjeel al-kaash] *n* till
**ماكينة الشقبية**
[Makenat al-sha'qabeyah] *n* vending machine
**ماكينة بيع**
[Makenat bay'a] *n* vending machine
**أين توجد ماكينة التذاكر؟**
[ayna tojad makenat al-tadhaker?] Where is the ticket machine?
**هل توجد ماكينة فاكس يمكن استخدامها؟**
[hal tojad makenat fax yamken istekh-damuha?] Is there a fax machine I can use?

**مال** money *n* [ma:l]
**مال يرد بعد دفعه**
[Maal yorad daf'ah] *n* drawback
**أريد تحويل بعض الأموال من حسابي**
[areed taḥweel ba'aḍ al-amwal min ḥesaaby] I would like to transfer some money from my account
**ليس معي مال**
[laysa ma'ay maal] I have no money
**هل يمكن تسليفي بعض المال؟**
[hal yamken tas-leefy ba'aḍ al-maal?] Could you lend me some money?
**مال** tip *(incline)*, bend down *v* [ma:la]
**مالح** *adj* [ma:liħ]
**ماء مالح**
[Maa maleḥ] *n* marinade
**مالطة** Malta *n* [ma:ltˤa]
**مالطي** *n* ◁ Maltese *adj* [ma:ltˤij]
Maltese *(person)*
**اللغة المالطية**
[Al-loghah al-malṭeyah] *(language) n* Maltese
**مؤلف** author *n* [muʔallif]
**مؤلف موسيقى**
[Moaalef mosee'qy] *n* composer
**مالك** owner *n* [ma:lik]
**مالك الأرض**
[Malek al-arḍ] *n* landowner
**مالك الحزين**
[Malek al ḥazeen] *n* heron
**من فضلك هل يمكنني التحدث إلى المالك؟**
[min faḍlak hal yamkin-ani al-taḥaduth ela al-maalik? ] Could I speak to the owner, please?
**مالكة** *n* [ma:lika]
**مالكة الأرض**
[Malekat al-arḍ] *n* landlady
**مؤلم** painful *adj* [mulim]
**مألوف** familiar *adj* [maʔlu:f]
**غير مألوف**
[Ghayer maaloof] *adj* unfamiliar
**مالي** financial *adj* [ma:lij]
**سَنة مالية**
[Sanah maleyah] *n* financial year
**موارد مالية**
[Mawared maleyah] *npl* funds
**ورقة مالية**
[Wara'qah maleyah] *n* note
**ماليزي** Malaysian *adj* [ma:li:zij]
**شخص ماليزي**
[shakhṣ maleezey] *n* Malaysian
**ماليزيا** Malaysia *n* [ma:li:zja:]
**ماما** mum, mummy *n* [ma:ma:]
*(mother)*
**مُأمّن** secure *adj*
**مؤمن** *n* [muʔamman]
**مؤمن عليه**
[Moaman 'aalayh] *adj* insured
**أنا مؤمن عليّ**
[ana mo-aaman 'aalya] I have insurance
**ماموث** mammoth *n* [ma:mu:θ]
**مؤنث** feminine, *adj* [muʔannaθ] female
**مَانِح** donor *n* [ma:niħ]
**مانع** *n* [ma:niʕ]
**هل لديك مانع في أن أدخن؟**
[Hal ladayk mane'a fee an adakhan?] Do you mind if I smoke?
**مانع** *v* [ma:naʕa]
**أنا لا أمانع**
[ana la omani'a] I don't mind
**هل تمانع؟**
[hal tumani'a?] Do you mind?
**ماهر** skilled *adj* [ma:hir]
**مؤهل** capable *n* [moahhal]
**مُؤهَل** qualified *adj* [muahhal]
**مُؤهِل** qualification *n* [muahhil]
**ماهوجني** *adj* [ma:hu:ʒnij]
**خشب الماهوجني**
[Khashab al-mahojney] *n* mahogany
**ماوري** Maori *adj* [ma:wrij]
**اللغة الماورية**
[Al-loghah al-mawreyah] *(language) n* Maori
**شخص ماوري**
[Shakhṣ mawrey] *(person) n* Maori
**مئوية** *n* [miʔiwijja]
**درجة حرارة مئوية**
[Draajat ḥaraarah meaweyah] *n* degree centigrade
**ما يرام** *adv* [ma: jura:m]

**أشعر أنني لست على ما يرام**
[ash-'aur enna-nee lasto 'aala ma yo-raam] I feel sick
**هل أنت على ما يرام**
[hal anta 'aala ma yoraam?] Are you alright?
**مايو** [ma:ju:] *n* May
**مَايوه** [ma:ju:h] *n* swimsuit
**مبادرة** [muba:dara] *n* initiative
**مباراة** [muba:ra:t] *n* game, match *(sport)*
**مباراة الإياب في ملعب المضيف**
[Mobarat al-eyab fee mal'aab al-moḍeef] *n* home match
**مباراة الذهاب**
[Mobarat al-dhehab] *n* away match
**مباراة كرة قدم**
[Mobarat korat al-'qadam] *n* football match
**مباشر** [muba:ʃir] *adj* direct
**غير مباشر**
[Ghayer mobasher] *adj* indirect
**أفضل الذهاب مباشرة**
[ofaḍel al-dhehaab muba-sharatan] I'd prefer to go direct
**هل يتجه هذا القطار مباشرة إلى...؟**
[hal yata-jih hadha al-'qeṭaar muba-sha-ratan ela...?] Is it a direct train?
**مباشرةً** [muba:ʃaratan] *adv* directly
**مُبَاع** [muba:ʕ] *adj* sold out
**مبالغ** [muba:laɣ] *adj*
**مبالغ فيه**
[mobalagh feeh] *adj* overdrawn
**مبالغة** [muba:laɣa] *n* exaggeration
**مباني** [maba:ni:] *npl*
**مباني وتجهيزات**
[Mabaney watajheezaat] *n* plant *(site/equipment)*
**مبتدئ** [mubtadiʔ] *adj*
**المبتدئ**
[Almobtadea] *n* beginner
**أين توجد منحدرات المبتدئين؟**
[Ayn tojad monḥadrat al-mobtadean?] Where are the beginners' slopes?
**مبتذل** [mubtaðal] *adj* stale

**مبتسر** [mubatasir] *adj* premature
**مبتل** [mubtal] *adj* wet
**مُبْتَل** [mubtall] *adj* moist
**مبدأ** [mabdaʔ] *n* principle
**مبدئيا** [mabdaʔijjan] *adv* initially
**مبدع** [mubdiʕ] *adj* ingenious
**مبراة** [mibra:t] *n* pencil sharpener
**مبرد** [mibrad] *n*
**مبرد أظافر**
[Mabrad aḍhafer] *n* nailfile
**مُبَرِّر** [mubbarir] *n* reason
**مُبَرْمِج** [mubarmiʒ] *n* programmer
**مبستر** [mubastar] *adj* pasteurized
**مُبَشِر** [mubaʃʃir] *n* missionary
**مُبطئ** [mubtˁiʔ] *adj* late *(delayed)*
**مبكر** [mubakkir] *adj* early
**مبكرًا** [mubakiran] *adv*
**لقد وصلنا مبكرًا**
[la'qad waṣalna mu-bakiran] We arrived early/late
**مبلغ** [mablaɣ] *n* amount
**مبلل** [muballal] *adj*
**مبلل بالعرق**
[Mobala bel-ara'q] *adj* sweaty
**مبنى** [mabna:] *n*
**المبنى والأراضي التابعه له**
[Al-mabna wal-aradey al-taabe'ah laho] *n* premises
**مبنى نُصُب تذكاري**
[Mabna noṣob tedhkarey] *n* monument
**مبهج** [mubhaʒ] *adj* cheerful
**مبهم** [mubham] *adj* vague
**مبيت** [mabi:t] *n*
**مبيت وإفطار**
[Mabeet wa efṭaar] *n* bed and breakfast, B&B
**هل يجب علي المبيت؟**
[hal yajib 'aala-ya al-mabeet?] Do I have to stay overnight?
**مبيد** [mubi:d] *n*
**مبيد الأعشاب الضارة**
[Mobeed al'ashaab al-ḍarah] *n* weedkiller
**مبيد الجراثيم**
[Mobeed al-jaratheem] *n* disinfectant
**مبيد حشرات**

[Mobeed hasharat] *n* pesticide
**مُبَيِّض** [mubajjidˤ] *adj* bleached
**مِبْيَض** [mabiːdˤ] *n* ovary
**مبيع** [mubiːʕ] *n*
**مبيعات بالتليفون**
[Mabee'aat bel-telefoon] *npl* telesales
**مندوب مبيعات**
[Mandoob mabee'aat] *n* sales rep
**متأثر** [mutaʔaθirr] *adj* impressed
**متأخر** [mutaʔaxxir] *adj* delayed
**متأخراً** [mutaʔaxiran] *adv* late
**متأخرات** [mutaʔaxxiraːtun] *npl* arrears
**متأكد** [mutaʔakkid] *adj* sure
**غير متأكد**
[Ghayer moaakad] *adj* unsure
**متأنق** [mutaʔanniq] *adj* dressed
**متأهب** [mutaʔahib] *adj* ready
**متاهة** [mataːha] *n* maze
**متبادل** [mutabaːdal] *adj* mutual
**متبرع** [mutabarriʕ] *n*
**محل لبضائع متبرع بها لجهة خيرية**
[Maḥal lebaḍae'a motabar'a beha lejahah khayryah] *n* charity shop
**متبقي** [mutabaqij] *adj* remaining
**متبل** [mutabbal] *adj* spicy
**متبلد** [mutaballid] *adj* blunt
**متبلد الحس**
[Motabled al-ḥes] *adj* cool *(stylish)*
**مُتَبَنَّى** [mutabannaː] *adv* adopted
**متتابع** [mutataːbiʕ] *adj*
**سلسلة متتابعة**
[Selselah motatabe'ah] *n* episode
**متتالية** [mutataːlijja] *n* series
**متجر** [matʒar] *n*
**صاحب المتجر**
[Ṣaheb al-matjar] *n* shopkeeper
**متجر البقالة**
[Matjar al-be'qalah] *n* grocer's
**متجر المقتنيات القديمة**
[Matjar al-mo'qtanayat al-'qadeemah] *n* antique shop
**متجر كبير جداً**
[Matjar kabeer jedan] *n* hypermarket
**متجر هدايا**
[Matjar hadaya] *n* gift shop
**واجهة العرض في المتجر**
[Wagehat al-'aarḍ fee al-matjar] *n* shop window
**مَتجر السجائر**
[Matjar al-sajaaer] *n* tobacconist's
**متجعد** [mutaʒaʕid] *adj* wrinkled
**متجمد** [mutaʒammid] *adj* frozen
**مطر متجمد**
[Maṭar motajamed] *n* sleet
**متجه** [muttaʒih] *adj*
**ما هو الموعد التالي للمركب المتجه إلى...؟**
[ma howa al-maw'aid al-taaly lel-markab al-mutajeh ela...?] When is the next sailing to...?
**مُتَجَوِّل** [mutaʒawwil] *n* rambler
**متحامل** [mutaħaːmil] *adj* prejudiced
**متحجر** [mutaħaʒʒir] *adj* petrified
**متحد** [muttaħid] *adj* united
**الإمارات العربية المتحدة**
[Al-emaraat al'arabeyah al-motaḥedah] *npl* United Arab Emirates
**الأمم المتحدة**
[Al-omam al-motahedah] *n* United Nations
**المملكة المتحدة**
[Al-mamlakah al-motahedah] *n* UK
**الولايات المتحدة**
[Al-welayat al-motḥedah al-amreekeyah] *n* United States, US
**متحدث** [mutaħaddiθ] *adj*
**متحدث باللغة الأم**
[motaḥdeth bel-loghah al-om] *n* native speaker
**مُتحدِّث باسم**
[Motaḥadeth besm] *n* spokesman, spokesperson
**مُتَحدِّثة** [mutaħddiθa] *n*
**مُتَحدِّثة باسم**
[Motaḥadethah besm] *n* spokeswoman
**متحرك** [mutaħarriki] *adj* moving
**سلم متحرك**
[Solam motaḥarek] *n* escalator
**سير متحرك**
[Sayer motaḥrrek] *n* conveyor belt
**مُتَحَرِّك** [mutaħarrik] *adj* mobile

متحضر adj [mutaħadˤdˤir]
غير متحضر
[ghayer motahader] adj uncivilized
متحف museum n [matħaf]
متى يُفتح المتحف؟
[mata yoftaḥ al-matḥaf?] When is the museum open?
هل المتحف مفتوح في الصباح؟
[hal al-mat-ḥaf maf-tooḥ fee al-ṣabaḥ] Is the museum open in the morning?
متحفظ shy adj [mutaħaffizˤ]
متحكم adj [mutaħakkim]
متحكم به عن بعد
[Motaḥkam beh an bo'ad] adj radio-controlled
متحمس keen adj [mutaħammis]
متحير baffled, adj [mutaħajjir] bewildered
متحيز biased adj [mutaħajjiz]
غير متحيز
[Ghayer motaḥeyz] adj impartial
متحيز عنصريا
[Motaḥeyz 'aonṣoreyan] n racist
متخصص specialist n [mutaxasˤsˤisˤ]
متخلف out-of-date adj [mutaxaliff]
متداول adj [mutada:walat]
عملة متداولة
[A'omlah motadawlah] n currency
متدرب trainee n [mutadarrib]
متر metre n [mitr]
متراس roadblock n [mutara:sin]
متراكز adj [mutara:kiz]
لا متراكز
[La motrakez] adj eccentric
مترجم translator n [muntarʒim]
مترف luxurious adj [mutraf]
مترنح tipsy adj [mutaranniħ]
مترو n [mitru:]
محطة مترو
[Mahaṭat metro] n tube station
أين توجد أقرب محطة للمترو؟
[ayna tojad a'qrab muḥaṭa lel-metro?] Where is the nearest tube station?
متري metric adj [mitrij]
متزامن adj [mutaza:min] simultaneous

متزايد adj [mutaza:jid]
بشكل متزايد
[Beshakl motazayed] adv increasingly
مُتزلج skier n [mutazalliʒ]
متزوج married adj [mutazawwiʒ]
غير متزوج
[Ghayer motazawej] adj unmarried
مُتسابق sprinter n [mutasa:biq]
متسامح tolerant adj [mutasa:miħ]
متسخ adj [muttasix]
إنها متسخة
[inaha mutasikha] It's dirty
متسلق n [mutasalliq]
متسلق الجبال
[Motasale'q al-jebaal] n mountaineer
متسلق الجبال
[Motasale'q al-jebaal] n climber
متسول tramp n [mutasawwil] *(beggar)*
المتسول
[Almotasawel] n beggar
فنان متسول
[Fanan motasawol] n busker
متشائم pessimistic, adj [mutaʃa:ʔim] pessimist
متصدع cracked adj [mutasˤaddiʕ]
متصفح browser n [mutasˤaffiħ]
متصفح شبكة الإنترنت
[Motaṣafeḥ shabakat al-enternet] n web browser
مُتَصِّفِح الانترنت
[Motaṣafeḥ al-enternet] n surfer
متصل adj [muttasˤil]
غير متصل بالموضوع
[Ghayr motaṣel bel-maeḍo'a] adj irrelevant
متصل بالإنترنت
[motaṣel bel-enternet] adj online
من المتصل؟
[min al-mutaṣil?] Who's calling?
متضارب adj [mutadˤa:rib] inconsistent
متطابق identical adj [mutatˤa:biq]
متطرف extremist n [mutatˤarrif]
متطفل intruder n [mutatˤafil]
متطوع volunteer n [mutatˤawwiʕ]

**متعاطف** [mutaʕa:tˤif] *adj* sympathetic
**متعاقب** [mutaʕa:qib] *adj* consecutive, successive
**متعب** [mutʕab] *adj* tired
**متعجرف** [mutaʕaʒrif] *adj* arrogant
**متعدد** [mutaʕaddid] *adj* numerous
**تَلَيُّف عصبي متعدد** [Talayof 'aaṣabey mota'aded] *n* multiple sclerosis
**متعدد الجنسيات** [Mota'aded al-jenseyat] *adj* multinational
**متعدد الجوانب** [Mota'aded al-jawaneb] *n* versatile
**متعذر** [mutaʕaððir] *adj*
**متعذر تجنبه** [Mota'adhar tajanobah] *adj* unavoidable
**متعذر التحكم فيه** [Mota'adher al-tahakom feeh] *adj* uncontrollable
**متعسر** [mutaʕassir] *adj*
**شخص متعسر النطق** [Shakhṣ mota'aser al-noṭ'q] *n* dyslexic
**متعصب** [mutaʕasˤsˤib] *adj*
**شخص متعصب** [Shakhṣ motaṣeb] *n* fanatic
**مُتَعصِب** [mutaʕasˤibb] *adj* intolerant
**متعفن** [mutaʕaffin] *adj* mouldy
**متعلق** [mutaʕalliq] *adj*
**متعلق بالعملة** [Mota'ale'q bel-'omlah] *adj* monetary
**متعلق بالبدن** [Mota'ale'q bel-badan] *n* physical
**متعلق بالقرون الوسطى** [Mot'aale'q bel-'qroon al-wosṭa] *adj* mediaeval
**متعلقات** [mutaʕalliqa:tun] *npl* belongings
**متعلم** [mutaʕallim] *adj* educated
**مُتَعَلم** [mutaʕallinm] *n* learner
**متعمد** [mutaʕammad] *adj* deliberate
**غير متعمد** [Ghayr mota'amad] *adj* unintentional
**بشكل متعمد** [Be-shakl mota'amad] *adv* deliberately
**متغضن** [mutaɣadˤdˤin] *adj* creased
**متغير** [mutaɣajjir] *adj*
**غير متغير** [Ghayr motaghayer] *adj* unchanged
**متفائل** [mutafa:ʔil] *adj* optimistic, optimist
**متفاجئ** [mutafa:ʒiʔ] *adj* surprised
**متفرغ** [mutafarriɣ] *adj* dedicated
**غِير مُتَفرِغ** [Ghayr motafaregh] part-time
**مُتفق** [muttafaq] *adj*
**مُتفق عليه** [Moṭafa'q 'alayeh] *adj* agreed
**متفهم** [mutafahhim] *adj* understanding
**متقاطع** [mutaqa:tˤiʕat] *adj*
**طرق متقاطعة** [Ṭaree'q mot'qat'ah] *n* crossroads
**كلمات متقاطعة** [Kalemat mota'qat'aa] *n* crossword
**مُتَقَاطِع** [mutaqa:tˤiʕ] *adj* cross
**متقاعد** [mutaqa:ʕid] *adj* retired
**متقدم** [mutaqaddim] *adj* advanced
**شخص متقدم العمر** [Shakhṣ mota'qadem al-'aomr] *n* senior citizen
**متقلب** [mutaqalibb] *adj* unsteady
**متقلب المزاج** [Mota'qaleb al-mazaj] *adj* moody
**متقلص** [mutaqallisˤ] *adj* shrunk
**متقلقل** [mutaqalqil] *adj* shaky
**متكبر** [mutakabbir] *n* snob
**متكرر** [mutakarrir] *adj* frequent, recurring
**على نحو متكرر** ['aala nahw motakarer] *adv* repeatedly
**سُؤال مُتكرر** [Soaal motakarer] *n* FAQ
**متكلف** [mutakallif] *adj* sophisticated
**متلازمة** [mutala:zima] *n*
**متلازمة داون** [Motalazemat dawon] *n* Down's syndrome
**مُتَلقٍ** [mutalaqi] *n* recipient

**متماثل** [mutama:θil] *adj* symmetrical
**متماسك** [mutama:sik] *adj* consistent
**متمتع** [mutamattiʕ] *adj*
**متمتع بحُكم ذاتي**
[Motamet'a be-ḥokm dhatey] *adj* autonomous
**متمرد** [mutamarrid] *adj* rebellious
**متمم** [mutammim] *adj* complementary
**متموج** [mutamawwiʒ] *adj* wavy
**مُتناوب** [mutana:wibb] *adj* alternate
**متناول** [mutana:wil] *n*
**في المتناول**
[Fee almotanawal] *adj* convenient
**متنزه** [mutanazzah] *n* park
**متنقل** [mutanaqil] *n*
**هل يمكن أن نوقف عربة النوم المتنقلة هنا؟**
[hal yamken an nuwa-'qif 'aarabat al-nawm al-muta-na'qila huna?] Can we park our caravan here?
**متنكر** [mutanakkir] *adj* masked
**متنوع** [mutanawwiʕ] *adj* miscellaneous
**متهم** [muttaham] *n* accused
**متوازن** [mutawa:zinn] *adj* balanced
**متوازي** [mutawa:zi:] *adj* parallel
**متواصل** [mutawasˤil] *adj* continual
**متواضع** [mutawa:dˤiʕ] *adj* humble
**متوافق** [mutawa:fiq] *adj* compatible
**متوافِق مع المعايير**
[Motawaf'q fee al-m'aayeer] *n* pass *(meets standard)*
**متوان** [mitwa:n] *adj* slack
**متوتر** [mutawattir] *adj* stressed, tense
**متوحد** [mutawaħħid] *adj* lonely
**متورم** [mutawarrim] *adj* bigheaded
**متوسط** [mutawassitˤ] *adj* average, moderate
**متوسط الحجم**
[Motawaseṭ al-hajm] *adj* medium-sized
**متوسطي** [mutawassitˤij] *n* Mediterranean
**متوفر** [mutawaffir] *adj* available
**متوفى** [mutawaffin] *adj* dead
**متوقع** [mutawaqqaʕ] *adj* predictable
**على نحو غير متوقع**
[Ala naḥw motawa'qa'a] *adv* unexpectedly
**غير متوقع**
[Ghayer motwa'qa'a] *adj* unexpected
**متى** [mata:] *adv* when
**متى ستنتهي من ذلك؟**
[mata satan-tahe min dhalik?] When will you have finished?
**متى حدث ذلك؟**
[mata ḥadatha dhalik? ] When did it happen?
**مُثار** [muθa:r] *adj* excited
**مثال** [miθa:l] *n* example
**على سبيل المثال**
['ala sabeel al-methal] *n* e.g.
**مَثّال** [maθθa:l] *n* sculptor
**مثالي** [miθa:lij] *adj* ideal, model
**بشكل مثالي**
[Be-shakl methaley] *adv* ideally
**مِثاليّة** [miθa:lijja] *n* perfection
**مَثانة** [maθa:na] *n* bladder, cyst
**التهاب المثانة**
[El-tehab al-mathanah] *n* cystitis
**مثقاب** [miθqa:b] *n* drill
**مثقاب هوائي**
[Meth'qaab hawaey] *n* pneumatic drill
**مثقب** [miθqab] *n* punch *(blow)*
**مثقوب** [maθqu:b] *adj* pierced
**مَثَل** [maθal] *n* proverb
**مَثّل** [maθθala] *v* represent
**مثلث** [muθallaθ] *n* triangle
**مثلج** [muθliʒ] *adj*
**هل النبيذ مثلج؟**
[hal al-nabeedh mutha-laj?] Is the wine chilled?
**مُثلج** [muθallaʒ] *adj* chilly
**مثلي** [miθlij] *adj*
**العلاج المِثلي**
[Al-a'elaj al-methley] *n* homeopathy
**معالج مثلي**
[Moalej methley] *adj* homeopathic
**مثير** [muθi:r] *adj* exciting, gripping,

sensational
عمل مثير
['aamal Mother] *n* stunt
مثير المتاعب
[Mother al-mataa'aeb] *n* troublemaker
مثير للغضب
[Mother lel-ghaḍab] *adj* infuriating, irritating
مثير للاشمئزاز
[Mother lel-sheazaz] *adj* disgusting, repulsive
مثير للحساسية
[Mother lel-hasaseyah] *adj* allergic
مثير للحزن
[Mother lel-ḥozn] *adj* pathetic
مَجّ mug *n* [maʒʒ]
مجاز pass *(in mountains)* *n* [maʒa:z]
مجاعة famine *n* [maʒa:ʕa]
مجال area *n* [maʒa:l]
مجال جوي
[Majal jawey] *n* airspace
مجال البصر
[Majal al-baṣar] *n* eyesight
مجالسة *n* [muʒa:lisa]
مجالسة الأطفال
[Mojalasat al-atfaal] *n* babysitting
مُجامِل *adj* [muʒa:mil] complimentary
مجاملة compliment *n* [muʒa:mala]
مجاني free *(no cost)* *adj* [maʒʒa:nij]
مجاور adjacent, *adj* [muʒa:wir] nearby
مُجَاوِرة *n* [muʒa:wira] neighbourhood
مجتمع society, *n* [muʒtamaʕ] community
مجد glory *n* [maʒd]
مجداف oar *n* [miʒda:f]
مُجدد *adj* [muʒaddid]
مُجدد للنشاط
[Mojaded lel-nashat] *adj* refreshing
مجدول stranded *adj* [maʒdu:l]
مجذوب lunatic, maniac *n* [maʒðu:b]
مجراف spade *n* [miʒra:f]
مُجَرِّب experienced *adj* [muʒarrib]
مجرد mere, bare *adj* [muʒarrad]
مجرم criminal *n* [muʒrim]
مجروح injured *adj* [maʒru:ħ]
مجري Hungarian *adj* [maʒrij]
مَجَري Hungarian *adj* [maʒarij]
مَجَري الجنسية
[Majra al-jenseyah] *(person)* *n* Hungarian
مجرى *n* [maʒra:]
مجرى نهر
[Majra nahr] *n* channel
مجزر shambles *n* [maʒzar]
مُجْزي rewarding *adj* [muʒzi:]
مجفف dried, *adj* [muʒaffif] dehydrated, dryer
مجفف ملابس
[Mojafef malabes] *n* tumble dryer
مُجَفِف دوار
[Mojafef dwar] *n* spin drier
مُجَفِف الشعر
[Mojafef al-sha'ar] *n* hairdryer
مجلة magazine *n* [maʒalla] *(periodical)*
أين يمكن أن أشتري المجلات؟
[ayna yamken an ash-tary al-majal-aat?] Where can I buy a magazine?
مجلس council *n* [maʒlis]
رئيس المجلس
[Raees al-majlas] *n* chairman
عضو مجلس
['aodw majles] *n* councillor
دار المجلس التشريعى
[Dar al-majles al-tashre'aey] *n* council house
مجمد *adj* [muʒammad]
هل السمك طازج أم مجمد؟
[hal al-samak ṭazij amm mujam-ad?] Is the fish fresh or frozen?
هل الخضروات طازجة أم مجمدة؟
[hal al-khiḍ-rawaat ṭazija amm mujam-ada?] Are the vegetables fresh or frozen?
مجموع *n* [maʒmu:ʕ]
مجموع مراهنات
[Majmoo'a morahnaat] *n* jackpot
مجموع نقاط
[Majmo'aat ne'qaaṭ] *n* score *(game/*

match)
مجموعة collection n [maʒmu:ʕa]
مجموعة قوانين السير في الطرق السريعة
[Majmo'aat 'qwaneen al-sayer fee al-ṭoro'q al-saree'aah] n Highway Code
مجموعة كتب
[Majmo'aat kotob] n set
مجموعة لعب
[Majmo'aat le'aab] n playgroup
مجموعة مؤتلفة
[Majmo'aah moatalefa] n combination
مجنون insane, mad adj [maʒnu:n] (angry)
madman n ◁
مجهد intense adj [muʒhid]
مجهز equipped adj [muʒahhaz]
مجوهرات jewelry n [muʒawharaːt]
محادثة conversation n [muħa:daθa]
محار shellfish n [maħa:r]
محار الاسقلوب
[maḥar al-as'qaloob] n scallop
محارب n [muħa:rib]
محارب قديم
[Moḥareb 'qadeem] n veteran
محارة shell n [maħa:ra]
محاسب accountant n [muħa:sib]
مُحَاسَبَة accountancy n [muħa:saba]
محاضر lecturer n [muħa:dˤir]
محاضرة lecture n [muħa:dˤara]
محافظ mayor n [muħa:fizˤ]
شخص محافظ
[Shakhṣ moḥafeḍh] adj conservative
مُحافظة n [muħa:fazˤa]
المُحافظة على الموارد الطبيعية
[Al-moḥafadhah ala al-mawared al-ṭabe'aeyah] n conservation
محاكاة imitation n [muħa:ka:t]
محاكمة trial n [muħa:kama]
محامي solicitor n [muħa:mij]
محامي ولاية
[Moḥamey welayah] n solicitor
محاور interviewer n [muħa:wir]
محاولة attempt n [muħa:wala]
محايد adj [muħa:jid]
شخص محايد
[Moḥareb moḥayed] n neutral
محب adj [muħibb]
محب للاستطلاع
[Moḥeb lel-esteṭlaa'a] adj curious
مُحِب lover n [muħib]
مُحِب لنفسه
[Moḥeb le-nafseh] adj self-centred
مُحبب lovely adj [muħabbab]
محبط depressed, disappointed adj [muħbatˤ]
مُحبِط disappointing adj [muħbitˤ]
محبوب adj [maħbu:b]
غير محبوب
[Ghaey maḥboob] adj unpopular
محبوس stuck adj [maħbu:sa]
محترف professional n [muħtarif]
محترم respectable adj [muħtaram]
محتمل likely, probable adj [muħtamal]
غير محتمل
[Ghaeyr moḥtamal] adj unlikely
بصورة محتملة
[be ṣorah moḥtamalah] adv presumably
محتوم inevitable adj [maħtu:m]
محتويات npl [muħtawaja:tun] contents
محجوز reserved adj [maħʒu:z]
مُحَدَث up-to-date adj [muħaddiθ]
محدد certain, specific adj [muħadadd]
في الموعد المحدد
[Fee al-maw'aed al-moḥadad] adj on time
محراث plough n [miħra:θ]
محراك paddle n [miħra:k]
مُحرَج embarrassed adj [muħraʒ]
مُحرج embarrassing adj [muħriʒ]
مُحَرِر editor n [muħarrir]
مَحْرَقة crematorium n [maħraqa]
محرك engine n [muħarrik]
محرك البحث
[moḥarek al-baḥth] n search engine
المحرك حرارته مرتفعه
[al-muḥar-ik ḥarara-tuho murtafe'aa] The engine is overheating
محرم banned adj [muħarram]

**معزول بوصفه محرما** [Ma'azool bewaṣfeh moḥaraman] *adj* taboo

**محرمات مقدسات** [moḥaramat mo'qadasat] *n* taboo

**محزن** depressing, sore *adj* [muħzin]

**مُحسِن** humanitarian *adj* [muħsin]

**محسوس** sensible *adj* [maħsu:s]

**محشو** crammed *adj* [maħʃuww]

**مُحصِّل** collector *n* [muħasˤsˤil]

**محصول** crop *n* [maħsˤu:l]

**محضر** record *n* [maħdˤar]

**محضر الطعام** [Moḥder al-ṭa'aam] *n* food processor

**محطة** station *n* [maħatˤtˤa]

**محطة راديو** [Mahaṭat radyo] *n* radio station

**محطة سكك حديدية** [Mahaṭat sekak ḥadeedeyah] *n* railway station

**محطة أنفاق** [Mahaṭat anfa'q] *n* tube station

**محطة أوتوبيس** [Mahaṭat otobees] *n* bus station

**محطة عمل** [Mahaṭat 'aamal] *n* work station

**محطة الخدمة** [Mahaṭat al-khedmah] *n* service station

**محطة بنزين** [Mahaṭat benzene] *n* petrol station

**محطة مترو** [Mahaṭat metro] *n* tube station

**أين توجد أقرب محطة للمترو؟** [ayna tojad a'qrab muḥaṭa lel-metro?] Where is the nearest tube station?

**أين توجد محطة الأتوبيس؟** [ayna tojad muḥaṭat al-baaṣ?] Where is the bus station?

**كيف يمكن أن أصل إلى أقرب محطة مترو؟** [Kayf yomken an aṣel ela a'qrab maḥaṭat metro?] How do I get to the nearest tube station?

**ما هو أفضل طريق للذهاب إلى محطة القطار** [Ma howa af ḍal ṭaree'q lel-dhehab ela maḥaṭat al-'qeṭaar] What's the best way to get to the railway station?

**هل يوجد محطة بنزين قريبة من هنا؟** [hal yujad muḥaṭat banzeen 'qareeba min huna?] Is there a petrol station near here?

**محظور** prohibited *adj* [maħzˤu:r]

**محظوظ** lucky *adj* [maħzˤu:zˤ]

**غير محظوظ** [Ghayer mahḍhooḍh] *adj* unlucky

**محفز** motivated *adj* [muħaffiz]

**محفظة** wallet *n* [miħfazˤa]

**لقد سرقت محفظة نقودي** [la'qad sore'qat meḥ-faḍhat ni-'qoody] My wallet has been stolen

**لقد ضاعت محفظتي** [la'qad ḍa'aat meḥ-faḍhaty] I've lost my wallet

**محفوف** *adj* [maħfu:f]

**محفوف بالمخاطر** [Maḥfoof bel-makhaater] *adj* risky

**مُحَقق** reporter *n* [muħaqqiq]

**مُحكم** precise, tight *adj* [muħkam]

**مُحكم الغلق** [Moḥkam al-ghal'q] *n* airtight

**محكمة** tribunal *n* [maħkama]

**محل** store *n* [maħall]

**محل أحذية** [Maḥal aḥdheyah] *n* shoe shop

**محل تجاري** [Maḥal tejarey] *n* store

**محل تاجر الحديد والأدوات المعدنية** [Maḥal tajer alḥadeed wal-adwat al-ma'adaneyah] *n* ironmonger's

**محل العمل** [Maḥal al-'aamal] *n* workplace

**محل الجزار** [Maḥal al-jazar] *n* butcher's

**محل الميلاد** [Mahal al-meelad] *n* birthplace

**محل لبضائع متبرع بها لجهة خيرية** [Maḥal lebaḍae'a motabar'a beha lejahah khayryah] *n* charity shop

**محل مكون من أقسام** [Maḥal mokawan men a'qsaam] *n* department store

**محلل** n [muħallil]
**محلل نظم**
[Moḥalel noḍhom] n systems analyst
**محلي** local adj [maħalij]
**أريد أن أجرب أحد الأشياء المحلية من فضلك**
[areed an ajar-rub aḥad al-ashyaa al-maḥal-lya min faḍlak] I'd like to try something local, please
**ما هو الطبق المحلي المميز؟**
[ma howa al-ṭaba'q al-maḥa-ly al-muma-yaz?] What's the local speciality?
**محمص** roast adj [muħamasˤsˤ]
**محمول** portable adj [maħmu:l]
**كمبيوتر محمول**
[Kombeyotar maḥmool] n laptop
**مَحْمِيّة** reserve (land) n [maħmijja]
**محنك** streetwise, adj [muħannak] veteran
**محور** n [miħwar]
**محور الدوران**
[Meḥwar al-dawaraan] n axle
**محول** n [muħawwil]
**محول إلى منطقة مشاه**
[Meḥawel ela manṭe'qat moshah] adj pedestrianized
**مُحَوِّل كهربي**
[Moḥawel kahrabey] n adaptor
**مُحير** puzzling adj [muħajjir]
**محيط** ocean n [muħi:tˤ]
**المحيط القطبي الشمالي**
[Al-moḥeeṭ al-'qoṭbey al-shamaley] n Arctic Ocean
**المحيط الهادي**
[Al-moḥeeṭ al-haadey] n Pacific
**المحيط الهندي**
[Almoḥeeṭ alhendey] n Indian Ocean
**مخادع** tricky adj [muxa:diʕ]
**مخاطرة** risk n [muxa:tˤara]
**مخالفة** foul n [muxa:lafa]
**مخبز** bakery n [maxbaz]
**مخبوز** baked adj [maxbu:z]
**مختار** chosen adj [muxta:r]
**مُختَبَر** laboratory n [muxtabar]
**مُختَبَر اللغة**
[Mokhtabar al-loghah] n language laboratory
**مُخترِع** inventor n [muxtaraʕ]
**مختص** competent adj [muxtasˤsˤ]
**مُختَطِف** hijacker n [muxtatˤif]
**مختلف** different, adj [muxtalif] various
**مُخدِر** n [muxadirru]
**مُخدِر كلي**
[Mo-khader koley] n general anaesthetic
**مُخَدِر** crack (cocaine), n [muxaddir] anaesthetic
**مخدرات** drug n [muxaddira:t]
**مخرب** vandal n [muxarrib]
**مخرج** way out n [maxraʒ]
**مخرج طوارئ**
[Makhraj ṭawarea] n emergency exit
**مخروط** cone n [maxru:tˤ]
**مخزن** storage n [maxzan]
**مخزن حبوب**
[Makhzan ḥoboob] n barn
**مخزون** inventory, stock n [maxzu:n]
**مخطئ** mistaken adj [muxtˤiʔ]
**مخطط** scheme, layout n [muxatˤatˤ]
**مخطط تمهيدي**
[Mokhaṭaṭ tamheedey] n outline
**مُخَطَط** sketch n [muxatˤtˤatˤ]
**مخطوطة** manuscript n [maxtˤu:tˤa]
**مخفف** diluted adj [muxaffaf]
**مخفف الصدمات**
[Mokhafef al-ṣadamat] n cushion
**مخفوق** n [maxfu:q]
**مخفوق الحليب**
[Makhfoo'q al-ḥaleeb] n milkshake
**مخلص** faithful, sincere adj [muxlisˤ]
**مخلوط** mixed adj [maxlu:tˤ]
**مخلوق** creature n [maxlu:q]
**مخيب** frustrated adj [muxajjib]
**مخيف** scary adj [muxi:f]
**مد** n [madd]
**مد وجزر**
[Mad wa-jazr] n tide
**متى يعلو المد؟**
[mata ya'alo al-mad?] When is high tide?
**مُدافِع** defender n [muda:fiʕ]

مدالية n [mida:lijja]
مدالية كبيرة
[Medaleyah kabeerah] *n* medallion
مدة [mudda] *n* period, duration
مُدَّخَرَات [muddaxara:tin] *npl* savings
مدخل [madxal] *n* way in
مدخن [mudaxxin] *n*
أريد مقعد في المكان المخصص للمدخنين
[areed ma'q'ad fee al-makan al-mukhaṣaṣ lel -mudakhineen] I'd like a seat in the smoking area
مُدَخِن [muðaxxin] *n* smoker
غير مُدَخِن
[Ghayr modakhen] *n* non-smoking
شخص غير مُدَخِن
[Shakhṣ Ghayr modakhen] *n* non-smoker
مَدخَنة [midxana] *n* chimney
مدرب [mudarrib] *n* coach *(trainer)*, trained, trainer
مدربون [mudarribu:na] *npl* trainers
مَدرَج [madraʒ] *n* runway
مُدرَج [mudarraʒ] *adj* registered
غير مُدرّج
[Ghayer modraj] *adj* unlisted
مدرس [mudarris] *n* master, teacher, schoolteacher
مدرس أول
[Modares awal] *n* principal
مدرس خصوصي
[Modares khoṣooṣey] *n* tutor
مُدرّس بديل
[Modares badeel] *n* supply teacher
مدرسة [madrasa] *n* school
طلاب المدرسة
[Ṭolab al-madrasah] *n* schoolchildren
مدرسة إبتدائية
[Madrasah ebtedaeyah] *n* primary school
مدرسة أطفال
[Madrasah aṭfaal] *n* infant school
مدرسة عامة
[Madrasah 'aamah] *n* public school
مدرسة ثانوية
[Madrasah thanaweyah] *n* secondary school
مدرسة داخلية
[Madrasah dakheleyah] *n* boarding school
مدرسة الحضانة
[Madrasah al-ḥaḍanah] *n* nursery school
مدرسة لغات
[Madrasah lo-ghaat] *n* language school
مدرسة ليلية
[Madrasah layleyah] *n* night school
مدرسة نوعية
[Madrasah naw'aeyah] *n* primary school
مدير مدرسة
[Madeer madrasah] *n* principal
مدرسي [madrasij] *adj*
حقيبة مدرسية
[Ḥa'qeebah madraseyah] *n* schoolbag
زي مدرسي موحد
[Zey madrasey mowaḥad] *n* school uniform
كتاب مدرسي
[Ketab madrasey] *n* schoolbook
مدرك [mudrik] *adj* aware
مدعي [muddaʕi:] *adj*
مدعي العلم بكل شيء
[Moda'aey al'aelm bel-shaya] *n* know-all
مُدّعى [mudaʕʕa:] *adj*
مُدّعى عليه
[Moda'aa 'aalayh] *n* defendant
مدغشقر [madaɣaʃqar] *n* Madagascar
مدفأة [midfaʔa] *n*
كيف تعمل المدفأة؟
[kayfa ta'amal al-madfaa?] How does the heating work?
مدفع [midfaʕu] *n*
مدفع الهاون
[Madafa'a al-hawon] *n* mortar *(military)*
مدفن [madfan] *n* graveyard
مدفوع [madfu:ʕ] *adj*
مدفوع بأقل من القيمة
[Madfoo'a be-a'qal men al-q'eemah] *adj* underpaid

مدفوع مسبقا
[Madfo'a mosba'qan] *adj* prepaid
مدلل [mudallal] *adj* spoilt
مدمر [mudammar] *adj* devastated
مدمن [mudmin] *n* addict, addicted
مدمن مخدرات
[Modmen mokhadarat] *n* drug addict
مدني [madanijjat] *adj* civilian ◁ *n* civilian
حقوق مدنية
[Ḥo'qoo'q madaneyah] *npl* civil rights
مدهش [mudhiʃ] *adj* marvellous, splendid
مدو [mudawwin] *adj* loud
مُدَوَّنة [mudawwana] *n* blog
مدى [mada:] *n* (limits) extent, range
مدير [mudi:r] *n* manageress, director
مدير الإدارة التنفيذية
[Modeer el-edarah al-tanfeedheyah] *n* CEO
مدير مدرسة
[Madeer madrasah] *n* principal
مديرة [mudi:ra] *n* manageress
مَدين [madi:n] *n* debit
مدينة [madi:na] *n* city
وسط المدينة
[Wasaṭ al-madeenah] *n* town centre
واقع في قلب المدينة
[Wa'qe'a fee 'qalb al-madeenah] *adv* downtown
وَسَط المدينة
[Wasaṭ al-madeenah] *n* town centre
أين يمكن أن أشتري خريطة للمدينة؟
[ayna yamken an ash-tary khareeṭa lil-madena?] Where can I buy a map of the city?
هل يوجد أتوبيس إلى المدينة؟
[Hal yojad otobees ela al-madeenah?] Is there a bus to the city?
مذبح [maðbaħ] *n*
مذبح الكنيسة
[madhbaḥ al-kaneesah] *n* altar
مذبحة [maðbaħa] *n* massacre
مذكر [muðakkar] *adj* masculine
مذكرة [muðakkira] *n* memo
مذنب [muðnib] *adj* guilty, culprit

مذهل [muðhil] *adj* astonishing, stunning
مذهول [maðhu:l] *adj* astonished, stunned
مذيب [muði:b] *n* solvent
مر [murr] *adj* bitter
مرّ [marra] *v* go by ◁ *vi* pass
مرآة [mirʔa:t] *n* mirror
مرآة جانبية
[Meraah janebeyah] *n* wing mirror
مرآة الرؤية الخلفية
[Meraah al-roayah al-khalfeyah] *n* rear-view mirror
مرأة [marʔa] *n*
اسم المرأة قبل الزواج
[Esm al-marah 'qabl alzawaj] *n* maiden name
شخص موال لمساواة المرأة بالرجل
[Shakhṣ mowal le-mosawat al-maraah bel-rajol] *n* feminist
مراجع [mura:ʒiʕ] *n*
مراجع حسابات
[Moraaje'a ḥesabat] *n* auditor
مراجعة [mura:ʒaʕa] *n* revision
مراجعة حسابية
[Moraj'ah ḥesabeyah] *n* audit
مَرَارَة [marra:ra] *n* gall bladder
مُرَاسِل [mura:sil] *n* correspondent
مراسلة [mura:salatu] *n* correspondence
مراسم [mara:sim] *n* ceremony
مرافق [mura:fiq] *n* associate, companion
بدون مُرافق
[Bedon morafe'q] *adj* unattended
مراقب [mura:qib] *n* observer, invigilator
نقطة مراقبة
[No'qtat mora'qabah] *n* observatory
مراقبة [mura:qaba] *n*
مراقبة جوية
[Mora'qabah jaweyah] *n* air-traffic controller
مراهق [mura:hiq] *n* adolescent
مراهنة [mura:hana] *n* betting
مرؤوس [marʔuws] *n* inferior

مرئي visible *adj* [marʔij]
مربح lucrative, *adj* [murbiħ] profitable
مربط *n* [marbatˤu]
مربط الجواد
[Marbaṭ al-jawad] *n* stall
مربع *adj* [murabbaʕ]
ذو مربعات
[dho moraba'aat] *adj* checked
مربع الشكل
[Moraba'a al-shakl] *adj* square
مُربك confusing *adj* [murbik]
مربّى jam *n* [murabba:]
وعاء المربّى
[We'aaa almorabey] *n* jam jar
مربية nanny *n* [murabbija]
مرّة once *adv* [marratan]
مرة ثانية
[Marrah thaneyah] *n* again
مرّة *n* [mara]
مرة واحدة
[Marah waḥedah] *n* one-off
مرتاح relieved *adj* [murta:ħ]
مرتب tidy *adj* [murattab]
مرتبة *n* [martaba]
مرتبة ثانية
[Martabah thaneyah] *adj* second-class
هل يوجد مرتبة احتياطية؟
[hal yujad ferash iḥte-yaṭy? ] Is there any spare bedding?
مرتبط related *adj* [murtabitˤ]
مرتبك puzzled, *adj* [murtabik] confused
مُرتّجل pedestrian *n* [murtaʒil]
مرتفع high *adv* [murtafiʕun]
بصوت مرتفع
[Beṣot mortafe'a] *adv* aloud
مرتفع الثمن
[mortafe'a al-thaman] *adj* expensive
المقعد مرتفع جدا
[al-ma'q'ad mur-taf'a jedan] The seat is too high
مرتين twice *adv* [marratajni]
مرج lawn *n* [marʒ]
مُرجان coral *n* [marʒa:n]
مرجع reference *n* [marʒaʕin]

مرجل boiler *n* [mirʒal]
مرح hilarious *adj* [marañ]
مرحاض lavatory, loo *n* [mirħa:dˤ]
لفة ورق المرحاض
[Lafat wara'q al-merhaḍ] *n* toilet roll
مرحبا welcome! *excl* [marħaban]
مرحبا!
[marħaban] *excl* hi!
مرحلة instance *n* [marħala]
مَرزيبان marzipan *n* [marzi:ba:n]
مرساة anchor *n* [mirsa:t]
مُرسِل sender *n* [mursil]
مرسى berth *n* [marsa:]
مرشة sprinkler *n* [miraʃʃa]
مُرَشح candidate *n* [muraʃʃaħ]
مرشد guide *n* [murʃid]
مرشد سياحي
[Morshed seyaḥey] *n* tour guide
في أي وقت تبدأ الرحلة مع المرشد؟
[fee ay wa'qit tabda al-reḥla m'aa al-murshid?] What time does the guided tour begin?
هل يوجد أي رحلات مع مرشد يتحدث بالإنجليزية؟
[hal yujad ay reḥlaat ma'aa murshid yata-ḥadath bil-injile-ziya?] Is there a guided tour in English?
هل يوجد لديكم مرشد لجولات السير المحلية؟
[hal yujad laday-kum murshid le-jaw-laat al-sayr al-maḥal-iya?] Do you have a guide to local walks?
مرض disease *n* [maradˤ]
مرض تصلب الأنسجة المتعددة
[Maraḍ taṣalob al-ansejah al-mota'adedah] *n* MS
مرض السرطان
[Maraḍ al-saraṭan] *n* cancer *(illness)*
مرض السكر
[Maraḍ al-sokar] *n* diabetes
مرض التيفود
[Maraḍ al-tayfood] *n* typhoid
مرض الزهايمر
[Maraḍ al-zehaymar] *n* Alzheimer's disease
مرض حمى القش

[Maraḍ ḥomma al-'qash] *n* hay fever
**مرض ذات الرئة**
[Maraḍ dhat al-re'aa] *n* pneumonia
**مرضي** disease-related *adj* [maradˤij]
**إذن غياب مرضي**
[edhn gheyab maraḍey] *n* sick note
**أجازة مَرضِيَّة**
[Ajaza maraḍeyah] *n* sick leave
**غير مرضي**
[Ghayr marḍa] *adj* unsatisfactory
**الأجر المدفوع خلال الأجازة المرضية**
[Al-'ajr al-madfoo'a khelal al-'ajaza al-maraḍeyah] *n* sick pay
**مرطب** moisturizer *n* [muratˤtˤib]
**مرعب** frightening, *adj* [murʕib] horrifying, alarming
**مرعوب** frightened, *adj* [marʕu:b] terrified
**مُرفق** included *adj* [murfiq]
**مِرفق** elbow *n* [mirfaq]
**مرق** broth *n* [maraq]
**مرقة** *n* [marqatu]
**مرقة اللحم**
[Mara'qat al-laḥm] *n* gravy
**مرقط** spotty *adj* [muraqqatˤ]
**مرقع** patched *adj* [muraqqaʕ]
**مَركب** boat *n* [markab]
**ظهر المركب**
[ḍhahr al-mrkeb] *n* deck
**ما هو موعد آخر مركب؟**
[ma howa maw-'aid aakhir markab?] When is the last boat?
**مُركَب** medication *n* [murakkab]
**مُركَب لعلاج السعال**
[Morakab le'alaaj also'aal] *n* cough mixture
**مُرَكَب** complex *adj* [markab]
**مَركَبَة** coach *(vehicle)* *n* [markaba]
**مركز** strong *adj* [markazu]
**مراكز رئيسية**
[Marakez raeaseyah] *npl* headquarters
**مركز ترفيهي**
[Markaz tarfehy] *n* leisure centre
**مركز تسوق**
[Markaz tasawe'q] *n* shopping centre
**مركز العمل**
[markaz al-'aamal] *n* job centre
**مركز الاتصال**
[Markaz al-eteṣal] *n* call centre
**مركز زائري**
[Markaz zaerey] *n* visitor centre
**مركز موسيقى**
[Markaz mose'qa] *n* stereo
**مركزي** central *adj* [markazijjat]
**تدفئة مركزية**
[Tadfeah markazeyah] *n* central heating
**مرن** flexible *adj* [marin]
**غير مَرن**
[Ghayer maren] *adj* stubborn
**مرهق** exhausted, *adj* [murhiq] strained
**مرهق الأعصاب**
[Morha'q al-a'aṣaab] *adj* nerve-racking
**مرهم** ointment *n* [marhamuns]
**مُرهِن** pawnbroker *n* [murhin]
**مرهوظ** baggy *adj* [marhu:zˤ]
**مروحة** fan *n* [mirwaħa]
**هل يوجد مروحة بالغرفة**
[hal yujad mirwa-ḥa bil-ghurfa?] Does the room have a fan?
**مُرور** traffic *n* [muru:r]
**مُرَوَض** tame *adj* [murawwidˤ]
**مروع** appalling, *adj* [murawwiʕ] grim, terrific
**مريب** dubious *adj* [muri:b]
**مريح** comfortable, *adj* [muri:ħ] restful
**غير مريح**
[Ghaeyr moreeḥ] *adj* uncomfortable
**دافئ ومريح**
[Dafea wa moreeḥ] *adj* cosy
**كرسي مريح**
[Korsey moreeḥ] *n* easy chair
**مريض** invalid, patient *n* [mari:dˤ]
**مريع** terrible *adj* [muri:ʕ]
**بشكل مريع**
[Be-shakl moreeḥ] *adv* terribly
**مريلة** *n* [marjala]
**مريلة مطبخ**
[Maryalat maṭbakh] *n* apron
**مِزَاج** temper *n* [miza:ʒ]

**مزاد** [maza:d] *n* auction
**مزارع** [maza:riʕ] *n* farmer
**مزج** [maziʒa] *vt* mix
**مزح** [mazaħa] *v* joke
**مزحة** [mazħa] *n* prank
**مزحي** [mazħij] *adj* fun
**مُزخرف** [muzaxraf] *n* painter *(in house)*
**مزدحم** [muzdaħim] *adj* crowded
**مزدهر** [muzdahir] *adj* lush, thrifty
**مزدوج** [muzdawaʒ] *adj* twinned
**غرفة مزدوجة**
[Ghorfah mozdawajah] *n* double room
**طريق مزدوج الاتجاه للسيارات**
[Taree'q mozdawaj al-etejah lel-sayarat] *n* dual carriageway
**مزرعة** [mazraʕa] *n* farm
**مزرعة خيل استيلاد**
[Mazra'at khayl esteelaad] *n* stud
**مزعج** [muzʕiʒ] *adj*
**طفل مزعج**
[Ṭefl moz'aej] *n* brat
**مَزعوم** [mazʕu:m] *adj* alleged
**مزق** [mazzaqa] *v* rip up, disrupt, tear
**مزلجة** [mizlaʒa] *n* sledge
**مزلجة بعجل**
[Mazlajah be-'aajal] *n* rollerskates
**مزلقان** [mizlaqa:n] *n* level crossing
**مزلقة** [mizlaqa] *n* toboggan
**مزمار** [mizma:r] *n* bassoon
**مزامير القربة**
[Mazameer al-'qarbah] *npl* bagpipes
**مزمن** [muzmin] *adj* chronic
**مَزهو** [mazhuww] *adj*
**مَزهوٌ بنفسِه**
[Mazhowon benafseh] *adj* smug
**مزود** [muzawwad] *n*
**مزود بخدمة الإنترنت**
[Mozawadah be-khedmat al-enternet] *n* ISP
**مُزوَر** [muzawwir] *adj* mock
**مزيج** [mazi:ʒ] *n* mix
**مزيد** [mazi:d] *adj*
**من فضلك أحضر لي المزيد من الماء**
[min faḍlak iḥḍir lee al-mazeed min al-maa] Please bring more water
**نحن في حاجة إلى المزيد من أواني الطهي**
[naḥno fee ḥaja ela al-mazeed min awany al-ṭahy] We need more crockery
**نحن في حاجة إلى المزيد من البطاطين**
[Naḥn fee ḥajah ela al-mazeed men al-baṭaṭeen] We need more blankets
**مُزيَّف** [muzajjaf] *adj* fake
**مزيل** [muzi:l] *n*
**مزيل رائحة العرق**
[Mozeel raaehat al-'aara'q] *n* deodorant
**مزيل طلاء الأظافر**
[Mozeel ṭalaa al-aḍhafer] *n* nail-polish remover
**مساء** [masa:ʔ] *n* evening
**في المساء**
[fee al-masaa ] in the evening
**مساء الخير**
[masaa al-khayer] Good evening
**ما الذي ستفعله هذا المساء**
[ma al-lathy sataf-'aalaho hatha al-masaa?] What are you doing this evening?
**ماذا يمكن أن نفعله في المساء؟**
[madha yamken an naf-'aalaho fee al-masaa?] What is there to do in the evenings?
**هذه المائدة محجوزة للساعة التاسعة من هذا المساء**
[hathy al-ma-eda maḥjoza lel-sa'aa al-tase'aa min hatha al-masaa] The table is reserved for nine o'clock this evening
**مساءً** [masa:ʔun] *adv* p.m.
**مسائي** [masa:ʔij] *adj*
**صف مسائي**
[Ṣaf masaaey] *n* evening class
**مُسَابق** [musa:biq] *n* racer
**مسابقة** [musa:baqa] *n* contest
**مسار** [masa:r] *n* track
**مسار كرة البولينج**
[Maser korat al-boolenj] *n* bowling alley
**مساعد** [musa:ʕid] *adj* associate ⊲ *n* assistant
**مساعد اللبس**
[Mosa'aed al-lebs] *n* dresser

**مساعد المدرس**
[Mosa'aed al-modares] *n* classroom assistant
**مساعد المبيعات**
[Mosa'aed al-mobee'aat] *n* sales assistant
**مساعد شخصي**
[Mosa'aed shakhṣey] *n* personal assistant
**مساعد في متجر**
[Mosa'aed fee matjar] *n* shop assistant
**مساعدة** [musa:ʕada] *n* assistance, help
**وسائل المساعدة السمعية**
[Wasael al-mosa'adah al-sam'aeyah] *n* hearing aid
**سرعة طلب المساعدة**
[isri'a beṭ-ṭalab al-musa-'aada] Fetch help quickly!
**أحتاج إلى مساعدة**
[aḥtaaj ela musa-'aada] I need assistance
**هل يمكن مساعدتي**
[hal yamken musa-'aadaty?] Can you help me?
**هل يمكنك مساعدتي في الركوب من فضلك؟**
[hal yamken -aka musa-'aadaty fee al-rikoob min faḍlak?] Can you help me get on, please?
**هل يمكنك مساعدتي من فضلك؟**
[hal yamken -aka musa-'aadaty min faḍlak?] Can you help me, please?
**مسافة** [masa:fa] *n* distance
**على مسافة بعيدة**
[Ala masafah ba'aedah] *adv* far
**مسافة بالميل**
[Masafah bel-meel] *n* mileage
**مسافر** [musa:fir] *n* traveller
**مسافر يوقف السيارات ليركبها مجانا**
[Mosafer yo'qef al-sayarat le-yarkabha majanan] *n* hitchhiker
**مسألة** [masʔala] *n* matter
**مسالم** [musa:lim] *adj* peaceful
**مساهم** [musa:him] *n* stockholder
**مساو** [musa:win] *adj* equal
**مساواة** [musa:wa:t] *n* equality
**مسؤول** [masʔu:l] *adj* accountable, responsible
**غير مسئول**
[Ghayr maswool] *adj* irresponsible
**مسئول الجمرك**
[Masool al-jomrok] *n* customs officer
**مسؤولية** [masʔuwlijja] *n* responsibility
**مُساوي** [musa:wi:] *n* equivalent
**مسبب** [musabbibu] *adj*
**مسبب الصمم**
[Mosabeb lel-ṣamam] *adj* deafening
**مسبح** [masbaħ] *n*
**هل يوجد مسبح؟**
[hal yujad masbaḥ?] Is there a swimming pool?
**مستاء** [musta:ʔ] *adj* hurt, resentful
**مستأجر** [mustaʔʒir] *n* tenant
**مُستثمر** [mustaθmir] *n* investor
**مستحسن** [mustaħsan] *adj*
**من مستحسن**
[Men al-mostahsan] *adj* advisable
**مستحضر** [mustaħdˤara:t] *n*
**مستحضرات تزيين**
[Mostaḥdarat tazyeen] *npl* cosmetics
**مُستحضر** [mustaħdˤar] *n*
**مُستحضر سائل**
[Mosthḍar saael] *n* lotion
**مستحق** [mustaħaqq] *adj*
**مستحق الدفع**
[Mostaḥa'q al-daf'a] *adj* due
**مستحيل** [mustaħi:l] *adj* impossible
**مُستخدم** [mustaxdamu] *adj* used
**مُستخدِم** [mustaxdim] *n* user
**مُستخدِم الانترنت**
[Mostakhdem al-enternet] *n* internet user
**مستدير** [mustadi:r] *adj* round
**مسترخي** [mustarxi:] *adj* laid-back
**مستريح** [mustri:ħ] *adj* relaxed
**مستشار** [mustaʃa:r] *n* specialist *(physician)*
**مستشفى** [mustaʃfa:] *n* hospital
**مستشفى أمراض عقلية**
[Mostashfa amraḍ 'aa'qleyah] *n* mental

hospital
مستشفى توليد
[Mostashfa tawleed] n maternity
hospital

أعمل في أحد المستشفيات
[A'amal fee aḥad al-mostashfayat] I
work in a hospital

أين توجد المستشفى؟
[ayna tojad al-mustashfa?] Where is the
hospital?

علينا أن ننقله إلى المستشفى
['alayna an nan-'quloho ela
al-mustashfa] We must get him to
hospital

كيف يمكن أن أذهب إلى المستشفى؟
[kayfa yamkin an aththab ela
al-mustashfa?] How do I get to the
hospital?

مستطيل rectangle n [mustatʕiːl]
مستطيل الشكل
[Mostateel al-shakl] adj oblong,
rectangular

مُستعار adj [mustaʕaːr]
اسم مُستعار
[Esm most'aar] n pseudonym

مستعد willing adj [mustaʕidd]
مستعص obstinate adj [mustaʕsʕin]
مستعمل adj [mustaʕmal]
secondhand

مُستغل extortionate adj [mustaɣill]
مستقبل future n [mustaqbal]
مستقبلي future adj [mustaqbaliʲ]
مستقر stable adj [mustaqir]

غير مستقر
[Ghayr mosta'qer] adj unstable

مستقل independent adj [mustaqil]
مُستقلين adj [mustaqilin]
بشكل مُستقل
[Beshakl mosta'qel] adv freelance

مستقيم straight adj [mustaqiːm]
في خط مستقيم
[Fee khad mosta'qeem] adv straight on

مستكشف (مسبار) n [mustakʃif]
explorer

مُستكمل done adj [mustakmal]
مُستلم receiver (person) n [mustalim]

constant, adj [mustamirr] مستمر
running n ◁ continuous
listener n [mustamiʕ] مستمع
[mustanbatun زجاجي مستنبت
conservatory zuɡaːʒijjun]
document n [mustanad] مستند
أريد نسخ هذا المستند
[areed naskh hadha al-mustanad] I
want to copy this document
npl [mustanada:tun] مستندات
documents
bog n [mustanqaʕ] مستنقع
outset n [mustahall] مُستهل
consumer n [mustahlik] مُستهلك
even adj [mustawin] مستو
n [mustawdaʕu] مستودع
warehouse
مستودع الزجاجات
[Mostawda'a al-zojajat] n bottle bank
fireplace n [mustawqid] مستوقد
n [mustawa:] مستوى
مستوى المعيشة
[Mostawa al-ma'aeeshah] n standard of
living
مُستيقظ awake adj [mustajqizʕ]
n [masʒid] مسجد
هل يوجد هنا مسجد؟
[hal yujad huna masjid?] Where is there
a mosque?
adj [musaʒʒal] مسجل
مسجل شرائط
[Mosajal sharayet] n tape recorder
ما المدة التي يستغرقها بالبريد
المسجل؟
[ma al-mudda al-laty yasta-ghru'qoha
bil-bareed al-musajal?] How long will it
take by registered post?
registered adj [musaʒʒal] مُسَجَل
recorder (scribe) n [musaʒʒal] مُسَجِل
survey n [masħ] مسح
مسح ضوئي
[Mash ḍawaey] n scan
mop up, wipe, v [masaħa] مسح
wipe up
يمسح الكترونياً
[Yamsaḥ elektroneyan] v scan

مسحوق n [masħu:q]
مسحوق خبز
[Mashoo'q khobz] n baking powder
مسحوق الكاري
[Mashoo'q alkaarey] n curry powder
مَسْحوق الطَّلْق
[Mashoo'q al-ṭal'q] n talcum powder
مسخ monster n [masx]
مسدد paid adj [musaddad]
غير مسدد
[Ghayr mosadad] adj unpaid
مسدس pistol n [musaddas]
مسدود blocked n [masdu:d]
طريق مسدود
[Taree'q masdood] n dead end
مسرح theatre n [masraħ]
ماذا يعرض الآن على خشبة المسرح؟
[madha yu'a-raḍ al-aan 'aala kha-shabat al-masraḥ?] What's on at the theatre?
مسرحي adj [masraħij]
متى يمكننا أن نذهب لمشاهدة عرضًا مسرحيًا؟
[mata yamkin-ona an nadhab le-musha-hadat 'aarḍan masra-ḥyan?] Where can we go to see a play?
مسرحية n [masraħijja]
مسرحية موسيقية
[Masraḥeyah mose'qeya] n musical
مسرف extravagant adj [musrif]
مسرور pleased adj [masru:r]
مسرور جداً
[Masroor jedan] adj delighted
مُسَطح flat n [musatˤtˤaħ]
مسطرة ruler *(measure)* n [mistˤara]
مسطرين trowel n [mistˤarajni]
مُسكِر liqueur n [muskir]
مسكن n [maskan] accommodation
مسكون n [masku:n]
غير مسكون
[Ghayr maskoon] adj uninhabited
مسل entertaining adj [musallin]
مُسلح armed adj [musallaħ]
مسلسل n [musalsal]
حلقة مسلسلة
[Ḥala'qah mosalsalah] n serial
مسلسل درامي
[Mosalsal deramey] n soap opera
مسلك route n [maslak]
مُسلِم Moslem, Muslim adj [muslim] ◁ Muslim n
مُسَلَّم intact, adj [musallam] accepted
مُسَلَّم به
[Mosalam beh] adj undisputed
مسلوق poached adj [maslu:q] *(simmered gently)*
مسمار nail n [misma:r]
مسمار صغير يدفع بالإبهام
[Mesmar ṣagheer yodfa'a bel-ebham] n thumb tack
مسمار قلاووظ
[Mesmar 'qalawooḍh] n screw
مسموح adj [masmu:ħ]
أريد غرفة غير مسموح فيها بالتدخين
[areed ghurfa ghyer masmooḥ feeha bil-tadkheen] I'd like a non-smoking room
أمسموح لي أن أصطاد هنا؟
[amasmooḥ lee an aṣ-ṭad huna?] Am I allowed to fish here?
ما هو الحد المسموح به من الحقائب؟
[ma howa al-ḥad al-masmooḥ behe min al-ḥa'qaeb?] What is the baggage allowance?
ما هي أقصى سرعة مسموح بها على هذا الطريق؟
[ma heya a'qṣa sur'aa masmooḥ beha 'aala hatha al-ṭaree'q?] What is the speed limit on this road?
مسمى adj [musamma:]
غير مسمى
[ghayr mosama] adj anonymous
مُسِن aged adj [musinn]
مسودة draught n [muswadda]
مسيء offensive adj [musi:ʔ]
مسيح n [masi:ħ]
نزول المسيح
[Nezool al-maseeḥ] n advent
مَسيحي Christian adj [masi:ħij] ◁ n Christian

اسم مَسيحي
[Esm maseeḥey] *n* Christian name
*n* [muʃaːdda] **مشادة**
**مشادة كلامية**
[Moshadah kalameyah] *n* argument
row *(argument)* *n* [muʃaːda] **مُشادَة**
*n* [muʃaːrika] **مُشاركة**
**مُشاركة في الوقت**
[Mosharakah fee al-wa'qt] *n* timeshare
communion *n* [muʃaːraka] **مُشارَكَة**
*n* [maʃaːʕir] **مشاعر**
**مُراعٍ لمشاعر الآخرين**
[Moraa'a le-masha'aer al-aakhareen] *adj* considerate
spectator, onlooker *n* [muʃaːhid] **مشاهد**
**مشاهد التلفزيون**
[Moshahadat al-telefezyon] *n* viewer
*n* [muʃaːhada] **مشاهدة**
**متى يمكننا أن نذهب لمشاهدة فيلمًا سينمائيا؟**
[Mata yomkenona an nadhab le-moshahadat feelman senemaeyan] Where can we go to see a film?
**هل يمكن أن نذهب لمشاهدة الغرفة؟**
[hal yamken an nadhhab le-musha-hadat al-ghurfa?] Could you show me please?
sinister *adj* [maʃʔwm] **مَشئوم**
*adj* [muʃbaʕ] **مشبع**
**مشبع بالماء**
[Moshaba'a bel-maa] *adj* soppy
clip *n* [maʃbak] **مشبك**
**مشبك الغسيل**
[Mashbak al-ghaseel] *n* clothes peg
**مشبك ورق**
[Mashbak wara'q] *n* paperclip
suspicious *adj* [maʃbu:h] **مشبوه**
suspect *n* [muʃtabah] **مشتبه**
**مشتبه به**
[Moshtabah beh] *v* suspect
joint *adj* [muʃtarak] **مشترك**
buyer *n* [muʃtariː] **مشتري**
inflamed *adj* [muʃtaʕil] **مشتعل**
*n* [muʃtaɣil] **مشتغل**
**مشتغل بالكهرباء**
[Moshtaghel bel-kahrabaa] *n* electrician
garden centre *n* [maʃtal] **مشتل**
encouraging *adj* [muʃaʒʒiʕ] **مشجع**
morgue *n* [maʃraħa] **مشرحة**
supervisor *n* [muʃrif] **مشرف**
**مشرف على بيت**
[Moshref ala bayt] *n* caretaker
far-eastern, oriental *adj* [maʃriqij] **مَشرقي**
drink *n* [maʃruːb] **مشروب**
**مشروب غازي**
[Mashroob ghazey] *n* soft drink
**مشروب النُخب**
[Mashroob al-nnkhb] *n* toast *(tribute)*
**مشروب فاتح للشهية**
[Mashroob fateḥ lel shaheyah] *n* aperitif
**مشروبات روحية**
[Mashroobat rooḥeyah] *npl* spirits
**أي المشروبات لديك رغبة في تناولها؟**
[ay al-mash-roobat la-dyka al-raghba fee tana-wilha?] What would you like to drink?
**ما هو مشروبك المفضل**
[ma howa mashro-bak al-mufaḍal?] What is your favourite drink?
**ماذا يوجد من المشروبات المسكرة المحلية؟**
[madha yujad min al-mash-robaat al-musakera al-maḥa-leya?] What liqueurs do you have?
**هل لديك رغبة في تناول مشروب؟**
[hal ladyka raghba fee tanawil mash-roob?] Would you like a drink?
conditional *adj* [maʃruːtˤ] **مشروط**
**غير مشروط**
[Ghayr mashroot] *adj* unconditional
valid *adj* ◁ project *n* [maʃruːʕ] **مشروع**
comb *n* [muʃtˤ] **مشط**
comb *v* [maʃatˤa] **مشط**
radioactive *adj* [muʃiʕʕ] **مشع**
sorcerer, juggler *n* [muʃaʕwið] **مُشعوذ**
operator *n* [muʃaɣɣil] **مشغل**
**مشغل اسطوانات دى في دي**
[Moshaghel esṭwanat D V D] *n* DVD player

**مشغل الأغنيات المسجلة** [Moshaghel al-oghneyat al-mosajalah] *n* disc jockey
**مشغل الاسطوانات** [Moshaghel al-esṭewanat] *n* CD player
**MP3 مشغل ملفات** [Moshaghel malafat MP3] *n* MP3 player
**MP4 مشغل ملفات** [Moshaghel malafat MP4] *n* MP4 player
busy, engaged *adj* [maʃɣu:l] **مشغول**
**مشغول البال** [Mashghool al-bal] *adj* preoccupied
**إنه مشغول** [inaho mash-ghool] It's engaged
infirmary *n* [maʃfa:] **مَشفى**
problem *n* [muʃkila] **مشكلة**
**هناك مشكلة ما في الغرفة** [Honak moshkelatan ma fel-ghorfah] There's a problem with the room
**هناك مشكلة ما في الفاكس** [Honak moshkelah ma fel-faks] There is a problem with your fax
*adj* [maʃku:k] **مشكوك**
**مشكوك فيه** [Mashkook feeh] *adj* doubtful
paralysed *adj* [maʃlu:l] **مشلول**
disgusted *adj* [muʃmaʔizz] **مشمئز**
sunny *adj* [muʃmis] **مشمس**
**الجو مشمس** [al-jaw mushmis] It's sunny
apricot *n* [miʃmiʃ] **مشمش**
*n* [muʃammiʕ] **مشمع**
**مشمع الأرضية** [Meshama'a al-arḍeyah] *n* lino
scene *n* [maʃhad] **مشهد**
spectacular *adj* [maʃhadij] **مشهدي**
known, well- *adj* [maʃhu:r] **مشهور** known, famous
walk *n* [miʃwa:r] **مُشوار**
chaotic *adj* [muʃawwaʃ] **مشوش**
interesting *adj* [muʃawwiq] **مُشوق**
grilled *adj* [maʃwij] **مشوي**
walking *n* [maʃj] **مَشي**
walk *v* [maʃa:] **مشى**
**يَمشي أثناء نومه** [Yamshee athnaa nawmeh] *v* sleepwalk

Presbyterian *adj* [maʃjaxij] **مشيخي**
**كَنِيسة مَشْيَخِيَّة** [Kaneesah mashyakheyah] *n* Presbyterian
casualty *adj* [musˤa:b] **مصاب**
**مصاب بدوار البحر** [Moṣab be-dawar al-baḥr] *adj* seasick
**مصاب بالسكري** [Moṣab bel sokkarey] *adj* diabetic
**مصاب بالامساك** [Moṣab bel-emsak] *adj* constipated
**إنها مصابة بالدوار** [inaha muṣa-ba bel-dawar] She has fainted
chance *n* [musˤa:dafa] **مصادفة**
wrestler *n* [musˤa:riʕ] **مُصارع**
wrestling *n* [musˤa:raʕa] **مصارَعة**
*n* [masˤa:ri:f] **مصاريف**
**هل يوجد مصاريف للحجز؟** [hal yujad maṣareef lel-ḥajz?] Is there a booking fee?
*n* [masˤsˤa:sˤ] **مصاص**
**مصاص دماء** [Maṣaṣ demaa] *n* vampire
lolly *n* [masˤsˤasˤa] **مَصّاصَه**
lamp *n* [misˤba:ħ] **مصباح**
**مصباح أمامي** [Mesbaḥ amamey] *n* headlight
**مصباح علوي** [Mesbaḥ 'aolwey] *n* headlight
**مصباح اضاءة** [Mesbaḥ eḍaah] *n* light bulb
**مصباح الضباب** [Mesbaḥ al-ḍabab] *n* fog light
**مصباح الشارع** [Mesbaḥ al-share'a] *n* streetlamp
**مصباح الفرامل** [Mesbaḥ al-faramel] *n* brake light
**مِصْبَاح بِسَرِير** [Meṣbaaḥ besareer] *n* bedside lamp
bumper *n* [musˤidd] **مصد**
infinitive *n* [masˤdar] **مَصْدَر**
shocking *adj* [musˤdim] **مصدم**
Egypt *n* [misˤru] **مصر**
persistent *adj* [musˤirru] **مُصِر**
*n* [misˤra:ʕ] **مصراع**

**مصراع النافذة**
[meṣraa'a alnafedhah] *n* shutters
**مصرف** ditch *n* [masˤrif]
**المصاريف المدفوعة مقدما**
[Al-maṣaareef al-madfoo'ah mo'qadaman] *n* cover charge
**مصرف للمياه**
[Maṣraf lel-meyah] *n* plughole
**مصرف النفايات به انسداد**
[muṣraf al-nifayaat behe ensi-dad] The drain is blocked
**مصروف** *n* [masˤruːf]
**مصروف الجيب**
[Maṣroof al-jeeb] *n* pocket money
**مصري** *n* ◁ Egyptian *adj* [misˤrij] Egyptian
**مصعد** lift *(up/down)* *n* [misˤʕad]
**مِصْعَد التَّزَلُّج**
[Meṣ'aad al-tazalog] *n* ski lift
**أين يوجد المصعد؟**
[ayna yujad al-maṣ'aad?] Where is the lift?
**هل يوجد مصعد في المبنى؟**
[hal yujad maṣ'aad fee al-mabna?] Is there a lift in the building?
**مُصَغَّر** miniature *adj* [musˤaɣɣar]
**شَكْل مُصَغَر**
[Shakl moṣaghar] *n* miniature
**مصفاة** colander *n* [misˤfaːt]
**مصفاة معمل التكرير**
[Meṣfaah ma'amal al-takreer] *n* refinery
**مُصفف** *n* [musˤaffif]
**مُصفف الشعر**
[Moṣafef al-sha'ar] *n* hairdresser
**مصلحة** interest *(income)* *n* [masˤlaħa]
**مُصَمِم** designer *n* [musˤammim]
**مُصَمِم أزياء**
[Moṣamem azyaa] *n* stylist
**مُصَمِم داخلي**
[Moṣamem dakheley] *n* interior designer
**مُصَمِم موقع**
[Moṣamem maw'qe'a] *n* webmaster
**مصنع** factory *n* [masˤnaʕ]
**صاحب المصنع**
[Ṣaheb al-maṣna'a] *n* manufacturer
**مصنع البيرة**
[maṣna'a al-beerah] *n* brewery
**مصنع منتجات الألبان**
[maṣna'a montajat al-alban] *n* dairy
**مصنع منزلياً**
[Maṣna'a manzeleyan] *adj* home-made
**أعمل في أحد المصانع**
[A'amal fee aḥad al-maṣaane'a] I work in a factory
**مصور** cameraman *n* [musˤawwir]
**مصور فوتوغرافي**
[moṣawer fotoghrafey] *n* photographer
**مصيدة** trap *n* [misˤjada]
**مضاد** opposite *adj* [mudˤaːd]
**جسم مضاد**
[Jesm moḍad] *n* antibody
**مضاد حيوي**
[Moḍad ḥayawey] *n* antibiotic
**مضاد لإفراز العرق**
[Moḍad le-efraz al-'aar'q] *n* antiperspirant
**مضاد للفيروسات**
[Moḍad lel-fayrosat] *n* antivirus
**مضارب** *n* [mudˤaːrib]
**هل يؤجرون مضارب الجولف؟**
[hal yo-ajeroon maḍarib al-jolf?] Do they hire out golf clubs?
**هل يقومون بتأجير مضارب اللعب؟**
[hal ya'qo-moon be-ta-jeer maḍarib al-li'aib?] Do they hire out rackets?
**مضاعف** double *adj* [mudˤaːʕaf]
**مضاعفة** *n* [mudˤaːʕafa] multiplication
**مضايق** annoying *adj* [mudˤaːjiq]
**مُضايقة** harassment *n* [mudˤaːjaqa]
**مضبوط** exact *adj* [madˤbuːtˤ]
**مضجع** settee *n* [madˤʒaʕ]
**مضجع صغير**
[Maḍja'a ṣagheer] *n* couchette
**مضحك** funny *adj* [mudˤħik]
**مضخة** pump *n* [midˤaxxa]
**المضخة رقم ثلاثة من فضلك**
[al-maḍakha ra'qum thalath min faḍlak] Pump number three, please
**مضرب** bat *(with ball)* *n* [midˤrab]
**مضرب كرة الطاولة**

[Maḍrab korat al-ṭawlah] *n* racquet
whisk *n* [midˤrabu] مَضْرَب
chew *v* [madˤaɣa] مضغ
compact, *adj* [madˤɣuːtˤ] مضغوط
jammed
قرص مضغوط
['qorṣ maḍghooṭ] *n* compact disc
misleading *adj* [mudˤallil] مُضَلِل
presenter *n* [mudˤiːf] مضيف
*(entertains)*, steward
مضيف الطائرة
[moḍeef al-ṭaaerah] *n* flight attendant
مضيف بار
[Moḍeef bar] *n* bartender
*n* [mudˤiːfa] مضيفة
مضيفة جوية
[Moḍeefah jaweyah] *n* flight attendant
مضيفة بار
[Moḍeefat bar] *n* bartender
airport *n* [matˤaːr] مطار
أتوبيس المطار
[Otobees al-maṭar] *n* airport bus
كيف يمكن أن أذهب إلى المطار
[Kayf yomken an adhhab ela al-maṭar]
How do I get to the airport?
haunted *adj* [mutˤaːrad] مُطَارَد
chase *n* [mutˤaːrada] مطاردة
rubber band *n* [matˤtˤaːtˤ] مطاط
stretchy *adj* [matˤaːtˤij] مطاطي
شريط مطاطي
[shareeṭ maṭaṭey] *n* rubber band
قفازات مطاطية
['qoffazat maṭaṭeyah] *n* rubber gloves
*adj* [matˤaːfij] مطافئ
رَجُل المطافئ
[Rajol al-maṭafeya] *n* fireman
*adj* [matˤaːlib] مطالب
كثير المطالب
[Katheer almaṭaleb] *adj* demanding
claim *n* [mutˤaːlaba] مطالبة
kitchen *n* [matˤbax] مطبخ
مطبخ مجهز
[Maṭbakh mojahaz] *n* fitted kitchen
*adj* [matˤbuːʕ] مطبوع
هل يوجد لديكم أي مطبوعات عن ...؟
[hal yujad laday-kum ay maṭ-bo'aat 'aan...?] Do you have any leaflets about...?
*npl* [matˤbuːʕaːtun] مطبوعات
printout
*n* [mitˤħanatu] مطحنة
مطحنة الفلفل
[maṭhanat al-felfel] *n* peppermill
rain *n* [matˤar] مطر
أمطار حمضية
[Amṭar ḥemdeyah] *n* acid rain
هل تظن أن المطر سوف يسقط؟
[hal taḍhun ana al-maṭar sawfa yas'qiṭ?]
Do you think it's going to rain?
steady *adj* [mutˤrad] مطرد
cafeteria, *n* [matˤʕam] مطعم
restaurant
هل يمكن أن تنصحني بمطعم جيد؟
[hal yamken an tan-ṣaḥny be-maṭ'aam jayid?] Can you recommend a good restaurant?
هل يوجد أي مطاعم نباتية هنا؟
[hal yujad ay maṭa-'aem nabat-iya huna?] Are there any vegetarian restaurants here?
outlook *n* [matall] مطل
request, *n* [matˤlab] مطلب
requirement
divorced *adj* [mutˤallaq] مُطَلَق
sheer *adj* [mutˤlaq] مُطلَق
reassuring *adj* [mutˤmaʔin] مُطمئِن
redundant *adj* [mutˤanabb] مطنب
antiseptic *n* [mutˤahhir] مُطهر
ready-cooked *adj* [matˤhuww] مطهو
obedient *adj* [mutˤiːʕ] مطيع
*n* [muzˤaːhara] مُظَاهرة
demonstration
umbrella, *n* [mizˤalla] مظلة
parachute
dark *adj* [muzˤlim] مظلم
appearance, *n* [mazˤhar] مظهر
showing, shape
with *prep* [maʕa] مع
unfavourable *adj* [muʕaːd] معاد
equation *n* [muʕaːdala] مُعادلة
opposing *adj* [muʕaːridˤ] معارِض
opposition *n* [muʕaːradˤa] مُعارَضة

معاش [maʕa:ʃ] n pension
صاحب المعاش
[Şaheb al-ma'aash] n senior
صاحب معاش كبير السن
[Şaheb ma'aash kabeer al-sen] n senior
citizen
معاصر [muʕa:sˤiru] adj
contemporary
معاق [muʕa:q] adj handicapped
مُعَاق [muʕa:qun] npl disabled
مُعَاكِس [muʕa:kis] n contrary
مُعَالِج [muʕa:liʒ] n
مُعَالِج القدم
[Mo'aaleg al-'qadam] n chiropodist
معالم [maʕa:lim] n
ما هي المعالم التي يمكن أن نزورها
هنا؟
[ma heya al-ma'aalim al-laty yamken an
nazo-raha huna?] What sights can you
visit here?
معاملة [muʕa:mala] n treatment,
transaction
سوء معاملة الأطفال
[Soo mo'aamalat al-aṭfaal] n child abuse
معاهدة [muʕa:hada] n treaty
معبد [muʕabbad] n temple
معبد اليهود
[Ma'abad al-yahood] n synagogue
معتاد [muʕta:d] adj usual, regular
معتدل [muʕtadil] adj medium
(between extremes), modest
معتل [muʕtal] adj unwell
معتم [muʕtim] adj overcast
معجزة [muʕʒiza] n miracle
معجل [muʕaʒʒil] n accelerator
معجنات [muʕaʒʒana:t] n pastry
معجون [maʕʒu:n] n paste
معجون الأسنان
[ma'ajoon asnan] n toothpaste
مُعَد [muʕadd] adj prepared
مُعْد [muʕdin] adj infectious
معدات [muʕida:t] n
هل يمكن أن نؤجر المعدات؟
[hal yamken an no-ajer al-mu'ae-daat?]
Can we hire the equipment?
مُعدات [muʕadda:t] n equipment,

outfit
معدة [maʕida] n stomach
مُعَدة [muʕadda] n device
معدل [muʕaddal] adj varied ⊳ n
average, rate
معدل وراثيا
[Mo'aaddal weratheyan] adj
genetically-modified
معدن [maʕdin] n metal
معدني [maʕdinij] adj
زجاجة من المياه المعدنية غير الفوارة
[zujaja min al-meaa al-ma'adan-iya gher
al-fawara] a bottle of still mineral
water
معدي [muʕddi:] adj
هل هو معدي؟
[hal howa mu'ady?] Is it infectious?
معدية [muʕdija] n ferry
معدية سيارات
[Me'adeyat sayarat] n car-ferry
معذرة [maʕðiratun] excl
معذرة, هذا هو مقعدي؟
[ma'a-dhera, hadha howa ma'q'aady]
Excuse me, that's my seat
معرض [maʕrid] n exhibition, show
معرفة [maʕrifa] n knowledge
معركة [maʕraka] n battle
معروف [maʕru:f] n favour
غير معروف
[Gheyr ma'aroof] adj unknown
معزول [maʕzu:l] adj isolated
معسر [muʕassir] adj drunk
معسكر [muʕaskar] n camp, camper
تنظيم المعسكرات
[Tanṭeem al-mo'askarat] n camping
موقد يعمل بالغاز للمعسكرات
[Maw'qed ya'amal bel-ghaz
lel-mo'askarat] n camping gas
معصم [miʕsˤam] n wrist
معضلة [muʕdˤila] n dilemma
معطف [miʕtˤaf] n overcoat
معطف المطر
[Me'ataf lel-maṭar] n raincoat
معطف فرو
[Me'ataf farw] n fur coat
معطف واق من المطر

[Me'ataf wa'qen men al-maarṭar] *n* raincoat

**معطل** [muʕatˤtˤal] *adj* broken down

**عداد موقف الانتظار معطل** ['adad maw'qif al-entiḍhar mo'ạaṭal] The parking meter is broken

**العداد معطل** [al-'aadad mu'ạaṭal] The meter is broken

**معفى** [muʕfa:] *adj*

**معفى من الرسوم الضريبية** [Ma'afee men al-rosoom al-ḍareebeyah] *adj* duty-free

**معقد** [muʕaqqad] *adj* complicated

**معقوص** [maʕqu:sˤ] *adj* curly

**معقول** [maʕqu:lin] *adj* reasonable

**إلى حد معقول** [Ela ḥad ma'a'qool] *adv* pretty

**على نحو معقول** [Ala naḥw ma'a'qool] *adv* reasonably

**غير معقول** [Ghear ma'a'qool] *adj* unreasonable

**معلب** [muʕallab] *adj* tinned

**معلق** [muʕallaq] *adj* outstanding

**مُعلق** [muʕalliq] *n* commentator

**معلم** [muʕallim] *n*

**معلم القيادة** [Mo'alem al-'qeyadh] *n* driving instructor

**مَعلم** [maʕlam] *n* landmark

**مُعَلم** [muʕallim] *n* instructor

**معلومات** [amaʕlu:ma:t] *n* information

**أريد الحصول على بعض المعلومات عن...** [areed al-ḥuṣool 'aala ba'aḍ al-ma'aloomat 'an...] I'd like some information about...

**معلومة** [maʕlu:ma] *n*

**معلومات عامة** [Ma'aloomaat 'aamah] *npl* general knowledge

**معماري** [miʕmairjj] *n* architect

**معمداني** [maʕmada:nijja] *n*

**كنيسة معمدانية** [Kaneesah me'amedaneyah] *n* Baptist

**معمل** [maʕmal] *n* lab

**معمل كيميائي** [M'amal kemyaeay] *n* pharmacy

**معنويات** [maʕnawijja:tun] *npl* morale

**مَعنيّ** [maʕnij] *adj* concerned

**معنى** [maʕna:] *n* meaning

**معهد** [maʕhad] *n* institute

**معي** [maʕjj] *n* gut

**معيار** [miʕjir] *n* criterion

**معيد** [muʕi:d] *n* demonstrator

**معيشة** [maʕi:ʃa] *n*

**تكلفة المعيشة** [Taklefat al-ma'aeeshah] *n* cost of living

**حجرة المعيشة** [Ḥojrat al-ma'aeshah] *n* sitting room

**معيوب** [maʕju:b] *adj* faulty

**مغادرة** [muɣa:dara] *n* departure

**مغادرة الفندق** [Moghadarat al-fondo'q] *n* checkout

**مُغامر** [muɣa:mir] *adj* adventurous

**مغامرة** [muɣa:mara] *n* adventure

**مغبر** [muɣbarr] *adj* dusty

**مُغتَصِب** [muɣtasˤib] *n* rapist

**مغذِي** [muɣaððij] *adj* nutritious

**مادة مغذية** [Madah moghadheyah] *n* nutrient

**مغر** [muɣrin] *adj* tempting

**مغربي** [maɣribij] *adj* Moroccan ◃ *n* Moroccan

**مغرفة** [miɣrafa] *n* ladle

**مغرور** [maɣru:r] *adj* stuck-up

**مغزى** [maɣzan] *n* moral

**بلا مغزى** [Bela maghdha] *adj* pointless

**مغسلة** [miɣsala] *n* laundry

**مغفل** [muɣaffal] *adj* naive, daft

**مُغَفل** [muɣaffl] *n* fool

**مغلف** [muɣallaf] *adj* packed ◃ *n* envelope

**مغلق** [muɣlaq] *adj* closed

**مغلقا** [muɣlaqan] *adv* closely

**مغلي** [maɣlij] *adj* boiled

**مغناطيس** [miɣna:tˤi:s] *n* magnet

**مغناطيسي** [miɣna:tˤi:sij] *adj* magnetic

**مغني** [muɣanni:] *n* singer

**مغني أو عازف منفرد**
[Moghaney aw 'aazef monfared] *n* soloist
**مُغَنّي حفلات**
[Moghaney ḥafalat] *n* lead singer
**مُغَيِّر** *n* [muɣajjir]
**مُغَيِّر السرعة**
[Moghaey al-sor'aah] *n* gearshift
**مفاجئ** sudden, *adj* [mufaːʒiʔ] abrupt,surprising
**على نحو مفاجئ**
[Ala naḥw mofaheya] *adv* surprisingly
**بشكل مفاجئ**
[Be-sakl mofajeya] *adv* abruptly
**حركة مفاجئة**
[Ḥarakah mofajeah] *n* hitch
**مفاجئة** surprise *n* [mufaːʒaʔa]
**مُفاعِل** reactor *n* [mufaːʕil]
**مفاوض** negotiator *n* [mufaːwidˤ]
**مفاوضات** *npl* [mufaːwadˤaːtun] negotiations
**مفتاح** key *(for lock)* *n* [miftaːħ]
**صانع المفاتيح**
[Ṣaane'a al-mafateeḥ] *n* locksmith
**مفتاح ربط**
[Meftaḥ rabṭ] *n* wrench
**مفتاح ربط وفك الصواميل**
[Meftaḥ rabṭ wafak al-ṣawameel] *n* wrench
**مفتاح كهربائي**
[Meftaḥ kahrabaey] *n* switch
**مفتاح لغز**
[Meftaḥ loghz] *n* clue
**مفاتيح السيارة**
[Meftaḥ al-sayarah] *n* car keys
**أين يمكن أن أحصل على المفتاح...؟**
[ayna yamken an naḥṣal 'ala al-muftaaḥ...?] Where do we get the key...?
**أين يوجد مفتاح ...**
[le-ay ghurfa hadha al-muftaaḥ?] What's this key for?
**أين يوجد مفتاح الجراج؟**
[ayna yujad muftaaḥ al-jaraj?] Which is the key for the garage?
**المفتاح لو سمحت**
[al-muftaaḥ law samaḥt] The key, please
**لقد نسيت المفتاح**
[la'qad nasyto al-muftaaḥ] I've forgotten the key
**مفترس** fierce, *adj* [muftaris] ravenous
**مفتش** inspector *n* [mufattiʃ]
**مفتش التذاكر**
[Mofatesh taḍhaker] *n* ticket inspector
**مفتوح** open *adj* [maftuːħ]
**هل المعبد مفتوح للجمهور؟**
[hal al-ma'abad maf-tooḥa lel-jamhoor?] Is the temple open to the public?
**هل المتحف مفتوح أيام السبت؟**
[hal al-mat-ḥaf maf-tooḥ ayaam al-sabit?] Is the museum open on Sundays?
**مفجر** *n* [mufaʒʒir]
**مفجر انتحاري**
[Mofajer enteḥaarey] *n* suicide bomber
**مفر** *adj* [mafarr]
**لا مفر منه**
[La mafar menh] *adj* indispensable
**مُفرِح** thrilling *adj* [mufriħ]
**مفرَد** singular *n* [mufrad]
**مفرط** excessive *adj* [mufritˤ]
**مفروش** furnished *adj* [mafruːʃ]
**مفروض** *adj* [mafruːdˤ]
**هل هناك رسوم مفروضة على كل شخص؟**
[hal hunaka risoom maf-rooḍa 'aala kul shakhiṣ?] Is there a cover charge?
**مفزع** dreadful *adj* [mufziʕ]
**مفسد** *n* [mufsid]
**مفسد المتعة**
[Mofsed al-mot'aah] *n* spoilsport
**مُفسِّر** interpreter *n* [mufassir]
**مفصل** *adj* [mifsˤal]
**التواء المفصل**
[El-tewaa al-mefṣal] *n* sprain
**مُفصَّل** detailed *adj* [mufasˤsˤal]
**مَفصَل** joint *(meat)* *n* [mafsˤal]
**مِفصلة** hinge *n* [mifsˤala]
**مفصول** *adj* [mafsˤuːl]
**غير مفصول فيه**
[Ghaey mafṣool feeh] *adj* undecided

favourite *adj* [mufadˁdˁal] **مفضل**
*n* [mufqid] **مُفقِد**
**مُفقِد للشهية**
[Mof'qed lel-shaheyah] *adj* anorexic
missing *adj* [mafqu:d] **مفقود**
**مفقودات وموجودات**
[maf'qodat wa- mawjoodat] *n* lost-and-found
**إن ابنتي مفقودة**
[enna ibnaty maf-'qoda] My daughter is missing
screwdriver *n* [mifakk] **مفك**
notebook *n* [mufakkira] **مفكرة**
broke, bankrupt *adj* [muflis] **مفلس**
*adj* [mafhu:m] **مفهوم**
understandable
*adj* [mufawwdˁ] **مُفوّض**
**تلميذ مُفوّض**
[telmeedh mofawaḍ] *n* prefect
helpful *adj* [mufi:d] **مفيد**
**غير مفيد**
[Ghayr mofeed] *adj* unhelpful
opposed *adj* [muqa:bil] **مقابل**
interview *n* [muqa:bala] **مقابلة**
comparison *n* [muqa:rana] **مقارنة**
**قابل للمقارنة**
['qabel lel-mo'qaranah] *adj* comparable
*n* [maqa:s] **مقاس**
**مقاس كبير**
[Ma'qaas kabeer] *adj* outsize
**هل يوجد مقاس أصغر من ذلك؟**
[hal yujad ma'qaas aṣghar min dhalik?] Do you have this in a smaller size?
**هل يوجد مقاس أكبر من ذلك؟**
[hal yujad ma'qaas akbar min dhalik?] Do you have this in a bigger size?
**هل يوجد مقاس كبير جدا؟**
[hal yujad ma'qaas kabeer jedan?] Do you have an extra large?
interruption *n* [muqa:tˁaʕa] **مقاطعة**
essay *n* [maqa:l] **مقال**
article *n* [maqa:la] **مقالة**
*adj* [maqa:m] **مقام**
**هل يوجد أية حفلات غنائية ممتعة مقامة حاليًا؟**
[hal yujad ayat ḥaf-laat ghena-eya mumti'aa mu'qama ḥaleyan?] Are there any good concerts on?
gambler *n* [muqa:mir] **مقامر**
gambling *n* [muqa:mara] **مقامرة**
contractor *n* [muqa:wil] **مقاول**
*adj* [muqa:wim] **مقاوم**
**مقاوم لحرارة الفرن**
[Mo'qawem le-ḥarart al-forn] *adj* ovenproof
**مقاوم للبلل**
[Mo'qawem lel-balal] *adj* showerproof
**مقاوم للمياه**
[Mo'qawem lel-meyah] *adj* waterproof
resistance *n* [muqa:wama] **مقاومة**
cemetery, tomb *n* [maqbara] **مقبرة**
socket *n* [miqbas] **مقبس**
handle, knob *n* [miqbadˁ] **مقبض**
**مقبض الباب**
[Me'qbaḍ al-bab] *n* door handle
**لقد سقط مقبض الباب**
[la'qad sa'qaṭa me-'qbaḍ al-baab] The door handle has come off
coming *n* [muqbil] **مقبل**
acceptable, *adj* [maqbu:l] **مقبول**
okay
**غير مقبول**
[Ghayr ma'qool] *adj* unacceptable
sober, *adj* [muqtasˁid] **مقتصد**
economical
*n* [miqda:r] **مقدار**
**مقدار كبير**
[Me'qdaar kabeer] *n* mass *(amount)*
courageous *adj* [miqda:m] **مِقدام**
holy *adj* [muqadas] **مقدس**
presenter *n* [muqaddim] **مقدم**
**مقدم برامج**
[Mo'qadem bramej] *n* compere
**مُقدم الطلب**
[Mo'qadem al-ṭalab] *n* applicant
*adv* [muqaddaman] **مقدماً**
beforehand
introduction *n* [muqadima] **مقدمة**
intimate, close *adj* [muqarrab] **مُقرّب**
**شخص مُقرّب**
[Shakhṣ mo'qarab] *n* favourite
legible *adj* [maqru:ʔ] **مقروء**

**غير مقروء**
[Ghayr ma'qrooa] *adj* illegible
**مقص** [miqasˤ] *n* scissors
**مقص أظافر**
[Ma'qaṣ aḍhafer] *n* nail scissors
**مَقصَد** [maqsˤid] *n* destination
**مقصود** [maqsˤu:d] *adj* intentional
**مقصورة** [maqsˤu:ra] *n* compartment
**مقطب** [muqatˤtˤab] *n*
**مقطب الجبين**
[Mo'qṭ ab al-jabeen] *adj* sulky
**مقطع** [maqtˤaʕ] *n*
**مقطع لفظي**
[Ma'qṭa'a lafḍhy] *n* syllable
**مَقطُورَة** [maqtˤu:ra] *n* trailer
**موقع المَقطُورَة**
[Maw'qe'a al-ma'qṭorah] *n* caravan site
**مقطوعة** [maqtˤunwʕa] *n*
**مقطوعة موسيقية**
[Ma'qṭoo'aah moose'qeyah] *n* tune
**مقعد** [maqʕad] *n* seat *(furniture)*
**مقعد بجوار النافذة**
[Ma'q'aad bejwar al-nafedhah] *n* window seat
**أريد حجز مقعد في العربة المخصصة لغير المدخنين**
[areed ḥajiz ma'q'ad fee al-'aaraba al-mukhaṣaṣa le-ghyr al-mudakhin-een] I want to reserve a seat in a non-smoking compartment
**أريد مقعد في العربة المخصصة لغير المدخنين**
[areed ma'q'aad fee al-'aaraba al-mukhaṣaṣa le-ghyr al-mudakhineen] I'd like a non-smoking seat
**أريد مقعد لطفل عمره عامين**
[areed ma'q'ad le-ṯifil 'aumro 'aam-yin] I'd like a child seat for a two-year-old child
**المقعد منخفض جدا**
[al-ma'q'ad mun-khafiḍ jedan] The seat is too low
**لقد قمت بحجز المقعد**
[la'qad 'qimto be-ḥajis al-ma'q'aad] I have a seat reservation
**هل يمكن الجلوس في هذا المقعد؟**
[hal yamken al-jiloos fee hadha al-ma'q-'aad?] Is this seat free?
**مقلاة** [miqla:t] *n* pan, saucepan
**مقلب** [muqallib] *n*
**مقلب النفايات**
[Ma'qlab al-nefayat] *n* rubbish dump
**مقلق** [muqliq] *adj* worrying
**مقلم** [muqallam] *adj* stripy
**مقلمة** [miqlama] *n* pencil case
**مقلي** [maqlij] *adj* fried
**مقنع** [muqniʕ] *adj* convincing, persuasive
**مقهى** [maqha:] *n* café
**مقهى الانترنت**
[Ma'qha al-enternet] *n* cybercafé, internet café
**مقود** [miqwad] *n* handlebars
**سيارة مقودها على الجانب الأيسر**
[Sayarh me'qwadoha ala al-janeb al-aysar] *n* left-hand drive
**مقياس** [miqja:s] *n* gauge, standard
**مقيم** [muqi:m] *n* resident
**أجنبي مقيم**
[Ajnabey mo'qeem] *n* au pair
**مكاتب** [maka:tib] *n* office
**أعمل في أحد المكاتب**
[A'amal fee aḥad al-makateb] I work in an office
**مكاسب** [maka:sibun] *npl* earnings
**مكافئ** [muka:fiʔ] *adj* matching
**مكافأة** [muka:faʔa] *n* reward
**مكالمة** [muka:lama] *n* call
**أين يمكن أن أقوم بإجراء مكالمة تليفونية؟**
[ayna yamken an a'qoom be-ijraa mukalama talefoniya? ] Where can I make a phonecall?
**مكان** [maka:n] *n* location, place, spot *(place)*
**في أي مكان**
[Fee ay makan] *adv* anywhere
**ليس في أي مكان**
[Lays fee ay makan] *adv* nowhere
**مكان عمل**
[Makan 'aamal] *n* workstation
**مكان الحوادث**

[Makan al-ḥawadeth] *n* venue
**مكان الميلاد**
[Makan al-meelad] *n* place of birth
**أتعرف مكانا جيدا يمكن أن أذهب إليه؟**
[a-ta'aruf makanan jayidan yamkin an adhhab e-lay-he?] Do you know a good place to go?
**أنا في المكان ...**
[ana fee al-makaan...] My location is...
position, rank *n* [maka:na] **مكانة**
*(status)*
**مكانة أعلى**
[Makanah a'ala] *n* superior
*n* [makbaħ] **مكبح**
**مكبح العربة**
[Makbaḥ al-'arabah] *n* spoke
amplifier *n* [mukabbir] **مكبر**
piston *n* [mikbas] **مِكْبَس**
Mecca *n* [makkatu] **مَكة**
desk, disk, office *n* [maktab] **مكتب**
**مكتب رئيسي**
[Maktab a'ala] *n* head office
**مكتب صرافة**
[Maktab ṣerafah] *n* bureau de change
**مكتب التسجيل**
[Maktab al-tasjeel] *n* registry office
**مكتب التذاكر**
[Maktab al-taḍhaker] *n* ticket office
**مكتب الاستعلامات**
[Maktab al-este'alamaat] *n* enquiry desk
**مكتب البريد**
[maktab al-bareed] *n* post office
**مكتب الحجز**
[Maktab al-ḥjz] *n* ticket office
**مكتب المراهنة**
[Maktab al-morahanah] *n* betting shop
**مكتب المفقودات**
[Maktab al-maf'qodat] *n* lost-property office
**مكتب وكيل السفريات**
[Maktab wakeel al-safareyat] *n* travel agent's
**أين يوجد مكتب السياحة؟**
[ayna maktab al-siyaḥa?] Where is the tourist office?
**هل لديك مكتب إعلامي؟**
[hal ladyka maktab e'a-laamy?] Do you have a press office?
**هل لي أن أستخدم المكتب الخاص بك؟**
[hal lee an astakhdim al-maktab al-khaaṣ bik?] May I use your desk?
library *n* [maktaba] **مكتبة**
**مكتبة لبيع الكتب**
[Maktabah le-bay'a al-kotob] *n* bookshop
*adj* [maktabij] **مكتبي**
**أعمال مكتبية**
[A'amaal maktabeyah] *npl* paperwork
**أدوات مكتبية**
[Adawat maktabeyah] *n* stationery
stick out, stay in *v* [makaθa] **مكث**
*adj* [mukaθθaf] **مُكثّف**
**بصورة مُكثّفة**
[Beṣorah mokathafah] *adv* heavily
*n* [mukarban] **مكربن**
**المكربن**
[Al-makreen] *n* carburettor
devoted *adj* [mukarras] **مكرس**
*npl* [makaru:natun] **مكرونة**
macaroni
**مكرونة سباجتي**
[Makaronah spajety] *n* spaghetti
**مكرونة اسباجتي**
[Makaronah spajety] *n* noodles
gain *n* [maksab] **مَكْسَب**
broken *adj* [maksu:r] **مكسور**
**مكسور القلب من شدة الحزن**
[Maksoor al-'qalb men shedat al-ḥozn] *adj* heartbroken
**إنها مكسورة**
[inaha maksoora ] This is broken
**القفل مكسور**
[al-'qiful maksoor] The lock is broken
Mexican *adj* [miksi:kij] **مكسيكي**
Mexican *n* ◁
cube *n* ◁ cubic *adj* [mukaʕʕab] **مكعب**
**مكعب ثلج**
[Moka'aab thalj] *n* ice cube
**مكعب حساء**
[Moka'aab ḥasaa] *n* stock cube
supplement *n* [mukammill] **مُكمِّل**
broom *n* [miknasatu] **مكنسة**

**مكنسة كهربائية** [Meknasah kahrobaeyah] *n* vacuum cleaner
electric *adj* [mukahrab] **مكهرب**
shuttle *n* [makku:k] **مكوك**
component *adj* [mukawwin] **مكون**
component *n* ◁
ingredient *n* [mukawwan] **مُكَوّن**
*v* [malaʔa] **ملأ**
**يَملأ ب** [Yamlaa be] *v* fill up
fill *vt* [malaʔa] **ملأ**
**يَملأ الفراغ** [Yamlaa al-faragh] *v* fill in
*adj* [malʔ] **ملئ**
**ملئ بالطاقة** [Maleea bel-ṭa'qah] *adj* energetic
sheet *n* [malla:ʔa] **ملاءة**
**ملاءة مثبتة** [Melaah mothabatah] *n* fitted sheet
appropriate, *adj* [mula:ʔim] **ملائم** suitable
**غير ملائم** [Ghayr molaem] *adj* inadequate, inconvenient
clothes *npl* [mala:bisun] **ملابس**
**غرفة تبديل الملابس** [Ghorfat tabdeel al-malabes] *n* fitting room
**ملابس داخلية** [Malabes dakheleyah] *n* lingerie
**ملابس السهرة** [Malabes al-sahrah] *npl* evening dress
**ملابس قطنية خشنة** [Malabes 'qotneyah khashenah] *npl* dungarees
**ملابسي بها بلل** [mala-bisy beha balal] My clothes are damp
comment, *n* [mula:ħazˤa] **ملاحظة** note *(message)*, remark
**ملاحظة الطيور** [molaḥaḍhat al-ṭeyoor] *n* birdwatching
pursuit *n* [mula:ħaqa] **ملاحقة**
malaria *n* [mala:rja:] **ملاريا**
*n* [mula:zim] **ملازم**
**ملازم أول** [Molazem awal] *n* lieutenant
mortar *(plaster)* *n* [mala:tˤ] **ملاط**
*n* [mala:qitˤ] **ملاقط**
**ملاقط صغيرة** [Mala'qeṭ ṣagheerah] *npl* tweezers
angel *n* [mala:k] **ملاك**
boxer *n* [mula:kim] **ملاكم**
boxing *n* [mula:kama] **ملاكمة**
funfair *n* [mala:hijju] **ملاهي**
Malawi *n* [mala:wi:] **ملاوي**
shelter *n* [multaʒa] **ملتجا**
**ملتجأ آمن** [Moltajaa aamen] *n* asylum
bearded *adj* [multaħin] **مُلتحٍ**
*adj* [multahib] **ملتهِب**
**لثتي ملتهبة** [lathaty multaheba] My gums are sore
refuge *n* [malʒa] **ملجأ**
instant, urgent *adj* ◁ salt *n* [milħ] **ملح**
atheist *n* [mulħid] **مُلحِد**
attached *adj* [mulħaq] **ملحَق**
noticeable *n* [malħu:zˤ] **ملحوظ**
*adj* [milħij] **ملحي**
**ماء ملحي** [Maa mel'ḥey] *adj* saltwater
*n* ◁ brief *adj* [mulaxxasˤ] **ملخص** summary
sticker *n* [mulsˤaq] **ملصق**
**ملصق بيانات** [Molsa'q bayanat] *n* label
conditioner *n* [mulatˤtˤif] **ملطف**
playground *n* [malʕab] **ملعب**
**مباراة الإياب في ملعب المضيف** [Mobarat al-eyab fee mal'aab al-moḍeef] *n* home match
**ملعب رياضي** [Mal'aab reyady] *n* playing field
**ملعب الجولف** [Mal'aab al-jolf] *n* golf course
spoon *n* [milʕaqa] **ملعقة**
**مقدار ملعقة صغيرة** [Me'qdar mel'a'qah ṣagheerah] *n* spoonful
**ملعقة البسط** [Mel'a'qat al-basṭ] *n* spatula

ملعقة الحلويات
[Mel'a'qat al-ḥalaweyat] n dessert spoon
ملعقة شاي
[Mel'a'qat shay] v teaspoon
ملعقة مائدة
[Mel'a'qat maedah] n tablespoon
ملف file (folder), file (tool) n [milaff]
PDF ملف
[Malaf PDF] ى PDF
U ملف على شكل حرف
[Malaf 'ala shakl ḥarf U] n U-turn
ملف له حلقات معدنية لتثبيت الورق
[Malaf lah ḥala'qaat ma'adaneyah letathbeet al-wara'q] n ring binder
ملك king, monarch n [milk]
ملك have v [malaka]
ملكة queen n [malika]
ملكه own adj [mulkahu]
مَلَكي royal adj [milkiː]
مِلكِية property n [milkijja]
مِلكِية خاصة
[Melkeyah khaṣah] n private property
ملل n [malal]
يُسبِب الملل
[Yosabeb al-malal] v bored
ملوث dirty, polluted adj [mulawwaθ]
ملون adj [mulawwan]
تليفزيون ملون
[Telefezyon molawan] n colour television
ملون على نحو خفيف
[Molawan ala naḥw khafeef] adj tinted
أرجو الحصول على نسخة ضوئية ملونة من هذا المستند
[arjo al-ḥuṣool 'aala nuskha mu-lawana min hadha al-mustanad min faḍlak] I'd like a colour photocopy of this, please
فيلم ملون من فضلك
[filim mola-wan min faḍlak] A colour film, please
مِلْيَار billion n [miljaːr]
مليمتر millimetre n [miliːmitr]
ملين n [mulajjin]
ملين الأمعاء
[Molayen al-am'aa] n laxative
مليون million n [miljuːn]

مليونير millionaire n [milju:ni:ru]
مماثل similar adj [mumaːθil]
ممارسة practise n [mumaːrasa]
ممانع reluctant adj [mumaːniʕ]
ممتاز excellent adj [mumtaːz]
ممتاز جدا
[Momtaaz jedan] adj super
ممتد extensive adj [mumtadd]
ممتع enjoyable adj [mumtiʕ]
ممتلئ chubby adj [mumtaliʔ]
ممتلئ الجسم
[Momtaleya al-jesm] adj plump
ممتليء full adj [mumtaliːʔ]
ممتن grateful adj [mumtann]
ممثل actor (عامل) n [mumaθθil]
ممثل هزلي
[Momthel hazaley] n comedian
ممثلة actress n [mumaθθila]
ممحاة rubber n [mimħaːt]
ممر passage (route) n [mamarr]
ممر جانبي
[Mamar janebey] n bypass
مَمَر سُفلِي
[Mamar sofley] n underpass
ممر دخول
[Mamar dokhool] n way in
ممر خاص لعبور المشاه
[Mamar khaṣ leaboor al-moshah] n pedestrian crossing
ممر الدراجات
[Mamar al-darajat] n cycle path
ممر المشاة
[mamar al-moshah] n footpath
مُمْرِض sickening adj [mumridˤ]
ممرِضة nurse n [mumarridˤa]
أرغب في استشارة ممرضة
[arghab fee es-ti-sharat mu-mareḍa] I'd like to speak to a nurse
ممسحة n [mimsaħa]
ممسحة أرجل
[Memsahat arjol] n mat
ممسحة تنظيف
[Mamsaḥat tanḍheef] n mop
ممسوس touched adj [mamsuːs]
ممشى aisle, walkway n [mamʃaː]
مُمطر rainy adj [mumtˤir]

possible, *adj* [mumkin] **ممكن**
potential
**من الممكن**
[Men al-momken] *adv* possibly
boring, *adj* [mumill] **ممل**
monotonous
salty *adj* [mumallaħ] **مملح**
kingdom *n* [mamlaka] **مملكة**
**المملكة العربية السعودية**
[Al-mamlakah al-'aarabeyah al-so'aodeyah] *n* Saudi Arabia
**المملكة المتحدة**
[Al-mamlakah al-motahedah] *n* United Kingdom
**مملكة تونجا**
[Mamlakat tonja] *n* Tonga
forbidden *adj* [mamnu:ʕ] **ممنوع**
fatal (مقدر) *adj* [mumi:t] **مميت**
distinctive *adj* [mumajjaz] **مميز**
from *prep* [min] **من**
**أي من**
[Ay men] *pron* any
**أنا من ...**
[ana min...] I'm from...
**من هذا؟**
[man hadha?] Who is it?
who *pron* [man] **مَنْ**
from *prep* [min] **مِنْ**
climate *n* [muna:x] **مناخ**
lighthouse *n* [mana:ra] **منارة**
contestant *n* [muna:ziʕ] **مُنازع**
convenient, *adj* [muna:sib] **مناسَب**
proper
**غير مناسب**
[Ghayr monaseb] *adj* unsuitable
**بشكل مناسب**
[Be-shakl monaseb] *adv* properly
occasion *n* [muna:saba] **مناسبة**
**هل توجد حمامات مناسبة للمعاقين؟**
[hal tojad ḥama-maat muna-seba lel-mu'aa'qeen?] Are there any toilets for the disabled?
occasional *adj* [muna:sabij] **مناسبي**
*n* [mana:ʃif] **مناشف**
**مَناشِف الصحون**
[Manashef al-ṣoḥoon] *n* tea towel
**لقد استهلكت المناشف**
[la'qad istuh-lekat al-mana-shif] The towels have run out
**هل يمكن أن أقترض منك أحد المناشف؟**
[hal yamken an a'qta-reḍ minka aḥad al-mana-shif?] Could you lend me a towel?
*n* [muna:sˤir] **مُناصر**
**مُناصر للطبيعة**
[monaṢer lel-ṭabe'aah] *n* naturalist
**مُنَاصر للقومية**
[Monaṣer lel-'qawmeyah] *n* nationalist
fifty-fifty *adv* [muna:sˤafatan] **مناصفة**
**مقسم مناصفة**
[Mo'qassam monaṣafah] *adj* fifty-fifty
*n* [mana:zˤir] **مناظر**
**نريد أن نشاهد المناظر المثيرة**
[nureed an nusha-hid al-manaḍhir al-muthera] We'd like to see spectacular views
rival, *adj* [muna:fis] **منافس**
competitor
competition *n* [muna:fasa] **منافسة**
insincere *adj* [muna:fiq] **منافق**
debate, *n* [muna:qaʃa] **مناقشة**
discussion
bid *n* [muna:qasˤa] **مناقصة**
flat, level *adj* [munbasitˤ] **منبسط**
level *n* ◁
alarm clock *n* [munabbih] **منبه**
maroon *adj* [manbu:ð] **منبوذ**
alert *adj* [muntabih] **منتبه**
*n* [muntaʒ] **منتج**
**منتج ألبان**
[Montej albaan] *npl* dairy products
**منتجات الألبان**
[Montajat al-baan] *npl* dairy products
product *n* [mantu:ʒ] **منتَج**
producer *n* [muntiʒ] **مُنتِج**
resort *n* [muntaʒaʕ] **منتجع**
*adj* [muntasib] **منتسب**
**منتسب لجماعة الأصحاب**
[Montaseb le-jama'at al-aṣḥaab] *n* Quaker
widespread *adj* [muntaʃir] **منتشر**

**مُنتشي** [muntaʃij] *adj* thrilled
**منتصف** [muntasˤaf] *n*
**إلى منتصف المسافة**
[Ela montaṣaf al-masafah] *adv* halfway
**منتصف الليل**
[montaṣaf al-layl] *n* midnight
**منتصف اليوم**
[Montaṣaf al-yawm] *n* noon
**منتظم** [muntazˤim] *adj*
**غير منتظم**
[Ghayr montaḍhem] *adj* irregular
**منتفخ** [muntafixx] *adj* swollen
**منتهي** [muntahij] *adj* over
**منثني** [munθanij] *adj* (not straight) bent
**مَنجا** [manʒa:] *n* mango
**مُنجَز** [munʒaz] *adj* finished
**منجم** [manʒam] *n* mine
**منح** [manaħa] *v*
**يمنح بقشيشاً**
[Yamnaḥ ba'qsheeshan] *vt* tip (*reward*)
**منحة** [minħa] *n* grant
**منحة تعليمية**
[Menḥah ta'aleemeyah] *n* scholarship
**منحدر** [munħadir] *n* slope
**طريق منحدر**
[Ṭaree'q monḥadar] *n* ramp
**منحدر التزلج للمبتدئين**
[monḥadar al-tazaloj lel-mobtadeen] *n* nursery slope
**منحدر النهر**
[Monḥadar al-nahr] *n* rapids
**منحني** [munħanij] *adj* bent (*dishonest*), reclining
**منخفض** [munxafidˤ] *adj* low
**منخفضا** [munxafadˤan] *adv* low
**منخل** [manxal] *n* sieve
**مندهش** [mundahiʃ] *adj* amazed
**مندوب** [mandu:b] *n*
**مندوب مبيعات**
[Mandoob mabee'aat] *n* salesman, shop assistant
**مندوبة** [mandu:ba] *n*
**مندوبة مبيعات**
[Mandoobat mabee'aat] *n* saleswoman
**منديل** [mindi:l] *n* hankie
**منديل أطفال**
[Mandeel aṭfaal] *n* baby wipe
**منديل المائدة**
[Mandeel al-maaedah] *n* serviette
**منديل قماش**
[Mandeel 'qomash] *n* handkerchief
**منزل** [manzil] *n* home
**منزل ريفي**
[Mazel reefey] *n* farmhouse
**منزل صيفي**
[Manzel ṣayfey] *n* villa
**منزل فخم**
[Mazel fakhm] *n* stately home
**منزل متحرك**
[Mazel motaḥarek] *n* mobile home
**منزل منفصل**
[Manzel monfaṣelah] *n* house
**منزل نصف متصل**
[Mazel neṣf motaṣel] *n* semi-detached house
**مَنزِلة** [manzila] *n* mark
**منزلي** [manzilijjat] *adj*
**أعمال منزلية**
[A'amaal manzelyah] *n* housework
**منسي** [mansijju] *adj* forgotten
**منشأ** [manʃa] *n*
**منشأ السلعة المصنوعة**
[Manshaa al-sel'aah al-maṣno'aah] *n* make
**منشآت** [munʃaʔa:tun] *npl* (تسهيلات) facilities
**منشار** [minʃa:r] *n* saw
**منشار المنحنيات**
[Menshar al-monḥanayat] *n* jigsaw
**منشفة** [minʃafa] *n* towel
**منشفة صحية**
[Manshafah ṣeḥeyah] *n* sanitary towel
**منشفة الحمام**
[Manshafah alḥammam] *n* bath towel
**مِنشفة الوجه**
[Menshafat al-wajh] *n* flannel
**منشور** [manʃu:r] *n* publication
**منشور الكتروني**
[Manshoor elektrooney] *n* webzine
**منصة** [minasˤsˤa] *n* platform
**منصة البهلوان**

[Manaṣat al-bahlawan] *n* trampoline
**منصرف** outgoing *adj* [munsˤarif]
**منصرم** past, *adj* [munsˤarim] previous
**مُنْضَبط** punctual *adj* [mundˤabitˤ]
**منضدة** table *(furniture)* *n* [mindˤada]
**منطقة** district, zone *n* [mintˤaqa]
**منطقة تقديم الخدمات**
[Menta'qat ta'qdeem al- khadamat] *n* service area
**منطقة مجاورة**
[Menta'qat mojawerah] *n* vicinity
**منطقة مشاه**
[Menta'qat moshah] *n* precinct
**منطقي** logical *adj* [mantˤiqij]
**منظار** binoculars *n* [minzˤaːr]
**منظر** view, scenery *n* [manzˤar]
**منظر طبيعي**
[manḍhar ṭabe'aey] *n* landscape
**منظف** *adj* [munazˤzˤif]
**مادة منظفة**
[Madah monaḍhefah] *n* detergent
**منظم** *n* [munazˤzˤim]
**منظم رحلات**
[monaḍhem raḥalat] *n* tour operator
**منظم الضارة**
[monaḍhem al-ḍarah] *n* catalytic converter
**منظم الخطوات**
[monaḍhem al-khaṭawat] *n* pacemaker
**منظم شخصي**
[monaḍhem shakhṣey] *n* personal organizer
**منظمة** *n* [munazˤzˤama] organization
**منظمة تعاونية**
[monaḍhamah ta'aaaweneyah] *n* collective
**منظور** perspective *n* [manzˤuːr]
**غير منظور**
[Ghayr monaḍhoor] *adj* invisible
**منع** *n* [manʕ]
**منع الحمل**
[Man'a al-ḥml] *n* contraception
**منع** prevent *v* [manaʕa]
**منَع** ban *v* [manaʕa]

**منعزل** bleak *adj* [munʕazil]
**منعطف** turning *n* [munʕatˤaf]
**هل هذا هو المنعطف الذي يؤدي إلى...؟**
[hal hadha howa al-mun'aa-ṭaf al-ladhy yo-addy ela...?] Is this the turning for...?
**منغولي** Mongolian *adj* [manɣuːlij]
◁ Mongolian *(person)* *n*
**اللغة المنغولية**
[Al-koghah al-manghooleyah] *(language)* *n* Mongolian
**منغوليا** Mongolia *n* [manɣuːljaː]
**منفاخ** *n* [minfaːx]
**منفاخ دراجة**
[Monfakh draajah] *n* bicycle pump
**هل لديك منفاخ؟**
[hal ladyka minfaakh?] Do you have a pump?
**منفذ** *n* [manfað]
**منفذ جوي أو بحري**
[manfaḍh jawey aw baḥrey] *n* port *(ships)*
**منفذ خروج**
[Manfaz khoroj] *n* way out
**منفرد** *adj* [munfarid]
**عمل منفرد**
['amal monfared] *n* solo
**لحن منفرد**
[Laḥn monfared] *n* concerto
**منفصل** separate *adj* [munfasˤil]
**بصورة منفصلة**
[Beṣorah monfaṣelah] *adv* separately
**منزل منفصل**
[Manzel monfaṣelah] *n* house
**بشكل مُنفَصِل**
[Beshakl monfaṣel] *adv* apart
**فواتير منفصلة من فضلك**
[fawateer mufa-ṣa-lah min faḍlak] Separate bills, please
**منفى** exile *n* [manfaː]
**منقار** beak *n* [minqaːr]
**مُنقذ** *adj* [munqið]
**مُنقذ للحياة**
[Mon'qedh lel-ḥayah] *adj* life-saving
**منقرض** extinct *adj* [munqaridˤ]
**منقوع** soaked *adj* [manquːʕ]

مِنْك n [mink]
حيوان المِنْك
[Ḥayawaan almenk] n mink
منهج n [manhaʒ]
منهج دراسي
[Manhaj derasey] n curriculum
منهجي Methodist adj [manhaʒij]
منهك tiring adj [munhak]
مَنيّ sperm n [manij]
مهاجر migrant adj [muhaːʒir]
مهارة skill n [mahaːra]
مهتاج furious adj [muhtaːʒ]
مهتم interested adj [muhttam]
مهتم بالآخرين
[Mohtam bel-aakhareen] n caring
معذرة، أنا غير مهتم بهذا الأمر
[maʕðaratun ʔana: ɣajru muhtammin biha:ða: alʔamri] Sorry, I'm not interested
مهجور lonesome, adj [mahʒuːr] obsolete
مهد cot, cradle n [mahd]
مُهدِئ tranquillizer n [muhaddiʔ]
مهذب decent, adj [muhaððab] subtle
مهر foal n [mahr]
مهرب n [muharrib]
مهرب بضائع
[Moharreb badae'a] n smuggler
مهرج clown n [muharriʒ]
مهرجان festival n [mihraʒaːn]
مهزوز shaken adj [mahzuːzz]
مهمة assignment, n [mahamma] task
مهمل careless, adj [muhmil] neglected
مهنة occupation (work) n [mihna]
مهندس engineer n [muhandis]
مهني vocational adj [mihanij]
مهني مبتدئ
[Mehaney mobtadea] n apprentice
مهووس obsessed adj [mahwuːs]
مَهيب prestigious adj [mahiːb]
موَاطن citizen n [muwaːtˤin]
مواطن إثيوبي
[Mowaṭen ethyobey] n Ethiopian
مواطن تشيلي
[Mowaṭen tsheeley] n Chilean
مواطن انجليزي
[mowaṭen enjeleezey] n Englishman
مواطنة إنجليزية
[Mowaṭenah enjlezeyah] n Englishwoman
موافقة approval n [muwaːfaqa]
مواكب adj [muwaːkib]
مواكب للموضة
[Mowakeb lel-moḍah] adj trendy
مَوت death n [mawt]
موتور motor n [mawtuːr]
مُوثق authentic adj [muwaθθiq]
موثوق adj [mawθuːq]
موثوق به
[Mawthoo'q beh] adj reliable
موثوق فيه
[Mawthoo'q beh] adj credible
موجة wave, surge n [mawʒa]
موجز concise adj [muːʒaz]
موجود adj [mawʒuːd]
ما هي النكهات الموجودة؟
[Ma hey al-nakhaat al-mawjoodah] What flavours do you have?
هل... موجود؟
[hal... mawjood?] Is... there?
موحد adj [muwaħħad]
الفاتورة موحدة من فضلك
[al-fatoorah mowaḥada min faḍlak] All together, please
موحش dismal adj [muːħiʃ]
موحل muddy adj [muːħil]
مودم modem n [muːdim]
مورد supplier n [muwarrid]
مَورِد resource n [muːrad]
مورَس Morse n [muːris]
مورفين morphine n [muːrfiːn]
موروث heritage n [mawruːθ]
موريتاني Mauritius n [muːriːtaːnij]
موريتانيا Mauritania n [muːriːtaːnjaː]
موز banana n [mawz]
موزع distributor n [muwazziʕ]
موزمبيق n [muːzambiːq] Mozambique

**مُوَسَّع** [muwassaʕ] *adj*
**بشكل مُوَسَّع**
[Beshakl mowasa'a] *adv* extensively
**موسم** [mawsim] *n* season
**موسم راكد**
[Mawsem raked] *adj* off-season
**موسمي** [mawsimijjat] *adj* seasonal
**التذاكر الموسمية**
[Al-tadhaker al-mawsemeyah] *n* season ticket
**موسوعة** [mawsu:ʕa] *n* encyclopaedia
**موسى** [mu:sa:] *adj*
**موسى الحلاقة**
[Mosa alḥela'qah] *n* razor
**موسيقي** [mu:si:qij] *adj* musical
**آلة موسيقية**
[Aala mose'qeyah] *n* musical instrument
**حفلة موسيقية**
[Haflah mose'qeyah] *n* concert
**قائد فرقة موسيقية**
['qaaed fer'qah mose'qeyah] *n* conductor
**مسرحية موسيقية**
[Masraḥeyah mose'qeya] *n* musical
**موسيقى** [mu:si:qa:] *n* music
**عازف موسيقى**
['aazef mose'qaa] *n* musician
**مركز موسيقى**
[Markaz mose'qa] *n* stereo
**مؤلف موسيقى**
[Moaalef mosee'qy] *n* composer
**موسيقى تصويرية**
[Mose'qa taṣweereyah] *n* soundtrack
**موسيقى شعبية**
[Mose'qa sha'abeyah] *n* folk music
**أين يمكننا الاستماع إلى موسيقى حية؟**
[ayna yamken-ana al-istima'a ela mose'qa ḥay-a?] Where can we hear live music?
**موصل** [mu:sˤil] *n* sweater
**موضة** [mu:dˤa] *n* (نمط) fashion
**غير مواكب للموضة**
[Ghayr mowakeb lel-moḍah] *adj* unfashionable
**مواكب للموضة**
[Mowakeb lel-moḍah] *adj* fashionable
**موضع** [mawdˤiʕ] *n* (position) post
**موضع لحفظ الأطعمة**
[Mawḍe'a lehafḍh al-aṭ'aemah] *n* larder
**موضعي** [mawdˤiʕij] *adj* topical
**موضوع** [mawdˤu:ʕ] *n* subject, theme
**موضوع مقالة أو حديث**
[Mawḍoo'a ma'qaalah aw hadeeth] *n* topic
**موضوعي** [mawdˤu:ʕij] *adj* impersonal, objective
**موطن** [mawtˤin] *n*
**موطن أصلي**
[Mawṭen aṣley] *n* homeland
**موطن ضعف**
[Mawṭen ḍa'af] *n* shortcoming
**موظف** [muwazˤzˤaf] *n* employee
**موظف بنك**
[mowaḍhaf bank] *n* banker
**موظف حكومة**
[mowaḍhaf hokomah] *n* civil servant
**موعد** [mawʕid] *n* appointment, rendezvous
**فات موعد استحقاقه**
[Fat maw'aed esteḥ'qa'qh] *adj* overdue
**موعد الانتهاء**
[Maw'aed al-entehaa] *n* deadline
**أود في تحديد موعد**
[awid fee taḥdeed maw'aid] I'd like to make an appointment
**لدي موعد مع.....؟**
[la-daya maw-'aid m'aa...] I have an appointment with...
**هل تحدد لك موعداً؟**
[hal taḥa-dada laka maw'aid?] Do you have an appointment?
**موعظة** [mawʕizˤa] *n* sermon
**موقد** [mawqid] *n* stove
**موقد يعمل بالغاز**
[Maw'qed ya'amal bel-ghaz] *n* gas cooker
**موقد يعمل بالغاز للمعسكرات**
[Maw'qed ya'amal bel-ghaz lel-mo'askarat] *n* camping gas stove
**مَوْقِد** [mu:qid] *n* stove

site *n* [mawqiʕ] **موقع**
**موقع البناء**
[Maw'qe'a al-benaa] *n* building site
**موقع المعسكر**
[Maw'qe'a al-mo'askar] *n* campsite
**موقع المَقْطُورَة**
[Maw'qe'a al-ma'qṭorah] *n* caravan site
**موقع الويب**
[Maw'qe'a al-weeb] *n* website
attitude *n* [mawqif] **موقف**
**موقف سيارات**
[Maw'qaf sayarat] *n* parking
**موقف أوتوبيس**
[Maw'qaf otobees] *n* bus stop
**موقف انتظار**
[Maw'qaf enteḍhar] *n* car park
**أين يوجد موقف التاكسي؟**
[ayna maw'qif al-taxi?] Where is the taxi stand?
**هل معك نقود فكه لعداد موقف الانتظار؟**
[Hal ma'ak ne'qood fakah le'adad maw'qaf al-ente ḍhar?] Do you have change for the parking meter?
convoy, procession *n* [mawkib] **موكب**
finance *v* [mawwala] **مَول**
generator *n* [muwalid] **مولد**
Moldovan *adj* [mu:lda:fij] **مولدافي**
Moldovan *n* ◁
Moldova *n* [mu:lda:fja:] **مولدافيا**
born *n* [mawlu:d] **مولود**
mummy *(body)* *n* [mu:mja:ʔ] **مومياء**
Monaco *n* [mu:na:ku:] **موناكو**
talent *n* [mawhiba] **موهبة**
gifted, *adj* [mawhu:b] **موهوب**
talented
Myanmar *n* [mija:nma:r] **ميانمار**
water *n* [mijja:hu] **مياه**
**زجاجة مياه ساخنة**
[Zojajat meyah sakhenah] *n* hot-water bottle
**مياه البحر**
[Meyah al-baḥr] *n* sea water
**مياه الشرب**
[Meyah al-shorb] *n* drinking water
**مياه بيضاء**
[Meyah bayḍaa] *n* cataract *(eye)*
**مياه فوارة**
[Meyah fawarah] *adj* sparkling water
**مياه معدنية**
[Meyah ma'adaneyah] *n* mineral water
**زجاجة من المياه المعدنية الفوارة**
[zujaja min al-meaa al-ma'adan-iya al-fawara] a bottle of sparkling mineral water
**كيف يعمل سخان المياه؟**
[kayfa ya'amal sikhaan al-meaah?] How does the water heater work?
**لا توجد مياه ساخنة**
[La tojad meyah sakhena ] There is no hot water
**هل يشمل السعر توفير المياه الساخنة؟**
[hal yash-mil al-si'ar taw-feer al-me-yah al-sakhina?] Is hot water included in the price?
medal *n* [mi:da:lijja] **ميدالية**
square *n* [majda:n] **ميدان**
inheritance *n* [mi:ra:θ] **ميراث**
meringue *n* [mi:rinʒu:] **ميرنجو**
distinguish *v* [majjaza] **مَيَّز**
scale *(measure)*, *n* [mi:za:n] **ميزان**
scale *(tiny piece)*
**كفتي الميزان**
[Kafatay al-meezan] *n* scales
balance *n* [mi:za:nijja] **ميزانية**
sheet, budget
advantage *n* [mi:za] **ميزة**
*n* [mi:ʕa:d] **ميعاد**
**ما ميعاد استيقاظك؟**
[ma me-'aad iste'qa-ḍhak?] What time do you get up?
timer *n* [mi:qa:tij] **ميقاتي**
*adj* [mi:ka:ni:kij] **ميكانيكي**
mechanical
mechanic *n* ◁
**ميكانيكي السيارات**
[Mekaneekey al-sayarat] *n* motor mechanic
**هل يمكن أن ترسل لي ميكانيكي؟**
[hal yamken an tarsil lee meka-neeky?] Can you send a mechanic?

**ميكروسكوب** [mi:kuru:sku:b] *n* microscope

**ميكروفون** [mi:kuru:fu:n] *n* microphone, mike

**هل يوجد ميكروفون؟**
[hal yujad mekro-fon?] Does it have a microphone?

**ميكروويف** [majkuru:wi:f] *n*

**فرن الميكروويف**
[Forn al-maykroweef] *n* microwave oven

**مَيل** [majl] *n* tendency

**مَيل جِنسي**
[Mayl jensey] *n* sexuality

**مِيل** [mi:l] *n* mile

**ميلاد** [mi:la:d] *n* birth

**عشية عيد الميلاد**
['aasheyat 'aeed al-meelad] *n* Christmas Eve

**عيد الميلاد المجيد**
['aeed al-meelad al-majeed] *n* Christmas

**عيد ميلاد**
['aeed al-meelad] *n* birthday

**بعد الميلاد**
[Ba'ad al-meelad] *abbr* AD

**شجرة عيد الميلاد**
[Shajarat 'aeed al-meelad] *n* Christmas tree

**شهادة ميلاد**
[Shahadat meelad] *n* birth certificate

**قبل الميلاد**
['qabl al-meelad] *adv* BC

**محل الميلاد**
[Mahal al-meelad] *n* birthplace

**ميناء** [mi:na:ʔ] *n* harbour

**ميني** [mi:ni:] *adj*

**ميني باص**
[Meny baas] *n* minibus

**ميوسلي** [miju:sli:] *n*

**حبوب الميوسلي**
[Ḥoboob al-meyosley] *npl* muesli

**ميونيز** [maju:ni:z] *n* mayonnaise

# ن

**نا** [na:] *pron* us

**نائب** [na:ʔibb] *adj* acting, representative

**نائب الرئيس**
[Naeb al-raaes] *n* deputy head

**نائم** [na:ʔim] *adj* asleep

**ناتج** [na:tiʒ] *n* outcome

**نَاج** [na:ʒin] *n* survivor

**ناجح** [na:ʒiħ] *adj* successful

**غير ناجح**
[ghayr najeḥ] *adj* unsuccessful

**ناحية** [na:ħija] *n* aspect

**نادر** [na:dir] *adj* rare *(uncommon)*, rare *(undercooked)*

**نادرا** [na:diran] *adv* rarely, scarcely

**نادرا ما**
[Naderan ma] *adv* seldom

**نادل** [na:dil] *n* waiter

**نادلة** [na:dila] *n* waitress

**نادي** [na:di:] *n* club *(group)*

**نادي الجولف**
[Nady al-jolf] *n* golf club *(society)*

**نادي الشباب**
[Nadey shabab] *n* youth club

**نادي ليلي**
[Nadey layley] *n* nightclub

**هل يوجد نادي جيدة؟**

[Hal yojad nady jayedah] Where is there a good club?
**نار** sack *n* [na:ru]
**إشعال النار**
[Esh'aal al-naar] *n* bonfire
**وَقْف إطلاق النار**
[Wa'qf eṭlaa'q al-naar] *n* ceasefire
**ناري** *adj* [na:rijjat]
**ألعاب نارية**
[Al-'aab nareyah] *npl* fireworks
**ناس** people *npl* [na:s]
**ناسَب** fit *vt* [nasaba]
**ناسخ** *n* [na:six]
**ناسخ الاسطوانة**
[Nasekh al-esṭewanah] *n* CD burner
**ناسخ لاسطوانات دى في دي**
[Nasekh le-sṭewanat D V D] *n* DVD burner
**ناشر** publisher *n* [na:ʃir]
**ناضج** mature, ripe *adj* [na:dˤiʒ]
**غير ناضج**
[Ghayr naḍej] *adj* immature
**ناطق** *adj* [na:tˤiq]
**ناطق بلغتين**
[Naṭe'q be-loghatayn] *adj* bilingual
**ناعم** soft *adj* [na:ʕim]
**نافذة** window *n* [na:fiða]
**عتبة النافذة**
['aatabat al-nafedhah] *n* windowsill
**أريد مقعد بجوار النافذة**
[areed ma'q'aad be-jewar al-nafedha] I'd like a window seat
**النافذة لا تُفتح**
[al-nafidhah la tuftaḥ] The window won't open
**لا يمكنني فتح النافذة**
[la yam-kinuni faitḥ al-nafitha] I can't open the window
**لقد كسرت النافذة**
[la'qad kasarto al-nafe-tha] I've broken the window
**هل يمكن أن أغلق النافذة؟**
[hal yamken an aghli'q al-nafidha?] May I close the window?
**هل يمكن أن أفتح النافذة؟**
[hal yamken an aftaḥ al-nafidha?] May I open the window?
**نافع** useful *adj* [na:fiʕ]
**نافورة** fountain *n* [na:fu:ra]
**نَاقد** critic *n* [na:qid]
**ناقش** debate, discuss *v* [na:qaʃa]
**ناقص** incomplete, nude *adj* [na:qisˤ]
**ناقض** contradict *v* [na:qadˤa]
**ناقل** *adj* [na:qil]
**ناقل للعدوى**
[Na'qel lel-'aadwa] *adj* contagious
**ناقل السرعات لا يعمل**
[na'qil al-sur'aat la ya'amal] The gears are not working
**ناقلة** *n* [na:qila]
**ناقلة بترول**
[Na'qelat berool] *n* tanker
**نام** *adj* [na:min]
**بَلَد نام**
[Baladen namen] *n* developing country
**نام** sleep *v* [na:ma]
**نايلون** nylon *n* [na:jlu:n]
**نبات** plant *n* [naba:t]
**نبات رشاد**
[Nabat rashad] *n* cress
**نبات الجاودار**
[Nabat al-jawdar] *n* rye
**نبات اللفت**
[Nabat al-left] *n* turnip
**نبات الهندباء البرية**
[Nabat al-hendbaa al-bareyah] *n* dandelion
**نبات ذو وبر شائك**
[Nabat dho wabar shaek] *n* nettle
**نبات يزرع في حاوية**
[Nabat yozra'a fee ḥaweyah] *n* pot plant
**نباتي** *n* ◁ vegetarian *adj* [naba:tij] vegan, vegetarian
**حياة نباتية**
[Hayah Nabateyah] *n* vegetation
**هل يوجد أي أطباق نباتية؟**
[hal yujad ay aṭbaa'q nabat-iya?] Do you have any vegan dishes?
**نبح** bark *v* [nabaħa]
**نبضات** pulses *npl* [nabadˤa:tun]
**نبضة** beat, pulse *n* [nabdˤa]
**نَبَّه** alert *v* [nabbaha]

**نبيذ** [nabi:ð] *n*
**نبيذ أحمر**
[nabeedh aḥmar] *n* red wine
**دورق من النبيذ الأحمر**
[dawra'q min al-nabeedh al-aḥmar] a carafe of red wine
**زجاجة من النبيذ الأبيض**
[zujaja min al-nabeedh al-abyaḍ] a bottle of white wine
**قائمة النبيذ من فضلك**
['qaemat al-nabeedh min faḍlak] The wine list, please
**هل يمكن أن ترشح لي نوع جيد من النبيذ الأبيض؟**
[hal yamken an tura-shiḥ lee naw'a jayid min al-nabeedh al-abyaḍ?] Can you recommend a good white wine?
**نبيل** [nabi:l] *adj*
**رَجُل نبيل**
[Rajol nabeel] *n* gentleman
**نبيل المحتد**
[Nabeel al-moḥtad] *adj* gentle
**نتن** [natin] *adj* rotten
**نتن** [natina] *v* stink
**نتوء** [nutu:ʔ] *n*
**نتوء صغير**
[Netoa ṣagheer] *n* wart
**نتيجة** [nati:ʒa] *n* result, sequel
**نثر** [naθara] *v* spray
**نجاح** [naʒa:ħ] *n* success
**نجار** [naʒʒa:r] *n* joiner
**نجارة** [niʒʒa:ra] *n* carpentry
**نجح** [naʒaħa] *v* succeed
**نجم** [naʒm] *n* star *(person)*
**نجم سينمائي**
[Najm senemaaey] *n* film star
**نجم ذو ذنب**
[Najm dho dhanab] *n* comet
**نَجم** [naʒama] *v*
**يَنْجُم عن**
[Yanjam 'an] *v* result
**نجمة** [naʒma] *n* star *(sky)*
**نحاس** [nuħa:s] *n* copper
**نحاس أصفر**
[Nahas aṣfar] *n* brass
**نحت** [naħt] *n*
**فن النحت**
[Fan al-naḥt] *n* sculpture
**نحت** [naħata] *vt* carve
**نحلة** [naħla] *n* bee
**نحلة ضخمة**
[Naḥlah ḍakhmah] *n* bumblebee
**نحوي** [naħwij] *adj* grammatical
**نحيف** [naħi:f] *adj* slim, thin
**نخاع** [nuxa:ʕu] *n*
**نخاع العظم**
[Nokhaa'a al-'aḍhm] *n* marrow
**نُخالة** [nuxa:la] *n* bran
**نخلة** [naxla] *n* palm *(tree)*
**نداء** [nida:ʔ] *n*
**جهاز النداء**
[Jehaaz al-nedaa] *n* pager
**جهاز النداء الآلي**
[Jehaz al-nedaa al-aaley] *n* bleeper
**نداء استغاثة**
[Nedaa esteghathah] *n* alarm call
**نداوة** [nada:wa] *n* moisture
**ندب** [nadaba] *v* moan
**ندبة** [nadba] *n* scar, seam
**نِدم** [nadam] *n* remorse
**نَدَم** [nadima] *n* regret
**نَدِي** [nadij] *adj* damp, soggy
**نرجس** [narʒis] *n* daffodil
**نَرْد** [nard] *n* dice
**نرويجي** [narwi:ʒij] *adj* Norwegian
◁ *n* Norwegian *(person)*
**اللغة النرويجية**
[Al-loghah al-narwejeyah] *(language)* *n* Norwegian
**نزعة** [nazʕa] *n* trend
**نزف** [nazafa] *vi* bleed
**نزل** [nazala] *v* get off, go down
**يَنزِل في مكان**
[Yanzel fee makaan] *v* put up
**يَنزِل البَرَد**
[Yanzel al-barad] *v* hail
**نَزْلة** [nazla] *n* catarrh
**نزهة** [nuzha] *n* outing, promenade
**نزهة في سيارة**
[Nozhah fee sayarah] *n* drive
**نزهة في الهواء الطلق**
[Nozhah fee al-hawaa al-ṭal'q] *n* picnic

نزول n [nuzu:l]
ما هي المحطة النزول للذهاب إلى ...
[ma heya muḥaṭat al-nizool lel-thehaab ela...?] Which stop is it for...?
من فضلك أريد النزول الآن
[min faḍlak areed al-nizool al-aan] Please let me off
من فضلك أخبرني عندما يأتي موعد النزول
[Men faḍlek akhberney 'aendama yaatey maw'aed al-nozool] Please tell me when to get off
نزيف n [nazi:f]
نزيف الأنف
[Nazeef al-anf] n nosebleed
نزيل lodger n [nazi:l]
نساء n [nisa:ʔ]
طبيب أمراض نساء
[Ṭabeeb amraḍ nesaa] n gynaecologist
نسائي adj [nisa:ʔij]
قميص نوم نسائي
['qamees noom nesaaey] n nightie
نسبة proportion, ratio n [nisba]
نسبة مئوية
[Nesbah meaweyah] n percentage
نسبي proportional adj [nisbij]
نسبياً comparatively adv [nisbijjan]
نسبيًا relatively adv [nisbijan]
نسج n [nasʒ]
أنسجة صوفية
[Ansejah ṣoofeyah] npl woollens
نسخ copy (reproduction) n [nasx]
أين يمكنني الحصول على بعض النسخ؟
[Ayn yomken al-ḥoṣool ala ba'aḍ al-nosakh?] Where can I get some photocopying done?
نسخ copy v [nasaxa]
هل يمكنك نسخ هذا من أجلي؟
[hal yamken -aka nasikh hadha min ajlee?] Can you copy this for me?
نسخة copy (written text), n [nusxa] version
نسخة ضوئية
[niskha ḍaw-iyaa] n photocopy
نسخة احتياطية
[Noskhah eḥteyaṭeyah] n backup
نسخة مطابقة
[Noskhah moṭe'qah] n replica
نسر vulture n [nasr]
نسل breed n [nasl]
نسي forget v [nasa:]
نسيان n [nisja:nuhu]
لا يمكن نسيانه
[La yomken nesyanh] adj unforgettable
نسيج textile n [nasi:ʒ]
نسيج مضلع
[Naseej moḍala'a] n representative
نَسيج الجِسْم
[Naseej al-jesm] n tissue
نسيم breeze n [nasi:m]
نشا starch n [naʃa:]
نشا الذرة
[Nesha al-zorah] n cornflour
نشابة breadbin, rolling pin n [naʃʃa:ba]
نِشارة sawdust n [niʃa:ra]
نَشاط activity n [naʃa:tˤ]
نَشال pickpocket n [naʃʃa:l]
نشج sob v [naʃaʒa]
نشر press n [naʃr]
حقوق الطبع والنشر
[Ho'qoo'q al-ṭab'a wal-nashr] n copyright
نشر publish v [naʃara]
نشرة leaflet n [naʃra]
نشرة دعائية
[Nashrah de'aeyah] n prospectus
نشرة مطبوعة
[Nashrah maṭbo'aah] n print
نَشط revive v [naʃʃtˤa]
نشوء evolution n [nuʃwuʔ]
نشوب outbreak n [nuʃu:b]
نشوي ecstasy n [naʃawij]
نشيد anthem n [naʃi:d]
نشيد وطني
[Nasheed waṭney] n national anthem
نشيط active adj [naʃi:tˤ]
نص text n [nasˤsˤ]
يَضع نصا
[Yaḍa'a naṣan] v text
نُصب n [nusˤub]
نُصب تذكاري

[Noṣob tedhkarey] *n* memorial

**نصح** advise *v* [nasˤaħa]

**نصر** victory *n* [nasˤr]

**نصف** half *n* [nisˤf]

**نصف إقامة**
[Neṣf e'qamah] *n* half board

**نصف ساعة**
[Neṣf saa'aah] *n* half-hour

**نصف دائرة**
[Neṣf daaeyrah] *n* semicircle

**نصف السعر**
[Neṣf al-se'ar] *adj* half-price

**نِصْف الوقت**
[Nesf al-wa'qt] *n* half-time

**نصفي** half *adj* [nisˤfaj]

**نصفياً** half *adv* [nisˤfijja:]

**نصل** blade *n* [nasˤl]

**نصّي** *adj* [nasˤsˤij]

**رسالة نصية**
[Resalah naṣeyah] *n* text message

**نصيب** lot, quota *n* [nasˤi:b]

**نصيحة** advice *n* [nasˤi:ħa]

**نضارة** flush *n* [nadˤdˤa:ra]

**نضج** grow up *v* [nadˤaʒa]

**نضد** bench *n* [nadˤad]

**نطاق** *n* [nitˤa:q]

**نطاق زمني**
[Neṭa'q zamaney] *n* time zone

**نطاق واسع**
[Neṭ'q wase'a] *n* broadband

**نطق** *n* [nutˤqin]

**متعسر النطق**
[Mota'aer alnoṭ'q] *adj* dyslexic

**نطق** pronounce *v* [natˤaqa]

**كيف تنطق هذه الكلمة؟**
[kayfa tanṭu'q hathy al-kalema?] How do you pronounce it?

**نُطق** pronunciation *n* [nutˤq]

**نظاراتي** optician *n* [nazˤzˤa:ra:ti:]

**نظارة** glasses, specs, *n* [nazˤzˤa:ra] spectacles

**نظارة واقية**
[naḍharah wa'qeyah] *n* goggles

**هل يمكن تصليح نظارتي؟**
[hal yamken taṣleeḥ naḍharaty] Can you repair my glasses?

**نظافة** hygiene *n* [nazˤa:fa]

**عاملة النظافة**
['aamelat al-nadhafah] *n* cleaning lady

**نظام** system *n* [nizˤa:m]

**نظام غذائي**
[Neḍhaam ghedhey] *v* diet

**نظام شمسي**
[neḍham shamsey] *n* solar system

**نظامي** systematic *adj* [nizˤa:mij]

**نظر** *n* [nazˤr]

**قريب النظر**
['qareeb al- naḍhar] *adj* near-sighted

**قصير النظر**
['qaṣeer al-naḍhar] *adj* near-sighted

**أعاني من طول النظر**
[o-'aany min bu'ad al-naḍhar] I'm long-sighted

**أعاني من قصر النظر**
[o-'aany min 'quṣr al-naḍhar] I'm short-sighted

**نظر** look *vi* [nazˤara]

**ينظر إلى**
[yanḍhor ela] *v* look at

**نظرة** look *n* [nazˤra]

**نظري** abstract *adj* [nazˤarij]

**نظرية** theory *n* [nazˤarijja]

**نظّف** clean *vt* [nazˤzˤafa]

**نظّم** organize *v* [nazˤzˤama]

**نظيف** clean, neat *adj* [nazˤi:f]

**نظيف تماما**
[naḍheef tamaman] *adj* spotless

**هل يمكنني الحصول على كوب نظيف من فضلك؟**
[hal yamken -any al-ḥuṣool 'aala koob naḍheef min faḍlak?] Can I have a clean glass, please?

**هل يمكنني الحصول على ملعقة نظيفة من فضلك؟**
[hal yamken -any al-ḥuṣool 'aala mil-'aa'qa naḍheefa min faḍlak?] Could I have a clean spoon, please?

**نعامة** ostrich *n* [naʕa:ma]

**نعجة** sheep *n* [naʕʒa]

**نعس** doze *v* [naʕasa]

**نعسان** drowsy, sleepy *adj* [naʕsa:n]

**نعم** yes! *excl* [niʕma]

**نعناع** [naʕnaːʕ] *n* mint *(herb/sweet)*, peppermint
**نعومة** [nuʕuːma] *n* smooth, velvet
**نَعي** [naʕj] *n* obituary
**نعيم** [naʕiːm] *n* bliss
**نغمة** [naɣama] *n* note *(music)*
**نغمة الرنين**
[Naghamat al-raneen] *n* ringtone
**نغمة الاتصال**
[Naghamat al-eteṣal] *n* dialling tone
**نغمة مميزة**
[Naghamaah momayazah] *n* key *(music/computer)*
**نَفَائِس** [nafaːʔisun] *npl* valuables
**نفاية** [nufaːja] *n* dump, garbage
**نفخ** [nafx] *adj*
**آلة نفخ موسيقية**
[Aalat nafkh mose'qeyah] *n* woodwind
**قابل للنفخ**
['qabel lel-nafkh] *adj* inflatable
**نَفخ** [nafaxa] *v* pump up
**نَفذ** [naffaða] *v* carry out
**نفس** [nafs] *n* breath
**أنفسكم**
[Anfosokom] *pron* yourselves
**ضبط النفس**
[Ḍabṭ al-nafs] *n* self-control, self-discipline
**علم النفس**
['aelm al-nafs] *n* psychology
**ثقة بالنفس**
[The'qah bel-nafs] *n* confidence *(self-assurance)*
**افعلها بنفسك**
[Ef'alhaa be-nafsek] *n* DIY
**متميز بضبط النفس**
[Motameyez beḍṭ al-nafs] *adj* self-contained
**نفسك**
[Nafsek] *pron* yourself
**لقد جرحت نفسها**
[la'qad jara-ḥat naf-saha] She has hurt herself
**نفساني** [nafsaːnij] *adj*
**طبيب نفساني**
[Ṭabeeb nafsaaney] *n* psychiatrist

**نفسي** [nafsij] *adj* psychiatric
**عالم نفسي**
['aaalem nafsey] *n* psychologist
**نفض** [nafadˤa] *vt* dust
**نفط** [naftˤ] *n* (زيت) oil
**جهاز حفر آبار النفط**
[Gehaz ḥafr abar al-naft] *n* oil rig
**نفق** [nafaq] *n* tunnel, underpass
**نِفقات** [nafaqaːtun] *npl* expenses
**نَفقة** [nafaqa] *n* expenditure
**نفي** [nafaː] *v* deport
**نفيس** [nafiːs] *adj* valuable ◁ *n* precious
**نقابة** [niqaːba] *n*
**نقابة العمال**
[Ne'qabat al-'aomal] *n* trade union
**نقالة** [naqqaːla] *n* stretcher
**نقانق** [naqaːniq] *n*
**نقانق ساخنة**
[Na'qane'q sakhenah] *n* hot dog
**نَقد** [naqd] *n* cash, criticism
**نقدي** [naqdijjat] *adj*
**ليس معي أية أموال نقدية**
[laysa ma'ay ayat amwaal na'q-diya] I don't have any cash
**نقر** [naqara] *v* click
**نَقر** [naqr] *n* percussion
**نقرة** [naqra] *n* click
**نقش** [naqʃ] *n* inscription
**نقش** [naqaʃa] *v* engrave
**نقص** [naqsˤ] *n* flaw, lack
**نقطة** [nuqtˤa] *n* dot, point, period *(punctuation)*
**مجموع النقاط**
[Majmoo'a al-nekat] *n* score *(of music)*
**نقطة الاستشراف**
[No'qṭat al-esteshraf] *n* standpoint
**نقع** [naqaʕa] *v* soak
**نقل** [naql] *n* transport
**قابل للنقل**
['qabel lel-na'ql] *adj* removable
**نقل عام**
[Na'ql 'aam] *n* public transport
**نقل الدم**
[Na'ql al-dam] *n* blood transfusion
**نقل** [naqala] *v* take away, transport

**نقود** [nuqu:d] *n*
**حافظة نقود**
[ḥafedhat ne'qood] *n* purse
**أين يمكنني تغيير بعض النقود؟**
[ayna yamken-any taghyeer ba'aḍ al-ni'qood?] Where can I change some money?
**هل لديك فكّة أصغر من النقود؟**
[Hal ladayk fakah aṣghar men alno'qood?] Do you have any small change?
**هل يمكن إعطائي فكّة من النقود تبلغ...؟**
[Hal yomken e'aṭaey fakah men alno'qood tablogh...?] Could you give me change of...?
**هل يمكن أن أسترد نقودي مرة أخرى؟**
[hal yamken an asta-rid ni-'qoody marra okhra?] Can I have my money back?
**نقي** [naqij] *adj* pure
**نكبة** [nakba] *n* catastrophe
**نكتة** [nukta] *n* joke
**نكهة** [nakha] *n* flavour, zest *(lemon-peel)*, zest *(excitement)*
**نمر** [namir] *n* panther
**نمر مخطط**
[Namer mokhaṭaṭ] *n* tiger
**نمر منقط**
[Nemr men'qaṭ] *n* leopard
**نمساوي** [namsa:wij] *adj* Austrian
◁ *n* Austrian
**نمش** [namʃ] *n* freckles
**نمط** [namatˤ] *n* pattern
**نمطي** [namatˤij] *adj*
**شكل نمطي**
[Shakl namaṭey] *n* stereotype
**نملة** [namla] *n* ant
**نمو** [numuww] *n* growth
**نموذج** [namu:ðaʒ] *n*
**نموذج طلبية**
[Namodhaj ṭalabeyah] *n* order form
**نموذجي** [namu:ðaʒij] *adj* typical
**نَمى** [nama:] *v* grow
**نَميمة** [nami:ma] *n* gossip
**نهائي** [niha:ʔij] *adj* final ◁ *n* final
**لا نهائي**
[La nehaaey] *adj* endless
**مباراة شبه نهائية**
[Mobarah shebh nehaeyah] *n* semifinal
**نهار** [nha:r] *n*
**فترة النهار**
[Fatrat al-nehaar] *n* daytime
**نهاية** [niha:ja] *n* end, finish
**إلى النهاية**
[Ela al-nehayah] *adv* terminally
**نهر** [nahr] *n* river
**فرس النهر**
[Faras al-nahr] *n* hippopotamus
**أيمكن السباحة في النهر؟**
[a-yamkun al-sebaḥa fee al-naher?] Can one swim in the river?
**هل يوجد أي رحلات بالمراكب في النهر؟**
[hal yujad ay reḥlaat bil-markab fee al-nahir?] Are there any boat trips on the river?
**نهض** [nahadˤa] *v* get up, stand up
**نوبة** [nawba] *n* fit, spell *(magic)*
**نوبة صرع**
[Nawbat ṣar'a] *n* epileptic fit
**نوبة غضب**
[Nawbat ghaḍab] *n* tantrum
**نوبة مرضية**
[Nawbah maraḍeyah] *n* seizure
**نور** [nu:r] *n* light
**النور لا يُضاء**
[al-noor la yo-ḍaa] The light doesn't work
**هل يمكن أن أشغل النور؟**
[hal yamken an osha-ghel al-noor?] Can I switch the light on?
**هل يمكن أن أطفئ النور؟**
[hal yamken an aṭfee al-noor?] Can I switch the light off?
**نورس** [nawras] *n*
**نورس البحر**
[Nawras al-baḥr] *n* seagull
**نوع** [nawʕ] *n* kind, type, gender
**ما نوع الساندويتشات الموجودة؟**
[ma naw'a al-sandweshaat al-maw-jooda?] What kind of sandwiches do you have?
**هل قمت من قبل بقص شعري من نوع**

**شعري**
[hal 'qumt min 'qabil be-'qaṣ sha'ar min naw'a sha'ary?] Have you cut my type of hair before?

**نوعي** [nawʕij] *adj*

**مدرسة نوعية**
[Madrasah naw'aeyah] *n* primary school

**نوفمبر** [nu:fumbar] *n* November

**نوم** [nawm] *n* sleep

**غرفة النوم**
[Ghorfat al-noom] *n* bedroom

**ثياب النوم**
[Theyab al-noom] *n* nightdress

**وَقت النوم**
[Wa'qt al-nawm] *n* bedtime

**لا أستطيع النوم**
[la asta-ṭee'a al-nawm] I can't sleep

**لا استطيع النوم بسبب الضوضاء**
[la asta-ṭee'a al-nawm besa-bab al-ḍawḍaa] I can't sleep for the noise

**نومة** [nawma] *n*

**نومة خفيفة**
[Nomah khafeefa] *n* snooze

**نونية** [nu:nijja] *n*

**نونية للأطفال**
[Noneyah lel-aṭfaal] *n* potty

**نووي** [nawawij] *adj* nuclear

**نيبال** [ni:ba:l] *n* Nepal

**نية** [nijja] *n* intention

**نيتروجين** [ni:tru:ʒi:n] *n* nitrogen

**نيجيري** [ni:ʒi:rij] *n* Nigerian

**نيجيريا** [ni:ʒi:rja:] *n* Nigeria

**نيكاراجاو** [ni:ka:ra:ʒwa:] *n*

**من نيكاراجاو**
[Men nekarajwa] *adj* Nicaraguan

**نيكاراجاوي** [ni:ka:ra:ʒa:wi:] *n* Nicaraguan

**نيكاراجوا** [ni:ka:ra:ʒwa:] *n* Nicaragua

**نيكوتين** [ni:ku:ti:n] *n* nicotine

**نيوزلندا** [nju:zilanda:] *n* New Zealand

**نيوزلندي** [nju:zilandi:] *n* New Zealander

**نيون** [niju:n] *n*

**غاز النيون**
[Ghaz al-neywon] *n* neon

# ه

**هائل** [ha:ʔil] *adj* gross, huge, tremendous

**مسبب لدمار هائل**
[Mosabeb ledamar haael] *adj* devastating

**هاتف** [ha:tif] *n* ring up

**دفتر الهاتف**
[Daftar al-hatef] *n* phonebook

**هاتف عمومي**
[Hatef 'aomoomy] *n* payphone

**هاتف جوال**
[Hatef jawal] *n* mobile phone

**هاتف ذكي**
[Hatef zaky] *n* smart phone

**هاتف مرئي**
[Hatef mareay] *n* videophone

**أريد بعض العملات المعدنية من أجل الهاتف من فضلك**
[areed ba'aḍ al-'aimlaat al-ma'a-danya min ajil al-haatif min faḍlak] I'd like some coins for the phone, please

**هل يمكن أن أستخدم هاتفك؟**
[hal yamken an asta-khdim ha-tifak?] May I use your phone?

**هناك مشكلة في الهاتف**
[hunaka mushkila fee al-haatif] I'm having trouble with the phone

adj [ha:tifij] هاتفي
اتصال هاتفي
[Eteṣal hatefey] n phonecall
emigrate v [ha:ʒara] هاجر
n [ha:ʒis] هاجس
هاجس داخلي
[Hajes dakheley] n premonition
attack vt [ha:ʒama] هاجم
يهاجم بقصد السرقة
[Yohajem be'qaṣd al-sare'qah] v mug
quiet adj [ha:diʔ] هادئ
أفضل أن تكون الغرفة هادئة
[ofaḍel an takoon al-ghurfa hade-a] I'd like a quiet room
هل يوجد شواطئ هادئ قريب من هنا؟
[hal ju:ʒadu ʃawa:tˤiʔa ha:diʔi qari:bun min huna:] Is there a quiet beach near here?
important, adj [ha:mm] هام
significant
غير هام
[Ghayr ham] adj unimportant
هام جداً
[Ham jedan] adj momentous
hamburger n [ha:mbarʒar] هامبرجر
margin n [ha:miʃ] هامش
amateur n [ha:win] هاو
Haiti n [ha:jti:] هايتي
blow vi [habba] هبّ
yield v [haba] هبّ
n [haba:ʔ] هباء
هباء جوي
[Habaa jawey] n aerosol
gift n [hiba] هبة
land vi [hsbstˤa] هبط
landing n [hubu:tˤ] هبوط
هبوط اضطراري
[Hobooṭ eḍṭerary] n emergency landing
هبوط الطائرة
[Hobooṭ al-ṭaerah] n touchdown
yell v [hatafa] هتف
abandon v [haʒara] هجر
migration, n [hiʒra] هجرة
immigration
attack n [huʒu:m] هجوم
هجوم إرهابي
[Hojoom 'erhaby] n terrorist attack
هجوم للسرقة
[Hojoom lel-sare'qah] n mugging
لقد تعرضت لهجوم
[la'qad ta-'aaraḍto lel-hijoom] I've been attacked
mongrel n [haʒi:n] هجين
fringe (hair) n [huda:b] هُدَاب
n [huda:l] هُدَال
نبات الهُدَال
[Nabat al-hoddal] n mistletoe
threaten v [haddada] هَدّد
aim, goal, target n [hadaf] هدف
الهدف في لعبة الجولف
[Al-hadaf fy le'abat al-jolf] n tee
demolish, pull down v [hadama] هدم
truce n [hudna] هدنة
present (gift) n [hadijja] هدية
قسيمة هدية
['qaseemat hadeyah] n gift voucher
أنا أبحث عن هدية لزوجتي
[ana abḥath 'aan hadiya le-zawjatee] I'm looking for a present for my wife
that, this adj [haða:] هذا
rave n [haðaja:n] هذيان
nonsense, trash n [hura:ʔ] هراء
club (weapon) n [hara:wa] هراوة
run away v [haraba] هرب
يَهْرُب مسرعا
[Yahrab mosre'aan] v fly away
smuggle v [harraba] هَرّب
n [hira] هرة
هرة صغيرة
[Herah ṣagheerah] n kitten
squash v [harrisa] هرس
pyramid n [haram] هرم
hormone n [hurmu:n] هرمون
n [hirmu:ni:ka:] هرمونيكا
آلة الهرمونيكا الموسيقية
[Alat al-harmoneeka al-mose'qeyah] n mouth organ
escape n [huru:b] هروب
jogging n [harwala] هَرْوَلة
shake v [hazza] هز
يهز كتفيه
[Yahoz katefayh] v shrug

هزأ v [hazaʔabi]
يَهزأ ب
[Yah-zaa be] v mock
هزة n [haza]
هزة الجماع
[Hezat al-jemaa'a] n orgasm
هزلي comic n [hazlijja]
سلسلة رسوم هزلية
[Selselat resoom hazaleyah] n comic strip
كتاب هزلي
[Ketab hazaley] n comic book
ممثل هزلي
[Momthel hazaley] n comedian
هزم defeat, beat *(outdo)* v [hazima]
هزيل skimpy *adj* [hazi:l]
هزيل الجسم
[Hazeel al-jesm] *adj* skinny
هزيمة defeat n [hazi:munt]
هستامين n [hista:mi:n]
مضاد للهستامين
[Moḍad lel-hestameen] n antihistamine
هش crisp, crispy *adj* [haʃʃ]
هشم smash vt [haʃʃama]
هضم digestion n [hadˤm]
هضم digest v [hadˤama]
هفوة slip *(mistake)* n [hafwa]
هلام n [hala:mu]
هلام الفاكهة
[Holam al-fakehah] n marmalade
هم matter v [hamma]
لا يهم
[la yahim ] It doesn't matter
همجي barbaric *adj* [hamaʒij]
همس whisper v [hamasa]
هنا here *adv* [huna:]
هنأ congratulate v [hannaʔa]
هناك there *adv* [huna:ka]
إنه هناك
[inaho honaka] It's over there
هند n [hind]
ساكن الهند الغربية
[Saken al-hend al-gharbeyah] n West Indian
هندباء n [hindaba:ʔi]
نبات الهندباء البرية
[Nabat al-hendbaa al-bareyah] n dandelion
هندسة engineering n [handasa]
هَندَم tidy up v [handama]
هندوسي Hindu *adj* [hindu:sij] ◁ Hindu n
هندوسية Hinduism n [hindu:sijja]
هندي Indian n ◁ Indian *adj* [hindij]
المحيط الهندي
[Almoḥeeṭ alhendey] n Indian Ocean
هواء air n [hawa:ʔ]
طاحونة هواء
[ṭaḥoonat hawaa] n windmill
في الهواء الطلق
[Fe al-hawaa al-ṭal'q] *adv* outdoors
مُكيف الهواء
[Mokaeyaf al-hawaa] *adj* air-conditioned
هوائي aerial *adj* [hawa:ʔij]
هواية hobby n [hiwa:ja]
هَوَس mania n [hawas]
هوكي n [hu:ki:]
لعبة الهوكي على الجليد
[Lo'abat alhookey 'ala aljaleed] n ice hockey
لعبة الهوكي
[Lo'abat alhookey] n hockey
هولندا Holland, n [hu:landa:] Netherlands
هولندي n ◁ Dutch *adj* [hu:landij] Dutch
رَجُل هولندي
[Rajol holandey] n Dutchman
هولندية n [hu:landijja] Dutchwoman
هَوى wind *(coil around)* v [hawa:]
هوية n [huwijja]
غير محدد الهوية
[Ghayr mohadad al-haweyah] *adj* unidentified
هَوية personality n [hawijja]
هُويّة identity n [huwijja]
هويس lock *(door)* n [huwajs]
هيئ set v [hajjaʔa]
هيئة board *(meeting)* n [hajʔa]
هيئة المحلفون

[Hayaat moḥalefeen] *n* jury
**هيبة** prestige *n* [hajba]
**هيبز** hippie *n* [hiːbiz]
**هيدروجين** hydrogen *n* [hiːdruːʒiːn]
**هيروين** heroin *n* [hiːrwiːn]
**هيكل** structure *n* [hajkal]
**هيكل عظمي**
[Haykal aḍhmey] *n* skeleton
**هيلكوبتر** helicopter *n* [hiːlikuːbtir]

# و

**و** and *conj* [wa]
**واثق** confident *adj* [waːθiq]
**غير واثق**
[Ghayr wathe'q] *adj* uncertain
**واثق بنفسه**
[Wathe'q benafseh] *adj* self-assured
**واجب** duty *n* [waːʒib]
**واجب منزلي**
[Wajeb manzeley] *n* homework
**واجه** face *v* [waːʒaha]
**واجهة** front *n* [waːʒiha]
**واحة** oasis *n* [waːħa]
**واحد** one *number* ◁ ace *n* [waːħid]
**وادي** valley *n* [waːdiː]
**واسع** broad *adj* [waːsiʕ]
**واسع الأفق**
[Wase'a al-ofo'q] *adj* broad-minded
**واسع الحيلة**
[Wase'a al-ḥeelah] *adj* shifty
**واشي** grass *(informer)* *n* [waːʃiː]
**واضح** clear, definite *adj* [waːdˤiħ]
**غير واضح**
[Ghayr waḍeḥ] *adj* unclear
**بشكل واضح**
[Beshakl waḍeḥ] *adv* obviously
**من الواضح**
[Men al-waḍeḥ] *adv* apparently

واع [waːʕin] *adj* conscious
واعد [waːʕada] *v* promise
واعَد [waːʕada] *adj* promising
واعِد [waːʕid] *adj* hopeful
وَافِد [waːfid] *n* immigrant, newcomer
وافق [waːfaqa] *v* approve
وَافِل [waːfil] *n* waffle
واقِع [waːqiʕ] *n* reality
تلفزيون الواقع
[Telefezyon al-wa'qe'a] *n* reality TV
في الواقع
[Fee al-wa'qe'a] *adv* actually
واقعي [waːqiʕij] *adj* real, realistic, virtual
غير واقعي
[Ghayer wa'qe'aey] *adj* unrealistic
واقي [waːqij] *n*
نظارة واقية
[naḍharah wa'qeyah] *n* goggles
واقي الشمس
[Wa'qey al-shams] *n* sunscreen
والد [waːlidajni] *n* parent, father
أحد الوالدين
[Aḥad al-waledayn] *n* single parent
◁ *npl* parents
والِد أو والدة
[Waled aw waledah] *n* parent *n*
واهن [waːhin] *adj* frail
وايَن [waːjn] *n*
خمر هاوس واين
[Khamr hawees wayen] *n* house wine
وباء [wabaːʔ] *n* epidemic, pest
وَبّخ [wabbaxa] *v* tell off
وتد [watad] *n* peg
وتد الخيمة
[Watad al-kheemah] *n* tent peg
وِتر [watar] *n* tendon
وَتَّر [wattara] *v* strain
وثائقي [waθaːʔiqij] *adj*
فيلم وثائقي
[Feel wathaae'qey] *n* documentary
وثب [waθaba] *v* leap
وثِق [waθiqa] *v*
يَثِق ب
[Yathe'q be] *n* trust

وثيق [waθiːq] *adj*
على نحو وثيق
['aala naḥwen wathee'q] *adv* nearly
وثيق الصلة
[Wathee'q al-ṣelah] *adj* relevant
وجبة [waʒba] *n* meal
متجر الوجبات السريعة
[Matjar al-wajabat al-sarey'aa] *n* snack bar
وجبة خفيفة
[Wajbah khafeefah] *n* snack
وجبات سريعة
[Wajabat sarey'aa] *n* takeaway
وَجْبَة الطعام
[Wajbat al-ṭa'aam] *n* dinner
كانت الوجبة شهية
[kanat il-wajba sha-heyah] The meal was delicious
وجد [waʒada] *v* exist
وجِد [waʒada] *v* find
وجع [waʒaʕ] *n*
وجع الأسنان
[Waja'a al-asnaan] *n* toothache
وجنة [waʒna] *n*
عظم الوجنة
[aḍhm al-wajnah] *n* cheekbone
وجه [waʒh] *n* face
على وجه الحصر
['ala wajh al-ḥaṣr] *adv* exclusively
تدليك الوجه
[Tadleek al-wajh] *n* facial
وجّه [waʒʒaha] *vt* direct
وجهة [wiʒha] *n*
وجهة نظر
[Wejhat naḍhar] *n* viewpoint
وجهي [waʒhij] *adj* facial
وحّد [waħħada] *v* combine, unite
وحدة [waħda] *n* unit, loneliness
وحدة إضاءة كشافة
[Weḥdah eḍafeyah kashafah] *n* floodlight
وحدة العناية المركزة
[Weḥdat al-'aenayah al-morkazah] *n* intensive care unit
وحدة كاملة
[Weḥdah kamelah] *n* whole

brutal *adj* [waħʃij] **وحشي**
*n* [waħil] **وحل**
**أرض وحلة**
[Arḍ waḥelah] *n* swamp
alone *adj* [waħi:d] **وحيد**
jab *n* [waxz] **وخز**
goodbye! *excl* [wada:ʕan] **وداعا**
friendly *adj* [wadu:d] **ودود**
*adj* [widij] **ودي**
**غير ودي**
[Ghayr wedey] *adj* unfriendly
beyond *prep* [wara:ʔa] **وراء**
**إلى الوراء**
[Ela al-waraa] *adv* back
*n* [wira:θa] **وراثة**
**علم الوراثة**
[A'elm al-weratha] *n* genetics
hereditary *adj* [wira:θij] **وراثي**
inherit *v* [wariθa] **ورث**
rose *n* [warda] **وردة**
pink *adj* [wardij] **وردي**
*n* [warʃatu] **ورشة**
**ورشة العمل**
[Warshat al-'aamal] *n* workshop
**هل يمكن أن توصلني إلى ورشة السيارات؟**
[hal yamken an tuwa-ṣilny ela warshat al-sayaraat?] Can you give me a lift to the garage?
stalemate *n* [wartˤa] **ورطة**
*n* [waraq] **ورق**
**أوراق اعتماد**
[Awra'q e'atemaad] *n* credentials
**أوراق الشجر**
[Awra'q al-shajar] *npl* leaves
**ورق السنفرة**
[Wara'q al-sanfarah] *n* sandpaper
**ورق الغار**
[Wara'q alghaar] *n* bay leaf
**ورق التغليف**
[Wara'q al-taghleef] *n* wrapping paper
**ورق المرحاض**
[Wara'q al-merḥaḍ] *n* toilet paper
**ورق شفاف**
[Wara'q shafaf] *n* tracing paper
**ورق فضي**
[Wara'q feḍey] *n* tinfoil
**ورق مسودة**
[Wara'q mosawadah] *n* scrap paper
**ورق مقوى**
[Wara'q mo'qawa] *n* cardboard
**لا يوجد ورق تواليت**
[la yujad wara'q toilet] There is no toilet paper
paper *n* [waraqa] **ورقة**
**ورقة عشب**
[Wara'qat 'aoshb] *n* spire
**ورقة عمل**
[Wara'qat 'aamal] *n* spreadsheet
**ورقة كتابة**
[Wara'qat ketabah] *n* writing paper
**ورقة مالية**
[Wara'qah maleyah] *n* note
**ورقة ملاحظات**
[Wara'qat molaḥadhaat] *n* notepaper
**ورقة نبات**
[Wara'qat nabat] *n* leaf
lump, tumour *n* [waram] **ورم**
varnish *n* [warni:ʃu] **ورنيش**
**ورنيش الأحذية**
[Warneesh al-aḥḍheyah] *n* shoe polish
**ورنيش اللك**
[Warneesh al-lak] *n* lacquer
heir, successor *n* [wari:θ] **وريث**
heiress *n* [wari:θa] **وريثة**
vein *n* [wari:d] **وريد**
ministry *(government)* *n* [wiza:ra] **وزارة**
skirting board *n* [wizra] **وزرة**
distribute, give out *v* [wazzaʕa] **وزع**
weight *n* [wazn] **وزن**
**وزن زائد للأمتعة**
[Wazn zaed lel-amte'aah] *n* excess baggage
**وزن الأمتعة المسموح به**
[Wazn al-amte'aah al-masmooh beh] *n* baggage allowance
weigh *v* [wazana] **وزن**
minister *(government)* *n* [wazi:r] **وزير**
means *npl* [wasa:ʔilun] **وسائل**
pillow *n* [wisa:da] **وسادة**
**وسادة هوائية**
[Wesadah hwaaeyah] *n* airbag

**غطاء الوسادة**
[gheṭaa al-wesadah] *n* pillowcase
**وسادة رقيقة**
[Wesadah ra'qee'qah] *n* pad
**من فضلك أريد وسادة إضافية**
[min faḍlak areed wesada eḍa-fiya]
Please bring me an extra pillow
**وسطَ** centre *n* [wasatˤ]
**العصور الوسطى**
[Al-'aoṣoor al-wosṭa] *npl* Middle Ages
**الشرق الأوسط**
[Al-shar'q al-awṣaṭ] *n* Middle East
**كيف يمكن أن أذهب إلى وسط ...**
[kayfa yamkin an athhab ela wasaṭ...? ]
How do I get to the centre of...?
**وسطَ** among *prep* [wasatˤa]
**وَسَطَ** middle *n* [wasatˤ]
**وَسَطَ المدينة**
[Wasaṭ al-madeenah] *n* town centre
**وِسْكي** whisky *n* [wiski:]
**وَسَم** mark *(make sign)* *v* [wasama]
**وسيلة** *n* [wasi:la]
**هل هناك وسيلة مواصلات إلى... تسمح بصعود الكراسي المتحركة؟**
[hal hunaka waseelat muwa-ṣalaat ela... tasmaḥ beṣi-'aood al-karasi al-mutaḥarika?] Is there wheelchair-friendly transportation available to...?
**وسيم** handsome, pretty *adj* [wasi:m]
**وشاح** scarf, ribbon *n* [wiʃa:ħ]
**وشاح غطاء الرأس**
[Weshaḥ gheṭaa al-raas] *n* headscarf
**وَشم** tattoo *n* [waʃm]
**وصاية** custody *n* [wisˤa:ja]
**وَصف** describe *v* [wasˤafa]
**يصف علاجا**
[Yaṣef 'aelagan] *v* prescribe
**وَصف** description *n* [wasˤf]
**وصفة** *n* [wasˤfa]
**وصفة طبية**
[Waṣfah ṭebeyah] *n* prescription
**وصفة طهي**
[Waṣfat ṭahey] *n* recipe
**أين يمكنني إيجاد هذه الوصفة؟**
[ayna yamken-any ejad hadhe al-waṣfa?] Where can I get this prescription made up?
**وصل** arrive *v* [wasˤala]
**يَصل بين**
[yaṣel bayn] *v* link
**كيف يمكن أن أصل إلى ...**
[kayfa yamkin an aṣal ela...?] How do I get to...?
**متى يصل إلى ...**
[mata yaṣil ela...?] When does it arrive in...?
**وصّل** conduct *vt* [wasˤala]
**وَصْل** receipt *n* [wasˤl]
**وصلة** junction, joint *n* [wasˤla] *(junction)*
**وصلة بطارية السيارة**
[Waṣlat baṭareyah al-sayarah] *npl* jump leads
**وَصْلَة تلفزيونية**
[Wṣlah telefezyoneyah] *n* cable television
**وَصْلَة تمديد**
[Waṣlat tamdeed] *n* extension cable
**وصول** access, arrival *n* [wusˤu:l]
**سهل الوصول**
[Sahl al-woṣool] *adj* accessible
**بعلم الوصول**
[Be-'aelm al-woṣool] *n* recorded delivery
**وَصِيّ** warden *n* [wasˤij]
**وَصِية** will *(document)* *n* [wasˤijja]
**وصيفة** *n* [wasˤi:fa]
**وصيفة العروس**
[Waṣeefat al-'aroos] *n* bridesmaid
**وضع** situation, placement *n* [wadˤʕ]
**أجازة وضع**
[Ajazat wad'a] *n* maternity leave
**وضع علامات الترقيم**
[Wad'a 'alamaat al-tar'qeem] *n* punctuation
**وضع** put *v* [wadˤaʕa]
**يَضع على الأرض**
[Yaḍa'a ala al-arḍ] *v* ground
**يَضع تحت الاختبار**
[Yaḍa'a taḥt al-ekhtebar] *v* try out
**يَضع في**
[Yaḍa'a fee] *n* place
**لقد وضعت بعض الأشياء في الخزينة**

[la'qad waḍa'ato ba'aḍ al-ash-ya fe al-khazeena] I have some things in the safe

visibility *n* [wudˤuːħ] **وضوح**

vile *adj* [wadˤiːʕ] **وَضيع**

*n* [watˤan] **وطن**

**حنين إلى الوطن**

[Ḥaneem ela al-waṭan] *adj* homesick

patriotic *adj* [watˤanij] **وطني**

**الانتماء الوطني**

[Al-entemaa alwaṭaney] *n* citizenship

employ *v* [wazˤzˤafa] **وظف**

employment, *n* [wazˤiːfa] profession, post **وظيفة**

**تليفون مزود بوظيفة الرد الآلي**

[Telephone mozawad be-waḍheefat al-rad al-aaley] *n* answerphone

**وَظيفة فى فترة الأجازة**

[waḍheefah fee fatrat al-ajaazah] *n* holiday job

bowl *n* [wiʕaːʔ] **وعاء**

bumpy *adj* [waʕir] **وَعِر**

*n* [waʕj] **وعي**

**فاقد الوعي**

[Fa'qed al-wa'aey] *adj* unconscious

consciousness *n* [waʕaː] **وَعى**

save up *v* [waffara] **وَفر**

plenty *n* [wafra] **وَفرة**

according to *adv* [wifqan-li] **وفقاًل**

repay *v* [wafaː] **وَفى**

nerve *(boldness)* *n* [waqaːħa] **وقاحة**

prevention *n* [wiqaːja] **وقاية**

time *n* [waqt] **وقت**

**في أي وقت**

[Fee ay wa'qt] *adv* ever

**من وقت لآخر**

[Men wa'qt le-aakhar] *adv* occasionally

**وَقت إضافي**

[Wa'qt eḍafey] *n* overtime

**وَقت الإغلاق**

[Wa'qt al-eghlaa'q] *n* closing time

**وَقت العشاء**

[Wa'qt al-'aashaa] *n* dinner time

**وَقت الغداء**

[Wa'qt al-ghadhaa] *n* lunchtime

**وَقت الذروة**

[Wa'qt al-dhorwah] *n* rush hour

**وَقت الطعام**

[Wa'qt al-ṭa'aaam] *n* mealtime

**وَقت اللعب**

[Wa'qt al-la'aeb] *n* playtime

**وَقت النوم**

[Wa'qt al-nawm] *n* bedtime

**وَقت بدل الضائع**

[Wa'qt badal ḍaye'a] *n* injury time

**وَقت فراغ**

[Wa'qt faragh] *n* spare time

**أعتقد أن ساعتي متقدمة عن الوقت الصحيح**

[a'ata'qid anna sa'aaty muta-'qadema] I think my watch is fast

**أنا غير مشغول وقت الغداء**

[Ana ghayr mashghool waqt al-ghadaa] I'm free for lunch

**تأخرنا قليلًا عن الوقت المحدد**

[ta-akharna 'qale-lan 'aan al-wa'qt al-muḥadad] We are slightly behind schedule

**في أقرب وقت ممكن**

[fee a'qrab wa'qt mumkin] as soon as possible

**في أي وقت سوف نصل إلى ...؟**

[Fee ay wa'qt sawfa naṣel ela?...] What time do we get to...?

**كم الوقت من فضلك؟**

[kam al-wa'qt min faḍlak?] What time is it, please?

**نقضي وقتا سعيدا**

[na'qḍy wa'qtan sa'aedan] We are having a nice time

rude *adj* [waqiħu] **وقح**

cheeky *adj* [waqiħ] **وَقح**

occur, fall *v* [waqaʕa] **وقع**

**يقع في غرامها**

[Ya'qah fee ghrameha] *v* fall for

stand *v* [waqafa] **وقف**

**قف هنا من فضلك**

['qif hona min faḍlak] Stop here, please

*n* [waqf] **وَقف**

**وَقف إطلاق النار**

[Wa'qf eṭlaa'q al-naar] *n* ceasefire

pause *n* [waqfa] **وَقفة**

n [waqwa:q] **وقواق**
**طائر الوقواق**
[Ṭaaer al-wa'qwa'q] *n* cuckoo
fuel *n* [waqunwdu] **وقود**
halt *n* [wuqu:f] **وقوف**
agency *n* [wika:la] **وكالة**
**وكالة سفريات**
[Wakalat safareyat] *n* travel agent's
agent, attorney *n* [waki:l] **وكيل**
**وكيل سفريات**
[Wakeel safareyat] *n* travel agent
**وكيل أخبار**
[Wakeel akhbaar] *n* newsagent
*n* [wila:da] **ولادة**
**ولادة الحيوان**
[Weladat al-ḥayawaan] *n* litter *(offspring)*
state *n* [wila:ja] **ولاية**
**الولايات المتحدة**
[Al-welayat al-motḥedah al-amreekeyah] *n* United States
**ولاية جورجيا**
[Welayat jorjeya] *n* Georgia *(US state)*
lad, child *n* [walad] **ولد**
passion *n* [walaʕ] **وَلَع**
flash, blink *vi* [w:madˤa] **ومض**
flash, torch *n* [wami:dˤ] **وميض**
crane *(for lifting)* *n* [winʃ] **ونش**
blaze *n* [wahaʒ] **وَهج**
illusion *n* [wahm] **وهم**
whisky *n* [wi:ski:] **ويسكي**
**ويسكي الشعير المجفف**
[Weskey al-she'aeer al-mojafaf] *n* malt whisky
**سأتناول ويسكي**
[sa-ata-nawal wisky] I'll have a whisky
**ويسكي بالصودا**
[wesky bil-ṣoda] a whisky and soda
Wales *n* [wi:lzu] **ويلز**
Welsh *n* ◁ Welsh *adj* [wi:lzij] **ويلزي**

# ي

hopeless *adj* [jaʔis] **يائس**
*n* ◁ Japanese *adj* [ja:ba:ni:] **ياباني**
Japanese *(person)*
**اللغة اليابانية**
[Al-lghah al-yabaneyah] *(language)* *n* Japanese
yard *(measurement)* *n* [ja:rda] **ياردة**
despair *n* [jaʔs] **يأس**
**سِن اليأس**
[Sen al-yaas] *n* menopause
*v* [ja:qu:tun] **ياقوت**
**ياقوت أزرق**
[Ya'qoot azra'q] *n* sapphire
aniseed *n* [ja:nsu:n] **يانسون**
lottery *n* [ja:nasˤi:b] **يانصيب**
**بيع باليانصيب**
[Bay'a bel-yanaṣeeb] *n* raffle
desperate *adj* [jaʔu:s] **يئوس**
orphan *n* [jati:m] **يَتيم**
*v* [jaʒʕaluhu] **يَجعل**
**يَجعله أسوأ**
[Tej'aalah aswaa] *v* worsen
mimic *v* [ħa:ka:] **يحاكِي**
bear *n* [juħtamalu] **يَحتمل**
shift *n* [juħawwilu] **يحول**
*v* [juħibu] **يُخِب**
**يُخِب الفرس**

[Yokheb al-faras] *v* canter
yacht *n* [jaxt] يخت
*v* ◁ scheme *n* [juxatˤtˤitˤu] يُخطِط
يُخَطِط بدون تَفاصيل
[Yokhaṭeṭ bedon tafaṣeel] *v* sketch
hand *n* [jadd] يد
خط اليد
[Khaṭ al-yad] *n* handwriting
كرة اليد
[Korat al-yad] *n* handball
*v* [jadawijjun] يدوي
غير يدوي
[Ghayr yadawey] *adj* hands-free
handmade *adj* [jadawij] يَدوي
gerbil *n* [jarbuːʕ] يَربوع
bribe *n* [jarʃuː] يَرشو
jaundice *n* [jaraqaːn] يرقان
slug, caterpillar *n* [jaraqaːna] يرقانة
maggot *n* [jaraqa] يَرَقة
يَرَقة دودية
[Yara'qah doodeyah] *n* grub
mortgage *n* [jarhanu] يَرْهن
call off *n* [jazʒuru] يَزْجُر
oil *n* [juzajjitu] يُزيت
left *n* [jasaːr] يسار
اتجه نحو اليسار
[Etajeh naḥw al-yasaar] Turn left
left *adv* [jasaːran] يساراً
left *adj* [jasaːrij] يساري
*v* [jastaħikkuhu] يستحك
يستحكه جلده
[yastaḥekah jaldah] *v* itch
*v* [jasmaħu bidduxuːli] يَسمَح ب
يَسمَح بالدخول
[Yasmaḥ bel-dokhool] *v* admit *(allow in)*
hear *v* [jasmaʕu] يسمع
أنا لا أسمع
[ana la asma'a] I'm deaf
Jesus *n* [jasuːʕ] يسوع
*v* [ʔeʃtahara] يشتهر
ما هو الطبق الذي يشتهر به المكان؟
[ma howa al-ṭaba'q al-lathy yashta-her behe al-makan?] What is the house speciality?
confiscate *n* [jusˤaːdiru] يُصادر
clasp *n* [jusˤaːfiħu] يُصافح
cast *n* [jasˤubu] يَصُبُ
issue *n* [jasˤduru] يَصْدر
sacrifice *n* [judˤaħħiː] يُضحي
fool *v* [jundˤallilu] يُضَلِل
plaster *n* [judˤammidu] يُضَمِد
dragonfly *n* [jaʕsuːb] يَعْسُوب
hold up *v* [junʕatˤtˤilu] يُعَطِل
*v* [qaːma] يقم
لا تقم بتحريكه
[la ta'qum be-taḥ-rekehe] Don't move him
certainty *n* [jaqiːn] يقين
undoubtedly *adv* [jaqiːnan] يَقيناً
dove *n* [jamaːma] يمامة
right *(not left)* *adj* [jamiːn] يمين
على اليمين
[Ala al-yameen] *adj* right-hand
الحنث باليمين
[Al-ḥanth bel-yameen] *n* perjury
اتجه نحو اليمين
[Etajeh anḥw al-yameen] Turn right
January *n* [janaːjiru] يناير
*v* [janbaɣiː] ينبغي
إن... لا يعمل كما ينبغي
[enna... la ya'amal kama yanbaghy] The... doesn't work properly
كم الكمية التي ينبغي على تناولها؟
[kam al-kamiyah al-laty yan-baghy 'ala tana-welaha?] How much should I take?
كم الكمية التي ينبغي علي إعطائها؟
[kam al-kamiyah al-laty yan-baghy 'aalaya e'aṭa-eha?] How much should I give?
expire *v* [janqadˤiː] ينتهي
nag *v* [janiqqu] ينق
calm down *n* [juhaddiʔu] يُهْدأ
Jew *n* [jahuːdiː] يهودي
هل توجد أطباق مباح أكلها في الشريعة اليهودية؟
Do you have kosher dishes?
yoga *n* [juːʒaː] يُوجَا
deposit *n* [judiʕu] يُودِع
uranium *n* [juːraːnjuːmi] يورانيوم
euro *n* [juːruː] يورو
أريد كارت تليفون بخمس وعشرين يورو

[areed kart talefon be-khams wa-'aishreen yoro] I'd like a twenty-five-euro phonecard

**يوسفي** mandarin *(fruit)*, *n* [ju:sufij] tangerine

**يوليو** July *n* [ju:lju:]

**يوم** day *n* [jawm]

**يوم الراحة**
[Yawm al-raḥah] *n* Sabbath

**يوم الثلاثاء**
[Yawm al-tholathaa] *n* Tuesday

**يوم الخميس**
[jawmul xami:si] *n* Thursday

**يوم في الأسبوع**
[Yawm fee al-osboo'a] *n* weekday

**أريد تذكرة تزلج ليوم واحد**
[areed tadhkera tazaluj le-yawm waḥid] I'd like a ski pass for a day

**أي الأيام تكون اليوم؟**
[ay al-ayaam howa al- yawm?] What day is it today?

**لا نريد أن نرى أي شخص آخر غيرنا اطوال اليوم**
[la nureed an nara ay shakhṣ akhar ghyranạ ṯewaal al-yawm!] We'd like to see nobody but us all day!

**!يا له من يوم جميل**
[ya laho min yawm jameel] What a lovely day!

**يومان** fortnight *n* [jawma:ni]

**يَومي** daily *adj* [jawmij]

**يومياً** daily *adv* [jawmijjaan]

**يوميات** diary *n* [jawmijja:t] *(appointments)*

**يوناني** Greek *n* ◁ Greek *adj* [ju:na:nij] *(person)*

**اللغة اليونانية**
[Al-loghah al-yonaneyah] *(language) n* Greek

**يونيو** June *n* [ju:nju:]